꿈 찾는 청소년을 위한 직업 탐색 길잡이

직업 바이블

✎ **한승배** 양평전자과학고등학교 진로전담교사 재직중

집필 및 개발
- 2009 개정, 2015 개정 교육과정 중학교, 고등학교 진로와 직업 교과서 집필
- 학과 바이블, 학생부 바이블, 교과세특 탐구주제 바이블, 교과세특 기재 예시 바이블, 특성화고 학생을 위한 진학 바이블, 직업계고 학생을 위한 취업 바이블, 나만의 진로 가이드북, 10대를 위한 직업백과, 10대를 위한 유망 직업 사전, 교사 어떻게 되었을까, 의사 어떻게 되었을까 집필
- 꿈 찾는 청소년을 위한 직업카드, 드림온 스토리텔링, 원하는 직업을 잡아라 보드게임 개발

수상이력
- 교육부 선정 으뜸교사(근정포장 수상), 대교 눈높이 교육상, 청소년 푸른성장 대상, 정보문화대상 대통령상 수상

기타이력
- 전) 전국 선플교사협의회 회장, 경기도 정보통신윤리교육 교과연구회 회장, 청소년 사이버범죄예방 교과연구회 회장, 한국저작권위원회 저작권교육 강사, 한국정보화진흥원 정보통신윤리교육 강사, 경찰청 누리캅스 위원 등
- 네이버 카페 '꿈샘 진로수업 나눔방(httpss://cafe.naver.com/jinro77)' 운영자

✎ **김강석** 숭신여자고등학교 진로전담교사 재직중

집필 및 개발
- 학과바이블, 나만의 진로가이드 북, 교과세특 탐구주제 바이블, 학생부 바이블, 면접 바이블 등 집필
- 그린멘토 미래의 나를 만나다, 진로 포트폴리오 하이라이트(고등학교) 집필

기타이력
- 전) 단국대학교 과학교육과 강사, 경기 진로진학상담교사협의회 부회장, 한국환경교사모임 대표
- 한국교원연수원 고교학점제 강사

✎ **하희** 구리여자중학교 진로전담교사 재직중

집필 및 개발
- 학과바이블, 나만의 진로가이드북, 교과세특 탐구주제 바이블, 교과세특 기재예시 바이블, 학생부바이블, 진로포트폴리오 스포트라이트(중학교), 두근두근 미래체험 워크북 등 다수 집필
- 한국교원연수원 온라인 진로 연수

기타이력
- 구리시진로멘토단, 구리남양주 진로거점학교(중학교) 운영, 경기도중등진로교육연구회 연구위원(2017~2019)

✎ **이남설** 수원외국어고등학교 진로전담교사 재직중

집필 및 개발
- 면접 바이블, 학생부 바이블, 교과세특 탐구주제 바이블, 교과세특 기재예시 바이블, 진로 포트폴리오 하이라이트(고등학교) 등 다수 도서집필

수상이력
- 전국교육용소프트웨어공모전(금상), 교육부장관상 수상

기타이력
- 전) 고3 전국연합학력평가 출제 및 검토위원, 안양과천교육지원청 부설영재교육원 지도교사, 경기도 중학교 과학실험 탐구토론대회 평가위원, 대교협 대입상담교사단, 주요 대학 교사 자문위원
- 한국교원연수원 고교학점제 강사
- 엑셀을 활용한 '교과세특 전문가, 진로기반 학생부, 진로진학 수시상담, 1만시간의법칙 공부시간관리' 등 다수 프로그램 개발
- 네이버 카페 '진로진학상담 무작정 따라하기(cafe.naver.com/sdlpuniv)' 운영자
- 네이버 카페 '1만시간의법칙으로 명문대학가기(cafe.naver.com/sdluniv)' 운영자

'직업에서 행복을 찾아라. 아니면 행복이 무엇인지 절대 모를 것이다.'
　미국의 작가이자 철학자였던 '엘버트 허버드(Elbert Green Hubbard)'는 직업의 중요성에 대해 이렇게 말했습니다.

　사람들의 삶에서 직업은 행복을 결정하는 가장 중요한 요소 중 하나입니다. 단순히 직업이 생계를 유지할 수 있게 하는 수단이기 때문만은 아닙니다. 사람들은 직업을 통해서 자신이 지닌 능력을 마음껏 발휘하며, 사람들과 다양한 관계를 맺습니다. 또한 사회구성원으로서 여러 활동에 참여할 수 있으며 우리 사회의 발전을 이끌기도 합니다. 이 과정에서 사람들은 보람을 찾고 자아실현을 하게 됩니다. 일을 한다는 것 그리고 직업을 갖는다는 것은 사람에게 매우 소중한 경험이며, 이러한 경험을 통해 행복감을 느낄 수 있습니다.

　그러나 직업의 중요성을 간과한 채 자신의 직업을 별 생각 없이, 적당히 선택하는 사람들이 많습니다. 이는 행복한 삶을 포기하는 것이나 다름없습니다. 직업을 선택할 때는 신중해야 합니다. 자신의 삶을 소중히 여긴다면 직업을 선택하기 전에 자신의 적성과 흥미, 각 직업이 하는 일과 미래 전망, 그리고 직업을 통해 자신이 이루고자 하는 목표 등에 대해 깊이 있게 생각해야 합니다.

　이러한 생각을 바탕으로 <직업 바이블>이 탄생했습니다.
　<직업 바이블>은 4명의 현직 진로교사가 인문계열, 사회계열, 자연계열, 공학계열, 의약계열, 예체능계열, 교육계열 총 7개 계열의 205개 대표 직업을 선별하여 각 직업이 하는 일, 필요한 적성과 흥미, 진출 방법, 미래 전망 등을 정리하였습니다. 이 책을 참고하여 우리 학생들이 관심 있는 직업에 대한 정확한 정보를 미리 살펴본 후, 자신의 적성과 흥미에 맞는 직업을 선택하여 행복한 삶을 살 수 있으면 좋겠습니다.

'나는 평생 하루도 일을 하지 않았다. 그것은 모두 재미있는 놀이였다.'
　'토머스 에디슨(Thomas Edison)'은 일을 재미있는 놀이라고 말했습니다. 일을 놀이처럼 즐기면서 하였기에 에디슨은 20세기 최고의 발명왕이 되었을 것입니다.

　<직업 바이블>을 만난 모든 학생들이 '고된 노동'이 아닌 '재미있는 놀이'가 될 수 있는 자신만의 직업을 찾아 행복한 삶을 살기를 간절히 바랍니다.

• 이 책은 인문계열, 사회계열, 자연계열, 공학계열, 의약계열, 예체능계열, 교육계열 총 7개 계열의 205개 대표 직업을 설명하고 약 1,000여 개의 관련 직업 목록을 제공하고 있다.

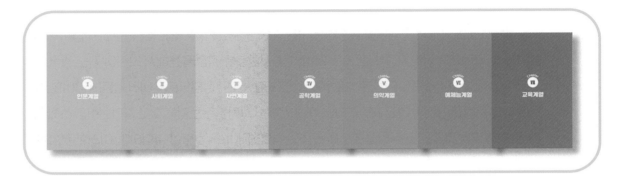

• 각 직업별 수록 페이지에서 직업 소개, 해당 직업이 하는 일, 적성과 흥미, 진출 방법, 미래 전망, 관련 학과 및 자격증, 관련 교과, 그리고 이를 종합적으로 정리한 Career Map을 제공하고 있다.

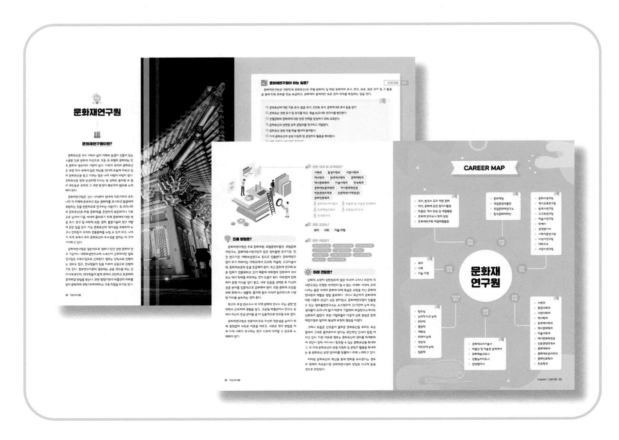

- 이 책은 학생들의 직업에 대한 이해를 돕고, 학생들이 희망하는 직업 관련 필수 정보를 바탕으로 자신의 진로 및 학업을 설계하는 데 참고 자료로 활용하는 것을 목적으로 한다.

- 각 직업 소개뿐만 아니라 직업이 하는 일, 자격증 및 진출 방법과 함께 관련 학과와 이를 위해 수강해야 할 교과를 정리하여 해당 직업에 대한 학생들의 이해를 돕고, 진로를 개척할 수 있는 학과 정보를 제공하여 학생 스스로 진로 목표를 달성하는 데 도움을 주고자 하였다.

- 학교 및 교사 차원에서 또는 학생 스스로 희망 진로에 맞춰 책을 재구성함으로써 관심 직업의 하는 일, 적성과 흥미, 관련 학과 등의 자료를 찾아보는 기회를 제공하는 것을 권장한다.

- 특히 해당 직업의 진출 방법 및 미래 전망의 경우 일반적인 정보를 제공한 것이므로 학생 스스로 관련 롤 모델 또는 자료를 찾아 융통성 있게 변형하여 사용하는 것을 권장한다.

- Career Map의 경우 해당 직업에 대한 관련 직업, 관련 기관, 적성과 흥미, 관련 자격 및 관련 학과, 관련 교과 그리고 준비 방법을 한 페이지로 보기 편하게 정리한 것으로, 수업에서는 이를 학생들의 진로 목표나 진로 결정 수준에 맞게 변형한 후 활동지로 제작하여 사용할 수 있다.

목차

Chapter
I
인문계열

고고학자

고고학자란?

고고학이란 과거 인류들이 남긴 유적과 유물을 발굴하고, 수집과 분석을 통해 인류의 역사나 문화, 생활 방법 등을 연구하고 복원하며 해석하는 학문이다. 고고학의 시작은 학문적인 성격보다는 번쩍이는 물건과 같이 과거의 유물에 대한 관심이었다. 그러나 지질학의 원리가 확립되고, 진화론이 인정을 받기 시작한 19세기가 되면서 점차 학문적인 성격으로 변화하였고, 20세기에 이르러 근대적 학문으로 자리 잡았다.

고고학자는 유물과 유적을 대상으로 고고학을 연구하는 학자이다. 고고학의 연구 대상은 공룡이나 다양한 화석을 중심으로 인류 역사 초창기인 선사시대 유물은 물론 중세 및 근대, 현대 등 시대를 가리지 않는다. 일제강점기의 안중근 의사 유해 탐색 작업이나 5.18 민주화운동 당시 계엄군에 의해 학살된 장소로 추정되는 광주교도소의 발굴, 6.25 전쟁 전사자의 유해 발굴 등은 현대사와 관련된 고고학자들의 대표적인 연구 대상이다. 고고학자들은 현장에서 유물이나 유적을 직접 보고 상황을 정확하게 파악하는 것이 중요하다. 고고학자들이 직접 발굴을 하는 것과 보고서로만 보는 것은 큰 차이가 있다. 보고서에 제시된 도면이나 사진이 실제 유물과 다를 수밖에 없기 때문이다. 고고학의 분야는 아주 넓고 방대하므로 고고학자들은 주제별, 지역별로 전문적인 학문의 영역을 나누는 경향이 있다. 또한 고고학자는 역사학과 같은 인문계열뿐만 아니라 고생물학 및 물리학, 통계, 수학계산법이나 측량 도구 조작법 등 자연계열의 지식도 요구되는 직업이다. 고고학의 분야 중 형질고고학의 경우는 의과대학에서 해부학 과정을 수료해야 배울 수 있는 분야이다. 또한 성서고고학은 성경의 내용에 기초하여 팔레스타인 및 아시아 지역을 중심으로 활동하는 종교고고학으로, 기독교 유물의 진위 여부를 토대로 성경에 나온 지리의 위치를 확정하는 특수 분야이다.

🔍 고고학자가 하는 일은?

고고학자는 인류문화에 대한 폭넓은 이해를 구하고 과거 유물과 유적을 발굴하여 분석하는 일을 한다. 대부분 세계의 특정 지역이나 특정 연구 주제에 초점을 맞추지만, 특수 분야에 대한 연구로 전문 지식을 쌓기도 한다. 생물고고학, 동물고고학, 고민족식물학, 수중고고학, 종교고고학, 형질고고학 등 연구 분야가 다양하다.

> 🔍 유적을 발굴하고 유적에서 출토되는 유물을 수습한다.
>
> 🔍 수습된 유물의 이름, 용도, 연대 등을 분석한다.
>
> 🔍 훼손된 유물을 원래의 모습대로 복원한다.
>
> 🔍 발굴된 유적에 대한 보고서를 쓰고 기록으로 남긴다.
>
> 🔍 유물과 유적을 분석해 인류의 역사와 문화를 연구한다.
>
> 🔍 바다, 강, 호수 등 수중에 있는 유적과 유물을 분석하고, 보존 처리한다.
>
> 🔍 기독교 유물의 진위 여부와 유적과 유물의 역사적, 문화적 배경을 밝혀낸다.

Tip 디지털 고고학자에 대해 알아볼까요?

디지털 고고학은 유적과 유물을 조사하여 조상들의 생활모습과 문화를 연구하는 고고학에 우주과학을 더한 학문이다. 디지털 고고학자는 인공위성이나 비행기에 달린 원격 레이더 관측 장비 등을 이용하여 고고학을 연구한다.

예를 들어 밀림이나 사막 등지의 경우, 숲이나 모래 때문에 유적 탐사 작업이 불가능하거나 어려울 수 있다. 이때 첨단 관측 장비를 이용하여 유적지의 모습을 파악한 후 디지털로 고고학 연구를 진행할 수 있다. 몇 년 전 과테말라나 미국 등의 연구진이 레이저 관측 장비 등을 이용하여 밀림 속에 숨어 있는 마야 문명의 주요 유적지 지형을 밝혀낸 적이 있다.

디지털 고고학자가 되려면 고고학 관련 학문과 함께 환경공학을 전공하면 도움이 된다. 또한 발굴 작업은 여러 나라의 고고학자들이 협업해서 하는 경우가 많아 외국어 능력이나 협업 능력도 중요하다.

적성과 흥미는?

고고학자는 인류의 역사와 문화를 발굴하고 연구하는 직업으로, 창의적인 사고와 문제해결을 위한 통찰력이 요구된다. 또한 고고학 지식과 역사학 등 여러 학문의 도움을 받는 분야이기 때문에 다양한 지식에 대한 탐구심도 필요하다. 유적과 유물의 발굴 현장에서는 미처 예상하지 못한 힘든 일이 발생하는 경우가 흔하다. 온종일 서 있거나 쪼그리고 앉아 있어야 하며, 무거운 짐도 옮겨야 한다. 따라서 체력과 인내심이 필요하고, 신속 정확하게 일을 처리할 수 있는 자질도 요구된다.

고고학자에 관심이 많다면 평소 분석적으로 사고하는 습관을 지닐 수 있도록 노력해야 한다. 왜냐하면 고고학자는 지속적이고 반복적인 일을 하는 경우가 많기 때문이다. 역사신문반, 지리연구반, 박물관탐구반, 문화인류학토론반 등의 동아리활동이 도움이 된다. 또한 다양한 영역의 폭넓은 독서활동을 통해 자신의 사고력을 넓히고, 다른 사람과 효과적으로 의사소통하는 것을 적극 추천한다.

💬 **관련 학과 및 자격증은?**

관련 학과: 고고학과 · 고고미술사학과 · 고고인류학과 · 문화인류학과 · 사학과 · 지리학과 · 생물학과

🔧 박물관 및 미술관 준학예사   🔧 역사체험지도사

🔧 문화재수리기술(기능)사

💬 **관련 교과는?**

국어   사회   영어   과학   미술

💬 **관련 직업은?**

교수 · 감정평가사 · 학예사 · 큐레이터 · 학예연구사(공무원) · 문화재보존가 · 박물관장 · 문화자료연구원 · 미술사학자

🌐 진출 방법은?

고고학은 전문 분야이므로 고고학자가 되기 위해서는 관련 학문을 공부해야 한다. 대학의 고고학과, 고고미술사학과, 고고인류학과, 문화재학과, 사학과 등에서 공부하면 도움이 된다. 그러나 고고학을 제대로 공부하기 위해서는 대학원에 진학하여 고고학 관련 석사 또는 박사 학위를 취득하는 것이 필수적이다.

대학원 진학 시에는 특정 시대(구석기, 신석기, 청동기, 삼국시대 등)에 중점을 두고 세부 전공(돌도끼, 토기, 고인돌 등)을 정하는 것이 좋다. 대학원 수업을 들으면서 시간이 날 때마다 문화재 현장에서 익힐 수 있는 발굴 기법과 실측 등을 경험하고, 연구실에서 유물을 세척하고 복원하며 실측해야 한다.

졸업 후에는 국공립연구소나 국립중앙박물관, 국립문화재연구소, 매장문화재조사기관, 중앙문화재연구원 등 관련 기관에서 발굴 조사를 하고 보고서를 작성하는 등의 일을 담당할 수 있다.

⚙️ 미래 전망은?

고고학은 인간의 문화나 역사, 생활양식을 대상으로 하는 학문이다. 이에 대한 탐구정신은 미래에도 계속될 것으로 예상되기에 고고학자의 전망은 밝은 편이다. 또한 과학기술의 발전으로 인한 인공지능의 발달은 고고학자들의 일에 많은 도움을 줄 것으로 보인다. 실제로 고고학자들은 유물 발굴, 조사 및 기록, 분류 작업에 많은 시간과 노력을 들여야 한다. 인공지능은 이러한 인간의 노력을 덜어주면서 보다 경제적으로 연구 작업을 수행할 수 있도록 도울 것이므로 미래 고고학자들의 입지는 더욱 넓어질 것으로 전망된다.

우리나라는 매년 유물의 발굴과 연구에 수천억대에 이르는 예산을 책정하고 있다. 미래에 통일이 된다면 북한 땅에 있을 수많은 유물과 유적에 대한 발굴 작업도 활발해질 것이므로 전망이 더욱 밝아질 것으로 예상된다.

CAREER MAP

- 역사 및 외국어 관련 교과 역량 강화
- 역사신문반, 지리연구반, 박물관탐구반, 문화인류학토론반 등의 동아리활동
- 박물관, 유적지 탐방 등 체험활동
- 관련 학과 탐방 및 직업탐색활동
- 다양한 분야의 독서활동

- 박물관 및 미술관 준학예사
- 문화재수리기술(기능)사
- 역사체험지도사

- 고고학과
- 고고미술사학과
- 고고인류학과
- 문화인류학과
- 사학과
- 지리학과
- 생물학과

준비 방법

관련 자격

- 국어
- 사회
- 영어
- 과학
- 미술

관련 교과

고고학자

관련 학과

적성과 흥미

관련 기관

관련 직업

- 인내심
- 집중력
- 통찰력
- 탐구정신
- 분석적 사고 능력
- 논리적 사고 능력
- 의사소통 능력

- 국립중앙박물관
- 국립문화재연구소
- 매장문화재조사기관
- 중앙문화재연구원
- 문화재청

- 교수
- 학예사
- 큐레이터
- 학예연구사(공무원)
- 문화재보존가
- 박물관장
- 감정평가사
- 문화자료연구원
- 미술사학자

국문학자

국문학자란?

국문학자는 한국 문화와 정신사의 근간을 이루는 한국어 및 한국 문학 자료를 감상하고 분석한다. 언어 이론과 문학 이론에 근거해 한국어와 한국 문학을 연구하고, 이를 토대로 새로운 문화를 창조한다. 국어학, 고전문학, 현대문학, 어문교육 등 국어국문학의 모든 영역과 이들 사이의 내적 소통은 물론 인문학이나 사회과학, 자연과학과 공학 등의 소통을 위해서도 연구한다.

일반적으로 국어국문학은 우리말의 문법 및 언어학적 구조를 다루는 국어학과 한국 문학을 다루는 국문학으로 나눌 수 있다. 그러나 최근 급격한 사회 변화에 따라 국어국문학의 체계도 많이 바뀌고 있다. 한국어를 배우고 싶어하는 외국인들이 증가하며 여러 대학에 '(외국인을 위한) 한국어교육' 전공이 개설되었고, 국문학과에서 문예창작학이나 문화콘텐츠학 관련 과목을 가르치기도 한다. 이렇듯 요즘은 국어국문학이라는 학문의 범위가 굉장히 넓어져 인터넷 기반의 언어나 영상 대본과 같은 새로운 매체 환경의 언어들도 국문학의 범위에 포함시켜 연구해야 한다.

앞으로 국어국문학자는 다문화·세계화 시대에 한국어문학이 나아가야 할 방향과 세계로 확산될 수 있는 인문학적 방법을 연구해야 한다. 또한 미디어 발전에 따른 한국어문학의 연구 방향을 제시하고, 4차 산업혁명 시대에 인간과 기계의 역할분담 및 공존을 위한 인문학적 가치관을 확립하는 것도 국문학자의 중요한 과제라고 할 수 있다.

🔍 국문학자가 하는 일은?

국어국문학의 세부적인 전공 분야에 대해 꾸준히 연구하고, 각종 학회, 세미나 등에 논문을 제출하고 발표한다. 또한 국어국문학에 대한 전문가로서 정부나 기업체의 정책 수립에 조언하거나 외부 회의에 참여하기도 한다.

- 🔍 우리말의 글과 문법, 외국어와 다른 구조 및 변천사 등을 연구한다.
- 🔍 작자 미상의 고전문학부터 현대문학까지 다양한 문학 작품과 작가에 대해 연구한다.
- 🔍 작가 및 작품의 제작 경위, 작품의 주석에 대해 고증한다.
- 🔍 연구 학회지 또는 기타 연구 내용을 실은 도서를 간행한다.
- 🔍 학술 발표 대회 및 학술 강연회에 참여하여 발표한다.
- 🔍 한국어 및 한국 문학 자료를 감상하고 분석한다.
- 🔍 언어 이론 및 문학 이론에 근거해 한국어와 한국 문학을 연구한다.
- 🔍 우리 민족 구성원이 일본어, 중국어, 러시아어, 영어 등 다른 언어로 쓴 작품을 수집하고 분석한다.
- 🔍 새로운 미디어 환경에서 나타나는 언어들, 즉 인터넷 기반의 언어나 영상의 대본을 연구한다.
- 🔍 한국어와 한국어문학의 연구와 교육에 학문적 기틀을 마련한다.
- 🔍 세계화 시대에 걸맞은 한국어와 한국 문학의 위상을 정립한다.
- 🔍 학술회의를 개최하고, 학술지를 만들어 국어국문학의 연구가 지속되도록 돕는다.

Tip 시인에 대해 알아볼까요?

시인은 세상의 여러 가지 현상을 자신의 주관적이고 독특한 시각으로 관찰하여 시적 어구로 정리한다. 다채롭고 현실성 있는 소재를 발굴하기 위해 취재를 하거나, 다양한 사람들을 만나 정보를 수집한 후 창작에 반영한다. 선택한 주제에 대한 여러 현상을 작가의 주관적인 시각을 통해 재조명하고 정리하여 한 편의 시를 창작한다.

시인이 되기 위해서는 인간과 사물에 대한 세밀한 관찰력과 호기심, 문장력과 언어 감각, 창의력이 필요하며, 항상 새로운 아이디어를 생산해야 한다는 부담감에 스트레스가 많다. 시인이 되는 데 학력의 제한은 없지만, 전문대학이나 대학의 문예창작학, 국문학 관련 학과를 졸업하는 것이 도움이 된다.

적성과 흥미는?

국문학자는 무엇보다 언어와 문학에 관심과 소질이 있어야 한다. 언어와 문학은 사회적 환경의 영향을 받기 때문에 사회 변화를 읽을 줄 안다면 더욱 좋다. 평소 우리나라 문학이나 외국 문학을 즐겨 읽고 영화나 연극 등 문학예술 장르를 감상하는 것을 즐긴다면 문학 작품을 이해하고 창작하는 데 도움이 된다.

국문학자가 되고 싶다면 무한한 상상력과 창의력, 글쓰기, 읽기에 대한 흥미가 필요하다. 또한 국문학을 연구하지만 언어와 문학이라는 공통 주제에 대해 공부하므로 외국어와 외국문학 작품에 대한 기본 이해가 필요하다.

국어국문학과 국어교육과 문예창작학과
문화콘텐츠학과

🔧 한국어능력검정시험　　🔧 한자검정시험
🔧 독서지도사　　　　　　🔧 문화해설가
🔧 논술지도사

💬 **관련 교과는?**

국어　영어　사회　한문

💬 **관련 직업은?**

국어교사　한국어교사　한문교사
카피라이터　국문학연구원　언론계 종사자
출판계 종사자　작가　비평가　문화해설가
교육매체 제작자　독서 및 논술 지도사

🌐 진출 방법은?

세계적으로 한국 문화에 대한 관심이 커지면서 한국어와 한국 문학을 교육할 전문가에 대한 수요도 높아지고 있다. 한국어와 한국 문학을 연구하고 발전시킬 국문학자가 되기 위해서는 국어국문학과나 국어교육과에서 우리 문학과 언어를 전공하고, 대학원에 진학하여 석사나 박사 과정을 거쳐야 한다. 이후 대학이나 연구기관 등에서 국문학 조교나 보조 연구원 등으로 일정 기간 일한 후에 교수나 연구원, 즉 국문학자의 길을 걷게 된다. 그 기간은 본인의 능력과 노력에 따라 다르나 일반적으로 10여 년 정도가 걸린다.

확고한 의지 없이 긴 시간 동안 학문에 몰두하며 자신의 관심 분야를 연구하는 것은 매우 힘든 일이므로 한국 문학에 자부심을 가지고 항상 연구하는 자세로 최선을 다할 때 국문학자라는 직업에 만족할 수 있다.

⚙️ 미래 전망은?

최근 세계 각국에 한류가 퍼지면서 한국어와 한국 문화의 위상이 높아지고 있다. 특히 각종 영화나 드라마, BTS를 비롯한 아이돌의 인기는 아시아뿐만 아니라 유럽, 미국, 중남미 등에서도 열풍을 일으키며 한국이 문화의 중심에 설 수 있게 만들었다. 인터넷 스토리텔링과 다양한 문화 콘텐츠에서도 알 수 있듯 현대 사회에서는 창의적인 글쓰기와 인문학적 교양이 중요시된다. 때문에 한국어와 한국 문학을 연구하고 널리 알리는 국문학자의 역할이 더욱 중요해지고 있으며, 그 전망도 매우 밝다.

요즘은 문자로 기록된 책뿐만 아니라 다양한 매체에서 나타나는 인터넷 기반 언어나 영상의 대본도 한국 문학에 포함시킬 만큼 한국 문학의 영역이 넓어지고 있다. 따라서 앞으로 국문학자들은 문학비평, 창작, 고전문학, 한문학, 국어문법 등 국어국문학의 전통적인 영역은 물론 외국어로서의 한국 문학, 영화 문학, 글쓰기, 사회언어학 등 새로운 영역에 대한 개척도 지속적으로 해나가야 한다. 이를 통해 민족적 정체성을 함양하고, 국어국문학의 세계화를 실현하는 것이 과제이다.

CAREER MAP

- 국어, 한문 교과 역량 강화
- 문예반, 도서반 등 국어 관련 동아리활동
- 문예, 국어 분야 교내 행사 참여
- 국립국어원, 출판사 관련 학과 탐방
- 국문학자, 시인 등 직업체험활동

- 한자검정시험
- 독서지도사
- 문화해설가
- 한국어능력검정시험
- 논술지도사

준비 방법

관련 자격

- 국어교육과
- 국어국문학과
- 문예창작학과
- 문화콘텐츠학과

관련 학과

- 국어
- 영어
- 사회
- 한문

관련 교과

국문학자

적성과 흥미

- 상상력
- 창의력
- 글쓰기 능력
- 읽기 능력
- 자기통제 능력
- 인내심
- 의사소통 능력

관련 기관

- 국립국어원
- 한국언어연구학회
- 한국어교육학회

관련 직업

- 국어교사
- 한국어교사
- 한문교사
- 국문학연구원
- 언론계 종사자
- 출판계 종사자
- 문화해설가
- 카피라이터
- 작가
- 교육매체 제작자
- 독서 및 논술지도사
- 비평가

목사

목사란?

목사는 개신교 신자들에게 교리를 설명하고 종교 의식을 집행하는 일을 한다. 목사는 예배를 준비하고 진행하는 사회자, 기독교 교리를 신자 또는 비신자에게 가르치는 교사, 교회 운영의 감독관 등의 역할을 모두 해야 한다. 규모가 작은 교회의 경우, 신도 사이의 갈등을 중재하거나 개인적 고민을 나누는 상담사의 업무를 수행하기도 한다. 목사는 사람을 직접 마주 대하면서 활동하는 일이 많아 인간관계의 갈등이 필연적으로 따르고, 이에 대한 스트레스가 많을 수 있다. 그러나 목사는 사람들에게 하나님의 사랑을 전하는 일을 하므로 무엇보다도 사람을 사랑해야 하는 직업이다.

목사들은 잘 변하지 않던 사람들이 설교를 통해 조금씩 바뀌어가고, 삶의 가치관이 달라지는 것을 볼 때 큰 보람과 기쁨을 느낀다고 한다. 한국 근대사에서 목사들은 강력한 지도력을 발휘하여 민족의 정신 교육을 담당하였고, 교회를 통해 근대화 추진에 큰 공헌을 했다.

목사는 서비스업의 일종으로 감정 노동이 심한 편이다. 신도들의 신앙심을 이끄는 일에 소홀히 하는 순간 교인들은 교회를 떠나고, 목사들은 설 자리를 잃게 된다. 또한 목사는 예배 이외에도 교회에서 하는 각종 행사, 여름 성경 학교, 수련회, 해외 선교, 부흥회, 특별 기도회, 야외 예배, 추수 감사 예배 등을 주관해야 한다. 목사는 일반 신도의 집에 자주 심방을 다니는 등 이동이 많다. 교회 소속 봉고차나 승합차 등을 운전해야 할 일이 매우 많아 1종 보통 운전면허가 있으면 도움이 된다.

🔍 목사가 하는 일은?

종교 의례와 의식을 거행하거나 관리하며, 창조, 속죄 또는 구원 행사의 의식적 재연을 관장한다. 기본적으로 예배와 세례, 성찬을 주관하고 설교를 하는 것이 가장 기본적인 업무이다. 그 외에도 신앙 상담, 가정 심방, 예식 집전(혼인, 병자 방문, 장례 등) 등으로 교인들을 한 명 한 명 챙기는 일도 한다.

🔍 예배와 세례, 성찬을 주관하고 몇십 분 분량의 설교를 한다.

🔍 신자들의 요청에 의해 결혼식이나 장례식을 집행한다.

🔍 교육기관, 의료기관, 교도소, 경찰서, 군대 등에서 교육적·종교적 활동을 수행한다.

🔍 신도의 가정을 방문하여 신앙심을 고취시키거나 병든 사람을 위로한다. 정신적인 결핍 또는 안식을 갈망하는 사람들을 돕고 신앙으로 인도한다.

🔍 각종 모임이나 종교 교육 프로그램을 지도·감독한다.

🔍 단체에 근무하는 경우 성직자 양성을 담당하거나 하위 성직자로 하여금 종단의 관리나 인사, 재무, 사무 등의 일을 제대로 수행하도록 지도·감독한다.

🔍 교회에 임금 근로자나 자원 봉사자가 있을 경우, 이에 대한 관리·감독의 업무를 수행한다.

Tip 신부에 대해 알아볼까요?

신부는 천주교의 종교 예식이나 의식을 집행하고 관장한다. 신자들을 정신적·도덕적으로 지도하는 사람으로, 교리를 해설하며 종교 의식을 집행한다. 신부가 되기 위해서는 세례를 받은 지 3년이 지난 다음, 본당 신부의 지도를 받고 교구장의 추천으로 가톨릭대학의 신학과(대신학교)에 입학하여 철학과 신학을 배우며 기도와 영성 생활을 한다. 보통 각 교구에서는 대신학교 입학 전에 성직 지망 학생(예비 신학생)을 미리 모집하여 교육하고 있으며, 이러한 모임에 참석하여 자신의 성소(성직 또는 수도 생활의 뜻을 품는 것)를 확인해야 한다. 신학과는 본과 4년, 연구과 2년, 부제반 1년 등 총 7년 과정으로 이루어져 있다.

신학생도 군대에 가는데, 군면제 대상자의 경우 교구에서 지정하는 사회복지시설에서 군복무 기간만큼 봉사활동을 해야 한다. 4학년이 되면 착복식을 하고 독서직을 받으며, 5학년이 되면 시종직, 6학년이 되면 부제품을 받게 되고, 7년의 총 과정을 마치면 주교로부터 서품을 받아 사제가 된다.

📊 적성과 흥미는?

목사가 되려면 기독교의 교리와 종교의 기능, 철학 등에 대한 지식이 필요하고, 이를 여러 사람들에게 전달해야 하기 때문에 언어 구사 능력과 함께 상담 능력도 필요하다. 목사는 자신의 이익을 앞세우는 직업이 아니라 사회를 위해 공헌한다는 사명감을 지녀야 하는 직업이다. 그렇기 때문에 다른 사람을 위해 희생하고 봉사할 수 있는 마음을 지녀야 한다. 또한 자신과 다른 의견이라도 열린 마음으로 존중할 줄 아는 사람에게 적합하다. 목사는 다른 직업에 비해 높은 도덕심과 책임감이 필요하다. 또 여러 사람에게 도덕적인 영감을 주어야 하기 때문에 리더십이 있어야 하며, 의사소통 능력도 매우 중요하다.

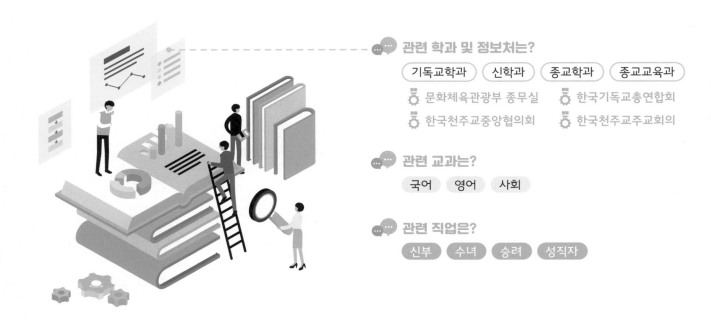

관련 학과 및 정보처는?

기독교학과   신학과   종교학과   종교교육과

문화체육관광부 종무실   한국기독교총연합회
한국천주교중앙협의회   한국천주교주교회의

관련 교과는?

국어   영어   사회

관련 직업은?

신부   수녀   승려   성직자

진출 방법은?

목사가 되는 방법은 교파마다 다른데, 일반적으로는 소속 교단이 인정하는 대학교에서 신학을 전공하고, 신학대학원에서 목회학 석사 학위를 취득한 후 일정 기간 전도사로 사역한 다음, 목사 고시에 합격해야 한다. 교파에 따라서 전도사나 강도사 시험에 응시해야 한다.

대학교에서 신학을 전공하지 않았더라도 신학대학원(3년)을 졸업하면 목사 안수를 받을 수 있다. 이 외에도 각 교파 및 교단에서 설치한 신학교나 신학원 등 신학 교육기관에서 성직자를 양성한다. 목사는 정규 신학 과정을 이수한 뒤 일정 기간 동안 교회 치리 기관의 지도 아래 훈련을 마치고 정식 안수를 받은 다음, 기존 교회의 청빙을 받거나 교회를 설립해야 목사로서의 기능을 발휘하게 된다.

현재 한국의 장로교에서는 4년간의 대학 교육과 3년간의 신학 교육을 마쳐야 목사 자격이 주어진다. 그 밖의 다른 교단에서는 4년간의 대학 과정을 이수하면 목사 안수를 받을 자격이 주어진다.

미래 전망은?

이 세상에 종교가 없다면 인류의 정신문화는 더욱 황폐해질 것이며 세계의 각종 종교 관련 문화유산도 없었을 것이다. 종교는 우리의 일상뿐만 아니라 인류 문명에 큰 영향을 미치며, 인간과 삶의 참모습을 밝히는 데 중점을 둔다.

우리 사회가 물질적인 풍요를 누리면 누릴수록 인간들의 정신적인 박탈감이나 소외감, 갈등은 더욱 심해질 것으로 예상된다. 그렇기 때문에 영혼의 문제, 마음의 문제를 다루는 성직자의 역할은 더욱 중요해질 것으로 보인다.

목사는 종교 계통 전문가로서 인간의 삶에 대한 공감적 이해를 바탕으로 교회를 이끌어가면서 사회의 전반적인 복지 분야에서도 활동할 수 있다. 인류의 정신세계와 사회의 보편적인 문제를 포괄적으로 다룰 수 있는 역량을 갖추어 종교 계통의 전문가뿐만 아니라 학술 및 저술활동을 할 수도 있다. 인류 문화의 뿌리와 중요한 유산인 종교를 연구하는 목사는 다양한 문화 콘텐츠에 대한 식견을 겸비하므로 영화, 애니메이션, IT 등 문화 산업과 뉴미디어 분야에서도 특출한 능력을 발휘할 수 있을 것으로 예상된다.

CAREER MAP

준비방법
- 국어, 영어, 사회 교과 역량 강화
- 종교, 봉사 관련 동아리활동
- 말하기, 논술 분야 교내 행사 참여
- 교회 및 관련 학과 탐방
- 종교인 직업체험활동

관련 직업
- 신부
- 수녀
- 승려
- 성직자

관련 학과
- 종교학과
- 기독교학과
- 신학과
- 종교교육과

관련 교과
- 국어
- 영어
- 사회

목사

관련 기관
- 한국종교문화연구소
- 한국기독교총연합회

적성과 흥미
- 언어 구사 능력
- 상담 능력
- 사명감
- 봉사정신
- 자기통제 능력
- 도덕심
- 의사소통 능력
- 책임감
- 리더십

관련 정보처
- 문화체육관광부 종무실
- 한국기독교총연합회
- 한국천주교중앙협의회
- 한국천주교주교회의

문화재보존전문가

문화재보존전문가란?

누구나 한 번쯤은 박물관에서 고려시대의 청자나 조선시대의 그림을 본 적이 있을 것이다. 박물관의 문화재들은 오랜 시간이 지났음에도 불구하고 본래의 모습을 잘 간직하고 있는 것도 있고, 일부분이 손상된 것도 있다. 만약 손상된 문화재를 그대로 전시한다면 미관상으로 좋지 않을 뿐만 아니라 우리의 소중한 역사와 문화를 제대로 이해하기도 어려울 것이다. 더구나 아무런 조치 없이 그대로 방치할 경우에는 우리의 귀중한 문화유산이 망가져서 없어질 수도 있다.

문화재보존전문가는 발굴 당시 너무 오래되어 본연의 형태를 간직하고 있지 못한 문화재들을 복원하거나 보존하는 일을 하는 사람이다. 박물관에 있는 문화재들은 재질이나 기법의 특성에 따라 다양한 손상 유형을 보인다. 이러한 문화재들이 박물관에 전시되기까지는 많은 사람들의 손을 거치게 된다. 이때 유물을 관리하고 당시 환경을 확인하여 복원, 수리하는 문화재보존전문가는 문화재의 의사라고 할 수 있다. 유럽에서는 전통적으로 이들을 복원가(Restorer)라고 불러왔으나, 최근에는 복원작업보다 손상의 예방과 보호를 우선으로 하는 보존의 중요성이 크게 반영되어 보존전문가(Conservator)라고 부른다.

문화재보존전문가는 문화재에 대한 높은 수준의 전문지식을 갖춰야 한다. 또한 손상되거나 훼손된 문화재의 원형을 되살리기 위해 과학적 방법을 사용하고, 이와 관련된 기술을 연구하기도 한다. 정기적으로 보존 상태를 조사하여 장기적인 보존 대책을 강구하는 등 문화재 보존 환경에 대한 연구 개발을 수행한다.

문화재보존전문가가 하는 일은?

유물이 발굴된 경우, 현장에 먼저 방문하여 흙을 함께 떠오는 등 여러 방법을 통해 유물을 최대한 보존하여 운반한다.

- 🔍 운반되어 온 유물을 세척하고, 사진과 X-ray 촬영 등의 조사로 유물의 손상 정도, 내부 구조 등을 확인한다.
- 🔍 재질에 따라 해당 분야의 전문가가 동원되어 더이상 손상되지 않게 손상 원인을 제거하고, 안정화 및 강화 처리를 한다.
- 🔍 결손 부분은 보강하고, 복원을 필요로 하는 경우에는 유물의 제작기법과 본래의 형상 등을 조사하여 복원한다.
- 🔍 보존 처리가 끝난 유물은 상태에 따라 온도, 습도 등을 고려하여 수장고(유물보관창고)에서 관리한다.
- 🔍 새로운 보존처리 기술, 보수재료 개발 등의 연구를 꾸준히 수행한다.

> **Tip** 문화재보존전문가 관련 국가 자격증에 대해 알아볼까요?
>
> 문화재보존과 관련된 국가 자격증으로는 문화재수리기능자, 문화재수리기술자 등이 있다. 문화재수리기능자 시험의 경우 학력이나 경력에 관계 없이 서류심사와 실기 및 면접시험을 본다. 문화재수리기술자 시험은 보수, 단청, 실측·설계, 조경, 보존과학, 식물보호 등 6개 분야로 나누어 실시된다.

 ## 적성과 흥미는?

문화재보존전문가는 탐구심, 판단력, 논리적 사고 능력, 통찰력 등을 갖추어야 한다. 문화재는 우리 선조들의 삶의 지혜와 숨결이 담긴 귀중한 유산이므로 역사와 예술에 대한 이해와 문화재에 대한 해석 능력이 중요하다.

문화재보존전문가는 석조물 및 미술품 등을 정확하고 정밀하게 보존하고 복원할 수 있는 손재주가 있어야 하며, 유적, 유물에 대한 역사적 지식이 필요하다. 또한 유물의 상태를 점검 및 보존하기 위해서는 기본적으로 기초과학 지식이 있어야 하며, 예술적 감각도 필요하다. 탐구형과 예술형의 흥미를 가진 사람에게 적합하며, 꼼꼼함, 인내심, 정직성 등의 성격을 가진 사람들에게 유리하다. 문화재 보존에 대한 투철한 사명감과 책임감을 갖춰야 한다.

문화재보존전문가에 관심이 많다면 평소 국어, 역사, 한문, 미술 등의 교과와 함께 생물학, 물리학 분야에 관심을 가지도록 노력해야 한다. 또한 평소 역사적 사실과 문화재에 호기심을 가지고 각종 박물관이나 미술관을 방문하여 인문학적 지식과 예술적 감각을 함양하도록 노력하는 것이 좋다. 이를 위해 역사탐구반, 문화재연구반, 박물관탐구반, 생물학탐구반, 물리연구반 등에서 적극적으로 활동하면 문화재보존전문가로서의 역량을 키우는 데 도움이 될 수 있다. 평소 문화와 예술 분야에 깊은 관심을 가지고, 이와 관련된 탐구활동을 할 것을 적극 추천한다.

관련 학과 및 자격증은?

문화재보존학과   고고학과   문화재과

미술학과   고고미술사학과   건축학과

화학과   생물학과   물리학과

⚙ 문화재수리기능자   ⚙ 문화재수리기술자

관련 교과는?

국어   사회   과학   미술

관련 직업은?

감정평가사   고고학자   고고학연구원

문화사연구원   문화재수리원   학예연구사

진출 방법은?

문화재보존전문가가 되려면 전문대학 및 대학교에서 문화재보존학과, 박물관학과 등을 전공하는 것이 유리하다. 최근에는 업무가 전문화되고 문화재에 대한 고증을 통해 전통 방식 그대로 작업하기도 하므로 석사 이상의 학력이 요구되기도 한다.

문화재보존전문가는 일반적으로 학교의 부설연구소 또는 관련 업체에서 경험을 쌓은 전문가로 활동한다. 주로 공개 채용을 통해 박물관, 문화재연구소, 문화재수리업체, 보존과학업체 등에서 근무한다.

문화재의 종류에는 금속유물, 수침목재, 목칠공예품, 회화 및 지류, 도자기 등 종류가 다양하여 해당 유물 관련 학과 전공자이거나, 산업인력관리공단에서 시행하는 문화재수리기능자, 문화재수리기술자 자격을 취득하면 문화재보존전문가로 일하는 데 도움이 된다.

미래 전망은?

당분간 문화재보존원의 고용은 현재와 같이 유지될 것으로 전망된다. 국민소득의 향상과 함께 전시와 체험을 통한 여가 생활을 즐기게 됨에 따라 자녀들의 교육적 효과를 얻기 위한 역사 탐방의 수요가 증가하고 있다. 또한 문화재 분야에서도 과학적인 분석과 관리가 가능해지면서 문화재보존원의 역할이 중요하게 평가되고 있다.

3D 장비의 개발과 보급으로 보존 수준이 높아지고 있으며, 문화재를 안전하게 보존하고, 디지털 시대에 맞게 데이터베이스를 구축하고 관리하는 것이 중요해지고 있다. 기후변화, 자연재해, 환경오염 등에 따른 문화재의 훼손이 확대됨에 따라 이를 복원하고 관리하는 문화재보존원의 역할이 확대되고 있다. 하지만 문화재 관련 학과 전공자의 증가에 비해 이들을 수용할 박물관, 전시실, 보존과학업체 등의 수는 많이 증가하지 않을 것으로 예상되므로 문화재보존원이 되기 위해서는 치열한 경쟁을 치러야 할 것으로 예상된다.

CAREER MAP

준비 방법

- 인문학적 지식 함양
- 예술적 감각 함양
- 기초과학 지식 함양
- 창의력 함양
- 역사, 문화재, 박물관, 생물학, 물리학 관련 동아리활동
- 폭넓은 독서활동
- 관련 주제탐구활동

관련 직업

- 감정평가사
- 고고학자
- 고고학연구원
- 문화사연구원
- 문화재수리원
- 학예연구사

관련 교과

- 국어
- 사회
- 과학
- 미술

문화재 보존 전문가

관련 기관

- 문화재청
- 문화체육관광부
- 한국문화재단

적성과 흥미

- 사명감
- 비판적 사고 능력
- 논리적 사고 능력
- 의사소통 능력
- 문서 작성 능력
- 분석력
- 판단력
- 의사결정 능력

관련 자격

- 문화재수리기능자
- 문화재수리기술자

관련 학과

- 문화재보존학과
- 고고학과
- 문화재과
- 미술학과
- 고고미술사학과
- 건축학과
- 화학과
- 생물학과
- 물리학과

05

문화재연구원

문화재연구원이란?

문화유산은 우리 겨레의 삶의 지혜와 숨결이 깃들어 있는 소중한 인류 문화의 자산으로, 모든 유·무형의 문화재는 민족 문화의 정수이자 기반이 된다. 더욱이 우리의 문화유산은 오랜 역사 속에서 많은 재난을 견디며 오늘에 이르고 있어 문화유산을 찾고 가꾸는 일은 나라 사랑의 바탕이 된다. 문화유산은 한번 손상되면 다시는 원 상태로 돌이킬 수 없어 국민들은 유적과 그 주변 환경이 훼손되지 않도록 노력해야 한다.

문화재연구원은 선사 시대부터 현대에 이르기까지 우리나라 각 지역에 분포하고 있는 문화재를 조사하고 발굴하며 복원하는 것을 전문적으로 연구하는 사람이다. 즉 우리나라의 문화유산(유·무형 문화재)을 온전하게 보존하거나 기록으로 남겨서 다음 세대에 물려주기 위해 문화재에 대한 학술 조사, 연구 및 과학적 보존, 관리, 활용기술의 연구 개발에 관한 일을 한다. 이는 문화유산의 역사성을 회복하여 누구나 언제든지 우리의 전통문화를 누릴 수 있게 하고, 나아가 세계 속에서 우리 문화유산의 우수성을 알리는 데 크게 기여하고 있다.

문화재연구원은 일반적으로 정부나 민간 관련 문화재 연구 기관이나 대학부설연구소에 소속되어 근무하지만 일부 연구원은 파트타임으로 근무한다. 업무는 단독으로 진행하는 경우도 있고, 연구원들이 팀을 이루어 공동으로 진행하기도 한다. 정부연구기관의 경우에는 공동 연구를 하는 것이 대부분인데, 연구원들이 함께 모여서 고민하고 토론하며 문제해결 방법을 찾는다. 또한 행정기관과 박물관의 의뢰를 받아 문화재에 관한 데이터베이스 구축 작업을 하기도 한다.

 문화재연구원이 하는 일은?

문화재연구원은 대한민국 문화유산(유·무형 문화재) 및 매장 문화재의 조사, 연구, 보호, 보존 관리 및 그 활용을 통해 민족 문화를 전승·보급하고, 문화재의 총체적인 보존 관리 체제를 확립하는 일을 한다.

- 문화유산에 대한 지표 조사, 발굴 조사, 고건축 조사, 문화재 GIS 조사 등을 한다.
- 문화유산 관련 조사 및 연구를 하고, 학술 보고서와 연구서를 발간한다.
- 전통문화와 문화재에 대한 전문 인력을 양성하기 위해 교육한다.
- 문화유산과 관련한 문화 콘텐츠를 연구하고 개발한다.
- 문화유산 관련 각종 학술 행사에 참여한다.
- 지역 문화유산의 관광 자원화 및 콘텐츠의 활용 확대에 기여한다.
- 생활 문화유산에 대해 교육한다.
- 세계유산 등재 체계화와 관리를 강화한다.
- 국외 문화재를 보호하고 활용한다.
- 문화재의 국제 교류를 확대한다.

Tip 큐레이터에 대해 알아볼까요?

큐레이터는 박물관, 미술관 등에서 관람객들을 위한 전시 기획, 소장품의 수집과 관리, 조사와 연구, 교육 프로그램 개발 업무를 담당한다. 구체적인 업무 내용은 근무하는 장소나 전시품에 따라 차이가 있다. 큐레이터는 일반적으로 새로운 전시 주제를 선정하여 작품을 섭외하고, 전시장 진열과 관리, 관람객을 대상으로 한 교육 프로그램 준비 업무를 비롯해 전시 개막식 및 리셉션 준비 등 행정적인 업무까지 모든 업무를 총괄한다.

큐레이터가 되기 위해서는 대학에서 고고학, 사학, 미술사학, 예술학, 민속학, 인류학 등을 전공하면 도움이 된다. 큐레이터 채용 시 관련 전공자로 제한하는 경우도 있으며, 석사 이상의 학력이 요구된다. 미술관 큐레이터 중에는 동양화, 서양화, 조각, 도예 등 미술 실기를 전공한 사람도 있다. 요즘에는 각 대학에 큐레이터학과가 생기고, 대학원에 예술기획전공, 예술경영학과, 박물관학과, 미술관학과, 문화관리학과 등이 개설되어 전문적인 교육을 받을 수 있는 곳이 많아졌다.

적성과 흥미는?

문화재연구원이 되려면 사람과 사회에 대한 폭넓은 이해와 관심을 가지고 있어야 하며, 역사, 사회, 철학 등 인문학과 사회과학 전반에 대한 지식이 필요하다. 역사적 사실에 대한 호기심과 탐구정신, 역사적 사실을 객관적으로 기술하고 평가할 수 있는 객관성, 논리적 사고 능력, 판단력, 통찰력이 필요하다. 각종 해외 문헌 자료를 보며 연구해야 하는 경우가 많기 때문에 한문과 영어, 중국어 등 일정 수준의 외국어 능력도 필요하다.

문화재연구원은 장기적으로 연구하는 경우가 많기 때문에 자신이 맡은 과제에 대해 끝까지 연구할 수 있는 계획성과 인내심, 성실한 마음가짐이 필요하다. 팀을 이루어 연구하는 경우도 많으므로 다른 연구원들의 의견을 존중하고 받아들이는 원만한 대인관계 능력도 필요하다. 또한 무엇보다 탐구하는 것에 대한 지적 호기심을 가지고, 연구에 몰두할 수 있는 집중력이 있어야 한다.

관련 학과 및 자격증은?

사학과　동양사학과　서양사학과

역사학과　한국역사학과　문화재학과

역사문화학과　미술사학과　민속학과

문화재보존과학과　역사문화학전공

인문콘텐츠학부　인문학부(사학전공)

문화인류학과

🔧 문화재수리기술사　　🔧 박물관 및 미술관 준학예사

🔧 문화예술교육사　　🔧 전통놀이지도사

🔧 감정평가사

관련 교과는?

국어　사회　기술·가정

관련 직업은?

문화사연구원　역사교육연구원　한국사연구원

고고학연구원　미술사연구원　학예사

감정평가사　사학이론연구원　사상사연구원

대학교수　서양사연구원

진출 방법은?

　문화재연구원은 주로 문화재청, 국립중앙박물관, 국립문화재연구소, 문화재조사연구단과 같은 정부출연 연구기관, 민간 연구기관, 대학부설연구소 등으로 진출한다. 문화재연구원이 되기 위해서는 대학교에서 고고학, 미술학, 고고미술사학, 문화재보존학 등을 전공해야 한다. 최근 문화재 연구와 보존 업무가 전문화되고 있기 때문에 대학원에 진학하여 석사 또는 박사 학위를 취득하는 것이 도움이 된다. 대학원에 진학하여 관련 지식을 깊이 쌓고, 세부 전공을 선택한 후 자신의 전공 분야를 집중적으로 공부해야 한다. 또한 문화재 보전을 위해 화학이나 생물학, 물리학 등의 지식이 필요하므로 다양한 지식을 습득하는 것이 좋다.

　학교의 부설 연구소나 각 지역 문화재 연구소 또는 관련 업체에서 근무하며 경험을 쌓고, 국공립 박물관이나 연구소 등에서 자신의 전공 분야를 좀 더 심층적으로 연구할 수도 있다.

　문화재연구원은 전문직이므로 자신의 전문성을 높이기 위해 끊임없이 새로운 이론을 배우고, 새로운 연구 방법을 익혀 미래 사회가 요구하는 연구 수요에 대처할 수 있도록 노력해야 한다.

⚙ 미래 전망은?

　문화적 소양이 뒷받침되지 않은 외국어 구사나 파편적 지식만으로는 진정한 세계인이 될 수 없는 세계화 시대에, 우리나라는 물론 세계의 문화에 대해 폭넓은 소양을 지닌 문화재연구원의 역할은 정말 중요하다. 그러나 최근까지 문화재에 대한 대중의 관심이 낮은 편이었고, 문화재연구원이 진출할 수 있는 정부출연연구소는 소수였으며, 단기간에 눈에 띄는 성과물이 드러나지 않기 때문에 기업체의 부설연구소에서도 선호하지 않았다. 또한 기업체들의 이공계 선호 현상은 문화재연구원의 일자리 형성에 부정적 영향을 미쳤다.

　그러나 요즘은 선조들이 물려준 문화유산을 우리도 후손들에게 그대로 물려주어야 한다는 국민적인 인식이 점점 커지고 있다. 이런 이유로 정부는 문화유산의 관리를 체계화하여 국민이 언제 어디서나 향유할 수 있는 문화유산을 확대하고, 각 지역 문화유산의 관광 자원화 및 콘텐츠 활용을 확대하는 등 문화유산 관련 일자리를 창출하기 위해 노력하고 있다.

　이처럼 문화유산의 혁신을 통해 변화를 유도한다는 정부의 정책이 계속된다면 문화재연구원의 전망은 비교적 밝을 것으로 전망된다.

CAREER MAP

- 국어, 한국사 교과 역량 강화
- 역사, 문화재 관련 동아리활동
- 박물관, 역사 탐방 등 체험활동
- 문화재 연구소나 학과 탐방
- 문화재연구원 직업체험활동

준비 방법

- 문화재청
- 국립중앙박물관
- 국립문화재연구소
- 한국문화재재단

관련 기관

- 문화사연구원
- 역사교육연구원
- 한국사연구원
- 고고학연구원
- 미술사연구원
- 학예사
- 감정평가사
- 사학이론연구원
- 사상사연구원
- 대학교수
- 서양사연구원

- 국어
- 사회
- 기술·가정

관련 교과

문화재 연구원

관련 직업

적성과 흥미

관련 자격

관련 학과

- 탐구심
- 논리적 사고 능력
- 판단력
- 통찰력
- 계획성
- 외국어 능력
- 성실성
- 대인관계 능력
- 집중력

- 문화재수리기술사
- 박물관 및 미술관 준학예사
- 문화예술교육사
- 전통놀이지도사
- 감정평가사

- 사학과
- 동양사학과
- 서양사학과
- 역사학과
- 한국역사학과
- 역사문화학과
- 미술사학과
- 역사문화학전공
- 인문콘텐츠학부
- 문화재학과
- 문화재보존과학과
- 문화인류학과
- 민속학과

방송작가

방송작가란?

방송작가는 방송 프로그램의 대본을 쓰는 사람으로, 주말극이나 일일극, 미니시리즈 등의 극본을 쓰는 드라마작가, 쇼·코미디·연예 프로그램 등의 원고를 작성하는 예능작가, 교양·시사·다큐멘터리 프로그램의 제작을 담당하는 구성작가, 외화 번역을 전문으로 하는 번역작가 등으로 구분된다.

경력이 없는 드라마작가는 공모전을 통해 작가로 데뷔하고, 작품 활동을 한 경험이 있다면 기획안을 작성한 후 프로듀서와 협의하여 스토리와 편성을 확정한 뒤 대본 작업에 들어간다.

시사나 다큐 혹은 스튜디오에서 촬영하는 교양 프로그램의 작가에게는 대본을 쓰는 일 외에 '구성'이라는 일이 추가되어 구성작가라고 부른다. 여기서 구성이란 취재된 영상물을 어떤 순서로 어떤 내용을 강조하면서 배열할 것인지를 결정하는 일로, 다큐 프로그램 작가는 기획안 작성, 자료 조사, 프리뷰 노트(촬영 영상, 현장음, 멘트를 모두 적어놓은 것) 작성, 촬영 내용 구성 후 프로듀서 편집, 성우 내레이션 순서로 작업을 진행한다.

번역작가는 국내 다큐멘터리나 시사 프로그램의 내용과 관련된 해외의 취재 내용이 있을 때, 이를 번역하는 일을 한다. 번역작가는 단순히 언어의 뜻만이 아니라 본질적인 의미를 살리면서 글을 재창조하는 작업을 한다. 일반적으로 드라마 작가는 드라마 대본만 집필하나, 구성작가는 주제 선정 및 내용 구성, 취재원 찾기, 촬영 틀 짜기, 편집 구성, 대본 작성 등을 모두 수행한다. 때로는 PD와 함께 밤을 새며 며칠씩 편집을 하기도 한다.

방송작가가 하는 일은?

방송작가는 주로 프로그램의 대본이나 원고를 작성하고, 프로듀서와 합의하여 방송 주제를 선정하며, 방송 출연진을 섭외하는 일을 한다.

[드라마작가]

- 작품을 통해 전달하고자 하는 주제 및 소재를 설정한다.
- 문헌 조사나 인터뷰 등의 자료 조사를 통해 주제 및 극의 초점을 구체적으로 다듬는다.
- 인물, 사건, 환경을 구성하여 스토리를 창작하고, 플롯을 구성하며, 시퀀스로 나눠서 장면으로 세분화하여 대본을 완성한다.

[예능작가]

- 예능 프로그램을 진행하기 위해 아이템을 분석하고, 시대적 요구와 자신의 취향을 조합하여 포맷을 구성한다.
- 텔레비전과 라디오의 쇼·코미디·연예 프로그램의 방송 내용 기획과 방향을 방송 PD(프로듀서)와 협의한다.
- 원고 작성을 위해 자료를 수집하고 정리하여 방송 주제를 제안·선정한다.
- 수집한 자료를 기초로 프로그램의 성격에 맞춰 원고를 작성하고, 출연자를 섭외한다.

[구성작가]

- 교양·시사·다큐멘터리 프로그램의 기획 회의에 참여하여 프로그램 기획안을 작성한다.
- 스튜디오에서 촬영할 경우, 출연자를 어떤 순서로 배열하고 취재물과 어떻게 연결할지 결정한다.
- 완성된 영상을 보면서 내레이션 원고를 작성한다.

적성과 흥미는?

방송작가는 인간과 사물에 대한 호기심과 세밀한 관찰력, 관찰한 것을 글로써 잘 표현할 수 있는 문장력과 언어 감각이 필요하다. 한글을 정확히 알고 표현할 수 있는 국어 문법 능력과 논리적 사고 능력도 필요하다. 특히 어휘력이 풍부해야 하므로 평소에 독서를 습관화하는 것이 중요하다.

기획력과 영상 감각도 필요하며, 방송 소재 개발을 위해 평소 역사적 사건과 사회 현상, 유행, 다양한 문화와 장르에 관심을 두면 좋다. 그러나 항상 새로운 아이디어를 산출해야 한다는 부담감이 있어 스트레스 감내력과 상황 대처 능력이 요구된다.

방송작가는 방송 스케줄에 따라 제작진과의 회의를 위해 방송사 내부의 작가실에서 작업을 하는 경우가 많다. 또한 작품에 필요한 자료 수집을 위해 도서관이나 다양한 곳을 다니며 많은 사람을 만나므로 원만한 대인관계 능력이 요구된다.

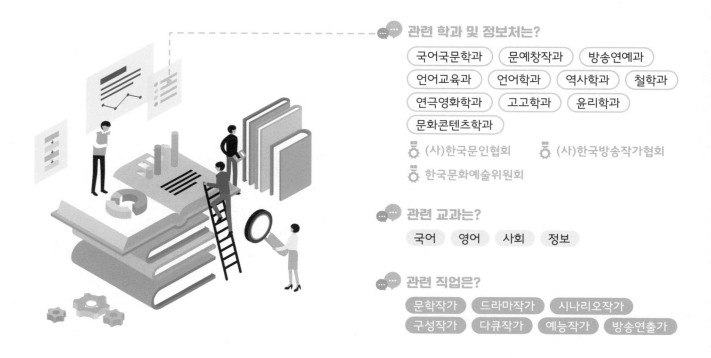

관련 학과 및 정보처는?

국어국문학과　　문예창작과　　방송연예과

언어교육과　　언어학과　　역사학과　　철학과

연극영화학과　　고고학과　　윤리학과

문화콘텐츠학과

🛠 (사)한국문인협회　　🛠 (사)한국방송작가협회

🛠 한국문화예술위원회

관련 교과는?

국어　　영어　　사회　　정보

관련 직업은?

문학작가　　드라마작가　　시나리오작가

구성작가　　다큐작가　　예능작가　　방송연출가

Tip 출판물전문가에 대해 알아볼까요?

　출판물전문가는 한 권의 책이 출판되기까지의 기획, 편집, 제작, 홍보, 마케팅 업무를 담당한다. 기획 면에서는 최근 출판 동향과 독자들이 원하는 내용, 시장 상황을 조사·분석한다. 이후 출판사 특징과 시장성, 차별성 등을 고려하여 세부 기획안을 작성한다. 기획이 끝나면 필자 선정, 원고 검토 및 수정·보완을 진행한다. 편집과 제작 면에서는 책 편집, 디자인, 제본, 인쇄 과정까지 전 과정을 책임지고 관리한다. 홍보 및 마케팅 면에서는 마케팅 방향을 결정하고, 언론 배포용 보도 자료와 광고 문안을 작성한다. 따라서 출판물전문가는 책 제작뿐만 아니라 마케팅 영역에서도 전문가가 되어야 한다.

 진출 방법은?

　방송작가가 되기 위해서는 대학에서 국어국문학, 문예창작학, 연극영화학, 방송연출학 등을 전공하는 것이 도움이 된다. 관련 학과에서 다양한 작품과 작가 분석, 습작 훈련을 통한 문장력과 표현력을 기를 수 있기 때문이다.

　이 외에도 방송 아카데미, 관련 협회 등 사설 학원에서 방송 대본 작성법을 교육받을 수 있고, 각종 문화센터나 대학교 내의 평생교육원 등에서 개설하는 작가 양성 과정을 통해 방송작가로서의 훈련을 받을 수도 있다. 방송작가는 방송사의 작가 공개채용, 극본 공모전, 인맥 혹은 방송작가 양성 교육 기관 추천 등을 통해 될 수 있다. 처음에는 보조 작가로 시작해 자료 수집 및 섭외 등을 맡다가 경력이 쌓인 후 메인 작가가 될 수 있다.

　다만, 방송작가는 개인의 창의력이 바탕이 되어야 하는 직업이기 때문에 작가적 자질을 키워 나가고자 하는 노력이 중요하다. 이를 위해 평소 독서와 사색, 글쓰기 연습을 하고, 다양한 경험을 쌓는 것이 필요하다.

 미래 전망은?

　방송과 통신의 융합으로 케이블 방송, 인터넷 방송, IPTV 등 다매체·다채널화가 이루어지는 등 방송 환경이 재편되면서 방송 시장이 확대되었다. 또한 지상파와 종합편성채널이 경쟁적 구조를 갖추면서 제작하는 방송 프로그램 수가 늘어나고 있고, 드라마와 예능 프로그램이 꾸준히 해외로 수출되는 점은 방송작가의 고용에 긍정적인 영향을 미치고 있다.

　방송·영화·애니메이션 산업과 연계된 분야는 경기 변동에 따라 투자액 규모가 크게 달라지기 때문에 경기 불황이 지속되면 대중에 잘 알려진 작가들에게 방송 기회가 더 많이 주어지게 되는 실정이다. 방송작가의 경우, 프로그램 외주 제작이 증가함에 따라 지상파 방송국과 같은 직장에서 안정적으로 일할 기회보다 제작 기간에만 프리랜서 방송작가로 일할 기회가 늘어날 전망이다.

CAREER MAP

- 국어, 외국어 교과 역량 강화
- 방송, 문예 관련 동아리활동
- 문예, 글쓰기 분야 교내 행사 참여
- 방송국 및 학과 탐방
- 방송작가 직업체험활동

문예창작과	철학과
국어국문학과	문화콘텐츠학과
방송연예과	고고학자
언어학과	윤리학과
연극영화학과	언어교육과
역사학과	

준비 방법

관련 학과

- 국어
- 영어
- 사회
- 정보

관련 교과

방송작가

관련 직업

- 문학작가
- 드라마작가
- 시나리오작가
- 구성작가
- 다큐작가
- 예능작가
- 방송연출가

적성과 흥미

관련 정보처

관련 기관

- 언어 능력
- 외국어 능력
- 한문 능력
- 컴퓨터 활용 능력
- 의사소통 능력
- 배려심
- 서비스 정신
- 인내심
- 사회성

- (사)한국문인협회
- (사)한국방송작가협회
- 한국문화예술위원회

- 한국문화콘텐츠진흥원
- 한국문화예술위원회

07

번역가

번역가란?

번역은 어떤 언어로 쓰인 글을 그 의미에 상응하는 다른 언어의 글로 바꾸어 전달하는 일이다. 번역은 크게 직역과 의역 두 가지로 나뉜다. 직역은 원어 문장의 독특한 구조와 표현을 살리며 옮기는 것으로, 번역문으로서는 어색해도 원문에 충실하다는 특징이 있다. 의역은 원문의 의미보다는 상황에 어울리는 자연스러운 문장으로 번역하는 것이다. 두 가지 방식의 번역 중 어느 것이 옳다 그르다 판단할 수는 없지만, 글의 종류나 독자층에 따라 의역이 어울릴 때가 있고 직역이 어울릴 때도 있다. 정확한 번역을 위해서는 원전을 이해하기 위한 문화적인 배경지식과 옮겨오는 언어에 대한 정확하고 문학적인 문장력이 필요하다.

번역가는 이러한 번역 일을 하는 사람으로 외국어로 쓰인 문서나 보고서, 전문서적 등을 우리말로 옮기거나 우리말을 외국어로 옮기는 작업을 전문적으로 한다. 번역에는 문학번역, 영상번역, 전문서류번역, 각종 계약서 및 서류번역 등이 있다. 문학번역은 출판번역이라고도 불리며 문학작품 등과 같이 대중의 관심을 끄는 작품들을 번역한다. 영상번역은 영화나 방송 프로그램, 다큐멘터리, 만화, 뉴스 등 모든 장르의 영상예술에 필요한 문장 가운데 외국어로 된 영화의 대사를 해당 언어로 바꾸어 다시 녹음(더빙)하거나 자막용으로 번역한다. 전문서류번역은 정치, 경제, 사회, 문화, 기술 등 다양한 분야의 논문, 학술서적, 비즈니스 서류, 기획 및 수출입 관련 무역서신, 제품 매뉴얼 등 각종 계약서와 서류 등을 번역한다.

번역가가 하는 일은?

외국어를 국문으로, 국문을 외국어로 번역하여 글을 작성하는 일을 한다. 번역에 필요한 용어, 문화적 배경 등 번역에 필요한 내용을 수집하고, 번역 완료 시점 등 번역 관련 사항을 의뢰자와 협의하는 일을 한다.

- 의뢰받은 원문의 정확한 이해를 위해 사전 및 참고 자료를 수집한다.
- 원문을 연구하여 본래의 사상과 감정을 그대로 살려서 쓴다.
- 전문서적의 경우, 해당 분야 전문가나 번역의뢰업체를 통해 전문 용어를 감수받아 잘못 번역된 부분이 없는지 확인한다.
- 외국어로 된 소설, 시, 희곡, 수필뿐 아니라 인문사회, 자연과학 분야의 문헌과 같이 대중의 관심을 끄는 작품들을 번역한다.
- 외국어로 된 영화의 대사를 해당 언어로 바꾸거나 자막용으로 번역한다.
- 각종 계약서 및 서류 등과 같은 전문서류를 번역한다.
- 번역된 내용에 대한 수정, 보완, 교정 작업을 거쳐 완성본을 만든다.
- 정해진 원고 외에 몇 가지 주석을 달기도 한다.

적성과 흥미는?

번역가는 해당 언어에 대한 뛰어난 지식이 필요하다. 회화·작문 모두에 능통할 뿐만 아니라 서로 다른 문화의 이질적인 차이를 이해하고 서술할 수 있는 자질이 필요하다. 또한 해당 언어의 문어와 문장 구조, 관용구와 어휘 등에 대해서도 깊은 이해가 있어야 한다. 문장을 의역할 것인지 직역할 것인지 적절히 판단하는 것도 중요하다.

외국어에 대한 관심과 흥미는 기본이고, 외국 문화와 정서에 대해서도 잘 이해하고 있어야 하며 자신의 전문 영역에 대한 기초 지식이 있어야 한다. 또한 나 자신이 아닌 다른 사람의 기준에서 글을 쓸 수 있어야 한다.

번역가라는 직업은 주로 혼자서 수행하는 작업으로, 자신의 전문 분야에 대한 탁월한 지식과 능력이 요구된다. 완성도 높은 양질의 번역을 위해서는 꼼꼼한 성격과 끈기, 인내심이 필수적이다. 예술형과 탐구형의 흥미를 가진 사람에게 적합하며 독립성과 책임감 등의 성격을 지닌 사람에게 유리하다.

번역가에 관심이 많다면 평소 다양한 언어에 많은 관심을 지니고 번역가로서 필요한 역량을 키우기 위해 노력해야 한다. 이를 위해 외국어회화반, 영자신문반, 영화번역반, 세계문화탐구반, 논술반 등에서 적극적으로 활동하면 도움이 된다. 또한 원서로 된 책을 읽고, 이를 우리말로 번역해보는 활동 등을 해보는 것도 좋다.

 **관련 학과 및 자격증은?**

중어중문학과　중국어과　일어일문학과

일본어과　영어학과　영어영문학과

영어통번역학부　응용영어통번역학과

스페인어학과　불어불문학과　러시아학과

글로벌커뮤니케이션학부　국제학부(영어학전공)

러시아어문학과　독어독문학과

 외국어번역능력인증

관련 교과는?

국어　영어　사회

관련 직업은?

인문번역가　경영·경제번역가　영어번역가

과학기술번역가　일어번역가　중국어번역가

초벌번역가　전문번역가　게임번역가

지식재산번역가(IP번역가)　통역가

Tip 통역가에 대해 알아볼까요?

　통역가는 국제 교류가 활발해지면서 등장한 전문직으로, 서로 통하지 않는 양쪽의 말을 번역하여 그 뜻을 전달해주는 전문인이다. 연사의 말을 동시에 통역해야 하므로 해당 외국어에 능통해야 함은 물론 어휘력과 표현력, 빠른 언어 구사 능력과 풍부한 교양을 필수적으로 갖추어야 한다.

진출 방법은?

　번역가가 되기 위해 필요한 자격요건은 특별히 없다. 그러나 문학 작품 번역의 경우 외국 문학을 전공하면 도움이 되고, 정보통신이나 공학, 자연과학, 경제·경영 등의 특정 분야를 중심으로 번역할 때는 관련 학과를 전공하면 좋다. 통번역 전문대학원이나 번역 전문 교육기관에서 번역가가 되기 위한 교육을 받을 수도 있다.

　번역가가 되려면 번역 작업을 알선하는 에이전시의 회원으로 가입하여 업무를 맡거나 개인적인 인맥을 통해 번역을 의뢰받는다. 번역가는 대부분 프리랜서로 활동하는데, 특별한 경우에는 번역 의뢰를 한 고객의 회사에 일정 기간 머물면서 번역 작업을 한다. 대기업, 공공기관, 출판사, 전문번역회사, 일반 기업체 등에서는 서류전형, 면접, 필기시험 등을 통해 번역 업무 담당자를 채용하기도 한다.

미래 전망은?

　전 세계적으로 문화교류가 증가하면서 각국의 문학 작품이나 영상물 등 다양한 자료들의 번역 업무가 늘어나고 있다. 방송 분야의 경우, 방송환경의 다매체 및 다채널화로 외국 프로그램을 송출하기 위한 수입물이 늘고, 영화, 드라마, 다큐멘터리, 만화, 교육 등 영상물이 꾸준히 제작되고 있다는 점은 번역가의 일자리 창출에 긍정적인 요인으로 작용할 전망이다.

　외국계기업의 국내 진출과 국내 기업의 해외 진출 등 국제 교류가 활발해지면서 번역가의 일자리가 늘고 있지만, 번역 업무를 직접 수행하는 실무자들도 꾸준하게 증가하고 있다. 또한 인공지능 등 과학기술의 발전으로 확대된 자동번역 서비스가 번역가의 일자리를 위협할 것으로 전망된다. 그러나 문학 작품 등 고도의 번역 기술이 요구되는 분야는 인공지능 기술의 번역만으로는 한계가 보일 것으로 예측된다.

　한편, 철저히 능력 위주로 평가받는 업무의 특성상 전문적인 번역 능력과 지식을 고루 갖추는 것이 중요하다. 과학, 문화, 예술, 문학 등 자신만의 전문 분야를 개척해 특정 분야의 경력을 지속적으로 키워나가는 경력개발 태도가 더욱 필요할 것으로 보인다.

CAREER MAP

번역가

준비방법
- 외국어 능력 함양
- 글쓰기 능력 함양
- 외국 문화에 대한 이해력 함양
- 창의력 함양
- 외국어회화, 영자신문, 번역, 논술, 세계문화탐구 관련 동아리활동
- 폭넓은 독서활동
- 관련 주제탐구활동

관련학과
- 외국어(영어, 일본어, 중국어, 불어, 독일어, 스페인어, 러시아어 등)문학과
- 영어통번역학부
- 응용영어통번역학과
- 글로벌커뮤니케이션학부
- 국제학부(영어학전공)
- 제2외국어교육과

관련교과
- 국어
- 영어
- 사회

관련기관
- 한국번역가협회
- 한국통번역진흥원

적성과흥미
- 꼼꼼함
- 인내심
- 독립성
- 책임의식
- 외국 문화와 정서에 대한 관심
- 언어에 대한 관심

관련자격
- 외국어번역능력인증

관련직업
- 통역가
- 인문번역가
- 경영·경제번역가
- 영어번역가
- 과학기술번역가
- 일어번역가
- 중국어번역가
- 초벌번역가
- 게임번역가
- 전문번역가
- 지식재산번역가 (IP번역가)

범죄심리분석관
(프로파일러)

범죄심리분석관(프로파일러)이란?

범죄심리분석관(프로파일러)은 사건의 윤곽을 그리는 사람으로, 주로 증거가 불충분하여 일반적인 수사 기법으로는 한계가 있는 연쇄 살인 사건이나 불특정 다수를 대상으로 한 범죄, 특히 범행 동기가 불분명하거나 상식적이지 않은 범죄 사건을 담당한다.

범죄심리분석관은 그동안 미국의 드라마나 영화에서나 접할 수 있었고, 우리나라에서는 생소한 직업이었다. 그러나 2016년에 드라마 '시그널'이 인기리에 방영되면서 우리나라에서도 범죄심리분석관이라는 직업이 잘 알려지게 되었다.

우리나라에서는 2000년 국내 1호 범죄심리분석관이 탄생한 이래, 경찰청에서 2005년 제1기 범죄심리분석관 15명이 활동하기 시작했다. 범죄심리분석관은 경찰의 신분이기 때문에 경찰공무원의 직급과 호봉에 따라 수입이 다르다.

범죄심리분석관(프로파일러)이 하는 일은?

수사 요청을 받은 범죄심리분석관은 사건 현장에 출동해 범죄자가 어떻게 범행을 준비했고, 어떻게 범죄를 저질렀는지, 시신은 어떻게 처리했는지 등 일련의 범죄 과정을 과학적으로 재구성하고, 이를 통해 범행 동기와 용의자의 특징 등을 분석하여 은신처나 도주 경로를 예측한다.

- 범죄 사건의 정황이나 단서들을 분석하여 용의자의 성격과 행동 유형, 성별, 연령, 직업, 취향, 콤플렉스 등을 추론함으로써 수사 방향을 설정한다.
- 도주 경로, 은신처 등을 예상하고, 검거 후에는 심리적 전략을 구사하여 자백을 이끌어내는 역할을 한다.
- 사건 담당 경찰로부터 범죄 자료를 받아 데이터베이스를 구축한다.
- 분석이 의뢰된 내용에 대해 사건 경위, 사건 대상자의 상태 등을 파악하고, 사건 의뢰자와 협의한다.
- 용의자에게서 자백을 받아낸 후에는 여죄를 밝히는 심문에도 참여하며, 심문 과정에서 용의자가 한 말과 행동을 상세히 기록하는 일을 한다.
- 대상자에게 최면에 대해 설명하고 최면을 걸며, 최면 대상자와의 면담을 통해 사건 경위 등을 다시 파악한다.
- 최면 과정을 비디오테이프 등에 녹음·녹화하고 최면 대상자의 최면 능력, 최면 방법, 최면 결과, 담당자의 소견 등이 포함된 결과 보고서를 작성한다.
- 최면과 관련하여 법정에서 증언을 하며 경찰, 검찰 등 최면 관련 담당자들을 대상으로 강의를 진행한다.

적성과 흥미는?

범죄심리분석관은 신체적으로나 정신적으로도 강인함이 요구되는 직업이다. 근무 시간이 길고, 범죄 사건이 언제 발생할지 알 수 없어 항상 긴장해야 하며, 출장과 야근도 잦다. 주로 연쇄 살인 사건이나 흉악한 사건, 잘 풀리지 않는 잔혹 사건을 수사하므로 좋지 않은 기억이나 경험의 충격을 빨리 둔화할 수 있도록 자신의 감정을 잘 조절해야 한다.

사회를 위해 중요한 역할을 수행한다는 보람이 크지만, 본인과 가족이 감당해야 하는 어려움이 있는 만큼 정의감과 책임감이 필요한 직업이다. 실타래와 같이 얽힌 사건들을 풀기 위해서는 두뇌 회전이 남들보다 빨라야 하며 통찰력이 필요하다. 또한 사고가 유연하여 자신이 배운 범죄심리나 심리학을 상황에 맞게 적용할 수 있는 능력도 필요하다.

프로파일링 기법은 외국에서 비롯된 수사 기법으로, 외국어로 된 원서를 읽고 해석해야 하는 경우가 많다. 관련 자료의 습득을 위해서는 평소 영어 등 외국어 능력을 키우고 정보 수집과 관리, 분석을 위해 컴퓨터 능력을 갖춰야 한다.

💬 관련 학과 및 자격증은?

심리학과   사회학과   범죄심리학과

경찰행정학과   상담심리학과

경찰범죄심리학과   사회심리학과

상담심리치료학과   심리상담학과

⚙ 일반심리사   ⚙ 범죄심리분석사

💬 관련 교과는?

국어   영어   사회   과학

💬 관련 직업은?

과학수사원   유전자감식연구원

범죄심리연구원   피해자전문상담사

심리학 교수   범죄심리학자

Tip 유전자감식연구원에 대해 알아볼까요?

우리나라의 유전자 감식 업무는 1991년 국립과학수사연구소와 대검찰청에서 유전자 감식을 시작하면서 생겨났다. 유전자감식연구원은 각종 생물적·화학적 지식으로 사건 해결에 결정적인 단서를 제공하는 일을 한다. 범죄 및 사고 담당자에게서 유전자 검사를 의뢰받으면 뼈, 피부 조직, 모발, 체액 등에서 시료를 채취하고, 채취된 시료에서 DNA를 분리하여 불순물을 제거한 후, DNA 증폭 과정을 거쳐서 판독을 한다. 검사를 위한 분석 시스템을 개발하고 개량한 후 범죄 예방을 위해 유전자 정보 데이터베이스를 구축한다. 또한 최신 감식 기술을 파악하기 위해 자료를 수집하고 연구한다.

🌐 진출 방법은?

범죄심리학은 국내에서 경기대학교 일반 대학원에 개설되어 있고, 학부에 개설된 경우는 거의 없다. 따라서 일반적으로는 범죄심리분석관이 되기 위해 심리학과 사회학을 전공하는 것이 유리하며, 석사 이상의 학위 소지자가 우선 대상이다. 특별채용으로 합격하면 경찰학교에서 6개월간 교육을 받은 뒤 지방청 과학수사계 등에 배치된다.

보통 국립과학수사연구소에서 일하려면 박사 학위가 요구되고, 경찰청은 관련 분야의 사회학, 임상심리학 등 석사 학위 이상이 요구된다. 특별채용 외에는 경찰관으로 채용된 후 과학수사요원을 거쳐 범죄심리분석관이 되는 길도 있다. 이를 위해서는 우선 경찰채용시험에 합격해야 하고, 6개월 동안 경찰학교 교육을 받고난 후 일선 경찰서에 배치된다. 이때 수사 인력의 전문화와 역량 강화를 위해 도입한 '수사경과제'를 신청해야 한다. 강력범죄수사팀, 지능범죄수사팀, 과학수사팀, 수사지원팀, 유치관리팀 중 과학수사팀을 신청해 승인이 나면 과학수사요원으로 활동하게 된다. 여기서 경력을 쌓으면 범죄심리분석관이 될 수 있다.

⚙ 미래 전망은?

경기 침체와 양극화 등 사회 불안이 심해질수록 강력 범죄와 증거를 찾기 힘든 지능 범죄가 늘어나므로 범죄심리분석관의 범죄심리분석 업무의 필요성이 크게 증가하고 있다. 이에 경찰청에서는 연쇄 강력 범죄나 지방청 2곳 이상이 연계된 사건, 기타 사회적 이목이 쏠린 사건 등 긴급 사건이 발생하면 무조건 범죄심리분석관을 현장에 파견하여 수사에 참여시키기로 방침을 정했다.

하지만 범죄심리분석관이 일할 수 있는 부서가 한정되어 있고, 전문 자격과 실력을 갖추어야만 활동할 수 있으므로 신규 채용보다는 기존 인력을 전문화하여 양성하는 경향이 있다.

그러나 최근 서울경찰청에 5명, 지방경찰청에 2~3명 정도가 배치된 것을 볼 때 채용 규모는 증가할 것으로 예상된다. 유사한 직업인 범죄심리학자, 범죄심리연구원, 피해자전문상담사, 심리학 교수 등에 관심을 가져보는 것도 좋다.

CAREER MAP

- 영어, 컴퓨터 관련 역량 강화
- 심리 연구, 컴퓨터 관련 동아리활동
- 경찰서 및 학과 탐방
- 프로파일러 인터뷰 및 직업체험활동
- 정보 분야 교내 행사 참여

준비 방법

- 과학수사원
- 유전자감식연구원
- 범죄심리학자
- 범죄심리연구원
- 피해자전문상담사
- 심리학 교수

관련 직업

- 국어
- 영어
- 사회
- 과학

관련 교과

범죄심리 분석관 (프로파일러)

관련 학과

- 심리학과
- 사회학과
- 범죄심리학과
- 경찰행정학과
- 상담심리학과
- 경찰범죄심리학과
- 사회심리학과
- 상담심리치료학과
- 심리상담학과

적성과 흥미

- 정의감
- 책임감
- 인내심
- 유연한 사고
- 외국어 능력
- 인내심
- 컴퓨터 활용 능력

관련 자격

- 일반심리사
- 범죄심리분석사

관련 기관

- 국립과학수사연구원
- KCIS 경찰과학수사
- 경찰서 과학수사계

비서

비서란?

비서(秘書)는 중요한 직위에 있는 사람에 직속되어 기밀 문서나 사무를 맡아보는 사람이다. '비서'라는 말은 영어의 'Secretary(세크리터리)'에서 나왔다. 'Secretary'는 라틴어의 'Secernere(세케르네레, 분별 또는 구별)'에서 파생된 단어로, '분리되는 것', '특별히 기밀될 것'이라는 의미로 바뀌었다. 그 후 비서는 중세시대 왕후, 귀족, 고위 성직자의 서신 등과 같이 비밀스러운 문서들을 취급하는 사람을 가리키게 되었다. 중세 유럽에서 권력자들의 문서에는 프랑스어, 라틴어 등 다양한 언어가 사용되었다. 따라서 비서에게는 법령이나 문서에 사용된 언어, 로마법 등에 대한 상당한 교양과 지식이 필요했다.

현대 사회에서도 비서는 경영자 또는 관리자가 본연의 업무에 전념할 수 있도록 보좌하는 역할을 한다. 중요한 문서를 취급하거나 상사의 신변처리, 메일 및 전화 응대, 손님 접대, 일정 관리, 서류, 원고 작성 등의 업무를 수행한다. 또한 'Secretary'라는 말에서도 알 수 있듯 비서는 업무를 수행하면서 알게 된 기밀을 외부로 발설해서는 안 되며, 상사와 상호 신뢰적 관계를 유지해야 한다는 특수성이 있다. 비서는 회사의 이미지를 외부로 전달하는 역할도 하므로 친절한 태도와 적당한 화술을 겸비해야 하고, 일을 동시다발적으로 처리해야 하는 경우가 많아 상황에 신속하게 대처할 수 있는 능력도 필요하다. 일의 수행 능력과 경력에 따라 비서실장, 비서팀장, 비서과장, 수행비서가 될 수 있다.

의료, 법률, 유통 등의 전문성이 필요한 전문비서의 경우, 일반비서의 업무 능력과 함께 해당 분야에 대한 전문 지식이 필요하다. 전문비서는 소속 기관에 따라 법률비서, 회계비서, 종교비서, 의료비서, 교육연구비서, 국회비서, 공공기관비서, 대사관비서 등이 있다.

🔍 비서가 하는 일은?

직속 상사의 업무 효율성을 높이기 위한 지원 업무를 한다. 전화의 수신·발신을 담당하며 내방객을 접대하고, 각종 자료를 분류·정리하여 보관하며, 일정을 계획·관리·조정하는 등의 일을 한다.

🔍 문서를 전달하거나 전화나 문서로 직속 상사의 연락 사항을 전달한다.

🔍 회의 소집 연락을 취하고 회의 진행에 필요한 사항을 준비한다.

🔍 서신·문서·보고서를 작성하고, 차후에 필요한 자료를 쉽게 사용할 수 있도록 정리·분류하여 보관한다.

🔍 전문비서 업무를 수행하는 경우 누적된 정보를 분석해 직속 상사가 의사결정을 하는 데 도움을 준다.

🔍 직속 상사 부재 시 업무의 연속성을 유지하기 위해 단기적인 판단을 하며, 업무 진행에 차질이 없도록 지원한다.

🔍 상사의 업무 과중으로 인해 누락된 정보 및 자료를 찾아 업무의 완성도를 높이도록 보좌한다.

Tip 비서 자격증 시험에 대해 알아볼까요?

비서 1·2·3급 자격증은 대한상공회의소에서 주관하는 국가기술자격으로, 필기시험과 실기시험에 합격해야 한다.

1. 필기시험

연 12회 실시되며, 각 과목마다 최소 40점 이상, 총평균 60점 이상이면 합격이다.

순위	시험 과목	출제 형태	시험 기간
1등급	비서실무, 경영일반,	객관식 80문항(4지선다형)	80분
2등급	사무영어, 사무정보관리		
3등급	비서실무, 사무영어, 사무정보관리	객관식 60문항(4지선다형)	60분

2. 실기시험

사무분야 국가기술자격 보유 여부에 따라 다르다. 컴퓨터 활용 능력 1·2급, 워드프로세서 구 1급, 한글속기 1·2·3급, 전산회계운영사 검정형 1·2·3급을 이미 취득한 경우에는 실기시험이 면제되고 최종 합격 처리된다.

~ 관련 학과 및 자격증은?

경영정보과   경영학과   경호비서학과

국제사무학과   문헌정보과   통계학과

스마트경영·비서학과   비서학과

🛠 비서 1·2·3급(국가기술)

국어   사회   영어   정보

전문비서   관리비서   일반비서

📊 적성과 흥미는?

비서는 회사의 중요한 문서를 취급하거나 서류를 작성하는 업무를 하므로 사무 절차를 이해하고 적용할 수 있는 업무 능력이 필요하다. 이를 위해 정확한 의사전달 능력과 기억력, 컴퓨터 활용 능력과 외국어 능력이 요구된다. 또한 비서는 일을 하면서 자연스럽게 상사나 업무상의 기밀을 알게 되는 경우가 많기 때문에 철저한 직업정신과 책임감이 요구된다. 자신과 다른 사람의 시간을 관리하는 시간관리 능력, 상대방이 하는 말이나 글의 요점을 파악해서 이해하는 의사소통 능력, 소프트웨어나 인터넷을 활용하거나 프로그램을 작성하는 능력 등이 필요하다. 이와 함께 평소 다른 사람의 행동에 적절하게 대응하고 배려하는 태도를 지니고 있다면 더욱 좋다.

비서 직업에 관심이 있다면 국어, 사회, 영어, 정보 교과의 우수한 학업 성취를 위한 노력이 필요하다. 외국어 능력이나 컴퓨터 활용 능력을 키우기 위한 노력을 기울이고, 학교교육계획에 의해 운영되는 봉사활동에 지속적으로 참여하는 것을 권장한다. 외국어, 논술, 컴퓨터, 봉사, 토론 관련 동아리활동도 도움이 된다. 사회, 문화, 정치, 경제, 인문학 등 폭넓은 독서활동을 통해 지식과 소양을 키우는 노력을 기울여야 한다.

 진출 방법은?

비서가 되기 위해서는 일반적으로 전문대학 졸업 이상의 학력이 요구된다. 특별한 전공 제한은 없으나 비서학과, 스마트경영·비서학과 등 관련 학과를 졸업하면 유리하다. 관련 학과에 진학하면 정보 및 사무관리에 대한 전문 지식을 얻고, 워드프로세서, 엑셀 등의 컴퓨터교육과 외국어교육 등을 체계적으로 받을 수 있다. 컴퓨터 활용 능력과 어학 실력을 갖추면 취업에 더욱 유리하며, 특히 외국계 기업에서는 해당 언어로 문서를 작성하고 회화할 수 있는 사람을 선호한다.

또한 한국비서협회나 일부 대학의 사회교육원, 사설 학원의 전문비서교육과정 등에서도 전문비서가 되기 위한 교육을 하며, 수료한 후에는 국내외 일반기업이나 정부기관, 금융기관, 언론계 등에서 활동할 수 있다. 비서 채용은 일반적으로 공개채용 및 주변의 추천으로 이루어진다. 중소기업과 같이 작은 기업의 비서는 자격증 없이도 취업할 수 있지만, 대기업이나 국회, 대통령실 등에서 일하는 전문비서의 경우에는 관련 부분의 전문비서 자격증이나 컴퓨터 자격증, 외국어 자격증을 취득해야 유리하다.

⚙ 미래 전망은?

당분간 비서의 고용은 다소 감소하거나 현 상태를 유지할 것으로 보인다. 최근 비서들이 주로 하던 일정 관리나 명함 관리, 사무 등의 업무가 스마트폰이나 자동화된 시스템으로 대체됨에 따라 개인비서의 일자리 전망에 부정적인 영향을 미치고 있다. 또한 비서는 계약직인 경우가 많고 직업 수명이 짧아 미래 전망이 아주 좋다고 보기는 힘들다. 그러나 최근 팀원들과 협업하고 업무를 수행하는 팀 비서의 형태가 증가하고 있으며, 특정 분야(의료, 법률, 회계, 외국계 등)에 전문성을 가진 전문비서에 대한 수요 역시 꾸준하다.

비서는 조직의 의사결정권자인 임원 혹은 조직원의 업무를 보좌함으로써 조직의 성과 향상에 기여하는 직업으로, 사람 간의 업무를 다룬다는 특징이 있다. 과학의 발전으로 인한 첨단기술의 보급이 비서들의 단순 업무를 대신할 수는 있겠지만, 인간을 상대로 하는 전문적인 업무까지 완전히 대체하기는 어려울 것으로 전망된다.

CAREER MAP

- 컴퓨터 활용 능력 함양
- 외국어 능력 함양
- 다양한 분야의 독서활동
- 의사소통 능력 함양을 위한 활동
- 비서 직업체험활동 및 관련 학과 탐색활동
- 외국어, 논술, 컴퓨터, 봉사 관련 동아리활동

준비 방법

- 전문비서
- 관리비서
- 일반비서

관련 직업

- 국어
- 사회
- 영어
- 정보

관련 교과

비서

관련 기관

- 한국비서협회
- 세계비서협회
- 대한상공회의소

적성과 흥미

- 책임감
- 봉사정신
- 기억력
- 의사소통 능력
- 외국어 능력
- 공감 능력
- 시간관리 능력
- 대인관계 능력

관련 자격

- 비서 1·2·3급(국가기술)

관련 학과

- 경영정보과
- 경영학과
- 경호비서학과
- 국제사무학과
- 문헌정보과
- 비서학과
- 스마트경영·비서학과
- 통계학과

사서

사서란?

사서는 각종 도서관(자료실) 및 정보기관에서 이용자의 정보 요구를 충족시키기 위해 문헌을 수집·정리·보관하고 대출과 필요한 정보들을 안내하는 업무를 담당한다. 주로 국공립 도서관, 초중등학교 도서관, 대학 도서관, 기업체 자료실 및 의학 도서관, 법학 도서관 등의 전문 도서관과 장애인을 위한 점자 도서관, 환자들이 이용하는 병원 도서관, 군인을 위한 병영 도서관, 재소자들이 이용하는 교도소 도서관 등에서도 근무한다. 또한 사서는 학술정보 관련 기관, 인터넷 정보 검색업체, 인터넷 정보 제공업체, 도서관 소프트웨어 개발업체, 외국 학술지 검색 대행업체 등에서 일할 수 있다.

사서의 근무 시간은 도서관의 개방 시간에 따라 다르다. 국공립 도서관은 대개 오전 9시부터 오후 6시까지 개방하는데, 사서는 이보다 30분~1시간 정도 일찍 출근하고 늦게 퇴근한다. 공공 도서관의 경우 주말에 매주 또는 격일로 1일 휴관을 하므로 휴관하지 않는 때는 교대로 당직 근무를 하기도 한다. 공공 도서관은 대부분 야간이나 주말에도 개방해 다른 사람들이 쉴 때 일해야 하는 경우가 많다. 또한 자료 중에는 부피가 크고 무거운 것이 많아 이를 관리하고 배열하는 데 생각보다 많은 체력과 에너지가 소모된다.

사서는 전문대학이나 대학에서 문헌정보학, 도서관학을 전공한 전문직종으로 1·2급 정사서, 준사서, 주제전문사서, 사서교사 등으로 구분한다.

 사서가 하는 일은?

사서는 도서관의 소장 자료와 업무에 관한 전문 지식을 바탕으로 이용자들의 편의를 돕고 도서의 열람과 대출, 장서 보관에 관련된 업무를 담당한다. 또한 각종 문화활동을 기획·실시하거나 독서지도, 지역문고 지원, 순회문고나 이동 도서관 운영 등의 업무를 수행한다.

- 책, 비디오, DVD, 연간물 등 이용자가 희망한 자료나 신간 자료를 구입한다.
- 구입한 자료에 등록 번호가 담긴 바코드를 붙이고 책 윗면, 아랫면에 도장을 찍는다.
- 자료 명칭, 저자, 출판 사항, 분류 및 주제명 등을 확인하여 컴퓨터에 입력한다.
- 자료에 숫자와 문자의 기호 체계가 적힌 각각의 라벨을 붙인다.
- 관련 코너로 운반하여 서가에 배열한다.
- 이용자에게 자료를 대출하고 반납된 자료를 확인하여 정리한 후 배열한다.
- 대출 및 반납 자료 현황을 파악하고 주제별, 자료 형태별로 이용률을 계산하여 장서 개발에 필요한 자료를 작성한다.
- 이용자가 원하는 자료를 찾아주거나 모든 자료들이 배치되어 있는지 점검한다.
- 컴퓨터를 이용해 각종 자료를 데이터베이스화하고, 도서 전산화 시스템의 운영 업무를 한다.
- 시각 장애인을 위한 도서관에 근무할 경우, 녹음 자료나 점자 자료를 제작한다.
- 이용 가치가 없거나 훼손이 심한 자료는 폐기한다.
- 중·고등학교에서 학생들에게 좋은 책을 추천하고, 올바른 독서 방법을 지도한다.

> **Tip 기록물관리사에 대해 알아볼까요?**
>
> 기록물관리사는 공공기관, 기업 및 연구소 등에서 영구 기록물이나 역사적 가치가 있는 기록물을 평가하고 편집한다. 기록물에 기초한 조사활동에 참여하고, 기록물과 기록자료의 안전한 보존을 관리·감독한다.
>
> 국공립 기관에서 근무하는 기록물관리사는 공무원이므로 공무원의 승진 체계를 따른다. 기록물관리사는 각종 전자 자료를 포함한 기록물들을 체계적으로 관리하는 전문성과 객관적 판단 능력이 필요하다. 특히 공공기록물 관리 업무를 하는 경우, 업무 중에 접한 정보를 누설하지 않는 도덕성과 정직성, 일에 대한 자부심이 중요하다. 기록물관리사가 되기 위해서는 기록물관리학, 역사학, 문헌정보학 등을 전공해야 한다. 최근에는 전문성을 강화하기 위해 대학원에 진학하는 사람도 점차 늘어나고 있다.

적성과 흥미는?

사서는 한문이나 외국어 능력이 필요하다. 고서나 과거 자료를 확인할 때 한문을 알면 도움이 되고, 도서관을 이용하는 사람 중에 외국인이 있을 수도 있기 때문이다. 또한 여러 가지 자료를 체계적으로 정리하고 찾기 위해 도서 전산화 시스템을 운용하므로 엑셀을 비롯한 컴퓨터 활용 능력이 필요하다.

사서는 이용자와의 짧은 상담으로 원하는 자료를 신속하고 정확하게 제공하는 직업이다. 여러 사람을 대해야 하는 직업이므로 의사소통 능력과 쾌활하고 밝은 성격을 가진 사람이면 더욱 좋다. 또한 타인에 대한 배려와 서비스 정신도 필요하다. 관습형과 사회형의 흥미를 가진 사람에게 적합하며, 스트레스 감내력, 사회성이 좋은 사람들에게 유리하다.

관련 학과 및 자격증은?

문헌정보학과　문헌정보교육과　도서관학과

역사학과　데이터정보학과　기록물관리학과

준사서(이상 한국도서관협회)　정사서 1·2급

사서교사(교육부)

관련 교과는?

국어　사회　영어　정보

관련 직업은?

도서관장　기록보관원　기록연구원

기록연구사　학예사　문화재보존원

사서교사

진출 방법은?

사서가 되기 위해서는 전문대학이나 대학 및 사서 교육원 등에서 관련 교육을 이수하고, 사서 자격증을 취득해야 한다. 전문대학의 문헌정보 관련 학과를 졸업하면 준사서 자격을, 4년제 대학교의 문헌정보 관련 학과를 졸업하면 2급 정사서 자격을 취득할 수 있다. 일부 대학에서 운영하는 사서 교육원을 통해 1년의 교육과정을 이수하고, 사서 자격을 취득하는 방법도 있다. 사서 교육원은 전문대학 졸업 이상의 학력을 갖추어야 입학할 수 있다.

사서는 주로 국공립 도서관, 전문 도서관, 대학 도서관, 학교 도서관 등에서 일을 한다. 소규모 도서관은 학교나 관련자 추천을 통해 채용하는 편이며, 국공립 도서관이나 대학 도서관에서 일하는 사서는 사서직 공무원에 해당하여 지방자치단체나 각 시도 교육청 등에서 주관하는 9급, 7급 등의 공무원 시험을 거쳐 채용된다. 사서교사 자격을 취득하려면 사범대학교 문헌정보교육과를 졸업하거나 일반대학 문헌정보학과에 진학하여 교직을 이수하는 방법이 있다. 또는 교육대학원 사서교육과를 졸업해야 한다. 자격 취득 후 국공립학교나 사립학교에 사서교사로 채용될 수 있다.

사립 대학교 도서관, 기업체 자료실 등에서는 자체 규정에 따라 사서를 채용하는데, 일반적으로 서류전형(필기시험), 면접전형을 거친다. 외국어, 한문, 전산 활용 능력을 요구하는 기관도 있으며, 고서 분야를 담당하기 위한 사서로 고고학, 고고미술학 등의 전문 영역의 자료를 다루는 사서직에 대해서는 관련 전공자를 우대하여 채용한다.

미래 전망은?

정보화 사회를 맞아 평생교육의 수요가 증가하고, 공공 도서관의 편의성이 크게 개선되면서 도서관을 이용하려는 사람들이 더욱 많아지고 있다. 이러한 현상에 따라 국가에서는 공공 도서관을 확충하고 사서직 전문 인력을 늘리고 있다. 또한 도서관 협력 시스템을 구축하고, 공공 도서관을 지원하는 여러 정책들을 추진하고 있어서 사서의 수요는 앞으로도 꾸준히 증가할 것으로 보인다.

반면, 도서관 수의 증가에도 불구하고 기본적으로 사서의 일자리는 한정되어 있고, 인력을 늘리기보다는 1인당 소장 자료나 관람 인원수를 높이는 경향이 있다. 도서관의 확충에도 예산의 제약으로 인해 인력 충원이 어렵고, 도서관에서의 자료 검색이나 열람 등이 전산화되는 것도 사서의 일자리에 부정적 영향을 미칠 것으로 예상된다.

오늘날의 도서관은 단순히 정보를 제공하는 장소에서 벗어나 종합적인 '정보문화센터'로 변모하며 음악, 예술, 전시, 교육 등 문화융합적인 역할을 수행하고 있다. 이에 따라 전통적인 사서 업무 외에도 서비스 마인드 및 전문성이 더욱 요구되는 실정이다. 이용객의 수준 높은 서비스 욕구를 충족시키는 전문사서로서의 역량을 개발하는 것이 주요 과제라고 할 수 있다.

CAREER MAP

- 국어, 정보 교과 역량 강화
- 도서부 관련 동아리활동
- 글쓰기, 독서 관련 교내 행사 참여
- 국립도서관이나 학과 탐방
- 사서 직업체험활동

준비 방법

- 문헌정보학과
- 문헌정보교육과
- 도서관학과
- 데이터정보학과
- 기록물관리학과
- 역사학과

관련 학과

- 도서관장
- 기록보관원
- 기록연구원
- 기록연구사
- 학예사
- 문화재보존원
- 사서교사

관련 직업

- 국어
- 사회
- 영어
- 정보

관련 교과

사서

- 외국어 능력
- 한문 이해 능력
- 컴퓨터 활용 능력
- 의사소통 능력
- 배려심
- 사회성

적성과 흥미

관련 기관

관련 자격

- 준사서
- 사서교사
- 정사서 1·2급

- 한국도서관협회
- 성균관대학교 사서교육원
- 계명대학교 사서교육원
- 부산여자대학교 사서교육원

상담전문가

상담전문가란?

상담은 내담자와 상담자 사이의 수용적이고 공감적인 이해관계를 바탕으로 형성된다. 상담은 흔히 심리치료와 같은 의미로도 쓰이지만, 정신질환이 없는 정상적인 사람을 대상으로 한다는 점에서는 차이가 있다. 상담은 그 이론적 배경이 정신분석학·행동주의심리학·인지심리학·생태심리학 등의 발달과 밀접하게 관련되어 있다. 대상 문제에 따라서 성격상담·학업상담·진로상담 등으로 분류하기도 하고, 형태에 따라서 개인상담·가족상담·집단상담 등으로 분류하기도 한다.

상담전문가는 도움을 필요로 하는 사람에게 전문적인 지식과 기능을 바탕으로 내담자(來談者) 자신과 환경에 대한 이해를 증진시키고, 합리적이고 현실적이며 효율적인 행동양식을 증진시키거나 의사결정을 내릴 수 있도록 도와주는 전문가이다. 따라서 내담자가 지닌 현재 그대로의 모습을 수용하고 내담자가 표현하는 언어적, 감정적인 면을 이해하고 존중함으로써 여러 심리적인 특성을 긍정적인 방향으로 변화시키도록 해야 한다. 상담의 목표는 궁극적으로 인간의 성장과 발달을 촉진하는 것으로, 상담전문가는 개인이 행복한 생활을 하는 데 방해가 되는 행동을 감소·제거시켜 행동변화를 일으켜야 한다. 또한 보다 적극적으로 정신질환을 예방하고, 내담자가 다양한 문제상황에 대처하는 능력을 기르도록 하는 데 중점을 두어야 한다.

🔍 상담전문가가 하는 일은?

상담전문가는 내담자의 정신적인 성장과 발달을 공감적인 대화로써 도와주는 전문가이다. 합리적 계획, 문제해결, 의사결정, 환경적 압력에 대한 대응, 일상적 행동습관 등과 같이 일상생활의 문제에 중점을 두고 상담을 실시한다. 상담전문가는 내담자의 자발적 변화가 일어날 수 있는 조건을 제공해야 하며, 개인이 선택하고 결정할 권리를 존중해야 한다.

- 🔍 상담전문가는 성격, 적성, 지능, 진로 및 신체적·정서적 증상 등에 대해서 어려움을 겪고 있거나 변화를 모색하는 개인에게 심리검사, 상담 프로그램 등을 활용하여 문제해결을 돕고 지원한다.
- 🔍 성격, 적성, 진로 등에 대해 상담을 요청하는 개인(내담자)과의 대화를 통해 문제를 파악·진단한다.
- 🔍 표준화된 다양한 심리검사를 실시하고, 상담을 통해 내담자의 내면을 심층적으로 탐색하여 그 결과를 분석한다.
- 🔍 분석한 결과를 토대로 개인상담, 집단상담, 기록상담, 위기상담, 인터넷 상담, 자기성장프로그램, 대인관계 향상 프로그램 등 다양한 방식으로 앞으로의 바람직한 방향을 제시한다.
- 🔍 청소년들의 적성이나 흥미를 고려하여 진로상담을 하게 되며, 종교단체의 상담기관인 경우는 목회상담을 통하여 종교적인 갈등 해결을 도와준다.

적성과 흥미는?

상담전문가는 문제 및 원인 파악을 위해 분석적이고 종합적 사고 능력이 필요하며 타인에 대한 포용력과 집중력, 통찰력이 요구된다. 인간의 심리 및 성격에 대한 전문 지식과 감정이입 및 의사소통 기술이 있어야 한다. 힘들고 난처한 상황도 발생하기 때문에 이에 대한 대처 능력이 요구되며, 자신의 감정과 행동을 통제할 수 있는 인내심과 성실성을 갖추어야 한다. 사회형과 탐구형의 흥미를 가진 사람에게 적합하며 타인에 대한 배려, 적응력 및 융통성 등이 있는 사람에게 유리하다.

상담전문가는 다른 사람들이 말하는 것을 집중해서 듣고 상대방이 말하려는 요점을 이해하거나 적절한 질문을 해야 하기 때문에 언어 능력이 필요하다. 또한 문제해결을 위해 체계적으로 이치에 맞는 생각을 하는 논리적 분석 능력, 문제의 본질을 파악하여 해결 방법을 찾고 실행하는 문제해결 능력, 자기성찰 능력, 대인관계 능력 등이 요구된다.

상담전문가에 관심이 많다면 평소 다른 사람들의 반응과 행동에 더욱 많은 관심을 지니고 전문가로서 필요한 역량을 키우기 위해 노력해야 한다. 이를 위해 또래상담반이나 청소년탐구반, 독서토론반, 심리연구반 등에서 적극적으로 활동하면 좋다. 또한 폭넓은 분야의 독서활동을 통해 자신의 사고력을 넓히고 글을 통해 다른 사람과 효과적으로 의사소통하는 것을 적극 추천한다.

관련 학과 및 자격증은?

가족복지과   노인복지학과   교육학과

사회복지(학)과   사회복지상담과   심리학과

아동복지(학)과   아동학과   청소년지도학과

특수교육학과

🔧 심리상담사 1·2급   🔧 전문상담교사 1·2급

🔧 청소년상담사 1·2·3급

관련 교과는?

국어   영어   사회

관련 직업은?

상담가   청소년상담가   상담심리전문가

상담지도사   상담심리사   상담교사

심리치료사   산업 및 조직심리사

Tip 청소년상담사에 대해 알아볼까요?

청소년상담사란 청소년, 부모 또는 보호자를 대상으로 청소년의 심리정서 및 진로·학업 등 다양한 문제에 대한 상담과 해결을 도와주는 상담복지전문가를 말한다. 청소년상담사가 되기 위해서는 산업인력공단에서 시행하는 청소년상담사 자격시험에 합격한 후, 자격연수과정을 마치고 자격증을 취득해야 한다. 청소년상담사 자격 등급은 3단계인 1급, 2급, 3급으로 구분된다.

 진출 방법은?

상담전문가로 활동하기 위해서는 대학교에서 심리학, 가족사회복지학, 교육학, 아동학, 유아교육학, 심리학, 사회복지학, 청소년 관련학, 특수교육학 등을 전공하고, 대학원에 진학하여 상담심리학 분야의 석사 및 박사 이상의 학위를 취득하는 것이 유리하다. 인간에 대한 심층적 문제를 이해하고 다루기 위해서는 상담심리에 대한 전문 지식을 습득하고 일정 기간 수련과정을 거쳐야 하기 때문에 오랜 시간에 걸친 학습과정이 필요하다. 대학의 관련 학과에서는 상담 및 심리치료 이론 및 실습, 집단상담 이론 및 실습, 성격심리학, 발달심리학, 이상심리학, 상담 및 면접기법, 학습심리학, 심리통계 및 심리평가 등의 과목을 배운다. 또한 상담심리 관련 학과를 전공하고 교직을 이수하여 전문상담교사 2급 자격을 취득하면 좋다.

이 밖에도 대학에서 관련 학과를 전공하지 않았더라도 상담 관련 대학원에 진학하여 전문 지식을 습득하면 상담전문가가 될 수 있다. 상담전문가가 되기 위해서는 전문가의 지도와 조언 아래 지속적인 훈련을 통해 실제 경험을 쌓는 것이 매우 중요하다.

 미래 전망은?

사회가 빠르게 변화하면서 현대인의 정신 건강이 한 개인의 문제뿐 아니라 사회적 이슈로 대두되고 있다. 현대 사회를 살아가는 대다수의 사람들은 치열한 경쟁과 바쁜 일상, 휴식 부족과 대화 단절 등으로 크고 작은 스트레스에 시달리고 있다. 또한 이를 넘어서서 심각한 스트레스로 우울증이나 공황 장애 등의 문제를 겪는 사람이 점점 늘고 있는 추세이다.

이러한 현상으로 인해 현대 사회에서는 육체적 건강뿐만 아니라 정신 건강의 중요성이 더욱 커지고 있으며, 이에 대한 적극적인 예방과 치료가 필요하다는 목소리도 점점 높아지고 있다. 상담 산업이 발전된 미국 등 선진국 등에서는 다양한 상담 분야의 전문화가 진행되고 있다.

상담전문가는 산업의 특성, 수요 계층에 따라 점점 세분화되어 앞으로 더욱 많은 수요가 필요할 것으로 전망된다.

CAREER MAP

- 언어 능력 함양
- 상담 지식 함양
- 대인관계 능력 함양
- 타인의 반응과 행동 이해 능력 함양
- 의사소통 능력 함양
- 또래상담, 청소년탐구, 독서토론, 심리
  연구 관련 동아리활동
- 폭넓은 독서활동
- 관련 주제탐구활동

준비 방법

관련 학과

- 심리학과
- 가족복지과
- 교육학과
- 아동학과
- 아동복지(학)과
- 사회복지(학)과
- 사회복지상담과
- 청소년지도학과
- 특수교육학과
- 노인복지학과

- 국어
- 영어
- 사회

관련 교과

상담 전문가

관련 자격

- 심리상담사 1·2급
- 전문상담교사 1·2급
- 청소년상담사 1·2·3급

적성과 흥미

관련 기관

관련 직업

- 배려심
- 융통성
- 포용심
- 집중력
- 인내심
- 의사소통 능력
- 상황 대처 능력
- 논리적 분석 능력
- 대인관계 능력
- 문제해결 능력
- 인간의 심리, 성격에
  대한 관심

- 한국상담심리학회
- 한국청소년상담복지개발원

- 상담가
- 청소년상담가
- 상담심리전문가
- 상담지도사
- 상담심리사
- 상담교사
- 심리치료사
- 산업 및 조직심리사

시나리오작가

시나리오작가란?

한 편의 영화가 성공하기 위한 요소들 중 시나리오는 단연 중요한 역할을 한다. 시나리오는 영화의 가장 핵심이자 기초 작업으로 흥행 여부와 밀접한 관련이 있다.

시나리오작가도 대체로 전문 분야를 가지고 일을 한다. 먼저 영상으로 제작될 수 있도록 줄거리, 대사, 장면, 묘사 등을 창작하는 영화시나리오작가가 있다. 그리고 애니메이션의 전체적인 스토리를 만들고 캐릭터의 성격, 행동, 주변 환경 등 세세한 부분을 창조하는 애니메이션시나리오작가가 있다. 그 밖에도 게임의 전체적인 스토리를 만들고 게임할 때 나오는 대사, 액션, 상황, 이벤트를 연출하는 게임시나리오작가가 있다.

할리우드나 유럽에서는 오래 전부터 감독 못지않게 시나리오작가를 높이 평가했다. 그러나 과거 우리나라 영화계에서는 시나리오의 중요성을 인식하는 제작자가 드물어 제작자나 감독이 일주일에서 한 달 만에 후다닥 써버리는 경우도 있었다. 그러나 최근 우리나라에서도 시나리오작가의 중요성이 점차 커지고 있다. 시나리오를 쓰는 것은 건축가가 집을 설계하는 것과 유사하다. 일반인이 제 아무리 멋진 집을 스케치하더라도 설계도는 그릴 수 없듯 시나리오 역시 각 매체의 특성에 따라 전문적인 훈련을 받아야 쓸 수 있다.

시나리오작가는 개인적 경험을 바탕으로 집필하기도 하지만, 직접 현장 조사를 나가 관련 정보를 얻거나 인터뷰 등을 거쳐 작품에 반영한다. 따라서 탄탄한 구성력을 갖춘 하나의 작품을 완성하기까지 상당한 기간이 필요하다.

🔍 시나리오작가가 하는 일은?

시나리오작가는 영화, 연극, 애니메이션, 게임 등의 제작을 위해 주제를 선택하고, 새로운 대본을 창작하거나 기존 작품들을 각색하여 대본을 집필한다. 그 과정에서 내용에 따른 등장인물의 성격, 시대적 배경, 장소 등을 결정하고, 사건을 전개하는 데 필요한 대사와 동작 등을 구상한다. 각 장면의 특징에 따라 인물의 표정, 동작, 음향, 조명 등을 고려하여 시나리오를 작성한다.

[영화시나리오작가]

🔍 영화시나리오작가는 영화 대본을 집필하는 사람으로, 영화 제작을 위한 작품 주제를 선정하고 시나리오 상에서 나타나는 모든 것, 즉 작품 내용부터 인물 묘사, 배경 등을 직접 글로 작성한다.

🔍 영화의 주제를 선택하고 내용에 따른 역사적 현실이나 사건의 과정 등을 조사·분석하여 작품의 줄거리를 구상한다.

🔍 각 장면의 특징에 따라 인물의 표정, 동작, 음향, 조명 등을 고려하여 시나리오를 작성한다.

🔍 자작 각본을 연출하기도 하고, 소설 등의 작품을 각색하기도 한다.

[게임시나리오작가]

🔍 게임시나리오작가는 컴퓨터 게임 개발을 위해 필요한 게임의 시나리오를 구성·개발한다.

🔍 게임에 대한 다양한 자료를 읽거나 조사하며 게임 시장의 동향을 파악하여 새로운 게임 소재를 발굴한다.

🔍 게임의 캐릭터 설정, 주제 설정, 소재 탐구, 게임 벤치마킹 등을 하여 게임을 전반적으로 기획한다.

🔍 게임의 스토리 전개를 구성하며, 게임의 개발 과정을 관리·감독한다.

📊 적성과 흥미는?

시나리오작가는 항상 새로운 감각과 창의적 사고를 지녀야 한다. 따라서 주위의 모든 것에 호기심을 가지고 세밀하게 관찰하는 태도가 필요하다. 그리고 관찰한 이후에는 글로써 효과적으로 표현할 수 있어야 한다. 시나리오작가는 항상 새로운 아이디어를 내야 하므로 강박 관념과 스트레스가 심할 수 있다. 이러한 상황을 잘 견딜 수 있는 인내심과 상황 대처 능력이 필요하며, 아이디어를 명확한 논리와 풍부한 감성으로 문장화할 수 있는 언어 구사 능력도 필요하다. 또한 시각적으로 보이는 작품을 쓰기 때문에 영상에 대한 감각도 필요하다.

시나리오작가를 준비한다면 평소 독서와 사색을 즐기고, 이야기 소재가 될 만한 다양한 경험을 하며, 경험한 것들을 글로 표현해보는 것이 좋다. 시나리오작가는 평소 사회, 과학, 문화, 역사, 신화, SF 등 다방면의 지식과 교양이 필요하며, 최신 트렌드에도 관심을 가지면 작품 구상에 도움이 된다.

한편, 게임시나리오작가는 시나리오 작성에 대한 창의적 사고와 글쓰기 능력은 물론 기획력과 컴퓨터 게임에 대한 정보, 컴퓨터 프로그램 활용 능력도 갖추어야 한다. 그러므로 평소 컴퓨터 게임에 대한 지식을 쌓고 컴퓨터로 작업할 수 있도록 준비해야 한다. 게임은 보통 팀을 이루어 시나리오를 개발하므로 팀원과 원만한 대인관계를 유지할 수 있어야 한다.

 관련 직업은?

드라마작가 방송작가 시인 소설가
연출가 스토리보드아티스트 카피라이터
작사가 평론가 스크립터 영화감독
게임시나리오작가 애니메이션작가 각본가
논술지도사 독서지도사

관련 학과 및 자격증은?

국어국문학과 문예창작학과 신문방송학과
심리학과 사회학과 연극영화학과
영상예술학과 철학과 윤리학과

🔧 한국어능력시험   🔧 문예교육지도사
🔧 멀티미디어콘텐츠제작전문가   🔧 문화예술교육사
🔧 한자검정시험   🔧 독서지도사   🔧 논술지도사

관련 교과는?

국어 영어 사회 과학

🌐 진출 방법은?

시나리오작가로의 진출 방법은 다양하다. 시나리오 공모전에 출품하여 입상하거나 자신이 쓴 시나리오를 영화사, 연극연출가, 게임 회사 등에 투고하여 제작 제의를 받기도 한다. 또한 개인적 소개를 통해 기존 일을 돕거나 관련 일을 하다 시나리오작가로 데뷔하기도 한다.

영화시나리오작가가 되기 위해서는 대학의 연극영화과나 영화과, 연극과 등에서 전문성을 키우거나 국어국문학과, 문예창작학과 등에서 공부를 하는 것이 도움이 된다. 또한 시나리오 작성 방법은 관련 아카데미, 관련 협회 등 사설 학원에서도 교육을 받을 수 있다.

그러나 좋은 시나리오를 만들 수 있으려면 무엇보다도 풍부한 창의력과 아이디어가 뒷받침되어야 한다. 그렇기 때문에 작가로서의 자질을 스스로 키워나가는 노력이 더욱 중요하다. 이를 위해 평소 독서와 사색, 글쓰기 연습을 하고 다양한 경험을 쌓아야 한다. 무엇보다도 연극, 영화, 애니메이션, 게임 등을 좋아하며 제작 관련 직업에 대한 이해가 뒷받침되는 것이 좋다.

Tip 영화감독에 대해 알아볼까요?

영화감독은 여러 시나리오 중 마음에 맞는 작품을 선정하여 스토리를 분석한다. 작품 특성과 등장인물에 맞는 배우를 선정하고, 자신과 함께 영화를 제작할 제작진을 구성한다. 또한 영화제작자와 함께 제작비를 투자할 투자자들을 찾아 작품성과 흥행 가능성을 설명하고 설득하여 투자를 이끌어낸다. 촬영 현장을 미리 답사하고 영화 세트 디자인, 배우들의 의상, 각종 소품까지 일일이 신경 써야 한다. 사전 체크를 마치면 리허설을 하고 연기 연습을 하도록 지시한다. 촬영 시작 후에는 현장에서 연기를 지도하고, 제작진을 진두지휘한다. 촬영 완료 후에는 편집감독과 함께 촬영된 필름을 의도에 맞게 편집하며, 녹음실에서 대사, 음악 및 효과음 등의 녹음을 지도한다. 1, 2차 편집이 끝나면 A프린트라 불리는 첫 필름을 가지고 전체 제작진이 모여 자체적으로 평가하는 기술 시사회를 거친 후 완성편을 확정한다.

⚙️ 미래 전망은?

당분간 영화시나리오작가의 고용은 현 상태를 유지할 것으로 전망된다. 한국 영화에 대한 해외의 반응이 좋기 때문에 수출액은 전반적으로 증가세를 보이고 있다. 한국 영화의 극장 점유율과 디지털 온라인 시장의 성장, 해외 수출액의 증가세 등으로 영화 산업은 계속해서 발전할 것이다.

또한 영화는 우리나라 사람들이 아주 좋아하는 문화 장르이다. 사람들이 시간이 날 때마다 여가 선용의 차원에서 영화를 관람하므로 영화시나리오작가의 고용은 꾸준할 것으로 보인다. 다만, 영화방송·연극·애니메이션·게임 산업 분야는 경기 변동에 따라 투자액 규모가 크게 달라지므로 경기 불황이 지속되면 지명도가 높고 대중에 잘 알려진 작가들에게 작품 기회가 더 주어지게 된다. 따라서 신입 작가의 진입은 좀 더 어려워질 수 있다.

CAREER MAP

- 국어, 영어 교과 역량 강화
- 글쓰기, 문예 관련 동아리활동
- 시나리오 교내외 공모전 참가
- 영화사 및 관련 학과 탐방
- 시나리오작가 직업체험활동
- 시나리오작가 인터뷰활동

- 논술지도사
- 독서지도사
- 평론가
- 작사가
- 카피라이터
- 시인
- 소설가
- 방송작가
- 연출가
- 스토리보드아티스트
- 드라마작가
- 스크립터
- 영화감독
- 게임시나리오작가
- 애니메이션작가
- 각본가

준비 방법

관련 직업

- 국어
- 영어
- 사회
- 과학

관련 교과

시나리오 작가

관련 학과

- 국어국문학과
- 문예창작과
- 신문방송학과
- 영상예술학과
- 연극영화학과
- 심리학과
- 철학과
- 사회학과
- 윤리학과

적성과 흥미

관련 자격

- 관찰력
- 언어 능력
- 창의력
- 인내심
- 기획력
- 의사소통 능력
- 컴퓨터 활용 능력
- 글쓰기 능력

관련 기관

- 문화예술교육사
- 멀티미디어콘텐츠제작전문가
- 논술지도사
- 독서지도사
- 문예교육지도사
- 한자검정시험
- 한국어능력시험

- 한국문화예술위원회
- 한국시나리오작가협회
- 한국극작가협회

인문계열

13

시인

시인이란?

시란 자연이나 인생에 대하여 일어나는 감흥과 사상 등을 함축적이고 운율이 있는 언어로 표현한 문학의 한 갈래이다. 시인은 이러한 시를 전문적으로 짓는 사람으로, 자신의 생각과 느낌을 독창적인 언어로 표현하는 사람이다. 간결한 언어로 어느 특정 순간의 느낌이나 생각을 운율로 표현하는 시인은 독자의 감각이나 감정에 호소하고, 상상력을 자극하여 깊은 감명을 준다.

따라서 시인은 주어진 주제나 상황에 대해서 독특하고 기발한 아이디어를 산출해야 하고, 자신의 능력을 끊임없이 개발해야 한다. 대부분의 예술가가 그렇듯이 시인 역시 극소수의 베스트셀러 작가를 제외하면 금전적으로 풍족하기 어려운 직업이다. 그렇기 때문에 시인들은 생계를 위한 다른 직업을 가지고 있으면서 틈틈이 시를 발표하거나 시집을 출간하는 경우가 많다.

시는 고전시가에서 현대시로 넘어오면서 정형성이 무너졌기에 그 정체성이 모호하여 어디까지가 시이고, 시가 아닌가를 말하기가 힘들어졌다. 따라서 글을 쓴 사람이 이건 '시가 맞다'라고 하면, 분량과 수준에 관계없이 한 편의 시라고 할 수 있다. 이 때문에 시 창작을 쉽게 보는 경우가 있으나, 좋은 시로 평가받기는 힘들다. 누구에게나 인정받는 시인이 되기 위해서는 언어적 감각을 키우기 위해 부단히 노력하고 출판사나 기타 단체를 통해 등단해야 한다.

시인은 개인의 능력이 중시되는 분야로, 성별이나 연령에 따른 차별은 거의 없지만 근무 시간이 불규칙하고 정규직으로 일하는 경우가 거의 없다.

🔍 시인이 하는 일은?

시인은 자신의 주위에 일어나는 일들을 치밀하게 관찰해서 이를 간결하고 함축적인 언어로 표현하는 전문가이다. 시인의 철학과 독특한 언어 감각으로 태어난 시는 독자들의 감정에 호소하여 깊은 감동을 준다.

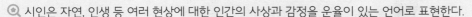

🔍 시인은 자연, 인생 등 여러 현상에 대한 인간의 사상과 감정을 운율이 있는 언어로 표현한다.

🔍 글을 쓰기 위해서는 일단 주제를 결정하고, 그 주제를 가장 효과적으로 나타낼 수 있는 소재들을 찾은 후, 이 소재들을 적절하게 구성하여 예술적인 표현으로 형상화한다.

🔍 자연, 인생 등 여러 현상을 작가의 주관적이고 독특한 시각으로 관찰하여 시적 어구로 정리한다.

🔍 다양하고 현실성 있는 소재의 발굴을 위해 취재를 하거나 다양한 사람들과의 접촉 등을 통하여 정보를 수집하고 창작에 반영한다.

🔍 선택된 주제, 자연 및 인생 등 여러 현상을 작가의 주관적인 시각을 통하여 재조명·정리한다.

> **Tip 작가에 대해 알아볼까요?**
>
> 작가는 출판이나 연극, 영화, 방송을 위한 문학 작품을 창작하거나 소설, 시, 동화, 수필, 영화시나리오, 연극 대본, 드라마 극본을 창작하는 전문가의 총칭이다. 타고난 언어 감각과 문장력, 표현력, 창의력, 추리력을 갖추어야 하며, 역사나 사회 현상 등 다양한 분야에 관심을 가져야 한다. 장시간 작업하는 경우가 많아 인내력이 요구되며, 사물이나 사람에 대한 세밀한 관찰력과 호기심이 필요하다.

📊 적성과 흥미는?

시인은 인간과 사물에 대한 세밀한 관찰력과 호기심, 그리고 관찰한 것을 간결한 글로 잘 표현해낼 수 있는 언어 감각, 창의력이 요구된다. 항상 새로운 아이디어를 산출해야 하므로 정신적인 스트레스를 잘 견디어낼 수 있는 인내심과 대처 능력도 필요하다. 아이디어를 명확한 논리와 풍부한 감성으로 문장화할 수 있는 능력도 필수이다. 자신의 업무 수행과 관련된 모든 사항을 스스로 결정해야 하므로 의사결정 능력도 필요하다. 예술형과 탐구형의 흥미를 가진 사람에게 적합하며, 독립성, 혁신, 분석적 사고 등을 가진 사람들에게 유리하다.

시인에 관심이 많다면 평소 다른 사람들이 말하는 것을 집중해서 듣거나 사물을 보는 치밀한 관찰력을 키우기 위해 노력해야 한다. 또한 주어진 주제나 상황을 항상 새로운 시각으로 바라보고 아이디어를 산출하기 위해 노력해야 한다. 평소 주위의 사물이나 대상에 관심을 지니고 거기에서 떠오르는 자신의 생각을 메모하면 도움이 된다. 시인은 언어에 대한 지식이 있어야 하므로 맞춤법이나 작문법, 문법에 대한 지식 등 전문가로서 필요한 역량을 키우기 위해 노력해야 한다. 이를 위해 시 창작반이나 문예반, 교지편집부, 신문반, 도서부 등에서 적극적으로 활동하면 도움이 된다. 또한 폭넓은 분야의 독서활동을 통해 자신의 사고력과 문장력 향상에 힘쓰는 것을 적극 추천한다.

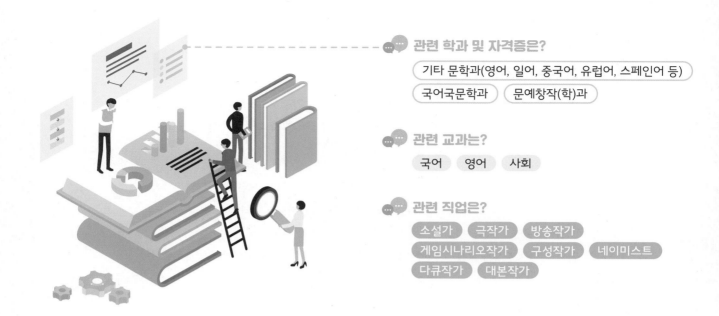

💬 **관련 학과 및 자격증은?**

기타 문학과(영어, 일어, 중국어, 유럽어, 스페인어 등)

국어국문학과   문예창작(학)과

💬 **관련 교과는?**

국어   영어   사회

💬 **관련 직업은?**

소설가   극작가   방송작가

게임시나리오작가   구성작가   네이미스트

다큐작가   대본작가

🌐 진출 방법은?

시인이 되기 위해 정해진 방법이 있는 것은 아니지만 대학의 국어국문학과, 문예창작학과 등에서 관련 교육을 받으면 도움이 된다. 관련 학과에 진학하면 다양한 작품과 작가를 분석하게 되고 습작훈련을 통해 문장력, 표현력 등을 기를 수 있다. 또한 함께 시를 공부하는 동료 및 선후배 등과 학문적 네트워크를 맺으며 시인으로 성장하는 데 도움을 받을 수 있다. 한편, 제도적 교육보다는 작가적 자질을 스스로 키워나가려는 노력이 더 중요하며, 이를 위해 평소 독서와 사색, 글쓰기 연습을 하고 다양한 경험을 쌓는 것이 필요하다.

시인을 비롯해 작가로 진출하는 경로는 다양하다. 문학작가의 경우 일간지의 신춘문예 당선, 전문지·동인지의 추천, 출판사, 문학잡지 등의 공모전 당선 혹은 개인 창작집 발표 등을 통해 등단하여 작가가 될 수 있다. 시인은 각 언론사에서 공모하는 신춘문예에 당선되거나 문학잡지의 지면을 통한 추천으로 등단할 수 있다. 요즘은 온라인 글쓰기 플랫폼을 통해 작품을 연재한 다음 책을 발간해 활동을 시작하는 작가들도 있으나, 시 장르의 경우 흔한 편은 아니다.

⚙️ 미래 전망은?

시인의 일자리 전망은 좋은 편이 아니다. 특히 문학 장르의 경우, 영향력 있는 문예지가 폐간되거나 기업의 사보, 정기간행물 등의 발간이 위축되면서 전반적으로 창작활동이 어려워지고 있다. 문예지나 잡지, 사보 발간에 대한 기업의 투자가 줄고, 인쇄 출판물이 스마트폰 같은 디지털 매체로 상당 부분 대체되면서 문예지 및 잡지 등을 통해 등단할 기회도 다소 줄었다. 또한 출판산업 사업체 수가 줄고 매출이 감소하는 점은 전업 시인으로서 지속적인 활동을 유지하는 데 부정적 영향을 미치고 있다. 스마트폰 사용의 증가 및 독서인구의 감소, 제작비 상승 등에 따라 도서 발행 부수 및 신간 부수도 줄어드는 경향을 보이고 있다. 특히 소설의 경우 디지털 시대에 맞게 웹소설 장르가 성장한 반면, 시 장르의 경우는 디지털 사용자를 유인할 만한 요인이 부족해 더욱 위축되는 경향을 보이고 있다.

다만 과학기술의 발전과 자동화, 로봇화 인문학을 중시하는 문화 풍토가 형성되면서 스트레스 해소 및 마음의 안정을 찾기 위해 시집을 찾는 사람들은 사라지지 않을 것으로 예상된다.

CAREER MAP

- 언어 능력 함양
- 관찰력 함양
- 창의력 함양
- 메모습관 함양
- 맞춤법, 작문 능력, 문법적 지식 함양
- 문예, 시창작, 교지편집, 신문, 독서 관련 동아리활동
- 폭넓은 독서활동
- 관련 주제탐구활동

- 소설가
- 극작가
- 방송작가
- 게임시나리오작가
- 구성작가
- 네이미스트
- 다큐작가
- 대본작가

- 국어
- 영어
- 사회

준비 방법

관련 직업

관련 교과

시인

적성과 흥미

관련 기관

관련 학과

- 관찰력
- 호기심
- 창의력
- 독립성
- 인내심
- 혁신적 사고 능력
- 분석적 사고 능력
- 언어 감각
- 풍부한 감성
- 글쓰기에 대한 관심

- 한국문인협회
- 한국시인협회

- 국어국문학과
- 문예창작(학)과
- 영어영문학과
- 독어독문학과
- 일어일문학과
- 중어중문학과
- 스페인어문학과

심리학연구원

심리학연구원이란?

심리학(心理學, psychology)은 인간의 행동과 심리 과정을 과학적으로 연구하는 경험과학의 한 분야이다. 심리학이라는 단어는 영혼이라는 뜻의 그리스어 'psyche'와 어떤 주제를 연구한다는 의미의 'logos'가 합쳐진 것이다. 초기에는 심리학을 '영혼에 대한 탐구'라고 하였지만, 시간의 흐름에 따라 변하면서 19세기 후반에 들어서야 비로소 '정신과학'으로 인정받게 되었다. 오늘날 고도의 정보화 사회에서는 인간의 삶의 질과 관계된 문제들이 점점 더 중요해지고 있다. 심리학은 우리 모두가 궁금해하는 내면의 과정에 대한 질문에 답을 구하는 분야라고 할 수 있다. 즉, 심리학이란 우리는 왜 그리고 어떻게 그런 식으로 생각하며 느끼고 행동하는지에 대한 답을 구하는 과학이다.

심리학연구원은 인간과 동물의 행동 및 그 행동에 관련된 생리적·심리적·사회적 과정을 연구하는 전문가이다. 개인의 심리적 과정 뿐만 아니라 신체기능을 제어하는 생리적 과정, 개인 간 관계와 사회적 과정까지 연구 대상이 된다. 여기에서 행동은 두뇌에서 이루어지는 내적인 행동과 신체 움직임으로 나타나는 외적인 행동, 정상적 행동과 비정상적 행동을 모두 포함한다.

심리학연구원은 전문성이 요구되는 분야로서 자기개발 가능성이 높은 직업이다. 또한 개인 연구에서의 자율성이 있으며, 근무 시간이 긴 편이나 정신적·육체적인 스트레스는 다소 적은 편이다.

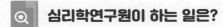 심리학연구원이 하는 일은?

심리학연구원은 인간의 행동과 심리 과정을 비롯하여 의학·교육·산업 등의 분야에서 심리적 문제를 진단하고 해결방안을 제시하는 전문가이다. 지능, 적성, 인성 및 기타 인간의 성격을 측정하는 검사를 개발하고 시행하며, 검사에서 얻은 자료를 해석하고 상담한다.

- 심리학연구원은 인간의 행동과 정신적 과정을 과학적이고 체계적인 방법을 통해 연구하며, 연구 결과를 통해 의학이나 교육, 산업 현장에서 응용할 수 있는 심리학적 지식과 정보 등을 제공한다.
- 인간과 동물에 관한 실험과 관찰을 계획하고 수행하며, 정신 및 육체적 특징을 측정한다.
- 유전형질의 결과, 환경 및 개인의 사상과 행동에 관한 기타 요소를 분석한다.
- 지능·능력·적성·인성 및 기타 인간의 행동을 측정하는 검사를 개발하고 시행하며, 그 검사에서 얻은 자료를 해석하여 적당하다고 인정되는 의견을 권유한다.
- 의학, 교육, 산업 현장에서 나타날 수 있는 인간의 다양한 심리학적 문제를 연구하고, 해결방안에 대한 심리학적 지식과 정보를 제공한다.

> **Tip 임상심리사에 대해 알아볼까요?**
>
> 임상심리사는 심리적 장애가 있는 사람을 대상으로 약물치료가 아닌 상담을 통해 증상을 치료한다. 심리적 문제나 정신건강과 관련한 증상을 평가하고 치료한다. 임상심리사로 일하려면 대학교에서 심리학을 전공한 후 관련 기관에서 수련을 받거나 경력을 쌓아 정신보건임상심리사나 임상심리사 등의 자격증을 취득하는 것이 좋다.

적성과 흥미는?

심리학연구원은 기본적으로 인간에 대한 애정과 관심을 가지고 있어야 한다. 다른 사람이 말하는 것을 집중해서 듣고 상대방이 말하려는 요점을 이해하거나 적절한 질문을 할 수 있도록 듣고 이해하는 능력이 필수적이다. 또한 인간의 복잡한 행동과 정신 과정을 과학적 방법을 통해 체계적으로 분석하고 설명할 수 있는 논리적 사고 능력과 문제해결을 위해 체계적으로 이치에 맞는 생각을 하는 논리적 분석 능력도 필요하다. 심리학에 대한 전문적인 지식이 있어야 하며, 인간 행동을 객관적으로 관찰하고 분석·연구한 후, 그 결과를 보고서로 작성할 수 있는 글쓰기 능력이 필요하다. 심리학은 인문과학에 속하면서도 공학과 생물학, 통계학 등 자연과학적인 지식이 함께 요구되는 학문이므로 심리학연구원은 교과융합적인 적성이 필요한 직업이다. 탐구형과 사회형의 흥미를 가진 사람에게 적합하다.

심리학연구원에 관심이 많다면 평소 사회와 인류, 철학과 신학, 심리 등 다방면의 학문에 관심을 지니도록 노력해야 한다. 이를 통해 인간의 사고 과정과 행동에 대한 이해와 원리를 밝히는 탐구활동에 적극 참여하는 것이 좋다. 심리학연구원은 생물이나 의료에 대한 지식도 필요하므로 관련 분야에 필요한 역량을 키우기 위해 노력해야 한다. 이를 위해 또래상담반, 심리탐구반, 대중매체심리반, 독서토론반 등에서 적극적으로 활동하면 도움이 된다. 또한 폭넓은 분야의 독서활동을 통해 자신의 논리적 사고 능력과 문장력 향상에 힘쓰는 것을 적극 추천한다.

🗨 관련 학과 및 자격증은?

(상담심리사회복지학부) (심리치료학과) (심리학과)
(특수심리치료학과) (아동심리언어치료학과)
(임상심리전공) (아동심리상담학과)
(아동상담심리학과) (아동복지상담심리학부)
(심리학전공) (심리치료학과) (심리철학상담학과)

🔩 정신건강임상심리사   🔩 상담심리지도사 1급
🔩 청소년상담사 3급   🔩 임상심리사 2급
🔩 청소년지도사 2급   🔩 상담심리사 2급
🔩 전문상담사 2급

🗨 관련 교과는?

(국어) (영어) (사회) (과학)

🗨 관련 직업은?

(교육심리학자) (발달심리학자) (사회심리학자)
(산업 및 조직심리사) (미술치료사) (놀이치료사)
(중독전문상담사) (중독심리상담사) (커리어코치)
(심리학자) (산업심리학자) (심리상담사)
(산업심리사)

진출 방법은?

심리학연구원이 되기 위해서는 일반적으로 4년제 대학교의 심리학과를 졸업하고, 대학원에 진학하여 관련 분야의 석사 또는 박사 학위를 취득하는 것이 유리하다. 졸업 이후에는 공개채용이나 특별채용을 통해 공공기관이나 기업체, 대학부설연구소나 정부출연 연구기관, 관련 민간 연구기관 등으로 진출할 수 있다.

인간의 행동과 정신적 과정을 과학적이고 체계적인 방법을 통해 연구하고, 연구 결과를 의학이나 교육, 산업 현장에 응용해야 하기 때문에 오랜 시간에 걸친 학습과정이 필요하다. 대학의 관련 학과에서는 생물심리학, 발달심리학, 사회심리학, 인간공학의 심리학, 임상신경심리학, 정서심리학 등의 과목을 배우게 된다.

⚙ 미래 전망은?

앞으로 심리학연구원의 전망은 더욱 좋아질 것으로 예상된다. 정신적인 문제로 병원을 찾는 사람들이 해마다 증가하면서 인간의 육체적 건강과 더불어 정신적, 심리적 건강의 중요성이 더욱 강조되고 있다. 또한 최근 인공지능(AI)을 활용한 기술 개발이 활발해지면서 인지심리학 전공자에 대한 수요가 크게 증가하고 있다.

뿐만 아니라 기업의 인사선발과정에서 공정성이 중요해지면서 기업이나 컨설팅업체, 정신보건 관련 기관 등에서 심리검사와 같은 객관적인 심리학적 도구를 사용하는 빈도가 증가하고 있다. 임원급의 선발, 배치, 승진 등을 위하여 객관적 역량평가를 실시하는 평가센터(assessment center)를 직접 운영하거나 재직자의 이직 및 전직 서비스와 같은 인사컨설팅, 청소년의 경력개발을 담당하는 심리학연구원도 늘어나고 있다. 한편 기업체의 인재 개발 부서에서는 재직자의 역량 개발을 위한 교육 및 훈련 담당자로 심리학연구원을 선호하고 있는 추세이다.

CAREER MAP

- 의사소통 능력 함양
- 체계적 분석 능력 함양
- 논리적 분석 능력 함양
- 객관적인 글쓰기 능력 함양
- 인문학, 자연과학적 지식 함양
- 심리탐구, 또래상담, 독서토론 관련 동아리활동
- 폭넓은 독서활동
- 관련 주제탐구활동

- 교육심리학자
- 발달심리학자
- 사회심리학자
- 산업심리학자
- 상담심리학자
- 심리학자
- 심리상담사
- 산업심리사
- 산업 및 조직심리사
- 미술치료사
- 놀이치료사
- 중독전문상담사
- 중독심리상담사
- 커리어코치

준비방법

관련직업

- 국어
- 영어
- 사회
- 과학

관련교과

심리학 연구원

관련기관

- 한국심리학회

적성과흥미

관련자격

관련학과

- 관찰력
- 의사소통 능력
- 논리적 사고 능력
- 분석적 사고 능력
- 보고서 작성 능력
- 공학, 생물학, 통계학 분야에 대한 관심
- 의학적 분야에 대한 관심
- 인간에 대한 애정과 관심

- 정신건강임상심리사
- 상담심리지도사 1급
- 청소년상담사 3급
- 임상심리사 2급
- 청소년지도사 2급
- 상담심리사 2급
- 전문상담사 2급

- 상담심리학과
- 사회복지학과
- 심리학과
- 심리치료학과
- 특수심리치료학과
- 임상심리전공
- 아동심리언어치료학과
- 아동심리상담학과
- 아동상담심리학과
- 아동복지상담심리학부
- 심리학전공
- 심리철학상담학과
- 상담심리사회복지학부

인문계열

15

언어학연구원

언어학연구원이란?

언어는 인간만의 고유한 능력으로, '언어란 무엇인가?'에 답하고자 하는 언어학은 '인간이란 무엇인가?'에 과학적으로 답하고자 하는 인문학이다. 즉 언어학은 단순히 언어와 글자에 대한 연구만이 아니라 다양한 언어들의 구조와 원리, 철학적·과학적·사회적 현상의 기원과 과정 등을 연구하는 학문이다.

'언어의 과학적 연구'라는 정의에서 알 수 있듯 언어학은 다른 인문학 분야와 달리 자연과학적 연구 방법을 적용하면서 과학성을 추구한다. 음성학, 음운론, 형태론, 통사론, 의미론, 역사비교언어학과같은 언어학의 핵심 분야뿐만 아니라 컴퓨터언어학, 사회언어학, 심리언어학과 같은 분야도 포함한다.

언어학연구원은 과학적 연구 방법을 통해 특정 언어나 언어 집단의 구조, 변천 및 발달과정을 객관적·체계적으로 연구한다. 고어와 현대어의 비교 연구, 언어의 기원·구조·진화의 연구, 언어의 어족과 기원에 따라 고대 및 현대의 불명료한 언어를 분류하고 확인하는 일을 한다. 또한 특정 언어나 언어 집단의 비교 연구를 통해 단어와 문장 구조의 기원과 변천을 조사하고, 형태론, 의미론, 음운론, 강세, 문법, 단어 및 언어 구조의 특성을 연구한다. 고고학적 유물에서 발견되는 견본을 가지고 고어를 재구성하고 해독하는 작업을 하기도 한다. 최근에는 휴대 전화의 음성 인식과 컴퓨터 자동 번역 및 통역 시스템, 정보 검색 시스템, 문서 낭독 시스템, 음성 타자 시스템 등에 이르기까지 연구 영역이 점차 넓어지고 있다.

🔍 언어학연구원이 하는 일은?

언어학연구원은 특정한 언어나 언어 집단의 구조, 변천, 발달에 관련된 연구와 국민의 국어 생활 향상을 위한 연구를 한다. 고대어와 현대어를 비교·분석하여 언어의 기원과 발전, 의미, 문법적 구조를 찾아내는 등 언어를 과학적으로 탐구한다.

- 🔍 고대어와 현대어를 비교·분석하여 단어와 문장 구조의 기원과 변천을 조사한다.
- 🔍 형태론, 의미론, 음운론, 강세, 문법, 단어 및 언어 구조의 특성을 연구한다.
- 🔍 어족과 어원에 따라 고어와 현대어를 비교·분류한다.
- 🔍 역사적·고고학적 유물에서 발견되는 견본으로부터 고어를 재구성하고 해독한다.
- 🔍 언어의 발생과 기원, 의사소통 체계 등을 연구한다.
- 🔍 그 외에 일반 연구원들이 수행하는 일반적인 업무를 수행한다.

Tip 다문화언어발달지도사에 대해 알아볼까요?

다문화언어발달지도사는 의사소통에 문제를 가진 다문화 가족 자녀의 상태를 평가하여 적절한 지원과 교육을 제공하고, 아이들이 학교생활에 원만하게 적응할 수 있도록 능력을 향상시키는 일을 한다. 아동의 부모에게 적절한 교육 방법을 제공하여 일상생활에서의 언어 발달을 돕고, 다문화 가족 자녀에게 체계적이고 전문적인 언어 발달을 제공함으로써 건강한 사회 구성원 및 글로벌 인재로서의 성장을 돕는다.

주요 업무는 지원 대상 발굴 및 홍보, 언어 발달 평가 및 상담, 언어 발달 교육 등이다. 언어 발달 지체가 있을 경우, 환경적 원인(출생 배경, 동반 장애, 언어 환경) 및 기술적 원인(현재 언어 수행 수준이나 결함 분석) 등을 동시에 분석한다. 다문화언어발달지도사는 언어 교실에서 업무를 진행하기도 하지만 때로는 무거운 검사 도구와 교구를 들고 어린이집, 유치원, 학교 등 교육생이 있는 곳으로 찾아가기도 한다. 결코 쉬운 업무는 아니지만 타인에게 도움을 주는 일이므로 보람이 큰 직업이다.

📊 적성과 흥미는?

언어학연구원은 언어에 대한 감각과 호기심을 가지고 있어야 하며, 언어에 대한 전공 지식 외에도 문학, 사학, 철학 등에 대한 폭넓은 지식이 필요하다. 인접 학문과의 연계를 통해 연구가 이루어지기 때문에 항상 새로운 연구 주제를 탐색할 수 있는 예리한 관찰력, 연구 영역을 넓히기 위한 창의적이고 개방적이며 논리적인 사고 능력이 필요하다.

또한 언어학 연구는 단기간에 끝나는 것이 아니기 때문에 자기가 맡은 과제를 끝까지 연구할 수 있는 계획성과 성실한 자세가 필요하다. 팀을 구성하여 연구하는 경우도 있기 때문에 다른 사람들의 의견에 귀 기울이고 존중할 줄 아는 원만한 의사소통 능력과 대인관계 능력이 필요하다. 이 외에도 언어학은 각종 외국의 해외 문헌 자료를 통해 연구해야 하므로 외국어 능력이 필요하며, 인공지능 언어나 자동 번역 시스템 등과 같은 컴퓨터 프로그램에도 관심이 있다면 더욱 좋다. 탐구형과 사회형의 흥미를 가진 사람에게 적합하며, 분석적 사고, 독립성, 꼼꼼함, 집중력 등의 성격을 가진 사람들에게 유리하다.

관련 학과 및 자격증은?

언어학과   언어교육과   언어정보학과

언어인지과학과

⚙ 언어재활지도사   ⚙ 논술지도사

⚙ 언어상담심리지도사   ⚙ 언어지도사

⚙ 언어발달지도사   ⚙ 독서지도사

⚙ 언어상호작용지도사

관련 교과는?

국어   영어   사회

관련 직업은?

어원학연구원   음성학연구원   음운학연구원
언어일반연구원   기호연구원   코퍼스연구원
언어습득연구원   언어교육연구원   국어연구원
영어연구원   프랑스어연구원   독일어연구원
일본어연구원   중국어연구원   통번역연구원
기타동서양언어연구원   동서양고전어연구원
스페인어연구원   러시아어연구원
국어학연구원   언어학사연구원
비교언어연구원   사회언어연구원
인지언어연구원   응용언어연구원
전산언어연구원   심리언어연구원
대조언어연구원   언어인식연구원

 진출 방법은?

언어학연구원이 되기 위해서는 대학교에서 언어학을 전공하고, 대학원에 진학하여 언어학 관련 분야의 석사 이상의 학위를 취득하는 것이 유리하다. 정부출연연구소나 규모가 크고 연구활동이 많은 연구소에서는 석사 이상의 학위를 가진 자를 우대하여 채용하기 때문이다. 언어학은 심리학, 사회학, 철학, 과학 등 다른 인문과학 학문과 연계하여 폭넓은 연구를 하므로 언어학연구원을 희망한다면 자신의 전공뿐만 아니라 인접 학문에 대한 지식을 쌓아야 한다.

주로 공개채용이나 특별채용을 통해 대학 및 기타 언어학 관련 연구소의 연구원 또는 언어 치료 등의 직종으로 진출할 수 있다. 정부출연 연구기관이나 민간 연구기관에 결원이 발생하면 공개채용을 하는데, 서류전형과 연구논문, 실적 등이 평가항목이 된다.

미래 전망은?

당분간 언어학연구원의 고용은 다소 증가할 것으로 전망된다. 언어학은 가장 기본이 되는 학문으로, 대학 등의 연구 기관에서 기초 학문 연구의 중요성이 지속적으로 제기되고 있으며, 정부에서도 꾸준히 지원하고 있다. 기존에는 언어학 연구가 실용성이 떨어진다고 생각해 전공 관련 일자리를 찾기 어려웠으나 최근에는 문화와 기술을 아우르는 지식 정보 개발을 목적으로 학문 분야 간 연구가 중요해지고 있고, 언어학을 중심으로 실용화가 활발히 이루어지면서 인공지능을 기초로 하는 기술 개발이 활성화되고 있다. 대표적인 예로 번역 프로그램이나 인터넷 검색 엔진을 개발하는 데 언어학연구원이 참여한다.

CAREER MAP

언어 및 컴퓨터 동아리활동
- 언어 및 컴퓨터 동아리활동
- 언어 연구소 및 학과 탐방
- 국어, 영어, 정보 등 교과 역량 강화
- 언어학연구원 인터뷰 및 직업체험활동
- 토론, 논술 분야 교내 행사 참여

어원학연구원
- 어원학연구원
- 음성학연구원
- 음운학연구원
- 국어학연구원
- 코퍼스연구원

준비
방법

관련
직업

언어학과
- 언어학과
- 언어교육과
- 언어정보학과
- 언어인지과학과

국어
- 국어
- 영어
- 사회

관련
교과

언어학
연구원

관련
학과

관련
자격

논술지도사
- 논술지도사
- 언어재활지도사
- 언어지도사
- 언어상담심리지도사
- 독서지도사
- 언어발달지도사
- 언어상호작용지도사

적성과
흥미

의사소통 능력
- 의사소통 능력
- 논리적 사고 능력
- 창의력
- 언어 능력
- 컴퓨터 활용 능력
- 대인관계 능력
- 성실성
- 외국어 능력

관련
기관

경제·인문사회연구회
- 경제·인문사회연구회
- 한국연구재단
- 국립국어원
- 한국언어학회

역사학자

역사학자란?

역사학자는 역사에 대해 꾸준히 연구하여 그 성과를 인정받은 사람이다. 주로 역사학과 관련된 석사나 박사 학위를 취득해야 역사학자로서 인정받지만, 학위가 없더라도 인문학 분야나 사회과학 분야에서 연구 업적을 쌓고 인정받아 역사학자가 되는 경우도 있다. 이것은 역사학이 인문사회 전반을 두루 포괄하는 성격을 지니기 때문이다.

19세기 이후에 기록되어 전해지는 역사적 자료는 충분한 편이나, 그 이전 시대의 자료는 매우 한정적이고 단편적이다. 수천 년, 수만 년 전의 역사는 지금까지 밝혀지지 않은 경우도 많고, 비록 해석의 근거 자료가 있다고 하더라도 충분하지 않은 경우가 대부분이다. 이에 역사학자들은 남겨진 문헌 자료를 통해 과거 역사를 탐구하고 자신만의 관점으로 역사적 진실을 찾아 해석해야 한다. 결국 역사학자는 단순히 지나간 과거만 연구하는 것이 아니라, 이를 토대로 역사가 오늘날에도 살아 움직이도록 해야 한다. 그렇기 때문에 역사학자는 최대한 진실에 가깝게 과거의 사실을 재구성해야 한다.

역사학자는 주어진 자료를 바탕으로 역사적 진실을 파악해야 하므로 논리적 사고 능력이 필요하다. 논리가 뒷받침되지 않은 역사적 해석은 진실이 아닌 단순한 흥미 위주의 이야깃거리가 될 수 있기 때문이다. 또한 주어진 자료로 논리적으로 해석한다고 할지라도 한정된 자료를 통해 인해 채워지지 않는 시간에 대한 상상력을 발휘해야 한다. 논리력과 상상력이 함께 발휘될 때 역사는 최대한의 진실에 도달할 수 있다.

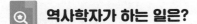 역사학자가 하는 일은?

역사학자는 인류의 과거에 대해 연구하고 글을 쓰는 사람으로서, 그에 대한 권위가 있는 것으로 간주되는 사람이다.

- 선사시대부터 현대에 이르기까지 정치, 경제, 사회, 문화 등 인간 활동에 대한 조사, 과거 사료 평가, 검증의 과정을 거쳐 역사적 사실을 규명하고 기록·연구한다.
- 도서관과 기록 보관소의 자료 또는 개인 소장 자료로부터 역사적으로 유용한 자료들을 수집·분석하고 신빙성에 기초하여 평가한다.
- 역사관의 흐름, 역사의 시대 구분, 역사의 인식 문제 등을 연구하여 현대사학의 과제를 인식하고, 사료의 비판과 역사 이론에서 당면한 문제들을 연구한다.
- 과거 사건에 대한 원본이나 당대 기록, 고고학 또는 인류학적 유물을 조사하고 연구하며, 관련 자료와 비교하여 역사적 사실의 진의를 엄격히 판별한다.
- 특수한 지역·시대·민족의 역사나 정치사·경제사·사회사·문화사와 같은 특수역사부문을 전문적으로 연구하며, 개인·기구·상업조직체를 위하여 산업의 기술혁신, 특정 시대의 사회 관습이나 습관 등에 관한 주제를 연구하기도 한다.

> **Tip** 문화재 감정평가사에 대해 알아볼까요?
>
> 문화재의 진위 여부를 감정하고 감정대상물의 보존 상태, 제작 시기, 작가의 명성 등을 고려하여 역사적·예술적·시장적 가치를 평가한다. 문화재감정평가사가 되기 위해서 반드시 필요한 자격이나 학력은 없지만, 고고학이나 미술사학 등을 전공하고 관련 분야에서 오랜 경험을 쌓는 것이 중요하다. 그림과 문화재, 역사에 대한 해박한 지식이 요구되는 직업이다.

적성과 흥미는?

역사학자는 사람과 사회에 대한 폭넓은 시각, 지적 호기심, 역사, 사회, 철학 등 인문학과 사회과학 전반에 대한 지식이 요구된다. 역사적 사실에 대한 탐구정신과 호기심, 역사적 사실을 객관적으로 기술하고 평가하는 객관성, 논리적 사고 능력, 판단력, 통찰력도 있어야 한다. 각종 문헌 자료를 탐구하고 연구하므로 한문과 영어, 중국어 등 일정 수준의 외국어 능력이 요구되며, 주어진 연구 과제를 끝까지 수행할 수 있는 계획성과 성실함이 필요하다. 역사학 분야는 워낙 다양하므로 1차 사료 및 여러 연구물들을 이해하고 분석하기 위해서는 해당 국가의 언어를 익히고 고어에도 정통해야 한다. 또한 자신이 전공하는 지역과 인접한 지역의 역사도 알아두어야 할 필요가 있다.

역사학자에 관심이 많다면 국어, 사회, 영어 교과 등 기초 교과 능력을 함양하기 위해 노력하고, 교내 진로탐색 프로그램에서 역사학과 관련된 학과나 직업탐색활동에 적극적으로 참여하는 것을 추천한다. 친구들과 역사 관련 동아리에서 박물관이나 유적지를 탐방하는 활동이나 각종 신문이나 문헌에서 역사 관련 내용을 스크랩하는 활동, 관련 주제로 토론을 하고 자신의 생각을 기록하는 등의 활동을 하는 것도 진로에 도움이 될 수 있다.

역사학자는 철학, 정치학, 종교학, 민속학, 경제학, 사회학, 가끔은 공학과 수학 등 다른 학문 분야에 대한 배경지식이 상당히 요구된다. 따라서 평소 다양한 분야의 독서활동을 통해 자신의 사고의 폭을 넓히고, 자기 주도성과 창의력, 의사소통 능력 등을 키울 수 있는 학교 프로그램에 참여하는 것을 추천한다.

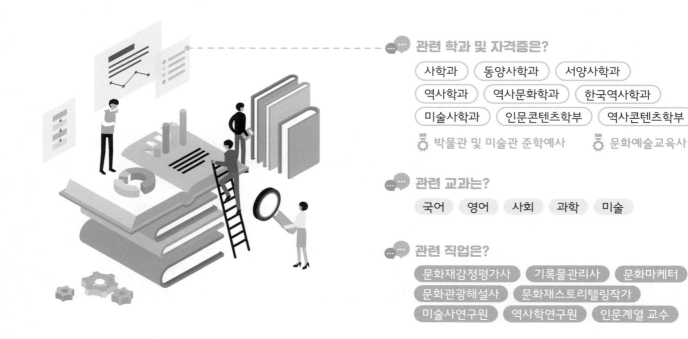

관련 학과 및 자격증은?

사학과　동양사학과　서양사학과
역사학과　역사문화학과　한국역사학과
미술사학과　인문콘텐츠학부　역사콘텐츠학부

⚙ 박물관 및 미술관 준학예사　　⚙ 문화예술교육사

관련 교과는?

국어　영어　사회　과학　미술

관련 직업은?

문화재감정평가사　기록물관리사　문화마케터
문화관광해설사　문화재스토리텔링작가
미술사연구원　역사학연구원　인문계열 교수

 진출 방법은?

역사학자가 되기 위해서는 사학과, 국사학과, 역사학과 등 대학교에서 역사를 전공하고, 대학원에 진학하여 심화된 공부를 해야 한다. 역사와 관련된 대학원에 진학하여 자신이 연구한 주제로 논문을 쓰고, 논문 심사에서 합격한 후 석사와 박사 학위를 취득하면 역사학자로서 자리매김할 수 있다.

한국사를 연구하는 역사학자가 되기 위해서는 국내 대학에서 학사, 석사, 박사를 취득하면 가능하다. 그러나 외국사를 연구하려면 보통 해당 국가로 해외 유학을 가야 하는 경우가 대부분이다.

학위 취득 후에는 대학이나 국책연구기관 등에 취직하거나 국사편찬위원회, 문화재연구소, 사설 및 해외 연구기관 등에 취업할 수 있다.

 미래 전망은?

당분간 역사학자의 일자리는 현 상태를 유지하거나 다소 감소할 것으로 전망된다. 역사학은 그 학문적 특성상 일자리의 창출이나 성장이 매우 제한적이며, 취업 경쟁이 치열한 편이다. 역사학자는 전문성이 요구되는 분야로서 자기 개발 가능성이 높고, 성별 및 연령에 따른 차별이 거의 없어 고용 평등이 잘 이루어지고 있는 직업 중 하나이다. 그러나 능력에 따른 승진이나 직장 이동의 가능성은 낮은 편이다.

'역사를 잊은 민족에게 미래는 없다'라는 말에서 알 수 있듯 역사는 인류에게 아주 중요한 기록이자 삶 그 자체이다. 최근 정보화 사회의 영향에 발맞추어 역사학도 변화하고 있는 추세이며, 현대 사회의 복합적 지식 수요에 부응하는 지식 정보의 계발을 목적으로 역사학 분야의 지식과 정보과학기술 사이의 소통에 대한 연구가 나타나고 있다. 이러한 역사학 연구의 실용화나 학제 간 연구의 증가 경향은 추후 역사학 연구원의 고용 유지에 기여할 수 있을 것으로 전망된다.

CAREER MAP

- 국어 및 사회 교과 역량 강화
- 외국어 능력 함양
- 다양한 분야의 독서활동
- 의사소통 능력 함양을 위한 활동
- 역사학자 및 관련 학과 탐색활동
- 역사 및 문화재 관련 동아리활동
- 박물관 및 유적지 체험 및 탐방활동

준비 방법

- 문화재감정평가사
- 기록물관리사
- 문화마케터
- 문화관광해설사
- 문화재스토리텔링작가
- 미술사 연구원
- 역사학 연구원
- 인문계열 교수

관련 직업

- 국어
- 영어
- 사회
- 과학
- 미술

관련 교과

역사학자

관련 기관

- 국사편찬위원회
- 한국학중앙연구원

적성과 흥미

관련 자격

관련 학과

- 인문학과 사회과학에 대한 관심
- 역사에 대한 지식
- 논리적 사고 능력
- 외국어 능력
- 판단력
- 통찰력
- 창의력
- 성실함

- 문화예술교육사
- 박물관 및 미술관 준학예사

- 사학과
- 동양사학과
- 서양사학과
- 역사학과
- 역사문화학과
- 한국역사학과
- 미술사학과
- 인문콘텐츠학부
- 역사콘텐츠학부

인문계열

17

직업상담사

직업상담사란?

직업상담사는 취업과 직업 능력 개발, 직업 진단 및 상담을 제공하는 일을 한다. 얼어붙은 취업 시장에서 양질의 취업 정보를 찾으려는 미취업자와 구직자 수가 늘어나면서 직업상담사는 꼭 필요한 직업이 되었다.

직업상담사는 자격증을 취득하면 다양한 분야에서 업무를 수행하게 된다. 특성화고등학교의 취업지원부 교사로 활동하거나 대학교의 취업정보실 등에서 근무하며, 직업 및 취업 관련 정보를 제공하고 상담도 진행한다. 고용노동부가 운영하는 고용센터에 근무하는 직업상담사는 주로 구직자들을 대상으로 취업 지원 및 직업 소개, 직업 지도, 고용보험 등 고용 지원 업무를 수행한다. 시·군·구청 취업 정보센터에 근무하는 직업상담사는 졸업한 청년들, 재취업하려는 여성이나 노인들을 대상으로 직업 정보를 제공하고, 적성검사를 통해 구직자의 흥미 분야를 안내하는 일을 한다. 또한 고민과 상처가 있는 구직자의 정서 장애를 예방하고 평가·진단하며, 치료에 초점을 두는 정신 건강의 재활을 위한 역할도 한다.

직업상담사는 상담 업무가 몰리는 취업 시즌이나 취업 박람회 같은 각종 행사를 앞두고 더욱 바빠진다. 주로 상담 업무를 하기 때문에 사무실에서 근무하며, 직업 지도, 취업 특강, 취업처 발굴 등을 위해 출장을 가기도 한다.

직업상담사가 하는 일은?

직업상담사는 구직자나 미취업자에게 적절한 직업 정보를 제공하고, 경력 설계, 직업 선택, 구직활동 등에 대한 전문적인 도움을 주는 일을 한다. 또한 직업 전환, 직업 적응, 실업 및 은퇴 등의 과정에서 발생하는 다양한 문제에 적절히 대처할 수 있도록 정보를 제공하고 전문적인 상담을 수행한다.

- 직업의 종류, 전망, 취업 기회 등에 관한 자료를 수집하고 관리한다.
- 구직자와 면담하거나 검사를 통해 취미, 적성, 흥미, 능력, 성격 등의 요인을 조사한다.
- 적성검사, 흥미검사 등 직업심리검사를 실시하여 구직자의 적성과 흥미에 맞는 직업 정보를 제공한다.
- 구직자에게 적합한 취업 정보를 제공하고 직업 선택에 관해 조언한다.
- 비디오, 슬라이드 등의 시청각 장비를 사용해 직업 정보 및 직업 윤리 등을 교육한다.
- 청소년, 여성, 중고령자, 실업자 등을 위한 직업 지도 프로그램 개발과 운영을 담당한다.
- 노동 시장에서 발생하는 직업과 관련된 법적인 사항에 대해 상담한다.
- 구인을 희망하는 기업에게 적절한 인재를 알선한다.
- 반복적인 구직 실패로 인해 심리적으로 어려움을 겪는 사람들을 상담한다.
- 회사에 취업하는 데 필요한 이력서, 자기소개서를 쓰는 방법을 알려준다.

적성과 흥미는?

직업상담사는 직업을 알선하여 채용으로 연결하는 것이 주된 업무이다. 따라서 사람들과 만나서 상담을 하고, 각각의 특성을 잘 파악하여 적합한 직업을 찾아줄 수 있어야 한다.

직업상담사는 다른 사람들의 말을 잘 경청하고, 대화 나누는 것을 좋아해야 한다. 그리고 자신과 의견이 다르더라도 상대방의 의견에 공감할 수 있는 태도가 필요하다. 또한 직업이라는 것은 항상 변화하는 것이므로 시대의 흐름을 잘 읽고, 항상 새로운 것을 공부하는 것을 즐겨야 한다.

직업상담사는 다양한 진로 지도 프로그램을 운영한다. 직업인과의 만남, 기업체 방문, 나에게 맞는 직업 찾기, 성격유형검사, 흥미유형검사 등의 프로그램을 통해 구직자에게 비전을 제시하고, 꿈을 이룰 수 있도록 도와주는 일을 한다. 따라서 새로운 행사를 기획하고 조직하는 능력이 필요하며, 타인과의 의사소통이 원활하고, 적극적이고 긍정적인 태도로 생활하는 사람이라면 더욱 좋다.

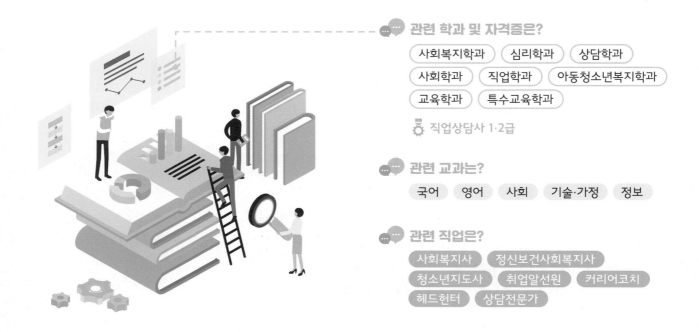

💬 **관련 학과 및 자격증은?**

사회복지학과　심리학과　상담학과

사회학과　직업학과　아동청소년복지학과

교육학과　특수교육학과

⚙ 직업상담사 1·2급

💬 **관련 교과는?**

국어　영어　사회　기술·가정　정보

💬 **관련 직업은?**

사회복지사　정신보건사회복지사

청소년지도사　취업알선원　커리어코치

헤드헌터　상담전문가

Tip 헤드헌터에 대해 알아볼까요?

원래 '헤드헌터(Head Hunter)'란 원시 부족들이 상대 부족들의 머리를 잘라오는 '머리 사냥(Head Hunting)'에서 나온 말이다. 우리나라에서는 중역(임원)이나 전문 인력 등을 기업체에 소개하는 사람이나 업체를 나타내는 말로 널리 사용된다. 헤드헌터는 기업의 임원이나 기술자 등과 같은 고급 인력을 여러 단계의 조사 과정을 거쳐 원하는 회사에 소개하는 일을 한다. 헤드헌터가 되려면 대학 졸업 이상의 학력이 필요하고, 외국인을 상대할 경우가 많아 외국어 구사 능력이 필요하다.

헤드헌터 중 기업체를 대상으로 직접 영업 활동을 하거나 구인처를 발굴하는 컨설턴트는 해당 분야에 경력이 있는 사람을 채용하는 경우가 많다. 왜냐하면 인맥을 활용할 수도 있고, 업계의 흐름에 대해 잘 파악할 수 있기 때문이다. 헤드헌터로서의 경력이 쌓이면 창업하여 업체를 운영하기도 한다.

 진출 방법은?

직업상담사가 되려면 대학교에서 사회복지학과, 심리학과, 사회학과, 직업학과 등을 졸업하는 것이 유리하나 해당 학과 전공자만 응시 자격이 있는 것은 아니다.

일반적으로 대학교 졸업 이상의 학력이 필요하고, 사회교육기관이나 사설 학원에서 관련 수업을 들으면 한국산업인력공단이 시행하는 직업상담사 자격시험에 응시할 수 있다.

외국 기업을 고객으로 하는 고급 인력 알선 업체에는 석사 학위 이상의 근무자도 많으며, 외국어 능력을 요구하기도 한다.

 미래 전망은?

직업상담사의 고용은 당분간 증가할 것으로 전망된다. 기업의 채용 문화가 열린 채용, 직무 중심 채용 등으로 다변화되면서 구인처, 구직자 모두로부터 상담 수요가 증가하고 있다. 또한 베이비부머 세대의 은퇴와 노인 구직자의 증가, 이민 여성, 외국인 노동자 등 외국 인력의 유입, 청년 실업자 증가, 경력 단절 여성 등으로 인해 취업 및 진로 상담에 대한 요구가 꾸준히 늘어나고 있다.

또한 초·중·고등학생을 대상으로 진로 상담의 필요성이 증가하여 상담이나 강의 등을 하는 사례도 늘고 있으며, 이와 같은 현상은 앞으로도 지속될 것으로 예상된다. 이러한 이유로 취업난이나 실업으로 인해 상처를 입은 사람의 치유를 도와주고 원하는 직업을 소개하는 직업상담사가 다양한 시설에 채용되어 업무를 수행할 것이므로 전망이 밝은 직업으로 평가된다.

CAREER MAP

- 국어, 영어 교과 역량 강화
- 사회·문화, 상담 관련 동아리활동
- 논술, 말하기 관련 교내 행사 참여
- 직업상담사 인터뷰 및 직업체험활동
- 관련 학과 탐방

- 사회복지사
- 상담전문가
- 청소년지도사
- 취업알선원
- 커리어코치
- 헤드헌터
- 정신보건사회복지사

준비 방법

관련 직업

- 국어
- 영어
- 사회
- 기술·가정
- 정보

관련 교과

직업 상담사

적성과 흥미

- 인내심
- 의사소통 능력
- 청력
- 언어 능력
- 기획력
- 대인관계 능력
- 적용 능력

관련 학과

관련 기관

관련 자격

- 교육학과
- 사회복지학과
- 심리학과
- 상담학과
- 직업학과
- 사회학과
- 아동청소년복지학과
- 특수교육학과

- 직업상담사 1·2급

- 한국직업상담협회
- 한국상담심리학회
- 고용노동부

철학자

철학자란?

철학은 세계와 인간의 삶에 있어 근본 원리가 되는 인간의 본질, 세계관 등을 탐구하는 학문이라 할 수 있다. 철학(Philosophy)이라는 용어는 고대 그리스어의 필로소피아(지혜에 대한 사랑)에서 유래하였는데, 여기서 지혜는 일상생활에서의 지식이 아닌 인간과 그를 둘러싼 세계관, 인생관, 가치관 등을 의미한다.

원래 철학자란 인간의 조건에 대한 존재론적인 질문을 풀기 위한 삶을 살던 사람이었다. 그러나 현대에 와서 미학, 윤리학, 문학, 인식론뿐만 아니라 예술과 같은 학문을 연구하는 사람들로 확대되었다. 흔히 철학자들은 눈에 보이지 않는 것, 실체가 없는 뜬구름 잡는 이야기를 한다고 생각하는데, 이는 철학자가 아니라 궤변론자에 대한 비판이다. 철학자는 사유하는 사람으로, 논리적인 생각을 바탕으로 사실의 근거에 다가가고자 하기 때문이다. 따라서 논리 없는 말만 앞세우거나 지식을 쌓는 것만을 목적으로 하는 사람은 철학자라고 할 수 없다.

철학자는 어느 한 부분에 치우치지 않는 통합적 지식을 갖추어야 한다. 분석철학을 전공한다면 수리논리학에 대한 이해가 필수적이고, 과학철학을 전공한다면 물리학이나 생물학, 심리학에 대한 지식이 필요하다. 고전철학이나 중세철학을 전공한다면 당시 시대상에 대한 역사적 지식도 필요하다. 철학자들이 치열하게 진리를 추구하더라도 인간이기 때문에 그들의 논리가 완벽할 수는 없다. 철학이라는 학문은 시대에 따라 계속 발전하는 학문이기 때문에 당대 사람들의 생각이나 철학 사조의 영향을 받을 수밖에 없다. 신의 존재를 당연하게 여겼던 중세 철학자들, 제국주의와 인종차별, 공산주의를 환영했던 근현대 철학자들이 대표적인 예이다. 이러한 사실은 철학자들이 당대의 시대적 분위기에서 자유로울 수 없음을 보여준다.

철학자가 하는 일은?

철학자는 형이상학, 윤리학, 논리학 등 전문적인 철학의 주제를 연구한다. 사실에 대한 지식의 축적보다는 어떻게 하면 사실의 근거에 다가갈 수 있는가에 대해 탐구한다. 또한 인간의 행위, 생각, 지식, 가치관, 규범, 종교, 예술 등 인간과 사회에 대한 다양한 문제와 근원을 논리적으로 분석하고 연구한다.

- 인류 문화의 기본이 되는 동서양의 사상 문화를 탐구한다.
- 현대 사회에서 발생하는 여러 가지 문제들을 논리적으로 탐구한다.
- 각 사회의 사상 문화를 발전시키는 데 기여한다.
- 다양한 문화권 사이의 교류에 능동적으로 대응할 수 있는 방법을 연구한다.
- 사물의 근원에 대해 연구하고, 사물과 현상에 대한 기본 전제들을 탐구한다.
- 종교와 도덕적 문제를 개념적이고 논리적으로 분석한다.
- 실존적인 관심과 삶의 의미에 대해 깊이 있게 연구한다.

적성과 흥미는?

철학자는 사물이나 현상의 본질에 다가가기 위한 사유, 사물의 기본 현상, 인간의 기본적 사고 과정을 분석하고, 그에 대해 끊임없이 질문하며 논리적으로 해답을 찾아 나가야 한다. 따라서 이론과 논리를 세울 수 있는 논리적이고 혁신적인 사고 능력, 분석력, 통찰력과 창의력이 요구된다. 또한 탐구과정에서 찾아낸 논리를 말이나 글로 표현할 수 있는 언어 능력, 사람과 사회에 대한 폭넓은 시각과 지적 호기심, 역사나 사회, 신학, 인류 등 인문학과 사회과학 전반에 대한 지식도 필요하다.

철학자에 관심이 많다면 국어, 사회, 과학, 영어, 예술 교과 등 범교과적인 흥미를 가지고 인류의 기원과 이동, 문화와 역사에 대한 지식 등을 키우도록 한다. 철학자는 세계의 사상가들이 쓴 글을 많이 읽어야 하는데, 번역본에서는 해당 언어만의 독특한 표현이나 느낌이 제대로 드러나지 않는다. 그러므로 독일어, 프랑스어, 라틴어, 이탈리아어, 러시아어, 한문, 중국어 등 연구하고자 하는 사상가가 저술한 글을 원문 그대로 이해할 수 있는 외국어 능력도 키우면 도움이 된다.

평소 문제해결을 위해 이치에 맞는 생각을 체계적으로 하려고 노력하는 것과 다양한 분야의 독서활동을 통해 사고력을 넓히는 것도 매우 중요하다. 철학자는 끊임없이 연구하며 자기의 전공 분야에 대해 깊이 공부해야 하므로 꾸준한 자기 계발과 관련 지식을 배우려고 하는 자세가 필요하다. 독서토론반, 심리연구반, 논술반, 신문반, 사상탐구반 등의 동아리활동이나 철학과 탐방 프로그램에 참여하는 것도 좋다.

관련 학과 및 자격증은?

(철학과) (철학윤리학과) (동양철학과)
(유학동양학과) (철학·동아시아문화학전공)

⚙ 심리상담사   ⚙ 정신건강상담사
⚙ 논술지도사

관련 교과는?

국어   영어   사회   과학   음악   미술

관련 직업은?

교수   서양철학자   동양철학자   국학자
철학연구원   예술 및 종교인

진출 방법은?

철학자가 되기 위해서는 일반적으로 대학교의 철학과에 진학하여 기초 소양을 쌓고 기본 지식을 배우는 것이 좋다. 이후 대학원에 진학하여 석사 및 박사 학위를 취득하면 철학가로 자리매김할 수 있다. 그러나 대학에서 다른 학문을 전공하였다 하더라도 대학원에 진학하여 철학을 전공하는 경우도 많다.

학위 취득 후에는 정부출연연구소에서 연구원으로 일하거나 대학에서 교수로 활동할 수 있다. 또한 자신만의 독특한 논문을 학술지에 발표하여 그 연구 능력을 인정받는다면 석박사 학위가 없다고 할지라도 철학자로서 활동할 수 있다.

미래 전망은?

철학자들은 대학교에서 강의를 하거나 연구소 등에서 연구원으로 일할 수 있다. 그러나 철학자를 비롯한 인문과학 관련 연구를 하는 연구원들이 진출할 수 있는 곳은 제한적이다. 왜냐하면 일을 할 수 있는 연구소 자체의 수가 적을 뿐만 아니라 당장 눈에 띄는 성과물이 잘 나타나지 않기 때문이다. 이러한 이유로 당분간 철학자의 고용은 현 상태를 유지할 전망으로 보인다.

그러나 최근 인문학과 기술을 융합하여 신제품이나 새로운 서비스를 창출하는 과정에서 철학이 새롭게 각광받고 있다. 문화와 기술을 아우르는 현대 사회의 복합적 지식 수요에 부응하는 지식정보를 계발하기 위한 목적으로 철학, 문학, 역사 등 전통적인 인문과학 분야의 지식과 정보과학기술 사이의 학제적 소통 및 응용 방법에 대한 연구도 활발히 이루어지고 있다. 이러한 사회 변화는 철학자들의 일자리 창출에 긍정적인 영향을 미칠 것으로 보인다.

> **Tip 고대 그리스 철학자에 대해 알아볼까요?**
>
> 1. 소크라테스(기원전 470년경~399년): 고대 그리스의 철학자로, 아테네에서 태어나 일생을 철학의 문제에 대한 토론으로 일관한 서양철학의 첫 번째 인물이다. 그의 작품은 남겨지지 않았지만, 대화의 형태로 제자들에 의해 전달되었다. 선의 인정에 기초한 도덕이론을 철학의 기본으로 하고 있다.
>
> 2. 플라톤(기원전 428년경~348년): 영혼으로부터 분리된 실체로서의 몸을 연구한 최초의 철학자이다. 소크라테스의 제자이자 아리스토텔레스의 스승으로 대학의 원형인 '아카데메이아'의 교육자이다. 정치학, 윤리학, 형이상학, 인식론 등 많은 철학적 논점에 대해서 저술하여 서양철학에 지대한 영향을 미쳤다.
>
> 3. 아리스토텔레스(기원전 384년경~322년): 플라톤의 제자이자 알렉산더 대왕의 스승이다. 물리학, 논리학, 형이상학, 윤리학, 정치철학, 심리학, 미학, 생물학 등 다양한 주제의 책을 저술하였다. 도덕과 미학, 논리와 과학, 정치와 형이상학을 포함하는 서양철학의 포괄적인 체계를 처음으로 창조하였다.

CAREER MAP

- 인문학, 사회과학적 지식 함양
- 다양한 분야의 독서활동
- 논리적 사고 능력 함양을 위한 활동
- 의사소통 능력 함양을 위한 활동
- 독서토론, 논술, 사상탐구 관련 동아리활동

준비 방법

- 철학과
- 철학윤리학과
- 동양철학과
- 유학동양학과
- 철학·동아시아문화학전공

관련 학과

- 심리상담사
- 정신건강상담사
- 논술지도사

관련 자격

철학자

관련 교과

- 국어
- 영어
- 사회
- 과학
- 음악
- 미술

적성과 흥미

- 진리에 대한 호기심
- 언어 능력
- 외국어 능력
- 분석적 사고 능력
- 논리적 사고 능력
- 혁신적 사고 능력
- 비판적 사고 능력
- 창의력
- 통찰력

관련 기관

- 한국철학회
- 각 대학의 철학연구소
- 경제·인문사회연구소
- 생명문화연구소

관련 직업

- 교수
- 서양철학자
- 동양철학자
- 국학자
- 철학연구원
- 예술 및 종교인

출판물기획자

출판물기획자란?

출판은 서적이나 회화 등을 인쇄하여 세상에 내놓는 것을 말하고, 기획이란 어떤 일을 꾀하여 계획하는 것을 말한다. 출판물기획자는 사람들이 원하는 내용의 책이나 회화 등을 어떤 형태로 만들 것인가를 구체적으로 계획하여 출판하는 일을 하는 직업이다. 따라서 출판 환경에 대한 이해와 책에 대한 애정, 무엇보다 출판물 제작 과정에 대해 잘 알고 있어야 하며, 다양한 책을 보고 직접 많은 책을 기획해보는 등 경험을 쌓는 것이 중요하다.

출판물기획자는 출판물 편집장 및 부서 책임자와 협의한 편집 방침에 따라 작성한 원고를 검토·평가해야 한다. 또한 독자의 경향과 인성에 관한 지식 등을 근거로 수요를 결정하여 발행 부수와 마케팅 방안을 생각해야 한다. 표지 및 본문에 대한 디자인의 구체적인 사항을 출판물의 특성 및 내용에 맞게 출판물 디자이너와 협의하고 관련 내용을 의뢰한다. 원고의 수정에 관해 필자와 협의하여 원고 내용을 조정하기도 하며, 출판일자·판권·인쇄부수 등을 결정하기 위하여 저자 및 출판업자와 협의하는 일도 한다.

최근 출판의 형태가 '읽는 책'에서 '보는 책'으로 전환되고 있어 출판물기획자에게 디지털 매체에 대한 이해와 미적 감각이 더욱 요구될 것으로 보인다. 또한 스마트폰과 같은 모바일 기기로 함께 즐길 수 있는 디지털 출판콘텐츠에 대한 기획력과 소비자 트렌드를 읽는 감각, 마케팅 능력 등에 대한 요구도 더욱 커지고 있는 추세이다.

출판물기획자는 많은 양의 업무 처리를 위해 정규 근무 시간 외에도 일해야 하는 빈도가 높고, 업무 수행에 정밀성과 정확성이 요구되기 때문에 정신적인 부담이 큰 직업이라고 할 수 있다.

🔍 출판물기획자가 하는 일은?

독자들의 요구에 맞는 주제와 내용에 따라 출판물을 기획하거나 편집 방향을 세우고 출판물에 수록될 원고를 조정한다.

> 🔍 다양한 조사와 분석을 통해 독자가 원하는 출판물의 내용과 출판 시장 동향 등을 파악한다.
>
> 🔍 독자가 요구하는 주제를 발굴하기 위해 다양한 조사와 연구를 수행하며 시장성, 타 출판물과의 차별성, 최근 경향을 고려해 출판물 기획안을 작성한다.
>
> 🔍 적합한 작가를 섭외하고 집필된 원고를 검토한다.
>
> 🔍 내용상 필요한 그림이나 삽화, 사진 등을 수록하기 위해 미술가나 사진가와 업무 협의를 한다.
>
> 🔍 출간 이후의 홍보 및 판매 방법 등을 고려하여 마케팅 전략을 수립한다.

> **Tip 출판편집자에 대해 알아볼까요?**
>
> 출판편집자는 작가가 쓴 원고의 내용을 검토하고 내용의 손상 없이 원고의 교정, 교열, 윤문 작업을 한다. 작가 또는 출판기획자와의 상의를 통해 책의 내용에 맞는 판형, 글씨체, 디자인 등 편집 양식을 결정하고, 편집 양식에 따라 원고의 내용을 편집한다. 편집에 대한 일정 기간의 업무 경력과 윤문 및 교열 작업에 대한 기본적 지식 또한 필요하다. 컴퓨터 및 편집프로그램 운영 능력, 편집에 대한 원리 및 기술의 이해가 필요하다.

적성과 흥미는?

출판물기획자는 기획력과 마케팅 능력을 갖추는 것이 중요하기 때문에 경영, 마케팅, 광고 등에 관심이 많아야 한다. 책의 편집과 디자인에도 관여하기 때문에 출판 그래픽 관련 프로그램을 사용할 수 있거나 워드프로세서를 비롯한 컴퓨터 활용 능력이 있으면 도움이 된다. 또한 외국의 사례를 찾아야 하는 업무도 많은 편이어서 영어 등 외국어에 능숙하면 더욱 좋다.

출판물기획자는 독창성이 필요하며, 꼼꼼하고 섬세한 성격이 요구된다. 인쇄 및 배포 일정에 맞춰 작업이 급하게 진행되는 경우가 많으므로 시간을 적절하게 관리할 수 있는 능력도 중요하다. 탐구형과 진취형의 흥미를 가진 사람에게 적합하다.

출판물기획자에 관심이 많다면 평소 국어, 철학, 역사, 디자인 등의 교과에 관심을 지니도록 노력해야 한다. 또한 글을 통해서 다른 사람과 효과적으로 의사소통하는 글쓰기 능력을 기르고, 주어진 주제나 상황에 적절한 아이디어를 낼 수 있도록 창의력을 키우는 것이 좋다. 출판 디자인 분야에도 관여하기 때문에 밑그림이나 제도와 같이 디자인에 필요한 기법 및 도구에 관한 지식을 갖춘다면 도움이 된다. 이를 위해 교지편집반, 신문반, 도서반, 독서토론반, 북아트반 등에서 적극적으로 활동하면 출판물기획자로서의 역량을 키울 수 있다. 또한 디지털매체에 대한 이해와 소비 트렌드를 읽는 능력 등을 키우기 위해 다양한 책과 관련된 정기 간행물 등을 구독하여 읽는 활동을 적극 추천한다.

관련 학과 및 자격증은?

광고홍보학과　국어국문학과　문예창작과
사회학과　언어교육과　고고학과
역사학과　예체능교육과　유아교육학과
미디어출판과　종교학과　컴퓨터 활용 능력

관련 교과는?

국어　영어　사회　미술　정보

관련 직업은?

출판물전문가　출판물편집자　편집디자이너

진출 방법은?

출판물기획자가 되기 위해 꼭 필요한 전공 학문은 없지만, 일반적으로는 국문학과 및 어문계열 전공자들이 많은 편이다. 출판물기획자는 책이 출간되는 전반적인 과정에 대한 이해가 필요하기 때문에 출판사에 입사해 관련 업무를 담당하며 일정 기간 경력을 쌓는 것이 좋다. 또한 출판물 관련 협회의 아카데미나 문화센터의 프로그램 등을 통해 출판 기획 및 편집에 관한 교육을 받으면 취업하는 데 좀 더 유리할 수 있다.

출판 관련 회사의 경우 필요한 인력이 발생하면 홈페이지나 구직사이트 등을 통해 공고를 내며 상시채용시스템을 운영하기도 한다. 채용은 보통 서류전형과 면접을 통해 이루어진다. 주로 출판사, 출판 기획 전문회사, 잡지사 등에서 활동하며, 기획 업무를 수행할 수 있는 기업체 홍보실이나 광고대행사, 방송국 등에도 진출할 수 있다. 출판사에 신입으로 입사한 경우, 자료 조사부터 시작해서 출판 편집 업무, 홍보 및 마케팅 업무 등을 먼저 경험하며 일정 기간 이상의 경력을 쌓은 후 출판기획의 일을 맡을 수 있다. 출판기획에 대한 경력이 어느 정도 쌓이면 독자적인 창업도 가능하다.

미래 전망은?

종이책의 감소와 스마트 기기의 대중화로 출판 산업은 뒷걸음질 치고 있다. 각종 콘텐츠가 인쇄 매체에서 디지털 매체로 빠르게 변화하고 있어 향후 온라인 전자출판 서비스와 유통이 더욱 활성화될 것으로 예상된다. 따라서 기존의 출판콘텐츠가 생산되는 산업 형태는 유지되겠지만, 출판콘텐츠의 유통 및 사용 형태가 종이책에서 디지털 매체로 옮겨간다는 점에서 산업의 매출과 부가가치가 생산되는 영역이 점차 변화할 것으로 보인다.

앞으로 종이책 출판 기획만이 아닌 영화, 드라마, 웹툰, 교육용 영상 등과 같이 다른 문화콘텐츠와 결합한 출판 콘텐츠의 제작이 중요하게 평가되면서 기존의 종이책 중심 출판사는 어려움을 겪을 것으로 보인다. 따라서 하나의 출판콘텐츠로 다양한 매체 활용 및 제작이 가능한 중소규모 이상의 출판사의 성장이 출판업계를 이끌 것으로 보인다.

출판물 기획과 편집은 많은 경험이 필요하므로 경력자 위주의 채용이 더 강화되고, 신입 기획자나 편집자의 진입은 쉽지 않을 것으로 예상된다.

CAREER MAP

출판물 기획자

관련 직업
- 출판물전문가
- 출판물편집자
- 편집디자이너

준비 방법
- 글쓰기 능력 함양
- 의사소통 능력 함양
- 창의력 함양
- 출판그래픽 관련 컴퓨터 프로그램 활용 능력 함양
- 교지 편집, 신문, 도서, 북아트, 독서토론 관련 동아리활동
- 폭넓은 독서활동
- 관련 주제탐구활동

관련 자격
- 컴퓨터 활용 능력

관련 교과
- 국어
- 영어
- 사회
- 미술
- 정보

적성과 흥미
- 꼼꼼함
- 기획력
- 창의력
- 대인관계 능력
- 마케팅 능력
- 시간 관리 능력
- 외국어에 대한 관심
- 책읽기와 글쓰기에 대한 관심
- 디자인에 대한 관심

관련 기관
- 한국출판인회의
- 대한출판문화협회

관련 학과
- 광고홍보학과
- 국어국문학과
- 문예창작과
- 사회학과
- 언어교육과
- 역사학과
- 고고학과
- 예체능교육과
- 유아교육학과
- 미디어출판과
- 종교학과

큐레이터

큐레이터란?

큐레이터는 박물관이나 미술관에서 전시회를 기획하고 작품을 수집·연구·관리하는 전문가로, 학예연구사라고 부르기도 한다. 근무 장소에 따라 미술관 큐레이터, 박물관 큐레이터, 독립 큐레이터 등으로 구분되며, 해외에서는 담당 업무에 따라 더 세분화된다. 국내에서는 큐레이터의 업무를 전시기획팀·교육팀·작품관리팀·보존과학팀 등 팀 단위로 나눠서 운영하는 곳이 대부분이지만, 규모가 작은 곳에서 일할 경우에는 한 명의 큐레이터가 여러 가지 업무를 담당하기도 한다.

참신한 아이디어로 전시회의 성공 여부를 결정하는 전시 기획은 큐레이터의 핵심 업무다. 큐레이터는 관람객이나 사회의 관심을 바탕으로 전시회의 주제를 정하는 것은 물론, 작가와 작품을 섭외하고 예상 수입과 소요 예산 등을 종합적으로 고려해서 기획안을 작성한다. 이를 실현시키기 위해 작가와 만나서 참여하도록 하고, 전시회의 주제에 맞는 환경이 연출되도록 인테리어에도 신경 써야 한다. 또한 큐레이터는 작품의 운반과 설치, 경비 관리, 작품 파손에 대비한 보험 가입, 작품 설명과 전시 안내에 필요한 광고지 제작, 오프닝 행사도 준비하고 진행해야 한다. 전시회의 시작을 알리고 기획 의도와 내용을 소개하며 전시회에 도움을 준 작가들과 귀빈, 관람객을 초청하여 감사를 전하는 오프닝 행사 역시 아주 중요하다.

큐레이터는 전시에 대한 높은 수준의 전문 지식이 필요하며, 쾌적한 근무 환경과 짧은 근무 시간으로 정신적·육체적 스트레스가 심하지 않은 직업이다. 그러나 이에 비해서 임금과 복리후생의 수준이 평균에 비해 낮고, 안정적인 정규직보다는 계약직으로 근무하는 경우가 많다.

큐레이터가 하는 일은?

큐레이터는 박물관과 미술관, 화랑 등에서 일하면서 전시회를 기획하고 작품을 수집·연구·관리하는 등 전시의 전반을 책임진다.

- 큐레이터는 박물관이나 미술관에서 관람객을 위해 전시회를 기획하고 작품을 수집하며 관리를 담당한다.
- 소장품과 관련된 학술적인 연구업무를 수행한다.
- 소장품이나 자료에 대한 관람객들의 이해를 돕기 위해 교육 프로그램을 개발하고 실행한다.
- 미술관 큐레이터는 미술 관련 예술 작품의 전시를 기획한다.
- 작품 선정과 수집이 끝나면 미술관의 공간과 작품 수량, 주제를 고려하여 작품을 진열한다.
- 전시할 작품의 진위 여부를 판단하고 소장 작품인 경우에는 훼손되지 않도록 관리한다.

> **Tip 디지털큐레이터에 대해 알아볼까요?**
>
> 포털 사이트, 블로그, SNS 등 인터넷에는 수많은 최신 정보가 등록되므로 기존 정보를 찾기 어렵다. 디지털큐레이터는 인터넷에 있는 수많은 정보 중에서 사용자가 원하는 가치 있는 정보를 찾고, 이 정보를 하나의 화면에 보기 좋게 배치하여 사용자가 편하게 찾을 수 있도록 한다.

적성과 흥미는?

큐레이터는 공간 지각 능력, 예술적인 안목, 관찰력, 대인관계 능력 등을 갖추어야 한다. 미술관이나 박물관에 전시되는 작품들에는 당대 예술가들이 살았던 시대에 대한 깊은 사색과 고뇌가 담겨있다. 따라서 작품에 대한 단편적인 지식이 아닌 철학과 역사에 대한 풍부한 지식, 작품에 대한 독창적인 해석 능력이 중요하다.

훌륭한 큐레이터가 되기 위해서는 어릴 때부터 인류 문화와 역사에 대한 풍부한 독서와 사색이 필요하다. 또한 주의 깊은 관찰력과 탐구 자세를 갖추어야 하며 역사를 비롯해 다양한 문화권의 생활양식, 언어, 예술 등 문화 전반에 대한 흥미가 있는 사람에게 적합하다. 탐구형과 예술형의 흥미를 가진 사람에게 적합하며 꼼꼼함, 적응성, 분석적 사고 등의 성격을 가진 사람들에게 유리하다. 해외 박물관이나 미술관 관계자, 외국 작가 등과 함께 일하고 해외 자료를 살필 일이 자주 있기에 영어, 스페인어 등의 외국어 능력을 갖추는 것도 중요하다.

큐레이터에 관심이 많다면 평소 사회, 역사, 철학, 미술, 심리학 등의 교과에 관심을 지니도록 노력해야 한다. 또한 평소 박물관이나 미술관을 관람하거나 다양한 문화적 체험을 통해 자신의 인문학적 지식을 함양하도록 노력하는 것이 좋다. 이를 위해 역사탐구반, 문화재연구반, 미술사연구반, 예술작품탐구반, 고전읽기반 등에서 적극적으로 활동하면 큐레이터로서의 역량을 키우는 데 도움이 될 수 있다. 평소 문화예술 분야에 깊은 관심을 가지고 이와 관련된 탐구활동을 하기를 적극 추천한다.

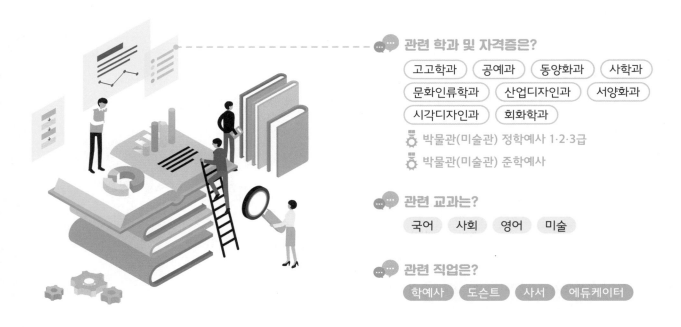

💬 **관련 학과 및 자격증은?**

고고학과 공예과 동양화과 사학과

문화인류학과 산업디자인과 서양화과

시각디자인과 회화학과

🔧 박물관(미술관) 정학예사 1·2·3급

🔧 박물관(미술관) 준학예사

💬 **관련 교과는?**

국어 사회 영어 미술

💬 **관련 직업은?**

학예사 도슨트 사서 에듀케이터

🌐 진출 방법은?

큐레이터가 되기 위해서는 대학교 또는 대학원에서 고고학, 미술사학, 예술학, 민속학, 인류학, 서지학, 박물관학, 역사학 등 관련 분야를 전공하는 것이 유리하다. 또한 미술관 큐레이터는 동양화, 서양화, 조각, 도예 등 미술을 전공해도 도움이 된다. 하지만 반드시 이러한 학과를 전공해야 하는 건 아니다. 현재 큐레이터 중에는 대학교에서 영문학, 사회학 등을 전공한 사람도 있다.

학예연구직공무원으로 근무하게 되는 국공립미술관이나 박물관에서 결원이 발생할 경우, 주로 일정한 자격을 갖춘 사람을 대상으로 경쟁에 의해 채용한다. 이때 4년제 대학 관련 분야 전공자 및 학예사 자격증 소지자로 응시 자격을 제한하는 경우가 많다. 연구직의 경우 석사 이상의 학력을 요구하기도 한다. 자격증은 관련 분야의 학위 취득 후 국공립 박물관이나 미술관 등에서 일정 기간 이상 일해야 취득할 수 있다. 따라서 인턴십이라든지 학예 분야에서의 자원봉사, 계약직 등의 다양한 경험이 필요하다.

⚙️ 미래 전망은?

당분간 큐레이터의 고용은 다소 증가할 것으로 전망된다. 전시와 체험 등과 같은 문화생활을 통해 여가생활을 즐기는 경향이 늘어나 박물관, 미술관, 전시관의 이용 인구가 늘어나고 있기 때문이다. 또한 정부에서도 자국 문화에 대한 인식과 정체성 강화, 문화·체육·관광 등 문화 기반 시설 확충을 지속적으로 추진하고 있으며, 특히 박물관과 미술관의 건립과 운영에 대한 지원을 늘리고 있다. 따라서 전시 기획의 총책임자인 큐레이터 역할의 중요성이 더욱 커지고 있다.

하지만 국공립 미술관이나 박물관을 제외하고는 대부분 1관당 1~2명의 큐레이터가 일하고, 전체적인 고용의 규모도 크지 않다는 점에서 일자리 증가가 크지는 않을 전망이다. 국공립 박물관 및 미술관은 인력 규모를 늘리기보다는 적정 수준으로 유지하는 편이어서 채용 기회가 적기 때문에 치열한 경쟁을 치러야 한다. 또한 우리나라 전체 미술관의 약 70%를 차지하는 사립 미술관의 경우는 대부분 정부의 지원이 따로 없어서 어려움을 겪고 있으며, 소규모 미술관들은 운영난으로 폐업하는 사례도 있다. 이러한 점들은 큐레이터의 중요성과 역할의 증대에도 불구하고 실제 고용으로 이어지지 못하는 현상으로 나타날 수 있다.

CAREER MAP

관련 학과
- 고고학과
- 공예과
- 동양화과
- 사학과
- 문화인류학과
- 산업디자인과
- 서양화과
- 시각디자인과
- 회화학과

관련 교과
- 국어
- 사회
- 영어
- 미술

관련 자격
- 박물관(미술관) 준학예사
- 박물관(미술관) 정학예사 1·2·3급

관련 직업
- 학예사
- 도슨트
- 사서
- 에듀케이터

큐레이터

적성과 흥미
- 꼼꼼함
- 분석적 사고 능력
- 공간 지각 능력
- 예술적 안목
- 관찰력
- 대인관계 능력
- 독창성
- 해석 능력
- 철학과 역사에 대한 관심
- 외국어와 다양한 문화에 대한 관심

관련 기관
- 국립현대미술관
- 국립중앙박물관

준비 방법
- 공간 지각 능력 함양
- 독창적 해석 능력 함양
- 외국어 능력 함양
- 역사, 철학, 미술 분야에 대한 지식 함양
- 박물관, 미술관 체험활동
- 역사탐구, 문화재연구, 미술사, 예술 작품 탐구, 고전읽기 관련 동아리활동
- 다양한 독서활동
- 관련 분야 탐구활동

통역사

통역사란?

통역사는 국제 학술 대회나 국제회의, 기자 회견, 비즈니스 미팅 등 서로 다른 언어를 사용하는 사람들이 모인 곳에서 언어 장벽을 허물어주는 일을 하는 사람이다. 통역사는 업무에 따라 국제회의통역사, 수행통역사, 관광통역사, 법정통역사 등으로 구분할 수 있다.

통역 방식에 따라서는 동시통역사, 순차통역사, 원격통역사 등으로 구분된다. 동시통역사는 듣는 것과 통역을 동시에 수행하므로 가장 수준 높은 통역으로 꼽힌다. 순차통역사는 가장 일반적인 통역사로, 외국어 발표가 한 단락씩 끝날 때마다 통역한다. 주로 정상회담, 장관회담과 같이 청중이 적은 곳에서 활동한다. 원격통역사는 원격 화상회의처럼 연사와 대화를 주고 받는 사람이 멀리 떨어져 있을 때, 위성통신을 통해 들려오는 말을 듣고 통역한다.

최근 인공지능 기술의 발달로 통번역 프로그램과 관련 앱이 개발됨에 따라 간단한 말은 스마트폰만으로도 통역할 수 있다. 그러나 사람 사이의 대화는 글자 그대로의 의미만을 전달하는 것이 아니라 언어가 가진 느낌이나 감정, 함축적 의미를 공유하며 이루어진다. 때문에 인공지능 기술로 사람의 언어 이면의 감정과 느낌을 정확하게 전달하고 표현하는 것은 한계가 있다. 따라서 통역사의 업무는 기술로 대체 불가능한 사람만의 고유 영역이라고 할 수 있다.

통역사가 하는 일은?

통역사는 외국인의 말이나 발표를 우리말로 전달하거나 우리말을 외국어로 전달하는 일을 하며, 다양한 문화권에 속한 사람들의 의사소통을 돕고 서로의 문화를 알리는 일을 한다. 특히 다양한 국가의 전문가가 모여 중요한 업무가 이루어지는 회의, 협상, 세미나 등의 자리에서 외국어로 정확하게 내용을 전달하는 역할을 한다.

- 수행통역사는 의뢰인을 따라다니며 통역하는 사람으로, 주로 국제행사 참가를 위해 입국한 외국 인사들을 위해 일한다.
- 국제회의통역사는 국제회의, 세미나 등에서 활동하는 전문 통역사로 국제회의 회의장 뒤에 설치된 부스에서 헤드폰을 통해 연사의 연설을 듣고, 마이크를 통해 청중이 알아들을 수 있는 언어로 동시 통역한다.
- 위스퍼링 통역사는 청중이 두 사람 이내로 제한되었을 때, 바로 옆에서 작은 목소리로 속삭이듯 동시 통역한다.
- 원격 화상 회의와 같이 연사나 대화를 주고받는 사람이 아주 멀리 떨어져 있을 때, 위성 통신을 통해 들려오는 말을 듣고 통역한다.
- 관광통역사는 외국인 관광객을 대상으로 관광지나 고궁 등을 안내하면서 통역하는 일을 한다.
- 법정통역사는 피고인이나 증인이 외국인일 경우, 이들의 진술 내용을 재판부에 전달하거나 재판부나 검사의 심문 내용을 외국어로 통역한다.
- 한국을 찾는 외국인 환자와 의료진 사이에서 통역을 한다.

Tip 번역가에 대해 알아볼까요?

번역가는 특정 언어로 쓰인 문서, 보고서 또는 전문 서적 등을 다른 언어로 옮기는 작업을 전문적으로 한다. 번역의 영역은 전문서류번역, 영상번역, 문화번역 등으로 다양하다. 따라서 번역 의뢰가 들어오면 번역할 내용을 파악하고, 의뢰자와 협의를 거친 후 작업을 시작한다. 외국 작품이나 영상물의 경우, 해당 국가의 문화적 배경 등을 완벽히 이해해야 정확한 번역이 가능하다. 또한 외국어를 한국어로 번역하기 위해서는 우리말의 다양한 표현, 비유법, 구어체 등의 표현 능력도 갖추어야 한다. 번역가는 번역업체, 대기업, 정부기관, 언론기관, 교육계 등 다양한 분야에서 활동하며 프리랜서로 재택근무를 할 수도 있다.

적성과 흥미는?

통역사는 기본적으로 유창한 외국어 능력을 필요로 한다. 비단 외국어 능력뿐만 아니라 한글을 정확하게 이해하고 표현하는 능력, 풍부한 어휘력도 중요하다. 이와 함께 문화와 역사, 정치, 사회에 관심이 많으면 좋다.

통역사는 많은 사람들과 함께 작업하므로 활발한 성격과 민첩성, 상황 대처 능력, 의사소통 능력을 필요로 한다. 또한 새로운 사람을 만나는 것을 즐기고 새로운 것을 공부하는 것을 즐기는 지적 호기심이 있다면 적성에 맞다고 할 수 있다.

외국어를 특기로 살리기 위해 가장 중요한 덕목은 성실성이다. 외국어는 성실한 자세로 꾸준히 공부해야 실력을 키울 수 있기 때문이다. 통역사는 모국어를 정확히 표현할 줄 아는 능력이 외국어 실력 못지않게 중요하므로 평소 다양한 분야의 독서활동을 하며 전문 지식을 쌓고 자기 계발을 해야 한다.

관련 학과 및 자격증은?

국어국문학과   영어영문학과   일본어문학과

어문계열학과   국제지역학과   프랑스어문학과

중국어문학과   통역학과(통역번역대학원 등)

 관광통역안내사   무역영어   실용영어

국내여행안내사   국어번역행정사

영어번역능력인정   영어회화평가시험 ESPT

영어능력시험(FLEX, TOEIC, TEPS, TOEFL) 등

관련 교과는?

국어   영어   사회   과학   정보

관련 직업은?

번역가   의료통역사   출판물기획자

출판물편집자   평론가   무역담당자

언론인(기자, PD, 아나운서 등)   여행안내원

인문과학연구원   작가   호텔지배인

진출 방법은?

통역사가 되기 위해 반드시 거쳐야 하는 교육이나 훈련 과정이 있는 것은 아니다. 대체로 대학교 이상의 학력을 소지하고 있으면서 외국어에 대한 흥미와 구사 능력을 가진 사람들이 활동하고 있다.

하지만 국제회의 통역사의 경우, 국내 통역번역대학원을 졸업하고 활동하는 사람이 대부분이다. 전문 용어를 다루기 때문에 뛰어난 외국어 능력과 전문 지식이 필요하다.

통역대학원은 4년제 대학교를 졸업한 사람이면 응시할 수 있지만, 입학시험이 까다로워 전문 입시 학원을 다니며 준비하는 사람도 많다. 통역대학원 졸업 후에는 주변인들의 추천이나 통역 알선 전문 에이전시에 소속되어 일할 수 있다. 대기업이나 공공기관의 경우, 공개채용을 거쳐 전담 통역 담당자를 채용한다. 통역사는 주로 프리랜서로 일하게 되므로 업계에서 인정을 받으면 일할 수 있는 기회가 늘어난다.

미래 전망은?

국제화로 세계 경제 교류가 활성화되고 각 기업, 정부기관, 학교 등의 국제 교류가 빈번해지며 영어를 중심으로 통역사의 수요는 꾸준히 증가해왔다. 요즘은 비단 영어와 중국어뿐만 아니라 아랍어, 스페인어, 러시아어 등으로 다양화되고 있다. 우리나라는 과학기술 분야와 관련해 포럼, 세미나 등 각종 국제회의를 활발하게 개최하고 있으며, 이에 따라 특정 분야에 전문 지식을 갖춘 통역사의 수요가 증가하고 있다.

그러나 각 기업에서는 별도의 통역사 없이 영어에 능숙한 직원에게 통역 업무를 맡기는 경우가 많다. 또한 과학기술의 발달로 인공지능 기술이 탑재된 로봇이 개발됨에 따라 통역 업무가 대체될 가능성도 높아지고 있다. 이는 통역사의 일자리 확보에 부정적 요소가 될 수도 있다. 또한 매년 통역번역대학원에서 배출되는 전문인력이 꾸준히 증가하여 일자리 경쟁이 치열할 것으로 예상된다.

통역사는 고도의 전문성을 필요로 하므로 좋은 평판을 쌓고 안정성을 갖기까지 많은 시간이 소요된다. 따라서 시장에서 요구하는 전문성을 향상시키기 위해 자신의 전문 분야를 꾸준히 공부해야 한다.

CAREER MAP

- 국어, 영어, 제2외국어 관련 교과 역량 강화
- 영어, 외국어 관련 동아리활동
- 외국어 관련 교내 행사 참여
- 통역사 인터뷰 및 직업체험활동
- 국제회의장 및 학과 탐방

준비 방법

- 국어국문학과
- 영미어문학과
- 일어일문학과
- 중어중문학과
- 프랑스어문학과
- 국제지역학과
- 통역학과(통역번역대학원)

관련 학과

- 국어
- 영어
- 사회
- 과학
- 정보

관련 교과

통역사

관련 직업

- 번역가
- 의료통역사
- 출판물기획자
- 출판물편집자
- 평론가
- 무역담당자
- 언론인(기자,PD, 아나운서 등)
- 여행안내원
- 인문과학연구원
- 작가
- 호텔지배인

적성과 흥미

- 외국어 능력
- 어휘력
- 의사소통 능력
- 성실성
- 적용성
- 스트레스 감내력
- 책임감
- 표현력

관련 기관

- 한국통번역사협회
- 한국외국어대학교 통번역대학원

관련 자격

- 국내여행안내사
- 영어번역능력인정
- 관광통역안내사
- 무역영어
- 실용영어
- 국어번역행정사
- 영어회화평가시험
- 영어능력시험

22

평론가

평론가란?

평론이란 문학, 미술, 연극, 영화, 드라마, 음악, 사회문화 현상 등에 대한 분석을 바탕으로 작품이나 대상의 가치를 판단하고 평가하는 글이다. 평론가는 이러한 대상이나 현상의 내용과 표현방식, 가치 등에 대하여 분석하고 평가하는 글을 쓰는 전문가이다.

평론을 쓰기 위해서는 평론할 대상이나 현상을 객관적인 시각에서 바라보아야 한다. 이는 평론가 개인의 편견이나 경험에 국한되어 사고하는 것을 지양하고, 독자들이 수용할 수 있는 구체적이고 타당성 있는 근거를 들어 평가해야 한다는 말이다. 평론은 일반적으로 비평 대상을 소개한 이후 글쓴이의 가치 판단과 창의적인 관점을 드러내는 것으로 구성된다. 즉 글의 처음에 비평 대상이나 현상에 대한 간략한 정보를 소개하여 독자와 해당 내용을 공유해야 한다. 예를 들어 특정 음악에 관한 평론을 쓸 경우 작사가 및 작곡가, 발매 시기, 노랫말에 대한 간략한 소개를 할 수 있다. 이러한 기본적인 정보를 서술한 다음, 대상이나 현상에 대한 글쓴이의 가치 판단이 글에 드러나야 한다. 특히 독창적인 평론을 위해서는 기존 시각과는 다른 글쓴이의 창의적인 관점을 드러내고, 이 관점에 따라 대상과 현상을 분석하여 글을 쓰는 것이 좋다.

평론가는 작품을 집필하기 위한 다양한 전문 지식이 요구되며 업무의 자율성과 권한의 수준이 높고, 성별이나 연령에 따른 차별은 거의 없다. 그러나 다른 직업과 비교하여 임금과 복리후생, 정규직으로 고용되는 비율이 낮고, 개인의 능력이 중요시되어 자신의 능력을 끊임없이 개발해야 하므로 정신적 스트레스가 심한 직업 중의 하나이다.

🔍 평론가가 하는 일은?

문학 작품이나 미술, 음악, 연극, 영화, 드라마, 사회문화 현상 등 문화예술 작품에 대한 가치를 평가하고 평론을 작성한다.

🔍 평론가는 미술전람회, 음악연주회, 연극공연, 영화시사회 등에 참석하거나 방송 프로그램을 보고, 이에 대한 감상이나 비평을 작성한다.

🔍 예술 작품의 주제, 표현, 기술 등의 요인을 분석한다.

🔍 작품에 대한 평론을 신문이나 전문 잡지에 기재하거나 방송 인터뷰 등에 응하기도 한다.

🔍 개인적 지식, 판단, 경험 등을 근거로 작품을 평론한다.

🔍 예술 작품에 관련된 자료를 수집한다.

Tip 영화평론가에 대해 알아볼까요?

영화평론가는 영화감독의 의도, 시나리오와 감독의 촬영 의도, 영화가 대중들에게 전달하고자 하는 의미와 영향 등을 철저하게 분석한 후, 평론가 자신의 주관적인 평을 덧붙여 일반인들에게 영화를 소개한다. 잡지사에 소속되어 전문적인 평론을 하기도 하지만, 대부분은 프리랜서로 일하면서 원고를 의뢰한 잡지사, 출판사, 방송사 등에 원고를 전송한다.

적성과 흥미는?

평론가는 창의력과 분석력, 문장력, 의사소통 능력 등을 갖추는 것이 중요하다. 미술전람회, 음악연주회, 연극공연, 영화시사회 등에 참석하거나 방송 프로그램을 보고 감상이나 비평을 작성하기 때문에 다양한 분야에 관심을 가지는 것이 좋다.

평론가는 평론의 기본 원리와 평론의 대상이 되는 영역에 대한 지식을 가지고 있어야 한다. 평론가가 되기 위해서는 문학 작품, 미술, 음악, 연극, 영화 등 예술활동의 가치를 평가하는 데 필요한 전문성이 매우 중요하다. 주로 자신의 전문 분야에 대한 집중적인 평론을 하기 때문에 해당 분야를 꾸준히 공부하거나 집필 및 방송활동 등을 한 후에 평론가로 활동하는 경우가 많다. 전문 장르에 따라 문학평론가, 미술평론가, 음악평론가 등으로 구분되기도 한다. 예술형과 탐구형의 흥미를 가진 사람에게 적합하며, 독립성, 분석적 사고, 꼼꼼함 등의 성격을 가진 사람들에게 유리하다.

평론가에 관심이 많다면 평소 국어, 사회, 음악, 미술, 연극 등의 교과에 관심을 지니도록 노력해야 한다. 또한 자신의 의견을 논리적인 글로 표현하여 다른 사람과 의사소통할 수 있는 능력을 기르고, 대상이나 현상을 분석적으로 바라보는 시각을 키우는 것이 좋다. 이를 위해 문화탐구반, 대중문화비평반, 독서토론반, 방송탐구반, 신문반, 교지편집반 등에서 적극적으로 활동하면 평론가로서의 역량을 키우는 데 도움이 될 수 있다. 평소 문학, 미술, 음악, 방송 등 자신의 관심 분야에 대해 감상하고, 이를 글로 쓰는 활동을 적극 추천한다.

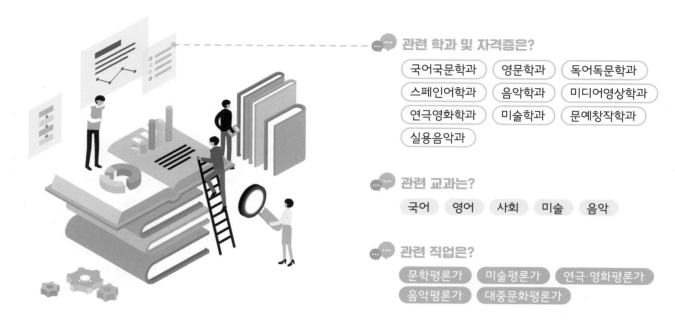

관련 학과 및 자격증은?

국어국문학과   영문학과   독어독문학과
스페인어학과   음악학과   미디어영상학과
연극영화학과   미술학과   문예창작학과
실용음악과

관련 교과는?

국어   영어   사회   미술   음악

관련 직업은?

문학평론가   미술평론가   연극·영화평론가
음악평론가   대중문화평론가

 진출 방법은?

평론가가 되기 위해서는 특별히 요구되는 학력은 없다. 그러나 일반적으로 대학교의 국어국문학과나 미술학과, 대중음악과, 영화학과, 연극학과 등을 졸업하는 것이 유리하다.

평론가는 해당 분야에 대한 전문적인 지식이 요구되며 많은 경험이 필요한 직업이기 때문에 해당 학과를 졸업한 후 처음부터 평론가로 활동하는 경우는 드물다. 대부분 신문, 방송, 잡지 등에 글을 쓰거나, 전문 서적을 출판한 이후에 평론가로 활동할 수 있다. 또한 해당 전공 분야의 대학교수로 근무하면서 전문성을 지닌 후에 평론가로 활동하는 경우도 많다.

미래 전망은?

당분간 평론가의 고용 상태는 현재와 같이 유지될 것으로 전망된다. 최근 문화예술 분야에 대한 일반인의 관심이 커지면서 그만큼 감상 수준도 높아지고 있다. 또한 각종 매체도 증가하고 있고, 인터넷 등을 통한 평론가의 등용이 활발해짐에 따라 평론가가 활동할 수 있는 분야와 기회도 늘어나고 있다.

그러나 평론가를 전업으로 삼는 사람이 드문 것은 사실이다. 평론가는 교수 등과 같은 다른 직업을 겸직하는 경우가 많기 때문에 일자리의 급격한 증가와 같은 변화는 발생하지 않을 것으로 예상된다.

CAREER MAP

- 의사소통 능력 함양
- 문장력 함양을 위한 글쓰기 활동
- 다양한 예술 분야에 대한 지식 함양
- 문화탐구, 대중문화비평, 방송, 독서 토론, 신문 관련 동아리활동
- 다양한 독서활동
- 관련 분야 주제탐구활동

준비 방법

- 문학평론가
- 미술평론가
- 연극·영화평론가
- 음악평론가
- 대중문화평론가

관련 직업

- 국어
- 영어
- 사회
- 미술
- 음악

관련 교과

평론가

적성과 흥미

관련 기관

관련 학과

- 꼼꼼함
- 창의력
- 분석력
- 문장력
- 의사소통 능력
- 논리적 사고 능력
- 대인관계 능력
- 독창성
- 해석 능력
- 다양한 분야에 대한 관심

- 한국영화평론가협회
- 한국연극평론가협회

- 영문학과
- 국어국문학과
- 독어독문학과
- 스페인어학과
- 음악학과
- 미디어영상학과
- 연극영화학과
- 미술학과
- 문예창작학과
- 실용음악과

Chapter

II

사회계열

감정평가사

감정평가사란?

우리나라에서 가장 비싼 땅은 얼마일까? 그리고 이러한 땅의 가격은 누가 정할까? 이런 일을 전문적으로 하는 사람이 감정평가사이다. 감정평가사는 정확한 땅 가격을 산출하기 위해 현장을 방문해 건물을 살펴보거나 때로는 동네 이장과 면장에게도 묻고, 부동산 중개업자의 말도 참고한다. 현장에 가기 전에는 기존 자료를 통해 기초 정보를 파악한 후, 현장에서 최종 확인한다.

감정평가사는 자산의 가치를 평가하는 사람이다. 자산에는 토지, 건물 등의 부동산과 건설기계, 선박과 같은 동산, 그리고 특허권, 상표권 등 무형의 자산까지 모두 포함된다. 1970년대 초 우리나라 기업들이 은행에서 대출을 많이 받았는데, 이때 기업이 가진 자산의 담보를 평가할 필요가 있어 공인감정사 제도가 도입됐다. 또 경부고속도로, 산업 단지 등과 같은 사회 기반 시설을 건설하면서 기존의 주민들에게 보상해주기 위한 평가의 필요에 따라 토지평가사 제도가 도입됐다. 토지평가의 기준으로 공시지가를 조사·평가해 공시하고 감정평가제도를 효율화하기 위해 이원화되어 있던 감정평가 자격을 지금의 감정평가사로 일원화했다.

감정평가사는 대립하는 양측 사이에서 독립적인 위치에서 공정하게 감정평가를 수행해야 한다. 보상평가의 경우 보상금을 지급하는 국가 등은 예산의 낭비를 줄여야 하고, 보상금을 받는 개인은 더 많은 보상을 받기를 원한다. 최선을 다해 감정평가를 하더라도 질책과 비난을 받는 경우도 많다.

감정평가사가 하는 일은?

감정평가사는 판매, 구매, 과세나 자산 처분을 목적으로 동산(공장, 자동차, 항공기 등), 부동산(토지, 건물, 아파트, 임야 등), 무형자산 등의 경제적 가치를 평가하여 그 결과를 화폐가치로 산정하는 업무를 한다.

- 공시지가의 조사·평가, 국세, 지방세 등의 부과 기준 가격 산정을 위한 감정평가, 공익사업을 위한 보상평가, 금융기관 등의 담보평가, 법원 경매물건 평가 등을 담당한다.
- 감정평가 의뢰서를 작성하고 대상물의 감정 목적을 감안하여 감정 계획을 세운다.
- 대상물의 가격에 미치는 모든 요인을 확인하여 대상 물건의 부동산 가격을 조사하고, 해당 물건의 용도, 입지 조건, 주변 시설 등 지역 특성을 살핀다.
- 모든 요인을 종합하여 최적의 감정 방법을 선정하고, 가격을 환산한 후 감정서를 작성한다.
- 유무형의 재산에 대한 경제적 가치를 판정하여 그 결과를 가액으로 표시한다.

> **Tip 큐그레이더(커피향미감정평가사)에 대해 알아볼까요?**
>
> 큐그레이더는 커피 품질의 등급(grade)을 정하는 일을 한다. 커피의 원재료인 생두의 품질과 맛, 특성을 감별해 좋은 커피콩을 선별하고 평가하는 게 주요 업무다. 먼저 수입하는 생두의 외관을 보고 1차로 생두를 평가하고, 생두를 로스팅한 콩과 원두의 상태를 꼼꼼하게 확인한다. 또한 원두를 분쇄한 뒤 냄새를 맡아 커피를 평가하고, 분쇄된 원두 위에 물을 부어서 완성된 커피 한 잔을 음미하며 최종 품질을 평가한다.

적성과 흥미는?

감정평가사는 자산의 가치를 평가하는 직업이기 때문에 숫자와 관련이 많다. 따라서 수치와 통계를 계산하고 적용할 수 있는 수리 능력, 공간 지각 능력, 판단 및 의사결정 능력을 갖추어야 한다. 꼼꼼하고 세밀한 성격을 가진 사람이 유리하며 이해관계에 따라 감정평가의 결과가 좌우되지 않도록 공정성과 신뢰성, 책임감 등과 같은 엄격한 직업윤리 의식이 요구된다. 현실형과 탐구형의 흥미를 가진 사람에게 적합하며, 정직, 신뢰, 독립성 등의 성격을 가진 사람들에게 유리하다.

감정평가사에 관심이 많다면 평소 법, 경제, 사회, 영어 등의 교과에 관심을 지니고 열심히 노력해야 한다. 또한 신문이나 방송 등을 통해 다양한 사회 현상을 세심하게 살피면서, 법과 경제, 부동산, 회계학 등과 관련된 도서를 읽고 자신의 역량을 키우도록 노력하는 것이 좋다. 이를 위해 법연구반, 경제탐구반, 신문반, 수학탐구반 등의 동아리활동, 관련 내용에 대한 깊이 있는 탐구활동을 추천한다.

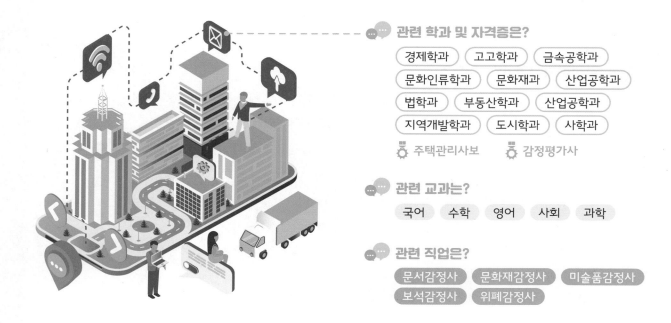

관련 학과 및 자격증은?

경제학과   고고학과   금속공학과
문화인류학과   문화재과   산업공학과
법학과   부동산학과   산업공학과
지역개발학과   도시학과   사학과

주택관리사보   감정평가사

관련 교과는?

국어   수학   영어   사회   과학

관련 직업은?

문서감정사   문화재감정사   미술품감정사
보석감정사   위폐감정사

진출 방법은?

감정평가사가 되기 위해 특별한 전공 제한은 없지만 대학교에서 법학, 경제학, 부동산학, 도시학 등을 전공하는 것이 유리하다. 또한 국토교통부에서 주관하고 한국산업인력공단에서 시행하는 감정평가사 시험에 합격하여 자격증을 취득한 후 감정평가법인, 감정평가사합동사무소, 감정평가협회 등 국토해양부장관이 지정하는 기관에서 1년간의 실무 수습을 거치고, 국토교통부 장관에게 등록을 해야 한다.

1차 시험은 민법, 경제학원론, 부동산학원론, 감정평가관계법규, 회계학 등에 대하여 객관식으로 평가하고, 2차 시험은 감정평가실무, 감정평가이론 그리고 감정평가 및 보상법규 등에 대하여 논술로 평가한다. 또한 영어시험은 따로 보지 않는 대신, 이를 대체하기 위한 공인 어학 성적을 지녀야 한다. 학력 및 경력 등의 제한 없이 만 20세 이상이면 누구나 응시할 수 있으나, 감정평가에 관한 법규와 실무를 이해하고 이를 적용할 수 있는 능력은 물론 지리, 건설 및 건축에 관한 지식이 필요하다. 시험은 매년 3월 초 1차, 6월 말 2차 시험으로 치뤄지며, 다른 시험과 마찬가지로 1차 시험에 합격한 자는 그 다음 해 2차 시험에도 응시할 자격을 얻는다. 또한 2차 시험의 과목별 유예제도가 없으므로 한 번에 과락없이 합격해야 한다. 과목당 100점을 만점으로 모든 과목이 40점 이상이고, 전 과목 평균이 60점 이상이어야 합격이다.

미래 전망은?

당분간 감정평가사의 고용은 현 상태를 유지할 것으로 보인다. 감정평가사 업무는 경기가 불황일 경우에도 다른 직종에 비해 큰 영향을 받지 않는다. 왜냐하면 불황일 때 경매로 내놓는 부동산 등이 더욱 많아지기 때문이다.

그러나 감정평가 부문에서는 대출을 위한 담보 평가의 비중이 큰데, 이는 정부의 대출 관련 규제의 정도와 밀접한 관련이 있다. 따라서 시시각각 변하는 정부의 정책은 감정평가 업무의 수요 및 고용에도 큰 영향을 미친다.

최근 IT기술을 기반으로 한 인공지능시스템의 도입은 감정평가사의 고용에 부정적인 영향을 끼치는 요인이 될 수도 있다. 금융기관 중에는 실거래가 자료를 활용하여 부동산의 담보 가치를 자동으로 산정하는 시스템을 활용하는 곳도 있는데, 향후 더 진보된 인공지능시스템에 의한 감정평가가 이뤄진다면 담보평가 수요는 다소 감소할 수도 있을 것으로 전망된다.

CAREER MAP

관련
교과
- 국어
- 수학
- 영어
- 사회
- 과학

준비
방법
- 수리 논리력 함양
- 판단력 함양
- 의료 및 상담 관련 프로그램 참여
- 법탐구, 경제연구, 신문반, 수학탐구반 관련 동아리활동
- 법, 경제, 회계, 관련 독서활동

관련
직업
- 문서감정사
- 문화재감정사
- 미술품감정사
- 보석감정사
- 위폐감정사

관련
학과
- 경제학과
- 고고학과
- 금속공학과
- 도시학과
- 문화인류학과
- 문화재과
- 법학과
- 부동산학과
- 사학과
- 산업공학과
- 지역개발학과

감정
평가사

적성과
흥미
- 분석적 사고 능력
- 의사결정 능력
- 공간 지각 능력
- 공정심
- 꼼꼼함과 세심함
- 관찰력
- 책임감

관련
기관
- 감정평가사합동사무소
- 한국감정원
- 한국감정평가협회

관련
자격
- 주택관리사보
- 감정평가사

검사

검사란?

검사는 특정 사건에 대해 세밀하게 조사하여 법에 어긋나는지 아닌지를 따지는 일을 하는 전문가이다. 법을 어긴 행위나 사건이라는 판단이 들면 여러 가지 증거를 수집하여 범죄의 의심을 받는 사람인 피의자를 재판할지, 무죄로 풀어줄지를 결정한다.

형사사건의 경우에는 사법경찰관 등을 지휘하여 사건의 전반적인 사항을 조사하고, 사건과 관련된 증거를 수집하여 분석한다. 이를 통해 사건에 적용할 규정이나 기타 법적 문제를 검토한 후 피의자에 대한 범죄 여부를 법원에 요구한다.

민사사건의 경우에는 금치산·한정치산 선고의 신청권, 부재자의 재산관리 관여권, 회사의 해산명령 청구권, 외국회사 지점의 폐쇄명령 청구권 등을 행사하기도 한다. 국가를 당사자 또는 참가인으로 하는 소송을 수행하거나, 행정소송의 수행을 지휘 감독하기도 한다.

검사는 법무부의 검찰인사위원회 심의에 의해 법무부장관이 임명하며, 직급에 따라 검찰총장, 검사장, 차장검사, 부장검사, 검사 등으로 구분된다.

🔍 검사가 하는 일은?

범죄를 수사하고 공소를 제기하며, 그 유지에 필요한 사항에 관한 일을 수행한다.

🔍 범죄사건을 수사하고, 범죄 여부를 판단하기 위해 피의자를 법원에 기소한다.

🔍 형사사건의 경우, 사법경찰관 등을 지휘하여 사건의 제반 사항을 조사한다.

🔍 사건 관련 증거를 수집하여 이를 분석하고 사건에 적용할 규정이나 기타 법적 문제를 검토한 후 공소를 제기한다.

🔍 사건의 범죄 여부를 판단하기 위해 법원에 피의자를 기소하며, 사건에 적용할 법적 규정이나 기타 법적 문제를 검토한다.

🔍 민사사건에 관하여 금치산·한정치산 선고의 신청권, 부재자의 재산관리 관여권, 회사의 해산명령 청구권, 외국회사 지점의 폐쇄명령 청구권 등을 행사하기도 한다.

🔍 해당 사건에 관한 타당한 결정이나 방침, 규정 및 기타 법적 문제를 검토한 후 공소를 제기하고 피고를 기소 또는 방면하기 위한 증거를 제시한다.

🔍 법원에 정당한 법령의 적용을 청구한다.

🔍 국가를 당사자 또는 참가인으로 하는 소송을 수행하거나 행정소송의 수행을 지휘·감독한다.

Tip 법무사에 대해 알아볼까요?

법무사란 타인의 위촉에 의하여 법원과 검찰청에 제출할 서류와 법무에 관한 서류, 등기 및 기타 필요한 서류를 작성하고, 등기 및 공탁 사건의 신청 대리에 관한 일을 대행하는 전문가이다. 법무사 시험에 합격하고 대법원 규칙이 정하는 연수 교육을 마치면 대한법무사협회에 등록한 후 법무사로 활동할 수 있다.

적성과 흥미는?

검사는 법률에 대한 해박하고 전문적인 지식이 있어야 한다. 주어진 상황을 논리적으로 분석하여 합리적인 결론을 도출할 수 있는 능력도 요구된다. 법률 지식 외에도 철학, 사회학, 인류학, 역사 등에 대한 기초 지식이 필요하다. 또한 자신의 생각을 논리정연하게 표현할 수 있는 글쓰기 능력과 의사소통 능력이 필요하다. 양심에 의해 법률을 해석하고 판단해야 하므로 공정하고 정의롭게 행동하려는 자세가 필요하며 사회형과 관습형의 흥미를 가진 사람에 적합하다.

검사에 관심이 많다면 평소 주어진 상황을 논리적으로 분석하고, 종합적으로 판단할 수 있는 역량을 키우기 위해 노력해야 한다. 또한 법, 철학, 사회학, 인류학, 역사 등의 교과에 대해 흥미를 가지고 인문학적인 기초 지식을 쌓는다면 도움이 된다. 이를 위해 법탐구반이나 정치연구반, 심리연구반, 또래상담반, 학생자치반, 토론반 등에서 적극적으로 활동하는 것을 추천한다. 또한 폭넓은 분야의 독서활동을 통해 자신의 사고 능력과 논리력, 문제 해결 능력 등을 키우는 것이 좋다.

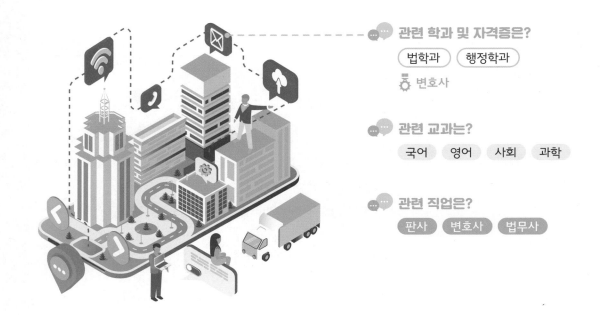

관련 학과 및 자격증은?

법학과　행정학과

변호사

관련 교과는?

국어　영어　사회　과학

관련 직업은?

판사　변호사　법무사

진출 방법은?

검사가 되기 위해서는 법학전문대학원(로스쿨)에서 3년(6학기) 동안 교육과 실습을 받아야 한다. 법학전문대학원에 입학하기 위해서는 학사 이상의 학력이 요구되며, 법학적성시험(LEET) 성적과 일정 수준 이상의 공인 영어 성적이 있어야 한다. 로스쿨 졸업 후에는 법무부 변호사 시험에 통과하여 변호사 자격을 취득해야 검사가 될 수 있다. 이후 검사 임용에 필요한 자격을 갖춘 후에는 신규 및 경력검사 임용에 지원할 수 있다. 인품과 능력, 적성, 청렴성, 건강 등을 고려하여 검사에 적합하다고 평가되는 사람을 선발한다. 변호사 자격은 2017년까지는 사법시험에 합격한 후 사법연수원 과정을 수료하는 것이 가능하였으나, 2018년부터는 사법시험이 폐지되어 법학전문대학원 3년 과정을 수료하고 변호사 시험에 합격하여야 취득할 수 있다.

법학전문대학원을 졸업한 후에도 검사로 임용되기가 쉬운 것은 아니다. 법학전문대학원에서 높은 성적을 받고, 3학년 2학기에 실시하는 검사 선발 과정(서류, 실기, 면접)에도 합격한 이후, 3학년 겨울방학에 치뤄지는 변호사 시험에 합격해야 한다. 신규 임용에서 떨어졌다고 하더라도 검사가 될 수 있는 기회는 있다. 2년 이상 경력을 가진 변호사를 대상으로 한 검사를 꾸준히 채용하고 있기 때문이다. 2018년 68명, 2019년 78명, 2020년 95명, 2021년 93명의 신규임용 검사의 숫자를 보면 전국의 로스쿨 인원 약 2,000명 기준, 변호사 합격자 1,600명의 4.3%만이 임용되는 것을 알 수 있다.

미래 전망은?

당분간 검사의 고용은 다소 증가할 것으로 보인다. 민사 및 형사소송과 행정소송 등이 증가하고 있어서 정부가 검사 정원을 확대하고 있기 때문이다.

현재 범죄의 발생건수와 이에 대한 처리 및 구속 인원은 감소 또는 정체 양상을 보이고 있다. 그러나 다양하고 전문화된 범죄의 형태로 인해 이를 처리할 검사의 업무량과 조사 시간은 증대할 것으로 보인다.

현대 사회는 글로벌 정보화 사회로 급속하게 변모하고 있다. 이에 따라 국제 거래에 따른 분쟁, 특허 및 지식재산권 관련 민사소송과 컴퓨터 범죄, 금융 사기 등도 증가하고 있다. 또한 환경 파괴, 위해식품 제조 및 유통, 부당 노동행위, 가정폭력 등과 같은 범죄와 형사소송이 다양하게 발생하고 있으며, 범죄의 양상도 더욱 복잡해지고 있는 실정이다. 그러므로 전문 지식을 지닌 검사의 인력 수요는 증가할 것으로 예측된다. 한편, 전반적인 인구의 감소로 인해 분쟁 사건이 감소할 가능성이 있고, 과학기술 발전으로 검사의 단순 업무가 인공지능으로 대체될 가능성이 있어 검사의 고용에 부정적인 영향을 미칠 것으로 보인다.

결론적으로 검사의 고용은 다소 부정적인 요인은 있으나, 법률에서 정한 바에 따라 고용이 다소 증가할 것으로 전망된다.

CAREER MAP

- 분석적 사고 능력 함양
- 의사소통 능력 함양
- 판단력 함양
- 법탐구, 정치연구, 학생자치, 토론반 관련 동아리활동
- 법, 정치 관련 독서활동

관련 교과
- 국어
- 영어
- 사회
- 과학

관련 직업
- 판사
- 변호사
- 법무사

준비 방법

검사

관련 학과
- 법학과
- 행정학과

적성과 흥미
- 합리적 사고 능력
- 논리적 분석 능력
- 의사소통 능력
- 판단력
- 관찰력
- 문제해결 능력
- 글쓰기 능력
- 공정심

관련 자격
- 변호사

관련 기관
- 대검찰청
- 사법연수원

경영컨설턴트

경영컨설턴트란?

아무리 큰 기업이라고 할지라도 경영을 하다 보면 예기치 못한 사건으로 위기를 맞을 때가 있다. 이때 기업은 문제를 해결하기 위해 다양한 활동을 하게 되는데, 회사 자체적으로 해결하기도 하지만 누군가의 전문적인 조언이나 도움을 받기도 한다. 바로 이런 조언가의 역할을 하는 사람을 경영컨설턴트라고 한다.

경영컨설턴트는 기업의 경영에 관한 문제점을 분석하고, 문제해결을 위한 대책을 연구하며, 이에 관한 상담과 자문 업무를 수행한다. 이들은 경영분석가, 경영자문가, 경영지도사, 기업분석가 등으로 불리며 주로 전문 컨설팅 기업에서 근무한다. 그리고 일부는 개인 컨설팅 업체를 창업하거나 대학교 및 대기업 연구소의 연구원으로 근무하며 관련 분야의 컨설팅 업무를 수주받아 수행한다.

연봉 수준은 기업마다 차이가 있지만 대기업보다 높은 편이고, 능력을 인정받을 경우 다른 직업에 비해 빨리 고액 연봉자가 될 수 있다. 하지만 프로젝트를 중심으로 업무가 이루어지기 때문에 야근과 휴일 근무가 잦으며, 길게는 1년 이상 컨설팅을 의뢰받은 고객사로 출장 근무를 하기도 한다. 근무 연령대는 30~40대가 대부분인데, 이는 10년 이상의 경력을 가진 경영컨설턴트가 거의 없기 때문이다. 보통 입사 5년 이상이 되면 대기업이나 외국계 기업의 최고재무책임자(CFO) 또는 최고정보책임자(CIO)로 이직하거나 개인 회사를 창업하는 경우가 많다.

경영컨설턴트가 하는 일은?

경영컨설턴트는 기업이 어려워하는 의사결정을 도와주고, 체계적이고 합리적인 해결 방안을 제시함으로써 흔히 기업의 과외 교사라고 불린다. 경영컨설턴트가 하는 일은 기업 경영과 관련된 문제를 파악하기 위한 조사 및 분석, 문제를 해결하기 위한 상담, 자문, 지도에 이르기까지 매우 포괄적이다. 컨설팅의 업무 범위는 경영 진단이나 사업체 분석, 더 나아가 구체적인 해결책이나 성과 향상을 위한 방법을 제시하고, 실제 수행하는 단계까지 포함하고 있다. 경영컨설턴트의 업무 영역은 크게 기업의 경영 전략을 세우는 전략 컨설팅, 기업의 자금 흐름과 자금 이용 방식에 대한 재무 컨설팅, 기업의 인적 자원을 어떻게 구성하고 활용하는가에 대한 인적 컨설팅, 정보통신기술 전반에 대해 자문하는 IT 컨설팅으로 나누어진다. 경영 컨설팅의 업무 영역은 경영 전략, 인사 및 조직 관리, 재무, 회계 등 기업 경영과 관련된 전 분야이므로 광범위하다.

- 경영컨설턴트는 기업 경영에 관한 문제점을 분석하고 대책을 연구하며, 사업 추진에 관한 상담과 자문을 제공한다.
- 기업의 인사, 조직, 노무, 사무 관리에 대한 진단과 지도를 돕는다.
- 효율적인 경영을 위해 재무 관리와 회계의 진단과 지도를 돕는다.
- 물품의 생산·유통·판매 관리, 수출입 업무에 대한 상담, 자문, 조사, 분석을 한다.
- 기업 경영의 전반에 대한 상담, 자문, 조사, 분석, 평가, 확인, 대행 등을 한다.
- 기업으로부터 컨설팅 업무를 위탁받기 위해서는 관련 프로젝트를 수주받는 것이 일반적이므로 프로젝트 제안서를 작성하고 발표한다.

> **Tip** 경영지도사에 대해 알아볼까요?
>
> 경영지도사는 기업의 경영 문제를 종합 진단·지도하는 경영 컨설팅 관련 국가자격으로, 인사·재무·회계·판매(마케팅) 관리 등 기업 경영에 관련한 전반적인 업무를 컨설팅하는 전문 자격사이다. 미국의 경우, 기업 진단을 전문으로 하는 컨설팅 회사는 기업 경영의 진단 및 효율적 경영 방법을 개발하고, 회사 경영에 문제가 있다면 그 원인을 발견·개선하여 궁극적으로 회사의 수익성을 높이는 것을 목표로 한다. 기업 진단을 전업으로 하는 개인이나 전문 기관을 호칭하는 용어에는 비즈니스 닥터(Business Doctor), 비즈니스 어드바이저(Business Adviser), 매니지먼트 카운슬러(Management Counselor)가 있다.

적성과 흥미는?

경영컨설턴트에게 가장 중요한 능력은 시장 동향을 읽을 수 있는 통찰력과 그것을 기반으로 한 문제해결 능력 그리고 영어 실력이다. 컨설팅 범위가 국내에만 한정되지 않는 것은 국내 기업 중 해외 시장 진출을 의뢰하거나 해외 기업 중 국내 시장 진출을 원하는 기업이 늘어나 해외 사무소와 협조할 일이 많기 때문이다. 경영학 용어나 각종 자료들 역시 영어로 된 경우가 많다. 그러나 영어를 잘해도 여러 나라의 외국인들과 협업하는 것에 익숙하지 않으면 일하기 힘들기 때문에 다른 나라의 문화를 이해하려는 글로벌 마인드가 필요하다.

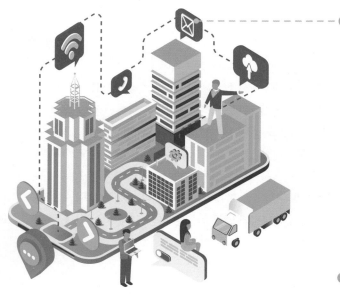

관련 학과 및 자격증은?

경영(학)과 경영정보학과 의료경영학과
글로벌경영학과 국제경영학과 융합경영학과
글로벌비즈니스학과

경영지도사	공인회계사	관세사
세무사	공인노무사	보험계리사
손해사정사	손해평가사	물류관리사
유통관리사	가맹거래사	감정사
감정평가사	경매사	사회조사분석사
비서	기술지도사	전산회계운용사

관련 교과는?

수학 영어 사회

관련 직업은?

경영지도사 기업분석가 창업컨설턴트
헤드헌터 인적자원전문가 노무사

진출 방법은?

경영컨설턴트가 되기 위해서는 대학에서 경영학, 경제학 등 상경계열 분야를 전공하는 것이 유리하고, 보통 석사 이상의 학위가 요구된다. 특정 분야의 전문가로 3년 또는 5년 이상의 경력이 있으면 학사 학위로도 채용될 수 있지만 일반적으로 석사 또는 박사 학위 소지자가 많고, 특히 경영학 석사(MBA) 출신이 많다.

입사 초기에는 연구 보조 업무를 수행하거나 조사자로 활동하면서 업무를 익히고, 회사 내부 교육을 통해 전문가로 성장해 나간다. 경영컨설턴트는 기업 경영 전반에 대한 문제를 다루므로 다양한 학문적 배경과 경력을 가지고 있어야 한다. 이 외에도 컴퓨터 활용 능력과 외국어 능력은 기본으로 갖춰야 하고 세미나, 학회, 학술 서적 등을 통해 전문 분야에 대해 끊임 없이 공부해야 한다.

최근 경영컨설턴트는 인수 합병과 관련한 기업 평가, 해외 시장 진출에 따른 시장 분석, 빅데이터를 활용한 고객 분석, 정보 보안 등으로 컨설팅 영역이 세분화되는 추세이다. 또 산업 간 융복합화로 인해 컨설팅 수요가 늘어나는 등 컨설팅 영역이 다양해지고 있다. 따라서 앞으로 경영컨설턴트가 되기 위해서는 전문가로서 특화된 영역을 확보하여 경쟁력을 갖추는 것이 필요해 보인다. 또한 큰 컨설팅 회사의 경우 외국계 회사가 많은 편이고, 국제 경쟁이 심화되고 있어 취업을 위해서는 국제적인 감각을 갖추는 것이 중요하다.

미래 전망은?

경영 컨설팅 산업은 지식 서비스를 주도하는 고부가 가치 산업으로, 국내에서는 외환 위기 이후 본격적으로 성장해왔다. 대내외 경제 환경의 변화 가속, 새로운 신규 산업(자율주행 자동차, 드론, 인공지능, 스마트 헬스 등)의 등장, 정보통신 기술과 콘텐츠가 결합하는 융합 산업의 등장으로 이러한 변화를 진단하고 대응하는 데 도움을 주는 전문가가 더욱 필요해질 것으로 보인다.

특히 대기업뿐만 아니라 중소기업, 소상공인 중에서도 효율적인 경영 전략을 위해 경영 컨설팅을 받고자 하는 곳이 늘어날 것으로 보여 기업 규모와 업종에 상관없이 다방면에서의 고용 창출이 기대된다. 또한 최근에는 기업의 지속가능 경영을 위해 환경의 중요성이 커지면서 녹색 경영, 기업의 사회적 책임 등에 유연하게 대처하며 경영 개선 및 생산성 향상을 이루고자 하는 기업들이 늘어나고 있어 경영컨설턴트의 수요에 긍정적 영향을 미칠 것으로 예상된다. 그 외에도 빅데이터를 활용한 마케팅, 해외 시장 진출을 위한 시장성 분석, 디지털화에 따른 정보 보안, 기업 재난에 대비한 방재 등 경영 컨설턴트의 활동 영역이 점차 넓어지고 전문화될 전망이다.

CAREER MAP

- 수학, 통계 교과 역량 강화
- 경영 관련 동아리활동
- 경영, 경제 관련 기업이나 학과 탐방
- 경영컨설턴트 직업체험활동

- 인적자원전문가
- 경영지도사
- 기업분석가
- 노무사
- 헤드헌터
- 창업컨설턴트

- 가맹거래사
- 유통관리사
- 물류관리사
- 손해평가사
- 손해사정사
- 보험계리사
- 경영지도사
- 기술지도사
- 공인회계사
- 관세사
- 세무사
- 공인노무사

**준비
방법**

**관련
직업**

**경영
컨설턴트**

**관련
자격**

**관련
교과**

- 수학
- 영어
- 사회

**적성과
흥미**

**관련
기관**

**관련
학과**

- 문제해결 능력
- 시장 동향을 읽는 통찰력
- 영어 실력
- 글로벌 마인드
- 창의력
- 사교성
- 의사소통 능력
- 대인관계 능력

- 한국생산성본부
- 한국능률협회
- 한국경영기술컨설턴트협회
- 한국표준협회

- 경영(학)과
- 경제학과
- 국제경영·통상학과
- 무역과
- 무역학과
- 법학과
- 산업공학과
- 세무학과
- 회계학과

경찰관

경찰관이란?

경찰관은 국민의 생명과 재산을 보호하는 역할을 하며, 범죄수사를 통해 범인을 잡고 안전한 사회를 만들기 위해 노력한다. 또한 해킹, 인터넷 사기, 사이버 명예훼손 등 사이버 공간의 안전을 위협하는 사이버 범죄를 수사하기도 한다. 경찰서에는 경무과(경무, 기획, 인사 등), 생활안전과(지구대 파출소 관리, 분실물 관리, 게임장·성매매 단속 등), 여성청소년과(가정폭력·학교폭력·성폭력 사건 등), 수사과(지능 범죄·다단계 사범 등을 수사하는 지능팀, 사기·횡령을 담당하는 경제팀, 해킹·정보통신망 침해·신종 수법 사이버 범죄를 수사하는 사이버수사팀), 형사과(살인·강도 등 강력 사건을 담당하는 강력팀, 야간 발생 사건을 담당하는 당직팀, 마약단속팀, 생활범죄수사팀, 증거를 수집하고 분석하는 과학수사팀), 교통과(교통 신호 관리, 교통 단속, 허위 교통사고 단속 등), 경비과(집회 시위 신고, 집회 관리, 대테러 관리 등), 정보과(정보 기획, 첩보 관리 등), 보안과(대공 수사, 탈북자 관리, 외사 범죄수사 등)등의 부서가 있어 그 특성에 맞게 일을 한다.

경찰관은 비상 근무, 초과 근무, 휴일 근무 등 불규칙하게 근무할 때가 많다. 24시간 업무가 진행되는 경찰서, 지구대에 근무하는 일반 순경의 경우 주로 3교대로 근무한다. 지구대에서는 범죄예방 업무를 중점적으로 하기 때문에 하루 8시간 중 2~3시간 정도만 지구대 내에서 근무하며, 나머지는 도보나 경찰차로 순찰 업무를 위해 외근을 한다. 이 때문에 개인적인 시간이 많지 않으며, 체력적인 부담과 스트레스가 생길 수 있다.

🔍 경찰관이 하는 일은?

경찰관은 국민의 생명과 재산을 보호하는 역할을 한다. 경찰관이 되면 일정 기간 일선 지구대에 배치되어 현장 근무를 하게 되고, 이후 본인의 희망이나 적성에 따라 수사, 형사, 보안, 교통, 경비, 정보, 전산·통신 등의 전문 분야에서 근무할 수 있다. 경찰관은 국민의 생명과 재산을 보호하고, 국민이 안전한 생활을 할 수 있도록 질서 유지 및 범죄 예방, 유실물 처리와 각종 안전사고 예방 등의 활동을 하며, 원활한 교통 흐름을 위해 교통안전 및 사고 예방을 위한 계획을 세우는 일을 한다.

🔍 범죄수사를 통해 범인을 잡고, 안전한 사회를 만들기 위해 노력한다.

🔍 해킹, 인터넷 사기, 사이버 명예훼손 등 사이버 공간의 안전을 위협하는 사이버 범죄를 수사한다.

🔍 교통 단속과 교통사고 예방을 위한 계획을 세우는 등 교통의 안전과 원활한 소통을 위한 일을 한다.

🔍 외국인과 관련된 범죄수사활동 및 정보활동, 국제 형사 경찰(인터폴) 업무를 담당한다.

🔍 중요 인사의 경호 업무, 비상 훈련 실시 등 작전에 관한 업무를 수행한다.

🔍 치안에 관련된 정보를 수집하고, 간첩을 체포한다.

🔍 정보화 관련 신기술 및 정보통신 보안 업무를 통해 치안 환경을 만든다.

Tip 경찰과 검찰의 차이에 대해 알아볼까요?

검찰과 경찰이 하는 일이 범죄자를 처벌한다는 점은 같다. 특히 두 기관은 서로 연계되어 작용하므로 어떤 경우에는 검찰 수사가 의뢰되고, 어떤 경우에는 경찰 수사가 의뢰되기도 한다. 경찰관은 범죄를 수사하고 순찰 및 진압, 단속, 공공질서 유지 등의 업무를 수행한다. 그러나 수사 종결권은 없으므로 검사로부터 수사에 대한 지휘를 받는다. 반면, 검찰은 검사가 소속된 기관이다. 검사는 경찰로부터 송치된 사건과 기타 다른 인지 수사에 대해 법원에 심판을 요구할 수 있다는 점에서 차이가 있다.

적성과 흥미는?

법 집행이나 규칙 준수 및 질서 유지를 위해 인내심과 솔직함, 도덕성과 정직성이 요구된다. 아울러 다른 사람을 올바른 길로 이끄는 사회적이고 교육적인 능력을 필요로 하는 일에 흥미를 느끼는 사회형, 조직의 목표를 위해 다른 사람들과 상호작용 활동을 선호하는 진취형에게 적합한 직업이다. 경찰관은 범죄수사 업무에 있어 추리력과 판단력이 필요하고, 민원인 등을 대할 때는 융통성과 인내심, 자기통제 능력 등이 있어야 한다.

또한 국가와 국민을 위해 일한다는 봉사정신과 사명감이 필요하다. 그 외에도 남에 대한 배려, 리더십, 분석적 사고 등의 성격을 가진 사람들에게 유리하다. 업무 특성상 근무가 일정하지 않고 외부 출장도 잦아 강인한 체력이 요구되며, 예상하지 못한 상황을 원만하게 처리할 수 있는 위기 대처 능력도 갖추어야 한다. 기본적으로 태권도나 유도, 검도, 합기도 등의 무도 능력을 갖춘 사람에게 유리하다.

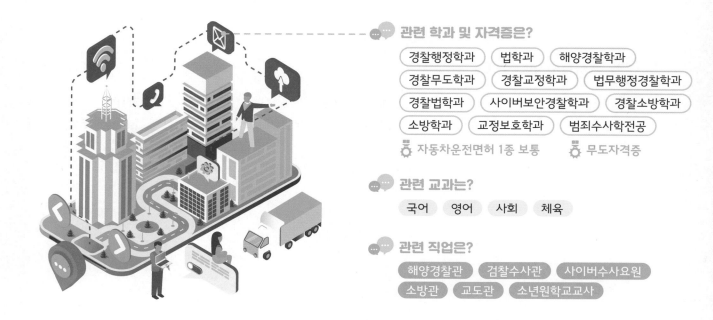

관련 학과 및 자격증은?

경찰행정학과   법학과   해양경찰학과

경찰무도학과   경찰교정학과   법무행정경찰학과

경찰법학과   사이버보안경찰학과   경찰소방학과

소방학과   교정보호학과   범죄수사학전공

자동차운전면허 1종 보통   무도자격증

관련 교과는?

국어   영어   사회   체육

관련 직업은?

해양경찰관   검찰수사관   사이버수사요원

소방관   교도관   소년원학교교사

진출 방법은?

경찰관이 되기 위해서는 4년제 경찰행정학과를 졸업하고, 경찰공무원 공개채용시험에 합격하면 일정 교육 이수 후 경찰로 일할 수 있다. 반드시 대학을 나올 필요는 없지만 경찰행정학 등을 전공한 후 경찰 채용시험을 준비하면 좀 더 유리할 수 있다.

경찰 간부가 되기 위해서는 경찰간부후보생 시험에 합격하여 경찰간부후보생이 되거나 경찰대학에 입학해야 한다. 경찰대학의 학생은 4년간 법·행정 학사 학위를 수료하고, 학위 과정 내의 사이버 범죄수사, 테러리즘 등 경찰학 심화 과정을 이수하며 전문적인 경찰 실무 능력을 배양한다. 학교전담경찰관의 경우 아동·청소년·교육·상담·심리 분야 전공 학사 이상인 자, 과학수사관은 과학 수사 관련 분야 학사 학위 이상인 자, 외국어 전문 요원은 해당 언어 전공으로 2년제 이상 대학 졸업자 또는 해당 언어를 공식어로 사용하는 국가에서 2년 이상 체류자를 대상으로 하는 등 분야별로 자격이 다르기 때문에 본인이 원하는 분야에 맞추어 자격을 갖추어야 한다.

미래 전망은?

우리나라는 선진국과 비교했을 때 경찰관 수가 부족한 편이다. 경찰 인력의 증원이 필요하다는 공감대가 형성되어 2013년부터 2019년까지 경찰 인력 2만 명(경찰 188,000명, 해경 1,200명)을 증원하여 학교폭력, 성폭력, 아동 청소년 보호, 범죄 예방 등 민생 치안 분야에 우선 배치한다는 계획을 세워 추진하였다. 또한 정보통신의 발달과 국제화에 따른 국가 간 인적·물적 교류의 확대로 외국인 범죄, 산업 정보 유출, 밀수 사범 등이 늘어나는 추세이고, 최근 재외국민 및 해외여행자가 증가하면서 해외에서의 테러 및 재해 발생으로 인한 우리 국민의 피해가 급증하는 등 치안에 대한 수요가 증가하고 있어 이에 대비한 전문 인력의 충원이 필요한 실정이다. 아울러 북한 이탈 주민 보호, 여성·아동·노인 등 사회적 약자 및 피해자 보호 등의 업무 수요도 꾸준히 증가할 것으로 예상되어 경찰관의 전망은 밝다.

다만, 2018년 이후에는 인구 증가세가 둔화되어 치안 수요 증가폭이 감소할 것으로 예상되고, 과학기술의 발전으로 치안 서비스 분야의 자동화가 이루어지면서 고용 감소 효과가 발생할 수 있을 것으로 전망된다.

CAREER MAP

- 체력 증진을 위한 체육활동
- 동아리활동을 통해 리더십, 분석적 사고 능력 함양
- 교내 활동에서 책임감, 규칙 준수 의식 함양
- 경찰 관련 학과 탐방
- 경찰 관련 직업체험활동

- 경찰행정학과
- 법학과
- 해양경찰학과
- 경찰무도학과
- 경찰교정학과
- 법무행정경찰학과
- 경찰법학과
- 사이버보안경찰학과
- 경찰소방학과
- 소방학과
- 교정보호학과
- 범죄수사학전공

준비 방법

관련 학과

- 무도자격증
- 자동차운전면허 1종 보통

관련 자격

관련 교과

경찰관

- 국어
- 영어
- 사회
- 체육

- 강인한 체력
- 순발력
- 융통성
- 사명감
- 인내심
- 배려심
- 리더십
- 분석적 사고 능력
- 정직성
- 봉사정신
- 위기 대처 능력

적성과 흥미

관련 직업

관련 기관

- 경찰대학
- 경찰교육원
- 사이버경찰청

- 해양경찰관
- 검찰수사관
- 사이버수사요원
- 소방관
- 교도관
- 소년원학교교사

사회계열
05

공무원

공무원이란?

공무원은 직접 또는 간접적으로 국민에 의해 선출 또는 임용되어 국가나 공공단체에서 공공적 업무를 담당하는 직업을 말한다. 공무원은 국가에 의해 임명되어 국가의 사무를 집행하는 국가직 공무원이 있고, 지방자치단체에 의해 임명되어 지방자치단체의 사무를 집행하는 지방직 공무원이 있다.

공무원은 어느 직업이나 직장보다 신분 보장과 함께 안정성이 보장되기에 최근 취업 희망자들 사이에서 공무원 시험에 대한 관심은 폭발적이다. 이처럼 공무원 시험이 인기를 끄는 이유는 그동안 공무원에게 가장 약점이었던 봉급과 복지 후생이 일반 기업의 수준까지 발전되었고, 취업난 속에 고학력자들이 대거 공무원 시험 준비로 발길을 돌리면서 직업에 따른 사회적 편견이 줄었으며, 한 개인이 사회에 참여하는 과정에서 가장 보람된 직업 중 하나라는 인식이 확산되었기 때문이다.

공무원은 일반적으로 임금이 밀릴 일이 없고, 초과 근무에 대해 법에 규정된 대로 정확하게 지급된다. 또한 각종 복지 제도가 가장 먼저 시행되는 곳으로, 여성 공무원뿐만 아니라 남성 공무원들도 출산 및 육아 휴직이 자유롭고, 최근 시행되고 있는 탄력근무제도 다른 업종과 비교하여 많이 사용하고 있다. 무엇보다 출퇴근 시간이 정확하고 정년이 보장된다는 장점이 있으며, 시민을 위해 봉사하는 마음으로 일할 수 있다는 긍정적인 근무 환경을 가지고 있다. 하지만 반대로 시민들을 상대하면서 많은 민원을 받기 때문에 정신적 스트레스를 받는다. 또한 국가직 공무원의 경우 전국적으로 이동하며 근무해야 한다는 불편함도 있다.

🔍 공무원이 하는 일은?

일반 공무원은 국가 또는 공공 기관에 소속되어 정부 고유의 행정 업무와 관련된 공무를 담당한다. 국민과 직간접적으로 연관되어 있는 기술적인 연구, 농어촌 지도, 일반행정 등의 업무를 담당한다.

> 🔍 정부 고유의 행정 업무인 주민 등록, 출생, 사망, 혼인, 이혼, 호적 등과 관련된 서류 접수 및 발급 등의 업무, 각종 승인이나 검사, 허가 등 정부 행정 집행과 관련된 업무를 수행한다.
>
> 🔍 각종 보고서나 문서를 기안·보고하고 시행하며, 기타 행정에 관련된 업무를 수행하여 법령과 업무 처리 규정에 따라 소관 업무를 계획·시행한다.
>
> 🔍 법령과 업무 처리 규정에 따라 소관 업무를 계획·시행한다.

Tip 경력직 공무원에 대해 알아볼까요?

국가공무원법과 지방공무원법은 공무원을 경력직 공무원과 특수경력직 공무원으로 구별한다. 그중 경력직 공무원은 실적과 자격에 의해 임용되어 평생 공무원으로 근무할 것이 예정되는 공무원을 의미하며, 일반직, 특정직, 기능직으로 구분된다. 일반직 공무원은 기술·연구 또는 행정 일반에 대한 업무를 담당하는 공무원이며, 특정직 공무원은 법관·검사·외무공무원·경찰공무원·소방공무원·교육공무원·군인·군무원 및 국가정보원 직원과 특수 분야의 업무를 담당하는 공무원으로서 다른 법률이 특정직 공무원으로 지정하는 공무원이다. 기능직 공무원은 기능적인 업무를 담당하며, 그 기능별로 분류되는 공무원이다.

📊 적성과 흥미는?

공무원은 업무상 매일 다양한 사람들을 만나서 일을 처리해야 하므로 그 어떤 직업보다 친화력이나 소통 능력이 필요하다. 조직 내에서 상호 간의 의견 교환이나 업무 수행상 협조가 원활하게 이루어지고, 이를 조율하여 공동의 목표가 성취될 수 있도록 조정하고 통합하는 의사소통 능력이 요구된다. 또한 전문 용어를 쓰며 민원인이 알아듣지 못하게 설명하는 것은 효과적이지 못하므로 적절한 용어나 논리적 화법으로 간결하고 명료하게 설명할 수 있는 의사전달 및 표현 능력을 갖추어야 한다. 즉, 민원인의 의도를 빨리 파악하여 잘 처리하는 것이 능력의 척도가 될 수 있다. 이 외에도 공무원의 업무를 잘 수행하기 위해서는 일반 행정에 관련된 모든 법령을 이해하고 실제 적용할 수 있는 사무 능력과 언어 능력이 요구된다. 또한 국민에 대한 봉사자로서 공공의 이익을 실현하고, 공무 수행 과정에서 올바르게 실천할 수 있는 직업 윤리 의식이 필요하다.

관련 학과 및 자격증은?

행정학과   경영학과   경제학과   법학과

사회복지학과   회계학과   정책학과   세무학과

공공인재학부   글로벌리더학부   보건행정학과

🔩 공무원 임용시험   🔩 컴퓨터 활용 능력

🔩 정보처리산업기사   🔩 정보관리기술사

🔩 컴퓨터시스템응용기술사   🔩 워드프로세서

관련 교과는?

국어   영어   사회   정보

관련 직업은?

일반공무원   법원공무원   출입국심사관

회계사무원   경리사무원   인사 및 노무사무원

자재관리사무원   생산관리사무원   총무사무원

진출 방법은?

공무원이 되기 위해서는 공무원 채용시험에 합격해야 한다. 공무원은 국가직 공무원과 지방직 공무원으로 구분되는데, 매년 선발하는 인원이 다르다. 하지만 고용 안정성이 높고 연금을 받을 수 있다는 장점 때문에 매년 경쟁률이 높아지고 있다.

공무원 시험의 과목으로는 한국사, 국어, 영어의 필수 과목과 행정법, 행정학, 사회, 과학, 수학 중 2개의 선택 과목이 있다. 7, 9급 국가직 공무원 시험은 매년 1회 통상 4~5월에 시행되고, 지방직 공무원 시험은 지역마다 차이가 있으며 보통 거주지, 본적지 등에서만 응시할 수 있다.

공무원 시험을 위한 정규 교육과정이나 훈련은 없으며, 보통 사설 학원을 다니거나 독학을 한다. 전문대학 및 대학교에서 행정학, 법학, 경영학, 회계학, 경제학, 사회복지학 등을 전공하면 공무원 시험을 준비하는 데 유리하다.

미래 전망은?

최근 국민들의 삶에 필요한 공공 서비스를 제공하기 위해 정부의 역할이 중요해지고 시민들의 행정 서비스 요구도 증대되고 있어 행정직 공무원의 고용은 당분간 현 상태를 유지할 전망이다. 그러나 경찰, 소방, 사회 복지 등 특정 분야의 공무원 수는 선진국 수준에 못 미치기 때문에 고용이 점차 늘어날 가능성이 높다.

일반적으로 근무 여건이 좋은 평가를 받고 있고, 고용 평등이 다른 직업에 비해 높은 편이다. 정년이 보장되어 고용 안정이 잘 이루어지므로 최근 공무원에 대한 관심이 높아지고 있다.

CAREER MAP

준비방법
- 대인관계 능력 및 봉사 역량 강화
- 동아리활동에서 책임감 있는 역할 수행하기
- 행정학 관련 기업 및 학과 탐방
- 공무원 관련 직업체험활동

관련직업
- 일반공무원
- 법원공무원
- 회계사무원
- 경리사무원
- 총무사무원
- 출입국심사관
- 인사 및 노무사무원
- 자재관리사무원
- 생산관리사무원

관련교과
- 국어
- 영어
- 사회
- 정보

공무원

관련자격
- 공무원 임용시험

적성과 흥미
- 정직성
- 사무 능력
- 의사소통 능력
- 대인관계 능력
- 의사전달 능력
- 문제해결 능력
- 컴퓨터 활용 능력
- 기획 관리 능력
- 변화 대응 능력

관련기관
- 한국행정연구원
- 한국지방행정연구원
- 행정안전부

관련학과
- 법학과
- 보건행정학과
- 세무학과
- 행정학과
- 회계학과
- 경영학과
- 경제학과
- 사회복지학과
- 정책학과
- 공공인재학부
- 글로벌리더학부

관광가이드

관광가이드란?

관광가이드는 여행사가 기획한 국내외 개인 및 단체 관광에 동행하여 관광객들이 쾌적하고 편리하게 관광할 수 있도록 모든 제반 업무를 담당한다. 관광가이드는 크게 국내여행안내원, 관광통역안내원, 국외여행인솔자로 나눌 수 있다.

국내여행안내원은 국내 여행지를 찾는 내국인을 대상으로 활동하고, 관광통역안내원과 국외여행인솔자는 해외여행업에 종사한다. 우리나라를 찾는 외국인을 상대로 관광안내를 하는 사람을 관광통역안내원이라고 하고, 내국인의 해외 관광을 담당하는 사람을 국외여행인솔자라고 한다.

관광가이드는 일반 사무직처럼 9시에 일을 시작해 저녁 6시에 퇴근하고, 주말에 쉬는 직업이 아니다. 프리랜서로 활동한다면 근무일수를 자유롭게 조절할 수 있으나, 여행사에 소속된 경우에는 조절이 힘들다. 여행 스케줄에 따라 주말 근무를 할 수도 있고, 쉬는 날도 규칙적이지 않다. 또한 여행 성수기에는 업무가 몰려 최근에는 프리랜서로 활동하는 관광가이드가 늘어나고 있다. 관광가이드의 근무 시간 및 근무일수는 관광 성수기·비수기, 수행하는 업무의 횟수, 관광 일정에 따라 다양하다. 보통 월 20일 정도 근무하지만 하루 14시간 이상의 관광 일정으로 인해 근무 시간은 그리 적은 편이 아니다. 최근 여행을 좋아하는 사람이 늘어나면서 관광가이드를 꿈꾸는 사람들이 늘어나고 있고 다른 직업과 비교해 자기계발을 할 수 있는 가능성이 높아 취업 경쟁은 다소 치열하며, 직장이동은 비교적 수월한 편이다.

🔍 관광가이드가 하는 일은?

　관광가이드 업무는 분야에 따라 조금씩 차이가 있지만 대부분 관광객의 신상과 여행목적 등을 파악한 후 방문지에 대한 정보를 수집하고 숙박 시설, 교통편, 여행 일정 등 모든 사항을 확인한다. 여행 출발일에는 공항이나 집합 장소에 먼저 도착하여 관광객을 맞이하고, 여행 경로나 일정, 여행지에 관해 설명하며, 국외 여행인솔자의 경우에는 출국 수속을 대행하기도 한다. 목적지에 도착하면 숙소 수속을 대행하고, 여행 일정에 맞춰 모든 업무를 진행한다. 관광 중에는 역사적인 유적지나 유물 등에 대한 정보를 제공하고, 예상치 못한 사고가 발생할 경우 본사와 연락하여 문제를 해결한다. 여행이 끝난 후에는 정산을 하고, 관광 안내 시 문제점 및 개선점 등을 보고서로 작성하여 향후 관광 기획에 참고 자료가 되도록 한다.

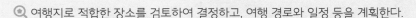

- 🔍 여행지로 적합한 장소를 검토하여 결정하고, 여행 경로와 일정 등을 계획한다.
- 🔍 목적지까지의 교통수단을 결정하고 관광객에게 여행 경로, 일정 등 관광에 필요한 전반적인 안내를 한다.
- 🔍 역사적 유물, 유적지 및 명소 등에 방문하여 여행지의 특성에 대하여 설명한다.
- 🔍 교통편, 숙박 시설, 식당 등의 예약 또는 예약 확인을 위해 여행사와 상의한다.
- 🔍 개인 또는 단체 관광객을 수행 및 안내하며, 필요한 제반 서비스를 제공한다.
- 🔍 관광객에게 여행 시 필요한 장비 사용에 대하여 조언한다.
- 🔍 관광객의 부상 시 응급조치를 한다.
- 🔍 예산 집행에 따른 여행 비용을 검토하고 정산한다.
- 🔍 여행 경로에 출입 금지 구역이 있을 때, 출발에 앞서 출입 허가를 받는다.
- 🔍 전문 여행 상품을 계획·조직하고, 행선지까지 참가자 및 필요 물품을 운송한다.

적성과 흥미는?

　관광가이드는 다양한 목적으로 여행을 즐기는 고객들에게 만족스러운 추억을 만들어 줄 수 있어야 하므로 여행 지역에 대한 역사, 문화, 행사, 재미있는 에피소드, 유적지 등에 대해 잘 알고 있어야 한다. 여행을 좋아해야 하고, 관광객들과 많은 시간을 보내야 하므로 적극적이고 쾌활하며 활동적인 성격을 지닌 사람에게 적합하다. 또한 고객과 원활한 의사소통을 할 수 있는 능력이 요구되며, 관광객들을 인솔할 수 있는 리더십과 예상치 못한 상황에 신속 정확하게 대처하는 능력이 필요하다.

　관광통역안내원과 국외여행인솔자는 영어나 현지 언어로 능숙하게 의사소통할 수 있는 외국어 능력을 갖추어야 한다. 그리고 문제가 발생했을 때 해결하기 위해 돈, 물품, 인력, 시간 등의 자원을 분배하고 통제할 줄 아는 자원 관리 능력이 필요하다. 최근에는 특정 테마가 있는 여러 개의 여행지를 묶어 판매하는 여행 상품이 인기를 끌고 있는데, 이와 같이 여행 상품을 개발하기 위해 새로운 아이디어를 구상할 수 있는 창의력과 기획력도 요구된다. 하나의 여행 상품에는 항공, 숙박, 교통편 등 다양한 상품이 연계되어 있는데, 그중 한 가지 업무라도 소홀히 했다가는 여행 일정에 차질이 생길 수 있으므로 사소한 부분까지 주의를 기울여 업무를 처리하는 꼼꼼함과 섬세함이 필요하다.

관련 학과 및 자격증은?

관광경영(학)과   호텔관광경영학과
관광통역과   문화관광   항공관광과
외식산업과   호텔카지노관광학과   관광학부
호텔관광항공학과   호텔관광항공영어과
호텔관광유통경영학과   호텔관광이벤트학과
컨벤션호텔경영학과   호텔관광학전공
컨벤션산업전공   융합관광경영전공

TC(국외여행인솔자)자격증   국내여행안내사
CRS(항공 예약·발권)자격증   관광통역안내사

관련 교과는?

국어   영어   사회

관련 직업은?

투어컨덕터   여행상품개발자   열차객실승무원
관광통역안내원   자연환경안내원   여행사무원
항공기객실승무원   선박객실승무원

Tip 관광가이드와 여행기획자의 차이는 무엇일까요?

관광가이드는 국내외를 여행하는 단체 또는 개인의 여행에 동행하여 여행을 안내하거나 여행을 위한 모든 제반 업무를 수행한다. 여행기획자는 여행 상품 개발을 위해 발굴할 장소를 답사하고 문제점을 보완하여 관광 코스로 확정하거나, 고객과의 상담을 통해 고객의 요구를 파악하여 관광 상품을 개발하고 여행 패키지를 구성한다.

미래 전망은?

생활 수준의 향상으로 여가 활동에 대한 관심이 증가하고 있고, 특별한 여행 코스나 지역을 원하는 고객들이 늘어나고 있다. 또한 해외 여행객의 증가 못지않게 국내인의 해외여행도 꾸준히 증가하는 추세인데 중국, 일본, 동남아 등으로의 해외여행이 인기를 끌고 있다. 최근 보는 관광에서 체험 관광으로 트렌드가 바뀌면서 영화나 드라마에서 인상 깊었던 장소를 찾는 사람들도 늘고 있다. 이에 따라 여행 서비스 관련 종사자의 수요도 늘어나고 있는 상황이다.

반면, 최근 인터넷과 모바일 기기의 보편화로 여행객들이 직접 여행 계획을 세울 수 있는 정보들이 넘쳐나고 있다. 저렴하면서 여러 관광지를 한꺼번에 돌아볼 수 있는 기존의 패키지 여행에서 자신이 직접 여행지와 여행 방식을 선택할 수 있는 희망 여행이나 개별 여행으로 트렌드가 바뀌면서 여행 상품 판매와 여행 서비스 관련 종사자의 일자리에 부정적인 영향을 미칠 수 있을 것으로 전망된다.

진출 방법은?

관광가이드가 되기 위해서 반드시 필요한 조건이나 학력 기준은 없다. 다만 여행 업무를 위해 항공이나 여행 지역의 문화, 숙박, 식당, 교통편 등의 정보를 알고 있어야 하므로 여행사에서는 여행 경험이 많거나, 관련 분야의 경력이 있는 사람을 선호한다. 대학에서 관광 관련 학과를 전공하면 여행, 관광 산업에 대한 전반적인 지식을 얻을 수 있으며, 여행 관련 학과에서는 관광학의 기본적인 이론과 호텔 경영, 외국어 등을 배우게 된다. 또한 여행사에서 운영하는 해외여행인솔자 전문학원 등에서 관광업과 관련된 강좌를 듣는 것도 취업에 도움이 된다.

각 여행사는 공개채용과 수시채용을 통해 여행상품개발자와 여행사무원을 채용하는데, 채용 공고는 여행사 홈페이지나 각종 취업 사이트, 신문 등에 게시되며, 주로 인력이 필요할 때마다 수시채용하므로 관심 있는 여행사 홈페이지를 자주 방문해 취업 정보를 체크하거나 미리 이력서를 제출해두는 것이 좋다. 예전에는 특별한 자격 요건 없이 해당 외국어만 능숙하게 사용하면 누구나 관광가이드로 활동할 수 있었다. 그러나 관련 법이 강화되면서 현재는 관광통역안내사 또는 국내여행안내사자격증을 취득해야만 관광가이드로 활동할 수 있다. 이 두 자격증 모두 필기시험과 면접시험을 거쳐야 취득이 가능한데, 관광통역안내사 자격증의 경우는 공인 어학 성적이 필요하다.

CAREER MAP

관광 가이드

준비 방법
- 관광 관련 동아리활동
- 국어, 외국어, 사회 교과 역량 강화
- 국내외 문화, 역사 등에 대한 관심
- 관광 관련 학과 탐방
- 관광 관련 직업체험활동

관련 자격
- 관광통역안내사
- 국내여행안내사
- TC(국외여행인솔자)자격증
- CRS(항공 예약·발권)자격증

관련 교과
- 국어
- 영어
- 사회

관련 학과
- 관광경영(학)과
- 관광통역과
- 문화관광과
- 지리학과
- 도시지역학과
- 호텔카지노관광학과
- 호텔관광경영학과
- 항공관광과
- 외식산업과

적성과 흥미
- 자원 관리 능력
- 리더십
- 타인에 대한 배려
- 문제해결 능력
- 언어 전달 능력
- 창의력
- 다양한 분야의 배경지식

관련 기관
- 한국관광공사
- 한국관광협회중앙회
- 한국여행업협회

관련 직업
- 여행사무원
- 여행상품개발자
- 관광통역안내원
- 해외여행인솔자
- 공정여행기획자
- 투어컨덕터

관세사

관세사란?

관세란 우리나라에 반입하거나 우리나라에서 소비 또는 사용하는 외국 물품에 대해서 부과·징수하는 조세를 말한다. 일반적으로 관세는 수출품에 대하여 부과하는 수출세, 수입품에 대하여 부과하는 수입세, 국경을 통과하는 물품에 대하여 부과하는 통과세로 구분된다. 그러나 오늘날 수출세나 통과세를 채택하고 있는 국가는 거의 없고 모든 나라가 수입세를 채택하고 있다. 따라서 관세는 '수입품에 대하여 부과되는 세금(稅金)'이라고 말할 수 있다.

관세사(關稅士)는 관세에 대한 일을 하는 직업으로, 법률 용어로 통관 절차를 대신해 주거나 관세법상의 쟁의, 소송 따위를 대신해 주는 전문인이다. 관세 업무의 소송을 대리한다는 면에서 변호사와 관련이 있으나, 변호사는 소송에 관한 행위 및 행정 처분에 관해 본인을 대리함에 비해 관세사는 관세법과 관련된 쟁의나 소송에 관한 업무를 대리한다.

관세사는 물건의 수출·수입 절차를 대신 밟아주고 문제가 생겼을 때 대리하여 해결하며 관세법상의 행정소송을 수행하는 일을 한다. 또한 수출입 물품에 대해 물품분류기호에 따라 분류하고 이에 대한 세율을 부과하기도 하며, 과세가격 확인 및 세액을 계산하고 관세법에 의한 수출 통관 신고와 이와 관련되는 절차를 이행한다. 관세에 대한 상담이나 자문, 관세법 및 관세에 관한 법률에 따른 수출·수입·반출·반입 또는 반송의 신고 등과 관련된 업무를 수행한다.

관세사는 경제, 회계, 법 등에 대한 높은 수준의 전문 지식이 요구되는 직업으로, 업무 자율성과 업무 권한이 높은 편이다. 임금은 평균에 비해 다소 높고, 근무 시간이 짧고 규칙적인 일을 하며, 작업 환경도 쾌적한 편이다. 그러나 복리후생 분야는 평균보다 낮으며, 정신적인 스트레스가 다소 있는 직업이다.

🔍 관세사가 하는 일은?

관세법과 관련 법령에 근거하여 수출 및 수입과 관련된 통관 업무를 수행한다.

🔍 수입 및 수출에 따른 교역대상국의 통관정보를 제공한다.

🔍 수출에 필요한 서류(인보이스, 물품명세서 등)를 작성한다.

🔍 수출통관에 필요한 서류를 작성하고 신고 수리필증을 교부한다.

🔍 관세 환급에 필요한 서류를 작성하고 신청한다.

🔍 수입물품에 대한 관세 및 통관정보(품목별 제세율, 원산지 등)를 제공한다.

🔍 수입물품 인수를 위한 서류를 구비하고, 수입통관을 위해 품목별 세번 및 세율의 분류와 세액을 계산한다.

🔍 각종 이의신청 및 심사청구 또는 심판청구를 대행한다.

Tip 관세에 대해 알아볼까요?

관세의 부과는 세입(稅入)에 의하여 국가 재정이 확충될 뿐만 아니라 수입이 억제됨에 따라 국내 산업이 보호되는 효과를 가져온다. 관세의 부과는 외국과의 무역의 형태나 교역량에 영향을 미친다. 모든 물품에 일률적인 관세를 부과하는 것이 아니라 개개의 물품에 필요와 상황에 따라 각각 다른 세율의 관세를 부과함으로써 교역되는 물품의 가격과 수량에 상대적 변화를 줄 수 있다.

적성과 흥미는?

관세사는 세액 등을 신속하고 정확하게 계산할 수 있는 수리력과 재정관리 및 전산에 관한 능력, 문서 작성 능력, 법률 지식과 외국어 실력을 갖추어야 한다. 또한 관세에 관한 업무를 다루기 때문에 정직성과 도덕성, 원만한 대인관계가 요구된다. 관습형과 진취형의 흥미를 가진 사람에게 적합하며, 언어 능력, 자기통제 능력, 스트레스 감내, 리더십 등의 성격을 가진 사람들에게 유리하다. 경제, 회계, 법 등 다양한 분야에 대한 높은 수준의 전문 지식이 요구되기 때문에 이와 관련된 학문에 소질이 있으면 도움이 된다.

관세사에 관심이 많다면 평소 대상의 이득과 손실을 평가해서 종합적으로 판단할 수 있는 역량을 키우기 위해 노력해야 한다. 또한 법과 규정에 대한 지식을 키우고, 국어, 영어, 수학 등의 교과에 대해 흥미를 가지고 실력을 쌓으면 도움이 된다. 이를 위해 법률연구반이나 정치연구반, 수학탐구반, 시사토론반, 영자신문반 등에서 적극적으로 활동하는 것을 추천한다. 나아가 폭넓은 분야의 독서활동을 통해 자신의 사고 능력과 이해력, 수리력 등을 키우는 것이 좋다.

관련 학과 및 자격증은?

경영학과   경제학과   무역학과   유통학과

법학과   세무학과   회계학과   통계학과

관세사   보세사   원산지관리사

무역영어   외환전문역   국제무역사

관련 교과는?

국어   영어   수학   사회

관련 직업은?

통관대리인   변호사

진출 방법은?

관세사가 되기 위해서는 일반적으로 대학교에서 경영학, 경제학, 무역학, 세무(회계)학, 법학 등 관련 학과를 전공하는 것이 유리하다. 관세사 자격 시험은 관세청이 실시하며, 최소 합격 인원제도가 적용되고 있다. 최소합격 인원제도는 2차 시험 성적 기준을 넘은 합격자가 일정 기준을 밑돌 경우, 총득점이 높은 순서대로 최소합격인원까지 추가 합격시키는 제도를 말한다. 대학을 졸업한 후에는 관세사 자격을 취득해야 한다. 관세사 시험은 1차 시험과 2차 시험으로 구분되는데, 이 시험에 모두 합격한 후 6개월간의 실무 수습 기간을 거쳐야 관세사로 활동할 수 있다.

시험 응시 자격은 만 20세 이상이면 학력, 성별, 나이의 제한 없이 누구나 가능하다. 1차 시험은 관세법개론, 무역영어, 내국소비세법, 회계학에 대하여 객관식으로 평가하며 2차 시험은 관세법, 관세율표 및 상품학, 관세평가, 무역실무 등에 대하여 논술식으로 평가한다. 1, 2차 시험 공통 모든 과목 100점을 만점으로, 매 과목 40점 이상, 전 과목 평균 60점 이상을 받으면 합격한다.

관세사 시험에 합격하면 개인사무소를 개업하여 운영하거나 합동사무소에 참여하여 활동할 수 있으며 무역 관련 기업체에 취업하기도 하고 자유무역협정에 따라 어떻게 수출이나 수입을 하는 것이 유리한지 컨설팅해 주기도 한다.

미래 전망은?

당분간 관세사의 고용은 다소 증가할 것으로 전망된다. 여러 가지 상황과 경제적인 여건에 따라 차이가 날 수는 있지만, 장기적으로 국가 간 무역은 늘어날 것이고, 특히 FTA 협정 등으로 인해 국가 간 수출입이 활발해지므로 관세사의 업무량과 범위는 더욱 증가할 것이다.

한중 FTA, 한미 FTA 등으로 무관세 거래가 많아지면 관세사의 역할이 축소될 것으로 생각할 수 있지만, 무관세 조건을 맞추기 위해 필요한 원산지 증명 등 관련 요건과 절차가 복잡하고 까다롭기 때문에 관세사의 수요는 늘어날 수 있다. 특히 중소기업 등의 무역 촉진을 위한 서비스 수요는 더욱 늘어날 것으로 예상된다.

반면 전산시스템의 활용 증가는 관세사 업무의 효율화와 통관 업무의 간소화를 가져와 일반인도 쉽게 관세 업무를 처리할 수 있게 됨으로써 관세사의 고용에는 부정적으로 작용할 수 있다.

과거에는 수출입 신고 대행(단순 세관신고, 통지, 서류작성, 세관제출)과 관련한 업무가 기본이었으나 점차 리스크관리, FTA 관련 컨설팅, 행정심판 컨설팅 등으로 업무 범위가 확대되는 추세이다.

CAREER MAP

- 국어
- 영어
- 수학
- 사회

관련 교과

관련 직업
- 변호사
- 통관대리인

준비 방법
- 영어 실력 향상
- 수학적 사고 능력 함양
- 관세사 직업체험활동
- 법탐구, 수학탐구, 시사토론, 영어반 관련 동아리활동
- 법률, 경제 관련 독서활동

관세사

관련 학과
- 경영학과
- 경제학과
- 무역학과
- 유통학과
- 법학과
- 세무학과
- 통계학과
- 회계학과

적성과 흥미
- 판단력
- 수리 논리력
- 언어 능력
- 문서 작성 능력
- 자기통제 능력
- 외국어 능력
- 정직성
- 리더십

관련 기관
- 관세청
- 한국관세사회

관련 자격
- 관세사
- 보세사
- 원산지관리사
- 무역영어
- 외환전문역
- 국제무역사

광고홍보전문가

광고홍보전문가란?

'15초의 예술', '자본주의의 꽃'이라고 부르는 광고는 특정 목표나 제품이 소비자에게 전달될 수 있도록 돕는 것으로, 사용하는 매체나 방법에 따라 여러 가지로 나눌 수 있다. 광고를 만들기 위해서는 광고 회사에 소속되어 광고물을 기획·제작하는 데 직접적으로 참여하거나 일반 기업체의 마케팅부서나 홍보부서에 소속되어 상품 판매 전략을 수립하고 광고물 제작을 기획하여 광고 회사에 의뢰함으로써 광고 제작에 간접적으로 참여하기도 한다.

광고홍보전문가란 광고 계약 체결부터 광고 전략 수립, 광고 제작 완성에 이르기까지 전 과정을 진두지휘하는 광고기획자, 제작된 광고가 효율적으로 전달될 수 있도록 어떤 매체를 이용해야 하는지 파악하고 계획을 수립하는 매체 담당자, 시장 상황을 분석하고 소비자 조사를 통해 전략을 수립하는 광고마케터, 광고물의 의도를 소비자에게 명확히 전달할 수 있도록 광고 글귀를 작성하는 카피라이터, 영상 표현이나 시각적 효과, 특수 효과, 광고 제작물 편집 등을 담당하는 아트디렉터 등을 의미한다.

광고홍보전문가는 주로 광고 회사, 홍보 대행 회사, 기업 및 공공기관의 마케팅부서 등에서 근무하거나 프리랜서로 활동한다. 광고 계약 체결부터 광고가 제작되어 완료되기까지 며칠에서 수개월까지 작업이 진행되며, 제출 기한을 맞추기 위해 밤샘 작업을 하기도 한다. 직급에 상관없이 의견을 개진할 수 있고, 자유로운 분위기 속에서 기회와 책임이 많이 부여되는 편이다. 광고 및 홍보에 대한 소비자의 반응이 빠르게 나오는 편이므로 항상 긴장하게 되고, 시간적 제약과 새로운 아이디어에 대한 부담감 등으로 스트레스를 받기도 한다.

광고홍보전문가가 하는 일은?

한 편의 광고를 완성하기 위해서는 많은 광고홍보전문가들이 협업을 한다. 광고주가 광고기획자에게 광고 제작을 요청하면 광고기획자는 광고 전략을 수립하기 위해 정보 수집 및 시장 조사를 진행하고, 수집한 정보와 아이디어를 바탕으로 광고 기획서를 작성한 후 광고주의 승인을 받는다. 그리고 프로듀서, 카피라이터, 아트디렉터 등으로 구성된 광고 제작팀이 모여 광고 글귀와 영상 구성 등에 대한 아이디어 회의를 시작한다. 회의의 결과를 종합하여 광고 시안과 스토리보드를 만들고, 광고주와 협의 과정을 거친다. 광고 제작진을 구성하여 촬영과 편집을 함으로써 한 편의 광고를 완성한다. 제작 후 광고 심의를 마치면 소비자들이 광고를 볼 수 있게 되는데, 광고홍보전문가는 광고가 나간 후에도 효과를 분석하고 시장 반응을 꼼꼼히 확인한다.

- 광고홍보전문가는 광고물을 제작하고 광고 행사를 기획하며, 상품 판매 전략을 세우고 홍보물을 제작한다.
- 광고물 제작 및 촬영에 참여하여 광고물이 의도한 방향으로 제작되도록 협의·제안한다.
- 광고전문가는 광고할 상품이나 서비스에 관해 조사·분석하여 광고 기획서를 작성한다.
- 광고의 제작 방향과 소요되는 예산을 수립·조정하며, 상품의 경쟁 상황, 시장 상황, 판매 기간 등에 대한 자료와 광고 매체에 대한 효과를 분석하여 광고를 제작한다.
- 홍보전문가는 기업의 명성이나 이미지와 같이 눈에 보이지 않는 기업의 자산을 그 조직의 성격과 특성에 맞도록 홍보하고, 홍보 프로그램을 연구·조언한다.
- 기업 혹은 상품 등의 광고 계약 체결부터 제작 완성까지 광고 제작의 모든 과정을 지휘한다.
- 홍보물을 제작하거나 특정 조직이나 사람의 특성에 맞춰 전문적인 홍보를 담당한다.

> **Tip 카피라이터에 대해 알아볼까요?**
>
> 카피라이터가 창작한 광고 글귀는 광고 원고 중에서도 설득력과 파급력이 가장 강한 부분이다. 특히 광고 시장이 큰 미국에서는 유능한 카피라이터를 기업이나 광고 회사의 '소중한 무기(武器)'라고 부를 만큼 높이 평가한다. 이런 이유로 카피라이터이면서 아트디렉터(Art Director, 광고디자인책임자)를 겸하거나 유력한 광고 회사의 부사장을 겸하는 경우가 많다. 카피라이터는 국내에서도 하나의 직업으로 인정받고 있으며, 광고 미디어의 발달과 다양화 속에서 그 역할이 더욱 중요해지고 있다. 전파 매체의 카피라이터를 CM라이터라고 하며, 인쇄 매체의 카피라이터와 구별해서 부르기도 한다.

적성과 흥미는?

광고홍보전문가는 광고를 제작할 상품, 시장 동향과 소비자의 성향, 광고업계의 흐름 등을 파악하고 분석할 수 있는 분석력과 통찰력이 필요하다. 이를 위해 통계 자료를 많이 다루므로 수리 능력도 요구된다. 또한 제작할 광고물을 광고주나 협업하는 팀원들에게 설명할 수 있는 언어 능력, 의사소통 능력, 설득력이 필요하고, 팀원이나 고객들과 원활한 인간관계를 유지할 수 있는 대인관계 능력, 유연성과 친화력이 필요하다. 넘쳐나는 광고 홍수 속에서 소비자에게 강한 인상을 남길 수 있는 차별화된 광고를 만들어야 하기 때문에 무엇보다도 창의력이 필요하다. 또한 최소 비용으로 최대 효과를 거두어야 하기 때문에 고정관념을 깨는 독특함과 기발함을 지녀야 한다.

광고홍보전문가에 관심이 있다면 경제 및 시장, 소비자의 동향과 관련 있는 사회 및 통계 교과에 대해 흥미가 있어야 하고, TV, SNS 및 지면 등과 같은 광고 매체에 관심을 가져야 한다. 또한 다양한 광고 기획 및 공모전에 참여하여 경험을 쌓을 것을 권장한다.

관련 학과 및 자격증은?

광고마케팅학과 광고홍보학과 신문방송학과
언론정보학과 정보미디어학과 매스컴학과
시각디자인(학)과 영상학과 경영학과
심리학과 사회학과 영상디자인학과

⚙ 멀티미디어콘텐츠제작전문가
⚙ ACA(Adobe Certified Associate)
⚙ 정보통신기술자격검정

관련 교과는?

국어 미술 사회 정보

관련 직업은?

광고홍보기획자 광고아티스트 아트플래너
지면디자이너 광고메시지기획원 광고마케터
카피라이터 그래픽디자이너 게임디자이너
일러스트레이터 웹디자이너 시각디자이너

미래 전망은?

당분간 광고홍보전문가의 취업자 수는 다소 증가할 것으로 전망된다. 글로벌 경쟁 시대에 광고 및 홍보는 기업을 적극적으로 알리는 필수 도구로, 제품과 서비스, 그리고 기업의 이미지를 어떻게 알리느냐에 따라 기업의 매출과 생존이 결정되기 때문이다.

광고홍보전문가의 주요 활동 분야였던 지상파 TV, 라디오, 신문, 잡지 등 기존 광고 매체의 성장세는 하락하는 반면, 인터넷, 모바일 등의 광고 매체는 급성장하고 있어 향후 광고홍보전문가의 고용 역시 이들 분야를 중심으로 발생할 가능성이 크다. 특히 온라인 분야에서는 유튜브와 같은 동영상 플랫폼의 광고 수익이 점점 증가하고 있으며, 앞으로도 영상 콘텐츠 홍보·제작·기획 분야의 인력 수요가 계속 늘어날 전망이다. O2O(Offline to Online) 서비스처럼 기존의 오프라인 영역에서도 온라인과의 융복합이 일어나고 있어 새로운 매체와 시장 동향에 대한 이해를 가진 광고홍보전문가의 수요 증가가 예상된다. 또한 소비자의 행동 및 특성을 수집하여 분석하는 빅데이터 기반의 광고 솔루션을 통해 홍보 효과를 높이고 있어서 향후에도 온라인 광고 시장은 계속 확대될 전망이다. 빅데이터 분석은 불특정 다수를 위한 광고나 홍보가 아닌 정교한 타깃을 대상으로 맞춤 광고와 홍보를 할 수 있게 함으로써 광고 효과를 높인다. 마케팅 분석 주기가 거의 실시간으로 이뤄지고, 그 흐름을 빠르게 분석함으로써 광고 및 홍보에 적용하는 전문 인력의 수요가 계속 늘어날 전망이다.

진출 방법은?

광고 및 홍보 분야에 진출하려면 신문방송학, 언론정보학, 광고(홍보)학, 매스컴학을 비롯하여 경영학, 심리학, 사회학 계열을 전공하는 것이 유리하다. 관련 학과에서는 대중 매체를 통해 소비자를 설득하는 데 필요한 이론과 기술, 커뮤니케이션, 마케팅, 설득, 광고, 홍보 캠페인 분야의 실제적 지식을 교육한다.

광고홍보전문가는 주로 광고 회사, 홍보 대행 회사, 기업 및 공공기관의 홍보부서나 마케팅 부서 등에 소속되어 근무하거나 프리랜서로 활동한다. 광고 회사는 일반적으로 수시채용을 통해 인력을 보강하는데 지원서나 이력서, 자기소개서 등의 서류 심사를 거치고 단계별 면접을 통해 채용한다.

광고동아리나 온라인 홍보단 등의 활동을 하거나 사설 광고 학원을 통해 관련 지식과 경험을 쌓고, 광고 회사의 인턴 사원 모집에 지원하여 실무 경험을 쌓는 것이 취직에 도움이 된다. 또한 개인 블로그 운영이나 SNS 활동 혹은 주요 광고 회사에서 실시하는 공모전에서 입상한 경력이 있다면 취업에 더욱 유리하다. 광고 관련 업체는 경력자를 선호하는 편이므로 기업에서 광고 및 홍보 업무를 하다가 경력을 인정받고 광고 회사나 홍보 대행 회사의 경력 사원으로 지원하는 것이 좋다.

CAREER MAP

- 시각디자인산업기사
- 컴퓨터그래픽운용기능사
- 멀티미디어콘텐츠제작전문가
- ACA(Adobe Certified Associate)
- 정보통신기술자격검정

- 미술, 컴퓨터 그래픽 관련 능력 함양
- 광고, 홍보, 디자인 관련 동아리활동
- 디자인 및 광고 관련 학과 탐방
- 광고 관련 직업체험활동

- 국어
- 미술
- 사회
- 정보

관련 자격

준비 방법

광고홍보 전문가

적성과 흥미

- 창의력
- 책임감
- 컴퓨터 활용 능력
- 의사소통 능력
- 공감 능력
- 분석력
- 통찰력
- 설득력

관련 교과

관련 학과

관련 직업

- 광고마케팅학과
- 광고홍보학과
- 광고디자인과
- 디지털디자인과
- 시각디자인(학)과
- 컴퓨터디자인과
- 신문방송학과
- 언론정보학과
- 정보미디어학과
- 영상학과
- 영상디자인학과

관련 기관

- 한국광고영상제작사협회
- 한국광고학회
- 한국광고총연합회
- 한국광고총연합회 광고정보센터

- 광고홍보기획자
- 광고아티스트
- 아트플래너
- 지면디자이너
- 시각디자이너
- 웹디자이너
- 일러스트레이터
- 게임디자이너
- 광고마케터

09

교도관

교도관이란?

'교도'란 바로잡을 '교(矯)'에 인도할 '도(導)', 즉 범죄자들을 바로잡아 바른길로 인도하는 사람이라는 뜻이다. 교도관은 교정공무원의 신분으로 교도소, 구치소와 같은 교정 시설에서 수용자를 관리·감독하고 교정·교화하는 일을 한다. 교도관의 업무는 크게 수용자 관리, 교화교육, 수용자의 사회 복귀를 돕기 위한 직업훈련을 시키는 일 등으로 나눌 수 있다.

수용자의 고충 사항을 처리하고 교정시설 내에서의 규율을 유지하며, 수용자의 도주 행위와 자해 행위 등을 예방하기 위해서 출입구 및 교도소 등의 주요 시설의 경비를 담당한다. 또한 무기 및 기타 유해물의 반입을 감시하고, 수용자의 건강관리를 위하여 개인위생, 침구, 의류 등을 점검하는 일도 하게 된다. 수용자가 건전한 정신과 올바른 생활자세를 갖도록 돕기 위해 수시로 상담하여 그들의 상태를 살피고 정서 순화, 정신 교육, 종교 생활 지도 등을 한다. 교도관은 수용자들이 사회에 복귀했을 때 정상적인 생활을 할 수 있도록 미용, 컴퓨터, 자동차 정비, 제과·제빵과 같은 기술교육을 실시하고, 국가기술자격 등을 취득하도록 하는 등 직업교육에도 도움을 준다.

교도관은 높은 수준의 전문 지식이 요구되지는 않아 업무 자율성과 업무 권한이 제한적인 편이다. 임금과 복리후생 분야는 다른 직업에 비해 다소 높으며, 근무 시간이 짧고 규칙적이다. 그러나 다른 직업에 비해 정신적, 육체적인 스트레스가 다소 있는 직업이다.

교도관이 하는 일은?

교정시설에서 수용자를 관리·감독하고, 교정·교화하며, 교정행정 전반에 대한 정책방향 설정 및 이를 구체화하기 위한 제도 시행 등의 기획 업무를 한다.

- 교도관은 교도소, 구치소 등에서 수용자를 관리하고 교정·교육한다.
- 사형수의 사형을 집행하며, 수용자의 행실을 시찰·기록한다.
- 수용자가 건전한 정신과 올바른 생활 자세를 가지도록 생활지도와 교화교육, 직업훈련 등을 실시한다.
- 출입구나 교도소 등의 중요 시설을 경비하고 무기, 탄약 및 기타 유해물질의 반입을 감시한다.
- 재소자의 건강관리를 위하여 개인위생, 침구, 의류, 거실 등을 검사한다.
- 재소자의 규율 유지와 탈출·도주·자해행위 등을 예방하기 위해서 출입구 및 교도소 등의 중요시설을 경비한다.
- 범죄를 예방하거나 범죄자를 재활시키기 위하여 청소년 클럽, 지역 공동체 센터 및 유사조직에서 사회, 오락 및 교육활동을 조직·감독한다.

> **Tip** 검찰수사관에 대해 알아볼까요?
>
> 검찰수사관은 검사를 보조하여 피의자를 신문하고, 벌금집행, 수사, 압수수색, 사건수리, 형의 집행 등의 일을 한다. 마약, 방화, 조직폭력, 지식재산권, 보호관찰, 가정폭력, 피해자 지원 등 검사장이 명하는 범죄사건, 고소, 고발, 진정사건 및 이와 관련된 각종 사건 사고를 수사한다. 범죄정보를 수집하고, 공안업무를 지원하기도 하며, 수사를 지휘하고 검찰사무 보고를 한다. 공판, 형 집행 및 보호처분, 가납재판 집행, 수형인명부 작성 및 수형 통지, 판결원본 및 사건기록의 보존과 관리에 관한 사항을 처리한다. 마약범죄를 수사하고, 마약, 향정신성 의약품 및 대마의 유통을 단속하기도 한다.

적성과 흥미는?

교도관은 다루기 힘든 재소자들로부터의 폭행과 습격의 위험에 노출되어 있으므로 철저한 주의력과 상황 대처 능력이 요구된다. 건강한 체력과 사회 정의를 위해 봉사한다는 사명감이 필요하며, 다른 사람을 훈련하거나 치료, 발달시키는 활동에 흥미가 있어야 한다. 교도관은 언어 능력, 자기성찰 능력, 대인관계 능력이 높으면 업무를 수행하는 데 도움이 된다. 사회형과 관습형의 흥미를 가진 사람에게 적합하며, 자기통제 능력, 스트레스 감내, 인내, 리더십 등의 성격을 가진 사람들에게 유리하다.

교도관에 관심이 많다면 평소 다른 사람들에게 특정 사항에 대해 가르치는 역량, 의사소통 능력, 문제를 해결하기 위해 체계적으로 생각하는 역량, 그리고 강인한 신체를 기르기 위해 노력해야 한다. 이를 위해 법과 규정에 대한 지식을 키우고, 법률연구반이나 사회문제탐구반, 태권도반, 또래상담반 등의 활동을 하는 것이 도움이 된다. 또한 폭넓은 분야의 독서활동을 통해 자신의 판단력과 사고력, 이해력, 논리력 등을 키우는 것이 좋다.

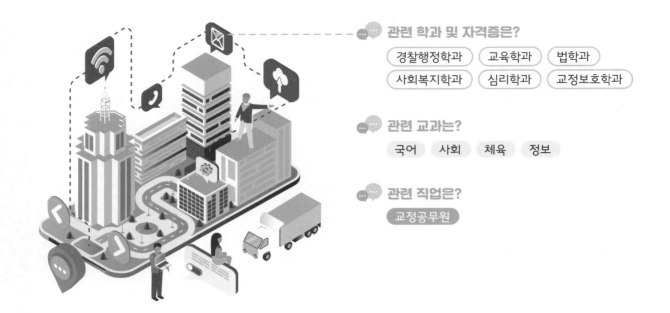

관련 학과 및 자격증은?

경찰행정학과　　교육학과　　법학과

사회복지학과　　심리학과　　교정보호학과

관련 교과는?

국어　　사회　　체육　　정보

관련 직업은?

교정공무원

 진출 방법은?

　교도관이 되기 위해서 학력에는 제한이 없으나 20세 이상이라는 응시연령의 제한이 있다. 교도관은 일반적으로 공무원 채용시험을 통해 선발한다. 필기시험, 체력시험, 면접의 3단계 시험 절차를 합격해야 교도원으로 임용될 수 있다. 원래는 응시자격으로 키와 몸무게 등을 제한하였지만 이는 폐지되었고, 대신 교도관 업무의 특수성을 고려하여 체력 검사를 실시한다.

　필기시험 합격자를 대상으로 하여 20m 왕복 오래달리기, 악력, 윗몸일으키기, 10m 2회 왕복달리기 등 4개 종목을 측정한다. 이 중 한 종목이라도 기준에 미달하면 면접시험에 응시할 수 없다. 필기시험 과목은 7급과 9급에 따라 다르다. 7급 시험 과목은 헌법, 교정학, 형사소송법, 행정법, 영어 또는 한국사 능력시험과 psat 등이며, 9급은 국어, 영어, 한국사, 교정학개론, 형사소송법개론 등이다. 대학에서 교정보호학과, 경찰행정학과, 법학, 행정학, 교육학, 사회학, 심리학 등의 학과를 전공하면 교도관 채용시험(7급, 9급)에 유리할 수 있다.

　또한, 공개채용시험에서는 워드프로세서나 컴퓨터 활용 능력, 그 외 관련 국가기술자격증, 법무사 자격증이 있으면 가산점을 받을 수 있다. 간혹 특별채용하는 경우도 있는데, 이때 응급구조사나 임상심리사 자격이 있으면 도움이 된다.

 미래 전망은?

　당분간 교도관의 고용은 다소 증가할 것으로 전망된다. 사회 구성원이 다양해지고, 개인주의가 팽창함에 따라 범죄가 지속해서 증가할 것으로 예상되어 이를 관리할 수 있는 전문 인력의 필요성도 더욱 높아지고 있다.

　교도관은 신분이 보장되기 때문에 고용이 안정적인 직업 중의 하나로, 전문 지식이 크게 필요하지는 않지만 정해진 규준에 따라 업무를 처리하는 것이 중요하다. 교도관은 교정 업무 이외에도 교화, 직업 훈련, 고충 처리 등의 업무를 담당하고 있어서, 이를 관리할 인력에 대한 수요는 계속 늘어나고 있다. 또한 우리나라의 경우 교도관 한 명이 관리하는 수용자 수가 영국이나 호주 등과 같은 선진국에 비해 너무 많아서, 교도관 수가 절대적으로 부족한 편이다. 이는 향후 교도관의 수요 증대 요인으로 작용할 것으로 전망된다.

　그러나 IT기술의 발전으로 인공지능 로봇 교도관 등의 자동화가 추진되면 교도관의 업무량이 감소하고, 이는 교도관 고용의 감소로 이어질 수 있다. 최근 교도관의 근무 환경 및 처우 개선 등 교도관에 대한 인식이 긍정적으로 변화하면서 취업 경쟁은 상대적으로 치열해질 것으로 전망된다.

CAREER MAP

- 교수 역량 함양
- 의사소통 능력 함양
- 강인한 체력 훈련
- 사회문제탐구, 또래상담, 법연구, 태권도, 체력단련 관련 동아리활동
- 다양한 분야의 독서활동

준비 방법

관련 직업
- 교정공무원

관련 교과
- 국어
- 사회
- 체육
- 정보

교도관

적성과 흥미
- 주의력
- 상황 대처 능력
- 건강한 체력
- 봉사정신
- 사명감
- 언어 능력
- 자기통제 능력
- 대인관계 능력
- 인내심
- 리더십

관련 기관
- 교정본부

관련 학과
- 경찰행정학과
- 교육학과
- 법학과
- 사회복지학과
- 심리학과
- 교정보호학과

사회계열
10

국제회의전문가

국제회의전문가란?

G20 정상회의, 한중일 정상회담, 유네스코 회의 등을 떠올려 보면, 아마 각국의 대표들과 회의에 참여하는 참가자들이 떠오를 것이다. 그러나 그들 뒤에서 완벽한 회의 진행을 위해 애쓰는 사람들이 있다. 그들이 바로 국제회의전문가이다. 최근 우리나라의 MICE 산업이 좋은 평가를 받으면서 국제회의전문가가 유망 직종으로 떠오르고 있다. MICE란 회의(Meeting), 포상 관광(Incentives), 컨벤션(Convention), 이벤트와 전시(Events&Exhibition)의 약자로, MICE 산업은 국제행사를 진행하고 조직하는 산업을 말한다. 국제회의전문가는 이 MICE 산업의 꽃으로 불린다.

국제회의전문가(Professional Convention Organizer)는 국제회의나 전시회 등을 기획·진행하는 일종의 문화관광 산업인 컨벤션 산업의 전문 인력을 일컫는 말이다. 업무가 정기적이거나 지속적이지 않고, 행사가 있을 때 일이 생기기 때문에 다른 직업군에 비해 업무가 유동적인 편이다. 담당하는 행사가 없을 때에는 다른 직원이 진행하는 행사를 돕거나 행사 유치를 위한 제안서를 작성하는 등의 업무를 한다. 행사가 임박할수록 야근이 많고 스트레스가 높은 편이나, 행사가 없을 때는 여유로운 편이다. 연봉은 다른 직업과 비교해 낮은 편이지만 경력을 쌓아 능력을 갖추게 되면 스카우트 제의가 많이 들어오기 때문에 이직이 쉽고, 관련 경력을 쌓는 것이 다른 업종보다 쉽다. 국제회의전문가는 다양한 분야를 경험하고 많은 사람들과 소통할 수 있다는 장점이 있다. 또한 행사를 마친 후 느끼는 성취감과 자부심이 높다.

🔍 국제회의전문가가 하는 일은?

국제회의전문가는 국제회의, 전시회 기획 및 유치·진행 업무뿐만 아니라 회의 목표 설정, 참석자 등록, 조직 위원 및 스태프 구성, 참가자의 항공·숙박 알선, 행정 업무, 투어 프로그램 등을 준비하며, 국제회의를 국내외에 홍보하고, 통역사 등을 섭외한다. 또한 국내외 연사나 초청객들과 발표 및 미팅 자료에 대해 사전 준비 작업을 하고, 홍보를 위해 홍보물과 인쇄물을 디자인 및 제작하며, 온오프라인에서 홍보를 진행한다. 행사 이후에는 예산을 결재하고 정산한 뒤 사후 보고 및 결과물을 정리한다.

- 🔍 국제회의의 기획 및 유치, 준비, 진행 등과 관련된 제반 업무를 조정·운영하며, 회의 목표를 설정하고, 회의 운영과 관련된 예산을 관리하는 등의 업무를 담당한다.
- 🔍 국제회의, 전시회 등의 행사를 기획하고, 이를 주최하기 위해 관련 업체 및 후원자들을 만나 행사의 규모, 형식, 예산 등에 대해 논의한다.
- 🔍 전반적인 기획을 한 후, 참가자 등록 업무, 숙박, 행정, 관광, 전시회 등의 국제회의 관련 준비를 진행한다.
- 🔍 개최할 국제회의를 국내외에 홍보하고, 국제회의의 원활한 진행을 위해 통역사 및 관련 종사자를 섭외한다.
- 🔍 행사 진행에 필요한 지원자들을 채용하여 교육시키고, 지원자들의 활동을 지휘·감독한다.

Tip 국제회의통역사에 대해 알아볼까요?

세계화 시대를 맞아 세계 각국의 관료, 정치인들이 경제 협력이나 환경 문제에 대해 의논하는 일이 잦아졌다. 이때, 각기 다른 언어를 사용하는 사람들이 모여 회의를 한다면 의사소통하는 데 상당한 불편함을 겪을 것이다. 일상에서 사용하는 간단한 문장이라면 번역 어플리케이션을 사용해도 큰 문제가 없겠지만, 중요한 국제회의나 회사 간의 거래에서 번역기를 사용하다가는 자칫 번역 오류로 인해 일을 그르칠 수 있다. 이에 국제회의통역사와 같이 전문적인 지식을 가지고 의사소통을 중재하는 사람이 필요하다. 국제회의통역사는 각국의 연구자, 고위 관리가 모인 국제회의, 세미나, 심포지엄, 포럼 등에서 한 언어를 상대 언어로 바꾸어 전달함으로써 사람들 간의 언어 장벽을 허물어주는 사람이다.

적성과 흥미는?

국제회의전문가가 되기 위해서는 유창한 외국어 능력과 의사소통 능력이 가장 중요하다. 회의 기획과 운영, 이벤트 기획, 관광 마케팅 등의 지식까지 필요하며, 회의 시설과 호텔, 관광 자원에 관한 해박한 지식이 있어야 한다. 그리고 프레젠테이션과 보고서 작성, 인터넷 검색을 위한 컴퓨터 활용 능력도 필요하다. 때로는 즉흥적으로 동시통역자로 나서야 할 때도 있고, 회의가 임박하면 며칠 밤을 새우며 준비해야 하는 경우도 많아 강인한 체력이 필요하다. 그리고 다양한 사람을 접하는 일이므로 대인관계 능력과 사람들과의 친화력, 호감 있는 성품도 중요하다. 하나의 일을 시작하면 끝까지 책임지는 책임감과 열정, 근성, 성실성이 필요하고, 원활한 회의 운영을 위한 기획력, 조직력 및 실행력이 필요하다. 회의 진행 시 스태프들을 관리·통솔할 수 있는 리더십과 여러 가지 돌발 상황에 유연히 대처할 수 있는 위기관리 능력도 있어야 한다. 국제사회의 역사와 현 국제 상황에 대한 지식이 있어야 하고, 각국 대표의 이해관계 및 요구 사항을 조화롭고 융통성 있게 조율할 수 있는 능력이 중요하다.

💬 **관련 학과 및 자격증은?**

국제관계학과　국제경영학과　정치학과

국제비즈니스학과　국제학과　외교학과

글로벌비즈니스학과　경영학과　회계학과

관광경영학과　사회학과　정치외교학과

경제학과　신문방송학과　글로벌문학부

🛠 컨벤션기획사 1·2급

💬 **관련 교과는?**

국어　영어　사회

💬 **관련 직업은?**

국제회의기획진행자　회의기획자　외교관

통역사　국제개발협력전문가

🌐 진출 방법은?

국제회의전문가는 외국 기관과의 소통이 많은 직업으로, 기본적으로 외국어 능력과 실무 능력이 중요하기 때문에 취업 시 국제회의 기획업체에서의 인턴이나 기업의 국제행사 관련 부서에서의 근무 경험이 유리할 수 있다. 이러한 경력과 능력을 갖추면 국제회의 기획업체나 컨벤션 센터, 정부, 지방 자치단체의 컨벤션 관련 부서 등에 취직하여 국제회의전문가로 활동할 수 있다.

국제회의전문가는 주로 국제회의, 전시회, 포럼, 컨퍼런스 등 각종 국제 행사 관련 업무를 주최 측으로부터 위임받아 대행하는 국제회의 기획업체에 소속되어 활동한다. 보통 국제회의 기획업체의 신입사원 채용 시 학력 조건은 대학 졸업 이상이며, 전공 제한은 따로 없다. 신입사원 채용 시 자사 홈페이지를 통해 모집 공고를 내고, 서류 심사 → 면접 → 최종 결정 등의 절차를 통해 최종 합격자를 선발한다. 이때 영어 능통자, 관련 교육 기관 졸업자, 관련 자격증 소지자, 인턴십 경험자 등을 우대하는 업체들이 많다. 하지만 국제회의전문가가 되는 데 교육과정 이수나 자격증이 반드시 필요한 것은 아니며, 무엇보다 실무 경험이 가장 중요하다. 특히 G20 정상회담, 정부혁신세계포럼, APEC CEO Summit 등 정부나 지방자치단체에서 주관하는 행사 때마다 진행 요원(또는 자원봉사 요원)을 임시로 채용하고 있는데, 이런 경험이 단기적이더라도 취업 시 하나의 경력으로 인정받을 수 있다.

⚙ 미래 전망은?

국제회의전문가를 포함한 행사기획자의 임금은 평균보다 높은 수준이고, 복리후생은 평균보다 낮은 편이다. 또한 근무 시간이 길고 불규칙하며, 근무 환경도 평균에 비해 다소 열악하다. 정신적·육체적 스트레스도 꽤 심한 편이다. 하지만 업무의 자율성이나 권한의 수준이 높은 편이며, 사회에 기여한다는 자부심도 높다. 최근 우리나라의 MICE 산업에 대한 인식 변화와 수요 증가로 인해 성장 가능성이 있으며, 선진 국가들에 비해 업계 규모가 크지 않기 때문에 더 성장할 가능성이 있다. 또한 일반 기업이나 기관 등에서도 국제회의전문가를 배치하는 경우가 증가하고 있어 앞으로 다양한 분야에서 국제회의전문가가 필요할 것으로 전망된다.

CAREER MAP

- 국어, 영어, 사회 교과 역량 강화
- 국제 정세와 세계사 관련 지식 함양
- 외국어 능력, 컴퓨터 활용 능력 함양
- 독서, 공연, 영화 등 인문학적 소양 함양
- 컨벤션, 전시회 관련 기관 및 학과 탐방
- 국제회의 관련 직업체험활동

준비 방법

- 회의기획자
- 국제회의기획진행자
- 외교관
- 통역사
- 국제개발협력전문가

관련 직업

- 컨벤션기획사 1·2급

관련 자격

국제회의 전문가

관련 교과

- 국어
- 영어
- 사회

- 외국어 능력
- 친화력
- 리더십
- 창의력
- 대인관계 능력
- 의사소통 능력
- 문제해결 능력
- 컴퓨터 활용 능력
- 위기관리 능력

적성과 흥미

관련 기관

관련 학과

- 한국관광공사
- 한국전시산업진흥회
- 한국MICE협회
- 한국PCO협회

- 경영학과
- 관광경영학과
- 국제관계학과
- 컨벤션산업과
- 관광컨벤션학과
- 컨벤션경영학과
- 국제경영학과
- 정치학과
- 국제비즈니스학과

군인

군인이란?

직업군인은 지휘관으로서 일반 병사를 지휘·통솔하거나 혹은 참모로서 지휘관을 보좌해 정보, 작전, 인사, 군수 등 전문 업무를 수행하는 군인을 말하며, 국민 병역 의무에 따라 징집되는 일반 사병과는 엄연히 다르다. 직업군인은 크게 장교와 부사관으로 나누어지고, 장교는 일선 부대에서 지휘관으로서 병사들을 지휘·통솔하거나 참모로서 전술 연구 등을 수행한다. 부사관은 장교와 병사를 이어주는 역할을 하며, 구체적으로 병사들에 대한 교육과 훈련, 물자 관리, 안전 지도 등을 수행한다.

군인이 하는 일은 부대에서 맡은 역할에 따라 달라지는데, 군인들의 식사를 책임지는 취사병, 우리나라 경계와 부대 주변을 감시하는 경계병, 건물 공사를 책임지는 공병, 화학전을 전문적으로 대비하는 화학병, 군인들의 훈련을 책임지는 조교 등이 있다.

군인이 하는 일은 또 육군, 해군, 공군에 따라 달라진다. 일반 군인 외에도 장교 계급의 군인들은 위관 장교인 소위, 중위, 대위와 영관 장교인 소령, 중령, 대령 그리고 장성 장교인 준장, 소장, 중장, 대장이라는 계급에 따라 일반 군인들과 부하 장교들을 책임지는 일을 하게 된다.

🔍 군인이 하는 일은?

군인이 하는 대표적인 일은 국가에 전투, 전쟁이 일어났을 때 앞장서서 나라와 국민을 지키는 것이다. 이 외에도 군인은 지역 주민들이 홍수, 가뭄 등의 자연재해로 인해 피해를 입었을 경우, 피해 복구 작업을 통해 주민들의 삶이 빠르게 회복될 수 있도록 돕는다.

- 🔍 직업군인은 외부의 모든 군사적 위협으로부터 국가를 보위하고, 전쟁을 억제하며, 군사적 긴장을 완화시켜 평화와 안정을 이룩하는 일이 가장 큰 임무이다.

- 🔍 직업군인은 크게 지휘관과 참모, 분야별 전문가로 구성되는데, 지휘관은 일반 병사를 관리·지휘·통솔하는 임무를 담당하고, 참모는 지휘관을 보좌하여 정보·작전·인사·군수 등의 전문 업무를 수행한다.

- 🔍 한국의 직업군인은 남북한 간의 군사 분계선 감시 및 관리, 해안선 및 국가 중요 시설에 대한 경계를 수행하며, 비무장지대와 해안, 내륙 지역의 적 예상 은신처 등에 대한 수색 정찰을 한다.

- 🔍 국가기간산업의 보호, 환경보호활동 지원, 지역개발 지원, 구난·구조, 테러 방지활동, 마약밀수 방지활동, 분쟁 지역에 대한 평화유지활동, 해양 수송로의 보호 등을 담당한다.

> **Tip** 장교와 부사관의 차이에 대해 알아볼까요?
>
> 직업군인은 장교와 부사관으로 나눌 수 있는데, 장교는 소위 이상의 계급을 부여받은 군인으로서 부대를 지휘하는 계층이다. 영어로는 'Commssioned Officer'라고 하며, 임명된 관리 또는 장교를 뜻한다. 반면 우리나라에서 부사관은 병사와 장교의 중간 단계로 간부에 속한다. 하지만 영문 명칭으로는 'Non-Commisioned Officer'라고 하여 임명받지 못한 관리 또는 장교를 뜻한다. 해군부사관은 영문 명칭이 다른데, 'Petty Officer'로 하급 장교라고 부른다.

적성과 흥미는?

군인은 국가를 지키는 다양한 훈련을 소화해야 하므로 다양한 상황들을 신속하고 정확하게 파악할 수 있는 순발력과 민첩성, 상황 판단 능력이 필요하다. 또한 무기를 다루는 등 늘 위험한 상황에 노출되어 있어 예상치 못한 상황에서도 당황하지 않는 냉철한 판단력과 침착한 태도를 지녀야 한다. 군인은 군사적으로 필요한 각종 훈련을 받아야 하므로 이를 견딜 수 있는 강한 체력과 정신력이 필요하다. 또한 통제된 생활을 이겨낼 수 있는 절도 있는 생활 자세와 인내심, 올바른 국가관, 안보관과 동료들과 원만한 관계를 유지할 수 있는 대인관계 능력이 필요하다. 평소 사소한 부분에도 꼼꼼하고 주의 깊으며, 맡은 일을 끝까지 책임지는 책임감을 가진 사람에게 적합하다. 장교의 경우, 다른 사람에게 자신의 의견을 제시하거나 앞으로 나아갈 방향을 설정하는 등 앞장서서 다른 사람을 이끌 수 있는 리더십과 여러 가지 군사적인 상황과 다양한 작전을 수행하기 위한 분석력이 필요하다. 군인에 관심이 있다면 체력 향상을 위해 꾸준히 노력해야 하고, 리더십을 성장시킬 수 있는 여러 가지 프로그램에 참여할 것을 권장한다.

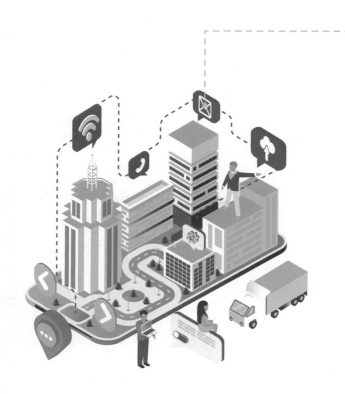

 관련 학과 및 자격증은?

(군사학과)　(군사행정학과)　(군사안보학과)

(군사관학과)　(해병대군사학과)　(해군학전공)

(컴퓨터·정보통신군사학과)　(군정보사관학과)

(해양군사학부)　(해사수송과학부)　(육군학전공)

(해사글로벌학부)　(해군사관학부)

 응급처치사　　　　　　　　⚙ TOEIC

⚙ 각종 무도단증　　　　　　⚙ 인터넷정보검색사

⚙ 컴퓨터 활용 능력　　　　　⚙ 워드프로세서

⚙ 군 특기 병과와 관련된 자격증

 관련 교과는?

(국어)　(사회)　(체육)

 관련 직업은?

(부사관)　(장교)

🌐 진출 방법은?

부사관은 고등학교 졸업 이상의 학력으로 일정 체력과 필기시험을 거쳐 들어가게 된다. 특정 훈련을 받은 후 하사로 임관되며, 중사, 상사, 원사를 거쳐 심사를 통해 준위로 승진할 수 있다.

장교가 되려면 고졸 이상 학력자의 경우, 육·해·공군별 사관학교나 일반 대학의 학군사관(ROTC) 또는 학사사관을 거쳐야 선발·임관되며, 전문대학 졸업 이상의 학력자는 제3사관학교나 간부사관에 지원할 수 있다.

또 법무, 군의, 치의, 간호 등 특수사관은 관련 자격증 소지자에 한해 지원할 수 있다. 여군 장교가 되려면 육·해·공군사관 학교, 학사사관, 간부사관 후보 과정을 거치거나 간호사관학교를 거쳐야 임관할 수 있다.

⚙ 미래 전망은?

정부 차원의 국방 개혁으로 병력의 양적 성장보다는 질적 관리에 개혁의 초점을 두고 있어 단계적으로 병력 규모를 조정할 것으로 예상된다. 업무에 있어서도 단순히 육체적이고 보편적인 업무보다는 전문적이고 특수화된 전략적인 업무를 중심으로 군 병력을 유지할 것으로 전망된다. 또한 해군 및 공군의 증가와 육군의 생태 유지를 통해 3군의 전력을 균형 있게 맞추고, 군 현대화 계획에 따라 항공기, 잠수함 등을 전문적으로 운영할 수 있는 특수 인력을 양성할 것으로 예상된다. 국가적 차원에서는 장기적으로 첨단무기 개발 및 정보통신 분야의 집중적인 투자를 통해 국방 능력을 강화할 계획이 있기 때문에 특화된 기술을 가진 직업군인을 꾸준히 양성할 것으로 전망된다.

CAREER MAP

- 체력, 정신력 강화를 위한 체육활동
- 리더십 강화를 위한 교내 봉사 및 동아리활동
- 올바른 안보관, 대인관계 능력 함양
- 사관학교 및 군사학과 주관 학과 탐방
- 군인 관련 직업체험활동

TOEIC
- TOEIC
- 응급처치사
- 각종 무도단증
- 인터넷정보검색사
- 컴퓨터 활용 능력
- 워드프로세스

준비 방법

관련 자격

장교
- 장교
- 부사관

관련 직업

군인

관련 교과

- 국어
- 사회
- 체육

적성과 흥미

관련 학과

- 건강한 체력
- 강한 정신력
- 올바른 국가관 및 안보관
- 대인관계 능력
- 책임의식
- 분석력
- 통찰력

관련 기관

- 국방부
- 육군사관학교
- 공군사관학교
- 해군사관학교

- 군사학과
- 군정보사관학과
- 군사행정학과
- 군사안보학과
- 해양군사학부
- 육군학전공
- 해군학전공
- 컴퓨터·정보통신 군사학과

사회계열
12

기자

기자란?

기자는 우리 주변에서 일어나는 각종 사건과 사고, 정치·경제 소식, 생활 정보 등을 신문, 잡지, 라디오, TV, 인터넷을 통해 일반인에게 신속하게 알려주는 역할을 한다. 일반적인 여행지 추천이나 각종 시상식의 소식을 전하는 것처럼 기자는 어떤 일이 일어나고 있는지를 관찰하는 관찰자일 뿐만 아니라, 인터뷰를 통해 더 많은 정보를 얻어 전하는 사람이다. 기자는 빠르고 정확한 뉴스를 내보내기 위해 매일 긴박하게 다녀야 하고, 중요한 기사를 신문 1면에 싣거나 마감 시간을 맞추느라 긴 시간을 일해야 할 때도 있다. 그러나 덕분에 우리는 세상에서 일어나는 중요하고 흥미로운 것들에 대해 알게 되고 새로운 시각을 가지게 된다.

기자는 활동 매체에 따라 방송기자, 신문기자, 잡지기자 등으로 분류되고, 담당 업무에 따라 취재기자, 편집기자, 사진기자 등으로 구분된다. 취재 분야에 따라 스포츠, 연예, 의학 전문기자로 나누기도 한다. 방송기자와 신문기자는 정치부, 사회부, 문화부, 경제부, 국제부, 체육부 등에 소속되어 해당 사건·사고, 뉴스 등을 취재하고, 관련 인물을 인터뷰하여 기사화한다. 독자 제보를 받거나 경찰서, 각 정부부처 등에 출입하면서 해당 기관과 관련한 뉴스, 인물 등을 취재하고, 기사화될 만한 것을 직접 찾아내 심층 취재를 하기도 하며, 기자 회견에 참여할 때도 있다. 신문사의 편집기자는 여러 명의 기자가 취재해 온 내용을 살핀 후 기사의 중요도에 따라 기사, 사진, 관련 자료 등의 지면 할당 및 배치를 하고, 기사 내용을 다듬는 작업을 한다. 또한 사건·사고 현장, 인물 등을 시각적으로 촬영하여 기사의 현장감과 신뢰성을 높이는 카메라기자와 사진기자가 있다.

🔍 기자가 하는 일은?

기자는 우리 주변에서 일어나는 각종 사건 및 사고, 스포츠, 정치, 문화, 생활 정보, 그리고 세계 각국에서 일어나는 일 등을 기사화하여 방송, 신문, 인터넷 등의 매체를 통해 신속하게 제공한다.

- 🔍 취재한 내용을 바탕으로 기사를 작성하고, 특정 사건에 관한 보고서를 작성한다.
- 🔍 핵심 내용을 파악하여 가장 중요한 정보에 해당되는 내용을 중심으로 제목과 소제목을 뽑는다.
- 🔍 원고를 교정하고 전반적인 편집 방향을 결정한다.
- 🔍 국민의 관심을 불러일으킬 수 있는 사건 및 사고 현장을 찾아 관련된 사항을 취재한다.
- 🔍 수집한 정보를 토대로 주요 내용을 분석·정리하여 편집 형태와 기준에 따라 기사를 작성한다.
- 🔍 편집(보도)국장과 상의하여 사건의 중요도에 따라 기사를 배치한다.
- 🔍 정치, 경제, 사회 등 여러 분야의 현상을 분석·논평한다.

> **Tip 언론인에 대해 알아볼까요?**
>
> 언론(言論)은 말을 하고 글을 쓴다는 뜻으로, 언론인은 언론기관에서 언론이라는 일에 종사하는 사람을 말하며 언론기관으로는 신문사와 방송사가 있다. 즉, 신문, 잡지, 방송국에서 말을 하고 글을 쓰는 사람을 언론인이라고 하고, 아나운서, 기자들이 해당된다. 현대에서 언론의 본래 목적은 대중들에게 다양한 소식과 정보를 정확하고 빠르게 전달하는 것이다.

적성과 흥미는?

기자는 독자가 이해하기 쉽고, 정확한 내용을 전달할 수 있도록 하는 글쓰기 능력이 필요하다. 따라서 논술반, 신문반 등의 동아리활동을 통해 글쓰기 능력을 기르는 것이 중요하다. 기자의 업무 분야로는 정치, 경제, 사회, 스포츠 등 다양한 분야가 있다. 자신의 업무 분야에 대한 전문적 지식은 물론 인접한 영역의 지식을 통합하여 바라보는 노력이 필요하다. 또한 사회 현상을 냉철하게 바라보는 시각과 객관적으로 분석할 수 있는 분석력이 요구된다. 급변하는 시대 속에서 정확한 정보를 모을 수 있는 정보 수집 능력과 다양한 분야의 신문이나 책을 통해 세상이 어떻게 돌아가고 있는지 파악할 수 있는 통찰력을 갖추어야 한다.

그 외에도 사회, 철학 문제에 대해 다양한 계층의 사람들과 효과적으로 의견을 교환할 수 있는 능력과 적극적인 사고방식, 정의감, 공정성 등이 요구된다. 무엇보다 출퇴근 시간이 일정하지 않고, 사건·사고가 나면 현장으로 바로 취재를 가야 하는 등 불규칙한 생활을 하므로 건강한 체력이 뒷받침되어야 한다.

관련 학과 및 자격증은?

정치외교학과　사회학과　신문방송학과

언론홍보학과　경제학과　국어국문학과

문예창작학과　행정학과

TOEIC　　TOEFL　　IELTS

TEPS　　속기사　　정책분석평가사

사회조사분석사

관련 교과는?

국어　영어　사회

관련 직업은?

방송기자　신문기자　잡지기자　촬영기자

편집기자　비디오저널리스트　출판물편집장

진출 방법은?

기자는 KBS, MBC, SBS 등 지상파 방송사를 비롯해 종합 유선 방송, 지역 민영 방송 등의 방송국과 일간지, 지역신문사, 잡지사, 인터넷 언론사 등에서 활동한다. 각 언론사에서 실시하는 시험은 흔히 '언론고시'라 불릴 정도로 어렵다고 알려져 있으며, 기자의 경우 대규모 채용이 많지 않아 경쟁률도 치열한 편이다. 일반적으로 '서류-필기시험-면접' 등의 절차를 거치나, 정해진 채용 전형 방식이 없어 각 언론사의 채용 전형을 확인해야 한다. 논술, 상식 등을 평가하고, 시사 문제와 관련한 특정 주제를 주고 발표하게 하거나 기사 작성을 하도록 하는 곳도 있다. 방송기자는 카메라 테스트도 받아야 한다. 영어 능력도 중시하는 편이니 공인 영어 점수를 높이는 데 힘써야 한다.

기자의 전공은 다양하지만, 신문기자나 방송기자 중에는 대학교의 신문방송학과, 정치학과, 사회학과 등 인문·사회계열 전공자가 많은 편이다. 이는 기자에게 필요한 비판적 시각, 논리적 글쓰기 능력을 배울 수 있기 때문이다. 채용 시 전공, 학력, 연령에 제한을 두지 않는 곳도 늘고 있지만, 주요 언론사의 경우 4년제 대학교 졸업 이상으로 학력을 제한하기도 한다. 일부 신문사에서는 인턴 과정, 대학생기자 등의 경험이 있는 사람을 우대하기도 하므로 학교신문사나 방송사에서 대학생 인턴 기자 등으로 기자 생활을 체험해보는 것이 좋다.

미래 전망은?

전체적으로 기자 분야의 전망은 밝지만, 세부적으로는 약간의 차이가 있다. 방송사와 채널이 계속 늘어나고 있고, 미디어법 개정으로 신문, 방송 간 경계가 허물어져 인터넷과 IPTV 등 새로운 매체의 다양한 분야에서 일할 수 있는 기회가 많아지면서 방송기자의 활동 무대가 지상파 방송에서 종합 유선 방송 및 방송 채널 사용 사업 부문으로 이동할 것으로 예상된다.

이러한 이유로 방송기자와 인터넷기자의 고용은 증가할 것으로 보이나, 신문이나 잡지기자는 현 상태에 비해 그 숫자가 크게 늘어나지는 않을 것으로 예상된다. 일반적으로 방송 관련 직업에 대한 선호도가 높은 편이고, 방송이나 주요 언론사의 채용시험은 준비 기간이 오래 걸리며, 입사하기 위한 경쟁 또한 매우 치열하다.

CAREER MAP

- 글쓰기 능력 함양
- 논술, 신문, 방송 관련 동아리활동
- 언론 관련 학과 탐방
- 청소년 기자단 체험활동

- TEPS
- TOEIC
- TOEFL
- IELTS
- 속기사
- 정책분석평가사
- 사회조사분석사

- 취재기자
- 방송기자
- 신문기자
- 편집기자
- 잡지기자
- 비디오저널리스트

준비방법

관련직업

관련자격

기자

관련교과

- 국어
- 영어
- 사회

적성과흥미

관련기관

관련학과

- 글쓰기 능력
- 분석력
- 통찰력
- 정의감
- 공정성
- 정보 수집 능력
- 비판적 사고 능력
- 문제해결 능력
- 의사소통 능력

- 한국기자협회
- 한국산업인력공단
- 한국신문협회
- 한국언론진흥재단
- 한국인터넷기자협회
- 한국편집기자협회

- 행정학과
- 언론홍보학과
- 신문방송학과
- 국어국문학과
- 국제지역학과
- 국제학과
- 문예창작학과
- 사회학과
- 정치외교학과
- 경제학과

노무사

노무사란?

노무사는 국가에서 공인하는 유일한 노동 법률 전문가로 노동시장의 갈등을 조정하는 일을 한다. 고용노동부, 노동위원회, 근로복지공단 등을 상대로 노동자의 권리구제를 대행하고, 기업을 위해 각종 인사노무관리 상담이나 지도, 작업장 혁신 컨설팅 업무를 한다. 노사 양측의 의뢰를 받아 노무관리를 진단하거나 분쟁을 합리적으로 조정·중재하는 일도 주요한 업무 영역이다.

노무사의 노동 법률 전문가로서의 진면목은 부당해고 구제신청 등 행정 심판에서 확연히 드러난다. 변호사는 주로 서면으로 법정 공방을 진행하지만, 노동위원회에서 사용자와 노동자의 대리인으로서 만나는 노무사는 사전 서면 작업은 물론, 심문회의에서 직접 구두 변론을 펼쳐야 한다. 이 경우에는 순간의 판단과 언변에 의해 심판 결과가 달라지기에 항상 긴장감을 지니고 있어야 한다.

노무사는 노동과 법 등에 대한 어느 정도의 전문 지식이 요구되는 직업으로, 일자리의 성장 속도는 빠르나 취업 경쟁이 심한 편이다. 임금과 복리후생은 평균에 비해 높으며, 고용이 안정적인 직업에 속한다. 근무 시간이 다소 길지만 규칙적이며 근무 환경도 쾌적하여 육체적인 스트레스는 거의 없으나, 정신적인 스트레스는 매우 높은 것으로 나타났다.

🔍 노무사가 하는 일은?

노동관계 분야 전반에 대한 사항을 분석하여 합리적인 개선방안을 제시하며, 근로자의 법률문제를 상담한다.

- 🔍 노무사는 부당해고나 산재신청, 임금체불 등에 관한 노동사건을 대리하는 업무를 담당한다.
- 🔍 사업주나 노동조합의 의뢰로 노사분쟁 예방과 해결을 위해 노사문제에 대한 상담과 자문을 하고, 노사분쟁을 조정·중재한다.
- 🔍 기업·노조에 노동관계법령, 인사제도, 노무관리에 대한 법률정책을 자문한다.
- 🔍 합리적이고 효과적인 인사관리를 위해 HR 컨설팅을 실시한다.
- 🔍 기업과 근로자의 안정적인 노사관계를 유지하기 위한 노사컨설팅을 실시하고, 단체협약을 분석하는 등 단체교섭을 대리한다.
- 🔍 기업의 근로자 채용과 모집, 외국인 근로자 관리와 같은 고용 컨설팅을 수행한다.
- 🔍 기업조직 및 개인의 역량강화를 위한 교육업무를 담당한다.
- 🔍 고용노동부에서 기업에 주는 각종 지원금 신청에 관한 컨설팅을 담당한다.

Tip 사회보험노무사에 대해 알아볼까요?

사회보험노무사는 일본에서 각광받는 직업으로, 기업(특히 중소기업)의 고용보험, 건강보험, 후생연금, 보험 등 사회보험 전반에 관계된 서류작성이나 제출을 대행하는 일을 한다. 기존의 노무사가 노무관리만 한다면 사회보험노무사는 국민연금, 건강보험, 고용보험, 산재보험 등과 같은 사회보험 전반에 관계된 서류를 작성하고 제출하는 일을 한다. 일본의 사회보험노무사와 유사한 역할을 하는 국내 자격증으로는 민간자격증인 '사회보험관리사'가 있다.

적성과 흥미는?

노무사는 기업체(경영진)와 근로자 간의 분쟁이나 갈등을 예방하거나 조정하기 위해 협상 능력 및 설득 능력이 필요하며 노사관계 제반에 대해 업무대리를 의뢰할 수 있는 신뢰성, 윤리 의식도 요구된다. 또한 문제의 원인과 현상을 정확히 파악하고 개선방향을 제시할 수 있어야 하므로 문제해결 능력과 분석적 사고 능력도 요구된다. 갈등 중인 당사자들을 상대하고 민감한 상황에 대처하기 위한 노련한 대인관계 능력과 상담 능력도 갖추는 것이 좋다. 사회형과 관습형의 흥미를 지닌 사람들에게 적합하며 활동적이고 적극적인 성격을 지닌 사람들에게 유리하다.

노무사에 관심이 많다면 평소 문제의 본질을 파악하여 해결 방법을 찾고 실행하는 문제해결 능력, 어떤 현상을 논리적으로 분석할 수 있는 역량을 키우기 위해 노력해야 한다. 또한 법과 규정에 대한 지식을 키우고, 국어, 영어, 사회, 법과 경제 등의 교과에 대해 흥미를 가지고 실력을 쌓는 것이 도움이 된다. 이를 위해 평소 사회(정치와 법, 사회·문화), 국어 등의 교과에 대한 노력이 필요하고, 경영, 경제, 행정, 법률 관련 문제에 관심을 가지고 조사나 연구 등의 창조적인 활동을 하면 도움이 된다. 법률연구반이나 사회문제탐구반, 신문반, 논술반에서 적극적으로 활동하는 것을 추천한다. 또한 폭넓은 분야의 독서활동을 통해 자신의 사고 능력과 문제해결 능력, 글쓰기 능력 등을 키우는 것이 좋다.

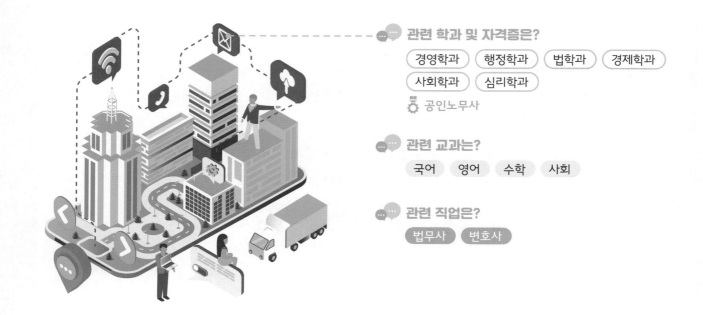

관련 학과 및 자격증은?

경영학과   행정학과   법학과   경제학과

사회학과   심리학과

공인노무사

관련 교과는?

국어   영어   수학   사회

관련 직업은?

법무사   변호사

진출 방법은?

노무사가 되기 위해서는 고용노동부에서 발급하는 국가전문자격인 공인노무사 자격시험에 합격해야 한다. 시험 응시자격에 별도의 제한은 없으나 대학에서 법학, 경영학, 경제학, 노사관계 등을 전공하면 유리한 편이다. 법률에 근거하여 문제를 판단하고 처리해야 하므로 평상시 노동관계법령에 대한 지식을 쌓아 두는 것도 필요하다. 공인노무사 자격시험은 1차 노동법, 민법, 사회보험법 등 6과목에 대한 객관식, 2차 노동법, 인사 노무관리론, 행정소송법 등 4과목에 대한 논문 서술식, 그리고 3차 시험에서는 면접을 통해 국가관/사명감, 전문지식과 응용 능력, 예의/품행 및 성실성, 의사 발표의 정확성과 논리성 등을 평가한다.

노무사 자격 취득 이후 6개월간의 실무 수습을 수료하고 고용노동부에 등록한 후 공인노무사로 활동할 수 있다. 노무사 합격자가 기업이나 공공기관 등에 취업하지 않는 한 대다수는 노무법인이나 개인사무소에서 일을 하게 된다. 수습 활동을 한 사무실이나 법인에서 바로 채용되는 경우도 있지만, 이를 제외하면 스스로 노무법인 구인광고를 확인하여 지원하여야 한다.

각 법인의 채용 조건이 까다롭지는 않으나 자신의 성향이나 원하는 진로의 방향과 일치하는지 살펴본 후 지원을 결정하는 것이 좋다.

미래 전망은?

당분간 노무사의 고용은 다소 증가할 것으로 전망된다. 각 기업과 공공기관에서는 인적 자원의 효율적 운영을 위해 노무 분야의 전문가 채용을 증가할 가능성이 있다. 노무사의 역할이 기존에는 노동 관련 법규위반 여부 등 법률적 분야의 컨설팅 위주였다면 최근에는 인사 노무와 관련하여 체계적이고 총체적인 시스템을 구축하거나 임금 체계, 직급 체계, 경력개발 및 퇴직프로그램 제공 등 보다 세분화된 분야를 아우르는 것으로 컨설팅 영역이 확장되는 추세이다.

또한 권익을 찾기 위한 근로자들의 인식이 높아져서 차별이나 부당해고, 경력개발, 각종 지원금 수혜 등의 문제해결을 위해 전문가의 도움을 받는 사례도 늘어나고 있으며, 비용 절감을 위해 법률, 세무, 노무 등을 하나의 법인을 통해 토탈서비스를 받고자 하는 기업들도 늘어날 것으로 예상된다. 따라서 노무사들도 개인사무소를 단독 개업하기보다 협업 체계 강화를 위해 변호사, 세무사 등과 함께 법인을 꾸려나갈 가능성이 커지고 있는 실정이다.

최근 기업의 인사부서나 노무관리팀에 지원할 경우 공인노무사 자격증이 있으면 가산점을 주는 등 취업에 직접적으로 도움이 된다는 인식이 높아지면서 시험 응시자가 늘어나고 있어 취업난이 더욱 치열해질 것으로 예상된다. 또한 외국계 기업의 국내 진출이 확산되고 있는 상황에서, 외국 기업의 문화와 국내 노동법 간의 차이를 해결할 수 있는 글로벌 감각과 외국어 능력을 갖춘 노무사의 경쟁력은 더욱 높아질 전망이다.

CAREER MAP

- 분석적 사고 능력 함양
- 의사소통 능력 함양
- 관련 주제탐구활동
- 법, 사회문제, 논술, 토론, 학생자치 관련 동아리활동
- 다양한 분야의 독서활동

관련 직업
- 법무사
- 변호사

관련 교과
- 국어
- 영어
- 수학
- 사회

준비 방법

노무사

관련 학과
- 경영학과
- 경제학과
- 법학과
- 사회학과
- 심리학과
- 행정학과

적성과 흥미
- 의사소통 능력
- 분석적 사고 능력
- 윤리 의식
- 꼼꼼함과 세심함
- 대인관계 능력
- 문제해결 능력
- 상담 능력
- 적극적 태도

관련 기관
- 한국공인노무사회

관련 자격
- 공인노무사

마케팅전문가

마케팅전문가란?

마케팅이란 한 기업이 자사의 상품 또는 서비스를 소비자에게 유통하는 데 관련된 모든 체계적 경영활동을 이르는 말이다. 즉 기업의 목표를 만족시키기 위한 아이디어나 상품 및 용역의 개념을 정립하고 가격을 결정하며 유통 및 프로모션을 계획하고 실행하는 전 과정을 마케팅이라 한다.

각 기업들이 세계적인 경기 침체와 무한 경쟁의 시대에서 살아남기 위해서는 새로운 구매자를 확보하고, 기존의 고객을 유지하기 위한 수단으로써 마케팅의 역할을 공고히 하는 것이 더욱 중요해지고 있다.

마케팅 전문가는 마케팅과 소비자 행동 등에 대한 전문지식을 갖추어야 한다. 따라서 자신의 지식을 활용하여 특정 상품의 시장성과 소비자 취향, 잠재 구매 고객 등에 대해 조사하고, 효율적인 판매 전략을 계획하여 실행하는 전문가라 할 수 있다. 마케팅전문가에게 필요한 핵심 역량은 상품이나 서비스를 소비자에게 설명할 수 있는 언어 능력, 시장조사나 자료 분석을 위한 통계를 다룰 수 있는 수리 논리력 등이라고 할 수 있다.

마케팅 전문가는 마케팅에 대한 지식과 더불어 실무 경험이 요구되는 직업으로, 혁신적이고 창의적인 사고방식이 요구된다. 다른 직업에 비해서 임금과 복리후생 수준은 높은 편이나 근무 시간이 길고 불규칙하여 정신적인 스트레스 지수가 높은 직업 중의 하나이다.

🔍 마케팅전문가가 하는 일은?

특정 상품 및 서비스에 대한 현재의 판매 수준, 소비자의 취향을 조사·분석하여 효율적인 판매 전략을 수립하고 계획하며 실행한다.

🔍 사업체의 경영전략, 특징 또는 시장, 비용 등의 지식에 기초하여 마케팅 전략에 대해 자문한다.

🔍 사업의 진전을 분석하고 시장 경향을 모니터하여 제품에 대한 시장의 호가를 판단한다.

🔍 특정 상품 및 서비스에 대한 현재의 판매 수준, 소비자의 취향을 조사·분석하여 효율적인 판매 전략을 수립·자문한다.

🔍 회사 및 경쟁사가 제공하는 제품 및 서비스의 수요를 결정하고 잠재적인 고객을 확인한다.

🔍 소비자의 수요 예측과 소비자 행동 분석을 통하여 광고전문가와 광고 전략을 협의한다.

Tip 국제의료마케팅전문가에 대해 알아볼까요?

국제의료마케팅전문가는 병원국제마케터, 해외환자유치전문가 등 다양한 이름으로 불리고 있다. 외국인 환자를 국내에 유치하기 위해 국내 병원의 의료 콘텐츠를 기획하고, 이를 잘 홍보해서 외국인 환자들이 국내 병원을 이용할 수 있도록 하는 일을 담당한다. 또한 외국인 환자에게 해당하는 보험료 및 진료비를 산정하고, 의료사고와 분쟁 등이 발생했을 때 조정하는 일도 한다.

적성과 흥미는?

마케팅전문가는 책임감, 혁신, 적응성, 융통성, 분석적 사고 등의 성격을 가진 사람들에게 유리하다. 항상 새로운 마케팅 전략을 설계해야 하기 때문에 창의적인 사고 능력과, 시장을 분석한 내용을 바탕으로 미래 수요 및 소비자의 행동을 예측할 수 있는 통찰력과 판단력이 필요하다. 또한 마케팅 전략 보고서나 기획안을 작성하고, 이를 상사나 의뢰자에게 설득할 수 있는 논리적인 설득력, 언어 능력이 요구된다. 마케팅전문가가 하는 일은 여러 명이 팀을 꾸려 업무를 진행하는 경우가 많기 때문에 타인을 배려할 수 있는 성품과 원만한 대인관계를 유지할 수 있는 능력을 갖추어야 한다. 마케팅전문가는 진취형과 사회형의 흥미를 지닌 사람들에게 적합하며 마케팅과 관련된 분야의 업무를 수행하는 것이니만큼 경영이나 통계에 대한 지식은 물론이고 신문방송학이나 심리학, 사회학 분야에 대한 폭넓은 관심을 가지는 것이 좋다.

마케팅전문가에 관심이 많다면 문제해결 및 의사결정을 위해 새로운 정보를 파악할 수 있는 추리력, 독특하고 기발한 아이디어를 낼 수 있는 창의력, 글을 통해 다른 사람과 효과적으로 대화하는 글쓰기 능력 등을 키우기 위해 노력해야 한다. 평소 국어, 영어, 수학, 사회 등의 교과에 대해 흥미를 가지고 실력을 쌓는다면 도움이 된다. 이를 위해 마케팅연구반이나 소비자탐구반, 언론탐구반, 광고홍보반 등에서 적극적으로 활동하는 것을 추천한다. 또한 폭넓은 분야의 독서활동과 교과 탐구활동 등을 통해 언어 능력과 논리적 분석 능력, 대인관계 능력 등을 키울 수 있도록 노력하는 것이 좋다.

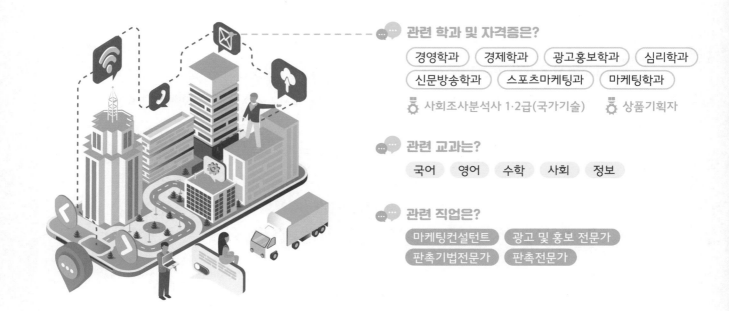

관련 학과 및 자격증은?

경영학과　경제학과　광고홍보학과　심리학과

신문방송학과　스포츠마케팅과　마케팅학과

⚙ 사회조사분석사 1·2급(국가기술)　⚙ 상품기획자

관련 교과는?

국어　영어　수학　사회　정보

관련 직업은?

마케팅컨설턴트　광고 및 홍보 전문가

판촉기법전문가　판촉전문가

 ## 진출 방법은?

마케팅전문가가 되기 위해서 특별한 전공의 제한은 없으나 대학에서 경영학, 통계학, 마케팅학, 신문방송학, 심리학, 사회학 등 사회과학 분야를 전공하는 것이 유리하다. 보통 대졸 이상의 학력을 요구하지만, 일부 업체에서는 석사 학위 이상의 학력을 요구하기도 한다.

마케팅전문가로 활동하려면 조사 전문회사나 연구기관에서 수행하는 조사에 보조원으로 참여하거나 코딩, 펀칭, 전화조사원, 출구조사원 등의 아르바이트를 통하여 실무 경험을 쌓는 것이 필요하다. 최근에는 외국 회사의 국내 진출이나 국내 기업의 해외 마케팅 활동이 활발하므로 외국어 실력을 갖추는 것도 매우 중요해졌다. 또한 마케팅이나 소비자행동론, 기획론 등의 지식도 갖추어야 한다.

마케팅전문가와 관련된 자격증으로는 사회조사분석사가 있지만 필수로 취득해야 하는 것은 아니다. 또한 한국생산성본부 등 관련 기관이나 사회교육기관, 사설 학원 등에서 자격증 취득을 위한 관련 교육을 받을 수도 있다.

마케팅전문가는 공개채용 또는 특별채용으로 일반 기업체나 광고회사의 마케팅 부서로 취업하여 일하거나, 독립적으로 마케팅 컨설팅 회사를 창업해서 일하기도 한다. 마케팅 관련 업체에서 인턴으로 활동한 경험이 있거나, 마케팅 공모전에 참여하여 입상한 경력이 있다면 취업할 때 더 유리할 수 있다.

 ## 미래 전망은?

당분간 마케팅전문가의 고용은 다소 증가할 것으로 전망된다. 각 기업에서 마케팅 업무의 중요성이 확대되면서 많은 기업들이 시장 및 소비자의 정보를 기업의 마케팅 전략에 반영하고 있다. 또한 기업 간 경쟁이 치열해지고 국가 간 수출입이 늘면서 해외 마케팅 영역의 중요성도 커져 이에 따른 인력 수요도 계속적으로 늘고 있다. 그러나 마케팅 분야는 경기 변동에 영향을 많이 받는 분야이기 때문에 갑작스러운 경제 상황의 변화에 따라 필요한 인력의 수요가 달라질 수 있다.

마케팅 전문가는 다른 직업에 비해 일자리 창출과 성장이 활발한 편이고, 개인의 능력에 따른 승진 가능성과 직장 이동 가능성도 높은 편이다. 그러나 근무 시간이 길고 불규칙하여 스트레스가 높은 편이며, 고용이 지속적으로 유지되는 정도는 낮은 편이다. 마케팅전문가는 과도한 업무와 스트레스로 이직이나 전직하는 경우가 많고, 전문 인력으로서 일정 이상의 관련 경력을 쌓으면 더 좋은 조건으로 스카우트 제의를 받는 경우도 많다. 대학에서 관련 학과의 인력 배출이 많고 마케팅전문가라는 직업이 전문적으로 선호도가 높아지고 있는 추세이므로 경쟁은 더욱 치열할 것으로 예상된다.

CAREER MAP

- 국어
- 영어
- 수학
- 사회
- 정보

- 글쓰기 능력 함양
- 추리력 함양
- 창의력 함양
- 마케팅, 소비자탐구, 광고홍보, 언론탐구 관련 동아리활동
- 다양한 분야의 독서활동
- 마케팅 관련 탐구 및 발표활동

- 마케팅컨설턴트
- 광고 및 홍보전문가
- 판촉기법전문가
- 판촉전문가

관련 교과

관련 직업

준비 방법

마케팅 전문가

관련 학과

- 경영학과
- 경제학과
- 광고홍보학과
- 스포츠마케팅과
- 심리학과
- 통계학과
- 마케팅학과
- 사회학과
- 신문방송학과

적성과 흥미

관련 기관

관련 자격

- 창의적 사고 능력
- 분석적 사고 능력
- 통찰력
- 판단력
- 논리적 설득력
- 언어 능력
- 배려심
- 대인관계 능력
- 경영, 통계에 대한 관심

- 한국마케팅학회

- 상품기획자
- 사회조사분석사 1·2급

물류관리사

물류관리사란?

요즘에는 동네 마트에서 물건을 구매해도 현관문 앞까지 배달해주고, 인터넷으로 아침에 주문한 택배가 오후면 도착하는 시대이므로 효율적인 물류 관리가 매우 중요하다. 경제 규모가 증가하고, 교통과 통신이 발달함에 따라 물류의 이동량은 급격히 증가하고 있다. 그럼에도 불구하고 도로, 철도, 항만 등의 교통 기반 시설과 장비를 전문적으로 운용할 수 있는 능력을 갖춘 인력은 부족한 실정이다.

이러한 이유로 주목받고 있는 직업이 바로 물류관리사이다. 기존에는 기업들이 물류 관련 업무를 외주 업체에 맡겼지만 수송, 보관, 하역, 포장 등을 개별적으로 처리하게 될 경우, 많은 물류비용이 들기 때문에 최근에는 자체 물류 시스템을 갖추기 위해 투자하고 있다. 그래서 대형 온오프라인 유통업체들이 물류센터를 늘리는 추세이다. 원가 절감, 서비스질 향상을 위해 물류관리사의 역할이 점점 중요해지고 있는데, 그 이유는 바로 비용 면에서 물류 처리의 비중이 크기 때문이다. 예를 들어, 항공편을 이용하면 빠르게 운송이 가능하나 해상보다 물류비용이 비싸고, 해상을 이용하더라도 어느 항구를 이용하느냐에 효율성이 달라지기 때문에 이를 종합적으로 판단하고 조절·운용하는 것이 중요하다.

물류관리사는 물류 관리에 필요한 직무를 수행하는 전문가로, 원자재 조달부터 화물 수송, 보관, 하역, 포장 등에 이르기까지 재화가 이동하는 모든 물류 체계를 합리적으로 구축하는 역할을 수행한다.

🔍 물류관리사가 하는 일은?

과거의 물류 관리는 주로 엑셀과 같은 프로그램을 사용하여 문서를 작성하고, 바코드와 같은 부착표를 통해 이루어졌다. 최근의 물류 관리는 스마트폰 관련 앱을 활용하여 실시간으로 물품의 재고와 운송 과정을 추적함으로써 물류 서비스 공급업체, 생산업자, 공급 체인에 속해 있는 회사 간의 물류 관리를 기획·조정하며, 물류 전략을 조율하는 방향으로 발전하고 있다.

🔍 물류에 관한 전문 지식을 가지고, 화물의 수송, 보관, 하역, 포장 등의 물류 체계를 합리적으로 구축하거나 이에 대한 상담 업무를 한다.

🔍 물류의 이동, 보관, 선적 등에 드는 시간, 노동력, 비용을 분석하고, 분석 결과를 바탕으로 기업의 물류 관리 및 물류 지원 시스템이 합리적·경제적으로 실행될 수 있는 방법을 설계하고 실행한다.

🔍 하역, 포장, 보관, 수송, 유통 가공 등 물류와 관련한 모든 시스템을 관리한다.

🔍 지역별, 국가별 경제 및 물류 산업의 동향을 조사·분석하고, 기업의 물류 관리 합리화 방안 등 물류 산업과 기업 물류에 대해 연구한다.

🔍 기업의 합리적 물류 체계의 구축 및 물류비 절감 방안 등에 대한 자문 업무를 수행한다.

Tip **물류관리사와 유통관리사의 차이에 대해 알아볼까요?**

물류관리사는 물류 관리에 대한 전문 지식을 가지고 원자재 조달부터 물품 생산, 보관, 포장, 가공, 유통에 이르기까지 물류가 이동하는 전체 영역을 관리한다. 반면 유통관리사는 소비자와 생산자 간의 의사소통, 소비자 동향 파악 등 판매 현장에서 일을 한다. 대형마트를 예로 들자면, 물류관리사는 물류 창고에서 물건 입출고와 기타 물류 관리 업무를 보는 사람이고, 유통관리사는 마트 내에서 전반적인 업무를 보는 사람이다.

적성과 흥미는?

물류관리사는 사회 현상이나 시장 동향, 조직 시스템을 통찰할 수 있는 능력을 가지고 있으면 좋다. 물류관리사는 현 물류 체제의 문제점을 파악하여 새로운 물류 전략 및 기획을 수립할 수 있는 정보 수집 능력, 분석 능력이 필요하다. 대량의 정보를 분석하는 데 도움이 되는 컴퓨터 프로그램 활용 능력과 다양한 물류 관련 업무를 수행하며 고객들에게 물류 정보를 신속 정확하게 제공하기 위한 스마트 기기 활용 능력도 필요하다. 프로젝트를 진행할 수 있는 추진력, 경영진과 고객을 설득할 수 있는 의사소통 능력, 협상 능력, 창의성, 개방적 사고 능력이 필요하다. 물류 관련 분야는 국내보다 선진국이 훨씬 잘 발달되어 있어 외국 자료를 접할 일이 많으므로 영어를 비롯한 외국어 실력을 쌓아야 한다.

물류관리사가 되고자 한다면 영어, 사회, 경제, 정보 과목에 대한 흥미를 가지고, 기본 지식을 쌓아야 한다. 다양한 분야의 독서활동을 통해 사고의 폭을 넓히고, 어떤 일의 발생과 처리 그리고 결과를 함께 유기적으로 판단하고 이해할 수 있는 시스템적 사고 능력과 문제해결 능력을 함양할 수 있는 다양한 프로그램에 적극 참여할 것을 권장한다.

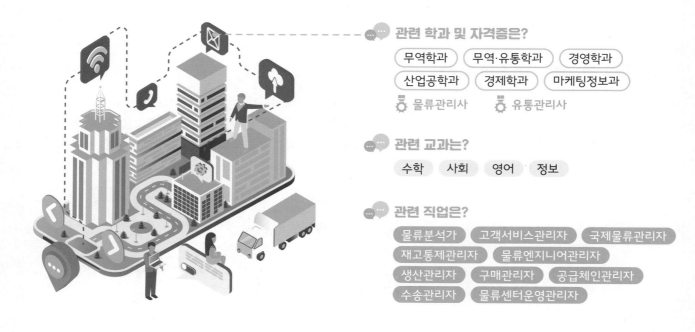

관련 학과 및 자격증은?

무역학과　무역·유통학과　경영학과
산업공학과　경제학과　마케팅정보과
물류관리사　유통관리사

관련 교과는?

수학　사회　영어　정보

관련 직업은?

물류분석가　고객서비스관리자　국제물류관리자
재고통제관리자　물류엔지니어관리자
생산관리자　구매관리자　공급체인관리자
수송관리자　물류센터운영관리자

진출 방법은?

물류관리사가 되기 위해서는 물류관리사 국가자격시험에 합격해야 한다. 물류관리사 자격시험은 1년에 1회 시행되며, 시험과목은 물류관리론, 화물운송론, 보관하역론, 물류관련법규, 국제물류론 총 5과목으로, 객관식 필기시험으로 실시된다. 국제공인자격증으로는 CPIM(Certified in Production and Inventory Management) 등이 있다. 이러한 자격시험을 위해서는 경제학, 경영학, 무역학, 물류학, 산업공학과 같은 학과를 졸업하는 것이 유리하다.

대부분의 물류 관리 전문가에게는 경제학, 경영학, 무역학, 물류학, 산업공학 등 관련 분야의 전문대학 졸업 이상의 학력이 요구되며, 기업부설연구소나 컨설팅 업체, 정부기관에 물류 관련 연구원으로 입직하고자 할 때는 석사 이상의 학위가 요구되기도 한다.

또한, 물류 관리, 물류 시스템, 물류 관련 법규, 화물 운송, 해운 운송, 항공 운송, 보관 및 하역 등 물류 전반에 대한 이론적 지식이 있어야 한다. 물류 현장과 시장을 꿰뚫어보는 능력이 필요하므로 기업에서는 인력을 채용한 후 일정 기간 물류 창고, 화물 터미널 등 물류 현장에서 근무하도록 한다.

미래 전망은?

각계 전문기관에서 물류 부문을 21세기 유망직종 중 하나로 분류하고 있다는 것은 물류관리사의 전망이 밝음을 시사한다. 동북아 허브 건설을 국가적 전략으로 추진하고 있고, 그 일환으로 인천, 부산, 진해, 광양 등을 동북아 물류 중심 항만으로 육성하고 있다. 일반 기업에서도 경영에서 물류가 차지하는 비중이 날로 증가하고 있다.

또한 단순히 제품을 공급하는 차원에서 벗어나 물류 합리화를 통해 생산성 높은 물류 프로세스와 시스템을 도입할 수 있도록 전문 컨설턴트를 채용하고, 물류 전담 부서 또는 물류 연구소를 운영하는 기업도 늘어나고 있다. 물류관리사는 경쟁력만 갖춘다면 국내는 물론 국제적으로도 활동 가능한 유망 직업이다.

CAREER MAP

- 정보처리 능력 함양
- 교내 활동을 통한 창의성, 의사소통 능력 함양
- 물류 관련 기업 및 학과 탐방
- 경제 신문 구독 및 독서활동
- 물류센터 아르바이트 등 직업체험활동

- 물류분석가
- 고객서비스관리자
- 국제물류관리자
- 재고통제관리자
- 물류엔지니어
- 생산관리자
- 수송관리자

- 물류관리사

**준비
방법**

**관련
직업**

물류
관리사

**관련
자격**

**관련
교과**

- 수학
- 사회
- 영어
- 정보

**적성과
흥미**

**관련
학과**

- 분석력
- 정보처리 능력
- 의사소통 능력
- 협상 능력
- 창의성
- 통찰력
- 외국어 능력

**관련
기관**

- 경영학과
- 무역학과
- 산업공학과
- 경제학과

- 한국통합물류협회
- 한국물류관리사협회

방송PD

방송PD란?

　방송PD(Program Director)는 프로듀서라고 불리는 방송 현장의 리더이다. 리더는 어떤 목적을 이루기 위해 함께 하는 사람들을 이끌고 중요한 의사결정을 내리는 역할을 하는데, 방송PD도 좋은 방송 프로그램을 만들기 위해 프로그램 제작에 필요한 중요한 의사결정을 하고 함께 일하는 스태프들을 이끌어 나간다. 방송PD가 하는 일은 크게 기획, 제작, 편집으로 나눌 수 있다. 기획 단계에서는 프로그램 내용을 구체화하는 기획 회의를 반복한다. 제작 단계에서는 출연진과 제작진 구성한 후 일정 등을 결정해 촬영 또는 녹음에 들어간다. 촬영 후에는 편집 단계를 거치는데, 편집은 방송 프로그램을 완성하는 가장 중요한 작업으로, 촬영보다 더 많은 시간과 노력이 필요한 과정이다.

　한 편의 방송 프로그램을 완성하기 위해서는 많은 사람들이 작업에 참여한다. 대본을 쓰는 작가, PD와 함께 모든 제작 과정을 보조하는 조연출(AD), 영상을 담아내는 촬영감독이 있다. 또한 기술감독, 조명감독, 음향감독, 영상감독, 녹화감독, 편집감독부터 무대, 섭외, 컴퓨터 등을 담당하는 인력도 함께 작업한다. 방송PD는 이 모두를 이끌며 프로그램의 전체 제작 과정을 지휘하므로 리더십이 요구된다. 주말이나 휴일에 촬영할 때가 많고, 장기간 지방이나 해외로 출장을 가는 경우도 있다. 잦은 회의, 촬영, 편집 등으로 밤샘 작업이 많아 작업 스케줄에 따라 근무 시간이 유동적이다. 프로그램에 따라 차이가 있지만 출퇴근 시간이 정확하지 않고, 프로그램을 진행하지 않을 때는 여유롭지만 일이 시작되면 개인시간을 갖기 힘들다.

방송PD가 하는 일은?

방송PD는 라디오나 텔레비전의 프로그램을 기획하고 제작한다. 완성된 대본을 평가하고 섭외된 출연진과 배역을 결정하며, 의상, 무대 배경, 음악, 카메라 작업, 시간 배정 등을 다른 제작진들과 협의해서 결정한다. 그 외 촬영 일정을 결정하고 장소 섭외, 무대 배경 설치, 소품과 장비 준비 등 전반적인 사항을 지시하며 촬영을 총지휘한다. 또한 방송PD는 제작진, 연기자들을 섭외하는 일을 수행한다.

- 🔍 라디오 또는 텔레비전의 프로그램을 기획·제작한다.
- 🔍 시나리오작가를 선정하여 제작될 프로그램의 계획을 설명하고, 완성된 대본을 평가한다.
- 🔍 프로그램을 기획하고, 적절한 방송작가와 제작진, 연기자들을 선출한다.
- 🔍 주어진 예산 한도 내에서 프로그램을 제작하기 위해 예산과 지출을 검토·조정한다.

Tip 편성프로듀서에 대해 알아볼까요?

편성프로듀서는 텔레비전, 라디오 프로그램의 장·단기 방송 전략을 기획·수립한다. 시청률, 청취율과 관련 자료 등을 참고하여 개편 전략을 수립하고, 방송 시간 편성 및 방송 시간대별 전략을 수립하기 위해 방송 제작에 따른 표준 제작비를 검토한다. 회의를 통해 프로그램의 정기 개편 및 주간 편성 업무를 하고, 특집 프로그램을 기획하여 시간을 조정한다. 이 외에도 예고 및 캠페인 등의 프로그램을 기획하고 프로그램 시간에 맞추어 방송될 광고, 프로그램 예고 등을 조정하는 역할을 한다.

적성과 흥미는?

방송PD는 시청자들이 새롭게 느낄 수 있는 내용들을 기획 및 구성해야 하므로 창의력과 독창적인 아이디어가 요구된다. 또한 다양한 정보에 대해 폭넓게 수용하는 태도와 진취적이고 예술적인 흥미를 가진 사람에게 적합하다. 그리고 방송이나 영화, 연극 등은 혼자 만드는 것이 아니므로 감독 및 연출자는 많은 제작진과 함께 작업할 수 있는 의사소통 능력과 대인관계 능력이 필요하고, 이들을 관리하고 통솔할 수 있는 리더십, 추진력 등이 요구된다.

그 외에도 원만한 대인관계 능력을 갖추고 있어야 하며, 리더십, 책임감, 사명감까지 갖추고 있어야 한다. 사회, 문화, 예술, 시사 등 다양한 방면에 대한 이해와 소질이 있어야 하고, 특히 영상 예술에 대한 관심과 재능이 있는 사람이 적합하다. 무엇보다 방송PD는 다양한 정보에 대해 폭넓게 수용하는 태도가 필요하고, 새로운 작품을 창조할 수 있는 풍부한 상상력과 창의력 그리고 독창적인 아이디어가 있어야 한다.

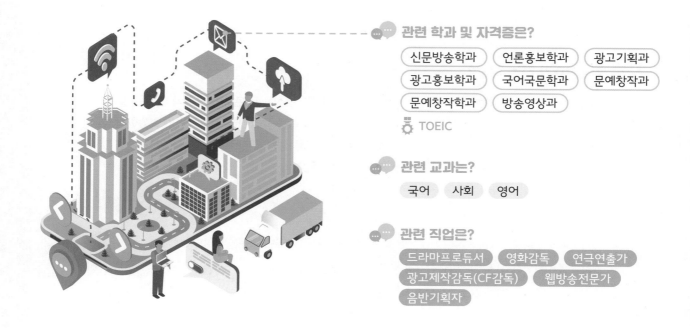

관련 학과 및 자격증은?

신문방송학과 언론홍보학과 광고기획과
광고홍보학과 국어국문학과 문예창작과
문예창작학과 방송영상과

🔧 TOEIC

관련 교과는?

국어 사회 영어

관련 직업은?

드라마프로듀서 영화감독 연극연출가
광고제작감독(CF감독) 웹방송전문가
음반기획자

 진출 방법은?

방송PD가 되기 위해서는 대학의 관련 학과나 사설 학원 등에서 방송, 영화, 연극 제작 등에 관한 전문적인 교육을 받는 것이 유리하다. 해외 유학 등을 통해 이론뿐만 아니라 시나리오 작업부터 촬영, 편집 등에 대한 것을 전문적으로 공부한 사람들도 많이 진출하고, 대학에서부터 동아리활동, 단편 영화 제작 등 연출 경험을 미리 쌓는 사람도 많다. 대학에서의 동아리활동이나 방송 아카데미 등에서 프로그램 제작에 대한 교육을 받는 것이 입직 후 업무를 수행할 때 유리하다. 방송PD는 일반적으로 각 방송사의 공개채용을 통해 입직한다. 지상파 방송사의 경우 4년제 대학 졸업 이상, 독립 프로덕션 등에서도 전문대 졸업 이상의 학력을 요구하고 있으나 점차 학력 제한을 폐지하는 추세이다.

방송PD의 경우, 입사 후 일정 기간 수습 과정을 거쳐 조연출로 활동하게 된다. 보통 '조연출자→연출자(PD)→책임연출자(CP: Chief Producer)' 순으로 승진하는데, 방송사 입사 후 독립적으로 프로그램을 맡게 되기까지 보통 교양 프로그램은 5년 내외, 예능 프로그램은 7년 내외, 드라마는 그 이상이 소요되며, 최근 방송사의 인력 적체로 인해 과거에 비해 2~3년이 더 소요되고 있다. 또한 전체 프로그램을 기획·관리하는 책임연출자(CP)까지는 입사 후 10년 이상이 소요된다. 방송PD는 어느 정도 경력을 쌓아 프리랜서로 활동하기도 하며, 직접 독립 프로덕션을 차려 방송사와 계약을 맺고 프로그램을 제작하기도 한다.

미래 전망은?

방송과 통신이 융합되면서 케이블 방송, 인터넷 방송, IPTV 등 다매체·다채널화로 방송환경이 재편되고 시장이 확대되고 있다. 또한 지상파와 종합 편성 채널이 경쟁적 구조를 갖추면서 제작 방송 프로그램 수가 늘어나고, 드라마와 예능 프로그램이 꾸준히 해외로 수출되는 점은 방송PD의 고용에 긍정적인 영향을 미치고 있다. 하지만 방송국의 프로듀서들은 방송사의 경영 악화로 신규 인력 채용이 잘 이뤄지지 않는 편이다. 또한 상당수의 프로그램이 외주 제작으로 전환되고 있기 때문에 방송국 소속이 아닌 외주 제작사의 프로듀서를 중심으로 고용이 나타나고 있다. 한편, 외주 제작사는 소규모 이자 예산 부족으로 실력이 우수한 경력직을 중심으로 채용하기 때문에 신입들은 치열한 입직 경쟁을 치러야 하고, 유명 연출자와 그렇지 않은 연출자의 대우에도 큰 차이가 있다. 독립 프로덕션이나 종합 유선 방송사의 경우, 규모가 작고 계약직 직원이 많으며 근무 환경이나 임금도 열악한 편이다.

영상물의 유통 형태가 방송 송출 중심에서 유튜브 등 인터넷 유통 채널로 중심축이 이동함에 따라 1인 미디어 영역에서의 일자리가 증가하고 있다. 즉, 영상물을 연출하고 제작하는 미디어콘텐츠창작자(콘텐츠크리에이터)는 전통적인 개념의 방송PD는 아니지만 영상 제작의 기획과 연출, 제작 등을 일괄 책임지고 창작한다는 점에서 유사 업무 종사자로 볼 수 있다. 이에 따라 영상 제작 및 유통 방식의 변화로 이들의 수가 더욱 늘어날 것으로 보인다.

CAREER MAP

- 글쓰기 능력 함양
- 논술, 신문, 방송 관련 동아리활동
- 언론 관련 기업 및 학과 탐방
- 청소년 기자단 체험활동

- 방송영상과
- 신문방송과
- 언론홍보학과
- 미디어커뮤니케이션학과
- 영상제작과
- 광고기획과
- 영상예술학과

- 국어
- 사회
- 영어

준비 방법

관련 학과

관련 교과

방송PD

관련 자격

- TOEIC

적성과 흥미

관련 학과

- 책임의식
- 공간 지각 능력
- 창의력
- 대인관계 능력
- 의사소통 능력
- 공감 능력
- 리더십

관련 기관

- 영화감독
- 연극연출가
- 광고제작감독
- 웹방송전문가
- 음반기획자
- 미디어콘텐츠창작자

- 한국방송광고진흥공사
- 방송통신심의위원회
- 방송콘텐츠진흥재단
- 시청자미디어재단

법무사

법무사란?

법전은 어렵고, 변호사를 찾아가기에는 부담스럽다면 법무사가 도움이 될 수 있다. 법무사는 생활 속에서 법률 문제를 겪는 시민이 조언을 구할 수 있는 생활 법률 전문가이다.

'법무사'라는 명칭이 사용된 것은 1990년부터지만, 그 역할은 1897년 근대적 사법제도의 도입과 함께 시작되었다. 당시 법무사는 '남을 대신해 공문서를 작성하는 사람'이라는 뜻의 '대서인'이라고 불리었다. 1900년대 초반부터 토지의 소유권 증명 서류 등을 대신 작성하는 업무를 맡았고, 이것은 현재 법무사의 주요 업무로 자리잡았다. 법무사는 '대서인'의 의미대로 주로 남을 대신해 문서를 작성하는 일을 맡는다. 회사의 상호나 설립 목적, 임원진 변경이 있을 때 필요한 법인 등기 업무를 담당한다. 부동산 주인이 바뀔 때나 부동산을 담보로 돈을 빌렸을 때, 그 변동 사항을 부동산 등기부등본에 기재하는 일도 한다. 또 법원이나 검찰에 제출하는 서류도 법무사가 작성할 수 있다. 이 밖에도 법무사는 상속, 가압류, 경매, 개명 신청, 입양, 이혼 등 다양한 문제의 법적 절차에 대해서도 전문성을 가지고 있다.

법무사는 주로 사무실에서 의뢰인과 상담하며 제출 서류를 작성하는 일을 한다. 법무사는 주로 좋은 환경의 사무실에서 근무하지만 서류를 제출하거나 등기부 열람 및 확인 작업을 위해 법원이나 검찰청 등으로의 출장도 많다. 그러나 대부분의 법무사무소가 법원이나 검찰청 근처에 위치하고 있어 출장 시간이 길지는 않다.

🔍 법무사가 하는 일은?

법무사는 고객 요청에 의해 법원과 검찰청에 제출할 서류, 법무와 관련된 서류, 등기 및 기타 등록 신청에 필요한 서류 등을 정해진 양식에 따라 작성한다. 또한 공인중개사와 협력하여 등기 업무를 대리하거나 법률 자문 및 상담 등의 업무도 수행한다.

> 🔍 등기, 소송, 경매, 가족 관계 등록, 공탁, 개인 회생 및 파산 등에 있어 의뢰인을 대신하여 서류를 작성하고, 법원이나 검찰청에 제출하는 업무를 수행하며, 등기 및 공탁 사건의 신청 대리에 관한 모든 업무를 수행한다.
>
> 🔍 개인, 개인 사업자, 법인 등의 법적 분쟁에 대해 자문·상담을 제공한다.
>
> 🔍 법원과 경찰청에 제출하는 서류의 작성, 등기 등의 등록 신청에 필요한 서류를 작성한다.
>
> 🔍 등기·공탁 사건의 신청 대리, 민사집행법에 의한 경매 사건과 국세징수법에 의한 공매사건에서의 재산 취득에 관한 상담, 매수·입찰 신청의 대리, 작성한 서류의 제출 대행 등을 한다.

> **Tip** **법무사와 변호사의 차이에 대해 알아볼까요?**
>
> 변호사법에 따르면 변호사는 당사자와 그 밖의 관계인의 위임이나 국가·지방자치단체와 그 밖의 공공기관의 위촉 등에 의해 소송에 관한 행위, 행정 처분의 청구에 관한 대리 행위 등과 일반 법률 사무를 하는 직업이다. 따라서 변호사는 법률에 관련된 전반적인 업무를 모두 진행할 수 있다. 일반적으로 소송에 관련된 피고나 원고를 변론하거나 법률 소송 제기, 재판을 대리하는 업무를 하는데, 민사소송의 경우에는 사건 의뢰자의 소송 대리인이 되고, 형사 사건의 경우에는 피의자 및 피고인의 변호인이 될 수 있다. 반면, 법무사는 법원과 검찰청에 제출하는 서류는 작성할 수 있지만 변호사와 달리 소송 대리인은 될 수 없다. 따라서 변호사는 대리인으로서 사건 접수부터 판결까지 모든 과정을 대리해 줄 수 있으나, 법무사는 법률 관련 서류 작성 및 제출만 진행할 수 있다.

적성과 흥미는?

법무사는 각종 법 절차에 대한 지식과 경영 및 행정에 대한 전반적인 지식이 필요하다. 업무 대부분이 서류를 작성하는 일이므로 글쓰기 능력이 필요하며, 의뢰인의 요구를 정확하게 이해하기 위해 상담자로서 의사소통 능력이 요구된다. 자신 또는 타인의 행동이 규범적으로 합당한가를 판단하기 좋아하는 사람에게 유리하다. 그 외에도 직원들과 팀을 구성해 일하는 경우가 많아 협동심, 원만한 대인관계 능력, 상담 기술을 갖추어야 한다.

법무사에 관심이 있다면 법과 같은 사회, 논리학 등의 교과에 흥미를 가지고 지식을 쌓고, 어떤 문제를 분석하고 해결하기 위해 인과 관계를 분석할 수 있는 논리적 사고 능력과 분석 능력을 가진 사람, 책임감을 가지고 끈기 있게 해결하고자 하는 사람에게 유리하다.

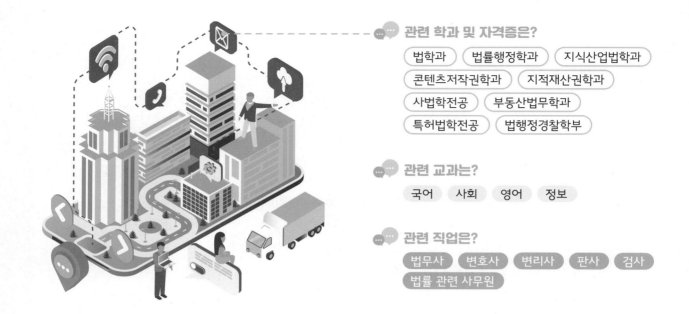

관련 학과 및 자격증은?

법학과 법률행정학과 지식산업법학과
콘텐츠저작권학과 지적재산권학과
사법학전공 부동산법무학과
특허법학전공 법행정경찰학부

관련 교과는?

국어 사회 영어 정보

관련 직업은?

법무사 변호사 변리사 판사 검사
법률 관련 사무원

진출 방법은?

법무사가 되려면 법무사 자격시험에 합격해야 하는데, 시험 과목의 특성상 법학과, 행정학과 등의 전공자에게 유리하다. 1차, 2차 시험으로 구분하여 실시하는데 1차 시험은 객관식 필기시험, 2차 시험은 주관식 필기시험으로 실시된다. 1차 시험에 합격한 경우, 다음 회의 시험에 한해 1차 시험을 면제받을 수 있다. 시험 합격 후에는 대법원 규칙이 정하는 연수교육을 마치고 대한법무사협회에 등록해야 법무사로 활동할 수 있다.

법무사법에 의하면 법원, 헌법재판소, 검찰청 등 관련 공무원으로 10년 이상의 근무 경력이 있거나 관련 공무원으로 일정 기간 이상 근무한 경력이 있는 자는 1차 시험 면제와 2차 시험의 일부 과목을 면제받을 수 있다. 일반 응시자 선발 인원은 120명으로 고정되어 있으나 관련 공무원 경력자의 경우는 선발 인원에 제한이 없다.

미래 전망은?

법무사에 대한 수요는 현 상태를 유지할 것으로 예측된다. 법률에 대한 국민적 관심이 높아지고 있고, 각종 이해관계를 둘러싼 민원과 소송, 이혼 관련 등기 서비스와 고령화로 인해 상속 관련 등기 서비스의 수요가 증가하는 등 법무 서비스에 대한 수요도 증가할 것으로 전망된다.

반면 장기적인 부동산 경기 둔화는 부동산 등기와 관련된 서비스 수요를 전반적으로 감소시키는 요인으로, 법무사 고용에도 영향을 미칠 것이다. 아울러 정부 차원 법률 서비스의 인터넷 온라인 기능 강화, 절차의 간소화, 국민의 법률 지식 향상 등으로 당사자가 직접 처리할 수 있는 영역이 늘어나는 현상은 법무 서비스 수요 감소에 영향을 미치고 있다.

또한 등기, 경매 및 공매 등의 업무 영역이 변호사나 공인중개사와 상당 부분 겹치므로 법무사의 입지가 줄어들고 있다. 법학전문대학원의 도입으로 법률 시장으로의 진출이 많아지고 있으며, 법률 시장 개방으로 인해 외국계 전문 인력의 국내 유입이 증가히면서 법무사 고용에 부정적인 영향을 미칠 것으로 전망된다.

CAREER MAP

- 글쓰기 능력 함양
- 법, 논술 관련 동아리활동
- 법 관련 기업 및 학과 탐방
- 모의 법정 등 다양한 법 관련 체험활동

준비 방법

관련 직업

- 변호사
- 변리사
- 판사
- 검사
- 법률 관련 사무원

- 법무사

관련 자격

관련 교과

법무사

- 국어
- 사회
- 영어
- 정보

적성과 흥미

관련 학과

관련 기관

- 글쓰기 능력
- 의사소통 능력
- 대인관계 능력
- 정직성
- 꼼꼼함
- 신뢰성

- 법학과
- 행정학과
- 경찰행정학과

- 서울중앙지방법무사회

변리사

변리사란?

21세기 지식산업시대에는 특허로 대변되는 지식 재산이 세계 경제의 핵심이다. 변리사는 이러한 지식 사회의 첨병인 참신한 아이디어나 기술 등을 특허권으로 만들어 보호해주거나 이를 활용하는 데 도움을 주는 전문가다. 최근에는 경쟁력 있는 기술을 발굴하여 기업에 제공하거나, 기업 간 기술 이전에 관한 자문·기술가치 평가·기업의 연구 개발 방향에 대해 조언을 하는 등 업무 영역이 확대되고 있다.

변리사의 업무는 크게 산업재산권 출원 대리 업무와 산업재산권 분쟁에 관한 심판 및 소송 대리로 구분할 수 있다. 출원 업무는 내국인이 국내 특허청에 특허를 출원하는 경우와 외국인 혹은 외국기업이 국내 특허청에 특허를 출원하는 경우로 나뉜다. 변리사의 출원 업무는 고객의 아이디어나 기술에 대한 명확한 이해가 필수적이다. 그래서 변리사들은 어려운 산업 기술 등을 곧바로 이해할 수 있는 능력도 필요하다. 최근에는 경영 상담·자문 등 지식재산 전문가로서의 역할도 확대되고 있다. 해외 고객일 경우에는 번역 업무가 추가된다. 이 과정에서는 고도의 기술적 내용이 다수 포함되어 있어 변리사에게는 높은 외국어 능력이 요구된다.

변리사는 법률을 비롯한 다양한 분야의 전문 지식이 요구되는 직업으로, 업무 자율성과 업무 권한이 높은 편이다. 변리사는 새로운 발명을 이해하기 위해 전문 분야뿐 아니라 인접 기술에 대한 지식은 물론이고 지식재산권 보호를 위한 국내외 관련법 및 판례, 학술 동향에 대한 지식을 계속해서 쌓아야 한다.

 변리사가 하는 일은?

새로운 기술, 발명, 디자인, 상표 등의 권리취득을 위한 상담과 지원을 해주고, 특허의 취득 및 권리보호를 위한 업무를 대행한다.

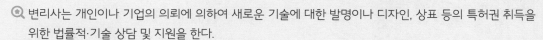

- 변리사는 개인이나 기업의 의뢰에 의하여 새로운 기술에 대한 발명이나 디자인, 상표 등의 특허권 취득을 위한 법률적·기술 상담 및 지원을 한다.
- 특허권을 획득하고자 하는 대상의 설계도, 명세서, 제품 등을 조사·검토하고, 유사 또는 관련 제품의 특허권을 조사한다.
- 기존의 다른 산업재산권의 침해 여부, 발명이나 고안이 동일한지 혹은 유사한지의 여부, 그리고 상표의 유사성에 대한 감정을 한다.
- 특허등록을 위한 문서작성(또는 소송을 위한 문서작성)을 하고, 초안이 완성되면 고객과 초안을 검토한 후 문제가 없으면 특허권을 출원·청구한다.
- 소유권 권리분쟁 등 특허법원 소송에서 변론하거나, 특허침해소송 중 재판부가 주재하는 기술 설명회에 참석하여 사건 내용을 설명하기도 한다.
- 공업소유권의 권리분쟁에 관한 이의신청, 심판 및 항고심판의 청구에 관한 제반 업무를 대리한다.

Tip 발명가에 대해 알아볼까요?

발명가는 아직까지 없던 기술이나 물건을 새로 생각하여 만드는 일을 전문적으로 하는 사람으로, 새로운 아이디어를 생각해내고 시제품(시험 삼아 만들어 보는 제품)을 만든다. 발명가는 자신이 생각해낸 발명품의 개요를 적어 개인이 직접 특허청에 특허출원을 신청하거나 특허사무소나 변리사를 통하여 특허를 신청하기도 한다.

적성과 흥미는?

변리사는 문서를 통해서 의뢰인의 권리를 보호할 수 있는 논리적 사고 능력과 문서 작성 능력이 요구된다. 법률, 생물, 화학, 첨단 과학기술에 대한 지식과 외국어 능력도 필요하다. 특허 관련 절차는 까다롭고 정해진 기일에 따라 업무를 완수해야 하기에 책임감과 성실함이 필요하며 치밀하고 꼼꼼한 성격의 사람에게 유리하다. 새로운 발명 여부와 그 속성을 자신의 기준으로 판단하는 독립성, 이를 바탕으로 타인을 설득하고 방향을 설정하는 지도력도 요구된다.

변리사는 진취형과 탐구형의 흥미를 지닌 사람들에게 적합하며 지식재산권과 관련된 전문 분야의 업무를 수행하는 만큼 관련 법규는 물론이고 생물, 화학, 전자, 기계 등 특허 대상 분야에 대한 전문성이 필요하다.

변리사에 관심이 많다면 평소 대상의 이득과 손실을 평가해서 종합적으로 판단할 수 있는 역량을 키우기 위해 노력해야 한다. 또한 법과 규정에 대한 지식을 키우고, 국어, 영어, 사회, 과학 등의 교과에 대해 흥미를 가지고 실력을 쌓는 것이 도움이 된다. 이를 위해 법률연구반이나 생물탐구반, 수학탐구반, 화학반, 영자신문반 등에서 적극적으로 활동하면 도움이 된다. 또한 폭넓은 분야의 독서활동과 다양한 교내활동을 통해 언어 능력과 수리 논리력, 대인관계 능력 등을 키우는 것이 좋다.

관련 학과 및 자격증은?

경영학과　경제학과　기계공학과　물리학과
법학과　화학과　광학공학과　전기공학과
정보통신공학과　행정학과

⚙ 변리사　⚙ 변호사

관련 교과는?

국어　영어　수학　사회　과학

관련 직업은?

변호사　법무사　저작권에이전트

 ## 진출 방법은?

변리사가 되는 방법은 크게 2가지가 있다. 첫째는 특허청에서 시행되는 변리사 시험에 합격하는 것이고, 둘째는 변호사 시험에 합격하여 변리사로 등록하는 것이다. 변리사가 되기 위한 학력이나 나이 제한은 없으나 이공계 관련 학과나 법학을 전공하면 유리하다. 특허가 되는 기술들이 대부분 이공계 관련 산업이기 때문에 변리사는 이과 출신이 많은 편이다. 자격 취득 후에 특허법률사무소나 특허청 등에서 경력을 쌓은 뒤 특허법률사무소나 특허법인을 개업하는 경우가 많다.

변리사가 되기 위해서는 특허청에서 시행하는 변리사 시험에 합격해야 한다. 특허청 소속 공무원으로 일정기간 이상 특허행정사무에 종사한 경력이 있는 경우에는 제1차 시험을 면제하고, 제2차 시험의 일부 과목을 면제받을 수 있다. 시험은 산업재산권법, 민법개론, 자연과학개론, 특허법, 상표법, 민사소송법 등의 과목을 1, 2차 필기시험으로 보게 된다. 변리사 1차 시험의 영어과목이 토플(TOEFL)과 토익(TOEIC)등 민간어학시험으로 대체되어, 변리사 시험에 응시하기 위해서는 필수적으로 관련 영어 성적을 취득해 놓아야 한다. 시험에 합격하면 대한변리사회에서 2개월을, 특허 사무소(기업체의 지식재산팀, 연구소 등)에서 10개월 총 1년간의 수습기간을 거쳐야 한다. 수습기간 후에는 자신만의 특허법률사무소를 개설할 수 있지만, 대부분은 기존의 특허법률사무소나 고용 변리사로서 취업하여 경험과 경력을 쌓는 것이 일반적이다.

 ## 미래 전망은?

당분간 변리사의 고용은 증가할 것으로 전망된다. 지적재산을 둘러싼 기업 간 경쟁이 치열해지고 이를 보호하기 위한 특허출원과 소송이 증가하고 있다. 또한 해외 기업의 기술보호주의 강화에 따른 특허 분쟁과 더불어 우리 기업의 국제 특허출원이 증가하고 있어 영어는 물론이고 일본어, 중국어 등 국제적 역량을 갖춘 변리사에 대한 수요가 더욱 커질 것이다.

산업구조의 고도화, 타 산업과의 융합이 왕성하게 이루어져 고도 기술의 개발, 융합기술의 발전 등 특허에 대한 수요가 증가하여 변리사의 고용이 증가할 것으로 전망된다. 한편, 지식재산권 보호 및 분쟁이 늘어남에 따라 특허청과 특허법률사무소는 물론이고 일반 기업도 특허 전담부서 또는 전담 인력을 두고 있다. 뿐만 아니라 과거에는 주로 대기업을 대상으로 특허 관련 서비스를 제공하였으나 최근에는 국내에 진출하는 기업, 중소기업, 연구기관 등에서도 기술 특허출원에 대한 수요가 증가하고 있다. 전자, 반도체, 정보통신 등 ICT 분야와 생명공학 분야를 전문적으로 다루는 전문 변리사의 수요 역시 더욱 증가할 것으로 보인다.

CAREER MAP

- 문서 작성 능력 함양
- 논리적 사고 능력 함양
- 법률적 이해 능력 함양
- 외국어 능력 함양
- 대인관계 능력 함양
- 생물, 화학, 과학기술에 대한 지식 함양
- 법, 수학탐구, 화학, 영자신문, 생명탐구 관련 동아리활동
- 다양한 분야의 독서활동
- 관련 주제탐구활동

준비 방법

- 국어
- 영어
- 수학
- 사회
- 과학

관련 교과

- 변호사
- 법무사
- 저작권에이전트

관련 직업

변리사

관련 자격

- 변리사

적성과 흥미

- 꼼꼼함
- 독립성
- 설득력
- 책임감
- 종합적 판단 능력
- 논리적 사고 능력
- 문서 작성 능력
- 외국어 능력
- 법, 생물, 화학 등에 대한 관심

관련 기관

- 대한변리사회
- 특허청

관련 학과

- 경영학과
- 경제학과
- 광학공학과
- 기계공학과
- 물리학과
- 법학과
- 전기공학과
- 정보통신공학과
- 행정학과
- 화학과

변호사

변호사란?

변호사는 개인 간의 다툼에 관련된 민사사건과 범죄사건에 관련된 형사사건이 발생할 때 개인이나 단체를 대신해 소송을 제기하거나 재판에서 그들을 변호해주는 전문가이다. 사회가 복잡해지면서 규율해야 할 사항도 많아지고 일반인이 법 관련 업무를 처리해야 하는 상황이 많아지고 있다. 이에 일반인들은 복잡한 법 업무 처리 절차를 변호사의 도움을 받아 해결하고 있다. 변호사는 법 관련 업무를 처리해야 하는 당사자, 관계인의 위임, 국가 및 지방자치단체, 기타 공공기관의 위촉을 받아 소송에 관한 행위 및 행정처분의 청구에 관한 대리행위 등을 행함으로써 의뢰인의 정당한 권리가 침해받지 않도록 하고 있다. 법정에서는 의뢰인을 대리하여 의견의 진술, 공격, 방어 등 소송행위를 하고, 사무실에서는 각종 법률상담에 응하거나 증거자료 수집, 서류작성 등 일반 법률사무를 행한다. 최근에는 지식재산권, 회사법, 기업인수·합병, 국제거래, 해외투자, 의료 등 특정 분야를 전담하여 법률서비스를 제공하는 추세이다.

> **Tip 법학전문대학원에 대해 알아볼까요?**
>
> • 입학 자격 : 일반 4년제 대학 이상의 학력을 소지한 사람이 LEET(법학적성시험, Legal Education Eligibility Test), 학부성적(GPA), 외국어 시험, 사회봉사활동 및 면접 등 다양한 영역에 대한 평가를 거친 후 법학전문대학원에 입학한다.
>
> • 법학전문대학원 인가 대학 : 강원대, 건국대, 경북대, 경희대, 고려대, 동아대, 부산대, 서강대, 서울대, 서울시립대, 성균관대, 아주대, 연세대, 영남대, 원광대, 이화여대, 인하대, 전남대, 전북대, 제주대, 중앙대, 충남대, 충북대, 한국외대, 한양대

🔍 변호사가 하는 일은?

변호사는 당사자 혹은 기타 관계인이나 단체의 의뢰에 의하여 소송에 관한 행위 및 행정처분의 청구에 관한 대리행위와 기타 일반법률 업무를 수행하는 전문가이다.

🔍 소송 제기 및 변호

개인 간의 다툼에 관련된 민사사건과 범죄사건에 관련된 형사사건이 발생할 경우 개인이나 단체를 대신해 소송을 제기하거나 재판에서 그들을 변호한다.

🔍 민사소송사건 취하, 조정, 이의, 화해 진행

민사소송사건, 조정사건, 비송사건, 행정소송사건 등에 있어서는 사건 당사자나 관공서의 의뢰·위촉을 받아 소송 등의 제기와 취하, 조정, 이의, 화해 등의 절차를 수행한다.

🔍 형사소송사건 증인신문 진행 및 참여

형사소송사건에서는 피고인 또는 피의자 등과의 접견, 관계서류 또는 증거물의 열람 및 등사, 구속취소 또는 보석과 증거보존의 청구, 구속영장실질심사 및 구속적부심의 청구, 법원이 행하는 증인심문과 감정에 참여하는 등의 업무를 수행한다.

🔍 변론 및 항소 진행

전문적인 법률지식을 통해 의뢰인에게 유리한 변론을 하고, 판결·결정에 불복하는 경우에는 심급에 따라 항소·상고 등의 절차를 밟는다.

🔍 공증업무 처리

증서에 관한 인증업무를 담당하는 공증업무를 수행하기도 한다.

적성과 흥미는?

변호사는 소송을 제기하거나 재판에서 변호하기 위해 사건을 논리적으로 분석할 수 있어야 한다. 변호를 위한 자료를 준비하기 위해 자신의 생각을 말과 글로 논리정연하게 표현할 수 있는 능력이 필요하다. 맡은 사건에 대해 공정하고 정의롭게 처리하려는 자세, 의뢰인에게 신뢰감을 줄 수 있는 태도가 요구된다. 소송을 수행하는 데 피의자, 의뢰인, 검사, 판사와의 관계를 잘 처리하기 위해서 원만한 대인관계 능력이 필요하다. 변호사는 법률에 근거하여 소송 의뢰인의 편에 서서 법정 공방을 통해 판사, 상대 변호사 또는 검사를 설득하고 의뢰인을 옹호하기 위한 활동을 선호해야 하기에 사회형의 흥미 유형을 지닌 사람에게 적합하다. 변호를 위한 자료를 정확하고 꼼꼼히 준비하여 논리적으로 해석할 수 있는 분석적 사고 능력을 가진 사람들에게 유리하다.

변호사가 되고 싶다면 어려서부터 주변의 사회 현상이나 규칙에 대해 호기심을 가지고 법학 관련 도서를 읽으며 변호사와 관련된 지식을 습득하는 것이 중요하다. 고등학교 생활에서 다양한 과목에 호기심을 갖고 공부하며 사회 전반에 대한 현상을 이해하기 위해서 노력하는 것을 추천한다. 많은 내용을 이해하고 암기해야 하기 때문에 효율적인 학습법을 습득하여 넓게, 깊이 공부하기 위해 꾸준히 노력해야 한다.

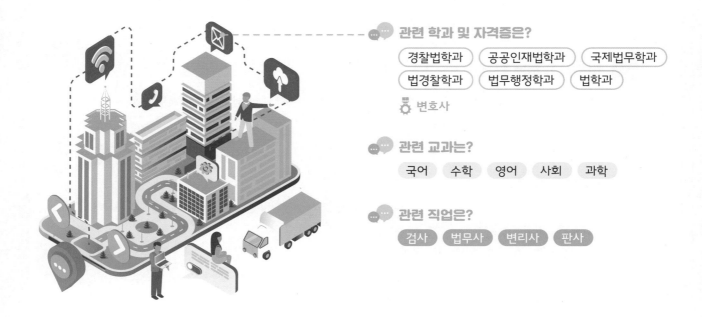

관련 학과 및 자격증은?

경찰법학과 공공인재법학과 국제법무학과

법경찰학과 법무행정학과 법학과

⚙ 변호사

관련 교과는?

국어 수학 영어 사회 과학

관련 직업은?

검사 법무사 변리사 판사

Tip 변호사 시험에 대해 알아볼까요?

- 변호사 자격 : 법학전문대학원에서 3년 과정을 수료하고 법무부가 주관하는 변호사 자격시험에 합격하여 변호사 자격을 취득한다.
- 변호사 시험 : 법학전문대학원의 석사학위 취득자(혹은 취득 예정자)는 학위를 취득한 달의 말일을 기준으로 5년 이내에 5회만 변호사 시험에 응시할 수 있으며, 시험은 공법(헌법 및 행정법), 민사법(민법, 상법 및 민사소송법), 형사법(형법 및 형사소송법) 그리고 전문적 법률 분야에 관한 과목으로 응시자가 선택하는 1개 과목으로 구성된다.

진출 방법은?

변호사로 진출하고자 한다면 4년제 대학교 이상에서 법학과나 인문사회계열을 전공하는 것이 유리하다. 법학전문대학원에 진학한 후 3년 동안 교육과 실습을 받은 뒤 변호사 시험에 합격해야 한다. 법학전문대학원에 입학하기 위해서는 학사 이상의 학력이 요구되며, 법학적성시험 성적과 일정 수준 이상의 공인 영어 성적이 있어야 한다.

미래 전망은?

변호사의 고용은 현 상태를 유지하거나 다소 증가할 것으로 전망된다. 법에 대한 국민의 인식이 향상되고 법을 통한 분쟁 해소가 늘어날 뿐만 아니라, 사람들의 자산규모가 증가하면서 소득상승에 비해 수임료가 낮아져 법률서비스나 변호사 수요가 증가하고 있다.

기존 소송업무 중심의 법률서비스에서 사전 분쟁 예방의 차원으로 업무 영역이 확대되면서 변호사의 업무도 조금씩 변화하고 있다. 변호사의 업무는 전문화 추세와 국내외 거래 다양화에 따라 인수합병, 공정거래, 회사법, 법정관리, 국제거래, 해외투자 등 광범위한 분야로 확대되고 있다. 삶의 질이 향상되면서 환경, 의료, 노동, 복지, 가사 관련 법률서비스 수요도 증가할 전망이다. 여성의 경제활동 증가로 인한 육아휴직 등과 관련한 법적 분쟁, 외국인 노동자의 유입으로 인한 외국인 노동자 범죄, 불법체류 문제 등이 증가할 것으로 보인다. 일반 기업체, 금융기관, 행정기관 등에서도 변호사에 대한 수요는 지속해서 늘어날 것으로 전망되며, 단독 개업보다는 법무법인 확대 현상도 계속될 것이다.

CAREER MAP

변호사

관련 교과
- 국어
- 수학
- 영어
- 사회
- 과학

관련 직업
- 검사
- 법무사
- 변리사
- 판사

준비 방법
- 사회 교과 학습 역량 강화
- 법률 및 인권 캠프 참여
- 협업 및 리더십 프로그램 참여
- 법률, 사회, 경영, 토론반 관련 동아리활동
- 다양한 분야의 독서활동

관련 자격
- 변호사

적성과 흥미
- 국어, 사회 등 기초과목에 대한 흥미
- 문제해결 능력
- 논리적 사고 능력
- 유연한 사고
- 통합적 사고 능력
- 꼼꼼함과 세심함
- 합리적 의사결정 능력
- 책임의식

관련 기관
- 법무부
- 출입국관리사무소
- 법제처
- 법률사무소
- 대한변호사협회

관련 학과
- 경찰법학과
- 경찰법학과
- 공공인재법학과
- 국제법무학과
- 법경찰학과
- 법무행정학과
- 법학과

보험계리사

보험계리사란?

보험계리사는 보험 가입자에 대해 보험회사의 전반적인 위험을 분석·평가·진단하며, 보험 상품 개발에 대한 인허가 업무와 보험료 및 책임준비금 등을 산출한다. 보험계리사는 보험 및 연금 분야에서 확률 이론이나 수학적인 방법을 적용하여 위험(risk)을 평가·분석하는 업무를 수행한다. 보험업 허가를 신청할 때 제출하는 서류를 작성하거나 보험회사가 보험 계약자에게 보험금을 지급하기 위해 갖추어야 할 돈(책임준비금 및 비상위험준비금)에 관한 것, 보험 계약자의 배당금 배분에 관한 것, 보험료 산출에 필요한 계산에 관한 것 등을 한다.

보험계리사는 보험사업자에게 고용된 고용보험계리사와 보험사업자에게 고용되지 않고 보험계리업을 독립적으로 운영하는 독립보험계리사로 나눌 수 있다. 보험계리사는 새로운 상품이 개발되면 보험설계사를 위해 판매 지원자료를 작성하고, 시장에 출시된 후 보험 상품이 제대로 운용되고 있는지 직접 관리한다. 또한 보험사업자가 담보하는 보험금, 환급금 등 계약상 책임 이행을 위해 회사 내부에 적립하는 책임준비금을 산정한다. 통계기법을 활용하여 위험률을 분석하고 보험료를 계산하며, 보험률의 산정·조정·검증 업무를 수행한다. 보험 계약에 의한 배당금 계산, 손익의 원인 분석 및 평가를 통한 잉여금의 합리적인 배분, 기타 보험 사업 전반에 걸친 수리 및 통계 분석 등의 업무를 수행한다.

🔍 보험계리사가 하는 일은?

금융상품개발자의 대표격인 보험계리사는 보험 상품을 둘러싼 환경 변화에 따라 어떤 보험 상품이 필요하고, 어느 수준에서 보험료가 책정되어야 하는지를 파악하며, 금리 변동률과 영업 비용, 회사 이익을 고려하여 보험 상품을 개발하는 일을 한다.

🔍 보험, 연금, 퇴직 연금 등에 대한 보험료 및 보상 지급금을 계산하고, 보험 상품을 개발하며, 보험 회사의 전반적인 위험을 평가·진단한다.

🔍 시대 변화에 따라 보험 상품으로 어떤 것이 필요하고, 보험료가 어떤 수준에서 책정되어야 하는지를 파악하며, 금리 변동률, 영업 비용과 회사 이익 등을 고려하여 보험 상품을 개발한다.

🔍 통계기법을 활용해서 위험률을 고려하여 보험료를 계산하고, 보험률의 산정과 조정 및 검증 업무를 수행한다.

🔍 보험 및 연금 계획을 설계하거나 검토하고, 시장 상황을 고려한 합리적인 요율 산정, 보험금 평가 및 산정 등의 업무를 수행한다.

🔍 사망률, 사고, 질병, 장애 및 퇴직률을 판단하고, 각종 통계를 작성·분석하며, 보험 회사의 손익을 계산하여 발생 원인을 규명한다.

> **Tip 보험계리사와 금융상품개발자의 차이점에 대해 알아볼까요?**
>
> 보험계리사는 보험료를 계산하여 정리하는 사람이다. 보험 및 연금 분야에서 확률 이론이나 수학적인 방법을 적용하여 위험을 평가·분석하는 업무를 수행한다. 반면, 금융상품개발자는 각종 예금, 투자 신탁, 주식 및 채권 등 금융과 관련된 자료를 조사·분석하여 새로운 금융 상품을 개발하고, 고객의 연봉, 직업, 환경 등을 분석하여 적합한 재정 설계 및 상품 선택 등을 자문하는 일을 한다.

적성과 흥미는?

보험계리사는 기본적으로 국내외 경제 흐름을 읽고 판단할 수 있는 분석력과 판단력이 요구된다. 역동적인 금융 시장의 변화에 대처할 수 있는 균형 감각, 국제화·정보화 시대에 맞는 국제 감각과 일정 수준 이상의 외국어 능력 등이 필요하다. 또한 고객에게 상품을 설명하고 설득할 수 있는 설득력과 의사소통 능력이 요구된다. 추상적 개념을 수리적으로 표현하고 관련시켜 분석할 수 있는 고도의 수리 능력과 분석 능력, 판단력을 갖추어야 한다. 침착하고 꼼꼼한 성격을 가진 사람에게 유리하며, 일에 대한 책임감을 가지고 상대방에게 신뢰감을 줄 수 있어야 한다.

관련 학과 및 자격증은?

경영학과　경제학과　금융보험과　회계학과
금융보험학과　법학과　세무학과　통계학과
수학과

보험계리사

관련 교과는?

국어　영어　수학　사회

관련 직업은?

투자분석가(애널리스트)　신용분석가
금융자산운용가　증권중개인　손해사정사
외환딜러　보험인수심사원

 ## 진출 방법은?

보험계리사가 되기 위해서는 대학에서 수학, 통계학, (금융)보험학, 경제학 등을 전공하는 것이 유리하며, 보험 및 연금 회사의 상품개발부, 수리부, 계리부 등이나 연금 컨설팅 회사, 보험계리법인 등으로 진출한다. 금융감독원에서 실시하는 보험계리사 자격증을 취득하면 입직에 유리한데, 보험계리사 자격은 1차, 2차 시험에 합격하고, 일정 기간의 수습 기간을 거친 후 금융감독원에 등록함으로써 취득할 수 있다. 1차 시험은 보험계약법, 경제학원론, 보험수학, 보험원리, 영어 등의 과목에 대해 객관식 필기시험으로 실시되고, 2차 시험은 계리리스크관리, 보험수리학, 연금수리학, 계리모형론, 재무관리 및 금융공학 과목에 대해 약술형 또는 주관식 필기시험으로 실시된다.

예전에는 획일화된 보험 상품을 개발하여 판매했다면, 고객의 눈높이가 높아지고 다양한 금융 상품에 대한 수요가 늘어나면서 고객의 유형을 파악하고 세분화하여 맞춤형 금융 상품을 판매하는 것이 경쟁력으로 대두되고 있다. 이에 따라 보험계리사 역시 새로운 금융서비스에 대한 수요를 파악할 수 있는 역량을 갖출 필요가 있다. 특히 고령 인구의 증가로 노년층을 위한 연금 보험, 건강 보험 등이 보험 시장의 주력 상품이 될 가능성도 커지고 있어 이와 같은 보험 상품을 개발하고, 미래 예측을 위한 전문성을 갖추는 것이 필요하다.

보험 회사에 일반 사원으로 입사해 상품개발부서 등에 배치되어 보험계리사의 업무를 수행하는 경우가 있고, 보험계리사 자격증을 따서 일을 시작하는 경우도 있다. 아무래도 보험계리사 자격증을 취득하면 별도의 자격수당을 받을 수 있고, 연봉을 협상하거나 승진할 때 더 유리하다.

미래 전망은?

당분간 보험계리사의 고용은 증가할 것으로 전망된다. 경제 환경의 불확실성과 저금리 기조로 인해 보험료 산출에 대한 정확한 통계 능력이 필요하며, 미래 손익에 영향을 미칠 대내외 경제 환경 영향을 분석하여 상품에 반영하는 능력이 필요하다. 이에 따라 미래 예측을 근거로 보험 상품을 관리하는 보험계리사에 대한 수요가 예상된다.

예전에는 감독 기관에서 보험 상품 개발에 대한 세부 요건을 제시하였으나 보험 상품 개발 자율화, 보험 가격 자율화 등 규제가 완화됨에 따라 독자적이고 차별화된 상품 개발이 보험사의 경쟁력을 좌우할 것으로 보인다. 향후 보험 상품 개발 단계부터 부채, 자본 적정성 평가 및 사업 계획 수립까지 리스크와 여러 상황들을 예측하고, 회사의 손실을 최소화할 수 있는 다양한 역할을 수행할 가능성도 있다.

CAREER MAP

준비방법
- 수학, 통계 관련 능력 강화
- 수학, 통계 관련 동아리활동
- 금융 관련 기업 및 학과 탐방
- 금융 관련 직업체험활동

관련직업
- 신용분석가
- 손해사정사
- 투자분석가
- 보험인수심사원
- 보험·금융상품개발자
- 외환딜러
- 투자인수심사원
- 금융자산운용가
- 증권중개인

관련자격
- 보험계리사

보험 계리사

관련교과
- 국어
- 영어
- 수학
- 사회

적성과흥미
- 수리 능력
- 분석력
- 판단력
- 리더십
- 설득력
- 문제해결 능력
- 의사소통 능력
- 통계 능력
- 외국어 능력

관련기관
- 보험연수원
- 한국보험계리사회
- 금융감독원
- 보험개발원

관련학과
- 경영학과
- 경제학과
- 통계학과
- 수학과
- 세무·회계학과
- 금융보험학과

비행기승무원

비행기승무원이란?

비행기승무원은 탑승객이 목적지까지 안전하고 쾌적하게 여행할 수 있도록 편의와 안전을 도모하기 위해 다양한 서비스를 제공하는 전문가이다. 항공기 객실 사무장으로부터 탑승 전의 업무 분담, 용모 및 필수 휴대품 점검, 유의사항 및 신규 업무 지식 등에 관한 지시사항을 전달받는다. 기내에 탑승하여 기장의 주관하에 목적지, 비행시간, 항로 및 기상 조건, 기타 유의 사항 등에 대해 전달받은 후 비상 장비 및 기내시설의 이상 유무, 기내 용품의 수량 및 탑재 여부, 의료장비, 기내의 청결 상태 등을 포함한 객실 서비스에 관한 제반 사항을 확인하고 준비한다.

비행기승무원은 항공기에 탑승한 승객이 제시하는 좌석표를 확인하여 좌석을 안내하고 인원을 점검한 후, 탑승이 완료되면 승객의 안전벨트 착용 여부와 이동 물품의 고정 여부 등을 확인한다. 승객의 안전 및 비상 상황을 대비한 행동 요령을 안내하고 비행기가 이륙하면 승객에게 식사 및 음료, 헤드폰 등을 제공하며 기내면세품을 판매하기도 한다. 운항과 관련된 각종 일지를 작성하고, 비상 상황이 발생하면 비상탈출 설비를 가동하여 승객의 탈출을 돕는 중요한 역할을 한다.

🔍 비행기승무원이 하는 일은?

비행기승무원은 탑승객이 목적지까지 안전하고 쾌적하게 여행할 수 있도록 편의와 안전을 도모하기 위해 기내에서 각종 서비스를 제공하는 전문가이다.

🔍 비행기 탑승 준비

비행기 탑승 전에 업무 분담, 용모 및 필수 휴대품 점검, 유의 사항 및 신규 업무지식 등에 관한 지시사항을 전달받아 기내에 탑승하여 기장의 주관하에 목적지, 비행시간, 항로 및 기상조건, 기타 유의 사항 등에 대해 듣는다.

🔍 객실 서비스 준비

비상장비 및 기내시설의 이상 유무, 기내용품의 수량 및 탑재 여부, 의료장비, 기내의 청결상태 등을 포함한 객실 서비스에 관한 제반 사항을 확인하고 준비한다.

🔍 탑승권 확인 및 안전 확인

승객이 제시하는 탑승권을 확인하여 좌석을 안내하며, 탑승이 완료되면 승객의 안전벨트 착용 여부, 이동 물품의 고정 여부 등을 확인한다.

🔍 기내 음료 제공 및 면세품 판매

비행기가 이륙하면 승객에게 식사 및 음료, 헤드폰 등을 제공하며 기내면세품을 판매하기도 한다.

Tip 항공 관련 용어에 대해 알아볼까요?

- FSC(Full Service Carrier) : 대한항공, 아시아나 항공과 같은 대형 메이저 항공사
- LCC(Low Cost Carrier) : 진에어, 제주항공, 에어부산, 에어서울, 티웨이, 이스타항공과 같은 저비용 항공사
- Transit : 경유지에서 내려 대기 후 다시 동일한 항공기에 탑승하는 항공편
- Transfer : 경유지에서 타 항공사의 항공편으로 환승하는 하는 것으로 트랜스퍼 창구를 말함
- CIQ(Customs, Immigration, Quarantine) : 출입국 시 반드시 거쳐야 하는 3가지 수속 절차로 세관, 출입국 관리, 검역을 말함

적성과 흥미는?

비행기승무원은 국내 및 국제선 비행에 대비한 풍부한 지식을 소유하고 유창한 외국어를 구사할 수 있는 의사소통 능력이 있어야 한다. 또한 비행기가 운행하는 도중에 발생할 수 있는 위기 상황에 대처할 수 있는 순발력이 필요하다. 본인보다 다른 사람을 먼저 보살필 수 있는 봉사정신이 투철한 사람에게 적합하다. 반복적으로 해외에 비행기를 타고 다니기 때문에 시차에 적응할 수 있어야 하고, 대부분 장시간 동안 비행하는 경우가 많으므로 강한 체력이 필요하다. 비행기승무원은 사회형과 현실형의 흥미가 있는 사람에게 적합하며, 타인에 대한 배려와 친절이 몸에 배어있어야 한다. 외국으로 자주 비행하기 때문에 시차 적응에 따른 스트레스 감내, 자기통제 능력, 사회성 등의 성격을 가진 사람들에게 유리하다.

비행기승무원이 되고 싶다면 어려서부터 비행기와 관련된 직업에 호기심을 가지고 어학 관련 도서를 읽으면서 의사소통 능력을 기르는 것이 중요하다. 국립항공박물관에서 운영하는 항공 및 기내안전교육, 비상탈출 훈련 체험 등 승무원 직업체험을 참여해보는 것을 추천한다.

💬 **관련 학과 및 자격증은?**

(스튜어디스과) (항공관광학과) (항공서비스과)
(항공스튜어디스과) (항공비서과) (항공운항과)

💬 **관련 교과는?**

(국어) (영어) (사회) (과학)

💬 **관련 직업은?**

(관광통역안내원) (선박객실승무원)
(자연환경안내원) (여행상품개발자)
(여행안내원) (열차객실승무원)

🌐 진출 방법은?

비행기승무원으로 진출하고자 한다면 전문대학 이상에서 항공비서과, 항공운항과 등 관련 학과를 전공하는 것이 유리하다. 다른 학과를 졸업한 후 사설학원에서 비행기승무원이 되기 위한 교육과 훈련을 받고 진출하는 방법도 있다. 채용 시 영어 등 외국어 능력이 중요한 평가 요소가 되므로 반드시 응시기준 이상의 공인 어학 성적과 우수한 회화 능력을 갖추어야 한다.

⚙️ 미래 전망은?

비행기승무원의 고용은 다소 증가하는 수준이 될 것으로 전망된다. 세계와의 교류활성화로 기업에서는 출장 등으로 해외에 갈 일이 많아지고, 여객수송량 및 여객기 보유량의 증가 등은 비행기승무원의 수요 증가에 긍정적인 영향을 미치고 있다. 최근에는 국내에 취항하는 외국 항공사들이 현지인 채용을 적극적으로 추진하고 있어서 비행기승무원에 대한 수요가 늘고 있다.

저가항공사에서 근무하는 비행기승무원의 경우 규모가 큰 항공사보다 임금은 낮은 편이지만 취업처가 더 늘어날 수 있다는 점에서 비행기승무원의 고용에 긍정적이다. 최근에는 비행기승무원도 장기근무를 하는 추세로 바뀌고 있어서 신규 고용창출에는 약간의 부정적 요소로 볼 수 있다. 비행기승무원은 사회적 지위도 얻을 수 있고 다양한 문화권을 접할 수 있는 기회의 창이라는 인식이 있어 더 많은 이들의 희망 직종이 될 것이다.

Tip 국립항공박물관의 특징에 대해 알아볼까요?

- **국립항공박물관** : 국립항공박물관은 2020년 7월 5일에 개관한 국내 최초 항공 분야 국립박물관이고, 한인 비행학교 개교 100주년에 맞춰 문을 열었다. 박물관은 항공역사, 항공산업, 항공생활, 야외전시, 기획전시로 나눠지며 국내, 해외의 항공역사를 자세하게 소개하고 있다. 우리 항공사의 보석 같은 전시물과 실물 비행기 16대가 전시되어 있으며, 항공사별 항공기 등록 현황, 조종사, 승무원 현황, 각종 체험 등을 할 수 있다.
- **블랙이글스 탑승 체험** : 블랙이글스 에어쇼 조종석 탑승체험
- **조종관제 체험** : 관제사와 조종사 직업체험
- **기내훈련 체험** : 항공·기내안전교육, 비상탈출 훈련체험 등 승무원 직업체험
- **항공레포츠 체험** : 항공레저스포츠의 기본지식 및 안전수칙 교육, VR·시뮬레이터 등 첨단장비를 활용한 경량항공기 시뮬레이터, 패러글라이딩, 행글라이딩, 드론레이싱 총 4개의 체험프로그램 운영

CAREER MAP

- 영어 교과 학습 역량 강화
- 기내 안전교육, 비상훈련 등 직업체험활동
- 인권캠프 참여
- 협업 및 리더십 프로그램 참여
- 항공, 영어반 관련 동아리활동

관련 교과

- 국어
- 영어
- 사회
- 과학

관련 직업

- 관광통역안내원
- 선박객실승무원
- 여행상품개발자
- 여행안내원
- 열차객실승무원
- 자연환경안내원

준비 방법

비행기 승무원

적성과 흥미

- 국어, 영어 등 기초과목에 대한 흥미
- 문제해결 능력
- 논리적 사고 능력
- 유연한 사고
- 꼼꼼함과 세심함
- 대인관계 능력
- 책임의식
- 성실성

관련 기관

- 한국교통안전공단
- 한국항공협회
- 한국공항공사
- 항공정보포털시스템
- 국립항공박물관

관련 학과

- 스튜어디스과
- 항공관광학과
- 항공서비스과
- 항공스튜어디스과
- 항공비서과
- 항공운항과

사회복지사

사회복지사란?

사회복지사는 경제적·심리적 문제나 주변 환경에 대한 문제를 가지고 있거나 문제가 있을 것으로 예상되는 대상자에게 접근하여 그들이 겪고 있는 문제를 파악하고, 문제해결을 위한 여러 가지 방법들을 알려주어 직접 문제에서 벗어날 수 있도록 도움을 제공한다. 또한 대상자의 문제해결을 위해 주변의 여러 자원들을 활용할 뿐만 아니라 대상자에게 도움을 줄 수 있는 지역사회 및 후원자, 자원봉사자를 연계하여 지원하는 일을 한다.

사회복지사는 소속 근무지에 따라 명칭과 역할이 다르다. 사회복지기관의 사회복지사는 입소자에 대한 생활 관리, 생활 지도, 건강 관리, 프로그램 지원, 교육 지원, 자립 준비 지원, 개별 상담, 집단 상담, 가족 상담, 사례 관리, 지역사회 자원 연계, 행정, 회계, 자원봉사 업무 등을 수행한다. 또한 사회복지 실천을 위해 후원자와 자원봉사자를 모집하고, 이들과 파트너십을 맺어 함께 일한다. 사회복지전담공무원은 시·도, 시·군·구 및 읍·면·동 또는 복지 사무 전담기구 등에 근무하면서 복지 정책을 마련하고, 복지 대상자의 기초 생활 보장을 위해 사회복지 사업의 운영을 담당한다. 그리고 복지 서비스가 필요한 지역 주민에 대한 생활지원 및 관리·행정 업무 등을 수행한다.

🔍 사회복지사가 하는 일은?

사회복지사는 개인적·가정적·사회적으로 어려움을 겪는 사람이 스스로 문제를 해결하여 자신이 원하는 삶을 찾고, 안정된 생활을 할 수 있도록 돕는 일을 한다. 심리적·정서적·경제적 문제 등 다양한 어려움에 직면한 사람들을 만나 상담을 통해 어떤 도움이 필요한지 파악하고, 필요에 따라 보유 자원, 재정적 문제, 지역사회 자원 등을 지원한다. 또한 다양한 사회복지 프로그램을 기획·개발하여 상담 및 지원하고, 대상자의 사회 적응과 자립에 도움이 될 수 있도록 직업재활활동을 제공하거나 취업을 위한 사업장을 개발하여 복지 지원과 생활 지도, 지역사회와의 연계를 돕는 등의 일을 한다.

🔍 청소년, 노인, 여성, 가족, 장애인 등 다양한 사회적·개인적 욕구를 가진 사람들의 문제해결을 돕고 지원한다.

🔍 사회적·개인적 문제로 어려움에 처한 의뢰인을 만나 그들의 상황과 문제를 파악하고, 문제를 해결하는 데 필요한 방안을 찾기 위해 관련 자료를 수집·분석하여 대안을 제시한다.

🔍 재정적 보조, 법률적 조언 등 의뢰인이 필요로 하는 각종 사회 복지 프로그램을 기획·시행·평가하며, 공공 복지 서비스의 대상자 선정 작업, 복지 조치, 급여, 생활 지도 등을 한다.

🔍 사회복지정책 형성 과정에 참여하여 정책을 분석·평가하며, 정책 대안을 제시한다.

> **Tip 정신대화사에 대해 알아볼까요?**
>
> 정신대화사는 물질적 풍요로움으로도 채울 수 없는 인간의 고독을 따뜻한 대화로 덜어주는 역할을 한다. 대상자가 정신대화 서비스를 통해 인생을 살아갈 가치가 있는 것으로 느끼도록 돕고, 보다 행복하게 생활할 수 있게 정신적으로 지원한다. 대화의 대상자는 고령자, 은둔형 외톨이, 대인관계를 힘들어하는 사람, 간병에 지친 사람, 사고나 재해 피해자, 중증환자를 비롯한 말기암 환자, 학교나 직장 생활로 정신적인 스트레스를 느끼는 사람 등으로 다양하다. 정신대화사는 대화 상대가 필요한 사람들과 진심으로 대화하며 마음의 상처를 치유하는 정신적 서비스를 제공하지만, 약 처방이나 정신요법과 같은 의료 행위는 하지 않는다는 점에서 정신과 의사와는 다르다.

적성과 흥미는?

사회복지사가 되려면 투철한 소명의식과 봉사정신을 지녀야 하며, 관련 분야에 대한 전문 지식과 직업인으로서의 사명감을 갖추어야 한다. 복지 서비스 대상자를 대면하여 업무를 하는 경우가 많으므로 사람에 대한 공감 능력, 이해심, 배려심, 사회성, 대인관계 능력이 필요하다. 업무 수행 과정에서 다양한 일이 발생할 수 있으므로 융통성, 유연한 대처 능력도 필요하다. 복지 서비스 대상자와 친밀감을 형성하고, 사람의 삶이 변화되는 과정에 대한 책임감과 대상자에 대한 존중, 진실한 태도 등도 중요하다. 또한 세금으로 복지 제도가 운영되는 만큼 최소 비용으로 최대의 효과를 낼 수 있는 복지 서비스를 기획할 수 있어야 하며, 복지 대상자를 선정할 합리적 기준도 마련해야 하므로 냉철한 판단력이 요구된다. 사회복지 서비스를 지속적으로 개발하기 위해서는 다양한 분야에 대한 관심과 창의력도 필요하다. 사회복지사에 관심이 있다면 장애인 시설, 노인복지관 등 다양한 복지 시설에서 경험을 쌓을 것을 권장한다.

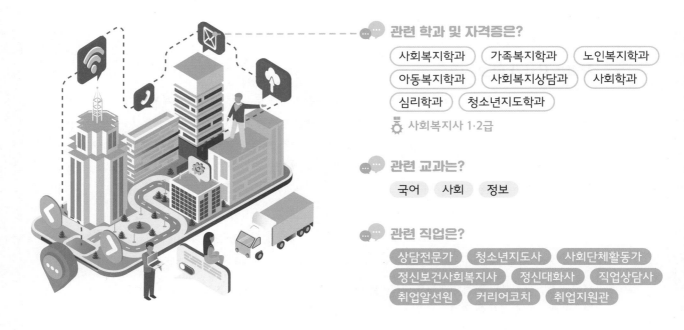

관련 학과 및 자격증은?

사회복지학과   가족복지학과   노인복지학과
아동복지학과   사회복지상담과   사회학과
심리학과   청소년지도학과

사회복지사 1·2급

관련 교과는?

국어   사회   정보

관련 직업은?

상담전문가   청소년지도사   사회단체활동가
정신보건사회복지사   정신대화사   직업상담사
취업알선원   커리어코치   취업지원관

 진출 방법은?

사회복지사가 되기 위해서는 전문대학, 대학교, 대학원 등에서 사회복지, 사회사업 등 관련 학과를 졸업하거나 학점은행제 기관, 평생교육원 등에서 필요한 수업을 이수하여 자격을 취득해야 한다. 학과에서는 사회복지개론, 사회복지실천방법론, 노인복지론, 아동복지론, 장애인복지론, 가족복지론 등의 과목을 교육하며, 학기 중이나 방학 중에 사회복지 현장 실습도 하게 된다.

취업을 위해서는 사회복지사 자격증이 필요한데, 사회복지사 2급은 전문대 이상의 학력 소지자에 한해 사회복지사 필수 14과목을 이수하고, 약 한 달 정도의 사회복지 실습 기간을 거친 자에게 한국사회복지사협회에서 자격증을 발급한다. 또한 대학원에서 사회복지학 또는 사회사업학을 전공한 석사 이상의 학위 취득자가 별도의 시험을 거쳐 사회복지사 1급 자격을 취득할 수 있다. 최근 사회복지사 2급 자격 취득자가 많아지면서 기관에 따라 채용 시 1급 소지자를 우대할 수 있으며, 장기적으로 일하며 관리자급으로 승진하여 경력을 쌓고자 한다면 1급 자격증을 취득하여 경쟁력을 갖출 필요가 있다.

 미래 전망은?

당분간 사회복지사의 고용은 증가할 것으로 전망된다. 사회 발전에 따라 복지 및 삶의 질 향상에 대한 수요가 증가하는 반면, 우리나라의 사회복지 수준은 OECD 국가와 비교하여 현저히 낮다. 이에 정부는 향후 사회복지정책을 더 확대할 것으로 보인다. 또한, 사회복지가 국가의 주요 정책으로 부각되면서 사회복지 담당 인력 확충이 논의되고 있다. 사회복지 전담 인력의 업무 과중과 그에 따른 사회적 문제(자살, 퇴사 등)도 인력 충원을 통해 해결해야 할 과제로 부상함에 따라 사회복지 전담 공무원 수도 지속적으로 증가하고 있다. 따라서 향후 공무원 증원 시 사회복지 영역이 가장 먼저 수혜 볼 것으로 예상된다.

최근 고령 인구 및 독거노인의 증가로 인한 노인 복지, 다문화 가정의 증가로 인한 다문화 가정 복지, 여성 경제활동 참여율 상승에 따른 아동 및 보육 복지 등 수요 계층에 따라 정부의 복지 정책이 다변화되고 있다. 사회복지사의 업무 영역 또한 확대되었는데, 과거에는 아동 보육시설과 공공부문에서 주로 활동했으나 최근에는 기업, 학교, 군대, 병원 등으로 활동 영역을 넓히고 있다. 이처럼 다양한 분야에서 사회복지에 대한 수요가 증가하고 있는 만큼 향후 사회 전반에서 사회복지사에 대한 수요가 증가할 것이다.

CAREER MAP

- 사회 교과 역량 강화
- 봉사 관련 동아리활동
- 사회 복지 관련 기관 및 학과 탐방
- 사회 복지 관련 직업체험활동

준비방법

관련직업
- 상담전문가
- 청소년지도사
- 직업상담사
- 커리어코치
- 취업지원관
- 정신대화사

관련자격
- 사회복지사 1·2급

사회복지사

관련교과
- 국어
- 사회
- 정보

적성과흥미
- 공감 능력
- 타인을 사랑하는 마음
- 사회적 책임의식
- 희생정신
- 봉사정신
- 창의력
- 대인관계 능력
- 상담 능력
- 행정처리 능력

관련기관
- 보건복지부
- 한국사회복지사협회

관련학과
- 사회복지학과
- 가정관리학과
- 노인복지학과
- 물리치료학과
- 보건행정학과
- 아동학과
- 가족복지학과

세무사

세무사란?

세상에는 일 년 내내 쉴 틈 없이 바쁜 직업도 있고, 특정 기간에만 유난히 바쁜 직업도 있다. 세무사는 1월에서 5월까지 가장 바쁘고, 수익도 일 년 중 이때 가장 많다. 이 기간에 법인세, 종합소득세 같은 세금 신고와 연말정산 업무가 집중되어 있기 때문이다. 세금은 세법에 따라 부과되는데, 종류도 다양하고 계산하는 방식도 복잡하다. 그래서 사람들은 세금 문제를 해결할 때 세무사의 도움을 받는다.

세무사는 조세 문제를 상담해주고, 의뢰인을 대신해 회계 장부나 세무 관련 서류를 작성하는 조세 전문가이다. 세무사와 비슷한 일을 하는 회계사가 주로 기업의 회계 감사(기업의 회계 담당자가 작성한 회계 기록을 제3자인 회계사가 검사하는 것) 업무를 담당한다면, 세무사는 기업뿐만 아니라 개인을 포함한 모든 납세자들을 대신해 세금에 대한 고민을 해결해준다. 예를 들어, 기업을 대신해 납세 신고서를 작성해주고, 복잡한 세법 때문에 세무 신고를 어려워하는 사람들을 대신해 세금신고서를 작성해주기도 한다. 또 국세청에서 고지한 세금이 적절하지 않을 때는 국세청에 심사청구를 의뢰하거나 조세심판원에 심판청구를 대행해 세금을 환급받을 수 있게 도와준다. 이 외에도 의뢰인을 대신해 세무조사를 받거나 납세자들에게 합법적인 납세 절차를 알려주는 등 세금과 관련해서 어려운 점이 있을 때 문제를 해결해주는 일을 한다.

🔍 세무사가 하는 일은?

세무사는 조세에 관한 전문가로서 납세 고객의 위임을 받아 조세에 대해 상담하고, 의뢰인을 대리해 회계 장부나 관련 서류를 작성하는 등 세무 업무를 대리한다. 즉, 개인과 기업 등의 납세자를 대리해 납세 의무 이행과 관련된 일체의 세무 대리 업무를 수행한다. 납세신고서를 작성하여 신고하며, 부당납부 고지에 대해서는 세무서, 국세청 및 조세심판원 이의신청, 심사청구, 심판청구 등과 같은 불복청구를 해 납세자의 권익과 재산을 보호한다.

🔍 세법에 따라 납부세액, 결정세액 등을 계산해서 알려주며, 각종 세금과 관련한 내용을 상담하고 자문하는 등 납세자에게 유리한 합법적 납세 절차를 조언·대리한다.

🔍 개인이나 사업자를 대신하여 재무제표 증명이나 세금 완납 증명, 소득금액 증명, 부가가치세 신고 내역, 결산 신고 내역, 사업자등록 증명, 휴·폐업 사실 증명 등 각종 조세 신고 서류의 확인 업무를 수행한다.

🔍 사업자의 사업 실적에 대해 각종 회계 장부의 작성을 대행하고, 이에 대해 세무 조정을 함으로써 세무 신고에 대한 고객의 업무 부담을 덜어준다.

🔍 세법에 어긋난 세무 신고로 피해를 보지 않도록 의뢰인을 대신하여 세금신고서를 작성하며, 국세청의 세금 부과가 부적절하다고 판단되면 국세청을 상대로 의뢰인을 대신하여 심사청구를 하거나 조세심판원에 심판청구 업무를 대행한다.

🔍 부동산을 매매하는 경우나 상속 문제로 세무 조사를 받는 사람을 대신하여 조사를 받고, 납세자의 의견 진술도 대신하는 세무 대리인의 역할을 수행한다.

🔍 공시지가가 주변 시세보다 높거나 낮게 나오면 이의를 제기해 현실에 맞도록 수정하는 등 개별 공시지가에 대한 이의신청 대리 업무도 수행한다.

적성과 흥미는?

세무사의 업무는 대개 돈과 관련된 수치를 다루는 일이다. 정확한 수량화와 체계화를 위한 분석이 필요하므로 뛰어난 수학적 능력과 분석적 사고 능력을 갖추어야 한다. 특히 세무 회계 분야에 흥미가 있고, 복잡한 시스템 구조를 정확하게 분석하고 잘 이해할 수 있는 능력을 지니면 좋다. 그리고 여러 가지 문제를 포기하지 않고 끝까지 해결하고자 하는 끈기가 필요하다.

고객 정보를 보호하고 합법적인 세무 업무를 수행하려면 공정성, 정확성, 강한 직업윤리 의식과 책임감, 성실함, 꼼꼼함이 요구된다. 이 외에도 고객을 대면하고 상담해야 하므로 늘 신뢰감을 줄 수 있는 태도와 원만한 대인관계 능력을 갖추어야 한다. 세법이 자주 바뀌기 때문에 세무사는 매년 조세 제도나 세법의 개정을 확인하고 공부해야 하므로 새로운 정보를 잘 찾고 받아들이는 능력이 있으면 도움이 된다.

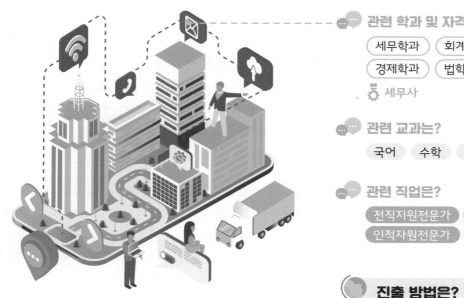

 관련 학과 및 자격증은?

세무학과 회계학과 세무회계과 경영학과

경제학과 법학과 수학과 통계학과

🛠 세무사   🛠 공인회계사(CPA)

관련 교과는?

국어 수학 사회 정보

관련 직업은?

전직지원전문가 창업컨설턴트 노무사 회계사

인적자원전문가 경영컨설턴트 헤드헌터

진출 방법은?

세무사가 되기 위해서는 세무사 자격시험에 합격해야 한다. 세무사 자격시험 과목 중 영어는 공인 영어 시험에서 취득한 성적으로 대체하므로 먼저 공인된 영어 시험에서 일정 점수 이상을 획득하고, 1·2차 시험에 합격해야 한다. 1차 시험에서는 재정학, 세법학개론, 회계학개론, 상법 등에 대한 지식을 평가하고, 2차 시험에서는 회계학, 세법학 등의 전문 지식을 평가한다. 이러한 이유로 대학에서 경제, 경영, 회계, 법학, 세무 등 관련 학과를 전공하는 것이 유리하다. 세무사 시험에 합격한 후 한국세무사회에서 실시하는 2개월 간의 집합교육을 받고 세무사무소에 배치되어 4개월간의 실무 교육을 받아야 정식 세무사로 활동할 수 있다. 또한 개업 혹은 취업 이후에도 매년 8시간 이상의 개정 세법 등에 대한 보수 교육을 받아야 한다.

미래 전망은?

기업이나 정부기관뿐만 아니라 일반인들도 소득에 대한 세금, 부동산 취득세 및 양도세 등 세금에 대해 많은 관심을 갖고 있어 세무 대리 서비스를 제공하는 세무사의 역할은 계속 중요해질 것으로 보인다. 기존에는 자체적으로 처리하던 세무 업무를 최근에는 세무사에게 위탁하여 자체 처리에 따른 위험을 줄이고자 하는 기업이 늘고 있다. 또한 수출입업체의 세금 문제, 국제 조세 등 글로벌 세무 서비스를 비롯해 전문 세무 서비스에 대한 수요가 증가할 전망이다. 기업 내부적으로 회계 및 세무 관련 업무자를 직접 고용하는 경우 자격증 소지자를 우대하고 있고, 세무직 공무원 중 세무사 자동 등록 가능 인력이 세무 사무실을 개업하는 사례가 늘어나는 것도 세무사에 대한 수요가 증가하는 요인으로 작용할 것이다.

매년 일정 규모의 세무사가 배출되는 데 비해 수임 거래처가 획기적으로 늘어나지 않는다면 개업 세무사 간의 경쟁은 치열해질 수 밖에 없으므로 부동산, 보험 등 전문 분야를 통합하는 서비스를 제공하여 경쟁력을 강화할 필요가 있다. 또한 세무 시스템의 발전으로 전자 신고가 가능해지고, 세무 회계 소프트웨어 이용이 활성화됨에 따라 세무사 한 사람이 처리할 수 있는 업무량도 크게 늘어나고 있어 장기적으로는 세무사의 고용 감소를 가져올 가능성도 있어 보인다.

> **Tip 세무사와 세무공무원의 차이에 대해 알아볼까요?**
>
> 세무사는 납세자의 위임을 받아 세무서에 각종 세금신고를 대신해주거나 자문해주는 전문 직업으로, 세무사 자격시험에 합격하여 자격을 취득해야 한다. 세무공무원은 국가직 공무원 시험을 거친 후 국세청 산하의 지방 국세청에 소속되어 관할 구역의 내국세의 부과·감면·징수에 관한 사무를 담당하는 세무행정기관인 세무서에 근무하는 공무원이다.
>
> 흔히 공인노무사처럼 세무사에 공인이라는 단어를 붙여 공인세무사로 부르는 사람들이 종종 있는데, 이는 틀린 표현이다. 세무사나 법무사, 변호사는 고객의 이익을 위해서만 직무를 수행하기 때문에 공인이라는 말을 쓰지 않는다. 반면, 공인노무사나 공인회계사의 경우 노동자와 회사, 감사 대상 기업과 투자자 사이에서 중립을 지켜야 하기에 공인이라는 말을 사용한다.

CAREER MAP

- 수학, 통계 관련 교과 역량 강화
- 수학, 통계 관련 동아리활동
- 세무 관련 기업이나 학과 탐방
- 세무사 관련 직업체험활동

- 창업컨설턴트
- 전직지원전문가
- 노무사
- 인적자원전문가
- 회계사
- 경영컨설턴트
- 헤드헌터

- 세무사

**준비
방법**

**관련
직업**

세무사

**관련
자격**

**관련
교과**

- 국어
- 수학
- 사회
- 정보

**적성과
흥미**

**관련
학과**

**관련
기관**

- 수학적 능력
- 분석적 사고 능력
- 공정성
- 정확성
- 책임의식
- 성실함
- 대인관계 능력

- 국세공무원교육원
- 한국세무사회
- 국세청

- 세무학과
- 회계학과
- 경영학과
- 경제학과
- 법학과

아나운서

아나운서란?

아나운서는 라디오와 텔레비전 방송을 통하여 각종 정보를 전달하고 프로그램을 진행하는 전문가다. 방송 전에 미리 이야기해야 할 내용이 적혀있는 대본을 여러 번 읽고 무엇에 관한 내용인가를 파악하며 방송 진행 중에 쉽게 알아볼 수 있도록 표시해두어야 한다. 사건 및 사고 관계자와 면담 후 발생 원인, 진행 과정, 결과 등을 상세히 보도하며, 공적인 인물과 인터뷰를 하기도 한다.

아나운서는 뉴스를 발표하고 취재기자와 연결하여 현장의 상황을 전달하는 앵커, 사건에 관련된 사람과 면담을 하고 원인이나 결과를 보도하는 뉴스캐스터, 날씨 정보를 보도하는 기상캐스터 등으로 다양한 분야에서 활동한다. 최근에는 인공지능 기술이 발달하면서 사람의 목소리와 얼굴을 똑같이 합성하여 제작한 인공지능 아나운서에 대한 연구도 진행되고 있다.

🔍 아나운서가 하는 일은?

아나운서는 시청자나 청취자에게 라디오와 텔레비전 방송을 통하여 뉴스, 공보, 기타 고지사항을 발표하고, 프로그램을 진행한다.

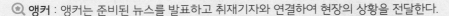

- 🔍 **앵커** : 앵커는 준비된 뉴스를 발표하고 취재기자와 연결하여 현장의 상황을 전달한다.
- 🔍 **스포츠캐스터** : 스포츠캐스터는 현지에서 운동경기를 중계하거나 경기 상황을 녹화하여 방송한다.
- 🔍 **뉴스캐스터** : 뉴스캐스터는 사건 및 사고에 관련된 사람과 면담을 하고, 원인·과정·결과 등을 보도한다.
- 🔍 **기상캐스터** : 기상캐스터는 날씨에 대한 정보를 정리하고, 일간 및 주간 날씨 정보를 보도한다.
- 🔍 **사회자(MC)** : 사회자는 퀴즈 및 토론 프로그램 등을 진행하거나 의식이나 행사를 중계 방송한다.
- 🔍 **라디오 아나운서** : 라디오에서 아나운서는 뉴스나 스포츠, 날씨뿐 아니라 음악 프로를 진행한다.

> **Tip 지상파 아나운서 채용 과정을 살펴볼까요?**
> - 1차 : 서류평가 (대면 또는 비대면 카메라테스트)
> - 2차 : 필기평가 (작문 또는 논술)
> - 3차 : 실무능력평가 (인성검사 포함)
> - 4차 : 최종 면접 평가
> - 5차 : 신체검사 및 신원 조회

📊 적성과 흥미는?

아나운서는 표준어와 바른 우리말을 구사할 수 있어야 하며 정확한 발음, 풍부한 표현 능력 등 언어에 대한 감각이 있어야 한다. 아나운서가 되기 위해 대학에서 국어국문학과, 언론정보학과, 신문방송학과 등을 전공하면서 발음 연습과 표현 능력을 기르기 위해서 꾸준히 노력해야 한다. 사회, 문화 등 다양한 분야에 대한 관심이 필요하고, 시사 분야에 대한 깊은 이해가 있어야 한다. 대학에서 국어국문학과뿐만 아니라 다른 전공을 통해서 폭넓은 공부를 하고, 시사에 대해 깊이 있는 고민을 하는 것이 필요하다. 순발력이 필요하며 시청자들에게 호감과 신뢰감을 줄 수 있는 외모와 말투를 가진 사람에게 유리하다. 주변 사람들에게 호감을 주고 신뢰감을 갖게 하려면 평소에 바른 인성과 철저한 자기 관리를 해야한다. 예술형과 사회형의 흥미가 있는 사람에게 적합하며, 타인에 대한 배려, 사회성, 협조심 등의 성격을 가진 사람들에게 유리하다.

아나운서를 처음 시작하면 방송 순서를 알리는 등 주로 가벼운 업무를 하지만, 시간이 지나서 능력과 인지도를 갖추게 되면 프리랜서로 독립하여 다양한 영역의 프로그램에 출연할 수 있어서 성실하고 꾸준하게 노력하는 자세가 필요하다.

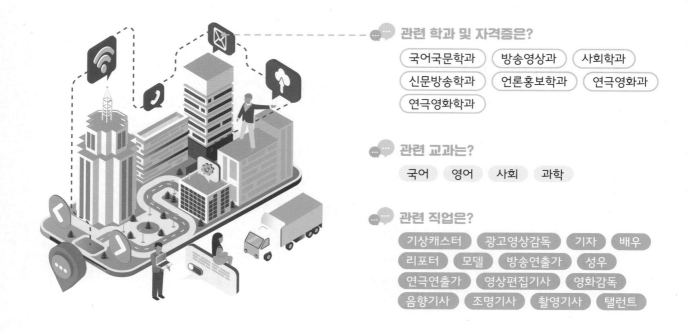

관련 학과 및 자격증은?

국어국문학과　　방송영상과　　사회학과

신문방송학과　　언론홍보학과　　연극영화과

연극영화학과

관련 교과는?

국어　　영어　　사회　　과학

관련 직업은?

기상캐스터　　광고영상감독　　기자　　배우

리포터　　모델　　방송연출가　　성우

연극연출가　　영상편집기사　　영화감독

음향기사　　조명기사　　촬영기사　　탤런트

Tip　인공지능이 만든 AI 아나운서에 대해 알아볼까요?

- 인공지능(AI, Artificial Intelligence) : 인간의 학습 능력과 추론 능력 그리고 언어 이해 능력을 컴퓨터 프로그램으로 실현하는 학문 또는 기술이다.
- 인공지능의 특징 : 사람의 지능과 유사한 문제해결 능력, 학습, 범용성을 가진다.
- AI 아나운서 : 사람의 목소리와 얼굴을 똑같이 합성한 후 뉴스 앵커의 영상을 AI 기술로 학습시킨다. 뉴스를 진행하는 앵커와 똑같은 말투와 억양을 유지하면서 말하는 얼굴과 표정, 움직임까지 표현할 수 있도록 개발되었다. 최근에 방송국에서도 AI 아나운서를 활용한 방송 제작을 연구하고 있다.

 진출 방법은?

아나운서가 되기 위한 전공의 제한은 없으나 4년제 대학 이상의 신문방송학과나 인문사회계열 학과를 전공하는 것을 추천한다. 대학에서 커뮤니케이션에 대한 이해와 미디어 활용 및 실무 능력을 교육받거나 방송사에서 운영하는 방송아카데미 등에서 교육받은 후 공개채용을 통해서 지상파방송사, 종합유선방송사 등으로 진출할 수 있다.

 미래 전망은?

아나운서의 고용은 현 상태를 유지할 것으로 전망된다. 전체 아나운서 수의 급격한 변동은 없는 것으로 나타났지만, 방송채널사용사업 부문의 경우 지상파방송사보다 아나운서 채용이 상대적으로 많이 증가한 것으로 조사된다. 종합편성채널 및 뉴스전문채널이 지상파방송사보다 더 높은 시청률을 올리면서 아나운서의 고용에 긍정적인 영향을 미친 것으로 분석된다. 아직도 아나운서 전체 종사자 수 자체가 많지 않으며 방송환경의 특별한 변화가 없는 한 큰 변동이 없을 것으로 보인다.

최근에는 연기자나 개그맨들이 아나운서의 전문영역인 프로그램 진행을 많이 하게 되면서 아나운서의 활동무대가 축소되는 면이 있다. 앞으로는 예전의 전형적인 아나운서의 이미지를 갖춘 사람보다는 엔터테이너로서의 자질을 모두 가지고 있는 아나운서가 요구되는 추세이므로 이런 재능을 발휘할 수 있는 전문가의 고용이 증가할 것으로 전망된다.

CAREER MAP

- 국어, 사회 교과 학습 역량 강화
- 문제해결 능력 배양 프로그램 참여
- 협업 및 리더십 프로그램 참여
- 시사, 논술, 토론반 관련 동아리활동

**준비
방법**

**관련
교과**

- 국어
- 영어
- 사회
- 과학

- 국어국문학과
- 방송영상과
- 사회학과
- 신문방송학과
- 언론홍보학과
- 연극영화과
- 연극영화학과

**관련
학과**

아나운서

**적성과
흥미**

**관련
직업**

- 국어, 사회 등 기초과목에 대한 흥미
- 문제해결 능력
- 논리적 사고 능력
- 유연한 사고
- 통합적 사고 능력
- 꼼꼼함과 세심함
- 의사전달 능력 및 팀워크
- 책임의식

**관련
기관**

- 방송통신위원회
- 방송통신심의위원회
- 한국방송광고진흥공사
- 시청자미디어재단
- 한국방송협회
- 한국신문협회

- 기상캐스터
- 광고영상감독
- 기자
- 리포터
- 모델
- 방송연출가
- 성우
- 배우
- 연극연출가
- 영상편집기사
- 영화감독
- 음향기사
- 조명기사
- 촬영기사
- 탤런트

여론조사전문가

여론조사전문가란?

여론조사전문가는 여론 및 선거, TV 시청률 등에 대한 조사와 연구를 실시하고, 조사 결과를 분석하여 보고서로 작성하는 전문가이다. 통계학, 경제학, 사회학 및 심리학 등의 전문 지식을 활용하여 자료를 조사한다. 전화조사, 인터뷰, 설문조사 등의 방법으로 의뢰인과 용역의 특성에 따라 계획안을 수립하고 조사를 실시한다.

여론조사전문가는 설문조사가 진행되는 동안 진행 상황을 모니터링하며 모든 조사가 원활히 진행될 수 있도록 감독한다. 설문조사가 완성되면 코딩을 한 후 통계프로그램을 통해서 자료를 분석하고, 데이터를 유기적으로 모아 전체적인 의미를 갖는 리포트를 작성한다. 작성된 리포트를 의뢰인에게 제출하며 상세한 내용을 발표한다. 정치 관련 여론조사의 경우 유권자에 대한 조사연구와 시청률이나 브랜드 인지도 등에 대해서 분석하는 전문가이다.

🔍 여론조사전문가가 하는 일은?

여론조사전문가는 정당이나 공공단체 등의 단체들이 원하는 여론조사 자료를 설문법 등을 통하여 수집하고 분석한다.

🔍 **조사계획안 수립** : 의뢰인과 용역의 특성 등에 관한 자료를 검토하여 그 특성을 반영할 수 있는 조사계획 안을 수립한다.

🔍 **조사방식 안내 및 확정** : 개별방문, 가정방문, 전화, 우편 등의 구체적인 조사방식과 표본의 수, 조사기간 등 을 의뢰인에게 설명하고 확정한다.

🔍 **시장조사 회사와 협업** : 확정된 시장조사 회사의 정량분석팀과 미팅을 통해 계획안에 있는 구체적인 내용 들을 설명하고 필드매니저에게 조사대상, 조사방법, 설문내용 등에 대해 안내한다.

🔍 **모니터링 및 지시감독** : 현장 설문조사가 진행되는 동안 진척 사항을 모니터링하며 모든 조사가 원활히 진 행될 수 있도록 지시·감독하며 협의한다.

🔍 **리포트 작성 및 제출** : 통계프로그램을 통해 여러 가지 데이터를 분석하며, 이러한 분석된 데이터를 유기적 으로 모아 전체적인 의미를 갖는 리포트를 작성·제출한다.

Tip 선거 여론조사 기준에 대해 알아볼까요?

• 의미 : 중앙심의위원회가 공표 또는 보도를 목적으로 하는 선거 여론조사의 객관성·신뢰성을 확보하기 위 하여 필요한 사항을 정하여 공표한 기준

• 적용범위 : 선거 여론조사 사전신고, 선거 여론조사 실시, 공표 및 보도 전 중앙심의위원회 홈페이지 등록, 공표 및 보도 시 지켜야 할 사항 등

적성과 흥미는?

여론조사전문가는 여론 및 조사 방법에 대한 지식을 습득하기 위해서 꾸준히 노력해야 한다. 컴퓨터 프로그램 사용법을 익히고 활용하여 다양한 통계분석 기법을 사용할 수 있어야 한다. 통계프로그램으로 나온 결과를 해석 하고 정확하게 분석해낼 수 있는 수학적 사고 능력이 요구된다. 여론 및 시장 조사의 분석 결과를 토대로 의뢰자 가 요구하는 보고서를 작성할 수 있는 글쓰기 능력이 필요하다. 이를 상사나 의뢰자에게 설득하고 이해시킬 수 있 는 논리적인 언어 능력과 의사소통 능력이 요구된다. 평소 다양한 분야에 호기심이 많고, 사회 현상의 원인을 분 석하는 일에 대한 흥미와 소질이 있는 사람에게 적합하다.

여론조사전문가가 되고 싶다면 어려서부터 주변의 사회 현상에 대해 호기심을 가지고 정치 및 사회 관련 도 서나 신문 기사를 읽으면서 시사 상식을 습득하는 것이 중요하다. 전국학생통계활용대회 등과 같은 통계분석프 로그램에 꾸준히 참여하면서 문제해결 능력과 탐구력, 창의성 등을 향상시키기 위해 노력하는 것을 추천한다.

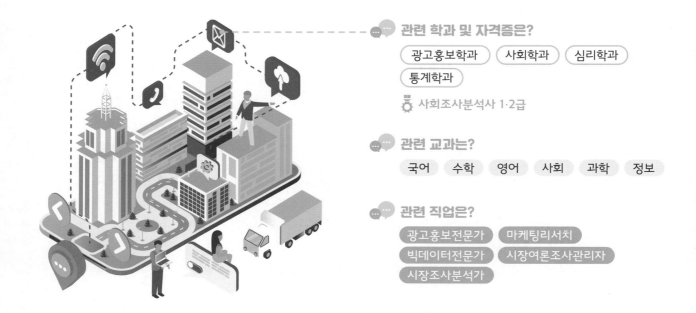

관련 학과 및 자격증은?

광고홍보학과   사회학과   심리학과   통계학과

사회조사분석사 1·2급

관련 교과는?

국어   수학   영어   사회   과학   정보

관련 직업은?

광고홍보전문가   마케팅리서치   빅데이터전문가   시장여론조사관리자   시장조사분석가

Tip 전국학생통계활용대회에 대해 알아볼까요?

· **대회 소개** : 학생들의 합리적인 사고방식을 함양하고 통계적 지식을 증진시키고자 1998년부터 초등학생을 대상으로 시작한 후, 2021년 23회째 전국 초·중·고교 총 509개 학교의 1,661팀 3,853명의 학생이 참여하였다.

· **통계포스터** : 하나 이상의 연관된 그래프를 사용해 자료를 요약하고, 여러 관점으로 문제에 접근하는 과정에서 문제의 해답을 찾고, 분석한 자료를 시각적으로 보여주는 자료이며 문제해결 과정에서 통계가 반드시 사용되어야 한다.

· **통계포스터 작성 방법** : 통계포스터는 주제 정하기, 계획 수립, 자료 수집, 자료 분석, 시각화하기, 결론 정리의 순서로 작성한다.

· **통계포스터 주제 영역** : 일상생활에서 연구할 가치가 있는 주제, 학생들의 학습 영역을 응용한 주제, 과학·환경 분야에서 실험 혹은 연구할 가치가 있는 주제, 센서스앳스쿨·통계청 공시자료·신문자료 등을 활용한 연구, 기타 주제에 참여할 수 있다.

 진출 방법은?

여론조사전문가로 진출하고자 한다면 4년제 대학교 이상에서 통계, 심리, 신문방송, 사회 관련 전공을 하는 것이 유리하다. 여론조사업체에서는 여론조사나 통계처리의 경험이 있는 경력자를 원하거나 석사 이상의 학력을 요구하기도 한다. 여론조사전문가가 되기 위해서는 조사 전문회사나 연구기관에서 수행하는 조사에 보조원으로 참여하여 실무 경험을 쌓는 것을 추천한다.

 미래 전망은?

여론조사전문가의 고용은 다소 늘거나 큰 변화가 없을 것으로 전망된다. 사람들의 기대 수준이 높아지면서 수요자 중심의 행정서비스와 정책이 중요해지고 있다. 사람들의 요구 사항을 파악하기 위해서 특정 현안이나 정책 입안을 위한 여론조사가 수시로 이루어지고 있다. 체계적인 여론조사를 실시하기 위해서 여론조사전문가의 입지가 강화되는 경향을 보이고 있다. 여론조사의 중요성은 증가하고 있지만 여론 조사를 실시하는 업무량의 수준에서 고용을 늘리는 상황이다. 정부 차원에서 여론 조사에 대한 중요성을 인식하여 투자를 실시하고, 사람들이 여론조사 결과에 대해서 정확한 분석 자료를 요구한다면 여론조사전문가의 수요는 증가할 것이다.

그러나 여론조사와 관련된 대형프로젝트가 지속해서 발생하지 않기 때문에 여론조사를 총괄하는 여론조사 관리자의 고용은 크게 변하지 않을 것으로 예상된다.

CAREER MAP

- 국어, 사회 교과 학습 역량 강화
- 문제해결 능력 배양 프로그램 참여
- 협업 및 리더십 프로그램 참여
- 시사, 논술, 토론반 관련 동아리활동

준비 방법

- 광고홍보전문가
- 마케팅리서치
- 빅데이터전문가
- 시장여론조사관리자
- 시장조사분석가

관련 직업

- 국어
- 수학
- 영어
- 사회
- 과학
- 정보

관련 교과

여론조사 전문가

관련 학과

- 광고홍보학과
- 사회학과
- 심리학과
- 통계학과

적성과 흥미

관련 기관

관련 자격

- 국어, 사회 등 기초과목에 대한 흥미
- 문제해결 능력
- 논리적 사고 능력
- 유연한 사고
- 통합적 사고 능력
- 꼼꼼함과 세심함
- 합리적 의사결정 능력
- 책임의식

- 중앙선거관리위원회
- 한국조사협회
- 한국정치조사협회
- 한국방송협회
- 한국신문협회
- 한국조사연구학회

- 사회조사분석사 1·2급

외환딜러

외환딜러란?

외환딜러는 외환시장의 추이를 분석하고, 외환의 현물 및 선물을 매매하는 업무를 수행하는 전문가이다. 달러화, 엔화, 마르크화 등 국제 금융 시장에서 통용되는 외환과 파생상품을 싼 시점에 사들이고 비쌀 때 팔아 그 차액을 남기는 일을 한다.

세계정세가 변화할 때 외환의 변화를 조사하고, 외환시장의 동향을 파악하여 수집된 금융 관련 정보를 분석한다. 조사한 자료를 분석하여 환율변화를 예측하고, 이에 따른 손실이 발생하는 것을 방지하고 이익을 남기기 위해 매매 시점을 포착한다. 이익을 낼 수 있는 적절한 시기를 파악하여 외환과 외환선물 상품을 매매한다. 외환시장 조건과 전망에 대해 분석한 자료를 고객이나 상급 관리자에게 안내하고, 이익을 남길 수 있는 시기를 파악하여 거래를 권고하는 외환시장의 전문가이다.

 외환딜러가 하는 일은?

외환딜러는 달러, 유로화, 엔화, 위안화, 바트화 등 각국의 화폐와 파생상품을 가장 싼 시점에 사서 가장 비쌀 때 팔아 그 차액만큼의 이익을 남기는 전문가이다.

🔍 금융 정보 수집

세계정세 변화 및 외환시장 동향 등 금융 관련 정보를 수집·분석한다.

🔍 외환 및 파생상품 거래

달러화, 엔화, 마르크화 등 국제 금융 시장에서 통용되는 외환과 파생상품을 싼 시점에 사들이고 비쌀 때 팔아 그 차액을 남긴다.

🔍 외환 및 외환선물 상품 매매

환율변화를 예측하고, 이에 따른 손실 발생 방지 및 이익을 남기기 위해 매매 시점을 포착한 후 외환과 외환선물 상품을 매매한다.

🔍 외환시장 조건 및 전망 안내

외환시장 조건과 전망에 대해 고객이나 상급 관리자에게 알리고, 거래를 권고한다.

Tip 환율 관련 용어에 대해 알아볼까요?

- 기준환율 : 한 나라가 자국 통화와 각국 통화 간의 환율을 결정할 때, 그 기준으로 삼기 위해 먼저 결정되는 특정국 통화와의 환율
- 재정환율 : 미국의 달러화 환율을 기초로 자동 결정되는 달러화 이외의 기타 통화의 환율
- 시장환율 : 실제 시장에서 거래되고 있는 환율이고, 외환딜러들이 매입·매도 환율을 제시하고 서로 체결하는 데 사용하는 환율
- 매입환율 : 은행이나 외환딜러가 외환을 고객으로부터 매입하는 가격. 즉, 고객의 입장에서는 외환을 매도할 때 적용받는 환율
- 매도환율 : 은행이나 외환딜러가 외환을 고객에게 매도하는 가격. 즉, 고객의 입장에서는 외환을 매입할 때 적용받는 환율

📊 적성과 흥미는?

외환딜러는 세계정세가 변화할 때 외환의 변화를 예상할 수 있는 직관력과 외환시장의 추이를 분석하기 위해서 통계학적 판단력과 결단력이 있어야 한다. 국내뿐만 아니라 수시로 변화하는 해외 경제 동향을 파악하기 위해서 능숙한 외국어 실력이 필요하다. 변화하는 경제 현상을 이해하기 위해서는 세계의 정세변화와 경제변동에 대한 풍부한 지식을 갖추어야 한다. 외환딜러는 이익을 남길 때도 있지만 예상하지 못한 손해를 볼 때도 금방 잊어버릴 수 있는 대담한 성격이어야 한다. 외환과 파생상품을 싼 시점에 사들이고 비쌀 때 팔기 위해서는 적절한 시기를 결정하기 위해서 자기통제 능력이 있어야 한다. 진취형과 탐구형의 흥미가 있는 사람들과 스트레스 감내, 독립성, 적응성 및 융통성 등의 성격을 가진 사람들에게 유리한 직업이다.

외환딜러가 되고 싶다면 어려서부터 주변의 사회 현상에 대해 호기심을 가지고 경제 관련 도서나 신문을 읽으면서 경제 현상과 관련된 지식을 습득하는 것이 중요하다. 한국은행이나 기획재정부에서 운영하는 경제 교육 프로그램에 참여하거나 경제신문사에서 주관하는 경제 관련 대회에 참여하는 것도 추천한다.

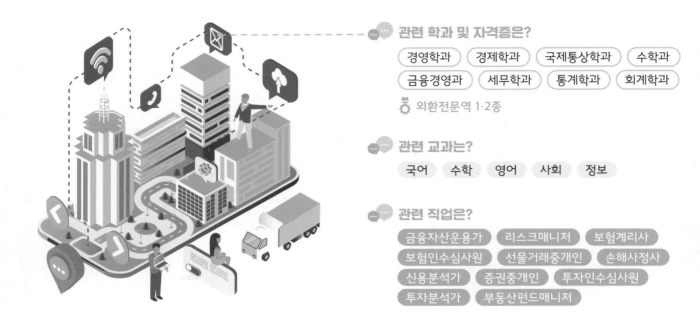

관련 학과 및 자격증은?

경영학과 경제학과 국제통상학과 수학과

금융경영과 세무학과 통계학과 회계학과

외환전문역 1·2종

관련 교과는?

국어 수학 영어 사회 정보

관련 직업은?

금융자산운용가 리스크매니저 보험계리사

보험인수심사원 선물거래중개인 손해사정사

신용분석가 증권중개인 투자인수심사원

투자분석가 부동산펀드매니저

진출 방법은?

외환딜러로 진출하고자 한다면 4년제 대학교 이상에서 경영학, 경제학, 회계학, 무역학, 통계학 등을 전공하는 것이 유리하다. 대학원에 진학하여 경영, 경제, 회계 분야의 석사 학위를 취득하는 것도 추천한다. 한국금융연수원 등에서 운영하는 외환딜러양성 프로그램 교육을 받을 수 있고, 금융기관에 입사한 후 경력을 쌓아 외환딜러가 되는 경우도 있다.

Tip 증권중개인에 대해 알아볼까요?

• 업무 : 증권회사에 방문하는 고객을 대상으로 주식이나 채권 등 현물 유가증권에 관한 영업 및 상담, 상품 중개를 실시하거나 펀드 등에 대해서 소개하고 가입을 유도한다.

• 분야 : 증권회사의 증권중개인은 증권 전문 인력과 선물 전문 인력으로 나뉘고, 증권중개인은 매매상품에 따라 주식, 채권 등의 전문 분야로 구분된다.

• 능력 : 증권중개인은 국내외 수시로 변화하는 경제와 주식시장에 대한 판단력과 분석력, 마케팅 능력이 필요하다. 수시로 변동되는 증권시장의 변화에 적극 대처할 수 있는 균형감각이 필요하며 고객에게 상품을 설명하고 설득할 수 있는 능력과 커뮤니케이션 역량도 필요하다.

미래 전망은?

외환딜러의 고용은 큰 변화가 없거나 다소 감소할 것으로 전망된다. 그동안 해외시장 개방, 해외여행 활성화 등으로 외환거래가 증가하면서 외환딜러의 수요도 꾸준하였다. 하지만 지속되는 저금리는 외환의 유입 기회 및 재정거래 축소로 이어지고 유동성 감소 및 거래량 감소, 투자거래 수요로 이어져 외환딜러에 대한 수요를 위축시키는 요인으로 작용할 것이다. 예전에는 외환딜러가 정보를 장악하고 있었으나, 외환 수요자인 각 기업들의 정보력이 점차 커지면서 높은 수수료를 받던 전문딜러의 수요가 감소할 수 있으며, 은행에서도 기존의 외환딜러업무를 일반 금융사무원들이 담당하는 등 업무영역의 변화가 있을 수 있다. 또한 외환취급과 관련한 국제규제의 변동성, 빅데이터에 기반한 거래의 활성화도 향후 외환딜러의 수요 위축을 불러올 것으로 보인다. 하지만 외환딜러는 은행 및 금융기관에서의 풍부한 경력과 국내외 경제 현상에 대한 높은 수준의 이해가 필요하므로 경제 분야의 전문직으로 꾸준히 대우받을 것으로 예상된다.

CAREER MAP

- 수학, 영어, 사회 교과 학습 역량 강화
- 경제 및 경영 캠프 참여
- 협업 및 리더십 프로그램 참여
- 경영경제, 수학, 토론반 관련 동아리활동

준비 방법

관련 직업

- 금융자산운용가
- 리스크매니저
- 부동산펀드매니저
- 보험계리사
- 보험인수심사원
- 선물거래중개인
- 손해사정사
- 신용분석가
- 증권중개인
- 투자인수심사원
- 투자분석가

관련 학과

- 경영학과
- 경제학과
- 국제통상학과
- 금융경영과
- 세무학과
- 수학과
- 통계학과
- 회계학과

외환딜러

관련 교과

- 국어
- 수학
- 영어
- 사회
- 정보

적성과 흥미

- 국어, 영어, 사회 등 기초 과목에 대한 흥미
- 문제해결 능력
- 논리적 사고 능력
- 유연한 사고
- 통합적 사고 능력
- 꼼꼼함과 세심함
- 합리적 의사결정 능력
- 책임의식

관련 기관

- 금융감독원
- 국제금융센터
- 기획재정부
- 한국신용정보원
- 한국은행
- 한국금융연구원
- 화폐박물관

관련 자격

- 외환전문역 1·2종

투자분석가

투자분석가란?

투자분석가(애널리스트, Analyst)는 증권 회사와 같은 금융사에 소속되어 자신의 회사 혹은 회사의 고객들에게 금융 및 투자 정보를 제공하기 위해 시장 정보를 수집·분석·연구한다. 일반적으로 투자분석가는 주식 시장에서 일하는 사람으로만 알려져 있다. 좀 더 정확하게 말하자면 전자, IT, 조선, 해양, 철강, 자동차, 유통, 식품, 거시 경제 등 많은 분야를 담당하면서 주식 시장을 분석하고 예측하는 전문가이고, 투자할 만한 기업을 분석한 후 향후 주가의 향방에 대해 예상하여 보고서를 작성하는 사람이다.

투자분석가는 국내 증권시장은 물론 유럽, 미국 등 해외 증권시장의 시차를 고려하여 업무를 진행해야 하므로 근무 시간이 보통 직장인들보다 일찍 시작하고 늦게 끝난다. 증권회사의 투자분석가 대부분은 오전 7시 전후에 출근하여 한국 시간으로 오전 5시 30분에 종료되는 미국 증권시장 상황을 파악하고, 오전 7시 30분부터 아침 회의를 진행한다. 오전 9시에 국내 증권시장이 열리면 고객과 통화하거나 담당 기업을 방문하기도 하고, 고객 대상의 세미나를 진행하는 등 쉴 새 없이 바쁜 일정을 소화한다. 오후 3시에 국내 증권 시장이 종료되면 증권시장의 상황을 정리하고, 오후에 시작되는 유럽 증권시장의 상황을 본 후 저녁에 관련 보고서를 작성한다. 일을 마무리하면 오후 10시 정도가 되며, 그때쯤 미국 증권시장이 다시 열린다.

이처럼 24시간을 바삐 움직이는 체제이므로 일과 삶의 경계가 불분명해질 수 있어 힘든 일과를 견딜 수 있는 강인한 체력과 끈기가 필요하다.

투자분석가가 하는 일은?

투자분석가는 증권회사의 리서치 부서에 근무하면서 법적 허가를 받아 공개적으로 국내외 경제활동 상태나 기업에 관련된 보고서를 쓸 수 있는 권한을 부여받은 사람이다. 이들은 개별 기업들에게 주어진 경영 환경과 산업전망에 따라 주식 혹은 펀드 등 파생 상품 시장의 관계를 파악하고, 전반적인 시장 동향을 분석한다.

정식 투자분석가는 대부분 증권 회사의 리서치 부서에 소속되어 있다. TV나 인터넷 방송에서 '주식 전문가', '시장애널리스트', '사이버애널리스트'라고 불리는 사람들이 있지만, 금융투자협회에 등록된 사람이 아니라면 정식 투자분석가라고 보기는 어렵다. 증권회사마다 조금씩 차이가 있지만 리서치부서 내에는 주식 시장을 이루고 있는 주요 종목별 혹은 산업군별로 대표 투자분석가들이 있다. 이들은 각 분야별로 각종 정보를 수집하여 경제, 산업, 종목 등을 분석하며, 주식 시장 및 개별 업종과 종목에 대한 투자 의견과 목표 지수 등을 제시하는 업무를 수행한다.

- 투자분석가는 자신의 회사 혹은 회사 고객들에게 금융 및 투자 자문을 제공하기 위해 금융시장 정보를 수집·분석한다.
- 매일의 주식 및 채권 보고서, 경제 예측, 거래량, 금융 잡지, 증권 편람, 회사 재무제표 등과 출판물을 이용하여 회사, 주식, 채권 및 기타 투자에 대한 정보를 수집한다.
- 거시 경제 흐름이나 산업별 동향을 분석하고, 기업의 경영, 재무 여건, 성장 가능성 등 투자의 방향성을 제시한다.
- 회사의 개요, 주식 및 채권 가격, 이자율 및 장래 동향 등을 조사·분석하며, 특정 유가 증권의 본질적 가치에 대한 자료를 수집한다.
- 증권의 안전성, 수익성, 유동성을 분석하고, 고객, 연금펀드관리자, 증권 중개인 및 협회에 투자 자문 및 권고안을 제공한다.

적성과 흥미는?

투자분석가는 수학적 사고 능력과 거시 경제 흐름을 읽을 수 있는 통찰력, 논리적 분석력과 역동적으로 변하는 증권시장에 대처할 수 있는 상황 판단 능력, 균형 감각, 업무에 대한 집중력을 갖추어야 한다. 증권 관련 수치 자료를 신속 정확하게 계산할 수 있는 수리 능력과 통계학적 분석력이 요구되며, 때로는 과감하게 의사결정을 내릴 수 있는 결단력도 필요하다.

이성적이면서도 꼼꼼한 성격의 사람에게 적합하며, 투자자들에게 정확한 정보를 제공할 사회적 책임감과 도덕성도 갖추어야 한다. 그리고 상대방을 설득할 수 있는 능력과 신뢰를 줄 수 있는 태도 등이 필요하다. 이 외에도 해외투자자들을 상대하거나 외국 문헌을 분석하는 일도 있어 능통한 외국어 실력과 발표 능력을 갖추어야 한다. 투자분석가에 대해 관심이 있는 사람이라면 수학, 사회, 정보 관련 교과 지식을 습득하고자 노력하고, 국내외 정세 및 경제 상황에 관심을 가지면서 이와 관련한 독서 및 뉴스 검색을 통해 폭넓은 지식을 습득해야 한다. 또한 컴퓨터 활용 능력을 키우고, 기초 체력을 갖추기 위해 꾸준히 운동하는 것이 중요하다.

관련 학과 및 자격증은?

경영학과　경제학과　국제경영 및 통상학과

금융보험과　금융보험학과　세무학과

통계학과　회계학과

 신용분석사　　　　　　CFA(국제재무분석사)

CPA(공인회계사)

CRA(신용위험분석사-국가공인민간)

CIIA(국제공인증권분석사-해외)

관련 교과는?

수학　영어　사회

관련 직업은?

재정분석가　신용분석가　금융자산운용가

증권중개인　선물거래중개인　보험계리사

손해사정사　외환딜러　투자인수심사원

부동산펀드매니저　리스크매니저

보험인수심사원　공인회계사

Tip 펀드매니저에 대해 알아볼까요?

일반적으로 애널리스트와 펀드매니저의 하는 일이 같다고 생각하는 경우가 많다. 그러나 펀드매니저는 펀드 재산을 실제로 운용하는 자산 운용 전문가로, 은행, 보험 회사, 투자 신탁 회사, 연금 운용 기관 등에서 근무하며 독자적으로 판단하여 고객의 위탁 자산을 다른 금융 상품에 투자해 수익을 올린다.

애널리스트와 펀드매니저의 가장 큰 차이점은 취득 자격증인데, 애널리스트와 관련된 자격증으로는 국제재무분석사(CFA), 공인회계사(CPA) 등이 있고, 펀드매니저와 관련된 자격증으로는 투자자산운용사가 있다. 애널리스트는 주로 증권사 등에서 근무하고 증권 방송에도 출연하여 투자에 대한 조언을 하는 반면, 펀드매니저는 주로 고객의 투자 자산을 운용한다.

진출 방법은?

투자분석가가 되기 위해서는 특정한 자격 요건은 없으나 일반적으로 대학교에서 경영학, 경제학, 회계학, 통계학, 금융학 등을 전공하면 유리하다. 하지만 최근에는 이공계열 전공자도 많이 고용되고 있는 실정이다.

일반적으로 증권회사의 기업분석팀이나 경제연구소의 리서치부서 등에 배치되어 집중적으로 실무 경력을 쌓은 후 투자분석가가 되는 경우가 대부분인데, 대개 2~3년 이상 실무를 익힌 뒤 실전에 배치된다. 간혹 IT(전기 전자)나 인터넷 게임과 같은 전문 분야에 근무하다가 투자분석가로 이직한 사람들 중에는 수습 기간을 거치지 않고, 관련 기업에서 근무한 경력으로만 투자분석가가 된 사례도 있다. 이 경우에도 금융투자협회에서 주관하는 금융투자분석사 시험에 통과해야 정식 애널리스트가 될 수 있다.

미래 전망은?

당분간 투자분석가의 고용은 증가할 전망이다. 자금 운용 확대에 따라 분석 기능이 강화되고 있고, 자금 운용 대상의 다양화 및 전문화로 투자 대상을 심층 분석할 필요성이 대두됨에 따라 투자분석가에 대한 수요도 증가할 것으로 예상되기 때문이다. 또한 기관투자가의 장점을 살리기 위한 리서치 및 기업 분석의 중요성 인식, 직접 투자 방식보다 간접 투자 방식의 선호, 분석 대상 범위의 확대 등 여러 요인이 크게 작용함으로써 전반적으로 고용 증가가 예상된다.

대부분의 투자분석가들은 증권사의 리서치부서에서 근무하는데, 최근 리서치 기능이 중요해지자 기업 분석만 전문으로 하는 회사인 '리서치 펌(Research Firm)'이 등장하여 애널리스트의 수요가 증대될 것으로 예상된다. 최근에는 국내 기업들도 자격증 소지자를 선호하는 추세이며, 외국 기업 역시 자격증에 대한 선호도가 높기 때문에 자격증을 소지한다면 우리나라에 진출한 외국증권사에 입사하는 데 유리할 것으로 전망된다. 현재 외국과 연결하여 국제 상호인정 등을 추진하고 있고 자격증의 공인화를 위한 움직임이 있는데, 각 국가 간의 자격 상호 교환 제도가 도입된다면 투자분석가들의 활동 영역이 더 확대될 것으로 기대된다.

CAREER MAP

- 수학, 통계, 경제 교과 역량 강화
- 수학, 통계, 경제 관련 동아리활동
- 경제 신문을 활용하여 관련 기업 및 학과 탐방
- 투자분석가 관련 직업체험활동

- 경영학과
- 경제학과
- 국제경영 및 통상학과
- 금융보험과
- 금융보험학과
- 세무학과
- 통계학과
- 회계학과

- CPA(공인회계사)
- 신용분석사
- CRA(신용위험분석사)
- CFA(국제재무분석사)
- CIIA(국제공인증권분석사)

준비 방법

관련 학과

투자 분석가

관련 자격

관련 교과

- 수학
- 영어
- 사회

적성과 흥미

관련 직업

- 합리적 사고 능력
- 논리적 분석 능력
- 의사소통 능력
- 판단력
- 관찰력
- 문제해결 능력
- 글쓰기 능력
- 공정심

관련 기관

- 재정분석가
- 신용분석가
- 금융자산운용가
- 증권중개인
- 선물거래중개인
- 보험계리사
- 공인회계사
- 손해사정사
- 외환딜러
- 투자인수심사원
- 부동산펀드매니저
- 리스크매니저
- 보험인수심사원

- 금융위원회
- 한국금융투자협회
- 한국금융투자협회 금융투자교육원

판사

판사란?

판사는 재판을 진행하며, 변호사와 검사의 논쟁, 변호사 및 증인의 진술, 사건증거 등 재판에 관련된 자료들을 검토하고 법률에 근거해 판결을 내리는 전문가이다.

판사는 변호사 자격 취득 후 일정기간 이상의 법조 경력이 있는 사람 중 임명된다. 변호사 자격은 2017년까지는 사법시험에 합격한 후 사법연수원 과정을 수료하는 것이 가능하였으나, 2018년부터는 사법시험이 폐지되어 법학전문대학원 3년 과정을 수료하고 변호사 시험에 합격하여야 취득할 수 있다. 판사가 되기 위해서는 2022년부터 2025년까지는 7년, 2026년부터는 10년의 법조 경력이 요구된다.

판사가 되기 위해 요구되는 지원 자격을 갖춘 후에는 서류심사, 법률서면작성(필기전형), 중간적격심사, 실무능력평가면접, 인성검사, 인성역량평가면접, 집중심리검사(필요시), 최종면접 및 심층면접, 최종적격심사, 대법관 회의 동의를 거쳐야 임용된다.

판사가 하는 일은?

판사는 재판을 진행하며, 변호사와 검사의 논쟁, 변호사 및 증인의 진술, 사건증거 등 재판에 관련된 자료들을 검토하고 법률에 근거해 판결을 내린다.

재판 관련 절차 진행

재판과 관련하여 공판기일 진행과 증인의 채택, 증거의 채택방식 및 기타 재판절차를 정한다.

증거 검토 및 추론

재판이 진행될 때는 변호사와 검사의 논쟁을 경청하고 증인의 진술과 법정에 제출된 증거를 검토하고 추론한다.

민사 분쟁 해결

민사나 형사에서 소송이 제기되면 법률을 적용하여 원고와 피고 사이의 민사 분쟁을 해결하거나 기소된 형사사건의 범죄 여부를 판단한다.

체포 및 구속 영장 발부

검사의 요청이 있을 때는 적합성 여부를 판단하여 체포나 구속 영장을 발부하기도 한다.

Tip 판사, 검사, 변호사의 차이점에 대해 알아볼까요?

- 검사 : 검사는 범죄를 수사하고 공소를 제기하며 재판에 참여하는 전문가이다. 사람이 물건을 훔쳤을 때 검사는 그 사건을 수사하고 공소를 제기한다. 공소란 검사가 법원에 재판을 청구하는 것을 말한다. 검사는 재판이 열리면 물건을 훔친 사람이 잘못했다는 증거를 제시하며 처벌을 요구한다.
- 변호사 : 변호사는 일단 검사와 반대편에 있고, 피고인과는 같은 편에 서서 최대한 벌을 덜 받을 수 있게 도와주는 전문가이다. 변호사는 물건을 훔친 사람이 최대한 가벼운 벌을 받을 수 있도록 판사를 설득한다.
- 판사 : 판사는 검사와 변호사의 의견을 듣고 수렴하여 재판에서 판결을 내리는 전문가이다. 판사의 판결에 따라 피고인에 대한 벌이 결정된다. 법정의 높은 자리에 앉아서 판사봉을 두드리며 판결을 내린다.

적성과 흥미는?

판사는 주어진 상황을 논리적으로 분석하여 합리적인 결론을 도출할 수 있는 능력을 갖추고 있어야 하며, 법률 이론에 대한 해박하고 전문적 지식이 요구된다. 이러한 능력을 기르기 위해서는 4년제 대학에 진학하여 법률과 논리력을 기르기 위해서 꾸준히 공부하고, 법학전문대학원에 진학한 후 3년 동안 교육과 실습을 하는 등 오랜 기간 훈련이 필요하다. 법률지식 외에도 철학, 사회학, 인류학, 역사 등에 대한 기초 지식이 필요하다. 초·중·고등학교 때부터 호기심을 갖고 폭넓은 공부를 하면서 대학교에 진학한 후에도 꾸준한 독서활동과 학업활동을 해야 한다. 또한 자신의 생각을 논리정연하게 표현할 수 있는 글쓰기 능력과 의사소통 능력이 요구된다. 관심 있는 분야에 대해서 호기심을 가지고 분석한 후 보고서를 작성하고, 토론 및 발표활동을 통해서 의사소통 능력을 꾸준히 향상시켜야 한다.

판사는 양심에 의해 법률을 해석하고 판단해야 하므로 공정하고 정의롭게 행동하려는 자세가 필요하다. 사회형과 관습형의 흥미가 있는 사람에게 유리하므로 커리어넷의 진로심리검사를 통해서 본인의 성격을 파악해보고, 적성에 맞는지 확인해보는 것도 추천한다.

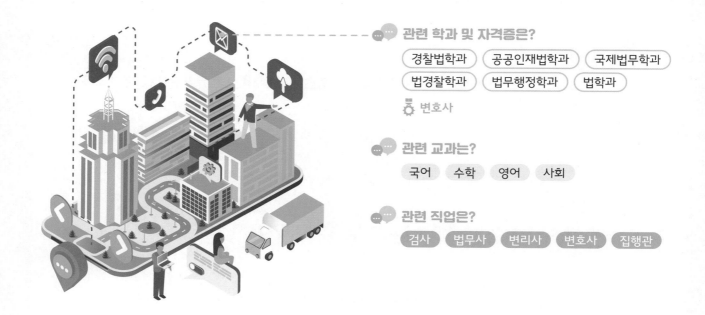

관련 학과 및 자격증은?

경찰법학과 공공인재법학과 국제법무학과

법경찰학과 법무행정학과 법학과

변호사

관련 교과는?

국어 수학 영어 사회

관련 직업은?

검사 법무사 변리사 변호사 집행관

Tip 판사의 임기와 보직에 대해 알아볼까요?

- 임기와 정년 : 판사의 임기는 10년이고, 임용절차와 같은 방법에 의하여 연임할 수 있으며, 정년은 65세이다. (법원조직법 45조 3~4항)
- 사법권의 독립 : 판사는 헌법과 법률에 의하여 그 양심에 따라 독립하여 심판하며(헌법 103조), 재직 중 정치운동 등에 참여할 수 없다. (법원조직법 49조)
- 보직 : 지방법원판사·가정법원판사, 지방법원부장판사·가정법원부장판사·고등법원판사, 고등법원부장판사, 지방법원장·가정법원장·고등법원장 등이 있다.

 진출 방법은?

판사가 되기 위해서는 4년제 대학을 졸업한 후 법학전문대학원에서 3년 동안 교육과 실습을 받은 뒤 변호사 자격시험에 합격해야 한다. 법학전문대학원에 입학하기 위해서는 법학적성시험 성적과 일정 수준 이상의 공인 영어 성적이 있어야 한다. 변호사가 되어 경력을 쌓은 후 법원, 법무부에서 진행하는 자체 선발 시험에 응시하여 다양한 과정을 거치면 판사가 될 수 있다.

 미래 전망은?

판사 고용은 다소 늘거나 큰 변화가 없을 것으로 전망된다. 민사 및 형사소송과 행정소송 등 법무서비스의 증가세에 맞춰 판사의 수요가 증가하고 있으며, 사회발전에 따라 민사 분쟁이 다양하고 복잡해져 전문 지식을 갖춘 법관의 수요가 증가할 것으로 예상된다. 글로벌화 및 정보화시대로 인해서 다양한 범죄와 형사소송이 발생해서 전문 지식을 지닌 판사의 인력수요는 증가할 것으로 전망된다.

사회가 고령화되어 경제활동인구 감소로 인하여 분쟁이 점점 감소할 것이고, 과학기술의 발전으로 사무업무가 자동화되어 고용수요 감소에도 영향을 미칠 것이다. 사람들의 기대 수준이 높아지고 국민의 재판권 행사 요구가 강해지면서 참심제·배심제 등이 일반화된다면 인력 수요가 감소할 가능성도 있지만, 사람들 사이에서 발생하는 복잡한 분쟁을 해결하기 위해서는 전문 지식을 갖춘 판사의 수요는 지속해서 증가할 것이다.

CAREER MAP

- 국어, 사회 교과 학습 역량 강화
- 문제해결 능력 배양 프로그램 참여
- 다양한 협업 프로그램 참여
- 시사, 논술, 토론반 관련 동아리활동

- 검사
- 법무사
- 변리사
- 변호사
- 집행관

준비 방법

관련 직업

- 국어
- 수학
- 영어
- 사회

관련 교과

판사

관련 자격

- 변호사

적성과 흥미

관련 기관

관련 학과

- 국어, 사회 등 기초과목에 대한 흥미
- 문제해결 능력
- 논리적 사고 능력
- 유연한 사고
- 통합적 사고 능력
- 꼼꼼함과 세심함
- 합리적 의사결정 능력
- 책임의식

- 법무부
- 법제처
- 대법원
- 헌법재판소
- 한국법령정보원
- 온라인행정심판
- 국가법령정보센터

- 경찰법학과
- 공공인재법학과
- 국제법무학과
- 법경찰학과
- 법무행정학과
- 법학과

사회계열
29

헤드헌터

헤드헌터란?

헤드헌터는 좋은 사냥감을 찾아 나서는 사냥꾼(hunter)처럼 기업이 원하는 유능한 인재를 찾아 나서는 인재 사냥꾼 역할을 한다. 한번 입사하면 은퇴할 때까지 한 회사에서만 근무하는 평생직장의 개념이 사라지면서 헤드헌터를 찾는 사람들이 늘고 있다. 사람들이 자신에게 더 잘 맞는 회사, 더 좋은 대우를 받을 수 있는 회사를 찾으려 하고, 기업 입장에서도 신입사원보다는 직무 경험이 있는 경력자를 더 선호하기 때문이다. 최근에는 기업이 중도에 외부 인재를 영입하는 것에 대해 크게 반감을 갖지 않고, 입사 동기라도 성과에 따라 급여 차이가 나는 것을 인정하는 것으로 기업 문화가 바뀌고 있다.

헤드헌터는 보통 컨설턴트와 리서처로 구분된다. 컨설턴트는 구인처 발굴을 위해 기업을 대상으로 영업활동을 하며, 추천자의 최종 평가 및 고객 관리 업무를 담당한다. 리서처는 구인처 및 구직자의 요구에 상응하는 대상자를 조사하여 컨설턴트에게 추천하는 업무를 수행한다. 규모가 작은 헤드헌팅 업체에서는 한 명이 모든 업무를 담당한다. 최근 헤드헌터를 가장 많이 찾는 분야가 IT 분야이기에 헤드헌터는 IT 분야의 새로운 기술과 제품, 시장에 대한 수요를 파악할 수 있는 능력이 있어야 한다. 또한 기업체든 구직자든 서로 연결할 수 있는 인력풀과 정보가 넓어야 하기에 헤드헌터를 처음 시작할 때는 어려움이 있으나 많은 경험과 정보를 쌓는다면 육체적 스트레스는 적은 편이다. 하지만 구인처와 구직자를 모두 상대하고, 각각의 요구 사항을 파악하고 있어야 하므로 정신적 스트레스가 큰 편이다.

🔍 헤드헌터가 하는 일은?

헤드헌터는 직업소개소나 헤드헌팅 업체에서 근무하며, 구직자와 구인처에 대한 정보를 바탕으로 서로에게 적합한 대상자를 선정하여 소개한다. 고급 인력에 대한 관리 및 기업이 원하는 인력을 선정·평가·알선하는 여러 단계의 조사 과정을 거쳐 적정 인력을 기업에 연결하는 업무를 담당한다.

- 🔍 헤드헌터는 임원이나 기술자 등 고급 인력을 필요로 하는 기업에게 인력을 소개한다.
- 🔍 인재 추천을 의뢰하는 기업을 방문하여 그 기업의 비전과 조직 구조, 조직 문화, 향후 경력 개발 경로, 채용하고자 하는 직종의 직위, 연봉, 학력, 경력, 외국어 실력 등 채용 조건 자료를 확보한다.
- 🔍 기업이 의뢰한 인재를 직책, 나이, 연봉 등의 기준을 토대로 범위를 좁혀가며 몇 배수로 선발하고, 인재의 업무 수행 능력과 인성을 중심으로 인터뷰를 실시한다.
- 🔍 인재의 직무 중심의 경력, 학력 등 객관적인 평가 자료와 함께 인성, 전직 이유, 업무 수행 능력, 연봉, 건강 상태 등을 자세히 기술한 평가서를 작성한다.
- 🔍 인재에 대한 분석 작업을 거친 다음, 업무 능력, 조직에서의 역할, 장단점, 주변 평가 등을 정리하여 기업에 전달한다.

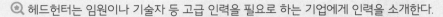
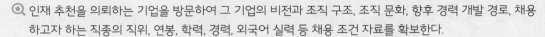

> **Tip** 커리어컨설턴트, 커리어코치, 그리고 헤드헌터에 대해 알아볼까요?
>
> 커리어컨설턴트, 커리어코치, 그리고 헤드헌터의 개념이 혼용되고 있지만, 그 차이는 다음과 같다. 먼저 커리어컨설턴트는 어떤 문제에 대한 대안과 해결책을 바로 제시하는 것을 목적으로 대학생 혹은 실업자 등에 대한 직업 프로그램을 운영하며, 이 프로그램에는 상담도 포함되어 있다. 반면 커리어코치는 강의 또는 수업을 통해 직업에 대한 안내를 하거나 직업 선택을 위한 자기계발을 돕는 코치를 의미한다. 마지막으로 헤드헌터는 업체가 요구하는 기술이나 경력을 가진 사람들을 업체와 연결하는 일, 즉 인적 자원과 기업을 매칭하는 일을 한다.

📊 적성과 흥미는?

헤드헌터는 기업이 원하는 인재를 소개해야 하므로 해당 분야의 경력자를 만나 인터뷰를 하고, 그 중에서 기업이 원하는 인물을 한 두 명 골라 추천해야 한다. 이런 일을 하기 위해서는 기업이 원하는 직무가 무엇인지를 정확하게 파악하는 분석력, 그 일에 맞는 사람을 가려내는 안목과 판단력이 필요하다. 따라서 인력 관리 능력과 협상 능력, 설득력이 요구된다. 그리고 사람을 만나는 일을 하므로 외향적이고 친화력이 있어야 하며, 다양한 사람들과 업무를 수행하기에 대인관계 능력과 협업 능력, 배려심이 필요하다. 또한 각종 자료를 분석할 수 있는 자료 분석 능력, 연봉 협상 등을 위한 설득력, 구인처와 구직자 상담을 위한 상담 능력도 필요하다. 무엇보다 다양한 직종과 직무, 분야에 대한 지식과 경험이 있는 사람에게 유리하다. 효율적인 업무를 위해 외국어 1~2개 정도에 능통하면 유리한데, 특히 계약 관련 부분을 다루므로 전문 용어를 파악할 수 있을 정도의 작문 및 독해 능력을 갖추는 것이 좋다.

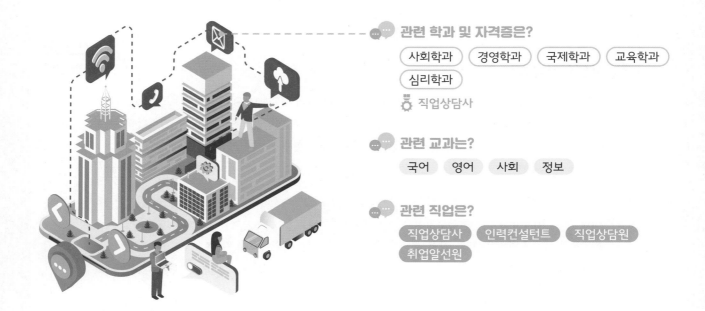

관련 학과 및 자격증은?

사회학과　경영학과　국제학과　교육학과
심리학과

직업상담사

관련 교과는?

국어　영어　사회　정보

관련 직업은?

직업상담사　인력컨설턴트　직업상담원
취업알선원

진출 방법은?

헤드헌터가 되기 위한 특별한 정규 과정은 없으나 현재 헤드헌터로 활동하는 사람들 중에는 대학에서 심리학, 교육학, 경영학 관련 학과를 졸업하고 기업에서 인사 담당자로 근무했거나 여러 분야의 마케팅 경력을 가진 사람이 많다.

헤드헌팅 업체에서는 공개채용이나 비공개 특별채용을 통해 채용한다. 최근에는 헤드헌팅 업체에 입사해 4~5년간 리서치 업무를 한 후 헤드헌터가 되거나 한 업종에서 10년 이상 경력을 쌓은 뒤 전직하여 헤드헌터가 된다. 이는 한 분야의 전문 지식이나 경력, 인맥을 활용하여 업계 흐름을 잘 파악할 수 있기 때문이다.

미래 전망은?

헤드헌터의 고용은 당분간 증가할 것으로 전망된다. 노동시장의 유연화 등으로 이직 및 전직이 활발해지고, 단기 고용계약이 증대되는 등 평생직장의 개념이 사라지고 있다. 이에 따라 기업의 수시채용이 늘어나고, 동시에 전문성을 갖춘 고급인재에 대한 수요가 급격히 증대되면서 헤드헌터의 필요성이 증가하고 있다.

또한 최근 고급 경력자들이 보다 나은 대우를 받기 위해 적극적으로 전직하려는 추세와 고급 인재를 원활하게 공급받아 인재를 적소에 배치하려는 기업들의 인사 정책 변화가 맞물려 보다 전문적 조언과 상담을 해줄 수 있는 헤드헌터의 필요성도 확산되고 있다.

CAREER MAP

- 국어, 영어, 사회 교과 역량 강화
- 대인관계 능력 함양
- 동아리활동을 통한 다양한 지식과 경험 축적
- 경영·경제 분야 신문 읽기 및 독서활동

준비 방법

관련 직업

- 직업상담사
- 인력컨설턴트
- 직업상담원
- 취업알선원

- 직업상담사

관련 자격

헤드헌터

관련 교과

- 국어
- 영어
- 사회
- 정보

적성과 흥미

관련 학과

- 외향성
- 친화성
- 분석력
- 판단력
- 설득력
- 협상 능력
- 의사소통 능력
- 대인관계 능력
- 외국어 능력
- 다양한 지식과 경험

관련 기관

- 커리어넷
- 워크넷

- 경영학과
- 국제학과
- 사회학과
- 교육학과
- 심리학과

호텔컨시어지

호텔컨시어지란?

처음 방문한 여행지가 낯설어 호텔 밖을 나서기 두렵다면, 우선 호텔컨시어지를 찾으면 된다. 호텔컨시어지는 보통 호텔 로비의 눈에 잘 띄는 곳에 있으며, 'Concierge' 또는 '벨 데스크'라는 명찰을 달고 있다. 호텔컨시어지는 고객의 불편을 해결하는 역할이므로 투숙객이 현지 언어를 구사하지 못해도 언제나 도움을 제공하는 존재이다. 호텔 투숙객의 짐 들어주기부터 호텔 시설에 대한 안내 및 이용 정보 제공뿐만 아니라 인근 관광지, 교통, 유명 레스토랑, 쇼핑 장소, 공연 예약까지 완벽히 파악하여 고객을 돕는 것이 업무이기 때문이다.

'호텔 서비스의 꽃'이라고 할 수 있는 호텔컨시어지는 고객의 편의를 위해 총괄적인 서비스를 담당하는 집사와 같은 의미로 사용된다. 다시 말해 고객의 모든 요구를 듣고 처리하는 고객서비스의 선두에 선 사람이다.

> **Tip** 호텔컨시어지와 호텔프론트사무원의 차이점에 대해 알아볼까요?
>
> 호텔 투숙객은 가장 먼저 호텔로비를 찾게 된다. 이곳에서는 대표적으로 호텔컨시어지와 호텔프론트사무원이라는 호텔리어들이 고객 서비스를 제공한다. 호텔컨시어지와 호텔프론트사무원 모두 고객을 응대하는 객실부서 업무를 하다 보니 서로 비슷한 개념으로 쓰이기도 하지만, 근무하는 위치와 업무가 엄연히 구분되어 있어 호텔리어를 꿈꾼다면 두 역할의 차이를 명확히 알 필요가 있다. 호텔컨시어지는 전반적인 고객 응대 서비스에 대한 실질적 업무를 담당하므로 숙련된 자질이 요구된다. 이에 비해 호텔프론트사무원은 객실 예약, 안내, 관리 등 주로 객실과 관련된 업무를 수행한다.

🔍 호텔컨시어지가 하는 일은?

호텔컨시어지는 고객에게 필요한 정보를 제공하고, 고객의 요청사항을 법적·도덕적 테두리 안에서 해결해주는 것이 주업무이므로 업무 영역이 명확히 정해져 있지 않다. 교통, 관광, 스포츠, 문화 및 쇼핑 안내, 음식점 추천 및 예약·변경·취소 등의 정보를 제공하는 것은 물론 고객이 직접 구하기 어려운 티켓이나 기념품 구매 대행까지 신속하게 해결하여 고객을 만족시키는 일을 한다.

호텔컨시어지는 당일 행사나 특별 대접해야 할 VIP고객이 있는지 일정을 확인하고 객실을 체크하며 업무를 시작한다. 고객이 최대한 편안히 쉴 수 있도록 고객의 취향까지 확인하여 미리 준비하는 맞춤 서비스도 제공한다. 고객에게 다양한 정보를 제공하기 위해서는 정보 수집이 무엇보다 중요하므로 한 달에 한 번 이상 COA(Concierge Outdoor Activity)를 통해 최신 정보를 조사 및 수집하고, 컨시어지협회 모임을 통해 다른 컨시어지들과 정보를 공유한다.

선진화된 외국은 이미 호텔의 컨시어지 서비스가 정착되어 있어 대부분의 호텔에서 컨시어지가 활동하고 있다. 우리나라는 특급 호텔에 한해 컨시어지 데스크가 운영되어 전문 컨시어지가 상주하고 있으나 소규모 호텔의 경우, 벨데스크만 운영되어 컨시어지 업무의 일부인 식당 예약 및 안내 업무 등만 수행하고 있다.

- 🔍 호텔 투숙객의 짐을 들어주고, 호텔 시설 이용 정보를 제공하는 등 각종 문의 사항에 응대한다.
- 🔍 고객의 요구에 대해 최선의 서비스를 제공하기 위해 타 부서와 긴밀히 연락을 취한다.
- 🔍 관광지, 교통, 식당, 쇼핑 등 고객이 원하는 정보를 수집하여 안내한다.
- 🔍 고객의 요구 사항을 해결하고, 고객의 요청에 따라 교통편을 예약·확인하여 수속 업무를 대행한다.
- 🔍 공연 티켓 예약, 렌터카 및 리무진 예약 등을 대행한다.
- 🔍 벨맨 및 도어맨의 서비스를 감독·교육한다.

적성과 흥미는?

호텔컨시어지는 무엇보다도 겸손함과 성실함을 바탕으로 고객의 입장을 먼저 생각하는 자세가 필요하다. 타문화에 대한 이해와 국제 매너, 다양한 돌발 상황에 빠르게 대처할 수 있는 상황 판단 능력과 현장 대응력, 책임감, 정확성 등이 요구된다. 또한, 맛집 정보, 재미있는 공연 등 고객이 요구하는 다양한 정보를 제공해야 하므로 최신 유행에도 민감하고, 고객이 무엇을 원하는지 빠르게 알아차릴 수 있는 센스가 필요하다. 특히 대부분의 시간을 서서 일하기 때문에 건강한 체력과 일에 대한 열정이 필요하다.

컨시어지가 갖추어야 할 중요한 조건 중 하나는 바로 외국어 실력이다. 외국 고객을 많이 상대하는 만큼 기본 영어 회화를 할 수 있어야 하고, 일본어 및 중국어 등 제2외국어가 가능하면 유리하다. 업무 처리 시 주로 컴퓨터를 이용하므로 컴퓨터 활용 능력도 필요하다.

관련 학과 및 자격증은?

호텔경영학과 호텔·관광경영학과
항공서비스학과 호텔컨벤션경영학과
호텔외식산업학부

호텔경영사 호텔관리사 호텔서비스사
조주기능사 관광통역안내사 국내여행안내사

관련 교과는?

국어 영어 사회 정보

관련 직업은?

호텔연회부지배인 호텔총지배인 호텔리어
호텔지배인 숙박시설서비스원 카지노딜러
호텔레비뉴매니저 호텔객실부지배인
호텔식음료부지배인

진출 방법은?

호텔 관련학을 전공하지 않아도 진출이 가능하지만 전문대학이나 대학교의 호텔 관련학과를 졸업하거나 호텔 전문 교육 과정을 수료하고 수시채용을 통해 입사하는 경우가 많다. 호텔에 입직하면 우선 벨맨으로 활동하면서 손님을 맞이하는 방법과 서비스 마인드 등을 교육받으며 경력을 쌓는다. 호텔마다 차이가 있지만 경력이 어느 정도 쌓이면 컨시어지로서 고객 서비스를 총괄할 수 있게 된다.

국내 대학에 호텔 관련 학과가 많이 개설되어 있어 매년 많은 수의 인력이 배출되고 있고, 외국에서 공부하고 국내로 취업하고자 하는 사람도 많은 만큼 호텔에 입사하기 위한 경쟁이 치열한 편이다. 따라서 호텔에서 실습이나 인턴 활동을 열심히 하다가 호텔 실무자들에게 인정받아 취업으로 이어질 수 있도록 하는 것이 중요하다. 이 외에도 관련 분야에서 아르바이트 등으로 실무 경험을 쌓거나 해외 경험을 쌓는 것도 입사하는 데 도움이 된다.

컨시어지 데스크는 오전 7시부터 밤 22시까지 2교대로 운영되고 있으며, 호텔의 이미지를 위해 항상 깔끔하게 외모를 정돈하고 마음가짐을 새롭게 하여 업무 교대를 한다. 실제 현장에서는 다양한 전공자들이 호텔컨시어지로 일하고 있는데, 호텔경영학을 전공하지 않아도 되지만 외국어 회화는 가능해야 한다. 외국어 실력 외에도 다양한 해외 경험이 있다면 도움이 된다. 호텔업계는 정기채용보다는 결원이 생길 때마다 수시채용하는 경우가 많다.

미래 전망은?

관광 환경은 세계 경제 변화의 영향을 많이 받는데, 최근 사회환경적인 소비 동향과 생활방식, 가치의 변화가 관광 환경에 긍정적 영향을 미치고 있다. 휴식, 심신 안정과 치유에 대한 관심이 증대되고 있고, 고령화 사회로 진입하며 많은 사람들이 삶의 질 향상과 자기계발을 위한 여가 생활에 관심을 기울이고 있기 때문이다. 이러한 이유로 관광 분야의 전망은 밝을 것으로 보이며, 호텔컨시어지의 수요 창출에도 긍정적인 영향을 미칠 것으로 예상된다.

호텔컨시어지에 대한 인식 확산으로 여행에 도움을 받고자 하는 고객들이 증가할 것이며, 소규모 호텔에서도 더 나은 고객 서비스를 제공하기 위한 호텔컨시어지 체제를 도입한다면 일자리 공급에 긍정적 영향을 미칠 것으로 기대된다.

또한 최근에 컨시어지의 서비스 정신이 사회적으로 인정받으면서 백화점이나 쇼핑업체 등 다른 서비스 분야에서도 컨시어지의 채용이 확대되고 있다. 경쟁 사회에서 아주 사소한 서비스 하나가 성공의 승패를 좌우하는 만큼 고객 맞춤 서비스를 제공하며 고객을 만족시킬 수 있는 컨시어지의 능력이 더욱 필요해질 것으로 예상된다.

CAREER MAP

- 국어, 영어, 사회, 정보 교과 역량 강화
- 봉사, 언어 관련 동아리활동
- 타인에 대한 이해와 공감 능력 함양
- 호텔경영학과 탐방
- 호텔 관련 직업체험활동

- 호텔리어
- 호텔레비뉴매니저
- 벨데스크
- 호텔지배인
- 호텔식음료부지배인
- 호텔연회부지배인
- 숙박시설서비스원
- 카지노딜러

- 국어
- 영어
- 사회
- 정보

준비방법

관련직업

관련교과

관련자격

호텔 컨시어지

- 호텔경영사
- 호텔서비스사
- 호텔관리사
- 조주기능사
- 관광통역안내사
- 국내여행안내사

적성과흥미

관련학과

- 서비스 지향
- 상황 판단 능력
- 기억력
- 대인관계 능력
- 의사소통 능력
- 공간 지각 능력
- 영어 능력
- 배려심
- 강인한 체력

관련기관

- 한국컨시어지협회
- 한국관광공사
- 한국관광협회중앙회
- 한국여행업협회

- 호텔경영학과
- 항공서비스학과
- 호텔·관광경영학과
- 호텔컨벤션경영학과
- 호텔외식산업학부
- 호텔관광계열

회계사

회계사란?

공인회계사는 기업 성적표를 꼼꼼히 확인하여 신뢰성을 공인하는 자격을 가진 사람으로, 시장경제에 필수적이다. 기업은 더 많은 이윤을 창출하기 위해 노력하고, 사업의 성행을 점검하고자 수입과 지출을 계산하는데, 만약 기업마다 계산 방식과 용어가 다르다면 큰 혼란이 생긴다. 회계란 통일된 용어를 사용하여 기업활동을 정리·요약하는 과정으로, '비즈니스 언어'라고 부른다. 기업활동을 이해하려면 반드시 회계에 대해 알아야 한다.

회계사는 혹시 모를 기업의 눈속임을 막아 실적을 인증한다. 일부 기업은 필요에 따라 실적을 부풀리거나 축소하려고 하는데, 만약 이를 찾아내지 못하면 기업의 거짓 정보로 인해 손해를 보는 사람이 생긴다. 기업의 주식이 증권거래소에 상장되어 있다면 주식 투자자나 기업의 경영 상태를 제대로 알지 못한 납품업자, 소비자들이 낭패를 보게 된다. 이는 해당 기업과 이해관계에 있는 사람들만의 문제로 끝나는 것이 아니라 세금 징수에도 영향을 미친다.

공공기관이나 기업체에 고용된 회계사는 근무 시간이 규칙적인 편이나, 개업 혹은 회계법인 등에 소속된 회계사의 경우에는 의뢰업체와 관련된 회계 업무를 수행하거나 관련 자료를 확인하기 위해 근무 시간 외에도 일하는 경우가 많다. 특히 의뢰업체의 회계연도 정산 및 감사 보고서 제출 시기에는 장시간 근무한다. 대부분 본인의 사무실에서 일하지만, 회계 컨설팅이나 업무 수행을 위해 의뢰받는 업체에서 상당 기간 일하기도 하고, 출장도 잦은 편이다.

회계법인에서 3~4년 정도 근무하면 현장업무의 책임자로서 2~3명의 직원을 두고 일할 수 있다. 8~9년차가 되면 현장책임자보다 한 단계 위인 프로젝트 매니저(Project Manager)를 맡아 프로젝트 전체를 총괄하면서 많은 것을 경험하고 큰 결정권을 가질 수 있다. 그러나 큰 의사결정권만큼 책임과 부담도 커 스트레스를 많이 받기도 한다.

회계사가 하는 일은?

회계사는 기업 감시뿐만 아니라 기업을 합병하거나 매수하는 인수합병(M&A) 활동이나 기업의 미래 전략 방향에 대해 조언하는 컨설팅 업무도 한다. 최근에는 탄소 규제에 따른 온실가스 감축을 위해 탄소 경영 체계를 구축하고, 지속가능보고서 시스템 구축에 관한 자문 활동도 한다. 또한 납세신고서 작성, 세금에 대한 상담, 지도, 세무 소송 등을 대신하는 세무 업무도 수행한다.

- 개인, 기업, 공공시설, 정부기관 등의 경영 상태, 재무 상태, 지급 능력 등 다양한 재무 보고 관련 상담이나 서류 작성 업무를 한다.
- 대상 기업에서 작성한 재무제표가 적절한지 감사하고, 감사보고서를 작성한다.
- 기업의 회계와 결산 업무가 바르게 행해지도록 재무제표를 작성하고, 전표와 장부의 정비 및 개선에 대해 지도하는 회계 업무를 수행한다.
- 기업의 재무 관리, 판매 정책 등에 대해 효과적인 방안을 제시하고 장·단기 경영 전략의 수립과 기업 합병 등에 대한 경영 자문 업무를 수행한다.
- 납세신고서를 작성하거나 세금에 대한 상담, 지도, 세무 소송 등을 대리하는 세무 업무를 수행한다.
- 회계 및 재무 기록과 사업체의 회계 기준, 결과 및 내부 규정의 일치 여부 등을 조사·분석한다.
- 소득세법 규정이나 기타 요건에 맞는지 확인하기 위해 사업 현장 감사를 수행한다.

> **Tip 회계사와 세무사의 차이는 무엇일까요?**
>
> 회계사는 재무보고 관련 상담 및 서류 작성을 담당하는 전문가로, 기업의 회계 감사 및 각종 회계 업무를 수행하며, 개인 및 기업의 세무신고서를 작성하고 재무 관련 각종 상담 업무를 한다. 세무사는 조세에 대한 상담과 세부 관련 업무를 하는 전문가로, 납세자에게 위임을 받아 조세에 관한 신고·신청 및 청구, 회계 장부 및 세무조정계산서의 작성과 성실신고확인 업무 등 조세에 관한 업무를 대행한다. 회계사와 세무사는 높은 연봉과 안정적인 근무 환경으로 인해 유망 직업이라는 공통점이 있다.

적성과 흥미는?

회계사에 관심이 있다면 기본적으로 수학, 경제 등 관련 과목에 대한 흥미를 가지고 기본 지식을 쌓아야 하며, 수식을 다루고 계산하는 것을 좋아해야 한다. 회계사는 개인 또는 기업의 다양한 재무 보고와 관련하여 상담을 하거나 관련 서류를 작성하므로 회계 관련 서류들을 세밀하게 검토하여 계산상의 오류를 찾아낼 수 있는 수리 능력과 분석 능력, 정확한 판단력이 필요하다. 회계에 문제가 생기면 해당 기업의 문제로만 끝나는 것이 아니므로 꼼꼼하고 치밀한 성격이 유리하며, 공정한 업무 처리 능력이 요구된다. 또한 다양한 고객을 상대하기 때문에 원만한 대인관계 능력과 의사소통 능력, 사회성을 갖추어야 한다. 회계사가 되고자 한다면 인문학, 철학, 사회학 등 다양한 분야의 독서활동을 통해 사고의 폭을 확장시키고, 의사결정 능력 및 원만한 대인관계 능력 향상을 위해 다양한 프로그램에 참여할 것을 권장한다.

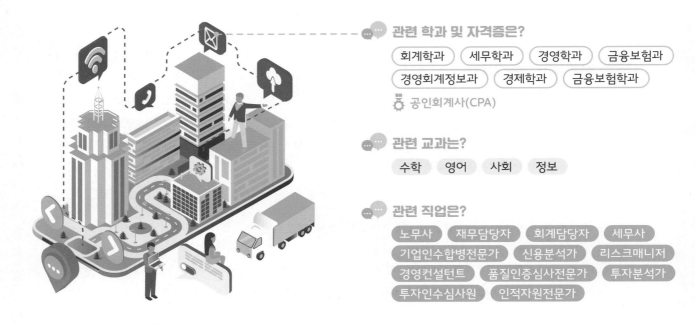

관련 학과 및 자격증은?

회계학과　세무학과　경영학과　금융보험과

경영회계정보과　경제학과　금융보험학과

공인회계사(CPA)

관련 교과는?

수학　영어　사회　정보

관련 직업은?

노무사　재무담당자　회계담당자　세무사

기업인수합병전문가　신용분석가　리스크매니저

경영컨설턴트　품질인증심사전문가　투자분석가

투자인수심사원　인적자원전문가

 진출 방법은?

회계사가 되기 위해서는 금융감독원에서 시행하는 회계사 자격시험에 합격해야 한다. 공인회계사 시험에 학력 제한은 없으나, 대학이나 원격대학 등에서 12학점 이상의 회계학 및 세부 관련 과목, 9학점 이상의 경영 과목, 3학점 이상의 경제학 과목을 이수한 자로 응시자격이 제한된다. 따라서 대학에서 경영학, 회계학 관련 학과를 전공하는 것이 자격증 취득에 유리하다.

회계사 시험 과목 중 영어는 공인 영어 시험에서 취득한 성적으로 대체하므로 합격에 필요한 점수를 취득하고, 1·2차 시험에 합격해야 한다. 1차 시험은 경영학, 경제원론, 상법, 세법개론, 회계학 등의 과목에 대해 객관식 필기시험으로 실시되고, 2차 시험은 재무관리, 회계감사, 원가회계, 재무회계 과목에 대해 주관식 필기시험으로 실시된다.

시험 합격 후에는 회계법인, 공인회계사회, 금융감독원 등 관련 기관에서 수습 과정을 거치고, 한국공인회계사회에 등록해야 회계사로 활동할 수 있다.

 미래 전망은?

과학기술의 발전, 세계화, 생활 방식 및 가치관의 변화는 새로운 산업을 탄생시키지만, 새로운 산업에 대한 각종 규제 정책은 회계 업무의 증가 요인이 된다. 최근 공유경제시스템과 같이 복잡하고도 새로운 경제 시스템이 도입되면서 재정적·회계적 문제가 없는지에 대한 감사 요구가 커지고 있어 회계 업무의 전문성이 요구됨과 동시에 회계사의 고용 증가에 영향을 미칠 것으로 보인다. 투명한 회계 관리를 위한 정부 정책과 제도가 계속 보강되고 있는 것도 회계사의 고용에 영향을 미칠 것이다.

또한 다양한 정보를 쉽게 접할 수 있어 사람들의 의식 수준과 정보력이 높아지면서 회계 투명성에 대한 요구가 심화되고 있다. 또 창업 증가와 서비스업 활성화로 소규모 사업자가 증가하는 것도 회계 서비스 수요를 창출할 수 있다. 최근 산업들이 융·복합화되면서 비즈니스 모델에 대한 컨설팅 업무 역시 복잡해져서 변호사, 세무사 등 다른 직업인들과의 협업이 중요해졌다. 예를 들면, 전산 분야의 회계 감사의 신뢰도를 높이기 위해 IT 전문가와 협업을 하게 되는데, 이러한 경우 협업 능력이 요구된다. 치열한 취업 경쟁에서 우위를 선점하기 위해서는 특정 분야에 대한 전문성을 갖추기 위해 노력해야 한다.

CAREER MAP

준비 방법
- 수학, 통계 교과 역량 강화
- 수학, 통계 관련 동아리활동
- 회계 관련 기업 및 학과 탐방
- 회계 관련 직업체험활동

관련 직업
- 재무담당자
- 회계담당자
- 기업인수합병전문가
- 품질인증심사전문가
- 투자인수심사원
- 리스크매니저
- 신용분석가
- 투자분석가
- 노무사
- 인적자원전문가
- 경영컨설턴트
- 세무사

관련 자격
- 공인회계사

회계사

관련 교과
- 수학
- 영어
- 사회
- 정보

관련 학과
- 경영학과
- 경제학과
- 금융보험학과
- 세무·회계학과

적성과 흥미
- 분석적 사고 능력
- 수리 능력
- 신뢰성
- 정직성
- 판단력
- 공정한 업무 처리 능력
- 대인관계 능력
- 의사소통 능력

관련 기관
- 대한상공회의소
- 한국공인회계사회
- 한국세무사회
- 한국회계학회

Chapter

III

자연계열

수록직업

공항검역관 ㅣ 기상연구원

기상캐스터 ㅣ 기후변화전문가

농업환경생태연구원 ㅣ 동물조련사

물리학자 ㅣ 바리스타

바이오에너지연구원 ㅣ 브루마스터

빅데이터전문가 ㅣ 산림환경연구원

생명공학연구원 ㅣ 생물학연구원

소믈리에 ㅣ 수학자 ㅣ 식품공학자

요리사 ㅣ 원예기술자 ㅣ 유전공학연구원

조경원 ㅣ 조향사 ㅣ 지질학연구원

천문학자 ㅣ 컬러리스트 ㅣ 패션디자이너

푸드스타일리스트 ㅣ 플로리스트

해양수산기술자 ㅣ 화학자

환경컨설턴트 ㅣ GIS전문가

공항검역관

공항검역관이란?

해외로 여행을 떠나는 사람들이 날로 증가하고 있다. 외국으로 여행을 다녀온 사람들이 귀국할 때면 여행지에서 구입한 각종 물건들을 가방에 싣고 오거나 직접 들고 온다. 이때, 공항에서는 국내로 가지고 들어와도 되는 물건인지 확인하는 검역 과정을 거친다. 여행객의 물품 중에 국내 반입이 금지된 물건은 공항에서 검역관들이 압수를 한다.

최근에는 공항이나 항만 등에서 검역 업무에 검역 탐지견이 활용되기도 한다. 검역 탐지견은 승객들의 신체나 가방 안에 숨겨져 있는 동식물, 과실류, 마약류 등을 찾도록 특수 훈련을 받는다. 과거에는 검역 업무에 주로 X-ray 투시기를 활용했지만, 뼈가 없는 고기 등은 X-ray에 걸리지 않는다는 등의 허점이 있기 때문에 탐지견들의 활동이 점차 증가하고 있으며, 철저한 검역 관리에 많은 공헌을 하고 있다.

공항검역관은 공항에서 국내외로 출입국하는 사람이나 동물, 식물의 상태를 검사하는 직업을 말한다. 입국하는 승객을 대상으로 발열 감시를 실시해 이상 징후가 확인되면 각종 검사를 실시하고, 승객이 작성한 휴대품 신고서를 확인해 동식물, 축산물 등의 유무를 확인한 후 반입 금지 품목이 발견되면, 이를 반송 또는 폐기 조치하는 등의 검역 업무를 수행한다. 공항검역관들은 모두 공무원 신분이다.

🔍 공항검역관이 하는 일은?

공항이나 항만을 통해 들여오는 외국 농산물이나 축산물, 애완동물 등은 정식으로 수입 허가를 받아야 한다. 허가를 받지 않고 불법으로 들여올 경우 전염병이나 해충, 병균 등이 동물이나 과일 등에 묻어서 국내로 들어올 가능성이 높기 때문이다. 공항검역관은 외국에서 들어오는 불법 소지품을 검사하고 금지 물품이 들어 있는지를 검사하는 직업이다.

- 🔍 항공기로 도착한 수입 물품을 대상으로 항공기 내에서 현장 검사를 실시한다.
- 🔍 우리나라에 입국하거나 해외로 출국하는 승객들의 가방 등을 검사하며, 농축산물을 비롯한 금지 물품이 들어 있는지 검사한다.
- 🔍 승객이 작성한 신고서를 확인해 동식물, 축산물 등의 유무를 확인한 후 들여와서는 안 되는 품목이 발견되면 돌려보내거나 폐기한다.
- 🔍 전염병이 유행하는 나라에서 온 항공기와 승객들이 전염병에 걸리지 않았는지 검사한다.
- 🔍 우리나라에 입국하는 사람들이 발열 증상이 있는지, 전염병 증상을 보이는지 각종 검사를 통해 알아본다.
- 🔍 출국 여행객 중 아프리카, 중남미 지역을 여행하는 여행객들에게 예방접종을 하고, 증명서를 발급한다.
- 🔍 필요할 경우 물품에 대한 정밀 검사 및 임상 검사 등을 실시하여 수입 물품의 허가를 결정한다. 검역 대상 물품은 정밀 검사를 실시하여 안전성 검사에 합격되면 승객에게 인도한다.
- 🔍 각종 식물들을 검역하고 방제 업무를 진행하고, 세균·질병·구제역 진단, 바이러스 및 해외 전염병 예방 등의 업무를 담당한다.

적성과 흥미는?

공항검역관은 기본적으로 생물이나 동물, 식물, 보건, 의학 등과 관련된 과목에 흥미와 관심이 있어야 한다. 주로 수출 또는 수입되는 물품을 신고 서류와 비교해 검사하며, 외국인을 많이 상대하기 때문에 외국어로 유창하게 의사소통을 할 수 있는 능력을 갖추어야 한다. 법, 의학 및 의료 관련 지식도 풍부하게 갖추어야 하고 많은 사람들을 상대하기 때문에 자기통제 능력, 다른 사람에 대한 배려심과 대인관계 능력을 갖추면 좋다.

공항 내에서 근무하는 검역관은 주말, 야간에 관계없이 교대 근무를 해야 하기 때문에 이를 뒷받침할 수 있는 체력이 있어야 한다. 동물을 사랑하고 국민을 위해 봉사한다는 투철한 소명 의식과 사명감이 필요하다. 생명을 존중할 줄 알고 자신의 고통을 표현할 수 없는 동물들의 고통을 헤아릴 수 있는 주의 깊은 관찰력도 필요하다.

공항검역관이 되려면 외국어 실력을 향상시키는 데 많은 노력을 기울이고, 동물·식물·보건·의학 관련 분야의 책을 두루 읽어 기초 지식을 쌓으면 도움이 된다. 또한 체력 관리에 힘쓰고, 동물 관련 센터 등에서 봉사활동을 하는 것도 추천한다.

 관련 학과 및 자격증은?

수의학과　농학과　원예학과　산림자원학과
보건행정학과　임상병리학과　간호학과
약학과　산업동물학과　반려동물학과
동물자원학과　동물자원생명과학과

🔩 수의사　　　　　🔩 축산기사
🔩 간호사　　　　　🔩 축산산업기사
🔩 임상병리사　　　🔩 식육처리기능사
🔩 가축인공수정사

 관련 교과는?

수학　영어　과학

관련 직업은?

수의사　보건직 공무원
낙농 및 사육 관련 종사자　동물자원과학연구원
방역사　축산물등급판정사　축산물품질평가사
자원공학연구원　식품연구원

🌐 진출 방법은?

공항검역관이 되기 위해서는 대학에서 수의학, 생물학, 보건, 동물 관련 학과를 전공하는 것이 좋다. 동물과 축산물의 검역을 담당하는 농림수산검역검사본부의 검역관이 되려면 수의사 면허가 필요하다. 이 면허를 따려면 수의과대학에서 공부를 한 뒤 수의사 국가고시에 합격해야 한다. 수의직 공무원 시험을 통과하면 검역관으로 활동할 수 있다.

승객과 항공기 검역을 맡는 검역관의 경우에는 보건직 공무원 시험을 통해 선발한다. 이 시험에는 대개 대학에서 보건행정, 임상병리, 간호, 약학 등을 전공한 사람들이 응시한다. 이 외에도 식물 검역직 공무원 시험에 합격하면 식물 검역관이 된다. 대학에서 농학, 원예학, 산림자원학 등을 전공한 사람에게만 시험에 응시할 자격이 주어진다.

검역관은 특별채용이 많은 편이다. 특별채용 응시자격은 석사 학위 이상을 요구하는 경우가 대부분이다.

⚙️ 미래 전망은?

우리나라를 찾는 관광객 수와 해외로 떠나는 관광객 수가 급증하고 있다. 2018년도에는 우리나라를 찾는 관광객 수가 1,500만 명을 넘어섰고, 해외여행을 다녀오기 위해 출국한 우리나라 사람도 3,000만 명에 이를 정도로 공항은 많은 사람으로 붐비고 있다. 이와 같이 국제적인 교류가 증가하면서 공항에서의 검역 업무의 중요성은 날로 커지고 있다. 조류 인플루엔자, 광우병, 콜레라 등 전염성 병균이 우리나라로 들어올 가능성이 매우 높아지고 있기 때문이다.

동식물, 축산물의 수출입이 늘어나고, 인터넷을 통해 해외에서 특이한 동식물을 수입하려는 사람들도 늘어나고 있다. 이에 따라 국제 우편이나 택배 등을 통해 들어오는 물품 중에서 사람들의 건강을 위협하는 새로운 바이러스가 출현할 가능성도 커지고 있다. 이러한 상황에 맞추어 검역 업무를 수행하는 공항 검역관의 수요는 더욱 증가할 것으로 예상된다.

검역관들은 공항뿐만 아니라 여러 검역 관련 기관에 소속되어 업무를 수행하므로 자신의 전공과 적성에 맞는 업무 기관에서 요구하는 자격을 갖춘다면 검역관으로 진출할 수 있는 기회는 더욱 많아질 것으로 예상된다.

CAREER MAP

관련 교과
- 수학
- 영어
- 과학

준비 방법
- 수학, 과학 교과 역량 강화
- 동물 자원 관련 학과 탐방
- 공항검역관 직업 탐방 및 체험 활동
- 동물학, 생물학, 자연과학 등 다양한 분야의 독서활동

관련 학과
- 수의학과
- 농학과
- 원예학과
- 산림자원학과
- 보건행정학과
- 임상병리학과
- 간호학과
- 약학과
- 산업동물학과
- 반려동물학과
- 동물자원학과
- 동물자원생명과학과

공항 검역관

관련 자격
- 수의사
- 간호사
- 임상병리사
- 가축인공수정사
- 축산기사
- 축산산업기사
- 식육처리기사

적성과 흥미
- 유창한 외국어 실력
- 자연과학에 대한 관심
- 자기통제 능력
- 배려심
- 의사소통 능력
- 건강한 체력
- 사명감
- 비판적 사고 능력
- 협업 능력
- 관찰력

관련 기관
- 한국공항검역관
- 농림축산검역본부

관련 직업
- 수의사
- 보건직 공무원
- 동물자원과학연구원
- 방역사
- 축산물등급판정사
- 축산물품질평가사
- 자원공학연구원
- 식품연구원

기상연구원

기상연구원이란?

기상학은 대기오염과 대기권 속의 물리적·화학적인 여러 가지 현상을 연구하는 학문이다. 일반적으로 기상이라고 하면 대기권 속에서 일어나는 구름, 비, 눈, 우박, 안개 등의 일기만을 생각하는데, 기상학의 범위는 매우 광범위하며 정보통신기술의 발달로 빠르게 발전하고 있는 대기과학의 한 분야이다. 최근에는 대기와 대기 중의 여러 가지 현상을 연구하는 학문으로, 기상이 지표면에 미치는 영향도 연구 대상에 포함되었으며, 지구 외의 행성의 기상에 대해서도 연구가 진행되고 있다.

기상학은 아리스토텔레스 때부터 시작되었으며, 16세기에는 갈릴레오 갈릴레이가 온도계를 발명하고 그의 저서인 '기상학'에서 여러 가지 대기 현상을 기술했다. 우리나라의 경우, 김부식의 '삼국사기'에는 지금부터 약 2,000년 전인 신라, 백제, 고구려의 특이한 구름, 안개, 서리, 우박 등의 기록과 그에 따른 피해 상황 등이 실려 있다. 1842년 오스트리아의 도플러는 도플러 효과를 이용해 항공기 방향 탐지기와 레이더, 항공기 운행 항법 장치 등을 개발하면서 기상학 발전에 커다란 영향을 미쳤다.

기상 현상을 정확하게 예측하는 기술을 연구하고, 관측된 기상 자료를 해석하며, 각종 기상재해에 대한 대응 기반 기술을 연구하는 사람을 기상연구원이라고 한다.

🔍 기상연구원이 하는 일은?

기상연구원은 기상에 관한 모든 사항을 분석하고 연구하는 직업이다. 최소한의 오차로 날씨를 정확하게 예측하고, 태풍과 같은 재난도 예방할 수 있도록 하는 역할을 수행한다.

🔍 대기 상황에 대한 분석 자료를 만들고, 기상도를 작성한다.

🔍 기류의 방향, 속도, 기압, 온도, 습도 및 기타 현상을 조사·탐구하여 대기의 성분, 구조, 유동에 관해 연구한다.

🔍 대기, 기후, 해양 기상 및 지진 특성을 조사하고 분석하며, 더 정확한 일기 예보 기법을 개발하기 위해 연구한다.

🔍 대기 중의 고체 및 액체 입자의 성질과 특성, 구름의 형성 과정과 강우 및 전기 방전과 같은 현상을 연구한다.

🔍 장단기 기상 예보를 위해 관측된 자료를 해석한다.

🔍 환경, 수문, 농업, 생물 기상, 기후 변화 등 응용 기상에 대해 연구하며, 사람들에게 보다 정확한 기상 정보를 제공할 수 있는 기후 예측 시스템을 구축한다.

🔍 기상 관측 기기의 정밀도 향상을 위해 기상 계측 기술 개발에 대해 연구한다.

🔍 기류의 방향, 속도, 기압, 온도, 습도 등을 정확하게 예보할 수 있는 방법을 연구한다.

📊 적성과 흥미는?

기상연구원은 새로운 것에 대한 탐구정신과 관찰력이 있어야 하며, 천문학, 지구대기학, 기상학에 대한 지식은 물론, 수학과 물리학 지식이 요구된다. 정확한 기상 관측 및 예측을 위한 정확한 판단력과 작은 변화까지도 파악할 수 있는 섬세함도 필요하다. 새로운 방법을 찾아내기 위해 사용하는 기술 및 도구를 분석할 수 있는 분석적 사고 능력을 지니고 있으면 좋다. 기상 관측과 예측 과정에서 많은 사람들과 협업이 이루어지는 경우가 많기 때문에 대인관계 능력과 의사소통 능력도 갖추어야 한다.

기상연구원은 끊임없이 자료 분석과 연구를 해야 한다. 늘 새로운 기상을 관찰하고 분석하여, 이를 통해 정확한 일기 예보를 할 수 있는 첨단 장비를 개발하거나 운용할 수 있는 능력과 호기심, 창의성이 있는 사람에게 적합하다. 언어 능력, 수리 능력 및 공간 판단력, 형태 지각력, 색 판별력 등이 필요하다. 기상학 분야에 대한 전문적인 지식과 함께 컴퓨터, 통신, 비주얼 등 기술적인 능력이 요구되며, 무엇보다도 관찰·분석·종합하는 과학 탐구 능력과 사회와 자연에 대한 애정, 도전정신도 필수이다.

기상연구원에 관심이 많다면 물리학, 화학, 수학 등 자연과학 교과에 대한 흥미가 있어야 한다. 자연과학 분야에 대한 다양한 독서활동과 기상 관련 기관에서 주관하는 프로그램에 참가하는 것도 권장한다.

관련 학과 및 자격증은?

(대기과학과)　(대기환경과학과)　(지구과학과)
(지구환경학과)　(천문학과)　(천문대기과학과)
(천문기상학과)　(천문우주학과)　(지질학과)
(지질환경과학과)　(환경지질과학과)　(지적학과)

⚙ 기상예보기술사　　⚙ 응용지질기사
⚙ 기상기사　　⚙ 측량 및 지형공간정보기사

관련 교과는?

(수학)　(과학)　(정보)

관련 직업은?

(기상감정기사)　(기상기사)　(관측천문학자)
(천문기상연구원)　(기상캐스터)　(일기예보관)
(일기관측자)　(기상엔지니어)　(기상컨설턴트)
(기상레이더관측원)　(날씨정보제공자)
(기후변화컨설턴트)　(기상직 공무원)

🌐 진출 방법은?

기상연구원이 되기 위해서는 대학교와 대학원에서 지구과학, 대기과학, 천문학 등을 전공하는 것이 일반적이며, 대기학 관련 분야의 석사 이상의 학위를 취득하는 것이 좋다.

기상연구원은 별도의 자격시험을 통해 선발되는 직업이 아니다. 기상연구원을 포함해 과학기술 분야의 일자리가 대부분 고학력화되면서 박사 이상의 학위와 전문 지식을 보유한 이들을 중심으로 채용되고 있다. 기상학 관련 학과를 졸업한 후에는 공개채용이나 특별채용을 통해 기상청, 국립천문대, 기상연구소 등의 정부기관이나 방송국, 민간 기상 예보 업체, 공군 기상 부대, 항공사 등으로 진출할 수 있다.

⚙ 미래 전망은?

최근 날씨의 변화 및 상태가 경제생활에 큰 영향을 미친다는 연구 결과가 발표되었고, 날씨 마케팅이 기업 경영에까지 영향을 미치면서 많은 주목을 받고 있다. 기상에 대한 연구뿐만 아니라 정확한 일기 예보를 통해 자연재해를 줄이는 것에도 관심이 높아지고 있고, 날씨 마케팅과 같은 새로운 경영 기법이 등장하면서 인간의 경제·사회 활동에서 기상의 중요성이 매우 커지고 있어, 이에 따른 기상연구원의 수요가 계속 증가할 것으로 전망된다.

기상연구원은 지속적인 자기계발이 필요한 분야이기 때문에 자신의 노력에 따라 발전 가능성이 높은 직업이다. 또한 직업적 전문성을 갖춘 고학력자 중심으로 채용이 이루어지므로 고용 안정과 임금, 복지 수준도 우수한 편이다. 그로 인해 취업 경쟁률 또한 증가할 것으로 예상된다.

> **Tip** 기상컨설턴트에 대해 알아볼까요?
>
> 기상 정보를 필요로 하는 기업을 대상으로 기상과 이윤 창출과의 관계, 날씨 위험 관리, 날씨 영향 분석 등의 정보를 분석하여 제공하거나 기업이 필요로 하는 기상 정보를 파악하여 제공한다. 기상과 관련된 정보를 수집하고, 웹이나 DMB 등의 매체로 제공할 수 있는 기상 정보 콘텐츠를 기획한다.
>
> 시뮬레이션 등의 영향 예측 평가 시스템으로 기상과 대기질의 영향을 분석하여 이를 고객에게 제공하며, 시스템의 오류를 개선하거나 고객의 불만을 해소하는 등 사후 고객 관리도 한다.

CAREER MAP

기상 연구원

적성과 흥미
- 탐구정신
- 관찰력
- 정확한 판단력
- 꼼꼼함
- 분석적 사고 능력
- 호기심
- 창의력
- 컴퓨터 활용 능력
- 도전정신
- 섬세함

관련 기관
- 기상청
- 국립기상과학원

관련 직업
- 기상기사
- 기상감정기사
- 관측천문학자
- 천문기상연구원
- 기상캐스터
- 일기예보관
- 일기관측자
- 기상엔지니어
- 기상컨설턴트
- 기상레이더관측원
- 날씨정보제공자
- 기후변화컨설턴트
- 기상직 공무원

관련 학과
- 대기과학과
- 지구과학과
- 천문학과
- 천문대기과학과
- 천문기상학과
- 천문우주학과
- 대기환경과학과
- 지구환경학과
- 지적학과
- 지질학과
- 지질환경학과
- 지질환경과학과

관련 자격
- 기상예보기술사
- 기상기사
- 응용지질기사
- 측량 및 지형공간 정보기사

관련 교과
- 수학
- 과학
- 정보

준비 방법
- 수학, 과학 교과 역량 강화
- 기상 관련 학과 탐방
- 기상연구원 직업 탐방 및 체험활동
- 기상학, 자연과학, 공학 등 다양한 분야의 독서활동
- 컴퓨터 활용 능력 함양

기상캐스터

기상캐스터란?

기상캐스터는 방송국에서 기상 예보와 날씨를 담당하고 책임지는 날씨 전문 방송인이다. 날씨나 기온이 우리에게 어떻게 느껴질지 파악한 후 날씨를 인간 친화적으로 표현하는 전문가이다.

기상캐스터는 기상청에서 제공하는 자료를 정리하여 방송보도용 기사를 작성하고 기온, 구름, 바람 등 기상 상황을 보여줄 방송 화면 그래픽을 구상하며 순서를 정한다. 그리고 이를 영상그래픽디자이너에게 의뢰하고, 방송프로듀서와 협의하여 최종적으로 기사를 편집한다. 기상 보도 내용을 연습하고 나서 메이크업을 받고 의상을 갈아입은 후 모든 준비가 끝나면 생방송 또는 녹화방송을 한다. 보통 스튜디오 안에서 방송을 하지만 야외 보도를 기획하는 경우도 있으며, 이 경우에는 촬영 장소 및 시간 등을 정하고 중계차 기술자들과 협의한다. 때로는 현장에 직접 나가서 날씨 관련 기사를 취재하기도 한다.

🔍 기상캐스터가 하는 일은?

기상캐스터는 방송국에서 기상 예보와 날씨를 담당하고 책임지는 날씨 전문 방송인이다.

🔍 **방송보도용 기사 작성**

기상청에서 제공하는 자료를 정리하여 방송보도용 기사를 작성한다.

🔍 **영상그래픽디자이너와 협업**

기온, 구름, 바람 등 기상상황을 보여줄 방송화면 그래픽의 순서를 정하고 영상그래픽디자이너와 협의한다.

🔍 **방송보도용 기사 편집**

일기 예보를 담당하는 방송프로듀서와 협의하여 최종적으로 기사를 편집한다.

🔍 **생방송이나 녹화방송 진행**

기상보도 내용을 연습한 후 생방송 또는 녹화방송을 한다.

🔍 **촬영장소 및 시간 기획**

야외 보도를 위해 촬영장소 및 시간 등을 기획하고 중계차 기술자들과 협의한다. 현장에서 날씨와 관련된 기사를 취재하기도 한다.

Tip 기상 관련 용어에 대해 알아볼까요?

- 풍속 : 바람이 부는 빠르기
- 풍향 : 바람이 불어오는 곳
- 기압 : 대기의 압력
- 고기압 : 주변보다 기압이 높은 곳
- 저기압 : 주변보다 기압이 낮은 곳
- 등압선 : 일기도에서 기압이 같은 곳끼리 연결해놓은 선

적성과 흥미는?

기상캐스터는 날씨에 대한 대본을 외우고 방송을 촬영해야 하기 때문에 암기력과 발표력이 중요하다. 촬영할 때 대본을 보면서 진행하지만, 화면을 보며 읽는 것보다는 암기해서 설명할 때 더욱 자연스러운 일기 예보가 가능하다.

예상치 못한 일이 발생했을 때 상황을 해결할 수 있는 순발력과 대처 능력이 필요하다. 기본적으로 본인이 쓴 기사에 대해서 정확히 숙지하고 돌발상황에 대처할 수 있어야 한다. 가장 중요한 것은 다양한 기상 자료를 이해하고 해석할 수 있는 정보처리 능력이다. 기상청에서 기상캐스터에게 제공하는 정보들은 굉장히 방대하기 때문에 많은 정보 중에서 시기에 적절하고 중요한 부분을 찾아서 기사를 작성할 수 있는 능력이 중요하다. 방송을 하는 사람이므로 꾸준한 발음 및 발성 연습을 통해 표현 능력을 키우기 위하여 노력해야 한다.

기상캐스터가 되고 싶다면 어려서부터 날씨나 기상 현상 등 자연 현상에 대해 호기심을 가지고 기상과 관련된 지식을 습득하는 것이 중요하다. 과학관에서 운영하는 태풍 체험에 참여하는 등 날씨를 직접 체험해보는 것도 도움이 될 수 있다. 사람들 앞에서 표현하는 능력이 중요하므로 학교에서 진행하는 토론이나 발표 수업에 적극적으로 참여하여 표현 능력을 발달시키는 것을 추천한다.

관련 학과 및 자격증은?

국어국문학과 광고홍보학과 신문방송학과
디지털미디어학과 디지털콘텐츠학과
미디어언론학과 미디어영상학과
방송영상학과 언론홍보학과

⚙ 기상예보기술사 ⚙ 기상기사 ⚙ 기상감정기사

관련 교과는?

국어 수학 영어 과학 기술·가정

관련 직업은?

영화감독 방송연출가 연극연출가
리포터 광고제작감독 배우 웹방송전문가
음반기획자 성우 아나운서 쇼핑호스트
연예프로그램진행자 해설위원

Tip 앵커, MC, 캐스터, 리포터, 아나운서의 차이점에 대해 알아볼까요?

- 앵커 : 뉴스를 시청자에게 최종 전달하는 사람
- MC : 뉴스 외 TV 프로그램을 진행하는 사람
- 캐스터 : 교통캐스터, 스포츠캐스터, 기상캐스터, 시황캐스터 등 캐스터라는 단어 앞에 붙어 있는 분야에 전문성이 있는 진행자이고, 전문 분야의 정보를 모아서 시청자에게 전달하는 사람
- 리포터 : 사건 현장에 직접 방문하거나 인터뷰를 진행하면서 현장의 모습을 시청자에게 생동감 있게 전달하는 사람
- 아나운서 : 아나운서는 위에서 설명한 앵커, MC, 캐스터, 리포터 등 모든 역할을 하는 사람을 통틀어 말함. 보통 기상캐스터와 아나운서, 리포터의 채용은 별개로 하고 있지만, 방송국 상황에 따라서 아나운서가 캐스터의 역할을 하거나 리포터의 역할을 할 때도 있음

🌐 진출 방법은?

기상캐스터가 되기 위해 꼭 필요한 전공은 없지만, 정확한 발음과 발성으로 정보를 전달해야 하므로 국어국문학과나 신문방송학과 등을 전공하면 도움이 될 수 있다. 다른 분야를 전공하더라도 기본적인 과학 지식과 기상 현상에 관심을 가지고 있다면 날씨와 관련된 내용을 공부하면서 준비하는 것도 가능하다.

⚙ 미래 전망은?

기상캐스터의 고용 상태는 현재의 수준을 유지할 것으로 전망된다. 방송국마다 기상캐스터가 근무하는 인원은 다르지만 적게는 2~3명, 많게는 7명까지 한 방송국에서 일한다. 기상캐스터는 주로 뉴스의 뒷부분에 짧게 등장하여 일기 예보를 설명하므로 전체 정원이 적고, 방송국마다 3~4년에 한 명 정도만을 채용하기 때문에 취업 경쟁률도 매우 높은 편이다. 예전의 한 방송국에서는 기상캐스터 한 명을 선발하는 데 수백 명 이상이 지원한 적도 있었다. 근무할 수 있는 자리나 채용 인원이 많지 않기 때문에 기상캐스터만을 준비하는 경우는 드물고, 보통 아나운서와 기상캐스터를 동시에 준비하는 편이다.

채용 인원이 적기 때문에 입사한 후 한 달 정도 방송과 시스템에 대한 교육을 받고, 대부분 곧바로 방송에 투입되어 활동한다. 기상캐스터는 특정 방송국에 소속되어 일하지만, 기본적으로 프리랜서로 활동하는 직업 중 하나이다. 따라서 개인 역량에 따라 근무 시간과 연봉의 차이가 많은 편이고, 본인이 노력하는 정도에 따라서 전문가로 인정받을 수 있는 직업이다.

CAREER MAP

준비방법
- 국어, 과학 교과 학업 역량 강화
- 방송제 운영 및 참여
- 협업 및 리더십 프로그램 참여
- 방송, 천문, 논술, 환경 관련 동아리활동

관련교과
- 국어
- 수학
- 영어
- 과학
- 기술·가정

관련직업
- 영화감독
- 방송연출가
- 연극연출가
- 광고제작감독
- 배우
- 웹방송전문가
- 음반기획자
- 성우
- 아나운서
- 쇼핑호스트
- 연예프로그램진행자
- 리포터
- 해설위원

기상 캐스터

관련학과
- 국어국문학과
- 광고홍보학과
- 신문방송학과
- 디지털미디어학과
- 디지털콘텐츠학과
- 미디어언론학과
- 미디어영상학과
- 방송영상학과
- 언론홍보학과

적성과흥미
- 문제해결 능력
- 논리적 사고 능력
- 유연한 사고
- 통합적 사고 능력
- 꼼꼼함과 세심함
- 의사소통 능력
- 책임의식
- 협업 능력

관련기관
- 기상청
- 국립기상과학원
- 국가기상위성센터
- 국가기상슈퍼컴퓨터센터
- 국립재난안전연구원
- 한국기상산업기술원

관련자격
- 기상예보기술사
- 기상기사
- 기상감정기사

기후변화전문가

기후변화전문가란?

전 세계적으로 지구온난화로 인한 기상 이변이 일어나는 횟수가 늘어나면서 피해도 점점 커지고 있다. 우리나라는 지난 100년간 평균 기온이 1.8℃ 상승해 세계 평균인 0.75℃에 비해 2배 이상 상승했고, 집중호우 일수도 1970년대에 비해 2배 이상 증가했다. 보고서에 의하면 지구의 온도가 1℃ 상승하면 생태계의 30%가 멸종하고 건조한 지역의 강우량이 줄어 산불이 발생하며, 농작물 생산량은 크게 감소한다고 한다. 또 각종 질병의 발생, 사막화 심화, 빙하 손실로 인한 해수면 상승으로 국토가 사라지는 나라가 발생하는 등 기후 변화는 이미 전 세계적으로 영향을 미치고 있으며, 현재 추세가 지속된다면 더 큰 재앙이 발생할 것이다.

이처럼 기후 변화는 사람들의 생활뿐만 아니라 산업과 지구 생태계 전반에 걸쳐 많은 영향을 미치기 때문에 국가적으로 기후 변화를 방지하고 완화하기 위한 대책을 세우는 것이 중요해지고 있다. 따라서 기후 변화를 연구하고, 기후 변화와 관련된 정책을 만드는 기후변화전문가의 역할도 주목을 받고 있다.

기후변화전문가가 하는 일은?

기후변화전문가는 기후의 변화를 예측하고, 기후 변화가 각종 산업이나 생활에 미치는 영향을 평가한다. 또한 기후 변화로 인해 발생할 수 있는 위험을 최소화하기 위한 정책과 대책을 마련한다.

- 기후 변화가 기업이나 정부 정책에 미치는 영향을 분석하고 개선방법을 찾아낸다.
- 기후 변화에 따라서 농산물이나 수산물, 우리 생활이 어떻게 달라지는지 분석한다.
- 기후와 관련된 과거의 데이터베이스를 분석하고, 이를 토대로 미래의 기후가 어떻게 변화할 것인지 예측하며, 그 변화의 원인을 분석한다.
- 온실가스 배출 감축 정책과 기후 변화로 발생하는 위험을 최소화하기 위한 정책을 만든다.
- 도심 내 온실가스 배출량을 감소시키기 위해 대중교통 이용, 절전 등 시민들이 함께 일상생활에서 실천할 수 있는 탄소배출 감소 방법을 연구한다.
- 기업이 고효율 에너지 시설이나 장비를 개발·보급하는 사업 등을 원활히 진행하도록 지원한다.
- 지구온난화 등으로 오랜 시간에 걸쳐 진행된 기후 변화를 예측하고, 온실가스와 같이 인위적인 기후 변화 요인을 파악하기 위한 조사 및 연구를 수행한다.
- 온난화, 태풍, 가뭄, 해수 온도의 상승 등 기후 변화가 일상생활에 미치는 영향을 평가하여 좋지 않은 영향에 대한 대응책을 수립한다.
- 기후 변화에 따라 수자원, 농산물, 육상·해양 생태계, 인간의 거주지 및 건강 등에 관한 기후 변화 영향을 종합적으로 평가한다.
- 온실가스 배출량의 감소를 위해 시민들의 참여 방법을 개발하고 홍보한다.

 ## 적성과 흥미는?

기후변화전문가는 환경에 대한 문제의식과 환경 관련 분야의 국제적인 흐름을 분석하고 대응할 수 있는 능력, 환경 관련 정책 개발에 대한 경험과 능력이 필요하다. 기후 변화의 영향, 온실가스 배출량, 기후 변화 대응 효과 등을 객관적으로 이해하고 계산해야 하며, 이를 위해서는 수학, 통계에 대한 지식이 요구된다. 기후 변화가 미치는 영향이 광범위하기 때문에 각 방면의 통합된 지식을 기반으로 세상을 바라보는 넓은 시각을 갖추어야 한다.

기후 변화가 해상, 기상, 산림, 농업 분야의 변화와 밀접한 관계를 갖고 있기 때문에 이러한 산업 분야에 대한 지식을 갖추고 있어야 한다. 자연의 변화에 관심을 가지고 자연을 직접 체험하는 일을 좋아하는 사람에게 유리하다. 기후 변화 문제의 원인을 객관적으로 분석할 줄 알아야 하고, 평상시 문제를 깊이 있게 탐구하는 것을 좋아해야 한다.

수학, 물리학, 지구과학 등의 기초과학 과목에 적성과 흥미가 있어야 한다. 기후 변화 관찰을 위해 컴퓨터를 많이 사용하므로 소프트웨어 사용법, 수치 계산, 수치 적분, 프로그래밍 등의 능력을 갖추어야 한다.

기후변화전문가에 관심이 있다면 기후 변화 현상과 이로 인한 영향에 대해 보고서, 언론 보도 자료 등을 꾸준히 모니터링하고, 기후 관련 논문 및 서적을 통해 지식을 습득하고자 노력해야 한다. 기상학, 환경 등 다양한 분야의 독서를 통해 관련 지식을 습득하고, 기상 및 기후 관련 기관 탐방 및 직업체험활동 등을 추천한다.

관련 학과 및 자격증은?

천문기상학과　　대기과학과　　대기환경과학과

지구환경과학부　　천문대기과학과

환경공학과　　지구시스템과학부

⚙ 기상기사　　　　　⚙ 기상예보기술사

⚙ 기상기술사　　　　⚙ 온실가스관리기사

⚙ 대기환경기사　　　⚙ 산업안전기사

⚙ 수질환경기사　　　⚙ 산업위생기사

⚙ 소음진동환경기사　⚙ 기상감정기사

⚙ 지구과학 중등 2급 정교사

관련 교과는?

영어　　과학　　기술·가정

관련 직업은?

천문학연구원　　기상학연구원　　지질학연구원

기상컨설턴트　　기상레이더관측요원

일기예보관　　기상캐스터　　대기환경기술자

온실가스인증심사원　　온실가스관리컨설턴트

운항관리사　　환경공학기술자　　일기관측자

Tip 기상컨설턴트에 대해 알아볼까요?

　날씨와 관련한 위험 요소들을 통계적인 기법을 통해 분석하고, 분석된 자료를 바탕으로 다양한 기업 경영 솔루션을 제공하는 직업이다. 기상재해나 날씨 요인에 의한 위험 요소에 효율적으로 대처하여 손실을 최소화하고, 매출이나 이익을 극대화할 수 있도록 정확한 날씨 정보를 제공하며, 기상 정보 분석 결과를 바탕으로 중장기 전략을 수립하는 데 도움을 준다.

진출 방법은?

　기후변화전문가가 되려면 기후 변화에 대한 관심과 환경에 대한 지식이 있어야 하므로 대학에서 환경공학, 기후학, 대기과학 등 환경 관련 학문을 전공하면 도움이 된다. 기후변화전문가는 주로 중앙정부 및 지방자치단체, 민간연구소 등에서 근무하는데, 전공 관련하여 석사 이상의 학위가 필요하다. 특히 기후 변화를 예측하거나 분석하는 업무를 수행하기 위해서는 석사 이상의 환경 관련 학위가 요구된다.

　기후 변화에 대한 정책을 결정하는 국가 기관이나 정책을 집행하는 지방자치단체 등으로 진출하는 경우가 많은데, 공무원 채용시험을 통해 임용된다. 기후 변화에 따른 신사업 발굴, 마케팅 및 유통 전략 수립 등 산업계 전반에 걸쳐 다양한 영역으로 진출이 가능하고, 기후 변화 및 환경 문제를 다루는 NGO 단체로도 진출할 수 있다.

미래 전망은?

　최근 전 세계적으로 기후 변화에 대한 관심이 뜨겁다. 국가마다 온실가스 배출을 줄이기 위한 노력이 진행되고 있고, 각 국가별, 기업 간 기후 변화 업무를 담당하는 부서를 마련해 기후 변화 관련 전문 인력을 채용하고 있다. 아직까지 기후 변화 문제를 정부나 기업에서 순환 보직 형태로 단순하게 다루고 있으나 앞으로는 전문성을 지닌 기후변화전문가의 책임 아래 적극적으로 다뤄질 전망이다. 신재생에너지 개발이나 온실가스 감축을 위한 기술 개발 문제는 국제적으로 서로 얽혀 있기 때문에 국제환경법과 관련하여 외교 분야에 기후변화전문가가 필요할 것으로 예상된다.

　특히 우리나라는 파리기후변화협정 서명국으로 2030년까지 온실가스 배출을 37% 정도 줄이기로 약속했다. 이러한 국제사회의 약속을 지키기 위해 중앙정부나 지방자치단체에서는 자체적으로 기후 변화에 대응하기 위한 기후변화전문가가 필요한 상황이다. 또한 보건, 농업, 생태, 어업 등 다양한 분야에서 기후 변화와 관련한 전문가가 필요하기 때문에 기후변화전문가의 성장 가능성은 높다고 할 수 있다.

CAREER MAP

관련 직업

- 천문학연구원
- 기상학연구원
- 지질학연구원
- 기상컨설턴트
- 대기환경기술자
- 운항관리사
- 일기예보관
- 환경공학기술자
- 일기관측자
- 기상레이더관측요원
- 기상캐스터
- 온실가스인증심사원
- 온실가스관리컨설턴트

관련 기관

- 한국기후변화학회
- 기상청 기후변화정보센터
- 기후정보포털
- 기상청
- 한국환경공단

관련 자격

- 기상기사
- 수질환경기사
- 대기환경기사
- 기상기술사
- 기상감정기사
- 온실가스관리기사
- 기상예보기술사
- 소음진동환경기사
- 산업위생기사
- 지구과학 중등 2급 정교사

기후변화 전문가

관련 교과

- 영어
- 과학
- 기술·가정

적성과 흥미

- 외국어 실력
- 컴퓨터 활용 능력
- 기후 변화에 대한 관심
- 수학 및 통계 분야에 대한 지식
- 탐구정신
- 호기심
- 창의성
- 관찰력
- 정확한 판단력
- 분석적 사고 능력

준비 방법

- 과학, 기술·가정 교과 역량 강화
- 기후 관련 학과 탐방
- 기후변화전문가 직업 탐방 및 체험활동
- 기후학, 환경, 생물학, 자연과학 등 다양한 분야의 독서활동

관련 학과

- 천문기상학과
- 대기과학과
- 환경공학과
- 천문대기과학과
- 대기환경과학과
- 지구시스템과학부
- 지구환경과학부

농업환경 생태연구원

농업환경생태연구원이란?

농업환경생태연구원은 농업환경변화에 따른 농업생태계의 보존 및 기후와 관련된 내용을 연구하는 과학자이다. 토양과 농작물에 대한 유해물질을 조사하여 안전기준을 설정하고, 각종 유해물질로 인한 농작물 피해를 분석한 후 피해 예방과 안전한 농작물 생산을 위한 연구를 진행한다. 또한 농업과 관련된 폐기물을 조사하고 폐기물에 의한 환경영향평가방법을 개발하여 유용한 폐자원의 농업적 활용과 관리 기술을 개발한다. 농업환경오염방지를 위한 연구를 진행한 후 친환경 농업기술을 개발하여 농가에 보급하고 체계적인 친환경 농업관리 방법을 개발한다.

농업생태계의 안정화 및 지속성 확보를 위한 기술을 개발하고, 기후에 따른 농업자원 분포 및 변동 조사, 농경지에서의 온실가스 배출 저감을 위한 기술 개발 등을 연구한다. 농작물 생산의 안전성 확보와 기상재해에 대한 대책도 수립한다.

🔍 농업환경생태연구원이 하는 일은?

농업환경생태연구원은 농업환경 및 생태계를 보전하기 위해서 농업과 관련된 폐기물을 조사하거나 농업환경 변화에 따른 농업생태계 등을 연구하고 분석한다.

🔍 농작물에 대한 유해물질 조사

농작물에 포함되어 있는 유해물질을 조사한 후 농작물 피해 분석을 통한 농작물 피해 예방과 안전한 농작물 생산을 위해 연구한다.

🔍 농업생태계의 안정화 및 지속성 확보 연구

농업환경 변화에 따른 농업생태계의 영향 평가, 농경지 미소동물의 생태와 기능 평가 등을 통해 농업생태계의 안정화와 지속성 확보를 위한 기술을 개발한다.

🔍 농작물 생산의 안전성 확보와 기상재해에 대한 대책 수립

농업기후의 평가와 감시를 통해 농작물 생산의 안전성을 확보하고 기상재해에 대한 대책을 수립한다.

Tip 친환경농산물 인증 및 관리 방법에 대해 알아볼까요?

- 친환경농업 : 지속가능한 농업 또는 지속농업으로 농업과 환경을 조화시켜 농업의 생산을 지속가능하게 만드는 농업 형태로써 농업 생산의 경제성 확보, 환경보존 및 농산물의 안전성을 동시에 추구하는 농업
- 친환경 인증 과정 : 인증 신청→인증 심사→심사 결과 통보→생산 및 출하 과정 조사→시판품 조사
- 친환경 인증 방법 : 생산농가가 희망하는 경우 인증기준 적합 여부를 심사한 후 결과를 통보하고, 인증받은 농산물에 한해 인증표지를 표시하여 출하함
- 친환경 사후 관리 : 내용물과 표시 사항의 일치 여부 확인 등 인증품에 대한 시판품 조사를 시행하고, 조사 후 인증 기준 위반 등 이상품이 발견될 시에는 행정처분 및 고발 조치를 취함

적성과 흥미는?

농업환경생태연구원은 친환경적인 농업기술을 개발해야 하므로 새로운 것에 대한 호기심과 관찰력을 가지고 있어야 한다. 토양과 농작물에 대한 지식을 얻기 위해서는 대학교에서 농업 관련 학과를 전공하여 농업뿐만 아니라 환경이나 생물학에 대한 지식을 습득해야 한다. 또한 각종 유해물질이 농작물에 주는 피해를 분석하기 위해서 체계적인 분석 능력을 갖추고 있어야 한다. 농업과 관련된 폐기물을 조사하고 친환경농업 기술을 개발한 후 농가에 보급하기 위해서는 현장에서 농사를 짓고 있는 사람들과 다양한 정보를 주고받을 수 있는 의사소통 능력이 필요하다. 나아가 농작물 생산의 안전성을 확보하고 기상재해에 대한 대책을 수립하기 위해서는 합리적인 의사결정 능력이 필요하다.

훌륭한 농업환경생태연구원이 되기 위해서는 어릴 때부터 주변 자연 현상에 대해 호기심을 가지고 과학 관련 도서를 읽으며 농업, 환경, 생태와 관련된 지식을 습득하는 것이 중요하다. 또한 주말농장에 참여하여 텃밭 가꾸기를 하거나 농업박물관에 방문하여 농산물이나 농기구에 대한 지식을 습득하는 것을 추천한다. 친환경농업이나 유기농업과 관련된 자료를 조사해보면서 환경을 보존하는 농업에 관심을 가지고 준비한다면 많은 도움이 될 것이다.

관련 학과 및 자격증은?

농경제유통학부 농업경제학과 농업교육과

농업토목·생물산업공학부 미래농업융합학부

원예·농업자원경제학부

⚙ 농화학기술사   ⚙ 농림토양평가관리산업기사
⚙ 식물보호기사   ⚙ 유기농업기사
⚙ 종자기술사   ⚙ 토양환경기술사

관련 교과는?

수학   영어   과학   기술·가정

관련 직업은?

농업환경오염연구원   농업폐자원관리연구원
농업환경영양평가연구원   농업생태계연구원
농업기상연구원   농업자원활용연구원
형질전환식물안정성관리연구원   식물검역연구원
농업생태계관리연구원   농업환경정화연구원
농업기후변화대응연구원   바이오매스연구원

 진출 방법은?

농업환경생태연구원으로 진출하고자 한다면 4년제 대학교 이상에서 환경, 생물학 등을 전공하는 것이 유리하다. 대학교에서 자연과학 분야를 전공한 후 대학원에 진학하여 농업환경이나 환경생태 분야를 전공함으로써 농업환경생태연구원이 되는 경우도 있다.

 미래 전망은?

농업환경생태연구원의 고용은 다소 증가할 것으로 전망된다. 사람들의 삶의 질이 높아지면서 유해물질이 없는 음식을 찾거나 무농약으로 키운 쌀 또는 과일을 섭취하려는 사람들이 늘어나고 있기 때문이다. 이처럼 유기 농산물, 무농약 농산물, 저농약 농산물 등에 대한 관심이 높아지면서 안전한 농작물을 연구하는 농업환경생태연구원의 역할이 중요해지고 있다. 농산물을 생산하는 과정에서 발생하는 오염물질을 줄이고, 전 세계적인 온실가스 배출 감축 문제를 해결하기 위해서는 전문가의 노력이 필요하다.

농업환경생태연구원은 친환경 농업기술을 개발하여 농가에 생산 기술을 보급하는 역할을 하기 때문에 사람들이 원하는 농산물을 개발하고 관리하는 농업환경생태연구원의 수요는 지속적으로 늘어날 것이다.

CAREER MAP

준비방법
- 수학, 과학 교과 학업 역량 강화
- 생명공학 및 환경캠프 참여
- 협업 및 리더십 프로그램 참여
- 생명, 수학, 발명, 환경 관련 동아리활동

관련직업
- 농업폐자원관리연구원
- 농업환경영양평가연구원
- 농업생태계연구원
- 농업기상연구원
- 식물검역연구원
- 형질전환식물안정성관리연구원
- 농업생태계관리연구원
- 농업환경정화연구원
- 농업기후변화대응연구원
- 바이오매스연구원
- 농업자원활용연구원

관련학과
- 농경제유통학부
- 농업경제학과
- 농업교육과
- 농업토목·생물산업공학부
- 미래농업융합학부
- 원예·농업자원경제학부

농업환경 생태연구원

관련교과
- 수학
- 영어
- 과학
- 기술·가정

적성과흥미
- 수학, 과학 등 기초 과목에 대한 흥미
- 과학적 독창성
- 창의력
- 새로운 분야에 대한 호기심
- 문제해결 능력
- 의사소통 능력
- 책임의식
- 협업 능력

관련기관
- 국립종자원
- 농림축산식품부
- 농업진흥청
- 농산물품질관리원
- 한국농어촌공사
- 한국농촌경제연구원
- 환경부

관련자격
- 농화학기술사
- 농림토양평가관리산업기사
- 식물보호기사
- 유기농업기사
- 종자기술사
- 토양환경기술사

동물조련사

동물조련사란?

기대로 한껏 부푼 관광객을 실은 사파리 차량이 동물의 왕국에 들어서는 순간, 사자, 호랑이, 곰과 같은 맹수들은 차량 안의 인간들을 무심하게 쳐다본다. 맹수들과 인사를 나누라는 조련사의 안내에 따라 먹이를 주면서 사람들은 자연에 도전하고 융화되는 짜릿함을 느끼기도 한다.

사납기로 유명한 불곰이 어떻게 조련사의 주문에 맞춰 춤추듯 빙글빙글 돌면서 애교를 부릴 수 있을까? 그것은 맹수들과 교감하기 위해 조련사가 끊임없이 애정과 노력을 쏟아부은 덕분이다. 동물조련사는 동물 세계에 대한 호기심을 갖고 사파리에 방문한 사람들이 안전하게 관람할 수 있도록 맹수들의 컨디션을 관리하는 전문가이다.

동물조련사는 동물들과 끊임없이 소통하며 신뢰감을 형성하고, 이를 바탕으로 관계를 형성하면서 동물과 함께 성장하는 직업이다. 사람들은 말을 할 수 없는 동물이 조련사의 말과 행동, 표정에 맞춰 행동할 때 깊은 감동을 받기도 한다.

최근 들어 동물에 대한 관심이 높아지면서 반려동물을 기르는 사람의 수도 급격히 늘었다. 동물이 인간 삶의 질을 향상시키는 동반자적 존재로 부각되면서 동물이 있는 동물원, 테마파크, 대형 아쿠아리움은 물론 동물이 참여하는 드라마 및 영화 제작에서도 동물과 소통하고 교감하는 데 도움을 주는 동물조련사의 역할이 커지게 되었다. 동물조련사라는 직업은 동물핸들러, 반려동물행동전문가, 동물간호사, 동물보호보안관 등으로 분류되어 있다.

🔍 동물조련사가 하는 일은?

동물조련사는 다양한 동물들이 각자의 상황에서 재능을 발휘할 수 있도록 동물의 행동을 개발하고, 체계적으로 훈련하며, 동물과의 의사소통을 위한 수단을 개발한다. 위기에 빠진 사람의 생명을 살리는 인명구조, 시각 장애인을 위한 길 안내, 마약 범죄 소탕을 위한 마약 탐지, 드라마나 영화에서의 연기 등 특수한 목적과 상황에 맞게 동물을 훈련시킨다.

우리나라에서는 동물원과 같은 사육 시설에서 동물의 사육과 훈련을 담당하는 동물사육사를 동물조련사와 따로 구분하지 않는다. 주로 사육사가 조련사의 업무를 함께 하는데, 사육하는 동물 중 사람과 교감할 수 있는 동물을 선별하여 조련하는 경우가 대부분이다.

🔍 개, 돌고래, 물개, 원숭이 등 조련할 동물의 특성에 대해 전문적인 지식을 쌓고, 동물에 대해 연구한다.

🔍 조련할 동물의 특성과 훈련 목적에 맞게 훈련 계획을 수립한 후, 반복 학습을 통해 동물의 행동을 유도할 수 있도록 노력한다.

🔍 매일 동물의 사육장을 청소하며, 분변 및 토사물을 점검하여 건강 상태를 확인한다.

🔍 동물이 배고픔을 느껴 예민해지지 않도록 시간에 맞춰 먹이를 주고, 건강 상태에 따라 의약품이나 영양제를 먹이는 등 동물의 건강을 위해 다양한 활동을 한다.

🔍 동물들의 건강에 이상이 있을 경우에는 수의사에게 알려 치료를 받게 하고 건강을 회복하도록 보살핀다.

> **Tip 동물랭글러에 대해 알아볼까요?**
>
> 영화, TV 프로그램, 광고 등에 동물들의 출연이 늘어나면서 동물 섭외 및 촬영이 원활하게 진행될 수 있도록 훈련하고 조련하는 일을 한다. 동물들이 촬영 현장에 적응하도록 도와주고, 대본에 따라 움직이거나 소리를 내도록 유도하여 연기의 완성을 돕는다.

📊 적성과 흥미는?

동물조련사에게 가장 필요한 것은 동물에 대한 애정으로, 동물에게 필요한 것을 미리 발견하고 작은 변화에도 민감하게 반응할 수 있어야 한다. 동물의 입장에서 동물 행동과 습관 등을 관찰하고, 동물의 종류에 따라 사육 방법과 사육 기술을 연마하여 전문성을 갖추어야 한다. 동물에 대한 세심한 관찰력과 관리 능력, 책임의식도 갖추어야 한다.

동물조련사가 되고 싶다면 강아지, 고양이와 같은 애완동물을 직접 키워 보고, 동물과 관련된 다큐멘터리를 보거나 독서를 통해 동물에 대한 지식을 습득하는 것을 추천한다.

- - - - - - - - - - - - - - - - - - -

💬 관련 학과 및 자격증은?

동물자원학과   동물생명공학과

동물소재공학과   애완동물학과

특수동물학과   동물조련이벤트학과

바이오동물학과   마사과   말산업학과

⚙ 동물훈련사	⚙ 재활승마지도사
⚙ 반려동물행동교정사	⚙ 애견코칭지도사
⚙ 동물간호복지사	⚙ 핸들러
⚙ 반려동물전문가	⚙ 가축인공수정사
⚙ 동물매개치료사	

💬 관련 교과는?

국어   수학   사회   과학

💬 관련 직업은?

동물사육사   동물보호보안관   동물돌봄이
동물심리치료사   동물훈련가   애견미용사
애니멀커뮤니케이터   실험동물사육사   펫시터
수의테크니션   야생동물재활사   동물랭글러
동물핸들러   애견트레이너

진출 방법은?

동물조련사가 되려면 고졸 이상의 학력이 요구된다. 외국의 경우 동물 관련 산업이 발달하여 동물조련사 양성 과정이 체계적이지만, 우리나라는 아직 그러한 교육과정이 없는 상황이다. 따라서 동물에 대한 지식과 전문성을 갖추기 위해 전문대학, 대학, 전문학교 등에서 동물 및 축산과 관련된 학문을 전공하는 것이 좋다.

기존에 동물조련사는 경찰견, 시각 장애인 안내견, 마약 탐지견과 같이 특수한 목적을 위한 동물만을 전문적으로 훈련시키는 경우가 대부분이었다. 그러나 최근 반려동물의 수가 급증하고 반려동물을 개인적으로 훈련시키는 경우도 많아지면서 반려동물과 그 주인을 대상으로 같이 교육을 하기도 한다.

⚙ 미래 전망은?

동물조련사는 주로 동물 공연을 하는 동물원, 테마파크, 대형 아쿠아리움 등으로 진출한다. 생활수준이 높아지면서 동물에 대한 관심이 커져 동물 산업은 나날이 발전하고 있다. 사파리 체험, 동물 공연과 같은 색다른 이벤트들도 인기가 많아지고 있고, 1인 가구의 등장, 현대인들의 고독, 인간 소외 등의 사회적 구조 속에서 동물이 단순히 즐거움을 주는 존재를 넘어 정서적인 교류를 하는 존재로 자리매김하며 동물조련사의 수요도 점차 늘어날 전망이다.

특히 대형 수족관의 인기에 힘입어 해양생물들에게 직접 먹이를 주거나 물고기와 함께 묘기를 부리는 아쿠아리스트와 같은 직업도 주목받고 있고, 대중의 인기에 편승하여 드라마, 영화, 광고 등에 출연하는 동물들이 증가하면서 동물들이 연기할 수 있도록 전문적으로 훈련하는 업체의 수도 증가하고 있다.

더불어 국내의 사육 및 조련 기술이 나날이 발전하면서 국제적으로 동물원 간 협력을 통해 사육 기술을 공유할 만큼 동물조련사에 대한 기술 체계 구축 및 기술 발전이 빠르게 진행되고 있다.

CAREER MAP

- 동물훈련사
- 반려동물행동교정사
- 동물간호복지사
- 반려동물전문가
- 동물매개치료사
- 재활승마지도사
- 애견코칭지도사
- 핸들러
- 가축인공수정사

- 서울대공원
- 주경야독 수의아카데미

- 동물사육사
- 동물보호보안관
- 동물돌봄이
- 동물심리치료사
- 동물훈련가
- 애견미용가
- 애니멀커뮤니케이터
- 실험동물사육사
- 수의테크니션
- 야생동물재활사
- 동물랭글러
- 동물핸들러
- 애견트레이너
- 펫시터

관련 기관

관련 직업

관련 자격

관련 학과

동물 조련사

- 특수동물학과
- 동물자원학과
- 동물생명공학과
- 동물소재공학과
- 애완동물학과
- 동물조련이벤트학과
- 바이오동물학과
- 마사과
- 말산업학과

적성과 흥미

준비 방법

- 자연친화력
- 동물에 대한 애정
- 세심한 관찰력
- 동물 관리 능력
- 책임의식
- 인내력
- 생명 존중
- 공감 능력

관련 교과

- 국어
- 수학
- 과학
- 사회

- 국어, 수학, 과학, 사회 교과 역량 강화
- 동물 관련 기관 체험활동
- 동물조련사 및 동물 관련 직업체험활동
- 동물학, 생물학, 화학, 철학 등 다양한 분야의 독서활동

물리학자

물리학자란?

물리학은 물질로부터 어떤 현상이 발생하는지를 연구하는 학문으로, 다양한 현상으로부터 공통적으로 나타나는 원리나 법칙을 찾아내는 학문이다. 예를 들면 마이클 패러데이가 전기장과 자기장의 관련성을 밝혀내 '패러데이 법칙'으로 정리했다거나 알베르트 아인슈타인이 '특수 상대성 이론'을 정리한 것은 모두 물리학에 해당된다.

학교 수업 시간에 다루었을 물질, 질량, 원자, 원자핵, 전자, 에너지 등의 용어들이 모두 물리학과 관련이 있다. 물리학은 좁게는 지구와 지구 안의 생명체, 넓게는 우주 전체에 이르러 발생하는 물질 및 에너지에 관한 현상을 설명하는 기초과학이다. 물리학의 발전은 화학이라는 또 다른 기초과학을 발전시켰고, 물리학을 응용해 공학, 광통신, 컴퓨터, 스마트폰, 자동차 등이 등장했다. 천체의 운동, 기계, 전자 소자, 레이저, DNA까지 물리학이 관여하는 분야는 매우 광범위하다. 그동안 물리학의 발전을 통해 새롭게 발견된 지식은 자연과학과 공학 분야에 응용되어 현대 문명과 산업 발전에 큰 기여를 했고, 미래 사회의 변화를 주도하는 원천 기술을 개발하는 데 필수적이다.

물리학자는 가장 기본적인 원리와 논리적인 사고를 기반으로 자연에 존재하는 여러 가지 현상을 합리적으로 설명하거나 예측하고자 하는 사람으로서, 현대 자연과학 및 공학의 기초를 제공해 왔을 뿐만 아니라 차세대 최첨단 산업의 기술 개발을 주도하고 있다. 물리학자는 연구 대상에 따라 핵물리학자, 원자물리학자, 입자물리학자, 고체물리학자, 광물리학자, 생체물리학자 등으로 구분한다.

물리학자가 하는 일은?

물리학자는 자연법칙에 대한 이해를 바탕으로 자연계의 모든 현상을 지배하는 기본 법칙을 찾아내고, 자연 현상을 합리적으로 설명하거나 예측한다. 또한 물리학적 원리와 기법을 활용하여 산업, 의료, 군사 등 첨단 과학기술에 응용하는 것은 물론 자연의 참된 모습을 과학적 언어로 기술하고 전달하는 역할을 한다.

- 각종 장비를 사용하여 물질의 구조적 특성 및 기타 물리학적 현상을 관찰하고 실험한다.
- 여러 가지 수학적 기법과 모델을 활용하여 조사하고, 실험을 통해 결과를 분석하고 평가하며 결론을 발표한다.
- 먹는 물을 비롯한 각종 용수, 가정하수, 공장폐수 및 슬러지 내에 포함되어 있는 수분을 제외한 모든 물질의 구조와 특성을 조사하기 위해 온도, 압력, 응력 등의 환경을 변화시켜 실험하고 반응을 연구·분석한다.
- 물질의 구조와 운동, 전기, 빛 등 다양한 에너지의 발생과 이동, 물질과 에너지의 상호관계에 대한 연구와 실험을 통해 결과를 분석하고 기본 원리를 밝혀낸다.
- 여러 물리학적 기본 원리를 적용하여 재료, 전기, 자기, 광학, 의료 등 일상생활을 편리하게 하는 기구 개발을 위한 연구를 진행한다.
- 여러 물리학 분야의 근본적인 원리와 논리적인 사고를 적용하여 자연 현상을 합리적으로 연구하고 예측한다.
- 물리학 관련 논문 및 보고서를 작성한다.

적성과 흥미는?

물리학자는 연구 수행 과정에서 분자 증폭기, 레이저, 원자핵 파괴 장치, 전자가속 장치, 망원경, 질량 분석기, 전자 현미경 등의 첨단 장비를 사용한다. 각종 물질의 구조와 특성을 조사하기 위해 온도, 압력, 응력 등의 환경 조건을 변화시켜 실험·시험하고 반응을 연구 분석하기 때문에 수학, 물리학, 화학 등의 자연과학에 대한 흥미와 소질이 있어야 한다. 새로운 것에 대한 탐구정신과 호기심, 창의성과 문제해결을 위한 논리적 사고 능력, 분석력, 그리고 정확한 판단력이 요구된다.

자연 현상에 대한 세밀한 관찰력, 치밀한 수리적 사고력이 필요하고, 실험실에서 오랜 시간 동안 실험하고 분석할 수 있는 체력과 끈기, 인내심도 있어야 한다. 물리학 관련 연구 보고서와 논문을 써야 하는 일이 많기 때문에 논리적 언어 표현 능력과 문서 작성 능력이 요구된다.

물리학자에 관심이 많다면 기초과학 분야의 동아리활동이나 다양한 독서활동을 하는 것이 좋다. 학교 내외에서 진행되는 과학 관련 프로그램에 참여하는 것도 도움이 되고, 무엇보다 과학, 수학 교과에 대한 높은 성취도를 유지하도록 노력해야 한다.

💬 **관련 학과 및 자격증은?**

지구물리학과   응용물리학과   전자물리학과

나노물리학과   나노전자물리학과

신소재물리학과   응용물리전자학과

응용광물리학과   전자바이오물리학과

⚙ 변리사   ⚙ 방사선비파괴검사기사

⚙ 에너지관리기사   ⚙ 방사선취급감독자 면허

⚙ 원자력기사

💬 **관련 교과는?**

수학   영어   과학   정보

💬 **관련 직업은?**

광물리학자   원자물리학자   입자물리학자

고체물리학자   생체물리학자   기계물리학자

고체상물리학자   해양물리학자   핵물리학자

핵의학물리학자   플라즈마연구학자   물리 교사

물리시험원   물리표준연구원   광학연구원

자연과학연구원   지구물리학연구원

고체소자물리학연구원

Tip 자연과학연구원에 대해 알아볼까요?

물리학, 천문학, 지학 등의 학문 분야를 연구하여 관련 개념, 이론 및 운영 방법을 개선하거나 새로 개발한다. 물리학, 천문학, 지학 등의 원리와 기법을 산업 분야에 응용할 수 있도록 조언한다. 과학, 공학, 사회과학과 같은 분야의 문제해결을 위해 수학적·통계학적 기술을 개발하고 응용하며, 논문 및 보고서를 작성하기도 한다. 새로운 것에 대한 탐구정신, 호기심, 창의성, 관찰력이 요구되고, 논리적 판단을 할 수 있는 지적 능력과 꼼꼼함을 갖추어야 한다. 각종 실험 기기를 컴퓨터와 연동하여 실험·검사·분석 작업을 하므로 컴퓨터 및 기기 활용 능력이 필요하다.

진출 방법은?

물리학자가 되기 위해서는 대학에서 물리학 관련 학과를 졸업해야 한다. 관련 학과에서는 자연계에 나타나는 자연 현상의 기본 법칙과 자연 현상을 합리적으로 설명하고 예측 가능하게 하는 전문적 지식을 체계적으로 배울 수 있다. 특히 물리학 분야의 연구원이 되고자 한다면 물리학 관련 분야에서 석사 이상의 학위를 갖추어야 한다. 대학원에 진학하면 물리학 분야에 대한 전문적인 이론과 적용 능력을 깊게 배울 수 있다. 석사 및 박사 학위를 취득한 후 주로 진출하는 분야는 정부출연연구소나 기업에서 운영하는 연구소, 과학 및 공학 컨설팅 회사 등이며, 특히 채용 시 박사 학위 이상으로 자격을 제한하는 경우도 많기 때문에 박사 학위 취득 후에 지속적으로 관련 분야의 공부를 하는 것이 좋다. 정부출연연구소의 경우에는 인력이 필요할 때 관련 분야별로 공개채용이나 특별채용을 한다.

⚙ 미래 전망은?

최근에 국가 차원에서 기초과학 분야에 많은 관심을 보이고 있으며, 대학이나 연구소, 산업체에서 전문적인 교육을 받은 인재들이 늘어나고 있다. 물리학은 이공계 분야의 가장 기초적인 학문이며, 첨단 산업인 반도체를 비롯하여 전자 산업, 전기 산업, 항공 산업 등 여러 분야의 발전에 매우 큰 영향을 미친다.

특히 인류 문명의 발달 과정에서 커다란 전환기를 맞고 있는 현재, 물리학의 역할은 그 어느 때보다 중요해지고 있다. 물리학은 자연과학, 의학, 공학 등 관련 학문의 기초가 되며, 새로운 산업 발전의 원동력이 되고 있는데, 최근에는 첨단 기술 분야인 나노 물리 분야도 큰 주목을 받고 있다.

앞으로 물리학자의 고용은 대체적으로 증가할 것으로 전망된다. 정부의 정책적 지원과 다양한 산업 분야에서 수요가 증가하고 있어 물리학자의 전망은 밝다고 할 수 있다.

CAREER MAP

적성과 흥미
- 탐구정신
- 자연과학에 대한 흥미
- 호기심
- 창의성
- 문제해결 능력
- 논리적 사고 능력
- 정확한 판단력
- 분석력
- 체력과 끈기

관련 기관
- 한국과학기술인연합
- 한국과학창의재단
- 한국물리학회
- 한국표준과학연구원

관련 직업
- 광물리학자
- 원자물리학자
- 입자물리학자
- 고체물리학자
- 생체물리학자
- 핵물리학자
- 자연과학연구원
- 지구물리학연구원
- 물리시험원
- 물리 교사
- 물리표준연구원
- 기계물리학자
- 광학연구원
- 플라즈마연구학자

물리학자

관련 학과
- 지구물리학과
- 응용물리학과
- 전자물리학과
- 나노물리학과
- 나노전자물리학과
- 신소재물리학과
- 응용물리전자학과
- 응용광물리학과
- 전자바이오물리학과

관련 교과
- 수학
- 영어
- 과학
- 정보

관련 자격
- 변리사
- 에너지관리기사
- 원자력기사
- 방사선비파괴검사기사
- 방사선취급감독자면허

준비 방법
- 수학, 과학 교과 역량 강화
- 물리학 관련 학과 탐방
- 물리학자 직업 탐방 및 체험활동
- 물리학, 자연과학, 인문학 등 다양한 분야의 독서활동
- 대학에서 주관하는 공학 캠프 프로그램 참여

바리스타

바리스타란?

바리스타는 좋은 원두를 선택하고 커피기계를 활용하여 커피를 만드는 전문가이다. 6세기경 아프리카의 목동이 최초로 커피콩을 발견한 후, 커피는 이슬람 세계 수도승들의 머리를 맑게 하는 음료로 이용되다가 점차 유럽, 아메리카, 아시아 등지로 전파되었다. 이탈리아어로 '바(bar) 안에서 만드는 사람'이란 뜻인 바리스타는 우리나라에서 커피를 추출하는 사람을 총칭하는 의미로 쓰이고 있다. 커피의 맛과 향은 커피나무의 품종과 원산지, 가공방법, 원두의 배합, 볶는 방법, 분쇄 크기, 추출 방법 등 커피의 생산 초기부터 마시는 그 순간의 분위기까지 모든 단계에 의해 좌우된다.

바리스타는 고객의 주문에 맞게 추출된 에스프레소에 물, 우유, 각종 시럽 등을 첨가하여 커피를 만든다. 새로운 맛의 커피를 만들기 위하여 좋은 원두를 가려낸 후 구입하여 저장하고, 커피기계의 성능 유지를 위해 관리하며 식기류의 청결 등을 점검한다.

🔍 바리스타가 하는 일은?

바리스타는 커피전문점에서 원두를 선택하고, 커피기계를 활용하여 고객의 입맛에 맞게 커피를 만든다.

🔍 커피기계 사용

커피기계를 사용하여 고객의 주문에 맞게 추출된 에스프레소에 물, 우유, 각종 시럽 등을 첨가하여 커피를 만든다.

🔍 커피의 신선도 유지

커피의 신선도를 유지하고 향의 손실을 줄이기 위해 원두는 마시기 직전에 분쇄하고, 커피 원액에 물, 우유, 각종 시럽 등을 첨가하여 커피를 만든다.

🔍 커피에 관한 다양한 지식 습득

커피가 어떻게 생산되며 각기 다른 원두마다 어떤 맛이 나는지, 어떤 특징을 가지고 있으며 무슨 빵과 어울리는지 등 커피에 관한 다양한 지식을 습득한다.

🔍 고객 관리 및 서비스

일부 커피전문점에서는 직접 서빙을 하기도 하며, 고객이 업소에 머무는 동안 여유와 낭만을 즐길 수 있도록 분위기를 연출한다.

Tip 커피 관련 용어에 대해 알아볼까요?

- 데미타스(Demitasse) : 에스프레소를 마시는 크기가 작은 잔으로 두께가 두꺼움
- 로스팅(Roasting) : 커피콩을 굽는 과정으로 커피의 맛을 결정함
- 도우징(Dosing) : 커피콩을 분쇄한 뒤 필터 바스켓에 담는 작업
- 블렌딩(Blending) : 로스팅한 커피를 추출한 후 두 가지 이상의 커피를 섞는 작업
- 탬핑(Tamping) : 커피를 분쇄한 후 추출하기 전 커피를 균일하게 다지는 작업

📊 적성과 흥미는?

바리스타는 각종 커피의 종류와 맛 그리고 향에 대해 알고 있어야 하며, 커피기계를 활용하여 커피를 만들어낼 수 있는 능력이 요구된다. 바리스타에게 기본적으로 요구되는 자질은 커피에 대한 관심과 열정이다. 스스로 커피를 만들고 마시는 걸 좋아해야 하고, 커피에 대해서 공부하며 전문성을 갖추어야 한다. 커피도 식재료를 다루는 요리의 일종이기 때문에 뛰어난 미각이나 후각의 소유자가 더욱 정확하게 맛을 알 수 있다. 주어진 조건에 따라 추출 방법을 달리하는 등 수많은 실험과 경험을 통해 자기만의 맛의 기준을 만들어 나가야 한다.

새로운 커피 음료를 개발하기 위해 끊임없이 탐구하는 자세가 필요하며, 고객이 편안하게 커피를 즐길 수 있도록 하는 고객 서비스 정신이 요구된다. 고객의 기호를 파악하여 맛을 창조할 수 있는 능력이 필요하고, 하루에도 몇 번씩 달라지는 원두의 상태를 면밀히 판단하려면 재료에 대한 이해도 높아야 한다. 에스프레소 머신 등 기계의 특징도 철저히 파악해야 하고, 손님의 취향과 날씨 등에 맞춰서 커피 맛을 조절하는 순발력과 집중력도 필요하다. 결론적으로 바리스타 역시 반복적인 경험과 꾸준한 노력을 통해서 실력을 키우는 것이 중요하다.

관련 학과 및 자격증은?

바리스타과   바리스타제과제빵과

커피바리스타·외식조리과   호텔관광바리스타과

호텔바리스타과   호텔소믈리에·바리스타과

호텔조리제빵바리스타과

커피바리스타 1·2급   커피마스터

관련 교과는?

수학   영어   과학   기술·가정

관련 직업은?

브루마스터   소믈리에   식품공학기술자

식품분석연구원   맥주양조책임자   영양사

음식메뉴개발자   전통음식제조원   조리사

커피로스터   커피원두감별사

Tip 커피머신의 종류에 대해 알아볼까요?

- **수동식 커피머신** : 초창기 에스프레소 커피머신으로, 커피를 추출할 때 사람의 손으로 작동한다. 지렛대와 용수철의 힘을 이용해 레버를 단번에 눌러 내리면 피스톤이 아래로 빠르게 내려가면서 유입된 뜨거운 물이 압축되고 그 압력에 의해 커피가 빠르게 추출된다.
- **반자동 에스프레소 커피머신** : 그라인더와 에스프레소 머신이 분리되어 있고 원두커피에 열이 가해지지 않아서 맛의 변화가 적은 양질의 에스프레소 커피 추출에 유리하다. 전문 바리스타용 커피머신으로, 다양한 에스프레소 커피 메뉴를 만들기가 쉽다.
- **전자동 에스프레소 커피머신** : 그라인더가 머신 내부에 장착되어 있어 한 번의 작동으로도 분쇄와 추출이 동시에 이루어진다. 크기와 종류가 다양해 초보자가 작동하더라도 프로그래밍에 의해 일정한 커피 맛을 낼 수 있다.

진출 방법은?

바리스타에 대한 관심이 증가하면서 대학에 관련 학과가 신설되었고, 대학의 사회교육원, 여성인력개발센터, 사설학원 등에서 2~4개월 동안 다양한 이론과 실습을 교육받을 수 있다. 바리스타는 경험이 중요하므로 레스토랑, 카페, 커피전문점 등에서 실제로 일을 하면서 전문교육과정을 이수하여 전문성을 인정받는 것이 좋다.

미래 전망은?

성인 한 명이 마시는 하루 평균 커피양은 약 두 잔이다. 이러한 추세에 따라 전문 바리스타가 운영하는 커피전문점 수는 해마다 증가하고 있다. 이제는 도시의 골목상권에서도 대형 커피전문점을 쉽게 찾아볼 수 있고, 각 커피전문점이 새로운 커피 메뉴를 연구 개발하면서 경쟁은 점점 더 치열해지고 있다. 이처럼 커피를 즐기는 사람이 점점 늘어남에 따라 커피전문점에서는 전문 바리스타를 고용하여 다른 곳보다 경쟁력을 갖추기 위해 노력한다.

바리스타는 커피전문점뿐만 아니라 국내외 특급호텔 식음료부, 티 전문점, 에스프레소 바리스타, 다국적 커피 프랜차이즈 매니저 및 바리스타로 진출하는 등 활동 영역이 넓어지고 있다.

커피 소비량과 커피전문점 같은 음료 판매장의 지속적 증가는 바리스타의 고용에도 긍정적 영향을 가져올 것으로 보인다. 커피전문점 브랜드 간의 경쟁이 점점 더 치열해지고 있기 때문에 새로운 커피 메뉴를 연구하고 개발할 수 있는 바리스타가 더욱더 필요해질 것으로 전망된다.

CAREER MAP

관련 교과
- 수학
- 영어
- 과학
- 기술·가정

준비 방법
- 과학실험 능력 향상
- 요리프로그램 참여
- 다양한 협업 프로그램 참여
- 요리, 생명, 환경 관련 동아리활동

관련 직업
- 브루마스터
- 소믈리에
- 식품공학기술자
- 식품분석연구원
- 맥주양조책임자
- 영양사
- 음식메뉴개발자
- 전통음식제조원
- 조리사
- 커피로스터
- 커피원두감별사

바리스타

관련 자격
- 커피바리스타 1·2급
- 커피마스터

관련 학과
- 바리스타과
- 바리스타제과제빵과
- 커피바리스타·외식조리과
- 호텔관광바리스타과
- 호텔바리스타과
- 호텔소믈리에·바리스타과
- 호텔조리제빵바리스타과

관련 기관
- 식품의약품안전처
- 식품안전정보원
- 산업통상자원부
- 커피 관련 협회

적성과 흥미
- 문제해결 능력
- 논리적 사고 능력
- 유연한 사고
- 통합적 사고 능력
- 꼼꼼함과 세심함
- 의사결정 능력
- 대인관계 능력

자연계열 09

바이오에너지
연구원

바이오에너지연구원이란?

바이오에너지연구원은 바이오매스로부터 열화학적 또는 생물학적 기술에 의한 에너지 및 연료 생산기술을 연구하고 개발하는 과학자이다. 바이오에너지란 바이오매스에너지를 뜻한다. 바이오매스는 일반적으로 에너지 이용의 대상이 되는 생물체를 총칭한다. 대표적으로 대두, 유채꽃, 동식물 분뇨 및 폐기물 등이 있다. 원래 살아있는 동물이나 식물, 그리고 미생물의 유기물량을 의미하지만, 산업계에서는 유기계 폐기물을 바이오매스에 포함하기도 한다.

바이오매스를 에너지로 이용하면 에너지의 저장 및 재생이 가능하다. 바이오매스는 온도 조건만 맞으면 지구 어느 곳에서나 얻을 수 있고 적은 자본으로도 개발이 가능하며, 무엇보다 다른 에너지와 비교했을 때 환경친화적이다. 바이오에너지연구원은 에너지 관련 연구소나 생산업체 및 제조업체 등에서 근무한다.

🔍 바이오에너지연구원이 하는 일은?

바이오에너지연구원은 바이오매스로부터 열화학적 또는 생물학적 기술에 의한 에너지 및 연료의 생산 기술을 연구하고 개발한다.

🔍 재생에너지원의 생산 및 활용

동·식물성 바이오매스나 유기성 폐기물로부터 화석에너지를 대체할 수 있는 바이오 고형연료, 가스 또는 액상연료 등 재생에너지원의 생산 및 활용 기술을 연구·개발한다.

🔍 미세조류 고농도 배양 및 바이오연료 생산

미세조류 고농도 배양 및 바이오연료 생산 기술을 연구·개발한다. 목질계 에탄올 생산 기술, 바이오매스 열분해 및 가스화 기술, 바이오매스 초임계수 가스화 기술을 연구·개발한다.

🔍 바이오가스화 기술 연구 개발

비식용 원료 활용 바이오디젤 생산 공정 기술, 유기성 폐기물 및 에너지 작물의 통합 바이오가스화 기술을 연구·개발한다.

Tip 바이오에너지연구원 관련 용어에 대해 알아볼까요?

- 바이오매스(바이오에너지) : 생물체에서 얻어지는 에너지원으로 사용할 수 있는 메탄가스, 에탄올 등
- 바이오 디젤 : 식물성 기름 또는 소와 돼지 등의 동물성 지방을 원료로 하여 만든 무공해 액체 연료
- 바이오 가스 : 수소, 메테인 등과 같이 미생물들을 사용해서 생산된 가스 상태의 연료
- 바이오 고형연료 : 우드칩, 펠릿
- 바이오 액상연료 : 바이오디젤, 바이오에탄올, BTL

📊 적성과 흥미는?

바이오에너지연구원은 바이오, 에너지, 환경 등의 다양한 분야에 호기심을 가지고 관련 분야를 꾸준히 연구해야 한다. 동·식물성 바이오매스나 유기성 폐기물로부터 바이오에너지를 개발해야 하므로 탐구정신과 창의성을 가지고 있어야 한다. 바이오 고형연료, 가스, 액상연료 등의 차이점을 비교하고 분석할 수 있는 통합적 사고 능력이 있어야 하므로 대학교에서 전문적인 지식을 습득해야 한다. 바이오디젤 생산 공정 기술을 연구하고 개발하므로 꼼꼼한 성격을 가진 사람에게 많은 도움이 된다. 바이오에너지 관련 연구소에서는 다양한 분야의 사람들과 협업 및 연구를 진행해야 하므로 원만한 대인관계 능력과 유연한 사고가 필요하다.

바이오에너지연구원이 되고 싶다면 어려서부터 생명 현상이나 주변에서 관찰할 수 있는 에너지원에 대해 호기심을 가지고, 과학 관련 도서를 읽으면서 관련 지식을 습득하는 것이 중요하다. 또한 과학동아리나 과학관에서 주관하는 실험캠프 등에 참여하여 실험과정을 직접 체험해보고, 조별활동을 통해 협동심과 과학적인 사고를 기르는 것을 적극 추천한다.

관련 학과 및 자격증은?

바이오공학과　바이오에너지공학과
바이오융합학부　바이오환경에너지학과
바이오생명공학과　바이오화학공학과
바이오환경공학과　해양바이오공학과

관련 교과는?

수학　영어　과학　기술·가정

관련 직업은?

분뇨오니처리기술자　음식물쓰레기사료화연구원
재활용코디네이터　제품생산환경평가원
폐기물처리기술자　폐비닐재생설비운전원
폐형광등재활용처리원　환경영향평가원

Tip 신재생에너지의 종류에 대해 알아볼까요?

- 태양에너지 : 태양광 발전은 태양전지를 이용하여 태양의 빛에너지를 직접 전기에너지로 변환하는 발전 방식이고, 태양열 발전은 태양열의 흡수·저장·열변환 등을 통하여 건물의 냉난방 및 급탕 등에 활용함
- 풍력에너지 : 자연적인 바람의 운동에너지를 회전에너지로 변환하여 터빈을 작동시킴으로써 전기를 생산하는 데 사용함
- 수력에너지 : 물의 유동 및 물이 가지는 위치에너지나 운동에너지를 동력으로 이용함
- 해양에너지 : 해양의 조수·파도·해류·온도차 등을 전기 또는 열로 변환시켜 활용함
- 지열에너지 : 지구 용융이 일어나는 중심부에서 지표 근처로 방출되는 열을 사용함
- 바이오에너지 : 곡식, 과일, 나무, 동물의 배설물과 같은 바이오매스를 변환하여 에탄올과 메탄가스와 같은 액체, 가스, 고체 연료 등의 형태로 이용함

진출 방법은?

바이오에너지연구원으로 진출하고자 한다면 4년제 대학교 이상에서 에너지자원공학, 화학공학, 기계공학, 전기공학 등 관련 분야를 졸업하는 것을 추천한다. 연구원의 경우 일반적으로 석사 이상의 학위가 필요하고, 관련 분야의 경력이 있으면 취업이 유리하다.

미래 전망은?

바이오에너지연구원은 친환경적 에너지를 연구 개발하므로 전망이 밝고 지속가능하며, 안전한 에너지를 연구 개발한다는 점에서 성취감을 느낄 수 있다. 하지만 우리나라에서는 다른 종류의 에너지 개발보다 연구가 부족한 편이고, 수입에 의존하는 원료 작물이 세계시장의 가격변동에 영향을 많이 받는다는 단점이 있다. 최근 에너지 자원이 점점 더 고갈되고 있으므로 지속가능하고 안전한 에너지에 대한 수요는 증가하고 있다. 이에 따라 지속가능한 에너지와 관련된 바이오에너지연구원의 수요도 함께 증가하고 있다.

「제5차 신재생에너지 기본계획(2020~2034) 발표」에 따르면, 2034년까지 경유와 휘발유 등을 바이오연료로 대체하고 수송부문 에너지 수요의 3.7%까지 공급한다는 분석이 있다. 이와 같이 신재생에너지가 점점 더 중요해지는 추세이므로 바이오에너지연구원은 발전 가능성이 높은 직업으로 예상된다.

CAREER MAP

수학, 과학 교과 학업 역량 강화
- 환경 및 생명공학캠프 참여
- 협업 및 리더십 프로그램 참여
- 생명, 수학, 발명, 환경 관련 동아리활동

**준비
방법**

- 분뇨오니처리기술자
- 음식물쓰레기사료화연구원
- 재활용코디네이터
- 제품생산환경평가원
- 폐기물처리기술자
- 폐비닐재생설비운전원
- 폐형광등재활용처리원
- 환경영향평가원

**관련
직업**

- 수학
- 영어
- 과학
- 기술·가정

**관련
교과**

바이오 에너지 연구원

**관련
학과**

- 바이오공학과
- 바이오에너지공학과
- 바이오융합학부
- 바이오환경에너지학과
- 바이오생명공학과
- 바이오화학공학과
- 바이오환경공학과
- 해양바이오공학과

**적성과
흥미**

- 수학, 과학 등 기초 과목에 대한 흥미
- 과학적 독창성
- 창의력
- 새로운 분야에 대한 호기심
- 문제해결 능력
- 의사소통 능력
- 책임의식
- 협업 능력

**관련
기관**

- 국가과학기술연구회
- 한국에너지기술평가원
- 한국에너지공단
- 한국에너지기술연구원
- 한국신재생에너지학회
- 한국기초과학지원연구원

브루마스터

브루마스터란?

맥주마스터, 맥주양조기술자, 맥주양조사라고도 하는 브루마스터는 소규모 맥주 양조장에서 맥주 제조의 전 공정을 관리하는 양조기술자이다. 2002년 2월 주세법의 개정에 따라 판매업소에서도 직접 맥주를 만들어 판매할 수 있게 되면서 하우스맥주전문점에서 맥주의 제조부터 판매까지 전 과정을 책임진다.

하우스맥주전문점은 생산설비를 갖추고 있으며, 맥주를 직접 제조하고 판매하므로 재료와 가공 방법, 양조기계에 따라 업소별로 특유의 색다른 맥주 맛을 낼 수 있다. 하우스맥주는 동일한 곳에서 제조와 판매가 동시에 이루어지기 때문에 화학처리를 할 필요가 없다. 따라서 브루마스터는 효모, 단백질, 비타민B, 미네랄 등이 그대로 녹아 있고 영양과 신선함이 살아있는 맥주를 제조할 수 있다.

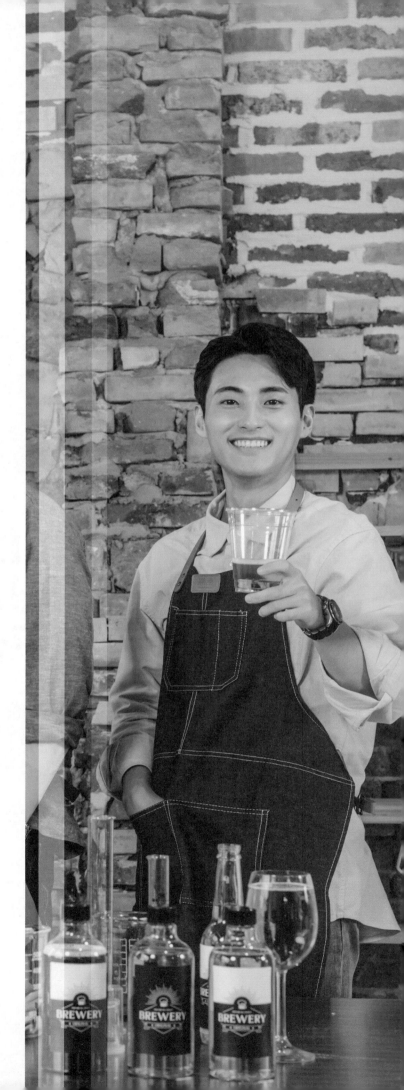

🔍 브루마스터가 하는 일은?

소규모 맥주 양조장에서 맥주를 제조하는 데 사용되는 재료와 양조 장비 선정 및 관리부터 맥주 제조 과정을 거쳐 완성된 맥주를 판매하는 전 과정을 책임진다.

🔍 하우스맥주전문점 생산설비

하우스맥주전문점에서 생산설비를 갖추고 직접 맥주를 제조하거나 판매한다.

🔍 다양한 맛의 맥주를 제조

재료와 가공방법, 양조기계에 따라 업소 특유의 색다른 맥주 맛을 제조한다.

🔍 맥주 제조공정을 관리

맥주의 주재료인 효모와 맥아, 홉 따위를 감별하는 일부터 맥주가 나오기까지의 모든 맥주 제조공정을 관리한다.

Tip 맥주 공장에서 제조한 맥주와 하우스맥주의 차이에 대해 알아볼까요?

• 맥주 공장의 맥주 : 유통과정 중 맛이 변질되는 것을 방지하기 위해 필터로 효모를 걸러내고 열처리로 살균한다. 개발한 회사나 제품마다 맥주 맛의 차이가 있지만 공장에서 제작하기 때문에 동일한 상품을 대량으로 생산해서 판매한다.

• 하우스맥주 : 하우스맥주전문점에서 제조하고 동시에 판매하기 때문에 화학 처리를 할 필요가 없다. 전문점마다 맛이 다르고 맥주가 걸쭉하며 효모, 단백질, 비타민B, 미네랄 등이 그대로 녹아 있어서 영양과 신선함이 살아있다.

📊 적성과 흥미는?

브루마스터는 다양한 맛의 맥주를 만드는 과정을 연구하고 개발해야 하기 때문에 호기심과 창의성이 필요하다. 조리 관련 분야에 관심을 가지고 맥주뿐만 아니라 다양한 식자재를 맛보면서 관찰하는 태도를 가지면 도움이 된다. 맥주의 원료인 맥아, 홉, 효모, 물, 부가물 등을 선정하고 관리하기 위해서는 노트 등에 재료의 특징이나 관리 방법 등을 꼼꼼하게 기록하면서 공부해야 한다. 장비를 설치한 후 발생하는 문제점을 파악하기 위해서는 호기심을 가지고 원인과 결과를 분석할 수 있어야 한다. 양조 장비를 사용하여 새로운 맛의 맥주를 제조하기 위해서는 포기하지 않고 계속해서 시도하는 끈기를 가지고 있어야 한다.

브루마스터가 되고 싶다면 어려서부터 주변의 요리나 음료에 호기심을 가지고 관련 도서를 읽으며 음료의 재료와 관련된 지식을 습득하는 것이 중요하다. 또한 학교에서 화학이나 생명과학 수업을 통해서 물질의 화학 반응이나 식재료에 대한 공부를 꾸준히 해야 한다. 최근에는 가정에서 수제 맥주를 만들 수 있는 제품이 출시되고 있으므로 제품의 작동 원리나 제조된 맥주의 맛을 분석하는 것도 도움이 될 것이다.

●●● **관련 학과 및 자격증은?**

(세계주류양조과)　(식품조리학과)　(양조발효과)

⚙ 브루마스터

●●● **관련 교과는?**

수학　영어　과학　기술·가정　정보

●●● **관련 직업은?**

소믈리에　식품공학기술자　식품분석연구원

맥주양조책임자　바리스타　영양사

음식메뉴개발자　전통음식제조원　조리사

Tip 좋은 브루마스터가 되는 방법에 대해 알아볼까요?

- **철저한 위생 관리** : 식품을 다루는 모든 일에서 위생이 중요하지만, 브루마스터의 경우 위생 관리를 잘하지 못하면 어마어마한 양의 맥주를 버려야 한다. 이때 한 번에 버려지는 양이 1,000L에서 10,000L에 이르며, 매뉴얼대로 하지 않으면 오염이 되거나 원하는 맛을 낼 수 없다. 맥주는 발효식품이므로 재고와 생산량, 출시일 등을 맞추기 위해서는 부지런하고 꼼꼼하게 신경 써야 한다.
- **건강과 체력 관리** : 50㎏짜리 몰트 포대를 옮기고, 분쇄하고, 통에 들이붓는 과정을 모두 직접 해야 하므로 체력 관리가 필수적이다. 방심하면 허리나 손목을 삐거나 화상을 입는 등 다치기 쉽고, 컨디션이 좋아야 집중력을 발휘해 테이스팅 또한 잘할 수 있다.
- **지속적인 맥주 연구** : 오랜 기간 땀 흘려 만든 맥주이기 때문에 직접 제조한 맥주일수록 자칫 관대해질 수 있다. 그러나 브루마스터라면 자신이 만든 맥주일수록 객관적으로 평가하고, 사소한 실수나 문제를 누구보다 먼저 알아차려야 한다.

 진출 방법은?

브루마스터로 진출하고자 한다면 반드시 대학교를 졸업해야 하는 것은 아니지만 대학에서 양조 관련 학과를 전공하는 것을 추천한다. 국내에 관련 교육기관이 다양하지만 기관마다 장단점이 있기 때문에 교육받을 때 참고해야 한다.

현재까지 브루마스터 국가공인자격증은 없고, 정부에서 지원하는 국비 지원 교육이나 민간 기업에서 운영하는 브루마스터 자격증 코스가 있다. 외국에서 브루마스터 관련 교육과정을 이수했거나 맥주회사에서의 근무 경력이 있으면 브루마스터로 진출하는 데 도움이 된다.

 미래 전망은?

삶의 질 향상과 음주문화의 변화에 따라 맥주를 취하려고 마시는 것이 아닌 즐기려고 마시는 고객들이 증가하고 있으므로 브루마스터의 전망은 밝다. 사람들은 점점 더 새로운 맛, 차별화된 맛, 높은 품질의 맥주를 찾기 때문에 브루마스터의 역할은 더욱 중요해질 것이다.

그러나 맥주 공장이나 매장의 규모에 따라 임금 차이가 크고, 신입 브루마스터는 월급이 적다는 단점이 있다. 실력이 쌓이고 본인의 경력에 따라 모든 양조 과정을 책임질 수 있다면, 경력자의 연봉은 신입 브루마스터보다 훨씬 더 높을 수 있다. 임금은 매장의 크기나 하는 일, 경력이나 학력 등에 따라 차이가 날 수 있다. 하우스맥주전문점의 경우, 매장 안에 제조실을 두고 직접 맥주를 만들기 때문에 브루마스터는 방문객들의 만족감을 바로 확인할 수 있다는 점에서 성취감을 느낄 것이다.

CAREER MAP

과학실험 능력 향상
- 과학실험 능력 향상
- 요리 프로그램 참여
- 다양한 협업 프로그램 참여
- 요리, 생명, 환경 관련 동아리활동

관련 직업
- 소믈리에
- 식품공학기술자
- 식품분석연구원
- 맥주양조책임자
- 바리스타
- 영양사
- 음식메뉴개발자
- 전통음식제조원
- 조리사

준비 방법
- 수학
- 영어
- 과학
- 기술·가정
- 정보

관련 교과

브루 마스터

관련 학과
- 세계주류양조과
- 식품조리학과
- 양조발효과

적성과 흥미
- 문제해결 능력
- 논리적 사고 능력
- 유연한 사고
- 통합적 사고 능력
- 꼼꼼함과 세심함
- 의사소통 능력
- 대인관계 능력

관련 기관
- 식품의약품안전처
- 식품안전정보원
- 산업통상자원부
- 브루마스터 관련 협회

관련 자격
- 브루마스터

빅데이터전문가

빅데이터전문가란?

현대인은 일상 속에서 인터넷이나 스마트폰을 이용해서 실시간으로 수많은 사람들과 소통하거나 자신의 흔적을 남긴다. 글을 게시하고 문자 메시지를 주고받거나 동영상을 공유하는 등 다양한 SNS(Social Network Service) 활동 내용들은 고스란히 데이터로 저장된다. 저장된 데이터들을 분석하면 개인의 성향이나 취미, 생각과 의견, 생활습관, 상품 구매 성향 등을 상세하게 파악할 수 있다. 이와 같이 인터넷이나 SNS, 스마트폰에 저장된 모든 데이터를 빅데이터라고 한다. 더 나아가 세상에 존재하는 모든 정보가 빅데이터라고 볼 수 있다.

빅데이터는 기존에 존재하던 정보로, 지금까지 우리가 존재를 인식하지 못했을 뿐 새롭게 등장한 것이 아니다. 빅데이터는 디지털 환경에서 빠르게 증가하여 그 규모도 매우 크지만, 데이터가 만들어지는 주기가 짧고, 속도도 빨라지고 있다. 전문가들은 빅데이터를 '정보화 사회의 보물'이라고 말한다. 이는 정보화 사회에서 빅데이터만큼 중요한 정보는 없다는 뜻이다. 그 결과 빅데이터를 분석해 가치 있는 정보로 만드는 것이 국가나 기업, 개인에게 있어 중요한 관심사가 되었다.

세상에 존재하는 방대한 빅데이터를 분석해 부가 가치가 높은 정보로 만들어 내는 사람을 빅데이터전문가라고 한다. 이들은 거대한 규모의 데이터를 목적에 맞게 수집·분석·활용하고, 데이터에 숨어 있는 정보나 일정한 패턴을 찾아내 현상을 분석한다. 데이터를 통해 사람의 마음이나 세상의 흐름을 읽고, 심지어 미래를 예측하기도 한다.

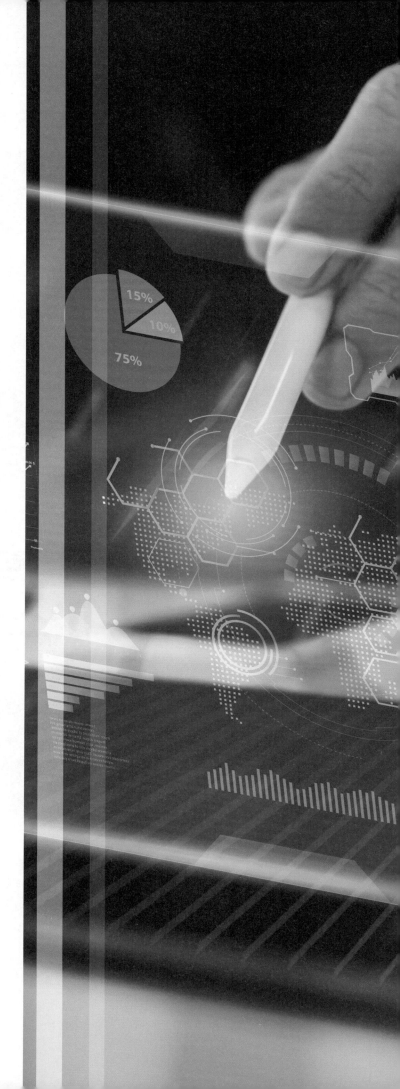

🔍 빅데이터전문가가 하는 일은?

빅데이터전문가는 수많은 데이터 속에 숨어 있는 정보를 찾아내고 분석하여 사람들의 행동 패턴이나 시장 경제 상황 등을 예측하기도 한다. 실시간으로 생성되는 수많은 데이터를 수집·분석·활용하여 우리 생활에 유용한 가치 있는 정보로 만드는 일을 한다.

빅데이터분석가들에 의해 생산된 정보들은 다양한 분야에 활용된다. 기업에서는 신제품 출시를 앞두고 빅데이터 분석 결과를 활용해 의사결정을 하고, 생산이나 마케팅 전략을 세우기도 한다. 이 밖에도 사기 방지, 위험 관리, 보안 등을 위한 자료로도 활용한다.

- 🔍 빅데이터를 어떻게 추출하고, 어디에 활용할 것인지를 기획한다.
- 🔍 대용량의 데이터를 처리하는 플랫폼을 활용하여 분석할 데이터 자원을 찾아낸다.
- 🔍 데이터 분석 프로그램을 만들고, 통계적으로 분석한다.
- 🔍 실시간으로 데이터를 수집·저장·분석하고 시각화하여 의미 있는 분석 결과를 찾아낸다.
- 🔍 빅데이터와 관련한 새로운 기술, 유행 등을 수시로 파악한다.
- 🔍 세계 각 나라들의 빅데이터와 관련된 새로운 기술과 내용, 기사와 논문 등을 신속하게 찾아낸다.
- 🔍 데이터 분석 과정을 통해 실제 생활에 활용 가능한 모델을 찾는다.
- 🔍 빅데이터를 체계적으로 활용해 신제품 개발, 마케팅 전략 등에 대한 과학적인 의사결정을 내린다.

적성과 흥미는?

빅데이터전문가는 통계학, 컴퓨터과학, 머신러닝 등 데이터를 분석하는 데 필요한 기본 지식과 프로그래밍 실력, 서버와 네트워크에 대한 기본 지식을 갖추어야 한다. 여기저기에 흩어져 있는 데이터를 수집하여 사용자가 필요로 하는 정보로 가공하려면 데이터 처리 능력도 갖추어야 한다. 데이터 분석에 필요한 모형을 만들고 결과를 도출하는 분석력도 갖추어야 하고, 변화하는 기술과 해외 기술 동향, 관련 기사나 관련 논문 등을 습득하려는 노력이 필요하다. 데이터 분석 과정에서는 여러 전문가와의 협업으로 작업이 진행되는 경우가 많아 의사소통 능력, 협업 능력, 리더십, 문제해결 능력 등이 요구된다.

대용량의 데이터를 활용하기 위해서는 높은 수준의 분석력을 갖추어야 하고, 빅데이터 분석을 통해 새로운 아이디어를 내야 하기 때문에 창의성도 갖추어야 한다. 데이터를 분석하는 데 오랜 시간이 걸리기도 하므로 인내심과 끈기가 필요하다. 데이터를 분석하기 위한 수리 능력과 데이터를 분석하는 데 사용하는 솔루션을 가동하기 위한 공학적인 능력도 필요하다.

빅데이터전문가에 관심이 있다면 컴퓨터 분야에 관심을 갖고, 컴퓨터를 다루는 능력을 키워야 한다. 다양한 분야에 대한 지식을 쌓고, 신문 기사와 논문 자료 등을 통해 빅데이터와 관련된 최신 정보 및 기술을 습득하는 데 노력을 기울여야 한다.

💬 **관련 학과 및 자격증은?**

(빅데이터공학과) (전산통계학과) (문헌정보학과)
(정보통계처리학과) (통계학과) (산업공학과)
(데이터사이언스학과) (데이터과학과) (수학과)
(컴퓨터공학과) (소프트웨어학과) (경영학과)
(데이터마이닝학과)

⚙ 데이터분석전문가　　　⚙ 정보처리기사
⚙ 데이터분석준전문가　　⚙ 재무위험관리사
⚙ 데이터아키텍처전문가　⚙ 자산관리사
⚙ 사회조사분석사　　　　⚙ 투자분석사

💬 **관련 교과는?**

(수학)　(영어)　(과학)　(정보)

💬 **관련 직업은?**

(수학 및 통계연구원)　(웹프로그래머)　(데이터분석가)
(데이터아키텍트)　(데이터베이스관리자)
(데이터랭글러)　(데이터모델러)　(데이터샤먼)
(데이터인터프리터)　(데이터위스퍼러)
(데이터과학자)　(시장 및 여론조사전문가)
(데이터베이스개발자)　(데이터웨어하우스분석가)
(시스템소프트웨어개발자)　(응용소프트웨어개발자)
(정보시스템운영자)　(경영정보시스템개발자)

Tip 데이터랭글러에 대해 알아볼까요?

데이터랭글러는 비전문적인 인터페이스를 사용하여 데이터 소스를 탐색하고, 그 데이터에 숨겨진 의미 있는 데이터를 발견하는 사람이다. 일반적으로 기술적인 감각으로 무장한 비즈니스 사용자인 데이터랭글러는 빅데이터개발자가 스케치한 것을 산업화할 수 있도록 프로토타이밍 모드에서 작업을 진행한다.

🌐 진출 방법은?

빅데이터전문가로 활동하기 위해서는 높은 수준의 지식과 기술이 필요하므로 대학에서 컴퓨터공학, 산업공학, 통계학 등을 전공하는 것이 도움이 된다. 최근에 빅데이터 분야가 관심을 끌면서 여러 대학에서 인력 양성을 위해 노력하고 있다. 몇몇 대학에서는 석사 및 박사 과정을 개설하거나 새로운 교육과정을 만들어 빅데이터전문가를 양성하기 위해 노력하고 있다.

빅데이터분석가는 경영, 마케팅 분야에서 지식과 경험을 쌓으면 더 전문적인 능력을 발휘할 수 있다. 단순한 빅데이터 분석에 머무르지 않고, 경영학이나 마케팅 분야의 기술을 융합하게 되면 수준 높은 결과물을 얻을 수 있다.

빅데이터 관련 분야를 전공한 다음 금융, 통신, 유통, 제조, 엔터테인먼트 등 빅데이터 활용이 필요한 포탈, 게임, 쇼핑몰 등 인터넷 업체와 공무원, 국가출연 연구기관 등으로 진출하거나 빅데이터 관련 회사를 창업할 수 있다.

⚙ 미래 전망은?

빅데이터 관련 기술은 디지털 시대의 발전을 이끌고 있는 핵심 기술이다. 4차 산업혁명 시대에는 기술보다 정보, 즉 데이터가 중요하다. 또한 빅데이터는 서비스, 소프트웨어, 하드웨어 등 관련 산업에 미치는 영향도 매우 크다. 우리나라에서도 국가 차원에서 4차 산업혁명 시대를 이끌어갈 기술 중 하나로 빅데이터를 선정할 만큼 큰 관심을 가지고 있고, 국내 빅데이터 시장도 매년 20~30%씩 높은 성장률을 보이고 있다. 국가와 기업이 생산성 향상을 위해 빅데이터를 적극 활용하면서 국내 시장에서 얻은 경제적 이익이 10조 원 이상이 될 거라는 연구결과가 발표될 정도로 전망이 밝다.

이러한 업계 동향으로 보아 빅데이터전문가의 고용은 더욱 증가할 것으로 전망된다. 또한 경영학, 통계학, 컴퓨터공학 등 다양한 분야와의 기술 융합을 통해 업무 영역이 확장될 가능성이 크므로 산업 전반에 빅데이터전문가들이 배치되어 산업을 발전시키는 데 크게 기여할 것으로 예상된다.

CAREER MAP

K-ICT 빅데이터 센터
- K-ICT 빅데이터 센터
- 한국데이터산업진흥원
- 한국빅데이터학회
- 한국빅데이터협회
- 한국데이터마이닝학회

- 데이터아키텍터
- 데이터베이스관리자
- 수학 및 통계연구원
- 데이터랭글러
- 데이터모델러
- 데이터분석가
- 데이터샤먼
- 시장 및 여론조사전문가
- 데이터웨어하우스분석가
- 정보시스템운영자
- 경영정보시스템개발자

- 데이터분석전문가
- 데이터분석준전문가
- 데이터아키텍처전문가
- 사회조사분석사
- 정보처리기사
- 재무위험관리사
- 자산관리사
- 투자분석사

관련 기관

관련 직업

빅데이터 전문가

관련 자격

관련 교과
- 수학
- 영어
- 과학
- 정보

- 프로그래밍 실력
- 데이터 처리 능력
- 통계학적 지식
- 분석력
- 협업 능력
- 의사소통 능력
- 리더십
- 창의력

적성과 흥미

관련 학과

준비 방법

- 수학, 과학, 정보 교과 역량 강화
- 빅데이터 관련 학과 탐방
- 빅데이터 관련 직업 탐방 및 체험활동
- 컴퓨터공학, 빅데이터, 4차 산업혁명 등 다양한 분야의 독서활동
- 컴퓨터 및 프로그래밍 활용 능력 함양

- 컴퓨터공학과
- 소프트웨어학과
- 산업공학과
- 통계학과
- 경영학과
- 수학과
- 데이터마이닝학과
- 정보통계처리학과
- 문헌정보학과
- 데이터과학과
- 빅데이터공학과
- 전산통계학과

자연계열
12

산림환경연구원

산림환경연구원이란?

산림환경연구원은 산림환경보전과 공익기능 유지 및 증진을 위한 기술 개발을 위하여 산림생물의 다양성 보전 및 생태계 변화를 연구하는 전문가이다. 산림환경연구원은 훼손된 생태계의 생태적 조성 및 관리 기술을 체계화하고, 환경변화에 따른 수목의 피해 원인을 규명한다. 수목의 생장과 환경 적응 특성을 밝혀 건전한 산림생태계의 유지·관리를 위한 기술을 개발한다. 또한 산불로부터 산림을 보호할 수 있는 효과적인 방법과 산불 피해지의 생태계 변화에 따른 합리적 복구방안을 연구한다. 도시림의 생태적 관리 기술 개발 및 기상이 수목의 개화시기에 미치는 영향 등을 연구한다.

산림환경연구원은 산림자원 보전 및 임업 생산성 향상을 위해 병해충 예찰 및 발생 예측 모델을 개발한다. 산림 생태계에 미치는 영향을 최소화할 수 있는 무공해 생물농약 등을 이용한 환경친화적 방제법 및 특용작물의 병해충 방제기술을 연구한다.

> **Tip** 산림 관련 용어에 대해 알아볼까요?
>
> • 산림경영 : 생산요소인 노동·임지 및 자본을 체계적으로 조직·결합하여 경영목적을 효율적으로 달성하고자 하는 경제활동
> • 산림편익 : 산림경영의 결과로 발생되는 산출물의 경제적인 가치
> • 자연휴양림 : 효율적인 산림 경영관리와 산림 소유자의 소득 향상을 목적으로 하고, 국민의 보건휴양과 정서 함양을 위해 산림지역에 조성하는 산림휴양공간

🔍 산림환경연구원이 하는 일은?

산림과 환경을 대상으로 기후변화 등에 따른 영향을 조사·분석하여 산림생태계의 보전 및 관리 기술 개발을 위해 연구한다.

🔍 산림생물 다양성 보전 및 생태계 변화를 연구

산림환경보전과 공익기능 유지 및 증진을 위한 기술 개발을 위하여 산림생물의 다양성 보전 및 생태계 변화를 연구한다.

🔍 훼손된 생태계 복구 및 원인 규명

훼손된 생태계의 생태적 조성 및 관리 기술의 체계화, 환경변화에 따른 수목의 피해 원인 규명과 관리대책의 수립, 산불피해지 복구관리 및 생태계 변화 등을 위해 연구한다.

🔍 건전한 산림생태계 유지 및 관리

건전한 산림생태계의 유지·관리를 위한 기술을 개발하기 위하여 이상기후에 따른 수목 피해 원인을 규명하고, 이에 대한 대응 방안을 수립한다.

🔍 산불 피해 경감기법 개발 및 복구

산불로부터 산림을 보호할 수 있는 효과적인 산불 피해 경감기법 개발과 산불 피해지의 생태계 변화에 따른 합리적 복구방안에 대해 연구한다.

🔍 병해충 예찰 및 발생 예측 모델 개발

산림자원 보전 및 임업 생산성 향상을 위해 병해충 예찰 및 발생 예측 모델을 개발한다.

🔍 환경친화적인 병해충 방제기술 연구

산림생태계에 미치는 영향을 최소화할 수 있는 무공해 생물농약, 길항미생물 등을 이용한 환경친화적 방제법 및 특용작물의 병해충 방제기술을 연구한다.

적성과 흥미는?

산림환경연구원은 산림과 주변 환경을 관찰하고 연구할 수 있는 호기심이 있어야 한다. 훼손된 생태계의 환경 변화에 따른 수목의 피해 원인을 규명하기 위해서는 분석 능력이 있어야 한다. 또한 산림생태계를 유지하고 관리하기 위한 기술을 개발하려면 탐구정신과 집중력이 필요하다. 도시림에서 수목의 개화시기에 미치는 영향을 조사하기 위해서는 꾸준히 관찰하고 꼼꼼하게 자료를 기록해야 하므로 끝까지 포기하지 않는 끈기를 가지고 있으면 좋다. 병해충 예찰 및 발생 예측 모델을 개발하기 위해서는 폭넓은 과학 지식과 컴퓨터를 활용하여 자료를 분석할 수 있는 컴퓨터 활용 능력도 필요하다.

산림환경연구원이 되고 싶다면 어려서부터 주변의 숲이나 자연에 호기심을 가지고 과학 관련 도서를 읽으면서 생물이나 환경과 관련된 지식을 습득하는 것이 중요하다. 뿐만 아니라 주변의 자연휴양림에 방문하여 숲이 어떻게 조성되고 있는지, 수목의 상태는 어떠한지, 어떤 분야의 사람들이 모여서 수목을 관리하고 있는지 탐색해 보는 것을 추천한다.

관련 학과 및 자격증은?

(농업학과) (산림원예학과) (산림환경과학과)

(산림환경시스템학과) (생명공학과) (환경공학과)

관련 교과는?

(수학) (영어) (과학) (기술·가정)

관련 직업은?

(농림어업시험원) (농학연구원) (산림생물연구원)

(산림생태연구원) (생명과학시험원) (임지보전연구원)

Tip 산림과학의 특징에 대해 알아볼까요?

- **산림과학** : 숲에 관한 지식을 탐구하는 자연과학이다. 동시에 숲과 인간의 관계, 인간의 행복을 위하여 숲을 이용하고 보전하는 지식과 지혜, 이러한 지식과 지혜에 기초하여 지속가능한 사회발전을 위한 정책대안의 모색과 평가에 이르는 사회과학까지 포괄하는 종합학문이다.
- **산림유전학** : 수목에 대한 멘델의 유전학, 분자유전학, 집단유전학, 양적유전학 등 다양한 학문을 포함하는 포괄적 의미를 지니는 학문이다.
- **산림생태학** : 경관생태계로서 산림에서 생물과 나무들의 구조와 조성, 그리고 기능을 공부하는 학문이다.
- **산림보호학** : 산림에 직간접적으로 피해를 주는 각종 생물적·비생물적 인자들의 발생 원인을 밝히고, 산림생태계의 안정을 지속적으로 유지하게 하는 이론과 실제를 연구하는 학문이다.

진출 방법은?

산림환경연구원으로 진출하고자 한다면 4년제 대학교 이상에서 생명과학이나 환경 관련 전공을 하는 것이 유리하다. 대학원에 진학하여 산림환경 관련 분야의 공부를 하고 석사 학위를 취득하는 것을 추천한다. 토양, 기상, 경영, 정책, 조경, 생태, 조림, 유전, 휴양, 문화 등의 다양한 분야에서 폭넓은 공부를 해야 한다.

미래 전망은?

삶의 질이 높아지며 주변에 있는 공원이나 숲, 자연휴양림 등을 찾는 사람들이 늘어남에 따라 산림환경연구원의 고용은 다소 증가할 것으로 전망된다. 현재 산림이 점점 훼손됨에 따라 주변 환경과 관련된 생태계를 연구하기 위하여 국가에서 예산을 투자하고 있으며, 피해 원인을 분석하고 해결하려는 연구가 늘어나고 있다.

산림환경연구원은 4월 초순부터 중순까지 가장 많이 발생하는 산불의 원인을 분석해서 산불의 발생을 방지하거나 억제할 수 있는 방법을 연구해야 한다. 산불로부터 산림을 보호할 수 있는 효과적인 방법을 연구하고, 산불이 발생한 지역의 생태계 변화에 따른 합리적인 복구 대책을 세울 수 있어야 하므로 전문가의 분석이 필요하다. 최근에는 빌딩 사이에 숲을 조성하거나 숲세권 아파트의 수요가 증가하고 있기 때문에 도시림의 생태적 관리 기술을 연구하고 개발하는 산림환경연구원의 수요도 지속적으로 증가할 것이다.

CAREER MAP

- 수학, 과학 교과 학업 역량 강화
- 생명공학 및 환경캠프 참여
- 협업 및 리더십 프로그램 참여
- 생명, 수학, 발명, 환경 관련 동아리활동

준비 방법

- 농학연구원
- 농림어업시험원
- 산림생물연구원
- 산림생태연구원
- 생명과학시험원
- 임지보전연구원

관련 직업

- 수학
- 영어
- 과학
- 기술·가정

관련 교과

산림환경 연구원

적성과 흥미

관련 기관

관련 학과

- 수학, 과학 등 기초 과목에 대한 흥미
- 과학적 독창성
- 창의력
- 새로운 분야에 대한 호기심
- 문제해결 능력
- 의사소통 능력
- 책임의식
- 협업 능력

- 산림청
- 국립산림과학원
- 국립자연휴양림
- 한국임업진흥원
- 한국산림복지진흥원
- 농림축산부
- 환경부

- 농업학과
- 산림원예학과
- 산림환경과학과
- 산림환경시스템학과
- 생명공학과
- 환경공학과

생명공학연구원

생명공학연구원이란?

1996년 7월 5일, 영국의 이언 윌머트라는 연구원이 체세포 복제 기술을 통해 세계 최초의 복제 동물 '돌리'를 탄생시켰다. 이는 생명공학 역사상 가장 충격적인 일이었다. 돌리는 어미 양과 생김새, 목소리, 몸을 구성하는 요소 하나하나까지 똑같았다. 체세포 복제 기술은 어떤 동물을 현재 상태 그대로 똑같이 만들 수 있는 기술이다. 이 기술이 사람에게도 성공적으로 적용된다면, 나와 똑같은 사람을 만들 수도 있을 것이다. 돌리의 복제 성공을 시작으로 쥐, 소, 염소, 돼지, 고양이까지 복제하는 데 성공하였고, 덕분에 생명공학 기술은 빠른 속도로 발전하게 되었다.

생명공학은 영역이 매우 광범위하기 때문에 분자생물학, 세포생물학, 유전학, 생리학 등 생명 현상의 본질을 미시적으로 파악하는 연구 분야와 분류학, 생태학, 환경생물학, 진화학 등 생명 현상을 생명의 다양성과 환경의 관계로 해석하는 거시적 연구 분야, 그리고 의약학 및 농수산 분야와 같은 응용 생물학 분야로 크게 분류하고 있다.

생명공학연구원은 의학, 약학, 수의학, 환경학, 농학, 수산학 등 여러 분야에서 활동한다. 예를 들면, 의학이나 약학 분야에서는 암 치료에 사용되는 인터페론, 당뇨병 치료제인 인슐린, 소인병 치료제인 성장 호르몬 등을 개발하고, 농학 분야에서는 질병에 강하고 더 많은 열매를 맺는 식물을 개발한다.

🔍 생명공학연구원이 하는 일은?

생명공학연구원은 생명공학을 통해 인간의 건강을 유지하고 생명을 연장하는 데 목표를 두고, 생명공학 분야의 새로운 제품이나 기술을 개발하고, 현재 개발된 기술을 더욱 발전시키기 위해 연구한다.

- 🔍 인체, 동물, 미생물, 식물 등 생명체를 해부하고 분석한다.
- 🔍 인체, 동물, 식물, 미생물 등의 세포 내에서 진행되는 생명체 활동의 기본 현상과 원리를 찾아내는 연구를 한다.
- 🔍 다양한 실험과 연구를 통해 생명체의 현상을 연구하고, 인간에게 필요한 이론 등을 만들어 낸다.
- 🔍 사람이 살아가는 데 필요한 식량, 에너지, 환경 등의 문제를 해결하기 위해 연구한다.
- 🔍 동물을 복제하거나 인간의 DNA를 연구하여 병을 치료하는 방법을 개발한다.
- 🔍 예방 주사약을 개발하거나 새로운 약을 개발한다.
- 🔍 유전자 조작으로 씨 없는 수박을 만들거나 크기가 매우 큰 감자 등을 만든다.
- 🔍 인체의 유전자를 해석하고 기능을 연구하며, 난치병을 예방하기 위한 치료 기술을 개발한다.
- 🔍 폐수 속에 들어 있는 오염물질을 분해하는 미생물, 가축 분뇨에서 심한 냄새를 제거하는 미생물, 중금속을 흡수하는 식물 등을 만든다.
- 🔍 곰팡이와 같은 미생물이 분비하는 물질을 이용해 미생물 농약을 개발한다.
- 🔍 유전자를 재조합하여 각종 유전질환과 암, 노화, 치매, 에이즈 등 질병이 발생하는 원인과 치료에 대해 연구한다.

적성과 흥미는?

생명공학연구원은 생명 본질에 대한 탐구정신이 있어야 하고, 지구상에 존재하는 다양한 형태의 생명 현상에 대해 관심이 있어야 한다. 생명을 대상으로 실험 연구를 진행하므로 생명의 고귀함을 알고, 자연을 소중하게 생각하는 마음을 가져야 한다.

유전공학, 생물학, 의학, 약학 등 관련 학문에 대한 지식이 있어야 하고 전통 과학기술과 첨단 기술을 융합하여 변화에 대응할 수 있는 창의적이고 개방적인 사고 능력이 요구된다. 오랜 시간 동안 연구를 진행하기 때문에 이를 견딜 수 있는 체력, 끈기, 인내심은 물론 문제해결을 위한 논리적 사고 능력, 분석력, 정확한 판단력, 자기 주도적 문제해결 능력이 필요하다. 전자 현미경과 같은 최첨단 실험 도구나 다양한 컴퓨터 프로그램을 능숙하게 운용하고 활용할 수 있는 능력이 요구된다.

생명공학연구원에 관심이 있다면 수학, 과학 교과의 기본 지식을 쌓고, 생명공학, 생물학, 의학 등 관련 분야의 독서활동을 하며 생명공학 관련 분야의 동아리활동에도 적극 참여하는 것이 좋다. 생명공학연구원 직업체험 활동, 직업인 인터뷰, 생명공학 관련 기관 탐방 등을 통해 직·간접적으로 진로탐색활동을 하는 것도 권장한다.

관련 학과 및 자격증은?

생명과학과　생명공학과　생명자원학과
유전공학과　의생명과학과　의생명공학과
생물학과　미생물학과　분자생물학과
바이오산업공학과　줄기세포재생공학과
분자생명과학과　생명시스템학과
의약화학과　의생명소재공학과
의료생명공학과　응용생물산업학과
식물생명환경과학과　식물생명과학과
생물산업공학과　생명응용학과
생명과학정보학과

생물공학기사　　　자연생태복원기사
생물분류기사　　　수산질병관리사
수질환경기사　　　식물보호기사
식품기사　　　　　종자기사

관련 교과는?

수학　영어　과학　기술·가정

관련 직업은?

생명과학연구원　바이오의약품연구원
유전공학연구원　생명과학시험원　학예사
생명정보학자　생물학연구원　환경관리사
환경 및 보건직 공무원　교사　변리사

진출 방법은?

생명공학연구원이 되려면 대학에서 생명과학, 생명공학, 생체공학, 생명정보학, 유전공학, 분자생물학, 미생물학, 분자유전학을 전공한 후 대학원에 진학하여 생명공학 분야의 석사 및 박사 학위를 취득하는 것이 일반적이다. 규모가 큰 연구소로 진출하려면 우선 박사 학위가 있어야 하고, 다양한 연구 프로젝트에 참여하거나 연구소에서 보조 연구원으로 활동한 경력이 있으면 취업에 도움이 된다.

생명공학연구원은 공개채용이나 특별채용을 통해 정부기관, 정부출연연구소, 기업부설연구소, 생명공학 관련 벤처기업, 의약품 제조업체, 식품 제조업체, 화학제품 제조업체 등 다양한 분야의 연구원으로 진출한다. 정부출연연구소 연구원의 경우 연초나 연말에 연구원 홈페이지나 인터넷 구인 사이트를 통해 충원 계획을 공개하고 채용한다. 생명공학 관련 분야의 학위와 연구 경력이 채용하는 데 중요한 평가 기준이 된다.

미래 전망은?

생명공학의 발전으로 인간의 유전자 정보와 같은 생명 현상에 대한 다양한 정보들이 밝혀지면서 건강한 삶을 살아가는 데 해결해야 할 각종 질병 퇴치, 수명 연장, 인간의 뇌 분석 등이 가능할 것으로 예측된다. 생명공학은 신소재 개발, 신약 개발, 유전자 칩 개발 등과 같은 무한한 가능성에 도전하고 있다.

최근에는 의약학 신기술·신제품 개발 분야뿐만 아니라 식량 부족, 천연자원의 고갈, 환경오염 등과 같이 인류의 생존을 위한 문제해결의 실마리를 제공하는 생명공학이 인류의 미래를 바꿀 수 있는 첨단과학의 한 분야로 자리하고 있다. 생명 현상 연구가 인간의 삶에 유용하게 응용되고, 산업에도 이용 가능하게 됨에 따라 미래 성장 동력으로써 생명공학의 발전 가능성은 무궁무진하다고 볼 수 있다.

CAREER MAP

준비방법
- 수학, 과학 교과 역량 강화
- 생명공학 관련 학과 탐방
- 생명공학연구원 직업 탐방 및 체험활동
- 생명공학, 자연과학 등 다양한 분야의 독서활동

적성과 흥미
- 생명 현상에 대한 호기심
- 인내심
- 창조력
- 개방적 사고 능력
- 체력과 끈기
- 문제해결 능력
- 분석력
- 논리적 사고 능력
- 정확한 판단력
- 성실성
- 윤리의식

관련 학과
- 생명과학과
- 생명공학과
- 생명자원학과
- 유전공학과
- 의생명과학과
- 의생명공학과
- 미생물학과
- 분자생명과학과
- 생물학과
- 생명시스템학과
- 바이오산업공학과

생명공학 연구원

관련 자격
- 생물공학기사
- 대기환경기사
- 생물분류기사
- 수질환경기사
- 자연생태복원기사
- 수산질병관리사
- 식물보호기사
- 종자기사

관련 직업
- 생명과학연구원
- 바이오의약품연구원
- 유전공학연구원
- 생명과학시험원
- 생명정보학자
- 생물학연구원
- 중등학교 교사
- 변리사

관련 교과
- 수학
- 영어
- 과학
- 기술·가정

관련 기관
- 한국생명공학연구원
- 한국생명과학회
- 한국미생물·생명공학회

생물학연구원

생물학연구원이란?

근대 생물학의 발전에 가장 큰 영향을 미친 다윈은 1859년 자신의 저서인 '종의 기원'에서 생물은 진화한다는 이론을 발표하여 세계 생물학계를 놀라게 했다. 다윈의 주장은 생물은 주변 환경에 적합한 개체만 살아남고 부적합한 것은 사라지며, 생물 개체들 간에는 항상 경쟁이 일어나고 자연의 영향에 의해 선택 및 진화된다는 것이다. 다윈의 주장은 창조론을 믿던 당시 사회 분위기에 큰 거부감을 일으켰지만, 그의 이론은 널리 보급되어 생물학은 물론 사회 전반에 걸쳐 큰 영향을 미쳤다.

생물학은 생명과 생물을 연구하는 자연과학의 한 분야로, 대상 생물의 종류에 따라 동물학, 식물학, 미생물학 등으로 나누어진다. 생물의 구조, 기능, 성장, 진화, 분포, 분류 등을 연구하는 데 있어 다른 학문과 융합하여 발전되어 현대 생물학의 범위는 매우 넓어지고 있다.

현대 생물학은 농학, 의학의 기초 학문일 뿐만 아니라, 인간을 위한 학문으로서 식량 문제, 인구 문제, 의약품 생산, 공해 물질의 제거, 생물 에너지의 개발 등 다양한 문제를 해결하는 데 중요한 역할을 담당하고 있다. 이로써 생물학은 자연과학 분야뿐만 아니라 사회과학 분야까지 아우르면서 생물과학으로 발전하게 되었다.

생물학연구원은 생물체의 특성을 이용해 인간 생명에 도움이 되는 것을 연구하고, 다양한 연구와 실험을 통해 새로운 기술과 제품을 개발하는 사람이다.

생물학연구원이 하는 일은?

생물학연구원은 모든 생명체의 변화 과정과 생명체와 환경의 관계, 그리고 생명체 간의 상호관계에 대해 연구를 수행하는 사람이다. 생명체의 기원과 발달, 해부, 기능 관계 등을 연구하고, 그 결과를 의학이나 농업 분야 등에 적용하거나 응용하는 방법을 개발한다.

- 생물종의 기원, 생물의 진화, 성장, 생식, 구조, 기능, 분포상태 및 기타 생명 현상에 대한 현지 조사 및 실험 연구를 수행한다.
- 생명체와 환경과의 관계 및 기타 생활 방식에 대해 조사·연구한다.
- 해부기, 현미경, 화학적 염색 및 기타 과학 장비를 사용하여 실험실에서 생물 표본을 연구하고 실험한다.
- 자연환경에서의 생물의 생태적 특징과 행동을 관찰하며, 생명체에 대한 실험 결과를 분석해 보고서를 작성한다.
- 통계학적 기술을 이용하여 획득한 자료를 조정·분석·평가하고, 의학, 농업, 약품 제조 등의 분야에 사용하기 위한 심화 연구를 수행한다.
- 생물을 확인하고 분류하며, 각종 표본을 수집·검사·분류·보관하고, 질병 및 기타 문제의 연구를 보조한다.

> **Tip 법의생물학에 대해 알아볼까요?**
>
> 인체에서 채취한 생물학적 증거물에서 DNA 프로필을 분석하거나 혈액형 등을 감정하는 분야이다. 법의학에서 검사 대상이 되는 혈액(혈흔), 모발, 타액, 땀, 대소변 등의 증거물을 감정하는 것은 개인을 식별하는 데 그 목적이 있으며, 증거물을 채취하는 수준에 따라 감정하는 속도와 감정 결과의 정확도가 결정되기 때문에 주의해서 채취해야 한다.

적성과 흥미는?

생물학연구원은 장시간의 실험과 분석 과정을 거치는 업무 특성상 끈기, 인내심, 꼼꼼함, 추진력, 체력적 강인함 등이 필요하다. 무엇보다 자연 법칙과 과학적 연구 방법을 이해하고, 이를 실험 과정에 적용할 수 있는 논리적 분석력과 추론적 판단력, 창의적인 사고력이 필요하다. 생명체와 생명 현상에 대한 관심과 흥미를 지닌 사람, 과학기술을 통해 인류 복지 문제를 해결하고자 하는 박애정신을 지닌 사람, 객관적이고 정확한 관찰 능력을 지닌 사람에게 유리하다. 귀중한 생명을 대상으로 연구하기 때문에 생명의 고귀함과 자연의 소중함을 아는 것이 중요하다.

생물학연구원이 되려면 유전공학, 의학, 약학 등 관련 학문에 대한 지식이 있어야 하고, 전통 과학기술과 첨단기술을 융합하여 기술 변화에 대처할 수 있는 학습 능력과 전자 현미경과 같은 실험 장비를 다룰 수 있는 기계 조작 능력, 다양한 컴퓨터 프로그램을 다룰 수 있는 컴퓨터 활용 능력도 필요하다.

----------------- 💬

💬 **관련 학과 및 자격증은?**

생물학과 생명자원학과 유전공학과

생명공학과 의생명공학과 미생물학과

의생명소재공학과 의생물학과 분자생물학과

식물생물학과 생물산업공학과 생명응용학과

생명과학정보학과 생명시스템학과

바이오산업공학과 줄기세포재생공학과

의료생명공학과 응용생물산업학과

식물생명환경과학과

⚙ 생물공학기사   ⚙ 수산질병관리사

⚙ 생물분류기사   ⚙ 식물보호기사

⚙ 수질환경기사   ⚙ 종자기사

⚙ 자연생태복원기사   ⚙ 식품기사

⚙ 미래 전망은?

오늘날 생물학은 기존의 영역을 넘어 의학, 약학, 농학, 축산학, 임학, 수산학 등으로 학문적 범위가 넓어지고 있다. 또한 생물학은 이제 생명과학, 생명공학, 유전공학 등 다양한 분야로 세분화되면서 우리 생활 속 깊숙이 들어와 있다. 특히 산업 분야로의 응용은 갈수록 확대되는 추세이다. 현대 생물학은 의학, 농업, 수산업, 식품 산업, 공업, 우주산업, 컴퓨터 등 거의 모든 분야에 영향을 미치고 있으며 생물학, 미생물학, 생화학, 분자생물학, 유전학, 화학 및 생물공정공학, 심지어 기계공학과 컴퓨터공학을 포괄하는 복합적인 성격의 학문으로 발전하고 있다.

생물학에 의해 가장 큰 영향을 받고 있는 산업은 인간과 동물의 식품 생산, 석유 화학을 대체할 화학 연료의 공급, 대체에너지원, 폐기물 재순환, 오염 제어, 농업, 수산 양식, 임업 분야이며, 의학 분야에서는 화학물질을 대신할 생물학적 화합물의 개발에 중점을 두고 있다. 이처럼 생물학의 응용 분야가 확대되어 생명공학, 유전공학이라는 용어가 새롭게 등장하는 것을 보면 생물학의 발전 가능성은 매우 크며, 생물학연구원의 고용도 증가할 것으로 전망된다.

💬 **관련 교과는?**

수학 영어 과학 기술·가정

💬 **관련 직업은?**

생물학자 생태학자 유전학자

유전공학연구원 생명과학연구원

생명과학시험원 바이오의약품연구원

생명정보학자 변리사 학예사 환경관리사

🌐 진출 방법은?

생물학연구원이 되려면 생물학과, 생물공학과, 생명과학과, 생명공학과, 유전공학과, 농업생명과학과 등 관련 학과에서 석사 이상의 학력을 갖추어야 한다.

관련 학과에 진학하면 주로 자연과학 관련 기초 지식을 배우고, 고학년이 되면 생물학 분야의 전문적인 지식을 쌓게 된다. 대학원 과정에서는 분자생물학, 생리학, 생태학, 분류학, 면역학, 미생물학, 유전학 중에서 자신의 관심 분야를 선택하고, 집중적으로 연구한 후에 생물학연구원으로 진출할 수 있다. 대학 재학 중에 다양한 프로젝트에 참여하거나 관련 논문을 학술지에 발표하는 등의 경력을 쌓으면 생물학연구원으로 취업하는 데 유리하다.

생물학연구원은 공개채용이나 특별채용을 통해 생물 관련 기업이나 연구소, 의과대학병원의 기초실험실 등에 취업할 수 있다. 정부출연연구소의 경우 연초나 연말에 연구소 홈페이지나 인터넷 구인 사이트를 통해 충원 계획을 공개하고 채용한다.

CAREER MAP

- 강인한 추진력
- 풍부한 상상력
- 체력과 끈기
- 인내심
- 꼼꼼함
- 생명 현상에 대한 흥미
- 객관적 관찰 능력
- 논리적 사고 능력
- 도전정신
- 분석력
- 창의력
- 개방적 사고 능력

- 수학, 과학 교과 역량 강화
- 생물학 관련 학과 탐방
- 생물학연구원 직업 탐방 및 체험활동
- 생물학, 자연과학 등 다양한 분야의 독서활동

- 생물학과
- 생명자원학과
- 유전공학과
- 생명공학과
- 의생물학과
- 의생명공학과
- 미생물학과
- 분자생물학과
- 생명시스템학과
- 바이오산업공학과
- 줄기세포재생공학과
- 생물산업공학과
- 생명과학정보학과

준비방법

관련학과

적성과흥미

생물학연구원

관련자격

- 생물공학기사
- 생물분류기사
- 수질환경기사
- 자연생태복원기사
- 수산질병관리사
- 식물보호기사
- 종자기사
- 식품기사

관련직업

- 생물학자
- 생태학자
- 유전학자
- 생명과학연구원
- 유전공학연구원
- 바이오의약품연구원
- 생명정보학자
- 변리사
- 학예사
- 환경관리사

관련교과

관련기관

- 수학
- 영어
- 과학
- 기술·가정

- 한국생물학연구원
- 한국미생물·생명공학회
- 생물학연구정보센터
- 한국생물공학회

소믈리에

소믈리에란?

영화나 드라마를 보면, 레스토랑에서 검은색 바지에 흰색 와이셔츠, 나비넥타이와 앞치마를 착용한 채 와인 오프너를 들고 와인을 서비스하는 사람을 종종 볼 수 있다. 이렇게 복장을 갖추고 품격 있게 와인 서비스를 제공하는 사람을 소믈리에라고 한다.

소믈리에는 호텔, 레스토랑 등에서 고객을 대상으로 와인을 포함한 각종 음료에 대한 지식을 전달하고, 선택을 도우며, 음료를 서비스하는 일을 한다.

프랑스에서 소믈리에라는 말은 1700년대 이전에는 왕궁에서 '식탁을 차리고, 와인과 음식을 준비하는 사람'이라는 뜻으로 사용되었고 그 후에는 '와인과 음식을 준비하는 사람'이라는 뜻으로 사용되었으며, 오늘날은 레스토랑에서 '와인을 책임지는 사람'이라는 뜻으로 사용되고 있다. 18세기 말에는 프랑스, 이탈리아 등 유럽에서 호텔이나 레스토랑이 많이 생겨나면서 소믈리에의 역할도 중요해지기 시작했다. 소믈리에라는 단어는 '소를 이용하여 식음료를 나르는 사람', '동물들에게 짐을 지우는 사람'을 뜻하는 프로방스어 'saumalier'에서 파생되었고, 영어로는 'Wine Steward', 'Wine Captain' 등으로 표현한다. 19세기경 프랑스의 한 음식점에서 와인을 전문으로 담당하는 사람이 생겨나면서 지금과 같은 형태의 직업으로 발전하였다.

🔍 소믈리에가 하는 일은?

소믈리에는 와인을 서비스하는 호텔이나 레스토랑, 와인 전문점에서 고객이 주문한 요리에 어울리는 와인을 추천하거나 고객의 취향을 파악하여 고객이 원하는 와인을 감정하고 골라주는 일을 담당한다. 맛이 좋으면서도 값이 저렴한 와인을 선택할 수 있는 능력이 소믈리에의 경쟁력이다. 최근 들어 와인을 즐기는 문화가 보편화되면서 대중들도 와인에 대해 상당한 지식을 갖추고 있는 경우가 많아 고객들에게 와인의 원산지, 양조기법, 기후적 특성, 품종 등에 대해 상세하게 안내해야 한다.

🔍 고객이 주문한 요리에 적합한 와인을 추천하고, 와인의 맛과 특징, 원산지 등을 설명한다.

🔍 와인의 품목을 선정하고, 이에 따른 와인 리스트를 작성하며, 와인의 보관과 관리를 책임진다.

🔍 맛을 보고 포도의 품종, 숙성 방법, 원산지, 수확 연도 등을 맞추는 블라인드 테스트를 통해 고객의 입맛에 맞는 와인을 골라준다.

🔍 요리사와 함께 일하면서 와인과 음식이 조화를 이루는 방법에 대해 연구한다.

Tip 워터소믈리에에 대해 알아볼까요?

워터소믈리에는 물의 맛과 냄새를 전문적으로 평가하고 판별하는 물맛 감별 전문가이다. 워터웨이터, 워터매니저, 워터어드바이저라고도 불리며 점차 전문 직업으로 인정받고 있다. 워터소믈리에는 건강하고 맛있는 물을 시간과 상황에 따라 추천하고 서비스한다. 물의 종류와 특성을 전문적으로 공부하여 물에 대해 조언할 수 있어야 하며, 물과 관련된 전문 지식, 경영 마인드와 긍정적인 서비스 마인드, 리더십 등을 갖추어야 한다.

적성과 흥미는?

소믈리에는 각종 와인의 종류와 맛에 대해 알고 있어야 하고, 각 음식과 어울리는 와인도 알아야 한다. 이를 위해 포도의 품종, 숙성 방법, 원산지, 수확 연도 등 와인의 특징과 보관 방법에 대한 지식을 습득해야 한다. 와인을 제공하는 데 사용하는 장비나 기구들을 잘 다룰 줄 알아야 하고, 와인을 최상의 상태로 마실 수 있도록 온도나 마시는 시기를 확인해 고객이 맛있게 즐길 수 있도록 해야 한다.

호텔이나 레스토랑 등에서 고객을 상대하여 음식과 어울리는 와인에 대해 설명할 수 있어야 하기 때문에 의사소통 능력과 언어 구사 능력, 대인관계 능력, 친절하고 공손한 태도를 갖추는 것이 중요하다. 와인을 판매할 경우에는 고객과 충분한 대화를 통해 취향 등을 파악해야 하므로 관찰력, 감정 조절 능력을 갖추는 것도 필요하다.

와인 시장의 세계적인 동향을 파악하여 고객들에게 정보를 전달할 수 있어야 한다. 와인에 대해 항상 공부하고, 원산지 방문, 와인 제조자와의 만남, 와인 세미나 참석 등을 통해 자신이 갖고 있는 와인에 대한 정보를 업그레이드하고 확인하는 노력을 기울여야 한다.

💬 **관련 학과 및 자격증은?**

식품영양학과 식품조리학과 외식조리학과

푸드스타일리스트학과 호텔외식조리과

호텔조리과 호텔조리제과제빵과 조리과학과

식품가공학과 제과제빵과 커피바리스타과

⚙ 와인소믈리에   ⚙ 티마스터

⚙ 조리산업기사   ⚙ 푸드테라피스트

⚙ 제과제빵사   ⚙ 영양사

⚙ 컬러리스트   ⚙ 위생사

⚙ 푸드코디네이터   ⚙ 식품기술사

⚙ 커피바리스타   ⚙ 영양 교사

💬 **관련 교과는?**

수학 영어 과학 미술

💬 **관련 직업은?**

푸드코디네이터 푸드스타일리스트 전시연출가

패키지소믈리에 식공간연출자 푸드컨설턴트

잡지소믈리에 방송소믈리에 광고소믈리에

영화음식감독 홈쇼핑소믈리에 요리책소믈리에

CF소믈리에 메뉴개발자 푸드저널리스트

테이블코디네이터 테이블아티스트

테이블데코레이터

🌐 진출 방법은?

소믈리에가 되는 데 학력의 제한은 없으나 최근에는 대학 졸업자의 비율이 증가하고 있다. 직업의 특성상 외국인을 많이 상대하기 때문에 학력이나 전공보다는 영어, 일본어, 중국어 회화에 능통하면 유리하다. 공개채용이나 추천, 소믈리에 양성 교육 기관의 소개를 통해 주로 호텔이나 레스토랑, 와인 전문점 등으로 진출한다.

국내에는 현재까지 소믈리에 국가공인자격증은 없지만, 한국소믈리에협회에서 주관하는 민간 소믈리에 자격시험이 있다. 현재 소믈리에로 활동하고 있는 사람들은 주로 호텔에서 근무하면서 와인에 대해 공부하는 사람들이 대부분이다. 드물지만 외국에서 소믈리에 양성 과정을 수료하거나 외국에서 전문적으로 와인 공부를 한 사람을 채용하는 경우도 있다. 최근에는 와인 아카데미나 대학의 평생교육원, 사회교육원 등에서 소믈리에를 양성하는 경우가 많다.

⚙ 미래 전망은?

유럽, 미국 등 와인 산업이 발전한 나라에서 일상생활에서 중요하게 생각하는 것 중의 하나가 와인과 매너이다. 와인에 대한 대중의 관심이 높아지면서 와인의 소비 형태가 레스토랑뿐만 아니라 가정으로까지 확대되고 있는 가운데 전문 와인바의 등장은 와인 산업이 본격적인 성장기에 접어들었다는 것을 말해주고 있다.

와인이 대중화되면서 소믈리에 또는 와인어드바이저의 역할이 중요해지고 있어 소양과 자질, 실력을 갖춘 소믈리에에 대한 수요가 높아질 것으로 예상된다. 글로벌 시대의 흐름에 맞춰 기업체에서 직장인을 대상으로 와인과 테이블 매너 교육 프로그램이 확대될 것으로 예상되고, 와인 동호회 등의 증가로 회원들을 대상으로 하는 와인 강의 프로그램도 증가할 것으로 보여 소믈리에의 직업 전망은 좋다고 볼 수 있다.

CAREER MAP

- 수학, 과학, 기술·가정 교과 역량 강화
- 와인에 대한 지식 습득
- 소믈리에 직업 탐방 및 체험활동
- 식품학, 요리학, 자연과학 등 다양한 분야의 독서활동

- 와인에 대한 지식
- 서비스 정신
- 의사소통 능력
- 관찰력
- 감정 조절 능력
- 뛰어난 후각과 미각
- 에티켓

- 조리산업기사
- 소믈리에
- 제과제빵사
- 컬러리스트
- 푸드코디네이터
- 와인소믈리에
- 커피바리스타
- 티마스터
- 푸드테라피스트
- 영양사
- 위생사
- 영양 교사
- 식품기술사

준비방법

관련자격

적성과흥미

관련학과

소믈리에

- 푸드코디네이터
- 푸드스타일리스트
- 테이블코디네이터
- 테이블아티스트
- 테이블데코레이터
- 패키지소믈리에
- 식공간연출자
- 푸드컨설턴트
- 푸드저널리스트
- 전시연출가

관련직업

관련기관

관련교과

- 수학
- 영어
- 과학
- 미술

- 식품영양학과
- 식품조리과
- 외식산업과
- 소믈리에과
- 바이오식품공학과
- 영양조리과학과
- 외식영양학과
- 식품산업관리학과
- 글로벌명품조리학과

- 한국소믈리에협회
- 한양대학교 생활과학연구소

수학자

수학자란?

브라질에 있는 작은 나비의 날갯짓이 미국 텍사스 주에 강한 태풍을 일으킬 수 있다는 '나비 효과'와 무질서하게 보이는 혼돈 상태에도 논리적 법칙이 존재한다는 '카오스 이론'은 매우 잘 알려진 과학 이론이다.

많은 사람들은 카오스 이론이 물리학에서 출발한 과학적 이론이라고 알고 있지만, 실제로 이 이론을 처음 주장한 이는 앙리 푸앵카레라는 프랑스 수학자이다. 18세기말 푸앵카레는 기상 현상을 수학을 응용한 '대기 방정식'으로 설명하려 했다. 이 카오스 이론을 먼 훗날에 나비 효과를 통해 세상 사람들에게 알린 사람도 에드워드 로렌즈라는 수학자이다. 1963년 로렌즈는 컴퓨터로 기상 모의실험을 하다가 초기 조건의 아주 작은 차이가 나중에는 엄청나게 증폭돼 전혀 다른 결과를 가져온다는 것을 발견했다. 이처럼 수학자들은 다양한 수학적 지식을 활용해 규칙성을 찾아낸다.

수학자는 최근에 생겨난 직업이 아니고 우리 인류의 역사와 함께했던 아주 오래된 직업이다. 흔히들 수학은 기초 학문이어서 실제 생활에서는 별로 활용될 일이 없다고 생각하는데, 점차 사회가 전문화되면서 다양한 분야에서 수학이 활용되고 있어 수학자는 최고의 직업으로 인정받고 있다. 수학자는 수학적 전문 지식을 가지고 연구활동을 하며, 다양한 분야에서 발생하는 문제해결을 위한 이론과 학문을 연구하는 사람을 말한다.

🔍 수학자가 하는 일은?

수학자는 여러 가지 수학적 이론과 계산 기술, 알고리즘, 높은 수준의 컴퓨터 지식을 이용하여 경제나 과학, 공학, 물리 등에서의 문제를 해결한다. 예를 들면, 비행기 항로를 결정할 때 가장 효율적인 항로 과정을 계산한다든지, 새로운 약품이나 제품이 개발이 되었을 때 수학적 분석 기법을 활용하여 영향과 안전성 등을 분석하는 일을 한다.

- 🔍 새로운 수학 이론을 만들어 내고, 수학 이론들 간에 알려지지 않는 새로운 관련성을 찾아내는 일을 한다.
- 🔍 대수, 기하, 진법 이론, 논리학, 위상 수학 등 수학 분야의 기초 이론을 연구하고, 가설 또는 선택 이론을 시험하고 연구한다.
- 🔍 과학, 공학, 군사 계획, 전산 자료 처리, 경영학 등 다양한 분야의 수학적 적용 가능성을 개발한다.
- 🔍 물리학, 공학, 천문학, 생물학, 경제학, 산업경영학 및 기타 기능적 분야에서 수학적 지식을 적용한다.
- 🔍 수학적 지식을 이용하여 암호학, 컴퓨터공학이나 엔지니어링, 금융 수학 등에 적용하는 과정을 연구한다.
- 🔍 수학적 이론이나 기술을 이용하여 일상생활에서 발생하는 문제들을 해결한다.
- 🔍 다양한 분야의 문제해결을 위한 논리학 및 응용 수학 기술과 같은 분야에서 수학적 지식을 확장하기 위한 연구를 한다.
- 🔍 수학적인 방법 및 응용과 관련된 연구자들에게 조언을 한다.

> **Tip** 순수수학과 응용수학에 대해 알아볼까요?
>
> 수학은 학문의 성격에 따라 순수수학과 응용수학 두 가지로 나뉜다. 순수수학자들은 수학의 새로운 이론을 만들어 내고, 수학 이론 간에 알려지지 않는 새로운 관련성을 찾아내는 일을 한다. 순수수학자들이 연구하는 수학 이론은 과학이나 공학적인 분야 등 우리 사회가 발전하는 데 바탕이 된다. 응용수학자들은 수학적 이론이나 기술을 이용하여 일상생활은 물론 공학, 물리, 사회과학 분야 등의 문제들을 해결한다.

적성과 흥미는?

수학자에게 가장 필요한 것은 호기심으로, 당연하다고 생각되는 것도 항상 의문을 갖고 더 근원적인 것을 찾기 위해 수시로 질문을 던질 수 있어야 한다. 수학적 현상에 대한 원리를 생각해본 후 자신만의 방법으로 문제를 풀어 나가는 자세가 필요하다. 또한 문제를 찾아내고 해결하는 과정에서 집중력과 논리적 추론력, 분석력, 창의적 문제해결 능력이 필요하며, 문제해결 과정에서 많은 사람들과 대화를 하기 때문에 원활한 의사소통 능력을 갖추는 것도 중요하다. 기존에 없는 새로운 방법으로 문제해결을 시도할 수 있는 창의력도 필요하다. 특히 컴퓨터공학 분야에 지식이 많을수록 문제해결에 도움이 되기 때문에 컴퓨터 관련 지식을 쌓는 것을 권장한다.

수학을 비롯한 자연과학 분야에 대한 전문적 지식을 갖추고, 실제 생활에 응용하고 적용할 수 있는 능력을 갖추는 것이 필요하다. 탐구형과 관습형의 흥미를 가진 사람에게 적합하다. 수학자가 되고자 한다면 수학에 대한 흥미가 있어야 하고, 호기심과 상상력을 키우기 위해 다양한 독서와 체험활동을 할 것을 추천한다.

관련 학과 및 자격증은?

수학과 통계학과 정보수학과 수리과학부
수리과학과 수학정보학과 응용수학과
전산수학과 정보수리학과 수리정보과학과
컴퓨터수학과 금융수학과 수리금융학과

관련 교과는?

수학 영어 과학 정보

관련 직업은?

순수수학자 응용수학자 수학연구원
자연과학연구원 수학 교사

 진출 방법은?

수학자로 활동하기 위해서는 수학 관련 학과인 수학과, 정보수학과, 응용수학과 등에 입학하여 수학적 지식을 활용한 문제해결 방법과 응용 방법에 대한 지식을 체계적으로 배우는 것이 좋다. 대학 재학 중에는 다양한 수학 관련 연구 프로젝트에 참여하는 것이 필요하고, 수학 관련 연구 보조원이나 인턴 연구원으로 참여한 경험이 수학자가 되는 데 많은 도움이 된다.

수학자들은 주로 공개채용이나 특별채용을 통해 국내외 대학의 교수와 수학연구원, IT 기업의 전산실, 금융기관 등의 회계 및 경제 관련 부서로 진출하게 된다. 수학 관련 연구 분야로 진출하기 위해서는 수학 관련 대학원에 진학하여 석사 또는 박사 학위를 취득하는 것이 유리하다. 최근 IT 분야에서 중요성이 커지고 있는 인공지능, 정보 보호, 영상 처리, 컴퓨터 그래픽 분야에 진출하기도 하고, 금융 분야의 보험계리사, 펀드매니저로 활동하거나 파생 상품 설계, 금융 위험 분석 등의 업무를 하는 경우가 많다.

중·고등학교의 수학 교사가 되려면 대학 재학 중에 교직 과목을 이수하거나 교육대학원을 졸업하여 중등 2급 정교사 자격증을 취득한 후 임용고시에 합격해야 한다.

미래 전망은?

수학은 공학, 경제학, 사회학과 같이 사회 모든 분야의 기초가 되는 학문이므로 수학자의 전망은 밝을 것으로 예상된다. 최근 미국에서는 수학자가 최고의 직업으로 선정되었다는 발표가 있었다. 미국의 취업 정보 사이트는 미국 내 200개 주요 직업을 대상으로 연봉, 미래 전망, 근무 환경, 스트레스 정도, 육체노동 수준, 이 5개 요소에 각각 점수를 매겨 합산한 결과를 발표했는데, 그중에서 수학자가 최고의 직업 1위로 선정되었다는 내용이다.

과거에는 기하학, 대수학, 위상 수학, 해석학 등 순수 수학 분야가 대부분이었으나, 최근에는 인공지능, 빅데이터 분석, 부호 이론, 금융 수학, 통신 수학, 수치 해석 등 응용 수학 분야의 진출이 활발해지면서 수학자의 인력 채용도 더욱 증가할 것으로 예상된다. 또한 4차 산업혁명 시대로 접어들면서 앞으로 수 년 이내에 선진국 등 15개국에서 710만 개 이상의 일자리가 사라지는 반면, 새로 생기는 일자리는 200만 개 정도에 그친다는 보고서도 발표되었다. 그런데 새로 생기는 200만 개 일자리 중 컴퓨터와 수학 분야에서 40만 5,000개의 일자리가 생길 것으로 예측되면서 수학자의 전망을 밝게 해주고 있다.

CAREER MAP

- 수학, 과학, 정보 교과 역량 강화
- 수학 관련 학과 탐방
- 수학자 직업 탐방 및 체험활동
- 컴퓨터 관련 지식 습득

- 순수수학자
- 응용수학자
- 수학연구원
- 자연과학연구원
- 수학 교사

- 수학
- 영어
- 과학
- 정보

준비 방법

관련 직업

관련 교과

수학자

관련 학과

적성과 흥미

관련 기관

- 호기심
- 집중력
- 논리적 사고 능력
- 분석력
- 의사소통 능력
- 문제해결 능력
- 창의력

- 대한수학회
- 수리과학연구정보센터
- 국가수리과학연구소

- 수학과
- 응용수학과
- 통계학과
- 정보수학과
- 수리과학과
- 수리정보학과
- 전산수학과
- 정보수리학과
- 수리정보과학과
- 컴퓨터수학과
- 금융수학과
- 수리금융학과

식품공학자

식품공학자란?

인류는 산업혁명을 거치면서 기계의 발명으로 전 산업 분야에서 수작업으로 이루어지던 공정에서 벗어날 수 있게 되었고, 대량 생산이 가능해졌다. 더불어 식량문제를 해결하기 위해 식재료의 대량 생산과 함께 저장 기술, 품질 향상 기술이 빠르게 발전하였다.

최근에는 식품 가공 및 포장 기술의 발달로 유명 레스토랑의 음식을 반조리 상태로 손쉽게 구할 수 있게 되었고, 숙취 해소 음료와 같은 기능성 식품도 편리하게 이용할 수 있게 되었다. 이러한 기술의 발달은 '배부르게 먹는 것'보다 건강하게 살면서 삶의 질을 높이기 위한 '잘 먹는 것'으로 패러다임을 바꾸었다.

이와 같이 식품과 공학 기술의 융합으로, 기능이 뛰어나고 영양이 풍부하며 편리하게 이용할 수 있는 식품을 개발하는 데 도움이 되는 학문이 식품공학이다. 식품공학 기술은 인류의 건강과 환경 문제를 극복할 수 있는 미래 식품 개발의 핵심 기술이기도 하다.

식품공학자는 카레, 스프, 죽과 같은 즉석식품과 적은 양으로 감칠맛을 내는 조미료 등과 같이 자연에서 얻은 재료를 음식물로 가공하고 오래 보존하는 기술을 개발한다.

식품공학자가 하는 일은?

식품공학자는 식품에 대해 조사, 개발, 생산 기술 관리, 품질 관리, 포장 및 가공에 관한 일을 한다. 식품공학자가 하는 일은 크게 식품 가공(식품 보존 및 포장), 식품 생산(식품의 생산기술의 개발 및 관리), 식품 위생(식품의 성분 분석 및 안전성 검사) 분야로 나눌 수 있다.

- 식품 개발을 담당하는 식품공학자는 자사 및 경쟁업체의 상품을 분석하여 생산할 제품을 기획한다. 물리·화학적 구성을 검토하여 식품의 맛과 영양, 식감, 상품 가치 등을 개선할 재료를 선택하고, 소비자들의 취향에 맞는 조리 방법을 연구하여 제품을 개발한다.

- 식품 생산을 담당하는 식품공학자는 식품의 가공, 생산, 포장, 품질 관리에 관한 기술을 개발한다. 또한 생산 현장에서 생산라인의 책임자를 지도하거나 제조 공정을 감독·관리한다.

- 식품 위생을 담당하는 식품공학자는 각 식품의 특성에 맞는 이화학(물리·화학) 실험, 미생물 실험을 통해 식품의 유해 성분 잔류 여부와 식품첨가물의 적절성 여부 등을 판별하는 안전 검사를 실시한다. 실험 검사 결과를 토대로 보고서를 작성하고, 부적합 식품에 대해서는 재검사 및 사후 관리, 위생 점검을 실시한다.

- 식품공학자 중 식품감시원은 백화점이나 마트에서 판매되는 식품이나 식품업체에서 생산하여 판매되는 식품이 위생적으로 유통되고 판매되는지를 관리하고 감독한다.

Tip 3D프린터식품개발자에 대해 알아볼까요?

식품 3D프린터가 상용화되면, 이 장치로 만들 수 있는 식품을 전문적으로 개발하는 직업이다. 다양한 식품 재료로 원하는 모양의 먹음직스러운 음식을 3D프린팅 기술로 만드는 방법을 개발한다. 이렇게 만들어진 음식은 품질이 균일하고, 식품의 안전성이 높으며, 다품종 소량 생산이 가능해져 소비자의 체질과 연령, 영양 상태, 취향 등을 고려해 맞춤형으로 제조가 가능하다. 또한 고령화 사회에 접어들면서 직접 요리하기 힘든 노인들을 위해 3D 프린터를 이용한 조리법과 재료를 구성하는 일도 한다.

적성과 흥미는?

식품공학자는 식품에 대한 관심이 있고, 다양한 맛을 보거나 분석하는 것을 즐겨 해야 한다. 특정한 맛을 내기 위해 어떤 재료들이 결합되었는지, 어떤 영양소로 구성되었는지 등을 관심 있게 살펴보는 탐구 능력이 있어야 한다. 무엇보다도 식품공학자가 되기 위해서는 식품공학, 식품미생물학 등의 이론과 개념을 이해하고, 응용할 수 있는 학습 능력이 필요하다. 따라서 물리학, 화학, 생물 등의 기초과학에 지적 호기심이 많고, 이를 첨단 과학에 응용하여 분석하고 통계적 방법으로 적용할 수 있는 분석적 사고 능력과 수리 능력도 갖추어야 한다.

또한 꼼꼼하고 치밀하며 끈기가 있어야 한다. 자신의 연구에 대한 뚜렷한 목표 의식과 주관을 갖고, 결과가 나올 때까지 반복되는 연구 개발 과정을 인내할 수 있어야 한다. 건강과 직결되는 식품과 관련된 일이므로 외부 환경에 쉽게 흔들리지 않는 강직함과 정직한 성품도 요구된다.

관련 학과 및 자격증은?

식품영양학과 식품공학과 식품가공학과

식품생명공학과 식품과학과 미생물학과

식품의약학과 해양식품공학과 생활과학과

시스템생명공학과 식품생명과학과

한방건강식품학과 응용생물화학과

바이오식품공학과 바이오식품소재학과

⚙ 식품기술사 ⚙ 농산물품질관리사

⚙ 식품기사 ⚙ 품질관리기술사

⚙ 식품산업기사 ⚙ 품질경영기사

⚙ 수산제조기술사 ⚙ 품질산업기사

⚙ 수산물품질관리사

관련 교과는?

수학 영어 과학 기술·가정

관련 직업은?

식품학연구원 식품가공검사원

전통식품제조원 영양사 김치제조종사원

곤충식품개발자 3D프린터식품개발자

분자요리전문가 식품 위생 담당 공무원

바이오식품개발전문가 외식 및 식품마케터

외식브랜드매니저 푸드코디네이터

진출 방법은?

식품공학자가 되기 위해서는 식품공학, 발효공학, 식품미생물학 등과 관련된 이론을 이해하고, 응용하는 능력이 필요하다. 따라서 전문대학 또는 4년제 대학교의 식품공학, 식품가공학, 식품과학, 식품영양학 등 식품 관련 전공을 선택하는 것이 일반적이다. 연구 개발 분야에 종사하려면 식품공학 분야의 석사 이상의 학력을 요구하기도 한다.

졸업 후에는 식품 제조 및 가공업체, 식품 유통업체, 식품의약품안전처 등과 같은 정부기관, 기업체의 식품 관련 연구소, 식품 위생 검사기관, 식품 품질 검사기관 등으로 진출할 수 있다. 또한 유전공학이나 생명과학, 제약, 환경공학 등 다양한 산업 분야로 진출이 가능하다.

식품 관련 연구원이 되기 위해서는 대학원에 진학하여 연구의 기초를 배우고, 필요한 실험 및 분석 기술을 습득하는 것이 좋다. 또한 식품과 관련된 전반적인 이슈들에 대한 지식과 경험을 쌓는 것도 필요하다.

미래 전망은?

생활수준이 향상되면서 식품과 건강에 대한 관심이 높아지고 있고, 다양한 기능을 가진 식품들이 빠르게 개발되어 판매되고 있다. 경제가 발달함에 따른 고령화, 1인 가구 및 맞벌이 가구의 증가로 식품 소비는 꾸준히 증가하고 있고, 식품 관련 산업도 급속히 성장하고 있다. 이와 더불어 식품산업의 인력 수요가 꾸준히 증가하여 일자리 창출도 활발히 진행되고 있다.

식품과학의 발달로 고기능성 음식 개발은 물론, 새로운 먹거리에 대한 연구와 해조류나 곤충의 단백질을 이용한 미래 식량에 대한 연구가 꾸준히 진행되고 있으며, 김치나 장류, 인삼, 전통주 등 전통식품산업 육성을 위한 국가 정책도 추진되고 있다. 또한 세계적으로 한국 음식의 영양학적 가치에 대한 관심이 높아지고 있고, 식품의 저장·포장·유통 분야 등에 첨단 공학 기술이 접목됨에 따라 식품공학자에 대한 수요는 증가할 것이다.

CAREER MAP

식품
공학자

준비방법
- 수학, 과학, 사회, 기술·가정 교과 역량 강화
- 식품공학 관련 학과 탐방
- 식품공학자 직업 탐방
- 식품 관련 기관 체험활동
- 식품공학, 식품, 영양, 생물학, 화학 등 다양한 분야의 독서활동

관련학과
- 식품공학과
- 식품영양학과
- 식품가공학과
- 식품생명공학과
- 식품생명과학과
- 식품과학과
- 식품의약학과
- 한방건강식품학과
- 응용생물화학과
- 바이오식품공학과
- 바이오식품소재학과
- 해양식품공학과
- 생활과학과
- 시스템생명공학과

관련직업
- 식품학연구원
- 식품가공검사원
- 전통식품제조원
- 영양사
- 김치제조종사원
- 곤충식품개발자
- 분자요리전문가
- 식품 위생 담당 공무원
- 바이오식품개발전문가
- 외식 및 식품마케터
- 외식브랜드매니저
- 푸드코디네이터

관련자격
- 식품기술사
- 식품기사
- 식품산업기사
- 수산제조기술사
- 수산물품질관리사
- 농산물품질관리사
- 품질관리기술사
- 품질경영기사
- 품질경영산업기사

적성과흥미
- 식품에 대한 관심
- 분석적 사고 능력
- 호기심
- 탐구 능력
- 응용력
- 수리 능력
- 꼼꼼함
- 치밀함
- 인내력과 끈기
- 강직함
- 정직성
- 기초과학에 대한 호기심

관련교과
- 수학
- 영어
- 과학
- 기술·가정

관련기관
- 식품의약품안전처
- 한국식품산업협회
- 한국식품연구원

요리사

요리사란?

요리사란 재료를 여러 방법으로 조리해서 다양한 맛을 내거나 새로운 음식을 만드는 전문가를 말한다. 주문서나 식단계획표에 따라 재료를 준비하고 물리적, 화학적 방법을 가하여 음식을 만든다. 또한 식료품의 상태를 수시로 검사하고 관리하며 식단과 주문량에 따라 재료를 세척하고 다듬는다. 각종 양념과 조미료 등을 준비하고 오븐, 솥, 전자레인지 등의 각종 요리 기구를 사용하여 적당한 조리법에 따라 요리한다. 요리사는 맛있는 음식을 만들기 위하여 조리된 음식의 맛과 영양상태 등을 점검한다.

요리사는 위생 상태를 점검한 후 남은 재료를 손질하여 보관하고 식기, 요리 기구 및 장내를 깨끗하게 정리한다. 때로는 주방장이 되어 다른 요리사의 요리와 식재료 가공을 지시, 감독하고 교육 및 훈련을 담당한다. 또 주방에 관한 전반적인 관리업무를 수행하기도 한다.

 요리사가 하는 일은?

요리사는 준비한 재료에 물리적, 화학적 방법을 가하여 다양한 맛을 내거나 새로운 음식을 만드는 전문가이다.

다양한 재료를 사용한 음식 연구

준비한 재료에 여러 가지 방법을 가해서 음식을 만들고 연구한다.

식료품 상태 검사 및 관리

주문서나 식단 계획표에 따라 재료를 준비하고, 식료품의 상태를 검사하고 관리한다.

음식의 맛과 영양상태 점검

각종 조리 기구를 사용하여 조리법에 따라 음식을 조리하며, 음식의 맛과 영양상태 등을 점검한다.

요리 기구 및 요리실 관리

남은 재료를 손질해서 보관하고 식기, 요리 기구, 요리실 안을 정리한다.

Tip 조리 도구 관련 용어에 대해 알아볼까요?

- 그릴(Grill) : 육류, 생선, 채소 등을 구울 때 사용하는 무쇠로 만든 석쇠
- 브로일러(Broiler) : 그릴과 달리 열원이 위쪽에 있는 석쇠
- 그리들(Griddle) : 재료를 볶을 때 사용하는 철판으로 만들어진 석쇠
- 슬라이서(Slicer) : 육류, 생선, 채소를 얇게 자르는 데 사용
- 미트 민서(Meat Mincer) : 고기 등의 식재료를 곱게 으깰 때 사용
- 그레이터(Grater) : 치즈나 야채를 갈 때 사용
- 래들(Ladle) : 국자를 의미하고 육수, 소스, 수프 등을 뜰 때 사용
- 그릴 텅(Grill Tong) : 뜨거운 음식을 잡을 때 사용하는 집게

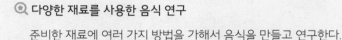 적성과 흥미는?

요리사는 새로운 음식 메뉴를 개발해야 하므로 예민한 미각을 지니고, 진취적이고 창의적인 사람에게 적합하다. 적절한 조리기구와 조리법을 사용하여 영양의 손실을 최소화하면서도 맛있는 음식을 만들고, 이를 먹음직스럽고 보기 좋게 담아내야 한다. 오랜 시간 동안 서서 일해야 하기 때문에 이를 견딜 수 있는 인내심과 끈기, 체력이 요구된다. 주방에서 여럿이 같이 조리하는 경우가 많아 협동심이 필요하고, 혁신적이고 예술적이며 리더십을 갖춘 성격의 사람에게 적합하다. 또한 정교한 동작, 물적 자원 관리, 신체적 강인성, 품질 관리·분석 등의 능력이 요구되며, 상품제조 및 공정, 인사, 고객서비스 등의 지식을 갖춘 사람에게 적합하다. 최근에는 음식의 맛만큼이나 보기에도 아름다운 음식을 만드는 것이 중요해져 예술형의 사람에게 적합하며, 새로운 음식을 개발하고 연구해야하므로 탐구형의 사람에게도 적합하다.

요리사가 되고 싶다면 다양한 음식을 맛보고 만드는 방법을 연구해보는 것이 도움이 된다. 학교에서 기술·가정 수업의 요리 실습 시간에 적극적으로 참여하고, 동아리활동이나 축제의 음식만들기활동을 직접 체험해보는 것도 추천한다. 요리 관련 도서나 영상을 통해 새로운 요리에 들어가는 재료나 도구, 과정 등을 찾아보며 아름답고 맛있는 요리를 만들기 위해 꾸준히 노력해야 한다.

💬 **관련 학과 및 자격증은?**

식품영양학과　식품조리학과　조리과
조리과학과　호텔조리학과　호텔관광경영학과

 조리기능장　🔧 조리산업기사　🔧 조리기능사

💬 **관련 교과는?**

수학　영어　사회　과학　기술·가정
미술

💬 **관련 직업은?**

단체급식조리사　식품공학기술자　영양사
음식메뉴개발자　조리사　주방장
푸드스타일리스트

Tip 곤충음식개발자에 대해 알아볼까요?

- 하는 일 : 곤충음식개발자는 곤충을 재료로 하여 사람이 먹을 수 있는 식품을 연구하고 만드는 방법을 개발한다. 사람들이 손쉽게 식용 곤충을 먹고 즐길 수 있도록 식용 곤충을 이용한 음식 메뉴를 만들고 요리한다. 사람이 먹을 수 있는 곤충에 관한 정보를 구하고 곤충의 특성에 관하여 연구한다.

- 활동 분야 : 곤충 음식을 만들어 판매하는 식용곤충조리사는 음식점에서 일하고, 식용 곤충을 활용한 새로운 요리법을 개발하는 일은 식품 제조공장, 기업의 연구소 등에서 이루어진다.

- 미래 전망 : 최근 식량 부족 문제와 지구온난화로 기존의 농업 지대가 파괴되고 있다. 미래학자들은 식용 곤충이 고단백의 식품 재료이며, 지구를 오염시키지 않는 친환경 식품이기 때문에 식용 곤충을 미래 인류를 구할 식량 자원으로 예상하고 있다. 다양한 조리법이 개발되고 식용 곤충에 호감을 느끼는 소비자가 늘어난다면 곤충음식개발자의 전망은 점점 더 좋아질 것으로 전망된다.

🌐 진출 방법은?

요리사가 되기 위해서는 사설 학원에서 강좌를 수강하거나 조리과학고등학교나 대학에 진학하여 호텔조리학과 등의 관련 학과를 졸업하는 것이 좋다. 졸업 후 자격시험에 응시하거나 2~3년의 수습기간이 필요하다. 최근에는 요리를 배우기 위해 프랑스와 일본 등으로 유학을 가거나 국내에 있는 프랑스 요리학교의 분점에 다니면서 준비하기도 한다.

⚙️ 미래 전망은?

요리사의 전망은 현재 상태를 유지할 것으로 예상된다. 경제 성장과 맞벌이 가구의 증가, 생활수준의 향상은 외식업계의 성장을 이끌고 있다. 특히 고령화 사회로의 진입과 1인 가구의 급속한 증가로 혼밥족이 늘어났고, 집밥을 대체하여 외식을 하는 사람이 늘어나면서 한식조리사의 일자리에도 긍정적인 영향을 미치고 있다. 정보통신기술의 발달로 식당에 방문하지 않고 스마트폰 배달앱으로 메뉴를 주문하여 식사를 하는 사람이 늘어나는 추세도 요리사에게 긍정적인 영향을 미친다. 1인 가구를 위한 맞춤형 음식을 연구하는 요리사와 배달하는 동안에도 음식의 맛이 유지될 수 있는 방법을 꾸준히 개발하는 요리사들의 대우는 점점 더 좋아질 것으로 전망된다. 대형 식품업체나 유통업체에서 가정에서 간단히 조리할 수 있는 간편식과 반조리식품을 출시하고 있지만, 맛있고 예쁜 요리를 꾸준히 개발하여 사람들을 만족시키는 요리사의 수요는 지속적으로 증가할 것이다.

CAREER MAP

- 수학
- 영어
- 사회
- 과학
- 미술
- 기술·가정

- 단체급식조리사
- 식품공학기술자
- 영양사
- 음식메뉴개발자
- 조리사
- 주방장
- 푸드스타일리스트

- 과학실험 능력 향상
- 요리 프로그램 참여
- 다양한 협업 프로그램 참여
- 요리, 생명, 환경 관련 동아리활동

관련 교과

관련 직업

준비 방법

관련 학과

요리사

- 식품영양학과
- 식품조리학과
- 조리과
- 조리과학과
- 호텔조리학과
- 호텔관광경영학과

적성과 흥미

관련 자격

관련 기관

- 문제해결 능력
- 논리적 사고 능력
- 유연한 사고
- 통합적 사고 능력
- 꼼꼼함과 세심함
- 의사결정 능력
- 대인관계 능력

- 식품의약품안전처
- 식품안전정보원
- 산업통상자원부
- 요리사 관련 협회

- 조리기능장
- 조리산업기사
- 조리기능사

원예기술자

원예기술자란?

원예(園藝, Horticulture)의 어원은 라틴어로, 그리스 도시의 성벽 안쪽을 뜻하는 'Hortus'와 재배를 뜻하는 'Cultura'에서 유래되어 이후에 'Horticulture'로 표현되었는데, 성벽 안쪽의 토지에서 작물을 모아서 한꺼번에 재배하는 것을 의미한다. 원예(園藝)라는 한자를 해석하면, 동산 원(園)은 뜰, 밭, 담, 울타리로 밭을 에워싼 과수원이나 채소원을 뜻하고, 심을 예(藝)는 '재주, 심다'라는 의미가 있어, 식물을 심기 위해서는 재능이 필요하다는 뜻이다. 이렇게 볼 때 전통적인 원예의 의미는 울타리를 친 밭에서 작물을 재배한다는 뜻이다.

원예는 농업의 일부분으로, 시설을 이용하여 행하는 채소, 과수, 화훼의 집약적인 생산 농업을 일컫는다. 또한 그 생산품을 가공하는 원예 가공이라든지, 화훼를 주재료로 하여 새로운 아름다움을 만들어내는 예술활동인 화훼 장식, 분재 등도 이에 포함된다. 원예는 전통적으로 채소 원예, 과수 원예, 화훼 원예로 분류하는데, 여기에 조경 및 도시 설계를 한 분과로 분류하기도 하고 최근에는 시설 원예, 생활 원예를 한 분과로 분류하기도 한다.

원예학은 원예에 관한 이론, 기술, 이용 범위 등을 연구하는 응용과학의 한 분야이다. 원예기술자는 식물이 포함된 공간을 식물체로 멋스럽고 조화롭게 설계·시공·제작하고, 수목 등의 식물의 생육을 정기적으로 관리하는 사람이다.

🔍 원예기술자가 하는 일은?

원예기술자는 가꾸거나 재배하고자 하는 식물이나 화훼를 정해진 공간에서 아름답고 조화롭게 설계·시공하고, 각종 수목이나 식물의 성장을 관리해 결실을 맺도록 하는 일을 담당한다. 여러 품종의 과수, 채소, 화훼 등이 잘 성장할 수 있도록 관리하는 것이 가장 큰 업무이다.

🔍 재배할 화훼 작물의 종류와 양을 결정한 다음, 필요한 종자와 비료, 장비 등을 준비한다.

🔍 토양에 화훼 종자를 심고, 꽃의 종류에 따라 이식, 솎아주기, 거름주기 등을 통해 성장을 관리한다.

🔍 꽃잎의 구조, 개화 정도, 토양 조건 등을 관찰하고, 잡초, 해충을 제거하기 위해 제초제, 살충제를 살포한다.

🔍 작물 특성에 따라 알맞은 기술을 사용하여 수확하고 선별하여 보관한다.

🔍 과수, 채소, 화훼 등 새로운 품종의 원예를 육성 재배하기 위해 품종 간 또는 개체 간 교잡, 교접 등의 시험 연구를 한다.

🔍 개량된 품종에 적합한 토양, 기온, 습도 등의 재배 조건을 조사한다.

🔍 개량된 품종을 생산하고 번식시키기 위해 농약을 살포하거나 비료를 뿌리는 등의 일을 수행한다.

Tip 원예치료사에 대해 알아볼까요?

원예치료사는 식물을 이용해 사회적·정서적·신체적 장애를 겪는 환자의 재활과 회복 치료를 담당하는 사람이다. 원예치료사는 원예학, 재활의학, 사회복지학, 간호학, 정신의학, 상담심리학 등 다양한 분야를 이해하고 적용할 수 있는 능력을 갖추어야 한다. 원예 치료의 역사는 비교적 짧은데, 원예 치료의 방법에는 식물 재배하기, 정원 가꾸기, 꽃을 활용한 작품 활동 등이 포함된다. 치료 대상자는 이를 통해 운동 능력이 향상되고, 자신감과 성취감을 높일 수 있다.

적성과 흥미는?

원예기술자는 작물과 원예 재배에 대해 흥미와 관심이 있어야 하며, 재배 방법에 대한 전문 지식과 기술이 요구된다. 반복적인 시도와 실험을 통해 원하는 작물을 재배하는 것이 중요한 업무이기 때문에 끈기와 인내심이 필요하다. 각종 실험을 진행하여 형질이 우수한 새로운 품종을 개발하기 위해 창의력이 요구된다.

원예기술자의 주된 업무는 육체노동이므로 신체적으로 건강해야 하며 꼼꼼함, 성취감, 도전정신을 가진 사람에게 유리하다. 평소에 생명 현상에 대한 경외심과 호기심, 문제의식을 지닌 사람이 적합하다. 과학적 사고력과 풍부한 창의력, 문제해결 능력을 갖추고, 눈에 보이는 현상을 정확하게 볼 수 있는 관찰력, 분석력을 갖추어야 한다. 최근에는 형질이 뛰어난 작물을 재배하기 위해 정보통신기술, 생명공학기술 등의 첨단 연구 방법을 활용하므로 컴퓨터 등 공학 및 과학적 지식이 요구된다.

원예기술자에 관심이 있다면 평소에 화훼를 키우고, 화훼 관련 시설을 방문하여 직접 체험하는 것도 도움이 된다. 원예와 관련된 분야의 독서활동을 통해 기초 지식을 쌓는 것도 추천한다.

관련 학과 및 자격증은?

식물자원학과　원예과　원예학과

특용식물학과　응용식물학과　웰빙자원학과

식물자원응용공학과　식물자원과학과

농업식물과학과　농업계고등학교 원예학과

전문대학 원예과

⚙ 시설원예기사　　　　⚙ 종자기사

⚙ 시설원예기술사　　　⚙ 종자산업기사

⚙ 식물보호기사　　　　⚙ 농산물품질관리사

⚙ 식물보호산업기사　　⚙ 유기농업기사

관련 교과는?

과학　기술·가정　미술

관련 직업은?

종자개발전문가　원예치료사　곡식작물재배자

과수작물재배자　원예기술자　원예종묘기사

채소 및 특용작물재배자　원예작물환경연구원

시설재배연구원　원예장비도매원

 진출 방법은?

원예기술자가 되기 위한 학력 조건은 없다. 일정 기간 원예 기술이 뛰어난 사람 밑에서 일하면서 경력을 쌓은 다음, 정식 원예기술자가 되는 것이 일반적이다. 직업전문학교에서 원예 관련 분야의 지식과 기술을 배우거나 실업계 고등학교의 원예과나 조경과 등에서 지식과 기술을 배운 다음, 원예 관련 자격을 취득하여 관련 업무를 하기도 한다.

원예기술자의 경우에는 일반적으로 현장 소장이나 작업반장, 현장 작업원의 추천으로 취업하는 경우가 대부분이다. 건설 회사의 조경부서나 정원수 및 온실 재배업체 등에서 근무한다. 경력이 어느 정도 쌓이면 작업반장이 될 수 있으며, 경력을 쌓거나 학위를 취득한 후 원예기사, 원예기술사 자격을 취득하면 공사를 관리할 수 있는 직급까지 승진할 수 있다. 실력이 쌓이면 원예 관련 업체를 창업할 수 있다.

⚙ **미래 전망은?**

농업은 인류 생존에 필수적인 식량을 공급하는 산업이다. 미래의 농업 분야는 지속적으로 증가하는 수요에 대응해 식량을 안정적으로 생산하고 공급하는 동시에 지구 생태계를 친환경적이고 쾌적한 상태로 만드는 데 초점이 맞추어질 것이다. 농업 생산은 토지를 확대하는 것뿐만 아니라 토지 이용률을 최적화시켜서 생산 효율을 높이는 것이 중요하다.

농업 생산성과 농가 소득을 증대시키기 위해 화훼 농가에 대한 지원이 확대되는 상황이라 원예기술자의 수요는 증가할 것으로 예상된다. 현대인들의 정신적 안정과 건강한 삶을 위해 화훼 산업이 발전하고, 다양한 원예 작물로 마음의 평온을 얻고자 하는 사람들의 수요가 늘어나고 있다는 것은 원예기술자의 전망을 밝히는 요소이다.

CAREER MAP

원예 기술자

관련 직업
- 종자개발전문가
- 원예치료사
- 곡식작물재배자
- 과수작물재배자
- 채소 및 특용작물재배자
- 원예작물환경연구원
- 원예종묘기사
- 시설재배연구원
- 원예장비도매원

관련 기관
- 농촌진흥청
- 국립식량과학원
- 농림수산식품부
- 한국식물원연구소

관련 학과
- 식물자원학과
- 원예과
- 원예학과
- 특용식물학과
- 응용식물학과
- 웰빙자원학과
- 식물자원응용공학과
- 식물자원과학과
- 농업식물과학과
- 농업계고등학교 원예학과
- 전문대학 원예과

관련 자격
- 시설원예기사
- 시설원예기술사
- 식물보호기사
- 식물보호산업기사
- 종자기사
- 종자산업기사
- 농산물품질관리사
- 유기농업기사

적성과 흥미
- 끈기
- 원예에 대한 지식과 기술
- 강인한 체력
- 창의력
- 꼼꼼함
- 도전정신
- 생명 현상에 대한 관심
- 과학적 사고력
- 문제해결 능력
- 컴퓨터 활용 능력

준비 방법
- 과학, 기술·가정 교과 역량 강화
- 원예학 관련 학과 탐방
- 원예기술자 직업 탐방 및 체험활동
- 원예학, 생물학, 자연과학 등 다양한 분야의 독서활동

관련 교과
- 과학
- 기술·가정
- 미술

자연계열
20

유전공학연구원

유전공학연구원이란?

유전공학연구원은 생명현상의 기본 물질인 유전자를 인위적으로 재조합하여 인류에게 유익한 의약물질, 기능성 물질, 공업원료물질 등을 값싸게 생산하는 공학자이다. 꾸준한 실험과 연구를 통해 이러한 물질에 필요한 새로운 형질의 생명체를 창출하여 실용화하는 방법을 찾고, 제품으로 생산할 수 있는 기술을 개발한다. 인간의 인체에서 일어나는 생명체활동을 연구해서 신체활동이 어떻게 작동되는지 조사한다. 또한 동물과 식물뿐만 아니라 미생물 등의 세포 내에서 수행되는 생명체활동의 기본 현상과 원리를 규명하여 생명공학 분야에 응용할 수 있도록 노력한다. 식물이나 동물의 유전방식을 연구하여 유전물질의 작동 방식을 연구한 후 유전자를 재조합하여 새로운 품종을 개발한다. 유전질환과 암, 노화, 치매, 에이즈 등 질병 유발에 관한 연구를 하고, 연구원이 수행하는 일반적인 업무를 수행한다.

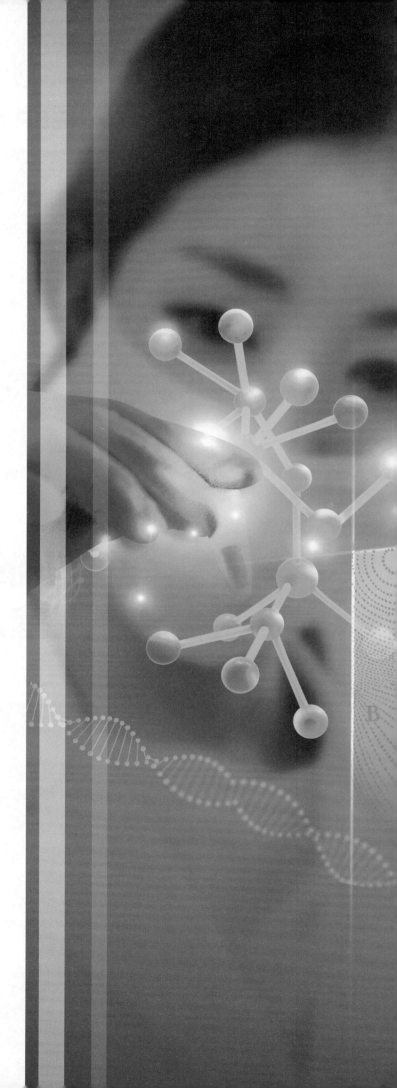

유전공학연구원이 하는 일은?

생물체의 유전자를 인위적으로 조작하여 학문적·산업적으로 유용한 새로운 형질을 창출하는 기술을 연구하고 개발한다.

유전자 재조합

유전자를 인위적으로 재조합하여 인류에게 유익한 의약물질, 기능성물질, 공업원료물질 등을 생산한다.

유전물질 실용화

새로운 형질의 생명체를 창출하고 유전물질을 실용화하는 방법 및 기술을 연구한다.

생명활동의 기본 현상 및 원리 규명

인체를 포함한 동물, 식물, 미생물 등의 세포 내에서 수행되는 생명체활동의 기본 현상과 원리를 규명한다.

유전질환 및 질병 연구

유전질환과 암, 노화, 치매, 에이즈 등 질병을 유발하는 물질에 대해서 연구한다.

Tip 유전공학 관련 용어에 대해 알아볼까요?

- 유전공학 : 생명공학의 일부로서 유전자 재조합 기술의 출현과 함께 탄생했고, 유전자를 직접 조작하여 경제성 있는 공학적 산물을 생산하는 것이 목적임
- 유전자 재조합 기술 : 한 생물의 유전자를 다른 생물에 집어넣어 새롭고 유익한 품종을 만드는 기술
- 유전자 재조합 식품 : 식량증산을 목적으로 콩·옥수수·목화·캐놀라 등에 관련 기술이 적용되고 있으며, 황금 쌀과 같은 기능성 작물 개발을 위해 노력하고 있음
- 형질전환동물 : 인간에게 필요한 기능을 갖출 수 있도록 인간의 유전자를 주입하여 변형한 동물로서 현재 이종 장기이식, 약물 생산, 실험용 동물 등에 시도되고 있음. 인간을 대상으로 한 연구로는 유전자치료, 맞춤아기, 줄기세포치료 등이 존재함

적성과 흥미는?

유전공학연구원은 호기심과 관찰력을 가지고 생명현상을 꾸준히 연구해야 한다. 또한 유전공학뿐만 아니라 의학, 약학 등의 분야에 대한 전문적이고 풍부한 지식을 가지고 있어야 한다. 이러한 첨단 분야를 연구하기 위해서는 전통 과학기술과 첨단기술을 연계하여 변화에 대응할 수 있는 창의적이고 개방적인 사고 능력이 요구된다. 한 생물의 유전자를 다른 생물에 집어넣어 새로운 품종을 만들기 위한 연구는 장시간에 걸쳐 진행되므로 체력과 끈기, 인내심이 필요하다. 또한 원하는 실험 결과를 얻지 못했을 때 원인을 분석하고 올바르게 실험을 설계할 수 있도록 문제해결을 위한 논리적 사고, 분석력, 정확한 판단력이 요구된다. 전자현미경과 같은 최첨단의 실험 도구나 여러 컴퓨터 프로그램들을 능숙하게 활용하고 운용할 수 있는 컴퓨터 활용 능력 등이 요구된다.

유전공학연구원이 되고 싶다면 어려서부터 주변의 생명 현상에 호기심을 가지고 과학 관련 도서를 읽으면서 유전공학과 관련된 지식을 습득하는 것이 중요하다. 학교에서 운영하는 실험활동이나 과학관에서 주관하는 생명과학 관련 실험에 참여하여 직접 체험해보는 것을 추천한다.

관련 학과 및 자격증은?

바이오생명공학과   생명공학과   유전생명공학과

화공생명공학부   화학생물공학부

관련 교과는?

수학   영어   과학   기술·가정   정보

관련 직업은?

분자유전학연구원   세포유전학연구원

유전자치료연구원   유전체학연구원

집단인류유전학연구원   형질전환생물모델연구원

Tip 유전공학 연구에 사용되는 현미경의 종류에 대해 알아볼까요?

- 위상차현미경(Phase Contrast Microscopy) : 표본의 구성 성분에 따른 굴절률의 차이를 명암의 차이로 변환하여 관찰할 수 있으며, 살아있는 상태나 혹은 염색을 하지 않은 상태에서 생체의 구조 또한 관찰할 수 있음
- 형광현미경(Fluorescence Microscopy) : 자외선을 광원으로 하여 염색한 부분의 형광이 보이도록 제작된 광학현미경으로서 살아있는 세포를 형광염료로 염색하여 세포의 활동에 따른 형광염료의 위치를 확인할 수 있음
- 투과전자현미경(Transmission Electron Microscope, TEM) : 광원으로 전자의 파장을 이용하므로 광학현미경과 비교했을 때 분해능의 소실 없이 400,000배 이상 확대할 수 있고, 최소 1,000배 이상 월등한 해상능을 지님
- 주사전자현미경(Scanning Electron Microscope, SEM) : 육안으로 보는 상과 거의 같은 방법으로 전자의 속선이 물체의 표면을 주사하여 뚜렷한 3차원 상을 만들어냄

진출 방법은?

유전공학연구원으로 진출하고자 한다면 4년제 대학교 이상에서 생명공학이나 유전공학을 전공하는 것이 유리하다. 대학교에서 자연계열이나 생명공학 관련 학과를 전공하고 대학교에서 자연계열이나 생명공학 관련 학과를 전공한 후 대학원에서 유전공학을 전공하여 유전공학연구원이 되는 경우도 있다.

미래 전망은?

유전공학연구원은 새로운 질병의 등장과 백신 및 치료제의 수요 증가로 전망이 밝은 편이다. 개인 고객의 유전자 검사 시장 규모가 해마다 증가하는 등 개인유전체 분석 시장도 열려서 유전자를 분석하는 직업의 수요가 증가할 것으로 기대된다. 기후변화 및 고령화 문제 등 인류 난제를 극복하기 위한 핵심기술로서 생명공학의 중요성이 강조되고 있으며 보건·의료, 생물정보, 환경·에너지 등 타 기술과의 융합과 응용 분야가 확대되는 추세이다.

우리나라도 미래 국가 경쟁력을 높이며 발전의 중심이 될 바이오 제약, 바이오에너지, 뇌 과학 등 첨단 생명공학기술 개발과 유전물질을 연구하는 바이오산업의 육성에 투자하고 있다. 현재 동식물의 유전방식에 대한 연구와 유전자 재조합을 통해 새로운 품종을 개발하고 있고, 유전질환과 암, 노화, 치매, 에이즈 등 질병 유발에 관한 연구가 활발히 이뤄지고 있어 앞으로 유전공학연구원의 수요가 꾸준히 증가할 것으로 전망된다.

CAREER MAP

- 수학
- 영어
- 과학
- 기술·가정
- 정보

- 수학, 과학 교과 학업 역량 강화
- 생명공학 및 환경캠프 참여
- 협업 및 리더십 프로그램 참여
- 생명, 수학, 발명, 환경 관련 동아리활동

- 분자유전학연구원
- 세포유전학연구원
- 유전자치료연구원
- 유전체학연구원
- 집단인류유전학연구원
- 형질전환생물모델연구원

관련 교과

관련 직업

준비 방법

유전공학 연구원

관련 학과

적성과 흥미

관련 기관

- 바이오생명공학과
- 생명공학과
- 유전생명공학과
- 화공생명공학부
- 화학생물공학부

- 수학, 과학 등 기초 과목에 대한 흥미
- 과학적 독창성
- 창의력
- 새로운 분야에 대한 호기심
- 문제해결 능력
- 의사소통 능력
- 책임의식
- 협업 능력

- 국가과학기술연구회
- 국가생명윤리정책원
- 보건복지부
- 농림축산식품부
- 한국생명공학연구원
- 한국기초과학지원연구원

21

조경원

조경원이란?

조경원은 나무, 잔디, 화초 등의 식물을 이용하여 공원이나 정원 등의 생활공간을 꾸미고 가꾸는 일을 하는 전문가이다. 정원에 나무를 심고 가꾸며 조경시공기술자의 지시에 따라 장비나 나무를 운반하고 구멍을 파는 등의 업무를 수행한다. 옮겨 심을 나무를 선정하고, 새끼를 사용하여 뿌리의 흙이 떨어지지 않도록 뿌리의 둘레를 원형으로 돌아가며 감은 후 나무를 심을 장소로 옮긴다. 구덩이를 파서 그 안에 나무를 집어넣고 흙을 덮은 후 나무가 쓰러지지 않도록 지주목을 세워 조경작업을 마무리한다.

조경원은 작업에 필요한 공구 및 자재를 준비하여 나무를 심고 식물의 종류에 따라 비료 및 영양제를 공급하고 병충해 방제를 한다. 정원에 꽃을 심어 배치하고 가꾸거나 개인주택을 방문하여 정원의 조경을 관리한다. 정원에 잔디를 심거나 조경석, 장식품 등의 부자재를 배치하면서 조경물을 관리한다.

🔍 조경원이 하는 일은?

조경원은 나무, 잔디, 화초 등의 식물을 이용하여 공원이나 정원 등의 생활공간을 꾸미고 가꾸는 일을 한다.

🔍 나무 옮겨 심기

옮겨 심을 나무를 선정한 후 괭이나 삽을 이용하여 근원 직경보다 크게 터파기 한 후, 분의 크기에 따라 뿌리를 가지치기하며 뿌리 돌림을 한다.

🔍 지주목 세우기

나무를 구덩이에 넣고 흙을 덮은 후 나무가 바람에 쓰러지지 않도록 지주목을 세운다.

🔍 조경작업 마무리

식재한 나무 주위에 잔디를 심거나 부자재를 설치하여 조경작업을 마무리한다.

🔍 개인주택 정원 관리

개인주택을 방문하여 정원에 꽃을 심어 배치하거나 정원의 조경을 관리한다.

Tip 조경학과에 대해 알아볼까요?

조경학과는 자연과학, 공학 등의 기초지식을 바탕으로 조경 관련 설계, 시공과 관련한 이론 탐구와 실습을 하고, 대학에 따라서 공학계열이나 농학계열로 분류된다. 최근에는 컴퓨터를 활용한 조경설계, 생태환경을 고려한 조경설계 및 시공에 대한 교과목도 개설되어 있고, 자체 수목원을 비롯한 실습장을 두어 실제 시공 능력을 키우는 대학도 있다.

- 기초과목 : 조경학원론, 조경사, 조경설계 및 실습, 조경시공 및 실습, 토양학, 지형학 등
- 심화과목 : 조경구조공학, 조경적산학, 조경소재론, 실내조경설계, 도시계획, 환경녹지설계, 관광 및 휴양지설계 등

🏠 적성과 흥미는?

조경원은 나무를 운반하고 새로운 땅에 심는 등 육체 노동을 수행하므로 신체적으로 건강해야 한다. 오랫동안 나무를 심고 가꾸며 키우는 일을 수행하므로 인내심과 끈기가 요구된다. 조경계획에 따라 나무와 꽃 등을 심고 아름답게 가꾸고 유지하기 위해서는 미적 감각과 손재주가 필요하다. 단순히 나무를 심는 것에서 그치지 않고, 주변 환경과 조화를 이루는 아름다운 나무를 가꾸는 조경원이 더 좋은 대우를 받을 수 있기 때문이다. 주변 환경과 조화를 이루도록 나무를 꾸며야 하므로 미적 감각을 소지한 예술형의 사람이나 공구나 기계를 활용해 조경을 관리하는 일에 흥미를 느끼는 현실형의 사람에게 적합하다.

조경원이 되고 싶다면 어려서부터 주변의 꽃과 나무, 정원, 식물원 등 자연에 호기심을 가지고, 과학 관련 도서를 읽으며 생명 및 환경 등과 관련된 지식을 습득하는 것이 중요하다. 학교나 가정에서 화분에 화초를 키워보거나 주변 기관에서 운영하는 나무 심기 체험에 신청하여 참여해보는 것도 좋은 방법이다. 고등학교의 생명과학 시간에 생명현상 전반에 대한 이해 및 탐구를 하면서 준비하는 것도 추천한다.

💬 **관련 학과 및 자격증은?**

도시계획·조경학부   산림조경학과   조경학과

식물자원조경학부   원예생명조경학과

조경·지역시스템공학부   환경조경디자인학과

⚙ 조경기능사 ⚙ 조경산업기사 ⚙ 조경기사

⚙ 조경기술사

💬 **관련 교과는?**

수학   영어   과학   기술·가정   환경

💬 **관련 직업은?**

곡식작물재배원   골프장잔디관리원   수목전지원

과수작물재배원   사업체조경관리원   수목관리원

원예작물재배원   채소작물재배원   잔디밭관리원

Tip 조경 관련 자격증에 대해 알아볼까요?

• 조경기능사 : 조경기능사 시험은 조경에 관련된 숙련기능과 기초이론지식을 다룬다. 조경기능사 자격을 취득한 후 동일 직무 분야에서 1년 이상 실무에 종사한 자는 조경산업기사시험, 3년 이상 종사한 자는 조경기사시험, 7년 이상 종사한 자는 조경기술사 시험에 응시할 수 있다.

• 조경산업기사 : 조경산업기사는 조경기능사보다 수준 높은 숙련기능과 기초이론지식을 다룬다. 조경산업기사의 자격을 취득한 후 동일 직무 분야에서 1년 이상 실무에 종사한 자는 조경기사 시험, 5년 이상 실무에 종사한 자는 조경기술사 시험에 응시할 수 있다.

• 조경기사 : 조경기사는 조경산업기사보다 수준 높은 숙련기능과 기초이론지식을 다룬다. 조경기사자격 취득 후 동일 직무 분야에서 4년 이상 실무에 종사한 경우 조경기술사 시험에 응시할 수 있다.

• 조경기술사 : 조경기술사 자격증은 조경 관련 자격 중에서 최상위 자격이고, 관련 분야에서 승진, 보직, 수당 등에서 우대받을 수 있다.

진출 방법은?

조경원이 되기 위해 요구되는 학력의 제한은 없으나, 농업 관련 고등학교, 전문대학, 대학교 등에서 조경 관련 학과를 졸업하는 것이 유리하다. 숙련공의 보조로 근무하며 경력을 쌓은 후 숙련된 조경원이 되는 것이 일반적이다. 조경원으로 근무하면서 조경기사 등의 자격을 취득하여 설계 및 시공 업무를 담당하기도 한다.

⚙ 미래 전망은?

지속적인 도시개발과 건물 신축 등으로 주변 환경에 대한 사람들의 관심이 높아지면서 생활환경을 개선하고 시각적 아름다움을 창조하는 조경원의 고용이 증가할 것으로 전망된다. 정부에서 건축 시 일정 비율 이상의 녹지를 확보하도록 노력하고 있고, 조경이 잘 갖추어진 집에 대한 니즈가 높아지면서 조경 분야에 대한 인력 수요가 증가하고 있다.

사람들이 즐기는 여가 생활이 늘어나면서 리조트, 공원, 자연휴양림 등 다양한 여가시설의 신축과 재개발에 따른 조경공사도 지속적으로 이루어질 것으로 예상된다. 노후된 집을 아파트나 빌딩 등으로 재건축할 때도 조경을 먼저 고려하는 추세이므로, 향후 조경 관련 인력에 대한 수요가 지속될 것으로 예측된다. 조경산업은 건설산업의 일부로 경기에 영향을 받는 부분도 있지만, 환경에 대한 사람들의 인식 수준이 높아짐에 따라 깨끗한 공기를 공급할 수 있는 녹지나 조경에 대한 요구는 지속될 것이다. 조경원은 나이 제한이 없고 신규 인력의 유입이 적어서 인력 부족 현상을 겪고 있기 때문에 취업 경쟁률이 낮은 편이다.

CAREER MAP

- 수학, 과학 교과 학업 역량 강화
- 농업 및 환경캠프 참여
- 협업 및 리더십 프로그램 참가
- 생명, 수학, 발명, 환경 관련 동아리활동

- 곡식작물재배원
- 골프장잔디관리원
- 과수작물재배원
- 사업체조경관리원
- 수목관리원
- 수목전지원
- 원예작물재배원
- 채소작물재배원
- 잔디밭관리원

- 수학
- 영어
- 과학
- 기술·가정
- 환경

준비 방법

관련 직업

조경원

관련 교과

관련 자격

- 조경기능사
- 조경산업기사
- 조경기사
- 조경기술사

적성과 흥미

관련 학과

- 수학, 과학 등 기초 과목에 대한 흥미
- 과학적 독창성
- 창의력
- 새로운 분야에 대한 호기심
- 문제해결 능력
- 의사소통 능력
- 책임의식
- 협업 능력

관련 기관

- 산림청
- 국립생태원
- 국립공원관리공단
- 국립산림과학원
- 국립자연휴양림
- 한국산림복지진흥원
- 환경부

- 도시계획·조경학부
- 산림조경학과
- 식물자원조경학부
- 원예생명조경학과
- 조경·지역시스템공학부
- 조경학과
- 환경조경디자인학과

조향사

조향사란?

조향사는 다양한 향료를 배합하여 새로운 향을 만들거나 향의 이미지를 구체화하여 필요한 상품에 적용하는 전문가이다. 대부분 대학에서 화학 관련 학과를 졸업한 후 화장품 회사나 조향 관련 연구실에서 실적을 쌓거나 외국에서 조향학을 공부한 경우가 많다.

다양한 향료를 배합하여 각 향료의 특성에 맞는 향수를 디자인하고 새로운 향을 개발하기 위한 실험을 한다. 향이 사용될 제품의 특성을 고려하여 콘셉트를 설정하고, 계량용기를 사용하여 중량을 측정한 후 향료를 배합한다. 또한 향을 부드럽게 하고자 알코올을 첨가하여 향을 조절한다. 배합된 향료의 향을 맡아보고 추가 향료를 조합하여 사람들이 선호할 수 있는 향을 개발하고, 제품이나 식품에 향을 첨가하는 일을 담당한다.

조향사가 하는 일은?

조향사는 여러 가지 향료를 섞어 새로운 향을 만들거나 제품에 향을 덧입히는 등의 일을 하는 전문가이다.

원료 선정

향이 사용될 제품의 특징을 고려하여 콘셉트를 정하고 원료를 선정한다.

향료 배합

계량 용기를 사용하여 중량을 측정한 후 향료를 배합하고, 향을 부드럽게 하기 위해 알코올을 첨가한다.

시향 후 추가 향료 배합 및 향 조절

블로터스트립(향을 맡는 종이)을 사용하여 향을 맡은 후 추가 향료를 배합하여 향을 조절한다.

제품 품평회 운영

품평회를 열어서 고객이 제품을 사용할 수 있는지 조사하고, 고객의 요청에 따라 새로운 향을 개발하거나 향을 첨가한다.

Tip 조향사와 유사한 직업에 대해 알아볼까요?

- 퍼퓸디자이너(Perfume Designer) : 향수를 전문적으로 디자인하는 직업
- 퍼퓨머(Perfumer) : 화장품이나 생활용품 등의 제품에 향을 입히는 직업
- 플래버리스트(Flavorist) : 과자나 음료 등 식품의 향을 개발하는 직업

적성과 흥미는?

조향사는 새로운 것에 대한 탐구정신과 호기심, 창의성, 관찰력을 가지고 있어야 한다. 대학교에서 화학 및 화학공학 관련 전공을 하며 물질에 대한 이해 및 전문 지식뿐만 아니라 수학이나 물리학적 지식을 쌓는 것이 필요하다. 무엇보다 다양한 향을 맡고 구별할 수 있는 능력이 있어야 한다. 이는 후각이 남달리 민감하고 뛰어나야 전문 조향사가 되기 유리함을 의미한다. 수많은 향료들이 가지고 있는 냄새의 미세한 차이점을 구별하고, 향료의 구성 성분까지도 알아낼 수 있어야 한다. 향에 대한 감각을 가지고 있어야 하며 새로운 향을 창조해낼 수 있는 독창성 및 창조성이 요구된다. 새로운 향을 개발하기 위해서는 지속적인 공부와 많은 노력이 필요하므로 인내심이 요구되며 체력적으로 건강해야 한다. 개발된 향을 제품화하기 위해서 품평회를 개최하기도 하므로 사람들 앞에서 대화할 수 있는 의사소통 능력과 발표력도 필요하다.

조향사가 되고 싶다면 어려서부터 주변의 자연 현상에 대해 호기심을 가지고 과학 관련 도서를 읽으면서 화학과 관련된 지식을 습득하는 것이 중요하다. 학교 및 과학관에서 주관하는 화학 관련 캠프에 참여하여 다양한 실험활동을 해보거나, 주변에서 쉽게 접할 수 있는 화장품이나 향수 등에 포함된 화학물질들을 조사해보는 것도 추천한다.

관련 학과 및 자격증은?

(응용화학과) (생화학과) (정밀화학과) (화학과)

(화학공학과) (화학생명공학과)

관련 교과는?

(수학) (영어) (사회) (과학) (기술·가정)

관련 직업은?

(석유화학공학기술자) (음식료품화학공학기술자)
(의약품화학공학기술자) (화장품화학공학기술자)
(화학공학시험원) (향수디자이너) (퍼퓸머)
(플래버리스트)

Tip 조향사들이 사용하는 용어에 대해 알아볼까요?

- 디퓨전(Diffusion) : 향이 공기에 노출되었을 때 퍼져나가는 방식
- 휘발성(Volatile) : 시트러스 노트처럼 금세 증발하는 향의 특성
- 알코올(Alcohol) : 일정한 검사를 거친 후 향수 응축액에 들어가는 물질
- 알데하이드(Aldehydes) : 향수의 기능을 향상시키고 발포성을 지닌 탄소 원자의 미립자
- 정류(Rectification) : 향수 정제법의 일종으로 분자 증류를 활용하여 테르펜을 제거하는 과정
- 증류(Distillation) : 증발 현상을 사용하여 식물을 스팀 처리했을 때, 가벼운 아로마 분자가 방출되면서 냄새 성분이 빠져나오는 과정
- 추출(Extraction) : 휘발성 용매를 사용한 식물 처리법으로, 향이 가득 밴 용매를 걸러내면 콘크리트라는 덩어리 형태의 혼합물이 남는 과정

 ### 진출 방법은?

조향사가 되기 위해서는 4년제 대학교 이상에서 화학과, 화학공학과 등 화학 관련 학과를 전공하는 것이 유리하다. 사설학원 및 민간 교육기관에서 조향사가 되기 위한 교육과 훈련을 받을 수 있다. 공개채용이나 특별채채용을 통해 향료회사에 입사하거나 화장품회사, 향수회사 등의 향료 관련 부서에 입사하여 조향교육을 받고 수습기간을 거친 후 일하는 경우도 있다.

 ### 미래 전망은?

행복하고자 하는 사람들의 욕구가 증가하면서 향기에 대한 관심도 높아졌으며, 조향사의 일자리도 다소 증가할 것으로 보인다. 향기 산업은 선진국형 사업으로 우리나라의 생활수준이 높아지고 생활양식이 변화하면서 향을 찾고 활용하는 인구도 증가하고 있다. 예를 들면 화장품, 식품, 방향제, 탈취제 등 향과 관련된 산업이 점차 확대되고 있으며, 기업에서도 향기를 통해 상품 구매를 촉진하여 제품의 판매량을 높이는 향기 마케팅을 활용하는 추세이다. 사람들의 욕구가 다양해지면서 보편적인 향수뿐만 아니라 개인의 취향과 특성에 맞는 향을 찾는 사람들이 늘고 있으며, 향수를 사용하는 대상도 성인에서 중고등학생으로 폭넓게 확대되고 있다. 향이 첨가된 천연비누, 향수, 캔들 등을 구입하거나 사설 기관에서 직접 배워서 제작하는 사람도 증가하고 있다. 인간의 생활수준이 향상될수록 행복에 대한 욕구는 증가할 것이므로 향기로 인간을 행복하게 할 수 있는 조향사의 수요는 증가할 것이다.

CAREER MAP

관련 교과
- 수학
- 영어
- 사회
- 과학
- 기술·가정

준비 방법
- 수학, 과학 교과 학업 역량 강화
- 화학 및 환경캠프 참여
- 협업 및 리더십 프로그램 참가
- 화학, 수학, 환경 관련 동아리활동

관련 직업
- 석유화학공학기술자
- 음식료품화학공학기술자
- 의약품화학공학기술자
- 화장품화학공학기술자
- 화학공학시험원
- 향수디자이너
- 퍼퓨머
- 플래버리스트

조향사

관련 학과
- 응용화학과
- 생화학과
- 정밀화학과
- 화학과
- 화학공학과
- 화학생명공학과

적성과 흥미
- 수학, 과학 등 기초 과목에 대한 흥미
- 과학적 독창성
- 창의력
- 새로운 분야에 대한 호기심
- 문제해결 능력
- 의사소통 능력
- 책임의식
- 협업 능력

관련 기관
- 환경부
- 화학물질안전원
- 한국화학연구원
- 한국기초과학지원연구원
- 한국화학물질관리협회
- 조향사 관련 협회

자연계열
23

지질학연구원

지질학연구원이란?

지질학연구원은 암석분포, 지질구조, 퇴적환경 및 층서 고생물 등에 대해 조사하고 연구하는 과학자이다. 지구 주위에서 일어나는 모든 사물들의 운동과 현상을 분석하고, 지하자원의 개발이나 국토개발의 기초가 될 수 있는 연구를 한다. 지각 내에 포함된 금, 은, 구리, 다이아몬드, 백금, 석유, 석탄, 천연가스 등 많은 지하자원의 분포를 예측하고 조사한다. 또한 지하자원의 물리적 특성과 화학적 특성을 조사하여 자원의 효율적 이용 방법에 관해 연구한다.

지질학연구원은 지각뿐만 아니라 대양의 밑바닥을 탐사하고 지질환경의 보존 및 지하공간의 효과적인 활용 방법을 개발한다. 화석이 된 식물 및 동물들을 연구하여 그들의 진화 순서와 연령을 알아내며, 지구의 역사를 이해하기 위해서 지질학 보고서와 연구 자료들을 해석하고 심화된 연구 또는 활동을 제안하는 전문가이다.

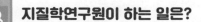 **지질학연구원이 하는 일은?**

지질학연구원은 광물학, 암석학, 자원지질학, 구조지질학, 지사학 등의 여러 분야에서 암석분포나 지질구조 등을 분석하고 지하자원 개발 등에 대한 연구를 한다.

광물학(Mineralogy) 분야

광물의 생성과 소멸과정을 분석하고, 화학조성에 따른 물리화학적 성질을 규명한 후 산업에 응용하는 방법을 연구한다.

암석학(Petrology) 분야

암석의 기원, 구조, 조직, 산출, 순환, 그리고 산업에 응용하는 방법을 연구한다.

광상·자원지질학(Economic Geology) 분야

지구를 구성하는 금속, 비금속, 건축자재, 골재, 화석 연료, 물 등에 관계된 각종 현상 및 작용 등에 대해서 연구한다.

구조지질학(Structural Geology) 분야

지구의 구조를 분석하며 물질의 변형으로 인한 구조의 변화를 관찰하고 변형의 원인에 대해서 연구한다.

층서·퇴적·화석·지사학(Stratigraphy, Sedimentology, Fossils and Historical Geology) 분야

지층의 생성원인, 분포, 퇴적물의 조성과 지층 내 화석을 살펴 과거 지구상의 생물들에 대한 지식을 축적하고 자연과학적 역사에 대해서 연구한다.

화산·제4기 지질학(Volcanology and Quaternary Geology) 분야

화산, 용암, 마그마 등에 대해서 조사하고, 가장 최근의 지질시대인 제4기의 지질 작용에 대해서 연구한다.

Tip 지질학 관련 용어에 대해 알아볼까요?

- 암석 : 광물의 집합으로 이루어진 지각을 구성하는 자연산 고체이고, 화성암, 퇴적암, 변성암 등으로 분류됨
- 광물 : 대부분 무기적인 과정에 의하여 생성된 것으로, 일정한 화학조성과 매우 규칙적인 원자배열을 가진 균질한 고체
- 광상 : 지각에서 경제적 가치가 있는 광물자원이 천연으로 농집되어 있어 채굴의 대상이 되는 곳
- 지사학 : 지각 형성 후 지구의 지질학적 역사와 발달의 법칙을 연구하고 규명하는 분야

 적성과 흥미는?

지질학연구원이 되기 위해서는 새로운 것에 대한 탐구정신과 호기심이 있어야 한다. 지구상에서 일어나는 현상을 지구시스템의 작용원리를 중심으로 연구해야 하므로 끈기 있는 노력이 필요하다. 다양한 연구 자료를 읽고 꾸준한 공부를 통해서 본인의 연구 능력을 향상시키고, 다른 연구원과 협업하여 토론하는 협동심이 필요하다. 지각 내에 포함된 금, 은, 구리 등 많은 지하자원의 특성과 차이점을 파악하기 위해서는 관찰력과 꼼꼼한 성격을 갖고 있어야 한다. 지표의 많은 정보를 담고 지질도를 제작하기 위해서는 야외 현장에서 오랜 시간을 보내야 하므로 체력이 필요하고, 오랜 시간 묵묵히 지질도 제작에 몰두하기 위해서는 자부심과 사명감이 있어야 한다.

지질학연구원이 되고 싶다면 어려서부터 주변의 암석이나 우리나라의 지형에 대해 호기심을 가지고 과학 관련 도서를 읽으면서 지질학과 관련된 지식을 습득하는 것이 중요하다. 지질박물관에 방문하여 국내 주요 산출 암석과 국내외 광물 표본 및 얇은 조각을 현미경으로 관찰하는 것을 추천한다. 최근에 발간한 한국지질도를 활용하여 우리나라의 국토를 이해하는 것도 도움이 된다.

관련 학과 및 자격증은?

대기과학과　물리학과　수학과　통계학과
화학과　지구정보공학과　지리학과
지질학과　천문학과

⚙ 응용지질기사　⚙ 지질 및 지반기술사

관련 교과는?

수학　영어　과학　기술·가정　정보

관련 직업은?

물리학연구원　생물학연구원　자연과학시험원
수학·통계학연구원　천문·기상학연구원
화학연구원

Tip 지질도의 특징에 대해 알아볼까요?

- 지질도 : 지각을 구성하는 각 지층을 종류·연대·암상 등에 따라 구분하여 그 분포상태와 정합·부정합 등의 상호관계, 습곡·단층 등의 지질구조 등을 표시한 지도이며 지질주상도와 지질단면도가 붙어 있음
- 지질주상도 : 어떤 지역의 지층의 층서·두께·암상·함유 화석 등을 주상으로 표시한 것
- 지질단면도 : 지표지질의 조사자료에 따라 지하의 암석분포, 각종 암석의 상호관계, 지질구조 등을 표시한 단면도

 진출 방법은?

지질학연구원이 되기 위해서는 대학교를 졸업하고, 대학원에 진학하여 지질학 관련 분야의 석사 또는 박사 학위를 취득하는 것이 유리하다. 관련 분야의 경험을 갖기 위해서 석사 과정 중에 학내외에서 수행하는 다양한 연구 프로젝트에 참여하는 것을 추천한다. 일부 연구기관에서는 박사학위 취득 후의 연구경력을 요구하기도 한다.

 미래 전망은?

지질학연구원의 고용은 현상태를 유지할 전망이다. 지질학연구원은 공개채용이나 특별채용을 통해 광업진흥공사, 지질자원연구원, 한국해양연구소, 한국석유개발공사 등 공공기관의 연구소, 토목 및 건설회사와 지질용역회사 등에 취업하여 근무한다. 지질학연구원을 채용하는 공공기관에서 많은 사람들을 일시에 선발하지 않고, 토목이나 건축회사에서도 건설 경기를 살피며 지질학연구원을 선발하므로 수요가 많지는 않다.

연구원이 되기 위해서는 관련 분야의 연구경험이 중요하며, 석사과정 중에 학내외에서 수행하는 다양한 연구 프로젝트에 참여해서 본인의 전문 분야를 만들어야 한다. 일부 연구기관에서는 박사학위 취득 후의 연구경력을 요구하기도 하므로 꾸준히 공부하고 연구하는 자세가 중요하다. 정부에서 지질도 제작 등과 같은 대형 프로젝트가 있으면 지질학연구원의 수요가 증가하므로, 평소에 본인의 전문 분야를 발전시키기 위해 노력한다면 전문가로 인정받을 수 있는 직업이다.

CAREER MAP

지질학 연구원

관련교과
- 수학
- 영어
- 과학
- 기술·가정
- 정보

관련직업
- 물리학연구원
- 생물학연구원
- 수학·통계학연구원
- 자연과학시험원
- 천문·기상학연구원
- 화학연구원

준비방법
- 수학, 과학 교과 학업 역량 강화
- 지구과학 및 환경캠프 참여
- 협업 및 리더십 프로그램 참가
- 생명, 수학, 발명, 환경 관련 동아리활동

관련학과
- 대기과학과
- 물리학과
- 수학과
- 지구정보공학과
- 지리학과
- 지질학과
- 천문학과
- 통계학과
- 화학과

적성과흥미
- 수학, 과학 등 기초 과목에 대한 흥미
- 과학적 독창성
- 창의력
- 새로운 분야에 대한 호기심
- 문제해결 능력
- 의사소통 능력
- 책임의식
- 협업 능력

관련기관
- 기상청
- 극지연구소
- 한국지질자원연구원
- 한국기초과학지원연구원
- 한국광해광업공단
- 한국해양과학기술원
- 한국건설기술연구원
- 대한지질학회

관련자격
- 응용지질기사
- 지질 및 지반기술사

자연계열
24

천문학자

천문학자란?

　천문학자는 항성, 행성, 은하 등의 천체와 여러 천문 현상 등을 조사하고 분석하는 과학자이다. 우주를 구성하는 천체를 관측하고 물리학적 지식을 사용하여 천체 현상을 해석하며, 나아가 우주를 구성하고 있는 천체들이 생성하고 소멸하는 원리를 밝히는 연구를 한다. 천문학은 우주에서 일어나는 현상을 분류하거나 서술하는 일을 주로 해온 반면, 천체물리학은 물리법칙을 이용해 이러한 현상들을 설명하고 이해하는 일에 중점을 두었다. 하지만 오늘날은 천문학자와 천체물리학자를 비슷한 의미로 사용한다.

　천문학자는 우주나 빅뱅이 무엇인지, 빅뱅 직후에는 무슨 일이 일어났는지, 태양계의 생성 원리와 우주의 끝에 대해서 연구한다. 또한 암흑물질과 암흑에너지, 블랙홀 등에 대해서 연구하고, 화성 등의 우주탐사와 우주개발 산업에 대해 연구를 한다.

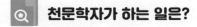 천문학자가 하는 일은?

천문학자는 관측 장비를 사용하여 천체를 관찰하고 물리학적 지식을 적용하여 천체 현상을 해석하며, 천체들이 생성하고 소멸하는 원리를 밝히는 연구를 한다.

🔍 천체 관측 기구 사용

카메라, 분광계, 복사계, 광도계, 마이크로미터 등이 갖추어진 광학망원경, 전파망원경 또는 기타 기구를 사용하여 천체의 현상을 연구한다.

🔍 천체의 물리적 특성 연구

항성, 행성, 혹성, 성운 및 은하계의 크기, 형태, 광도, 성분, 구조, 온도, 운동 등과 같은 특성을 측정한다.

🔍 천체 관측 장비 연구

천문대에서 천체 관측시설의 운영을 관리하며, 천체 관측과 관련된 시스템 및 관련 장비 등을 연구·설계한다.

🔍 우주개발 산업 연구

우주의 탄생과 진화, 외계행성의 탐색, 우주 전파수신 등과 같은 우주개발 산업에 대한 연구를 한다.

Tip 천문학 관련 용어에 대해 알아볼까요?

- 항성 : 태양과 같이 핵융합 반응을 통해서 스스로 빛을 내는 고온의 천체
- 행성 : 지구와 같이 태양 주위를 공전하며 스스로 빛을 내지 않는 천체
- 분광계 : 빛을 파장에 따라 나눈 스펙트럼을 눈으로 관측할 수 있는 장치
- 광학망원경 : 굴절망원경이나 반사망원경처럼 빛을 이용하여 멀리 있는 물체를 확대해 보는 장치
- 전파망원경 : 우주공간에 있는 천체로부터 복사되는 전파를 수신하는 망원경

적성과 흥미는?

천문학자는 새로운 것에 대한 탐구정신과 호기심, 창의성, 관찰력을 가지고 있어야 한다. 대학교에서 천문학이나 물리학을 전공하여 천문학에 대한 전문 지식을 쌓거나 수학 또는 물리학적 지식을 보유하면 좋다. 우주 공간에 있는 별자리의 위치나 인공위성의 위치를 파악하기 위한 공간 지각 능력을 갖추고 있어야 한다. 인공위성 관련 업무를 할 때는 인공위성 레이저추적 관측 자료를 이용한 고정밀 자료처리 등을 이해할 수 있어야 하고, 인공위성의 위치를 센티미터 단위로 세밀하게 측정하여 현재 인공위성이 어디에 있는지 파악할 수 있어야 한다. 광학망원경, 전파망원경이나 분광기 등을 사용할 수 있어야 하고, 컴퓨터를 통해서 수집된 자료를 분석할 수 있어야 한다. 문제해결을 위한 논리적 사고 및 분석력과 장시간 동안 별자리의 움직임을 관찰할 수 있는 체력과 끈기가 필요하다. 천문학자는 필요할 때마다 연구회, 세미나 등에 수시로 참석하거나 세미나를 주관하므로 원활한 의사소통 능력이 요구된다.

천문학자가 되고 싶다면 어려서부터 주변의 자연 현상에 대해 호기심을 가지고 과학 관련 도서를 읽으면서 천문학과 관련된 지식을 습득하는 것이 중요하다. 천문대에서 진행하는 별이나 행성을 관측하는 프로그램에 참여하여 직접 체험해보거나 과학관에서 주관하는 다양한 프로그램에 참여하는 것도 추천한다.

관련 학과 및 자격증은?

대기과학과　물리천문학과　물리학과
우주과학과　지구시스템과학과　지질환경과학과
천문우주과학과　천문우주학과　항공우주공학과

관련 교과는?

수학　영어　과학　기술·가정　정보

관련 직업은?

광학천문연구원　기후변화전문가　물리학자
우주과학연구원　응용천문연구원　전파천문연구원
지질학연구원　화학연구원

Tip 국립과천과학관 천문대의 특징에 대해 알아볼까요?

- 천문대의 1m 반사망원경 : 반사망원경은 사람의 눈보다 2만 배 밝게 볼 수 있으며 일반인이 경험할 수 있는 망원경 중 가장 크다. 아주 어두운 성단이나 성운을 관측할 수 있고, 밝은 낮에도 별을 볼 수 있다.
- 천문대의 보조관측실 : 다양한 굴절 및 반사망원경 5대가 고정되어 있고, 주간에는 태양의 흑점, 홍염, 스펙트럼을 야간에는 달, 행성, 별들을 관측할 수 있다.
- 전파로 본 우주 : 국내 과학관 중 유일하게 있는 전파망원경을 통해 우리은하 중성수소를 관측할 수 있고, 중성수소 관측과 해설을 하루에 한 번씩 진행한다.

 진출 방법은?

천문학자로 진출하고자 한다면 4년제 대학교 이상에서 천문학이나 물리학 등을 전공하는 것이 유리하며, 대학교에서 물리학을 전공하고 대학원에 진학하여 천문학을 전공하는 방법도 추천한다. 대학에서 자연계열이나 공학계열 관련 학과를 전공하고 대학원에서 천문학을 전공해서 천문학자가 되는 경우도 있다.

 미래 전망은?

천문학자는 다양한 분야에 걸쳐 많은 연구를 진행하고 있으므로 전망이 밝다. 하지만 천문학 주제별로 선호 분야에 따라 인력이 몰리는 경향이 있다. 대형 망원경과 VLBI 전파간섭계와 관련된 기기 개발 및 연구의 수요는 꽤 있다고 알려져 있다.

한국천문연구원은 2012년 우리나라의 KVN을 비롯해 일본, 중국 등 동아시아 지역의 여러 전파망원경을 연결한 '동아시아 VLBI 연구센터'를 열었고, 2013년에는 동아시아 VLBI 관측망 EVAN을 준비하였으며, 2019년에는 한·중·일 3개국 전파망원경 10기를 이용해 EVAN 관측 운영을 시작하면서 동아시아 VLBI 관측망의 핵심 역할을 수행하고 있다. 천문학에 대한 탄탄한 배경지식과 아이디어 없이 관측기기를 만드는 것은 불가능하고, 다양한 분야에 관심을 가지고 경험을 축적해간다면 새로운 연구 분야를 개척할 수도 있다.

CAREER MAP

- 수학
- 영어
- 과학
- 기술·가정
- 정보

- 광학천문연구원
- 기후변화전문가
- 물리학자
- 우주과학연구원
- 응용천문연구원
- 전파천문연구원
- 지질학연구원
- 화학연구원

- 수학, 과학 교과 학업 역량 강화
- 물리 및 천문캠프 참여
- 협업 및 리더십 프로그램 참여
- 물리, 천문, 수학 관련 동아리활동

관련 교과

관련 직업

관련 학과

준비 방법

천문학자

- 대기과학과
- 물리천문학과
- 물리학과
- 우주과학과
- 지구시스템과학과
- 지질환경과학과
- 천문우주과학과
- 천문우주학과
- 항공우주공학과

적성과 흥미

관련 기관

- 수학, 과학 등 기초 과목에 대한 흥미
- 과학적 독창성
- 창의력
- 새로운 분야에 대한 호기심
- 문제해결 능력
- 의사소통 능력
- 책임의식
- 협업 능력

- 과학기술정보통신부
- 국립과천과학관
- 한국천문연구원
- 한국기초과학지원연구원
- 한국과학창의재단
- 한국천문학회

자연계열

컬러리스트

컬러리스트란?

컬러리스트는 색채 전문가로서 컬러코디네이터라고도 부르며, 색채와 관련된 자료를 수집하고 분석하여 물건과 환경의 여러 가지 용도와 목적에 맞는 색채를 기획하고 적용하는 전문가이다. 영상, 미용, 디자인, 패션, 출판 분야 등과 같이 상품의 색상을 중요하게 생각하고, 이미지를 컬러로 작업하는 회사에서 일한다.

컬러리스트는 제품마다 디자인과 소재를 정하면 최신 경향이나 유행하는 색상 등을 분석한 후 활용성이 높은 색채의 비율을 제안하여 적용한다. 적절한 색이 없으면 분석한 자료를 토대로 색을 섞어서 새로운 색을 만든다.

최근에는 채색 관련 작업이 디지털화되면서 전문 소프트웨어를 이용해 색 지정 샘플을 제작하기도 한다. 컬러리스트는 상품의 매출을 높일 수 있는 색상을 결정한 후 색채 규정을 검토하고, 완제품이 나오면 색상에 대한 검품을 하는 전문가이다.

 **컬러리스트가 하는 일은?**

컬러리스트는 색채와 관련된 자료를 수집·분석하여 물건과 환경의 여러 가지 용도와 목적에 맞는 색채를 기획하고 적용하는 전문가이다.

🔍 **새로운 컬러 개발 및 관리**

새로운 색채를 만들기 위해서 색을 배합한 후, 이를 측정하고 관리하며 완성된 색상을 검토한다.

🔍 **색채 기획 및 적용**

색채와 관련된 자료를 수집하고 분석하여 물건과 환경의 여러 가지 용도와 목적에 맞는 색채를 기획하고 적용한다.

🔍 **유행하는 색의 경향 파악**

색상에 관한 각종 정보를 수집하고 분석한 후 소비자 선호 조사 등을 통해 유행하는 색의 경향을 파악한다.

🔍 **상품에 적합한 컬러 결정**

색채 규정을 검토한 후 적용하여 상품에 적합한 색상을 기획하고, 전체적인 컬러의 방향을 설정하여 상품의 배색과 프린트 및 패턴 채색을 결정한다.

🔍 **브랜드에 적합한 컬러 결정**

브랜드 이미지에 적합한 컬러를 분석한 후, 제품의 소재나 판매 경향에 맞추어 색상을 선정한다.

Tip 디지털컬러리스트에 대해 알아볼까요?

디지털컬러리스트(Digital Colorist)는 영화 제작이 디지털 시대로 넘어가면서 나타난 직업이다. 컴퓨터 소프트웨어를 활용하여 영화 장면에 최적화된 분위기를 살림으로써 관객에게 스토리의 전달력을 높이는 역할을 한다. 영화의 방향성과 스토리의 전달력을 높이기 위해서는 예술적 재능과 컴퓨터 활용 능력을 균형 있게 가지고 있어야 한다.

적성과 흥미는?

컬러리스트는 다양한 제품을 표현하는 색의 의미를 해석할 수 있는 미적 감각과 창의성이 요구된다. 대학교에서 미술이나 디자인 관련 학과를 전공하여 작품이나 제품을 표현하는 컬러를 이해하는 능력을 키우면 좋다. 또한 제품에 맞는 컬러를 예측하고 정보를 수집하여 브랜드에 맞게 색채를 조정할 수 있는 능력이 있어야 한다. 이러한 능력을 키우기 위해서는 빛이나 색에 대한 이해와 차이점을 분석하고 색채 조절 방법을 익혀야 하며, 색으로 느낄 수 있는 감각 등을 키워야 한다.

성격이 꼼꼼하고 섬세한 사람에게 유리하고, 여러 사람과 협업해서 일을 하기 때문에 팀원이나 디자인 의뢰인들과 원활한 인간관계를 형성할 수 있어야 한다. 미적 감각과 분석 능력이 필요하므로 흥미 유형이 예술형과 탐구형인 사람에게 적합하다. 리더십을 가지고 있거나 적응하기 쉬운 성격을 가지고 있다면, 제품의 컬러를 결정하거나 브랜드에 맞는 색을 연구하여 업무를 추진하는 데 유리하다.

컬러리스트가 되고 싶다면 어려서부터 주변에서 볼 수 있는 제품이나 미술 작품을 어떤 색으로 표현했는지 호기심을 가지고 관찰하는 것이 중요하다. 학교나 외부에서 주관하는 미술 관련 대회가 있다면 지속적으로 참여하여 미적 감각을 향상시키고, 과학이나 미술 과목에서 색에 관련된 이론을 꾸준히 공부하는 것을 추천한다.

관련 학과 및 자격증은?

미술학과   산업디자인과   시각디자인과

뷰티아트과   의류·의상학과   패션디자인학과

회화과

🔩 컬러리스트산업기사   🔩 컬러리스트기사

관련 교과는?

영어   과학   미술   기술·가정   정보

관련 직업은?

간판디자이너   광고디자이너   벽지디자이너

북디자이너   선물포장디자이너   일러스트레이터

자막디자이너   캐릭터디자이너   캘리그라퍼

편집디자이너   포장디자이너   폰트디자이너

피오피디자이너

 진출 방법은?

컬러리스트가 되기 위해서는 전문대학이나 4년제 대학에서 시각디자인과, 산업디자인과 등을 전공하면 유리하다. 사설학원이나 직업전문학교에서 컬러리스트가 되기 위한 교육을 받을 수 있고, 디자인뿐만 아니라 소재의 형태, 느낌 등을 고려하여 색상을 선택한 후 제품에 적용시키는 훈련을 많이 하면서 준비하는 것을 추천한다.

 미래 전망은?

컬러리스트의 고용은 현상태를 유지할 전망이다. 소비자의 수준이 높아지고 취향이 다양해지면서 소비자의 요구를 만족하고 구매심리를 자극할 수 있는 상품을 개발하는 것이 더욱 중요해졌다. 기업체는 제품의 판매량 증가를 위해 제품 컬러의 중요성과 컬러리스트와 같은 전문가의 필요성을 깨닫게 되었다. 이러한 이유로 패션, 제품, 미용, 건축, 실내디자인, 원예 등 다양한 분야에서 색채가 고부가가치를 낳는 데 큰 영향을 미친다는 인식이 확산되고 있다.

기업은 색채디자인 업무만을 담당하기 위해서 채용하기보다는 패션디자이너, 제품디자이너, 이미지컨설턴트, 메이크업아티스트 등을 병행할 수 있는 사람을 요구하고 있다. 다른 분야의 실력도 함께 갖추고 있다면, 본인이 노력하는 정도에 따라서 전문가로 인정받을 수 있을 것이다.

Tip 컬러리스트에게 필요한 능력에 대해 알아볼까요?

· 폭넓은 지식 : 색을 활용하는 직업이므로 미술 계통의 전공이 유리하지만, 경영, 심리, 건축 등 다른 분야의 전공자가 컬러를 공부한다면 본인의 분야에 적용시켜 폭넓게 활용할 수 있다.

· 분석 능력과 창의력 : 미적 감각과 센스가 필요하며, 수십만 개의 컬러를 분석하고 활용해야 하는 만큼 미세한 색의 차이를 구분할 수 있는 분석 능력과 풍부한 창의력이 요구된다.

· 관찰력과 통찰력 : 유행하는 컬러와 트렌드를 제시해야 하기 때문에 정치, 경제, 사회, 문화 등 전반의 시대 흐름을 분석하고 읽어낼 수 있는 관찰력과 통찰력이 필요하다. 소비자의 감성과 시대 흐름을 빠르게 파악하여 실용화하는 능력이 중요하다.

CAREER MAP

관련 교과
- 영어
- 과학
- 미술
- 기술·가정
- 정보

관련 직업
- 간판디자이너
- 광고디자이너
- 벽지디자이너
- 북디자이너
- 선물포장디자이너
- 일러스트레이터
- 자막디자이너
- 캐릭터디자이너
- 캘리그라퍼
- 편집디자이너
- 포장디자이너
- 폰트디자이너
- 피오피디자이너

준비 방법
- 미술 교과 학업 역량 강화
- 예술 관련 캠프 참여
- 협업 및 리더십 프로그램 참여
- 디자인, 회화 관련 동아리활동

컬러리스트

관련 학과
- 미술학과
- 산업디자인과
- 시각디자인과
- 뷰티아트과
- 의류·의상학과
- 패션디자인학과
- 회화과

적성과 흥미
- 미술 등 예술 과목에 대한 흥미
- 과학적 독창성
- 창의력
- 새로운 분야에 대한 호기심
- 문제해결 능력
- 의사소통 능력
- 책임의식
- 협업 능력

관련 기관
- 국립현대미술관
- 한국디자인진흥원
- 산업통상자원부
- 컬러리스트 관련 협회

관련 자격
- 컬러리스트산업기사
- 컬러리스트기사

패션디자이너

패션디자이너란?

지구상에서 옷을 입는 생명체는 인간뿐이다. 옷은 더위와 추위, 열악한 환경으로부터 신체를 보호하는 수단이며, 동시에 자신을 꾸미고 돋보이게 하는 장식품이기도 하다. 인류는 '패션'이라는 독특한 문화를 만들고 가꾸어 왔는데, 시대적·지리적 환경과 관습에 따라 끊임없이 변화하고 발전해 온 패션의 역사는 인류의 문화사를 보여주는 소중한 자산이다. 패션은 그 시대의 문화를 읽을 수 있는 표본인데, 최근에는 개인의 개성과 독특함을 추구하는 것이 트렌드가 되었다.

패션디자인은 옷과 장신구에 관한 디자인 및 아름다움에 대한 학문 분야이다. 패션디자인은 사회의 관습이나 도덕과 관련해 입는 사람이나 보는 사람에게 안정된 느낌을 주고 입는 사람의 실용적·사회적·심미적·도덕적인 면을 표현하는 수단이라고 할 수 있다. 패션의 기능은 인간이 생활하는 데 필요한 기본적인 욕구나 생리적 욕구를 만족시키고, 편안하게 활동할 수 있도록 하며, 패션을 통해 미적 욕구를 충족시키고 사람들에게 즐거움을 준다.

패션디자이너는 직물, 가죽, 비닐 등 다양한 소재를 활용하여 우리가 입을 수 있는 옷을 디자인하는 사람이다. 의류 디자인은 크게 양장과 한복으로 분류하고, 성별과 나이에 따라 남성복, 여성복, 캐주얼, 아동복으로 분류하며, 옷의 용도에 따라 유니폼, 운동복, 평상복, 정장 등으로 분류한다.

패션디자이너가 하는 일은?

현대인들은 자신의 개성을 표현하는 것을 중요하게 생각해 옷, 액세서리, 헤어스타일 등을 적극 활용한다. 이런 소비자들의 패션 욕구를 충족시키기 위해 패션디자이너는 여러 가지 소재를 활용해 남성복, 여성복, 아동복, 란제리, 신발, 액세서리 등을 디자인한다.

- 해외 패션 동향을 분석하여 트렌드, 소재, 색의 조화 등에 관한 정보를 얻고, 새로운 의상을 기획하고 디자인한다.
- 기획 단계의 자료를 기초로 디자인하고, 샘플 제작서를 작성하며, 소비자의 성별과 연령에 맞는 디자인을 창조한다.
- 디자이너가 그린 일러스트를 옷을 만드는 작업장으로 보내 견본 의상을 제작한다.
- 피팅 모델이 견본 의상을 입고 착용감 등을 파악한 후 디자인의 수정·보완을 거쳐 실제 제작에 들어간다.
- 디스플레이나 코디를 조언하는 등 매장을 관리한다.
- 상품 전시회나 패션쇼에 의상을 출품하거나 행사를 개최하기도 한다.

> **Tip 패션머천다이저에 대해 알아볼까요?**
>
> 패션머천다이저(Fashion Merchandiser)는 흔히 패션 MD라고 하며, 패션 동향을 조사하여 패션 상품을 개발, 유통, 영업하거나 구매 과정에 관여한다. 패션 관련 기업에서 중요한 역할을 담당하며, 최근 패션 산업의 화려함으로 인기가 높다. 패션머천다이저는 관여하는 영역이 넓다보니 업무가 복잡하고, 업무량이 상당히 많은 편이다. 미적 감각이 있어야 하고, 의사소통 능력이 뛰어나야 하며, 섬유 소재에 대한 지식, 포토샵, 일러스트, 엑셀, 파워포인트 등의 컴퓨터 프로그램을 다루는 능력을 갖추어야 한다.

적성과 흥미는?

패션디자이너는 항상 새로운 옷을 만들고, 그 옷을 소비자에게 판매해야 하기 때문에 열정이 있어야 한다. 패션디자이너는 그림 실력뿐만 아니라 바느질, 디자인 실력도 뛰어나야 하며, 패션업계에 대한 지식도 있어야 하고, 끈기와 인내심도 갖추어야 한다. 또한 안정적인 패션 포트폴리오를 만들어 두고, 전체적인 사업 내용과 재무에 대한 지식도 갖추어야 한다.

창의성과 색채 감각, 조형미, 미적 감각, 유행 감각 등이 있어야 하고, 의복에 대한 기초 지식뿐만 아니라 사회, 심리, 인문, 철학 등 다양한 분야에 대한 지식이 필요하다. 옷을 디자인하고 만드는 과정에서 여러 전문가들과 함께 작업하는 경우가 많기 때문에 협업 능력과 대인관계 능력, 의사소통 능력을 갖추는 것도 중요하다. 옷감이나 부재료, 악세서리 등을 다루기 때문에 손재주가 있어야 하고, 초과 근무나 외근을 해야 하는 경우가 많기 때문에 강한 체력이 요구된다. 흥미 유형이 예술형과 탐구형인 사람에게 적합하다. 최근에는 대부분 컴퓨터를 활용해 디자인하기 때문에 컴퓨터 활용 능력을 갖추는 것도 중요하다.

패션디자이너에 관심이 있다면 평소 패션쇼 참관, 패션 잡지 구독 등으로 패션 감각과 안목을 키울 것을 권장한다. 패션디자이너들의 작업실을 방문해 직업에 대한 이해를 높이거나 전공 학과와 관련된 체험활동도 추천한다.

💬 관련 학과 및 자격증은?

(의류학과) (의상학과) (의류직물학과)

(의상디자인학과) (패션디자인학과) (생활과학과)

(패션의류학과) (의류패션학과) (섬유디자인과)

(시각디자인학과) (코디네이션과) (패션산업학과)

(패션비즈니스학과) (패션마케팅학과)

(토탈패션산업학과) (의류환경학과)

(의류상품학과) (의류산업학과)

- ⚙ 의류기술사
- ⚙ 섬유디자인산업기사
- ⚙ 의류기사
- ⚙ 패션머천다이징산업기사
- ⚙ 한복기능사
- ⚙ 자수산업기사
- ⚙ 한복산업기사
- ⚙ 편물산업기사
- ⚙ 패션디자인산업기사
- ⚙ 컬러리스트기사
- ⚙ 양장기능사
- ⚙ 컬러리스트산업기사
- ⚙ 양복기능사

💬 관련 교과는?

(과학) (기술·가정) (미술) (정보)

💬 관련 직업은?

(의상디자이너) (텍스타일디자이너) (패턴디자이너)
(주얼리디자이너) (속옷디자이너) (액세서리디자이너)
(남성복디자이너) (가죽디자이너) (모피의류디자이너)
(패션머천다이저) (패션저널리스트) (시각디자이너)
(무대의상디자이너) (패션에디터)
(애완동물옷디자이너) (패션테크니컬디자이너)

진출 방법은?

패션디자이너가 되기 위해서는 전문대학 및 4년제 대학교에서 의상디자인학, 패션디자인학, 의류학, 의상학 등을 전공하면 유리하다. 관련 학과에서는 복식사, 의복재료론, 의상심리학, 코디네이션기법 등의 이론과 디자인 실기 중심의 교육이 이루어진다. 또한 마케팅, 머천다이징과 관련한 교육과정이 운영되고 있어 의상 판매 기법 등에 대해서도 배우게 된다. 사설 교육 기관에서 패션디자인이나 의류 제작에 대한 교육을 받을 경우, 과정별로 6개월~3년까지 교육 기간이 다양하게 개설되어 있다.

패션디자이너는 주로 의류 회사, 섬유 회사 등으로 진출하며, 자신이 직접 의상실을 운영하는 경우도 많다. 의류 업체에서의 근무 경력을 살려 외국 유명 브랜드의 상품기획자로 진출하기도 하고, 패션 감각을 살려 스타일리스트로 진출할수 있다. 일부는 자신만의 개성을 살린 브랜드를 개발해 오프라인 매장이나 온라인 쇼핑몰을 운영하는 경우도 있다. 패션디자이너는 공개채용이나, 교육 기관 및 교수의 추천 등을 통해 주로 채용된다. 공개채용의 경우 서류 전형, 필기시험, 포트폴리오, 면접 등을 거치는데, 대기업일수록 전형이 까다로운 편이다.

미래 전망은?

패션디자이너가 근무하는 의류업계는 경기의 영향을 크게받는다. 지난 20여 년간 국내 패션 산업은 성장세였으나 지금은 그 성장세가 꺾이고 있다는 분석이 지배적이다. 상당 기간불경기가 지속되면서 패션에 대한 소비 심리가 위축되었고, 해외 유명 브랜드를 선호하는 경향이 늘어나면서 해외 브랜드의 국내 진출이 크게 증가했으며, 인터넷의 발달로 소비자들이 온라인을 통해 직접 해외 구매를 하면서 국내 패션 산업은 더욱 위축되고 있다.

소비자의 의류 구매가 오프라인보다 온라인에서 이루어지는 경우가 늘어나면서 패션 전문 대기업들은 사업 규모를 줄이거나 통합하고 있는 추세인 반면, 온라인 중심의 패션업계는 상대적으로 사업을 확장하고 있어 패션디자이너에 대한수요가 증가할 것으로 전망되고 있다.

CAREER MAP

- 과학, 기술·가정, 미술 교과 역량 강화
- 패션 관련 학과 탐방
- 패션디자이너 직업체험활동
- 패션 관련 잡지 구독 및 의류 분야의 독서 활동
- 컴퓨터 및 소프트웨어 활용 능력 배양

- 의류기술사
- 의류기사
- 한복기능사
- 한복산업기사
- 패션디자인산업기사
- 양장기능사
- 양복기능사
- 섬유디자인산업기사
- 패션머천다이징산업기사
- 자수산업기사
- 편물산업기사
- 컬러리스트기사
- 컬러리스트산업기사

- 패션에 대한 열정
- 창의성
- 색채 감각
- 협업 능력
- 원만한 대인관계 능력
- 강한 체력
- 인내심
- 컴퓨터 활용 능력

준비 방법

관련 자격

적성과 흥미

패션 디자이너

관련 학과

관련 직업

관련 기관

관련 교과

- 텍스타일디자이너
- 주얼리디자이너
- 속옷디자이너
- 액세서리디자이너
- 남성복디자이너
- 무대의상디자이너
- 애완동물옷디자이너
- 패션테크니컬디자이너
- 패션에디터
- 패션머천다이저
- 시각디자이너
- 패턴디자이너

- 과학
- 기술·가정
- 미술
- 정보

- 의류학과
- 의상학과
- 의류직물학과
- 의상디자인학과
- 패션디자인학과
- 섬유디자인학과
- 시각디자인학과
- 코디네이션과
- 패션의류학과
- 패션산업학과
- 의류패션학과
- 의류산업학과

- 한국패션협회
- 한국의류산업협회

푸드스타일
리스트

푸드스타일리스트란?

'보기 좋은 떡이 먹기도 좋다.', '이왕이면 다홍치마'라는 말이 있다. 이처럼 같은 음식이라도 어울리는 그릇에 담고, 소품과 자연스럽게 배치해 분위기를 연출하는 것이 훨씬 맛있어 보인다.

생활수준이 높아지면서 음식은 단순히 '먹는 것'을 넘어 문화와 예술까지 포함하는 개념으로 변화하고 있다. 음식 고유의 맛도 중요하지만 시각적인 연출이 맛을 결정하는 중요한 요인이 되면서 푸드 스타일링에 대한 관심이 높아지고 있다. 각종 방송 프로그램과 신문, 잡지를 비롯한 출판물에 요리를 주제로 한 콘텐츠가 빠르게 증가하면서 사람들에게 음식이 맛있게 보이도록 연출하는 푸드 스타일링에도 많은 정성을 쏟고 있다. 또한 파티, 연회, 리셉션 등에서 제공되는 음식과 테이블 장식을 전문 푸드스타일리스트에게 의뢰하는 경우도 늘어나고 있다.

푸드스타일리스트는 요리를 더 맛있게 보이도록 연출하는 사람이다. 푸드스타일리스트는 단순히 미각과 후각만의 음식 문화를 넘어서 오감을 만족시키는 푸드 전문 디자이너라고 볼 수 있다. 푸드스타일리스트는 푸드 스타일링을 기반으로 다양한 음식 메뉴 개발, 테이블 장식, 식사 공간 연출, 레스토랑 컨설팅 등 외식 산업에서는 빼놓을 수 없는 중요한 업무를 담당하고 있다.

푸드스타일리스트가 하는 일은?

각종 음식들이 조화를 이루고, 재료의 특성을 최대한 살려 먹음직스럽게 보이도록 하는 사람이 푸드스타일리스트이다. 푸드스타일리스트는 요리에 예술적 감각을 불어넣는 요리 디자이너이자 요리 예술가라고 할 수 있다.

⊕ 음식이나 식품, 메뉴의 특성과 색상을 고려해 오감을 만족시킬 수 있을 만큼 먹음직스럽고 맛깔스럽게 보이도록 한다.

⊕ 식문화와 영양학적 전문 지식을 바탕으로 새로운 메뉴를 개발한 후 요리 칼럼 등에 소개한다.

⊕ 영화, 광고, 드라마의 음식 관련 장면을 연출자와 함께 기획하고 연출한다.

⊕ 요리책이나 요리 TV 프로그램의 주제에 맞는 적합한 메뉴를 개발해 요리법을 소개한다.

⊕ 문화센터 및 기업체의 요리 교실 등에서 강의하고, 조리사에게 음식이 조금 더 맛있게 보이는 요리 연출법을 가르친다.

⊕ 요리 재료의 특성을 최대한 살려 음식이 카메라 앞에서 가장 아름답게 보일 수 있도록 한다.

⊕ 백화점이나 홈쇼핑, 푸드 코너 등에서 음식 상품을 돋보이게 연출한다.

⊕ 대형 외식업체에서 기존의 메뉴를 보완하거나 새로운 메뉴를 선보일 때 개발에 직접 참여한다.

⊕ 식재료에 관한 폭넓은 지식을 바탕으로 소비자가 선호하는 맛과 색상을 지닌 재료를 추천하고, 음식의 시각적 요소에 관한 아이디어를 제공한다.

⊕ 국내외 요리, 식기, 소품, 인테리어 등의 관련 자료를 수집하고 분석한다.

적성과 흥미는?

푸드스타일리스트는 음식에 대한 전문 지식과 요리 실력, 요리를 돋보이게 하는 식기와 소품 등을 찾아내는 안목, 색채 감각, 음식의 물리적 변화에 대한 지식이 필요하다. 음식 관련 방송이나 잡지 광고 등 촬영을 할 때 일어날 수 있는 돌발 상황에 대비할 수 있는 빠른 판단력과 대처 능력도 갖추어야 한다. 푸드스타일리스트는 음식 조리 능력뿐만 아니라 미술적 감각이 필요한데, 이는 자신만의 새로운 음식을 만들고, 음식에 어울리는 소품과 식자재를 활용해 가장 보기 좋은 구도로 연출하는 데 반드시 필요한 능력이기 때문이다.

최근에는 푸드스타일리스트의 활동 영역이 파티, 연회, 조리, 외식 산업, 컨벤션, 미디어 등으로 매우 다양해지면서 조리 능력은 물론 음식과 관련된 지식, 색채 감각, 공간 연출력, 마케팅, 매니지먼트, 프레젠테이션 능력까지 필요하다. 또 촬영기사, 프로듀서, 방송작가, 출판기획자 등 많은 사람들과 같이 일을 하므로 대인관계 능력과 의사소통 능력도 갖추어야 한다.

푸드스타일리스트에 관심이 있다면 창의력을 키우기 위해 다양한 활동에 참여하는 것이 좋고, 음식 관련 방송 프로그램이나 관련 잡지 등을 통해 기본 소양을 쌓아야 한다. 음식에 관심을 갖고, 틈틈이 조리 연습을 해보는 것을 권장하며, 시간이 날 때마다 식기, 소품 등 푸드 스타일링에 필요한 것들을 찾아 백화점이나 식기 판매점을 방문하는 것도 추천한다.

관련 학과 및 자격증은?

식품영양학과　식품조리학과　외식조리학과
푸드스타일리스트학과　호텔외식조리과
호텔조리과　호텔조리제과제빵과　조리과학과
식품가공학과　제과제빵과　커피바리스타과

푸드스타일리스트	푸드테라피스트
제과제빵사	제과기능사
컬러리스트	제빵기능사
푸드코디네이터	조리산업기사
와인소믈리에	식품위생관리사
커피바리스타	식품경영관리사
선물포장아트	

관련 교과는?

수학　과학　기술·가정　미술

관련 직업은?

식품공학기술자　영양사　조리사　임상영양사
영양상담사　유통관리사　와인감별사　바텐더
바리스타　소믈리에　브루마스터　쇼콜라티에
전시연출가　푸드코디네이터　테이블코디네이터
테이블아티스트　테이블데코레이터　메뉴개발자
패키지푸드스타일리스트　레스토랑프로듀서
TV요리진행자　식공간연출자　푸드컨설턴트
푸드저널리스트

Tip 푸드테라피스트에 대해 알아볼까요?

　푸드테라피는 음식(Food)과 치유(Therapy)의 합성어로, 음식을 통해 건강을 치유한다는 의미이다. 최근 들어 미국이나 독일, 프랑스, 스위스, 일본 등 선진국의 과학자들이 활발히 연구를 진행하고 있다. 젊음과 건강, 장수를 가져다주는 음식에 대한 관심과 음식을 통한 치료는 우리 삶의 중요한 부분이 되었다. 푸드테라피스트는 이러한 푸드테라피를 토대로 음식에 대해 연구하고 처방하며 치료하는 직업이다.

진출 방법은?

　푸드스타일리스트가 되기 위해서는 전문대학이나 4년제 대학교의 조리 및 식품 영양 관련 학과를 졸업하는 것이 유리하다. 관련 학과에서는 기본 푸드스타일링, 바리스타, 플라워리스트, 슈가크래프트, 선물 포장, 테이블데코, 제과 제빵, 도자기 제작, 외국어 등을 체계적으로 배울 수 있고, 이탈리아, 프랑스, 일본 등으로 해외 연수의 기회가 주어지는 경우도 있다.

　대학을 졸업한 후에는 식품 회사에 푸드스타일리스트로 취직하거나 푸드스타일 전문 회사를 창업할 수도 있다. 프리랜서 푸드스타일리스트로 활동하면서 신문, 잡지, CF, 요리 서적, TV 요리 프로그램, 영화 속의 요리 스타일링을 담당하거나 파티나 행사에서 상황에 맞는 다양한 메뉴와 테이블 세팅, 공간 연출 등을 맡기도 한다. 또한 레스토랑의 메뉴를 개발하거나 대중을 대상으로 하는 테이블매너 강연 등을 할 수도 있다.

미래 전망은?

　최근에는 어린아이부터 나이 든 세대에 이르기까지 쿡방(요리하는 방송), 먹방(먹는 모습을 보여 주는 방송) 등 음식 관련 콘텐츠가 인기를 끌고 있다. 이러한 이유로 인해 음식의 맛은 물론 오감을 만족시키는 음식의 디자인, 건강한 삶을 위해 영양과 성분을 고려한 식재료 선택, 새롭고 다양한 음식 콘텐츠 개발 등은 푸드스타일리스트의 전망을 밝게 하고 있다.

　미래 외식 산업의 발전은 독창적인 아이디어와 감각, 실력을 갖춘 푸드스타일리스트들이 주도할 것으로 전망된다. 식생활의 세계화 추세와 외식 문화의 증가, 차별화된 고급 요리 전문점의 등장으로 능력 있는 푸드스타일리스트들의 활동 영역이 더욱 넓어질 것으로 예상된다.

CAREER MAP

- 음식에 대한 지식
- 요리 능력
- 빠른 판단력
- 대처 능력
- 인내심
- 체력
- 미술적인 감각
- 창의력
- 대인관계 능력
- 의사소통 능력
- 외국어 실력

- 수학, 과학, 기술·가정 교과 역량 강화
- 음식 및 조리 관련 학과 탐방
- 푸드스타일리스트 직업 탐방 및 체험활동
- 식문화, 조리학, 자연과학 등 다양한 분야의 독서활동

- 조리산업기사
- 푸드스타일리스트
- 제과제빵사
- 컬러리스트
- 푸드코디네이터
- 와인소믈리에
- 커피바리스타
- 선물포장아트
- 푸드테라피스트
- 제과기능사
- 제빵기능사
- 식품위생관리사
- 식품경영관리사

준비 방법

관련 자격

적성과 흥미

푸드 스타일 리스트

관련 학과

- 바텐더
- 식품공학기술자
- 영양사
- 조리사
- 임상영양사
- 영양상담사
- 유통관리사
- 와인감별사
- 바리스타
- 소믈리에
- 브루마스터
- 쇼콜라티에
- 푸드코디네이터

관련 직업

관련 교과

관련 기관

- 식품영양학과
- 식품조리학과
- 푸드스타일리스트학과
- 외식조리학과
- 호텔외식조리과
- 호텔조리과
- 식품가공학과
- 제과제빵과
- 조리과학과
- 커피바리스타과

- 수학
- 과학
- 기술·가정
- 미술

- 한국식품조리과학회
- 세계음식문화연구원
- 한국푸드코디네이터협회

플로리스트

플로리스트란?

　꽃은 사람들에게 가장 원초적인 메시지를 전달할 수 있는 매개체이다. 사람들은 꽃을 주고받음으로써 마음의 평온과 감사를 느낄 수 있기 때문에 사람의 감정을 표현하는 데 있어 꽃만큼 적합한 것은 없다. 출생, 진학, 결혼, 승진 등 삶의 출발을 의미하는 순간에서부터 장례식과 같은 삶의 끝을 의미하는 순간까지 꽃은 늘 우리 곁에서 기쁨이나 위로를 전해준다. 또한 꽃은 오랜 옛날부터 인간과 함께하며 기쁨, 애정, 감사, 위로의 메시지를 전하는 수단으로 사람들의 마음을 치유하는 역할을 하고 있다.

　플로리스트란 용어는 꽃을 뜻하는 '플로스(flos)'와 전문가를 나타내는 접미사인 '이스트(ist)'의 합성어로, 사람이나 공간의 아름다움 또는 상품의 가치를 높이기 위해 꽃을 활용하는 모든 사람들을 일컫는 말이다. 우리나라에서는 화훼장식가로 불리다가 1990년대 초에 플로리스트라는 직업명이 사용되기 시작했다. 화훼 문화가 발전한 나라에서 관련 학문을 전공하거나 다양한 경로를 통해 외국의 꽃 문화를 경험한 사람들이 국내로 들어오면서 꽃에 '디자인'을 한다는 의미를 부여하여 생겨난 직업명이다. 플로리스트는 용도에 맞게 공간을 디자인하고, 꽃과 어울리는 다양한 재료들로 공간을 아름답게 연출하는 전문 예술인이다. 플로리스트는 다양한 꽃과 자연 재료에 자신만의 예술 감각을 입혀 평범한 공간을 아름다운 공간으로 만들어 낸다.

🔍 플로리스트가 하는 일은?

플로리스트는 꽃, 잎, 나무 등을 주된 소재로 하여 인간의 창의력과 표현 능력을 발휘하여 공간의 기능과 미적 효율을 높이는 직업이다. 유사 직업으로는 화훼장식가, 플라워디자이너 등이 있다.

- 🔍 꽃, 식물, 화초 등의 화훼류를 목적에 맞게 만들고 장식한다.
- 🔍 고객의 용도 및 행사 장소에 맞게 리본, 바구니, 화환 등을 다양하게 연출한다.
- 🔍 꽃과 식물이 시들지 않도록 온도와 습도를 유지하여 관리한다.
- 🔍 고객의 요구에 맞게 바구니, 리본 등의 부재료를 활용하여 꽃다발이나 꽃바구니를 만들어 판매한다.
- 🔍 각종 행사와 이벤트 콘셉트에 맞는 공간을 구성하기 위해 기획하고, 꽃의 종류와 부재료를 활용하여 장식한다.
- 🔍 행사 중 꽃 장식이 망가지지 않게 관리하고, 행사 후에는 직접 철거하기도 한다.
- 🔍 대규모의 행사를 진행하면서 경력을 쌓은 후 파티나 전시회장의 파티플래너나 아트디렉터로 활동한다.

> **Tip 파티플래너에 대해 알아볼까요?**
>
> 각종 파티와 이벤트를 기획하고 연출, 운영, 홍보까지 모든 과정을 담당하고 감독하는 사람이다. 예산에 맞게 콘셉트를 선정하는 것부터 공간 연출, 인력 배치, 진행에 이르기까지 파티플래너의 업무는 광범위하다. 생일 파티, 결혼식, 기업 행사 등 흥겨운 이벤트를 구상하고 지휘하는 파티플래너는 리더십, 예술성, 마케팅 전략까지 두루 겸비한 다재다능한 능력이 필요하다.

적성과 흥미는?

플로리스트는 꽃을 디자인하여 아름다움을 창조하는 직업이므로 미적 감각이 필요하다. 기본적으로 꽃에 대한 관심과 전문적 지식을 바탕으로 꽃을 다루는 세심함과 정교한 손재주가 있어야 한다. 꽃마다 가지고 있는 고유한 개성과 특징을 살릴 수 있는 색채 감각, 꽃과 어울리는 부재료를 찾고 이들을 조합하여 예술성 있는 작품으로 탄생시킬 수 있는 창의성과 인내심이 있으면 유리하다.

작품의 실용성과 예술성, 소비자 욕구를 동시에 만족시키기 위해서 플로리스트는 본인의 취향뿐만 아니라 트렌드와 고객의 요구를 포용할 수 있는 디자인적 감각을 갖추어야 한다. 단순히 꽃을 아름답게 장식하는 것뿐만 아니라 꽃 장식의 경제적 가치를 높이기 위해 꽃의 재배, 유통, 소재 개발 등 다양한 분야에 관심이 있어야 한다. 평소 꽃, 나무, 풀 등의 종류와 특징에 대해 꾸준히 지식을 쌓고, 공간에 어울리게 장식품을 배치하는 연습을 하거나 새로운 아이디어를 스케치하는 등의 연습이 필요하다.

관련 학과 및 자격증은?

원예과   원예학과   원예산업학과

환경원예학과   조경학과   화훼장식학과

🔧 화훼장식기능사   🔧 시설원예기사

🔧 화훼장식기사   🔧 원예복지사

🔧 시설원예기술사

관련 교과는?

수학   과학   기술·가정   미술

관련 직업은?

화훼장식가   플라워디자이너   정원사

조경사   원예치료사   산림연구원

화훼재배종사원

진출 방법은?

플로리스트가 되기 위한 방법에는 세 가지가 있다. 첫 번째는 정규 교육과정으로 전문대학이나 4년제 대학의 원예학과, 화훼장식학과를 졸업하는 경우이다. 원예학과, 화훼장식학과에서는 플로리스트가 되기 위해 필요한 이론과 실기를 체계적으로 배울 수 있다. 두 번째는 직업 훈련 학원이나 평생교육원, 사회복지관, 문화센터, 직업전문학교 등 사설 기관에서 플로리스트에 대한 교육을 받는 것이다. 마지막으로는 화훼장식기능사, 화훼장식기사 등의 자격증을 취득한 후 플로리스트로 활동할 수 있다. 기능사 자격을 취득한 후 동일한 직무 분야에서 3년 이상 실무에 종사한 경우, 기사 시험에 대한 응시자격이 주어진다. 화훼장식기사는 기능사보다 숙련된 기능과 기초 이론 지식을 가지고 플로리스트 업무에 종사할 수 있는 자격이다.

최근에는 미국의 AIFD, 독일의 FDF 등과 같이 해외에서 수여하는 플로리스트 자격증을 취득하는 사람들도 늘어나고 있다. 미국식 플라워디자인에 익숙한 우리나라에서 최근 들어 색다른 유럽식 플라워디자인이 인기를 끌고 있으며, 유럽식 플라워디자인을 추구하는 플로리스트도 늘어나고 있는 추세이다.

미래 전망은?

플로리스트는 유럽이나 일본 등 선진국에서는 오래전부터 인기가 있는 직업으로, 최근 국내에서도 사람들의 관심이 높아지면서 발전 가능성이 매우 큰 분야이다. 과거에는 경조사나 행사가 있을 때에만 꽃을 구입하는 경우가 많았지만 생활 수준이 높아지면서 개인의 여가 활동이나 즐거움, 인테리어를 목적으로 꽃을 구입하는 경우가 늘고 있다. 꽃을 활용하는 것이 생활 문화 속 현상으로 자연스럽게 자리잡고 있기 때문에 꽃의 소비와 함께 전문성을 갖춘 플로리스트에 대한 관심도 높아지고 있다. 이제는 꽃으로 만들어진 완성품을 하나의 예술 작품이자 장식품으로 인식하는 경향이 증가하고 있는 점도 플로리스트라는 직업에 대한 전망을 밝게 해주고 있다.

꽃을 이용하는 분야가 화환, 꽃다발, 꽃바구니 등의 상품 중심에서 결혼식, 돌잔치, 국제회의 등 각종 행사장의 장식 및 이벤트 연출 등으로 넓어지면서 플로리스트의 활동 영역이 점차 확대되고 있다. 또한 웰빙 문화의 확산도 플로리스트에게는 좋은 기회가 되고 있다. 이러한 사회 변화에 힘입어 호텔, 백화점, 각 기업체 등에서도 꽃과 식물을 이용한 인테리어가 보편화되면서 기업체에 소속된 플로리스트의 수도 증가하고 있다.

CAREER MAP

- 수학, 과학, 기술·가정 교과 역량 강화
- 원예학 관련 학과 탐방
- 플로리스트 직업 탐방 및 체험활동
- 원예학, 생물학, 자연과학 등 다양한 분야의 독서활동

적성과 흥미
- 미적 감각
- 정교한 손재주
- 창의력
- 끈기
- 디자인 감각
- 강인한 체력
- 뛰어난 관찰력
- 의사소통 능력
- 공감 능력

준비 방법

관련 직업
- 화훼장식가
- 플라워디자이너
- 정원사
- 조경사
- 원예치료사
- 산림연구원
- 화훼재배종사원

플로 리스트

관련 학과
- 원예과
- 원예학과
- 원예산업학과
- 환경원예학과
- 조경학과
- 화훼장식학과

관련 자격
- 화훼장식기능사
- 화훼장식기사
- 시설원예기술사
- 시설원예기사
- 원예복지사

관련 교과
- 수학
- 과학
- 기술·가정
- 미술

관련 기관
- 한국플로리스트협회
- 한국화훼장식기사협회

해양수산기술자

해양수산기술자란?

우리 인류의 태동은 바다에서부터 시작되었으며, 바다를 통해 많은 혜택을 받아 왔다. 바다는 마음의 안식처이자 어업에 종사하는 많은 사람들의 삶의 터전이다. 또한 바다는 인류의 생존에 없어서는 안 될 식량, 자원, 에너지 등의 문제를 해결하기 위해 남겨진 최후의 보고이며, 미래 육지를 대신하여 인류 생활의 중심지가 될 곳이다.

오늘날 인류는 무분별한 육지 개발로 인해 자원이 고갈되면서 바다로 눈을 돌릴 수밖에 없는 상황이다. 그러나 현재 바다는 각종 폐기물들로 인해 오염이 심각한 상황이다. 따라서 바다가 우리 후손들에게 꿈을 주는 존재로 남게 하기 위해서는 바다의 효율적인 개발 방법과 오염 방지 방법 등에 대한 연구가 절실한 상황이다.

바다와 관련된 대표적인 산업이 해양 산업이다. 항만, 수산, 조선, 해운 등 해양 산업은 우리나라의 주요 산업 가운데 하나이며, 수많은 사람들이 이 분야에서 일을 하고 있다. 우리나라의 수많은 직업 가운데 연봉 2위, 직업 만족도 2위를 차지하고 있는 도선사를 비롯해 바다와 관련된 직업의 종류는 매우 다양하다.

해양수산기술자는 해양생물, 해양지질, 해양화학, 해양물리, 해양자원 및 해양공학 등의 전문적인 지식을 갖추고, 항만 개발(방파제, 항구, 부두 등의 수상 구조물)이나 수산자원의 관리와 증식, 양식 그리고 수산물의 생산과 가공 등에 관련한 연구와 기술 개발을 담당하는 사람이다.

🔍 해양수산기술자가 하는 일은?

해양수산기술자는 바다에서 자라는 각종 수산물에 대한 연구나 어업 기술을 개발하는 일을 한다. 업무 영역에 따라 해양기술자, 수산기술자로 구분한다. 해양기술자는 해양 과학 관련 기술과 해양 정책과 관련한 연구 등을 주로 수행한다. 수산기술자는 각종 수산 자원의 관리, 증식 및 양식, 수산물의 생산과 가공 등에 관련된 연구와 기술 개발 업무를 담당한다.

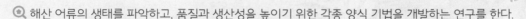

- 🔍 해산 어류의 생태를 파악하고, 품질과 생산성을 높이기 위한 각종 양식 기법을 개발하는 연구를 한다.
- 🔍 어획 통계, 어장 환경 등의 자료를 수집·분석하여 수산 정책의 기초 자료가 되는 어장 정보를 제공한다.
- 🔍 어민들에 대한 기술 지도와 어업 경영지도 업무를 담당하며, 적조, 적조 생물, 수산물 양식 등을 조사한다.
- 🔍 해양 과학기술 및 해양 정책에 관한 연구를 수행하며, 연구 결과를 제공한다.
- 🔍 해수의 특성이나 수질, 해양 생물의 분포 등을 조사하여 해양 환경 지도를 작성한다.
- 🔍 해역에 떠 있는 부이를 인공위성으로 추적하여 해류도를 작성하고, 한반도 주변의 해양 순환이 각 해역에 미치는 영향을 분석한다.
- 🔍 해상에서 기름이 유출되었을 때 과학적이고 체계적으로 방제하는 기술과 시스템을 개발한다.
- 🔍 조기 탐지 기술을 연구하여 우리나라 주변의 지각 구조나 화산 활동을 조사하고 해양 환경 및 자원 개발의 기초 자료를 제공한다.
- 🔍 해양 관측 시스템 개발, 심해저 광물 자원 탐사, 해양 목장화 사업 개발 등의 업무를 수행한다.

적성과 흥미는?

해양수산기술자의 주업무는 바다를 대상으로 하기 때문에 생물학, 지질학 등 자연과학 전반에 대한 지식은 물론 해양 수산 분야에 대한 지식도 있어야 한다. 심각해져가는 해양오염 문제를 해결하고, 수산 자원의 상태도 파악해야 하므로 배에서 오랜 시간을 보내며 바다를 조사하고 탐색하는 경우가 많기 때문에 강인한 체력과 관찰력, 인내심도 있어야 한다. 조사 작업을 위해서는 호기심과 관찰력이 필요하며, 바다에서 일하고자 하는 열정이 필요하다.

문제해결을 위한 논리적 사고 및 분석력, 그리고 새로운 방법으로 문제를 해결하고자 하는 창의력이 요구되고, 독립심, 리더십, 사회성 등의 성격을 가진 사람에게 유리하다. 사회형과 진취형의 흥미를 가진 사람에게 적합하다.

해양수산기술자에 관심이 있다면 해양 수산과 관련 있는 생명과학, 지리 등의 교과 실력을 배양하고, 바다와 친해지기 위한 노력도 많이 해야 한다. 꾸준한 운동으로 기초 체력을 키우고, 자연과학 관련 동아리활동과 풍부한 독서활동을 통해 기본 소양을 갖추기를 추천한다.

관련 학과 및 자격증은?

수산자원학과   수산양식학과   수산생명의학과

식량작물학과   해양환경공학과   해양환경과학과

해양공학과   해양과학과   해양자원학과

해양분자생명과학과   해양생명과학과

해양식품생명의학과   해양심층수학과

해양자원육성학과   해양생물학과

⚙ 어로기능사   ⚙ 수산제조기술사   ⚙ 식품산업기사

⚙ 어로산업기사   ⚙ 수산양식기능사   ⚙ 어업생산관리기사

⚙ 어로기사   ⚙ 해양기술사   ⚙ 수산양식산업기사

⚙ 어로기술사   ⚙ 수산양식기사   ⚙ 해양생산관리기사

⚙ 수산제조기사   ⚙ 수산양식기술사   ⚙ 수질환경기사

관련 교과는?

영어   과학   기술·가정

관련 직업은?

해양물리기술자   해양화학기술자

수산물판매원   수산생물병리연구원

수산업 교사   해양생물기술자   해양지질기술자

해양자원개발기술자   수산기술자   수산물검사원

수산학연구원   해양수산기술자   수산시설개발자

수산물도매원   수산물원료처리원   수산물채취원

Tip 수산생물병리연구원에 대해 알아볼까요?

수산 생물의 질병 원인을 찾아내고, 질병 치료에 사용되는 약제를 연구하는 사람이다. 바다 현장에서 죽거나 죽어가는 수산 생물을 채취하고 장기를 꺼내 장기에 발생한 세균이나 기생충을 분리·배양하여 병원체의 발생 원인, 특성 등에 대해 연구한다. 각종 질병의 원인균을 보존하여 연구 자료로 활용하며, 다른 직종의 연구원들처럼 일반적인 업무를 수행한다.

🌐 진출 방법은?

해양수산기술자가 되려면 대학의 해양생물학과, 수산자원학과, 해양환경공학과, 수산학과 등에 진학하는 것이 좋다. 해양 및 수산 관련 연구 업무를 담당하는 경우에는 석사 이상의 학위를 요구하는 경우가 많다.

해양수산기술자는 해양 수산 분야와 관련되어 있기 때문에 진출 분야도 해양 기술 연구, 수산 기술 연구 그리고 해양 수산 정책 연구의 세 분야로 주로 진출하고 있다. 해양수산기술자의 채용 방법은 연구소의 경우, 필요한 인력이 발생할 때마다 관련 분야별로 특별채용 형태로 뽑으며, 전공과 연구 경력을 평가하여 선발한다. 해양수산부 공무원의 경우, 분야별 국가기술자격증 소지자 및 관련 분야의 경력자를 대상으로 서류 전형 및 면접시험을 통해 채용한다. 채용 후에는 연구소의 경우 경력에 따라 책임연구원, 전문위원 등으로 승진하며, 국립수산진흥원에 근무하는 경우에는 연구사에서 연구관으로 승진하게 된다. 또한 해양수산부 공무원이 되는 경우에는 공무원 승진 체계에 따라 직급이 높아진다.

미래 전망은?

최근 4차 산업혁명 시대의 핵심 기술인 인공지능, 로봇, 빅데이터, 사물인터넷 등으로 대표되는 기술들은 해양 산업 분야에도 많은 영향을 미치고 있다. 선장이 필요 없는 자율주행 선박도 개발되고 있고, 미국에서는 사람 모양의 스쿠버로봇까지 만들어 사람이 접근할 수 없는 깊은 바다를 탐색하면서 바다 속에 잠겨 있는 보물들을 찾아낼 수도 있게 되었다. 해양 개발과 관련된 로봇과 기기가 개발되면서 바다는 새로운 기술의 시험장이 되고 있으며, 이와 함께 다양한 해양산업 관련 직업들이 생겨날 것으로 전망된다.

또한 수산물의 어획 방식이 잡는 어업에서 기르는 어업으로 전환되고 있으며, 일본 및 중국과의 어업 협정으로 인해 연근해 해양 관리 및 자원 개발의 필요성이 증가하고 있다. 또한 현재 우리나라는 해양 및 수산 분야가 국내 산업에 차지하는 비중에 비해 해양 개발이나 수산 경제, 수산 유통 등의 발전이 낙후되어 있기 때문에 이 분야에 대한 연구 개발의 필요성도 증가하고 있다.

CAREER MAP

해양수산 기술자

관련 직업
- 해양물리기술자
- 해양화학기술자
- 해양생물기술자
- 해양지질기술자
- 해양자원개발기술자
- 수산기술자
- 수산물검사원
- 수산생물병리연구원
- 수산학연구원
- 해양수산기술자
- 수산시설개발자
- 수산업 교사

관련 기관
- 한국해양수산연수원
- 한국수산과학회
- 국립수산과학원
- 한국해양과학기술원

적성과 흥미
- 자연과학에 대한 지식
- 강인한 체력
- 관찰력
- 인내심
- 논리적 사고 능력
- 분석력
- 문제해결 능력
- 창의력
- 리더십

관련 교과
- 영어
- 과학
- 기술·가정

관련 자격
- 어로산업기사
- 어로기술사
- 어로기능사
- 어로기사
- 수산제조기사
- 수산제조기술사
- 수산양식기능사
- 수산양식산업기사
- 수산양식기사
- 수산양식기술사
- 식품산업기사
- 어업생산관리기사
- 해양기술사
- 해양생산관리기사

준비 방법
- 해양수산학 관련 학과 탐방
- 영어, 과학, 기술·가정 교과 역량 함양
- 해양수산기술자 직업 탐방 및 체험활동
- 해양 수산 관련 기관 탐방

관련 학과
- 해양공학과
- 해양과학과
- 해양자원학과
- 해양생물학과
- 해양환경공학과
- 해양분자생명과학과
- 수산자원학과
- 수산양식학과
- 식량작물학과
- 해양심층수학과

화학자

화학자란?

화장품, 방향제, 세정제, 살균제, 살충제, 접착제, 코팅제 등 우리는 일상생활에서 수많은 화학제품을 사용하며 살아간다. 화학물질은 생활에 꼭 필요한 기능을 수행하고, 삶을 더 편리하게 하며, 때로는 우리의 오감을 즐겁게 한다.

그러나 몸속에 화학물질이 쌓이면서 사람의 목숨까지 위협하는 사고가 빈번히 발생하고 있다. 대표적인 예로 가습기 살균제 피해 사고, 치약 속 발암 물질 성분 검출 사고 등이 있다. 최근에는 화학물질 공포증을 일컫는 '케미포비아(Chemiphobia)'라는 용어도 생겨날 정도이다.

이러한 위험한 소식을 접할 때마다 우리는 '인체에 무해한 화학물질을 만들 수 없을까?', '화학물질을 안전하게 사용하고 관리하는 방법은 없을까?'라는 의문을 갖게 된다. 이런 물음에 대한 해답을 찾는 것이 바로 화학이라는 학문이다. 화학은 물질이 무엇으로 이루어졌는지를 탐구하는 것에서부터 시작하여 우리 생활과 밀접한 관계가 있는 수많은 물질을 만들어 냈다.

화학은 물질의 기본 성분과 고유한 성질 및 구조를 이해하고, 이들이 서로 상호 작용하여 어떠한 반응이 일어나서 어떻게 변환되는지 등을 연구하는 학문이다. 모든 물질은 화학과 관련되어 있어 순수 학문 중에서도 가장 기초가 되며, 동시에 다양한 분야에 응용된다. 화학자는 다양한 물질의 성질과 반응을 연구하고, 새로운 물질의 합성법을 알아냄으로써 자연에 대한 이해의 폭을 넓히고, 나아가 인류 문명 생활의 수준을 향상시키는 역할을 한다.

🔍 화학자가 하는 일은?

화학자는 물질이 무엇으로 이루어졌는지를 밝혀내고자 탐구하는 일을 한다. 화학자는 물질의 근원에 대한 해답을 찾기 위해 연구를 진행하고, 물질에 대한 탐구과정에서 우리 생활과 관련된 수많은 물질을 발견하거나 개발하는 일을 담당한다.

- 🔍 물질의 성분 특성 및 상호 작용을 연구하고, 열·압력 등의 물리적 요인의 변화에 대한 반응을 측정한다.
- 🔍 물질의 변환을 통해 새로운 물질이 만들어지는 과정을 연구한다.
- 🔍 물질의 화학적 성질과 성분, 구조, 변화 등에 대해 연구한다.
- 🔍 열, 빛, 에너지, 화학적 촉매 등을 이용하여 물질의 구성 변화에 대해 연구한다.
- 🔍 각종 측정법을 활용하여 물질의 화학적인 특성 및 무기 화합물을 분석한다.
- 🔍 유기 화합물을 분석하여 어떻게 합성되었는지를 밝혀내거나 새로운 고분자 물질을 발견하거나 개발한다.
- 🔍 페인트, 플라스틱, 고무, 유리, 직물, 접착물, 가죽, 염료, 세제 또는 석유 등의 생산물에 관해 연구한다.
- 🔍 물질 및 화합물의 분자적·화학적 특성 관계를 연구한다.
- 🔍 화학물질 연구와 관련한 논문 및 보고서를 작성한다.

> **Tip 석유화학공학기술자에 대해 알아볼까요?**
>
> 석유화학 공정 및 장비를 연구하거나 설계·개발하는 사람이다. 석유화학 제품과 원료를 분석하여 품질을 개량하고, 석유화학가공 플랜트 및 장비의 설계, 검사, 운영, 유지, 관리를 계획하고 감독한다. 석유화학공학기술자가 되기 위해서는 전문대학이나 4년제 대학의 화학 관련 분야를 졸업해야 한다. 연구 설계 분야에서 일하려면 보통 석사 이상의 학위를 가지고 있어야 한다. 관련 학과로는 화학과, 화학공학과 등이 있고, 관련 자격증에는 화공기술사(기사, 산업기사), 화학분석기사, 화공안전기술사 등이 있다.

📊 적성과 흥미는?

화학자가 되려면 수학, 물리학, 화학과 같은 자연과학에 대한 흥미와 소질이 있어야 하고, 새로운 분야에 대한 탐구정신과 호기심이 있어야 한다. 다양한 화학 이론과 자료를 이해하고 적용하며, 연구와 실험을 수행할 수 있는 학습 능력을 갖추어야 한다. 어려운 수학을 응용하여 새로운 것을 찾기 위한 공식을 유도할 수 있는 수리 능력도 요구된다. 물리적·화학적 성질을 분석하고, 연구할 때 눈에 보이는 차이를 비교하고 구별할 수 있는 형태 지각 능력도 필요하다. 창의성과 문제해결을 위한 논리적 사고, 분석력, 정확한 판단력이 요구되고, 실험실에서 오랜 시간동안 실험하고 분석할 수 있는 체력과 끈기, 인내심이 있어야 하며, 각종 보고서와 논문을 작성할 수 있는 논리적 언어 표현 능력과 문서 작성 능력을 갖추는 것도 중요하다.

화학자에 관심이 있다면 다양한 실험에 대한 경험을 쌓는 것을 권장하고, 관찰과 실험을 통해 관찰력과 논리력을 키울 것을 권장한다. 화학이라는 분야가 매우 광범위하기 때문에 중고등학교 시절에 배우는 수학, 과학 과목을 완벽하게 이해하기 위해 노력해야 한다. 또한 과학과 관련된 독서활동도 필요하다.

관련 학과 및 자격증은?

화학과　응용화학과　생화학과　정밀화학과

화장품과학과　화학공학과　식품의약학과

코스메틱스학과　향산업학과　나노화학과

생명환경화학과

- ⚙ 화약류제조기사
- ⚙ 화약류관리기사
- ⚙ 화학분석기사
- ⚙ 농화학기사
- ⚙ 화공기사
- ⚙ 위험물산업기사
- ⚙ 공업화학기술사

- ⚙ 고분자제품기술사
- ⚙ 화학장치설비기술사
- ⚙ 화학공장설계기술사
- ⚙ 대기환경기사
- ⚙ 수질환경기사
- ⚙ 토양환경기사
- ⚙ 폐기물처리기사

관련 교과는?

수학　영어　과학　기술·가정

관련 직업은?

화학연구원　분석화학자　유기화학자　변리사

무기화학자　물리화학자　자연과학연구원

화학공학기술자　석유화학공학기술자　교사

의약품화학공학기술자　화장품화학공학기술자

농약품화학공학기술자　화학공학시험원

산업안전 및 위험관리원　음식료품화학공학기술자

 진출 방법은?

화학자가 되기 위해서는 화학과 및 화학 관련 학과에 진학해야 한다. 대학 재학 중에 인턴십 프로그램이나 산업체와의 협력 프로젝트에 참여하는 것이 취업에 도움이 된다. 자연과학 분야의 학과는 최근에는 학부 단위로 학생을 선발하고, 일정 기간이 지난 후 자신의 적성과 진로에 맞는 학과를 선택하도록 한다.

대학원에 진학하면 분석화학, 유기화학, 무기화학, 제약화학 등과 같은 전문적인 분야에 대해 지식을 쌓을 수 있어 화학자로 취업하는 데 매우 유리하다. 특히 연구 분야의 경우에는 인력 채용 시 석사 이상의 학위 소지자로 응시자격을 제한하는 경우도 있다. 대학원 과정에서도 다양한 연구 프로젝트 수행 경험이 취업에 도움이 되기 때문에 적극 참여하는 것이 좋다. 화학자는 공개채용이나 특별채용을 통해 화학 관련 정부 기관, 기업체의 화학 관련 연구소, 바이오 및 신소재 산업 업체, 제약업체, 화장품 제조업체 등으로 진출하고, 그 진출 범위는 더욱 확대될 것으로 예상된다. 화학자가 되는 데 반드시 필요한 자격증은 없다.

미래 전망은?

화학 산업은 섬유, 반도체, 철강, 자동차, 우주항공, 에너지, 환경, 정밀화학 등 수많은 산업 분야와 관련을 맺고 있다. 화학 산업 중 대표적인 것으로는 정유 산업과 석유 화학 산업이 있는데, 이들은 국가의 핵심 기간산업이면서 대규모의 경제 효과를 낼 수 있는 장치 산업으로, 첨단 기술을 습득한 인력이 많이 필요한 분야이다.

최근 화학 산업은 전기 자동차, 항공기, 드론 등으로 그 영역이 확장돼 고부가가치·고기능성·친환경 첨단 소재 산업 분야로 발전하면서 연구 개발 및 인력 양성이 이루어지고 있다. 4차 산업혁명 시대에 핵심 기술인 인공지능도 화학 산업과 깊은 관련이 있어 전망은 밝다고 할 수 있다.

CAREER MAP

- 자연과학에 대한 흥미
- 탐구정신
- 호기심
- 수리 능력
- 형태 지각 능력
- 창의성
- 문제해결 능력
- 논리적 사고
- 분석력
- 정확한 판단력
- 체력과 끈기
- 논리적 언어 표현
- 문서 작성 능력

- 수학, 과학, 기술·가정 교과 역량 강화
- 화학 관련 학과 탐방
- 화학자 직업 탐방 및 체험활동
- 화학, 자연과학, 공학 등 다양한 분야의 독서활동

- 화학과
- 응용화학과
- 생화학과
- 정밀화학과
- 화장품과학과
- 화학공학과
- 식품의약학과
- 코스메틱스학과
- 향산업학과
- 나노화학과
- 생명환경화학과

준비 방법

관련 학과

적성과 흥미

화학자

관련 자격

- 화약류제조기사
- 화약류관리기사
- 화학분석기사
- 농화학기사
- 화공기사
- 위험물산업기사
- 공업화학기술사
- 고분자제품기술사
- 화학장치설비기술사
- 화학공장설계기술사

- 화학연구원
- 분석화학자
- 유기화학자
- 변리사
- 무기화학자
- 물리화학자
- 자연과학연구원
- 화학공학기술자
- 석유화학공학기술자
- 의약품화학공학기술자
- 화장품화학공학기술자
- 농약품화학공학기술자
- 화학공학시험원
- 교사

관련 직업

관련 교과

관련 기관

- 수학
- 영어
- 과학
- 기술·가정

- 대한화학회
- 한국과학창의재단
- 생화학분자생물학회

환경컨설턴트

환경컨설턴트란?

환경은 우리 주변을 둘러싸고 있는 모든 것을 말한다. 즉, 마실 수 있는 물, 숨 쉴 수 있는 공기, 작물을 재배하고 집을 지을 수 있는 땅, 그리고 땅 위의 모든 생물들이 환경을 이루는 요소이다. 이러한 환경 요소들은 서로 연관되어 하나의 생명체처럼 유기적인 관계를 맺고 있다.

18세기 산업혁명 이후 전 세계는 심각한 환경오염 문제에 시달리기 시작했다. 인구 증가와 함께 공업화·도시화되면서 도로, 지하철, 주택 단지, 산업 단지, 폐기물 매립지 등 각종 주거·산업·공공시설이 엄청나게 개발되었고 지구의 환경은 서서히 오염되기 시작했다. 환경오염은 사막화, 가뭄 등의 자연재해뿐만 아니라 환경 파괴와 생태계 교란의 원인이 되었다. 이러한 환경오염의 다양한 원인을 찾아내고 해결하고자 하는 것이 환경학이라는 학문이다. 환경학은 대기, 물, 토양 등 지구 환경을 구성하는 요소들이 어떻게 변화하고 있는지 파악하고, 환경오염의 원인과 오염 물질을 분석해 문제점 및 해결방안을 찾아내는 등 환경 전반에 대해 연구하는 학문이다. 현대 사회에서 자연과 환경은 인간의 건강하고 쾌적한 삶과 관련이 있기 때문에 지구 환경을 연구하는 환경학은 미래 사회에서도 중요한 역할을 수행하는 학문이 될 것이다.

환경컨설턴트는 정부나 기업의 환경 관리상의 문제점을 조사 및 진단하고, 이에 대한 해결책을 제시하는 사람이다.

🔍 환경컨설턴트가 하는 일은?

환경컨설턴트는 정부나 기업의 환경 관리상의 문제점을 조사하고 진단한 후 이에 대한 해결책을 제시하는 일을 주로 한다. 환경 분야는 공학, 기술, 법, 경영 등 여러 학문과 관련이 있기 때문에 환경컨설턴트가 다루는 업무도 다양하다. 다만, 환경오염물질을 측정하고, 자료를 수집하며, 환경 보전에 필요한 다양한 공학적인 기술을 개발하는 환경공학기술자와는 구분된다.

- 🔍 환경 시스템의 점검 및 수리, 환경 시설의 운용 계획 수립, 오염 방지 대책 및 환경 보전 정책을 수립한다.
- 🔍 환경 관리의 기술적 관리 방안을 마련하고, 환경 시설의 시공과 운영 등을 포함한 환경 관련 업무를 관리·감독한다.
- 🔍 기업에서 환경 문제가 발생하면 이를 법적·경제적·국제적 규제 기준 등에 맞춰 원인을 찾아내고 해결책을 제시한다.
- 🔍 신도시 개발 사업 등 여러 형태의 개발이 진행될 때 자연환경에 미치는 영향을 사전에 측정하고 평가하며 해결책을 제시한다.
- 🔍 환경 관리 상태에 대한 진단 결과가 나오면 환경 관리를 위한 조직의 방침 및 장기 계획을 수립한다.
- 🔍 기업들의 환경 산업 및 공해 방지 산업 진출에 대한 타당성을 조사하고, 환경 문제 전반에 대한 기술 및 정책에 대한 컨설팅 업무를 수행한다.
- 🔍 기업의 친환경적 마케팅 전략을 수립하고, 자본 관리 및 수익성 계획을 검토한다.
- 🔍 환경 설계 엔지니어링 및 기술 진단, 위해성 평가, 타당성 등을 조사한다.
- 🔍 각종 환경 시설의 운영 관리에 따른 운영 관리 서비스를 지원하고, 환경 산업 창업 지원, 기술 중개, 수출 지원 서비스를 수행한다.

적성과 흥미는?

환경컨설턴트가 되려면 화학, 물리학 등 자연과학 분야에 흥미가 있어야 한다. 환경은 인간의 삶에 큰 영향을 미치기 때문에 쾌적하고 건강한 삶의 가치를 중요하게 생각하고, 환경 문제나 자연에 대한 관심이 있어야 한다. 환경오염이 발생하는 원인과 그 해결방안을 찾아내기 위해 분석력과 체계적인 사고 능력, 논리적인 방법으로 해결할 수 있는 문제해결 능력도 요구됩니다. 환경학 분야가 광범위하므로 환경학 전반을 이해할 수 있는 폭넓은 시각을 갖는 것이 중요하다.

환경컨설턴트는 환경 문제를 다루는 업무 수행 과정에서 창의적이고 혁신적인 사고와 리더십이 필요하며, 통계 수치로 환경오염의 정도를 분석하는 경우가 많으므로 신속하고 정확한 판단력이 요구된다. 꼼꼼한 성격의 사람에게 어울리며, 업무상 실험을 많이 하기 때문에 끈기와 인내심도 필요하다. 업무를 수행하는 과정에서 다양한 분야의 사람들과 협업하는 경우가 많기 때문에 사교성과 원활한 의사소통 능력, 대인관계 능력도 필요하다.

환경컨설턴트에 관심이 있다면 환경 분야의 독서활동을 통해 기초 지식을 키우고, 환경 관련 동아리활동에 참여하는 것을 권장한다. 또한 환경 관련 직업 정보를 탐색하거나 관련 기관에서 활동을 하는 것도 도움이 된다.

관련 학과 및 자격증은?

환경공업과 환경공학과 환경대기과학과

환경과학과 지구환경과학과 환경보건학과

환경생명공학과 환경시스템공학과 환경학과

사회환경시스템공학과 바이오환경공학과

에너지환경과학과 환경조경학과

대기환경기사	폐기물처리기사
대기환경산업기사	수질환경기사
수질환경산업기사	폐기물처리기술사
산업위생관리기사	환경기능사
해양환경기사	자연환경관리기술사
토양환경기술사	자연생태복원기사
소음진동기사	자연생태복원산업기사

관련 교과는?

수학 과학 기술·가정

관련 직업은?

환경오염방지전문가 상하수도엔지니어 환경 교사
폐기물처리엔지니어 대기환경기술자 토양환경기술자
수질환경기술자 소음진동기술자 폐기물처리기술자
환경공학시험원 환경영향평가원 환경경영전문가
기후변화전문가 비파괴검사원 친환경건축컨설턴트
토양환경컨설턴트 온실가스인증심사원
탄소배출권거래중개인

Tip 탄소배출권거래중개인에 대해 알아볼까요?

탄소배출권거래중개인은 탄소배출권 판매자와 구매자에게 온실가스 저감 사업에 대해 조언하거나 사업에 직접 관여하여 고객을 확보하는 일을 한다. 판매자와 구매자가 확보되면 협상을 체결하기 위해 적절한 매매 가격을 산정하거나 배출권 이전 및 발행의 보증 문제 등에 대해 연구하고, 거래 과정에서 발생할 위험 등을 관리하는 방법을 찾거나 고객에게 조언하는 일도 한다. 모든 여건이 갖추어지면 최종적으로 감축하고자 하는 분량에 대해 구매 계약을 체결한다.

미래 전망은?

환경 컨설팅 분야는 매우 광범위하다. 예전과 달리 환경 정책이 국가만의 문제가 아닌 국제적인 문제로 확대되고 있는 추세이다. 최근에는 기후 변화, 미세먼지 등의 문제에 대해 국제 간 공조로 해결해야 한다는 의견도 제기되면서 환경 문제해결의 중요성이 더욱 커지고 있다.

최근 환경 문제를 일으켜 소비자가 외면함에 따라 문을 닫는 기업이 발생하는 등 소비자들이 친환경에 대해 관심을 갖게 되면서 기업들은 친환경 제품을 만드는 시설을 늘리거나 친환경 운동 및 캠페인 등을 통해 기업 이미지를 높이기도 한다. 이렇게 기업이 환경 분야에 대한 투자를 늘리면서 관련 업무를 전문적으로 할 수 있는 환경 컨설팅 분야의 인력 채용도 늘어나고 있고, 관련 인력이 부족한 상황을 해결하고자 지방자치단체는 물론 기업 차원에서 환경 관련 인재를 양성하는 데 많은 노력을 쏟고 있다. 환경 분야의 컨설팅 업무는 앞으로도 그 중요성이 커질 것으로 예상되어 환경컨설턴트의 전망은 좋다.

진출 방법은?

환경컨설턴트가 되기 위해서는 대학에서 환경 관련 학과를 졸업해야 한다. 환경 컨설팅 업무는 환경학 외에 다양한 학문 분야의 지식과 경험이 필요하므로 환경 관련 분야에서 경험을 쌓은 후 환경컨설턴트가 되는 것이 유리하다. 환경 컨설팅 업무는 기술과 경영 부분이 접목되어 있어 기술적인 부분에서는 환경학, 토목학, 화학공학 등 공학계열 전공자들, 경영적인 부분에서는 경영학적 지식과 국내외 법 조항 및 규제 현황 등을 알아야 하므로 경영학, 법학 전공자들도 진출이 가능하다.

환경컨설턴트는 공개채용이나 특별채용을 통해 전문 환경 컨설팅 업체나 대기, 수질, 폐기물, 토양, 소음 등 환경 관련 업체로 진출할 수 있으며, 일정한 자격과 경력이 쌓이면 전문 컨설팅 업체를 창업할 수도 있다.

CAREER MAP

- 환경 문제에 대한 관심
- 자연과학 분야에 대한 관심
- 분석력
- 체계적 사고 능력
- 문제해결 능력
- 창의적
- 리더십
- 꼼꼼함
- 끈기와 인내
- 협업 능력
- 의사소통 능력
- 외국어 실력
- 호기심

- 수학, 과학, 기술·가정 교과 역량 강화
- 환경 관련 학과 탐방
- 환경컨설턴트 직업 탐방 및 체험활동
- 환경학, 생물학, 자연과학 등 다양한 분야의 독서활동

- 대기환경기사
- 대기환경산업기사
- 수질환경기사
- 수질환경산업기사
- 산업위생관리기사
- 소음진동기사
- 폐기물처리산업기사
- 폐기물처리기술사
- 환경기능사
- 토양환경기술사
- 자연환경관리기술사
- 자연생태복원기사
- 자연생태복원산업기사
- 해양환경기사

준비 방법

관련 자격

적성과 흥미

환경 컨설턴트

관련 학과

- 환경오염방지전문가
- 상하수도엔지니어
- 폐기물처리엔지니어
- 대기환경기술자
- 토양환경기술자
- 수질환경기술자
- 소음진동기술자
- 폐기물처리기술자
- 환경공학시험원
- 환경영향평가원
- 환경경영전문가
- 기후변화전문가
- 비파괴검사원
- 친환경건축컨설턴트
- 온실가스인증심사원
- 탄소배출권거래중개인

관련 직업

관련 교과

관련 기관

- 환경학과
- 환경공학과
- 환경과학과
- 지구환경과학과
- 환경보건학과
- 환경생명공학과
- 환경시스템공학과
- 바이오환경공학과
- 에너지환경과학과
- 환경조경학과
- 환경대기과학과

- 수학
- 과학
- 기술·가정

- 국립환경과학원
- 한국환경기술인협회
- 한국환경영향평가학회
- 한국환경정책·평가연구원

GIS전문가

GIS전문가란?

요즘은 여행을 떠날 때 가이드북이나 지도책이 아닌 스마트폰의 지도 검색을 활용하는 사람들이 대부분이다. 우리는 스마트폰만 있으면 내가 살고 있는 동네의 항공 사진도 손쉽게 확인할 수 있는 시대에 살고 있다.

과거 종이 지도에서 확인할 수 있던 지리정보를 컴퓨터를 이용해 해석하고 제공하는 시스템을 지리정보시스템(GIS: Geographic Information System)이라고 한다. 지리정보시스템이 다루는 정보는 특정 지역의 토지가 어떻게 이용되고 있는지, 기상 조건이나 지질 조건은 어떠한지, 주변 환경은 어떠한지 등 매우 다양하다. 그중 지리정보는 지표면과 지하, 지상 공간에 존재하고 있는 각종 자연물(산, 강, 토지 등)과 인공물(건물, 도로, 철도 등)에 대한 위치정보와 속성 정보를 말하며, 이러한 지리정보를 컴퓨터를 이용해 다양한 정보와 결합시켜 새로운 정보를 만들어 낸 것이 지리정보시스템이다.

GIS(지리정보시스템)전문가는 각종 지리 정보를 체계적으로 수집해 데이터베이스화하고, 데이터베이스 관리를 위한 시스템의 분석 설계 및 구축에 관한 업무를 전문적으로 수행하는 직업이다.

GIS전문가가 하는 일은?

GIS전문가는 지표면과 지하 또는 지상에 존재하는 토지, 산, 바다 같은 자연물과 빌딩, 도로, 댐 같은 인공물의 위치 정보와 속성 정보를 데이터로 변환하여 새로운 정보를 창출하는 사람으로 GIS분석가, GIS매니저, GIS개발자로 구분할 수 있다.

GIS분석가는 항공 사진 촬영, 인공위성 등으로부터 수집한 일련의 정보를 디지털 분석 과정을 거쳐 새로운 정보로 창출하는 일을 한다. GIS매니저는 오라클 등 데이터베이스 관리 툴을 이용하여 수집한 데이터를 관리한다. 마지막으로 GIS개발자는 프로그래밍 언어를 이용하여 데이터를 효과적으로 활용할 수 있도록 지리 정보 시스템을 개발하는 업무를 한다.

- 사용자 의견을 수집하여 데이터베이스 사용자 인터페이스 및 네트워크의 기본적인 시스템 구조를 설계한다.
- 지리 정보에 사용되는 각종 데이터를 수집하고 분석하여 이를 데이터베이스화하는 작업을 수행한다.
- 구성 요소들을 결합하는 과정을 통해 종합적인 시스템을 구축한다.
- 입력된 각종 지리 정보 데이터를 가지고 사용자가 필요로 하는 목적에 따라 다양한 형태로 분석하거나 변화시키고 조작하는 일을 한다.
- 지리 정보 시스템을 가지고 작업하기도 하며, 연산 방식, 자료구조, GIS와 맵핑 시스템을 위한 사용자 인터페이스를 설계하고 평가한다.

Tip 측량사에 대해 알아볼까요?

측량사는 국토의 이용과 개발, 건설 공사, 지도 제작을 위해 토지의 형태, 지형선, 위치, 고도 및 면적 등 지구 표면의 윤곽을 측정한다. 이들은 현지 조사를 계획하고, 알려진 측량 참고 지점을 선택하며 측량 지역에서 중요한 특징을 띠는 정확한 지점을 결정한다. 측량사는 합법적인 기록들을 조사하고 측량의 결과를 기록하여 자료의 정확성을 확인하며, 도면 및 측량 결과서를 작성한다. 측량사는 공간 지각 능력이 있어야 하고, 장시간 야외 작업을 해야 하기에 강한 체력과 스트레스를 감내할 수 있는 능력이 요구되며, 꼼꼼하고 인내심 많은 사람에게 유리하다. 대부분 팀을 이루어 작업을 하기 때문에 대인관계 능력과 의사소통 능력, 리더십, 협동심이 요구된다.

 ## 적성과 흥미는?

GIS전문가는 지표, 지상, 지하에 존재하는 자연물과 인공물에 대해 조사하고 분석하므로 분석력과 판단력이 필요하다. 팀을 이루어 일하는 경우가 많으므로 협업 능력, 친화력, 대인관계 능력을 갖추어야 한다.

지리정보시스템을 구축하려면 지리 및 전산 관련 지식이 있어야 하며, 항공 측량, 원격 탐사, 공간 분석, 자료 변환, 데이터베이스 관리, 가시화 기술 등이 요구된다. 기존에 존재하는 데이터를 지리 정보와 결합하여 새로운 정보로 만들 수 있는 창의력이 필요하며, 2차원의 데이터로 3차원의 공간을 만드는 작업을 하므로 공간 지각 능력과 연산 작업을 위한 수리 능력을 갖추어야 한다.

GIS전문가에 관심이 있다면 사회 현상과 시대의 흐름에 대해 항상 관심을 기울이고, 기회가 있을 때마다 자연과 친해지도록 노력해야 한다. 물리학, 화학, 생명과학 등 자연과학 교과에 흥미를 갖고, 컴퓨터 활용 능력을 키우며, 비판적인 사고와 의사소통 능력을 키우기 위한 다양한 활동에 참여하는 것을 권장한다.

- - - - - - - - - - - - - - -

💬 관련 학과 및 자격증은?

지리학과 지적학과 지질학과 대기과학과

지질과학과 디지털정보과 인터넷정보학과

정보통신공학과 지구정보공학과

지구시스템공학과 지구시스템과학과

대기환경과학과

⚙ 지적기능사　　　⚙ 측량 및 지형공간정보산업기사

⚙ 지적산업기사　　⚙ 측량 및 지형공간정보기사

⚙ 지적기사　　　　⚙ 측량 및 지형공간정보기술사

⚙ 지적기술사　　　⚙ 지질 및 지반기술사

💬 관련 교과는?

수학　　과학　　기술·가정　　정보

💬 관련 직업은?

지적·측량기술사　토지측량사　지구물리학자

지도제작기술자　사진측량분석가　지질학연구원

자연과학연구원　측량사

🌐 진출 방법은?

GIS전문가가 되려면 지리정보라는 특수한 분야를 다루기 위해 전문적인 지식이 필요하다. GIS전문가는 지리와 전산 관련 지식을 습득하고, 수학, 컴퓨터, 정보통신공학에 대한 지식을 바탕으로 항공 측량, 원격 탐사, 공간 분석, 자료 변환, 데이터베이스 관리, 3차원 지형 가시화 기술 등에 대한 지식이 필요하기 때문에 4년제 대학교 이상의 고학력자들이 대부분이다.

특히 연구 개발 분야는 기본적으로 지형 공간 지식과 전산 지식을 동시에 갖추어야 하므로 석사 이상의 학위를 요구하는 것이 일반적이다. 지리 관련 자격증과 컴퓨터 관련 자격증을 함께 취득하면 취업에 도움이 된다.

측량전문업체나 지도제작업체, 지리정보업체, 건설 회사, 부동산 감정 평가 회사 등의 민간업체나 한국토지공사, 대한주택공사, 수자원공사, 한국도로공사, 한국농촌공사, 대한지적공사 등의 공공기관에 취업할 수 있다. 또한 공무원이 되어 국토교통부, 국토지리정보원 등의 정부기관에서 일할 수도 있다.

⚙ 미래 전망은?

지리정보시스템은 단순히 지리정보만 알려주는 것이 아니라 해당 지역이 어떻게 계획된 것인지, 토지는 어떻게 관리하고 있는지, 도로 건설은 어떻게 진행되는지 등 다양한 정보를 알려준다. 이처럼 지리정보시스템 기술은 국토를 효율적으로 관리하고, 국민 삶의 질을 한 단계 높이는 데 큰 역할을 하고 있다.

앞으로도 국가적인 차원에서 국토 계획, 도시 계획, 사회 기반 시설 건설, 환경 관리, 수자원 관리 등 다양한 분야에서 지리 정보 시스템 활용 방안을 구상하고 있다. 또한 정부와 지방자치단체에서 국가 지리정보체계 구축 사업의 일환으로 한국 토지 정보 시스템, 도시 정보 시스템, 유통 관리 정보시스템 등을 구축해 서비스하고 있다.

또한 지리 정보를 입체적으로 표현하고 분석하는 3차원 기술이 등장하였고, 관련 업체도 점점 증가하고 있으며, GIS전문가의 진출 분야도 광범위해지고 있어 GIS전문가에 대한 수요는 증가할 것으로 전망된다.

CAREER MAP

준비 방법
- 수학, 과학, 정보 교과 역량 강화
- 지리정보시스템 관련 학과 탐방
- 지리정보시스템 직업 탐방 및 체험활동
- 지리학, 생물학, 자연과학 등 다양한 분야의 독서활동
- 컴퓨터 활용 능력 함양

적성과 흥미
- 분석력
- 사회 현상에 대한 관심
- 판단력
- 세밀한 성격
- 창의력
- 공간 지각 능력
- 수리 능력
- 활동적 성향
- 컴퓨터 활용 능력

관련 직업
- 토지측량사
- 지적·측량기술사
- 사진측량·분석가
- 지도제작기술자
- 자연과학연구원
- 지구물리학자
- 측량사
- 지질학연구원

GIS 전문가

관련 학과
- 디지털정보과
- 인터넷정보학과
- 정보통신공학과
- 지구정보공학과
- 지리학과
- 지적학과
- 지질학과
- 지질과학과
- 지구시스템공학과
- 지구시스템과학과
- 대기환경과학과

관련 자격
- 지적기능사
- 지적산업기사
- 지적기사
- 지적기술사
- 측량 및 지형공간정보 산업기사
- 측량 및 지형공간정보 기사
- 측량 및 지형공간정보 기술사
- 지질 및 지반기술사

관련 기관
- 국토연구원
- 한국공간정보통신
- 전파방송통신교육원
- 대한지질학회
- 미국 지구화학회

관련 교과
- 수학
- 과학
- 기술·가정
- 정보

Chapter

IV

공학계열

가상현실전문가

가상현실전문가란?

가상 현실은 장소, 시간, 환경에 영향을 받지 않고, 상상 속에서만 가능한 혹은 현실에 존재하지만 체험하기 어려운 상황을 경험하도록 도와주는 기술이다. 컴퓨터 기술을 사용해 인공적으로 만들어낸, 실제와 유사하지만 실제가 아닌 특정한 환경이나 상황 혹은 그 기술 자체이다. 게임, 영상, 음악에서부터 엔터테인먼트, 스포츠, 쇼핑, 의료 산업에 이르기까지 우리 생활의 다양한 분야에 활용되고 있고, 앞으로도 성장 가능성이 높은 분야의 기술이다. 가상 현실은 이처럼 컴퓨터가 만드는 상호작용이 가능한 디지털 세상이나 공간인 셈이다. 이때 만들어진 가상 환경이나 상황은 사용자의 감각을 자극하고, 실제와 비슷한 공간적·시간적 체험을 하게 해 마치 현실에서 일어나는 일인 것처럼 착각하도록 만든다. 특수한 안경 등의 장비를 착용하고, 실제 생활에서 직접 체험할 수 없는 상황이나 장소를 컴퓨터 소프트웨어 프로그램 내부에서 가상으로 체험하는 것이다.

가상현실전문가는 우리가 직접 경험해보지 않은 일들을 실제 체험한 것처럼 현실감을 느낄 수 있도록 컴퓨터로 가상 공간을 만든다.

🔍 가상현실전문가가 하는 일은?

가상현실전문가는 컴퓨터 그래픽을 활용해 3차원 가상 현실 시스템을 개발하고 디자인하는 전문가이다.

🔍 사용자가 어떤 종류의 가상 세계를 만들 것인지 요구 사항을 파악한다.

🔍 만들고자 하는 가상 세계의 전체적인 구조를 파악한 후 개발하려고 하는 전체 시스템을 꼼꼼히 검토·분석해 개발 방향을 기획하고 설정한다.

🔍 가상 현실 시스템 개발 방향이 정해지면 3차원 컴퓨터 그래픽 제어 기술을 활용해 프로그래밍을 한다.

🔍 가상 현실 시스템 디자인 과정에서 각종 사물을 스케치하고, 포토샵, 일러스트, 에펙, 프리미어 등 3차원 컴퓨터 그래픽 디자인 프로그램을 융합해 사물에 맞는 색상을 입히거나 질감을 입히는 디자인 작업을 한다.

🔍 Visual basic, C++ 등의 컴퓨터 프로그래밍 언어를 사용해 물체에 다양한 효과를 준다.

🔍 가상 현실이 개발된 후 사용자 체험 테스트를 통해 오류나 문제점을 발견하고 개선한다.

🔍 가상 현실 콘텐츠가 가상 현실 기기로 구현되도록 시스템에 탑재하여 사용자의 체험을 돕는다.

Tip 증강현실전문가에 대해 알아볼까요?

증강현실전문가는 증강 현실 기술을 구현하는 알고리즘을 개발·응용한다. 사용자가 원하는 정보를 얻도록 증강 현실 시스템을 파악하고, 각종 정보를 수집하여 개발 방향을 정하며, 신제품에 대한 기획안을 만든다. 이후 알고리즘 및 시스템이 개발되면 개별 및 통합 테스트, 통합 프로그램의 최적화 작업 등을 거쳐 완성한다.

적성과 흥미는?

가상의 체험 공간은 사용자가 실제 환경과 공간처럼 느낄 수 있도록 만들어야 하기 때문에 무한한 상상력과 창의력이 필요하다. 가상 현실을 나타내기 위해서는 현실과 가상의 세계를 종합적으로 보는 분석력이 필요하다. 가상 현실 속 여러 요소들을 응용할 수 있는 능력과 더불어 가상의 시간과 공간을 다루므로 공간 지각 능력도 필요하다. 새로운 기기를 만들려면 논리적, 분석적, 창의적 사고력이 필요하다. 호기심이 많고 다양한 분야에 흥미를 가지며, 꼼꼼하고 끈기가 있는 사람에게 적합하다. 가상 현실 콘텐츠를 만드는 것은 가상 현실 속 다양한 요소들을 실감나게 만들어야 하기 때문에 예술적인 감각도 갖추어야 한다. 개발 과정에서 여러 사람들과 의견을 조율하거나 팀을 이루어 일하는 경우가 많으므로 협동심과 원만한 대인관계 능력을 갖추는 것도 중요하다. 탐구형, 현실형 흥미를 가진 사람에게 적합한 직업이다.

가상현실전문가를 꿈꾼다면 컴퓨터를 다루는 능력과 포토샵, 일러스트, 프리미어 등 3차원 컴퓨터 그래픽 디자인 프로그램을 활용할 수 있는 능력을 갖추도록 노력해야 한다. C언어나 파이썬과 같은 프로그래밍 언어 실력을 갖추게 되면 대학 진학 후 학과 전공 학습을 할 때 도움이 된다. 컴퓨터 및 미술 관련 동아리활동, 창의력을 키울 수 있는 다양한 체험활동과 함께 추리 소설이나 공학 및 컴퓨터 관련 독서활동, 특히 교과 수업에서 새로운 아이디어를 설계하고 구체화해 발표하는 활동을 하는 것을 추천한다.

 관련 학과 및 자격증은?

컴퓨터공학과 컴퓨터과학과 컴퓨터그래픽과

사진영상예술학과 정보통신공학과 전자공학과

컴퓨터디자인학과 소프트웨어공학과

응용소프트웨어공학과 컴퓨터소프트웨어과

컴퓨터프로그래밍과 컴퓨터응용제어과

⚙ 정보처리기사   ⚙ 시각디자인산업기사

⚙ 시각디자인기사   ⚙ 컴퓨터그래픽스운용기능사

관련 교과는?

수학 영어 과학 정보 미술

관련 직업은?

증강현실전문가 가상현실공간디자이너

가상환경전문가 가상세계기술전문가

가상인식전문가 VR그래픽디자이너

인공현실전문가 기업관리소프트웨어개발자

과학용소프트웨어개발자 산업용소프트웨어개발자

교육용소프트웨어개발자 통신공학기술자

통신기술개발자 통신망운영기술자

진출 방법은?

가상현실전문가가 되기 위해서는 전문 대학 및 대학교에서 소프트웨어공학, 전자공학, 정보통신공학, 전파통신공학, 컴퓨터정보통신공학 등을 전공하는 것이 유리하다.

대부분 기업의 공개채용이나 특별채용을 통해 취업하게 되는데, 연구소의 경우 석사 이상의 학력을 요구하기도 한다. 가상 현실 분야는 비전공자라도 실무 능력에 따라 취업이 결정되기 때문에 학력이나 전공에 상관없이 가상 현실 기술 개발에 흥미를 갖고, 가상 현실 기술을 다루는 게임·영화 산업 현장, 교육 훈련 기관, 관련 사설 연구소 등에서 일정 기간 교육 및 현장 경험을 쌓은 후 가상현실전문가가 되기도 한다. 취업을 하게 되면 2~3년 정도 실무 경험을 쌓은 후에 본격적으로 가상현실전문가로서 역할을 수행하게 된다.

보통 기업에서 가상현실전문가를 채용할 때에는 주로 3D 모델링·조명·질감 활용 능력과 3D 시각화 소프트웨어 사용 능력, 컴퓨터 프로그래밍 능력, 360° 시야 기술 능력, 시각 효과에 대한 전문 지식, 가상 현실 개발 관련 실무 경험, 의사소통 능력, 협업 능력을 요구한다. 관련 국가 자격증인 컴퓨터그래픽스운용기능사, 시각디자인산업기사, 시각디자인기사를 취득하는 것도 도움이 된다.

미래 전망은?

가상 현실 기술 시장은 고속 데이터 처리, 카메라, GPS, 5G(5세대 이동 통신) 등의 기능을 갖춘 스마트폰이 등장하면서 폭발적으로 성장하고 있다. 우리나라의 가상 현실 관련 시장 규모도 매년 급성장하고 있으며, 국내 통신사를 중심으로 가상 현실 기반 기술 개발에 많은 투자를 하고 있다.

현재 가상 현실 콘텐츠 시장은 게임, 테마파크 등 놀이 문화나 시뮬레이션 같은 분야에서 시작해 제조업이나 쇼핑, 군사, 교육, 고고학, 건축, 미술, 음악, 의료 등 다양한 분야로 확대되고 있는 추세이다. 특히 의료 분야의 경우, 외상 후 스트레스 장애와 같은 정신과 치료에 가상 현실 기술을 적용하고 있는데, 향후 관련 시장의 성장가능성은 매우 높을 것으로 전망된다. 미래에는 로봇, 인공지능, 놀이 기구 등을 이용한 가상 현실 서비스가 많이 늘어날 것이며, 영화·게임·오락 산업, 교육 분야에도 널리 활용될 것으로 보여 가상현실전문가에 대한 수요가 증가할 것이다.

CAREER MAP

- 컴퓨터 그래픽스 활용 능력 함양
- 컴퓨터 프로그래밍 언어(파이썬, C언어) 학습
- 영어 실력 향상
- 미술 관련 동아리활동
- 가상현실전문가 직업체험 및 관련 학과 탐방
- 다양한 분야의 독서활동
- 소프트웨어 관련 전시회 참여

- 한국정보통신진흥협회

- 컴퓨터공학과
- 컴퓨터과학과
- 컴퓨터그래픽과
- 컴퓨터디자인학과
- 소프트웨어공학과
- 컴퓨터소프트웨어과
- 컴퓨터프로그래밍과
- 컴퓨터응용제어과
- 응용소프트웨어공학과
- 전자공학과
- 정보통신공학과

준비방법

관련기관

관련교과

- 수학
- 영어
- 과학
- 정보
- 미술

가상현실 전문가

관련학과

적성과 흥미

관련직업

- 상상력
- 창의력
- 공간 지각 능력
- 분석력
- 예술적인 감각
- 응용력
- 협동심
- 대인관계 능력
- 컴퓨터 그래픽스 활용 능력
- 컴퓨터 프로그래밍 능력
- 의사소통 능력

관련자격

- 정보처리기사
- 시각디자인산업기사
- 시각디자인기사
- 컴퓨터그래픽스운용기능사

- 증강현실전문가
- 가상현실공간디자이너
- VR그래픽디자이너
- 인공현실전문가
- 기업관리소프트웨어개발자
- 과학용소프트웨어개발자
- 교육용소프트웨어개발자
- 통신공학기술자
- 통신기술개발자
- 통신망운영기술자

건축공학기술자

건축공학기술자란?

1883년 착공해서 133년째 공사 중인 미완의 대작 사그라다 파밀리아 대성당. 세계적인 건축가 '가우디'의 건축물 중 하나인 이 성당은 스페인 바르셀로나에 위치하며, 전 세계에서 찾아오는 관광객들의 눈을 사로잡고 있다. 사그라다 파밀리아 대성당은 가우디 사후 200년이 되는 2026년 완공을 목표로 지금도 건축되고 있다. '바르셀로나는 가우디가 먹여 살린다'는 말이 있을 정도로 가우디의 몇몇 건축물(구엘 성지, 구엘 공원, 카사밀라)은 바르셀로나에 위치하며, 현재 유네스코(UNESCO) 세계문화유산에 등재되어 있다. 이렇듯 잘 만들어진 건축물은 생활의 영역을 넘어 관광 분야에도 영향을 주고 있다.

건축공학은 크게는 건축 설계, 건축 계획, 건축 의장, 인테리어와 같은 디자인 분야와 건축 시공, 건축 구조, 건축 재료, 건축 환경, 건축 설비, 건설 관리 등의 기술적 분야를 포함하며, 작게는 기술적 분야만을 의미한다. 그러나 최근에는 초고층·최첨단 건축물들이 만들어지고 있기 때문에 건축공학을 기술적 분야로만 한정짓기에는 무리가 있다.

건축공학기술자는 건축사가 건축물에 대한 계획 및 설계를 하고 나면 이를 바탕으로 실제 건축물 공사를 진행하는 직업으로, 건축물이 완공되기까지 건설 공사에 대한 전반적인 관리와 감독, 인력 관리와 건설 업무 수행을 위한 행정적인 업무를 수행한다.

🔍 건축공학기술자가 하는 일은?

하나의 건축물은 여러 분야의 건축 관련 전문가들의 협업 작업으로 완성된다. 협업 과정에는 건물을 계획하고 설계하는 건축사, 건축물의 구조 설계를 담당하는 건축구조설계기술자, 건물이 설계대로 시공되는지를 감독하는 건축감리사, 건설 자재의 품질을 측정하고 검사하는 건설재료품질시험원, 건축물을 직접 시공하는 건설기능공, 건설기능공을 관리·감독하는 건축시공기술자 등이 참여한다. 이 과정에서 건축공학기술자는 건축물이 완성되기까지 전체적인 공사 관리 감독 및 총지휘자의 역할을 한다.

건축공학기술자는 전문 분야에 따라 정해진 공사 기간 내에 건축물을 완성하기 위해 작업 지시 및 관리하는 공정관리기술자, 경제적이고 품질이 뛰어난 시공이 될 수 있도록 관리하는 품질관리기술자, 건축 현장에서 일하는 사람들의 안전을 책임지는 안전관리기술자, 시공 과정에서 발생할 수 있는 환경오염을 줄이는 데 관여하는 환경관리기술자 등으로 구분된다.

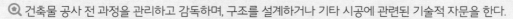

- 🔍 건축물 공사 전 과정을 관리하고 감독하며, 구조를 설계하거나 기타 시공에 관련된 기술적 자문을 한다.
- 🔍 설계 도면대로 공사가 진행되는지 관리하고 감독한다.
- 🔍 공사 현장의 안전, 환경, 건축물의 품질, 공사를 위한 재료나 인력 등을 관리하고 감독한다.
- 🔍 공사 견적이나 발주, 설계 변경, 원가 관리 등의 행정적인 업무를 처리한다.
- 🔍 도면, 구조 계획서, 공사 설계 설명서 등 공사에 필요한 서류를 작성한다.
- 🔍 설계도서에서 의도한 바를 해설하고 조언한다.
- 🔍 건축물의 조사 또는 감정 업무, 건축물의 유지 관리 및 건설 사업 관리 업무, 특별 건축구역 내 건축물에 대한 모니터링 및 보고서 작성 업무를 수행한다.

> **Tip 건축감리사에 대해 알아볼까요?**
>
> 건축감리사는 건축물 시공 시 품질 관리, 예산 관리, 공정 관리의 목표를 달성하기 위해 시공의 전반적인 과정을 확인하고 감독한다. 감리 방법, 감리 방향 등을 수립하고, 설계도서와 시방서에 표시된 대로 시공이 이루어지는지 점검하는 일을 한다. 또한 정해진 재료의 사용이나 요구하는 품질 확보 여부를 확인하기 위해 시험 과정에 참여하여 측량된 결과를 확인하고, 문제점에 대해 발주자에게 보고하며 시공자에게는 시정을 요청한다.

적성과 흥미는?

건축공학기술자는 공사 현장에서 단순 작업을 하는 사람에서부터 전문 건축공학 기술을 갖춘 사람들까지 다양한 사람들과의 협업 작업을 진행하기 때문에 원만한 대인관계, 의사결정 능력, 협업 능력을 갖추어야 한다. 또한 여러 분야의 기술자들을 관리하고 감독해야 하므로 리더십도 필요하다. 공사 현장에 따라 장기간 근무하기도 하고, 공사의 성격상 야간에도 작업하는 경우가 많기 때문에 강인한 체력을 갖추어야 한다. 공학과 기술, 디자인, 물리, 역학, 안전과 보안, 기계 등 다양한 분야의 지식이 요구되고, 더불어 건축 분야는 문화적·기술적·예술적인 능력의 통합적 소질과 공간 지각력, 적응력 및 융통성, 꼼꼼함, 책임감과 진취성 등이 필요하다. 다양한 형태의 건축물을 다루기 때문에 창의력과 합리적인 사고를 갖추는 것이 좋다.

건축공학기술자에 대한 관심이 있다면 물리학, 수학 등 건축공학에서 요구하는 필수 교과에 대한 노력이 필요하고, 컴퓨터 활용 능력과 미술적인 소양을 키우는 등의 노력을 기울여야 한다. 아울러 강인한 체력을 필요로 하는 직업이기 때문에 평상시 체력을 키우기 위한 활동을 권장한다.

관련 학과 및 자격증은?

건축공학과　건축학과　환경공학과

플랜트건축공학과　철도공학과　도시공학과

건축토목공학과　건설공학교육과　건설공학과

건축설비공학과　해양건설시스템공학과

해양건설공학과　해양플랜트건설공학과

철도건설안전공학과　디자인건축공학부

건축환경설비공학과　건축설비공학과

🔧 건축산업기사　🔧 건축목공산업기사

🔧 건축구조기술사　🔧 건축목재시공기능장

🔧 건축설비산업기사　🔧 건설안전기사

🔧 건축설비기사　🔧 건설재료시험기사

🔧 건축일반시공산업기사　🔧 도시계획기사

🔧 건축일반시공기능장　🔧 실내건축기사

🔧 건축시공기술사　🔧 철도보선산업기사

🔧 건축기능사　🔧 지적기사　🔧 건축기사

관련 교과는?

수학　과학　기술·가정　정보　미술

관련 직업은?

건축설계기술자　건축사　측량사　캐드원

건설기계공학기술자　플랜트기계공학기술자

건축구조설계기술자　건축구조기술자　건설견적원

건축시공기술자　건축감리기술자　건축설비기술자

빌딩정보모델링(BIM)전문가　건설공사품질관리원

리모델링컨설턴트　인테리어디자이너

진출 방법은?

건축공학기술자가 되기 위해서는 전문대학 및 대학교에서 건축학, 건축공학, 건축설비학, 실내건축학 등을 전공하는 것이 필요하다. 관련 학과에서는 건축학개론, 건축이론, 건축사, 건축설계, 건축구조, 건축재료, 건축설비, 건축법규, 건축 CAD, 도시개발, 조경설계 등 건축공학기술자가 알아야 할 지식을 배울 수 있다.

전문대학, 대학교, 대학원의 건축공학 관련 학과에서 교육을 받은 후 관련 분야로 취업을 하는 것이 일반적인데, 주로 공개채용을 통해 취업하며, 규모가 작은 회사의 경우에는 소개를 통해 수시로 채용하기도 한다. 진출하는 분야는 건설 회사, 감리 전문 회사, 엔지니어링 회사, 건축 설비 설계·시공 업체, 측량업체, 인테리어 전문업체, 건축 관련 연구소, 정부(기술직 공무원), 공공기관 등이고, 기술직 공무원이 되기 위해서는 공무원 시험에 합격해야 한다.

미래 전망은?

최근 건설업계에서 친환경과 에너지 효율 건축에 대한 관심이 증가하며 관련 시장이 확대될 것으로 예상된다. 또한 국민들의 생활수준이 높아짐에 따라 문화와 여가에 대한 관심과 수요가 증가하여 각종 박물관이나 미술관, 체험관 등의 문화 시설과 숙박 시설, 레저 시설 등에 관한 건축이 활발해질 것으로 전망된다. 최근에 우리나라에 지진 발생 빈도가 높아지고, 지진 피해가 발생하여 건축물 구조 진단 업무와 지진 대비 안전 보강 관련 업무를 위해 구조기술자나 건축물 안전 진단 전문가에 대한 수요가 증대할 것으로 보인다. 오래된 도심 건축물의 재건축이나 리모델링 공사, 도시 재생 관련 사업도 활성화될 것으로 예상되어 관련 분야 건축공학기술자의 전망이 밝을 것으로 예상된다.

또한 남북통일이 되면 건설업에서 가장 많은 일자리가 생겨날 것이다. 도로, 철도, 교량, 항만, 공항, 전력 공급 시설 등 북한의 뒤떨어진 사회간접시설에 대한 투자와 노후화된 주택을 정비하기 위해 대규모 건설 공사가 이루어질 것으로 예상되는 가운데 우리나라 건축공학기술자들의 수요 또한 증가할 것으로 전망된다.

CAREER MAP

준비방법

- 수학, 과학 교과 역량 강화
- 과학, 공학 관련 동아리활동
- 건축 관련 기업이나 학과 탐방
- 건축공학기술자 직업체험활동
- 미술 및 디자인 소양 함양

관련기관

- 대한건축사협회
- 한국건축가협회
- 한국여성건축가협회

관련교과

- 수학
- 과학
- 기술·가정
- 정보
- 미술

건축공학 기술자

관련자격

- 건축기사
- 건축산업기사
- 건축구조기술사
- 건축산업설비기사
- 건축설비기사
- 건축일반시공산업기사
- 건축시공기술사
- 건축목공산업기사
- 건축목재시공기능장
- 건설안전기사
- 건설재료시험기사
- 도시계획기사
- 실내건축기사
- 지적기사

적성과 흥미

- 수학과 물리학에 대한 흥미
- 공간 지각 능력
- 대인관계 능력
- 의사소통 능력
- 인내심과 끈기
- 리더십
- 창의력
- 강인한 체력
- 협업 능력
- 미술적 지식(디자인)
- 꼼꼼함
- 책임감
- 진취성
- 도덕성

관련학과

- 건축공학과
- 도시공학과
- 건설공학과
- 건축·설비공학과
- 건축학과
- 실내건축학과
- 건축토목학과
- 해양·플랜트건설공학과
- 플랜트·건축공학과
- 철도공학과
- 철도건설안전공학과
- 디자인·건축공학부
- 건축환경설비공학과
- 건설공학교육과

관련직업

- 건축사
- 건축설계기술자
- 건설기계공학기술자
- 건축구조설계기술자
- 건축구조기술자
- 건축시공기술자
- 건축감리기술자
- 빌딩정보모델링(BIM) 전문가
- 건설견적원
- 건설공사품질관리원
- 리모델링컨설턴트
- 인테리어디자이너
- 측량사
- 캐드원

게임프로그래머

게임프로그래머란?

게임은 대부분 기획-제작-테스트-배포의 과정을 거쳐 만들어진다. 처음 새로운 아이디어가 만들어지면, 기획서를 작성하고 게임 시나리오와 배경 스토리 구성, 게임 방법과 그래픽 작업을 진행한다. 그 다음, 가장 중요한 프로그램을 개발하고, 각종 배경 음악과 효과음을 삽입하는 작업이 이어진다. 완성된 게임은 사전 참여자들을 대상으로 베타테스트를 한 후 최종 수정 작업을 거쳐 시중에 판매된다. 하나의 게임이 만들어지기까지 게임기획자, 게임프로그래머, 시나리오작가, 그래픽디자이너, 사운드엔지니어 등 여러 전문가들이 협업하여 작업을 진행한다.

게임 개발 과정에서 가장 핵심이자 게임에 생명을 불어넣는 일을 하는 사람이 바로 게임프로그래머이다. 게임프로그래머는 게임의 전체 구조를 설계하고, 사운드 효과와 그래픽 데이터를 통합하여 게임을 완성하는 일을 한다. 게임프로그래머는 '게임서버프로그래머'와 '게임클라이언트프로그래머'로 구분한다. '게임서버프로그래머'는 온라인 네트워크와 데이터베이스 관련 프로그래밍을 작업한다. 이는 여러 게임 플레이어가 인터넷을 통해 같이 게임을 할 수 있도록 가상 공간을 만드는 작업이다. '게임클라이언트프로그래머'는 컴퓨터에서 직접 실행되는 프로그램을 만든다. 게임상에서 각 유닛의 이동이나 전투 등 눈에 보이는 모든 부분을 개발하는 프로그래머이다.

게임프로그래머가 하는 일은?

게임프로그래머는 프로그래밍을 통해 맵 디자인, 캐릭터 디자인, 사운드, 각종 시스템 등을 혼합해서 게임이라는 하나의 결과물을 만들어낸다.

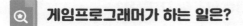

- 게임기획자, 그래픽디자이너, 음악제작자로부터 자료를 받아 프로그램을 설계한다.
- 게임 제작을 위한 엔진을 개발한다.
- 영상을 모니터에 출력하기 위한 제반 함수와 그래픽 특수 효과, 입력 장치 제어 루틴, 툴 등을 제작한다.
- 오버랩, 페이드인, 페이드아웃, 모자이크, 그레이 스케일, 셀로판 효과 등 그래픽 특수 효과를 제작한다.
- 플레이어가 특정 메시지를 전달할 수 있도록 키보드, 마우스 등의 입력 장치 제어 루틴을 제작한다.
- 그래픽 파일이나 사운드 파일이 게임 속에서 정상적으로 작동될 수 있도록 해주는 프로그램을 작성한다.
- 게임을 테스트하여 에러를 수정하고 버그를 찾아낸다.
- 최신 게임 개발 기술 현황을 파악하고, 응용 방법을 연구한다.

Tip 게임프로그래머의 분야별 역할에 대해 알아볼까요?

- 물리프로그래머 : 현실 세계와 같은 물리 현상을 게임 플레이에 접목하여 사실감 있는 게임을 만든다.
- 사운드프로그래머 : 게임 내 모든 사운드 처리를 담당하며, 기획한 콘셉트에 따라 효과음이나 배경음이 적절하게 출력되도록 조절한다.
- 렌더링프로그래머 : 게임 화면에 나오는 모든 업무를 담당하며, 게임 엔진으로 구현한 기능들이 게임에서 원활히 동작하도록 최적화한다.
- 툴프로그래머 : 게임 내에서 사용될 목적으로 만들어진 텍스처나 모델을 게임 제작 시에 사용할 수 있도록 툴을 제작한다.
- AI(인공지능)프로그래머 : 게임 내에서 등장하는 생명체들이 지능적으로 움직일 수 있도록 만든다.
- 애니메이션프로그래머 : 게임원화가가 만든 캐릭터의 동작들을 게임 내에서 사용하기 위해 로직을 만든다.
- 서버프로그래머 : 게임을 위한 서버(가상 세계)를 구축하고, 플레이어가 보내주는 데이터를 처리한다.

적성과 흥미는?

게임프로그래머는 시나리오, 프로그래밍, 디자인, 음악 등 모든 요소를 운영하기에 여러 분야에서 풍부한 지식을 갖추어야 한다. 높은 수준의 컴퓨터 그래픽 능력은 물론 음향, 색감, 정교한 움직임을 나타내기 위한 수학적 지식, 캐릭터들의 움직임을 현실감 있게 표현하기 위한 물리학적 지식이 필요하다. C언어를 기본적으로 공부한 후에 C++, MFC, API, JAVA 등의 프로그래밍 언어를 배우면 좋다. 대부분 프로그래밍 기술이 영어로 쓰여 있어 기본적인 영어 실력은 갖추어야 한다. 게임 프로그램을 만드는 과정은 여러 전문가의 협업으로 진행되기 때문에 프로젝트를 통합·관리할 수 있는 리더십, 원만한 대인관계, 원활한 의사소통 능력을 갖추는 것도 필수이다. 항상 새로운 것을 탐구하기 좋아하고, 인간의 심리와 사회 변화에 관심을 가지며, 자신이 맡은 일을 끝까지 마무리할 수 있는 성실성과 책임감이 있고, 성격이 꼼꼼하며, 논리적 사고 능력과 상상력을 지닌 사람, 자신의 아이디어를 구체화하여 문서 및 시각화할 수 있는 창의적인 사람이 유리하다.

게임프로그래머에 관심이 있다면 수학, 물리학 교과에 대한 지식을 습득하기 위해 노력해야 한다. 파이썬 또는 C언어를 배우거나, 평소 컴퓨터 프로그램 활용 능력을 쌓는 것도 좋다. IT 및 다양한 분야의 독서활동과 컴퓨터 관련 잡지나 신문을 구독하는 것을 권장한다.

💬 **관련 학과 및 자격증은?**

(게임공학과)　(응용소프트웨어공학과)　(게임학과)

(정보통신공학과)　(컴퓨터공학과)　(게임컨텐츠과)

(멀티미디어게임과)

⚙ 게임프로그래밍전문가　⚙ 정보처리기사

⚙ 정보처리산업기사　⚙ 게임기획전문가

⚙ 게임그래픽전문가　⚙ 정보처리기능사

⚙ MCSD　⚙ SCJP

💬 **관련 교과는?**

(수학)　(과학)　(정보)　(미술)　(음악)

💬 **관련 직업은?**

(게임개발자)　(프로젝트매니저)　(게임기획자)
(게임시나리오작가)　(게임음악가)　(일러스트레이터)
(웹프로그래머)　(게임그래픽디자이너)　(게임마케터)
(게임음향기술자)　(게임프로듀서)　(게임디렉터)
(게임감시관 및 조사관)　(비디오게임디자이너)
(프로게이머)　(비디오게임해설자)　(게임딜러)
(시나리오디자이너)

🌐 진출 방법은?

　게임프로그래머는 전문대학 및 대학 졸업 이상의 전산 관련 전공자가 우선시되기는 하지만, 전공 제한은 없다. 게임 프로그래밍 실력만 갖추었다면 전공과 상관없이 고등학교나 전문대학을 졸업한 경우에도 가능하다. 또는 게임 관련 인력 양성을 전문적으로 하는 게임 아카데미나 대학에서 운영하는 사회교육원 등에서 교육을 받아도 된다. 그러나 게임 관련 학과에서는 게임 기획, 게임 연출, 게임 프로듀싱 및 아이디어 발굴을 위한 교육, 게임 시나리오 작성, 게임 그래픽 디자인, 게임 프로그래밍, 게임 음악 등을 체계적으로 배우기 때문에 게임프로그래머로 진출하는 데 비교적 유리하다.

　게임프로그래머는 게임 제작업체, 소프트웨어 개발업체, 영화사, 광고 제작업체, 출판사, 애니메이션 제작업체, 컴퓨터 활용 분야, 게임 프로그램 업체, 솔루션 개발업체 등에 주로 취업하고, 경력 및 실력 여하에 따라 P2P 및 클라이언트 분야의 업무를 담당하기도 한다. 게임프로그래머로 처음 진출하게 되면 3년 정도 P2P&클라이언트 분야의 서브 프로그래머로 근무한다. 이후 5년 정도 근무하면 리드 프로그래머가 되어 웹PD 및 웹디자이너로 이동이 가능하고, 게임기획자로 직업을 옮기는 것도 가능하다. 리드 프로그래머로 8년 정도 근무하면 게임 프로젝트 매니저로 승진할 수 있으며, 웹프로그래머, 소프트웨어개발자, 모바일게임프로그래머로 전직이 가능하다. 게임 프로그램 개발 총괄 팀장이 되려면 10년 정도의 경력이 필요하다.

⚙ 미래 전망은?

　우리나라는 발달된 IT 인프라와 반도체, TFT, LCD, 모바일 분야 세계 1위의 기술력을 기반으로 세계 온라인 게임 분야의 발전을 선도하고 있다. 디지털 기기에 능숙한 세대, 1인 가구의 증가 및 개인주의의 확대 등으로 혼자 여가 시간을 보내며 게임 콘텐츠를 이용하는 경우가 많아져 게임프로그래머를 비롯한 게임 관련 직업의 전망은 밝다. 또한 문화 산업의 중요성이 갈수록 증대되며, 국가 차원에서 게임 산업을 전략적으로 육성·지원하는 상황은 게임프로그래머 고용에 긍정적인 영향을 미치고 있다. 최근 게임업계에서는 전문 게임프로그래머의 인력 부족 현상이 갈수록 심화되고 있어 인디 게임 업체, 중견 게임 개발 회사뿐만 아니라 대기업 게임 개발팀에서도 게임프로그래머 인력을 구하는 데 어려움을 겪고 있다. 따라서 실력을 갖춘 게임프로그래머는 취업에 큰 걱정이 없을 것으로 예상된다.

CAREER MAP

- 수학, 과학 교과 역량 강화
- 게임, 컴퓨터 관련 동아리활동
- 게임, 소프트웨어 관련 기업 탐방
- 게임프로그래머 직업체험활동
- 컴퓨터 프로그래밍 언어(파이썬, C언어, JAVA 등) 습득

- 한국게임산업협회
- 한국콘텐츠진흥원
- 한국게임개발자협회

- 게임프로그래밍전문가
- 정보처리기사
- 정보처리산업기사
- 게임기획전문가
- 게임그래픽전문가
- 정보처리기능사
- MCSD
- SCJP

준비방법

관련기관

- 수학
- 과학
- 정보
- 미술
- 음악

관련교과

게임 프로 그래머

관련자격

- 수학과 물리학에 대한 흥미
- 공간 지각 능력
- 대인관계 능력
- 의사소통 능력
- 리더십
- 책임감
- 성실성
- 영어 실력
- 프로그래밍에 대한 관심
- 논리적 사고 능력
- 상상력

적성과흥미

관련직업

관련학과

- 게임공학과
- 응용소프트웨어공학과
- 정보통신공학과
- 컴퓨터공학과
- 게임콘텐츠과
- 게임학과
- 멀티미디어게임과

- 게임개발자
- 프로젝트매니저
- 게임기획자
- 웹프로그래머
- 게임그래픽디자이너
- 게임시나리오작가
- 게임음악가
- 게임음향기술자
- 게임프로듀서
- 게임디렉터
- 비디오게임디자이너
- 프로게이머
- 비디오게임해설자

금속공학기술자

금속공학기술자란?

인류의 문명은 불의 발견으로 시작해서 철금속으로 완성되었다고 표현할 만큼 철금속은 인류 문명의 발전에 결정적인 영향을 미쳤다. 석기 시대를 지나 청동기 시대까지 느리게 발전해오던 문명은 철기 시대를 맞이하면서 급속하게 발전하였다.

철은 지구상의 주요 금속 원소 가운데 그 양이 가장 많다. 철을 재료로 사용한 모든 제품들은 녹여서 재활용할 수 있으며, 재활용을 하지 않더라도 다시 철광석으로 변하므로 자연을 오염시키지 않는 친환경적인 자원이다. 철은 비교적 형태를 쉽게 바꿀 수 있으며, 한번 바뀐 형태는 다른 형태로 쉽게 변하지 않는다. 이러한 특성으로 인해 수저, 그릇 등의 생활용품에서부터 철도, 자동차, 비행기 등의 교통수단, 우주항공 등의 첨단 산업 분야에 이르기까지 다양한 곳에서 활용되고 있다. 또한, 철을 다양한 곳에 사용하기 위해 다른 금속과 합금을 하여 그 성질을 개선하기도 한다. 이는 철금속이 우리 생활에 없어서는 안 될 만큼 중요한 역할을 하기 때문이다.

금속공학은 산업의 기초와 근간이 되는 다양한 금속을 연구하는 학문이다. 금속 재료의 개발, 제강 공정 기술, 금속 가공 기술 및 고급 금속 재료 등에 관해 연구한다. 금속공학기술자는 원광석에서 유용한 금속을 추출하는 제련 및 정련 공정에서부터 각종 금속을 합금하거나 금속 제품을 생산하는 제조 공정에 이르는 일을 수행하는 직업이다. 금속공학기술자의 업무는 항공 우주, 정밀 기계, 에너지 등의 첨단 산업에 이를 정도로 그 범위가 매우 넓으며, 국가 경쟁력을 높일 수 있는 중요한 업무이다.

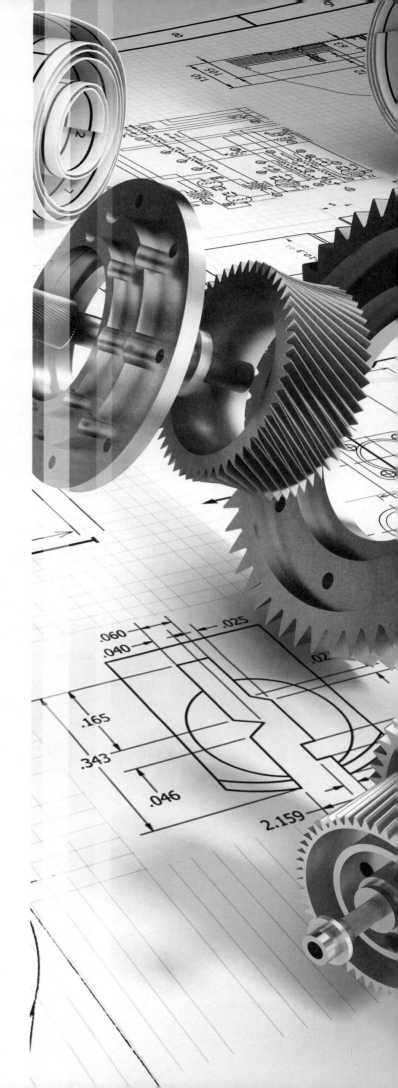

금속공학기술자가 하는 일은?

금속공학기술자는 공학적 원리를 적용하여 원광석을 녹인 후 금속의 제련 및 정련 등의 공정 작업, 각종 금속을 이용한 합금 작업, 금속 제품을 생산하는 제조 작업 등의 업무를 담당한다. 업무 내용에 따라 금속 제련 분야, 금속 재료 분야, 금속 가공 분야로 나눌 수 있다.

- 금속 및 합금의 제조 및 가공 방법을 개발하기 위한 응집·추출·제련·처리 공정을 개발한다.
- 금속의 특성에 관해 연구하고 금속의 주형, 조형, 열처리를 위한 공정을 설계한다.
- 금속의 재료를 응집시키고 추출·제련·처리하는 공정을 계획·설계·개발한다.
- 금속 분야에 대한 자료를 수집·분석하여 사업체 운영에 맞는 생산 기술을 향상시키거나 신기술을 개발한다.
- 기존 설비의 시설 용량, 규격 및 형식 등을 검토하여 설비 개선 방안을 연구한다.
- 화학적·물리적 분석 등의 연구와 재료의 설계, 공정 검사 등에 대해 연구한다.
- 산업표준화 및 사내기술규격표준 등을 조정하여 생산 효율성을 높이고 인허가 업무를 수행한다.
- 금속 제품의 제조, 가공, 합금, 금속 조직과 합금 시료 등 금속 분야에 대한 각종 자료를 수집·분석한다.
- 사업체 운영에 맞는 장단기 기술 정책을 입안하고, 생산 기술 향상 및 신기술 개발을 위한 방안을 연구한다.
- 금속 분야에 관련된 각종 설비 계획에 대해 기술적 조언을 제공한다.
- 기술 용역 계약에 포함되는 기술 사항을 작성하고 검토하는 업무를 총괄한다.
- 용역의 범위, 건설용원 소요, 구입 사양서 검토 등 각종 기술적 업무를 지원한다.
- 금속 기술에 관한 기술적인 사항을 교육한다.

적성과 흥미는?

금속공학기술자는 화학, 물리학, 수학과 같은 기초과학 분야에 대한 지식을 습득해야 하고, 다양한 금속에 대해 흥미가 있어야 한다. 연구 업무에 종사하는 경우, 다양한 실험을 통해 새로운 금속 재료를 개발해야 하므로 연구, 계획, 공정, 설치, 조작에 대한 공학적 개념과 원리를 이해하고, 실제로 적용할 수 있는 학습 능력, 분석적 사고 능력, 창의력, 수리적 사고 능력, 혁신적 사고 능력을 갖추어야 한다. 새로운 소재를 개발하기 위해 신기술을 빨리 받아들이고, 그것을 바탕으로 더 나은 소재를 개발하려는 진취적인 자세가 필요하다. 실생활에서 사용하고 있는 다양한 소재에 대해 관심을 갖고, 새로운 소재 개발에 적용할 수 있는 능력을 갖추면 좋다.

첨단 금속 소재 분야에서 근무하게 되면 업무상 복잡한 구조의 기계 장치나 컴퓨터를 활용해야 하므로 기계, 전자, 컴퓨터 관련 기술을 습득하거나 장치를 다루는 것에 흥미가 있어야 한다. 금속 재료를 개발하는 과정에서 측정 및 분석 업무를 하는 경우가 많아 인내심도 요구된다. 다른 분야의 전문가와 협업하는 경우가 많으므로 서로의 의견을 정확히 주고받을 수 있는 의사소통 능력, 의사전달 능력, 대인관계 능력, 협업 능력이 요구된다. 문제해결 능력과 의사소통 능력이 부족하다면, 이를 향상시키기 위해 다양한 프로그램에 참여하거나 다양한 분야의 독서활동을 권장한다.

⋯⋯⋯⋯⋯⋯⋯⋯⋯⋯⋯⋯⋯⋯⋯⋯⋯⋯⋯⋯⋯

💬 관련 학과 및 자격증은?

(제철금속과) (철강IT공학부) (재료공학과)
(금속시스템공학전공) (금속공학과)
(금속과) (신소재공학과) (금속재료공학과)
(무기재료공학과) (용접접합과학공학과)
(금형신소재공학과) (보석귀금속학과(공학))

🔧 금속기사	🔧 금속재료기술사
🔧 금속가공기술사	🔧 금속재료기능장
🔧 금속재료산업기사	🔧 금속제련산업기사
🔧 금속재료시험기능사	🔧 주조기능장
🔧 주조산업기사	🔧 주조기능사
🔧 원형기능사	🔧 열처리기능사

💬 관련 교과는?

(수학) (과학) (기술·가정) (정보)

⚙️ 미래 전망은?

현재 사용하고 있는 금속은 대략 70여 종에 달하는데, 이것의 대부분은 산업혁명 이후 19세기부터 사용되기 시작했다. 또한 금속의 1/3 이상이 제2차 세계 대전 이후부터 사용되었다. 즉, 현재 사용되는 대부분의 금속은 산업의 발달과 함께 사용되기 시작했고, 앞으로도 첨단 기술의 발달로 새로운 금속이 개발될 것으로 예상된다.

미래에는 금속 이외의 재료가 보다 많이 사용될 것으로 예상된다. 그러나 금속 재료는 제철·제강·자동차·중공업·항공우주·조선·원자력 산업은 물론 반도체·전자 산업 등의 많은 분야에서 기본 재료로 활용되기 때문에, 앞으로도 중요한 역할을 하게 될 것이다. 최근에는 지구 환경과 에너지 절약이 큰 이슈가 되고 있는 만큼 각종 제철 폐기물을 재활용하는 분야도 각광받고 있다.

정부에서도 금속 소재 분야를 지원하기 위해 다양한 지원 사업을 실시하고 있고, 새로운 소재를 개발하기 위해 미래 핵심 기술인 BT(생명공학기술), IT(정보통신기술), NT(나노기술), ET(환경공학기술) 등을 중점적으로 육성하고 있다. 이러한 산업 발전에 따라 새로운 금속 소재에 대한 관심과 수요는 빠른 속도로 증가하고 있으며, 기업체에서도 기존 금속 소재의 성능을 향상시키는 기술 개발과 함께 새로운 금속 재료의 개발에 몰두하고 있다. 따라서 뛰어난 역량을 갖춘 금속공학기술자에 대한 수요가 증가할 것으로 전망된다.

💬 관련 직업은?

(재료공학기술자) (나노공학기술자) (비철주조원)
(금속원료준비원) (금속재료공학시험원) (주조원)
(금속가공장치조작원) (금속품질관리기술자)
(단조원) (도금원) (도장원) (비파괴검사원)
(도금 및 금속분무기조작원) (주화압연원)
(용융도금원) (금형주조기조작원) (용접원)
(원료제어실운전원)

진출 방법은?

금속공학기술자가 되기 위해서는 전문대학 또는 대학에서 금속공학과, 재료공학과, 신소재공학과 등의 관련 학과를 졸업하는 것이 유리하다. 전문대학 교육을 받은 경우에는 교육과 현장 실무 경력을 통해 금속공학기술자가 될 수 있다. 대학 교육과정에서는 금속 및 비금속 재료의 제조 및 가공, 광석에서 금속을 얻는 제련, 제련된 금속의 순도를 높이는 정련, 금속 재료 개발 및 금속 가공, 금속의 원자 구조 및 결정 구조, 합금의 현미경 조직과 기계적·화학적·물리적 성질, 금속의 소성 가공, 용접 가공, 분말 야금, 표면 처리 등의 기본 이론과 응용 방법을 배운다.

금속공학은 자동차, 반도체, 철강, 화학, 화공, 섬유, 전기, 전자, 조선, 항공 등 많은 영역과 관련되기 때문에 졸업 후에는 제철소, 철강 회사, 시멘트 회사, 중공업 회사, 기계 가공 회사, 자동차 회사, 항공기 재료 회사, 반도체 회사 등 다양한 분야로 진출할 수 있다. 그 외에도 정부기관, 연구소 및 교육기관에서 연구 개발 업무를 담당할 수 있는데, 그러한 업무를 수행하려면 석사 이상의 학력을 갖추어야 한다.

CAREER MAP

금속공학 기술자

준비 방법
- 자연과학 기초 지식 습득
- 공학 관련 동아리활동
- 다양한 분야의 독서활동
- 창의공학 캠프 참여
- 금속공학기술자 직업체험활동
- 금속공학 관련 기관 및 학과 탐방

관련 기관
- 한국비철금속협회
- 대한금속·재료학회

적성과 흥미
- 수학, 물리학, 화학 교과에 대한 흥미
- 인내심
- 대인관계 능력
- 의사전달 능력
- 창의력
- 분석적 사고 능력
- 수리 능력
- 진취성과 혁신성
- 융통성
- 적응력
- 혁신적 사고 능력

관련 교과
- 수학
- 과학
- 기술·가정
- 정보

관련 직업
- 재료공학기술자
- 나노공학기술자
- 금속재료공학시험원
- 금속가공장치조작원
- 금속품질관리기술자
- 단조원
- 도금원
- 비파괴검사원
- 용접원
- 주조원
- 도금 및 금속분무기 조작원
- 금속원료준비원
- 항공기루터조작원
- 금형주조기조작원

관련 자격
- 금속기사
- 비철야금기술사
- 금속제련기술사
- 비파괴검사기술사
- 비파괴검사기사
- 비파괴검사산업기사
- 금속가공기술사
- 금속재료산업기사
- 표면처리기술사
- 표면처리산업기사
- 금속재료시험기능사
- 주조기능장
- 주조산업기사
- 원형기능사
- 열처리기능사

관련 학과
- 금속공학과
- 재료공학과
- 무기재료공학과
- 신소재공학과
- 재료금속공학과
- 금속과
- 제철금속과
- 금속재료공학과
- 용접접합과학공학과
- 금형신소재공학과
- 철강IT공학부
- 금속시스템공학전공

기계공학기술자

기계공학기술자란?

우리는 아침에 일어나 학교에 도착하기까지 스마트폰, 냉장고, 엘리베이터, 전철, 버스, 택시 등 수많은 기계를 이용하면서 생활하고 있다. 이제는 기계의 도움 없이 살아간다는 것을 상상하기도 어려운 세상이 되었다.

가솔린 자동차, 디젤 자동차, 최근의 수소 자동차, 전기 자동차, 자율주행 자동차에 이르기까지 자동차 기술의 급속한 발달과 변화의 중심에는 기계공학이라는 학문이 있다. 하늘을 날고 우주를 탐험하는 항공우주공학도 기계공학에서 출발했으며, 산업 사회의 발달로 인한 생산성 향상과 자동화에 적합한 최적의 기술을 연구하고 응용하는 산업공학도 기계공학에서 출발한 학문 분야이다. 그 외에도 자동차공학, 조선공학, 항공우주공학, 컴퓨터공학 등이 기계공학에서 시작된 학문일 정도로 기계공학은 다양한 곳에 적용되는 학문이다. 이렇듯 우리의 삶과 밀접한 관련이 있는 기계공학은 여러 산업의 기초가 되고, 그 연구 분야도 광범위하다.

기계공학기술자는 매우 다양하면서도 광범위한 영역에 영향을 미치고 있으며, 산업 발전에 핵심적인 역할을 하고 있다. 기계공학기술자는 초음속 비행기, 로봇 약사, 자율주행 자동차 등 여러 첨단 기술이 적용된 기계를 인간이 저렴하고 효율적으로 이용할 수 있도록 만드는 전문가이다.

기계공학기술자들이 새로운 기계를 개발함으로써 인간은 힘든 육체노동에서 벗어나게 되었고, 삶은 과거보다 풍요로워졌으며, 생활 공간도 육지에서 바다를 넘어 우주로까지 확대되고 있다.

🔍 기계공학기술자가 하는 일은?

기계공학기술자는 기계공학의 원리를 이용하여 일반 기계, 생산을 위한 설비, 생산 시스템 등을 연구·설계·제조 및 운영하고, 생산 분야의 작업 단계와 제품을 검사하고 감독한다. 이와 함께 산업설비를 통한 생산 관리와 기계 품질 관리 및 평가에 관한 연구와 자문 역할을 수행한다.

- 🔍 새로운 기계나 생산 설비 시스템을 개발하기 위한 아이디어를 계획하고, 관련 시스템을 설계한다.
- 🔍 다양한 기계 분야의 정보를 수집·분석하고 기계와 시스템의 설계, 운영, 성능에 관해 연구한다.
- 🔍 로봇, 자동차, 항공기, 의료 장비, 나노 장비, 초소형 실험 장비, 대형 플랜트 설비와 같은 기계와 화학 공장에서의 생산 시설 등을 설계하고 제작한다.
- 🔍 각종 자동화 설비나 기계 설비를 설치하고 변경·확장하는 것과 관련한 전체적인 업무를 수행하고, 기존 설치 환경에서 규격이나 용량 등을 검토하여 개선 방안에 대해 연구한다.
- 🔍 각종 설비의 제작, 변경 및 확장 등과 관련하여 견적서, 보고서, 제안서 등을 작성하고 검토한다.
- 🔍 기계와 관련된 도면을 작성하고 변경하며, 기술 용역을 계약할 때 필요한 각종 서류를 작성하고 검토한다.

Tip 메카트로닉스공학기술자에 대해 알아볼까요?

메카트로닉스공학기술자는 의복, 식품, 자동차, 항공기 등 각종 제품들의 생산 과정을 자동화하는 설비 기술을 연구하고 개발한다. 특정 제품 생산을 위한 최적의 생산 설비를 제작하기 위해 계획 수립부터 목적에 맞는 자동화 생산 설비를 개발하고, 자동화 설비가 제대로 작동하는지 점검한다. 메카트로닉스공학기술자는 전기나 기계와 관련된 일들을 좋아하며, 논리적이고 호기심이 많은 사람에게 적합하고, 스트레스를 견디어 내는 적응력, 융통성, 협동정신, 원만한 대인관계 능력, 분석적 사고 능력, 문제해결 능력, 창의적 사고력이 높은 사람에게 적합하다.

적성과 흥미는?

기계공학기술자라는 직업에 관심이 있다면 기본적으로 수학, 물리학, 화학 등의 교과에 대한 흥미와 실력을 갖추어야 한다. 또한 기계공학은 다양한 분야의 학문과 융합되어 활용되기 때문에 컴퓨터, 전자, 생물, 의학 등 여러 분야에 관심을 가지고 탐구하는 자세가 필요하다. 새로운 모델과 기술을 연구 개발하기 때문에 창의적인 생각과 함께 상상한 것을 실제로 만들어 내는 능력, 논리적이고 분석적인 자세, 혁신적인 자세가 요구된다. 연구 개발 과정에서 발생하는 수많은 문제를 해결하는 문제해결 능력과 포기하지 않는 끈기도 갖추어야 한다.

여러 분야의 전문가들과 함께 팀을 이루어 작업하는 경우가 많기 때문에 협업 능력, 의사소통 능력이 중요하고, 대인관계 능력, 융통성, 다른 사람의 의견을 적극적으로 수용하는 자세가 필요하다. 현실형과 탐구형의 흥미를 가진 사람에게 적합하며, 높은 적응력과 스트레스를 감내하는 능력, 분석적 사고력을 가진 사람에게 유리하다. 기계나 장치에 대한 호기심이 있고, 기계의 작동 원리를 탐구하기 좋아하며, 한번 시작한 일은 끝을 보는 인내심, 수리 능력과 분석력, 도전정신, 혁신 능력도 필요하다.

기계공학기술자에 관심이 있다면 학창 시절부터 수학, 과학, 물리학, 화학, 컴퓨터 실력을 쌓을 것을 권장하고, 인문학, 철학, 심리학, 공학 등 다양한 분야의 독서활동을 통해 지식을 습득하는 것이 중요하다.

진출 방법은?

기계공학기술자가 되기 위해서는 전문대학 및 대학의 기계공학, 기계설계공학, 생산기계공학, 컴퓨터응용기계학 등의 기계공학 관련 학과를 졸업하거나 자동차공학, 항공우주공학, 조선공학 및 철도공학과 같은 제품 분야별 세부 전공을 선택하는 것이 좋다. 로봇공학이나 메카트로닉스공학, 자동화공학 등 융합된 학문을 전공하는 사람도 많다.

기계공학기술자는 대학을 졸업한 후에 주로 자동차 회사에 취업하나 항공, 전자, 반도체, 건축, 토목 등의 분야에도 진출한다. 기업체에 취업한다면 주로 제품을 설계하고 개발·생산하는 분야에 종사하며, 기타 엔지니어링 회사, 벤처 기업, 컨설팅 회사 등에도 취업한다. 기계공학은 분야가 넓기 때문에 대학 졸업 후 연구 개발 업무나 높은 수준의 설계 업무를 수행하기 위해서는 대학원의 석사 및 박사 과정에 진학하여 더 전문적인 지식을 습득해야 한다. 석사나 박사 학위 과정을 마치면 정부출연연구소나 기업의 연구소 등으로 진출할 수 있다.

일정 기간 경력을 쌓은 후에는 습득한 기술을 바탕으로 관련 분야의 벤처 회사나 스타트업을 창업하거나 기계공학 관련 컨설턴트로도 활동할 수 있다.

관련 학과 및 자격증은?

기계공학과　기계설계공학과　기계산업공학과
기계시스템공학과　기계자동화과　조선공학과
컴퓨터응용기계과　차량기계과　로봇공학과
건설기계공학과　기계정보공학과
자동차공학과　로봇시스템공학과
정밀기계공학과　항공우주공학과

기계설계산업기사　메카트로닉스기사
일반기계기사　정밀측정산업기사
정밀측정기능사　생산자동화산업기사
컴퓨터응용가공산업기사　기계제작기술사
산업기계설비기술사　자동차정비기사
전산응용기계제도기능사　건설기계기술사
선박기계기술사　냉동건조기술사
기계설계기사　기계기술사　항공기사

관련 교과는?

수학　과학　기술·가정　정보

관련 직업은?

메카트로닉스공학기술자　건설기계공학기술자
엔진기계공학기술자　냉난방 및 공조공학기술자
사무용기계공학기술자　철도차량공학기술자
로봇공학기술자　지열시스템연구 및 개발자
열관리기계공학기술자　플랜트기계공학기술자
산업기계공학기술자　조선공학기술자　비파괴검사원
자동차공학기술자　항공공학기술자　기계공학시험원

미래 전망은?

기계공학은 기계 설계와 정밀 부품 기계의 제작 등을 기초로 자동차, 전기, 전자, 통신, 항공우주, 조선 해양, 환경, 건설 등 산업 전반에 응용되고 있다. 또한 정보통신기술, 생명공학기술, 환경공학기술, 나노기술, 항공우주기술 등과 밀접한 관련이 있으며 그 중요성이 더욱 커지고 있다. 특히, 자율주행자동차, 지능형 자동차, 스마트 공장, 인공지능 등의 지능형 기계 분야와 친환경 기계 설비, 의료 기기 산업, 항공우주 산업 분야에서 기계공학기술자의 수요가 늘어날 가능성이 높다. 또한 자연재해나 환경오염 등에 대응하는 로봇과 해저 자원 및 우주 자원 발굴을 위한 로봇도 도입되고 있다. 인간의 삶의 질이 높아지면서 각종 서비스가 로봇을 통해 이루어질 것으로 예상되며, 고령화와 저출산에 따른 애완 로봇, 소셜 로봇의 개발 및 수요도 확대될 전망이다.

CAREER MAP

- 수학, 과학 교과 역량 강화
- 과학, 공학 관련 동아리활동
- 기계 관련 전시회 참여
- 기계 관련 기업 및 학과 탐방
- 기계공학기술자 직업체험활동

준비방법

- 기계공학과
- 기계설계공학과
- 기계산업공학과
- 기계시스템공학과
- 기계자동화과
- 메카트로닉스공학과
- 자동차공학과
- 로봇공학과
- 기계정보공학과

관련학과

- 산업기계공학기술자
- 조선공학기술자
- 자동차공학기술자
- 항공공학기술자
- 메카트로닉스공학기술자
- 건설기계공학기술자
- 엔진기계공학기술자
- 철도차량공학기술자
- 로봇공학기술자
- 플랜트기계공학기술자

관련직업

기계공학 기술자

관련교과

- 수학
- 과학
- 기술·가정
- 정보

적성과 흥미

- 기계에 대한 흥미
- 논외적 사고 능력
- 수리 능력
- 분석력
- 문제해결 능력
- 협업 능력
- 대인관계 능력
- 의사소통 능력
- 창의력
- 도전정신
- 호기심과 상상력

관련기관

- 한국유체기계학회
- 대한기계학회
- 한국자동차산업협회
- 한국건설기계산업협회

관련자격

- 기계설계산업기사
- 기계설계기사
- 메카트로닉스기사
- 기계기술사
- 산업설비기술사
- 생산자동화산업기사
- 기계제작기술사
- 선박기계기술사
- 자동차정비기사

네트워크엔지니어

네트워크엔지니어란?

네트워크는 'Net'와 'Work'의 합성어로 다수의 컴퓨터들이 통신 기술을 매개로 그물망처럼 연결되어 있는 통신 이용 형태를 의미한다. 즉 '두 대 이상의 컴퓨터들을 서로 연결하여 통신이 가능하게 하는 것'이 바로 네트워크이다. 멀리 떨어져 있는 컴퓨터들을 유선이나 광케이블, 와이파이(Wi-Fi)와 같은 무선 매체를 통해 서로 연결하여 자원을 공유하고 분배하는 기능을 수행한다.

현대 사회에서는 일상생활 대부분이 네트워크로 연결되어 있으므로 어느 한 곳에서 고장이 나거나 관리가 잘 되지 않을 경우 심각한 피해가 발생할 수 있다. 최근 우리나라 대형 통신사의 네트워크 이상으로 개인, 기업이나 기관에서 대규모 피해가 발생한 것도 네트워크 관리에 소홀했기 때문에 발생한 사례이다.

이러한 문제의 발생을 방지하고자 네트워크가 안정적으로 유지될 수 있도록 관리하고, 고장과 같은 문제가 발생했을 때 신속히 대처하는 일을 하는 사람들을 네트워크엔지니어라고 한다.

네트워크엔지니어가 하는 일은?

네트워크엔지니어는 네트워크 구축·유지보수, 문서 작업, 컨설팅 등 다양한 분야의 일을 수행한다.

네트워크 구축

스위치, 라우터, 방화벽, 액세스 포인트 등의 네트워크 장비들을 이용해 고객이 원하는 형태로 네트워크를 구축하는 일이다. 구축 완료 단계에서 테스트와 안정화 기간을 거친 후 고객의 최종 검수를 받고 나면 최종 완료된다.

네트워크 유지보수

정기적으로 유지보수 계약을 체결한 업체의 네트워크에서 발생하는 고장을 신속히 해결하고 더 개선된 방향으로 네트워크를 구축하거나, 최상의 네트워크 상태를 유지할 수 있도록 정기적으로 기술지원을 수행한다.

문서 작업

네트워크 장비 설치나 프로젝트 종료 후에 설치 관련 완료 보고서나 프로젝트를 정리한 문서 작업을 수행한다.

컨설팅 삭제

고객들의 전산실이나 네트워크 장비 등에 관한 컨설팅 업무도 수행한다.

Tip 네트워크 종류에 대해 알아볼까요?

- PAN(Personal Area Network) : 가장 작은 규모의 네트워크
- LAN(Local Area Network) : 근거리 영역 네트워크
- MAN(Metropolitan Area Network) : 대도시 영역 네트워크
- WAN(Wide Area Network) : 광대역 네트워크
- VAN(Value Added Network) : 여러 종류의 정보서비스가 부가된 통신망
- ISDN(Integrated Services Digital Network) : 전화, 팩스, 데이터 통신, 비디오텍스 등 통신 관련 서비스를 종합하여 다루는 통합 서비스 디지털 통신망

적성과 흥미는?

네트워크엔지니어는 사무실에서 일하기보다는 새로운 네트워크를 구축하는 공사 현장이나 유지보수 업체 등 여러 곳을 방문하면서 일하기 때문에 외향적이거나 적극적인 성향의 사람에게 적합하다. 특히 새로운 사람들을 많이 만나게 되므로 사회성과 친화력, 의사소통 능력을 갖추는 것이 매우 중요하다. 또한 문제가 발생했을 때 끝까지 해결하고자 하는 의지와 문제해결 능력이 필요하며, 밤샘 작업도 진행되기 때문에 체력을 갖추어야 한다.

컴퓨터의 하드웨어나 회로판, 처리장치, 반도체, 전자장비에 관한 지식, 방송 등의 통신기기를 조작하고 통제할 수 있는 지식이나 소프트웨어에 대한 응용 능력이 있어야 하며, 분석적이고 논리적인 사고가 필요하다. 각종 보고서 등 문서 작성도 해야 하기 때문에 글쓰기 능력도 요구된다. 탐구형과 현실형의 흥미를 가진 사람에게 적합하며 리더십, 분석적 사고, 협동심을 지닌 사람들에게 유리하다.

네트워크엔지니어를 꿈꾼다면 어려서부터 컴퓨터를 다루는 능력을 키우고 컴퓨터 하드웨어나 소프트웨어에 대한 관심과 관련 역량을 키우기 위한 노력을 기울여야 한다. 컴퓨터 및 SW, 발명, 창의력을 향상시킬 수 있는 동아리 활동이 도움이 되며, 공학 분야와 관련된 폭넓은 독서활동과 IT 전시회 참관 등의 활동도 추천한다.

관련 학과 및 자격증은?

AI컴퓨터공학과 IT시스템공학과
컴퓨터응용기계과 IT융합학부(컴퓨터공학전공)
정보통신공학과 정보통신과 컴퓨터공학과
컴퓨터과학과 컴퓨터소프트웨어과
소프트웨어공학과 인터넷정보학과

⚙ 전자계산기기능사   ⚙ 전자계산기기사
⚙ 정보처리산업기사   ⚙ 컴퓨터시스템응용기술사
⚙ 정보처리기사   ⚙ 정보관리기술사
⚙ 정보통신산업기사   ⚙ 정보통신기사
⚙ 컴퓨터운용사   ⚙ 전자계산기제어산업기사
⚙ 전자계산기산업기사   ⚙ 전자계산기조직응용기술사

관련 교과는?

국어   수학   과학   기술·가정   정보

관련 직업은?

시스템설계자 시스템프로그래머
네트워크디자이너 소프트웨어공학기술자
웹엔지니어 웹프로그래머 정보보안전문가
정보시스템운영자 프로그래머

 Tip 세계 3대 IT 전시회에 대해 알아볼까요?

- CES(Consumer Electronics Show, 세계가전전시회)
  : CES는 미국가전협회(CEA)가 주관해 매년 라스베이거
  스에서 열리는 세계 최대 규모의 가전제품 박람회이다.
- IFA(Internationale Funkausstellung, 베를린 국제
  가전박람회) : 독일가전통신협회(GFU)가 주최하는 박
  람회로 1971년 이후부터 베를린에서 개최되고 있으며
  1950~2005년에는 격년제로, 2006년부터는 매년 열리
  고 있다.
- MWC(Mobile World Congress, 이동통신 산업 전시회)
  : MWC는 매년 2월 스페인에서 열리는 세계 최대 규모
  의 모바일·통신 박람회로, 무선통신과 관련된 모든 분야
  의 다양한 업체가 HW, 모바일, 컴퓨팅, 인터넷 콘텐츠
  등 이동통신 분야의 다양한 최첨단 기술을 소개하는 행
  사이다.

🌐 진출 방법은?

네트워크엔지니어로 진출하고자 한다면 전문대학 및 4년
제 대학교 이상에서 컴퓨터공학, 전자공학, 통신공학 등을 전
공하는 것이 유리하다. 네트워크엔지니어는 높은 수준의 컴
퓨터 및 네트워크 관련 지식을 필요로 하므로 관련 분야에서
의 경험과 훈련을 거친 경력자를 우대하거나 재훈련 과정을
거치는 경우가 일반적이다.

⚙ 미래 전망은?

가상 현실 기술, 증강 현실 기술, 빅데이터, 사물인터넷, 인
공지능 기술 등 IT기술의 급격한 발전으로 안정적인 네트워
크 운용의 중요성이 더욱더 높아지고 있다. 또한 네트워크 운
용에 문제가 발생하면 사회경제적으로 심각한 피해가 발생할
수 있으므로 국가 차원에서도 핵심 분야로 지정해 고급 인력
을 양성하는 데 많은 관심을 가지고 투자를 진행하고 있어 미
래 전망성이 매우 뛰어나다. 따라서 향후 5년간 네트워크엔지
니어의 고용은 다소 증가할 것으로 전망된다.

홈 네트워크의 확대, 클라우드 컴퓨팅 환경의 확대, 무선
인터넷을 이용한 모바일 비즈니스의 확대로 인해 고속·대용
량의 데이터 네트워크 서비스가 증가할 것으로 예상되어 고
용 측면에서도 미래 전망성이 매우 높은 직업에 속한다고 할
수 있다.

CAREER MAP

- 컴퓨터 활용 능력 함양
- 창의력 향상을 위한 프로그램 참여
- 컴퓨터 관련 동아리활동
- 다양한 분야의 독서활동
- IT 관련 전시회 참여

- 시스템설계자
- 시스템프로그래머
- 소프트웨어공학기술자
- 웹엔지니어
- 웹프로그래머
- 정보보안전문가
- 정보시스템운영자

- 국어
- 수학
- 과학
- 기술·가정
- 정보

준비 방법

관련 직업

네트워크 엔지니어

적성과 흥미

- 적극성
- 친화력
- 의사소통 능력
- 문제해결 능력
- 강인한 체력
- 논리적 사고 능력
- 글쓰기 능력

관련 교과

관련 학과

관련 기관

관련 자격

- IT시스템공학과
- 소프트웨어공학과
- 인터넷정보학과
- 정보통신공학과
- 컴퓨터공학과
- 컴퓨터과학과
- 컴퓨터소프트웨어과

- 한국정보통신진흥협회
- 한국정보기술연구원
- 한국능률협회
- 한국IT서비스협회

- 전자계산기기능사
- 전자계산기기사
- 전자계산기산업기사
- 정보처리산업기사
- 컴퓨터시스템응용기술사
- 정보처리기사
- 정보관리기술사
- 정보통신산업기사
- 정보통신기사
- 컴퓨터운용사

대기환경기술자

대기환경기술자란?

국제 환경보호단체 그린피스가 글로벌 대기오염 조사기관인 에어비주얼이 출간한 '2019 세계 대기질 보고서'를 분석한 결과, 대한민국이 경제협력개발기구 회원국 중 초미세먼지 오염 농도 1위를 차지하며 대기오염이 가장 나쁜 나라로 나타났다고 발표했다.

이 보고서에 의하면 경제협력개발기구 회원국의 도시들 중 초미세먼지 오염이 가장 심각한 100대 도시에 한국의 도시가 61개나 포함되어 있다고 한다. 이를 통해 우리나라의 대기오염도가 생각보다 훨씬 심각하다는 것을 알 수 있다.

대기오염은 우리 인류의 건강을 위협하는 매우 중요한 요인이다. 특히 이산화황, 질소산화물, 미세먼지(3대 오염물질) 등의 오염물질은 공기를 직접 오염시키거나 대기 중에서 화학반응을 일으켜 2차 오염물질로 변환된다고 알려져 있다. 이처럼 대기오염이 국민건강이나 환경에 미치는 악영향을 예방하고 대기환경을 깨끗하게 관리보전하는 사람을 대기환경기술자라고 한다.

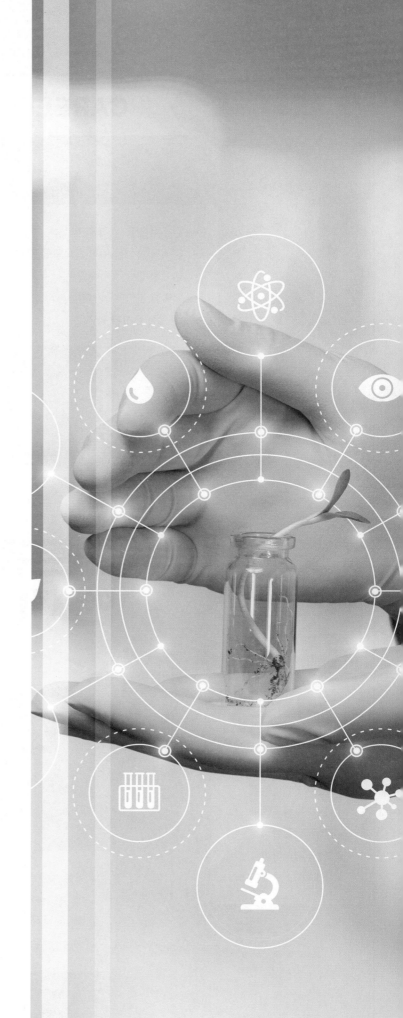

🔍 대기환경기술자가 하는 일은?

대기환경기술자는 대기환경을 깨끗하게 유지하고 관리하여 사람들이 건강한 삶을 영위할 수 있도록 한다. 대기환경기준 및 환경오염공정시험기준 연구, 대기오염물질의 화학변화 연구, 대기오염현상에 관한 연구 등을 통한 지속가능한 대기환경의 유지 관리를 위해 노력한다.

🔍 대기환경 측정기기를 이용하여 대기오염물질의 발생 정도와 대기오염상태를 측정하여 분석하고, 오염원을 찾아내어 방지대책을 수립한다.

🔍 대기오염을 줄이기 위해 오염방지시설을 만들 때 설계하고 시공·감리하며, 정상적으로 작동하도록 점검한다.

🔍 대기오염을 방지하기 위한 각종 장치와 방법 등을 연구한다.

🔍 각 지역의 대기오염 상태를 측정·분석하고, 대기오염물질을 제거하거나 대기오염을 줄일 수 있는 방법에 대해 연구한다.

🔍 대기오염을 줄이거나 제거할 수 있는 장치 개발에 대해 연구하고 종합적인 대기오염 방지대책을 수립하여 제시한다.

> **Tip 통합대기환경지수(CAI, Comprehensive Air-quality Index)에 대해 알아볼까요?**
>
> 국민들이 대기오염도 측정치를 쉽게 알도록 하고, 대기오염으로부터의 피해를 예방하기 위한 행동지침을 제시하고자 대기오염도에 따른 인체 영향 및 체감 오염도를 고려하여 개발된 대기오염도 표현방식이다. 6개 대기오염물질(PM10, PM2.5, O3, NO2, CO, SO2)에 대한 상태지수를 4개 등급(좋음, 보통, 나쁨, 매우 나쁨)으로 구분하여 색깔과 함께 표시하고 있다.

적성과 흥미는?

대기환경기술자는 오랜 시간 동안 반복적인 실험, 자료 분석과 연구를 진행하므로 꼼꼼함과 인내심이 요구된다. 대기오염 문제의 원인을 찾아내고 정확한 해결책을 제시해야 하므로 논리력과 자신이 수행해야 하는 분야에 대한 책임감, 신뢰가 중요하다. 대기환경오염과 관련된 업무들은 각종 통계수치로 된 자료를 다루는 경우가 많아 수리 능력과 분석력도 필요하다.

물리적, 생물학적 혹은 문화적 현상들에 호기심을 가지고 관찰하는 것을 즐기고, 화학이나 물리학 등 자연 과목을 좋아하며 평소 환경문제나 자연에 관심이 많은 학생에게 어울린다. 체계성과 창조성이 필요한 조사활동 등에 관심이 많고 과학적, 수학적 능력을 갖추고 있으면 더욱 좋다. 그 외에도 분석적 사고 능력, 응용력, 협업 능력, 문제해결 능력, 창의력도 중요한 요소이다.

대기환경기술자를 희망하는 학생이라면 지속적으로 사회 현상에 관심을 가지려는 자세가 필요하다. 환경이나 컴퓨터, 시사토론, 창의력을 키워줄 수 있는 다양한 동아리활동과 체험활동에 참여하는 것이 도움이 되며, 환경 분야의 풍부한 독서를 통해 내적 지식을 쌓는 것도 중요하다. 환경 관련 잡지 구독, 관련 직업인 특강이나 직업체험활동 등도 적극 권장한다.

관련 학과 및 자격증은?

대기과학과　지구시스템과학부　화학과

지구환경시스템과학부　천문기상학과

화학공학과　환경공학과　환경과학과

환경대기과학과　환경보건학과

⚙ 기상예보기술사　　⚙ 대기관리기술사

⚙ 대기환경기사　　⚙ 대기환경산업기사

관련 교과는?

수학　과학　기술·가정　정보

관련 직업은?

보건위생·환경검사원　소음진동기술자 및 연구원

수질환경기술자　온실가스인증심사원

친환경제품인증심사원　탄소배출권중개인

토양환경기술자 및 연구원　폐기물처리기술자

환경공학기술자　환경영향평가원　환경컨설턴트

 Tip 대기환경기사 자격증에 대해 알아볼까요?

대기환경기사란 응시 자격을 갖춘 자가 산업인력공단에서 시행하는 대기환경기사 시험에 합격한 후, 그 자격을 취득한 자를 말한다. 대기환경기사 시험은 필기시험과 실기시험으로 이루어지며, 필기시험은 객관식으로 100점을 만점으로 하여 과목당 40점 이상, 전 과목 평균 60점 이상이면 합격한다. 실기시험은 필답형과 작업형을 함께 치르는 복합형으로, 100점을 만점으로 하여 평균 60점 이상이면 합격한다.

🌐 진출 방법은?

대기환경기술자가 되기 위해서는 대학에서 대기과학 관련 학과(환경공학, 화학공학, 화학, 기계공학)를 전공하는 것이 좋다. 취업하는 업체의 규모에 따라 다르며, 연구 분야 업무를 맡을 경우에는 석사 이상의 학력을 요구하는 경우도 많다. 대기환경기사 자격증은 필수적으로 취득해야 하며, 취업 분야로는 대기 관련 시설 설비, 시공 및 관리업체, 국공립 대기 관련 관리기관 및 중앙정부 및 지자체 공무원으로 진출할 수 있다. 일정 기간 경력을 쌓은 후에는 환경 관련 업체나 환경컨설팅업체, 환경 관련 프리랜서로 활동할 수 있다.

⚙ 미래 전망은?

대기환경기술자는 다른 직업에 비해 임금과 복지수준이 높은 편이고 차별 없이 능력에 따른 승진이 가능하며, 비교적 적은 정신적·육체적 스트레스, 적절한 근무 시간 등으로 근무 여건이 양호한 직업에 속한다.

특히 2015년 12월 채택된 파리협정에서 대부분의 국가가 온실가스 배출량 감축에 합의하여 실행하고 있는 상태이다. 최근 우리나라도 온실가스 배출량 감소를 위한 범정부 대책을 내놓는 등 관련 분야에 대한 관심이 매우 큰 상황이다. 에너지 효율 제고 및 온실가스 배출 감축과 관련된 진단, 탄소배출권 거래 등의 분야에서도 새로운 직업이 생겨나는 등 일자리 수요가 늘어날 것으로 전망된다.

또한 미세먼지로 인한 피해가 사회적으로 크게 이슈화되고, 이에 대한 사람들의 관심과 불안이 날로 증가하고 있기 때문에 대기오염 문제의 예방과 대기환경의 개선과 관련된 분야를 연구 개발하고 설비나 시설을 시공·관리하는 대기환경기술자의 미래 전망성은 매우 높을 것으로 예상된다.

CAREER MAP

관련 교과
- 수학
- 과학
- 기술·가정
- 정보

관련 직업
- 보건위생환경검사원
- 소음진동기술자
- 수질환경기술자
- 온실가스인증심사원
- 친환경제품인증심사원
- 탄소배출권거래중개인
- 토양환경기술자

준비 방법
- 사회 현상에 대한 관심
- 환경 관련 동아리활동
- 환경 분야의 독서활동
- 환경 관련 잡지 구독
- 환경 관련 직업인 특강 및 직업체험활동
- 환경 기사 스크랩
- 환경 전시회 참여

대기환경 기술자

관련 학과
- 대기과학과
- 지구환경시스템과학부
- 천문기상학과
- 화학공학과
- 환경공학과
- 환경대기과학과
- 환경보건학과

적성과 흥미
- 꼼꼼함
- 인내심
- 논리적 사고 능력
- 책임감
- 신뢰성
- 수리 능력
- 분석력
- 협업 능력
- 문제해결 능력
- 창의력

관련 기관
- 환경부
- 국립환경연구원
- 한국자원재생공사
- 환경관리공단
- 국립보건연구원
- 국립환경과학원

관련 자격
- 기상예보기술사
- 대기관리기술사
- 대기환경기사
- 대기환경산업기사

대체에너지 개발연구원

대체에너지개발연구원이란?

석탄 및 석유로 대표되는 화석연료는 우리 인류의 삶에 매우 큰 영향을 미친다. 화석연료는 저장성이 강하고 열량이 크며 활용도도 광범위해 인류 문명 발전에 핵심적인 역할을 담당한 주인공이다. 그러나 화석연료는 땅에서 채굴해야 하는 자원이므로 언젠가는 채굴량이 점점 감소하면서 고갈될 수밖에 없다. 따라서 고갈 전에 화석연료와 같이 경제성을 갖춘 에너지 자원을 개발하는 것이 최대 해결과제로 떠올랐다.

화석연료를 대체할 수 있는 에너지 자원 개발을 서둘러야 하는데, 이때 비교적 환경에 영향을 덜 미치는 자원을 개발해야 한다. 대체에너지원으로는 연료전지와 석탄액화·가스화, 수소에너지, 태양열, 태양광, 바이오에너지, 풍력과 수력, 지열, 해양에너지, 폐기물 에너지 등이 있다. 이처럼 안전하면서도 환경을 보전할 수 있는 새로운 에너지를 연구하여 개발하는 전문가를 대체에너지개발연구원이라 한다.

🔍 대체에너지개발연구원이 하는 일은?

대체에너지개발연구원은 화석에너지의 사용으로 인하여 배출되는 환경오염물질을 줄일 수 있는 태양열, 태양광, 조력, 풍력, 바이오매스 등 청정한 대체에너지를 연구하고 개발하는 역할을 한다.

🔍 재생에너지를 안정적으로 공급할 수 있도록 하며 높은 효율의 대체에너지 기술을 개발한다.

🔍 에너지를 과다하게 사용할 때 일어날 수 있는 사회·환경적 문제를 알고 해결방법을 연구한다.

🔍 대체에너지 연구의 시작부터 완성까지 전 과정에 대해 관리 감독하고, 연구 성과가 실생활에 활용되도록 연구한다.

🔍 새로 발견된 에너지원을 사람들이 손쉽게 쓸 수 있으면서도 환경이 오염되지 않도록 활용방법을 개발한다.

🔍 에너지 기술의 자립을 위하여 저공해, 고효율의 대체에너지 기술을 연구 개발한다.

🔍 각종 에너지 및 환경 관련 세미나나 과학 전문 학술지를 통해 연구 결과물을 발표한다.

Tip 신에너지와 재생에너지에 대해 알아볼까요?

• 신에너지 : 기존의 화석연료를 변환시켜 이용하거나 수소·산소 등의 화학 반응을 통해 전기 또는 열을 이용하는 에너지를 말한다. 수소에너지, 연료전지, 석탄을 액화·가스화한 에너지 및 중질잔사유를 가스화한 에너지 등이 있다.

• 재생에너지 : 햇빛·물·지열(地熱)·강수(降水)·생물유기체 등 재생 가능한 에너지를 변환시켜 이용하는 에너지를 말한다. 태양광에너지, 태양열에너지, 풍력, 수력, 해양에너지, 블루에너지, 지열에너지, 폐기물에너지, 수열에너지, 생물자원을 변환시켜 이용하는 바이오에너지 등이 있다.

적성과 흥미는?

대체에너지개발연구원은 화석연료를 대체할 수 있는 새로운 에너지를 연구 개발하기 때문에 창의력, 논리적 분석 능력, 추리력이 요구된다. 새로운 대체에너지를 지속적으로 개발하기 위해서는 탐구 능력이 필요하고, 연구 기간이 오랜 시간에 걸쳐 진행되므로 인내심과 끈기도 중요한 자질에 포함된다. 평소 환경과 자연에 관심이 많고 물리학이나 화학 등 과학 교과에 대한 관심과 실력을 갖추어야 한다.

대체에너지개발연구원에 관심이 있다면 컴퓨터 프로그래밍이나 발명과 관련된 동아리활동을 추천하며, 창의적인 문제해결 능력을 기를 수 있는 팀 프로젝트 활동에 적극적으로 참여하는 것도 도움이 된다. 컴퓨터 활용 능력과 환경, IT, 공학, 인문학 등 폭넓은 독서활동을 통해 풍부한 공학적 지식을 습득하기 위한 노력을 기울여야 한다.

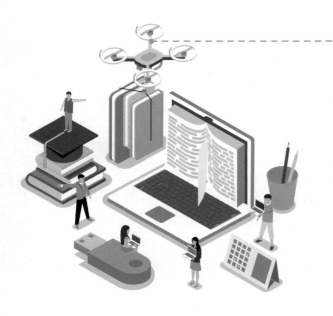

💬 **관련 학과 및 자격증은?**

미래에너지공학과 세라믹공학과 환경공학과

신재생에너지학과 에너지자원공학과

원자력공학과 전자공학과 화학공학과

⚙ 에너지관리기사   ⚙ 에너지관리산업기사

⚙ 에너지진단사   ⚙ 태양광발전기사

⚙ 건물에너지관리기사   ⚙ 온실가스관리기사

⚙ 신재생에너지발전설비(태양광)기사

💬 **관련 교과는?**

수학 과학 기술·가정 정보

💬 **관련 직업은?**

수자원환경연구원 에너지공학기술자

온실가스인증심사원 태양열연구 및 개발자

기후변화전문가 바이오에너지연구원

에너지진단전문가 연료전지개발연구원

태양전지개발자 환경영향평가원 에너지시험원

🌐 진출 방법은?

대체에너지개발연구원은 대학에서 전자공학, 물리학, 환경공학, 재료공학과 관련된 학과를 전공하고 졸업하는 것이 유리하다. 대체에너지 개발 연구 업무에 종사하기 위해서는 석사 이상의 학위를 요구하는 곳이 대부분이기 때문에 미리 준비해야 한다. 대체에너지 관련 학과를 졸업하면 석유화학, 정유, 정밀화학, 엔지니어링, 반도체 분야에 취업이 가능하며, 차세대 에너지 기술 관련 연구기관 및 공공기관에도 취업할 수 있다. 최근에는 웨어러블 디스플레이, 에너지 저장 시스템, 태양광 에너지, 스마트 그리드 등 관련 산업 분야에도 많이 진출하고 있다. 한국전력, 한국수력원자력, 에너지관리공단 등의 공공기관과 태양열, 연료전지, 풍력, 태양광, 지열 관련 회사의 에너지 관련 담당부서에서도 일할 수 있다.

⚙ 미래 전망은?

20세기까지 인간은 효율이 높은 에너지원을 찾기 위해 큰 노력을 기울였다. 그러나 화석연료의 무분별한 사용으로 인한 이산화탄소 배출과 지구온난화로 지구의 생존이 위협받는 상황에까지 이르렀다. 전 세계적으로 신에너지 및 신재생에너지 개발에 큰 노력을 기울이고 있으며, 우리나라 역시 세계적인 탄소배출 감축 의무와 온실가스 감축 목표를 이행하기 위해 기존의 화석에너지가 아닌 친환경 대체에너지 개발이 시급한 상황이다.

신재생에너지를 비롯한 대체에너지의 세계 시장은 해마다 고속 성장을 하고 있고, 앞으로도 고성장이 예상되는 분야이다. 신재생에너지는 산업 규모가 지속적인 성장세를 보이면서 관련 업체의 수와 종사자 수도 증가하고 있다. 특히 범국가 차원에서 신재생에너지 기술의 연구 개발에 중점적으로 투자하고 있는 만큼 대체에너지개발연구원의 미래 전망성은 매우 밝다고 할 수 있다.

CAREER MAP

준비 방법
- 컴퓨터 활용 능력 강화
- 컴퓨터 언어(C언어, 파이썬) 공부
- 문제해결 능력 관련 프로젝트 참여
- 컴퓨터, 코딩, 발명, 창의공학 관련 동아리활동
- 에너지 관련 기관 및 학과 체험활동

관련 직업
- 기후변화전문가
- 바이오에너지연구원
- 수자원환경연구원
- 에너지공학기술자
- 에너지시험원
- 에너지진단전문가
- 연료전지개발연구원
- 온실가스인증심사원
- 태양전지개발자
- 환경영향평가원

관련 교과
- 수학
- 과학
- 기술·가정
- 정보

대체에너지 개발연구원

적성과 흥미
- 아이디어 능력
- 창의력
- 논리적 분석 능력
- 추리력
- 탐구 능력
- 인내심과 끈기
- 환경에 대한 관심

관련 자격
- 에너지관리기사
- 에너지관리산업기사
- 에너지진단사
- 태양광발전기사
- 건물에너지관리기사
- 온실가스관리기사
- 신재생에너지발전설비기사

관련 기관
- 에너지경제연구원
- 에너지관리공단
- 신재생에너지소재개발지원센터
- 한국신재생에너지협회
- 한국에너지기술연구원

관련 학과
- 미래에너지공학과
- 세라믹공학과
- 신재생에너지공학과
- 에너지자원공학과
- 원자력공학과
- 전자공학과
- 화학공학과
- 환경공학과

데이터베이스 관리자

데이터베이스관리자란?

데이터베이스(DB)는 정보의 효율적 활용을 위해 관련성 있는 데이터들을 체계적으로 축적한 것을 의미한다. 데이터베이스 서비스는 일정한 사용 목적에 따라 상호 관련이 있는 데이터를 체계적으로 모은 후 컴퓨터의 기억장치에 대량의 데이터를 축적하고, 그중에서 필요한 데이터를 검색하여 필요한 곳에 제공하는 서비스를 말한다.

온라인게임 이용자가 자신의 아이디와 패스워드를 이용해 어느 컴퓨터에서나 게임에 접속하여 즐길 수 있는 것, 은행 앱을 통해 각종 거래 내역을 손쉽게 확인할 수 있는 것, 가입한 SNS에서 평소 관심이 있는 제품의 홍보 게시물이 자동으로 눈에 띄게 되는 것들이 모두 데이터베이스 때문이다.

이처럼 데이터의 효과적인 활용을 위해 데이터를 분석·설계하여 데이터베이스관리시스템을 구축하고 효과적으로 관리·운영하는 사람이 데이터베이스개발자이다. 한편 데이터베이스관리자는 한 조직 내에서 데이터베이스를 설치, 구성, 업그레이드, 관리, 감시하는 일을 맡는다.

🔍 데이터베이스관리자가 하는 일은?

데이터베이스관리자는 컴퓨터를 사용하여 각종 데이터를 체계적으로 수집하고 정리하며 가공 및 입력 작업을 통해 데이터베이스를 구축, 관리, 분석하는 일을 한다.

🔍 데이터베이스의 성능을 모니터링하고, 성능 향상을 위한 시스템 점검 및 보완을 담당한다.

🔍 기존의 데이터베이스를 업그레이드하거나 새로운 데이터베이스를 개발하고 구축할 때 데이터베이스 분석 및 설계, 테스트 과정을 진행한다.

🔍 데이터베이스를 새롭게 구축하고 사용자에 대한 사용 교육과 기술지원을 실시하며, 시스템의 고장이나 사용상의 문제가 발생하면 신속히 원인을 파악하여 복구하는 일을 담당한다.

🔍 고객의 금융 정보와 같이 보호되어야 하는 자료들을 잘 조직화하여 해당 자료를 고객이 활용할 수 있도록 하고, 불법적인 접근을 원천적으로 차단한다.

🔍 데이터베이스를 분석하고 데이터의 사용자에 대한 등록, 데이터의 접근 범위와 읽고 쓰기 권한 관리, 사용자의 로그인 및 암호 관리를 담당한다.

🔍 데이터베이스 모델링을 통한 논리적·물리적인 데이터베이스의 구조설계, 자료의 수집과 분류를 통한 데이터의 가공, 입력, 편집 등을 수행한다.

Tip 전사적 자원관리(ERP), 고객관계관리(CRM)에 대해 알아볼까요?

· 전사적 자원관리(ERP) : 경영정보시스템(MIS)의 한 종류이다. 회사의 모든 정보뿐만 아니라 공급사슬관리, 고객의 주문정보까지 포함하여 통합적으로 관리하는 시스템이다. 경영, 인사, 재무, 생산 등 기업의 전반적 시스템을 하나로 통합함으로써 효율성을 극대화하는 경영 전략이다.

· 고객관계관리(CRM) : 소비자들을 자신의 고객으로 만들고 오랜 시간 동안 고객을 유지하고자 하는 경영방식이다. 기업들이 고객과의 관계를 관리하고 고객 확보, 고객·판매인·협력자 및 내부 정보를 분석하고 저장하는 데 사용하는 광대한 분야를 아우르는 방법이다.

 적성과 흥미는?

데이터베이스관리자는 시스템 설계 및 관리를 위해 가장 최적의 방법을 활용하여 분석하고 혁신적인 디자인 설계를 할 수 있는 논리적 사고 능력과 응용력이 요구된다. 데이터는 개인정보와 기업 조직의 핵심적인 정보가 담겨있어 보안에 대한 책임감을 갖춰야 하고, 시스템에 문제가 발생하면 신속히 원인을 찾아내어 정상적인 작동 상태로 복구해야 하므로 전문성과 책임성도 중요하다. 데이터베이스 관리시스템을 구축하고 효과적으로 관리해야 하므로 혁신적이고 분석적이며 꼼꼼한 성격의 사람, 전산, 기술 설계, 기술 분석 등의 능력과 컴퓨터와 전자공학, 통신 등의 지식을 갖춘 사람에게 적합하다.

데이터베이스관리자에 관심이 많다면 평소 컴퓨터 활용 능력을 키우기 위한 노력이 필요하고, 특히 SW 능력을 향상시킬 수 있는 다양한 활동을 해야 한다. C언어나 파이썬 공부를 통해 프로그래밍 능력을 향상시키고 컴퓨터, IT, 코딩 등의 동아리활동에 적극 참여하는 것을 추천한다.

💬 **관련 학과 및 자격증은?**

전기공학과   전기전자공학과   전자계산과

전기전산공학과   전자공학과   정보처리학과

정보통신공학과   정보통신과   컴퓨터공학과

컴퓨터응용기계과

⚙ 네트워크관리사 ⚙ 전자계산기조직응용기사

⚙ 정보관리기술사 ⚙ OCP-DBA(오라클사)

⚙ 정보처리기능사 ⚙ 정보처리산업기사

⚙ 리눅스마스터 ⚙ 전자계산기기능사

⚙ 전자계산기기사 ⚙ 전자계산기제어산업기사

⚙ DB2(IBM사) ⚙ MCDBA(마이크로소프트사)

⚙ 정보처리기사 ⚙ 컴퓨터시스템응용기술사

💬 **관련 교과는?**

수학   과학   기술·가정   정보

💬 **관련 직업은?**

네트워크운영관리자   서버운영관리자

컴퓨터보안전문가   데이터베이스전문가

데이터베이스설계가   데이터베이스매니저

 진출 방법은?

데이터베이스관리자가 되기 위해서는 관련 학과인 컴퓨터공학과, 전자공학과, 정보처리학과, 전산공학과 등을 전공하는 것을 추천한다. 졸업 후에는 전문데이터베이스 제작업체, 데이터베이스 유통업체, 정보컨설팅업체, 시스템통합업체, 대량의 데이터를 관리하고 유통하는 공공기관 등에 진출할 수 있다.

데이터베이스관리자는 신규채용보다는 경력 위주의 채용이 많이 이루어진다. 그렇기 때문에 우선 IT 기업에 개발자 등으로 취업한 다음 데이터베이스 공부를 꾸준히 하는 것이 좋다.

⚙ **미래 전망은?**

한국데이터산업진흥원이 공개한 '2020년 데이터산업현황 조사 주요 결과'를 보면 우리나라 데이터산업 시장의 규모는 2019년 기준 16조 8,582억 원으로 2018년 대비 8.3% 성장했으며, 2020년은 19조 2,736억 원으로 추정된다고 한다. 2020년 기준 데이터산업에 종사하는 인력도 총 366,021명으로 2019년 대비 6.2% 증가했으며, 이 중 데이터직무의 인력은 2019년 대비 14.5% 증가한 것으로 발표했다. 최근 빅데이터, 사물인터넷 등 정보통신기술 환경 변화의 영향으로 데이터베이스 산업은 매년 성장하고 있으며, 해마다 더 성장할 것으로 전망된다.

데이터베이스관리자가 수행하는 직무는 IT 분야뿐만 아니라 데이터베이스를 활용하는 모든 분야 즉, 의료, 학교, 기업, 은행, 금융, 관공서 등에 광범위하게 활용되기 때문에 일자리 창출 및 성장성이 매우 높을 것으로 전망된다.

CAREER MAP

- 논리적 사고 능력
- 응용력
- 보안에 대한 책임감
- 전문성과 업무에 대한 책임감
- 혁신적 사고 능력
- 분석적 사고 능력
- 꼼꼼함
- 컴퓨터 활용 능력

- 네트워크운영관리자
- 서버운영관리자
- 컴퓨터보안전문가
- 데이터베이스전문가
- 데이터베이스설계가
- 데이터베이스매니저

적성과 흥미

관련 직업

데이터 베이스 관리자

- 수학
- 과학
- 기술·가정
- 정보

관련 교과

- 전기공학과
- 전기전자공학과
- 전자계산과
- 전자공학과
- 정보처리학과
- 정보통신공학과
- 정보통신과
- 컴퓨터공학과
- 컴퓨터응용기계과

관련 학과

준비 방법

관련 자격

- 컴퓨터 활용 능력 함양
- 코딩 능력 함양
- C언어 및 파이썬 학습
- 컴퓨터 관련 동아리활동
- 데이터베이스 관련 학과 및 직업 체험활동
- IT분야의 다양한 독서활동

관련 기관

- 한국데이터베이스진흥원
- 한국산업인력공단
- 한국데이터진흥원
- 한국데이터산업진흥원

- 네트워크관리사
- 리눅스마스터
- 정보관리기술사
- 정보처리기사
- 정보처리기능사
- 정보처리산업기사
- 전자계산기조직응용기사
- 전자계산기기능사
- 전자계산기기사
- 전자계산기제어산업기사
- 컴퓨터시스템응용기술사

도시계획가

도시계획가란?

도시 계획의 형태는 각 나라의 문화, 사회적 배경, 환경, 도시의 발전 단계 등에 따라 여러 가지로 나타난다. 고대에는 정치적인 영향으로 궁전이나 종교 건축물이 도시 계획의 중요한 요소였으나, 중세에는 국가의 권력이나 종교적인 권위를 최우선으로 내세우는 것이 도시 계획의 핵심 요소였다. 이러한 차이는 로마를 비롯한 유럽의 중세 도시와 중국의 고대 도시, 우리나라 경주의 도시 구조에서 확인할 수 있다.

도시 계획은 산업혁명을 계기로 급속히 이루어진 공업화로 인해 발생한 도시 환경 문제를 해결하기 위해 시작되었다. 산업혁명 당시에는 주로 일반적인 도시 계획에 집중되었으나 1960년대 이후에는 사회적·경제적·정치적 요소를 종합적으로 검토하고 분석하여 도시를 계획하는 개념으로 바뀌었다. 오늘날의 도시 계획은 환경 보전의 중요성 증가, 국가 간 교류의 중요성 인식, 지속가능한 성장 및 관리로의 패러다임 전환 등으로 인해 한층 더 체계적이고 발전된 개념으로 자리잡게 되었다.

도시공학은 20세기 이후부터 도시를 공학적으로 분석하여 신도시 건설 여부, 도시 계획의 작성 및 실시, 도시 문제의 해결 등을 연구하는 학문이다. 도시계획가는 도시 계획을 통해 쾌적하고 살기 좋은 도시를 조성하고, 경제 발전과 사회 환경을 적절하게 조화시키는 것을 목표로 삼는다. 도시 계획을 하는 데 있어 건축, 조경, 사회적 환경 등을 복합적으로 고려하여 균형, 조화, 가치를 만들어 내는 사람이 도시계획가이다.

🔍 도시계획가가 하는 일은?

　도시계획가는 도시 인구가 급증하고 문화, 행정, 산업, 교통, 교육, 환경 등의 각종 기능이 도시로 집중됨에 따라 주어진 토지를 합리적으로 이용하고, 국토와 도시 기능의 효율성을 높이기 위한 도시 계획을 수립하고 설계한다. 전체 국토에 대한 계획, 시·도의 광역 도시 계획, 각 도시의 기본 계획 및 관리 계획을 비롯하여 신도시, 주택단지, 산업 단지, 관광 단지 등 신시가지 개발, 도시의 미관 향상과 기능 회복을 위한 도시경관 계획, 도시 재생 사업 등에 이르기까지 광범위한 일을 한다.

- 🔍 기존 도시와 특정 단지의 재개발 또는 신도시 건설과 관련하여 도시 및 단지를 계획하고 설계한다.
- 🔍 해당 지역의 환경과 지리적 위치, 지형, 기후 등의 자연환경을 조사하고 분석하여 도시 계획을 수립한다.
- 🔍 토지의 활용, 물리적 시설의 관리, 도시 및 전원 지역, 지방을 위한 관련 서비스 계획을 수립한다.
- 🔍 국토의 효율적인 개발을 위한 계획 수립과 그 집행 과정에 참여한다.
- 🔍 각종 예측 기법을 통해 미래의 인구 규모, 경제적 여건 등을 예측하고, 이를 토대로 원활한 기능 수행이 가능한 각종 시설의 배치 계획을 수립한다.
- 🔍 인간과 자연환경, 자연 에너지를 효율적으로 활용할 수 있도록 도시를 계획한다.
- 🔍 친환경 도시 건설을 위해 환경과 지리적 위치, 지형 및 지세, 기후 등 자연환경을 조사하고 분석한다.
- 🔍 도시 계획 과정에서 기술적 자문을 담당하고, 계획안에 대한 이해를 도우며, 몇 번의 수정안을 작성하여 의견을 수렴한다.
- 🔍 시공에 따라 발생되는 여러 문제를 해결하기 위해 현장 점검, 안전 진단 등의 업무 및 감리 업무를 한다.

> **Tip 생태 도시란 무엇인지 알아볼까요?**
>
> 　생태 도시는 사람과 자연 혹은 환경이 조화를 이루며 공생할 수 있는 도시의 체계를 갖춘 도시를 말한다. 도시의 환경 문제를 해결하고 환경 보전과 개발을 조화시키기 위한 하나의 방안으로, 도시 개발·도시 계획·환경 계획 분야에서 새롭게 등장한 개념이다. 도시를 하나의 유기적 복합체로 보아 인간과 자연이 공존할 수 있게 한다.

적성과 흥미는?

　도시계획가에게는 도시와 인간, 자연에 대한 종합적 이해와 지식, 폭넓은 분석이 요구되며, 멀리 볼 수 있는 안목과 미래에 대한 장기적인 예측 능력이 필요하다. 특히 도시를 계획하고 설계함에 있어서 창조적인 아이디어를 활용하고, 실제로 표현할 수 있는 디자인 감각이 요구된다. 가장 최선의 방법으로 도시를 설계·계획해야 하기 때문에 많은 이해 당사자들을 설득하고, 의견을 청취 및 조율할 수 있는 의사소통 능력과 협상 능력도 필요하다. 팀으로 일하는 경우가 많아 원만한 대인관계 능력과 협동심, 자기통제 능력, 리더십, 인내심, 어려운 상황에서도 효과적으로 대처하는 능력이 필요하다. 진취적이면서 분명하고 체계적인 일을 좋아하는 사람에게 적합하고, 설계 도면을 작성해야 하기 때문에 공간 지각 능력도 갖추어야 한다.

　도시계획가에 관심이 있다면 국어, 사회, 기술·가정, 수학, 영어 교과에 대해 흥미를 갖고, 관련 교과의 기본 지식 습득에 노력을 기울여야 한다. 자신이 만든 계획안을 여러 사람들 앞에서 설명·설득해야 하는 일이 많기 때문에 말하기, 듣기, 글쓰기, 그림 그리기 등의 종합적인 소통 능력을 함양하는 것이 매우 중요하다. 세계의 많은 도시들을 여행하면서 도시계획자의 시선으로 해당 도시의 장단점을 직접 체험해보는 것도 도움이 된다.

관련 학과 및 자격증은?

도시공학과　도시지역계획학과　도시환경학과
도시계획부동산학과　도시계획학과　건축학과
도시계획공학과　도시정보공학과　지역개발학과
건설도시공학과　도시토목환경학과　교통공학과
교통시스템공학과　지역학과

- 도시계획기술사　　- 도시계획기사
- 교통기술사　　　　- 교통기사
- 교통산업기사　　　- 도로 및 공학기술사
- 조경기술사　　　　- 조경기사

관련 교과는?

국어　사회　기술·가정　수학　영어

관련 직업은?

도시계획 및 설계가　교통계획 및 설계가
교통안전연구원　교통영향평가원
도시재생전문가　도시디자이너

미래 전망은?

오늘날 전 세계 인구의 절반이, 우리나라의 경우에는 인구의 90%가 도시에 살고 있다. 최첨단 정보통신기술이 도시의 구조와 기능에 적용되고, 초고층화와 현대화에 따라 공공 서비스에 대한 수요도 날로 늘어나고 있다. 에너지와 친환경에 대한 관심이 증가하면서 도시 계획에 있어서도 도시의 기술적인 부분과 함께 미적 아름다움, 도시 디자인, 친환경 도시 건설에 대한 요구가 높아지고 있다.

도시계획가의 고용에 영향을 미치는 국토 및 도시 개발은 100%를 넘는 주택 보급률, 저출산 및 고령화, 경기 침체 등에 영향을 받는다. 또한 베이비붐 세대의 은퇴와 1인 가구의 증가는 소형 주택 비율을 증가시키며, 이는 주택 보급률 상향으로 연결되어 주택 건설 시장의 침체에 영향을 줄 것으로 보인다.

반면, 도심을 살릴 목적으로 추진되고 있는 도시 재생 정책은 도시 문제 해결을 위한 좋은 방안으로 부각되고 있다. 도시 재생 산업이 활성화된다면 도시 건설 부분의 새로운 성장 동력이 될 것으로 예상된다.

최근에는 자율주행 자동차에 대한 연구가 활발히 진행되고 있는데, 실제 자율주행 자동차가 도로 위를 주행하기 위해서는 첨단 도로 정보 시스템이 갖추어져야 한다. 따라서 도시공학 분야에서 스마트 도로 및 고속도로 구축을 위한 인력 수요가 폭발적으로 증가할 것으로 예상된다.

진출 방법은?

도시계획가가 되기 위해서는 대학교에서 도시공학, 도시지역계획학, 도시환경학, 지역개발학, 교통공학, 건설도시공학, 도시정보공학, 도시계획공학 등을 전공하고 관련 업계로 진출하는 것이 일반적이다. 대학에서 관련 학과를 전공하면서 도시 계획 관련 과목을 이수하거나 도시 및 교통공학대학원에 진학하여 전문적으로 공부하는 경우도 있다.

도시계획가가 되기 위해 도시 및 지역 계획, 국토 계획, 교통 관련 엔지니어링 회사, 설계 회사, 교통 정보화 관련 업체 등으로 진출한다. 한국토지공사, 대한주택공사, 도시개발공사, 한국도로공사, 한국관광공사, 수자원공사, 지하철공사 등 정부 투자 기관에 진출할 수 있고, 부동산 개발 회사나 컨설팅 업체, 연구소, 민간 건설 회사의 개발사업팀, 주택사업팀 등으로도 진출할 수 있다.

엔지니어링 회사를 비롯한 민간업체는 주로 공개채용을 하지만 추천을 통해 특별채용을 하는 경우도 있다. 공무원이 되려면 중앙부처 및 지방자치단체에서 주관하는 기술직(도시계획) 공무원 시험에 응시하여 합격해야 한다.

CAREER MAP

- 공학 관련 동아리활동
- 도시공학 관련 기업 및 학과 탐방
- 도시계획가 직업체험활동
- 종합적인 커뮤니케이션 능력 함양
- 세계 유명 도시 여행

준비방법

관련학과

- 도시공학과
- 도시환경학과
- 도시계획학과
- 건설도시공학과
- 도시정보공학과
- 도시계획공학과
- 도시지역계획학과
- 도시계획부동산학과
- 교통공학과
- 교통시스템공학과
- 지역개발학과

- 국어
- 사회
- 기술·가정
- 수학
- 영어

관련교과

도시계획가

관련자격

- 도시계획기술사
- 도시계획기사
- 교통기술사
- 교통기사
- 교통산업기사
- 도로 및 공학기술사
- 조경기술사
- 조경기사

적성과흥미

관련직업

관련기관

- 디자인 감각
- 창조적인 아이디어
- 의사소통 능력
- 협상 능력
- 대인관계 능력
- 자기통제 능력
- 리더십
- 공간 지각 능력
- 분석적 사고 능력

- 한국건설기술인협회
- 대한국토·토시계획학회

- 교통안전연구원
- 교통영향평가원
- 도시재생전문가
- 도시디자이너
- 도시계획 및 설계가
- 교통계획 및 설계가

디지털
포렌식수사관

디지털포렌식수사관이란?

21세기 대한민국은 그야말로 디지털 세상이다. 예전에는 범죄를 저지른 피의자를 수사할 때 회사나 가정 등의 범행 현장에서 엄청난 양의 서류를 압수해서 일일이 확인하며 범죄 행위를 밝혀냈다. 하지만 최근에는 기업이나 개인 모두 대부분의 자료를 개인 컴퓨터나 서버에 데이터로 저장해 두기 때문에 컴퓨터나 서버에 남아 있는 디지털 증거를 확보하고 분석하는 일이 중요해졌다. 이에 따라 디지털 포렌식 업무를 전문으로 하는 직업이 등장하였다.

디지털 포렌식은 디지털 증거를 수집·분석하는 기술이다. 디지털 증거란 컴퓨터, 스마트폰, 태블릿, PDA 등의 디지털 기기에 존재하는 디지털 데이터를 법정 증거 능력이 있는 증거로 분석한 데이터이다. 디지털 포렌식을 적용할 수 있는 대표적인 것이 디지털 범죄 수사 분야이다. 디지털 포렌식은 사이버 해킹 공격, 사이버 범죄 시 범죄자들의 컴퓨터·이메일·IT 기기·스마트폰 등의 운영체제나 애플리케이션, 메모리 등의 다양한 전자적 증거를 분석하는 것으로, 사이버 범죄자 추적 및 조사에 있어 핵심적인 요소이다.

이처럼 디지털 포렌식 기술을 활용해 범죄의 흔적을 찾아내고, 범인을 검거하는 사람이 바로 디지털포렌식수사관이다. 2000년대 중반부터 디지털 포렌식 업무를 수행하는 사람들이 등장하기 시작했으며, 2008년 검찰이 디지털포렌식센터를 건립해 포렌식 업무를 전담하는 디지털수사담당관실을 만들면서 활동이 본격화되었다.

🔍 디지털포렌식수사관이 하는 일은?

초기 디지털포렌식수사관은 컴퓨터 데이터를 분석하는 것이 주업무였다. 그러나 다양한 정보 기기가 등장하고, 네트워크상에서 발생하는 범죄 행위가 다양화되면서 사물인터넷, 클라우드, 빅 데이터는 물론 인터넷 커뮤니티, 온라인 게임 등에서 일어나는 범죄 증거까지 밝히는 등 그 분석 범위가 매우 넓어졌다.

- 🔍 컴퓨터 메모리, 하드 디스크 드라이브, USB 메모리 등 저장 매체에 남아 있는 데이터의 원본을 확보한 후, 수사에 필요한 유용한 정보를 찾아낸다.
- 🔍 찾아낸 데이터가 피의자의 것이 맞는지 입증하고, 혐의 사실 입증에 그 데이터가 어떤 증거 능력을 가지는지 등을 명확히 밝혀낸다.
- 🔍 입수된 디지털 증거가 법정 증거로 채택될 수 있도록 증거 자료의 신뢰성을 확보한다. 디지털 포렌식에 대한 표준 절차뿐만 아니라 증거 수집 및 분석에 사용된 포렌식 툴에 대한 검증 절차도 진행된다.
- 🔍 범죄 수사의 단서가 되는 디지털 자료를 확보·복구하며, 이를 분석해 법적 증거 자료로 만들어 제출한다.
- 🔍 법정에 제출한 증거 자료가 피의자의 것임을 재판 과정에서 입증한다.

> **Tip 범죄과학수사관에 대해 알아볼까요?**
>
> 범죄 수법이 정교해지면서 범죄 증거를 찾고 범인을 잡는 데 필요한 단서를 찾기 위해 과학적 수사의 필요성이 강조되었다. 그래서 새롭게 생겨난 직업이 범죄과학수사관이다. 범죄과학수사관은 범죄 수사에 관련된 물리적 증거를 수집하고 분석하는 활동을 한다. 특히 수사에 결정적 단서가 될 수 있는 무기, 섬유, 머리카락, 생체 조직 등과 같은 증거물에 대해 검사한다.

적성과 흥미는?

컴퓨터 시스템, 하드웨어, 운영 체제, 정보 보안 등 IT 전반에 대한 풍부한 지식과 데이터 검색 기술, 복구 기술, 분석 기술 등이 요구된다. 디지털 자료를 확보·복구하고 해석 과정과 결과를 보고서로 작성해서 법정에 제출해야 한다. 보고서 내용이 얼마나 논리적인지는 재판 과정에서 법리 적용의 중요한 요소가 되기 때문에 글쓰기 능력이 중요하다. 수많은 디지털 자료 중 범죄의 단서가 되는 것을 찾아내고, 이것이 법정에서 증거로 채택되도록 하기 위해서는 집중력과 끈기가 있는 사람, 호기심이 많고 집요한 성격의 사람, 탐구하는 것을 좋아하는 성향을 가진 사람에게 적합하다. 사회 정의감과 함께 비판적 사고, 문제해결 능력도 갖추어야 한다. 디지털 포렌식 분야는 최신 정보를 끊임없이 습득해야 하기 때문에 각 분야의 전문가들과의 원활한 의사소통 능력 및 의사결정 능력, 협업 능력이 중요하다. 공개된 지식을 꾸준히 습득하고, 이를 분석에 활용할 수 있는 능력, 추리력과 판단력, 의사결정 과정에서의 순발력과 균형 감각을 갖추고 있으면 좋다.

디지털포렌식수사관에 관심이 있다면 컴퓨터 및 IT 분야에 대한 지식을 쌓기 위해 노력해야 하고, 독서를 통해 다양한 분야에 대한 지식을 쌓는 것도 권장한다.

관련 학과 및 자격증은?

(컴퓨터공학과) (소프트웨어공학과)
(정보보호학과) (사이버보안경찰학과)
(사이버수사학과) (사이버경찰학과)
(사이버수사경찰학부) (디지털포렌식전공)
(사이버포렌식학과)

- 디지털포렌식전문가
- 사이버포렌식조사전문가
- EnCE디지털포렌식수사자격증
- FTK포렌식전문가자격증(ACE)
- 임베디드SW개발전문가
- 마이크로소프트인증전문가(MCP)

- 정보처리기사
- 정보통신기사
- 정보보호전문가
- 인터넷보안전문가
- 네트워크관리사

관련 교과는?

(국어) (수학) (영어) (과학) (사회) (정보)

관련 직업은?

(네트워크엔지니어) (네트워크프로그래머)
(웹마스터) (데이터베이스관리자) (범죄과학수사관)
(시스템엔지니어) (시스템소프트웨어개발자)
(웹프로그래머) (웹프로듀서) (정보보호전문가)
(컴퓨터프로그래머) (변리사) (정보통신컨설턴트)
(컴퓨터게임프로그래머) (컴퓨터공학기술자)
(컴퓨터시스템설계분석가) (컴퓨터시스템감리전문가)
(통신망설계운영기술자) (컴퓨터보안전문가)
(정보시스템운영자)

 ## 진출 방법은?

디지털포렌식수사관이 되기 위해 법과 IT 관련 학과를 전공하면 업무를 수행하는 데 도움이 된다. 현재 우리나라에서는 디지털 포렌식 인력 대부분이 공무원으로서 국가 수사 기관에 근무하는데, 특별채용이나 공개경쟁 시험을 통해 임용된다. 디지털 포렌식 관련 수사기관으로는 경찰청, 검찰청, 국방부, 국가정보원 등이 있다. 경찰청은 가장 많은 디지털포렌식수사관을 보유하고 있는 기관으로, 사이버수사요원 특별채용 제도를 통해 관련 인원을 수시로 채용하고 있다.

해양경찰은 디지털 포렌식 수사 역량을 키우기 위해 기존 디지털 포렌식 수사 업무뿐만 아니라 항해 자료 기록기(VDR), 전자 해도 등 항해 장비의 자료를 분석·복구하는 분야에 많은 비중을 두고 있다. 검찰은 대검찰청에 디지털포렌식센터를 운영하고 있다. 국방부는 기무사, 국방부조사본부, 육군수사단 등에서 수사 업무를 하고 있고, 국정원은 국가사이버안전센터를 운영하여 디지털 포렌식 업무를 수행하고 있다. 이 외에도 수입 물품에 대한 밀수 단속, 관세 부과·감면·징수 업무를 담당하고 있는 관세청, 저작권 관련 업무를 하는 저작권위원회 등에도 디지털 포렌식 인력이 진출하고 있다.

그 외에 소수이기는 하지만, 특허 소송 등을 대비해 대기업의 법무팀 산하에 디지털 포렌식 조직을 두기도 하고, 회계 법인이나 대형 로펌에서 일하는 전문가들도 있다.

미래 전망은?

최근 사이버 범죄 발생 건수가 기하급수적으로 늘어나고 있어 디지털 포렌식 분야의 수요는 급증할 것으로 예상된다. 현재는 경찰, 검찰, 국가정보원 등 국가수사 기관 중심으로 진출하고 있지만 앞으로는 민간 부문까지 확산될 것이다. 실제로 대기업의 법무팀, 감사실 등에서 회사 기술 유출에 대처하기 위해 디지털포렌식전문가를 채용하려는 움직임이 활발해지고 있다.

현재는 회계 장부 관리에 포렌식 기술을 활용하거나 포렌식 도구를 이용해 디지털 자료를 수집하고 손상된 데이터를 복구하는 수준이지만, 앞으로는 분석 능력까지 갖춘 디지털포렌식전문가가 진출할 것이다. 컴퓨터 및 정보 보호 업체, 법무 법인과 회계 법인, 기업의 내부감사팀, 보안관제팀 등에 취업할 것으로 예상되어 고용 전망은 밝아 보인다.

CAREER MAP

- 컴퓨터 활용 능력 함양
- 영어 실력 향상
- 글쓰기 능력 함양
- 토론 및 말하기 능력 함양
- 경찰관 직업체험활동
- 기본 체력 관리

- 한국포렌식학회
- 사이버포렌식전문가협회
- 한국디지털포렌식센터

- 디지털포렌식전문가
- 사이버포렌식조사전문가
- EnCE디지털포렌식수사자격증
- FTK포렌식전문가자격증
- 마이크로소프트인증전문가
- 임베디드SW개발전문가
- 정보처리기사
- 정보통신기사
- 정보보호전문가
- 인터넷보안전문가

준비방법

관련기관

- 국어
- 수학
- 영어
- 과학
- 사회
- 정보

관련교과

관련자격

디지털 포렌식 수사관

- 컴퓨터공학과
- 소프트웨어공학과
- 정보통신공학과
- 사이버수사학과
- 사이버보안경찰학과
- 사이버경찰학과
- 사이버포렌식학과
- 정보보호학과
- 디지털포렌식전공
- 사이버수사경찰학부

적성과흥미

관련학과

관련직업

- 컴퓨터 활용 능력
- 글쓰기 능력
- 논리력
- 변론 능력
- 집중력
- 끈기
- 추리력
- 비판적 사고 능력
- 문제해결 능력
- 의사소통 능력
- 협업 능력

- 범죄과학수사관
- 네트워크엔지니어
- 네트워크프로그래머
- 데이터베이스관리자
- 시스템소프트웨어개발자
- 시스템엔지니어
- 웹마스터
- 웹엔지니어
- 정보보호전문가
- 컴퓨터보안전문가
- 컴퓨터시스템감리전문가
- 정보통신컨설턴트

로봇공학기술자

로봇공학기술자란?

로봇은 인간의 삶에서 떼어내려고 해도 뗄 수 없을 만큼 이미 다양한 분야에서 활용되고 있다. 산업 현장에서는 산업용 로봇과 같은 공장 자동화 기기가 사람이 하기 힘든 일을 대신한 지 오래되었다. 최근에는 컴퓨터 기술과 첨단 센서 기술의 발전에 힘입어 더욱 발전된 형태의 지능형 로봇과 사람처럼 걸을 수 있는 이족 보행 로봇 등이 개발되어 속속 등장하고 있다. 로봇 청소기, 자율주행 자동차, 드론 등의 지능형 로봇은 주변 환경을 스스로 인식하고, 동작을 조절하는 능력을 갖추고 있어 인간의 삶을 더욱 편리하게 변화시키고 있다.

로봇공학은 로봇의 개발과 관련된 학문으로, 로봇의 설계, 구조, 제어, 지능, 운용 등에 대한 기술을 연구하는 공학의 한 분야이다. 로봇공학은 기계공학, 전기전자공학, 컴퓨터공학 등의 다양한 기술들이 융합되어 활용되고 있다. 또한 생물이 가지고 있는 뛰어난 기능을 기술적으로 실현하여 활용하는 생체공학도 포괄할 정도로 종합적인 학문 분야이다.

로봇공학기술자는 다양한 형태의 로봇을 설계·제조하거나 그 응용 분야를 다루는 일을 하는 사람이다. 로봇공학기술자는 사용 목적에 맞는 로봇을 개발하기 위해 기술을 연구하여 로봇의 개발 기획부터 운용·제어·지능 기술을 설계하고 제작·평가하는 일을 하고 있다.

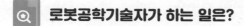 로봇공학기술자가 하는 일은?

로봇공학기술자는 가정 및 개인 서비스, 인명 구조, 의료 서비스, 우주 탐사, 교육, 안내서비스 등 각 분야에 활용할 수 있는 로봇 기술을 개발하고, 사용하는 데 불편함 없이 각각의 목적에 맞는 기능을 수행할 수 있는 로봇을 만든다.

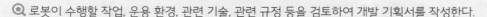

- 🔍 로봇이 수행할 작업, 운용 환경, 관련 기술, 관련 규정 등을 검토하여 개발 기획서를 작성한다.
- 🔍 개발에 필요한 부품과 재료를 선정하고, 필요한 부품을 설계한다.
- 🔍 전자 제어 기술, 센서 기술, 영상 처리 기술, 인공지능 등을 활용하여 로봇을 설계한다.
- 🔍 주변 장치와 작업 시 작업 대상에 직접 작용하는 기능을 가진 장치 등을 설계한다.
- 🔍 산업용, 의료용 등과 같이 실생활에 이용할 수 있는 로봇을 연구하고 개발한다.
- 🔍 로봇의 구성 요소를 연구 개발하고, 하나의 몸체로 조립·제작한다.
- 🔍 생산 현장에서 산업용 로봇이나 자동화 시스템 설비를 설치하고 운용한다.
- 🔍 전기·전자·기계 장치를 자동화하는 설비를 연구하고 개발한다.
- 🔍 로봇의 기구, 하드웨어, 소프트웨어를 조립하여 시제품을 생산하고, 테스트 과정을 수행한다.
- 🔍 전체 작업 시스템을 검토·설계하고, 조립 과정을 통해 로봇 시스템을 완성한다.
- 🔍 공장의 생산 자동화를 위해 각 분야 전문가들에게 최신 제조 및 자동화 기술 등에 대한 의견을 구한다.
- 🔍 새로운 로봇 기술과 장치를 연구 개발하고, 이러한 기술을 요구하는 곳에 정보를 제공하며 교육을 진행한다.

> **Tip 지능형로봇연구개발자에 대해 알아볼까요?**
>
> 지능형로봇연구개발자는 인간의 뇌 구조에 대한 지식을 바탕으로 로봇이 인간과 같이 사고하고 의사결정 등을 할 수 있도록 인공지능 알고리즘을 개발하거나 프로그램으로 구현하는 연구 개발을 수행한다. 인간의 지능으로 할 수 있는 사고, 학습, 자기계발 등을 컴퓨터가 수행하도록 그 방법론을 연구하는 컴퓨터공학 및 정보기술 분야의 전문가이다.

적성과 흥미는?

로봇공학기술자는 현실에 존재하지 않는 로봇을 개발하는 일을 하는 만큼 풍부한 상상력과 창의력이 요구된다. 로봇 작동 원리를 알아야 하므로 기계공학, 전기전자공학, 컴퓨터공학에 대한 기본 지식은 물론 컴퓨터프로그래밍 실력을 갖춰야 한다. 로봇을 개발하는 과정에서는 여러 전문가와 협업하는 경우가 많으므로 원만한 대인관계 능력과 의사소통 능력, 협동심이 요구된다. 하나의 로봇이 완성되기까지 여러 번의 실패 속에서도 일을 즐길 수 있는 열정과 도전정신, 노력, 끈기, 인내심이 필요하다.

로봇공학기술자의 업무는 로봇 생산 설비에 대한 설계, 제조 등이 주를 이룬다. 새로운 생산 설비를 고안하고 설계하여 원하는 기능을 기술적으로 구현하기 위해서는 창의력, 논리적 사고 능력, 관련 부품을 논리적으로 구성하는 능력 등이 필수적으로 요구된다. 또한 공학과 자연과학 분야의 지식이 필요하다. 에너지공학, 열역학 등의 지식을 활용하여 업무를 수행하는데, 이를 위해 기계와 물리 분야에 대한 지식을 습득하는 것이 좋다.

💬 관련 학과 및 자격증은?

기계공학과　전기전자공학과　제어로봇공학과
반도체·세라믹공학과　전자공학과　로봇학부
로봇시스템공학과　로봇공학부　로봇공학과
기계·로봇공학전공　IT융합지능로봇공학과
지능로봇·신소재공학　지능기계공학전공
바이오메카트로닉스전공　전자지능로봇공학과
제어계측공학과　메카트로닉스공학과
로봇자동화공학전공　로봇자동화공학과

⚙ 로봇기술자격증(1·2·3·4급)　⚙ 로봇지도자자격증
⚙ 모바일로보틱스(1·2·3급)　⚙ 로봇영재자격증
⚙ 메카트로닉스기사　⚙ 기계전자제어사
⚙ ICU로봇기술자격증　⚙ ICU로봇지도사
⚙ 로봇마스터　⚙ 지능형로봇자격증
⚙ 일반기계기사　⚙ 기계설계기사
⚙ 로봇교육지도사　⚙ 네트워크관리사
⚙ LED응용설계사　⚙ 공업계측기사
⚙ 전자시스템제어기사　⚙ 모바일웹전문가
⚙ 전자기사　⚙ 전자회로설계기사
⚙ 디지털제어기사　⚙ 정보처리기사
⚙ 전자계산기제어산업기사　⚙ 전기공사기사

💬 관련 교과는?

수학　과학　기술·가정　정보

💬 관련 직업은?

로봇연구원　산업용로봇제어조작원
실버로봇서비스기획자　안드로이드로봇공학자
지능로봇연구개발자　적재로봇조작원
메카트로닉스공학기술자　감성인식기술전문가
블라스팅로봇조작원　로봇하드웨어설계기술자
로봇기구개발자　자동차용접로봇조작원
로봇유지보수전문가　로봇소프트웨어개발자
선박용접로봇조작원　지능형로봇연구원
로봇감성인지연구원　로봇인식기술연구원
로봇동작생성연구원

진출 방법은?

로봇공학기술자가 되기 위해서는 대학교 및 대학원에서 기계공학, 메카트로닉스공학, 전기공학, 전자공학, 컴퓨터공학, 제어계측공학, 인공지능공학 등을 전공하는 것이 유리하며, 일반적으로 석사 이상의 학력을 갖춰야 한다. 최근 로봇공학 분야를 하나의 학문으로 규정하고, 로봇을 개발하는 데 필요한 학문만을 체계적으로 배울 수 있는 로봇공학과, 로봇학부 등의 학과가 늘어나고 있다. 로봇에 대한 연구 범위가 넓어지면서 로봇 관련 전공도 다양해지고 있는데, 예를 들어 심리학, 물리학 등을 전공하고 로봇공학기술자가 되는 경우도 있다. 이처럼 로봇공학기술자가 되는 경로는 다양하나, 로봇을 개발하기 위해 전문적 지식을 갖추어야 하는 만큼 전공 분야에서 석사 이상의 학력을 갖추는 것이 경쟁력을 확보하는 하나의 방법이다.

미래 전망은?

로봇 산업은 전 세계적으로 공신력 있는 통계나 보고서에 항상 미래 유망 산업으로 등장한다. M사의 빌 게이츠 회장도 미래에는 로봇기술이 지금의 컴퓨터가 발전한 것처럼 빠른 속도로 발전할 것이라고 예측할 정도로 성장성이 큰 산업이다.

특히 최첨단 기술의 융합체인 로봇 산업은 국가 핵심 산업으로 지정되어 인간의 삶의 질 향상을 위해 환경, 실버, 의료, 국방, 교육 등에 걸쳐 전 분야에서 도움을 줄 것으로 예상된다. 교육이나 엔터테인먼트 분야 외에도 게임 로봇, 헬스케어 로봇, 의료 재활 로봇, 사회 안전 로봇 등이 등장하면서 관련 시장도 점차 커지고 있으며, 이전에는 없었던 새로운 직종들이 생겨나고 있다. 예를 들면 엔터테인먼트 공연 로봇이 상용화되면서 로봇오퍼레이터, 로봇데이터베이스구축자, 로봇디자이너, 로봇심리학자, 로봇점검 및 AS기술자 등 새로운 직종이 생겨나거나 세분화될 것으로 예상된다. 로봇공학 기술의 발전과 함께 다양한 형태의 로봇이 요구되는 만큼 로봇공학기술자의 전망은 밝다고 할 수 있다.

CAREER MAP

준비방법
- 수학, 과학, 정보 교과 역량 강화
- 과학 및 로봇, 컴퓨터, 코딩 관련 동아리활동
- 로봇 관련 전시회 참여
- 로봇 관련 기업이나 학과 탐방
- 로봇공학기술자 직업체험활동
- 인문학, 심리학, 인공지능, 4차 산업혁명 등 다양한 분야의 독서활동
- 사람과 사회 현상에 대한 관심

관련기관
- 한국로봇산업협회
- 한국로봇융합연구원
- 제어로봇시스템학회

적성과 흥미
- 상상력
- 창의력
- 컴퓨터 프로그래밍 능력
- 대인관계 능력
- 의사소통 능력
- 협업 능력
- 인내심
- 도전정신
- 논리적 사고 능력
- 자연과학 관련 지식
- 혁신성
- 공감 능력

관련교과
- 수학
- 과학
- 기술·가정
- 정보

로봇공학 기술자

관련자격
- 로봇기술자격증(1·2·3·4급)
- 로봇지도자자격증
- 로봇마스터
- 로봇영재자격증
- 메카트로닉스기사
- 기계전자제어사
- ICU로봇기술자격증
- ICU로봇지도사
- 모바일로보틱스(1·2·3급)
- 지능형로봇자격증
- 일반기계기사
- 기계설계기사
- 로봇교육지도사
- 전자시스템제어기사
- 정보처리기사

관련직업
- 로봇공학기술자
- 로봇공연기획자
- 로봇연구원
- 실버로봇서비스기획자
- 안드로이드로봇공학자
- 지능로봇연구개발자
- 적재로봇조작원
- 메카트로닉스공학기술자
- 감성인식기술전문가
- 블라스팅로봇조작원
- 산업용로봇제어조작원
- 로봇하드웨어설계기술자
- 로봇기구개발자
- 자동차용접로봇조작원
- 로봇소프트웨어개발자
- 지능형로봇연구원
- 로봇감성인지연구원

관련학과
- 기계공학과
- 전기전자공학과
- 제어계측공학과
- 메카트로닉스공학과
- 제어로봇공학과
- 반도체·세라믹공학과
- 전자공학과
- IT융합지능로봇공학과
- 로봇자동화공학과
- 로봇시스템공학과
- 전자지능로봇공학과
- 로봇공학과
- 기계·로봇공학전공
- 로봇자동화공학전공
- 지능기계공학전공

메카트로닉스 공학기술자

메카트로닉스공학기술자란?

메카트로닉스공학은 기계(Mechanics) 공학과 전자(Elec-tronics)공학의 합성어로서 기계공학 기술을 기반으로 전기·전자공학 및 컴퓨터 기술 분야와 융합하여 지능형 기계전자 시스템을 설계, 제작하는 기술 분야이다. 자동화, 로봇 등 다양한 산업 현장에 폭넓게 사용되는 필수적인 공학 분야로 한 나라의 제조 산업 경쟁력을 결정짓는 핵심 기술이기도 하다. 메카트로닉스라는 용어는 일본의 야스카와 회사의 수석 기술자, 테츠로 모리가 처음 사용하였다. 메카트로닉스가 적용된 가장 일반적인 예는 산업로봇이며, 현대에 사용되는 산업로봇은 전자공학의 요소와 기계적 요소를 모두 포함한다.

메카트로닉스공학기술자는 기계기술과 전자제어 및 정보처리기술 등을 응용하여 다양한 시스템을 구성하고, 자동화 설비시설을 연구 개발하는 일을 맡는다.

🔍 메카트로닉스공학기술자가 하는 일은?

메카트로닉스공학기술자는 기계공학기술과 전기 및 전자공학, 컴퓨터 기술과의 융합을 통해서 시스템을 설계하며, 각종 제품들의 생산과정을 자동화하는 설비기술을 연구하고 개발을 담당한다.

🔍 가장 최적의 공장 생산설비 자동화를 위해 기업체에 최신 제조기술, 자동화기술 등에 대하여 조언한다.

🔍 기업체의 생산현장을 직접 방문하여 공정분석 및 타당성 검토를 시행하고, 생산전략 및 공장자동화 계획을 수립하여 지도한다.

🔍 기업체 생산라인의 유·공압제어기술, 프로그램이 가능한 논리제어기, 마이크로프로세서 등 자동화 기술을 개발한다.

🔍 공장, 사무실, 가정 등에 사용되는 각종 전기, 전자, 기계장치를 자동화하는 설비를 연구 개발하고, 전기·전자·기계장치 등을 제어하는 목적에 따라 자동으로 조절되는 설비를 개발한다.

🔍 생산현장 작업에 투입되는 작업자, 작업장 환경 등을 고려하여 설비개발에 반영하며, 제대로 작동하지 않는 설비의 문제점을 해결하고 납품된 설비에 대해 정기적인 점검을 실시하기도 한다.

Tip 바이오 메카트로닉스에 대해 알아볼까요?

메카트로닉스공학 분야에서 새롭게 생긴 변형학문으로 인간과 기계의 융합을 다루는 학문이다. 주로 외골격(Exoskeleton: 외부에서 추가적인 에너지를 공급하여 사람의 운동을 도움)과 같이 탈착 가능한 장치를 만든다. 이런 것들은 공상과학의 사이보그와 같은 것으로 가상 현실 제품을 실생활에 구현하는 학문이다.

또 다른 분야는 전자(Electronical) 또는 전자 설계 중심의 ECAD/MCAD 협력설계이다. 설계팀 및 전자 중심 시스템의 설계 도구, 설계팀 및 해당 시스템의 물리적·기계적인 것을 포함해 이루어지는 협력설계와 통합이다.

적성과 흥미는?

메카트로닉스공학기술자는 기계와 전자분야가 융합된 학문을 다루는 분야이므로 엔지니어에게 가장 핵심인 수학, 과학에 소질이 있는 학생에게 적합하다. 최근 사회적 이슈로 급부상한 로봇이나 인공지능 등 다양한 응용 분야에 대한 관심과 호기심도 필요하다. 또한 프로그램을 이용해 설계하고 각종 프로젝트를 수행하는 등 실습을 위한 창의력과 꼼꼼함도 요구된다.

평소 전기나 기계와 관련된 일들을 좋아하면서도 논리적이고 호기심이 많으며, 스트레스를 잘 견디어내고 적응력 및 융통성 등을 갖춘 성격이 어울린다. 신기술을 개발하기 위해서는 분석적 사고 능력, 문제해결 능력이 필요하며, 혁신적이며 창의적인 사고력을 갖추는 것이 좋다. 다른 분야의 엔지니어들과의 팀을 구성해 협업하는 일하는 경우가 많기 때문에 협동정신과 원만한 대인관계 능력도 중요하다.

메카트로닉스공학기술자에 관심이 많다면 학창시절부터 로봇이나 발명 동아리활동 등을 하는 것이 도움이 되며 수학, 과학, 기술·가정 교과 학습에 흥미를 갖는 것이 좋다. 창의력과 문제해결 능력, 협업 능력, 대인관계 능력을 키울 수 있는 다양한 학교활동을 추천한다.

 관련 교과는?

수학　과학　기술·가정　정보

 관련 직업은?

기계공학기술자　로봇공학기술자
전기공학기술자　엔진기계공학기술자
전자공학기술자　철도차량공학기술자
플랜트기계공학기술자

진출 방법은?

메카트로닉스공학기술자가 되기 위해서는 대학에서 기계공학이나 로봇공학, 자동차공학, 메카트로닉스공학 관련 학과를 전공하는 것이 좋다. 졸업 후에는 공개채용이나 특별채용을 통해 기계, 전자, 엔지니어링 관련 국가연구소, 기계 및 메카트로닉스 관련 민간기업연구소, 메카트로닉스 관련 제품 개발업체, 전기 및 전자 분야 업체, 기계 분야 업체, 항공 우주 산업 업체, 공장 자동화 및 물류 시스템 분야 업체 등으로 진출한다. 특히 연구 업무에 종사하기 위해서는 메카트로닉스 분야의 석사 학위 이상을 요구하는 경우가 많기 때문에 미리 준비해야 한다.

미래 전망은?

메카트로닉스공학은 공학 분야의 패러다임 변화로 인해 기계공학기술을 기반으로 전기·전자공학 및 컴퓨터 테크놀로지분야를 융합 발전시켜 지능형 기계전자 시스템을 설계, 제작하는 분야로 범위가 확대되고 있다. 오늘날 메카트로닉스공학 기술은 자동화 생산시스템, 마이크로 머시닝, 지능형 로봇, 반도체 및 디스플레이, 지능형 설비, 인공지능 자동차 등 다양한 분야에 적용되고 있다. 최근에는 생물학적 시스템과 결합된 생체모방 메카트로닉스 기술도 등장하고 있다.

메카트로닉스공학은 미래 핵심 선도산업으로 4차 산업혁명과 밀접한 관계가 있어 더욱더 발전할 가능성이 높은 공학 분야이며, 메카트로닉스공학기술자의 일자리도 증가할 것으로 예상되어 미래 전망성이 매우 높다. 또한 메카트로닉스공학기술자는 다른 직업에 비해 임금과 복리후생 수준이 높은 편이다. 정규직 고용 비율도 상대적으로 높고 근무 시간이 짧은 편이며 정신적, 육체적 스트레스는 상대적으로 낮아 근무 환경도 좋은 직업이다.

 관련 학과 및 자격증은?

광메카트로닉스공학과　기계메카트로닉스공학부
메카트로닉스공학전공　메카트로닉스공학과
메카트로닉스시스템공학과　스마트팩토리과
메카트로닉스 융합공학부　로봇공학과
로봇학부 지능시스템전공　항공메카트로닉스과
첨단공학부 메카트로닉스전공　전기자동차과

⚙ 기계기술사　　⚙ 메카트로닉스산업기사
⚙ 메카트로닉스기사　⚙ 기계설계기사
⚙ 일반기계기사　⚙ 생산자동화산업기사
⚙ 기계설계산업기사　⚙ 산업안전산업기사
⚙ 산업안전기사　⚙ 전자산업기사
⚙ 전자기사

🏷 **기계기술사에 대해 알아볼까요?**

한국산업인력공단에서 시행하는 국가기술자격증으로, 기계분야의 경쟁력 강화를 위해 기계제작 및 생산에 관한 공학이론을 갖추고 실무경험을 겸비하여 공정설계, 기계 및 생산 기술과 관련된 직무를 수행할 수 있는 최고 수준의 전문기술인력을 양성하기 위한 자격이다.

현장에서 기계분야에 관한 고도의 전문지식을 가지고 풍부한 실무경험에 입각하여 계획, 연구, 설계, 분석, 시험, 운영, 시공, 평가하는 작업을 행하며, 지도와 감리 등의 기술업무를 수행한다.

CAREER MAP

- 코딩 및 알고리즘 공부
- 로봇, 코딩, 발명 관련 동아리활동
- 창의력, 문제해결 능력 함양을 위한 프로그램 참여
- 창의공학 캠프 참여
- 공학 분야의 다양한 독서활동
- IT 관련 전시회 참여

준비 방법

- 광메카트로닉스공학과
- 기계메카트로닉스공학부
- 메카트로닉스학과
- 로봇공학과
- 스마트팩토리과
- 전기자동차과
- 항공메카트로닉스공학과

관련 학과

- 기계공학기술자
- 로봇공학기술자
- 전기공학기술자
- 전자공학기술자
- 철도차량공학기술자
- 플랜트기계공학기술자

관련 직업

메카트로닉스 공학기술자

관련 교과

- 수학
- 과학
- 기술·가정
- 정보

적성과 흥미

관련 기관

관련 자격

- 수학, 과학 교과에 대한 관심
- 꼼꼼함
- 논리력
- 호기심
- 분석적 사고 능력
- 문제해결 능력
- 창의적 사고 능력
- 협동 능력
- 대인관계 능력

- 한국공작기계공업협회
- 한국기계산업진흥원
- 한국기계학회
- 한국기계공학회

- 메카트로닉스기사
- 메카트로닉스산업기사
- 일반기계기사
- 기계설계기사
- 기계설계산업기사
- 생산자동화산업기사
- 산업안전기사
- 산업안전산업기사
- 전자기사
- 전자산업기사

공학계열
14

반도체공학기술자

반도체공학기술자란?

반도체공학은 반도체의 재료, 반도체소자를 제조하는 공학 분야이다. 반도체공학이 주목받고 발전하게 된 계기는 트랜지스터의 발명 이후부터이다. 트랜지스터의 발명 이후 더 발전된 집적회로가 생산되어 전자회로가 소형화되기 시작했고, 휴대용 라디오나 텔레비전 등 가정용 전자기기에 일대 변혁을 가져왔다. 컴퓨터를 비롯한 정보처리 기기 등의 발달은 열차·자동차·항공기 등의 운행관제, 사무자동화 등 이른바 정보화 사회를 이룩하는 밑거름이 되었다. 이렇듯 반도체공학은 공학 및 과학, 일반 사회생활에 이르기까지 크게 영향을 미치고 있는 학문이다.

반도체공학기술자는 반도체 안에 들어있는 수많은 트랜지스터를 연결해 필요한 기능을 수행할 수 있도록 설계하는 역할을 하는 직업이다. 반도체들을 응용하여 새로운 첨단 전자기기를 만들고 연구한다.

> **Tip 반도체란 무엇인지 알아볼까요?**
>
> 반도체(Semiconductor)는 상온에서 전기 전도율이 구리 같은 도체와 애자, 유리 같은 부도체(절연체)의 중간 정도인 물질이다. 가해진 전압이나 열, 빛의 파장 등에 의해 전도도가 바뀌고, 일반적으로는 규소 결정에 불순물을 넣어서 만든다. 주로 증폭 장치, 계산 장치 등을 구성하는 집적회로를 만드는 데 쓰인다. 현대생활에서 전자제품의 필수불가결한 주 재료로 이용되고 있으며, 특히 오늘날 많은 사람들이 이용하는 인터넷도 반도체 없이는 생각할 수 없는 수단이 되었다.

🔍 반도체공학기술자가 하는 일은?

반도체의 기능적 개선을 통해 각종 전자기기의 성능을 업그레이드해주고, 새로운 기능과 성능을 가진 반도체를 새롭게 개발하는 일을 주로 한다. 특히 우리나라는 반도체 분야에서 세계 최고 수준의 기술력과 우수한 전문가들을 확보하고 있고, 메모리 반도체 기술 분야를 선도하고 있다.

🔍 반도체의 '읽기', '저장', '쓰기' 기능의 처리 속도를 향상시키고, 생산 비용 감소 및 메모리 저장 용량 확대 등의 기술 개발을 담당한다.

🔍 컴퓨터·TV·스마트폰·의료기기 등 각종 전자기기의 반도체 성능을 향상시키거나 새로운 성능을 갖춘 반도체를 개발한다.

🔍 새로운 반도체를 개발한 후에는 해당 반도체를 생산하기 위해 최상의 상태를 갖춘 생산설비 환경을 설정하고, 생산에 참여하는 직원들을 대상으로 교육도 실시한다.

🔍 반도체 제조에 필요한 설비와 장비를 관리하고, 고장이 나면 원인을 분석하여 대책을 수립한다.

🔍 기술적 성능을 개선하고 부품, 제품 및 시스템에 사용되는 전자적 특성의 대한 변형과 응용에 대해 계획하고 개발한다.

🔍 담당자들을 대상으로 새로운 장비나 설비의 조작 방법 및 각종 유의사항 등에 대한 교육을 실시한다.

> **Tip 반도체 설계 과정에 대해 알아볼까요?**
>
> 반도체 설계 과정은 크게 잉곳을 가공하여 웨이퍼를 제조한 후 마스크를 제작하는 과정과 웨이퍼 위에 회로를 새겨 칩을 완성하는 전공정(프론트엔드), 그리고 만들어진 칩을 절단하여 패키징하고 테스트하는 후공정(백엔드) 3가지로 나뉜다.

적성과 흥미는?

반도체공학기술자는 각종 컴퓨터의 응용 프로그램과 반도체 설계 장비 등을 능숙하게 활용할 수 있는 능력, 새로운 기술을 습득하려는 노력과 자기계발 자세가 필요하다. 새로운 것에 대한 탐구정신과 호기심, 창의력과 문제해결을 위한 논리적 사고, 분석력, 그리고 정확한 판단력이 요구된다. 공간 지각 능력, 수리 논리력이 있어야 하고, 창의적 사고, 협업 능력, 세심하고 꼼꼼한 성격을 가진 사람들에게 유리하다. 전자제품이나 컴퓨터와 같은 전자기기를 다루기 좋아하는 사람에게 적합하며, 기본적으로 수학과 물리학 같은 이공계 과목을 좋아하고 복잡한 수식을 잘 이해하고 계산할 수 있는 사람에게 더욱 적합하다.

반도체공학기술자에 관심이 많다면 수학, 과학(물리학, 화학), 정보 교과 공부를 소홀히 하지 않고, 창의력과 문제해결 능력, 리더십, 협업 능력, 원만한 대인관계 능력을 함양하기 위한 다양한 프로그램에 참여하는 것을 추천한다. 코딩이나 알고리즘 등의 교육도 논리적 사고나 분석력을 키울 수 있는 좋은 방법이고 공학, 컴퓨터, 발명반 등의 동아리활동도 도움이 된다.

💬 **관련 학과 및 자격증은?**

(반도체과학과) (반도체시스템공학과) (반도체학과)
(세라믹반도체전공) (세라믹공학과) (신소재공학과)
(전기공학과) (전기전자공학과) (전자공학과)

⚙ 반도체설계기사   ⚙ 반도체설계산업기사
⚙ 산업계측제어기술사   ⚙ 의료전자기능사
⚙ 전자산업기사   ⚙ 전자기사
⚙ 전자기기기능사

💬 **관련 교과는?**

(수학) (과학) (기술·가정) (정보)

💬 **관련 직업은?**

(반도체장비기술자) (전기기기제품개발기술자)
(전기계측제어기술자) (전자의료기기개발기술자)
(전자제품 및 부품개발기술자) (LED연구 및 개발자)
(태양열 연구 및 개발자) (고전압반도체소자연구원)
(광반도체연구원) (반도체레이아웃설계기술자)
(반도체제조기술자)

진출 방법은?

반도체공학기술자가 되기 위해서는 2~3년제 대학 및 4년제 대학교에서 전자공학, 전기공학, 통신공학 등을 전공하는 것이 유리하다. 반도체공학 관련 학과를 졸업한 후에는 기업체, 정부 및 공공기관, 연구소 등에 진출하는 것이 일반적이다. 기업체로는 반도체 재료 및 소자, 제조 공정의 개발 엔지니어, 집적회로 설계 엔지니어, 소프트웨어, 초고주파 통신 분야의 개발 엔지니어, 반도체 공정 산업체 등으로 진출한다.

한편 정부 및 공공기관으로는 전자, 전기, 반도체, 세라믹 관련직 공무원 등으로 진출하며, 반도체 관련 연구소로는 전자, 전기, 반도체, 세라믹 관련 민간·국가 연구소 등으로 진출한다. 연구 분야에 종사하기 위해서는 석사 학위 이상이 요구되며, 특히 국내 모 대학의 반도체 공학 관련 학과의 경우 국내 유명 기업과의 산학협력을 통해 관련 기업에서 제공하는 실무 위주의 교육을 받을 수 있고, 졸업 후 취업이 보장되기도 한다.

⚙ 미래 전망은?

우리나라는 반도체 분야에서 세계 최고 수준의 기술력을 보유하고 있는 국가이다. 메모리 및 비메모리 반도체 분야 중심으로 기술이 빠르게 발전하고 있고, 반도체 관련 주변 기술 등도 함께 발전하고 있다. 특히 반도체공학기술을 활용한 디지털 전자제품, 휴대폰 단말기 등은 우리나라의 경제를 선도하는 주요 수출품목으로 세계적인 경쟁력을 갖고 있다.

최근에 주목받고 있는 사물인터넷의 적용 확대와 무인자동차, 홈 네트워크, 차세대 PC, 지능형 로봇 등의 상용화로 반도체공학 기술 분야의 응용 범위는 더욱 확대될 전망이다. 반도체공학기술자 전문 인력의 채용도 증가할 것으로 예상되어 직업의 전망은 매우 밝다고 할 수 있다.

CAREER MAP

준비 방법

- 수학, 과학, 정보 교과 역량 강화
- 창의력, 문제해결 능력 함양을 위한 프로그램 참여
- 리더십 캠프 참여
- 코딩 및 알고리즘 공부
- 공학, 컴퓨터, 발명 관련 동아리활동
- IT 관련 전시회 참여

관련 자격

- 반도체설계기사
- 반도체설계산업기사
- 산업계측제어기술사
- 의료전자기능사
- 전자산업기사
- 전자기사
- 전자기기기능사

관련 직업

- 반도체장비기술자
- 전기기기제품개발기술자
- 전기계측제어기술자
- 전자의료기기개발기술자
- 전자제품 및 부품개발기술자
- LED연구 및 개발자
- 태양열 연구 및 개발자
- 고전압반도체소자연구원
- 광반도체연구원
- 반도체레이아웃설계기술자
- 반도체제조기술자

관련 교과

- 수학
- 과학
- 기술·가정
- 정보

반도체 공학 기술자

적성과 흥미

- 탐구정신
- 호기심
- 창의력
- 문제해결 능력
- 논리적 사고 능력
- 분석력
- 정확한 판단력
- 공간 지각 능력
- 수리 논리력
- 창의적 사고 능력
- 협업 능력
- 꼼꼼함

관련 기관

- 한국반도체산업협회
- 국제반도체장비재료협회
- 한국반도체연구조합
- 한국전자산업협회

관련 학과

- 반도체과학과
- 반도체시스템공학과
- 반도체학과
- 세라믹반도체전공
- 세라믹공학과
- 신소재공학과
- 전기공학과
- 전기전자공학과
- 전자공학과

비파괴검사원

비파괴검사원이란?

오늘날 각종 구조물은 급속한 대형화, 고압화, 고속화 추세에 따라 구조물의 질과 양에 큰 변화가 일어나고 있지만, 완전무결한 재료 및 가공 방법을 기대할 수 없는 실정이다. 따라서 재료, 부품, 구조물에 결함이 어느 정도 포함되어 있는지를 확인하여 사용 목적을 만족시킬 수 있는지를 판단해야 한다.

비파괴검사는 각종 제조 분야에서 공작물, 부재, 구조물 등을 파괴하지 않고 완전성이나 표면상태, 균열 등을 검사하는 방법이다. 재료를 파괴하지 않고도 검사할 수 있는 특성 덕분에 비교적 시간과 돈을 절약할 수 있으므로 우리 주변 건물, 교량, 비행기, 자동차, 선박, 가전기계, 심지어는 스마트폰, 식품에 대해서도 비파괴검사를 한다. 병원의 X-ray, 초음파검사, CT, MRI 등 검진을 위한 검사도 비파괴검사에 속한다.

비파괴검사원은 제조물을 손상·파괴하지 않고 제조물의 내·외부에 존재하는 불연속 혹은 결함을 탐지하거나 물리적, 기계적 특성을 파악하고자 검사 장비를 사용하여 측정·검사·평가하는 일을 하는 직업이다.

비파괴검사원이 하는 일은?

산업 활동에 사용되는 원자력설비, 발전설비 및 구조물, 교량, 부품 등은 제 기능을 안전하게 수행할 수 있도록 제조공정부터 가동에 이르기까지 꼼꼼한 검사가 필요하다. 비파괴검사원은 검사할 대상물에 손상을 주지 않으면서 대상물의 불완전성을 파악한다.

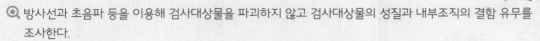

- 방사선과 초음파 등을 이용해 검사대상물을 파괴하지 않고 검사대상물의 성질과 내부조직의 결함 유무를 조사한다.
- 검사 결과를 통해 불량품을 조기에 발견하여 제조공정에서 시간과 재료를 절감하게 해주며, 건축물이나 구조물의 안전 정도를 평가한다.
- 비파괴검사를 의뢰받으면 사업자는 검사 책임자 및 검사자를 지정하고 기술기준, 검사방법 및 품질 보증계획 등이 포함된 검사계획서를 작성한다.
- 검사계획서에 따라 검사업무(검사대상물에 따라 검사방법을 복합적으로 적용하여 정해진 기술기준에 따라 합격, 불합격 판정을 내림)를 수행한다.
- 검사장비에 나타난 초음파의 음향임피던스, 와전류의 변화, 자분의 집속, 결함 등을 읽고 분석한다.
- 검사가 끝나면 검사 결과에 대한 종합보고서인 검사 결과서를 작성하여 제출한다.

> **Tip 비파괴검사의 종류에 대해 알아볼까요?**
>
> 비파괴검사는 기계공학, 제조, 재료과학 분야에서 공작물의 제품완전성이나 표면 상태를 변형시키지 않고 검사하는 방법이다. 대표적인 비파괴검사로는 액체침투법, 자기탐상법, 초음파검사법, 음향방사법, 방사선투과법, 와전류탐상법, 열탐상법, 홀로그래피기술 등이 있다.

적성과 흥미는?

비파괴검사는 제품의 품질보증, 안정성과 깊은 관련이 있어 정확한 검사가 진행되어야 하므로 투철한 책임의식이 필요하다. 각종 검사장비 및 기구를 사용하기 때문에 장비 조작 능력 및 결함에 대한 평가 능력이 필요하고, 시력·청력에 문제가 없어야 한다. 기계적 이해와 수학적 지식, 그리고 도면 해독 능력 등이 필요하며 검사장비가 디지털화됨에 따라 컴퓨터 활용 능력이 요구된다. 과학(물리학)을 비롯한 공학적 지식과 검사 결과를 해석하고 이해할 수 있는 수리 능력과 분석 능력, 검사 결과를 거짓 없이 처리할 수 있는 도덕성과 직업윤리도 요구된다. 현장을 직접 찾아다니면서 비파괴검사 등을 실시해야 하므로 신체적으로 건강해야 하고, 정직성, 협동심, 적응력 및 융통성 등의 성격을 가진 사람들에게 유리하다.

비파괴검사원에 관심이 많다면 수학, 과학 교과 실력을 쌓기 위한 노력과 컴퓨터 활용 능력을 키우기 위한 노력이 필요하다. 또한 공학, 발명, 메이커 관련 동아리활동을 추천하며, 평소에 체력을 키우는 노력도 기울여야 한다.

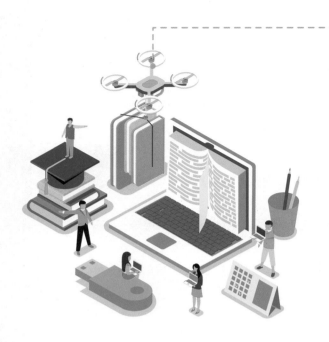

관련 학과 및 자격증은?

금속공학과   기계공학과   전자공학과

물리학과   재료공학과   전기공학과

메카트로닉스공학과   방사선학과

원자력공학과   재료공학과

- 누설비파괴검사기사
- 방사선비파괴검사산업기사
- 비파괴검사산업기사
- 방사선비파괴검사기사
- 비파괴검사기술사
- 방사선비파괴검사기능사
- 비파괴검사기사
- 침투비파괴검사산업기사
- 와전류비파괴검사기사
- 침투비파괴검사기능사
- 비파괴검사기능사
- 침투비파괴검사기사

관련 교과는?

수학   과학   기술·가정   정보

관련 직업은?

품질관리사무원   산업안전원   에너지공학기술자

위험관리원   소방공학기술자   에너지시험원

조선해양공학기술자   자동차공학기술자

항공공학기술자   원자력공학기술자

건축안전·환경·품질·에너지관리기술자

 ## 진출 방법은?

비파괴검사원이 되기 위해서는 특성화고등학교에서 비파괴검사과, 전기과, 기계과, 금속과 등을 전공하면 좋고, 전문대학 및 대학교에서는 금속공학, 재료공학, 방사선학, 전기 및 전자공학 등을 전공하면 더 유리하다. 사설교육기관이나 직업전문학교에서 관련 강좌를 이수하거나, 기계와 재료 등 검사 관련 분야에 대한 실기교육과 훈련과정을 통해서도 직업 능력을 갖출 수 있다.

졸업 후에는 공개채용이나 특별채용 등을 통해 비파괴검사 전문 업체나 중공업, 중화학, 도시가스, 금속, 기계, 건설, 지역난방, 발전, 수도, 압력용기 관련 업체 등으로 진출할 수 있다. 해당 자격증의 종류에 따라 조선소, 가스용기 제작업체, 보일러 제작업체, 교량업체 등의 품질관리요원으로 채용될 수 있다. 기사나 기술사 등의 상위 자격증을 취득하거나 감리업체 등에서 다양한 감리 경력을 쌓은 후, 감독관이나 엔지니어링 회사의 감리원으로 활동할 수도 있다.

미래 전망은?

바파괴검사는 검사 대상을 파괴하지 않고도 내부 구조나 결함 등을 확인할 수 있다는 점을 이용해 각종 산업 및 공업 제품의 품질검사에 많이 사용된다. 건축물, 상하수도, 가스나 석유의 파이프라인, 저장탱크, 발전소, 항공기, 철도, 선박, 건설기계 등의 제작·정비·보수 시 결함의 유무를 확인하거나 사용 중인 구조물이나 부품의 마모나 부식 상황을 확인하는 등 안전성을 검사하는 용도로 많이 쓰인다.

최근 각종 대형 인재사고의 발생에 대한 우려로 안전진단에 대한 필요성이 높아지면서 향후 비파괴검사의 수요가 지속적으로 증가할 것으로 예상된다. 특히 환경에너지 분야에 대한 투자 증대로 관련 분야의 인력이 늘어날 것으로 보여 미래 전망성이 좋은 편이다. 비파괴검사원은 다른 직업에 비해 임금과 자기개발 가능성이 비교적 높고 복리후생도 좋은 편이며, 능력에 따른 승진 가능성과 직장이동 가능성이 높아 발전 가능성이 높은 직업에 속한다.

CAREER MAP

준비 방법
- 수학, 과학 교과 역량 강화
- 컴퓨터 활용 능력 함양
- 공학, 자연과학, 수리탐구, 발명, 메이커 관련 동아리활동

관련 직업
- 산업안전원
- 위험관리원
- 소방공학기술자
- 에너지관리기술자
- 에너지시험원
- 에너지공학기술자
- 원자력공학기술자
- 조선해양공학기술자
- 항공공학기술자

관련 교과
- 수학
- 과학
- 기술·가정
- 정보

비파괴 검사원

관련 기관
- 국가기술표준원
- 한국표준과학연구원
- 한국비파괴검사협회
- 한국수자원공사

관련 자격
- 누설비파괴검사기사
- 비파괴검사기사
- 비파괴검사산업기사
- 비파괴검사기능사
- 방사선파괴검사기능사
- 방사선파괴검사산업기사
- 방사선파괴검사기사
- 와전류비파괴검사기사
- 침투비파괴검사기능사
- 침투비파괴검사산업기사
- 침투비파괴검사기사

관련 학과
- 전기공학과
- 전자공학과
- 금속공학과
- 기계공학과
- 물리학과
- 방사선학과
- 재료공학과
- 메카트로닉스공학과
- 원자력공학과
- 환경안전공학과

적성과 흥미
- 책임의식
- 컴퓨터 활용 능력
- 수리 능력
- 분석력
- 도덕성과 직업윤리
- 신체적 건강과 체력
- 정직성
- 협조성
- 융통성

공학계열
16

사물인터넷개발자

사물인터넷개발자란?

4차 산업혁명의 핵심 키워드 중 하나가 '사물인터넷'이다. 자동차, 집, 모바일, 컴퓨터 등 모든 사물이 인터넷을 통해 연결되는 초연결 사회에서는 방대한 정보를 얼마나 빠르고 정확하게 처리하느냐가 중요하다. 사물인터넷은 지능화된 사물들이 인터넷을 통해 연결되면서 사람의 도움 없이 새로운 서비스를 만들어 내거나 무언가 더 옳은 판단을 내릴 수 있도록 하는 일련의 과정을 의미한다. 지능화된 사물들의 소통을 돕는 기술에는 블루투스나 근거리 무선 통신(NFC), 센서 데이터, 네트워크 등의 기술이 있다.

스마트폰 하나로 집 안의 각종 가전 기기를 동작시키는 것, 사용자의 생활 패턴을 분석하여 건강 상태와 운동량에 대한 정보를 제공하는 것, 시간에 맞추어 약을 복용할 수 있도록 사용자에게 알리고 복용 여부를 체크하는 것, 아침에 출근길 교통 정보를 확인한 스마트폰이 평소보다 30분 일찍 사용자를 깨우는 것, 사용자가 현관문을 나서면 집안의 전기가 차단되면서 자동차의 시동이 켜지는 것 등의 일은 사물인터넷 기술이 적용된 예이다.

사물인터넷개발자는 사람들이 더 편리하고 안전한 삶을 살도록 사물에 인터넷을 접목해 새로운 기술을 만들어 내는 일을 한다. 주변의 모든 사물을 네트워크로 연결해 어디서든지 이용할 수 있도록 인프라를 구축하고, 관련 프로그램을 만드는 일을 한다.

🔍 사물인터넷개발자가 하는 일은?

사물인터넷개발자는 주변의 모든 기기들을 네트워크로 연결하여 언제, 어디서든지 마음대로 이용할 수 있는 인프라를 구축하고, 관련된 프로그램을 만드는 업무를 수행한다.

- 🔍 사용자의 요구 사항을 분석하여 사물인터넷을 구현할 수 있는 응용프로그램의 구조를 설계한다.
- 🔍 RFID 태그, RFID 판독기, 안테나 등의 하드웨어를 설계하거나 기존 제품을 업그레이드한다.
- 🔍 블루투스, 근거리 무선통신(NFC) 등 네트워크를 활용한 센서를 개발한다.
- 🔍 체중, 혈압, 혈당 등 환자와 관련된 생체 정보를 블루투스나 USB를 통해 스마트폰으로 전송하여 쉽게 기록할 수 있도록 하는 애플리케이션을 개발한다.
- 🔍 사물에 센서와 통신 기능을 내장해 사물끼리 인터넷을 통해 실시간으로 데이터를 주고받는 기술 및 환경을 구축한다.
- 🔍 블루투스, USB, Wifi, 근거리 무선통신(NFC) 등의 네트워크를 활용한 서비스 인터페이스를 개발한다.
- 🔍 시뮬레이션을 통해 소프트웨어의 오류를 수정하거나 하드웨어에 적응하도록 한다.
- 🔍 인터페이스의 성능 향상을 위해 주기적으로 업그레이드를 수행한다.

Tip RFID시스템개발자에 대해 알아볼까요?

RFID(Radio Frequency Identification)는 무선 주파수와 전자 칩을 이용하여 대상물을 식별하고 정보를 획득하는 무선 인식 시스템으로, 바코드와 비슷한 기능을 한다. RFID시스템개발자는 RFID 기술을 기반으로 다양한 정보를 신속하게 수집할 수 있도록 정보 서비스를 개발·설계하고, 기존 제품을 개선한다.

적성과 흥미는?

사물인터넷에 적합한 기기 개발의 필요성이나 상용화 가능성을 판단해야 하므로 비판적 사고 능력과 수리 능력, 의사결정 능력이 필요하다. 사용자 중심의 기기나 인터페이스를 개발해야 하므로 아이디어가 다양하고 창의적인 사람에게 적합하다. 제품을 만들기 때문에 물건을 분해·조립하는 것에 흥미가 있고, 기계를 다루는 것에 손재주가 있으면 좋다. 정밀한 작업을 주로 하기 때문에 꼼꼼한 성격을 가진 사람에게 유리하며, 개발 과정에서 실패를 하더라도 다시 도전하여 끝까지 완수하려는 인내심과 끈기, 세상의 변화를 읽는 시각이 필요하다. 개발 과정에서 다른 전문가와 협업하여 진행하게 되므로 원활한 의사소통 능력과 원만한 대인관계 능력을 갖추는 것이 필요하다. 또한 개인정보보안과 관련하여 직업윤리의식도 갖추어야 한다. 사물인터넷 개발과 관련된 분야는 대부분이 과학적인 지식을 갖추고, 수학, 물리학 과목에 대한 실력이 요구된다. 사물인터넷 기술은 외국에서 먼저 등장한 기술 분야이므로 세계적인 기술의 흐름을 파악하여 습득하기 위해서는 영어 실력도 매우 중요하다.

사물인터넷개발자에 관심이 있다면 수학, 물리학, 화학 등의 기초과학 분야에 대한 지식을 습득하고, 대학이나 기관에서 주관하는 창의공학 기술 캠프 활동에 적극 참여하여 공학적 지식 및 응용 능력, 창의력을 키우는 것이 좋다. 또한 코딩, 알고리즘 등의 프로그래밍 지식을 갖추고, 관련 동아리에서 활동하는 것을 추천한다.

💬 관련 학과 및 자격증은?

(반도체공학과) (반도체기계공학과)
(사물인터넷학과) (전기공학과) (전자공학과)
(반도체과학기술학과) (소프트웨어공학과)
(전자전기공학과) (전자통신공학과)
(전자정보통신공학과) (정보통신공학과)
(전자제어공학과) (전기전자제어공학과)
(컴퓨터공학과) (전자컴퓨터공학과)
(전자로봇공학과) (나노광전자학과)

⚙ 무선설비기사   ⚙ 무선설비산업기사
⚙ 정보통신기사   ⚙ 정보통신산업기사
⚙ 전자기사   ⚙ 전자산업기사
⚙ 전파통신기사   ⚙ 전파통신산업기사
⚙ 전자계산기기사   ⚙ 전자계산기산업기사
⚙ 전기기사   ⚙ 컴퓨터시스템응용기사
⚙ 전기공사기사   ⚙ 전기공사산업기사
⚙ 전기산업기사   ⚙ 컴퓨터시스템응용기술사
⚙ 리눅스마스터   ⚙ 컴퓨터시스템응용산업기사
⚙ 정보처리기사   ⚙ 정보처리산업기사
⚙ 정보보호전문가

💬 관련 교과는?

(수학) (영어) (과학) (정보)

💬 관련 직업은?

(임베디드시스템개발자) (데이터베이스관리자)
(LED연구 및 개발자) (RFID시스템개발자)
(반도체공학기술자) (반도체장비기술자)
(전기제품개발기술자) (전자제품개발기술자)
(컴퓨터하드웨어기술자) (나노공학기술자)
(전자계측제어기술자) (전자부품개발 및 설계기술자)
(센서연구원) (가전제품개발 및 설계기술자)
(정보컨설턴트) (전자의료기기개발 및 설계기술자)

🌐 진출 방법은?

사물인터넷개발자가 되기 위해서는 전문대학이나 대학에서 정보통신공학, 컴퓨터공학, 소프트웨어공학, 전자공학, 전기공학, 기계공학, 반도체공학을 전공하면 유리하다. 전문적인 연구 개발 분야에 근무하는 사람 중에는 대학원에서 석사 이상의 학력을 갖춘 사람이 대부분이다.

안드로이드 앱 개발업체, 모바일 웹 개발업체, 증강 현실 개발업체, 국가정보보호 관련 기관, ISP 업체, 기업체 전산실, 방송국, 통신 회사, 전자 회사, 컴퓨터 제조 회사, 소프트웨어 개발업체 등으로 취업한다. 기업에서 운영하는 연구소에 취업하면 새로운 제품을 개발하거나 기존 제품의 성능을 개선하는 업무를 담당하게 된다. 정부의 정보통신 관련 부처의 산하 기관에 연구원으로 취업하기도 하고, 공무원 공개채용을 통해 통신직·전산직 공무원이 될 수도 있다. 일부는 실무에서 경력을 쌓은 뒤 벤처업체를 창업하기도 하며, 기술 컨설팅, 기술 영업 등의 분야로 이동하거나 정보통신 관련 산업으로 이직하기도 한다.

⚙ 미래 전망은?

사물인터넷 기술은 각종 스마트 기기와 융합하여 실제 환경과 가상 세계를 하나로 묶는 정보통신 융합 산업을 발전시키는 데 선도적인 역할을 할 것으로 보인다. 다수의 시장 조사 기관에서는 사물인터넷과 관련한 국내외 시장이 급격하게 성장할 것으로 전망하고 있다. 향후 10년간 사물인터넷 관련 일자리가 급증할 것으로 전망하고 있으나 관련 인력은 부족할 것으로 예상된다.

우리나라는 사물인터넷 분야의 국제 표준 제정을 주도할 것으로 보인다. 국내에서 개발한 사물인터넷 관련 제품이 해외에서 많이 각광받고 있으며, 혁신적 기술과 아이디어를 보유한 스타트업들이 생겨나고 있다. 정부에서도 사물인터넷 기술을 정책 과제로 선정하여 적극 육성하고 있으며, 기술 경쟁력을 지닌 인력이나 기업들에 대한 지원과 투자를 확대할 것으로 예상되어 연구 개발을 주도할 IoT개발자의 수요는 증가할 것으로 전망된다.

사물인터넷으로 인해 공공 안전, 지역 보안, 지능형 교통 산업, 건물 및 교량 등의 사회 인프라를 활용한 새로운 서비스 시장이 성장할 것으로 전망된다. 개인 서비스와 공공 분야에서 사물인터넷 기술의 적용 분야가 확대될 것으로 예상되어 사물인터넷개발자의 전망은 매우 밝다고 할 수 있다.

CAREER MAP

준비 방법
- 컴퓨터 활용 능력 함양
- 영어 실력 향상
- 공학 관련 동아리활동
- 다양한 분야의 독서활동
- 사물인터넷개발자 직업체험 및 학과 탐방
- 창의공학 캠프 참여

관련 기관
- 한국전자통신연구원
- 한국사물인터넷협회
- 정보통신산업진흥원
- 한국정보통신진흥협회

관련 학과
- 사물인터넷학과
- 컴퓨터공학과
- 컴퓨터소프트웨어학과
- 컴퓨터프로그래밍학과
- 컴퓨터응용제어학과
- 응용소프트웨어공학과
- 전자공학과
- 정보통신공학과
- 반도체공학과
- 전기공학과
- 전자통신학과
- 나노광전자학과

관련 교과
- 수학
- 영어
- 과학
- 정보

사물 인터넷 개발자

적성과 흥미
- 미래 지향성과 도전정신
- 비판적 사고 능력
- 수리 능력
- 의사결정 능력
- 창의력
- 기계에 대한 관심
- 대인관계 능력
- 윤리의식
- 수학, 과학 교과에 대한 관심
- 컴퓨터 관련 전문 지식
- 논리력
- 분석력

관련 자격
- 무선설비기사
- 무선설비산업기사
- 정보통신기사
- 정보통신산업기사
- 전자기사
- 전자산업기사
- 정보보호전문가
- 전파통신기사
- 전파통신산업기사
- 컴퓨터시스템응용기사
- 리눅스마스터
- 정보처리기사
- 정보처리산업기사

관련 직업
- 임베디드시스템개발자
- 데이터베이스관리자
- LED연구 및 개발자
- RFID시스템개발자
- 반도체공학기술자
- 전기제품개발기술자
- 전자제품개발기술자
- 컴퓨터하드웨어기술자
- 나노공학기술자
- 전자계측제어기술자
- 반도체공정기술연구원
- 센서연구원
- 정보컨설턴트

산업공학기술자

산업공학기술자란?

산업공학은 산업시스템을 구성하는 모든 분야를 조화롭게 조정하는 방법에 대한 학문이다. 다른 공학 분야가 특정 산업의 전문적 기술이나 원리를 연구 개발하고 제공한다면, 산업공학은 과학적 원리와 경영전략의 접목을 통해 기업의 업무 과정을 혁신하고 체계화하여 합리적인 방법을 도출하고, 종합적 경영전략을 운영하는 과학적 이론과 실무 기법을 다루는 학문이다. 관련 분야로는 운용공학, 인간공학, 제조공학, 생산공학, 경제성공학, 금융공학, 최적화 문제 등이 있다. 빠르게 변화하는 기술 환경 아래 복잡한 시스템의 개별 구성 요소에 대한 지식과 함께 각 구성 요소를 효율적으로 통합하여 시스템 전체에 대한 설계 및 설치, 개선을 다루기 때문에 많은 관심을 받고 있는 분야이다.

산업공학기술자는 공학적 지식과 과학적 경영기법으로 산업생산, 산업인력자원, 기계 및 원료를 효율적으로 활용하기 위한 프로그램을 연구 개발하며 관리하는 일을 담당한다. 제품을 개발하고 생산하는 데 필요한 각종 공학기술과 그 제품을 유통·판매하는 데 필요한 경영학 원리 등을 조율하고 정리하여 전체 과정이 효율적으로 진행될 수 있도록 도움을 준다.

🔍 산업공학기술자가 하는 일은?

산업공학기술자는 담당업무에 따라 생산관리기술자, 품질관리기술자, 공장관리기술자, 경영정보시스템전문가, 인간공학기술자, 운용과학전문가 등 다양한 직업 명칭으로 불린다. 과학적이고 공학적인 방법에 근거하여 인적·물적 자원을 효율적으로 활용하는 방법을 연구하고 개발하는 일을 한다.

🔍 플랜트 레이아웃 및 시설을 계획하고 설계한다.

🔍 새로운 기계 및 설비를 연구하고 효율적인 결합을 추천하거나 선택한다.

🔍 유연하거나 통합된 제조시스템 및 절차를 개발한다.

🔍 생산을 위한 최적의 수준을 결정하고 기계, 원자재 및 자원의 최적 활용을 위한 프로그램을 연구하여 실행한다.

🔍 인력자원 및 기술 요건을 결정하고 훈련프로그램을 개발한다.

🔍 수행기준, 평가시스템, 임금 및 인센티브프로그램을 개발한다.

🔍 공장설비 및 생산이나 경영시스템의 신뢰도 및 성능에 관한 연구를 수행한다.

🔍 산업보건 및 안전을 향상시키고 화재 및 기타 위험 요소들을 확인, 제거하기 위한 연구를 수행한다.

🔍 기술자, 경영지원직 및 기타 엔지니어를 관리한다.

적성과 흥미는?

생산 활동과 관련된 시스템을 진단하고 개선하기 위해서는 문제해결 능력, 논리적 사고 능력, 독창성이 필요하며 유연한 사고와 상황에 대한 대처 능력, 공학과 경영을 아우르는 통합적 사고 능력도 필요하다. 분석적이며 사소한 부분까지도 주의 깊고 철저하게 완수하는 꼼꼼한 성격과 책임감, 진취성, 리더십을 지닌 성격이 적합하다. 평소 수리에 능하여 수치적인 계산을 통한 합리적인 의사결정을 좋아하거나 일의 프로세스를 체계적으로 설계하는 능력이 있는 사람에게 어울린다. 여러 사람들과 함께 근무하기 때문에 협동심, 자기통제 능력, 원만한 대인관계가 요구되며, 생산기술과 공정에 분석적이면서도 혁신적인 자세가 필요하다.

산업공학기술자에 관심이 많다면 수학, 과학, 사회 교과에 관심을 갖고 실력을 키워야 하며, 컴퓨터 능력을 키우려는 노력을 기울여야 한다. 주어진 주제에 대한 문제해결 방법을 찾는 학습 활동에 참여하거나 경영, 공학, 과학, 컴퓨터, 발명반 등의 동아리활동을 하는 것이 도움이 되며, 여러 사람이 참여하는 협업 활동에 적극 참여하는 것을 추천한다.

관련 학과 및 자격증은?

경영학과　경영공학과　산업공학과

물류시스템공학과　바이오산업공학부

산업경영공학과　산업시스템공학과

산업정보시스템공학과　시스템경영공학과

해양산업공학과

⚙ 공장관리기술사　　⚙ 산업안전기사

⚙ 품질경영기사　　　⚙ 산업안전산업기사

⚙ 물류관리사　　　　⚙ 품질관리기사

⚙ 정보처리기사

관련 교과는?

영어　사회　수학　과학　정보

관련 직업은?

물류관리사　품질관리기술자　산업안전지도사

경영정보시스템개발자　경영컨설턴트

생산관리기술자　인간공학자

Tip 산업공학의 특성에 대해 알아볼까요?

- 산업공학은 과학적 관리기법을 기반으로 탄생한 학문이다.
- 산업공학은 학제 간 융합학문으로, 단지 제조공학만을 학문적 기반으로 삼고 있지 않다.
- 산업공학은 과학적이며 계량적인 경영학문이다.
- 산업공학은 모든 산업 분야에서 전문가뿐 아니라 기업 CEO, 컨설턴트, 세미나 강사, 연구자로서 다양한 역할을 담당하고 있다. 즉 가장 넓은 일자리를 제공하며 연봉이 가장 높은 공학 분야 중 하나이다.

진출 방법은?

산업공학기술자가 되기 위해서는 전문대학 및 대학교에서 산업공학과, 산업시스템공학과, 자동화공학과, 테크노경영공학과, 산업정보(공)학과, 안전공학과 등을 졸업하는 것이 좋다. 연구 개발 분야에 취업을 원할 경우에는 관련 전공으로 석사 이상의 학위를 취득해야 한다.

졸업 후에는 정부출연연구소, 정부기관, 생산 및 제조업체, 은행 등 금융권, 정보통신업체, 컨설팅업체 등에 취업한다. 특히 산업계에서는 자동차, 반도체, 전자, 화학, 운송, 물류, 유통, 통신, 금융 등 거의 모든 산업 분야로 진출한다.

⚙ 미래 전망은?

산업공학기술자는 제조 분야와 관련된 전통적인 영역 외에 교통, 통신, 물류, 병원경영, 서비스업에 이르는 다양한 영역에서 선도적 역할을 수행하고 있다. 최근에는 금융, 마케팅, 인사 행정 등을 포함한 산업시스템과 교통, 국방, 공공행정 등 광범위한 사회시스템으로 활동 범위를 확장해나가고 있다. 산업공학이 현대 과학기술 발전의 중심에서 선도하고 있는 상황이다. 따라서 산업공학기술자의 미래 전망성은 매우 좋다고 할 수 있다. 산업공학기술자는 다른 직업에 비해 임금이 높고, 고용 안정성, 발전 가능성이 높은 반면 전반적인 근무 여건과 고용 평등은 좋지 않은 것으로 나타나고 있다.

CAREER MAP

산업공학 기술자

준비 방법
- 컴퓨터 활용 능력 함양
- 문제해결 능력 함양 프로그램 참여
- 다양한 협업 프로그램 참여
- 경영, 공학, 과학, 발명, 컴퓨터 관련 동아리활동

관련 직업
- 경영컨설턴트
- 경영정보시스템개발자
- 물류관리사
- 품질관리기술사
- 산업안전지도사
- 생산관리기술자
- 인간공학기술자

관련 학과
- 경영학과
- 경영공학과
- 산업공학과
- 물류시스템공학과
- 산업경영공학과
- 산업시스템공학과
- 산업정보시스템공학과
- 시스템경영공학과
- 해양산업공학과

관련 교과
- 영어
- 수학
- 사회
- 과학
- 정보

적성과 흥미
- 문제해결 능력
- 논리적 사고 능력
- 독창성
- 통합적 사고 능력
- 꼼꼼함과 세심함
- 의사결정 능력
- 대인관계 능력

관련 기관
- 대한산업공학회
- 한국산업기술시험원
- 정보통신산업진흥원
- 테크노경영연구정보센터

관련 자격
- 물류관리사
- 산업안전기사
- 산업안전산업기사
- 공장관리기술사
- 정보처리기사
- 품질관리기사
- 품질경영기사

공학계열
18

섬유공학기술자

섬유공학기술자란?

최근 섬유업계에서는 기존의 섬유에 나노 기술(NT), 생명공학 기술(BT), 정보 기술(IT) 등을 융합한 새로운 섬유 개발 바람이 불고 있다. 기존의 평상용 의류에 사용되는 섬유뿐만 아니라 스포츠나 레저 의류에 사용되는 고기능성 섬유와 자동차, 항공, 의료, 에너지, 국방 등에 사용되는 첨단 산업용 섬유까지 종류와 용도가 다양해지고 있다.

극세사 이불, 나노 섬유를 이용해 원하는 물질만 걸러내는 필터, 발열 기능이 있는 옷, 몇 가닥만으로도 150kg이 넘는 무게를 들어 올릴 수 있는 실, 800℃가 넘는 불에도 타지 않는 천, 총알도 못 뚫는 아라미드 섬유 방탄복에서부터 해양용 로프, 요트, 자동차, 무인 헬기 등에 사용되는 특수 섬유까지 섬유 산업의 발달은 놀라울 정도이다. 최근에는 기존 섬유 소재와 제품에 웰빙과 친환경을 가미하고, 신기술과 디자인을 융합해 높은 부가가치를 창출하고 있다.

섬유공학기술자는 식물 섬유, 동물 섬유, 그리고 신소재 등을 이용하여 새로운 섬유를 개발하고, 섬유 제품 제조를 위한 각종 공정에 대한 연구 개발, 시험, 분석을 하는 사람이다.

🔍 섬유공학기술자가 하는 일은?

섬유공학기술자는 각종 섬유 소재, 의류, 섬유 제품 등을 개발하고, 기능을 개선하기 위해 연구·시험·분석한다. 업무 분야는 섬유 물리 분야, 섬유 화학 분야, 섬유 공정 분야로 나눌 수 있다. 섬유 물리 분야에서는 섬유의 인장 강도, 탄성력, 흡수력, 마찰 등을 연구하며, 섬유의 물리적이고 역학적인 면을 다룬다. 섬유 화학 분야에서는 합성 섬유의 원료가 되는 새로운 섬유 고분자를 합성하거나 가공하고, 새로운 염색 기법이나 기술을 개발한다. 섬유 공정 분야에서는 신합성 섬유 제조와 새로운 섬유 공정 기술을 개발·개선한다.

- 🔍 섬유 원료, 원사, 직물 등 섬유 소재와 의류, 기타 섬유 제품 등을 개발한다.
- 🔍 섬유 소재 제품을 개선하기 위해 연구·시험·분석한다.
- 🔍 섬유를 가공하는 기술을 개발하고, 제품화하기 위해 생산 공정을 설계하며, 품질이 뛰어난 제품을 생산하기 위해 품질 관리 및 생산 관리를 담당한다.
- 🔍 새롭게 만들어진 제품의 인증과 신소재 및 가공 기술 등에 대해 교육하고 컨설팅한다.
- 🔍 천연 섬유 및 인조 섬유 등을 제조하기 위해 사용되는 원료를 연구 개발한다.
- 🔍 섬유의 제조 및 가공에 사용되는 설비나 장비 등을 설계하거나 섬유의 가공 공정을 설계한다.
- 🔍 염색 원료나 염색 가공 기술을 개발하고, 외부 환경으로부터 염색 제품의 내성 정도나 혼용률, 염색 원료의 성질 등을 시험·검사한다.
- 🔍 IT 융합 신섬유와 아라미드, 탄소 섬유 등 신섬유 소재를 개발한다.
- 🔍 연구 개발된 제품이나 기술을 공정 과정에 적용하여 제품의 품질을 높이고 생산을 원활하게 한다.
- 🔍 섬유 원료와 관련한 표본 등을 추출해 시험·분석하고 결과 보고서를 작성한다.

Tip 염료공정개발기술자에 대해 알아볼까요?

섬유 및 염색 기술을 이용해 염색 공정을 개선·개발한다. 섬유와 염료의 물성 및 특성에 대해 연구·분석하고, 염색 기술의 개선·개발을 통해 제품별 공정을 개발한다. 섬유의 종류에 따라 염색할 방법을 선택하고, 염색 공정을 설계하며, 염료와 염색 기술을 적절히 사용해 제품에 적용하고, 가공 공정을 개선하는 일을 한다.

적성과 흥미는?

섬유공학기술자는 섬유의 특성이나 제직의 원리, 절차, 제직기의 기능 등을 이해할 수 있어야 하고, 새로운 생산 시설의 도입에 따른 프로그래밍 능력, 설비 진단 능력이 필요하다. 섬유나 유기 소재에 대한 근원과 제조 방법, 소재의 특성과 기능, 소재의 감촉과 색상 등에 대해 호기심이 있는 사람에게 적합하다. 또한 물리학, 화학, 수학 등의 기초과학에 대한 기본 지식과 흥미, 응용 능력이 요구된다. 주의력과 판단력, 창의력, 분석력, 관찰력, 계속되는 연구와 실험을 끝까지 완수하려는 인내심과 끈기, 과학적인 탐구 자세와 실용성을 고려하는 안목도 갖추어야 한다.

섬유공학기술자에 관심이 있다면, 우선 화학을 비롯한 자연과학 분야의 과목에 관심을 갖고 기본 지식을 습득하기 위해 노력하며, 공학 관련 동아리활동에 적극 참여하고, 섬유공학 관련 직업 및 학과 체험활동을 하도록 권장한다. 인문학을 비롯한 다양한 분야의 독서활동을 통해 세상을 보는 시각을 키우고 창의력, 인내력, 판단력을 키울 수 있는 다양한 프로그램에 참여하는 것을 추천한다.

💬 **관련 학과 및 자격증은?**

섬유공학과   섬유고분자공학과   섬유산업학과
섬유패션공학과   염색공학과   천연섬유학과
섬유신소재공학과   유기소재시스템공학과
섬유소재공학과   섬유시스템공학과
신소재공학부   파이버시스템공학과
유기신소재파이버공학과

⚙ 섬유기술사   ⚙ 섬유기사   ⚙ 섬유산업기사
⚙ 의류기술사   ⚙ 의류기사   ⚙ 의류산업기사
⚙ 염색기능사

💬 **관련 교과는?**

수학   영어   과학   기술·가정   미술

💬 **관련 직업은?**

나노공학기술자   섬유 및 염료시험원
품질관리사무원   섬유소재기술자
섬유소재개발기술자   염료개발기술자
염료공정개발기술자   염색공정개발기술자
섬유공정기술자   섬유시험분석원

⚙ 미래 전망은?

최근 소득 수준이 높아짐에 따라 패션의 기능이 중요해지면서 광섬유나 기능성 섬유 등 특수 섬유 시장이 새롭게 형성되는 등 성장성이 보이기 시작했다. 현재는 탄소 섬유, 아웃도어용 기능성 섬유, 섬유 강화 플라스틱 등 특수 산업용 섬유의 개발과 정보·생명공학·나노·환경·우주항공기술 등 다른 기술 분야와의 융합을 통한 첨단 섬유 개발을 위해 노력하고 있다. 또한 섬유 산업은 인공지능, 사물인터넷, 빅 데이터, 모바일 등 첨단 정보통신기술이 경제·사회 전반에 융합되어 혁신적인 변화가 나타나는 4차 산업혁명으로 인해 새로운 가치를 창출할 수 있는 분야로 발전 가능성이 높아졌다.

현재 우리나라 섬유업계는 높은 기술력과 실력 있는 섬유공학 인재 양성을 통해 선진국형 고부가 가치 섬유 산업으로의 변화를 꾀하고 있다. 특히 산업용 섬유 산업 중심으로 변화하면서 탄소 섬유, 아라미드 섬유 등의 슈퍼 섬유의 활용이 자동차, 보조 항공, 전기 전자, 바이오 메디컬, 건축 토목, 정보통신 등 다양한 분야로 확대되고 있고, 이에 따라 많은 관심을 받고 있다.

미래의 섬유 산업은 고분자, 염료, 안료와 같은 화학 소재 분야에서부터 염색이나 가공과 같은 화학 공정 분야, 전자 기계 산업 분야, 디자인이나 봉제와 같은 패션 분야에 이르기까지 전 분야를 총망라하여 고부가 가치와 고용을 창출할 수 있는 미래 산업으로 관심과 주목을 받고 있다. 이에 따라 첨단 섬유업계에 종사할 고급 인력에 대한 수요도 높아질 것으로 전망된다.

🌐 진출 방법은?

섬유공학기술자가 되기 위해서는 섬유공학이나 재료공학 분야에서 전문대학 졸업 이상의 학력이 필요하다. 섬유 관련 분야의 실무 경험이 있으면 취업에 유리하다. 특히 섬유 관련 제품의 연구·설계 분야에 취업하려면 석사 또는 박사 이상의 학위를 요구한다. 제조 분야에 취업하려면 관련 자격증을 취득하는 것이 유리하다.

기업에서는 주로 공개채용을 통해 신입 및 경력 사원을 채용한다. 채용 후에는 현장 실무에 필요한 교육을 받고, 경력이 있는 선임자와 일하면서 실무를 익히게 된다. 보통 방적업체, 화학 섬유업체, 합성 섬유업체, 면방업체, 모방업체, 염색가공업체, 신소재 및 산업용 섬유 소재의 연구 개발업체, 유통업체, 대학 및 연구소 등에 취업할 수 있다.

섬유공학기술자로서 품질 관리 업무를 하는 경우에는 관리자로 승진할 수 있으며, 연구 개발 업무를 하는 경우에는 경력이 있거나 박사 학위를 취득하면 연구 책임자로 성장할 수 있다.

CAREER MAP

준비 방법
- 자연과학 기초 지식 습득
- 공학 관련 동아리활동
- 섬유 산업 및 섬유공학기술자 직업체험활동
- 섬유 산업 관련 학과 탐방
- 다양한 분야의 독서활동
- 창의공학 캠프 참여

관련 기관
- 한국섬유산업연합회
- 한국섬유개발연구원
- 한국패션산업연구원
- 한국섬유기술연구소

관련 학과
- 섬유공학과
- 섬유고분자공학과
- 섬유산업학과
- 섬유소재공학과
- 섬유시스템공학과
- 섬유패션공학과
- 천연섬유학과
- 섬유신소재공학과
- 염색공학과
- 파이버시스템공학과

관련 교과
- 수학
- 영어
- 과학
- 기술·가정
- 미술

섬유공학 기술자

적성과 흥미
- 과학, 수학 교과에 대한 흥미
- 섬유에 대한 관심
- 호기심
- 자연과학에 대한 지식
- 주의력과 판단력
- 창의력
- 분석력
- 관찰력
- 인내심
- 과학적 탐구 능력

관련 자격
- 섬유기술사
- 섬유기사
- 섬유산업기사
- 의류기술사
- 의류기사
- 의류산업기사
- 염색기능사

관련 직업
- 나노공학기술자
- 섬유 및 염료시험원
- 품질관리사무원
- 섬유소재개발기술자
- 염료공정개발기술자
- 염료개발기술자
- 염색공정개발기술자
- 섬유소재기술자
- 섬유공정기술자
- 섬유시험분석원

신소재공학기술자

신소재공학기술자란?

신소재는 새로운 과학과 기술을 선도하고, 이들의 접목은 세상을 더욱 풍요롭고 아름답게 만들어간다. 현존하는 어느 소재보다 단단하고 가벼운 소재가 만들어질 수 있고, 이를 이용해 어떠한 운송수단보다 빠른 운송수단이 개발될 수 있으며 불치병의 치료도 가능할 수 있다. 예를 들어 스포츠카를 대표하는 자동차 람보르기니는 탄소섬유로 무장하면서 더욱 튼튼하고 가볍고 빨라졌다. 또한 소재의 자기력을 이용해 열차를 선로 위에 부상시켜 움직이게 하는 자기부상열차도 신소재가 만들어낸 기술적 혁명에 해당한다. 이처럼 부가가치가 높은 신소재, 생체재료, 기능재료, 환경재료 등이 개발되면 인간은 더욱 편리한 생활을 누릴 수 있다.

최첨단 과학기술이 하루가 다르게 발전하고 있는 오늘날, 각종 첨단 제품들을 만들기 위해서는 그것들을 위한 특별한 재료가 필요하다. 이러한 특별한 재료를 만들기 위해 연구하는 사람들이 신소재공학기술자이다. 새로운 소재뿐만 아니라 기존의 재료들을 연구하여 특별한 목적에 사용되도록 그 재료들을 변형하고 재료 고유의 특성을 강화시키는 연구도 한다.

🔍 신소재공학기술자가 하는 일은?

신소재공학기술자는 모든 산업 분야에서 널리 사용하고 있는 금속재를 비롯해 비철금속재료, 세라믹 재료, 반도체 재료, 복합재료 등을 처리 및 제조하는 현장에서 지휘·감독하거나, 이러한 과정에서 재료의 특성을 연구 개발하는 업무를 담당한다.

- 🔍 로켓이나 방탄복, 우주선 등 항공, 전투 관련 특수 소재 섬유를 개발한다.
- 🔍 우리 생활에 필요한 새로운 소재를 연구 개발한다.
- 🔍 유리, 금속, 플라스틱 등 각 재료의 장점을 강화하고 단점을 보완해 가벼운 금속, 불에 타지 않는 플라스틱 등 더 좋은 재료로 만들기 위해 탄소, 질소, 구리 등 물질의 성분과 구조를 연구한다.
- 🔍 각 재료의 성능 향상과 유용한 소재 개발을 위해 물질을 조합하고 가공하는 실험과 연구를 한다.
- 🔍 연구 개발한 신소재가 대량으로 생산될 수 있도록 생산 시스템의 과정을 세밀하게 개발한다.
- 🔍 각종 설비와 배관의 물성 및 부식에 대한 진단을 위하여 비파괴기술에 대한 연구를 한다.
- 🔍 화학, 물리적 분석 및 기타 연구를 수행하고 재료의 설계, 부식 관리 방법, 공정검사 및 기타 절차들에 관해 자문한다.
- 🔍 산업 설비의 부식원인을 규명하고 예방하기 위한 대책을 연구하며, 각종 설비와 배관 재료에 대한 물성 및 용접 특성, 부식에 대한 방식연구를 한다.

> **Tip 첨단 신소재 탄소섬유에 대해 알아볼까요?**
>
> ISO(국제표준화기구)는 탄소섬유를 '유기 섬유를 고온가열 처리(소성)하여 얻어지는 탄소함유율이 90% 이상의 섬유'라고 규정하고 있다. 유기 섬유에는 탄소 원자 외에 수소, 산소, 질소 원자 등이 함유되어 있는데, 이것을 고온가열 처리(소성)하여 거의 탄소 원자만이 남은 섬유 상태를 탄소섬유라고 한다.

적성과 흥미는?

신소재공학기술자와 같이 소재에 대한 분석을 위해서는 수학이나 과학 교과와 같은 기초과학 과목에 흥미가 있어야 하고, 특히 수학에서의 미적분 교과 기초 능력이 필수적이다. 새로운 과학 기술을 빠르게 받아들이고 인지할 수 있는 능력, 실생활에서 사용되고 있는 다양한 소재의 원리를 잘 이해하고 응용할 수 있는 능력, 과학적인 독창성과 창의력, 새로운 것에 대한 호기심과 의욕이 있는 사람에게 적합하며, 무엇보다도 기계를 다루는 데 관심이 많고 과학적인 사고와 판단을 잘하는 사람이 유리하다. 문제해결 능력과 효과적인 의사전달 능력 및 협동 능력, 자기계발에 대한 지속적인 의지 및 올바른 사회인으로서의 책임의식이 요구된다.

신소재공학기술자에 관심이 많다면 수학, 과학 교과 역량을 키우기 위한 노력이 필요하다. 창의공학 캠프나 협업 능력 및 리더십을 키울 수 있는 다양한 학교 활동에 참여하는 것이 좋고, 창의공학, 메이커, 발명, 컴퓨터 관련 동아리활동을 추천한다.

💬 관련 학과 및 자격증은?

첨단소재공학과   신소재공학부   세라믹공학과
재료공학과   신소재공학과   신소재시스템공학과

⚙ 금속기사   ⚙ 금속재료산업기사
⚙ 세라믹기술사   ⚙ 반도체설계기사
⚙ 섬유산업기사   ⚙ 섬유물리기사
⚙ 세라믹산업기사   ⚙ 전자산업기사
⚙ 광학산업기사

💬 관련 교과는?

수학   과학   기술·가정   정보

💬 관련 직업은?

금속공학기술자   나노공학기술자
디스플레이엔지니어   반도체설비기술자
비파괴검사원   변리사   재료공학기술자

🌐 진출 방법은?

전문대학 또는 대학에서 금속공학과, 재료공학과, 신소재공학과 등의 관련 학과를 졸업해야 한다. 학부 및 대학의 전공 교육과정에서 금속 및 비금속재료의 제조, 가공, 사용 개발에 필요한 공학적 지식과 이론을 습득하는 것이 기본이다. 연구 개발 분야는 관련 학과 석사 학위 이상의 학력이 요구된다. 졸업 후에는 반도체 및 각종 전기전자 부품 기업체, 디스플레이/IT 및 컴퓨터 관련 기업체 기계 부품 및 자동차부품 관련 기업체, 의료기기 및 환경 관련 기업체, 벤처사업 또는 기술지도사, 산업정책 관련 국가 공무원 등 다양한 분야로 진출 가능하다.

Tip 신소재공학과에서는 무엇을 배울까요?

신소재공학과에서 공부하는 영역은 시멘트, 도자기, 벽돌, 반도체 기판, LED와 같은 무기재료 등을 연구하고, 이외에도 철강 및 비철금속 등을 다루는 금속재료 영역을 배운다.

1, 2학년 때는 주로 수학, 물리, 화학 등 주요 기초 과목과 전공기초 영역을 공부한다. 3, 4학년 때는 1, 2학년에서 배운 이론들을 토대로 신소재를 만들고 가공하는 것들을 배우며, 졸업 후 기업에 취업했을 때 활용할 수 있는 내용을 배운다.

⚙ 미래 전망은?

신소재공학의 영역은 아주 광범위하고 다양하다. 대표적으로 철강, 연료전지, 반도체, 디스플레이, 에너지 등으로 나눌 수 있으며, 이 영역들은 모두 현대 산업의 기초가 되는 중요한 영역이라고 할 수 있다. 현재 세계 각 나라들은 고부가 가치 산업에 필요한 각종 신소재 분야의 개발에 경쟁적으로 나서고 있어 이 분야에 대한 연구 인력이 많이 필요한 상황이다. 우리나라도 정부를 중심으로 소재 분야를 지원하기 위한 지원 사업 등이 증가하고 있다. 기업체에서도 기존 소재의 성능을 극대화하는 기술과 함께 새로운 성능과 기능을 가진 신소재 개발에 많은 연구와 노력을 기울이고 있다. 이처럼 새로운 소재에 대한 관심과 수요가 커지면서 관련 인력의 수요도 증가할 것으로 예측되어 신소재공학기술자의 미래 전망은 밝다고 할 수 있다.

신소재공학기술자는 신소재 분야에 대한 꾸준한 수요로 일자리 창출이 활발하게 일어나고 있다. 취업 경쟁은 적은 편이며 전문성이 요구되어 정규고용과 고용유지 수준이 높고, 고용이 안정적인 편이다. 근무 시간이 길지 않고 정신적·육체적 스트레스가 비교적 적어 전반적인 근무 여건이 좋은 편에 속한다.

CAREER MAP

신소재 공학 기술자

준비 방법
- 수학, 과학 교과 역량 강화
- 창의공학 캠프 참여
- 협업 및 리더십 프로그램 참여
- 창의공학, 메이커, 발명, 컴퓨터 관련 동아리활동

관련 직업
- 금속공학기술자
- 나노공학기술자
- 디스플레이엔지니어
- 반도체설비기술자
- 비파괴검사원
- 변리사
- 재료공학기술자

관련 교과
- 수학
- 과학
- 기술·가정
- 정보

관련 학과
- 신소재공학과
- 재료공학과
- 세라믹공학과
- 첨단소재공학과
- 신소재시스템공학과

적성과 흥미
- 수학, 과학 교과에 대한 흥미
- 과학적 독창성
- 창의력
- 새로운 분야에 대한 호기심
- 문제해결 능력
- 의사전달 능력 및 협동 능력
- 책임의식

관련 기관
- 한국과학기술원
- 한국기계연구원
- 한국화학연구소
- 생산기술연구원

관련 자격
- 금속기사
- 금속재료산업기사
- 광학산업기사
- 반도체설계기사
- 섬유산업기사
- 세라믹기술사
- 세라믹산업기사
- 전자산업기사

에너지공학기술자

에너지공학기술자란?

지구 기후 변화로 인해 세계 각지에서 기상 이변이 발생하고 있다. 화력 발전과 각종 수송 기관에서 발생하는 거대한 양의 열과 유해 중금속, 끊임없이 방출되는 이산화탄소 등이 지구온난화를 가속화하고 있으며, 원전 사고와 핵폐기물 처리에 따른 방사능 오염, 화석 연료의 고갈 등은 인류의 미래를 어둡게 하고 있다. 현재 인류의 주 에너지원인 화석 연료는 그 매장량이 한정되어 있어 오늘날 세계는 에너지 전쟁이라고 표현할 정도로 각 나라마다 에너지 자원의 확보에 치열한 경쟁을 벌이고 있다.

에너지공학은 기초과학을 토대로 여러 공학 분야가 결합된 첨단 융합 기술 학문으로, 기존의 화석 에너지를 대체하는 새로운 신재생에너지 관련 연구 개발 및 시스템 관리·운영 등을 다루는 학문이다. 에너지의 해외 의존도가 높은 우리나라에서의 새로운 에너지 기술은 국가의 경쟁력을 신장시키는 데 핵심적인 역할을 하는 중요한 분야이고, 더 나아가 에너지공학은 인류의 미래를 책임지는 기술을 교육하는 첨단학문이다.

에너지공학기술자는 물리학, 전기, 재료 및 화학공학 등 여러 공학 분야에 기반을 두고, 친환경적이고 경제적인 새로운 개념의 에너지 생산 및 활용을 위한 다양한 기술을 개발한다.

 **에너지공학기술자가 하는 일은?**

에너지공학기술자는 에너지 문제를 해결하기 위해 석탄, 석유 및 가스 등 에너지 사업을 위한 기술상의 조건을 분석·연구하고, 광산 개발, 광산 시설, 시스템 및 장비를 설계하며, 금속 또는 비금속광물, 광석 등을 추출하기 위한 계획 및 조직화, 석유 및 가스의 보유량과 생산 잠재성을 분석한다.

- 지하자원 채굴을 위한 채광 계획을 세우고, 탐사·시추·채광 등에 대해 연구 개발 및 기술지도를 한다.
- 바이오매스로부터 열화학적·생물학적 기술에 의한 에너지 및 연료(메탄, 바이오디젤, 바이오에탄올, 수소, 합성가스 등)의 생산 기술을 연구 개발한다.
- 지하자원이 매장된 위치와 형태를 파악하고, 그라우팅(지반의 갈라진 틈에 충전재를 주입하는 일)을 하거나 지하수 개발을 위해 지층의 지질학적 특성을 분석하기 위한 시추를 계획·지휘한다.
- 새로운 에너지 및 각종 에너지 변환 기기에 관해 연구한다.
- 원자력 발전소 건설 시 안전성 및 신뢰성 확보를 위해 원자력 관련 법규 및 규격, 품질 보증 요구 조건에 따라 발전기나 터빈과 같은 시설물의 설비 시공을 관리·감독한다.
- 안전하고 경제적인 원자력 발전소 운영 지원을 위해 원자로 시스템 연구 및 기술 개발을 한다.
- 지열, 발전소 폐열을 이용한 냉난방 시설, 관련 기술 개발 및 보급 등 신재생에너지를 연구 개발한다.
- 지하자원이 매장된 위치를 찾기 위해 각종 탐사 방법 및 기기를 사용하여 지하자원을 탐사한다.
- 에너지 사용에 의해 배출되는 환경오염물질을 줄이고, 화석 연료의 효율적 이용을 위한 청정 신재생에너지의 안정적인 공급과 기술 자립을 위해 저공해, 고효율의 대체 에너지 기술을 연구 개발한다.

Tip 에너지수확전문가(Energy Harvester)에 대해 알아볼까요?

에너지수확전문가는 운동, 빛, 열에너지를 전기 에너지로 바꾸는 연구를 하며 센서, 저장 장치, 무선통신 인터페이스를 개발한다. 에너지 변환의 효과를 높이는 기술과 전력을 모으는 기술의 연구도 수행한다. 에너지수확전문가가 되기 위해서는 물리학, 기계공학, 에너지자원공학, 전자공학, 시스템공학 등을 공부해야 한다.

 적성과 흥미는?

에너지공학기술자는 자연과학 및 공학 전반의 폭넓고 복합적인 이해력, 환경 문제에 대한 관심, 각종 설비를 기술적으로 다루는 능력, 수리 능력, 지질도나 설계도 등의 도면을 정확히 볼 수 있는 공간 지각 능력 등이 필요하다. 새로운 에너지를 개발하려는 창의력과 탐구 자세, 에너지의 생산과 수송, 소비에 필요한 설비, 장비, 부품 등을 연구하고 개발해야 하므로 분석적 사고 능력, 기술 설계, 조작 및 통제 능력이 요구된다. 에너지(전기)를 다루는 과정에서 안전 사고가 발생할 수 있으므로 주의력이 뛰어나고, 꼼꼼한 성격을 지니며, 판단력이 뛰어난 사람에게 유리하다.

에너지공학기술자가 되고자 한다면 인문학, 철학, 공학, 에너지, 원자력, 환경 등 다양한 분야의 독서활동을 통해 에너지공학과 관련한 사고의 폭을 확장시키는 연습을 하고, 의사결정 능력, 의사소통 능력을 향상시키기 위한 각종 프로그램에 참여하는 것을 권장한다. 수학, 물리학, 화학, 지구과학, 기술·가정, 정보 등 에너지공학 분야와 관련이 깊은 교과의 학업 성취를 위해 노력하고, 컴퓨터 활용 능력을 키울 것을 추천한다.

관련 학과 및 자격증은?

- 지구에너지시스템공학과
- 바이오에너지공학과
- 에너지공학과
- 에너지자원공학과
- 자원학과
- 환경학과
- 신소재공학과
- 생물공학과
- 원자력공학과
- 원자핵공학과

- ⚙ 에너지관리기사
- ⚙ 자원관리기술사
- ⚙ 원자력발전기술사
- ⚙ 시추기능사
- ⚙ 원자력기사
- ⚙ 방사선관리기술사
- ⚙ 에너지관리산업기사
- ⚙ 방사선취급감독자면허
- ⚙ 해양자원개발기사
- ⚙ 핵연료물질취급감독자면허
- ⚙ 신재생에너지발전설비기능사
- ⚙ 신재생에너지발전설비기사
- ⚙ 신재생에너지발전설비산업기사

관련 교과는?

- 수학
- 과학
- 정보
- 기술·가정

관련 직업은?

- 원자력공학기술자
- 원자력기계공학기술자
- 에너지진단전문가
- 태양열연구 및 개발자
- 태양광발전연구 및 개발자
- 풍력발전연구 및 개발자
- 지열시스템연구 및 개발자
- 바이오에너지연구원
- 바이오에너지개발자
- 기후변화전문가
- 안전관리기술자
- 발전설비설계기술자
- 비파괴검사원
- 탄소배출권거래중개인

 진출 방법은?

에너지공학기술자가 되기 위해서는 전문대학 및 대학교의 자원환경공학과, 지구환경시스템공학과, 에너지공학과, 에너지자원공학과, 지구시스템공학과 등에서 관련 분야의 지식을 배우는 것이 필요하다. 취업 시 관련 자격증 소지가 필수는 아니지만 우대를 받는다.

에너지공학기술자는 정부출연연구기관(한국가스공사, 한국석유공사, 에너지관리공단), 대학 부속 연구소, 산업체(에너지 저장, 신재생에너지, 전력 전송, 환경 에너지) 등으로 진출할 수 있는데, 공개채용을 하거나 경력자인 경우는 수시 모집을 통해 채용한다.

에너지 개발 관련 연구원이 되려면 보통 석사 이상의 학위가 요구되며, 관련 분야에서 일정 기간의 연구 경력이 있으면 취업하는 데 유리하다. 일반적으로 공기업, 정부출연연구기관 및 민간기업연구소, 엔지니어링 회사 및 컨설팅 회사, 정책 연구기관 등에서는 석사 이상의 학위를 요구한다.

미래 전망은?

최근 원유 등 에너지 원자재 값의 상승으로 국내외 경제의 불황 가능성이 높아지면서 에너지 자원의 안정적인 공급과 산업 생산에 필요한 원자재 확보의 중요성이 커지고 있다. 또한 지구온난화가 국제적인 문제로 떠올라 세계 각국이 기후변화 협약을 통해 온실가스 감축 정책을 추진하고 있고, 우리나라도 전력 수요의 감축과 발전 부문의 온실가스 감소를 위해 환경 보호와 에너지 절약을 추진하고 있다. 이와 같은 세계 에너지 시장의 흐름과 정부의 정책 방향은 국내 에너지 산업 및 시장의 변화에 많은 영향을 미친다.

갈수록 화석 연료 분야와 원자력공학 기술 분야의 에너지공학기술자에 대한 수요는 상대적으로 줄어들고, 청정에너지인 천연가스 관련 분야와 신재생에너지 분야의 에너지공학기술자에 대한 수요는 증가할 것으로 전망된다. 또한 청정에너지 및 신재생에너지에 대한 관심이 증가함에 따라 신재생에너지의 개발과 보급, 에너지 효율 제고 및 온실가스 배출 저감을 위한 진단, 탄소배출권 거래 등과 관련된 분야에서 많은 일자리가 생길 것으로 예상된다.

CAREER MAP

- 수학, 과학, 정보, 환경 교과 역량 강화
- 공학, 과학, 컴퓨터 관련 동아리활동
- 에너지 관련 기관 및 학과 탐방
- 에너지공학기술자 직업체험활동
- 공학, 에너지, 원자력, 환경, 인공지능, 4차 산업혁명 등 다양한 분야의 독서 활동

- 한국에너지공단
- 한국원자력연구원
- 한국에너지기술연구원

- 에너지공학과
- 에너지자원공학과
- 원자력공학과
- 원자핵공학과
- 지구에너지시스템공학과
- 자원학과
- 바이오에너지공학과
- 환경공학과
- 신소재공학과
- 생물학과

준비 방법

관련 기관

- 수학
- 과학
- 정보
- 기술·가정

관련 교과

에너지 공학 기술자

관련 학과

- 수리 능력
- 공간 지각 능력
- 창의력
- 논리적 분석 능력
- 대인관계 능력
- 사회성
- 인내와 끈기
- 환경 문제에 대한 이해
- 설비 조작 능력
- 의사결정 능력
- 협업 능력

적성과 흥미

관련 직업

관련 자격

- 태양열연구 및 개발자
- 태양광발전연구 및 개발자
- 지열시스템연구 및 개발자
- 바이오에너지연구 및 개발자
- 풍력발전연구 및 개발자
- 에너지진단전문가

- 기후변화전문가
- 안전관리기술자
- 비파괴검사원
- 원자력기계공학기술자
- 원자력공학기술자
- 발전설비설계기술자

- 에너지관리기사
- 에너지관리산업기사
- 원자력발전기술사
- 원자력기사
- 신재생에너지발전 설비기사
- 신재생에너지발전 설비기능사
- 해양자원개발기사
- 자원관리기술사
- 시추기능사
- 방사선관리기술사
- 방사선취급감독자 면허
- 핵연료물질취급감 독자면허

원자력공학기술자

원자력공학기술자란?

전 세계적으로 이상기후가 더 잦아지고 심해지며 광범위해지고 있어 기후변화를 어떻게 막고 대응해야 하는지에 우리 인류의 운명이 달려 있다. 기후변화 문제를 해결하기 위한 가장 핵심적인 부문은 에너지이다. 인류 문명의 지속가능한 발전을 위해서는 고갈되어가는 기존의 화석에너지를 대체할 수 있는 새로운 에너지원의 개발이 중요하고 시급하다. 이와 관련하여 여러 대체에너지원들 중 원자력에너지가 유일한 대안이라는 주장과 환경과 안전 문제에 있어 원자력에너지는 적합하지 않다는 주장이 대립하고 있다.

원자력공학은 핵분열, 핵융합 등의 원자에너지를 공학적으로 응용하거나 이용하는 것을 목적으로 하는 공학이다. 원자핵의 분열 또는 융합에서 생성되는 에너지를 발전, 추진, 난방 등에 사용하는 기술과 방사선을 의학, 공학, 농학, 기초연구 등에 사용하는 기술로 나누어진다.

원자력공학기술자는 방사성공학 기술과 핵물질의 취급 및 처리, 원자력발전소의 설계, 운전, 관리 및 안전성 평가 등의 일을 담당한다.

🔍 원자력공학기술자가 하는 일은?

원자력공학기술자는 원자로 운영, 신형원자로 개발, 방사선이용연구, 액체금속로 개발, 환경안전기술 개발, 핵연료주기기술 개발, 원자력기반기술 개발 등에 관한 연구를 한다.

🔍 원자력발전소 건설의 장·단기 설비 시공 목표를 세우고 세부 시행 계획을 수립하여 공사에 따른 항목을 검토하고 승인한다.

🔍 원자력발전소 건설 과정에서 발생하는 문제점에 대한 시정조치 내용을 협의·검토하고 처리지침을 세워 전달한다.

🔍 안전성과 신뢰성이 있는 공사가 되도록 각종 설비물의 세부 설계도와 시방서의 내용이 일치하는지 검사하고 직원들을 관리한다.

🔍 원자력발전소의 안전한 유지·관리를 위해 각종 기술정보를 수집·검토·정리해 운영계획을 설정하고, 세부 시행계획을 수립하며, 보수·개선방안을 세운다.

🔍 완공된 발전소 설비의 합격 여부를 판정하고 시공상의 모든 책임을 진다.

Tip 원자력의 장점과 단점에 대해 알아볼까요?

• 장점
· 원자력은 생산 과정에서 깨끗하며, 대부분의 원자로는 무해한 수증기만 대기로 방출한다.
· 발전 비용이 저렴하고, 원자력의 강력한 힘으로 인해 하나의 공장에서 많은 양의 에너지를 생산할 수 있다.
· 현재 우라늄 매장량이 거의 무궁무진하므로 수천 년 동안 지금과 같은 에너지를 계속 생산할 수 있다.

• 단점
· 방사성 폐기물은 오염 정도가 매우 치명적이다.
· 원자력 발전소는 우수한 안전 조치를 갖추고 있지만 사고가 발생할 수 있으며, 사고의 심각성이 매우 클 수 있다.
· 위험이 상존한다. 천재지변이든 테러 행위이든 원자력발전소는 목표물이 되며, 훼손 시 막대한 손실을 보게 된다.

📶 적성과 흥미는?

원자력에너지공학자는 에너지의 생산원리와 전송 과정, 에너지 분야에 대한 관심이 많아야 한다. 특히 원자력이나 신재생에너지에 흥미가 있는 학생들에게 유리하다. 새로운 것을 발견하고 응용하는 것을 좋아하며, 정보수집 능력, 문제해결 능력, 아이디어 능력, 자연친화력, 호기심을 갖추고 있다면 적성에 맞는다고 할 수 있다. 수학, 과학(물리학, 화학), 기술·가정, 정보 과목을 잘하면 유리하다.

평소 에너지 키트의 조립 활동이나 에너지 및 신재생에너지 관련 잡지 구독 등을 통해 최신 정보의 습득을 게을리 하지 않고, 한국에너지관리공단 및 각종 에너지 관련 진로체험활동을 통해 에너지 분야에 대한 흥미와 관심을 키우면 좋다.

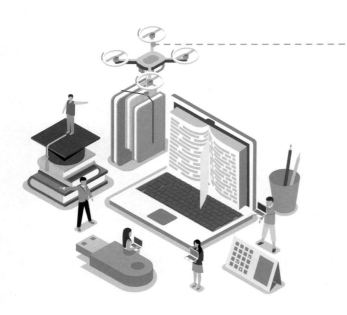

관련 학과 및 자격증은?

기계항공 및 원자력공학부   원자핵공학과
원자력공학과   원자력에너지시스템공학과
양자시스템공학과   에너지시스템공학부 융합공학과
양자원자력공학과   원자력및양자공학과

🜨 원자력기사 🜨 원자력발전기술사 🜨 전기기사
🜨 전기기능사 🜨 에너지관리기사 🜨 전기산업기사
🜨 신재생에너지 발전설비기사

관련 교과는?

수학   과학   기술·가정   정보

관련 직업은?

대체에너지개발연구원   바이오에너지 연구 및 개발자
스마트그리드엔지니어   신재생에너지전문가
에너지절약제품디자이너   에너지진단전문가
원자력연구원   태양광발전 연구 및 개발자
폐기물에너지화연구원

Tip 원자력발전기술사 자격에 대해 알아볼까요?

원자력 발전 분야에 관한 고도의 전문지식과 실무경험에 입각한 계획, 연구, 설계, 분석, 시험, 운영, 시공, 평가 또는 이에 관한 지도, 감리 등의 기술업무를 수행하는 자격이다.

진출 방법은?

원자력공학기술자가 되기 위해서는 대학에서 원자력공학과, 기계공학, 전기공학, 전자공학 등을 전공하는 것이 좋다. 에너지 관련 자격증을 가지고 있다면 취업 시 우대를 받는다. 공개채용이나 특별채용을 통해 원자력발전소연구소, 정부출연연구기관 및 민간기업연구소, 정책연구기관 등 연구관련 기관으로 취업할 경우에는 석사나 박사 학위가 요구된다. 에너지 산업 관련 회사, 신재생에너지 관련 회사, 석유 화학, 정유, 정밀 화학, 엔지니어링, 반도체 관련 기업체 등의 기업과 에너지경제연구원, 한국에너지기술연구원, 한국원자력연구원, 한국원자력의학원, 한국에너지기술평가원 등의 기관으로 진출한다.

미래 전망은?

현재 우리나라의 에너지 계획에 의하면 2035년까지 원전의 비중을 29%까지 유지하기로 결정하였다. 그러나 원전의 안전성 문제가 꾸준히 제기되면서 신규 원전을 전면 중단했으며, 40년 후 원전 제로 국가체제를 갖춘다는 탈원전 로드맵을 발표하고 실행 중이다. 탈원전을 위해 에너지를 LNG와 신재생에너지로 전환하겠다는 입장이다.

정부의 탈원전 정책이 계획대로 진행된다면 원자력산업 분야의 신규 일자리가 증가하지 않을 것으로 예상된다. 즉 중장기적으로 원자력 업계 전체의 일자리가 감소될 가능성이 높다. 하지만 우리나라의 원자력 기술 수준이 매우 높아 아랍에미리트 플랜트 수출과 스마트 원전의 사우디아라비아 진출, 요르단의 연구용 원자로 준공 등 해외에서 높은 경쟁력을 발휘하고 있다는 점은 긍정적으로 평가할 수 있다.

CAREER MAP

원자력 공학 기술자

관련 학과
- 원자핵공학과
- 원자력공학과
- 원자력에너지시스템 공학과
- 양자시스템공학과
- 양쟈원자력공학과
- 원자력 및 양자공학과

준비 방법
- 공학, 자연과학, 수리탐구, 발명, 메이커 관련 동아리활동
- 에너지 키트 조립활동
- 신재생에너지 관련 잡지 구독
- 원자력 관련 기관 체험활동

관련 직업
- 대체에너지개발연구원
- 바이오에너지개발연구원
- 스마트그리드엔지니어
- 신재생에너지전문가
- 에너지절약제품디자이너
- 에너지진단전문가
- 원자력연구원
- 태양광발전연구원
- 폐기물에너지연구원

관련 교과
- 수학
- 과학
- 기술·가정
- 정보

적성과 흥미
- 정보수집 능력
- 문제해결 능력
- 아이디어 능력
- 자연친화력
- 호기심
- 에너지에 대한 관심

관련 기관
- 국제원자력기구
- 한국원자력연구원
- 한국원자력안전기술원
- 한국원자력통제기술원
- 한국에너지기술연구원
- 한국원자력학회

관련 자격
- 원자력기사
- 원자력기술사
- 신재생에너지발전 설비기사
- 에너지관리기사
- 전기기사
- 전기산업기사
- 전기기능사

응용소프트웨어 개발자

응용소프트웨어개발자란?

응용 소프트웨어는 넓은 의미에서 운영체제에서 실행되는 모든 소프트웨어를 말하며, 특정한 목적을 수행하기 위해 개발된다. 응용 소프트웨어는 시스템 소프트웨어의 보조 역할을 수행하고, 시스템 소프트웨어는 응용 소프트웨어가 정상적으로 작동될 수 있도록 하는 역할을 담당한다. 워드프로세서, 스프레드시트, 웹브라우저, 회계 관리 프로그램, 통계 처리 프로그램, 이미지 편집용 툴, 전자 결재 시스템, 발권 시스템 등 컴퓨터에서 특정 목적을 위해 사용하는 거의 모든 프로그램이 응용 소프트웨어에 해당한다.

응용소프트웨어개발자는 우리 생활을 더욱 편리하고 즐겁게 만드는 다양한 소프트웨어를 개발하는 사람이다. 기업에서의 업무 처리를 편리하게 도와주는 회계 관리 프로그램, 전자 결재 프로그램 등의 소프트웨어를 개발하기도 하고, 게임 같은 놀이용 소프트웨어를 개발하기도 한다. 응용소프트웨어개발자는 개인이나 기업이 필요로 하는 응용 소프트웨어를 개발하기 위해 기존에 출시되어 있는 소프트웨어들을 조사하고, 각종 프로그래밍 언어를 사용하여 코딩 작업을 진행하며, 각종 테스트 과정을 거친 후에 최종적으로 응용 소프트웨어를 완성한다.

🔍 응용소프트웨어개발자가 하는 일은?

응용소프트웨어개발자는 각종 응용 소프트웨어를 기획·설계·개발하는 사람이다. 응용 소프트웨어를 개발한다는 것은 프로그램을 짜는 과정이므로 응용소프트웨어개발자를 프로그래머라고 부르기도 한다.

- 🔍 현재 활용되고 있는 응용 소프트웨어에 대한 시장 조사, 소프트웨어의 용도 파악, 고객의 요구 수렴 등을 거쳐 전체적인 개발 범위와 목표를 세운다.
- 🔍 응용 소프트웨어를 개발·완성하기 위한 전체적인 개발 계획을 세운다.
- 🔍 개발 과정에 소요되는 자원 조달 계획을 세운다.
- 🔍 응용 소프트웨어에 대한 정보 보호의 방법을 정하고 계획을 세운다.
- 🔍 응용 소프트웨어 개발을 위한 상세 설계 작업을 수행한다.
- 🔍 설계 작업을 바탕으로 C, JAVA 등 개발 언어로 코딩 작업을 하여 베타 버전의 소프트웨어를 만든다.
- 🔍 베타 버전의 소프트웨어가 정상적인 기능을 하는지에 대한 테스트를 진행한다.
- 🔍 테스트 과정 중에 오류가 발견되면 수정·보완 작업을 거쳐 완제품을 출시한다.
- 🔍 소프트웨어 이용자의 의견을 수집하여 다음 버전의 소프트웨어 개발에 반영한다.
- 🔍 패키지 형태로 개발된 소프트웨어에 대해서는 체계적인 버전 관리를 한다.
- 🔍 응용 소프트웨어에 대한 사용자의 운영 교육과 기술을 지원한다.

> **Tip 시스템소프트웨어개발자에 대해 알아볼까요?**
>
> 시스템소프트웨어개발자는 컴퓨터를 작동시키고, 컴퓨터의 활동을 조정·통제·관리하는 오퍼레이팅 시스템 소프트웨어를 연구·개발·설계한다. 시장 조사를 통해 기존 제품 및 최근 소프트웨어 업계의 기술 변화 등을 분석하여 새로운 기능과 성능을 갖춘 시스템 소프트웨어를 기획·개발한다. 개발된 시스템 소프트웨어를 컴퓨터에 설치·시험·운영하여 기능과 성능을 평가·분석하고, 사용자 교육과 기술 자문을 지원하기도 한다.

적성과 흥미는?

평소에 컴퓨터, 게임, 기계 등의 기능을 익히고 조작하는 것에 흥미가 있으면 좋다. 응용소프트웨어공학은 융합 학문이므로 공학적 사고와 함께 인간 심리, 인문, 철학, 문화 등의 분야를 비롯하여 새로운 분야에 대한 호기심이 많으면 좋다. 소프트웨어, 게임 등을 개발하고 응용 프로그램을 만드는 일이므로 창의력과 논리력이 필요하다. 소프트웨어 개발은 여러 명이 한 팀을 이루어 협업하여 진행되는데, 개발 과정에서 팀원들과 팀워크가 좋지 않으면 프로그램을 개발하는 데 어려움이 발생하므로 대인관계 능력, 의사소통 능력, 의사결정 능력, 협업 능력이 매우 중요하다. 응용소프트웨어개발자는 끊임없이 변화하는 신기술을 습득해야 하므로 탐구력과 자기계발 능력을 갖춘 사람, 새로운 소프트웨어를 개발하기 위한 창의력을 갖춘 사람, 개발 과정에서 발생하는 문제를 해결하는 능력을 지닌 사람, 맡은 업무를 끝까지 완수하려는 끈기와 책임감을 갖춘 사람에게 적합하다.

응용소프트웨어개발자에 관심이 있다면 학창 시절부터 컴퓨터 활용 능력을 키워야 한다. 특히 C언어, 파이썬과 같은 프로그래밍 언어를 배우는 것을 추천한다. 인문학, 심리학, 철학, 공학 등 다양한 분야의 독서활동을 통해 지식을 습득하고, 컴퓨터 관련 동아리활동과 다양한 진로체험활동을 권장한다.

💬 관련 학과 및 자격증은?

(소프트웨어학과) (응용소프트웨어공학과)
(전자공학과) (정보통신공학과) (제어계측공학과)
(컴퓨터공학과) (통계학과) (경영학과) (수학과)
(공학교육과) (물리학과)

- ⚙ 정보처리기사
- ⚙ 정보처리산업기사
- ⚙ 정보처리기능사
- ⚙ 전자계산조직응용기술자
- ⚙ 반도체설계기사
- ⚙ 전자계산기조직응용산업기사
- ⚙ 전파전자기사
- ⚙ 전자계산기조직응용기사
- ⚙ 정보관리기술사
- ⚙ 정보기술산업기사
- ⚙ 오라클사의 OCJP, OCP
- ⚙ 마이크로소프트사의 MCSE

💬 관련 교과는?

(수학) (영어) (과학) (정보)

💬 관련 직업은?

(시스템소프트웨어개발자) (컴퓨터프로그래머)
(게임프로그래머) (음성처리전문가) (애니메이터)
(임베디드전문가) (임베디드시스템프로그래머)
(네트워크프로그래머) (데이터베이스개발자)
(정보시스템운영자) (웹마스터) (증강현실전문가)
(컴퓨터보안전문가) (웹디자이너) (IT컨설턴트)
(가상현실전문가) (디지털영상처리전문가)
(모바일앱개발자) (웹프로그래머)

진출 방법은?

응용소프트웨어개발자가 되기 위해서는 전문대학 및 대학교의 소프트웨어공학, 응용소프트웨어공학, 컴퓨터공학, 전산공학 등 관련 학과를 졸업하는 것이 유리하다. 관련 학과에서는 소프트웨어공학, 프로그램언어, 운영체제, 데이터베이스, 자료구조를 비롯해 소프트웨어 개발 실습 등을 체계적으로 배울 수 있기 때문이다.

비전공자라도 각종 교육기관에서 C언어, 자바, 비주얼스튜디오, 델파이, 파워빌더 등 프로그래밍 언어 등을 배울 수 있다. 응용소프트웨어개발자에게는 프로그래밍 실력이 가장 중요하기 때문에 실력만 뛰어나다면 전공이나 학력에 상관없이 취업할 수 있다. 최근 조사에 의하면 응용소프트웨어개발자 중에서 고졸 이하의 학력을 가진 사람도 12%가 넘는다고 한다.

대부분의 기업에서는 공개채용을 통해 신입 및 경력 사원을 채용하지만, 규모가 작은 회사에서는 소개를 통해 채용하기도 한다. 주로 시스템 통합업체, 게임 개발업체, 모바일 웹 개발업체, 애니메이션 관련 업체, 웹프로그래밍 업체, 소프트웨어 개발업체, 금융 회사의 전산실 등으로 진출하게 되며, 학력보다는 실력이 중요하므로 실무적인 경험을 쌓는 게 중요하다.

⚙ 미래 전망은?

소프트웨어 산업은 향후 각 기업체의 e-비즈니스 확대와 공공기관의 행정 정보화 추진으로 더욱 성장할 것으로 전망하고 있다. 금융과 IT가 결합한 핀테크, 돈을 빌리려는 사람과 돈을 빌려주고 수익을 얻기 원하는 사람을 연결하는 P2P 대출 프로그램, 물품을 여럿이 공유하여 사용하는 공유 경제 서비스 등 최근 인기를 끌고 있는 새로운 기술들이 안정적으로 운영되기 위해서는 응용소프트웨어개발자의 역할이 필수적이다. 또한 스마트폰이 보편화되면서 모바일 응용 소프트웨어 개발과 관련한 전문 인력의 수요도 증가할 것으로 보인다.

여기에 임베디드 기술, 클라우드 서비스, 소셜네트워킹, 빅데이터 분석 기술이 본격화되면서 관련 분야 소프트웨어 개발을 위한 전문 인력도 필요해지고 있는 상황이므로 응용소프트웨어개발자의 미래는 밝을 것으로 전망된다.

CAREER MAP

- 컴퓨터 활용 능력 함양
- 컴퓨터 프로그래밍 언어(파이썬, C언어) 학습
- 영어 실력 향상
- 공학 관련 동아리활동
- 다양한 분야의 독서활동
- 소프트웨어 관련 전시회 참여
- 소프트웨어 직업체험 및 학과 탐방
- 창의공학 캠프 참여

- 정보통신산업진흥원
- 한국정보통신진흥협회
- 한국소프트웨어산업협회

- 게임프로그래머
- 네트워크프로그래머
- 디지털영상처리전문가
- 모바일앱개발자
- 웹프로그래머
- 웹마스터
- 웹디자이너
- 애니메이터
- 시스템소프트웨어개발자
- 컴퓨터프로그래머
- 임베디드시스템프로그래머
- 데이터베이스개발자
- 컴퓨터보안전문가
- IT컨설턴트

준비 방법

관련 기관

- 수학
- 영어
- 과학
- 정보

관련 교과

응용 소프트웨어 개발자

관련 직업

- 수리 능력
- 의사결정 능력
- 창의력
- 꼼꼼함
- 대인관계 능력
- 윤리의식
- 수학, 과학 교과에 대한 관심
- 컴퓨터 관련 전문 지식
- 논리력
- 협업 능력
- 책임감
- 호기심
- 프로그래밍 능력

적성과 흥미

관련 자격

관련 학과

- 컴퓨터공학과
- 컴퓨터소프트웨어과
- 컴퓨터프로그래밍과
- 응용소프트웨어공학과
- 소프트웨어학과
- 수학과
- 전자공학과
- 정보통신공학과
- 제어계측공학과
- 통계학과

- 정보처리기사
- 정보처리산업기사
- 리눅스마스터
- 정보기술산업기사
- 정보보호전문가
- 전자계산기조직응용기술자
- 전자계산기조직응용산업기사

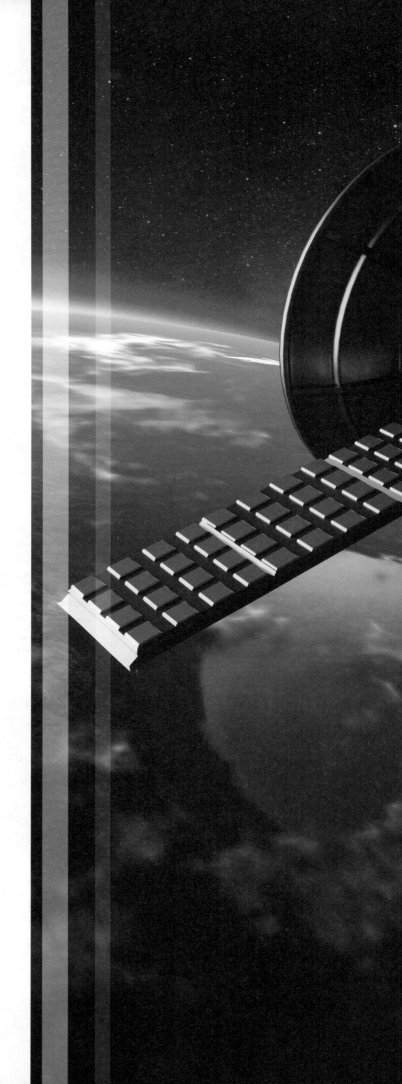

인공위성 개발연구원

인공위성개발연구원이란?

우리나라가 독자 개발한 한국형 우주발사체 누리호가 2021년 10월 21일 전남 고흥에 위치한 나로 우주센터에서 발사되었다. 지난 11년간 약 2조 원을 들여 독자 개발한 누리호로 인해 우리나라는 미국, 러시아, 유럽, 중국, 일본, 인도에 이어 무게 1톤 이상의 실용 위성을 자체적으로 발사할 수 있는 7번째 국가가 되었다.

우리는 인공위성을 통해 지구 반대편에 있는 도시나 이집트의 피라미드 같은 세계 유명 지역을 쉽게 볼 수 있다. 우리가 모르는 길을 찾아갈 때 이용하는 내비게이션 서비스나 넓고 넓은 태평양 바다에 있는 선박의 위치를 정확하게 파악할 수 있는 것, 우리나라 가수의 노래나 뮤직비디오를 다른 나라에서 시청할 수 있는 것도 인공위성이 있기 때문이다.

인공위성개발연구원은 인공위성을 설계하고 제작하며, 발사 시 인공위성에 문제가 생기지는 않을지 실험을 통해 알아보는 환경시험 등을 담당하는 직업이다.

인공위성개발연구원이 하는 일은?

인공위성개발연구원이 하는 일은 개발진행 과정에 따라 달라진다. 개발과정 초기에는 인공위성을 활용 목적에 맞게 설계하고, 그 다음에는 설계에 따라 인공위성을 제작한다. 개발이 완료된 후에는 여러 가지 시험을 통해 인공위성에 문제가 없는지를 확인하며, 우주로 발사한 후에는 인공위성이 목적에 맞게 운용될 수 있도록 지휘, 통제, 조언하는 일과 인공위성이 보내온 여러 가지 자료를 분석하는 일을 한다.

- 우주탐사, 기상예보 등 다양한 목적을 달성하기 위해 인공위성을 연구 개발한다.
- 인공위성 및 인공위성 관련 분야에 대한 전문적 지식과 기술을 활용하여 목적에 맞는 인공위성을 연구 개발·설계한다.
- 인공위성이 정상적으로 우주 궤도에 도달하도록 유도하며, 위성이 보내온 탐사자료를 분석한다.
- 인공위성 분야의 전망성을 예측하고 세계 인공위성 개발의 기술변화 등에 대해 분석하여 성능이 업그레이드된 인공위성의 개발에 참고한다.
- 개발한 인공위성의 성능을 시험하며, 인공위성의 결함이 발견되면 원인을 분석하여 해결책을 제시한다.
- 인공위성이 목적에 맞게 운용될 수 있도록 도와주는 인공위성 탑재 소프트웨어 개발 업무를 주로 담당한다.
- 위성자세 결정 및 제어, 위성궤도와 관련된 개발업무를 담당한다.

> **Tip 인공위성의 종류에 대해 알아볼까요?**
>
> 인공위성은 그 목적에 따라 바다와 육지를 관측하는 관측위성, 전파를 발사해 선박이나 비행기가 그들의 위치를 확인하도록 돕는 항법위성, 기상관측을 전문으로 하는 기상위성, 과학연구를 위한 자료 수집을 목적으로 하는 과학위성, 통신전파를 전달하는 통신위성 등으로 분류한다. 이 외에도 사람이 탑승하는 유인 인공위성(우주선)과 탑승하지 않는 무인 인공위성으로 나누기도 한다.

적성과 흥미는?

인공위성은 기계, 컴퓨터, 전기 전자, 태양 에너지, 통신 등 첨단 기술의 집합체라고 할 수 있다. 이러한 인공위성을 설계하고 제작하기 위해서는 과학 및 수학 지식이 필수이며, 한 사람의 힘으로는 완성할 수 없으므로 협업 능력과 대인관계 능력이 꼭 필요하다. 특히 상대방을 이해하고 양보하는 자세가 중요하다. 인공위성 분야는 지금도 끊임없이 발전하고 있다. 따라서 새롭게 개발되는 공학 기술은 꾸준히 공부하는 탐구정신과 인공위성 개발 중에 문제를 발견하면 해결책을 찾을 때까지 포기하지 않고 연구하는 끈기도 중요하다. 인공위성 개발과정에서 발생하는 사소한 실수도 발사 실패로 연결될 수 있어 꼼꼼함과 세심함, 개발과정에서 수없이 많은 반복과정을 견디어 낼 수 있는 인내심과 관찰력, 창의력이 요구된다.

인공위성개발연구원에 관심이 있다면 수학, 과학 교과 실력을 향상시키려는 노력이 필요하고 협업 능력을 키울 수 있는 팀 활동에 적극 참여하는 것이 좋다. 남들 앞에서 자신의 생각을 표현하는 기회를 많이 가지고, 영어 실력을 키우기 위한 노력을 기울이는 것이 좋다.

기계공학과　물리학과　신소재공학과

전기전자공학과　재료공학과　제어계측공학과

통신공학과　컴퓨터공학과　항공우주공학과

⚙ 전자응용기술사　　⚙ 전파통신기능사

⚙ 전파통신기사　　⚙ 정보통신기사

⚙ 정보통신기술사　　⚙ 전파통신산업기사

⚙ 정보통신산업기사

관련 교과는?

영어　수학　과학　기술·가정　정보

관련 직업은?

인공위성연구원　통신공학기술자

RFID시스템개발자　통신기기·장비기술자

통신기기·장비 개발자 및 연구원　통신기술개발자

통신망운영기술자　통신장비기술자

 Tip 한국형발사체 누리호에 대해 알아볼까요?

한국형발사체 누리호는 1.5톤급 실용위성을 지구 상공 600~800km 태양동기궤도에 직접 투입할 수 있는 3단형 발사체이다. 사용되는 엔진은 75톤급 액체엔진과 7톤급 액체엔진으로 1단은 75톤급 엔진 4기를 클러스터링해서 구성하고, 2단에는 75톤급 엔진 1기, 3단에는 7톤급 엔진 1기가 사용된다. 2021년 10월 21일 누리호 1차 비행시험 이 진행되었고, 2022년 6월 21일 2차 비행시험을 통해 누 리호 발사에 성공하였다.

🌐 진출 방법은?

인공위성개발원은 인공위성을 개발하고 운용하는 데 다양 한 학문과 첨단기술이 융합되어야하며 우주항공학부터 재료 공학, 물리학, 화학, 제어계측, 전자공학 등 자연계열과 이공 계열의 다양한 학문적 지식과 기술이 필요하다. 대학에서 우 주항공학과, 재료공학과, 물리학과, 제어계측과, 전자공학과 등을 전공하는 것이 유리하고, 높은 수준의 전문적인 지식이 요구되므로 석사 학위 이상이 필요하다. 졸업 후에는 한국우 주항공연구원, 과학기술원 인공위성연구센터, 인공위성 관련 부품 제작업체 등 관련 연구기관과 기업체에 취업하여 활동 할 수 있다.

⚙ 미래 전망은?

인공위성은 방송, 통신, 자원탐사, 지리정보, 기후예측, 국 방 등 다양한 목적으로 사용된다. 다양한 인공위성의 확보는 국가경쟁력 확보와 국가안보의 기초가 되고 있어 세계 각 나 라들은 인공위성 사업을 전략적 산업으로 육성하고, 많은 예 산을 투자하여 장기 전력을 세우고 있다. 우리나라는 인공위 성 사업을 첨단국가전략산업으로 육성하며 막대한 예산을 지 원하고 있기 때문에 인공위성개발연구원의 역할이 중요해질 것으로 예상된다.

인공위성개발연구원은 취업 경쟁이 치열한 편이나 임금과 복리후생, 근무 환경, 개인적인 발전 가능성도 높고, 새로운 일자리 창출 및 성장이 활발할 것으로 예상된다. 특히 업무 에서의 자율성 및 권한이 큰 편이고 성별에 따른 차별도 적 은 직업에 속한다.

CAREER MAP

인공위성 개발 연구원

준비 방법
- 수학, 과학 교과 역량 강화
- 협업 능력 함양을 위한 프로그램 참여
- 공학, 자연과학, 수리탐구, 발명, 메이커 관련 동아리활동
- 영어 실력 향상

관련 직업
- 산업안전원
- 위험관리원
- 소방공학기술자
- 에너지관리기술자
- 에너지시험원
- 에너지공학기술자
- 원자력공학기술자
- 조선해양공학기술자
- 항공공학기술자

관련 교과
- 영어
- 수학
- 과학
- 기술·가정
- 정보

관련 학과
- 기계공학과
- 물리학과
- 신소재공학과
- 전기공학과
- 전자공학과
- 재료공학과
- 통신공학과
- 컴퓨터공학과
- 항공우주공학과
- 제어계측공학과

적성과 흥미
- 협업 능력
- 대인관계 능력
- 탐구정신
- 끈기
- 꼼꼼함
- 세심함
- 인내심
- 관찰력
- 창의력

관련 기관
- 국방과학연구소
- 인공위성연구소
- 한국항공우주연구원
- 항공기술연구소

관련 자격
- 전자응용기술사
- 전파통신기술사
- 전파통신산업기사
- 전파통신기사
- 정보통신산업기사
- 정보통신기사
- 정보통신기술사

자동차공학기술자

자동차공학기술자란?

자동차공학은 한 대의 자동차를 완성하는 데 필요한 다양한 이론 연구를 통해 새로운 기술을 개발하고, 더 나은 성능의 자동차를 만들어 자동차 산업을 발전시키는 첨단 학문이다. 자동차공학은 기계공학의 한 분야로, 자동차를 구성하는 각 공정의 공학적 내용을 다루며, 자동차의 설계, 조립, 시뮬레이션 및 전체 자동차 시스템과 개별 부품의 동작에 대한 전반적인 연구를 진행한다. 자동차공학의 연구 분야는 자동차의 동력원에 해당하는 엔진 시스템 분야, 연소·윤활·냉각·연료·흡기 및 배기 시스템 분야, 자동차를 구동하는 동력 전달 분야, 제동·현가장치·조향 시스템에 해당하는 새시 분야로 구분된다. 또한 편의 장치를 비롯한 전기 및 전자 시스템을 연구하며, 차체와 관련한 안전성, 경량화, 공력 성능 및 재료에 대해서도 연구한다.

자동차공학기술자는 자동차의 성능, 운전의 안정성, 부품 관리 등을 감독·조정하고, 문제점에 대한 해결책을 제시하며, 자동차의 전체 완성 과정을 계획·감독하는 일을 한다. 자동차공학 분야는 IT 기술 등과 융합함으로써 다른 산업도 동시에 성장시킬 수 있는 신성장 동력 산업이다. 그렇기 때문에 자동차공학기술자는 자동차에 대한 전문 지식만큼 다른 분야의 최신 기술을 습득하는 것도 필요하다.

🔍 자동차공학기술자가 하는 일은?

자동차공학기술자는 엔진, 제동 장치, 차체 등 자동차의 각종 구성품을 개발 및 제조하며 계획·감독하는 등 자동차를 제작하는 전 과정을 담당한다.

- 🔍 자동차의 각종 장치 및 기관에 대한 새로운 디자인을 개발하기 위해 관련 자료를 검토·분석한다.
- 🔍 운전의 안정성, 경제성과 각 부분의 성능을 고려하여 구성 부품 및 기관을 설계한다.
- 🔍 엔진, 변속기 등 주요 부품을 시험·평가하여 개선점을 찾아내고, 이를 설계에 반영한다.
- 🔍 시뮬레이션 과정을 통해 시험·설계 비용을 절감한다.
- 🔍 차량의 제조 공정이 공학 기술상의 설계와 일치하는지 확인한다.
- 🔍 자동차의 성능을 시험·평가하고, 설계 변경 여부를 결정한다.
- 🔍 특수한 기능적·조작적 성능을 구현하기 위해 설계를 수정한다.
- 🔍 제조 공정 중에 발생하는 문제점의 원인을 분석하고, 해결책을 제시한다.
- 🔍 구성 부품 제조 및 차량 제조 공정의 품질을 관리하고, 기술을 지원한다.

Tip 자동차튜닝사에 대해 알아볼까요?

자동차튜닝사는 정당한 방법으로 자동차 개조 및 래핑을 전문적으로 시행할 수 있는 직업이다. 자동차 튜닝으로 자신에게 최적화된 독특한 자동차에 대한 열망을 실현할 뿐만 아니라 고효율과 연비 절감을 꾀할 수도 있다. 정부는 자동차 튜닝 산업을 육성하기 위해 자동차튜닝사 자격증을 신설했다.

적성과 흥미는?

자동차공학기술자는 자동차 시스템을 이해해야 하고, 새로운 모델과 신기술 개발을 위해 논리력과 분석력이 필요하다. 자동차공학 기술은 빠른 속도로 발전하기 때문에 지속적인 연구 개발 활동을 해야 하고, 따라서 새로운 것에 대한 호기심과 상상력, 창의적인 사고력이 요구된다. 업무 수행 과정에서 다른 분야의 전문가들과 협업 과정을 수행하기 때문에 원만한 대인관계 능력이 필수적이고, 의사결정 능력과 협업 능력을 갖추어야 한다. 꼼꼼하고 스트레스를 잘 감내하는 성격의 사람에게 유리하다. 최근 자동차 산업은 인간 중심의 감성 공학적인 면을 중요시하므로 디자인이나 심리학 등에도 관심과 흥미가 있으면 도움이 된다.

자동차의 구동 원리나 자동차의 엔진 구조 및 자동차 디자인 등에 관심이 많아야 하고, 업무 수행 과정에서 실제 자동차를 만들어 보거나 기계 부품들을 다루는 경우가 많아 손재주도 있어야 한다. 새로운 성능을 지닌 자동차를 설계·제작하기 위해서는 다양한 분야의 이론을 종합적으로 적용해야 하기 때문에 여러 분야에 호기심이 많고, 기계나 항공, 전기, 전자 등의 학문에도 흥미가 있으면 유리하다. 물리적·생물학적·문화적 현상들에 대해 호기심을 가지고 관찰하는 것을 즐기고, 상징적·체계적·창조적 활동을 요하는 조사나 연구활동을 좋아하며, 사회적인 성격을 갖추고 있으면 유리하다.

💬 관련 학과 및 자격증은?

(기계공학과) (자동차공학과)

(메카트로닉스공학과) (재료금속공학과)

(제어계측공학과) (카메카트로닉스학과)

(자동차기계공학과) (자동차생산공학전공)

⚙ 자동차차체수리기능사   ⚙ 자동차정비기능사

⚙ 자동차정비기능장   ⚙ 자동차정비기사

⚙ 자동차검사기사   ⚙ 자동차정비산업기사

⚙ 자동차검사산업기사   ⚙ 일반기계기사

⚙ 기계설계기사   ⚙ 기계조립산업기사

⚙ 메카트로닉스기사   ⚙ 디지털제어산업기사

⚙ 자동화설비제어사

💬 관련 교과는?

(수학) (과학) (기술·가정) (정보)

💬 관련 직업은?

(공정관리설계기술자) (금형공학기술자)

(기계플랜트기술자) (기계감리기술자) (카레이서)

(기계공학기술자) (메카트로닉스공학기술자)

(산업공학기술자) (공학계열교수) (보험계리사)

(손해사정인) (온라인자동차연구원) (자동차튜닝사)

(전기자동차설계기술자) (자동차설계기술자)

(자동차엔진기술자) (자동차검사원)

(자동차부품기술영업원) (자동차디자이너)

(철도차량공학기술자) (레이싱미캐닉)

(자율주행차엔지니어) (하이브리드차엔지니어)

 진출 방법은?

자동차공학기술자가 되기 위해서는 자동차의 설비, 기능 및 성능에 관한 전문 지식이 필수이므로 전문대학 및 대학교의 자동차공학과, 기계공학과, 기계설계학과, 자동차공학과, 차량기계과, 정밀기계공학과 등을 졸업하는 것이 일반적이다.

전문대학을 졸업한 후에는 자동차공학 관련 현장에서 일정 기간 실무 경력을 쌓은 후에 자동차공학기술자가 될 수 있지만, 추가적인 교육을 통해 전문 지식을 배울 수도 있다. 자동차공학 관련 연구소에서 연구원으로 근무하려면 석사 이상의 학위가 필요하다.

자동차공학기술자는 공개채용이나 특별채용을 통해 각종 기계 및 관련 장비 생산업체, 산업 기계 제작 회사, 자동차 생산업체, 자동차 부품 설계 및 생산업체, 자동차 정비 및 검사업체 등에 취업을 하며, 기업에서 일정 기간 동안 사내 교육을 받은 후 어느 정도 경력을 쌓게 되면 자동차공학기술자로 업무를 수행하게 된다. 한국기계연구원, 한국표준과학연구원, 한국과학기술연구원 등에 소속되어 자동차공학 관련 연구원으로 일할 수도 있다.

⚙ 미래 전망은?

현재 자동차 산업은 빠른 속도로 변화하고 있다. 특히 정보통신기술을 융합해 다양한 사물과 소통하는 커넥티드 자동차는 인간의 삶을 빠르게 바꿀 것으로 전망된다. 자동차 산업에서 소외되었던 부품과 전장, ICT 기업들이 자동차 산업의 중심부로 자리를 옮기고 있다.

사람의 손을 필요로 하지 않고 스스로 달리는 자율주행 자동차, 쌍방향으로 소통하는 커넥티드 자동차, 소유 대신 공유하는 카셰어링, 순수 전기차 등 네 가지의 거대한 변화의 물결이 우리의 생활 패턴을 크게 바꿀 것이다.

따라서 향후 자동차공학기술자의 고용은 다소 증가할 것으로 전망된다. 기존의 충돌 안전, 차체 설계 및 내연 기관에 대한 기계공학 관련 자동차기술자보다는 자율주행 자동차, 수소 자동차, 전기 자동차, 연료 전지 자동차의 개발 등 미래 첨단 기술에 대한 경쟁이 치열하기 때문에 전기·전자 관련 자동차공학기술자들의 수요가 상대적으로 높아질 것이다.

CAREER MAP

자동차 공학 기술자

준비 방법
- 수학, 과학 교과 역량 강화
- 과학, 공학 관련 동아리활동
- 자동차 연구소 및 모터쇼 체험활동
- 자동차 관련 기업 및 학과 탐방
- 자동차공학기술자 직업체험활동
- 자동차 관련 잡지 구독
- 인문학, 심리학, 자동차공학, 인공지능 관련 독서활동

관련 기관
- 대한기계학회
- 한국자동차산업협회
- 한국자동차공학회

관련 학과
- 자동차공학과
- 기계공학과
- 재료·금속공학과
- 제어계측공학과
- 카메카트로닉스학과
- 메카트로닉스공학과
- 자동차기계공학과
- 자동차생산공학전공

관련 교과
- 수학
- 과학
- 기술·가정
- 정보

적성과 흥미
- 논리적 사고 능력
- 분석적 사고 능력
- 호기심과 상상력
- 창의적 사고 능력
- 대인관계 능력
- 의사결정 능력
- 협업 능력
- 스트레스 감내력
- 꼼꼼함
- 디자인 및 심리학에 대한 관심
- 기계에 대한 관심
- 손재주

관련 자격
- 자동차정비기사
- 자동차차체수리기능사
- 자동차정비기능사
- 자동차정비산업기사
- 자동차정비기능장
- 자동차검사기사
- 자동차검사산업기사
- 일반기계기사
- 기계설계기사
- 기계조립산업기사
- 메카트로닉스기사
- 디지털제어산업기사
- 자동화설비제어사

관련 직업
- 메카트로닉스공학기술자
- 엔진기계공학기술자
- 철도차량공학기술자
- 로봇공학기술자
- 기계공학기술자
- 보험계리사
- 손해사정인
- 온라인자동차연구원
- 전기자동차설계기술자
- 자동차설계기술자
- 자동차엔진기술자
- 자동차튜닝사
- 자동차디자이너
- 카레이서
- 자율주행차엔지니어
- 하이브리드차엔지니어

재료공학기술자

재료공학기술자란?

　재료란 무엇을 구성하거나 만드는 물질을 말한다. 자연에서 재료를 얻고 가공하여 편리하게 이용하는 동물은 인간뿐이다. 고대의 인간은 자연에서 구한 재료를 손질하여 사용하였지만, 불의 발견과 동시에 재료의 성질을 바꾸어 사용하기 시작했다. 이때부터 인간은 도구 재료에 대한 지식을 쌓게 되었고, 이것이 재료과학 학문의 시초이다. 더 나아가 인간은 필요한 새로운 재료를 만들어 내는데, 이것이 재료공학 학문이 생기게 된 이유이다.

　재료공학은 사회 전 분야에 걸쳐 널리 사용되는 공업 재료를 체계적으로 이해하는 데 중요한 학문이다. 산업 분야에서 재료를 생산하고 가공하는 작업은 공정과정 중 많은 부분을 차지한다. 인간에게 가장 중요한 의식주를 얻으려고 할 때 의류의 경우 면, 울, 나일론 등의 재료를 가공하여 만들고, 식품의 경우도 천연 재료 그대로 섭취하기도 하지만 공업적으로 가공하여 만든 것을 섭취하기도 한다. 주택의 경우도 나무, 벽돌, 철근, 콘크리트 등의 재료를 사용하여 짓는다. 산업 현장에서 재료를 사용할 때는 재료의 구조와 성질을 알아야 하고, 제품의 용도에 따라 재료를 선택할 수 있어야 하므로 재료공학적인 지식이 필요하다.

　이처럼 산업에 중요한 역할을 하는 재료를 전문적으로 다루는 사람을 재료공학기술자라고 한다. 재료공학기술자는 플라스틱, 세라믹과 같이 비금속 재료의 특성에 대해 연구하고, 세라믹, 반도체, 합성 재료와 같은 기타 재료를 조합하여 보다 유용한 기능을 내는 재료를 개발한다.

🔍 재료공학기술자가 하는 일은?

재료공학기술자는 전체 산업 부문에서 널리 사용되고 있는 각종 금속재료, 비철금속재료, 세라믹 재료, 고분자 재료, 플라스틱, 반도체 재료 등을 제조하는 공정을 지휘 감독하고, 새로운 소재를 개발하거나 재료의 특성을 연구하는 업무를 한다. 재료공학의 연구를 통해 각 소재가 지니고 있는 본질을 찾아내고, 그 소재의 특성을 최대한 활용·응용하는 방법을 찾아내는 직업이다.

🔍 원광석을 녹여 금속을 추출하는 공정을 비롯해 각종 금속을 이용하여 합금 또는 금속 제품을 생산하는 제조 공정을 관리한다.

🔍 금속 제조 공정 작업과 관련된 화학적·물리적 분석과 연구를 수행한다.

🔍 비금속의 특성을 연구하고, 반도체와 세라믹, 그 외 재료들의 주형, 조형, 열처리를 위해 공정을 설계한다.

🔍 비금속 분야에서 유전 재료, 압전 재료 및 소성형 소재 등을 개발·가공한다.

🔍 각종 금속을 이용해 합금하거나 금속 제품을 생산하는 제조 공정을 관리하고, 관련된 화학적·물리적 분석을 연구한다.

🔍 고분자 재료의 구조, 고분자의 합성법, 고분자의 분자량 결정법 등 고분자 재료의 구조에 관해 연구한다.

🔍 산업 설비가 부식되는 원인을 찾아내고 예방하기 위한 대책을 연구하며, 각종 설비와 배관 재료의 부식에 대해 연구한다.

🔍 각종 설비와 배관의 물성 및 부식에 대한 진단을 위해 비파괴 기술에 대해 연구한다.

🔍 화학 소재 분야에서 광전 기능 소재, 고분자 나노 복합재, 의료용 고분자 소재, 친환경 고분자 소재 등을 개발·생산하고, 공정을 관리한다.

🔍 재료의 설계, 부식 관리 방법, 공정 검사 및 기타 절차들에 관해 자문한다.

🔍 제품 검사를 조정하고, 비금속 재료의 생산 공정을 관리한다.

📊 적성과 흥미는?

재료공학기술자가 되려면 수학, 과학 등의 교과에 흥미와 기초 지식이 있으면 유리하다. 재료공학기술자는 분석과 측정 업무를 많이 하기 때문에 인내심이 필요하고, 다른 분야의 전문가들과의 협업으로 일이 진행되는 경우가 많아 원만한 대인관계 능력과 의사소통 능력을 갖추면 도움이 된다. 재료공학기술자는 업무 수행 과정에서 문제가 발생했을 때 문제해결을 위한 창의력과 분석적 사고, 수리적 사고가 필요하다. 소재의 본질을 밝혀내고, 그 소재의 특성을 극대화하여 다른 소재와 함께 융합하는 일을 하므로 진취적이고 혁신적인 성격을 가진 사람에게 적합하다. 끝까지 문제를 해결하려고 하는 의지, 적응력, 융통성이 요구되고, 품질 관리 분석, 기술의 분석 설계, 장비 선정, 상품 제조 공정 등 물리학적·공학적 지식을 갖춘 사람이 좋다. 탐구형과 현실형의 흥미를 가진 사람에게 적합한 직업이다.

재료공학기술자에 관심이 있다면 수학, 과학 교과의 기본적인 지식을 습득할 것을 권하고, 문제해결 능력과 의사소통 능력을 키우기 위한 다양한 프로그램 참여, 다양한 분야의 독서활동을 통해 사고의 폭을 확장할 것을 권장한다.

💬 관련 학과 및 자격증은?

(금속공학과) (재료공학과) (재료금속공학과)
(무기재료공학과) (신소재공학과) (화학공학과)
(디스플레이신소재공학과) (화학시스템공학과)
(신소재응용과) (세라믹공학과) (전자재료공학과)
(항공재료공학과) (반도체공학과) (화공생명학과)
(응용화학공학과) (나노화학공학과)
(응용소재공업과)

⚙ 금속기사	⚙ 철야금기술사
⚙ 비철야금기술사	⚙ 세라믹기술사
⚙ 세라믹산업기사	⚙ 금속제련기술사
⚙ 금속재료기사	⚙ 금속재료산업기사
⚙ 금속가공기술사	⚙ 품질경영기사
⚙ 품질관리산업기사	⚙ 비파괴검사기술사
⚙ 비파괴검사산업기사	⚙ 정밀측정산업기사
⚙ 표면처리기술사	⚙ 표면처리산업기사

💬 관련 교과는?

(수학) (영어) (과학)

💬 관련 직업은?

(신소재공학기술자) (나노공학기술자)
(나노소재연구 및 개발자) (금속공학기술자)
(화학물 및 화학제품 관련 검사원)

🌐 진출 방법은?

재료공학기술자가 되려면 전문대학 또는 대학의 금속공학과, 세라믹공학과, 재료공학과, 신소재공학과 등의 관련 학과를 졸업해야 한다. 관련 학과에서 금속 및 비금속 재료의 제조, 가공, 사용 개발에 필요한 공학적 지식과 이론을 습득하는 것이 기본이다. 연구 개발 분야에 종사하기 위해서는 관련 학과의 석사 이상의 학위가 필요하기 때문에 대학원 진학이 필수이다.

졸업 후에는 주로 철강, 시멘트, 전자, 조선, 자동차, 항공기, 반도체 등의 제조 회사나 엔지니어링 컨설팅 회사, 정부, 연구소 및 교육기관 등에 진출할 수 있다. 일반 기업에 취업하면 초기에는 실무 업무를 하게 되며, 이후 관리 및 감독 업무 과정을 거쳐 제조 및 기술 담당 관리자로 승진할 수 있다. 그 외에도 재료공학 관련 분야에서 지식과 경험을 쌓은 후에는 정부기관 및 소재 관련 산업체의 자문이나 컨설팅 업무에 종사할 수 있다.

⚙ 미래 전망은?

재료공학을 비롯한 소재 관련 산업은 국가적 차원에서 미래의 국가 전략 산업으로 지정하여 키우고 있는 10대 차세대 성장 산업 품목인 차세대 연료 전지, 디스플레이 관련 산업(PDP, LCD, LED), 차세대 이동통신, 디지털 TV, 지능형 로봇 산업 등과 연계되어 있기 때문에 향후 무한한 발전 가능성을 가지고 있다.

소재 산업은 하이브리드 자동차, 항공기, 풍력 발전기의 경량화 복합 소재나 고기능·친환경 소재인 스마트 섬유 의류와 같이 다른 산업 분야와 연계되어 있어 제조업 분야의 경쟁력을 확보하는 데 필수적이며, 높은 부가가치를 만들어 내는 미래 유망 산업이다. 이에 따라 세계 4대 소재 강국을 목표로, 신소재 분야의 핵심 기술을 조기에 확보하기 위해 핵심 인력 및 기술 개발에 중점을 두고 있어 관련 연구 인력 수요는 증가할 것으로 예상된다. 최근에는 소재 산업 중에서 나노 기술이 적용된 제품 및 산업의 성장세가 높기 때문에 나노 기술 분야가 각광받을 것으로 전망된다.

CAREER MAP

- 자연과학 기초 지식 습득
- 공학 관련 동아리활동
- 재료 산업 및 재료공학기술자 직업체험활동
- 재료공학 관련 학과 탐방
- 다양한 분야의 독서활동
- 창의공학 캠프 참여

준비 방법

관련 기관

- 대한금속·재료학회
- 한국과학기술단체총연합회

- 신소재공학기술자
- 화학물 및 화학제품 관련 검사원
- 금속공학기술자
- 나노소재연구 및 개발자
- 나노공학기술자

관련 교과

- 수학
- 영어
- 과학

재료공학 기술자

관련 직업

적성과 흥미

- 수학, 과학 교과에 대한 흥미
- 인내심
- 대인관계 능력
- 의사소통 능력
- 창의력
- 분석적 사고 능력
- 수리 능력
- 진취성과 혁신성
- 융통성
- 적응력

관련 자격

- 비철야금기술사
- 철야금기술사
- 금속기사
- 금속제련기술사
- 금속가공기술사
- 금속재료산업기사
- 품질경영기사
- 품질관리산업기사
- 세라믹산업기사
- 세라믹기술사
- 비파괴검사산업기사
- 비파괴검사기술사
- 정밀측정산업기사
- 표면처리기술사
- 표면처리산업기사

관련 학과

- 금속공학과
- 재료공학과
- 무기재료공학과
- 신소재공학과
- 디스플레이신소재 공학과
- 재료금속공학과
- 응용소재공학과
- 세라믹공학과
- 전자재료공학과
- 항공재료공학과
- 반도체공학과
- 응용화학공학과
- 화학공학과
- 나노화학공학과

전기공학기술자

전기공학기술자란?

최근 무선 충전 기술의 발달로 지하철이나 카페에 머무르면서 휴대폰이나 노트북 배터리를 자동으로 충전할 수 있게 되었다. 또한 도로 밑에 전선을 깔아 자기장을 만들어 전기 버스의 배터리를 충전하는 기술도 개발되었다. 이러한 무선 전력 전송 기술의 발전으로 인해 우주 태양 발전도 가능할 것으로 예상되며, 이 기술이 상용화될 것으로 예상되는 2030~2040년쯤에는 에너지 분야에서 대혁명이 일어날 것으로 전망된다. 현재의 첨단 무선 전력 전송 기술에 이르는 눈부신 발전이 있기까지는 전기공학기술자의 노력이 있었다.

전기공학은 전기, 전자, 전자기에 대한 연구와 응용 분야를 다루는 광범위한 공학 분야로, 초기에는 전기, 전자, 전자기 등에 관련된 모든 분야를 다루었으나 최근 기술 발달이 심화됨에 따라 전기공학, 전자공학, 통신공학, 제어계측공학 등으로 세분화되었다. 전기공학은 태양광 발전, 풍력 발전 등의 신재생에너지 분야, 로봇, 전기 자동차, 자기 부상 열차, 초전도에 의한 에너지 저장, 전력선 통신, 스마트 그리드, 전기 재료의 개발 등 다양한 분야와 관련되어 있다.

전기공학기술자는 고품질 전기를 만들어 내고, 수송과 소비에 필요한 각종 설비와 부품 등을 연구 개발하며, 각종 전기 설비 설계 및 시공, 감리, 유지 보수를 담당한다.

🔍 전기공학기술자가 하는 일은?

전기공학기술자는 전기 에너지를 만들고 사용하는 곳까지 전달하는 데 필요한 장치 등을 연구 개발하고, 설치·유지·보수하는 일을 한다. 크게 전기를 만들고 전달하는 분야, 전기와 관련된 부품과 기기를 개발·생산·설치하는 분야로 구분된다.

🔍 전기 장비나 시설, 부품, 가정용 전기 시스템, 철도 신호, 전기 설비 등을 계획·설계한다.

🔍 발전에서 송전, 변전, 배전까지 안정적이고 효율을 높일 수 있는 설비와 새로운 기술을 연구 개발한다.

🔍 발전소의 제어 시스템을 관리하고, 발전과 관련한 기술적인 업무를 수행한다.

🔍 발전소와 송전 및 변전 시설의 설치를 계획하고, 시공 및 관리·운영한다.

🔍 전기 공사 비용 견적을 위한 인력, 재료 및 장비 등에 대한 명세서를 작성한다.

🔍 각종 전력 시설물의 계획서, 설계 도면 등의 관련 서류를 작성한다.

🔍 전기 공사 과정에서 각종 전기 설비가 도면대로 시공되는지 관리·감독한다.

🔍 전기 공사 과정에 문제가 있으면 고치도록 지시한다.

🔍 전기 부품, 전기 기기에 필요한 전기 제어 시스템 등을 설계·개발·제조한다.

🔍 전기 부품, 전기 제품 등을 개발·설계하고, 검사·평가한다.

🔍 각종 전기 설비의 안전 검사를 하고, 사고가 발생하면 사고 조사와 사고 예방을 위한 대책을 수립한다.

🔍 전력 시스템 및 발전소에 관한 자료를 평가·분석하며, 운영 효율성에 대한 개선점을 권고한다.

🔍 전력 시스템 문제를 확인하고, 개선하기 위해 현장 조사를 수행한다.

적성과 흥미는?

전기공학기술자는 전기, 기계, 전자 회로, 에너지, 통신과 같은 분야에 흥미가 있어야 한다. 그리고 전기와 관련된 설비, 장비 등을 연구하고 새로운 시스템이나 기계를 개발하기 위해 논리적, 분석적 사고 능력이 필요하다. 컴퓨터와 전자공학에 흥미가 있어야 하며, 전기를 다루는 과정에서 안전사고가 발생할 수 있으므로 주의력과 판단력이 뛰어난 사람, 꼼꼼한 성격을 가진 사람에게 유리한 직업이다. 전기 분야는 여러 분야의 전문가들과 함께 협업을 많이 하기 때문에 원만한 대인관계 능력, 의사소통 능력, 리더십도 중요하다. 전기공학기술자는 항상 새로운 분야에 대한 도전의식과 새로운 것을 찾고자 하는 상상력과 창의력을 갖추는 것이 중요하고, 당면한 여러 문제를 포기하지 않고 끝까지 해결하고자 하는 근면함, 열정, 인내심이 필요하다. 전기 분야는 빠르게 발전하므로 호기심이 많고, 새로운 것을 잘 받아들이는 자세가 도움이 된다.

전기공학기술자가 되고자 한다면 인문학, 철학, 공학 등 다양한 분야의 독서활동을 통해 사고의 폭을 확장시키고, 의사결정 능력과 대인관계 증진을 위한 각종 프로그램에 적극 참여하는 것을 권장한다.

📢 관련 학과 및 자격증은?

전기공학과) (전기전자공학과) (전기정보공학과

전기전자컴퓨터공학과) (전기제어계측공학부

전기전자통신공학부) (전기컴퓨터공학과

제어계측공학과) (에너지전기공학과

전기시스템공학과) (메카트로닉스공학과

⚙ 전기기사 ⚙ 전기철도기사

⚙ 전기기능장 ⚙ 전기응용기술사

⚙ 전기기능사 ⚙ 전기철도기술사

⚙ 전기기기기능사 ⚙ 전기공사산업기사

⚙ 발송배전기술사 ⚙ 건축전기설비기술사

⚙ 전기산업기사 ⚙ 신재생에너지발전설비기능사

⚙ 전기안전기술사 ⚙ 신재생에너지발전설비기사

⚙ 전기공사기사 ⚙ 신재생에너지발전설비산업기사

⚙ 전기철도산업기사

📢 관련 교과는?

수학 과학 기술·가정 정보

📢 관련 직업은?

전기설계기술자) (발전설비기술자

전기안전관리자) (계장기술자) (전기감리기술자

송배전설비기술자) (변전설비기술자

전기안전기술자) (전기전자시험원

전기계측제어기술자) (전기제품개발기술자

진출 방법은?

전기공학기술자가 되기 위해서는 대학에서 전기공학 관련 학과는 물론 전자공학, 통신공학, 원자력공학 관련 학과를 졸업해도 된다. 업무 분야 중 전자, 통신, 원자력 관련 기술이 사용되기 때문이다. 전기공학기술자는 대학을 졸업하면 전력 회사, 발전소, 전기 기기 설비업체, 감리업체, 통신업체, 엔지니어링 업체, 종합 건설 회사, 기업체 부설 연구소, 국공립 전기 관련 연구소 등에 취업하여 전기 관련 업무를 한다.

일부 전기 공사는 일정 인원 이상의 자격증 소지자가 반드시 참여하도록 법으로 규정하고 있기 때문에 전기 설계·시공·감리업체에서는 전기공학 자격증 소지자에 한해 채용 공고를 내기도 한다. 따라서 관련 자격증 소지자가 유리하다. 기업 연구소, 국공립 전기 관련 연구소 등에서 연구 개발 업무를 하기 위해서는 석사 및 박사 과정에서 전문적인 지식을 배워야 한다.

미래 전망은?

친환경 전기 에너지, ICT 융합 제어 시스템, 지능형 전기 자동차, 자기 부상 전기 철도, 생체 신호 및 바이오 장비, 의료 및 실버 로봇, 인공지능, 첨단 자동화 플랜트 설계, 지능형 구조물 안전 진단 등 최근 전기공학의 학문 영역은 기존의 전기 에너지 공급, 신호 처리, 반도체 및 전기 재료 등에 머물지 않고, 끊임없이 관련 학문 영역과의 융합을 통해 새로운 영역을 만들고 있다. 전기공학 분야는 다양한 학문과의 융합을 통해 21세기 지식 정보화 사회를 발전시키는 데 핵심적인 역할을 수행하고 있다.

향후 전기공학기술자의 고용은 증가할 것으로 전망된다. 전기공학은 현대 국가의 안전, 행정, 산업, 경제 등에 필수적인 전기 에너지의 생산과 분배, 그리고 효율적 이용에 관한 에너지 저장 기술의 응용 기술에 사용되고 있다. 더 나아가 스마트 그리드 산업의 발전과 태양광·태양열·풍력·바이오 등을 이용하는 신재생에너지 설비의 보급 확대, 신재생에너지 개발과 응용, 전력 계통과 연계한 배터리 수요 증가, 저공해 환경 설비 개발, 전기 자동차를 포함한 지능형 첨단 수송 기기 개발 등과 관련해서도 주도적인 역할을 하고 있다.

CAREER MAP

준비방법

- 수학, 과학 교과 기본 지식 습득
- 과학, 공학 관련 동아리활동
- 과학 잡지 구독
- 전기 제품 관련 전시회 참여
- 발전소 견학
- 컴퓨터 관련 역량 강화

관련기관

- 대한전기협회
- 한국전기기술인협회
- 한국전기안전공사
- 한국전기연구원

전기공학기술자

관련교과

- 수학
- 과학
- 기술·가정
- 정보

관련직업

- 전기설계기술자
- 발전설비기술자
- 전기안전관리자
- 계장기술자
- 전기감리기술자
- 송배전설비기술자
- 변전설비기술자
- 전기계측제어기술자
- 전기안전기술자
- 전기제품개발기술자
- 전기전자시험원

적성과 흥미

- 수학, 과학, 정보 교과에 대한 흥미
- 호기심과 탐구심
- 기계에 대한 관심
- 대인관계 능력
- 의사소통 능력
- 리더십
- 분석적 사고 능력
- 주의력
- 판단력
- 도전의식
- 집중력
- 책임감

관련자격

- 전기기사
- 전기산업기사
- 전기기능사
- 전기기술사
- 전기공사기사
- 발송배전기술사
- 전기공사산업기사
- 전기응용기술사
- 전기안전기술사
- 건축전기설비기술사
- 신재생에너지발전설비산업기사
- 신재생에너지발전설비기사
- 전기철도기사
- 전기철도산업기사
- 전기철도기술사

관련학과

- 전기공학과
- 전기전자공학과
- 전기정보공학과
- 전기컴퓨터공학과
- 전기전자컴퓨터공학과
- 제어계측공학과
- 에너지전기공학과
- 전기시스템공학과
- 메카트로닉스공학과
- 전기전자통신공학부
- 전기제어계측공학부

전자공학기술자

전자공학기술자란?

일상생활에서 우리가 활용하고 있는 스마트폰, 컴퓨터, TV, 냉장고와 같은 전자제품은 물론 전기 자동차, 수소 자동차, 로봇 청소기, 사물인터넷, 인공지능 기술, 사이버 원격 수업 등 새롭게 개발된 전자제품과 전자 서비스는 우리 삶을 편리하게 해주고 있다.

전자공학은 전자의 흐름인 전기를 에너지로 사용하여 우리 생활과 밀접한 제품들을 연구하고 개발하는 학문이다. 1952년에 미국전기전자학회(IEEE)에서는 전자공학을 '정보를 처리하거나 정보를 필요로 하는 장소로 보내어 기기를 제어하거나 사람의 감각이나 두뇌를 보완해주는 과학 기술'이라고 정의하였다. 전자공학 기술은 반도체의 원리를 이용하는 소자와 그 소자를 이용한 회로를 주로 사용하는데, 초고속 컴퓨터, 로봇, 인공지능 기술, 사물인터넷, 정보통신기술, 우주 과학에 이르기까지 첨단 기술의 발전을 이끄는 모든 과학 기술의 핵심에 해당한다.

이와 같이 전자공학 기술을 활용하여 인간의 삶을 윤택하게 하는 데 필요한 다양한 전기 제품 및 서비스를 만들고 기능을 향상시키기 위해 연구하는 사람을 전자공학기술자라고 한다. 전자공학기술자는 사람들의 눈에 보이지 않는 세계에서 엄청난 일들을 수행한다.

🔍 전자공학기술자가 하는 일은?

전자공학기술자는 각종 전자 이론 및 다양한 지식을 활용하여 가전제품, 의료 기기, 컴퓨터, 반도체, 휴대폰 단말기, 사무 자동화 기기 등의 전자 시스템에 활용되는 각종 전자 회로와 전자 부품을 설계·개발하는 일을 한다.

- 🔍 전자제품을 설계하고 개발하기 위해 가장 먼저 소비자의 의견을 파악하는 시장 조사를 한다.
- 🔍 기존에 출시된 경쟁업체 제품과 세계적인 기술 흐름 등을 분석한다.
- 🔍 분석 결과를 토대로 새롭게 개발하고자 하는 제품의 디자인과 생산 가능성 등을 제품 디자이너와 협의하고, 사업의 성공 여부를 분석한다.
- 🔍 새로운 제품에 적합한 부품, 부속품, 회로 등을 설계한다.
- 🔍 설계도가 완성되면 시제품을 만들어 진동이나 충격을 견디는 내구성, 강도 등 성능을 확인한다.
- 🔍 시제품 성능 검사 후에는 생산 라인 구축에 대한 협의를 마친 후 본격적으로 제품을 제작한다.
- 🔍 대량 생산 과정에서 발생할 수 있는 문제점과 불량품 생산 여부를 검사한다.
- 🔍 제품 개발과 관련한 보고서를 작성하고, 신기술일 때에는 특허를 출원하기도 한다.
- 🔍 전자 기기가 생산되는 과정을 관리·감독한다.
- 🔍 전자 장비, 시스템 등을 유지·보수하는 활동을 지휘하거나 조언을 한다.

> **Tip 나노공학기술자에 대해 알아볼까요?**
>
> 인간의 머리카락 한 가닥의 지름은 약 70마이크로미터(μm)이다. 1나노미터(nm)는 마이크로미터보다 약 1/1,000 정도의 작은 단위로, 머리카락 굵기의 약 70,000분의 1 정도이다. 나노공학이란 눈에는 보이지 않는 세계를 연구하면서 구조물을 만들고, 미세한 조작을 통해 새로운 물질과 제품을 만드는 분야를 말한다. 나노공학은 전기, 전자, 바이오, 화학, 생명 등 학문적으로도 발전 가능성이 무궁무진하다.

적성과 흥미는?

전자공학기술자는 연구 개발 과정에서 분석하여 문제를 해결하는 경우가 많으므로 논리적 분석 능력, 문제해결 능력이 필요하다. 또한 전자 회로나 부품에 대해 관심을 갖고, 무엇인가를 만드는 것을 좋아해 제품을 분해하거나 조립하는 것을 즐겨하고, 기계를 다루는 경우가 많으므로 손재주도 있어야 한다. 새로운 제품을 개발하기 위한 창의적 사고력과 개발 과정에서 생기는 문제를 끝까지 해결하려는 열정과 인내심이 필요하며, 제품 개발 과정에서 여러 분야의 전문가와 함께 일을 하기 때문에 협업 능력, 의사소통 능력, 원만한 대인관계 능력을 갖추는 것도 필요하다. 새로운 전자공학 기술을 습득하기 위해서는 영어 자료를 참조해야 하는 경우가 많으므로 영어 실력도 매우 중요하다. 정밀한 작업을 주로 하기 때문에 꼼꼼한 성격과 스트레스를 잘 감내하는 성격의 사람에게 유리하다.

전자공학은 대부분이 과학 이론을 이해하고, 그것을 수학으로 풀어내어 적용하는 과정이기 때문에 공학과 관련이 깊은 수학, 물리학, 기술·가정 교과에 대한 관심과 기본적인 학업 역량을 갖추어야 한다. 또한 대학에서 주관하는 각종 창의공학 기술 캠프에 참여하여 공학적 지식을 기술에 적용해보는 활동을 권장한다.

관련 학과 및 자격증은?

전자공학과　전자전기공학과　융합전자공학부

전자통신공학과　전자정보통신공학과

전자제어공학과　전기전자제어공학과

전자컴퓨터공학과　전자재료공학과

전자로봇공학과　나노광전자학과

전기전자통신공학부　전기전자통신·컴퓨터공학부

컴퓨터전자시스템공학부　에너지전자융합전공

- 전자산업기사
- 전자기기기능사
- 광학기능사
- 임베디드기사
- 반도체설계기사
- 전자캐드기능사
- 의공산업기사
- 전자계산기제어기사
- 의료전자기능사
- 광학기기산업기사
- 전자기사
- 반도체설계산업기사
- 의공기사
- 전자계산기제어산업기사
- 광학기사

관련 직업은?

전자제품개발기술자　반도체공학기술자

나노공학기술자　전자계측제어기술자

전자의료기기개발 및 설계기술자　센서연구원

전자부품개발 및 설계기술자　정밀전자기기기술자

디스플레이연구원　반도체공정기술연구원

산업용전자기기 및 영상기기 개발기술자

가전제품개발 및 설계기술자　반도체소자연구원

정보통신단말기수리기술자

관련 교과는?

수학　과학　영어　기술·가정　정보

진출 방법은?

전자공학기술자가 되기 위해서는 전문대학이나 대학에서 전자공학을 전공하거나 전기공학과, 반도체공학과, 통신공학과 등 관련 학과를 졸업해야 한다. 대학을 졸업하면 보통 전자 제품을 만드는 가전제품 제조업체, 반도체 생산업체, 전자 의료기 생산업체, 사무 자동화 기기 생산업체, 자동차·항공기·선박 제조업체에 취업하여 전자 회로나 컴퓨터 프로그래밍 관련 부서에서 근무하게 된다.

전자공학 관련 연구소에서 연구원으로 근무하려면 석사 이상의 학위가 필요하다. 기업체의 연구소에 취업하게 되면 새로운 상품을 개발하거나 기존 제품보다 성능이 개선된 제품을 만들기 위한 연구 업무를 담당하게 된다. 일부는 실무에서 경험을 쌓은 뒤 벤처업체를 창업하기도 하고, 기술 컨설팅, 기술 영업과 같은 부서로 이동하거나 관련 산업 분야로 이직하기도 한다.

미래 전망은?

전자공학은 응용 범위가 넓은 융·복합 학문으로, 반도체, 통신, 제어, 컴퓨터, 로봇, 광학, 바이오 등으로 그 범위가 갈수록 확장되고 있다. 더욱이 4차 산업혁명 시대가 열리면서 전자공학 분야에 대한 관심도 증가하고 있다.

우리나라 10대 수출 주력 산업의 하나인 전자 산업은 선진국의 IT 경기 회복세에 힘입어 차세대 반도체에 대한 수요 급증, 스마트폰, 넷북, 태블릿 컴퓨터 등의 소비 수요의 증가세로 인해 관련 분야의 경기가 호조를 보일 것으로 전망된다. 이런 전망은 전자 산업 분야의 기존 설비의 교체 및 새로운 설비 투자의 증가 원인으로 작용하여 전자공학기술자의 고용 증가에 큰 영향을 미칠 것으로 예상된다.

특히 최근에 각광받고 있는 홈 네트워크, 차세대 PC, 지능형 서비스 로봇, 사물인터넷, 자율주행 자동차, 드론 등의 연구 개발에서도 전자공학 기술의 비중이 커지므로 전자공학기술자의 고용에 긍정적인 영향을 미칠 것으로 예상된다.

CAREER MAP

**준비
방법**

- 수학, 과학 교과 역량 강화
- 과학, 공학 관련 동아리활동
- 과학 잡지 구독
- 전자제품 관련 전시회 참여

**관련
기관**

- 한국전자통신연구원
- 한국전자정보통신산업진흥회
- 한국전자기술연구원
- 한국전자산업협회

**관련
자격**

- 전자기사
- 전자산업기사
- 전자계산기제어기사
- 광학기사
- 임베디드기사
- 반도체설계기사
- 의공기사

전자공학
기술자

**관련
교과**

- 수학
- 과학
- 영어
- 기술·가정
- 정보

**적성과
흥미**

- 기계에 대한 흥미
- 꼼꼼함
- 논리적 사고 능력
- 분석력
- 문제해결 능력
- 협업 능력
- 대인관계 능력
- 의사소통 능력
- 창의력

**관련
학과**

- 전자공학과
- 전자전기공학과
- 전자정보통신공학과
- 전자통신공학과
- 전자제어공학과
- 전기전자제어공학과
- 전자재료공학과

**관련
직업**

- 전자제품개발기술자
- 반도체공학기술자
- 나노공학기술자
- 전자계측제어기술자
- 전자의료기기 개발 및 설계기술자
- 전자부품 개발 및 설계기술자
- 반도체소자연구원
- 디스플레이연구원

공학계열
28

토목공학기술자

토목공학기술자란?

원시 인류는 생명과 안전을 지키기 위해 본능적으로 토목 기술을 사용하게 되었고, 나아가 운하와 육지의 길을 만들기 위해, 마차가 다닐 도로를 만들기 위해, 식수와 농사에 필요한 물을 얻기 위해, 통치자를 기념하기 위해 또는 전쟁에서 승리하기 위해서 토목 기술을 다양하게 활용하였다. 이집트의 피라미드, 중국의 만리장성, 로마의 도로와 상수도 시설 등은 토목 기술의 발전 정도를 보여주는 대표적인 예이다.

현대의 토목공학은 도로, 철도, 항만, 공항, 교량, 터널, 하천, 수자원, 댐, 관개, 배수, 상하수도, 지하철, 고속 전철, 원자력 발전소, 선박, 플랜트 등 사회 간접 자본 시설을 계획·설계·시공 및 유지·관리하는 데 필요한 학문이다. 사회 간접 자본은 사람들의 삶을 더욱 윤택하게 하고, 홍수, 가뭄, 지진, 태풍 등의 각종 자연재해로부터 사람의 생명과 재산을 보호하며, 일상생활에 편리함을 제공하기 때문에 이와 관련된 토목공학은 사회적으로 가장 기본이 되는 공학 기술이라 할 수 있다.

토목공학기술자는 생활 전 분야에 걸쳐 있는 사회 간접 자본 시설인 도로, 철도, 교량, 항만, 터널, 댐, 상하수도 등의 공사를 진행·관리하고 감독하는 사람이다. 수많은 도로, 교량, 항만 등의 건설 과정에는 토목공학기술자들의 땀과 열정이 스며 있다.

🔍 토목공학기술자가 하는 일은?

토목공학기술자는 인간의 삶을 더욱 편리하고 윤택하게 하는 기본 생활 시설인 도로, 철도, 교량, 항만, 터널, 댐, 상하수도 등의 공사 진행을 관리하고 감독하는 사람이다. 규모가 작은 공사에서는 한두 명의 토목공학기술자가 모든 업무를 담당하기도 하지만, 대규모의 공사에서는 건축, 지질, 전기, 기계, 환경 등 각 분야의 전문가가 참여하여 협업을 통해 공사를 진행한다.

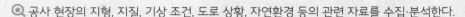
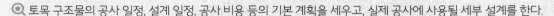

🔍 공사 현장의 지형, 지질, 기상 조건, 도로 상황, 자연환경 등의 관련 자료를 수집·분석한다.

🔍 토목 구조물의 공사 일정, 설계 일정, 공사 비용 등의 기본 계획을 세우고, 실제 공사에 사용될 세부 설계를 한다.

🔍 기계, 전기, 건축과 기타 설비의 규모, 기능, 하중 등을 파악하여 토목 구조물의 규모, 형태 등이 소관 설비의 사양에 적합한가를 검토·판단한다.

🔍 설계 도면이 완성되면, 시공 분야의 기술자가 설계도에 지정된 구조 방식으로 공사를 진행한다.

🔍 공정대로 공사가 진행되도록 종합공정표를 만들어 인원 및 장비 투입을 적절히 조정하며 공사를 진행한다.

🔍 기기의 하중, 풍압 등의 조건에 적합한 구조를 결정하며, 색채, 외형 등이 균형과 조화를 이루도록 관리한다.

🔍 시공 과정에서 공사의 방법을 바꾸거나 시공상에 나타난 품질 등의 문제점을 검토하여 해결한다.

🔍 측량, 조사 시험, 설계 등의 용역과 공사 시공에 따른 과업지시서, 시공품의 중간 검사, 설계 변경, 준공 검사 등과 시설 공사의 감리 업무 등 제반 행정 처리 업무를 수행한다.

🔍 조사 시험 기록의 통계 유지, 공사기록지, 건설지 등을 작성·유지하고, 제반 행정 서류 등 문서 이관 작업을 수행한다.

Tip 지리정보시스템에 대해 알아볼까요?

지리정보시스템은 지형 공간에 관한 정보를 컴퓨터에 저장하고, 이를 바탕으로 인간이 생활하는 공간과 관련된 계획 수립, 의사결정, 산업 활동을 효율적으로 지원할 수 있도록 만든 최첨단 정보 시스템이다. 지리정보시스템전문가는 각종 지리 정보를 체계적으로 수집하여 데이터베이스로 구축하고, 이를 관리하기 위해 시스템을 분석·설계하는 기술자이다. 측지, 측량, 수치 지도 제작 등의 데이터베이스 구축 관련 업체와 시스템 개발 전문 회사, 국책 연구 기관 등에서 근무한다.

적성과 흥미는?

토목 시공 현장에서는 기술적으로 해결해야 할 문제가 발생하면 단시간 내에 최선의 해결방안을 제시하여 현장에 적용해야 하므로 순발력과 추진력, 결단력이 필요하다. 다양한 사람들과의 원활한 협업을 위해 원만한 대인관계 능력, 의사소통 능력, 협동심, 자기통제 능력 등이 중요하며, 다른 사람들의 의견을 잘 듣고 조율할 수 있는 리더십과 책임감이 필수적이다. 토목 건설 현장의 작업 환경에 적응할 수 있는 인내심과 끈기도 요구된다. 토목공학기술자가 다루는 구조물은 인간 생활에 꼭 필요한 것들이기 때문에 관리 시스템을 효과적으로 분석할 수 있는 분석적 사고 능력도 중요하다.

토목공학기술자라는 직업에 관심이 있다면 수학, 과학, 물리학, 정보, 기술·가정 등 공학과 관련한 교과 지식을 습득하는 데 노력하고, 과학이나 공학 분야의 동아리활동을 하거나 인문학과 철학, 역사, 환경, 에너지, 4차 산업혁명, 교통 등 다양한 분야의 독서활동을 통해 폭넓은 지식을 습득하는 것이 중요하다.

💬 **관련 학과 및 자격증은?**

(토목공학과) (건축설비공학과) (도시공학과)
(건설공학과) (구조공학과) (농업토목공학과)
(해양토목공학과) (토목환경공학과) (지질공학과)
(철도토목학과) (산업토목학과) (토목도시환경과)
(지역환경토목공학과)

⚙ 토목기사   ⚙ 토목품질시험기술사
⚙ 토목시공기술사   ⚙ 토질 및 기초기술사
⚙ 토목구조기술사   ⚙ 도로 및 공항기술사
⚙ 철도기술사   ⚙ 농어업토목기술사
⚙ 건설기계기술사   ⚙ 측량 및 지형공간정보기술사

💬 **관련 교과는?**

(수학) (과학) (기술·가정) (정보)

💬 **관련 직업은?**

(교통안전연구원) (건설자재시험원) (조경기술자)
(토목구조설계기술자) (토목시공기술자)
(토목감리기술자) (토목안전환경기술자)
(지리정보기술자) (지리정보시스템전문가)
(도시계획 및 설계가) (사진측량 및 분석가)
(교통영향평가원) (건설견적원(적산원))
(지도제작기술자) (친환경건축컨설턴트)

⚙ 미래 전망은?

우리나라는 도로, 철도, 항만 등 사회 간접 자본 시설의 건설을 국가 주도 정책으로 추진해 왔고, 그 결과 급속하게 성장하였다. 다만 중동 지역 등에서 많이 진행되었던 해외 건설 및 플랜트 사업은 세계적으로 건설 경기가 하락함에 따라 위축되었고, 중국과의 경쟁 심화로 어려움을 겪고 있다. 그러나 국토 균형 발전을 위한 새로운 도로 건설이나 유지 보수, 신규 철도 및 도시 철도 건설, 기존 노후화된 철도에 대한 시설 개량, 소규모 공항 및 항공 교통 센터 건설 등에 대한 꾸준한 투자가 이루어질 것으로 전망되고, 신도시 개발이나 신규 택지 개발이 지속적으로 이루어질 것으로 전망되어 토목공학기술자의 고용에 긍정적인 요소로 작용할 것이다.

최근에는 우리나라에서도 지진 발생 횟수가 증가하고 있고, 지진으로 인해 피해를 입은 사례도 발생하고 있다. 따라서 지진에 대비한 건축물 구조 진단 및 보강 업무가 증가할 것으로 예상되어 토목공학기술자나 안전진단전문가에 대한 수요가 증가할 것으로 전망된다. 이 외에도 국토 환경 개선 및 관리 부문에 대한 정부의 투자 확대가 예상되고, 태양광, 풍력 등 신재생에너지에 대한 투자가 증가할 것으로 보인다.

진출 방법은?

토목공학기술자가 되기 위해서는 일반적으로 전문대학이나 대학에서 토목공학, 건설공학, 구조공학, 건설토목, 토목 설계, 해양토목공학, 지질공학 등 토목공학 관련 학과를 졸업하고, 공개채용이나 특별채용을 통해 건설 회사나 토목 엔지니어링 회사, 토목 공사 전문업체 등에 진출하는 것이 일반적이다. 소수이지만 특성화고등학교의 토목과를 졸업한 후 토목건설 현장에서 경력을 쌓고 토목공학기술자가 되는 경우도 있다.

정부의 중앙 부처나 지방자치단체의 기술직(토목직) 공무원이 될 수도 있으며, 연구소에 취업하기도 한다. 일부 기업에서는 토목공학 관련증을 우대하거나 필수적으로 요구하는 경우가 있어 관련 자격증을 취득하는 것이 취업에 유리하다. 토목공학기술자 중 일부는 회사에서 경력을 쌓은 후 토목 엔지니어링 회사를 창업하기도 한다.

CAREER MAP

- 토목기사
- 토목구조기술사
- 토목시공기술사
- 토질 및 기초기술사
- 토목품질시험기술사
- 도로 및 공항기술사
- 철도기술사
- 측량 및 지형공간정보 기술사
- 건설기계기술사

- 수학, 과학 교과 역량 강화
- 과학, 공학 관련 동아리활동
- 토목 관련 기업 및 학과 탐방
- 토목공학기술자 직업체험활동

- 토목구조설계기술자
- 토목시공기술자
- 토목감리기술자
- 토목안전환경기술자
- 지리정보기술자
- 지리정보시스템전문가
- 도시계획 및 설계가
- 건설자재시험원
- 친환경건축컨설턴트

준비 방법

관련 직업

관련 자격

토목공학 기술자

관련 교과

- 수학
- 과학
- 기술·가정
- 정보

적성과 흥미

관련 학과

관련 기관

- 수학, 과학 교과에 대한 흥미
- 순발력
- 추진력
- 대인관계 능력
- 의사소통 능력
- 인내심과 끈기
- 책임감
- 리더십
- 분석적 사고 능력
- 협동심

- 대한건설협회
- 대한전문건설협회
- 대한토목학회
- 한국지반환경공학회

- 토목공학과
- 도시공학과
- 건설공학과
- 구조공학과
- 농업토목공학과
- 철도토목학과
- 산업토목학과
- 토목도시환경과

항공교통관제사

항공교통관제사란?

우리나라의 항공기 관문인 인천국제공항은 하루 평균 18만 명 이상의 승객이 이용하고, 하루 최대 1,100편의 비행기가 출발과 도착을 할 정도로 규모가 큰 공항이다. 수많은 비행기가 사고 없이 안전하게 이륙과 착륙을 할 수 있는 것은 항공교통관제사들의 역할 덕분이다. 비행기는 특성상 한번 사고가 발생하면 대형 사고로 이어질 수 있기 때문에 운항 중에 위급한 상황이 발생하면 가장 먼저 찾게 되는 사람이 항공교통관제사이다.

인천국제공항의 관제탑은 높이 100.4m, 지상 22층, 지하 2층의 규모로, 인천공항에서 가장 높고 상징적인 건물이다. 이곳에서 관제 업무가 진행된다. 인천국제공항에 항공기가 착륙하기 위해서는 항공기조종사와 관제탑과의 지속적인 교신이 이루어져야 한다. 항공기조종사가 관제사에게 항공기의 착륙을 요청하면 관제사의 착륙 허가가 떨어진다. 관제사는 항공기가 어떤 활주로로 착륙할지를 결정해 지시를 내리고, 항공기조종사는 관제사의 지시에 따라 정해진 활주로로 착륙하게 된다. 항공기조종사와 관제사 사이 교신에는 초단파(VHF)와 극초단파(UHF)를 이용한 무선통신이 사용된다.

도로도 신호등도 없는 하늘에서 수많은 항공기가 안전하게 목적지까지 비행할 수 있는 것은 항공 교통의 흐름을 조절하고, 항공기조종사에게 공항의 활주로 상태, 기상 상태 등의 정보를 제공하여 항공기의 안전한 이륙과 착륙을 돕는 직업이 항공교통관제사이다.

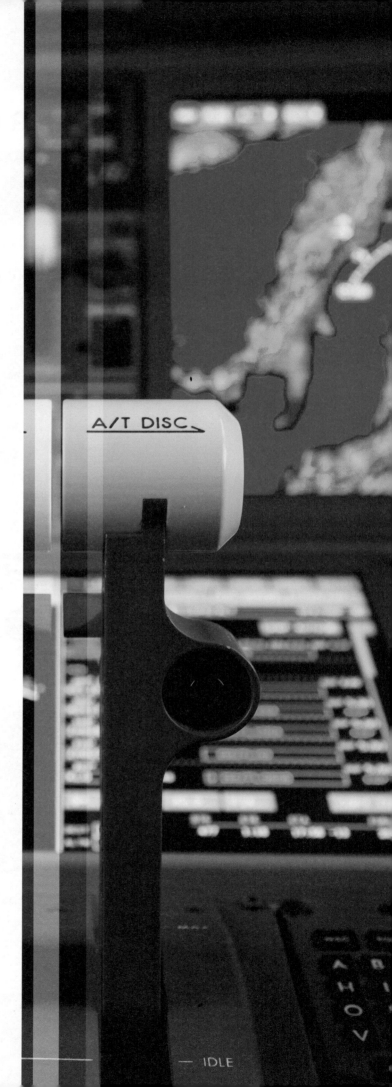

🔍 항공교통관제사가 하는 일은?

항공교통관제사는 항공 교통의 안전을 가장 중요하게 생각하여 비행기를 비롯한 항공 교통의 원활한 흐름을 유도하고, 항공기조종사들에게 활주로 상태, 기상 상태 등의 정보를 제공하여 항공기의 안전한 착륙과 이륙을 도와주는 업무를 수행한다.

- 🔍 빠른 속도로 날아다니는 비행기들 간의 충돌을 예방하기 위해 안전하게 길을 안내한다.
- 🔍 착륙한 항공기를 어느 곳에 세워둘지 결정한다.
- 🔍 항공기조종사에게 기상 변화에 따른 운항 경로, 속력 등의 정보를 제공한다.
- 🔍 항공기 기장으로부터 항공기의 이륙 및 착륙신고서를 받아 확인하고, 예정 시간을 점검한다.
- 🔍 이륙할 항공기를 적절한 활주로로 유도하고, 항공기조종사에게 목적 공항의 풍향, 풍속, 가시거리 등의 기상 상태를 알려준다.
- 🔍 각 항공기의 이륙과 착륙 순서와 배정 시간에 따라 활주로에 준비 중인 항공기의 이륙을 허가한다.
- 🔍 착륙할 항공기에 대해서는 항공기의 목적지, 소속 항공사, 연료의 잔량, 항공기의 상태 등을 수신하고, 착륙에 필요한 활주로, 착륙 순서, 예정 시간 등을 배정하여 착륙을 허가한다.
- 🔍 항공기 내 비상사태가 발생하거나 기상 악화로 착륙이 어려울 경우, 항공사의 요청에 의해 회항 등의 조치를 취한다.
- 🔍 운항 중인 항공기의 위치와 고도 등을 확인하고, 항공기 간의 비행 거리, 각종 항공 시설 등에 관한 정보를 파악하여 안전하고 신속하게 항공 교통을 통제한다.
- 🔍 비상 상황 발생 시 관련 기관에 연락을 취하고, 비상 착륙 방법 및 비상 활주로에 대해 안내한다.

Tip 해상교통관제사에 대해 알아볼까요?

해상교통관제사는 바닷길을 안내하여 배들이 질서있고 안전하게 운항하도록 안내하는 사람으로, 모두 해양수산부 소속의 공무원이다. 해상의 날씨, 기상 특보 등 운항에 도움이 되는 정보를 실시간으로 선박에 전달하며, 관제 업무 수행에 필요한 각종 문서를 작성·관리한다. 바다에 있는 모든 배에 대해 관제를 하는 것은 아니며, 레이더로 위치가 잡히고 무선통신이 가능한 300톤 이상의 내국선, 외국선, 예인선, 여객선을 대상으로 한다.

적성과 흥미는?

항공교통관제사는 하루에 수백 대의 비행기를 안전하게 이륙 및 착륙시키는 역할을 한다. 공항과 상공에서 발생하는 다양한 상황들을 신속하고 정확하게 파악하기 위해 순발력과 상황 파악 능력을 갖추어야 한다. 항공기와 다른 항공기 또는 전투기가 근접하는 위험한 상황에서, 관제사는 단 몇 초 안에 최적의 판단을 하여 위험한 상황을 해결해야 한다. 자칫 큰 인명 사고로 이어질 수 있기 때문에 냉철한 판단력과 침착한 태도는 관제사의 기본적인 자질이다. 항공의 발전이 미국에서 시작되었으므로 항공 용어의 표준은 영어이고, 기상 상태가 좋지 않거나 비상 상황이 발생했을 때 조종사는 필요한 것들을 영어로 관제사에게 요청한다. 또한 관제사는 협조를 위해 외국 관제 기관과 통화를 하는 경우도 있다. 따라서 능숙한 영어 회화 능력 또한 필수이다.

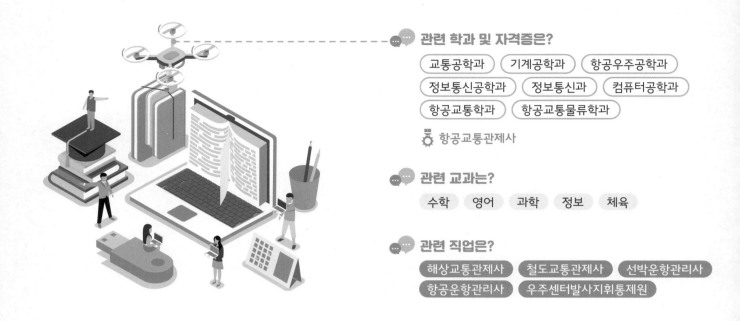

관련 학과 및 자격증은?

교통공학과 | 기계공학과 | 항공우주공학과
정보통신공학과 | 정보통신과 | 컴퓨터공학과
항공교통학과 | 항공교통물류학과

항공교통관제사

관련 교과는?

수학 | 영어 | 과학 | 정보 | 체육

관련 직업은?

해상교통관제사 | 철도교통관제사 | 선박운항관리사
항공운항관리사 | 우주센터발사지휘통제원

Tip 항공교통관제사 자격 면허에 대해 알아볼까요?

항공교통관제사가 되려면 교통안전공단에서 시행하는 항공교통관제사 자격증을 반드시 취득해야 한다. 21세 이상이면 응시 가능하고, 서류 전형, 영어 시험(객관식, 말하기), 면접시험을 거쳐 선발한다. 영어 시험은 TOEIC, TEPS, G-TELP 등 공인된 영어 능력 검정 시험과 유사한 형식의 일반 영어 시험(문법, 청문, 독해 등)으로 시행된다.

 진출 방법은?

항공교통관제사가 되기 위해 반드시 대학을 나올 필요는 없으나 항공교통관제사 자격을 취득해야 한다. 항공교통관제사 자격시험의 응시 자격을 얻는 첫 번째 방법은 국토교통부 지정 전문교육기관(한국공항공사, 항공기술훈련원, 공군 교육사령부 항공교통관제사전문교육원, 한국항공대학교 항공교통관제교육원, 한서대학교 항공교통관제교육원)에서 항공 교통 관제에 필요한 교육과정을 이수하는 것이다. 두 번째는 항공교통관제사 자격증이 있는 사람의 지휘 감독하에 9개월 이상의 관제 실무 경력이 있거나, 민간 항공에 사용되는 군의 관제 시설에서 9개월 이상 관제 업무 경력을 쌓는 것이다. 세 번째는 항공교통관제사 학과 시험 과목을 교육받고, 6개월 이상 관제 업무를 수행하는 것이다. 외국 정부가 발행한 항공교통관제사 자격을 소지한 경우도 응시 자격이 주어진다. 한국항공대학교의 항공교통학과나 전문대학 등의 항공 교통 관제 관련 학과를 졸업하면 취업에 유리하다. 우리나라에서 근무 중인 대다수의 항공교통관제사는 국토교통부 소속 공무원이다. 따라서 관제사로 일하려면 기술직(항공직) 공무원 특별 채용시험에 합격해야 한다.

 미래 전망은?

소득 수준이 높아짐에 따라 경제 규모의 확대 및 여가 활동의 증가로 해외여행객의 수가 증가하고 있으며, 국가 간 무역 거래가 활발해지면서 항공을 통한 무역량도 빠른 속도로 증가하고 있다. 이에 따라 각 나라마다 항공 수송 물량을 늘리기 위해 새로운 공항을 건설하고, 기존 공항 규모를 확대하는 등 항공 시설에 대한 투자를 늘리고 있다. 우리나라도 늘어나는 수요에 맞춰 인천공항에 있는 항공교통센터의 뒤를 이어 2017년에 대구 항공교통센터를 설립하였다. 또한 사전에 교통량을 예측하고 분산하여 교통 혼잡과 지연 운항을 예방할 수 있도록 항공 흐름 관리 시스템도 구축하였다.

이와 같은 항공 교통 관제 관련 기관들이 새롭게 만들어지면서 전문 인력에 대한 수요가 증가하고 있다. 또한 항공 사업체 설립, 개인 레저 항공 사업 추진 등 항공 산업에 대한 규제가 완화됨에 따라 항공 교통 관제 인력의 보강이 예상된다. 항공교통관제사는 공무원 신분이기 때문에 급격한 일자리 수요 증가로 연결될 가능성은 크지 않다. 또한 입직 경쟁도 치열한 편이다.

- 수학, 과학 교과 역량 강화
- 공학, 항공 관련 동아리활동
- 항공 관련 직업체험활동
- 항공 관련 학과 체험
- 영어 실력 향상
- 체력 관리를 위한 체육활동
- 다양한 분야의 독서활동

항공교통관제사

- 철도교통관제사
- 해상교통관제사
- 선박운항관리사
- 항공운항관리사
- 우주센터발사지휘통제원

**관련
자격**

**관련
직업**

**준비
방법**

항공교통
관제사

**관련
교과**

- 수학
- 영어
- 과학
- 정보
- 체육

**적성과
흥미**

**관련
학과**

**관련
기관**

- 순발력
- 판단력
- 책임감과 성실성
- 영어 실력
- 집중력
- 멀티태스킹 능력
- 강인한 체력
- 스트레스 감내력
- 자기통제 능력
- 협동심

- 교통안전공단
- 국토교통부 항공정책실
- 서울지방항공청

- 교통공학과
- 기계공학과
- 정보통신공학과
- 정보통신과
- 컴퓨터공학과
- 항공교통학과
- 항공교통물류학과
- 항공우주공학과

공학계열
30

항공우주
공학기술자

항공우주공학기술자란?

'2024년 화성으로 가는 유인 우주선을 발사해 2025년에는 인류를 화성에 착륙시키겠다.' 미국의 한 민간 우주 항공기 개발사의 최고 경영자인 일론 머스크가 발표한 내용이다. 일론 머스크는 더 나아가 2030년에 화성에 유인 우주선을 보내 자립 도시를 구축하겠다고 발표하였다.

공상 과학 영화에서나 가능한 일들이 현실화되는 그 기술의 중심에는 항공우주공학 기술이 있다. 항공우주공학은 항공기의 개발, 제작, 운용에 관한 종합적인 학문으로 넓게는 항공의학, 기상학까지 포함한다. 초기에는 기계, 물리 등의 종합 학문으로 출발했으나 현재는 항공, 기계, 전자, 재료, IT, 광학 등 다양한 첨단 산업도 함께 융합하여 발전하고 있다. 항공우주공학 기술은 오늘날 인공위성, 우주선, 우주 정거장, 로켓 엔진 등 최첨단 비행체를 만듦으로써 발전 속도가 빨라지고 있다. 항공우주공학기술의 발전은 국가적으로 중요하며, 많은 사람의 협력이 필요한 분야이다.

항공우주공학기술자는 항공공학 및 우주공학과 관련된 최첨단의 다양한 비행체를 설계하고 만드는 일을 하는 사람이다. 항공공학기술자는 우리가 상상만 했던 일을 현실로 만들어줄 수 있는 매력적인 직업이다.

🔍 항공우주공학기술자가 하는 일은?

항공우주공학기술자가 하는 일은 비행기, 드론, 우주선, 위성 등의 연구는 물론이고, 더 나아가 자동차의 자동 제어 연구, 여러 개의 비행 물체가 합동 미션을 할 때 설계 및 제어 연구, 기체를 손상시키지 않고 비행기를 검사하는 비파괴 검사 연구, 극초음속으로 비행기가 날 때의 연소 및 제어 연구, 비행기 구조에 대한 연구 등으로 매우 다양하다.

- 🔍 여객기, 전투기, 헬리콥터, 미사일, 로켓, 우주선, 무인 항공기 등 각종 비행 물체를 공학적인 원리와 기술을 적용하여 연구 개발한다.
- 🔍 항공기의 본체나 시스템 및 전자 설비를 설계하고, 새로운 항공공학 기술을 개발한다.
- 🔍 비행기의 착륙, 구동, 유압, 조종 등과 관련된 장치를 설계한다.
- 🔍 항공기 기체 구성품(날개, 동체, 착륙 장치, 조종 시스템 등)의 설계 개발에 참여한다.
- 🔍 비행 시험에 관한 프로그램의 분석, 소음 및 진동 해석, 열역학적 해석을 하고, 추진 시스템을 전문적으로 개발한다.
- 🔍 항공사에서 장비의 구입, 보수, 운용에 관한 기술적 업무를 수행한다.
- 🔍 다목적 인공위성, 로켓 개발과 같은 프로젝트에 참여하여 기체나 시스템 및 각종 장비를 연구·설계한다.
- 🔍 항공기의 제조 공정을 감독하며, 실험 연구를 통해 새로운 항공공학 기술을 개발한다.

적성과 흥미는?

항공우주공학자가 되기 위해서는 수학과 물리학 분야에 대한 능력을 갖추는 것이 중요하다. 항공우주공학기술자는 첨단과학과 관련된 분야의 업무를 수행하기 때문에 새로운 것에 대한 호기심과 상상력이 풍부한 사람이 적합하다. 연구과정에서 다양한 분야의 전문가들과 협업하여 작업하기 때문에 의사소통 능력과 협업 능력, 원만한 대인관계 능력, 리더십, 책임감을 필요로 한다. 항공우주공학 기술은 미국을 중심으로 발전해 왔기 때문에 항공기의 기준이 되는 규격서나 문서 등이 모두 영어로 되어 있다. 유창한 영어 실력을 갖추지 못한다면 항공우주공학 분야의 다양한 정보와 관련 기술의 변화를 따라가지 못할 뿐 아니라 항공공학 관련 자격증도 취득하기가 어렵다. 항공우주 산업을 포함한 항공기에 관한 기술은 계속 발전하므로 새로운 기술 습득에 대한 적극적인 자세와 창의력, 문제해결을 위한 논리적 사고, 분석력, 정확한 판단력도 요구된다.

항공우주공학기술자에 관심이 있다면 수학, 물리학, 화학 과목에 관심을 두고, 관련 교과지식을 습득하기 위해 노력해야 한다. 우주 및 로켓과 관련된 교양서적을 틈틈이 읽는 것도 좋다. 모형 비행기나 드론을 조립한 다음 비행을 조정하는 활동을 하는 것도 추천한다.

관련 학과 및 자격증은?

우주과학과　　항공우주기계공학부　　물리학과

항공우주시스템공학과　　기계공학과

항공우주정보시스템공학과　　항공우주공학과

- ⚙ 항공기관기술사　　⚙ 항공기체기술사
- ⚙ 항공정비기능장　　⚙ 항공기사
- ⚙ 항공교통관제사　　⚙ 일반기계기사
- ⚙ 항공기관사

관련 교과는?

수학　　과학　　기술·가정　　정보

관련 직업은?

우주비행사　　항공교통관제사

인공위성개발원　　인공위성관제원

항공기관기술사　　위성통신설비연구원

인공위성발사체기술연구원　　항공안전관리원

우주센터발사지휘통제원　　우주전파예보관

인공위성분석원　　항공기계부품검사원

Tip 미래에 등장할 우주 관련 직업에 대해 알아볼까요?

- 우주분석가 : 미생물과 방사능 등 우주의 위험 요소를 사전에 파악하고 대처한다.
- 우주정거장정비공 : 우주 정거장을 정비한다.
- 우주도선사 : 우주선 도킹(우주선과 정거장을 연결)을 담당한다.
- 화물우주선조종사 : 우주선이나 로켓에 화물을 실어서 전달한다.
- 우주복디자이너 : 우주에서 활동할 때 필요한 우주복을 디자인한다.
- 우주인트레이너 : 우주인을 꿈꾸는 사람들을 가르친다.
- 우주관리인(우주청소부) : 우주에 떠돌아다니는 쓰레기를 제거한다.
- SCV(자원채굴로봇)조종사 : 우주에서 자원을 채굴하는 로봇을 조종한다.

진출 방법은?

항공우주공학기술자가 되기 위해서는 대학에서 항공우주공학과, 항공우주시스템공학과 등에 진학하면 유리하다. 항공우주공학 관련 학과에서는 비행역학, 유체역학, 항공우주구조역학, 항공우주시스템설계, 항공우주학 등 항공우주공학기술자에게 반드시 필요한 교육을 체계적으로 배울 수 있다. 항공우주공학기술자는 보통 박사 학위 과정을 마친 후 한국항공우주연구원, 한국항공우주산업주식회사, 한국기계연구원, 한국과학기술연구원 등의 연구 개발직으로 진출하거나 항공기 제작 회사, 헬리콥터 개발업체, 전자부품업체 등의 일반 기업이나 관련 대학의 연구직으로 진출할 수 있다.

항공우주공학기술자는 대부분 연구 및 개발 업무를 주로 담당하기 때문에 대학원에 진학해서 석사 학위 이상의 학력을 갖는 것이 좋으며, 항공우주공학 분야의 자격증을 취득하면 취업에 유리하다.

미래 전망은?

최근 상황은 민간 기업 주도하에 우주 개발이 이루어지고 있다. 이것은 우주 개발 상업화 시대가 본격적으로 시작되었다는 것을 의미한다. 미국, 유럽, 일본, 중국 등 항공우주 분야에서 앞선 기술을 보유하고 있는 국가에서는 여러 벤처 기업이 나서서 항공우주 산업에 뛰어들고 있어 앞으로 관련 시장의 규모는 더욱 확대될 것으로 보인다.

우리나라의 우주항공기술 및 산업은 개발 초기 단계라고 할 수 있다. 우리나라는 첫 우주 발사체인 나로호 발사, 한국형 헬기 사업과 스마트 무인기 사업, 중형 항공기 사업, 다목적 실용 위성 개발, 달 탐사 프로젝트 등과 같은 대규모의 개발 계획을 진행함으로써 일류 항공우주 산업 국가로서의 성장을 준비하고 있다. 항공우주 개발기술은 각종 신기술의 개발을 가능하게 하는 첨단 산업이다. 항공우주 개발과정을 통해 발전한 기술로는 방송통신, 위성 항법 시스템, 일기예보, 지구 자원 관측 등이 있다. 인공위성이나 우주선 등은 항공, 기계, 전자, 재료, IT, 광학 등 다양한 분야의 첨단산업이 융합되어야만 만들 수 있기 때문에 항공우주공학기술자의 성장 가능성도 높을 것으로 예상된다. 항공우주 관련 산업의 분야가 다양해지면서 현재는 존재하지 않지만 미래에는 이색적인 직업이 속속 등장할 것으로 보인다.

CAREER MAP

준비방법

- 수학, 과학 교과 역량 강화
- 과학, 공학 관련 동아리활동
- 항공우주공학 관련 기업 및 학과 탐방
- 항공우주공학기술자 직업체험활동

관련직업

- 인공위성개발원
- 인공위성관제원
- 위성통신설비연구원
- 우주비행사
- 인공위성발사체기술연구원
- 우주센터발사지휘통제원
- 우주전파예보관
- 인공위성분석원
- 항공기계부품검사원
- 항공안전관리원
- 항공교통관제사
- 항공기관기술사

관련학과

- 우주과학과
- 항공우주공학과
- 항공우주기계공학부
- 항공우주시스템공학과
- 항공우주정보시스템공학과
- 기계공학과
- 물리학과

항공우주 공학 기술자

관련교과

- 수학
- 과학
- 기술·가정
- 정보

적성과 흥미

- 수학, 과학 교과에 대한 흥미
- 호기심과 상상력
- 대인관계 능력
- 의사소통 능력
- 인내심과 끈기
- 책임감
- 리더십
- 창의력
- 영어 실력
- 판단력

관련기관

- 한국항공우주연구원
- 한국우주연구정보센터
- 한국항공우주학회
- 한국항공우주산업진흥협회

관련자격

- 항공기관기술사
- 항공기체기술사
- 항공정비기능장
- 항공기사
- 항공교통관제사
- 일반기계기사
- 항공기관사

해양공학기술자

해양공학기술자란?

　해양은 인간이 살아가는 데 있어 필수적인 식량, 자원, 에너지 등을 해결하기 위해 남겨진 마지막 장소이며, 미래 인류 생활의 중심지가 될 것으로 예상된다. 그러나 지금의 해양은 각종 폐기물의 유입으로 많은 문제점을 안고 있다. 따라서 미래 자원의 중요한 역할을 담당할 해양의 효율적인 개발과 환경오염 방지 방안에 대해 관심을 기울여야 한다. 더욱이 삼면이 바다인 우리나라는 해양에 대한 연구 개발이 시급한 실정이다.

　해양공학은 해양 개발 및 보호에 필요한 해양물리학, 해양생물학, 해양지구물리학, 해양수산학, 해양토목공학 등의 학문을 종합적으로 다루는 학문이다. 따라서 해양공학은 해양의 이용이나 개발 분야뿐만 아니라 지구의 환경 문제와 관련하여 해양 환경과 해양의 보전 방향과도 연관되어 있다. 한마디로 해양공학은 해양 개발을 위해 해저 지형 및 지질의 특성, 해양 에너지, 해양 광물, 해양 공간 등의 학문을 연구하고, 한편으로는 해양 보존을 위해서 오염의 종류와 원인 등에 대해 연구하는 학문이다.

　해양공학기술자는 다양한 엔지니어링 공법을 이용하여 해양과 해안의 바닷물을 움직일 수 있는 시스템을 개발하고 사용하며, 건설과 시설 관리 프로젝트로 항구, 항만, 제방, 해양 굴착 준설기와 구조 작업, 수중 건설, 해양 환경 관리 등의 업무를 수행하는 직업이다.

🔍 해양공학기술자가 하는 일은?

해양공학기술자는 해양 과학 기술이나 해양 정책에 관한 연구를 수행하고 개발하는 일을 한다.

🔍 항만 개발, 임해 공업 단지 조성 등을 위한 자료를 조사·분석한다.

🔍 각종 해양 관련 개발을 위한 해양 환경 현황을 조사·관측·평가·계획한다.

🔍 각종 관측과 기상 관측을 통해 환경영향평가 및 위치적 타당성을 검토한다.

🔍 해양 구조물의 안정을 위한 합리적인 설계 및 도면 작성, 재료 선택, 시공 및 시공에 따른 오염물의 확산, 해안 건설 공사로 인한 생태계의 영향 등을 분석한다.

🔍 적조 원인과 확산 경로, 연안에서의 해류 이동을 분석하여 방제 기술과 조기 탐지 기술을 개발한다.

🔍 해양환경도를 작성하고, 해상의 기상 상황을 관측하기 위해 해역에 띄운 인공위성으로 추적하여 해류도를 제작한다.

🔍 연안에서의 해류 이동 및 에너지 연구 등을 통해 방제 기술을 개발하고, 조기 탐지 기술을 연구한다.

🔍 해양 환경의 기초 자료를 제공하며, 해양 관측 시스템 개발, 심해저 광물 자원 탐사를 수행한다.

🔍 선박 및 해사 관련 정보 시스템과 해양 관측 시스템을 개발한다.

🔍 항만 물류 시스템의 구축에 관한 연구 개발 업무를 수행한다.

Tip 해양과학기술자에 대해 알아볼까요?

다양한 자연과학 지식을 바다에 적용해 바다의 여러 가지 현상을 조사·연구한다. 대학교에서 물리학, 화학, 생물학, 지질학, 해양학 등 자연과학을 전공하고, 대학원 석사 과정에서 좀 더 세분화된 해양학을 공부하는 경우가 많다. 물리해양학, 화학해양학, 생물해양학, 지질해양학 등의 전공 분야가 있다.

적성과 흥미는?

해양공학기술자는 해양 환경 보전 및 해양 자원 개발에 대한 지식 습득과 해저 자원을 채취하고, 탐사 작업을 하기 위한 분석적 사고 능력이 중요하다. 지속적으로 해양공학 분야에 대한 연구 개발이 필요하기 때문에 직업의식과 책임감, 사명감이 요구되고, 다른 학문을 받아들이는 유연성과 열린 자세가 요구된다. 해양 환경에 대한 폭넓은 지식과 이해, 해양 구조물에 대한 관심과 흥미, 환경 문제에 대한 관심, 각종 설비를 기술적으로 다루는 능력, 수리 능력, 도면을 정확히 볼 수 있는 공간 지각 능력 등이 필요하다. 새로운 해양 에너지를 연구하고 개발할 수 있는 창의력과 분석적 사고 능력, 새로운 에너지를 개발하려는 탐구 자세도 요구된다. 최근 해양공학 업무에 컴퓨터를 많이 활용하기 때문에 컴퓨터 활용 능력도 갖추어야 한다.

해양공학기술자에 관심이 많다면 수학, 물리학, 화학, 지구과학, 정보 등의 교과 지식을 습득하기 위해 노력해야 하고, 해양, 환경, 컴퓨터, 4차 산업혁명, 미래학 등 다양한 분야의 지식을 독서활동을 통해 습득하는 것을 권장한다. 체력을 기르기 위해 꾸준하게 운동을 하는 것도 중요하다.

💬 관련 학과 및 자격증은?

해양공학과	조선해양공학과	선박해양공학과
환경공학과	산업공학과	산업시스템공학과
자동화공학과	테크노경영공학과	산업정보학과
안전공학과	해양토목학과	해양산업공학과
해양환경학과	해양건설공학과	해양학과
해양컴퓨터공학과	해양정보통신공학과	
해양융합공학과	해양바이오시스템공학과	
조선해양플랜트공학과		

- ⚙ 해양기술사
- ⚙ 해양자원개발기사
- ⚙ 해양조사산업기사
- ⚙ 항만 및 해안기술사
- ⚙ 측량 및 지형공간정보기사
- ⚙ 해양공학기사
- ⚙ 해양환경기사
- ⚙ 해양생산관리기사
- ⚙ 수자원개발기술사
- ⚙ 수질환경기사

💬 관련 교과는?

수학 　 과학 　 기술·가정 　 정보

💬 관련 직업은?

해양환경기술자	해양공학연구자	해양수산기술자
해양과학연구원	해양지질연구원	조선공학기술자
해양물리연구원	해양생물연구원	해양화학연구원
환경 및 해양과학연구원	플랜트기계공학기술자	
해수담수화공정기술연구원	해양설비기본설계사	
수질환경기술자	폐기물처리기술자	
항만설계기술자	해양 관련 사업체관리자	

진출 방법은?

　해양공학기술자가 되기 위해서는 전문대학 및 대학교의 해양공학과, 조선해양공학과, 선박해양공학과, 환경공학과, 해양산업공학과, 해양환경학과, 산업시스템공학과, 테크노경영공학과, 안전공학과 등에서 관련 학문을 배우는 것이 유리하다. 해양공학 분야는 수산, 생물, 토목, 지질 등 다양한 분야가 융합되어 있기 때문에 수산 관련 학과와 생물학, 화학, 물리학, 지질학 등 순수 과학 전공자들도 진출하고 있다.

　국립연구기관은 채용 시 해양공학 관련 전공의 석사 이상의 학위를 요구하기도 한다. 산업체의 경우는 학위보다도 해양 관련 기술, 기술사 등의 자격증 소지자를 우선 채용한다. 자격증을 취득하게 되면 공무원 시험에서도 가산점을 받을 수 있고, 아예 자격증 소지자로 공무원 시험 응시 자격을 제한하기도 한다.

　해양공학기술자는 보통 공개채용으로 입사하는 경우가 대부분이며, 경력자인 경우에는 수시 모집을 통해 채용한다. 일반 기업으로는 해양 및 자원 개발업체, 해저 석유 개발업체, 해양 구조물 설계 및 제작 회사, 항만 장비 개발 회사, 해양 환경 관련 업체 등으로 진출할 수 있다. 정부출연기관 및 연구기관으로는 한국해양연구원, 국립해양조사원, 국립수산과학원, 한국해양수산개발원, 국립수산물품질검사원 등으로 진출할 수 있다.

미래 전망은?

　동아시아 지역이 중요한 경제 지역으로 부상함에 따라 정부에서도 해운 및 항만 산업의 선진화와 해양 문화 관광 육성을 위해 지속적으로 투자할 것으로 예상된다. 각종 항만 시설을 확충하고, 컨테이너 처리 시설을 확대해 빠른 물류 처리를 가능하게 하며, 친환경 레저 도시형 고부가 가치 항만 개발을 위해 계획을 수립하고 추진할 예정이다. 해양공학 기술은 국가 성장 동력으로써 중요한 역할을 할 것으로 전망된다. 해양 바이오디젤, 풍력, 파력 등 대체 에너지 개발을 비롯하여 해양 자원 개발을 위한 각종 구조물 건설, 이를 위한 해양 환경영향평가 등에서도 해양공학기술자의 전망을 밝게 하고 있다.

CAREER MAP

- 수학, 과학, 정보 교과 역량 강화
- 공학, 과학, 컴퓨터 관련 동아리활동
- 해양 관련 기관 탐방
- 해양공학 관련 학과 탐방
- 해양공학기술자 직업체험활동
- 공학, 해양, 환경, 인공지능, 4차 산업
  혁명 등 다양한 분야의 독서활동
- 체력 증진을 위한 체육활동

- 수학
- 과학
- 기술·가정
- 정보

- 분석적 사고 능력
- 책임감
- 사명감
- 해양 환경에 대한 이해
- 해양 구조물에 대한 관심
- 호기심과 도전정신
- 공학 전반에 대한 폭넓은
  이해
- 수리 능력
- 공간 지각 능력
- 창의력
- 대인관계 능력
- 의사결정 능력
- 협업 능력
- 컴퓨터 활용 능력
- 리더십
- 도덕성
- 글로벌 감각

**준비
방법**

**관련
교과**

- 해양공학기사
- 해양기술사
- 해양자원개발기사
- 해양환경기사
- 해양조사산업기사
- 해양생산관리기사
- 항만 및 해안기술사
- 수자원개발기술사
- 측량 및 지형공간
  정보기사
- 수질환경기사

**관련
자격**

해양공학
기술자

**적성과
흥미**

**관련
기관**

**관련
학과**

**관련
직업**

- 한국해양과학기술원
- 해양산업개발연구소
- 국립해양조사원
- 국립수산진흥원

- 해양과학연구원
- 해양지질연구원
- 해양물리연구원
- 해양생물연구원
- 해양화학연구원
- 수질환경기술자
- 폐기물처리기술자
- 항만설계기술자
- 해양설비기본설계사

- 해양환경기술자
- 해양공학연구자
- 환경 및 해양과학연구원
- 플랜트기계공학기술자
- 조선공학기술자
- 해양수산기술자
- 해수담수화공정기술연구원
- 해양 관련 사업체관리자

- 해양공학과
- 조선해양공학과
- 선박해양공학과
- 해양토목학과
- 해양산업공학과
- 해양환경학과
- 해양건설공학과
- 해양컴퓨터공학과
- 해양정보통신공학과
- 해양융합공학과
- 해양바이오시스템공학과
- 조선해양플랜트공학과
- 해양학과

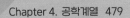

환경공학기술자

환경공학기술자란?

최근 들어 기후변화는 전 세계적으로 가장 중요한 이슈 중 하나이다. 기후변화 문제는 특정 지역에서만 나타나는 것이 아니고 전 세계적으로 발생하며 결국 인간의 삶까지 위협하는 결과를 초래한다는 점에서 심각성이 크다. 이러한 기후변화의 문제해결과 관련된 학문이 환경공학이다. 환경공학은 인간과 다른 생명체의 거주를 위해 건강한 수자원, 공기, 땅을 공급하며, 오염된 지역을 정화하는 등 과학과 공학의 원리들을 통합하여 주변 자연환경을 개선하는 학문이다. 또한 인간과 동물 활동으로부터 발생하는 폐기물 관리, 에너지 자원의 보호 및 공급 자산 관리에 관한 이슈들을 다루는 응용과학 기술의 한 분야이다. 환경공학이 다루는 분야는 인간이 사는 환경과 자연환경 전 분야로 수질오염, 대기오염, 토질오염, 화학폐기물, 진동(소음), 신재생에너지 등 6가지로 나뉜다.

환경공학기술자는 환경보전을 위해 기술적 발전이 환경에 미치는 영향을 연구하고, 폐기물에 의한 피해를 평가하기 위해 유해 폐기물에 관한 연구를 진행한다. 뿐만 아니라 그것들의 처리와 방지에 대한 자문을 수행하며, 실수를 방지하기 위한 법률을 제정하고 발전시키려고 노력하는 일을 맡는다.

🔍 환경공학기술자가 하는 일은?

환경공학기술자는 화학이나 생물학적 원리와 공학적 방법을 활용해 환경오염의 측정, 처리 및 개선을 위한 방법을 연구하고 환경공학 기술을 이용해 삶의 터전을 보존하고 치료하는 기술을 개발한다.

- 🔍 각종 환경오염 문제를 확인하고 연구 개발을 통해 방지 대책을 세우며, 공해 방지 설비를 설계 및 제작하고 환경개선 방안을 수립한다.
- 🔍 깨끗한 환경을 만드는 데 필요한 다양한 기술들을 개발하고, 환경오염을 예방하고 제어할 수 있는 처리시설을 설계한다.
- 🔍 환경오염으로 인해 발생한 폐기물이나 여러 오염물질들을 깨끗하게 만들기 위한 공정의 설계 및 시공, 운전 등에 관여한다.
- 🔍 오수와 폐수를 처리하는 시설을 진단 점검하고, 기존의 시설들이 효율적으로 사용될 수 있도록 계획을 수립한다.
- 🔍 도시 고형 폐기물 처리에 관한 연구를 진행하고, 폐기물을 매립할 곳을 설계하며 매립장의 안전진단 및 안전대책을 수립한다.
- 🔍 각종 개발이 자연환경에 어느 정도 영향을 미치는지 평가하고, 오염방지 대책 및 환경보전정책을 중심으로 사전 평가한다.

> **Tip 노동환경공학에 대해 알아볼까요?**
>
> 노동환경공학은 인간의 신체적 및 정신적인 측면에 이롭도록 직장의 물질적인 환경을 긍정적으로 조성하기 위한 공학적 노력이다. 이것은 단지 노동환경을 개선한다는 의미뿐만 아니라 인간공학 중에서 중요한 인자들 간의 상관관계를 고려하는 것까지도 포함된다.

적성과 흥미는?

환경공학기술자는 환경 문제를 해결하고 자연환경을 보전하여 사회에 이바지한다는 소명의식을 갖는 것이 중요하다. 환경 문제에 대한 원인을 찾아내고, 이를 창의적으로 해결하기 위해서는 환경에 대한 흥미와 관심이 필요하다. 업무상 통계 및 수학 계산을 신속·정확하게 수행해야 하므로 수리 능력이 필요하고, 연구 직종의 경우 지속적이고 반복적인 실험을 하게 되므로 분석적 사고와 인내심도 갖추어야 한다. 분석력과 혁신적 자세, 업무를 추진할 수 있는 리더십이 필요하고, 통계적 수치로 오염 정도를 분석하는 경우가 많아 신속 정확하고 꼼꼼한 사람에게 유리하다.

환경공학기술자를 희망한다면 수학, 과학 등의 교과에 흥미와 자신이 있으면 좋다. 환경과 생명 현상에 대한 호기심을 가질 수 있도록 환경, 자연과학, 수리탐구, 발명 등의 동아리활동에 참여하는 것과 환경 관련 다양한 독서활동을 추천한다.

관련 학과 및 자격증은?

해양환경공학과   화학공학과   바이오환경공학과
생태공학과   안전환경시스템공학과   공업화학과
사회환경시스템공학과   산림환경공학과
건설환경공학과   공간환경시스템공학과
환경공학과   환경안전공학과
환경융합시스템학과

⚙ 광해방지기술사   ⚙ 광해방지기사
⚙ 대기환경산업기사   ⚙ 대기환경기사
⚙ 수질환경산업기사   ⚙ 수질환경기사
⚙ 온실가스관리기사   ⚙ 자연생태복원기사
⚙ 자연환경관리기술사   ⚙ 토양환경기술사
⚙ 해양환경기사   ⚙ 환경기능사
⚙ 환경기술지도사

관련 교과는?

수학   과학   기술·가정   정보   환경

관련 직업은?

환경컨설턴트   소음진동기술자   수질환경기술자
대기환경기술자   상하수도엔지니어   환경교사
토양환경기술자   폐기물처리엔지니어
환경 관련 사업체관리자   환경경영전문가
환경영향평가기술자

미래 전망은?

최근 국민들의 소득수준이 높아지면서 삶의 질이 중요한 요소로 자리 잡았고 깨끗한 환경 속에서 살고 싶어 하는 욕구도 높아졌다. 또한 전 세계적으로 대기 중 온실가스 농도가 더 이상 증가하지 않도록 순배출량이 0이 되도록 하는 탄소중립이 화두가 되고 있다. 인간 활동에 의한 온실가스 배출량이 전 지구적 온실가스 흡수량과 균형을 이룰 수 있도록 전 세계가 동참하면서 환경 문제는 전 세계가 풀어야 할 과제가 되었다. 또한 미세먼지, 폐기물 등의 증가로 환경에 대한 국민들의 관심이 증가하고 환경 분야에 대한 국가적인 환경 보호 정책 및 규제가 강화되고 있다는 점도 환경공학기술자의 미래 전망성을 높이고 있다. 그러나 환경시험 설비 및 장비 등이 자동화되고 디지털화되는 점은 다소 부정적 요소로 작용할 수 있다. 환경공학기술자는 다른 직업과 비교했을 때 임금과 복리후생이 높은 편이고, 정규직 채용 비율과 고용 유지도 높은 편이다. 능력에 따른 승진 가능성이 높다는 점도 긍정적 요소이다.

진출 방법은?

환경공학기술자가 되기 위해서는 전문대학 및 대학교에서 화학과, 환경공학과, 환경시스템공학과, 해양환경공학과, 산림환경과학과, 환경과학과, 환경정보과, 환경화학공학과, 토목환경공학과 등을 졸업하는 것이 유리하다.

졸업 후 공개채용이나 특별채용을 통해 환경전문용역업체, 환경오염방지 시설업체, 폐기물처리회사, 건설업체 등 산업체와 각종 환경 관련 연구소, 정부투자기관, 학교 등으로 진출하고 지방 및 정부부처의 공무원으로 근무하기도 한다. 특히 연구 개발 업무에 종사하기 위해서는 관련 분야 석사 이상의 학력이 요구된다.

Tip 환경 문제 해결사로 나선 'AI 기술'에 대해 알아볼까요?

기후 위기로 인한 환경문제가 큰 이슈로 떠오르고 있는 지금 인공지능(AI), 사물인터넷(IoT), 빅데이터 등의 지능정보 기술은 환경오염을 해결하거나 관리하는 데 유용하게 쓰이고 있다.

SK 에코 플랜트는 오염물질의 배출을 감소시키고 폐기물 소각로의 운영 효율을 높이기 위해 아마존웹서비스와 친환경 소각로 AI 솔루션을 개발 중이다. 미국 노스캐롤라이나주 듀크대학교 연구소는 머신러닝과 위성 이미지 및 날씨 데이터를 사용해 도시별 대기 오염도를 추적하는 시스템을 개발했다. 에너지 소비량을 감소시키는 데도 AI 기술이 활용되고 있다. 사람이 온도를 조절했을 때는 데이터 센터 내 모든 에어컨을 60% 가동해야 했지만, AI의 경우 두 개의 에어컨은 60%, 나머지 에어컨은 40%만 가동하게 해 전력 손실을 아끼는 것으로 나타났다.

CAREER MAP

- 수학, 과학 교과 역량 강화
- 환경과 생명현상에 대한 관심
- 환경 관련 다양한 독서활동
- 환경, 자연과학, 수리탐구, 발명 관련 동아리활동

준비 방법

- 대기환경기술자
- 소음진동기술자
- 수질환경기술자
- 토양환경기술자
- 폐기물처리엔지니어
- 환경교사
- 환경경영전문가
- 환경컨설턴트

관련 직업

- 건설환경공학과
- 공간환경시스템공학과
- 바이오환경공학과
- 사회환경시스템공학과
- 산림환경공학과
- 생태공학과
- 해양환경공학과
- 환경공학과
- 환경안전공학과

- 수학
- 과학
- 기술·가정
- 정보
- 환경

관련 교과

환경공학 기술자

관련 학과

적성과 흥미

관련 자격

- 환경에 대한 흥미와 관심
- 수리 능력
- 분석적 사고 능력
- 끈기와 인내심
- 리더십
- 신속성
- 정확성과 꼼꼼함

관련 기관

- 국립환경과학원
- 국토환경연구원
- 대한환경공학회
- 한국수자원공사
- 환경부

- 광해방지기술사
- 광해방지기사
- 대기환경기사
- 수질환경기사
- 온실가스관리기사
- 자연생태복원기사
- 토양환경기사
- 해양환경기사

Chapter V

의약계열

간호사

간호사란?

간호사는 인간을 대상으로 하는 간호 과정을 전인적으로
이해하고 적용하여 사람들의 질병을 예방하고, 건강을 유지·
증진·회복하도록 돕는 일을 전문적으로 담당한다.

우리나라 의료법에 의하면 간호사의 업무는 환자의 간호
요구에 대한 관찰, 자료 수집, 간호 판단 및 요양을 위한 간호,
의사(치과의사, 한의사 포함)의 지도하에 시행하는 진료의 보
조, 간호를 요구하는 사람에 대한 교육·상담 및 건강 증진을
위한 활동 기획과 수행, 간호조무사가 수행하는 업무 보조에
대한 지도 등을 수행하는 것으로 규정되어 있다.

> **Tip 호스피스전문간호사에 대해 알아볼까요?**
>
> 호스피스전문간호사는 죽음을 앞둔 환자가 편안한
> 죽음을 맞을 수 있도록 돕는 일을 한다. 죽음이란 삶의
> 자연스러운 과정이라는 것을 환자에게 인식시키고, 이
> 를 바탕으로 환자의 정신적·육체적 고통이 완화될 수 있
> 도록 돕는다. 환자의 통증을 확인하고 완화시킬 수 있도
> 록 간호하며, 환자와 가족의 심리사회적 상태를 평가하
> 고, 심리사회적 접근을 통해 간호하고 교육한다.

간호사가 하는 일은?

일반적으로 간호사는 병원에서 의사를 도와 환자를 치료하거나 돌보는 일을 하는 사람이라고 한다. 그러나 간호사는 사실 이보다 훨씬 더 복잡하고 다양한 일을 한다. 신체가 허약하거나 장애가 있는 사람, 다치거나 병든 사람, 임산부 등의 건강을 보살피고 그들을 치료하는 것은 물론 질병 예방을 포함한 여러 가지 활동에 종사하는 전문 의료인이다.

- 환자의 상태를 파악하기 위해 혈압, 맥박, 혈당, 체온 등을 측정한다.
- 약품을 투여하거나 외상을 치료하면서 환자의 상태와 반응을 관찰·기록하여 의사에게 알린다.
- 수술 또는 분만 시술 중인 의사와 해당 환자를 돕는다.
- 간호활동과 관련한 기록을 수집하여 관련 문제에 대해 조언한다.
- 의사가 자리를 비웠을 경우에는 비상조치를 시행한다.
- 의사의 진료를 돕고, 의사의 처방과 규정에 따라 치료를 행한다.
- 환자 개인의 위생 관리나 질병 상황, 일어날 수 있는 신체적 현상에 대해 설명한다.
- 환자에게 처방된 약을 정확하게 투여하고, 환자의 통증을 관리한다.
- 환자의 요구 사항을 의사에게 전달하여 환자가 다치지 않도록 배려한다.
- 업무 내용을 확인하여 필요한 의료 물품을 신청하고, 의료 기기를 관리한다.
- 의료 기기와 소모품을 관리하고, 병원 시설을 관리·운영한다.
- 의사의 지시를 받아 수술한 환자들을 확인하고 돌본다.
- 간호활동과 병상일지를 기록하며, 병실 환경을 관리한다.

적성과 흥미는?

간호사는 의사를 도와 환자의 건강과 생명을 다루는 일을 하므로 도덕성과 책임감, 성실함을 갖추어야 한다. 환자를 상대해야 하는 만큼 그들의 아픔에 공감하고, 항상 밝은 표정으로 환자의 마음을 안정시켜주며 따뜻하게 보살필 수 있는 마음과 배려심, 봉사정신이 필요하다. 응급 상황이 발생했을 때 심폐소생술을 실시하거나 혈당 주사를 놓거나 수혈을 하는 등 빠르게 대처할 수 있는 판단력과 순발력을 갖추어야 한다.

정확하고 꼼꼼한 성격을 가진 사람에게 유리하고, 의료진 및 환자들과 수시로 의사소통을 해야 하기 때문에 대인관계 능력, 의사소통 능력, 협업 능력을 갖추어야 한다. 주야 24시간을 3교대로 근무해야 하고, 환자를 부축하거나 병실마다 돌아다녀야 하는 등 육체적인 노동 강도가 큰 편이므로 강한 체력을 지녀야 한다.

간호사에 관심이 있다면 학창 시절부터 청소년 단체나 봉사동아리에 참여하여 병원, 요양원, 사회복지시설 등에서 봉사활동을 할 것을 적극 권장한다.

간호과   간호학과   간호과학과
가족건강관리학과   건강관리학과
간호환경시스템학과   글로벌건강간호학과
임상간호학과   간호과학전공   간호학부

간호사   2급 정교사(보건)
조산사   보육교사
의료정보관리사   보건교육사
정신보건간호사 1·2급   중독전문상담가
전문간호사(가정, 감염관리, 보건, 마취, 노인, 산업, 응급, 정신, 중환자, 호스피스, 종양, 아동, 임상)

관련 교과는?

수학   과학   사회   보건

관련 직업은?

수술실간호사   가정전문간호사   간호조무사
간호장교   보건교사   보건직 공무원
간호직 공무원   보험사무원   생명과학시험원
응급구조사   의료관광코디네이터   조산원
의료코디네이터   보호관찰관   산후조리원

진출 방법은?

간호사가 되려면 4년제 대학 간호학과나 3년제 간호전문대학의 간호과에 입학해야 한다. 3년제 간호전문대학에서 간호학을 공부한 후에 간호사 학사 학위 특별과정에 편입하거나 학점인정제를 통해 4년제 대학의 간호학과를 졸업한 것과 동등한 학사 학위를 취득할 수 있다.

간호사가 되려면 간호 관련 학과를 졸업하고, 한국보건의료인국가시험원에서 시행하는 간호사 국가자격시험에 합격한 후 보건복지부장관으로부터 간호사 면허를 발급받아야 한다. 전문간호사는 보건복지부장관이 지정하는 전문간호사교육기관에서 2년 이상의 교육과정을 이수한 후 보건복지부장관이 실시하는 전문간호사 자격시험에 합격해야 한다.

간호사 면허를 취득한 후에는 국·공립 병원, 사립 병원, 결핵요양원, 정신병원 등과 같은 전문 병원에 진출하거나 기업체 의무실, 산후조리원, 요양시설, 복지관, 의료 관련 기업 등으로 진출할 수 있다. 보건소나 보건지소에서 근무하려면 간호직 공무원 임용시험에 합격해야 하고, 보건교사가 되려면 대학 재학 중 교직 과정을 이수한 후 교원 임용고시에 합격해야 한다. 국군간호사관학교를 졸업한 후에는 군대에서 간호장교로 근무하게 된다.

미래 전망은?

국민 소득이 증가하며 국민들의 건강에 대한 관심도 늘어나고 있는데 비해 우리나라 간호사 수는 수요에 비해 부족한 실정이다. 정부에서도 의료의 질을 높이기 위해 병상 수 대비 간호사 수를 늘리려는 노력을 하고 있지만, 여전히 OECD 국가 중 인구 대비 간호사 비율이 낮은 편이어서 간호사에 대한 수요는 계속 증가할 것으로 전망된다. 인구의 고령화, 만성질환자의 증가, 노인 전문 요양시설의 증가 등으로 간호사의 채용도 증가할 것으로 예상된다.

미국, 유럽, 캐나다, 호주 등 선진국뿐만 아니라 중동 국가에서의 간호사 인력 부족 문제 심화는 간호사들이 해외로 진출할 수 있는 기회로, 직업 전망에 긍정적인 요소로 작용할 것으로 전망된다.

CAREER MAP

준비 방법
- 과학, 사회 교과 역량 강화
- 간호 및 봉사 관련 동아리활동
- 병원 및 의료기관 관련 체험활동
- 간호사 및 보건직 공무원 직업 탐방
- 체력 증진을 위한 활동
- 간호, 의료, 생명, 심리학, 인문학 등 다양한 분야의 독서활동

관련 직업
- 가정전문간호사
- 간호조무사
- 보건교사
- 간호장교
- 보건직 공무원
- 간호직 공무원
- 보험사무원
- 생명과학시험원
- 수술실간호사
- 응급구조사
- 의료관광코디네이터
- 의료코디네이터
- 산후조리원
- 조산원

관련 자격
- 간호사
- 조산사
- 2급 정교사(보건)
- 전문간호사(13개)
- 중독전문상담가
- 보건교육사
- 의료정보관리사
- 정신보건간호사 1·2급
- 보육교사

관련 교과
- 수학
- 과학
- 사회
- 보건

간호사

적성과 흥미
- 도덕성
- 책임감
- 성실성
- 따뜻한 마음과 배려심
- 순발력과 판단력
- 생물, 심리에 대한 기본 지식
- 봉사정신
- 정확함과 꼼꼼함
- 대인관계 능력
- 의사소통 능력
- 협업 능력
- 강인한 체력
- 사회성 및 정직성

관련 기관
- 대한간호협회
- 한국간호교육평가원
- 한국보건의료인국가시험원

관련 학과
- 간호과학과
- 간호과
- 간호학과
- 간호환경시스템학과
- 글로벌건강간호학과
- 임상간호학과
- 간호학부
- 간호과학전공
- 가족건강관리학과
- 건강관리학과

간호조무사

간호조무사란?

간호조무사는 간호의 기본이념인 인도주의와 박애정신을 기반으로 전인간호를 구현하고, 환자에 대한 간호 및 진료보조 업무를 수행하는 간호 인력이다. 간호조무사는 2015년 12월 29일, 의료법 개정을 통해 우리나라 간호의 한 축을 담당하는 간호 인력으로 그 역할이 재정립되었다. 현재 70만 명의 자격증 소지자가 배출되었으며, 그중 약 21만 명이 의료기관, 보건소, 사회복지시설 등에 종사하며 우리나라 국민간호를 책임지고 있을 정도로 의료 분야의 중요한 역할을 수행하는 직업이다.

특히 의료 현장에서 의료 인력의 부족이 심각한 상황에서 간호조무사의 역할이 점점 커지고 있으며, 최근에는 방문 간호 분야에서 핵심적인 인력으로 자리잡고 있다.

> **Tip 간호조무사의 윤리강경을 알아볼까요?**
>
> 하나, 우리는 국민의 한 사람으로서 인간 생명의 존엄과 가치를 위하여 법령을 준수하고 보건의료 윤리적 사명을 다할 것을 엄숙히 다짐한다.
>
> 하나, 우리는 간호인력으로서 간호를 통한 환자의 쾌유를 위하여 최선의 간호로 국민건강 수호자의 역할을 성실히 수행한다.
>
> 하나, 우리는 보건의료인으로서 국민보건의식 향상을 위한 지식을 습득하고 전문능력 및 기술발전에 부단히 노력한다.
>
> 하나, 우리는 간호조무사로서 주어진 사회적 소명을 다하기 위하여 자기계발에 부단히 노력하고 나이팅게일의 숭고한 봉사정신을 실천한다.

 간호조무사가 하는 일은?

간호조무사는 각종 의료기관에서 환자의 간호 및 진료에 관련된 보조업무를 수행한다. 또한 의원급 의료기관에 한하여 의사, 치과의사, 한의사의 지도하에 환자의 요양을 위한 간호 및 진료의 보조를 수행한다.

- 환자의 간호 요구에 대한 관찰, 자료 수집, 간호 판단 및 요양을 위한 간호를 한다.
- 의사, 치과의사, 한의사의 지도하에 진료의 보조 역할을 수행한다.
- 외래 환자 안내, 외래 진료 준비, 외래 처치 보조, 외래 검사 보조, 원무 업무 지원, 문서 관리 등 외래 환자 업무를 지원한다.
- 간호 처치 보조, 환자 상태 보고, 수술 준비 보조, 물품 관리 보조 등 간호 업무를 협조한다.
- 병상에 있는 사람이나 요양 환자에 대한 간호를 보조한다.
- 환자의 체온, 맥박 및 호흡수를 측정하여 기록하며, 의사 또는 간호사의 지시에 따라 환자를 치료하고 치료내용 및 소모시간을 기록하기도 한다.
- 환자가 신호등을 켜거나 벨을 울려 도움을 청할 때 이에 응하며, 환자를 목욕시키고 옷을 갈아입힐 뿐만 아니라 식사를 가져다준다.
- 휠체어나 기타 운전기구로 환자를 치료실로 운반하거나, 환자의 걸음을 부축한다.
- 치료에 쓰이는 약품, 붕대 등의 의약품을 소독하여 보관·지급하며, 의료기구 및 물품을 소독·살균한다.

> **Tip** **간호사와 간호조무사의 차이에 대해 알아볼까요?**
>
> 대한민국 의료법에서는 간호사와 간호조무사 중에서 간호사만을 의료인으로 규정하고, 간호조무사는 간호 보조와 진료 보조만을 업무로 한다.
>
> 간호사는 대학과정의 간호학을 전공한 자가 국가시험에 합격한 후 보건복지부장관의 명의로 된 면허를 받아야 하는 반면, 간호조무사는 간호특성화고등학교, 국공립간호조무사양성소, 간호조무사학원, 간호조무 평생교육과정을 이수한 자가 국가자격시험을 거쳐 보건복지부장관이 자격증을 발급한다.

적성과 흥미는?

간호조무사는 의사와 간호사를 도와 환자의 건강과 생명을 다루는 일을 하므로 도덕성과 책임감, 성실함을 갖추어야 한다. 병원을 방문하는 환자들의 외래 진료 협조와 간호 과정에서 간호 처치, 수술 준비, 물품 관리 등을 해야 하는 만큼 협업 능력과 의사소통 능력, 밝은 표정을 갖추는 것이 요구된다. 또한 타인을 위해 봉사하는 마음과 위급한 상황에서 빠른 판단력과 순발력이 필요하고, 정확하고 꼼꼼한 성격을 가진 사람에게 유리하다. 의료진 및 환자들과 의사소통을 해야 하기 때문에 대인관계 능력도 요구되고, 야간 근무도 해야 하므로 강한 체력을 지니는 것도 중요한 요소이다. 타인에 대한 배려와 협조적인 태도를 지녀야 하며, 경미한 화상이나 자상 등에 노출될 위험이 많아 주의력과 집중력이 요구된다.

간호조무사에 관심이 많다면 학창 시절부터 청소년 단체나 봉사동아리에 참여하여 병원, 요양원, 사회복지시설 등에서 봉사활동을 할 것을 적극 권장하고, 의사소통 능력과 공감 능력을 키우기 위해 다양한 프로그램에 참여하는 것이 도움이 된다.

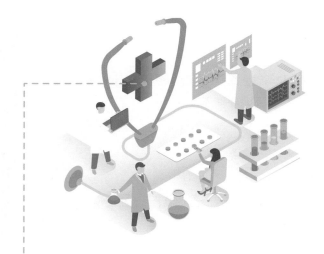

💬 관련 학과 및 자격증은?

특성화고 보건간호학과   특성화고 간호과

⚙ 간호조무사

💬 관련 교과는?

수학   과학   사회   보건

💬 관련 직업은?

위생사   보건의료정보관리사   요양보호사
간병인   의료코디네이터   언어재활사
응급구조사

Tip 요양보호사에 대해 알아볼까요?

요양보호사는 노인의료복지시설(노인요양시설, 노인요양공동생활가정)이나 재가노인복지시설(방문요양서비스, 주야간보호서비스, 단기보호서비스, 방문목욕서비스 제공시설)에서 의사 또는 간호사의 지시에 따라 장기요양급여 수급자 등에게 신체적, 정신적, 심리적, 정서적 및 사회적 보살핌을 제공하는 직업이다. 요양보호사는 의사, 간호사 및 가족들로부터 요양보호대상자에 대한 정보를 수집하여 요양보호 서비스 계획을 세우고, 요양보호대상자에게 신체활동을 지원하는 서비스를 제공한다(세면도움, 구강관리, 머리감기기, 몸단장, 옷갈아입히기, 목욕도움, 식사도움, 체위변경, 이동도움, 신체적 기능유지 및 증진, 화장실 이용돕기 등). 취사, 청소 및 주변 정돈, 세탁 등 일상생활을 지원하는 서비스를 제공한다. 외출 시 동행하거나 일상업무를 대행하는 개인활동 지원서비스를 한다. 말벗을 비롯하여 생활상담을 제공하고 의사소통에 도움을 주는 등 정서적 지원 서비스도 제공한다.

🌐 진출 방법은?

간호조무사로 진출하기 위해서는 고등학교 졸업 이상자로 간호학원이나 간호조무사 양성기관에서 1년 과정을 수료하고, 780시간의 실습 후 국가시험을 통과한 사람은 간호조무사 자격증을 발급받을 수 있다. 또는 특성화고등학교 보건간호과를 졸업해도 간호조무사 시험에 응시할 수 있다. 간호조무사 국가시험을 통과한 자에 한해 면허증을 발급받고 간호조무사로 활동할 수 있다. 매년 8시간의 법정보수교육을 이수해야 하고, 3년 이상의 근무 경력이 있는 간호조무사 중 700시간의 방문간호교육을 이수하면 간호사들과 동등한 자격으로 노인장기요양보험법에 따른 방문간호를 수행할 수 있다. 방문간호교육은 간호학과가 있는 대학 및 전문대학에서만 개설되어 있다.

간호조무사는 자격증 취득 후 학원의 추천이나 공개채용을 통해 종합(대학)병원 및 병원, 치과병원, 한방병원, 의원, 치과의원, 한의원 등 의료기관과 보건소 및 보건지소 등 보건기관, 정신보건시설, 사회복지시설, 노인복지시설, 노인장기요양기관, 영유아보육시설, 교육기관, 산후조리원 등에 취업할 수 있다. 특히 전체 보건의료기관에 취업한 간호조무사 약 3명 중 2명은 의원급 의료기관에 근무하고 있다.

⚙ 미래 전망은?

고령사회에서 국민의 의료복지 서비스에 대한 수요는 갈수록 증가하고 있다. 인구 고령화로 인해 노인 인구의 증가에 따라 의료 서비스 수요가 증가하였고, 1인 가구 및 독거노인가구가 증가하며 돌봄 대상자가 증가하여 간호서비스를 제공하는 간호조무사의 수요에 긍정적으로 작용할 것이다. 특히 간호사와 간호조무사가 한 팀이 되어 보호자 없이 의료기관에 입원한 환자에 대한 간호·간병통합서비스가 확대되면 간호조무사의 채용이 더 증가할 것으로 예상된다.

간호조무사는 대한민국 간호 인력으로서 보건의료 분야에서 그 입지를 키워나가고 있으며, '간호간병통합서비스', '노인장기요양서비스' 등 보건의료산업의 핵심 인력으로 활동하고 있다. 의료기관에서는 간호 인력난을 해결하기 위해 간호조무사를 활용하는 것만이 유일한 해결 방안으로 보고 있으므로, 향후 간호조무사의 고용은 증가할 것으로 예상된다. 국민의 의료복지 서비스에 대한 수요는 갈수록 증가하고 있고, 정부에서 추진하고 있는 가정간호, 방문간호사업 등이 확대되면 업무에 필요한 인력이 빠르게 증가하면서 간호조무사의 고용에 긍정적으로 작용할 것이다.

CAREER MAP

- 수학, 과학, 사회 교과 역량 강화
- 간호, 봉사 관련 동아리활동
- 병원 및 의료기관 관련 체험활동
- 간호조무사 직업체험활동
- 체력 증진을 위한 활동
- 간호, 생명, 심리학, 인문학 등 다양한 분야의 독서활동

- 위생사
- 보건의료정보관리사
- 요양보호사
- 의료코디네이터
- 언어재활사
- 응급구조사
- 간병인

준비 방법

관련 직업

- 수학
- 과학
- 사회
- 보건

관련 교과

간호 조무사

관련 학과

- 특성화고 간호과
- 특성화고 보건간호학과

- 도덕성
- 책임감
- 성실성
- 협업 능력
- 의사소통 능력
- 상황 판단 능력
- 대인관계 능력
- 배려심
- 공감 능력
- 봉사정신

적성과 흥미

관련 자격

관련 기관

- 간호조무사

- 대한간호조무협회
- 한국보건의료인국가시험원

물리치료사

물리치료사란?

일상생활에서 팔이나 다리, 어깨가 갑자기 아프거나 운동량 과다로 인해 근육이 뭉쳐 불편을 느낄 때면 병원이나 한의원에 가서 물리 치료를 받는다. 병원에 비치된 각종 기구나 사람의 손을 이용하여 물리 치료를 받고 나면 몸이 많이 편안해짐을 느낀다. 또한 교통사고, 운동 등으로 다친 사람들이나 선천적인 장애를 가진 사람들이 정상적인 활동을 할 수 있도록 재활하는 과정에도 물리 치료가 적용된다.

물리치료학이란 각종 질병, 절단, 손상 등의 신체적 장애를 가진 환자들을 치료적 운동이나 열, 냉, 물, 빛, 전기, 초음파 및 마사지를 이용한 자극 등의 방법으로 치료하는 학문이다. 물리치료사는 환자의 신체를 정상적으로 회복·유지·증진시키기 위해 과학적 지식을 바탕으로 의료 서비스를 제공한다. 오랜 시간 동안 통증을 지니고 있고, 신체 기능이 정상적이지 않은 환자들을 대상으로 운동 치료, 마사지, 찜질, 광선이나 전기 자극 등을 이용하여 손상된 기능을 회복시키거나 장애를 최소화하기 위한 치료를 한다.

물리치료사가 하는 일은?

물리치료사는 신체의 통증이나 질환 등을 다양한 운동 요법이나 기구를 사용해 물리적 치료를 한다. 물리 치료 업무가 이루어지는 영역은 외과, 정형외과, 신경외과, 재활의학과 및 마취통증의학과뿐만 아니라 소아과, 산부인과, 흉부외과, 치과 등 의료 전 분야에 걸쳐 있다. 물리치료사는 통증을 줄이고 손상된 기능을 정상으로 회복시킴으로써 환자의 회복을 돕는 역할을 한다. 업무 특성상 하루에 30명 정도의 환자만을 치료하도록 적정 인원이 정해져 있다.

ⓠ 환자의 상태나 신체적인 기능을 평가하고, 의사와 치료 방향에 대해 협의한다.

ⓠ 각종 치료 기구를 사용하여 온열 치료, 전기 치료, 광선 치료, 수 치료, 기계 및 기구 치료, 마사지, 기능 훈련, 신체 교정 운동 등을 시행한다.

ⓠ 신체 교정 운동 및 재활 훈련에 필요한 기기, 약품의 사용 및 관리, 기타 물리요법적 치료를 한다.

ⓠ 근골격계(관절 가동 범위, 도수 근육 검사, 관절 가동성, 자세 등), 신경계(반사, 호기성 능력, 지구력, 공기 순환, 혈류 순환, 호흡 등), 피부계(검진, 치료, 관리, 피하 지방, 비만케어) 검사를 실시한다.

ⓠ 신체적 손상이나 기능적 회복을 위해 치료적 운동, 도수 치료, 보조 및 보호 기구와 장비에 대한 도움, 물리적인 전기 치료 기구의 사용, 환자 교육 등을 실시한다.

ⓠ 의료 장비 등 기타 물리 치료와 관련된 장비를 관리한다.

적성과 흥미는?

물리치료사는 신체적으로 아픈 환자와 함께 치료 업무를 수행하고 가르치면서 환자의 적극적인 참여를 유도한다. 따라서 환자의 신체 건강 상태를 정확히 인식하고 분석할 수 있어야 하고, 환자가 물리치료사의 치료 과정을 따라올 수 있도록 유도하기 위해 대인관계 능력을 갖추는 것이 중요하다. 신체적 또는 정신적 장애를 앓고 있는 사람들을 치료하는 만큼 환자의 아픔에 공감할 수 있어야 하고, 친절하지만 결단력도 갖추어야 한다.

또한 환자에 대한 이해와 원활한 의사소통 능력이 필요하다. 환자와의 대화를 통해 공감대가 형성되면 효과적인 치료가 진행될 가능성이 높기 때문에 관계 형성을 위한 상담 능력도 어느 정도 갖추어야 한다. 봉사정신이 필요하며, 환자의 증상에 맞는 적절한 치료 기구 선정과 친절한 서비스가 요구된다.

신체활동이 어려운 환자들을 이동할 때 부축하거나 들어 올리는 등의 업무도 수행해야 하고, 치료 과정 중 비교적 오랜 시간 서서 일하기 때문에 강한 체력이 필요하다. 여러 가지 다양한 증상에 적절히 대응하는 적응성과 융통성 그리고 신뢰성, 책임감과 진취성이 강한 성격이 요구되고, 자기통제 능력, 남에 대한 배려, 봉사정신을 가진 사람들에게 적합하다. 특히 사회형과 탐구형의 흥미를 가진 사람에게 적합한 직업이다.

물리치료사에 관심이 있다면 평소 장애인이나 요양원 등에서 몸이 불편한 사람들을 대상으로 지속적인 봉사활동을 하며 환자의 아픔을 공감하고 배려하는 마음가짐을 함양할 필요가 있고, 기본 체력을 키우거나 상담 능력을 높이기 위한 각종 프로그램에 적극적으로 참여하는 것이 좋다.

관련 학과 및 자격증은?

(물리치료학과) (작업치료학과) (재활학과)

(재활공학과) (한방스포츠의학과) (직업재활학과)

(스포츠의학과) (재활복지학과) (스포츠재활학과)

(운동처방재활학과) (재활운동건강과)

- 물리치료사
- 놀이치료사
- 운동처방사
- 임상심리사
- 음악치료사
- 스포츠마사지
- 중독치료사
- 미술치료사
- 응급처치
- 예술치료사
- 웃음치료사
- 심폐소생술
- 작업치료사
- 청능치료사
- 인간공학기사
- 향기치료사(아로마테라피스트)

관련 교과는?

과학   사회   보건   체육   수학

관련 직업은?

(스포츠트레이너) (재활치료사) (작업치료사)
(보건직 공무원)

 스포츠트레이너에 대해 알아볼까요?

스포츠트레이너는 운동선수들의 건강 상태를 확인하고, 선수들이 경기에서 최상의 컨디션을 발휘할 수 있도록 조언하고 훈련시키는 일을 한다. 감독 및 코치와 협의해 운동종목, 선수들의 포지션과 선수 개인의 기량에 따라 필요한 운동량을 결정하고, 근육 단련을 위해 규칙적인 운동과 식이 요법을 지도한다. 부상을 당한 선수들에 대해 응급조치를 취하고, 의사의 진단 결과에 따라 재활 훈련을 계획·실시한다. 또한 선수들의 부상을 예방하기 위해 선수들의 몸을 마사지하고, 안전 교육을 실시한다.

🌐 진출 방법은?

물리치료사가 되기 위해서는 전문대학이나 대학의 물리치료학과를 졸업하고, 한국보건의료인국가시험원에서 실시하는 물리치료사 국가시험에 합격한 후 보건복지부장관이 발급하는 면허를 취득해야 한다. 물리치료학과는 전문대학과 4년제 대학에 개설되어 있고, 대학원에 개설된 곳도 있다.

물리치료사 면허를 취득한 후에는 병원 및 의원, 재활원, 의료원, 보건소 등 보건 의료기관의 물리치료실, 노인복지시설, 장애인 복지시설, 노인복지관, 장애인복지관, 장애 아동 전담 어린이집, 특수학교, 장애 아동 복지시설 등 사회 복지 분야에서 근무하기도 한다. 최근에는 프로 야구 구단에 소속되어 팀의 전속 물리치료사로 일하거나 국가대표 운동선수들의 물리치료사로 진출하는 경우도 있고, 발달아동센터, 연구소 등 다양한 곳으로 진출할 수 있다.

⚙️ 미래 전망은?

산업 발달로 인한 산업 재해 증가, 교통량 증가가 야기한 교통사고로 인한 중추신경계 환자의 증가, 스포츠 레저 분야 활성화로 인한 스포츠 손상 환자의 증가, 컴퓨터와 스마트폰 사용으로 인한 근골격계 질환자의 증가, 초고령화 사회 진입으로 인한 노인성 질환의 증가 등으로 물리치료사의 역할과 필요성이 중요해지며 직업의 위상이 높아지고 있다.

예전에는 물리치료사가 주로 정형외과 병원을 비롯해 보건 의료기관, 사회복지시설 등에서 일하는 경우가 많았지만, 최근에는 스포츠 치료 분야로 진출하거나 한의원에서 일하는 등 활동 범위가 넓어져 물리치료사의 일자리 전망을 밝게 하고 있다. 특히 스포츠의학의 발달과 프로 스포츠의 인기에 힘입어 선수들을 대상으로 하는 물리치료사에 대한 관심도 높아져 최근 스포츠 치료 분야로 활발히 진출하는 추세이다.

CAREER MAP

- 수학, 과학, 사회, 체육 교과 역량 강화
- 병원 및 보건소, 프로 스포츠 구단 체험활동
- 물리 치료 관련 직업체험활동
- 물리치료학, 물리학, 생명, 화학, 철학, 심리학 등 다양한 분야의 독서활동
- 체력 증진을 위한 활동

**준비
방법**

**관련
학과**

- 물리치료학과
- 작업치료학과
- 재활학과
- 스포츠의학과
- 한방스포츠의학과
- 재활공학과
- 직업재활학과
- 스포츠재활학과
- 운동처방재활학과
- 재활복지학과
- 재활운동건강과

- 과학
- 사회
- 보건
- 체육
- 수학

**관련
교과**

물리
치료사

**관련
직업**

- 스포츠트레이너
- 작업치료사
- 재활치료사
- 보건직 공무원

- 대인관계 능력
- 의사소통 능력
- 수학, 과학, 사회, 보건, 체육 교과에 대한 흥미
- 강인한 체력
- 판단력과 순발력
- 상황 대처 능력
- 손재능
- 창의력
- 결단력
- 상담 능력
- 봉사정신
- 서비스정신
- 배려심

**적성과
흥미**

**관련
기관**

**관련
자격**

- 물리치료사
- 임상심리사
- 중독치료사
- 예술치료사
- 작업치료사
- 놀이치료사
- 청능치료사
- 운동처방사
- 스포츠마사지
- 응급처치
- 심폐소생술
- 인간공학기사
- 향기치료사
- 음악치료사
- 웃음치료사

- 대한물리치료사협회
- 대한작업치료사협회
- 한국보건의료인국가시험원

의약계열
04

미술치료사

미술치료사란?

미술치료는 미술과 심리학이 융합된 학문이다. 말로써 감정이나 경험을 표현하기 어려워하는 사람들에게 미술이라는 수단을 활용하게 하는데, 특히 심리적으로 큰 충격을 경험한 아이들에게 도움이 되는 치료 방법이다. 미술은 아이들의 불안을 감소시키면서 감정을 표현할 수 있게 함으로써 우울증이나 외상후 스트레스 증후군, 불안, 적응의 어려움을 경험하는 아이들의 심리를 치료하는 데 매우 도움이 되고 있다.

미술치료사는 내담자가 그린 그림이나 조소, 디자인 등의 미술 작품을 통해 내면의 상태를 파악하고, 내담자가 가지고 있는 정서적 갈등이나 심리적 증상을 줄여주는 동시에 창조적인 삶을 살아갈 수 있도록 돕는 전문가이다. 처음에는 언어적인 상담으로 시작해 미술을 이용한 창작 과정을 거친 후, 미술 이용 심리검사를 통해 내담자의 문제점을 파악하고, 그 문제에 맞는 미술활동을 제시함으로써 치료한다. 그림 완성하기, 풍경화·전신상 그리기, 점토 만들기, 난화 그리기, 감정 그리기 등의 미술활동을 거치면서 내담자의 마음을 치유한다.

미술치료사가 하는 일은?

미술치료사는 미술을 통해 내담자를 치료한다. 미술치료는 음악이나 놀이, 무용, 심리극, 시 등을 이용한 예술 치료의 한 영역으로, 비언어적 의사소통 기법 중 언어성 이미지와 시각적 이미지를 통해 내담자가 가지고 있던 여러 가지 심리적인 장애나 문제점을 해소하여 건강한 삶을 살아갈 수 있도록 돕는다.

- 사회적·심리적·정서적으로 문제를 겪고 있는 내담자들에게 미술활동을 통해 내면을 드러내도록 하고, 이를 분석·진단하고 치료한다.
- 언어적인 상담과 집, 나무, 사람, 가족화 등 여러 가지 그림 검사를 통해 내담자의 문제점을 파악한다.
- 내담자의 미술에 대한 흥미와 능력, 정서 및 대인관계에서의 문제점 등을 종합하여 치료 계획을 수립한다.
- 그림 완성하기, 풍경화 구성하기, 전신상 그리기, 점토 사람 만들기 등 다양한 치료 활동을 통해 개인이 갖고 있는 문제를 해결하고 자아 성장을 돕는다.
- 프로그램의 진행 결과에 대해 상담일지를 작성하고, 치료 결과를 평가한다.

Tip 미술치료의 장점에 대해 알아볼까요?

미술심리치료학자 와데슨(Wadeson, 1980)이 주장한 미술치료의 장점은 다음과 같다.

- 미술은 심상(image)의 표현이다.
  예술 매체는 말로 표현하기 전의 마음 속 생각을 일차적으로 나타나게 한 후 매체를 자극하여 창조적 과정으로 나아간다.
- 미술은 방어를 감소시킨다.
  미술은 비언어적 수단이므로 종종 내담자의 방어 기제를 감소시켜 통찰, 학습, 성장으로 유도한다.
- 미술은 어떤 유형의 대상을 즉시 얻을 수 있다.
  내담자가 만든 어떤 유형의 미술 매체를 통해서 치료자와 환자 사이에 하나의 공감대가 형성된다.
- 미술은 자료의 영속성이 있어 회상할 수 있다.
  미술 작품은 보관이 가능해 필요한 시기에 재검토하여 치료 효과를 높일 수 있다. 새로운 통찰이 일어나거나 감정을 회상시키기도 해 주관적인 기억의 왜곡을 방지할 수 있다.
- 미술은 공간성을 지닌다.
  미술은 시간적인 요소가 없는 공간적인 것으로, 공간 속에서 연관성들이 나타난다.
- 미술은 창조성과 신체적 에너지를 유발한다.
  내담자들은 미술 작업을 하며 토론하고 감상하고 정리하는 과정에서 활발한 모습을 보인다. 이는 단순한 신체적 운동이라기보다 창조적 에너지가 만들어졌음을 의미한다.

적성과 흥미는?

미술치료사와 내담자 간의 상호 교감을 통해 치료가 진행되므로 공감 능력과 유머 감각이 중요하다. 또한 겸손함, 온화함, 안정감, 진심에서 우러나오는 행동과 열정이 드러날 때 내담자가 신뢰할 수 있어 인성적 자질을 갖추어야 한다. 또한 미술활동에 대한 흥미와 미술활동 및 작품을 통해 내담자가 겪는 고통의 원인을 파악할 수 있는 직관력, 통찰력, 판단력, 분석력이 요구된다.

미술치료사는 스스로를 존중할 때 다른 사람도 존중하고 올바르게 바라보며 치료할 수 있다. 따라서 자기 자신을 존중할 줄 알아야 한다. 또한 치료 과정을 성공적으로 수행하려면 위기 상황에서 흔들림이 없는 상황 대처 능력을 지녀야 한다. 내담자에 대한 선입견과 편견은 치료 진행 과정을 어렵게 하는 요인이 되므로 내담자의 마음을 이해하고 생각과 행동을 수용할 수 있어야 한다. 치료 과정에서 나온 대화 내용이나 내담자의 개인적인 문제를 외부로 유출하지 않는 책임감이 요구되며, 사회 소외 계층을 대상으로 하는 다양한 봉사활동에 참여할 것을 권장한다.

관련 학과 및 자격증은?

미술학과   예술치료학과   미술치료학과

언어치료학과   특수교육학과   재활학과

한방미술치료학과   미술치료·상담심리학과

통합예술치료학과   예술심리치료학과

심리학과   교육학과   예술치료전공

미술심리상담사	드라마심리상담사
미술심리지도사	음악심리상담사
색채심리상담사	산림치유지도사
재활놀이지도사	언어재활교육사
독서심리상담사	청소년상담사
사회복지사	평생교육사
보육교사	언어재활사 청능사

관련 교과는?

과학   미술   수학   사회   보건

관련 직업은?

심리치료사   예술치료사   음악치료사

중독치료사   언어치료사   작업치료사

놀이치료사   웃음치료사   임상심리사

향기치료사(아로마테라피스트)   애견테라피스트

청능치료사

진출 방법은?

미술치료사가 되기 위해 정해진 학력은 없지만, 반드시 미술과 심리 치료에 대한 지식을 갖추어야 한다. 현재 미술치료사로 활동하는 사람들의 전공은 미술학과, 심리학과, 교육학과, 재활학과 등으로 다양하다.

현재 우리나라에서 미술치료만을 전문적으로 교육·훈련하는 곳은 몇 개 대학의 학부 과정과 대학원에 불과한데, 그곳에서는 심리치료, 집단 미술치료, 가족 미술치료 등 미술치료사에게 반드시 필요한 교육과정을 운영하고 있다.

자신이 미술을 통한 치유 경험을 가져보지도 않고 머리로만 이해하고 타인을 치료하는 것은 어렵다. 이는 미술치료사가 되기 위해 꼭 미술을 전공해야 하는 게 아님에도 현직에서 활동하고 있는 미술치료사 중에 미술 전공자가 많은 이유이다.

만약 미대 진학이 어려운 경우, 관련 학과에 입학한 후에 서양화, 동양화, 현대 미술, 회화, 조소 등을 부전공하거나 복수 전공하는 것도 하나의 방법이다. 사설 협회 또는 학회에서 인정하는 미술치료사 과정을 수료하고, 복지관이나 문화센터 등에서 진행하는 미술치료사 양성과정 등을 통해 미술치료사가 되는 방법도 있다.

미래 전망은?

사회가 복잡해지면서 과거에는 볼 수 없었던 다양한 형태의 부적응 사례들이 나타나고 있으며, 이 문제를 해결하기 위한 노력들이 여러 가지 방향에서 진행되고 있다. 일반적 상담이나 심리적 접근을 통한 치료법이 성인들을 위한 치료 방법이라고 한다면, 청소년에게 나타나는 ADHD, 분리불안장애 등의 문제는 미술, 음악, 독서, 놀이 등의 예술적 치료법이 보다 효과적일 수 있다.

선진국에서는 미술치료에도 의료 보험을 적용하는 등 다양한 제도가 적용되면서 미술치료사라는 직업이 활성화되었으므로 우리나라에서도 미술치료가 일반화되면 미술치료사에 대한 관심이 높아질 것으로 전망된다. 현재 아동 대상의 복지관이나 교육기관 등에서 미술치료가 널리 활용되면서 수요가 증가하고 있다. 저출산, 한부모 가정 및 맞벌이 가정의 증가로 인해 정서적으로 상담 및 치료가 필요한 아동이 늘면서 이에 대한 상담 치료도 늘고 있어 인력 수요의 증가가 예상된다.

CAREER MAP

- 수학, 과학, 사회, 미술 교과 역량 강화
- 미술치료 관련 직업체험활동
- 미술, 상담, 철학, 심리학 등 다양한 분야의 독서활동
- 상담 능력 함양
- 미술 실기 능력 함양

- 심리치료사
- 예술치료사
- 음악치료사
- 중독치료사
- 언어치료사
- 놀이치료사
- 작업치료사
- 웃음치료사
- 임상심리사
- 향기치료사
  (아로마테라피스트)
- 애견테라피스트
- 청능치료사

- 한국미술치료학회
- 한국미술심리치료협회
- 한국통합미술치료학회
- 대한임상미술협회
- 세계예술치료협회

준비 방법

관련 직업

미술 치료사

관련 기관

관련 교과

- 과학
- 미술
- 수학
- 사회
- 보건

적성과 흥미

관련 자격

관련 학과

- 대인관계 능력
- 의사소통 능력
- 미술활동에 대한 이해
- 협업 능력
- 수학, 과학, 사회, 보건, 체육 교과에 대한 흥미
- 상담 능력
- 봉사정신
- 배려심
- 공감 능력
- 유머 감각
- 직관력과 통찰력

- 미술심리상담사
- 미술심리지도사
- 보육교사
- 색채심리상담사
- 재활놀이지도사
- 평생교육사
- 독서심리상담사
- 드라마심리상담사

- 음악심리상담사
- 청소년상담사
- 사회복지사
- 산림치유지도사
- 언어재활교육사
- 언어재활사
- 청능사

- 예술치료학과
- 언어치료학과
- 특수교육학과
- 한방미술치료학과
- 통합예술치료학과
- 예술심리치료학과
- 미술치료학과
- 미술치료·상담심리학과
- 미술학과
- 심리학과
- 교육학과
- 재활학과
- 예술치료전공

방사선사

방사선사란?

현재 우리에게 무병장수의 길을 열어주며 현대 의학의 발전에 있어 가장 중요한 역할을 하는 것이 바로 방사선이다. 방사선이 의학에 활용되면서 환자의 몸속을 들여다 볼 수 있게 되었고, 아픈 부위를 정확하게 진단하거나 몸에 해로운 세포를 파괴해 병을 치료할 수 있게 되었다.

방사선이 가장 폭넓고 유용하게 이용되는 분야는 바로 의학 분야야다. 방사선을 다친 부위에 투과하면 다친 부위를 자세하게 살펴보면서 적절한 치료 방법을 찾을 수 있게 된다.

방사선사는 환자가 병원에 방문했을 때 신체 내부 기관의 질병이나 장애를 진단하고 치료하기 위해 방사선 물질과 관련한 각종 방사선 장비를 조작하는 업무를 수행한다.

> **Tip 방사선과학의 주요 분야에 대해 알아볼까요?**
>
> - 영상의학 : 사선의 투과성과 비투과성을 이용하여 신체를 촬영한 영상을 만들고, 이를 질환의 진단이나 치료 경과 판정 등에 이용하는 학문이다.
> - 핵의학 : 방사성 및 안정된 핵종의 특이한 성질을 이용하여 신체의 해부학적·생리학적·생화학적 상태를 진단·평가하고, 개봉된 방사성 선원으로 치료하는 의학의 전문 분야이다.
> - 방사선종양학 : 영상의학이 방사능의 투과성과 비투과성을 이용하였다면, 방사선종양학은 방사선의 전리 작용을 이용하여 암을 치료하는 의학의 전문 분야이다.

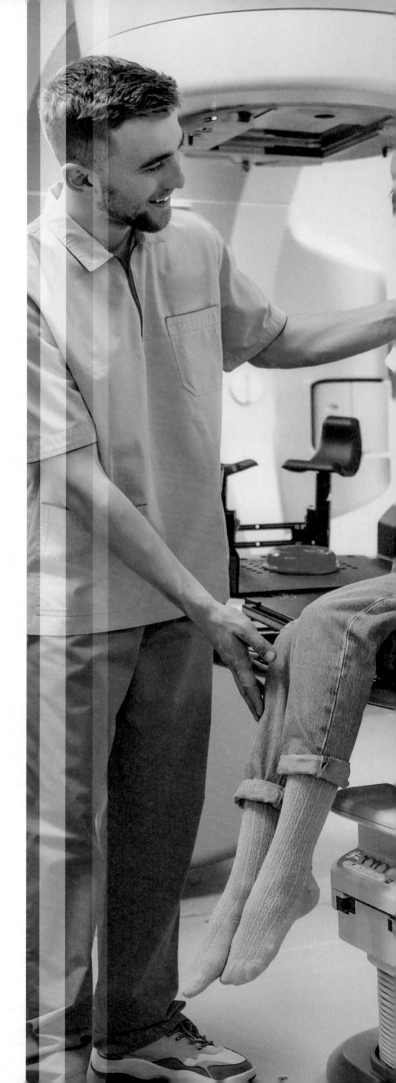

🔍 방사선사가 하는 일은?

방사선사는 전문 지식을 바탕으로 방사선 장비를 조작하고, 질병이나 장애가 의심되는 신체 내부 기관을 촬영·검사하며, 그 결과를 의사에게 제공해 진단과 치료를 돕는 직업이다. X-선 촬영 검사, 컴퓨터 단층 촬영 검사, 자기 공명 영상 촬영 검사 등 영상 의학적 검사뿐만 아니라 방사성 동위원소를 이용한 핵의학 검사, 방사선 치료 관련 업무, 치과에서 촬영하는 파노라마 검사 등이 방사선사의 업무이다. 방사선사는 의료 분야 직종 중에서 방사선 피폭선량이 가장 많다. 업무 수행 시 방사선에 노출될 위험이 있기 때문에 피폭선량을 측정할 수 있는 계측기를 항상 휴대해야 하며, 6~12개월에 한 번씩 정기 검진을 받아야 한다.

🔍 컴퓨터 단층 촬영, 자기 공명 영상 촬영, 초음파, 디지털 영상 등을 위한 첨단 의료영상 장비에 관한 이론과 응용을 교육·연구한다.

🔍 X-선, γ(감마)-선, 중성자선을 이용한 방사선 종양 치료에 관한 이론 및 응용, 첨단치료 장비의 원리를 교육·연구한다.

🔍 분자 영상의 핵심 영상 기기인 단양자 방출 단층 검사, 감마 카메라, 양전자 방출 단층 촬영(PET)에 관한 이론 및 응용을 교육·연구한다.

🔍 의료 목적 외의 방사성 동위원소의 응용, 이를 검출하기 위한 방사선 센서와 하드웨어 개발을 교육·연구한다.

🔍 의료 영상 저장 전송 시스템, 유헬스케어 등과 같이 IT 기술과 방사선 기술이 결합된 분야에 대한 이론 및 응용을 교육·연구한다.

🔍 신체 특정 부위에 대한 치료를 위해 X-선 검사, 컴퓨터 단층 촬영 검사, 자기 공명 영상 촬영 검사, 초음파 검사 등을 통해 환자의 상태를 정밀하게 진단한다.

🔍 방사선 촬영 및 치료를 위해 환자를 고정하고, 검사받지 않는 다른 신체 부위가 방사선에 노출되지 않도록 의사의 지시에 따라 방사선 노출 범위와 강도를 조절하여 치료한다.

🔍 방사선 촬영 결과를 보고서로 작성하여 의사에게 전달하며, 치료 기록을 관리하는 업무를 수행한다.

적성과 흥미는?

방사선사가 되려면 수학, 과학 등 기초과학 과목에 흥미가 있고, 기본 지식을 갖추어야 한다. 방사선 기계나 장비를 사용하기 때문에 전기전자공학 분야에 대한 흥미가 있어야 하고, 기계나 장비를 조작하는 것에 소질이 있어야 한다. 방사선은 인체에 심각한 피해를 줄 수 있기 때문에 방사선 관련 기계를 조작할 때에는 집중력, 세심한 주의력, 정확성, 침착한 자세가 요구된다.

방사선사는 주로 병원이나 건강검진센터 등에서 근무하기 때문에 전문 의학 용어에 대한 지식이 필요하고, 많은 환자들을 대상으로 다양한 촬영을 하므로 배려심와 사회성이 필요하며 외향적인 성격의 사람에게 적합하다. 방사선사는 병원 내에서 다른 분야의 의료진들과 의료정보 및 지시 사항 등을 공유하는 경우가 많아 의사소통 능력과 대인관계 능력, 협업 능력을 갖추어야 한다. 사람의 생명을 다루는 의료인으로서 봉사정신이 투철해야 하고, 인간을 사랑하고 환자와 함께 고통을 나눌 수 있는 직업 윤리관이 필요하다.

💬 **관련 학과 및 자격증은?**

〔 방사선학과 〕 〔 원자력공학과 〕 〔 금속공학과 〕
〔 재료공학과 〕

⚙ 방사선사	⚙ 방사선검사산업기사
⚙ 전문방사선사	⚙ 초음파비파괴검사기사
⚙ 방사선검사기사	⚙ 초음파비파괴검사산업기사
⚙ 의료정보관리사	⚙ 방사성동위원소취급자일반
⚙ 심폐소생술	⚙ 방사성동위원소취급자특수
⚙ 병원코디네이터	⚙ 국제임상초음파사
⚙ 방사선카운슬러	⚙ 방사선취급감독자

💬 **관련 교과는?**

〔 과학 〕 〔 수학 〕 〔 사회 〕 〔 보건 〕

💬 **관련 직업은?**

〔 진단방사선사 〕 〔 핵의학방사선사 〕 〔 치료방사선사 〕
〔 의료장비기사 〕 〔 방사선투과검사산업기사 〕
〔 원자로조정제어원 〕 〔 진단방사선과전문의사 〕

 ## 진출 방법은?

방사선사가 되려면 방사선사 국가면허를 취득해야 하는데, 방사선사 국가시험의 응시 자격은 전문대학이나 대학교의 방사선학과를 졸업하여 학위를 취득한 사람에 한해 주어진다.

그리고 방사선사 국가시험에 합격해 보건복지부장관으로부터 면허를 발급받은 자만 방사선사로 활동할 수 있다. 방사선사는 전문성이 요구되는 직업이므로 취업 후에도 연간 8시간 이상의 보수 교육을 의무적으로 받아야 한다. 보수 교육을 받지 않을 경우에는 면허가 정지될 수도 있다.

비교적 고용이 안정적이고 근무 환경이 좋은 대학병원에 진출하기 위해서는 대학 성적이 우수해야 하고, 공인 어학 성적도 필요하다. 치과 병원이나 보건의료직 공무원으로 진출할 수 있고, 원자력 발전소, 방사선 의료 기기 업체, 비파괴 검사 관련 산업체 등으로도 진출할 수 있다.

미래 전망은?

방사선사는 미국의 시사 주간지 타임이 선정한 미래의 5대 유망 직종에 포함될 정도로 장래성을 인정받고 있는 직업이다. 병원에서 주로 사용하던 컴퓨터단층 촬영(CT), 자기공명영상(MRI) 등의 장비가 보편화되면서 장비를 다루는 전문가인 방사선사는 유망 직종으로 꼽히고 있다.

특히 방사선 검사는 방사선 기기를 이용하여 개별 촬영 검사가 진행되어야 하므로 방사선사에 대한 수요는 증가할 것으로 전망된다. 특히 암 검진에 있어 초음파 검사 및 유방암 검사에 대한 방사선사 인력 수요가 증가하고 있고, 산부인과나 유방 진단 분야에서는 남성보다는 여성 방사선사의 채용이 활발할 것으로 전망된다. 또한, 대부분의 의료기관에서 의료 영상 저장 전송 시스템의 사용이 증가하고 있어 영상 편집 기술 능력을 갖추면 취업에 유리할 것으로 보인다.

CAREER MAP

방사선사

관련 교과
- 과학
- 수학
- 사회
- 보건

적성과 흥미
- 대인관계 능력
- 의사소통 능력
- 협업 능력
- 주의력
- 책임감
- 관찰력
- 과학, 사회, 보건 교과에 대한 흥미
- 인간에 대한 사랑과 직업 윤리관
- 전기·전자에 대한 관심
- 기기에 대한 흥미
- 고도의 집중력
- 끈기와 인내심
- 침착성과 정확성
- 배려심와 사회성
- 꼼꼼함과 치밀함

준비 방법
- 과학, 사회 교과 역량 강화
- 병원이나 보건소의 방사선사 관련 직업체험활동
- 방사선학, 물리학, 화학, 생명 과학, 철학, 심리학 등 다양한 분야의 독서활동
- 체력 증진을 위한 활동

관련 학과
- 방사선학과
- 원자력공학과
- 금속공학과
- 재료공학과

관련 자격
- 방사선검사기사
- 방사선검사산업기사
- 초음파비파괴검사기사
- 초음파비파괴검사산업기사
- 방사선취급감독자
- 방사성동위원소취급자일반
- 방사성동위원소취급자특수
- 국제임상초음파사
- 전문방사선사
- 병원코디네이터
- 방사선카운슬러
- 의료정보관리사

관련 기관
- 대한방사선사협회
- 한국보건의료인국가시험원

관련 직업
- 의료장비기사
- 진단방사선사
- 핵의학방사선사
- 치료방사선사
- 방사선투과검사산업기사
- 원자로조정제어원
- 진단방사선과전문의사

병원코디네이터

병원코디네이터란?

의료시장이 개방된 후 병원의 법인화 및 체인화로 인해 병원 간의 경쟁이 심화되면서 의료계에 고객 중심의 서비스 개념이 확산되고 있다. 치열한 경쟁으로 경영 위기를 맞은 병원들은 생존전략의 차원에서 의료서비스를 통한 환자 만족과 고객 가치 창출로 충성고객을 확보하기 위해 사활을 걸고 있다.

병원을 방문하는 환자들 대부분은 아픈 곳이 있거나 치료가 필요한 사람들이다. 때문에 밝고 즐거운 기분으로 병원을 들어서는 사람은 드물다. 이렇게 어둡고 불편한 병원의 이미지를 전환시키기 위해 반드시 필요한 직업이 병원코디네이터이다.

병원코디네이터는 의료서비스 전문가로서 병원서비스 매니저라고도 불린다. 병원의 분위기를 밝게 연출하고 차별화된 서비스를 제공함으로써 환자가 편한 마음으로 병원을 찾을 수 있도록 하는 역할을 담당한다. 의료 선진국에서는 오래 전부터 일반화되어 많은 병원에서 병원코디네이터를 두고 있었지만 우리나라에 병원코디네이터가 도입된 것은 1994년 '예치과'가 최초이다.

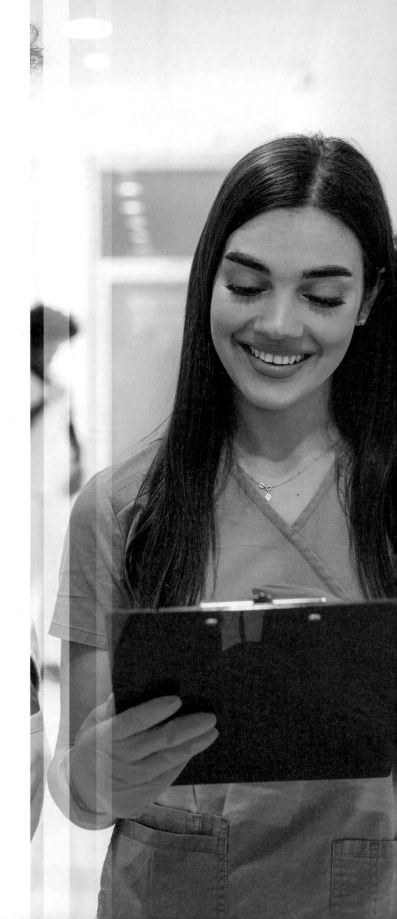

🔍 병원코디네이터가 하는 일은?

병원코디네이터의 주요 업무는 고객 상담과 진료 접수, 수납 및 예약 관리 등 전반적인 환자 관리는 물론 환자들의 의료서비스 욕구를 충족시켜주기 위한 기획이나 서비스 관리 및 개선 업무를 담당한다.

🔍 전화, 메일 등으로 상담을 하고, 환자의 예약 및 사후 관리를 한다.

🔍 내방객의 방문 목적을 확인하고, 초진의 경우 문진항목 설문지를 작성하도록 안내한다.

🔍 진료를 마친 환자에게 치료에 대한 설명, 주의점, 처방전 등을 안내한다. 환자의 추후 내방에 관한 예약 관리를 하며, 수납을 담당한다.

🔍 병원 분위기 연출을 위해 실내외 환경을 조성한다.

🔍 병원 이미지 및 경영 개선을 위한 기획안을 작성하고 홍보·마케팅을 한다.

🔍 병원 마케팅, 직원교육 등을 담당한다.

🔍 병원 경영 개선을 위한 마케팅 기획·홍보·재무관리를 통해 경영 안정화를 수행한다.

🔍 고객의 불만사항 관리를 통해 평생고객을 만들고, 의사-직원-고객 간의 관계조정 역할을 수행한다.

Tip 병원코디네이터의 종류에 대해 알아볼까요?

- 기획코디네이터 : 의료계의 변화시장 조사, 병원 문제점 파악, 분석, 홍보, 마케팅을 담당한다.
- 리셉션코디네이터 : 응대, 접수, 수납, 전화상담, 불만고객 응대를 담당한다.
- 트리트먼트코디네이터(진료상담코디네이터) : 치료 계획을 수립하고, 의사의 치료가 원활하게 이루어질 수 있도록 진료팀 간의 원만한 중재자로서의 역할을 한다.
- 서비스코디네이터 : 병원에서 서비스와 관련하여 발생하는 모든 일을 파악하여 수행서비스 제공자와 고객 간의 원활한 중재자로서의 역할을 한다.

📊 적성과 흥미는?

병원코디네이터는 사람과의 관계가 중요한 직업이기 때문에 대인관계 능력이 중요하다. 환자들을 어떻게 응대해야 몸과 마음을 편안하게 해줄 수 있을지 항상 고민하는 세심함이 필요하고, 주로 안내 및 상담, 조언 등의 업무가 많기 때문에 기본적인 상담 능력과 함께 의료 상식, 의사소통 능력, 경영 마인드를 갖추는 것이 좋다. 환자들을 이해하고 감싸줄 수 있는 포용력과 이해심, 배려심이 있어야 한다. 또한 환자를 상대하다보면 스트레스를 많이 받고 우울증이나 슬럼프에 빠지기 쉬운데, 감정에 휩싸이지 않는 긍정적이고 유연한 사고방식이 필요하다.

대인관계 능력, 협업 능력을 키울 수 있는 학교활동에 적극 참여하고 사회적인 약자들을 대상으로 틈틈이 봉사활동에 참여하는 것도 도움이 된다. 심리나 상담 관련 다양한 독서활동과 봉사 및 보건, 간호 관련 동아리활동도 추천한다.

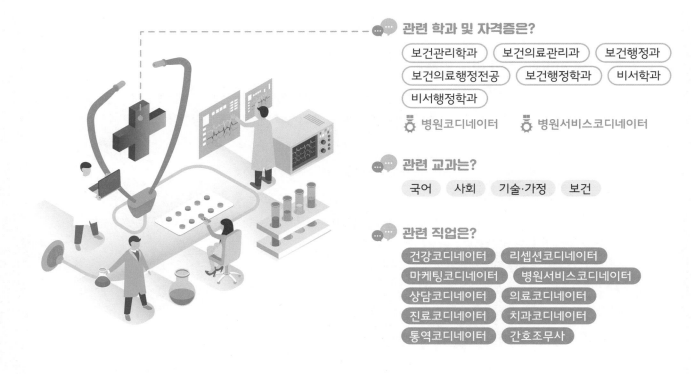

관련 학과 및 자격증은?

보건관리학과   보건의료관리과   보건행정과
보건의료행정전공   보건행정학과   비서학과
비서행정학과

병원코디네이터   병원서비스코디네이터

관련 교과는?

국어   사회   기술·가정   보건

관련 직업은?

건강코디네이터   리셉션코디네이터
마케팅코디네이터   병원서비스코디네이터
상담코디네이터   의료코디네이터
진료코디네이터   치과코디네이터
통역코디네이터   간호조무사

Tip 병원서비스코디네이터 자격증에 대해 알아볼까요?

병원서비스코디네이터는 의료기관에서 환자를 위해 제공할 수 있는 가장 기본적인 리셉션 업무부터 환자관리, 상담, 사후관리, 병원보조 업무, 병원홍보 등의 업무와 의료진이 환자에게 가장 적합한 의료서비스를 제공할 수 있는 업무 자질을 인정하는 민간자격증이다. 응시 자격은 고등학교 졸업 이상의 학력소지자로서, 병원서비스 코디네이터 관련 30시간 이상의 교육과정을 이수한 자가 해당한다.

 진출 방법은?

병원코디네이터가 되기 위해서는 특별한 자격요건이 있는 것은 아니나 전문대학이나 대학에서 의료경영학과나 간호학과, 보건학과를 전공하는 것이 유리하며, 민간기관의 교육을 수료하고 자격시험에 합격하면 취업할 수 있다. 또한 간호조무사 경력이 있으면 채용에 유리하다. 병원 실무 경험이 있으면 유리하고 사설학원이나 교육원에서 훈련을 받아 진출하기도 한다.

졸업 후에는 공채나 개인적인 소개, 추천을 통해 병원이나 치과병원, 한의원 등으로 진출한다. 다른 직업군에 비해 학력, 나이, 경력 등의 제한이 없는 특징이 있다.

 미래 전망은?

요즘은 병원 간의 경쟁이 치열하고 환자나 고객이 병원을 선택하는 데 있어 그 병원이 만족할 만한 치료와 기술을 제공하는 것은 기본이고, 병원의 서비스 질과 만족도가 중요한 요소로 작용하고 있다. 이로 인해 의료현장에서는 병원코디네이터의 역할에 대한 요구가 지속적으로 증가하고 있으며, 병원의 이미지를 향상시키며 새 시대의 병원 문화를 주도해가는 핵심 인력으로서 일자리의 수요도 증가하고 있다.

병원코디네이터는 정년이 따로 없어 자기관리를 잘하고 능력만 있다면 늦은 나이까지 일할 수 있고, 능력에 따라 고액의 연봉을 받을 수 있는 기회도 있는 등 장래가 밝은 직업에 속한다.

CAREER MAP

- 국어
- 사회
- 기술·가정
- 보건

- 다양한 봉사활동
- 심리·상담 관련 독서활동
- 보건·간호 관련 동아리활동

관련 교과

관련 직업

- 건강코디네이터
- 리셉션코디네이터
- 마케팅코디네이터
- 병원서비스코디네이터
- 상담코디네이터
- 의료코디네이터
- 진료코디네이터
- 치과코디네이터
- 통역코디네이터
- 간호조무사

준비 방법

병원 코디네이터

관련 학과

- 보건관리학과
- 보건의료관리과
- 보건의료행정전공
- 보건행정과
- 보건행정학과
- 비서학과
- 비서행정학과

적성과 흥미

- 상담 능력
- 의료 상식
- 의사소통 능력
- 포용력
- 대인관계 능력
- 협업 능력
- 유연한 사고방식

관련 기관

관련 자격

- 병원코디네이터
- 병원서비스코디네이터

- 대한병원코디네이터협회
- (사)병원코디네이터협회
- 한국의료직업능력인증원
- (사)한국서비스진흥협회

보건의료
정보관리사

보건의료정보관리사란?

최근에는 법적 분쟁 증가 및 개인 보험 가입자 증가로 인해 환자를 포함해 병원 외부에서의 병원 의무 기록 사본에 대한 발급 요구가 급속도로 증가하고 있다. 또한 보건복지 서비스에 대한 국민적 기대가 높아지면서 보건 통계 및 연구를 목적으로 하는 보건 의료정보의 요구 등이 다양화됨에 따라 이를 관리하는 업무 또한 복잡해지고 전문성이 요구되고 있다.

종합병원 이상의 큰 병원에서는 보건 의료정보를 관리하는 보건의료정보관리사를 의무적으로 고용해야 한다. 그 외 중소병원이나 요양병원에서 보험 심사 청구 업무를 처리하기 위해 보건의료정보관리사를 고용하는 곳이 늘어나고 있다. 보건의료정보관리사는 환자의 질병에 관계된 정보와 병원이 진단과 치료를 위해 시행한 모든 내용을 기록한 보건 의료정보 관련 업무를 수행하는 사람을 말한다. '의료 기사 등에 관한 법률' 제1조에 의하면 보건의료정보관리사는 '의무에 관한 기록을 주된 업무로 하는 자로, 의료기관에서 질병 및 수술 분류, 진료 기록의 분석, 진료 통계, 암 등록, 사망 등 각종 의무에 관한 기록 및 정보를 유지·관리하고, 이를 확인하는 업무에 종사한다.'라고 규정되어 있다.

보건의료정보관리사가 하는 일은?

보건의료정보관리사는 국민들의 귀중한 보건 의료정보가 안전하고 효율적으로 생성·저장·활용되도록 관리함으로써 신뢰성 있는 보건 의료 데이터가 되도록 관리한다. 보건 의료정보 표준 전문가로서 의료 관련법을 지키고, 보건 의료정보의 콘텐츠와 기술의 국제 표준을 따르며, 나아가 국가 보건 의료정보의 신뢰성을 확보하고, 정보 교류 및 활용을 촉진하는 역할을 담당한다. 보건의료정보관리사는 법률에서 정하는 규정에 따라 다양한 의료정보를 수집하고, 이것이 법적 효력을 갖는 정보로서 역할을 할 수 있도록 유지·보관·이용·제공하는 일을 수행한다.

- 환자의 진료 기록 내용을 꼼꼼히 검토하고 분류하여, 이를 일정한 순서에 따라 체계적으로 보관·관리한다.
- 의료기관에서 질병 및 수술 분류, 진료 기록의 분석, 진료 통계 등 각종 의무에 관한 기록 및 정보를 유지·관리하고 확인한다.
- 의무 기록을 신속하고 정확하게 대출 및 관리하기 위해 외래 및 입원 환자로 구분하여 의사가 의무 기록에 기록한 내용 등으로 분류하여 보관한다.
- 의무 기록의 내용을 검토 및 분석하고, 기록 내용이 부족한 경우 보충 내용을 첨부하여 담당자에게 알린다.
- 의료정보 생성 및 관리를 위한 각종 병원 정보 시스템의 개발에 참여하여 환자의 치료 과정에서 발생하는 다량의 의료정보가 전산 시스템을 통해 수집되고 유지될 수 있도록 한다.
- 수집된 진료 데이터를 검토하고 분석하여 목적과 요구에 따라 데이터베이스화하고, 부족한 부분을 보완하는 작업을 지원한다.
- 방대한 양의 진료 기록 내용을 가치 있는 정보로 이용할 수 있도록 의무 기록의 내용을 검토하여 국제 표준 분류 방법에 따라 질병 분류를 하고, 수술의 경우 수술 처치 및 검사 분류를 하며, 사망 환자는 사인 분류를 하여 진단, 수술, 사인을 코드화하여 데이터베이스를 구축한다.
- 각종 의료정보 접근 및 의료정보 작성 권한 수준에 따라 보안이 유지되고 정보가 보호될 수 있도록 관리한다. 의무 기록 사본 발급 시 환자 본인의 동의 여부를 확인하여 발급하며, 법적 권한이 없는 사람에게 개인의 의료정보가 노출되지 않도록 보호한다.
- 보건 의료정보 정책 전문가로서 국가와 기관이 올바르고 미래 지향적인 보건 의료 정책을 세울 수 있도록 발전 방향을 제시한다.
- 환자의 의무 기록 내용 중 연구, 교육, 통계 등의 자료를 검색할 수 있도록 의무 기록의 핵심 내용을 분석하여 보건 의료 통계 등을 작성하는 업무를 수행한다.

적성과 흥미는?

보건의료정보관리사는 각종 의료 자료가 전산화되어 있어 전문적인 전산 지식을 갖추어야 하고, 각종 통계 자료에 대한 해석 능력 및 분석적 사고가 필요하다. 의학, 병원 행정 등의 의료 관련 지식과 빅데이터, IT 등의 정보통신 지식도 필요하다. 기본적으로 의무 기록지의 내용을 이해하고, 서류를 검토하면서 부족한 부분을 찾아내어 기록을 보충해야 하므로 꼼꼼함, 치밀함을 갖추어야 한다.

보건의료정보관리사는 업무 수행 과정 중에 병원 관계자와 협업하는 일이 많아 대인관계 능력, 의사소통 능력, 설득 능력, 협업 능력이 필요하다. 또한 환자 개인들의 민감한 의료정보를 관리해야 하므로 직업윤리와 책임감이 요구되고, 진료 기록을 전산으로 관리해야 하기 때문에 기억력이 좋아야 하며, 의학 용어 중 영어가 많아 영어 실력을 갖추는 것이 좋다. 똑같은 업무를 반복적으로 수행하고 오랜 시간 동안 앉아서 근무하므로 인내심이 요구되고, 스트레스 감내성이 있어야 한다.

관련 학과 및 자격증은?

건강관리과 건강관리학과 보건관리학과

보건행정과 보건행정학과 의무행정과

전산과 의료정보학과 의료보건행정학과

보건행정경영학과 보건의료행정학과

보건복지행정학과 보건의료정보과

의약정보관리과 병원관리학과

의료경영학과 의료경영과

⚙ 보건의료정보관리사   ⚙ 병원코디네이터

⚙ 의무기록정보관리사   ⚙ 병원경영관리자

⚙ 국제의료관광코디네이터   ⚙ 보험심사평가사

⚙ 병원서비스코디네이터   ⚙ 병원CS강사

⚙ 병원행정사   ⚙ 보건교육사

⚙ 의료보험사   ⚙ 건강보험사   ⚙ 위생사

관련 교과는?

국어 수학 사회 과학 보건 정보

관련 직업은?

의무기록사 병원코디네이터 보건직 공무원

의무행정직 공무원 위생관리사 보험관리사

건강보험심사평가사 의무행정장교

진출 방법은?

보건의료정보관리사로 진출하기 위해서는 전문대학 및 대학교에서 병원행정학과, 보건행정학과, 병원경영학과, 의무행정과, 의료정보학과, 보건정보관리과 등 보건 의료 관련 학과를 졸업하고, 한국보건의료인국가시험원에서 매년 1회 시행하는 보건의료정보관리사 국가자격시험에 합격한 후 보건복지부장관으로부터 면허를 발급받아야 한다.

일정 기간의 경력을 가진 보건의료정보관리사의 경우, 대한의무기록협회에서 운영하고 있는 전문 교육과정을 이수하면 보건의료정보사 자격증을 취득할 수 있으며, WHO-FIC에서 실시하는 시험에 합격하면 국제원사인분류 코더, 국제원사인분류 트레이너 자격을 취득할 수 있다.

보건의료정보관리사는 주로 공개채용이나 학교 추천을 통해 채용되는데, 경력이 쌓이면 책임 보건의료정보관리사, 주임 보건의료정보관리사 순으로 승진할 수 있고 승진 연한은 보통 2~3년 정도 걸린다. 주로 종합병원, 대학병원, 개인 병·의원의 의료정보팀 또는 의무기록과에서 근무하며, 원무과나 행정 부서에서 환자 관리, 보험 청구, 구매, 기획 및 의료 질 향상 등의 업무를 담당한다. 공무원 시험 응시 시 보건직 공무원으로 진출할 수 있고, 국민건강보험, 건강보험심사평가원, 질병관리본부, 통계청 등과 같은 공공기관과 보건 관련 연구소, 교육기관에도 진출할 수 있다. 보험 회사의 손해 배상, 상품기획 및 심사 분야에 진출하거나 기업체의 보건 담당 업무를 맡기도 한다. 이 외에도 보건 의료 분야의 진료정보보안관리자, 보험청구심사자, 병원 전산프로그래머, 의료관련기획자로 이직할 수 있고, 데이터관리자, 보건 계열 대학 교수로 이직하는 경우도 있다.

미래 전망은?

최근 의료 사고 등에 따른 법적 분쟁과 개인보험 가입자가 증가하면서 환자 본인 및 가족, 보험 기관 등에서 진료 내역을 입증하는 의무 기록문서의 발급 요청이 증가하고, 각종 보건 통계 조사 및 연구를 목적으로 하는 의료정보 요구 증가 등 업무가 다양화되고 있다. 또한 의학 지식 및 기술의 발전과 건강한 삶에 대한 관심의 증가로 인해 많은 의료 서비스를 이용하게 됨으로써 그 후에 생산되는 엄청난 양의 진료 정보를 효율적으로 유지·보관·이용하기 위한 전산 시스템 구축과 진료비 청구, 심사 및 지급 관리를 위한 전문 업무도 증가하고 있다.

개인정보 보호에 대한 관심이 커지면서 진료 정보에 담겨 있는 환자의 개인정보가 불법적으로 외부 유출되지 않도록 관리하는 업무도 증가하여 보건의료정보관리사의 수요는 지속적으로 증가할 것으로 예상된다. 특히 4차 산업혁명 시대가 되면서 의료정보를 이용한 진단 및 개인 맞춤형 서비스를 제공하기 위한 보건의료정보관리사의 역할이 더욱 커질 것으로 기대된다.

CAREER MAP

- 건강관리과
- 건강관리학과
- 보건관리학과
- 보건행정과
- 의무행정과
- 전산과
- 의료보건행정학과
- 보건행정학과
- 보건행정경영학과
- 보건의료행정학과
- 보건복지행정학과
- 보건의료정보과
- 의료경영과
- 의료경영학과
- 의료정보학과
- 의약정보관리과
- 병원관리학과

- 병원행정사
- 보건교육사
- 보험심사평가사
- 의료보험사
- 건강보험사
- 위생사
- 병원CS강사
- 의무기록정보관리사
- 병원코디네이터
- 병원서비스코디네이터
- 국제의료관광코디네이터
- 보건의료정보관리사
- 병원경영관리자
- 한국보험심사평가사

- 국어
- 수학
- 사회
- 과학
- 정보
- 보건

관련 학과

관련 자격

- 병원코디네이터
- 보건직 공무원
- 의무행정직 공무원
- 의무행정장교 (의무행정부사관)
- 의무기록사
- 위생관리사
- 보험관리사
- 건강보험심사평가사

관련 교과

보건의료 정보관리사

관련 직업

적성과 흥미

준비 방법

- 컴퓨터 활용 능력
- 통계적 능력
- 분석적 사고 능력
- IT, 빅데이터 지식
- 대인관계 능력
- 설득 능력
- 의사소통 능력
- 협업 능력
- 꼼꼼함과 치밀함
- 직업윤리
- 책임감
- 인내심
- 스트레스 감내성

관련 기관

- 대한의료정보학회
- 한국보건의료인국가시험원
- 대한의무기록협회
- 대한보건의료정보관리사협회

- 국어, 수학, 사회, 과학, 정보, 보건 교과 역량 강화
- 보건의료정보관리사 직업체험활동
- IT, 4차 산업혁명, 의학, 빅데이터, 상담, 심리학, 인문학, 철학 등 다양한 분야의 독서활동
- 컴퓨터 활용 능력 함양
- 영어 실력 향상

의약계열

소방관

소방관이란?

오늘날 소방서는 화재 예방과 진압 업무뿐만 아니라 긴급 구조와 구급 업무도 수행하고 있다. 초기 소방서는 화재 진압과 예방 업무를 주로 하였으나, 사회가 발전하고 도시가 대형화되면서 재난과 재해도 대형화되고 발생 빈도도 증가하여 재난과 재해 업무까지 수행하게 되었다. 화재가 나거나 위급한 상황이 발생할 때 제일 먼저 찾게 되는 긴급 전화 번호 '119'는 1988년 서울 올림픽 대회가 개최되는 것을 계기로 전국 7개 도시에 '119특별구조대'가 들어서면서 시작되었다. 그이후 소방방제청이 신설되어 소방과 방제, 민방위 운영 및 안전 관리에 관한 업무를 관장하다가 2014년 11월 19일 국민안전처가 신설되면서 국민안전처 중앙소방본부로 업무가 이관되었고, 최근에 소방청으로 독립하였다.

소방관은 화재를 예방하거나 진압하고 화재, 재난, 재해 그밖의 위급한 상황에서의 구조·구급활동 등을 통해 국민의 생명, 신체, 재산을 보호함으로써 공공의 안녕과 질서 유지, 복리 증진에 이바지함을 목적으로 하는 공무원이다. 화재 현장을 다니며 불을 끄고, 불이나 재해 등이 다시 일어나지 않도록 막는 일을 하는 공무원뿐만 아니라 넓은 의미에서는 대기업, 공항 등에서 자체적으로 보유한 화재 대응팀도 포함된다.

> **Tip 119구급대원에 대해 알아볼까요?**
>
> 119구급대원은 119안전센터에 소속되어 부상자나 생명이 위독한 환자를 응급처치를 함과 동시에 의사에게 치료를 받을 수 있도록 병원으로 신속히 이송하는 소방공무원이다. 119구급대원은 응급구조사 자격증이 있어야 한다. 응급구조사가 되기 위해서는 대학에서 응급구조학을 전공하거나 보건복지부에서 지정한 기관에서 응급구조사 과정을 공부한 뒤 한국보건의료인국가시험원에서 실시하는 응급구조사 국가자격시험에 합격해야 한다.

🔍 소방관이 하는 일은?

　소방관은 화재 예방과 진압, 긴급 구조 및 구급 출동 등 국가의 모든 안전사고를 담당한다. 소방관은 내근직과 외근직으로 나누어지는데, 내근직은 소방청 및 소방서에 근무하면서 소방 일반 행정 분야, 재난 관리 분야, 화재 예방 분야, 구조 및 구급 행정 분야의 업무를 한다. 주요 업무는 일반 행정 업무와 건축 및 다중 이용 업소 인허가 업무, 그 외 각종 건축물에 대한 소방 검사 등의 예방 행정 활동을 한다. 외근직은 담당 업무에 따라 크게 화재 진압 요원, 구조 요원, 구급 요원으로 나누어진다. 화재 진압 업무와 사고 발생 시 인명 구조 활동, 위급한 환자의 응급처치와 병원 이송 등의 업무를 수행한다. 또한 119안전센터에서는 관할 내 소방 대상물 현황 조사 등을 실시하기도 한다.

　소방서 행정직은 주간 근무를 하며, 119안전센터나 구조대에서 근무하는 소방관의 경우 소방공무원 근무 규정에서 정한 3조 2교대 근무를 원칙으로 한다. 현장 출동 대원은 항상 긴장하면서 출동 대기 상태를 유지해야 하고, 출동하기까지의 짧은 시간 동안에도 사람의 생사가 달라질 수 있어 긴장감과 책임감으로 인한 스트레스가 생길 수 있다.

> 🔍 화재 예방과 함께 화재가 발생했을 때 출동하며, 화재 현장에서 화재를 진압한다.
>
> 🔍 화재를 내부에서 진압하고, 현장에서 사람을 구출하며, 완전히 불을 끈 다음에는 사체를 수습하는 일을 한다.
>
> 🔍 화재 발생 원인을 감식하고, 피해 상황 및 금액을 조사·보고한다.
>
> 🔍 교통사고 발생 시 요구조자를 구출하여 간단한 응급처치 이후 구급대에 인계하거나 산악 사고, 익수자 수색, 맹수 포획 등의 업무를 수행한다.
>
> 🔍 건물 붕괴 등의 사고가 발생했을 때 119구조대의 인명 구조, 위급한 환자와 장애인의 병원 이송, 각종 재해로 인한 피해 복구 등의 활동을 한다.
>
> 🔍 소방 기구, 호스, 소화기 등의 각종 소방 장비와 건물의 소방 설비를 점검한다.
>
> 🔍 소방 헬기 등을 이용하여 인명 구조, 화재 진압, 응급 환자 공중 수송, 공중방역 및 방제 활동을 한다.
>
> 🔍 소방 시설을 점검·정비·확인하고, 건축물에 대한 안전도 검사 등 화재 예방 활동을 한다.
>
> 🔍 가스 공급 시설 등 위험물 시설의 안전원을 지도·감독한다.
>
> 🔍 각종 소방 장비 및 소방 차량, 소화 기구 등을 점검하고, 기능 및 상태를 확인·관리한다.

🏠 적성과 흥미는?

　소방관의 업무는 비상 시 동료들과 팀을 이루어 진행되기 때문에 협업 능력과 대인관계 능력, 의사소통 능력이 필요하다. 화재나 재난 등 사고 현장에 도착하면 현장 상황이 위급하여 무엇부터 해야 할지 당황할 수 있는데, 이때 빠른 시간 내에 상황을 파악하여 문제의 해결점을 찾을 수 있도록 논리적 분석력, 상황 판단력, 문제해결 능력, 순발력, 민첩성을 갖추는 것이 필요하다.

　소방 차량 및 각종 진화 장비에 대한 철저한 준비와 안전 의식이 요구되고, 화재 등 각종 위기 상황에 대처할 수 있는 적응성과 융통성, 정직성, 도전하려는 진취성, 책임감, 어려운 상황에서도 심리적 평정을 유지하는 자기통제 능력이 중요하다. 소방관이 되는 데에는 신체 조건도 중요하다. 체격은 강건하고, 팔다리가 완전하여 가슴, 배, 입, 구강, 내장에 질환이 없어야 하고, 가슴둘레는 신장의 2분의 1이상, 시력은 안경을 벗은 상태에서 좌우 0.3 이상이어야 하며, 색맹이 아니어야 하고, 고혈압이나 저혈압이 아닌 사람이어야 한다. 사회형과 현실형의 흥미를 가진 사람에게 적합하다.

　소방관에 관심이 있다면 튼튼한 체력을 유지하도록 노력해야 하고, 사회 소외 계층을 대상으로 하는 지속적인 봉사 활동에 참여하여 배려심 및 봉사정신을 함양하도록 노력해야 한다.

관련 학과 및 자격증은?

소방방재학과   소방관리학과   응급구조학과

소방학과   소방방재공학과   소방방재정보학과

소방행정학과   소방안전학과   소방안전관리과

소방안전공학과   소방공학과   건설안전방재공학과

소방방재환경학과   방재안전학과   건설방재공학과

건축설비소방학과   건설환경공학과   재난소방학과

소방시설관리사   소방안전교육사

화재조사관   소방안전관리자

특급소방안전관리자   응급구조사

소방설비기사   소방설비산업기사

화재감식평가기사   화재감식평가산업기사

위험물기능사   위험물기능장

위험물산업기사   소방기술사

인명구조사   화재진화사

관련 교과는?

과학   수학   기술·가정   정보   체육

관련 직업은?

소방설비안전관리기술자   안전교육사

119구조대원   산업안전원   소방공학기술자

119구급대원   소방안전관리자   소방기술사

위험물안전관리자   화재보험사정인

진출 방법은?

소방관이 되려면 소방직 공무원 공개 및 특별채용시험이나 소방간부후보생 선발 시험에 합격해야 한다. 시험 응시에 학력 제한은 없으나 나이가 21세 이상 40세 이하여야 하며, 운전면허 1종 보통이나 대형 면허를 소지해야 한다. 소방 및 응급 구조 관련 학과 졸업자는 소방직 공무원 특별채용 응시 자격이 주어진다. 반드시 소방 관련 학과를 전공할 필요는 없지만 소방 관련 학문을 체계적으로 배울 수 있고, 특별채용의 기회가 주어진다는 장점이 있다. 의무소방원으로 전역한 경우에도 소방직 공무원 특별채용시험에 응시할 수 있다. 소방관은 다양한 업무를 수행하므로 업무에 따라 관련 자격증을 소지하면 유리하다.

채용 과정은 필기시험, 체력시험, 신체검사 및 적성검사, 면접시험 순으로 이루어지고, 신체검사 항목에서 직무 수행에 필요한 시력 등의 신체 조건이 충족되어야 한다. 필기시험 과목의 경우, 공개채용은 국어, 영어, 한국사를 필수로 하고, 행정법총론, 소방학개론, 소방관계법규, 사회, 과학, 수학 중 2과목을 선택해야 한다. 특별채용은 국어, 소방학개론, 소방관계법규 3과목을 본다. 체력시험은 악력, 배근력, 앉아 윗몸 앞으로 굽히기, 제자리 멀리뛰기, 윗몸 일으키기, 왕복 오래달리기로 구성되어 있다.

소방간부후보생 시험은 소방청 주관으로 2년마다 실시되는데, 응시 연령과 신체 기준은 일반 소방직 공무원과 같고, 시험 과목은 계열별로 차이가 있다. 합격하면 중앙소방학교에서 1년간 어학, 소양 과목, 전문 과목을 교육받은 후 초급 간부인 소방위로 임관하며, 소방파출소장, 119구조대장으로 근무하게 된다.

미래 전망은?

최근 국가 차원에서 국민의 안전을 최우선으로 강조하면서 화재 예방 및 진압에 머물던 소방관의 업무가 모든 재난 및 재해 현장에서의 인명 구조, 실종자 수색은 물론 응급환자 구급 업무와 피해 복구 지원 활동으로 확대되어 전문화된 소방 인력의 수요도 증가하고 있다.

정부에서는 위험 근무 수당을 인상하고, 국가 소방 헬기 조종사 및 정비사에게 항공 수당을 지급하며, 소방관의 직무 특성과 활동 여건을 반영하여 처우를 개선하고 있다. 또한 부족한 소방현장 인력 확충을 위해 지속적으로 증원하고 있고, 향후 119안전센터, 구조대, 구급대 등 힘든 업무를 수행하는 부서에 인력을 우선 배치하는 등의 인력 충원 계획을 밝히고 있어 직업 전망에 긍정적 요소로 작용할 것이다.

CAREER MAP

- 안전교육사
- 119구조대원
- 119구급대원
- 소방안전관리자
- 소방간부후보생
- 소방기술사
- 위험물안전관리자
- 화재보험사정인
- 산업안전원
- 소방공학기술자
- 위험관리원
- 소방설비안전관리기술자

- 과학
- 수학
- 기술·가정
- 정보
- 체육

- 수학, 과학, 기술·가정, 정보 교과 역량 강화
- 소방관 직업체험활동
- 소방학, 물리학, 생명과학, 화학, 심리학, 역사학, 인문학 등 다양한 분야의 독서활동
- 체력 증진을 위한 활동

- 중앙소방학교
- 한국소방안전협회
- 중앙119구조본부

관련 교과

준비 방법

관련 직업

관련 기관

소방관

- 소방관리학과
- 소방공학과
- 소방학과
- 소방방재학과
- 소방방재공학과
- 소방방재정보학과
- 소방행정학과
- 소방안전학과
- 소방안전공학과
- 소방안전관리과
- 응급구조학과
- 재난소방학과
- 소방방재환경학과
- 방재안전학과
- 건축설비소방학과
- 건설환경공학과
- 건설안전방재공학과
- 건설방재공학과

관련 학과

관련 자격

적성과 흥미

- 소방시설관리사
- 소방안전교육사
- 화재조사관
- 소방안전관리자
- 특급소방안전관리자
- 응급구조사
- 소방설비기사
- 인명구조사

- 소방설비산업기사
- 화재감식평가기사
- 화재감식평가산업기사
- 위험물기능사
- 위험물기능장
- 위험물산업기사
- 소방기술사
- 화재진화사

- 대인관계 능력
- 협업 능력
- 수학, 과학, 기술·가정, 정보, 보건 교과에 대한 흥미
- 강인한 체력
- 창의력
- 봉사정신
- 서비스정신
- 집중력과 정확성
- 순발력
- 희생정신
- 외향성
- 의사소통 능력
- 빠른 상황 판단력
- 정직성
- 책임감
- 자기통제 능력

수의사

수의사란?

인간과 동물은 오랜 시간 함께 공존해 왔다. 인간에게 있어 동물은 때로는 식량으로, 때로는 작업 수단으로, 때로는 전쟁 수단으로 이용되며 인간들의 삶에 있어 매우 중요한 역할을 담당했다. 더불어 동물을 보살피고 관리해주는 수의사의 역사도 매우 오래되었다.

18세기 유럽에서 전염병으로 인해 대부분의 소가 죽게되었고, 사람들이 굶주림을 겪으면서 동물 의학에 대한 필요성이 대두되었다. 이후 프랑스에서 세계 최초로 수의과대학이 생기면서 근대 수의학이 시작되었다. 동양과 서양을 막론하고 동물은 여러 면에서 인간이 살아가는 데 필수적인 존재이고, 역할도 다양해 그 중요성을 인정받고 있다.

최근에는 인간과 동물이 서로 함께하는 삶이 단순히 애완동물이 아닌 반려의 의미로 자리매김하고 있다. 이러한 사회적 변화로 인해 동물의 질병을 예방하고 치료하는 수의사의 인기가 높아지고, 업무 분야도 매우 다양해졌다. 기본적으로 수의사는 사람과 더불어 가족의 일원으로 살아가는 반려동물과 인간 식량으로써의 산업동물, 야생동물의 질병을 예방하고 치료한다. 의약품의 효능과 안전성 평가, 식품 위생 및 환경 위생 분야의 안전성 관리, 동물실험을 통한 기초 의학 및 생명공학 연구, 구제역이나 광우병처럼 국가 경제를 위협하는 해외 악성 전염병에 대한 방역 작업 등 그 역할이 확대되고 있다.

🔍 수의사가 하는 일은?

수의사는 사람을 제외한 개나 고양이와 같은 반려동물, 소, 말, 돼지, 닭 등의 산업동물, 수생동물, 파충류, 꿀벌과 같은 곤충에 이르기까지 지구상에 생존하는 거의 모든 생명체를 진료 대상으로 한다. 구제역, 조류 독감 등 전염병의 예방과 방역, 축산식품의 안전성을 확보하기 위한 검역, 생명공학, 기초 의학 연구, 야생동물의 보호와 생태계 보존에 이르기까지 수의사가 하는 일은 광범위하다.

- 🔍 동물의 질병 진단, 치료, 예방을 위해 연구하고 자문한다. 아픈 동물을 X-ray, 초음파 등 각종 검사를 통해 질병을 진단하고 치료하며 필요에 따라 수술을 한다.
- 🔍 외국에서 들어오는 전염병, 병균, 해충을 막기 위해 공항과 항구에서 검사를 실시한다.
- 🔍 광견병, 조류 독감, 광우병 등 동물들로부터 발생하는 전염병을 예방하기 위해 역학 조사를 하고 위생을 철저하게 관리한다.
- 🔍 육류, 햄, 소시지, 치즈, 분유, 달걀 등 축산물에 대한 식품 위생 검사를 실시하여 안전성을 확인하고, 허용된 동물 약품이 가축 사육 농장에 적절히 사용되도록 감독한다.
- 🔍 가축 전염병 연구를 위해 실험동물을 관리하고, 병원체를 동물에게 투여하여 동물실험을 진행한다.
- 🔍 각종 가축들을 형질이 더 우수한 품종으로 개량하거나 우수한 품종을 많이 증식시키기 위한 연구를 한다.
- 🔍 동물원이나 수족관 등에서 살아가는 각종 동물들의 영양 상태를 살피고, 질병의 치료 및 예방활동을 한다.
- 🔍 동물들이 아프지 않도록 예방접종을 실시하고, 동물들이 새끼를 잘 낳을 수 있도록 분만을 돕기도 한다.

적성과 흥미는?

수의사가 되려는 사람에게 가장 중요한 것은 동물을 사랑하는 마음이다. 어디가 아픈지 말로 표현할 수 없는 동물과 정서적 교감을 하고, 때로는 위험을 무릅쓰고 야생동물이나 특수동물을 치료해야 하므로 동물에 대한 깊은 애정이 바탕이 되어야 한다.

수의사는 동물들의 상태를 파악하고, 검사 결과를 바탕으로 원인을 찾아내어 치료해야 하기 때문에 깊은 관찰력이 필요하다. 동물을 키우고 있는 보호자와도 세심한 의사소통을 해야한다. 병적 증상이라든지 평소 생활환경, 먹이, 습관 등에 대해 이야기를 들어야 하고, 치료 후에는 동물을 돌보는 요령에 대해 설명해야 하므로 원활한 의사소통 능력을 갖추는 것이 필수이다.

수의사는 동물의 생명을 다루는 일을 하므로 생명에 대한 존엄성을 갖추어야 한다. 동물의 증상에 적합한 치료방법을 찾아내어 시행해야 하기 때문에 정확하고 빠른 분석 능력, 판단 능력이 중요하다. 작은 실수가 동물의 생명을 앗아갈 수 있기 때문에 세심하면서도 돌발 상황에 침착하게 대처할 수 있는 순발력과 자기통제 능력이 필요하다. 또한 수술을 하는 경우가 종종 있기 때문에 고도로 훈련된 섬세한 손재주도 필요하다. 기본적인 수리 능력과 함께 정교한 의술을 갖추기 위한 인내심과 끈기, 지구력과 냉철한 이성 그리고 무엇보다 따뜻한 감성이 요구된다.

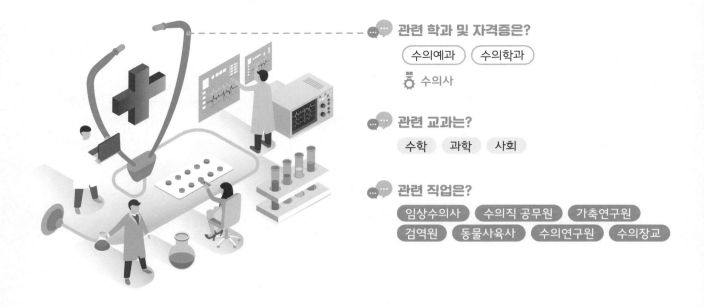

관련 학과 및 자격증은?

(수의예과) (수의학과)

⚙ 수의사

관련 교과는?

(수학) (과학) (사회)

관련 직업은?

(임상수의사) (수의직 공무원) (가축연구원)
(검역원) (동물사육사) (수의연구원) (수의장교)

Tip **수의테크니션에 대해 알아볼까요?**

동물병원이나 동물의 치료를 목적으로 하는 기관에서 수의사를 보조하여 응급처치와 간호를 담당하는 직업이다. 동물의 행동과 상태를 관찰한 후 보호자와 의견을 나누고 상담을 한다. 우리나라에서는 동물간호복지사라고 부르며, 동물산업의 발전과 반려동물에 대한 관심이 높아지면서 주목받고 있다.

 ## 진출 방법은?

수의사가 되기 위해서는 대학에서 수의학을 전공해야 한다. 수의학과는 6년 과정으로 예과 2년, 본과 4년을 다녀야 한다. 6년 과정을 마친 후 수의학사를 취득하고, 수의사 국가면허 시험에 합격하면 수의사가 될 수 있다. 수의사 국가시험은 농림수산검역검사본부에서 주관하여 시행하며, 합격 기준 점수는 기초수의학, 예방수의학, 임상수의학, 수의법규·축산학 중 전 과목 평균 60점 이상, 각 과목 40점 이상을 득점해야 합격할 수 있다.

수의사 면허를 취득한 후에 가장 많이 진출하는 분야는 임상수의사이다. 반려동물을 치료하는 동물병원 수의사가 여기에 해당한다. 그 외에는 검역이나 방역, 축산 정책을 담당하거나 공중 보건 업무를 담당하는 공무원 또는 학교 및 연구소에서 바이러스 및 미생물 관련 연구를 하는 분야로도 진출한다. 일부는 군의관처럼 수의장교로서 군에서 활동하기도 한다. 이 밖에도 축산물 유통업체나 육류 가공업체, 사료업체, 유제품 가공업체, 동물 약품업체 등으로 진출한다.

 ## 미래 전망은?

사회가 발달함에 따라 1인 가구 및 고령 인구가 빠르게 증가하면서 인간의 외로움과 고독감을 달래줄 반려동물의 수도 증가하고 있다. 동물에 대한 관심과 인식이 높아져 반려동물에 대한 예방접종, 건강 진료 및 치료를 원하는 사람들이 늘어나고 있으며, 동물을 진료할 수의사의 수요 또한 증가할 것으로 보인다.

최근에는 새로운 기능을 가진 나노 소재, 줄기세포 및 세포 치료제, 유전자 치료제, 장기 복제, 유전자 조작 소재, 천연 기능성 소재 등 신소재 개발을 위한 국가별 경쟁이 치열해지고 있고, 고령화 시대로 접어들면서 난치병 치료를 위한 신약 및 바이오 장기의 수요가 급증하고 있다. 이와 같은 연구 및 실험은 대부분 실험동물을 통해 이루어지고, 그 업무를 수의사가 담당하게 되므로 국립보건원, 국립독성연구원, 식품의약품안전처, 제약회사, 바이오 분야 연구 기관 등으로 진출이 증가할 전망이다. 수의사는 동물의 건강을 지키고, 인간과 공존하는 지구상의 모든 생명체를 다루는 직업으로 역할과 비중이 날로 증가할 것이다.

CAREER MAP

- 수학, 과학, 사회 교과 역량 강화
- 동물병원, 유기동물보호센터, 동물보호센터 봉사활동
- 인성(봉사상, 선행상, 효행상) 분야 수상
- 수의사 관련 기관 체험활동
- 수의사 및 동물 관련 직업체험활동
- 수의학, 동물학, 생물학, 생명과학, 의학, 철학 등 다양한 분야의 독서활동

- 임상수의사
- 수의직 공무원
- 가축연구원
- 검역원
- 동물사육사
- 수의연구원
- 수의장교

준비 방법

관련 직업

- 수의사

관련 자격

수의사

관련 학과

- 수의예과
- 수의학과

적성과 흥미

관련 기관

- 동물에 대한 애정
- 세심한 관찰력
- 의사소통 능력
- 세심함
- 판단력
- 순발력
- 손재주
- 자기통제 능력
- 수리 능력
- 자연친화력
- 인내심과 끈기
- 지구력

관련 교과

- 수학
- 과학
- 사회

- 대한수의사회
- 한국수의학인증원
- 한국동물병원협회

스마트헬스케어 기기개발자

스마트헬스케어기기개발자란?

우리나라에는 당뇨와 고혈압 환자들이 많다. 일상생활 속에서 지속적으로 잘 관리하면 큰 어려움이 없는 질환이므로 기존에는 병원을 정기 방문하여 의사에게 진료 및 처방을 받고 약국에서 약을 구입해 복용했지만, 최근에는 병원에 가지 않고도 스마트 헬스케어의 도움을 받아 질병을 관리하는 사람들이 증가하고 있다. 스마트 헬스케어 기기는 당뇨병 환자의 경우 혈당을, 고혈압 환자의 경우 혈압을 환자에게 알려줌으로써 환자 스스로 식사와 운동 등을 통해 건강을 관리하도록 돕는다.

스마트 헬스케어 기기에 대한 관심이 높아지는 이유는 의료 서비스가 질병이 발생한 후에 치료를 받는 병원 치료 중심에서 국민 스스로 건강을 관리하는 소비자 예방 중심으로 변화하였고, 스마트 기기 등을 통해 일상에서 손쉽게 자신의 식사량, 혈압, 운동량 등 건강 상태를 기록하고 관리하는 자가 건강 측정 문화가 확산되고 있기 때문이다. 또 다른 원인으로는 기술의 발전을 들 수 있다. 웨어러블 디바이스가 우리 몸에 부착되어 지속적으로 생체 정보를 파악할 수 있도록 함으로써 자가 건강 측정 문화를 확산시키고 있으며, 정보통신 기술, 의료 기술, 빅데이터 기술이 인공지능 기술과 융합하여 헬스케어 산업의 빠른 발전을 이끌고 있다.

스마트헬스케어기기개발자는 사람들이 사물인터넷 기술과 모바일 기기를 활용해 더이상 의료기관을 방문하지 않고도 자신의 건강 상태를 확인할 수 있도록 헬스케어 기기를 개발하는 사람이다.

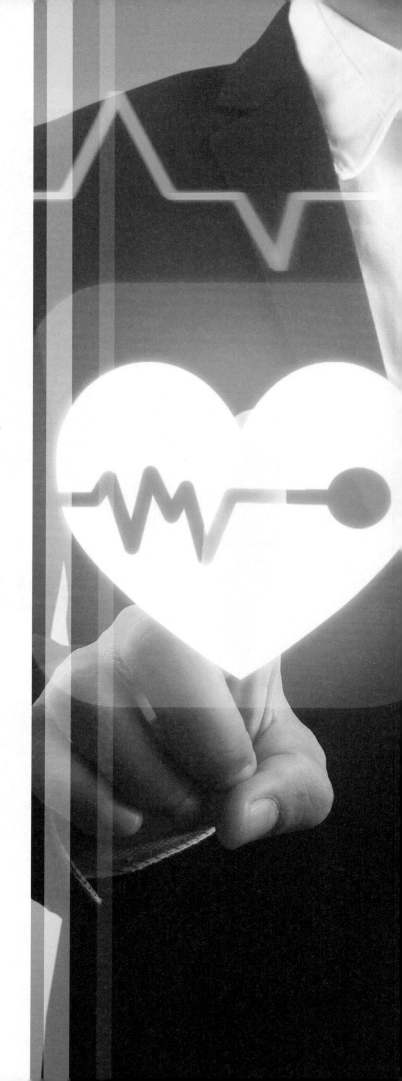

🔍 스마트헬스케어기기개발자가 하는 일은?

스마트헬스케어기기개발자는 개개인이 건강 측정 기기나 웨어러블 기기를 활용해 스스로 운동량, 심전도, 심장 박동 등을 체크하면서 건강을 관리할 수 있도록 건강 측정 기기를 개발하여 스마트 헬스케어 서비스가 가능하도록 하는 직업이다.

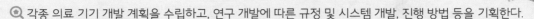

- 🔍 각종 의료 기기 개발 계획을 수립하고, 연구 개발에 따른 규정 및 시스템 개발, 진행 방법 등을 기획한다.
- 🔍 국내외 규격 취득 및 관리, 연구 실적 관리, 도면 관리, 품질 관리, 개선책 수립 등 연구와 관련한 업무를 수행한다.
- 🔍 제품 간의 호환성과 신뢰도, 신호 교류 등을 포함한 회로 설계, 디자인, 부품 개발, 금형 개발 등의 업무를 진행하고 평가한다.
- 🔍 특허 출원 및 등록 관리, 기술 도입 및 사후 관리, 기술 정보 수집 및 자료 관리 업무를 수행한다.
- 🔍 안전 규격을 연구·검토하고, 계측 장비를 사용하여 제품을 검사한다.
- 🔍 스마트 헬스케어 서비스를 가능하게 하는 각종 스마트 헬스케어 기기를 기획·개발한다.
- 🔍 빅데이터 분석 기술, 건강관리 앱, 기존 제품을 응용한 웨어러블 기기 통합 기술 등 적용 가능한 기술을 분석한다.
- 🔍 스마트 헬스케어 서비스 업무를 관리하는 도구의 개발과 서비스 플랫폼 등을 개발한다.
- 🔍 웨어러블 헬스케어 및 사물인터넷 표준 기술, 실시간 웹서비스 구축에 관한 기술 등을 개발한다.

적성과 흥미는?

스마트헬스케어기기개발자는 최첨단 기술들을 활용하여 의료 기기들을 개발하므로 컴퓨터, 전자 장비 등 각종 IT 기기를 잘 다룰 수 있도록 작동 원리와 구조, 작동 방법에 대한 전문 지식을 갖춰야 한다. 또한 각종 기계 부품을 조립하는 것에 흥미가 있고, 실험하고 조작하는 데 관심이 있는 사람에게 적합하다. 병을 예방하거나 환자들의 병을 치료할 목적으로 의료 기기를 만들어야 하므로 다른 사람을 존중하고, 희생정신과 봉사정신이 투철한 사람에게 적합하다. 다른 사람의 생명을 소중히 여길 줄 아는 마음과 타인을 위해 봉사할 수 있는 마음, 다른 사람의 아픔을 이해하는 배려심, 공감 능력도 필요하다.

하나의 의료 기기가 완성되려면 여러 분야의 전문가들이 협업하여 작업을 하게 되므로 대인관계 능력, 의사소통 능력, 협업 능력도 갖추어야 한다. 의료 기기를 개발하는 데에는 오랜 시간이 걸리므로 개발과정을 꾸준히 수행할 수 있는 인내심과 끈기, 스트레스를 효과적으로 관리할 수 있는 스트레스 관리 능력, 모든 일에 빈틈이 없는 꼼꼼함, 새로운 학문을 적극적으로 수용할 수 있는 지적 호기심, 학문 탐구 능력 등이 요구된다. 최근에 등장한 학문이므로 외국의 문헌과 서적으로 공부하게 되는 경우가 많아 영어 실력을 갖추어야 한다.

관련 학과 및 자격증은?

의료공학과 의용생체공학과 의료IT학과
의료IT공학과 의료신소재학과 의공학과
의료장비과 생체의공학과 의용공학과
메디컬IT융합공학과 의용메카트로닉스공학과
의료생명공학과 바이오메디컬공학과
의료보장구과

⚙ 정보처리기사 ⚙ 멀티미디어콘텐츠제작전문가
⚙ 정보처리산업기사 ⚙ 병원서비스코디네이터
⚙ 의료정보사 ⚙ 전자캐드기능사
⚙ 의료정보관리사 ⚙ 전자계산기기사
⚙ 의공산업기사 ⚙ 전자계산기산업기사
⚙ 의공기사 ⚙ 리눅스마스터
⚙ 전자산업기사

관련 교과는?

과학 수학 사회 정보 기술·가정

관련 직업은?

의료장비설치수리원 의료장비영업원
의료장비품질관리원 의료로봇개발자
의료소프트웨어개발자 의료기기수출무역사무원
전자의료기기상품기획자 의료기기개발자
전자의료기기S/W설계연구원 의료장비생산관리원
전자의료기기H/W설계연구원 의료장비기사
전자의료기기규격엔지니어 전자의료기기개발자

진출 방법은?

스마트헬스케어기기개발자가 되기 위해서는 전문대학 및 4년제 대학에서 의료공학, 의료IT공학, 산업공학, 전자공학, 전기공학, 통신공학 등을 전공한 사람이 유리하다. 관련 학과에서는 의료 기기 개발에 필수적인 수학, 물리학, 생물학 등 기초과학 관련 과목과 전자회로, 제어공학, 계측공학, 반도체 소자 등 IT 공학 관련 과목에 대해 체계적으로 배울 수 있다. 특히 스마트 헬스케어 기기 개발 분야는 정보통신기술과 의료공학을 융합한 지식을 필요로 하기 때문에 관련 분야의 전공자가 아닌 사람에게는 진입 장벽이 높다.

스마트헬스케어 분야는 의료와 IT 기술, 공학기술이 융합된 학문을 배워야 하는데, 현재 우리나라에는 관련 학과가 개설된 대학이 많지 않다. 대학 외에 헬스케어서비스개발자를 위한 교육과정으로는 한국보건산업진흥원의 '스마트 모바일 헬스케어 과정'이 있다.

⚙ 미래 전망은?

전세계적으로 의료공학 기술과 정보통신기술이 융합된 다양한 형태의 스마트 헬스케어 제품 및 서비스가 출시되고 있다. 의료 기기 전문업체에서부터 글로벌 ICT 기업, 스타트업에 이르기까지 많은 기업들이 인공지능, 사물인터넷, 가상·증강 현실, 로보틱스 등 다양한 기술을 적용하여 첨단 기능을 갖춘 제품들을 개발하고 있고, 이는 스마트 헬스케어 산업의 성장에 큰 영향을 미치고 있다.

의료 기기의 세계 시장 규모가 약 3,000억 달러 이상이고, 연평균 8%의 높은 성장률을 기록한다는 것은 스마트헬스케어기기개발자의 직업 전망을 밝게 한다. 세계적인 의료 기기 업체들은 스마트 헬스케어 분야에 연구 및 투자를 점점 확대하는 추세이며, 대형 병원들도 첨단 의료 기기를 구입해서 활용하는 경우가 증가하고 있어 스마트헬스케어기기개발자의 전망이 밝을 것으로 예상된다.

CAREER MAP

관련 직업

- 의료장비생산관리원
- 의료장비설치수리원
- 의료장비영업원
- 의료장비품질관리원
- 의료로봇개발자
- 의료기기개발자
- 의료장비기사
- 의료장비설치 및 수리원
- 의료소프트웨어개발자
- 의료기기수출무역사무원
- 전자의료기기개발자
- 전자의료기기상품기획자
- 전자의료기기S/W설계연구원
- 전자의료기기H,W설계연구원

관련 기관

- 의료기기정보기술지원센터
- 한국의료기기공업협동조합
- 한국의료기기산업협회
- 한국스마트헬스케어협회

준비 방법

- 수학, 과학, 기술가정, 정보 교과 역량 강화
- 스마트헬스케어기기개발자 직업체험활동
- IT, 4차 산업혁명, 상담, 심리학, 인문학, 철학, 의학 등 다양한 분야의 독서활동
- 컴퓨터 활용 능력, 기초과학 관련 교과 능력 향상

스마트 헬스케어 기기개발자

관련 교과

- 과학
- 수학
- 사회
- 정보
- 기술·가정

적성과 흥미

- 컴퓨터 활용 능력
- 기초과학 관련 교과에 대한 흥미 및 기초 지식
- 기계 조립에 대한 흥미
- 실험과 조작에 대한 관심
- 희생정신과 봉사정신
- 대인관계 능력
- 의사소통 능력
- 협업 능력
- 인내심
- 의학과 공학 분야에 대한 관심
- 정교한 손동작
- 스트레스 감내성
- 영어 실력

관련 자격

- 정보처리산업기사
- 의공기사
- 병원서비스코디네이터
- 의료정보사
- 의료정보관리사
- 정보처리기사
- 멀티미디어콘텐츠제작전문가
- 의공산업기사
- 전자산업기사
- 전자캐드기능사
- 전자계산기기사
- 전자계산기산업기사
- 리눅스마스터

관련 학과

- 의용생체공학과
- 의료공학과
- 의공학과
- 의료IT학과
- 의료IT공학과
- 의료신소재학과
- 생체의공학과
- 의용공학과
- 메디컬IT융합공학과
- 의용메카트로닉스공학과
- 의료생명공학과
- 바이오메디컬공학과
- 의료장비과
- 의료보장구과

신약개발연구원
(신약개발원)

신약개발연구원이란?

약은 인류의 발전과 함께 오랜 연구 개발을 통해 일궈낸 결정체 중 하나이다. 가벼운 감기에서 시작해 암과 같이 생명에 큰 위험이 되는 병, 당뇨처럼 완치가 힘든 질병까지 사람의 신체가 정상적으로 작동하지 않을 때 우리는 약을 찾는다.

하지만 다국적 제약사에서 만든 독점 의약품이 환자를 볼모로 터무니없는 가격 인상을 요구하여 약을 필요로 하는 사람들이 어려움을 겪는 일이 종종 발생한다. 특히 대체약제가 없는 독점적 신약이 국내에 도입되는 경우 이러한 현상이 매번 되풀이된다.

세계적인 고령화 추세와 건강한 삶에 대한 욕구 증가로 의약품에 대한 수요는 지속적으로 증가할 전망이다. 선진국과 다국적 제약회사들은 이러한 환경에 대응하며 신약개발의 주도권을 잡기 위해 많은 투자와 관심을 보이고 있다.

신약개발연구원은 의학적 지식과 생명공학, 화합물 설계 등 다양한 화학지식을 바탕으로 약을 만들고 연구하는 사람으로 새로운 의약품의 기획부터 판매까지 모든 과정에서 연구를 진행하고 실험하는 직업이다.

🔍 신약개발연구원이 하는 일은?

신약개발연구원은 새로운 의약품을 개발하기 위하여 생명체에 특별한 작용을 하는 화합물을 발견하고, 원리에 기초하여 후보 화합물을 설계한 후 실제로 합성하여 화합물의 생리활성을 확인하는 일을 한다. 즉 다양한 약물을 배합해 새로운 약을 만드는 일을 한다.

- 🔍 항생물질, 생리활성물질, 생화학제 및 화학요법제 등을 분석하여 새로운 의약품을 연구 개발한다.
- 🔍 기존의 치료제로 부작용이 발생하거나 치료가 되지 않는 질환에 대한 새로운 치료제를 개발한다.
- 🔍 동물실험의 결과를 임상실험과 연관 지어 질병에 대한 면역이나 치료용 투약의 기준을 비교·설정한다.
- 🔍 약을 만드는 실험 및 연구뿐만 아니라 기획부터 약의 판매에 이르기까지 신약을 만드는 모든 과정에 참여한다.
- 🔍 인체의 특정기관에 영향을 미치는 의약품의 효과 측정, 특수질병치료용 의약품 개발, 독성물질의 검출 및 확인 등을 수행한다.

> **Tip 의약품인허가전문가에 대해 알아볼까요?**
>
> 의약품은 사람을 대상으로 직접 사용하기 위한 안전성과 유효성을 뒷받침할 수 있는 자료들을 제출하여 의약품으로서 허가를 받아야 한다. 이때 허가를 위해 약을 개발한 제약회사와 허가를 내주는 국가기관 사이에서 규제에 대한 근거자료를 내는 등 다양한 의사소통 역할을 하는 직업이 바로 의약품인허가전문가이다.

적성과 흥미는?

신약개발연구원은 약을 연구하는 사람으로 고도의 전문 지식과 도덕성이 요구되는 전문가이다. 그렇기 때문에 전문 지식을 배우고 이를 지속적으로 업데이트하여 전문가로서 실력을 유지하는 자세가 필요하다. 그리고 환자의 아픔을 이해하는 따뜻한 마음, 개인의 이익보다 환자 및 공공의 이익을 우선시하는 도덕성이 매우 중요하다.

또한, 우수한 신약을 개발하기 위해서는 수백만 명 혹은 그 이상의 생명을 구하겠다는 뛰어난 책임감과 성실함이 있어야 한다. 이를 위해 새로운 아이디어를 창출해내는 창의성과 신약 개발에 실패하더라도 지속적으로 도전하는 인내심을 가진 사람이 필요하다. 그 외에도 생물학 및 자연과학 전반에 대한 지식을 가지고 있어야 하며 자연법칙과 과학적 연구방법을 이해하고 적용할 수 있는 논리력, 추리력, 관찰력 등이 요구된다.

신약개발연구원을 희망하는 학생이라면 과학 교과에 관심을 가지고 높은 성취도가 필요하며 생명체와 생명현상에 대한 관심과 열정을 가질 수 있는 다양한 경험을 하는 것을 권장한다. 또한, 학교에서 배우는 과학적 사실에 탐구정신과 호기심을 가지고 도서 및 실험, 분석 등을 통해 해결하는 연구자의 자질이 필요하기에 관련 활동을 통해 이러한 역량을 함양하는 것을 추천한다.

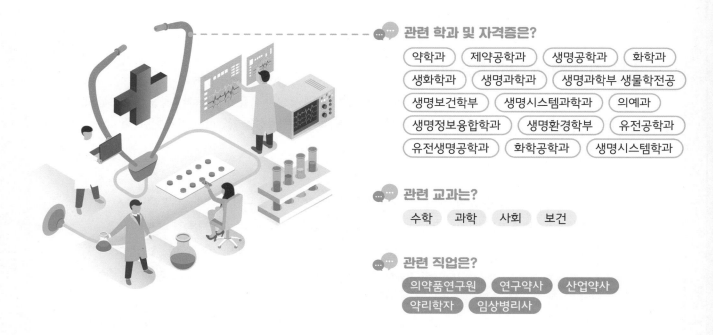

관련 학과 및 자격증은?

약학과　제약공학과　생명공학과　화학과
생화학과　생명과학과　생명과학부 생물학전공
생명보건학부　생명시스템과학과　의예과
생명정보융합학과　생명환경학부　유전공학과
유전생명공학과　화학공학과　생명시스템학과

관련 교과는?

수학　과학　사회　보건

관련 직업은?

의약품연구원　연구약사　산업약사
약리학자　임상병리사

Tip 유전체분석가에 대해 알아볼까요?

2003년 인간게놈프로젝트가 완성되면서 개인을 상대로 한 유전체 분석 시장이 본격화되었으며, 2016년 민간 유전체 분석 시장의 규제가 완화되었다. 유전체분석가는 유전체 검사를 통해 질병의 예측이나 관련성을 규명하는 것 뿐만 아니라 신약 개발, 맞춤 화장품 개발, 건강기능식품 개발 등 개개인의 유전체 특성을 반영한 맞춤형 융합 서비스를 제공한다. 이를 위해 인간이나 동식물의 유전체 빅데이터 분석을 통해 질병을 예방하고, 환자 맞춤형 의약품과 의료서비스를 개발하는 일을 한다.

 ### 진출 방법은?

신약개발연구원이 되기 위한 특별한 자격증은 없다. 하지만 연구직은 전문성이 필요하기에 전공지식은 필수이다. 때문에 대학교에서 생물학, 생명과학, 화학, 생화학, 약학, 유전공학, 유기화학 등 관련 학과의 석사 이상의 학력이 필요하다. 이뿐만 아니라 임상에 대한 기초적인 지식, 그리고 글로벌 협업을 위한 외국어 구사 능력을 함양해야 한다.

또한, 신약 개발을 위해 다양한 실험은 기본이므로 석사과정에서 여러 분야의 실험 경험을 쌓을 필요가 있다. 이러한 역량과 경험을 가진 후 제약회사의 신약 개발·연구 관련 부서에 취업하면 해당 업무를 할 수 있다.

 ### 미래 전망은?

OECD는 고령화와 인류 난제를 극복하기 위해 생명공학과 관련한 기술과 시장이 성장할 것이라 예상하고 있다. 우리나라에서도 관련 업계의 성장에 따라 투자와 종사자, 사업체 수가 꾸준히 증가하고 있는 추세이다. 신약개발연구원은 인류에게 병이 완전히 사라지지 않는 이상 계속해서 발전할 분야이다.

다만, 하나의 신약을 개발하기 위해서는 약 10년 정도의 기간이 필요하며, 효력이 좋을 것이라 기대했던 후보물질의 결과가 예상과 다르게 좋지 않았을 때 명확한 원인을 찾지 못하는 경우가 많다. 즉, 신약 개발의 경우 노력 대비 결과가 항상 보장되지 않기에 과정에서의 어려움이 크다.

그럼에도 불구하고 지구상에 존재하는 수많은 질병과 앞으로 생겨날 새로운 질병을 치료할 새로운 약의 등장은 많은 사람의 희망이 된다. 이는 신약이 전세계적으로 치열한 경쟁을 통해 개발·유통되며 국제사회에서 큰 파장을 일으키는 이유이기도 하다.

CAREER MAP

- 수학
- 과학
- 사회
- 보건

관련 교과

- 약학과
- 의예과
- 화학과
- 제약공학과
- 생명공학과
- 생명과학과
- 생명보건학부
- 생명시스템학과
- 생명환경학부
- 생화학과
- 유전공학과
- 유전생명공학과
- 화학공학과
- 생명정보융합학과
- 생명시스템과학과
- 생명과학부 생물학전공

관련 학과

- 수학, 과학, 사회, 보건 교과 역량 강화
- 생명현상 탐구 및 발표활동
- 다양한 실험활동 및 프로그램 참여
- 연구자의 자질 함양

준비 방법

신약개발 연구원

적성과 흥미

관련 직업

- 전문가의 자질
- 공감 능력
- 도덕성
- 책임감
- 성실함
- 인내심
- 탐구 능력
- 관찰력
- 논리력
- 추리력

관련 기관

- 의약품연구원
- 연구약사
- 산업약사
- 약리학자
- 임상병리사

- 식품의약품안전처
- 의약품안전평가원
- 한국식품안전관리인증원
- 한국의약품안전관리원
- 식품안전정보원

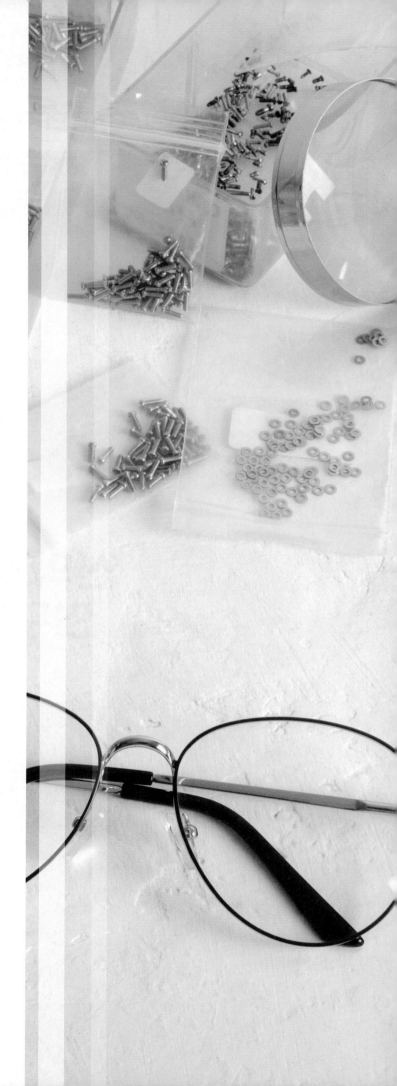

의약계열

12

안경사

안경사란?

눈은 인간의 삶에 있어 가장 중요한 신체 부분 중 하나이다. 눈을 관리하고 보호하는 일이야말로 건강한 라이프 스타일을 영위하는 데 있어 핵심적인 요소이다.

우리나라에서 안경사는 1987년 11월 의료기사법(현 의료기사 등에 관한 법률)이 공표되고, 국가자격시험에 의해 면허를 취득해야만 하는 제도가 전격 도입되면서 인기 유망직종으로 자리잡기 시작했다. 안경사는 보건복지부장관의 면허를 취득하고, 시력 보정용 안경의 조제·가공 및 판매, 그리고 시력 보정 및 미용용 콘택트렌즈의 판매를 주된 목적으로 하는 안보건전문가이다. 안경사는 의료기사와 달리 의사의 지시를 따르지 않는다. 그러나 6세 이하 아동에 한해 약물시력검사(조절마비굴절검사)등이 필요할 수 있어 안과 전문의의 검안과 처방에 따라서 안경을 조제해야 한다. 안경사는 시력검사를 통해 시력이 좋지 않은 사람에게 적합한 안경이나 콘택트렌즈를 맞춰주고, 건강한 시력 관리를 위해 눈을 보호하고 관리해주는 일을 하는 직업이다.

안경사가 하는 일은?

안경사는 사람의 건강한 눈을 보호하고 관리하기 위해 각종 시력검사를 비롯해 안경을 만들고 콘택트렌즈와 같은 시력 보호 도구들을 판매하는 일을 한다.

- 기계나 검안장비 등을 이용해 타각적 굴절검사, 자각적 굴절검사, 안경착용검사 등 각종 시력검사를 진행한다.
- 안경이나 콘택트렌즈 또는 기타 시력을 좋게 하기 위한 처방을 한다.
- 고객 개개인의 눈동자 간의 거리 및 코의 높이 등을 피디(자)를 사용하여 측정하고, 고객 얼굴에 맞는 안경테를 추천한다.
- 렌즈를 가공하는 기계를 이용해 고객에게 적합한 안경테에 맞추어 렌즈를 가공하고 조립한다.
- 안경을 조제 및 판매하며, 6세 이하의 아동을 위한 안경은 의사의 처방에 따라 조제·판매한다.
- 시력을 보호하고 관리하기 위한 안경이나 콘택트렌즈의 세척 방법을 설명하고 시력을 보호하기 위한 조명 사용 등에 대해 조언한다.
- 의학적 치료가 요구되는 고객의 경우에는 안과 진료를 추천한다.
- 고객의 특성에 맞는 안경테를 선정하는 데 도움을 준다.

> **Tip 우리나라에 현존하는 가장 오래된 안경에 대해 알아볼까요?**
>
> 조선 선조 때 문신 학봉 김성일의 안경이 우리나라에 현존하는 안경 가운데 가장 오래된 것으로, 우리나라 안경 역사의 시작을 임진왜란 전으로 끌어올린 안경이다. 안경 형태, 코 모양에서 조선 특유의 투박함과 섬세함, 강약의 적절한 조화로움이 느껴지며 안경집의 처리법이 우리나라 전통 공예품과 같아 선조들에 의해 만들어졌을 가능성이 크다.

적성과 흥미는?

안경사는 중요한 시력과 관련되어 있기 때문에 콘택트렌즈나 안경의 제조를 위해 꼼꼼함과 정확성이 요구된다. 고객의 시력을 측정하고 불만사항을 파악하여 원활한 상담을 진행하기 위해서는 의사소통 능력과 원만한 대인관계 능력이 필요하다. 고객에게 적합한 안경을 제작하기 위한 섬세함과 정교함도 중요하다. 안경사는 직접 안경점을 운영하는 경우도 많기 때문에 재고 관리 능력, 마케팅 능력이 요구되며 고객들에게 신뢰를 줄 수 있는 단정한 용모와 태도가 필요하다.

안경사 직업에 관심이 있다면 의사소통 능력이나 원만한 대인관계 능력을 키울 수 있는 다양한 학교 프로그램에 적극 참여하고 수학, 과학, 사회 교과 등의 학업 역량을 키우는 활동이 도움이 된다. 특히 경제 및 경영, 마케팅 관련 동아리활동도 적극 추천한다.

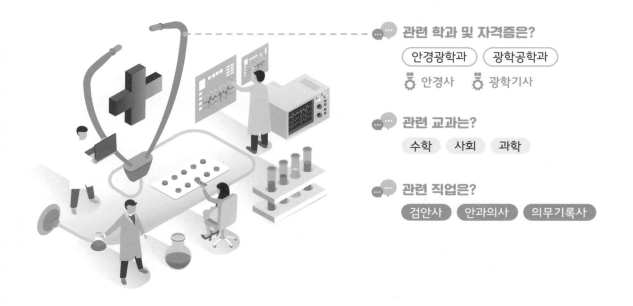

관련 학과 및 자격증은?

안경광학과   광학공학과

안경사   광학기사

관련 교과는?

수학   사회   과학

관련 직업은?

검안사   안과의사   의무기록사

Tip 시력검사의 종류에 대해 알아볼까요?

안과병원이나 안경원에 가면 시력검사를 진행한다. 시력검사는 안과 검사의 가장 기본적인 검사로 수정체로 들어온 물체의 상이 얼마나 잘 보이는지 검사하는 것이다. 시력검사의 방법에는 시력검사표, 정밀시력검사, 정밀검사 등이 있다.

시력검사표는 크기가 다른 문자나 그림을 명확하게 알아보는 검사로, 시력검사표를 통해 시력을 측정하며 근시, 난시, 원시 등을 측정한다. 정밀시력검사는 굴절상태를 측정하는 검사로 굴절 및 조절, 굴절 마비 등을 검사한다. 정밀검사는 눈에 빛을 보내 굴절상태를 측정하는 검사와, 투약제를 점안한 후 동공을 키워 굴절상태를 측정하는 조절마비 굴절검사가 있다.

 진출 방법은?

안경사로 진출하기 위해서는 전문대학 및 대학교에 개설되어 있는 안경광학과나 광학공학과를 졸업하고 안경사 국가면허 시험에 합격해야 한다. 안경사가 되려면 2년제 이상의 전문대학에서 안경광학 분야를 전공해야 한다. 졸업 또는 졸업 예정자에 한해 안경사 국가시험에 응시할 수 있고, 합격하면 보건복지부장관으로부터 면허를 발급받는다.

안경원을 직접 개원하여 운영하거나 근무하며, 일부 안경사는 면허 취득 후 종합병원이나 안과 전문 병원에서 검안 및 안경, 콘택트렌즈 처방업무에 종사한다. 또한 안경렌즈 제조업체나 안경테 제조업체, 안과와 관련된 렌즈 개발 등의 연구를 수행하는 광학연구소에도 취업할 수 있다.

 미래 전망은?

최근에는 안경과 콘택트렌즈 착용 인구가 꾸준히 증가하고, 고령화 시대에 따른 노안 인구가 급격히 증가할 것으로 예상되면서 안경사 직업이 많은 관심을 받고 있다. 정보통신기술의 발달로 다양한 영상매체나 인터넷 등을 접하는 시간이 점차 늘어나 성인뿐만 아니라 어린이 및 청소년들까지도 시력이 저하되고 있으므로 안경사의 고용에 긍정적인 영향을 미칠 것으로 예상된다. 그러나 안경사를 양성하는 안경광학과가 증가하면서 예상보다 많은 인원이 진출하고 있는 점은 향후 안경사 고용 증가에 단점으로 작용할 것으로 예측된다.

안경사 직업은 다른 직업에 비해 근무 시간이 비교적 긴 편이고 주말에도 근무하는 일이 잦아 개인 시간이 많지 않다. 그러나 찾아오는 고객들을 상대하므로 육체적·정신적 스트레스는 크지 않은 편에 속한다.

CAREER MAP

- 수학, 과학, 사회 교과 역량 강화
- 안경광학 관련 탐구 및 발표활동
- 경제·경영 및 마케팅 관련 동아리활동

준비 방법

관련 직업
- 검안사
- 안과의사
- 의무기록사

관련 교과
- 수학
- 사회
- 과학

안경사

관련 학과
- 안경광학과
- 광학공학과

적성과 흥미
- 의사소통 능력
- 대인관계 능력
- 꼼꼼함과 정확성
- 섬세함과 정교함
- 재고 관리 능력
- 마케팅 능력
- 단정한 용모와 태도

관련 기관
- 대한안경사협회
- 한국안경사협회
- 한국인광학산업진흥원
- 대한안과학회
- 한국보건의료인국가시험원

관련 자격
- 안경사
- 광학기사

약사

약사란?

약학이 하나의 학문으로 자리잡기 전에는 각 나라마다 다양한 민간요법이 있었다. 시간이 지나면서 이러한 민간요법이 하나의 학문으로 정리되었고, 변화의 과정에서 약학이 발전해 왔다.

약학이란 학문은 인간의 오랜 소망인 아프지 않고 오래 살아가기 위한 인체의 생리적인 현상을 연구하는 종합적인 학문이다. 건강한 삶을 위한 질병 예방 및 질병 치료에 그 목적이 있으며, 인간 생명에 대한 존중과 국민 건강을 위해 사회에 봉사함을 기본으로 한다.

일상생활 중 몸이 아프면 병원에 가는데 의사는 원인을 찾아내 치료를 위한 약을 처방하고, 환자는 의사에게서 받은 처방전을 가지고 약국에 가서 약사로부터 처방전에 기재된 약을 받는다. 약사는 약품을 조제·투약하고, 약 복용법에 대한 지도를 하는 등 약사법에 따른 업무를 한다.

🔍 약사가 하는 일은?

약사는 국민들의 건강 증진을 위해 일하는 약에 대한 의료 전문가이다. 의약품을 조제·투약하고, 약물의 복용법을 지도하며, 약의 생산, 조제, 공급, 관리를 비롯한 다양한 영역에서 약사법에 의해 약에 대한 업무를 담당한다. 근무처나 하는 일에 따라 구분하여 부르는데, 본인의 약국을 개설하여 근무하는 개국 약사, 약국에 고용되어 근무하는 관리 약사, 병원에서 근무하는 병원 약사, 식약청 등의 공공기관에서 근무하는 공직 약사, 제약 회사나 판매 회사에서 근무하는 제약 약사, 유통 약사 등이 있다.

- 🔍 약사는 주로 약국에서 근무하면서 의사가 처방한 약을 지어 환자에게 제공한다.
- 🔍 환자가 제출한 처방전에 이상이 없는지 확인한 후 환자가 복용할 약을 조제한다.
- 🔍 환자나 보호자를 상대로 질병 치료와 건강에 관련된 약물의 복용 및 보관 방법을 알려준다.
- 🔍 환자에게 약을 복용하는 방법, 복용 시간, 약의 보관 방법, 주의 사항 등에 대해 설명한다.
- 🔍 약품의 반입과 출입을 관리하고, 변질될 수 있는 의약품은 냉동 및 기타 방법으로 저장 및 보관한다.
- 🔍 대체 약품을 개발하고, 환자에게 효율적이고 안전한 약물 투여 방법을 연구한다.
- 🔍 약품의 생산 라인을 관리하거나 제품을 실험하는 등의 업무를 수행한다.
- 🔍 새로운 화학물질이나 식품 첨가물, 화장품, 농약 등의 독성 및 안전성 평가 등을 통해 사용 여부를 판단할 수 있는 기준을 제공한다.
- 🔍 마약이나 독약, 부정 의약품 등의 성분을 분석하여 감식하는 업무를 수행한다.
- 🔍 의약품 및 식품 등의 점검 업무, 바이러스 역학 조사 등의 업무를 수행한다.
- 🔍 몸에 부작용이 적고, 효능이 뛰어난 새로운 약을 연구 개발한다.

적성과 흥미는?

약사는 매일 많은 환자들을 상대해야 한다. 어린아이부터 노인까지 연령대가 다양하기 때문에 사람을 이해하고, 사람과 대화하는 것을 즐기는 사람에게 적합하다. 환자들은 몸이 불편하므로 신경이 날카롭고 짜증을 내기도 하는데, 약사는 그런 환자들의 투정과 하소연을 들어줘야 할 때가 많다. 특히 대화가 서툰 어린아이나 노인들은 증상을 정확하게 설명하지 못하는 등 의사소통에도 어려움이 있다. 천천히 대화를 유도해 아픈 부위와 원인을 정확하게 찾아야 하고, 약사의 판단하에 적절한 처방을 해야 한다. 따라서 약사는 집중력, 판단력, 대화를 이끄는 기술, 의사소통 능력, 공감 능력, 대인관계 능력을 갖추어야 한다.

혼자 일하기보다는 사람들과 협업하여 일하는 것을 좋아하며, 타인들과 개인적인 유대 관계를 형성하는 것을 좋아하는 사람에게 적합하다. 환자가 증상을 설명할 때 집중해서 들어야 하며, 위급 상황에 대처할 수 있는 민첩성과 순발력이 있어야 한다. 처방 시에는 논리적 분석력과 정확한 판단력이 필요하고, 업무에 필요한 컴퓨터 활용 능력과 약국을 운영·관리할 수 있는 능력도 갖추어야 한다.

 관련 학과 및 자격증은?

(약학과) (제약공학과) (한약학과) (약학부)

⚙ 약사

💬 **관련 교과는?**

수학 과학 사회 영어 보건

💬 **관련 직업은?**

병원약사 약국약사 공직약사
임상연구약사 약학연구원 제약영업원
의약품화학공학기술자 공중보건연구원
의약품인허가전문가 메디컬어드바이저
신약개발연구원

 ## 🌐 진출 방법은?

약사가 되기 위해서는 약학과에 진학해야 한다. 2022학년도 이후부터 대학입학기본계획에 따라 전국 모든 37개 약학대학이 정원의 전원을 대학입시를 통해 1학년 신입생으로만 선발하고 있다. 6년 과정의 약대를 졸업한 후 한국보건의료인국가 시험을 응시하여 합격하면 약사 면허증을 얻는다.

약사 면허 취득 후에는 개인 약국을 개업할 수 있으며, 병원으로 진출하여 병원 내 약제부에서 약사 업무를 수행한다. 또한 국가정보원, 국립수사과학연구원, 보건복지부, 식품의약품안전처, 보건소 등에서 공직약사로도 근무할 수 있고 국민건강보험공단, 근로복지공단 등 공공기관으로도 진출한다. 연구 약사로 종사하기 위해서는 제약회사로 진출해 신약을 개발하거나 허가, 판매 분야의 업무를 수행한다.

💬 Tip 약사의 자격에 대해 알아볼까요?

약사 면허를 가지고 있지 않으면 약사라는 명칭을 사용할 수 없다.

- 약사는 우리나라의 약학대학을 졸업하고 약학사 학위를 받은 자로서, 약사 국가자격시험에 합격해야 한다.
- 약사는 보건복지부장관이 인정하는 외국의 약학대학을 졸업하고 그 나라에서 약사 면허를 받은 자로서, 우리나라의 약사 국가자격시험에 합격해야 한다.

⚙ 미래 전망은?

인구의 고령화와 생활수준의 향상, 새로운 약품의 개발과 약품에 대한 건강 보험 급여의 확대 등은 약사의 일자리에 긍정적인 영향을 미칠 것으로 전망된다. 아울러 약사의 활동 범위가 넓어지면서 약사의 역할도 변화하고 있다. 제약 회사, 식품 회사의 연구 및 품질 개발 분야, 약품의 임상 시험 관리 분야, 그리고 식품의약품안전처 등 공공기관에서 행하는 의약품이나 식품 등의 안전 관리와 정책 입안 분야에서도 약사의 활동이 활발해질 것으로 예상된다.

그러나 많은 미래 학자들은 약국의 모습이 지금과는 많이 달라질 것이라고 예측한다. 최근 규모가 큰 대학병원을 중심으로 약사 로봇이 등장하면서 기존에 약사가 하던 조제 업무를 자동화된 기계가 알약을 성분별로 구분하고 포장하여 환자들이 찾아갈 수 있도록 분류하고 있다. 또한, 3D 프린팅 기술을 이용해 약성분은 그대로 살리면서 알약을 제조하는 기술까지 선보이는 등 많은 변화를 보이고 있다.

CAREER MAP

약사

관련 학과
- 약학과
- 약학부
- 제약공학과
- 한약학과

관련 직업
- 병원약사
- 임상연구약사
- 약학연구원
- 의약품화학공학기술자
- 공중보건연구원
- 의약품인허가전문가
- 제약영업원
- 메디컬어드바이저
- 보건직 공무원
- 신약개발연구원
- 공직약사
- 약국약사

준비 방법
- 수학, 과학, 사회, 영어, 보건 교과 역량 강화
- 약학 관련 직업 및 기관 체험활동
- 약학, 의학, 생물학, 화학, 철학, 심리학 등 다양한 분야의 독서활동
- 외국어 능력 함양

관련 교과
- 수학
- 과학
- 사회
- 영어
- 보건

적성과 흥미
- 따뜻한 마음과 배려심
- 대인관계 능력
- 의사소통 능력
- 협업 능력
- 수학, 과학, 사회 교과에 대한 흥미
- 꼼꼼함과 치밀함
- 집중력과 판단력
- 투철한 사명감과 봉사정신
- 경영 관리 능력
- 공감 능력
- 컴퓨터 활용 능력

관련 자격
- 약사

관련 기관
- 한국약학교육협의회
- 한국보건의료인국가시험원
- 대한약사회
- 한국병원약사회

의약계열
14

언어치료사

언어치료사란?

　일반적으로 언어치료의 대상은 언어 발달이 늦은 아동이나 발달장애, 자폐증, 다운증후군, 뇌성마비 등 선천적 장애를 갖고 있는 사람이라고 생각하기 쉽다. 하지만 언어장애는 매우 다양한 사람들에게서 나타난다. 예를 들면 말귀를 못 알아듣는 경우, 소리를 낼 수 없는 경우, 명확하게 말을 할 수 없는 경우, 말을 더듬는 등 발성 리듬과 유창함에 문제가 있는 경우, 부적절한 음의 높이나 쉰 목소리를 내는 등 음색에 문제가 있는 경우, 언어를 이해하고 구사하는 데 문제가 있는 경우, 파킨슨병 등 노인성 질환으로 주의력, 기억력, 문제해결 장애 등 인지 대화기술이 손상된 경우, 다문화 가정의 자녀 중 환경적 요인으로 인해 언어 문제에 직면하는 경우 등도 언어장애에 해당된다.

　이와 같이 언어 발달에 문제가 있는 사람을 대상으로 언어(의사소통) 관련 장애를 진단·중재하고 재활을 돕는 사람이 언어치료사이다. 언어치료사는 언어 발달이 늦거나 언어장애를 가진 환자를 대상으로 그 원인과 증상을 찾아내고, 이에 대한 치료 계획을 수립하여 치료하는 업무를 담당한다.

 언어치료사가 하는 일은?

사람의 언어장애는 크게 조음 장애, 음성 장애, 유창성 장애, 신경 언어 장애 등으로 구분하는데, 언어치료사는 장애의 원인과 유형을 판별하고 적절한 치료 방법을 이용해 언어장애를 치료하는 사람이다.

- 환자나 보호자와의 상담을 통해 언어장애의 원인과 증상을 찾아내고, 치료 목표와 치료 계획을 수립한다.
- 환자와 상담을 통해 가족력, 언어 발달력 등을 조사·기록한다.
- 환자의 발음, 지능 및 어휘력 수준을 판단하기 위해 각종 검사를 실시한 후 환자의 반응을 관찰하고, 그림 어휘력검사, 아동 언어발달검사 등 표준화된 검사를 실시한다.
- 단어, 글자, 그림 카드, 보청기, 녹음기, 퍼즐, 거울 등을 이용해 장애를 치료한다.
- 사회성을 형성하고 유지하기 위한 언어 사용 능력을 증진시키기 위해 집단적 치료 활동을 수행한다.
- 언어장애 환자와 환자 가족 및 담당 교사를 상대로 상담 또는 지도 활동을 한다.
- 교육기관, 구강외과 및 기타 의료기관 등의 언어치료 관련 자문 역할을 한다.
- 언어장애의 치료 기술 개발을 위해 전문적인 연구를 수행한다.

적성과 흥미는?

언어치료사의 가장 중요한 자질은 장애가 있는 사람을 편견 없이 바라보는 마음이다. 언어장애는 불안한 심리 상태를 야기할 수 있어 배려심을 갖고 환자의 마음을 안정시킬 수 있는 능력과 타인의 생각과 감정에 깊이 공감하고 포용하는 따뜻한 마음가짐을 지녀야 한다. 언어장애는 그 특성상 치료에 많은 시간이 소요된다. 치료 과정에서 말 한 마디가 나오기까지 몇 개월 혹은 1년 이상이 걸리는 경우가 있기 때문에 인내심과 끈기를 갖고 환자를 치료하는 자세가 요구된다.

환자의 마음을 열기 위해 환자나 환자 가족과 감정적 교류를 해야 하므로 심리학, 상담학, 특수교육학 등도 공부해야 한다. 언어치료사는 환자의 세부적인 부분까지 살펴봐야 하므로 고도의 집중력과 관찰력, 분석력이 필요하다. 또한 환자에게 올바른 언어를 제시할 수 있도록 좋은 발성을 지녀야 하며, 환자의 말투에서 문제점을 찾기 위하여 청음 능력도 필요하다.

> **Tip 언어재활사자격증에 대해 알아볼까요?**
>
> 언어재활사 자격 제도는 장애인 재활 훈련의 전문성을 국가가 관리하고, 장애인을 위한 전문 서비스를 보장하기 위해 국가 차원에서 만들었다.

구분	응시자격
1급	2급 언어재활사 자격증을 가진 사람으로서 다음 각 목의 어느 하나에 해당하는 사람 • 고등교육법에 따른 대학원에서 언어 재활 분야의 박사 학위 또는 석사 학위를 취득한 사람으로서 언어 재활 기관에 1년 이상 재직한 사람 • 고등교육법에 따른 대학에서 언어 재활 관련 학과의 학사 학위를 취득한 사람으로서 언어 재활 기관에 3년 이상 재직한 사람
2급	고등교육법에 따른 대학원, 대학, 전문대학의 언어 재활 관련 교과목을 이수하고 관련 학과의 석사·학사·전문 학사 학위를 취득한 사람(단, 외국의 대학원·대학·전문대학에서 언어 재활 분야의 학위를 취득한 사람으로서 등급별 자격 기준과 동등한 학력이 있다고 보건복지부장관이 인정하는 경우에는 해당 등급의 응시 자격을 갖춘 것으로 봄)

💬 **관련 학과 및 자격증은?**

언어치료(학)과   언어재활(학)과
작업재활(학)과   언어청각치료학과
작업치료학과   언어청각학부   언어치료학전공
인간재활학과   언어병리학과   특수교육학과

⚙ 언어재활교육사   ⚙ 언어재활사
⚙ 사회복지사   ⚙ 청능사
⚙ 장애인재활상담사   ⚙ 보육교사
⚙ 간호조무사

💬 **관련 교과는?**

국어   과학   사회   보건   수학

💬 **관련 직업은?**

청능사   물리치료사   사회복지사   특수교사
임상심리사   예술치료사   작업치료사
놀이치료사   음악치료사   미술치료사
중독치료사   향기치료사   웃음치료사

 진출 방법은?

언어치료사가 되기 위해서는 대학이나 대학원에서 언어 재활 관련 학과(언어치료학, 언어병리학, 또는 언어 재활이 포함된 학과)를 졸업한 후 한국보건의료인국가시험원의 언어재활사 국가자격시험에 합격해야 한다. 언어재활사 자격시험은 1급, 2급으로 구분되는데, 2급은 언어재활 학사 학위 소지자가 응시할 수 있으며, 신경 언어 장애, 언어 발달 장애, 유창성 장애, 음성 장애, 조음 음운 장애 등의 과목으로 시험을 보게 된다. 1급은 석사나 박사 학위 소지자와 재활 기관에서 근무 경력이 있는 사람이 응시할 수 있는데, 2급 시험 내용 외에 언어 재활 현장 실무 내용이 추가된다.

공개채용이나 교육기관의 추천 등을 통해 병원, 심리 치료소, 사회 복지관, 각종 복지관, 대학 부설 언어치료실, 재활원 내의 언어청각실, 사설 언어치료 센터, 교육청 산하 특수 교육 센터 등으로 진출한다. 언어치료학을 전공한 후 특수교사 자격증을 취득한 사람은 특수학교에서 언어장애가 있는 학생을 가르칠 수 있다.

⚙ **미래 전망은?**

일상생활에서 언어장애를 겪는 사람이 갈수록 늘어나고 있다. 그중에서 절반은 고등학생 이하의 어린이다. 과거에는 아이의 언어 발달이 다소 늦더라도 크게 중요하게 생각하지 않았으나 최근 생활수준과 사회복지 수준이 높아지면서 언어장애에 대한 사람들의 인식이 바뀌었고, 자녀의 언어 발달이 늦는 것에 대해 적극적인 조치를 취하는 부모들이 증가하고 있다. 또한 국가 차원에서도 재활 훈련의 중요성을 인식하고 전문 재활 서비스를 제공하기 위해 언어치료사의 국가자격제도를 도입하였다. 이러한 상황으로 인해 언어치료사의 직업적 전문성에 대한 기대도 높아지고 있다.

언어장애를 겪고 있는 사람들을 위한 복합 치료 프로그램이 수많은 병원, 복지관, 전문시설 등에서 실시되고 있고, 언어치료사를 배출하는 교육기관의 수도 갈수록 늘어나고 있다. 특히 고령화 사회가 되고, 언어장애의 조기 발견 비율이 높아지면서 미국을 비롯한 전세계적으로도 언어치료 전문 인력의 수요가 크게 증가하는 추세이다. 대학생들의 직업 선호도 조사에서도 희망 직업 상위권에 오를 만큼 언어치료사의 인기는 날로 높아지고 있다.

CAREER MAP

준비방법
- 국어, 과학, 사회, 보건, 수학 교과 역량 강화
- 언어치료 및 언어 재활 관련 직업체험활동
- 심리학, 상담, 특수교육학, 생명과학, 화학, 철학 등 다양한 분야의 독서활동
- 상담 능력, 대화 능력 함양

적성과 흥미
- 대인관계 능력
- 의사소통 능력
- 협업 능력
- 과학, 사회, 보건, 국어, 수학 교과에 대한 흥미
- 판단력과 분석력
- 상담 능력
- 봉사정신
- 배려심
- 공감 능력
- 유머감각
- 직관력과 통찰력

관련자격
- 언어재활사
- 언어재활교육사
- 사회복지사
- 청능사
- 장애인재활상담사
- 간호조무사
- 보육교사

언어 치료사

관련교과
- 국어
- 과학
- 사회
- 보건
- 수학

관련학과
- 언어치료(학)과
- 언어재활(학)과
- 작업재활(학)과
- 특수교육학과
- 작업치료학과
- 언어병리학과
- 언어청각치료학과
- 인간재활학과
- 언어청각학부
- 언어치료학전공

관련기관
- 한국언어재활사협회
- 한국언어재활학회
- 한국언어청각임상학회
- 한국언어치료학회

관련직업
- 청능사
- 특수교사
- 물리치료사
- 사회복지사
- 임상심리사
- 중독치료사
- 예술치료사
- 작업치료사
- 놀이치료사
- 음악치료사
- 미술치료사
- 향기치료사
- 웃음치료사

영양사

영양사란?

영양학은 건강한 식생활을 통해 인간의 건강을 증진하고, 나아가 삶의 질을 향상시키는 것을 목표로 하는 학문이며, 인간의 식생활에 관한 과학적 지식을 생산하고 현장에 적용하기 위하여 연구하고 교육하는 응용학문이다. 영양학은 사람의 생명을 유지하는 데 반드시 있어야 할 영양에 대하여 연구하는 학문으로, 식품이 생물에 어떻게 영향을 미치고 이용되는지를 연구한다. 예를 들면 식품의 종류, 조성, 조리법, 또 병이 났을 때의 식사 등을 생리학, 생화학, 병리학, 위생학의 입장에서 연구한다.

영양사는 개인 및 단체에 균형 잡힌 급식 서비스를 제공하기 위해 식단을 계획하고 조리 및 공급을 감독하는 등 급식을 담당하며, 급식관리 업무 외에 영양교육 및 상담, 영양지원 등 영양서비스를 관리하는 업무를 수행하는 직업이다. 업무성격이나 근무처에 따라 영양교사, 임상영양사, 급식경영영양사, 산업보건영양사, 보건영양사, 관리영양사, 상담영양사, 식품위생영양사 등으로 나뉜다.

> **Tip 국민영양관리법에 대해 알아볼까요?**
> 국민의 식생활에 대한 과학적인 조사·연구를 바탕으로 체계적인 국가영양정책을 수립·시행함으로써 국민의 영양 및 건강 증진을 도모하고 삶의 질 향상에 이바지하는 것을 목적으로 하는 법이다.

 영양사가 하는 일은?

영양사는 건강한 식생활을 위해 식단을 짜고 식재료 구매, 조리작업 지도, 위생, 배식관리 등의 업무를 진행하여 급식운영이 원활하게 이루어지도록 총괄하는 업무를 담당한다.

- 영양 판정, 영양소 섭취 조사, 영양 교육 및 상담, 영양 지원 등 영양 치료를 제공한다.
- 효율적이고 경제적인 급식 서비스를 제공하기 위해 영양, 식단, 위생, 구매, 생산, 원가 등에 대한 급식경영 업무를 담당한다.
- 식품의 신선도, 함유열량 등을 계산하고 섭취 영양소의 양을 분석한다.
- 조리 담당자의 조리, 위생 상태를 관리 감독하며, 조리된 음식을 평가하기 위해 검식한다.
- 환자의 식습관, 식사 섭취 정도 및 기타 영양상의 문제점을 조사 및 평가하고, 환자에 대한 적절한 영양 지원 및 영양 관리를 수행한다.
- 질병예방과 건강증진을 위한 지역사회의 영양개선사업을 수행한다.
- 학생 또는 일반인을 대상으로 영양소 섭취 조사와 교육, 상담 등의 업무를 수행하기도 한다.

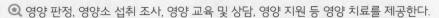 **7대 영양소와 기능에 알아볼까요?**

사람이 생명을 유지하고 성장하기 위해 꼭 섭취해야 하는 영양소는 탄수화물, 단백질, 지방, 비타민, 무기질, 식이섬유, 물이 있다.

- 탄수화물 : 인체에 열량(CAL)을 공급하는 영양소
- 단백질 : 우리 몸에 필요한 질소 성분을 얻을 수 있는 영양소
- 지방 : 체내에 여러 주요한 기능을 유지하는 데 꼭 필요한 물질
- 비타민 : 체내에서 생리적 대사기능 조절
- 무기질 : 생명에 절대적으로 필요한 영양소로 골격의 주요성분
- 식이섬유 : 6대 영양소와는 다른 생리기능에 필요한 물질
- 물 : 영양소와 노폐물의 이동수단이며 체온 조절

적성과 흥미는?

영양사는 음식과 건강에 대한 전문적인 지식이 필요하며 조리법이나 음식메뉴를 개발하는 경우 분석적 사고 능력이 필요하다. 함께 근무하는 조리사 및 기타 종사자들과 원활한 의사소통이 가능해야 하며, 식단 및 소요 경비를 계획하거나 식품의 영양적 요건을 계산해야 하므로 꼼꼼함이 요구된다. 리더십, 정직성, 국민 건강을 지키기 위하여 영양서비스를 제공하므로 헌신적인 마음가짐이 필요하다. 기본적으로 음식을 다루는 직업이기 때문에 철저한 위생관념과 건강에 대한 관심이 있어야 한다.

영양사 직업에 관심이 있다면 평소에 간단한 음식을 만들어보는 활동을 권장한다. 또한 회계 능력도 요구되므로 수리적인 능력을 키우는 것을 추천한다. 학교에서 진행되는 리더십이나 협업 능력을 함양할 수 있는 다양한 프로그램 활동의 참여나 식품, 요리 관련 동아리활동의 참여도 많은 도움이 된다.

관련 학과 및 자격증은?

(식품영양학과) (식품유통공학과)
(식품조리학과) (식품조리학부)
(외식조리영양학과) (식품산업융합학과)
(한방식품조리영양학부) (건강기능식품학과)

🔧 보건교육사 🔧 식품기사 🔧 위생사 🔧 조리사
🔧 식품위생사 🔧 영양교사 🔧 영양사

관련 교과는?

과학   기술·가정   보건

관련 직업은?

(보건영양사) (식생활상담사) (식품위생공무원)
(영양교사) (영양관리사) (영양사)
(보건행정공무원)

Tip 영양교사는 어떻게 진출할까요?

영양교사는 학교에서 영양교육과 학교급식을 담당하는 교원을 말한다. 영양사, 조리사와는 달리 엄연히 교원이며 일반교사와 같은 호봉과 복지후생을 받는다. 2003년 영양교사제도 법의안이 통과되면서 2007년부터 국공립 혹은 일부 사립학교에도 영양교사가 배치되고 있다.

진출 방법은?

영양사로 진출하기 위해서는 전문대학이나 대학교에서 식품학 또는 영양학을 전공하여 영양사 국가자격시험에 합격하여야 한다. 자격 취득 후에는 대부분 산업체, 학교, 병원, 사회복지시설, 영유아보육시설 등의 집단급식소와 급식 전문업체, 보건소 등에 취직한다. 건강기능식품판매사, 건강증진센터, 체중관리센터에서 영양에 관한 상담업무를 담당하기도 하며 교육 및 연구기관에 종사하기도 한다. 교직을 이수한 후에는 임용고시를 통해 초·중등학교에 영양교사로 진출하는 경우도 많다.

미래 전망은?

4차 산업혁명과 생활 소득의 증가, 인구의 고령화에 따라 우리의 삶이 바뀌고 있으며 건강관리와 예방이 중요한 관심사로 떠오르고 있다. 따라서 영양사들의 업무 영역이 지금보다는 훨씬 더 다양한 분야로 확장되고, 역할과 책임의 중요성이 증가할 것으로 보여 영양사 직업의 미래 전망도 밝을 것으로 예측된다.

건강한 먹거리에 대한 관심이 증가하며 영양사를 채용하는 기관이 증가하고 있고, 학교나 기업체 등의 급식 담당은 물론 헬스센터, 건강관리센터 등에서도 영양사를 채용하여 식단관리 및 연구 개발 인력으로 활용하는 등 진출 분야도 확대되고 있다.

영양사는 다른 직업에 비해 근무 시간이 길지 않고 규칙적인 편으로 육체적 스트레스가 적은 편에 속하나, 근무 환경이 좋지 않고 정신적 스트레스가 있는 편이다. 양성평등과 고용평등이 비교적 잘 지켜지는 직업에 속한다.

CAREER MAP

- 과학
- 기술·가정
- 보건

- 식품영양학과
- 식품유통공학과
- 식품조리학과
- 식품조리학부
- 외식조리영양학과
- 식품산업융합학과
- 한방식품조리영양학부
- 건강기능식품학과

- 리더십·협업 신장 프로그램 참여
- 식품 및 요리 관련 동아리활동
- 식품 관련 탐구 및 발표활동

관련 교과

관련 학과

준비 방법

관련 직업

영양사

적성과 흥미

관련 자격

- 보건영양사
- 식생활상담사
- 식품위생공무원
- 영양교사
- 영양관리사
- 영양사
- 보건행정공무원

- 음식과 건강에 대한 관심
- 철저한 위생관념
- 분석적 사고 능력
- 의사소통 능력
- 리더십
- 정직성
- 꼼꼼함
- 회계 능력

관련 기관

- 한국영양학회
- 한국식품연구원
- 식품의약품안전처
- 한국식품개발연구원
- 대한영양사협회

- 보건교육사
- 식품기사
- 식품위생사
- 영양사
- 영양교사
- 위생사
- 조리사

예술치료사

예술치료사란?

21세기에 들어서면서 예술치료는 전인적 치유의 일환으로 효과적인 보완 의료적 치료방법으로 인식되고 있다. 이에 따라 많은 지방자치단체, 시도교육청, 보호관찰소, 병원 등에서 적극적으로 활용하고 있다. 예술치료는 음악이나 미술, 연극, 문학, 무용 등의 예술장르를 체계적으로 사용하여 현재의 제한점이 바람직한 방향으로 나아갈 수 있도록 도와주는 치료 분야이다. 여기서 바람직한 상태란 사고의 제한점, 감정적인 제한점, 행동적인 제한점이 개선된 상태를 말한다. 예술치료는 다양한 분야의 예술과 현대 의학, 심리 치료 이론, 상담 이론이 통합된 치료기법으로 창조적인 예술 활동을 통해 내담자의 감정이나 내면세계를 자발적으로 표현하게 하고, 사고나 감정, 행동의 제한점을 개선 및 유지시키는 것에 활용되고 있다.

예술치료사는 병이나 트라우마 등 개인의 신체적, 심리적, 정서적으로 힘들어하는 사람들을 대상으로 음악, 미술, 연극, 무용 등의 예술장르를 활용하여 치료하는 일을 하는 직업이다. 예술치료사는 일반인들의 올바른 인격 성장과 발전, 자아 성찰에도 관여를 한다.

> **Tip** 예술치료의 역사에 대해 알아볼까요?
>
> 이미 플라톤 시대부터 음악을 통해 환자를 치유했다는 기록이 있다. 제1차 세계대전이 끝나고 병원에 입원한 환자들을 중심으로 음악, 미술, 레크리에이션을 실시하였는데, 그후 환자들이 자신의 병에 잘 적응하고 퇴원율도 높아지자 서서히 관심을 가지기 시작했다.

예술치료사가 하는 일은?

예술치료사는 음악이나 춤 등을 활용하여 사람의 혈압·맥박·호흡·피부반응·뇌파 등에 긍정적인 변화를 가져와 자연치유력과 면역력을 높이는 데 도움을 준다. 심리적으로 무기력하거나 위축된 경우 활력을 되찾게 하고, 자아가 심하게 손상되어 있는 사람은 건강한 자아감을 갖도록 한다.

- 예술 활동과 대화를 통해서 내담자의 심리적 문제를 진단한다.
- 피아노, 오르간, 북, 징, 꽹과리 등의 악기를 이용해서 환자와 함께 즉흥 연주 및 작곡을 하면서 환자의 음악적 표현을 이끌어내고 음악연주를 통해 나타나는 환자의 상태를 진단·평가한다.
- 내담자에게 그림 완성하기, 풍경화 구성하기 등 미술치료를 수행한다.
- 진단 결과를 토대로 내담자 치료를 위한 프로그램을 결정한다.

Tip 예술치료의 방법에 대해 알아볼까요?

- 연극치료 : 참여자는 배우가 되어 시공간을 움직임, 소리, 노래, 이야기 등으로 표현하고, 때로는 관객이 되어 극 속에 투영된 자신의 모습을 통찰함으로써 자신에게 필요한 변화를 연습한다.
- 미술치료: 미술 활동을 통해 감정이나 내면세계를 표현하고 스트레스를 완화시키는 방법이다. 내면의 마음을 돌아볼 수 있도록 하여 자아 성장을 촉진시킨다.
- 게임치료 : 기본 뇌파를 측정한 후 미로 찾기, 볼링, 화살로 물건 맞히기 등 PC게임을 한다.
- 독서치료 : 미리 선정된 책을 읽고 치료사와의 다양한 활동 및 상호작용을 통하여 개인적인 문제를 해결하도록 적응과 성장을 돕는다.
- 음악치료 : 음악 또는 음악적 요소인 멜로디, 화성, 리듬, 셈여림 등을 이용하여 정신과 신체 건강을 향상시킨다.
- 무용치료 : 신체의 움직임을 사용하여 개인의 감정과 정신을 온전하게 하는 것을 목적으로 한다.

적성과 흥미는?

예술치료사는 인성 교육을 통한 인간성 강화와 숙련된 지식 및 창의성을 가져야 한다. 다양한 예술 분야를 활용하여 치료 서비스를 제공하기 위해서는 깊은 예술적 소양을 갖추는 것도 필요하다. 음악이나 미술과 같은 예술 분야와 사회복지, 심리, 상담 등 다양한 분야에 관심을 갖고 마음의 병을 가지고 있는 사람들을 대해야 하기 때문에 다른 사람의 마음을 잘 이해할 줄 알아야 하며, 심리학과 정신의학에 대한 기본 지식이 있어야 한다. 예술치료사는 치료대상자인 아동이나 청소년, 성인 등에 대한 깊은 이해가 필요하며 심리적으로 문제가 있는 부분을 파악하여 치료계획을 세울 수 있어야 한다. 침착한 태도와 원만한 대인관계 능력, 인내심, 포용력, 개방성, 창의성 등을 갖춰야 한다.

예술치료사 직업에 관심이 있다면 전시회 및 음악회 참석을 통해서 예술 관련 트렌드를 파악할 수 있는 기회를 만들고, 예술 관련 동아리활동(미술, 음악) 참여를 통해 자신의 흥미를 찾을 필요가 있다. 다양한 분야의 독서를 통해서 예술치료에 필요한 기본적 소양을 갖추는 노력도 요구된다.

관련 학과 및 자격증은?

미술치료학과 복지예술치료상담과
사회복지학과 심리학과 예술치료학과
통합예술치료학과

독서심리전문상담사   미술치료사
미술심리상담사   상담심리사
음악치료사   임상미술치료사
임상심리사   예술치료심리사
음악심리상담사   임상심리사
청소년지도사   평생교육사

관련 교과는?

음악 미술 기술·가정

관련 직업은?

놀이치료사 물리치료사 미술치료사
임상심리사 언어치료사 음악치료사
작업치료사 중독치료사 청능사
향기치료사 웃음치료사

미래 전망은?

예술치료사는 사회가 복잡해지면서 대인관계 및 의사소통 장애로 심리적 치료를 필요로 하는 아동과 청소년 등이 늘어나고 있고, 인터넷 및 스마트폰 과다 사용으로 정서적인 문제가 발생하거나 필요한 사례가 증가하고 있으므로 미래 전망은 밝을 것으로 예상된다. 또한 예전에는 심리치료를 드러내기 꺼려하는 경향이 있었으나, 요즘은 몸이 아프면 병원에 가는 것처럼 심리치료도 자연스럽고 좋은 치료방법으로 인식하고 있어 예술치료사를 찾는 사람이 늘어나고 있다. 이에 따라 고용전망도 밝을 것으로 보인다. 또한 예술치료 분야가 더 세분화되고 전문화되면서 전문성을 갖춘 인력의 양성이 이뤄지고 있어 시대에 부응할 수 있는 예술치료사의 미래 전망은 밝다고 할 수 있다.

예술치료사는 취업경쟁이 치열한 편이고 정규고용과 고용유지의 정도는 평균에 비해 낮은 편이다. 자신의 능력을 끊임없이 개발해야 하는 직업으로, 능력에 따른 직장이동의 가능성이 높은 편이다. 근무 시간이 짧고 근무 환경이 쾌적하여 육체적 스트레스는 덜한 편이나 정신적 스트레스가 심한 직업 중 하나이다.

진출 방법은?

예술치료사로 진출하기 위해서 정해진 학력은 없지만 학부 전공과 상관없이 대학원에서 음악이나 미술치료를 전공할 수 있다. 예술치료 분야가 발달한 미국, 독일, 영국, 벨기에, 호주, 캐나다 등 외국으로 유학을 가는 방법도 있다.

예술치료사는 병원, 재활치료센터, 장애인복지관, 모래놀이 치료실, 음악 치료실, 한국보건의료연구원 등 관련 공공기관에 진출할 수 있다.

CAREER MAP

준비방법
- 음악, 미술, 연극 등 예술 관련 동아리활동
- 다양한 분야의 독서활동
- 예술적 재능 함양을 위한 활동

관련학과
- 미술치료학과
- 복지예술치료상담과
- 사회복지학과
- 심리학과
- 예술치료학과
- 통합예술치료학과

관련교과
- 음악
- 미술
- 기술·가정

예술 치료사

관련직업
- 놀이치료사
- 물리치료사
- 미술치료사
- 임상심리사
- 언어치료사
- 음악치료사
- 작업치료사
- 중독치료사
- 청능사
- 향기치료사
- 웃음치료사

적성과 흥미
- 창의성
- 예술적 감각
- 타인에 대한 이해
- 심리학과 정신의학에 대한 기본 지식
- 침착한 태도
- 원만한 대인관계 능력
- 인내심
- 포용력
- 개방성

관련기관
- 한국건강가정진흥원
- 한국건강증진개발원
- 한국보건의료연구원
- 한국보건사회연구원
- 한국예술치료학회
- 한국표현예술심리상담협회

관련자격
- 독서심리전문상담사
- 미술심리상담사
- 미술치료사
- 상담심리사
- 음악치료사
- 임상미술치료사
- 임상심리사
- 예술치료심리사
- 음악심리상담사
- 청소년지도사
- 평생교육사

웃음치료사

웃음치료사란?

웃음치료사는 치료를 받고자 하는 사람들에게 자연스럽게 또는 억지스럽더라도 웃을 수 있도록 방법을 알려주고, 웃음을 통해 마음을 치료하는 사람이다. 각종 스트레스나 질병으로 인해 웃음을 잃은 사람들에게 웃음을 되살려주는 일을 직업으로 한다.

현대 의학에서 웃음이 질병 치료에 효과가 있다는 것을 최초로 밝혀낸 것은 완치율이 0.2%인 '강직성척수염'을 웃음 요법으로 치료한 노만 커즌스 박사의 '질병의 해부'라는 책을 통해서였다. 1968년 이 책이 나온 이후 세계 의학계는 웃음 요법 분야에 관심을 갖기 시작했고, 임상적 실험이 시작되었다. 이후 웃음치료에 대한 의학적 근거가 만들어졌고, 환자들을 대상으로 웃음치료가 시작되었다.

웃음치료는 인간의 심리적·정서적·신체적으로 나쁜 요소들을 웃음을 활용해 좋은 요소로 바꾸는 것을 말한다. 화로 인해 생긴 마음과 육체의 질병을 치료하기 위해 웃음을 이용하는 것이다. 치료 과정도 단순하다. 웃음을 일으키는 맛, 소리, 그림, 글, 공연, 관람, 상상, 체험, 댄스, 노래, 레크리에이션, 유머, 퀴즈 등을 활용하여 치료하기 때문에 특별한 도구나 의료 장비가 필요하지 않다. 개인, 집단, 조직, 가족, 사회, 국가 모두가 웃음치료의 대상이 될 수 있으며, 생활 가능한 모든 곳이 웃음치료 장소가 될 수 있다.

1970년대에 병원이나 복지시설에서 처음으로 웃음치료 프로그램을 시작하였고, 최근에는 병원, 요양원, 산후조리원, 보건소, 복지시설 등 다양한 곳에서 웃음치료가 이루어지고 있다. 웃음치료가 환자 치료의 개념에서 벗어나 혁신과 리더십, 경영 분야에도 도입되면서 펀(fun) 경영, 펀(fun) 마케팅, 펀(fun) 서비스, 펀(fun) 리더십 등 다양한 프로그램으로 확산되고 있다.

🔍 웃음치료사가 하는 일은?

웃음치료사는 웃음으로 사람의 마음을 건강하고 즐겁게 만들고, 웃음 요법을 활용해 심신에 어려움을 겪고 있는 사람들의 마음을 긍정적으로 바꾸어준다. 웃음치료를 통해 긍정적인 생각을 하도록 하고, 정신적인 안정과 즐거움을 통해 삶의 활력을 갖도록 하는 것이 웃음치료의 가장 큰 목표이다. 웃음치료사는 다양한 곳에서 다양한 사람들에게 꿈과 희망, 웃음, 행복, 자신감을 주는 일을 한다. 그래서 웃음치료사를 웃음강사, 웃음전도사, 행복강사라고 부르기도 한다.

- 🔍 불안과 갈등이 많은 사람들에게 자신감과 긍정적인 마음가짐을 심어준다.
- 🔍 웃음치료와 관련된 임상실험 결과나 효과 등을 연구한다.
- 🔍 웃음치료와 관련된 정기 프로그램이나 특강 등에 참여한다.
- 🔍 웃음치료 강의와 특강을 위해 자료를 수집하고 준비한다.
- 🔍 가정, 학교, 기관 등 다양한 곳에서 구성원들 사이에 밝고 편안한 관계를 형성하도록 돕는다.
- 🔍 다양한 방법을 활용하여 대인관계에서 오는 불안과 갈등이 많은 사람들에게 웃음을 유도한다.

Tip 웃음이 사람에게 미치는 효과에 대해 알아볼까요?

- 사람의 뇌는 크게 한 번 웃을 때마다 엔돌핀을 포함한 21가지 쾌감 호르몬과 통증 완화 효과가 있는 엔케팔린이라는 호르몬을 생성하며, 산소 공급이 2배로 증가한다. 또한 하루 15초만 웃어도 혈액 순환에 도움이 되어 이틀을 더 살 수 있다는 연구 결과가 있다.
- 사람의 신체는 한 번 웃을 때 전체 근육 650개 중 231개와 얼굴 근육 80개 중 15개를 움직이므로 에어로빅을 5분 정도 한 효과와 비슷하다
- 웃음은 의심을 녹이고 편견의 벽을 허물며, 고혈압과 저혈압에 도움이 되고 소화를 돕는다. 노폐물 제거 및 암 예방, 다이어트, 정신 건강 등에도 좋다.

📊 적성과 흥미는?

웃음치료사는 우선 웃음치료 효과와 각종 임상실험 결과를 신뢰해야 한다. 웃음을 통해 많은 사람들을 리드하고 전체 진행 과정을 이끌어 나가야 하므로 리더십이 필요하고, 혼자보다는 많은 사람들과 함께 일하는 것을 좋아하며 사람들과 유대 관계를 형성할 수 있는 사회성도 필요하다.

환자에게 자신의 의사를 정확히 전달할 수 있는 의사전달 능력, 상황을 빨리 판단할 수 있는 순발력, 환자들에게 긍정적인 반응이 빨리 나타나도록 유도하기 위한 표현력이나 연기력도 필요하다. 웃음치료 과정에서 화기애애한 분위기를 유도하기 위해 기타, 장구 등 다양한 악기를 다룰 수 있으면 좋고 어린이, 청소년, 노인들의 웃음치료를 위해 풍선아트나 마술 등의 기술을 배워두어도 좋다. 웃음치료사는 자신의 웃음 에너지를 여러 사람에게 나누어 주는 일을 하다 보니 체력 소모가 큰 편이다.

웃음치료사는 다른 사람의 생각과 감정에 깊이 공감하고 보듬어 줄 수 있는 공감 능력과 포용력을 갖추는 것이 중요하다. 주로 일상생활에서 우울하거나 스트레스를 안고 살아가는 사람들을 대상으로 치료 행위가 진행되므로 대상자들과의 감정적인 교류를 하거나 세부적인 부분까지 살펴볼 수 있도록 상담학, 심리학에 대한 지식도 갖추는 것이 좋다.

관련 학과 및 자격증은?

재활학과　노인복지학과　물리치료학과

사회복지학과　심리학과　특수교육학과

아동·청소년복지학과　유아교육학과

작업치료학과

⚙ 웃음치료사　　　⚙ 보조공학사

⚙ 작업치료사　　　⚙ 임상심리사

⚙ 특수교육교사　　⚙ 직업재활사

⚙ 사회복지사　　　⚙ 발달심리사

⚙ 장애인재활상담사　⚙ 놀이치료사

관련 교과는?

과학　사회　체육　보건

관련 직업은?

중독치료사　예술치료사　임상심리사

언어치료사　작업치료사　놀이치료사

음악치료사　미술치료사　향기치료사

청능치료사

 ## 진출 방법은?

웃음치료사가 되기 위해 필요한 학력 조건은 특별히 없다. 하지만 웃음치료를 하는 데 있어 다양한 분야의 지식이 필요하고, 사람의 심리적 부분을 다루기 때문에 재활학, 심리학, 상담학을 전공하면 유리하다. 웃음치료사 직업과 관련된 '웃음치료사' 자격증이 있는데, 국가공인이 아닌 민간자격증에 해당된다. 민간자격증이기 때문에 시행 기관별로 다양한 자격증이 있다. 현재 60여 곳의 기관에서 웃음치료 교육을 진행하고 자격증을 발급하고 있다. 대개 2~6일의 오프라인 강의 또는 온라인과 오프라인 동시 강의가 이루어지고, 보통 1·2급으로 구분되는데, 1급을 취득하면 웃음치료 전문 강사로 활동할 수 있는 자격이 주어진다.

현재 웃음치료사를 전문 인력으로 채용하는 기관이나 회사는 거의 없다. 대부분이 개인 사업자 형태의 프리랜서로 활동하거나 사회복지사, 간호사, 성직자, 교사, 기업 전문 강사, 서비스 강사 등이 자신의 본래 업무에 활용하기 위해 웃음치료사 자격증을 취득한다. 웃음치료사들은 주로 인터넷 홈페이지나 카페, 블로그 등을 통해 홍보 활동을 하고, 웃음치료 효과를 높이는 방법에 중점을 두어 프로그램을 개발하며, 강의 기술을 향상하고자 자기계발에 힘을 쏟는다. 이렇게 하여 웃음치료 분야에서 인기 강사, 명강사로 인정을 받게 되면 활발한 활동을 할 수 있게 된다.

미래 전망은?

최근 사람들의 삶이 개인화되고 각박해지면서 스트레스를 호소하는 사람들이 증가하고 있다. 이런 사람들에게 웃음치료사는 매우 중요한 역할을 하는 직업이다. 초고령화 사회가 되면서 노인 복지 차원에서 웃음치료가 인기를 끌고 있고, 핵가족의 심화로 대인관계나 의사소통 등에 장애를 가지고 있는 아동들을 대상으로 웃음치료의 필요성이 제기되고 있다.

기업에서도 '펀 경영'이라는 이름으로 웃음치료를 경험할 기회가 많아지고 있다. 의료기관에서 병으로 고통을 겪고 있는 환자들을 대상으로 적극적으로 웃음치료를 활용하는 사례가 늘고 있고, 각종 강연 등에서 웃음치료사를 초청하는 사례도 늘고 있다.

CAREER MAP

- 과학, 사회, 체육, 보건 교과 역량 강화
- 웃음치료사 직업체험활동
- 상담, 심리학, 인문학, 철학, 의학 등 다양한 분야의 독서활동
- 상담 능력 및 대화 능력 함양
- 악기 연주 및 레크리에이션 능력 함양

준비 방법

- 과학
- 사회
- 체육
- 보건

관련 교과

- 재활학과
- 노인복지학과
- 물리치료학과
- 사회복지학과
- 심리학과
- 아동청소년복지학과
- 유아교육학과
- 작업치료학과
- 특수교육학과

관련 학과

웃음 치료사

관련 직업

- 중독치료사
- 예술치료사
- 임상심리사
- 언어치료사
- 놀이치료사
- 미술치료사
- 음악치료사
- 향기치료사
- 청능치료사

- 대인관계 능력
- 의사소통 능력
- 과학, 사회, 체육, 보건 교과에 대한 흥미
- 상담 능력
- 봉사정신
- 배려심
- 공감 능력
- 리더십
- 사회성
- 대화 기술
- 순발력
- 표현력과 연기력
- 유머 감각
- 기본적인 체력

적성과 흥미

관련 기관

관련 자격

- 한국웃음치료협회
- 한국웃음임상치료센터
- 한국웃음연구소

- 웃음치료사
- 작업치료사
- 특수교육교사
- 사회복지사
- 장애인재활상담사
- 보조공학사
- 임상심리사
- 직업재활사
- 발달심리사
- 놀이치료사

위생사

위생사란?

위생학이란 건강을 유지하고 증진하기 위한 학문이다. 위생학이 학문으로 등장한 것은 1866년 독일 뮌헨 대학의 '페텐코퍼'가 위생학 강좌를 개설한 것이 시작이었다. 위생학은 인간의 의식주, 질병 등 여러 분야에 걸쳐 사람의 몸을 해롭게 하는 것과 이롭게 하는 것을 과학적으로 연구하고 실생활에 응용하여 사람들이 행복한 생활을 할 수 있도록 기술과 이론을 연구하는 학문이다. 위생학은 좁은 의미와 넓은 의미로 분류할 수 있는데, 좁은 의미로는 환경위생학을 말하고, 넓은 의미로는 현대의 공중위생학을 말한다.

위생사의 업무 영역은 식품이나 첨가물을 제조·가공하는 일에서부터 영업상의 위생 관리 업무, 사업장의 근로자 보건 관리 업무, 전염병 예방을 위한 소독 업무, 음료수의 물리 화학적·생물학적 시험 업무, 위생과 관련된 실험이나 판정 업무 등으로 폭넓다.

위생사가 하는 일은?

위생사는 먹는 물이나 식품 전반에 걸친 위생과 식품을 가공하고 제품을 완성하는 전 과정에서 안전을 관리하고 점검하는 일을 한다. 위생사가 관리하는 여러 사업장을 돌아다니면서 불시에 위생 안전 점검을 해 위험 요소를 예방하고, 위생 수준을 높이는 역할을 한다.

⊕ 집단 주거시설, 대형 유통시설, 공항 등 많은 사람들이 이용하는 시설에서 방역 업무를 실시한다.

⊕ 국민의 위생 상태를 개선하기 위해 식품 위생, 환경 위생 등을 점검·관리한다.

⊕ 담당 지역의 오염원 및 오염 발생 위험 지역을 확인하고, 각 지역의 물, 해충, 토양 등의 샘플을 채취하여 오염 정도를 검사한다.

⊕ 검사 결과에 따라 방역에 필요한 약품의 종류와 양을 결정한다.

⊕ 연간 질병, 전염병, 병균 등을 확인하여 예방 계획을 수립한다.

⊕ 검사 요청이 들어온 지역을 검사하여 바퀴벌레, 모기 등 해충이나 주방의 오염 상태를 확인하고, 구충 및 살균 계획을 수립한다.

⊕ 방역 작업에 참여하는 작업자에게 작업할 장소 및 투여 약품의 종류 등을 설명하고 활동을 감독한다.

⊕ 쓰레기, 분뇨, 하수, 기타 폐기물을 처리하고, 대중식당과 대중 편의 시설, 위생용품 등에 대한 위생 관리 업무를 담당한다.

⊕ 유해 곤충이나 쥐를 없애고, 기타 보건 위생에 영향을 미치는 소독 업무와 보건 관리 업무를 담당한다.

⊕ 먹는 물의 수질을 감시하고, 쓰레기, 분뇨, 하수, 기타 폐기물의 처리에 대한 감시 업무를 수행한다.

⊕ 위생용품, 식품 첨가물과 이에 관련된 기구, 용기 및 포장의 제조와 가공에 관한 위생 관리를 담당한다.

적성과 흥미는?

위생사는 예고 없이 사업장으로 위생 점검을 나가서 사업장의 위생상 문제점과 개선 사항을 지적해야 하는 업무의 특성상 동료나 다른 사람들과 마찰이 일어날 수도 있다. 이때 어떠한 감정적인 원인에도 흔들리지 않고, 자신의 일을 수행할 수 있는 강직함이 요구된다. 또한 자신의 직업에 대한 애정과 자부심이 필요하다. 식품과 관련해 폭넓은 지식을 갖추어야 하며, 식품에 대한 정확한 지식이 있어야 위생사 업무에 어려움이 없다.

위생사라고 하여 단순히 위생 안전 분야에 대한 지식만 갖고 있어서는 안 된다. 식품과 영양에 대한 지식이 있어야 보관 방법과 조리 공정 등을 제대로 이해할 수 있기 때문에 틈틈이 조리 경험을 쌓는 것이 중요하다. 화학 및 생물학에 대한 지식과 식품 위생 및 환경 위생 법규에 대한 지식도 필요하다. 오염물을 분석하고 통계나 수치 자료를 이해하며 정확하게 처리할 수 있는 수리 능력이 필요하고, 아울러 데이터 분석 능력도 요구된다.

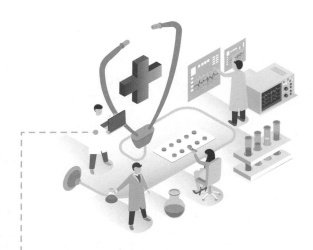

관련 학과 및 자격증은?

보건위생과 보건환경과 환경관리과

공중보건학과 식품영양학과 산업보건학과

보건의료관광학과 보건의과학과 보건학부

보건행정학과 환경보건학과 실버보건학과

융합보건학과 뷰티보건학과

- ⚙ 위생사
- ⚙ 산업위생관리산업기사
- ⚙ 보건교육사
- ⚙ 건강운동관리사
- ⚙ 산업위생관리기사
- ⚙ 미국보건교육사
- ⚙ 산업위생관리기술사
- ⚙ 식품위생관리사

관련 교과는?

수학 과학 사회 보건

관련 직업은?

식품위생사 보건직 공무원 보건교육사

환경 및 보건위생검사원 건강증진광고기획자

보건교육사 국제보건전문가 보건관련전문기자

건강박람회기획자 병원건강증진서비스기획자

의무기록사 국제의료관광코디네이터 영양사

미래 전망은?

생활수준이 높아지고, 건강에 대한 관심이 증가하면서 위생 상태에 대한 관심이 커지고 있다. 또한 최근 각종 병원균이나 세균, 바이러스 등에 의해 대형 급식 조리 시설이나 식당 등에서 안전사고가 자주 발생하면서 위생 상태의 점검, 청결한 조리 환경 조성, 안전한 먹거리의 구입 및 관리 등에 대한 중요성이 더욱 커지고 있다. 이로 인해 사람의 건강과 직접적으로 관련되는 보건 위생 관리를 책임지는 위생사의 전망은 밝을 것으로 예상된다.

위생사 자격시험에 대해 알아볼까요?

위생사 국가자격시험에 응시하기 위한 조건은 다음과 같다.

- 전문대학 또는 이와 동등 이상의 학교(보건복지부장관이 인정하는 외국의 학교를 포함, 이하 같음)에서 보건 또는 위생에 관한 교육과정을 이수한 자(식품학, 조리학, 영양학, 식품미생물학, 식품위생학, 식품분석학, 식품발효학, 식품가공학, 식품재료학, 식품보건 또는 저장학, 식품공학 또는 식품화학, 첨가물학 등 중 1과목 이상 이수)
- 전문대학 또는 이와 동등 이상의 학교를 졸업한 자로서, 보건복지부령이 정하는 위생 업무에 1년 이상 종사한 자
- 고등학교 졸업자 또는 이와 동등 이상의 학력이 있다고 인정되는 자로서, 보건복지부령이 정하는 위생 업무에 3년 이상 종사한 자
- 보건복지부장관이 인정하는 외국의 위생사 면허나 자격을 가진 자(필기시험 과목은 공중보건학, 환경위생학, 식품위생학, 위생곤충학, 위생관계법규 등 5과목)

진출 방법은?

위생사로 진출하기 위해서는 한국보건의료인국가시험원에서 시행하는 위생사 국가자격시험에 합격해야 한다. 자격 요건으로는 고등학교 졸업자로 3년 이상 위생 업무에 종사하거나 전문대학 이상의 위생·보건 관련 학과를 졸업해야 한다. 주로 보건 관련 학과나 식품영양학과, 환경보건학과 전공자들이 많이 응시하며, 자격증 취득 후에 공무원으로 진출하는 경우도 많다.

공개채용이나 특별채용 등을 통해 방위산업체, 보건 연구소, 식품 제조업체, 기업체의 환경 전담 부서, 폐기물 처리업체, 방역 회사 등으로도 진출한다. 최근에는 식품과 보건 위생에 대한 관심이 커지면서 대형마트, 대형 식음료 업체, 호텔 등으로의 진출도 늘고 있다. 전문 방역 소독 서비스 업체에 취업하는 경우에는 전문 해충 교육, 방제 기술 교육, 서비스 교육 등과 관련한 현장실습 교육을 받는다. 또한 영양사 채용 시에는 위생사 자격증을 소지한 사람을 우대하고 있다.

지역보건법에 의하면 보건소에서는 지역 주민의 건강 의료 향상과 증진 및 이를 위한 연구 등을 위해 전문 인력을 배치해야 하는데, 전국의 지역 보건소에 2~3명의 위생사를 배치하도록 법률로 규정하고 있다.

CAREER MAP

준비방법
- 수학, 사회, 과학, 보건 교과 역량 강화
- 위생사 직업체험활동
- 위생학, 식품영양학, 상담, 화학, 철학, 심리학 등 다양한 분야의 독서활동
- 상담 능력, 대화 능력 함양

관련 직업
- 영양사
- 식품위생사
- 보건직 공무원
- 환경 및 보건위생검사원
- 보건교육사
- 국제보건전문가
- 보건관련전문기자
- 건강증진광고기획자
- 건강박람회기획자
- 병원건강증진서비스기획자
- 국제의료관광코디네이터
- 의무기록사

관련 기관
- 대한위생사협회
- 서울시보건환경연구원
- 한국환경정책평가연구원

관련 교과
- 수학
- 과학
- 사회
- 보건

위생사

적성과 흥미
- 대인관계 능력
- 의사소통 능력
- 협업 능력
- 수학, 과학, 사회, 보건 교과에 대한 흥미
- 판단력
- 상담 능력
- 봉사정신
- 배려심
- 공감 능력
- 직관력과 통찰력
- 책임감
- 식품 분야에 대한 폭넓은 지식
- 수리 능력
- 분석력

관련 자격
- 건강운동관리사
- 미국보건교육사
- 식품위생관리사
- 산업위생관리산업기사
- 위생사
- 보건교육사
- 산업위생관리기사
- 산업위생관리기술사

관련 학과
- 보건위생과
- 보건환경과
- 환경관리과
- 공중보건학과
- 식품영양학과
- 산업보건학과
- 보건의료관광학과
- 보건의과학과
- 보건행정학과
- 환경보건학과
- 실버보건학과
- 융합보건학과
- 뷰티보건학과
- 보건학부

음악치료사

음악치료사란?

음악치료는 인간의 심미적 경험을 충족시키기 위한 음악의 본래 역할을 넘어서서 사람의 신체적 심리적 건강을 위해 음악을 사용하는 것을 이야기한다. 전문적으로 훈련된 음악치료사와 내담자 간의 음악적이며 역동적인 상호관계를 통해 정신적, 신체적인 건강의 향상을 도모하는 체계적인 임상기법이다. 음악치료는 의학적인 치료를 보완하는 것으로 음악을 매개체로 환자의 신체·심리·정서 기능을 향상시켜 행동의 변화를 유도한다. 과학적인 치료방법으로 미국 등 선진국에서는 이미 보편화되었으며, 우리나라에서도 각 대학의 석사과정을 통해 다양한 연구가 이뤄지고 있다. 음악치료 방식은 초기에는 환자에게 선정한 음악을 들려주는 수동적인 방식이 사용되었으나 근래에는 즉흥 연주나 창작 같은 능동적인 방법이 더 적극적으로 시도되고 있다. 전문가들은 녹음된 음악보다 직접 연주를 듣는 것이 더 효과적이고, 환자가 직접 연주에 참여할 수 있으면 더 좋다고 말한다.

음악치료사는 음악을 이용하여 인간의 신체적, 정신적, 감정적 이상 상태를 교정하기 위한 일체의 활동을 하는 직업이다. 음악을 도구로 이용하여 인간을 긍정적인 방향으로 변화시켜서 바람직한 삶을 영위해나갈 수 있도록 도와준다.

🔍 음악치료사가 하는 일은?

음악치료사는 음악치료를 의뢰한 내담자를 면담하고 음악을 통해서 내담자의 신체, 인지, 정서, 행동, 의사소통의 기능이나 상태를 평가한 후 치료 계획을 수립하고 음악활동을 통해 치료를 한다.

- 🔍 우울증, 자폐증 등의 환자들에 대한 정신과의사의 일차적인 진단이 이루어진 후 해당 환자의 이상 상태를 파악하여 음악치료 계획을 수립한다.
- 🔍 피아노, 오르간, 북, 징 등의 악기를 이용해서 환자의 음악적 표현을 이끌어내고 음악연주를 통해 나타나는 환자의 상태를 진단·평가한다.
- 🔍 환자의 진단 결과를 보호자에게 전달한 후 환자의 개인 특성을 반영한 음악적 치료 방법을 제시한다.
- 🔍 환자의 치료 진행 사항을 지속적으로 관리하며 환자의 상태변화를 살펴보면서 추가적인 치료 방법을 찾아내어 치료한다.
- 🔍 새로운 음악치료 방법을 개발하기 위한 연구활동을 수행한다.
- 🔍 정신과의사와 더불어 음악치료와 관련된 임상사례를 연구하여 학회 등에 발표하기도 한다.

Tip 음악치료의 원리에 대해 알아볼까요?

음악치료의 원리는 크게 2가지로 수동적, 능동적 요법이 있다. 수동적 요법은 음악 감상 요법이라 불리며 이미 작곡된 곡들 중 의사가 특별히 선택한 음악을 듣는 방법이고, 능동적 요법은 환자 자신이 다룰 수 있는 악기, 주로 타악기를 이용해서 연주하거나 소리 내는 방법이다.

적성과 흥미는?

음악치료사는 심리학을 바탕으로 하고 음악을 활용하여 치료를 수행하므로 심리학적 지식과 음악적 지식이 중요하다. 반주악기 및 전공악기 등 악기를 연주할 수 있는 능력도 필요하다. 장애인 또는 우울증, 자폐증, 발달장애 및 정신장애 등을 가지고 있는 환자들에 대한 거부감과 편견이 없어야 하며, 환자에 대한 애정과 봉사정신, 희생정신, 타인을 이해하는 따뜻한 마음이 있어야 한다. 외향성과 적극적인 대인관계 능력도 요구된다.

음악치료사 직업에 관심이 있다면 음악을 잘 연주할 수 있는 음악적 역량을 키우는 노력을 많이 기울여야 한다. 인간에 대한 이해는 물론 음악적 소양을 갖출 수 있도록 틈틈이 다양한 음악 장르를 감상하려는 노력이 필요하다. 또한 음악치료와 관련 있는 심리학, 상담학, 교육학 관련 독서를 통해서 배경 지식을 습득하는 것도 추천한다.

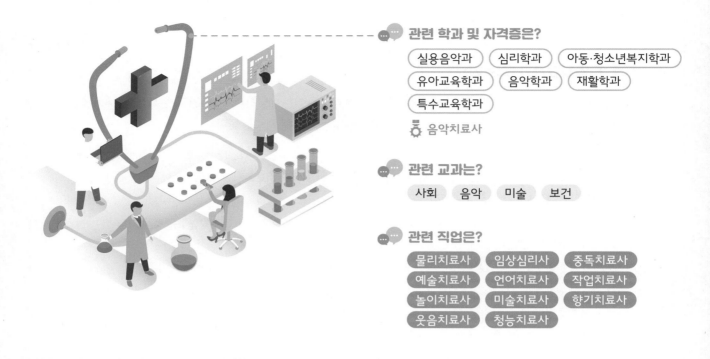

관련 학과 및 자격증은?

실용음악과　심리학과　아동·청소년복지학과
유아교육학과　음악학과　재활학과
특수교육학과

음악치료사

관련 교과는?

사회　음악　미술　보건

관련 직업은?

물리치료사　임상심리사　중독치료사
예술치료사　언어치료사　작업치료사
놀이치료사　미술치료사　향기치료사
웃음치료사　청능치료사

Tip 고대시대에도 음악치료가 사용되었을까?

음악치료의 역사는 원시시대까지 거슬러 올라간다. 고대에는 성직자나 마법사가 병의 원인으로 여겨졌던 악령을 몰아내기 위하여 찬트나 리듬을 사용하였다. 당시 사람들은 음악은 초자연적인 힘을 가지고 있어서 직접적으로 신에게 호소함으로써 병을 치료할 수 있다고 믿었다. 고대 이집트인들은 나일강에서 노를 저으며 노래를 부르고 음악과 함께 펼쳐지는 하녀의 춤을 관람함으로써 정신병이 치유될 수 있다고 생각했다.

 진출 방법은?

음악치료사로 진출하기 위해 학력의 제한은 없지만 학부 전공과 상관없이 대학원에서 음악치료를 전공할 수 있으며 도제식으로도 음악치료 분야를 배울 수 있다. 이 외에도 대학의 사회교육원이나 평생교육원 등에서도 음악치료 과정을 개설하고 있다. 음악치료 관련 학과 이수 후 한국음악치료사협회에서 음악치료사 인증을 받거나, 외국의 음악치료 분야 자격을 취득하면 음악치료사가 될 수 있다.

우리나라에는 숙명여대가 처음으로 음악치료대학원을 개원한 이래 이화여대, 명지대, 한세대, 성신여대 등에 음악치료 석사과정이 개설되어 있다. 국내 대학원은 대부분 서류전형, 면접(구술·실기) 전형으로 이루어져 있고, 숙명여대 대학원에만 이론 필기시험이 있다. 음악치료 분야가 발달한 미국, 독일, 영국, 벨기에, 호주, 캐나다 등 외국으로 유학을 가는 방법도 있다. 외국의 경우 미국에는 학부, 대학원의 석·박사 과정이 모두 개설되어 있고, 유럽은 대학원 과정을 중심으로 하고 있다. 미국의 경우 약 70여 개의 대학에 음악치료학과가 설치되어 있다.

 미래 전망은?

외국에서는 음악치료사가 21세기 최고의 직업 가운데 하나로 평가받고 있으며, 우리나라에서도 음악치료사로 일하고 있는 사람들이 계속 늘어나고 있다. 현대의학이 세분화되고, 인간의 건강한 삶과 질병 치료에 관심이 높기 때문에 음악치료를 배우고자 하는 사람들도 증가하고 있다. 따라서 음악치료사 직업의 미래 전망성은 높을 것으로 예상된다.

음악치료사는 정신건강에 대한 사람들의 관심이 증가함에 따라 일자리 창출 및 성장이 활발하게 일어나고 있다. 이로 인해 취업 경쟁이 치열한 편이며, 정규고용과 고용유지의 정도는 평균에 비해 낮은 편이다. 또한 자신의 능력을 끊임없이 개발해야 하고 다른 직장으로의 이동 가능성이 높은 편이다. 근무 시간이 짧고 근무 환경이 쾌적하여 육체적 스트레스는 크지 않으나 정신적 스트레스가 심하다는 특징이 있다.

CAREER MAP

- 심리학, 상담학, 교육학 등 다양한 분야의 독서활동
- 악기 연주 연습 등 음악적 역량 함양
- 다양한 장르의 음악 감상활동

- 물리치료사
- 임상심리사
- 중독치료사
- 예술치료사
- 언어치료사
- 작업치료사
- 놀이치료사
- 미술치료사
- 향기치료사
- 웃음치료사
- 청능치료사

- 사회
- 음악
- 미술
- 보건

준비 방법

관련 직업

음악 치료사

관련 교과

관련 학과

- 실용음악과
- 심리학과
- 아동·청소년복지학과
- 유아교육학과
- 음악학과
- 재활학과
- 특수교육학과

적성과 흥미

관련 자격

- 심리학·상담학 관련 지식
- 음악 관련 지식
- 교육학 관련 지식
- 악기 연주 능력
- 봉사정신, 희생정신
- 타인에 대한 이해
- 대인관계 능력
- 외향성

관련 기관

- 한국음악치료사협회
- 한국음악치료교육학회
- 한국음악치료연구소
- 한국음악치료학회
- 대한음악치료학회

- 음악치료사

의약계열 20

응급구조사

응급구조사란?

'5분이 생명을 구한다.'라는 말이 있다. 이는 심장이 멈춘 상태에서 5분 이상 피가 공급되지 않으면 뇌의 기능이 파괴되기 시작하여 죽음에 이를 수 있다는 뜻이다. 그래서 응급 상황을 다루는 사고 현장에서 얼마나 신속히 조치하고, 얼마나 빨리 병원으로 이송하는가는 매우 중요한 문제이다.

우리나라에서 응급 의료 체계에 대한 관심을 바탕으로 응급구조사 제도가 본격적으로 시행된 것은 1994년 성수대교 붕괴 사고 이후였다. 이전에는 체계화된 응급 구조 시스템이 갖추어지지 않아서 수많은 환자들이 생명을 잃었다. 의료 선진국인 미국에서는 1960년대부터 응급 구조 인력을 국가적으로 양성·관리할 필요를 느껴 1970년부터 국가인정 응급구조사 제도가 시행되었다.

언제 어디서나 각종 사고 현장에 제일 먼저 도착해 신속하게 환자의 생명을 구하는 사람이 응급구조사이다. 응급구조사는 응급 환자가 병원에 도착하기 전의 사고 현장이나 이송 과정에서 응급처치 업무를 담당하는 전문가이다. 응급구조사의 신속한 처치는 환자가 병원으로 이송되는 동안 생명을 유지하고, 합병증을 예방하여 병이 커지지 않도록 하는 데 그 목적이 있다.

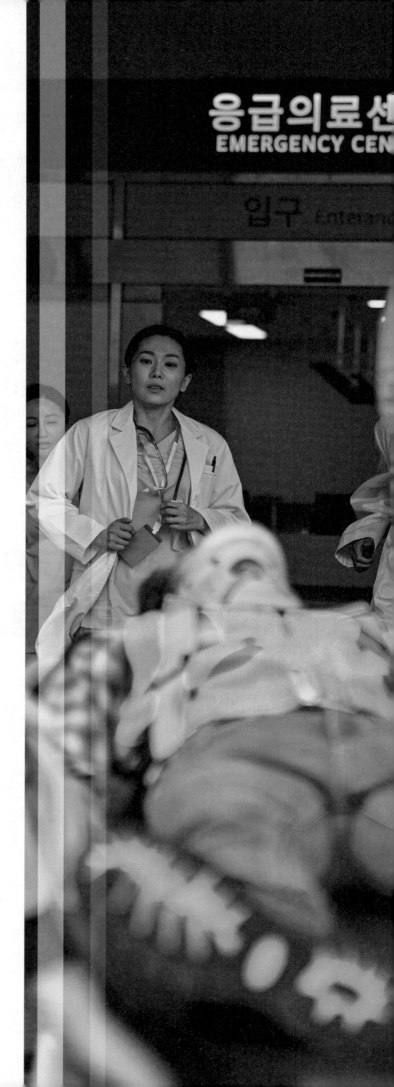

응급구조사가 하는 일은?

응급구조사는 응급 환자가 발생한 현장에서 상담·구조·이송 업무를 수행한다. 우리나라에서는 업무에 따라 1급 응급구조사와 2급 응급구조사로 나누어지는데, 각 응급구조사가 할 수 있는 응급조치 업무는 법률에 의해 정해져 있다. 2급 응급구조사는 기본적인 심폐소생술, 심박, 체온, 혈압 등의 측정, 사지 및 척추 등의 고정, 상처의 응급처치 등의 업무를 하고, 1급 응급구조사는 여기에다 포도당 주입, 약물 투여, 인공호흡기를 이용한 호흡 유지, 심폐소생술 시행을 위한 기도 유지 등 보다 전문적인 업무를 수행한다.

- 상담이나 구조 업무를 수행하며, 법령에 정해진 범위 내에서 현장의 응급처치, 환자의 이송 등의 업무를 수행한다.
- 응급구조사는 사고 현장에서 다양한 응급처치를 하는데, 경우에 따라 의사의 지시를 받아 약물 치료를 하거나 기도기 삽입 등의 치료를 담당한다.
- 응급처치 상황과 부상자의 처치 내용을 기록하여 응급 센터나 담당 의사에게 서면이나 구두로 보고한다.
- 응급 상황에 대비하여 평소 차량과 장비의 안전 점검을 실시하며, 의료용품을 점검하여 교체하거나 보충한다.
- 구급차의 무선 장비를 매일 점검하여 통화가 가능한 상태로 유지한다.
- 병원의 응급실, 수술실, 중환자실 등에서 응급처치하거나 의사의 수술이나 진료 업무를 돕기도 한다.
- 병원 밖 환자들을 위한 공중보건 서비스를 제공하기도 한다.

> **Tip 119구급대의 유래에 대해 알아볼까요?**
>
> '119구조·구급에 관한 법률'은 화재, 재난, 재해, 테러 및 그 밖의 위급한 상황에서 119구급대의 효율적 운영에 관해 필요한 사항을 규정하고 있다. 119구급대란 구급 활동에 필요한 장비를 갖춘, 소방공무원으로 편성된 단위 조직을 말한다. 동법에 의거해 대한민국 국민이라면 누구든지 위급 상황에 처한 경우에는 국가와 지방자치단체로부터 신속한 구조와 구급을 통해 생활의 안전을 영위할 권리를 가진다. 누구든지 위급 상황에 처한 구조자를 발견했을 때에는 이를 지체 없이 소방 기관 또는 관계 행정 기관에 알려야 하며, 119구급대가 도착할 때까지 구조자를 구출하거나 부상 등이 악화되지 않도록 노력해야 한다.

적성과 흥미는?

항상 긴급한 상황에서 응급처치 업무를 수행하므로 순간적인 판단력 및 순발력이 필요하며, 모든 상황을 침착하게 대처할 수 있는 냉철한 이성, 문제해결 능력, 민첩성 등이 요구된다. 환자의 생명을 다루는 직업이므로 봉사정신과 소명 의식, 직업윤리가 필요하다. 응급구조사가 타인을 보호하려면 가장 먼저 자신을 보호할 줄 알아야 하는데, 이는 응급구조사가 각종 트라우마에 시달리고 스트레스를 받는다면 위험한 사고 현장에서 정상적으로 업무를 수행할 수 없기 때문이다. 따라서 자신을 아끼고 스트레스를 잘 관리해야 환자들에게 더 나은 응급 의료 서비스를 제공할 수 있다. 검사 장비나 기구를 사용하고 정비하며 교체해야 하기 때문에 손재주나 기계 조작 능력이 있으면 유리하다.

응급구조사는 생명을 살리고 위험에 처한 사람을 돕는 데 행복감을 느끼는 사람이라면 성별에 관계없이 누구라도 될 수 있다. 의학적인 지식 외에도 응급 환자를 이송하거나 위험한 상황에서 업무를 수행하기 위해 강한 체력을 갖추어야 한다. 사람을 상대하는 업무이기 때문에 외향적이고, 대인관계 능력을 갖추고 있으며, 사고 현장에서 시체나 혈흔 등을 보더라도 흔들리지 않는 평정심과 담력이 있어야 한다.

관련 학과 및 자격증은?

응급구조과 응급구조학과 소방안전구급과

소방구조구급과 산업보건응급구조학과

소방안전관리과 소방방재학과

⚙ 응급처치원   ⚙ 응급구조사 1·2급

⚙ 재난안전관리사   ⚙ 일반응급처치강사 1급

⚙ 산악안전지도사   ⚙ 육상무선통신사

⚙ 수상구조사   ⚙ 전문응급처치강사

⚙ 스킨스쿠버자격증   ⚙ 수상인명구조원
   (대한잠수협회)

관련 교과는?

과학 사회 보건

관련 직업은?

응급구조사 인명구조원 응급전문간호사

소방공무원 소방관리자 의무행정장교

의무부사관 보건직 공무원 산악구조요원

🌐 진출 방법은?

응급구조사가 되기 위해서는 전문대학이나 대학에서 응급구조학을 전공하거나 응급구조사 양성 기관이 개설하는 교육과정을 이수해야 한다. 서울시소방학교, 중앙소방학교, 경기도소방학교, 국군의무학교, 대학의 평생교육원에서 응급구조사 양성과정 직업훈련을 받을 수 있다. 응급구조사가 되려면 응급구조사 1급 또는 2급 국가자격시험에 합격한 후 보건복지부장관으로부터 면허를 발급받아야 한다.

2급 응급구조사 자격시험에 응시하려면 전국 소방학교나 국군의무학교와 같은 응급구조사 양성 기관에서 교육을 받으면 된다. 1급 응급구조사 자격시험에 응시하려면 다음 세 가지 중 하나의 조건을 충족해야 한다. 전문대학 이상의 학교에서 응급구조학과를 졸업한 자, 보건복지부장관이 인정하는 외국의 응급구조사 자격을 인정받은 자, 2급 응급구조사로서 3년 이상 종사한 자 등이 1급 응급구조사 자격시험에 응시할 수 있다. 응급구조사 자격을 취득한 후에는 다음해부터 매년 4시간 이상의 보수 교육을 받아야 한다.

2급 응급구조사는 산업체 부속 의무실, 병원 응급실, 응급환자 이송단, 응급 환자 이송업체, 레저스포츠센터 안전관리요원, 소방학교(119안전센터 구급대원), 국군의무학교 등으로 진출 가능하며, 1급 응급구조사는 소방공무원(119안전센터 구급대원), 해양경찰청(122구조대), 산림청(산림항공관리소), 보건기술직 공무원, 병원 응급실, 권역별 응급의료센터, 응급의료정보센터, 산업체 부속 의무실, 항공구조대, 의료기업체, 한국마사회, 레저스포츠센터 등으로 진출 가능하다.

⚙ 미래 전망은?

정보통신기술의 발달, 경제 구조의 복합화, 거대 도시화 등이 진행되면서 선박 및 지하철 사고, 각종 생산 및 건설 현장의 안전사고와 산업 재해, 교통사고 등의 발생건수가 증가하여 안전에 대한 사회적 관심이 증가하고 있다. 또한 성인병으로 인해 발생하는 심혈관 질환자와 뇌 질환자가 증가하고 있고, 주 5일 근무제로 인해 여가·스포츠 활동이 늘어나면서 사건, 사고가 증가하고 있으며, 재난의 종류도 다양해지고 있다.

이처럼 일상생활에서 위험 요소가 증가함에 따라 소방 안전 및 응급 의료 서비스에 대한 국민들의 요구가 높아졌다. 그리고 초고령화 사회로 접어들면서 독거노인 인구가 증가하고, 1인 가구의 수도 증가하면서 가정 내 응급 상황 발생 시 효과적으로 대처할 수 있는 응급 구조 인력에 대한 요구도 커지고 있다. 이와 같은 이유로 앞으로 응급구조사에 대한 수요는 증가할 것으로 전망된다.

CAREER MAP

- 과학, 사회 교과 역량 강화
- 응급 의료기관 및 소방서 체험활동
- 응급 의료 관련 직업체험활동
- 응급의학, 생물학, 화학, 철학, 심리학 등 다양한 분야의 독서활동
- 체력 증진을 위한 활동

준비 방법

관련 자격

- 응급처치원
- 응급구조사 1·2급
- 일반응급처치강사 1급
- 스킨스쿠버자격증
- 재난안전관리사
- 전문응급처치강사
- 산악안전지도사
- 수상구조사
- 수상인명구조원
- 육상무선통신사

- 인명구조원
- 응급전문간호사
- 소방공무원
- 소방관리자
- 의무행정장교
- 의무부사관
- 보건직 공무원

관련 직업

응급 구조사

관련 교과

- 과학
- 사회
- 보건

적성과 흥미

- 대인관계 능력
- 의사소통 능력
- 협업 능력
- 과학, 사회, 보건 교과에 대한 흥미
- 꼼꼼함과 치밀함
- 집중력
- 사명감과 봉사정신
- 강인한 체력
- 판단력과 순발력
- 상황 대처 능력
- 손재능
- 외향성

관련 기관

- 국립중앙의료원
- 대한응급구조사협회
- 한국응급구조학회

관련 학과

- 응급구조과
- 응급구조학과
- 소방안전구급과
- 소방구조구급과
- 산업보건응급구조학과
- 소방안전관리과
- 소방방제학과
- 육상무선통신사

의료장비기사

의료장비기사란?

정확한 질병의 진단과 치료를 위해서는 성능이 뛰어난 의료장비가 매우 중요하다. 전세계적으로 의료장비 시장은 매년 확대되고 있으며, 새로운 고성능 의료장비가 개발되고 있다. 의료장비는 의료기기(메스, 카테터, 콘택트렌즈 등)와 진단장비(엑스레이, CT 스캐너, 초음파 장비, MRI 등)의 두 가지 주요 범주로 구분된다. 질병을 진단·치료·경감·처치 또는 예방할 목적으로 사용되는 제품, 상해 또는 장애를 진단·치료·경감 또는 보정할 목적으로 사용되는 제품, 구조 또는 기능을 검사·대체 또는 변형할 목적으로 사용되는 제품, 임신을 조절할 목적으로 사용되는 제품 등이 있으며, 이러한 의료장비들이 고장났을 때 신속하게 보수하고 잘 유지하는 일이 중요해졌다.

의료장비기사는 환자 진료나 치료에 사용되는 각종 의료장비들을 설치하고 보수·유지하는 일을 하는 직업이다. 정확한 진단과 치료를 위해서는 각종 의료장비기기가 잘 관리되어야 한다는 점에서 의료장비기사의 역할이 매우 중요하다.

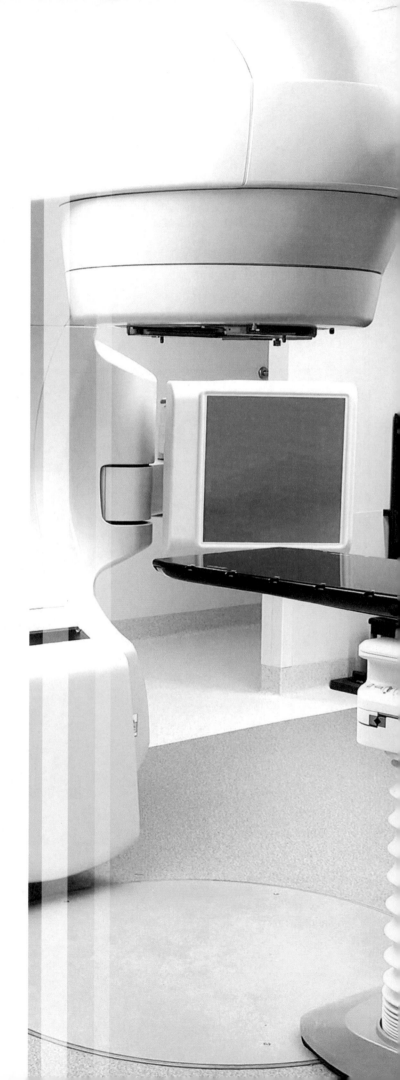

🔍 의료장비기사가 하는 일은?

의료장비기사는 병원에서 환자진료에 사용되는 의료장비의 성능을 개선하거나 새로운 장비를 연구 개발하며 장비를 유지·보수하는 일을 한다.

🔍 의료장비를 적절한 장소에 설치한다.

🔍 의료기기에 대한 예방정비, 안전점검 및 신규 도입 기기에 대한 설치 가동부터 폐기 때까지 성능 관리와 의료기기 사용자 교육을 한다.

🔍 사용 중인 장비에 이상이 있는 경우 고장난 부분을 찾아내고 부품을 교체하거나 수리한다.

🔍 사용자와 의료기기에 관련된 기술적 내용을 협의·검토·개발하여 기기 기술에 대한 임상 지원 등의 업무를 한다.

Tip 의료장비의 종류에 대해 알아볼까요?

의료장비는 일반장비, 진단용 방사선 발생장치, 특수의료장비로 나뉜다.

- 일반장비 : 의료기기 중 치료 재료 및 의료용품을 제외하고 반복 사용되는 내구성 의료기기
- 진단용 방사선 발생장치 : 방사선을 이용하여 질병을 진단하는 데 사용하는 기기로서 진단용 엑스선 장치, 진단용 엑스선 발생기, 치과진단용 엑스선 발생장치, 전산화 단층 촬영장치, 유방촬영용 장치 등 방사선을 발생시켜 질병의 진단에 사용하는 기기
- 특수의료장비 : 보건의료 시책상 적정한 설치와 활용이 필요하여 보건복지부장관이 정하여 고시하는 의료장비로서 자기공명영상 촬영장치(MRI), 전산화 단층 촬영장치(CT), 유방촬영용 장치(mammography), 혈관조영장치, 투시장치 등이 있음

적성과 흥미는?

의료장비기사는 병원에서 환자진료에 사용되는 의료장비의 성능을 개선하거나 새로운 장비를 연구·개발하는 일을 하기 때문에 의료기기 구조에 따른 원리를 전반적으로 이해하기 위해서는 예리한 관찰력과 신속한 판단력, 분석력이 필요하다. 진료활동에 직간접적으로 영향을 주므로 의료인으로서 사용자와 환자의 안전을 최우선시하는 소명 의식도 갖추어야 한다. 현실형과 사회형의 흥미를 가진 사람에게 적합하며, 꼼꼼함, 독립성, 신뢰성 등의 성격을 가진 사람들에게 유리하다.

의료장비기사 직업에 관심이 있다면 수학, 과학 등 기초과학 관련 교과 학업 능력을 키우려는 노력이 필요하다. 다양한 분야의 독서활동, 대인관계 능력을 함양할 수 있는 다양한 학교 프로그램에 참여하는 것을 권장한다.

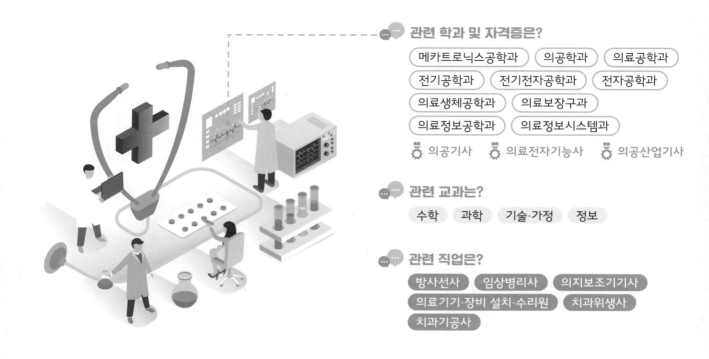

관련 학과 및 자격증은?

메카트로닉스공학과　의공학과　의료공학과

전기공학과　전기전자공학과　전자공학과

의료생체공학과　의료보장구과

의료정보공학과　의료정보시스템과

⚙ 의공기사　⚙ 의료전자기능사　⚙ 의공산업기사

관련 교과는?

수학　과학　기술·가정　정보

관련 직업은?

방사선사　임상병리사　의지보조기기사

의료기기·장비 설치·수리원　치과위생사

치과기공사

Tip 의공기사 자격증에 대해 알아볼까요?

의료기기 산업은 공학, 의학, 생물학, 재료학 등이 결합된 지식집약형 산업으로 인체의 생명과 안전성에 직접 영향을 미친다는 특징을 가지고 있다. 미래의 경쟁에서 앞선 선진국의 기술 수준을 따라잡기 위해 의료기기 산업 분야에서 종사하게 될 우수한 기술 인력을 확보하고자 운영되는 자격제도이다. 의공기사 자격시험에 응시하기 위해서는 4년제 대학교 이상의 학교에 개설된 의공학과, 의료공학과, 의료생체공학과 등을 전공해야 한다.

 진출 방법은?

의료장비기사가 되기 위해서는 전문대학 및 대학교에서 의료공학과, 의공학과, 전자공학과, 전기공학과 등을 졸업하는 것이 유리하다. 관련 분야의 자격증 소지자를 우대하기 때문에 관련 자격증(의공기사, 전기, 전자, 제어·계측계열 기사 등)을 취득하는 것이 좋다. 연구 개발 분야 업무를 하기 위해서는 석사 학위 이상이 요구된다.

규모가 큰 종합병원이나 대학병원은 공개채용을 실시하고 있고, 의료기기 제조 및 판매회사, 의료기기 수출입 업체로 진출한다. 어느 정도 경력이 쌓이면 기술개발을 통해 의료기기 제조업체를 창업하기도 하며, 의료기기무역대리업체를 차리기도 한다.

 미래 전망은?

기술의 발전 및 신소재의 개발로 인하여 새로운 의료장비 또는 부품이 끊임없이 개발되고 있으며, 병의원의 경쟁에 따라 첨단 장비에 대한 수요가 증가하고 있어 의료장비기사의 수요도 증가할 것으로 예상된다. 또한 소득 증대에 따른 건강에 대한 관심 증가, 건강한 삶의 유지를 위한 의료비 지출 증가 등도 고용 증가에 긍정적인 영향을 미칠 것으로 보인다.

의료장비기사는 다른 직업에 비해 근무 여건이 비교적 좋고, 직업전문성이 전체 직업 평균보다 높은 편이다. 다른 직업에 비해 발전가능성이 낮고 고용안정과 고용평등이 전반적으로 낮은 편이다.

CAREER MAP

- 수학, 과학 등 기초과학 교과 역량 강화
- 다양한 분야의 독서활동
- 대인관계 능력 신장 프로그램 참여

준비방법

관련직업

- 방사선사
- 임상병리사
- 의료기기·장비 설치·수리원
- 의지보조기기사
- 치과기공사
- 치과위생사

관련교과

- 수학
- 과학
- 기술·가정
- 정보

의료 장비기사

관련학과

- 메카트로닉스공학과
- 의공학과
- 의료공학과
- 의료생체공학과
- 의료보장구과
- 의료정보공학과
- 의료정보시스템과
- 전기공학과
- 전기전자공학과
- 전자공학과

적성과 흥미

- 관찰력
- 판단력
- 분석력
- 소명 의식
- 꼼꼼함
- 독립성
- 신뢰성
- 현실형, 사회형

관련기관

- 대한의공협회
- 한국의료기기산업협회
- 한국건강관리협회
- 한국의료기기공업협동조합

관련자격

- 의공기사
- 의료전자기능사
- 의공산업기사

의사

의사란?

인체의 구조와 기능을 조사하여 질병이나 상해의 치료, 예방에 관한 방법과 기술을 연구하는 학문을 의학이라고 한다. 의학 기술은 인류의 역사와 함께 자연스럽게 발전해 왔다.

의사는 사람들의 질병이나 상처, 몸의 통증 등을 치료해주는 사람이다. 각종 질병이나 통증으로 고통 받는 환자가 병원을 찾으면, 환자에게 맞는 진료와 처방을 함으로써 질병에서 회복되어 건강한 생활을 할 수 있도록 돕는 역할을 한다. 우리나라 의료법에 의하면 의사는 치과의사, 한의사, 조산사, 간호사와 함께 의료인으로 구분되고, 이 중 의사는 서양 의료와 보건 지도에 종사하는 것으로 규정하고 있다.

> **Tip** 전문 의료를 배우는 전문의 수련 과정에 대해 알아볼까요?
>
> 의사 면허를 취득한 후에 전문의가 되기 위해서는 1년 동안의 인턴 과정과 3-4년 동안의 레지던트 과정을 거쳐 다시 전문의 자격시험에 합격해야 한다.
>
> - 인턴 과정 : 1년 동안 다양한 과를 돌아다니면서 일을 배운다. 인턴 과정을 통해 자신의 적성과 흥미에 맞는 전문과를 선택할 기회를 가진다.
> - 레지던트 과정 : 전공으로 선택한 과에서 4년(가정의학과는 3년) 동안 일하면서 업무를 배운다. 전문의가 되기 위해 훈련을 쌓는 과정이며, 레지던트 기간을 마치면 전문의 자격시험에 응시할 자격을 부여받는다.
> - 펠로우 과정 : 전문의가 된 후 다시 2년 동안의 전임의(펠로우) 과정을 거치면, 해당 분야의 전문의 시험을 볼 수 있다. 이 시험을 통과하면 교수나 연구 의사가 될 수 있다.

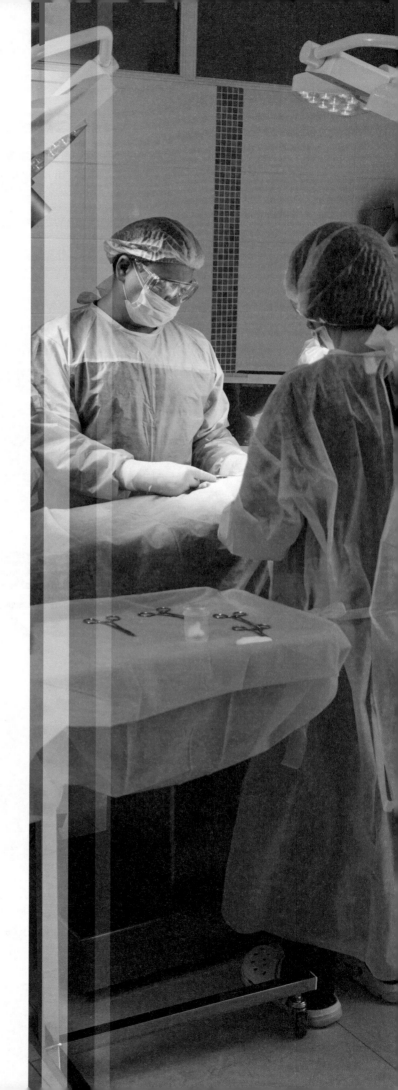

의사가 하는 일은?

의사는 '국민 보건을 향상시키고, 건강한 생활을 유지하는 데 이바지할 사명을 가지고 의료와 보건 지도를 임무로 한다.'라고 의료법에 규정되어 있다. 의사는 인간의 질병, 장애, 상해를 진단하고 치료하기 위해 진찰과 각종 의학적 검사를 진행한 후 결과를 종합적으로 분석하여 치료의 범위와 방향을 정해 환자의 건강을 되찾도록 돕는다.

- 각 분야의 전문적인 의료 지식을 이용해 환자의 병의 원인을 찾아내어 적절한 치료를 진행하고 사전에 병을 예방하는 일을 한다.
- 환자의 증상에 따라 다양한 종류의 검사를 실시한 뒤 검사 결과를 바탕으로 진단을 내리고, 증상에 따른 치료 방법 및 치료 순서를 정한다.
- 아픈 부위에 따른 여러 가지 의학적 검사 및 검사 결과를 통해 가장 적합한 병의 진단과 처방을 지시하고 치료 방법을 결정한다.
- 다양한 의료 장비와 특수 기술들을 활용하여 환자에 맞는 질병을 치료하고, 건강한 몸을 되찾을 수 있도록 돕는다.
- 약을 복용하고 환자에 맞는 진료 행위에 대해 처방을 내리고, 환자에게 맞는 식사나 질병 예방 등에 대해 조언한다.
- 전쟁, 기아, 전염병, 지진 같은 자연재해를 당한 지역에 가서 구호활동을 펼치거나 현지에서 의사들을 양성하기도 하고, 병원을 세우는 데 참여한다.
- 병을 치료하는 것뿐만 아니라 의학을 연구해 논문을 발표하거나 새로운 의학 지식을 배우기 위해 각종 세미나에 참석한다.

적성과 흥미는?

의사는 다양한 환자들이 고통을 호소하는 소리를 잘 듣고, 적절한 질문으로 환자의 상태를 파악해야 하므로 의사소통 능력이 중요하다. 수술이나 처치 과정에서 다른 분야의 의료진들과 협업하는 경우가 많기 때문에 대인관계 능력과 협업 능력을 갖추는 것이 중요하다. 환자의 건강 상태와 검사 결과를 의학적으로 분석하고 치료 방법을 결정할 수 있는 논리적 분석 능력과 상황에 따른 빠른 판단력, 정확한 의사결정 능력을 갖추어야 한다.

의사는 사람의 소중한 생명을 다루는 직업이므로 직업에 대한 투철한 사명감과 성실함, 환자에 대한 세심한 배려, 의사로서의 책임감, 생명을 소중하게 생각하는 마음과 희생정신이 필요하다. 환자의 아픈 부위별로 적절한 치료를 해야 하기 때문에 올바른 판단력, 정교한 손기술이 요구된다. 특정 수술의 경우, 오랜 시간에 걸쳐 진행되므로 강인한 체력도 갖추어야 한다. 새로운 의학적 지식의 습득과 국제적 의학기술 교류를 위해 영어 실력을 키워야 하고, 병원, 요양원, 장애인 병원 등 의료기관에서 봉사활동을 통해 봉사정신을 키우고 타인을 이해하는 노력을 기울일 것을 추천한다.

관련 학과 및 자격증은?

의예과　의학과　동서의과학과　대체의학과

기초의과학과　글로벌의과학과　의학부

⚙ 의사 면허

⚙ 전문의 면허(내과, 외과, 정형외과, 흉부외과, 신경외과, 소아청소년과, 산부인과, 안과, 이비인후과, 피부과, 비뇨기과, 신경과, 정신과, 진단검사의학과, 영상의학과, 방사선종양과, 마취통증의학과, 병리과, 예방의학과, 재활의학과, 결핵과, 성형외과, 가정의학과, 응급의학과, 핵의학과, 산업의학과 등 26개) 등

관련 교과는?

수학　과학　사회　영어　보건

관련 직업은?

일반의사　전문의사　보건의료관련관리자

의학연구원　의학전문기자　의학평론가

의학전문방송인　의학칼럼니스트　법의학자

생명과학시험원　의과대학 교수　군의관

진출 방법은?

일반 의사가 되는 방법에는 두 가지가 있다. 첫 번째는 의예과 2년과 의학과 4년, 총 6년의 의과대학을 졸업하여 의학사 학위를 취득한 다음 국가자격시험에 합격하는 방법이다. 두 번째 방법은 의과대학이 아닌 일반 대학을 졸업한 후 4년 과정의 의학전문대학원에 진학하여 의학사 학위를 취득하고, 의사 국가면허시험에 합격하는 것이다. 의학전문대학원에 진학하기 위해서는 의학교육입문검사(MEET)에 응시해야 하며 이 외에도 대학원별로 학부에서 일부 교과목을 이수해야 하거나 일정 기준 이상의 평점, 외국어 능력, 사회봉사실적, 면접 등이 요구된다. 2022년 현재 차의과대학 의학전문대학원이 유일하게 운영되고 있다.

전문 의사가 되려면 의사 면허 취득 후 1년의 인턴 과정과 전공에 따라 3~4년의 레지던트 과정을 마친 뒤에 전문의 시험에 합격해야 한다. 전문의 자격을 취득한 뒤에 종합병원의 전임의(펠로우)로 일하거나 병원, 의원 등에서 전문의로 근무할 수 있다. 개원하여 병원을 운영하기도 하고, 국민의 건강 보호와 증진을 위해 보건복지부, 질병관리본부, 식품의약품안전처, 보건소 등 보건 행정 분야에서 일하기도 한다. 또한 의학적 전문 지식을 활용해 NGO, 언론계, 의료계와 관련된 사업 분야에서도 일할 수 있다.

미래 전망은?

새로운 의료 기술의 개발, 인구 고령화, 생명 중시 현상, 건강 보험 제도의 발전 등은 우리나라의 의료 서비스를 발전시키고, 의사의 인력 수요를 증가시키는 요소이다. 특히 초고령화 사회에 접어들 미래에는 만성질환과 중증질환자가 증가할 것으로 예상되지만 우리나라 의사 인력은 아직도 OECD 회원국의 국민 1인당 의사 수 평균에 미치지 못할 정도로 낮은 수준이다. 또한 복지 확대 정책에 따라 수준 높은 의료 서비스가 시행될 것으로 예상되므로 의사 수요는 꾸준히 증가할 것으로 예상된다.

또한 우리나라의 뛰어난 의료 기술과 높은 수준의 의료 서비스가 동남아시아를 비롯해 중국, 중동, 중앙아시아 등으로 진출하는 사례가 늘고 있다는 점도 직업의 전망을 밝게 한다.

CAREER MAP

- 수학, 과학, 영어 교과 역량 강화
- 병원이나 의료기관 관련 체험활동
- 의사 및 의료 관련 직업체험활동
- 체력 증진을 위한 활동
- 의료, 생명, 심리학, 인문학 등 다양한 분야의 독서활동

준비 방법

관련 직업

- 일반의사
- 전문의사(26개)
- 보건의료관련관리자
- 의학연구원
- 의학전문기자
- 의학평론가
- 의학전문방송인
- 의학칼럼니스트
- 생명과학시험원
- 의과대학 교수
- 법의학자
- 군의관

관련 교과

- 수학
- 과학
- 사회
- 영어
- 보건

의사

관련 학과

- 의예과
- 의학과
- 의학부
- 동서의과학과
- 대체의학과
- 기초의과학과
- 글로벌의학과
- 의학전문대학원

적성과 흥미

- 책임감
- 따뜻한 마음과 배려심
- 순발력과 판단력
- 봉사정신
- 꼼꼼함과 정확함
- 대인관계 능력
- 의사소통 능력
- 협업 능력
- 강인한 체력
- 사회성과 정직성
- 논리적 분석 능력
- 투철한 사명감
- 직업윤리 의식
- 수학, 물리학, 화학 교과에 대한 흥미

관련 기관

- 대한의사협회
- 대한병원협회
- 한국보건의료인국가시험원

관련 자격

- 의사 면허
- 전문의 면허(26개 분야)

의약계열
23

임상병리사

임상병리사란?

임상병리학이란 혈액, 소변, 대변, 체액, 조직 등 인체로부터 채취되는 각종 검체에서 분자 및 세포 성분을 검사함으로써 질병의 선별, 조기 발견, 진단, 경과 관찰, 치료, 예후를 판정하는 데 기여하고, 질병의 원인 등을 연구하는 학문이다. 기초의학과 생명과학이 결합된 융합 학문으로, 질병의 진단, 치료 경과, 예후 등을 첨단 과학기술에 기초하여 빠르고 정확하게 분석하여 해당 질환을 진단하는 응용 학문이다.

임상병리사는 보건 의료인으로서 검체 또는 생체를 대상으로 병리적·생리적 상태의 예방, 진단, 예후 관찰, 치료에 참여하고, 신뢰성을 보장하기 위해 신속하고 정확한 검사 결과를 제공한다. 검사 결과의 연관성을 해석하고, 현재 사용 중인 검사법을 개선하고자 새로운 검사법을 평가하는 사람이다. 기본적으로 환자가 의뢰하는 각종 검사를 수행하여 질병을 진단함으로써 의료 서비스를 제공하지만, 이와 함께 임상 연구를 통해 얻은 최신 의학 지식 및 기술을 컴퓨터 과학, 경영 기법, 산업화 등과 접목해 환자에게 최선의 진료를 제공하는 중요한 역할을 담당하고 있다.

> **Tip 임상병리사의 하루 일과에 대해 알아볼까요?**
>
> 출근해서 제일 먼저 장비의 전원을 켜고, 시약, 소모품 등의 기능들이 제대로 작동하는지 장비를 점검한다. 이 일이 끝나면 정도 관리(Quality Control)를 하는데, 정도 관리란 측정, 검진의 분석치에 대한 정확도와 정밀도를 확보하기 위해 통계적 처리를 통한 일정한 신뢰 범위 내에서 분석치를 관리하는 것을 말한다. 즉, 단순히 장비에 검체를 넣는다고 해서 결과가 바로 나오는 것이 아니라 정확한 결과라는 확신이 들 때까지 검사하는 것이다. 퇴근할 때에는 작업대를 청소하고, 장비 점검 및 시약 정리를 하고 마무리한다. 그런 일상적인 업무 외에도 학회를 준비하거나, 병원에서 별도로 배정하는 업무나 교육 활동을 담당한다. 바이러스와 같은 세균들이 계속 새로 발견되고, 또 그런 것들을 진단하는 기계들도 계속 발전하고 있기 때문에 자기계발을 꾸준히 하는 것이 매우 중요하다.

🔍 임상병리사가 하는 일은?

임상병리사는 '의료 기사 등에 관한 법률 시행령' 제2조 1항에 '임상병리사는 병리학·미생물학·생화학·기생충학·혈액학·혈청학·법의학·요화학·세포병리학·방사성 동위원소를 사용한 검사물 등의 검사 및 생리학적 검사 분야에서 임상병리검사 업무에 필요한 ① 기계, 기구, 시약 등의 보관·관리·사용, ② 검사물 등의 채취·검사, ③검사용 시약의 조제, ④ 혈액의 채혈·제제·제조·조작·보존·공급, ⑤ 기타임상병리 검사 업무에 종사한다.'라고 규정하고 있다. 임상병리사는 의사를 도와 의사가 환자의 질병을 진단하고, 치료 방법을 결정하는 데 매우 중요한 역할을 담당하고 있다.

🔍 의사가 환자 진료 과정에 이상이 있다고 판단되면, 임상병리사에게 질병과 관련된 의화학적 검사를 의뢰한다.

🔍 인체로부터 채취한 다양한 검사물을 검사하거나 세포 및 조직을 슬라이드로 만들어 현미경으로 세포의 변화를 발견한다.

🔍 건강 및 질병의 상태를 밝히기 위해 매우 다양한 종류의 검사를 수행한다.

🔍 검사 수행 후 나온 결과를 분석 및 정리하여 보고하고 관리하며 통계 처리를 담당한다.

🔍 실험실에서 약물에 대한 표본을 추출하기도 하고, 약물의 치료 효과 등을 검증하기 위해 동물실험과 관련된 연구 업무를 한다.

🔍 검사기기 및 장비, 시약을 안전하게 보관하고 성능을 유지하도록 관리한다.

🔍 보건 의료 관련 연구 기관에서 의생명과학 분야의 기초 및 임상 연구와 개발을 담당한다.

🔍 현재 사용 중인 검사법이나 분석법 등을 평가하여 개선하거나 새로운 검사법을 연구하기도 한다.

적성과 흥미는?

임상병리사에게는 인간을 사랑하고 환자와 함께 고통을 나눌 수 있는 인간 사랑의 직업 윤리관이 필요하다. 질병의 원인을 찾아내고, 질병을 예방하기 위해 임상병리 관련 각종 실험 기계와 화학약품 등을 사용하기 때문에 분석적 사고력, 섬세함, 꼼꼼함이 요구된다. 미세한 세포와 조직 등을 검사하고 분별할 수 있는 예리한 관찰력, 컴퓨터와 연동된 장비를 효율적으로 사용하고 유지·보수할 수 있는 기계 조작 능력, 컴퓨터 활용 능력이 요구된다.

임상병리사는 다른 학문과 융합하여 업무를 수행하기 때문에 기초과학과 응용과학 분야에 대한 지식 탐구 능력, 연구와 분석, 실험을 위해 오랜 시간 집중하여 꾸준히 수행할 수 있는 끈기와 인내심이 필요하다. 화학이나 생명과학, 물리학 등의 기초과학 교과에 대한 지식과 영어에 대한 흥미도 요구된다. 인체에 대한 흥미를 가지고 있고, 전공 분야에 대해 끊임없이 자기계발을 하는 자세와 뚜렷한 목표 의식, 학업에 대한 열의가 있어야 한다.

임상병리사 업무는 다른 분야의 의료진들과 협업하여 진행되는 경우가 많기 때문에 대인관계 능력, 의사결정 능력, 협업 능력도 중요하다. 질병을 찾아내거나 사전에 예방하기 위해 다양한 검사를 진행하게 되는데, 이때 환자의 질병에 대해 비밀을 지켜야 하므로 강한 책임감도 요구된다.

관련 학과 및 자격증은?

임상병리학과　임상병리과　임상간호학과
임상의약학과

- 임상병리사 1·2급
- 국제세포진단사
- 산업위생사
- 공중보건관련기사
- 산업위생기사
- 방사성동위원소취급자
- 산업보건분석사
- 실험동물기술사
- 국제세포병리사
- 실험동물기사

관련 교과는?

과학　사회　보건　수학

관련 직업은?

임상병리사　전문임상병리사　군의장교
보건위생 및 환경검사원　생명과학시험원
임상연구코디네이터　환경직 공무원
보건직 공무원　병리학자

진출 방법은?

임상병리사로 일하기 위해서는 전문대학 및 대학교의 임상병리(학)과에서 일정 과목을 이수하고, 졸업한 후에 임상병리사 자격시험에 합격해야 한다. 임상병리사 자격시험은 한국보건의료인국가시험원에서 시행하고, 연간 1회 치러진다.

임상병리사 면허 취득 후에는 대학병원이나 종합병원의 진단검사의학과, 특수 검사실, 조직병리과, 임상병리과, 핵의학과, 임상 생리 검사실, 응급 검사실 등으로 진출할 수 있다. 또한 보건소, 교육청, 출입국관리소, 검역소, 생명과학 관련 연구소, 국립보건원, 국립수사연구소, 건강관리협회, 적십자혈액원, 보건환경연구소, 노동부·환경부 산하의 관공서, 제약회사, 식품 회사 등의 임상병리 관련 전문직으로 진출할 수 있다. 일부는 의학전문대학원 및 치의학전문대학원, 일반 대학원, 보건대학원에 진학한 후 관련 분야의 의사로 진출하는 경우도 있다.

Tip 임상연구코디네이터에 대해 알아볼까요?

제약사나 연구소가 새로운 약물을 개발하더라도 병원 등 의료 현장에서 바로 사용할 수 없다. 같은 약, 같은 성분이라도 환자별로 전혀 다른 반응이 나타날 수 있기 때문이다. 따라서 새로운 약이 개발되면 동물실험, 독성실험, 임상실험 등 여러 실험 단계를 거치면서 안전성을 검사한다. 특히 인체를 대상으로 하는 임상실험의 경우, 여러 가지 복잡한 단계를 거친다. 이때 임상실험과 관련된 모든 부분의 일정을 관리하고 집행하는 사람이 바로 임상연구코디네이터이다.

미래 전망은?

복잡한 사회 환경, 지구 환경의 변화, 각종 오염물질의 배출로 인한 생태계 파괴 등 지구상에는 복합적 원인에 의해 새로운 바이러스와 질병 등이 나타나고 있다. 따라서 질병의 진단과 치료 과정에서 의사를 도와 진단에 필요한 다양한 검사를 실시하고, 정확한 분석 결과를 신속하게 제공하는 임상병리사의 역할은 점점 더 중요해질 것으로 보인다.

또한 건강에 대한 관심이 증가하면서 질병을 사전에 예측하고 건강을 진단하려는 수요가 늘고 있고, 유전자 관련 연구나 법의학 관련 검사에서부터 제대혈 관련 실험, 생명보험 회사의 심사 업무 등으로 업무 영역도 점차 확대되고 있어 임상병리사의 전망을 밝게 하고 있다.

최근에는 보건 의료 분야가 고부가 가치 산업으로 인정받고 있으며, 임상병리검사 기술이 생명공학기술, 정보통신공학 기술, 나노공학기술 등과 융합하면서 새로운 진단 기술이 개발되고 있어 국가의 새로운 성장 동력 산업이 되고 있다. 따라서 임상병리학 전공자는 학문적·경제적·사회적으로 수요가 매우 크다고 할 수 있다.

CAREER MAP

- 과학, 사회, 수학, 보건 교과 역량 강화
- 응급 의료기관 및 소방서 체험활동
- 응급 의료 관련 직업체험활동
- 응급의학, 생물학, 화학, 철학, 심리학 등 다양한 분야의 독서활동
- 체력 증진을 위한 활동

준비 방법

관련 자격
- 임상병리사 1·2급
- 산업위생사
- 산업위생기사
- 산업보건분석사
- 공중보건관련기사
- 국제세포병리사
- 국제세포진단사
- 방사선동위원소취급자
- 실험동물기술사
- 실험동물기사
- 산업보건분석사

관련 교과
- 과학
- 사회
- 보건
- 수학

임상 병리사

관련 학과
- 임상병리과
- 임상병리학과
- 임상간호학과
- 임상의약학과

적성과 흥미
- 대인관계 능력
- 의사소통 능력
- 협업 능력
- 과학, 사회, 보건 교과에 대한 흥미
- 꼼꼼함과 치밀함
- 판단력과 순발력
- 상황 대처 능력
- 직업 윤리관
- 분석적 사고 능력
- 끈기와 인내
- 책임감
- 예리한 관찰력

관련 기관
- 국립중앙의료원
- 대한응급구조사협회
- 한국응급구조학회

관련 직업
- 임상병리사
- 전문임상병리사
- 보건위생 및 환경검사원
- 생명과학시험원
- 임상연구코디네이터
- 환경 및 보건직 공무원
- 병리학자
- 군의장교

24

임상심리사

임상심리사란?

최근 몸에 생기는 병보다 무서운 마음의 병으로 인해 자기 비관, 자살, 묻지마 폭력 등 심각한 사회문제가 발생하고 있다. 이러한 마음의 병을 치료하는 직업 중 하나가 임상심리사로, 정신의학과 의사와 달리 약물을 사용하지 않고 심리적인 방법으로 검사와 치료를 한다.

임상심리학은 영어로 'Clinical Psychology'라고 하여 '정신을 치료하는 병원'이라는 의미이다. 인지, 행동, 정서 및 성격 등에 있어서 정신과적인 장애가 있는 정신과 환자들을 대상으로 심신의 건강 증진을 돕는다. 심리적 장애가 있는 사람에게 심리검사와 평가를 하고, 이를 통해 개인 및 집단 심리상담을 활용하여 장애의 원인 및 치료 방안을 파악한다. 또한 다양한 심리적 기법을 활용하여 사람을 치료하거나 이상심리에 대한 연구를 한다.

즉 의사들과 함께 우울증, 조울증, 불안장애 등의 정신 질환을 가진 이들을 대상으로 심리검사와 치료를 하고 정신 질환에 대해 연구하는 일을 한다.

임상심리사가 하는 일은?

임상심리사는 개인 또는 집단이 직면한 다양한 정신적 문제들을 예방하고 해결하는 전문가로 정신문제의 원인이 되는 미묘한 원인 관계를 진단하고 치료하기 위해 면담이나 여러 검사 도구를 활용하여 환자의 심리적인 치료를 한다.

- 임상심리사는 심리·생리적 장애가 있는 개인 또는 집단을 대상으로 심신의 건강 증진을 위한 활동을 한다.
- 면담과 심리검사 방법을 이용하여 내담자의 심신 건강 상태에 대해 평가·진단한다.
- 정신 건강에 문제가 있는 환자에 대한 평가를 위하여 인지 능력, 정서, 성격 등 정신 건강에 대해 평가하고 내담자의 문제에 개입하여 문제를 해결한다.
- 심리 상담 기관이나 병원, 정부기관, 다양한 기업체에 심리상담 프로그램을 운영하고, 기관 및 기업체에서 발생할 수 있는 심리 관련 사항에 대해 자문한다.
- 정신 건강과 관련된 제반 문제들에 대한 프로그램 개발을 위한 작업을 수행하며, 심리치료에 관한 연구를 수행한다.

Tip 정신건강임상심리사에 대해 알아볼까요?

정신건강임상심리사란 정신건강 분야에 관한 전문지식과 기술을 갖추고 있으며, 과거 정신보건임상심리사로 불리다가 정신보건법이 개정되며 정신건강임상심리사로 변경되었다. 정신건강임상심리사는 정신질환자에 대한 심리평가, 사회복귀시설 운영, 정신질환자와 사회 복귀 촉진을 위한 생활 훈련 및 작업 훈련 그리고 정신질환 예방활동과 정신보건에 대한 조사·연구, 사회적응 활동을 수행한다.

 적성과 흥미는?

임상심리사는 내담자의 심리적인 문제와 성격을 파악할 수 있어야 하므로 분석적인 사고 능력이 필요하며, 상담이 주요 업무인 만큼 다른 사람의 말을 잘 들어주고, 대화를 통해 내담자와 자신의 생각, 감정을 잘 전달할 수 있는 합리적인 의사소통 능력이 필요하다.

또한 임상심리사는 내담자의 사생활을 보호해야 할 책임이 있으므로 상담내용은 비밀로 해야 하며, 내담자의 마음에 공감할 수 있는 따뜻한 성품과 인내심이 필요하다. 그리고 무엇보다 내담자의 세부적인 부분까지 살펴봐야 하므로 고도의 집중력과 관찰력을 가진 사람에게 유리하다.

임상심리사에 대해 관심을 가진 학생이라면 학교생활을 통해 분석적 사고와 함께 의사소통 능력을 함양할 수 있는 다양한 교과 및 비교과 활동에 참여하고, 또래상담, 시사토론 및 정신건강과 관련한 풍부한 독서를 통해 내적 지식과 경험을 쌓는 것이 중요하다. 또한, 의료 및 상담 관련 잡지 구독 및 관련 직업인 특강이나 탐구를 통해 호기심을 확장하는 것을 적극 추천한다.

관련 학과 및 자격증은?

심리학과 상담학과 상담심리학과

복지상담학과 사회심리학과 심리치료학과

상담심리복지전공 심리상담치료학과

사회학과 사회복지학과 특수교육학과

아동청소년복지학과

임상심리사 1·2급   정신보건임상심리사 1급

관련 교과는?

국어 영어 사회

관련 직업은?

임상심리전문가 정신건강임상심리사

청소년상담사 심리치료사 전문상담교사

놀이치료사 청능치료사 예술치료사

Tip 임상심리와 상담심리의 차이점에 대해 알아볼까요?

임상심리는 정신질환을 가진 이들을 대상으로 심리 평가와 치료를 하고 정신 질환에 대해 연구하는 한편, 상담심리는 일반인들의 성장과 일상생활의 적응을 돕기 위한 상담을 주로 한다. 즉 상담심리는 일상에서 어려움을 겪는 이들 또는 정신 질환의 치료보다는 심리적 성장을 위해 상담을 필요로 하는 일반인들을 대상으로 하게 된다. 그러므로 상담심리학은 아주 심각하지 않은 상태에서 조금 더 나아지기 위한 부분에 초점을 두고 있다.

미래 전망은?

임상심리사는 다른 직업과 비교하여 복리후생이 낮은 편이긴 하지만 최근 정신보건법 제정 및 정신 건강에 대한 사람들의 관심이 증가함에 따라 일자리 창출과 성장이 활발하게 일어나고 있어 임금 및 복리후생 수준도 점차 좋아지고 있다. 또한 근무 시간이 짧고 근무 환경이 쾌적하여 육체적 스트레스는 적지만, 정신적 스트레스는 다소 높은 편이다.

임상심리사는 높은 수준의 전문지식이 필요하고, 업무의 자율성이나 권한이 매우 크며 사회적 평판이 좋다. 임상심리사의 경우 자신의 능력을 끊임없이 개발해야 하며 능력에 따른 직장이동의 가능성이 높은 편이다.

최근 심각해지는 정신 건강의 문제를 해결하기 위해 이를 치료·연구하는 임상심리사의 미래 전망은 높을 것으로 예상된다.

진출 방법은?

임상심리사가 되기 위해서는 임상심리사 1급 또는 2급 자격증을 취득해야 임상심리사로 활동할 수 있는데, 임상심리사 2급은 전공과 상관없이 학사 학위만 있으면 되고 1년의 실습 수련만 거치면 응시자격을 얻을 수 있다. 하지만 시험에 합격하기 위해서는 4년제 대학교의 심리 관련 학과를 졸업하는 것이 유리하다.

또한 임상심리사 1급의 경우 심리학 분야의 석사 학위 또는 2년 이상의 실습 수련을 거쳐야만 응시자격이 주어지기 때문에 대학원 석사 또는 박사 학위까지 취득하는 경우가 많다.

임상심리 관련 자격증을 취득하면 종합병원과 개인의원에서 일하는데 이 중에서도 정신병원에서 근무하고자 한다면 정신건강임상심리사 자격증을 취득하는 것이 좋다. 주요 취업처로는 재활센터 및 사회복귀 시설, 사설 심리상담소, 교도소 및 소년원, 기타 청소년 보호시설 등과 지방자치단체, 법무부, 문화관광부 산하의 각종 상담소 등이 있다.

CAREER MAP

- 의료 및 상담 관련 프로그램 참여
- 또래상담, 시사토론, 의료 등 다양한 동아리활동
- 의료, 정신 등 다양한 분야의 독서활동

- 임상심리전문가
- 정신건강임상심리사
- 청소년상담사
- 심리치료사
- 전문상담교사
- 놀이치료사
- 청능치료사
- 예술치료사

- 국어
- 영어
- 사회

**준비
방법**

**관련
직업**

**관련
교과**

임상
심리사

**관련
학과**

- 심리학과
- 상담학과
- 상담심리학과
- 사회심리학과
- 심리치료학과
- 상담심리복지전공
- 사회학과
- 특수교육학과

**적성과
흥미**

**관련
자격**

- 분석적 사고 능력
- 의사소통 능력
- 공감 능력
- 인내심
- 꼼꼼함과 세심함
- 관찰력

**관련
기관**

- 보건복지부
- 한국산업인력공단
- 한국임상심리학과

- 임상심리사 1·2급
- 정신보건임상심리사 1급

작업치료사

작업치료사란?

최근 다양한 사건, 사고로 인한 신체적 또는 정신적 피해로 일상생활 및 여가활동에 어려움을 겪는 사람들이 늘어나고 있다. 이러한 사람들의 불편함을 치료하는 직업이 바로 작업치료사이다.

작업치료사는 신체적·정신적 문제가 있거나 발달과정에서 특정 기능이 저하된 사람이 불편함 없이 독립적으로 일상생활을 수행할 수 있도록 의미와 목적이 있는 치료를 계획·수행한다. 즉, 환자가 능동적으로 사회생활에 참여함으로써 행복한 삶을 영위할 수 있도록 치료·교육·중재하는 보건의료의 한 전문 분야이다.

작업치료는 신체적, 정신적, 사회적, 그리고 발달과정에서 기능이 저하된 사람이나 활동 참여가 저하된 개인이 일차적으로는 일상생활에 참여하도록 하는 것이 목표이며, 작업치료사는 개인이 작업을 하는 데 있어 문제가 있는 사람을 치료하는 사람이다. 여기서 작업이란 개인의 삶에서 일어나는 의미와 목적이 있는 모든 종류의 정신적, 육체적, 사회적 활동을 의미한다.

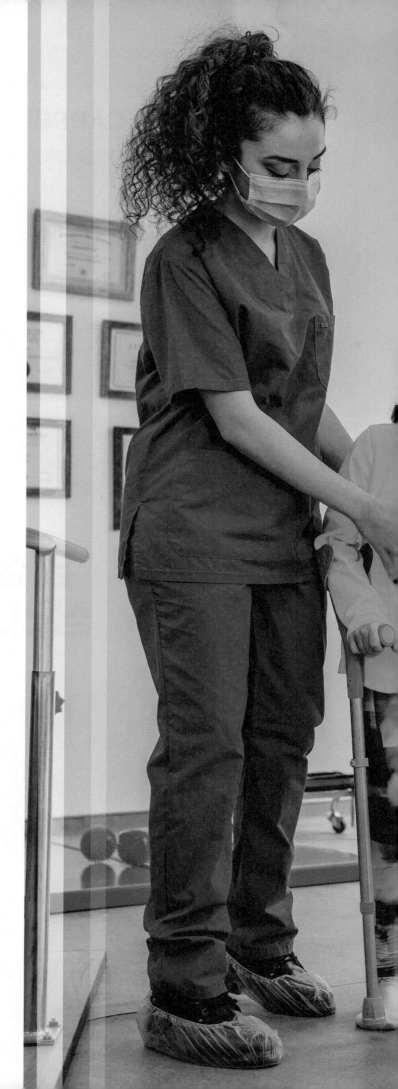

🔍 작업치료사가 하는 일은?

작업치료사는 환자가 신체적, 정신적 피해를 받기 이전처럼 일상생활에 다시 참여할 수 있도록 기능을 증진시키거나 지역사회의 인식과 제도 개선을 돕기 위해 작업이나 환경을 조정하는 일을 한다.

- 🔍 정신적으로 문제가 있거나 발달 과정에서 장애를 입은 환자가 독립적으로 일상생활을 할 수 있도록 치료 및 도움을 준다.
- 🔍 환자와 함께 현재의 문제점을 발견하고 치료를 위한 우선순위를 결정하며 작업을 선택하도록 도와주고, 즐거운 마음으로 일상생활 및 여가활동을 할 수 있도록 도와준다.
- 🔍 개인의 상태에 맞춰 필요한 활동을 선택하여 수행할 수 있도록 여건을 만들어주고 이에 대해 적극적으로 참여하여 장애를 가진 상태에서도 최대한 만족스러운 삶을 영위할 수 있도록 도와준다.
- 🔍 질병 자체보다는 질병으로 인한 기능의 저하에 관심을 두며 그에 적합한 치료방법을 선택하여 치료한다.

Tip 물리치료와 작업치료의 차이에 대해 알아볼까요?

물리치료는 정형외과 치료기술로 신체의 기능 증진을 목표로 치료를 한다. 반면 작업치료는 적절한 작업활동을 통해 신체 및 정신의 치료를 같이 수행한다. 즉 물리치료는 사고를 통해 다친 환자의 근육, 관절 가동범위 등과 같은 기능을 원래의 상태로 회복시켜 사고 이전의 건강한 몸 상태로 만드는 것이고, 작업치료는 기능의 증진과 함께 현 신체 상태를 바탕으로 수행할 수 있는 기능 등을 훈련시키는 것이다.

적성과 흥미는?

작업치료사는 신체적·정신적으로 능력이 부족한 환자를 대상으로 치료를 수행하므로 환자를 이해하는 능력과 다양한 문제에 대처할 수 있는 순발력과 판단력이 필요하다. 또한 아픈 환자를 치료해야 하므로 환자가 치료과정에 적극적으로 참여할 수 있도록 환자의 건강상태를 정확하게 체크할 수 있는 세심함과 꼼꼼함이 있으면 유리하다. 환자에게 친절한 서비스를 제공하고 원만한 대인관계를 유지할 수 있는 능력, 환자와의 대화를 통해 공감대를 형성하는 능력, 아픈 환자를 대상으로 감정과 느낌을 전달할 수 있도록 유도하는 상담 능력과 봉사정신이 있으면 좋다. 무엇보다 어려운 환자들을 보살피는 업무를 수행하거나 치료 과정에서 비교적 오래 서서 일해야 하는 경우가 있으므로 강인한 체력과 책임감 그리고 인내심이 필요하다.

작업치료자를 꿈꾸고 있다면 과학과 체육 교과에 호기심을 가지고 수업에 적극 참여하여 작업치료 관련 발표 활동이나 다양한 활동을 경험하는 것을 추천한다. 또한 과학 탐구 실험, 의료 생명연구, 봉사 관련 동아리 및 체험 활동을 통해 필요한 역량을 함양하는 것을 적극 권장한다.

관련 학과 및 자격증은?

물리치료학과　작업치료과　재활학과

재활공학과　스포츠재활학과　재활복지과

운동재활학과　재활운동건강과

⚙ 작업치료사　⚙ 물리치료사　⚙ 놀이치료사

⚙ 미술치료사　⚙ 웃음치료사　⚙ 청능치료사

⚙ 운동처방사

관련 교과는?

수학　과학　체육

관련 직업은?

물리치료사　언어치료사　보건직 공무원

스포츠지도사

Tip 작업치료사의 영역에 대해 알아볼까요?

작업치료사는 아동 작업치료, 성인 작업치료, 노인 작업치료, 정신사회 작업치료로 나뉜다. 아동 작업치료는 주로 아동발달센터 또는 병원의 소아 병동에서 뇌성마비, 자폐증, ADHD, 선천적 질환 등 발달장애를 가진 아동을 치료한다. 성인·노인 작업치료는 재활병원, 종합병원, 대학병원, 치매센터 등에서 뇌졸중, 척수 손상, 외상성 뇌손상, 수부 손상, 화상, 치매 등 환자를 치료한다. 마지막으로 정신사회 작업치료는 조현병(정신분열증), 우울증, 성격장애 등 환자를 센터나 병원에서 치료한다.

진출 방법은?

작업치료사가 되려면 전문대학(3년제), 대학(4년제)에서 작업치료학과를 졸업하고 한국보건의료인국가시험원에서 시행하는 작업치료사 국가시험에 합격한 후 보건복지부장관으로부터 면허를 발급받아야 한다.

대부분의 작업치료사는 의료기관에서 근무하며 의료기간 외에는 공무원, 특수학교, 스포츠센터, 아동발달센터 등에서 활동한다. 그 외에도 노인복지시설, 장애아동 전담 어린이집, 장애아동복지시설 등의 사회복지시설에도 취업할 수 있어 다른 직업군에 비해 진출범위가 매우 넓다.

다만 작업치료사의 경우, 현행 의료법상 의사의 처방에 따라 치료할 수 있기 때문에 개업은 불가능하다.

⚙ 미래 전망은?

최근 사회복지제도의 확대로 장애아동을 위한 바우처 사업이 증가하고 있다. 그리고 노인 인구 증가와 재활 수요 증가, 요양병원 및 재활병원의 증가로 인해 작업치료사에 대한 관심과 수요도 함께 증가하고 있다.

또한 인구 고령화로 인해 노인성 질환 및 만성 퇴행성 환자가 증가하고 있고 병원도 노인전문병원, 치매전문병원, 재활병원 등으로 세분화되면서 작업치료에 대한 수요가 지금보다 더욱 증가할 것으로 예상된다.

최근 작업치료의 범위가 병원에만 국한되지 않고 보육원, 공장, 대기업 내부 직원으로도 취업이 확장되고 있어 향후 작업치료사의 규모는 꾸준히 증가할 것으로 전망된다.

CAREER MAP

- 수학
- 과학
- 체육

관련 교과

- 물리치료사
- 언어치료사
- 보건직 공무원
- 스포츠지도사

관련 직업

- 물리치료학과
- 작업치료과
- 재활학과
- 재활공학과
- 스포츠재활학과
- 운동재활학과
- 재활복지과
- 재활운동건강과

관련 학과

- 과학, 체육 교과 역량 강화
- 작업치료, 의료 생명연구 관련
  탐구 및 발표활동
- 과학 탐구 실험
- 봉사 관련 동아리 및 체험활동

준비 방법

작업 치료사

적성과 흥미

- 순발력
- 판단력
- 세심함과 꼼꼼함
- 대인관계 능력
- 공감 능력
- 상담 능력
- 봉사정신
- 강인한 체력
- 책임감
- 인내심

관련 기관

- 대한작업치료사협회
- 한국보건의료인국가시험원

관련 자격

- 작업치료사
- 물리치료사
- 놀이치료사
- 미술치료사
- 웃음치료사
- 청능치료사
- 운동처방사

재활공학기사

재활공학기사란?

최근 의학의 발달과 경제성장 등의 영향으로 인간의 평균수명이 점차 늘어나고 있다. 또한 환경문제, 산업재해, 교통사고 및 만성 퇴행성 질환의 비중 증가로 인해 노인 인구 및 장애 인구의 비율이 지속적으로 증가하여 재활서비스의 필요성과 전문성이 더욱 강조되고 있다.

재활공학이란 재활 과정에서 사용되는 공학으로, 장애인 및 노인의 사회적 장애를 개선하기 위해 과학과 기술을 응용하며 복지사회의 실현을 목표로 한다. 즉, 장애인 및 노인의 행복을 목적으로 하는 재활 의료에 필요한 과학 및 기술을 응용하는 학문이다.

재활공학기사는 장애인과 노인의 생활을 편리하게 하고 삶의 질을 향상시키는 데 필요한 하드웨어 및 소프트웨어 기술을 사용자에게 맞춤 제작, 개발, 서비스하는 이론과 임상을 담당하는 직업이다. 이는 고령자 및 장애인이 스스로 결정하고 선택하는 자유로운 삶을 영위하게 하며, 교육 받을 권리를 누리고 의미 있는 직업을 추구하는 등 우리 사회에 완전하게 참여하도록 한다. 이를 위해 보편적 서비스 차원에서 기술 발전이 자연스럽게 적용될 수 있도록 하는 직업이 바로 재활공학기사 또는 재활공학자이다.

🔍 재활공학기사가 하는 일은?

재활공학기사는 고령자 또는 장애인의 상태에 따라 의지·보조기의 착용 부위에 대한 의학적 검사를 실시한다. 이를 통해 인공 수족 또는 보조기의 형태 및 제조방법을 결정하고 정상 인체에 가깝도록 외형을 복원하여 불편함이 없도록 착용하는 일을 한다.

- 🔍 의사의 의뢰에 따라 재활 보조기구를 필요로 하는 사람들에게 인공 수족 또는 보조기와 보장구를 제작하고 이를 장착·수리한다.
- 🔍 환자의 요청과 장애에 따라 팔다리 역할을 하는 인공 수족을 제작하기 위해 환자를 관찰하면서 둘레, 폭, 길이 등을 측정하여 기록하고 재료를 선택한다.
- 🔍 제작한 의지, 보조기 등을 환자에게 장착한 후 최종 점검을 하고 보완·수정한다.
- 🔍 환자 및 가족에게 인공 수족, 보조기 등의 사용법을 교육한다.

Tip 동물재활공학자에 대해 알아볼까요?

동물재활공학자는 동물의 질환을 직접 진단하지는 않지만, 수의사의 진단과 보호자의 요구사항을 기반으로 동물의 건강 상태를 체크해 재활 및 회복에 적합한 보조기를 제작한다. 또 반려동물을 지속적으로 케어할 수 있는 운동 치료 프로그램을 교육하기도 한다. 그 외에도 반려동물의 수술 전이나 수술 후, 치료가 불가능한 상황에서 질환에 알맞은 재활보조기구를 사용하면 후유증이나 부작용, 장애가 발생할 확률이 줄어들고 회복을 도울 수 있다.

적성과 흥미는?

최근 재활을 위한 의지 또는 보조기를 제작하기 위해서 디지털 혁신 기술 중 3D 프린터를 활용하고, 크기나 수치를 측정하거나 기계 장치를 제어하는 일을 하기 때문에 재활공학기사가 되기 위해서는 컴퓨터 활용 능력이나 공학적인 능력이 필요하다. 그리고 사용자의 요구에 맞도록 장비와 기술을 개발하여 적용하는 기술 설계 능력이 요구되며 위험한 상태에 노출되거나 장비를 사용하기 때문에 기계를 다루는 것에 흥미를 가지고 있는 사람에게 유리하다.

또한, 재활공학기사는 재활이 필요한 장애인 및 노인을 대상으로 하는 직업이므로 무엇보다도 인간에 대한 깊은 이해가 필요하며, 인간의 발달, 놀이, 병리, 상담 등에 대한 폭넓은 이해와 다양한 치료 방법에 대한 지식이 필요하다. 대인관계가 원만한 성격, 침착성, 인내심, 포용력 등을 갖추고 있으면 좋고 환자와의 관계를 통해 마음을 치료해야 하는 경우가 발생할 수도 있으므로 인격적 성숙이 매우 중요하다.

재활공학기사에 관심을 가지고 있다면 위와 같은 역량을 함양하기 위해 학교생활에서 공학 및 컴퓨터와 관련된 다양한 활동이나 체험에 참여해야 한다. 인간적인 공감 능력을 함양하는 봉사 및 활동을 통해 관련 역량을 함양하는 것도 적극 권장한다.

관련 학과 및 자격증은?

재활학과　　재활공학과　　물리치료학과

의료공학(의료장비)과　　작업치료학과

특수교육학과　　노인복지학과　　사회복지학과

⚙ 청능사　　⚙ 보조공학사　　⚙ 휠체어치료사

⚙ 음악치료사　　⚙ 언어재활사　　⚙ 놀이심리치료사

⚙ 미술치료사　　⚙ 의지보조기사　　⚙ 장애인컴퓨터트레이

관련 교과는?

수학　　과학　　정보

관련 직업은?

임상병리사　　보조공학사　　의료장비기사

방사선사　　치과위생사　　치과기공사

Tip 예술치료사에 대해 알아볼까요?

예술치료사는 예술활동과 대화를 통해서 내담자의 심리적 문제를 진단하고 진단 결과를 토대로 내담자 치료를 위한 프로그램을 결정한다. 흔히 내담자에게 그림 완성하기, 풍경화 구성하기 등 미술치료를 수행하거나 환자와 함께 피아노, 오르간, 북, 징, 꽹과리 등의 악기를 이용하여 즉흥 연주 및 작곡을 하면서 환자의 음악적 표현을 이끌어낸다. 이러한 과정을 통해 환자의 상태를 진단·평가하고 예술치료와 관련된 임상실험 결과 및 효능 등을 연구한다.

 ## 진출 방법은?

재활공학기사가 되기 위해서는 재활학과 등과 같은 관련 학과를 전공한 후 한국보건의료인국가시험원에서 실시하는 의지보조기기사 시험에 합격해야만 활동할 수 있다.

재활공학기사는 보조공학 및 특수교육공학 관련 센터, 특수학교, 재활병원, 재활센터 및 재활원, 장애인 및 노인복지관, 실버타운 사설 치료실, 재활보조 기구 제작 및 공급업체 및 재활의료 관련 기관 및 연구소 등에 취업할 수 있다. 그 외에도 실버 복지용품 산업체에 취업할 수 있고, 스스로 창업을 할 수도 있다.

재활공학기사와 비슷한 언어치료사, 청능치료사, 놀이치료사, 예술치료사는 해당 자격증 및 진출 방법이 다르니 관련 직업별 자격증 및 진출 방법에 대해 정확히 알아볼 필요가 있다.

⚙ 미래 전망은?

선진국으로 진입할수록 장애인과 노인의 편안한 삶을 위해 이를 도와줄 보조기 또는 인공 수족에 대한 욕구가 증대되고 있고, 이를 서비스할 수 있는 관련 전문가의 수요도 지속적으로 증가하고 있다. 특히 인구의 노령화로 인해 독립적인 생활이 힘든 노인 및 장애인이 증가하고 있으나 이에 대한 충분한 도움이 제공되지 않아 큰 사회적 문제가 되고 있다. 또한, 최근에는 산업재해 및 교통사고 등으로 인한 후천적 장애 인구가 증가하고 있어 재활공학기사의 전망은 밝을 것으로 보인다.

그 외에도 과학기술의 발달로 사람들의 상실된 감각을 보충해 주거나 불완전한 활동을 도와주는 재활공학시스템에 대한 관심이 높아지면서 재활공학기사의 수요는 지속적으로 늘 것으로 전망한다.

CAREER MAP

- 수학
- 과학
- 정보

- 임상병리사
- 보조공학자
- 의료장비기사
- 방사선사
- 치과위생사
- 치과기공사

- 재활학과
- 재활공학과
- 물리치료학과
- 의료공학과
- 작업치료학과
- 특수교육학과
- 노인복지학과
- 사회복지학과

- 컴퓨터 관련 탐구 및 발표활동
- 기계 관련 활동 및 프로그램 참여
- 공학 및 컴퓨터 관련 동아리활동
- 공감 능력 함양을 위한 봉사활동

관련 교과

관련 직업

준비 방법

재활 공학기사

관련 학과

적성과 흥미

관련 자격

관련 기관

- 기계 조작에 대한 흥미
- 공감 능력
- 의사소통 능력
- 세심함과 꼼꼼함
- 인내심
- 포용력

- 재활공학연구소
- 재활공학서비스 연구지원센터

- 의지보조기사
- 보조공학사
- 장애인컴퓨터트레이
- 휠체어치료사

치과기공사

치과기공사란?

치과기공학은 크게 심미 분야와 기능 분야로 나누어진다. 심미 분야는 치아 모양이나 색깔 등 치아 앞부분을 주로 다루며, 치아미용에 목적을 두고 있다. 기능 분야는 치아가 음식물을 씹을 수 있는 기능에 중점을 두어 다루는 분야로, 틀니나 임플란트와 같은 보철물을 제작하는 것에 목적을 두고 있다.

처음에는 치과 진료, 의료적 처치, 금니나 틀니 같은 치과 보철물 제작 등을 모두 치과의사가 맡아 작업했다. 그러다 보니 치과의사의 업무 부담이 커져 보철물을 만드는 작업만 따로 떼어내 치과기공사라는 직업이 생겨났다. 치과기공사는 치과의사의 의뢰에 따라 다양한 형태와 재료로 인공 치아, 치아 장치, 교정 장치 등을 제작하거나 수리·가공 등의 업무를 하는 직업이다.

치과기공사는 상실된 치아 또는 주위 조직의 기능과 외관을 회복시키기 위해 치과에서 보내온 환자의 치아 석고 모형을 이용해 구강 내에 장착할 보철물을 제작한다. 제작하는 보철물로는 일반적으로 금니, 세라믹 치아, 부분 틀니, 전체 틀니, 임플란트, 브릿지, 교정 장치, CAD/CAM을 이용한 보철물 등이 있다.

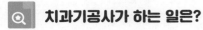 치과기공사가 하는 일은?

치과기공사는 치과의사의 진단에 따라 구강이 정상적인 기능을 할 수 있도록 치과 보철물 및 장치물을 제작한다. 치과 보철물을 제작하거나 수리·가공할 때에는 환자의 저작(음식을 씹고 부수는 일), 발음, 심미(아름다움) 기능에 이상이 없도록 구강 내의 물리적·생리적 조건을 고려한다.

치과기공사는 업무 특성상 제조하는 일을 주로 한다. 모형 제작, 주조 과정, 연마 과정 중에 분진과 소음이 많이 발생한다. 다른 분야의 의료 기사와 비교하면 작업 환경이 미흡한 편이지만, 최근에는 치과 기공 장비 기술의 발전과 디지털화된 첨단 장비의 보급으로 작업 환경이 많이 개선되고 있다.

- 🔍 제작하려는 치과 보철물의 디자인을 결정하기 위해 처방전이나 설계 명세서를 읽고, 모델과 인상체를 관찰한다.
- 🔍 인상체에 석고를 주입하고 경화시켜서 환자의 구강을 재현한 모델을 만든다.
- 🔍 모델의 기능성을 평가하기 위해 환자 악골의 저작과 운동을 재현한 장치물에 작업 모형을 장착시킨다.
- 🔍 치과의사의 설계 명세서나 관찰한 정보를 이용해 왁스 치아를 만든다.
- 🔍 치과 보철물이나 장치물을 만들기 위해 금속을 녹이거나 석고, 도재 또는 아크릴 분말을 혼합한 후 틀에 붓는다.
- 🔍 금속 구조물 위의 도재를 굽기 위해 새로 만들어진 치아를 도재로에 집어 넣는다.
- 🔍 의치, 관교 의치, 교정 장치와 같은 치과 보철물을 제작·교환·수리한다.
- 🔍 과잉 금속이나 도재를 제거한 후 폴리싱 기계를 이용하여 보철물이나 구조물의 표면을 연마하고 광택을 낸다.
- 🔍 보철물이 의뢰서와 일치하는지, 제대로 맞는지 정확도를 시험한다.
- 🔍 치과 보철물 및 충전물 제작·수리에 사용되는 도구나 재료, 장비 등을 관리한다.

Tip 치기공학 보철물 용어에 대해 알아볼까요?

- 임플란트 : 임플란트 재료가 사람의 턱뼈와 잘 붙는 점을 이용하여 충치나 잇몸병으로 없어진 치아나 사고 또는 종양 등으로 인해 뼈와 잇몸이 없는 부분에 대해 미용뿐만 아니라 기능까지 회복시키는 시술이다.
- 크라운 : 치아의 치관이나 덴탈 임플란트를 온전히 감싸는 치아 치료의 한 방법으로, 치아부식이 심각하여 치아의 수명을 위협할 때 사용하는 시술 방법이다.
- 브릿지 : 심하게 상한 치아를 뽑아낸 뒤 그 치아의 양 옆에 있는 치아를 갈아내고, 갈아낸 양쪽 치아를 지지대로 삼아 필요한 만큼 크라운을 제작하여 부착하는 시술이다.

적성과 흥미는?

치과기공사는 기계 및 장비를 잘 다루고 시력이 좋은 사람에게 유리하며, 업무를 수행함에 있어 정확성과 집중력이 요구된다. 관찰력이 뛰어나야 하고, 물체를 입체적으로 생각할 수 있는 공간 지각 능력이 필요하며, 차분하고 꼼꼼한 성격을 지닌 사람에게 적합하다. 업무 특성상 오랜 시간 동안 작업을 해야 하기 때문에 지구력과 강한 체력을 갖추어야 하고, 치과의사, 치과위생사 등과 협업을 하므로 대인관계 능력과 협동심이 필요하다. 서비스정신, 순발력, 성취감, 의사소통 능력, 영업 마인드, 경영 철학 등도 요구되고, 관습형과 예술형의 흥미를 가진 사람에게 적합하다.

관련 학과 및 자격증은?

(치기공학과) (치기공과)

- ⚙ 치과기공사
- ⚙ 국제의료관광코디네이터
- ⚙ 치과보철상담사
- ⚙ 치과서비스코디네이터
- ⚙ 3D프린팅마스터
- ⚙ 치과코디네이터
- ⚙ 보건교육사
- ⚙ 의지보조기기사

관련 교과는?

과학   수학   사회   미술

관련 직업은?

(치과의사) (치과위생사) (보건직 공무원)
(의료장비기사) (의료장비기술영업원)

🌐 진출 방법은?

치과기공사는 전문대학이나 4년제 대학에서 치기공학을 전공한 후 한국보건의료인국가시험원에서 시행하는 치과기공사 국가자격시험에 합격해야 한다. 치과기공사 자격시험은 매년 말에 시행되며, 응시자격은 치과기공과 졸업자에게만 주어집니다.

응시하려면 우리나라의 3년제 또는 4년제 대학에서 치과기공과를 졸업하거나, 보건복지부장관이 인정하는 외국의 치과기공학 관련 교육과정을 이수하고, 치과기공사 관련 면허를 취득해야 한다. 그 후 국가시험에 합격하고, 면허를 발급받아야 치과기공사로 일할 수 있다. 졸업예정자라도 학점이 부족하거나 다른 사유로 졸업이 불가능해지면 자격시험에 합격하더라도 합격이 취소된다.

종합병원, 대학병원, 일반 치과 병·의원의 치과기공실, 치과기공소 등에서 근무한다. 해외의 치과기공소, 치과 재료업체, 치과 장비업체 등에도 진출 가능하며, 본인이 직접 치과기공소를 개업할 수 있다.

⚙ 미래 전망은?

생활수준이 향상되고 평균 수명이 길어지면서 구강 건강에 대한 관심이 증가하고 있다. 치아 치료뿐만 아니라 예방 차원에서의 검진이 증가하였고, 건강관리와 외모에 대한 관심이 증가하여 치아 교정에 대한 수요가 증가하고 있다. 또한 노인들의 틀니와 임플란트 비용까지 건강 보험 범위가 확대되고 있고, 해외 치과 기공물 수주 확대 및 치과 기공 산업의 국가적 육성 정책이 시행되면 치과기공사 인력에 대한 수요가 증가하여 취업 기회가 확대될 것으로 전망된다. 또한 치과기공사 중 IT 전문기술을 갖춘 인력에 대한 수요가 빠르게 성장하고 있는 점도 전망을 밝게 하고 있다.

최근 정보통신기술의 발달로 치과 기공 분야에도 3차원 설계 데이터를 기반으로 하는 3D 프린팅 기술이 빠른 속도로 보급되면서 치기공학 분야에도 다양한 기술이 개발되어 보급되고 있다. 또한 앞으로는 3D 프린트를 이용한 치아 모형 제작과 CAD 소프트웨어를 이용한 보철물 디자인 및 CAM 작업을 통한 보철물 제작이 일반화될 것으로 예측된다. 하지만 아직까지는 기계가 치아의 민감한 부위까지 세심하게 다룰 수 없어 반드시 사람의 손을 거쳐야 한다는 점도 인식해야 한다.

CAREER MAP

- 수학, 과학, 사회, 미술 교과 역량 강화
- 치과기공사 관련 직업체험활동
- 의학, 물리학, 생명과학, 화학, 미술, 심리학 등 다양한 분야의 독서활동
- 미술적 소양 함양

- 치과기공사
- 국제의료관광코디네이터
- 치과보철상담사
- 치과서비스코디네이터
- 3D프린팅마스터
- 치과코디네이터
- 보건교육사
- 의지보조기기사

- 과학
- 수학
- 사회
- 미술

준비 방법

관련 자격

관련 교과

치과 기공사

관련 학과

- 치기공과
- 치기공학과

- 대인관계 능력
- 협업 능력
- 수학, 과학, 사회, 미술 교과에 대한 흥미
- 강인한 체력
- 관찰력
- 손재능
- 창의력
- 상담 능력
- 봉사정신
- 서비스정신
- 예술적 감각
- 집중력과 정확성
- 순발력

적성과 흥미

관련 직업

관련 기관

- 대한치과기공사협회
- 대한치과기공학회
- 한국보건의료인국가시험원

- 치과의사
- 치과위생사
- 보건직 공무원
- 의료장비기사
- 의료장비기술영업원

치과위생사

치과위생사란?

치아 건강은 건강하고 행복한 삶을 살아가는 데 매우 중요하다. 대부분의 사람들은 치과를 정기 방문해 건강하고 아름다우며 깨끗한 치아로 유지될 수 있도록 구강 질환 예방 및 치료, 침착물 제거, 교정, 미백 시술 등을 한다. 이때 환자의 치아에 생긴 치석이나 치아에 붙어 있는 침착물을 제거하는 사람이 바로 치과위생사이다.

치과위생사는 지역 주민과 치과 질환을 가진 사람을 대상으로 구강 보건 교육, 예방 치과 처치, 치과 진료 협조 및 경영 관리를 지원하여 국민의 구강 건강 증진에 기여하는 전문 직업이다. 우리나라의 '의료기사 등에 관련 법률 시행령' 제2조 제6항에서는 치과위생사의 업무범위를 '치석 등 침착물 제거, 불소 도포, 임시 충전, 임시 부착물 장착·제거, 치아 본뜨기, 교정용 호선의 장착·제거, 그 밖에 치아 및 구강질환의 예방과 위생에 관한 업무에 종사한다. 이 경우 의료법 제32조 제1항의 규정에 의한 안전 관리 기준에 적합하여 진단용 방사선 발생 장치를 설치한 보건 기관, 의료 기관에서 구내 진단용 방사선 촬영 업무를 할 수 있다.'라고 명시하고 있다.

치과위생사는 면허를 받은 전문 직업인이며, 구강질환의 예방과 관련한 전문적 지식을 갖춘 구강 건강 관리인으로서 교육적·임상적·치료적 서비스를 제공하여 국민들의 구강 건강을 책임지는 직업이다.

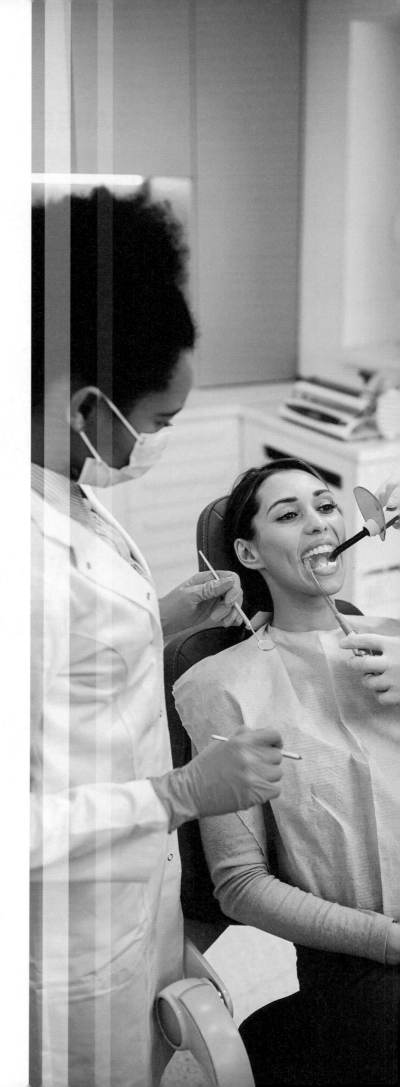

치과위생사가 하는 일은?

치과위생사는 국민의 구강 건강을 위해 영유아, 노인, 장애인, 임산부 등 전 국민들을 대상으로 하는 공중 구강 보건 사업에 있어 중요한 역할을 한다. 치과 치료가 시작되기 전 교육과 진료 과정 중에 치과의사를 도와주고, 치료 후에는 유의 사항과 지속적인 관리 교육 등을 실시하여 효율적인 치과 진료가 이루어질 수 있도록 한다.

치과위생사는 치아 스케일링 작업을 할 때나 의사를 도와 진료를 보조할 때 병원균에 노출될 위험이 있으므로 감염되지 않도록 예방에 신경을 써야 한다. 또한 구강에서 튀어나오는 이물질이나 의료 기구에서 나오는 광선 등으로부터 눈을 보호해야 하기 때문에 마스크 및 보안경, 방사선 보호 장구 등의 장비를 착용해야 한다.

- 🔍 치과의사의 진료 및 치료를 보조하여 구강 관련 질환의 예방 및 치료, 구강 관리에 대해 안내한다.
- 🔍 환자들의 구강 상태를 관찰하거나 방사선 촬영을 통해 구강을 촬영하는 등 치과의사의 진료 및 수술을 보조한다.
- 🔍 구강 내에 붙어 있는 여러 가지 침착물을 제거하고, 치아 표면을 매끈하게 하여 치주질환을 예방한다.
- 🔍 환자의 진료 기록을 관리하고, 환자의 치료 과정을 자세히 안내하며, 청결한 구강 상태를 유지하도록 안내한다.
- 🔍 치과 질병이 발생하지 않도록 미리 예방하고 처치하는 일을 한다.
- 🔍 치과 질병이 발생하지 않도록 불소를 도포하거나 치아의 홈을 메우고 스케일링을 한다.
- 🔍 학교, 보건소에서 구강질환이나 구강 상태에 따른 칫솔 선택 방법, 칫솔질 방법, 모자 구강 보건 교육, 식이 조절 등에 대해 교육한다.
- 🔍 치과 진료 장비를 소독하는 등 위생을 담당하며, 의료 보험을 청구하거나 치과에서 사용하는 물품을 관리한다.
- 🔍 치과 병원의 행정 관리와 환경 관리 등을 담당하기도 한다.

Tip 치과위생 관련 용어에 대해 알아볼까요?

- 스케일링 : 치아에 부착된 단단한 침착물이나 연성 침착물을 물리적으로 제거하여 치아 표면을 매끄럽고 광택 있게 하는 것으로, 침착물의 재부착을 방지할 목적으로 하는 예방법이다.
- 불소 도포 : 충치 예방에 효과가 있는 불소를 치아 전체에 발라줌으로써 충치가 쉽게 발생하지 않도록 막아주는 예방법이다.

적성과 흥미는?

치과위생사는 많은 사람을 상대하는 직업이므로 밝은 얼굴로 대화할 수 있는 외향적인 성격이면 좋다. 무엇보다도 아픈 환자에 대한 이해와 배려를 바탕으로 한 봉사정신을 갖추어야 한다. 의사나 동료 치과위생사들과 협업하여 일을 하기 때문에 대인관계 능력, 의사소통 능력, 사회성을 갖추어야 한다. 업무 과정에서 의사나 환자가 무엇을 원하는지 빨리 파악하여 대처할 수 있는 집중력, 상황 판단력, 순발력 등이 필요하다. 치위생에 관한 기초 지식이 있어야 하며, 병원, 학교, 지역주민센터 등에서 구강 관리를 위한 구강 보건 교육을 진행하므로 언어 전달 능력이 필요하다.

구강은 공간이 좁기 때문에 작업할 때에는 정교하고 섬세한 손놀림과 세심하고 꼼꼼함, 정확성이 요구된다. 치과 의료 기기를 능숙하게 다룰 수 있는 기계 조작 능력도 요구된다. 현실형, 관습형의 흥미를 가진 사람에게 적합하며, 스트레스를 감내하거나 통제할 수 있는 사람에게 유리하다.

💬 **관련 학과 및 자격증은?**

(치위생과) (치위생학과) (치기공과)
(치기공학과)

⚙ 치과위생사   ⚙ 치과건강보험청구사
⚙ 3D프린팅마스터   ⚙ 일반치과경영관리자
⚙ BLS자격증   ⚙ 치과서비스코디네이터
⚙ 보건교육사   ⚙ 치과병의원코디네이터
⚙ 병원사무관리사

💬 **관련 교과는?**

과학   수학   사회   기술·가정
정보   미술

💬 **관련 직업은?**

(관리치과위생사)   (공중구강보건치과위생사)
(임상치과위생사)   (치과건강보험청구원)
(건강보험심사원)   (구강위생용품판매자)
(치과재료판매자)   (치과코디네이터)
(보건직 공무원)

🌐 진출 방법은?

치과위생사가 되려면 한국보건의료인국가시험원에서 매년 1회 시행하는 치과위생사 국가자격시험에 합격한 후 보건복지부장관으로부터 면허를 발급받아야 한다. 치과위생사 국가시험은 필기시험과 실기시험으로 구분되는데, 필기시험 과목은 의료관계법규, 기초치위생, 치위생관리, 임상치위생 과목이 치러지고, 실기시험으로는 치석제거 및 탐지 능력 측정이 치러진다.

치과위생사 시험의 응시자격은 우리나라의 3년제 또는 4년제 대학에서 치위생(학)과를 졸업하거나 보건복지부장관이 인정하는 외국의 치위생학 관련 교육과정을 이수하고, 치과위생사 관련 면허를 취득한 자로 제한된다. 국가시험에 합격하고, 면허를 발급받아야 치과위생사로 일할 수 있다.

근무하는 치과 병·의원의 규모와 내부 규정에 따라 다르지만, 보통 3~5년을 근무하면 팀장, 다시 4~6년을 근무하면 실장으로 승진할 수 있다. 치과위생사는 대부분 치과병원, 종합병원, 보건소, 국공립 의료기관 등으로 진출하고, 학교 구강보건실, 구강 보건 연구 기관 및 관련 단체 등으로 진출하기도 한다. 치위생 분야에서 경험을 쌓은 후에는 치과병원 관리 및 경영을 담당하는 치과코디네이터(혹은 덴탈매니저)나 보건 의료 관련 분야의 병원서비스코디네이터로 활동하기도 하고, 치과건강보험청구원, 건강보험심사원, 구강위생용품판매자, 치과재료판매자 등으로 이직할 수도 있으며, 치과코디네이터 양성 강사, 치과 서비스 교육 강사, 대학 교수 등 교육 분야로도 진출할 수 있다.

⚙ 미래 전망은?

생활수준 향상과 평균 수명 연장 등으로 행복하고 건강한 삶에 대한 관심이 높아지면서 구강 건강에 대한 관심 또한 높아져 치과 병원을 이용하는 사람들이 늘어나고 있다. 또한 국가의 구강 보건 정책이 치료 위주에서 예방 위주의 진료로 변화하면서 치아 예방 관련 처치와 구강 보건 교육을 담당하는 치과위생사에 대한 수요도 증가하고 있다.

최근에는 법률에 의해 치과위생사의 업무가 기존의 치석 제거, 불소 도포, 치아·구강 질환 예방 및 위생 업무에서 임시 충전, 임시 부착물 장착 및 제거, 치아 본뜨기, 교정용 호선의 장착 및 제거 등의 업무가 추가되면서 채용 증가의 요인으로 작용하고 있다.

더불어 전문성을 높이기 위해 전문 치과위생사 제도를 도입하려는 움직임이 진행 중이고, 치위생학과 학제의 4년제화, 학교 구강 보건실 및 요양 기관의 치과위생사 의무 배치 등의 정책이 추진되고 있어 치과위생사의 전망에 긍정적인 요소로 작용하고 있다. 최근에는 치과위생사의 어학 능력 향상과 해외 진출에 대한 기대로 인해 해외 취업이 가능해졌다는 점도 긍정적인 요소이다.

CAREER MAP

- 수학, 과학, 사회, 미술, 정보 교과 역량 강화
- 치과위생사 직업체험활동
- 치의학, 의학, 물리학, 생명, 화학, 심리학, 역사학, 인문학 등 다양한 분야의 독서활동

- 임상치과위생사
- 관리치과위생사
- 치과건강보험청구원
- 건강보험심사원
- 구강위생용품 판매자
- 치과재료판매자
- 치과코디네이터
- 보건직 공무원
- 공중구강보건치과위생사

- 과학
- 수학
- 사회
- 기술·가정
- 정보
- 미술

준비방법

관련직업

치과위생사

관련교과

관련학과

- 치위생과
- 치위생학과
- 치기공과
- 치기공학과

- 대인관계 능력
- 협업 능력
- 수학, 과학, 사회, 정보, 미술 교과에 대한 흥미
- 창의력
- 봉사정신
- 서비스정신
- 집중력과 정확성
- 순발력
- 외향성
- 언어 전달 능력
- 상황 판단 능력
- 정직성
- 책임감
- 정교한 손재주

적성과흥미

관련자격

관련기관

- 대한치과위생사협회
- 한국보건치과위생사회
- 한국보건의료인국가시험원

- 치과위생사
- 3D프린팅마스터
- 치과건강보험청구사
- 치과서비스코디네이터
- BLS자격증
- 보건교육사
- 병원사무관리사
- 일반치과경영관리자
- 치과병의원코디네이터
- 치과서비스코디네이터

치과의사

치과의사란?

치의학은 구강 내 장기와 조직의 질병을 진단·예방·치료하는 원리와 방법을 익히고 연구하는 동시에 결손이나 없어진 구강 및 인접 조직을 회복시킴으로써 국민들의 구강 건강을 증진하도록 연구하는 학문이다.

생활수준의 향상으로 식생활 방식이 바뀌고, 고령화 사회로 진입함에 따라 구강질환을 앓고 있는 인구가 증가하면서 치아 건강의 중요성이 커지고 있다. 각종 구강질환을 앓고 있는 환자들을 진단하고 치료하는 일을 하는 사람이 치과의사이다. 구강질환의 원인을 찾아내서 다양한 치과 기구로 치료하거나 수술을 하고, 보철이나 임플란트, 교정이나 양악 수술 등도 담당한다.

🔍 치과의사가 하는 일은?

치과의사는 여러 가지 구강 질병으로부터 치아 건강을 예방하며, 각종 질환에 노출된 치아를 보호하는 등 음식 섭취 및 건강한 삶을 위해 중요한 역할을 한다.

- 🔍 병원을 찾아온 환자의 치아와 잇몸 등 구강 내 구석구석을 살핀다.
- 🔍 환자로부터 이야기를 듣고, 방문한 환자의 치아 상태를 살펴본 후 적절한 치료 방법을 찾는다.
- 🔍 충치나 손상된 치아가 있는 경우, 신경 치료를 한 뒤 금이나 세라믹 등의 인공 장치물로 대체한다. 사랑니에 통증이 있는 경우, 사랑니를 뽑고 인공 치아를 심는다.
- 🔍 치아가 없는 사람을 위해 틀니나 보철을 장착해주고, 임플란트 시술을 한다.
- 🔍 치아가 고르지 못한 사람들은 치아 교정을 통해 이를 가지런하게 만든다.
- 🔍 누런 치아를 하얗게 만드는 미백 치료를 한다.
- 🔍 아랫니와 윗니가 제대로 맞물리지 않아 불편할 경우 양악 수술을 한다.
- 🔍 올바른 칫솔질 방법, 치실이나 불소 사용법 등을 지도한다.
- 🔍 구강질환 진단을 위해 X-선 및 기타 의료 기기를 이용하여 병리 검사를 실시한다.
- 🔍 턱에 생긴 질환이나 손상, 기능의 이상 등을 진단·치료한다.
- 🔍 치과 기구를 사용하여 외과적 수술 및 약물 치료를 한다.
- 🔍 치아를 청소하고 홈을 메우며, 이를 뽑고 의치로 대체하는 일을 수행한다.
- 🔍 장비의 구입, 물품 공급 등 다양한 행정 업무를 수행한다.

📊 적성과 흥미는?

치과의사는 인간의 치아나 구강의 구조와 기능에 관심이 있어야 하고, 좁은 공간인 구강에서 시술을 해야 하므로 정교한 손재주와 치밀하고 꼼꼼한 성격을 지닌 사람에게 적합하다. 치료 과정에서 치아를 잘못 건드려 신경을 손 상시킬 수 있는 위험이 있고, 작은 실수로 인해 환자에게 심각한 영향을 줄 수 있기 때문에 신중함, 조심성, 침착함 이 요구된다. 생물학적 지식과 과학적인 사고 능력이 필요하고, 손으로 무엇인가를 만드는 데 재주가 있는 사람에 게 적합하다. 치과 진료 과정에서 각종 치과 장비와 기기를 사용하므로 기계를 잘 다루면 좋다.

구강질환에 대한 빠른 판단력과 치료 결과를 의학적으로 분석할 수 있는 분석력, 투철한 사명감과 봉사정신이 필요하다. 환자가 호소하는 증상을 듣거나 환자에게 질병에 대한 원인과 상태를 정확히 알려주기 위해서는 원활 하게 대화할 수 있는 의사소통 능력과 대인관계 능력, 환자에 대한 세심한 배려심과 친절한 태도를 갖추어야 한다. 손상된 치아를 아름다워 보이도록 치료·가공·교정하며, 미백 치료도 해야 하기 때문에 예술적 감각 또한 중요하다.

💬 관련 학과 및 자격증은?

(치의학과) (치의예과) (영상치의예과) (치의학전문대학원)

⚙️ 치과의사 면허

⚙️ 치과의사 전문의 면허(구강악안면외과, 치과보철과, 치과교정과, 소아치과, 치주과, 치과보존과, 구강내과, 영상치의학과, 구강병리과, 예방치과, 통합치의학과 총 11개 분야)

💬 **관련 교과는?**

수학 과학 사회 영어 보건

💬 **관련 직업은?**

치과기공사 치과위생사 임상치과위생사
공중보건의 기초치의학자 의학연구원
의료전문기자 군의장교 보건행정직 공무원

Tip 치과 전문의 진료 과목에 대해 알아볼까요?

치과 전문의 진료 과목은 구강악안면외과, 보철치과, 소아치과, 치과교정과, 치과보존과, 치주과, 구강내과, 구강악안면방사선과, 구강병리과, 예방치과, 통합치의학과 등 11개로 구분된다.

• 구강악안면외과 : 사랑니, 안면 통증, 변형된 턱 등의 문제를 지닌 환자들을 치료한다.
• 보철치과 : 결손된 자연치나 치아의 치관부 및 조직을 적절한 인공적 장치물로 대체한다.
• 소아치과 : 유아 및 어린이 구강에 관련된 질환을 전문적으로 진료·예방한다.
• 치과교정과 : 치아의 불균형 성장 및 발달로 인한 치열과 치아 구조의 차이를 진단·교정·예방한다.
• 치과보존과 : 시린 치아의 치료 및 치아의 보존, 표백 치료 등을 수행한다.
• 치주과 : 치주 조직에 발생하는 치주질환을 진단·예방·치료한다. 잇몸 염증과 치석을 제거하여 치아를 윤택하게 하며, 치아의 맞물림 상태를 교정한다.
• 구강내과 : 구강질환을 조기 발견하여 처치하고 정확한 진단과 합리적인 치료 계획을 수립하는 방법을 연구·활용한다.
• 구강악안면방사선과 : 방사선 사진을 이용하여 구강질환에 대한 진단 정보를 판독·응용하여 최선의 진료에 임하도록 한다.
• 구강병리과 : 구강 및 악안면 영역 질환과 이에 관련된 전신 질환의 병리학적 전문 지식을 토대로 구강 영역 질환의 정확한 진단법을 연구하여 활용한다.
• 예방치과 : 개인과 가정을 상대로 구강 내 질병이 발생되지 않도록 사전에 예방하여 구강 건강을 증진시키고, 지역 사회 구강 보건 사업을 기획·조정·평가한다.
• 통합치의학과 : 치과 진료의 전반적인 분야의 진료를 다루는 전문의로, 2019년에 처음으로 배출되는 치과전문의이다.

 진출 방법은?

치과의사가 되기 위해서는 치의예과 2년, 치의학과 4년, 총 6년 과정의 치과대학을 졸업하여 치의학 학사 학위를 취득한 후 치과의사 국가면허시험에 합격하거나, 일반 대학교에서 학사 학위를 취득한 후 치의학전문대학원에 입학하여 4년 과정을 마치고 치의학 석사 학위를 취득한 후 치과의사 국가면허시험에 합격하면 치과의사가 될 수 있다.

치의학전문대학원에 입학하기 위해서는 치의학교육입문검사(DEET)에 응시해야 하며, 이 외에도 학부에서 일부 교과목을 이수해야 하거나 일정 기준 이상의 대학 평점, 외국어 능력, 면접 등이 요구된다. 입학 후 4년간의 치의학전문대학원 과정을 이수한 후 치과의사 면허를 취득해야 한다. 현재 서울대, 부산대, 전남대 등 3곳에서 운영 중이다.

치과의사 면허를 취득한 후에는 주로 치과 병·의원에 취업하거나 치과 의원을 개업한다. 종합병원 또는 대학병원의 임상의사, 군의관 및 기초치의학 연구자로도 진출이 가능하다. 대학에서 교육 및 연구 업무를 하거나 치의학 관련 연구소에서 연구 업무를 할 수 있으며, 보건복지부, 질병관리본부, 식품의약품안전처, 보건소 등 공공 분야에서 국민의 건강 증진과 보호를 위해 보건행정직 공무원으로 일하기도 한다.

⚙️ **미래 전망은?**

국민 소득과 교육 수준이 높아지고 평균 수명이 늘어나면서 구강 건강에 대한 관심이 높아지고 있다. 충치 치료나 잇몸 건강을 위한 치료는 물론이고, 외모를 중시하는 사회 분위기에 따라 미용적인 차원에서 치열을 교정하는 사람도 증가하고 있다. 우리 사회의 인구 고령화가 빠른 속도로 진행됨에 따라 노년층이 증가하여 보철 및 임플란트 분야의 수요가 더욱 증가하고 있다. 특히 의료보험 적용의 확대로 이전에는 고가였던 틀니나 임플란트 비용이 저렴해진 것도 치과의사의 전망에 긍정적인 요소로 작용하고 있다.

최근에는 수준 높은 치과 병원이나 치과의사의 해외 진출이 늘어나고 있다. 우리나라 치의학 수준이 매우 높아서 중국, 베트남, 중동 국가를 중심으로 많이 진출하고 있다. 정부에서도 우리나라 치의학 관련 기관의 해외 진출을 적극 지원하고 있어 앞으로도 더욱 활발해질 것으로 예상된다.

CAREER MAP

- 수학, 과학, 사회, 영어, 보건 교과 역량 강화
- 치과 의료기관 체험활동
- 치과의사 및 치과 의료직 관련 직업 탐방
- 치의학, 생명, 심리학, 인문학 등 다양한 분야의 독서활동
- 외국어 능력 함양

- 건강사회를 위한 치과의사회
- 대한구강보건협회
- 대한치과의사협회
- 한국보건의료인국가시험원

- 치과의사 면허
- 치과의사 전문의 면허(11개)

준비 방법

관련 기관

치과의사

관련 자격

관련 직업

- 따뜻한 마음과 배려심
- 대인관계 능력
- 의사소통 능력
- 협업 능력
- 사회성과 정직성
- 직업윤리 의식
- 수학, 과학, 사회 교과에 대한 흥미
- 정교한 손재주
- 꼼꼼함과 치밀함
- 신중함과 침착함
- 과학적 사고 능력
- 기계 조작에 대한 흥미
- 문제해결 능력
- 사명감과 봉사정신
- 예술적 감각
- 외국어 능력

적성과 흥미

관련 교과

관련 학과

- 치과기공사
- 치과위생사
- 임상치과위생사
- 공중보건의
- 군의장교
- 기초치의학자
- 의학연구원
- 의료전문기자
- 보건행정직 공무원

- 수학
- 과학
- 사회
- 영어
- 보건

- 치의예과
- 치의학과
- 영상치의예과
- 치의학전문대학원

한약사

한약사란?

　일상생활에서 각종 질병으로 몸이 아플 때 병원이나 한의원을 찾게 된다. 한의원에 가면 한의사로부터 진료를 받게 되는데, 아픈 원인에 따라 침이나 뜸 등의 치료를 받거나, 물리 치료를 받고, 한방 원리에 따라 배합하여 제조한 한약을 처방받아 복용하게 된다.

　한약은 병을 예방하고 건강을 증진시키며 수명을 늘리기 위해 천연 식물 약재를 그대로 또는 가공하여 만든 것으로, 한의학의 치료 방법 중 하나로 사용된다.

　한약에는 여러 가지 성분이 들어 있어 질병을 종합적으로 치료할 수 있어 치료 효과가 좋고, 양약으로 고치지 못하는 병을 고치는 경우도 있다. 또한 독성과 부작용이 적게 나타나므로 몸에 해를 주지 않는다. 특히 건강을 보호하는 기능이 있는 보약은 몸의 전반적 기능이 원활할 수 있도록 돕고 저항성을 높여 병을 예방할 수 있게 한다.

　한약사는 한약국을 운영하면서 한의사의 처방대로 한약을 조제하고, 한약재 개발, 한약재 재배 방법 개발, 한약재의 저장과 보존법 개발 등의 업무를 하는 사람이다. 한의사가 내린 처방전을 검토하고, 환자에게 한약 복용 방법을 설명하며, 환자가 그동안 한약을 복용한 이력과 약에 대한 부작용이 없었는지 등을 기록하고 관리하는 일을 한다.

한약사가 하는 일은?

한약사의 업무는 취급하는 의약품의 종류만 다를 뿐 기본적으로 약사와 동일하다. 현재 우리나라의 약사법상 한약사는 한약과 한약 제제(경옥고, 공진단, 쌍화탕 등의 한방 의약품)에 관한 전문가로서 한약의 생산, 감정, 조제, 제조, 판매 등에 관한 업무를 하고, 약사는 한약을 제외한 의약품에 대해 동일한 업무를 한다.

- 🔍 한의사의 처방전에 따라 한약을 조제하고, 처방전이 필요 없는 일반 한약을 판매한다.
- 🔍 환자의 나이나 질병에 따라 한약의 용량이 적합한지 확인하고, 혹시 적거나 많은 경우 특별한 이유가 있는지 한의사에게 확인한다.
- 🔍 처방된 한약들 간의 상호작용과 부작용 등을 검토한다.
- 🔍 환자에게 한약 복용 시간, 보관 방법, 복용 시 주의사항 등을 설명한다.
- 🔍 한약재에 따라 냉장 보관을 해야 하거나 빛을 쬐면 안되는 약이 있어 한약재의 유효 기간과 보관 원칙에 따라 관리한다.
- 🔍 환자의 한약 복용 기록과 체질상 특정 약에 대한 부작용 여부, 오랫동안 앓고 있는 병의 여부 등을 기록·검토한다.
- 🔍 한약을 제조하는 제약 회사에 근무하는 경우에는 질병을 예방·진단·치료하기 위해 새로운 한약품을 연구 개발하며, 약품의 효능을 재평가하거나 부작용 등에 대해 연구한다.
- 🔍 대체 한약품을 개발하고, 실험을 통해 환자에게 효율적이고 안전한 한약품 투여 방법을 연구한다.
- 🔍 한약품이 생산되는 라인을 관리하거나 각종 한약 제품을 실험하는 등의 업무도 수행한다.
- 🔍 공공기관이나 연구소 등에서 근무하는 경우에는 각종 화학물질, 식품 첨가물, 농약 등의 독성 및 안전성 평가 등을 한다.

적성과 흥미는?

한약사는 사람을 이해하고, 사람과의 대화를 즐길 줄 알아야 하며, 대화를 이끌 수 있는 의사소통 능력, 공감 능력, 대인관계 능력을 갖추는 것이 중요하다. 혼자 일하기보다는 여러 사람들과 협업하기 때문에 다른 사람들과 유대 관계를 형성하고, 친밀감, 사회성이 있어야 한다. 환자의 증상을 빨리 파악할 수 있는 판단력과 순발력을 갖추어야 하고, 업무에 필요한 컴퓨터 활용 능력과 경영 능력도 갖추어야 한다. 한약 조제 및 실험 시 실험 장비의 눈금을 읽고, 정제 분말 및 캡슐의 색깔을 구별할 수 있는 시력 및 색을 판별하는 능력도 갖추어야 한다. 한약재는 사람의 건강과 밀접한 관련이 있기 때문에 투철한 책임의식, 꼼꼼함, 신뢰성이 있는 사람, 관습형과 현실형의 흥미를 가진 사람에게 적합하다.

한약사에 관심이 있다면 수학, 생명과학, 화학, 물리학 등 기초과학 교과에 대한 흥미가 있어야 하고, 학업 역량을 높이는 데 많은 노력이 필요하며, 전공 서적이 주로 한자로 되어 있으므로 한자 공부도 열심히 해야 한다. 사람의 생명을 다루는 직업이므로 사람을 이해하고 사랑하는 마음을 함양할 수 있도록 사회 소외 계층을 대상으로 하는 봉사활동에 꾸준히 참여할 것을 권장한다.

관련 학과 및 자격증은?

한약학과   한약재약리학과   한약재산업학과
한약자원학과   한약자원개발학과
한약발효학과   한약개발학전공
한방보건제약학전공   한약재산업학과

한약사

관련 교과는?

과학   수학   사회   한문   정보

관련 직업은?

약사   한약학연구원   의약품인허가전문가
보건직 공무원   제약영업사원

🌐 진출 방법은?

한약사가 되기 위해서는 대학의 한약학과를 졸업하고, 한국보건의료인국가시험원에서 연 1회 시행하고 있는 한약사 국가자격시험에 합격해야 한다. 한약학과는 4년제 대학에 개설되어 있으며, 한방병리학, 한방생리학, 한방약학제학, 한약약리학, 한약한문 등을 배운다.

한약사 국가자격시험은 한약학기초, 보건·의약관계법규, 한약학 응용 등 3과목을 2시간으로 나누어 치르며, 전 과목 총점의 60% 이상, 매 과목 40% 이상 득점한 사람을 합격자로 한다. 한약사 면허를 취득한 후에는 약국을 개설하거나 약국이나 한방 병원 등의 관리 한약사로 진출하며, 대학원에서 석사 이상의 학위를 취득한 한약사는 한방 신약 개발 및 전문 연구 인력으로 국가연구기관, 제약 회사, 화장품 회사, 바이오 벤처 기업 등으로 진출한다. 한방병원에서는 한약사를 의무적으로 고용해야 하고, 양방과 한방 진료가 진행되는 요양병원에서는 한약사를 고용해서 한약을 조제해야 한다. 한약사는 동물 약국을 개설할 수 있으며, 동물약 제조 회사나 한약재 생산 및 유통 관련 분야에 진출하기도 한다. 한약사들은 식품의약품관리처, 보건복지부, 국립과학수사연구소, 지방직 7급 약무직 공무원에도 지원 가능한데, 합격하면 공무원이 되기 때문에 채용시험의 경쟁률이 높은 편이다.

⚙ 미래 전망은?

우리나라가 초고령화 사회로 접어들고, 소득 수준이 향상함에 따라 건강하고 행복한 삶을 위한 새로운 한약재의 개발을 요구하고 있다. 한약재에 대한 건강 보험 급여도 확대되면서 한약사의 일자리에 긍정적인 영향을 미칠 것으로 예상된다.

반면, 최근에 규모가 큰 대학병원을 중심으로 일반 약을 조제하는 약사 로봇이 등장하였고, 이로 인해 약국 모습이 기존과 달리 많이 변화할 것이라고 예측된다. 이와 같이 한약사가 하던 조제 업무도 로봇이나 자동화된 조제 시스템에 영향을 받을 것으로 보여 한약사 고용에 부정적인 영향을 미칠 것으로 예상된다.

CAREER MAP

준비방법
- 수학, 과학, 사회, 한문 교과 역량 강화
- 한약학 관련 기관 탐방
- 한약학 관련 직업체험활동
- 한약학, 약학, 생명과학, 의학, 화학, 물리학, 철학 등 다양한 분야의 독서활동
- 한자 실력 향상

관련학과
- 한약학과
- 한약재약리학과
- 한약재산업학과
- 한약자원학과
- 한약자원개발학과
- 한약발효학과
- 한약개발학전공
- 한방보건제약학전공

관련교과
- 과학
- 수학
- 사회
- 한문
- 정보

한약사

관련자격
- 한약사

적성과흥미
- 따뜻한 마음과 배려심
- 대인관계 능력
- 의사소통 능력
- 협업 능력
- 꼼꼼함과 정확성
- 공감 능력
- 사명감과 봉사정신
- 컴퓨터 활용 능력
- 경영 능력
- 시력 및 색 판별 능력
- 책임의식

관련기관
- 대한한약사회
- 한국보건의료인국가시험원

관련직업
- 약사
- 한의사
- 한약학연구원
- 의약품인허가전문가
- 제약영업원
- 보건직 공무원

한의사

한의사란?

한의학은 인체의 구조와 기능을 탐구하여 보건의 증진, 질병의 치료 및 예방 등에 대한 방법과 기술을 과학적으로 연구하는 우리나라 고유의 의학이다. 한의학은 고조선 시대에 발생하여 삼국시대부터 중국, 일본, 인도를 비롯해 이란, 아랍, 동로마 제국 등의 의학과 교류하면서 발전해 왔다. 그리고 조선 시대에 들어서서 동의보감의 출간과 사상의학 등의 등장으로 우리나라만의 독자적인 한의학 체계를 갖추게 되었다. 이렇게 한의학은 고대부터 오랜 시간에 걸쳐 수많은 치료 경험과 함께 이론 체계를 갖추어 왔다.

한의사는 한의학의 원리와 기술로 질병이나 장애를 치료하는 사람이다. '4진'을 통해 환자의 병을 진단한 후 침이나 뜸, 한약, 부황이나 향기 요법, 추나 요법 등 다양한 한의학적 시술을 한다. 병원과 한의원은 의사와 한의사가 환자의 질병을 낫게 해 건강 회복을 돕는다는 공통점이 있지만, 진찰 과정이나 치료 방법은 조금씩 다르다. 의사가 X-선이나 컴퓨터 단층 촬영 등의 의료 기기를 이용해 질병 원인을 파악한 다음 주사를 놓거나 약을 처방한다면, 한의사는 맥을 짚은 후에 침을 놓거나 뜸을 뜨거나 한약을 처방하는 등 전통 방식의 치료를 진행한다.

🔍 한의사가 하는 일은?

한의사는 한의학을 기반으로 환자의 질병과 장애를 진찰하여 원인을 파악하고, 다양한 한방 치료법을 이용하여 건강을 유지하도록 돕는다. 환자의 얼굴색이나 피부 윤기, 혀 등을 눈으로 관찰하거나 환자의 말이나 호흡, 기침 등의 소리를 듣는다. 또는 질병 발생 과정 및 증상을 듣고 맥을 짚거나 신체를 눌러보는 등 다양한 방법을 통해 환자를 진단한 후 치료 방법을 결정한다.

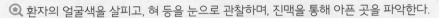

🔍 환자의 얼굴색을 살피고, 혀 등을 눈으로 관찰하며, 진맥을 통해 아픈 곳을 파악한다.

🔍 몸 밖에 나타난 증상을 자세히 살핌으로써 몸 속에 생긴 병의 원인을 찾아낸다.

🔍 환자의 아픈 증상과 질병의 원인을 꼼꼼하게 진단하여 치료 방법을 결정한다.

🔍 환자의 상태에 따라 한약재를 처방해서 치료한다.

🔍 계절이나 환자의 체질에 따라 방법을 달리해 약재와 치료 방법을 선택한다.

🔍 침술, 뜸, 한약재, 부황, 향기 요법, 추나 요법 등을 이용하여 치료한다.

🔍 사람들의 몸이 약해지거나 아프지 않도록 미리 몸의 기운을 북돋우는 한약 등을 처방하여 질병을 예방할 수 있게 돕는다.

🔍 환자의 척추나 경혈 부위 등을 손이나 기계를 이용하여 치료한다.

🔍 냉·온팩을 이용한 찜질 및 다양한 기계를 사용한 물리 치료를 지시한다.

🔍 침술을 사용하여 사람의 몸속 혈액의 혈이 지나가는 경락에 자극을 주기 위해 피부, 근육 등을 깊게 혹은 얕게 찌른다.

💬 한방 치료법에 대해 알아볼까요?

한의학에서는 환자의 몸 상태에 따라 다양한 치료 방법을 활용한다.

- 침술 : 침술 치료는 환자의 기를 잘 통하게 하기 위해 '혈'이라고 하는 인체의 특정한 자리에 침을 놓는다. 침은 가늘고 긴 형태로 화학적인 물질을 전혀 포함하고 있지 않은 위생적인 도구이다. 침술 치료는 아프지 않으며 환자의 긴장을 풀어주고 편안하게 해주는 효과 때문에 많이 사용한다.

- 뜸 : 한의학이 등장한 초기부터 침 치료와 함께 발전해 온 한의학의 주요 치료 수단이다. 쑥과 같은 물질을 작은 크기로 뭉쳐서 아픈 부위 또는 아픈 부위와 관련된 뜸자리에 놓고 태워 자극을 주거나 피를 잘 통하게 하고, 어혈을 풀어주며 아픔을 멈추게 하는 작용을 한다.

- 추나 요법 : 침손 또는 신체 일부분을 이용해 허리 디스크, 척추관 협착증, 근골격계 통증이 있는 환자의 관절, 근육, 인대를 교정해서 질환이나 증상을 치료하는 방법이다. 추나 요법을 통해 비뚤어진 뼈와 관절이 똑바로 교정되면서 혈액순환이 잘되고, 손으로 손상된 조직과 세포를 자극함으로써 손상된 곳이 스스로 재생되도록 한다.

- 약침 요법 : 인체의 기가 모이는 곳인 경혈 부위에 한약을 달여서 추출한 약액을 높은 온도로 정제하여 놓아 침과 같은 효과를 살리고, 한약의 처방 원리를 이용해 선택된 약물의 효과를 거둘 수 있는 치료법이다. 침과 약의 두 가지 효과를 모두 기대할 수 있다.

 관련 학과 및 자격증은?

한의예과 한의학과 한의학전문대학원

⚙ 한의사 국가면허 ⚙ 한의사 전문의

관련 교과는?

수학 과학 사회 영어 한문 보건

관련 직업은?

한약사 한방검사기사 공중보건한의사
한의군의관

적성과 흥미는?

병원에 온 환자를 진단하여 치료 방법을 결정하려면 풍부한 한의학 지식이 있어야 하고, 병의 증상별 치료 방법을 알아야 한다. 특히 한의학을 공부하려면 수학, 과학 같은 자연과학적 지식뿐만 아니라 동양 사상이나 철학 등 인문학적 지식이 필요하다. 환자와의 대화를 통해 질병과 관련된 사항 즉, 아픈 증상, 생활습관, 과거에 앓았던 병력, 가족력 등을 물어보고, 질병의 원인을 찾아내어 적절한 치료를 하므로 의사소통 능력, 상담 능력이 필요하다.

환자의 상태를 진단할 때 진맥을 통해 맥박을 확인하고, 진단 결과에 따라 경혈 자리를 찾아서 침을 놓거나 추나 요법 등으로 치료하기 때문에 예민한 손 감각이 중요하다. 한의사가 한의원을 직접 운영하는 경우에는 경영 관리 능력을 갖추어야 한다. 한의학 서적은 대부분 한문으로 쓰여 있기 때문에 한의학 공부를 위해서는 한문 실력을 갖추는 게 중요하다.

환자를 먼저 배려하는 자세와 봉사정신이 필요하고, 생명을 다루기 때문에 생명의 존엄성을 알아야 하며, 환자가 마음의 평안을 갖도록 친절한 자세가 필요하다.

 진출 방법은?

한의사가 되기 위해서는 한의예과 2년, 한의학과 4년, 총 6년간 한의학에 대한 교육을 받은 후 한의학사 자격을 취득하거나, 한의학전문대학원에 입학하여 한의학 석사를 취득한 후한의사 국가고시에 합격하여 한의사 면허를 취득해야 한다. 한의학전문대학원에 입학하기 위해서는 4년제 대학 졸업자 및 동등 이상의 학위 소지자가 한의학교육입문검사(KEET)에 응시해야 한다. 2022년 현재 한의학전문대학원은 부산대와 원광대 등 2곳에서 운영중이다.

한의사 국가고시에 합격하여 한의사 면허를 취득하면 국립의료원, 한방병원, 요양병원, 한의원 등으로 진출할 수 있고, 한의학 관련 연구소나 제약 회사 연구소, 대학에서 연구 업무를 수행할 수 있다. 보건복지부, 식품의약품안전처 등 공무원과 국내 행정 기관으로도 진출할 수 있고, 국제기구의 보건 행정 분야로도 진출할 수도 있다. 한의사 면허를 취득한 후에 인턴 1년, 레지던트 3년을 거쳐 전문 분야의 전문의가 될 수 있다. 한의사 전문 분야는 한방내과, 한방부인과, 한방소아과, 한방안이비인후피부과, 한방신경정신과, 한방재활의학과, 침구의학과, 사상체질과 총 8개가 있다.

미래 전망은?

인구의 고령화, 소득 수준의 향상, 생활환경의 변화 등으로 인해 질병의 치료보다는 질병 예방과 건강 증진 등 예방적 의료 서비스에 대한 국민들의 요구가 증가하고 있다. 이러한 변화와 함께 자연주의 건강 증진 방법에 관심을 갖게 되었고, 이는 한의학의 수요 증대로 나타나고 있다. 건강관리, 비만 관리 등 예방 측면에서의 한의학 수요 증가와 한약재의 의료 보험 대상 확대 등은 한의사의 전망에 긍정적인 요소로 작용하고 있다.

해외에서도 전통 의학에 대한 관심과 수요가 증가하면서 국내의 유능한 한의사들이 미국 등으로 진출하고 있고, 정부에서도 한의학의 세계 시장 진출을 위해 많은 지원책을 내놓고 있다. 이는 국내 한방 의료 시장의 경쟁이 치열해지고 있는 상황에서 미국을 비롯한 유럽 등지에서 대체 의학으로서 자리 잡을 수 있는 기회가 될 수 있기 때문에 한의사들에게는 긍정적인 요소로 작용할 것이다.

CAREER MAP

- 수학, 과학, 사회, 영어, 한문, 보건 교과 역량 강화
- 한방 의료기관 및 학과 체험활동
- 한의사 및 한방 의료직 관련 직업 탐방
- 한의학, 동양사상, 철학, 심리학 등 다양한 분야의 독서활동
- 한자, 중국어 실력 향상

- 한의사 자격 면허
- 한의사 전문의(8개)

- 한의예과
- 한의학과
- 한의학전문대학원

**준비
방법**

**관련
자격**

**관련
학과**

**관련
교과**

한의사

- 수학
- 과학
- 사회
- 영어
- 한문
- 보건

- 따뜻한 마음과 배려심
- 대인관계 능력
- 의사소통 능력
- 협업 능력
- 수학, 과학, 사회 교과에
  대한 흥미
- 예민한 손 감각
- 꼼꼼함과 치밀함
- 집중력과 판단력
- 사명감과 봉사정신
- 한자 실력
- 동양 사상이나 철학에
  대한 관심
- 경영 관리 능력

**적성과
흥미**

**관련
직업**

**관련
기관**

- 대한한의사협회
- 대한한방병원협회
- 한국한의학연구원

- 한약사
- 한방검사기사
- 한약업사
- 공중보건한의사
- 한의군의장교

호스피스간호사

호스피스간호사란?

최근 편안하게 삶을 마무리하는 '웰 다잉'에 대한 관심이 높아지고 있다. 실제 보건복지부의 발표에 따르면 일명 '존엄사법'이 시행되면서 고통만 연장하는 연명 치료는 받지 않겠다는 사람이 100만 명을 넘었다. 즉 임종 과정에서 소생 가능성이 없을 경우 심폐소생술과 같은 무의미한 연명 치료를 받지 않겠다는 사전의향서를 작성하는 사람이 증가하면서 품위 있는 죽음에 대한 관심이 커지고 있음을 보여주고 있다.

호스피스간호사는 연명 치료 대신 아름답고 존엄한 죽음을 원하는 말기 환자들을 돌보는 직업으로, 단기 치료를 제공하는 일반 간호사와 달리 환자가 죽기 전까지 존엄성을 유지할 수 있도록 신체적, 정서적, 영적 돌봄을 제공하는 직업이다.

최근 말기환자와 그의 가족들은 치료의 목표가 완치와 생명연장에서 기능의 보전과 삶의 질 향상, 그리고 편안함의 증진으로 전환됨에 따라 호스피스 간호사는 호스피스 완화 의료의 전문적인 지식, 기술, 태도가 필요하다.

🔍 호스피스간호사가 하는 일은?

호스피스간호사는 입원형, 가정형, 자문형 호스피스간호사로 나눌 수 있다. 입원형 호스피스는 호스피스 병동에서 말기 암환자 같은 중증 환자와 가족을 돌보고 가정형 호스피스간호사는 가정으로 직접 방문하여 호스피스 돌봄을 제공한다. 그리고 자문형 호스피스간호사는 일반 병동이나 외래에서 호스피스 돌봄을 제공한다.

🔍 환자의 가족에게 임박한 임종 징후와 가족이 해야 할 일을 설명한다.

🔍 말기 암환자들의 처방에 따라 진단 검사 및 약물요법을 실시하고 그 효과와 부작용을 관찰한 후 중재 업무를 수행한다.

🔍 말기 암환자의 통증 완화 및 안정을 위해 비약물적 보살핌을 제공하고, 환자들에게 발생할 수 있는 합병증의 예방을 위해 간호 업무를 제공한다.

🔍 사망 직후 가족과 함께 사후처치를 하고, 사별한 가족들이 사회활동 및 관심 분야 활동에 참여할 수 있도록 도움을 준다.

🔍 사별을 겪은 환자 가족을 위로하고 간호한다.

Tip 존엄사법에 대해 알아볼까요?

일명 '존엄사법'으로 불리는 연명의료결정제도(호스피스·완화의료 및 임종과정에 있는 환자의 연명의료 결정에 관한 법률)는 '연명의료'에 관해 환자가 스스로 결정할 수 있도록 사전연명의료의향서(AD)나 연명의료계획서를 작성해 치료를 할 수 없는 상태에 빠졌을 때 연명 치료를 받지 않겠다는 자기결정권을 존중하도록 하는 법을 의미한다.

연명의료 결정은 심폐소생술, 혈액투석, 항암제 투여, 인공호흡기 착용 등 아무런 치료 효과 없이 임종기에 접어든 말기 환자의 생명만 무의미하게 연장하는 의학적 시술을 중단하거나 유보하는 것을 말한다.

적성과 흥미는?

호스피스간호사는 죽음을 앞둔 환자를 돌보는 일을 하므로 무엇보다 환자에 대한 투철한 봉사정신과 희생정신이 요구된다. 또한 임종을 앞둔 환자와 가족을 상대하는 만큼 그들의 아픔에 공감하고 환자의 마음을 안정시켜 줄 수 있는 배려심과 환자 및 가족들과 수시로 의사소통할 수 있는 대인관계 능력 및 의사소통 능력이 필요하다.

호스피스 병원의 특성상 응급 상황이 발생하였을 때 빠르게 대처할 수 있는 순발력과 문제해결 능력이 필요하며 동시에 정확하고 꼼꼼한 성격이 필요하다. 그 외에도 장시간 동안 일하는 경우가 많으므로 신체적으로 건강해야 하며 성실함, 인내심이 필요하다.

호스피스간호사에 관심이 있다면 생명과학과 같은 과학 및 수학에서 높은 성취도를 보이는 것이 좋으며, 관련 교과에서 문제해결 능력, 대인관계 능력, 배려심와 협력을 이끌어내는 다양한 경험을 쌓는 것이 좋다. 인문학, 심리학, 의학, 간호학 등 다양한 분야의 독서활동을 해야 하며, 지역의 사회단체에서 봉사활동을 통해 봉사정신과 희생정신을 함양할 것을 추천한다.

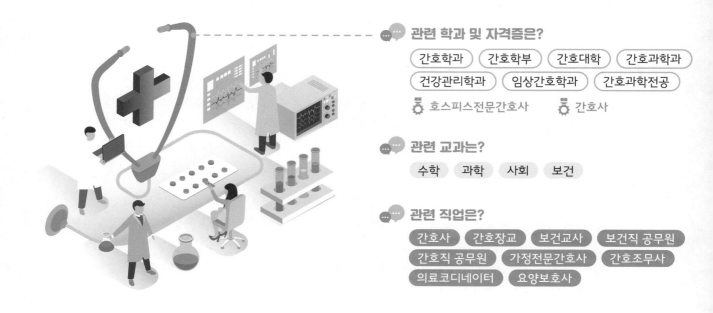

관련 학과 및 자격증은?

간호학과 간호학부 간호대학 간호과학과
건강관리학과 임상간호학과 간호과학전공

호스피스전문간호사   간호사

관련 교과는?

수학 과학 사회 보건

관련 직업은?

간호사 간호장교 보건교사 보건직 공무원
간호직 공무원 가정전문간호사 간호조무사
의료코디네이터 요양보호사

Tip 장례지도사에 대해 알아볼까요?

장례지도사는 유족과 장례절차를 상담하고, 장례용품 준비부터 시신관리, 장례식 주관 등 장례에 관한 절차를 관리하는 직업이다. 장례지도사는 가족을 잃은 슬픔을 당한 사람들을 가장 가까이에서 도울 수 있는 직업으로 인식되면서 사회적 기피 직업에서 긍정적 이미지로 바뀌었다. 이에 대학의 관련 학과를 통해 장례에 대한 지식과 실무를 겸비한 젊은 인력들이 배출되면서 전문성을 갖춰야 하는 직업으로도 인식이 전환되고 있다.

 진출 방법은?

호스피스간호사는 죽음을 기다리는 환자를 돌보는 직업인 만큼 전문 간호인 수업을 받으면서 환자에 대한 봉사와 희생정신을 겸비해야 하므로 전문대학이나 대학교의 간호 관련 학과에서 아래와 같은 과정을 거쳐야 한다.

호스피스간호사가 되기 위해서는 기본적으로 보건복지부장관으로부터 간호사 면허증을 취득한 후 최근 10년 이내에 해당 분야에서 3년 이상의 경험이 있어야 한다. 그리고 보건복지부장관이 인정하는 대학원 수준의 교육기관에서 일정 시간 이상의 호스피스 교육을 이수해야 한다.

그 외에도 호스피스간호사는 매년 일정 시간 이상의 보수교육을 받아야 하며 가정형과 자문형 호스피스간호사가 되기 위해서는 추가적으로 기본교육을 더 이수해야 한다.

 미래 전망은?

최근 아름답고 존엄한 죽음에 대한 관심이 높아지고 있다. 또한 평균수명의 증가로 노인인구가 늘어나고 만성질환이 증가하면서 건강증진과 질병예방 등 건강관리에 대한 관심도 함께 증가하고 있다. 이 때문에 노인요양시설, 주간보호시설 등의 노인 관련 시설이 증가하며 호스피스간호사의 취업 전망도 밝을 것으로 예상된다.

정부에서도 노인 인구 및 만성질환자의 증가 등에 대응하여 장기요양시설 및 서비스 확충, 가정간호제도의 활성화 등을 적극적으로 추진하는 추세이다. 이러한 정책이 성공적으로 수행되기 위해서는 보건의료공급 체계에서 중요한 역할을 담당하는 간호사 인력의 양성과 효율적 활용이 무엇보다 중요하므로 향후 호스피스간호사 수요는 늘어날 것으로 전망된다.

CAREER MAP

준비방법
- 수학, 과학, 사회, 보건 교과 역량 강화
- 문제해결 능력 함양을 위한 다양한 프로그램 참여
- 의료 및 보건 관련 봉사활동
- 인문학, 심리학, 의학, 간호학 등 다양한 분야의 독서활동

관련직업
- 간호사
- 간호장교
- 보건교사
- 보건직 공무원
- 간호직 공무원
- 가정전문간호사
- 간호조무사
- 요양보호사
- 의료코디네이터

관련교과
- 수학
- 과학
- 사회
- 보건

호스피스 간호사

관련학과
- 간호학과
- 간호학부
- 간호대학
- 간호과학과
- 간호관리학과
- 임상간호학과
- 간호과학전공

관련자격
- 간호사
- 호스피스전문간호사

적성과 흥미
- 봉사정신과 희생정신
- 배려심
- 공감 능력
- 의사소통 능력
- 순발력
- 문제해결 능력
- 대인관계 능력
- 성실함
- 인내심

관련기관
- 보건복지부
- 국립암센터 중앙호스피스센터
- 국가암정보센터
- 건강보험심사평가원
- 국립연명의료관리기관

Chapter VI

예체능계열

수록직업

경호원 ｜ 공연기획자 ｜ 공예원

메이크업아티스트 ｜ 모델

무대감독 ｜ 뮤지컬배우

보석디자이너 ｜ 분장사 ｜ 사진작가

생활스포츠지도사 ｜ 성악가 ｜ 성우

스포츠해설가 ｜ 스포츠트레이너

악기조율사 ｜ 안무가

애완동물미용사 ｜ 연극배우 ｜ 연주자

영화기획자 ｜ 웹디자이너 ｜ 웹툰작가

음반기획자 ｜ 일러스트레이터

자동차디자이너 ｜ 작곡가 ｜ 지휘자

패션코디네이터 ｜ 피부관리사

CF감독 ｜ UX디자이너

경호원

경호원이란?

현대 사회가 점점 더 복잡해지고 다양화됨에 따라 강력 범죄, 테러 등 사회 불안 요소가 증가하고 있다. 박람회장, 콘서트장, 영화 시사회장, 유명인의 기자 회견장 등에는 많은 사람이 몰리게 되고, 사고의 위험이 도사리고 있다. 따라서 자신의 안전을 지키기 위해 사람들을 통제하여 질서를 유지시키고, 돌출 행동을 예방하는 일을 하는 경호원을 고용하는 사람들이 점점 늘어나고 있다.

경호원은 정치인, 기업의 중역, 연예인 등 중요 인물의 신변을 보호하고, 유괴나 암살과 같은 외부의 위협으로부터 의뢰인을 지키는 사람이다. 일반적으로 의뢰인은 자신에게 일어날 수 있는 여러 가지 위험으로부터 생명과 재산을 보호하고, 심리적 안정을 유지시켜 정상적인 활동을 하기 위해 경호원을 고용한다. 경호원은 경호하는 대상과 역할에 따라 시설 보안 경호원, 요인 경호원, 아동 경호원, 행사 경호원으로 구분할 수 있다. 또는 경호 위치에 따라 대상자 가까이에서 경호하는 측근 경호원, 멀리 떨어진 곳에서 경호하는 외곽 경호원으로 구분할 수 있고, 다른 관점으로는 청와대 경호원과 사설 경호원 등이 있다. 경호 업무를 하다 보면 언제 어느 곳에서 위험한 상황이 발생할지 알 수 없다. 경호원에게 가장 중요한 것은 의뢰인의 안전이기 때문에 의뢰인의 생명과 재산을 지키기 위해서 자기 자신을 희생해야 할 때도 많다.

 경호원이 하는 일은?

경호원의 최종 목적은 경호를 의뢰한 사람의 생명과 재산을 보호하는 것이다. 경호원이 의뢰인을 보호하기 위해 제일 먼저 해야 할 일은 의뢰자의 신상명세와 요구 사항을 확인하고, 위험 요인이 무엇인지 파악하여 경호 계획을 수립하는 것이다. 경호의 대상이나 위험 상황을 고려하였을 때, 필요한 경우에는 경호 대상 및 목적, 투입 인원, 경호 지역 등을 경찰에게 알리고 함께 협력하여 일을 한다.

- 경호 행정, 지휘 작전, 정보 수집, 보안 수립, 인원 장비 운용, 수행 경호, 경호 경비 수립, 인질·납치 협상, 경호 운전, 경호 컨설팅, 경호 조사 등 경호 계획을 수립한다.
- 필요할 때 방문자의 출입을 점검하고, 불법 침입 및 도난 등의 위험을 방지한다.
- 사전 정찰 및 안전 조사를 실시하여 경호 지역의 위해 요소를 제거하고, 안전을 확보한다.
- 경호 대상자와 함께 이동하고, 신변에 위협을 줄 수 있는 모든 요소를 확인하며 안전을 확보한다.
- 박람회나 전시회, 콘서트 등의 행사장을 경호할 때는 행사장의 질서를 유지하고 사람들의 출입을 통제하며, 특정인의 돌출 행동을 막는 업무를 수행한다.
- 테러, 도난 등에 대한 정보를 입수하고, 사전 정찰을 통해 각종 위험 요소를 제거한다.
- 인적·물적 위해 요소, 위해 유형 및 유해 수준 등을 확인한다.
- 경호 관련 법 등을 적용하여 유관 기관에 협조를 구하거나 고객과의 상담, 계약 체결, 경호원 선발, 직무 교육 실시, 현장 배치 등 경호 행정에 관한 업무를 처리한다.
- 수행 경호, 의전 비서 등 경호 업무를 수행한다.

Tip 연예인 경호원에 대해 알아볼까요?

영화나 텔레비전 등에서 스타들이 이동할 때면, 늘 정장 차림의 경호원들이 함께하는 것을 볼 수 있다. 우리나라의 '경비업법'에는 신변 경호, 호송 경비, 시설 경비, 기계 경비, 특수 경비에 대해 명시되어 있는데, 연예인을 지키는 경호는 신변 경호에 해당된다. 연예인 경호원이 되려면 일반적으로 사설 경호업체에 소속되어 일을 하다가 연예인 관련 경호를 의뢰받아야 한다. 사설 경호업체의 입사 기준은 고등학교 졸업 이상의 학력에, 무도단증을 소지하고 있다면 입사할 수 있다고 한다.

 적성과 흥미는?

경호원이 일을 하는 현장에서는 어떤 일이 일어날지 알 수 없다. 경호원은 의뢰인은 물론 자신의 신변까지 보호해야 하므로 경호 무술, 태권도, 유도 등 위험한 상황에 대처할 수 있는 무술 실력이 꼭 필요하다. 몸을 움직이는 것을 좋아하고, 운동 신경이 있어야 하며, 정확한 상황 판단 능력과 순발력, 공간 지각 능력 등도 필요하다. 또한 어떤 상황에서라도 의연하게 대처할 수 있는 자기통제 능력과 책임감, 사명감, 민첩성 등도 중요하다.

경호원 직업에 관심이 있다면 어려서부터 여러 가지 운동을 배우고 열심히 훈련하여 강인한 체력을 만드는 것이 좋다. 또한 경호원은 나보다는 다른 사람의 안전을 책임지는 일을 하기 때문에 남을 먼저 배려하는 희생정신과 팀원들과 힘을 합쳐 작업을 완수하는 협동심을 갖추고 있어야 한다. 이를 위해 각종 봉사활동에 적극적으로 참여하여 다른 사람을 도와주는 경험을 많이 하는 것도 좋은 방법이다.

 진출 방법은?

경호원이 되기 위해 반드시 대학을 졸업해야 하는 것은 아니다. 그러나 최근에는 전문대학 이상에서 경호 관련 학과를 졸업한 사람을 경호원으로 채용하는 경우가 많다. 최근 경호 업무가 전문화되어 경호비서학과 등의 관련 학과가 생기면서 경호업체에서 관련 학문을 전공한 사람들을 선호하기 때문이다. 일반적으로 경호원은 고등학교 졸업 이상의 학력이면 가능하다. 정규교육기관이 아닌 사설 학원이나 관련 협회에서도 경호원 양성 교육 과정을 운영하고 있기 때문에 이러한 기관을 이용하는 것도 도움이 된다.

대부분 사설 경호업체에서 활동하며, 보안 경비업체, 무인 경비업체, 대기업의 경호 전문 요원 등으로 진출이 가능하다. 특정 신체 조건을 갖추고 필기시험 및 신체검사를 통과하면 대통령 경호실에도 진출할 수 있다. 전문 경호업체들은 교육과 훈련을 받은 전문 인력을 확보하려고 하기 때문에 이를 위한 준비와 노력을 꾸준히 한다면 취업에 큰 도움이 될 수 있다.

관련 학과 및 자격증은?

경찰행정학과　경호무도학과　경호학과
경호태권도과　체육학과　사회체육과
경호스포츠학과　경호보안학과

- 일반경비지도사　　무도단증
- 경찰무도　　　　　운동처방사
- 경호지도사　　　　무인경비관리사
- 생활체육지도사　　신변보호사

관련 교과는?

사회　체육

관련 직업은?

청원경찰　용역경비원　건물시설관리원
신변경호원(무술유단자)　보디가드

Tip 청원경찰에 대해 알아볼까요?

공공기관의 기관장이나 사업체의 경영자 요청에 의해 기관이나 사업장에 배치되어 기관 및 사업장의 재산이나 시설의 치안을 유지하며 절도, 폭력 등의 불법행위를 방지하는 일을 담당한다. 회사의 재산과 인원을 화재, 도난, 파손 및 불법 침입 등으로부터 보호하기 위한 경계 업무를 하거나 기타 불법적인 행위를 예방하기 위해 작업 현장 등을 정기적으로 순찰한다. 또한 출입구, 창문, 보안 장치, 화재 위험성 물질, 방소 시설 등을 점검하고, 차량을 정리하며, 기타 지시된 임무를 수행하는 일을 한다.

미래 전망은?

요즘은 강력 범죄, 테러, 스토킹 등 신변을 위협하는 범죄가 국가나 집단, 특정 정치인이나 연예인 등과 같은 공인만이 아니라 일반인에게까지 일어나고 있다. 그러나 우리나라의 경찰 인력이 절대적으로 부족하고, 또 경찰의 도움을 받으려면 오랫동안 기다려야 하는 경우가 많기 때문에 경호원을 찾는 사람들이 많아지고 있다. 우리나라에서 개최되는 국제적인 행사도 늘어나고, 안전에 대한 사람들의 인식이 커지면서 경호원 직업의 전망은 앞으로도 계속 좋아질 것으로 예상된다. 또한 대중에게 경호원의 이미지가 긍정적으로 비춰지고, 여성 경호원에 대한 인식이 개선되면서 경호원이 되고자 하는 여성들도 늘어났다.

하지만 경호 관련 교육기관의 증가로 경호원이 되기 위한 경쟁은 치열해질 것으로 예상되며, CCTV 설치의 확대, 무인 경비시스템 및 지문인식시스템의 확대 등은 경호원의 고용에 부정적인 영향을 미칠 것이다.

CAREER MAP

준비 방법
- 체육 교과 역량 강화
- 체육 관련 동아리활동
- 체육 분야 교내외 대회 참가
- 경호 관련 기업 및 학과 탐방
- 경호원 직업체험활동

관련 학과
- 사회체육과
- 경찰행정학과
- 경호무도학과
- 경호스포츠학과
- 경호태권도과
- 경호학과
- 경호보안학과
- 체육학과

관련 교과
- 사회
- 체육

경호원

관련 직업
- 청원경찰
- 용역경비원
- 신변경호원
- 보디가드
- 건물시설관리원

적성과 흥미
- 순발력
- 공간 지각 능력
- 상황 판단 능력
- 자기통제 능력
- 책임감
- 사명감
- 민첩성
- 희생정신
- 협동심

관련 자격
- 경찰무도
- 경호지도사
- 생활체육지도사
- 일반경비지도사
- 무도단증
- 운동처방사
- 무인경비관리사
- 신변보호사

관련 기관
- 한국경호경비학회
- 한국경호경비협회
- 한국경호무술협회

공연기획자

공연기획자란?

최근 문화예술에 대한 대중의 관심이 높아지면서 뮤지컬과 오페라 공연, 국내외 유명 가수들의 콘서트 공연이 늘어나고 있다. 이런 분위기에 힘입어 기업들도 많은 후원을 하고 있어 공연 문화는 앞으로도 점차 발전할 것으로 보인다. 공연기획자는 무대에 올릴 작품을 선정하고, 공연 시기와 장소를 결정하며, 예산을 세우는 등 공연이 완성되기까지의 전 과정을 책임지는 총지휘자이다. 사람들이 원하는 공연은 무엇인지, 비슷한 공연이 이미 진행되었는지, 우리 정서와 어울리는지, 성공한 공연들은 어떤 방법으로 관객을 끌어들였는지에 대해 철저히 분석한다. 공연기획자가 기획한 공연을 무대에서 현실화하는 사람들은 스태프들이다. 그렇기 때문에 공연기획자는 연출, 안무, 음악, 무대 디자인, 조명, 의상, 분장 등을 맡을 각 스태프들을 구성하고, 준비 과정의 비용 확보, 준비 사항 체크, 장면을 연출하는 연출자 지도를 맡기도 한다. 작품이 무대에 오를 준비를 마치면 공연기획자는 더욱 바빠진다. 공연이 성공하기 위해서는 홍보와 광고가 필수적이기 때문이다.

공연기획자가 하는 일은?

　공연기획자는 흥행 가능성이 있는 작품을 만들고, 관객을 만족시키기 위해 많은 고민을 한다. 공연의 주제가 정해지면 '언제, 어디서, 어떤 배우와 어떤 공연을 하게 될 것인지'와 같은 세부적인 내용이 담긴 계획서를 만든다. 그리고 제작비를 지원할 투자자를 찾아야 한다. 예술 작품 하나를 무대에 올리기까지 드는 비용은 수백만 원에서 수십억 원에 이른다. 작품의 장르, 공연 장소, 배우 등에 따라 제작비가 천차만별이기 때문에 적절한 투자자를 찾는 것은 공연기획자의 중요한 역할이다. 이 과정에서 많은 작품들이 무산되거나 연기되기도 한다. 제작비가 마련되었다면 배우와 연출, 무대, 조명, 음향, 의상, 세트, 분장, 소품 등의 스태프를 선정하고, 그들을 통솔한다.

- 국내외 공연 시장의 동향, 대중의 기호 및 성향, 사회 트렌드 등을 조사하여 뮤지컬, 오페라, 연극, 콘서트 등 공연할 대본이나 음악을 개발한다.
- 외국 작품의 판권을 구입하거나 국내 창작 작품의 저작권 및 공연권을 구입하여 공연 작품을 제작한다.
- 투자자와의 협의 하에 공연 일정 및 공연 장소를 결정한다.
- 예산을 책정하며, 출연 배우 및 제작 인력을 섭외한다.
- 제작 일정 및 진행 사항에 대해 제작진과 협의하고 총괄한다.
- 공연의 홍보 및 마케팅, 티켓 판매, 관객 개발 등과 관련된 업무를 담당한다.
- 외국 공연팀(배우 및 제작 인력)의 국내 공연을 기획하기도 한다.
- 필요한 비용을 파악하고, 구체적 소요 내역을 산출하는 등 재정 관리 업무를 한다.

적성과 흥미는?

　하나의 공연이 완성되기까지 수많은 사람의 노력이 필요하다. 따라서 완성도 높은 공연이 되려면 공연기획자는 스태프들과 원활하게 의사소통을 하고, 원만한 관계를 유지하는 것이 중요하다. 공연 전반을 기획하고 이끌어가는 입장에서 작은 것 하나도 놓치지 않는 세심함이 필요하다. 최근 국내의 창작 공연이 활발한 해외진출을 하고 있으므로 외국어 실력을 갖추는 것이 좋다. 공연기획자라면 다양한 문화예술에 대한 관심과 경험도 중요하다. 독서와 음악을 좋아하고, 미술, 전시, 콘서트, 연극, 뮤지컬 등 전반적인 문화예술을 두루 접하면서 예술적 감각을 키우는 것이 도움이 된다. 예술성과 대중성을 두루 이해하기 위해 공연 관람 후 자신의 느낌을 글로 써보거나 관련 후기와 기사를 읽으며 다른 사람과 내 생각을 비교해보는 것도 필요하다. 또한 의사결정을 위한 문제해결 능력, 추리력, 판단력과 다른 사람의 행동에 맞추어 적절히 대응할 수 있는 행동 조정력이 필요하다. 총감독으로서 독창성과 종합적인 사고력, 판단력, 그리고 강력한 리더십도 요구된다. 공연을 무대에 올려 많은 관객을 모으려면 홍보나 마케팅에도 능해야 하고, 경영자적 마인드가 필요하다. 스폰서를 찾아가 투자나 후원을 하도록 설득해야 하므로 설득력과 호소력도 중요하다.

관련 학과 및 자격증은?

경영학과　만화애니메이션학과　무용학과

방송연예과　사진·영상예술학과　음악학과

실용음악과　연극영화학과　정보미디어학과

공연예술과

⚙ 컨벤션기획사 1·2급(국가기술)

⚙ 멀티미디어콘텐츠제작전문가

⚙ 방송통신산업기사

관련 교과는?

사회　음악　미술　정보

관련 직업은?

공연기획자　공연제작자　연출가　공연마케터

음향엔지니어　이벤트전문가　조명디자이너

특수효과기술자(오퍼레이터)　페스티벌기획자

진출 방법은?

공연기획자가 되는 데 학력이나 전공 제한은 없다. 그러나 대학에서 예술 경영, 공연 기획, 연극 영화 등을 전공하면 공연 기획에 대한 이론과 기획 실습을 익힐 수 있어 도움이 된다. 또한 공연 기획사, 극장 및 극단의 직원으로 시작해 실무를 익히거나, 방송 아카데미와 사설 교육기관의 공연 기획 프로그램에서 교육을 받고 공연기획자가 되기도 한다. 공연 기획사에서는 업계 관계자에게 추천을 받아 채용하는 편이나, 인력이 필요할 때 수시로 공개채용을 한다. 한편 경력자를 선호하는 편이라서 공연 기획사에서 경력을 쌓거나 공연장에서 아르바이트를 하는 것이 취업에 도움이 된다.

⚙ 미래 전망은?

최근 대중문화예술에 대한 사람들의 관심이 높아지고 있고, 뮤지컬, 콘서트, 연극, 독주회, 무용 등 다양한 공연들도 활발히 개최되고 있다. 과거에는 쉽게 접할 수 없던 뮤지컬과 오페라 등의 공연도 늘어나고, 기업들의 후원도 증가하면서 공연 예술 분야는 계속 발전할 것으로 예상된다. 공연은 기획력에 따라 콘텐츠의 질과 관객의 반응이 달라지는 만큼 공연기획자의 역량이 무척 중요하다. 따라서 기존과 차별화된 작품을 기획할 수 있고, 마케팅, 홍보 등의 역량을 갖춘 전문가에 대한 수요가 증가할 것으로 전망된다. 반면, 공연 기획과 광고 홍보 분야에서 경력자를 선호하는데다 여러 대학에서 공연 기획 관련 학과가 많이 개설되면서 매년 배출하는 인력도 늘어나 공연기획자로 취업하는 데에는 경쟁이 치열할 것으로 예상된다.

Tip 공연마케터에 대해 알아볼까요?

공연마케터는 국내외의 공연이나 문화를 널리 소개하여 최대한 많은 관객이 관람할 수 있도록 하는 일을 담당한다. 우리나라의 뮤지컬 <난타> 공연이 외국 시장으로 진출해서 선풍적인 인기를 얻기까지는 공연마케터의 역할이 컸다고 할 수 있다. 공연마케터는 주로 상품으로써의 문화를 판매하는 일을 한다. 또 공연예술단체의 경영 및 마케팅 활성화를 위한 기업의 내부 경영을 돕고, 진행 중인 공연의 마케팅 전략을 세워 해외 수출 등을 담당하며, 특정 기업의 후원을 받아 공연이나 전시를 하면서 기업의 이미지를 높이기 위해 홍보하는 등 업무의 영역이 다양하다.

또한 공연마케터는 예술적 감각과 사업성을 따질 수 있는 눈을 가져야 한다. 고객이 어떤 공연을 보고 싶어 하는지, 그리고 성공한 공연은 어떤 방법으로 관객을 끌어들이는지도 분석한다. <명성황후>처럼 해외로 수출되는 공연이 점점 늘고 있어서 외국어를 잘하면 더욱 유리하다.

CAREER MAP

준비 방법
- 학교 홍보, 교내 마케팅 관련 동아리활동
- 문화예술 분야의 다양한 독서활동
- 미술, 전시, 콘서트, 연극, 뮤지컬 등의 공연 관람
- 공연 기획 관련 직업체험활동
- 방송연예과, 공연예술과 등 관련 학과 탐방
- 교내 축제나 체육대회 프로그램 기획 및 진행

관련 학과
- 경영학과
- 실용음악과
- 만화애니메이션학과
- 공연예술과
- 연극영화학과
- 정보미디어학과
- 방송연예과
- 음악학과
- 무용학과
- 사진영상예술학과

관련 교과
- 사회
- 음악
- 미술
- 정보

공연 기획자

관련 직업
- 공연제작자
- 공연기획가
- 공연마케터
- 연출가
- 음향엔지니어
- 이벤트전문가
- 조명디자이너
- 오퍼레이터
- 페스티벌기획자

적성과 흥미
- 강인한 체력
- 순발력
- 융통성
- 사명감
- 인내심
- 배려심
- 리더십
- 분석적 사고 능력
- 정직성
- 봉사정신
- 위기 대처 능력

관련 자격
- 컨벤션기획사 1·2급
- 멀티미디어콘텐츠 제작전문가
- 방송통신산업기사

관련 기관
- 문화체육관광부
- 한국공연예술경영인협회

03

공예원

공예원이란?

오색 빛깔 한지로 만든 예쁜 인형, 대나무 살에 한지를 붙여 만든 부채, 은으로 만든 화려한 귀걸이, 돌을 조각해 만든 등, 점토로 만든 도자기 그릇 등을 보며 '누가 이렇게 멋진 작품을 만들었을까?'라는 의문을 가진 적이 있을 것이다.

이처럼 종이, 점토, 금속, 나무, 돌 등 다양한 소재를 가지고 손이나 도구를 이용해 각종 공예품을 만드는 사람을 공예원이라고 한다. 공예원은 다루는 재료에 따라 목공예원, 석공예원, 도자기공예원, 칠공예원, 금속공예원, 종이공예원으로 구분한다.

목공예원은 수분을 제거한 나무를 디자인에 따라 톱, 대패, 끌 등의 수공구와 각종 목공 기계를 사용하여 원하는 형태로 깎는다. 그 후에 조각칼 등으로 세밀하게 깎고 다듬어 목기 제품, 실내 장식장, 일반 가구 등을 제작한다. 석공예원은 석재를 도면에 따라 절단, 연마, 광내기 등의 작업을 하여 석탑, 석등, 석불, 비석, 벼루 등을 제작한다. 도자기공예원은 고령토, 점토 등을 혼합하여 소지토를 만들고, 소지토로 원하는 모양을 만들어 건조시킨 후 유약을 칠해 장식한다. 그런 후에 가마에서 고온으로 구워 식기류, 타일, 액자, 장식용품 등을 제작한다. 칠공예원은 목재, 금속 등에 옻, 래커 등을 칠한 후 전복, 소라, 진주 등의 자개를 부착하여 각종 칠기 제품을 제작한다. 금속공예원은 금속을 가공하여 쟁반, 주전자, 잔, 수저, 칼 등의 생활용품이나 경첩, 자물쇠, 문고리 등의 가구 장식품, 그리고 조명, 철제 기구 등의 실내 장식품 및 건축용품 등을 제작한다. 섬유공예원은 실을 이용해 직조하거나 잡아매 원단을 만들고, 원단에 날염이나 쪽물을 들여 컵받침, 머플러, 넥타이, 노리개 등의 장식품이나 장신구 등을 제작한다. 종이공예원은 종이나 닥종이 등을 가공해 인형, 액자 등 각종 종이 수공예 제품을 제작한다.

🔍 공예원이 하는 일은?

공예원은 다루는 재료나 만드는 제품에 따라 구분되기도 하지만, 요즘은 한 가지 재료만을 사용하지 않고 다양한 재료와 기법을 활용하는 새로운 개념의 수공예 전문가들이 많이 활동하고 있다. 수공예 전문가들은 지점토, 구슬, 와이어, 리본, 합성수지, 폐품 등 생활 주변에서 흔히 볼 수 있는 재료를 개별적으로 또는 혼합하여 사용한다.

- 🔍 작품의 주제, 메시지 등을 구상한다.
- 🔍 작품의 종류에 따라 재료를 선별하고, 크기 및 수량에 따라 일정한 형태로 절단한다.
- 🔍 작품의 형태에 따라 줄, 가스 용접기, 사포 등을 사용하여 원하는 형태로 제작한다.
- 🔍 점토 등을 반죽하여 작품을 만들고, 별도의 페인팅 작업을 거치기도 한다.
- 🔍 창작품으로 개인 전시회를 연다.
- 🔍 개인, 기업, 전시 단체 등이 의뢰한 작품을 제작하기도 한다.

> **Tip 공예원의 근무 환경에 대해 알아볼까요?**
>
> 공예원은 나무, 돌, 흙, 금속 등의 재료를 각종 공구로 가공하기 때문에 작업장에 분진과 소음이 많이 발생하므로 환기와 청결에 유의해야 한다. 목공예원이나 석공예원은 망치, 정, 톱, 대패 등의 무겁고 날카로운 도구를 사용하여 작업하므로 항상 위험하고 체력 소모가 큰 편이다. 도자기공예원은 도자기를 구울 때 가마 내부의 높은 열로 인해 화상을 입을 수 있으므로 주의해야 하며, 앉아서 하는 작업이 많기 때문에 허리에 무리가 가지 않도록 해야 한다.

 ### 적성과 흥미는?

공예원은 손으로 무엇인가를 만드는 것을 좋아하거나 손재주가 있어야 하며, 디자인 감각이 좋아야 한다. 그러므로 공예원이 되기 위해서는 창의력, 표현력, 예술적 감각을 갖추는 것이 중요하다. 손이나 손가락을 이용해 복잡한 부품을 가공하거나 조립하는 등의 정교한 작업을 해야 하므로 일에 몰입하는 집중력도 중요하다. 하나의 예술 작품이 완성되기까지는 긴 시간이 걸리고, 같은 일을 반복적으로 해야 하는 경우가 많아 끈기와 인내심이 필요하며, 자신에게 주어진 일을 성실하고 차분하게 끝까지 완수하는 책임감이 필요하다. 물건을 들어 올리거나 내리고, 밀고 당기며 운반해야 하므로 신체적 강인함도 중요하다.

관련 직업은?

수공예원 한지공예가 점토공예가
장제품공예원 돌실나이 도자기제조원
한산모시짜기원 표구제조원

관련 학과 및 자격증은?

공예(학)과 금속공예(학)과 도예(학)과
도자기공예과 산업공예학과 산업디자인과
공예디자인학과

⚙ 목공예기능사   ⚙ 석공예기능사
⚙ 목공예산업기사   ⚙ 도자기공예기능사
⚙ 칠기기능사   ⚙ 도자기공예산업기사
⚙ 조화공예기능사(화훼장식기능사)
⚙ 패세공기능사

관련 교과는?

미술   정보   기술·가정

Tip 조각보와 퀼트에 대해 알아볼까요?

예로부터 우리 선조들은 헝겊 자투리 하나도 아껴 다시 사용하는 생활의 지혜가 있었다. 이런 절약정신으로 탄생한 것이 조각보이다. 조각보는 여러 조각의 자투리 천을 이어 만든 보자기로 천이 귀하던 시절에 옷이나 이불을 만들고 남은 자투리 천을 모아 붙여 물건을 싸거나 밥상을 덮는 데 사용하였다.

우리나라의 조각보가 있다면 서양에는 헝겊을 일정한 모양으로 잘라 이어 붙인 퀼트(quilt)가 있다. 퀼트는 겉감과 안감 사이에 솜 등을 넣고 바느질하여 무늬를 두드러지게 하는 기법이나 그렇게 박음질한 천을 말한다.

진출 방법은?

공예원으로 일하는 데는 특별한 학력이나 자격이 필요하지 않고, 숙련된 공예원에게 기능을 배우는 것이 일반적이다. 보다 전문적인 업무를 수행하기 위해 대학에서 관련 학문을 전공하기도 한다. 그 외 사설 교육기관을 통해 공예 과정을 이수할 수도 있다. 공예원이 되는 방법에는 여러 가지가 있다. 숙련 공예원의 문하생이 되어 기능을 습득하거나 취업 후 현장 경험을 통해 기술과 감각을 익히기도 한다. 또 관련 교육을 받은 후 공방을 직접 창업하기도 한다.

일반적으로 목공예원, 칠공예원, 죽공예원 등은 토산물 제조업체, 실내 장식업체, 인테리어 업체 등으로 취업하는 경우가 많다. 석공예원은 비석, 석탑, 석불 등을 제작하는 업체에 취업하는 경우가 많다. 도자공예원은 도자기 생산업체나 타일 및 변기 같은 위생도기 생산업체 등에, 금속공예원은 금속을 재료로 하는 실내 장식품 업체나 생활용품 업체 등에, 종이공예원은 종이를 재료로 하는 실내장식 업체 등에 취업한다.

미래 전망은?

공예 산업은 제조업, 명품 산업, 관광, 디자인, 농업 등 연관된 산업 분야가 다양하여 이런 분야와의 연계를 통해 고부가가치를 창출할 수 있는 잠재력이 높은 산업이다. 국민소득이 증가하고 생활이 윤택해질수록 공예품에 대한 소비가 증가하는 경향이 있다. 또한 정부에서도 공예 산업을 미래 성장 동력 산업으로 지목하여 발전 방안을 모색하고 있다. 지역 공예 마을 육성, 공예 트렌드 페어, 해외 한국 공예전, 한지 프로모션 등을 통해 지역의 공예 산업을 육성하고, 전통 공예의 해외 시장 진출을 위해 각종 지원을 강화할 것으로 보인다.

하지만 기술 발전으로 인한 대량 생산, 해외 저가 공예품의 국내 유입 확산, 가격 경쟁력이 떨어지는 국내 공예 제품의 수출 감소 등은 향후 공예원의 일자리 창출에 부정적인 영향을 미칠 수도 있다.

CAREER MAP

- 미술, 기술·가정 교과 역량 강화
- 미술 및 디자인 분야 교내외 대회 참여
- 공예 관련 회사, 공방, 학과 탐방
- 공예원 직업체험활동
- 각종 미술 및 디자인 전시회 관람

- 미적 감각
- 창의력
- 인내심
- 표현력
- 집중력
- 손재주
- 섬세함
- 디자인 능력

준비 방법

적성과 흥미

- 미술
- 기술·가정
- 정보

관련 교과

공예원

관련 직업

- 수공예원
- 한지공예가
- 도자기제조원
- 표구제조원
- 장제품공예원
- 점토공예가

관련 자격

관련 학과

- 공예(학)과
- 금속공예(학)과
- 도예(학)과
- 공예디자인학과
- 도자기공예과
- 산업공예학과
- 산업디자인과

- 목공예기능사
- 목공예산업기사
- 칠기기능사
- 패세공기능사
- 석공예기능사
- 도자기공예기능사
- 도자기공예산업기사
- 조화공예기능사

관련 기관

- 한국공예문화진흥원
- 한국공예협동조합연합회

메이크업아티스트

<u>메이크업아티스트란?</u>

흔히들 메이크업은 낮은 코, 생기 없는 볼처럼 단점을 가리기 위한 것이라고 생각한다. 물론 화장으로 단점을 가릴 수도 있지만, 메이크업의 근본적인 목적은 본연의 아름다움을 더 돋보이게 연출하는 것이다. 특히 메이크업아티스트의 메이크업은 예술로 승화된다. 메이크업아티스트들은 제각각 다른 얼굴들을 분석하여 어떻게 연출할지 기획하고 그것을 직접 그려내는 고객 맞춤 예술가다.

메이크업아티스트란 화장품, 피부 관리, 색채, 분장 등에 대한 지식을 바탕으로 화장을 통해 인체의 아름다움을 적절히 표현하는 직업이다. 화장을 통해 분위기와 상황에 맞는 아름다움을 연출하는 직업으로, 고객의 요구를 파악하고 외상이나 얼굴 특성에 따라 화장을 해준다. 메이크업이 끝나면 헤어, 의상과 조화를 잘 이루는지 점검하고, 고객에게 화장법을 조언하기도 한다.

🔍 메이크업아티스트가 하는 일은?

메이크업 분야는 크게 화장과 분장으로 나누어진다. 좀 더 세세하게 분류하면 미용 목적의 뷰티 메이크업부터 전문적인 방송이나 연극 무대를 위한 메이크업, 영화 소품이나 특수인물을 제작하는 특수분장, 보디페인팅과 같은 예술 목적의 메이크업 등이 있다. 즉 메이크업은 개인의 미용에서 전문성을 띠는 작업부터 예술 작품까지 다양한 분야에 걸쳐 있다.

> 🔍 화장품, 피부 관리, 색채, 분장 등에 대한 지식을 바탕으로 화장을 통해 인체의 아름다움을 적절히 표현한다.
> 🔍 고객 세안 후 피부 상태를 확인하고 고객의 요구와 메이크업의 목적을 파악하여 외모, 얼굴 특성에 따른 적절한 화장법을 선택한다.
> 🔍 머리 색상, 피부 톤, 의상 및 메이크업 목적을 고려하여 색조 화장을 하고 눈썹, 아이라이너, 립스틱 등 각종 화장기법을 사용하여 마무리한다.
> 🔍 화장이 끝나면 헤어, 의상과 조화를 이루는지 점검하고 필요 시 고객에게 적절한 화장법을 조언한다.

Tip 메이크업아티스트의 분류를 알아볼까요?

메이크업 분야에 따라 크게 뷰티 메이크업, 웨딩 메이크업, 무대 메이크업, 광고 메이크업, 포토 메이크업, 패션 메이크업 등으로 분류된다. 뷰티 메이크업은 일반인들을 대상으로 졸업식이나 가족사진 촬영, 기념 촬영 등 특정한 날 아름다움을 표현하기 위한 메이크업이고, 웨딩 메이크업은 결혼을 앞둔 신랑, 신부를 대상으로 하는 메이크업이다. 무대 메이크업은 극중 인물의 성격과 배경 장소 등을 분석하여 그 인물에 맞게 연출하는 것이고, 광고·포토·패션 메이크업은 패션쇼, CF 촬영에 나오는 모델을 대상으로 하는 메이크업이다.

적성과 흥미는?

메이크업아티스트는 자유로운 신체적, 언어적 활동을 선호하는 성격으로 피부나 신체구조 등의 외모를 아름답고 건강하게 가꾸는 데에 관심이 많은 성향이면 좋다. 변화나 다양성을 인정하는 개방적 사고와 미용기술의 시대적인 흐름과 트렌드를 읽을 줄 아는 분석력, 통찰력이 갖추어져 있다면 유리하다. 원만한 대인관계가 필요한 직업이므로 사람을 상대하는 것을 선호하면 좋다. 이 외에도 의사소통 능력이나 고객에 대한 서비스 정신을 갖추어야 한다. 고객의 취향이나 피부 유형을 파악한 후 용모를 아름답게 변화시키는 업무를 수행하므로 미적 감각이나 손재주가 뛰어나야 하고 표현 능력과 창의력이 있어야 한다.

메이크업아티스트에 관심을 가지고 전문가로서의 발돋움을 꿈꾸는 학생이라면 열정뿐만 아니라 성실성, 인내심이 뒷받침되어야 하므로 근성을 길러야 한다. 또한 예술적 감각이 필요하므로 미술 교과와 관련된 다양한 경험을 해야 하며, 무엇보다도 색과 피부에 대한 이해를 높일 수 있도록 관련 독서활동과 탐구활동을 하는 것이 좋다. 이를 위해 학교의 교과·비교과 활동에 참여하고 많은 사람을 상대하는 활동을 통해 의사소통 능력과 대인관계 능력을 함양할 것을 추천한다.

관련 학과 및 자격증은?

메이크업아티스트과 미용과 코디네이션과
뷰티케어과 미용예술과 뷰티디자인과
보건미용과

국가기술자격증 미용사(일반) 피부메이크업
미용실기교사자격증 컬러리스트
컬러리스트기사 네일아트
메이크업아티스트

관련 교과는?

미술 사회

관련 직업은?

뷰티컨설턴트 프리랜서 특수분장사
학원 강사 직업훈련원 강사 교수
문화센터 강사 홈쇼핑 뷰티아티스트
영화사 및 광고회사 뷰티아티스트
화장품회사 연구원 방송사분장사
스타일리스트 잡지사 에디터 아트디렉터

 ## 진출 방법은?

메이크업아티스트가 되기 위해서는 특성화고등학교, 전문
대학 및 대학교에서 메이크업뿐만 아니라 피부 관리, 헤어디
자인 등의 관련 교과목을 배워야 한다. 또한 위탁교육을 통해
직업전문학교 및 사설 기관에서도 메이크업 관련 실무와 이
론을 배울 수 있다.

피부 및 미용에 대한 기본 지식을 배운 후 본인이 목표하는
메이크업 현장에서 전문 메이크업아티스트 및 분장사의 어
시스턴트로 활동하며 실무 경력을 쌓으면 본격적으로 창업
을 할 수도 있다. 메이크업아티스트는 헤어디자이너, 의상코
디네이터 등과 협업할 때가 많으므로 헤어나 피부, 의상 등의
분야까지 다양한 지식을 쌓아두면 좋고, 예술적인 분야인 만
큼 미술이나 색채 등을 공부하면 업무에 도움이 된다.

 ### Tip 이미지컨설턴트에 대해 알아볼까요?

이미지컨설턴트는 다른 사람에게 주는 외적 인상을 관
리하고 창조해주는 직업이다. 고객의 타고난 이미지나 직
업·성격에 의해 후천적으로 형성된 이미지를 분석해 상황
에 적합한 표정 연출법과 의상 선택 방법, 대화 방법 등을
조언한다. 이미지 메이킹은 현재 상태를 진단하고 문제점
을 분석하는 것부터 시작되기 때문에 정확한 판단을 위해
비디오나 오디오를 사용하여 면밀하게 분석하는 작업을
진행하기도 한다.

미래 전망은?

최근 외모를 아름답게 가꾸고자 하는 소비자층이 늘어나며
자신만의 개성과 아름다움을 찾고자 전문가로부터 메이크업
을 받는 일반인이 늘어나는 추세이다. 즉 결혼, 졸업 등 특별
행사 시에만 메이크업전문가의 도움을 받던 예전과 달리, 본
인에게 잘 어울리고 평소 혼자서도 연출이 가능한 화장법을
배우고자 하는 사람들이 많아지면서 전문가로부터 메이크업
을 받는 서비스가 보편화되고 있어 메이크업아티스트의 일자
리가 증가할 것으로 예측된다.

하지만 최근 들어 대학교, 전문대학, 특성화고등학교, 학원
등 다양한 교육기관을 통해 체계적인 교육을 받고 진출하는
전문 인력이 매년 증가하고 있으므로 안정적인 곳으로 취업
하기 위해서는 상당한 경쟁이 뒤따를 것으로 보인다.

CAREER MAP

- 미술
- 사회

관련 교과

- 예술적 감각을 함양할 수 있는 활동 참여
- 피부와 색에 대한 탐구 및 관련 교내 활동 참여
- 사람을 상대하는 교과 및 비교과 활동 참여
- 대인관계 능력 및 의사소통 능력 함양

준비 방법

관련 직업

- 프리랜서
- 뷰티컨설턴트
- 홈쇼핑뷰티아티스트
- 뷰티아티스트
- 화장품회사 연구원
- 방송분장사
- 스타일리스트
- 잡지사 에디터
- 아트디렉터
- 특수분장사
- 문화센터 강사
- 직업훈련원 강사

메이크업 아티스트

관련 기관

- 미용과
- 메이크업아티스트과
- 코디네이션과
- 뷰티케어과
- 미용예술과
- 뷰티디자인과
- 보건미용과

관련 학과

적성과 흥미

- 손재주
- 예술적 감각
- 성실성
- 인내심
- 트렌드 분석력
- 통찰력
- 대인관계 능력
- 의사소통 능력

관련 자격

- 국가기술자격증 미용사(일반)
- 피부메이크업
- 미용실기교사자격증
- 컬러리스트기사
- 컬러리스트
- 메이크업아티스트
- 네일아트

- 한국메이크업협회
- (사)한국분장예술인협회

모델

모델이란?

모델은 상품이나 패션 혹은 기업의 이미지를 대중에게 알리기 위해 자신의 개성과 이미지를 창조하여 다른 사람들에게 홍보하고, 그 의미를 전달하는 미(美)의 전달자를 뜻한다. 반드시 사람만 모델이 되는 것은 아니며 동물, 식물, 무생물도 모델이 될 수 있으나 직업으로서 모델은 예술, 홍보, 판촉을 목적으로 자세를 취하는 사람을 의미한다.

우리가 흔히 알고 있는 모델은 패션모델로, 디자이너가 최신 유행의 옷을 발표할 때 그것을 입고 관객에게 보이는 것을 일로 하는 사람이다. 패션모델은 옷을 돋보이게 하는 게 본분이기 때문에 자기 자신이 튀는 게 아니라 의상이 아름답게 보이게 하는 걸 최우선으로 삼는다. 보통 모델은 배우와 달리 연기력이 필요하지는 않지만, 광고모델처럼 어느 정도 연기력이 필요한 경우도 있다. 그 외에도 피팅모델, 잡지모델, 내레이터모델, 레이싱모델 등이 있다.

🔍 모델이 하는 일은?

모델은 디자이너가 만든 옷을 입고 의상의 아름다움과 특징을 보여주거나 광고를 통해 장점을 전달하는 역할을 한다. 특정 상품의 사진 또는 영상매체를 이용한 광고를 제작하기 위하여 언어, 표정 또는 자세를 취하거나 연출한다.

> 🔍 디자이너의 옷을 입고 디자이너가 표현하고자 하는 느낌을 패션쇼를 보는 관객들에게 전달하는 역할을 한다.
>
> 🔍 의상에 맞게 화장하거나 액세서리를 착용하며, 구매의욕을 높이기 위해 디자이너나 구매자 또는 고객 앞에서 스타일과 특징을 최대한 살려 의상을 입고 나와 걷고 턴하는 등 여러 방법을 적절히 활용하여 의상을 선보인다.
>
> 🔍 패션쇼 외에도 시즌마다 나오는 옷들을 입고 화보를 촬영하거나 옷 외에도 헤어, 화장 등 미용과 관련된 화보들을 촬영한다.
>
> 🔍 화보 외에도 손이나 다리 등 신체부위 중 남다르게 뛰어난 것이 있다면 부분모델로 활동할 수 있다.
>
> 🔍 조각, 사진, 그림, 영화, 광고, 퍼포먼스, 미술교육 등 예술 작품을 제작하기 위하여 예술가의 요구에 따라 자세를 취한다.

> **Tip 광고모델에 대해 알아볼까요?**
>
> 광고모델은 상품의 특징과 장점을 구매자에게 인상적으로 전달하기 위하여 광고 감독의 요청이나 대본에 따라 광고에 맞는 의상과 말, 포즈 등을 연기하는 직업이다. 광고모델은 제품의 이미지를 향상시키고 실제 구매로까지 연결시키기 위해 노력하며, 이를 통해 광고상품에 대한 설득력을 증대시켜 소비자의 태도를 변화시키는 역할을 한다.

📊 적성과 흥미는?

광고모델이 되기 위해서는 연출자의 지시를 이해하고 응용할 수 있는 능력이 필요하며, 새로운 상품을 이해한 후 그 특징과 장점을 소비자에게 인상적으로 전달할 수 있는 능력이 필요하다. 예술형과 진취형의 흥미를 가진 사람에게 적합하며, 인내, 사회성, 스트레스를 감내할 수 있는 성격을 가진 사람들에게 적합한 직업이다. 모델이 되려면 무엇보다도 신체조건이 좋아야 한다. 균형이 잡혀있는 탄탄한 몸매가 필수적이기 때문에 자신을 부지런히 가꿀 필요가 있다. 이 외에도 패션쇼에 한번 서기 위해서는 수많은 연습과 오디션, 새벽까지 이어지는 리허설을 거쳐야 하므로 건강한 체력이 필수조건이며, 타고난 끼와 어느 정도의 연기력, 어떤 상황에도 대처할 수 있는 유연성을 지녀야 한다.

모델에 관심을 가지고 있다면 본인의 개성과 예술적 감각을 대중 앞에서 잘 표현할 수 있도록 하는 연습이 필요하다. 이를 위해 학교의 다양한 행사에 적극 참여하며 개성을 발휘할 필요가 있다. 그 외에도 패션 및 모델 관련 독서활동, 인터넷을 활용하여 관련 정보를 얻거나 기사를 스크랩하는 등 관련 분야에 대한 정보를 지속적으로 수집하는 것, 포즈를 취하거나 사진을 찍는 법을 배우는 것도 효과적이다. 또한 체육시간 등을 통해 건강한 신체를 가꾸고 체력을 함양할 것을 추천한다.

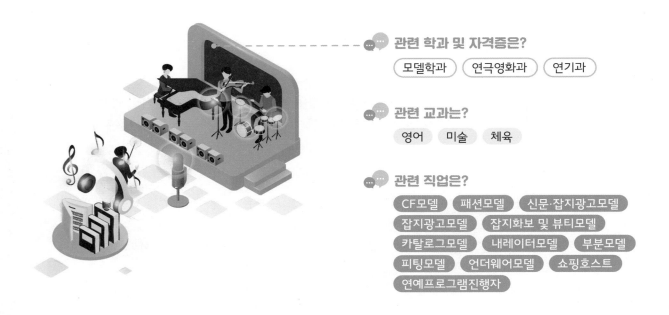

관련 학과 및 자격증은?

모델학과　연극영화과　연기과

관련 교과는?

영어　미술　체육

관련 직업은?

CF모델　패션모델　신문·잡지광고모델
잡지광고모델　잡지화보 및 뷰티모델
카탈로그모델　내레이터모델　부분모델
피팅모델　언더웨어모델　쇼핑호스트
연예프로그램진행자

Tip 피팅모델에 대해 알아볼까요?

피팅모델이란 패션디자이너 또는 의류 제조업자가 실제 착용감, 걸쳐짐, 외관 등을 점검할 때 모델이 되는 사람을 의미한다. 이를 위해 의상, 잡화, 장신구 등과 같은 제품의 특장점, 유행, 주제, 사이즈, 노출범위 등을 확인한다. 그 다음 제품, 촬영조건, 촬영 장소, 계절, 유행 등을 고려하여 적절하게 화장하고, 촬영장에서 제품을 착용한 후 사진작가의 지시에 따라 제품 이미지에 맞게 개성 있는 연출을 하는 사람을 의미한다.

 진출 방법은?

모델이 되기 위한 학력 및 나이 제한은 없으나 활동영역에 따라 요구되는 신체조건은 있다. 모델을 전문적으로 교육하는 모델학과 외에도 연극영화과나 방송연예과 등에서 모델의 기초에 대해 배울 수 있으며, 사설 학원에서도 모델로서 필요한 사항을 습득할 수 있다. 관련 대학 학과 과정에서는 실기뿐만 아니라 제반 이론을 포함하는 전반적인 사항을 함께 교육하지만 사설 학원의 경우는 실기 위주로 교육한다.

이러한 과정을 통해 방송사 및 잡지사 그리고 기획사에서는 매년 모집하는 전속모델에 응모하여 합격하면 모델로 활동할 수 있으며, 본인이 직접 프로필과 사진을 가지고 해당 기업 및 기획사에 방문하는 경우도 있다.

부분모델의 경우는 다른 모델과 달리 전체적인 아름다움보다도 신체의 한 부분이 아름답거나 뛰어난 경우 활동할 수 있다. 모델이 되기 위해서는 꾸준한 운동을 통해 건강과 아름다운 신체를 유지할 필요가 있으며 특히 머릿결, 피부 등의 관리가 필요하다.

 미래 전망은?

최근 엔터테인먼트 산업이 고부가 가치 문화 산업으로 인식되고, 일상생활에서 여가문화를 향유하는 것이 중요해지면서 방송, 영화, 연극, 공연 등 엔터테인먼트 산업이 지속적으로 성장하고 있다. 사회적으로 문화콘텐츠의 경제적 가치가 높이 평가되면서 재능 있는 모델을 발굴하려는 노력이 이어지고 있어 향후 모델의 고용은 다소 증가할 것으로 예측된다.

또한 모델의 직업적 수명은 길지 않은 편이므로 방송, 영화 등 다른 활동영역으로 진출하는 사례도 늘고 있다. 한편, 신입 모델로 진출하는 모델지망생들이 늘면서 전문모델이 되기 위한 경쟁은 더욱 치열해질 전망이다. 진입과 퇴출이 활발한 상황이지만 최근 다양한 재능과 국제적인 능력을 갖춘 모델들이 해외로 진출하면서 모델 산업의 확장이 기대된다.

CAREER MAP

모델

준비 방법
- 모델 관련 독서 및 정보 수집
- 다양한 포즈 연습
- 사진 및 미술 관련 동아리활동
- 건강한 신체 및 체력 유지 활동

관련 교과
- 영어
- 미술
- 체육

관련 직업
- CF모델
- 내레이터모델
- 부분모델
- 피팅모델
- 패션모델
- 신문·잡지광고모델
- 잡지화보 및 뷰티모델
- 카탈로그모델
- 언더웨어모델
- 쇼핑호스트
- 연예프로그램진행자

적성과 흥미
- 예술형, 진취형
- 상품 이해 및 표현 능력
- 대인관계 능력
- 사회성
- 강인한 체력
- 연기력
- 인내심

관련 기관
- 한국모델협회
- 한국광고총연합회

관련 학과
- 모델학과
- 연극영화과
- 연기과

무대감독

무대감독이란?

공연을 구성하는 요소는 굉장히 많다. 소리를 담당하는 음향팀, 빛을 담당하는 조명팀, 영상을 담당하는 영상팀, 그리고 세트나 바닥을 만드는 무대팀 같이 여러 팀들이 공연할 때 유기적으로 움직일 수 있도록 윤활유 역할을 하고 교통정리를 하는 역할을 무대감독이라고 한다.

특히 무대의 화려함 이면에는 수많은 사람들의 노력이 배어 있으며 다양한 영역에서 많은 이들이 협업을 이루고 있는데, 이를 조율하며 멋진 무대를 완성하도록 이끄는 것이 바로 무대감독의 역할이다.

무대감독은 무대에서 연출자가 의도하는 그림을 현실화시킬 수 있도록 도와주는 조력자 및 조율자 역할을 수행한다. 즉 공연을 진행하고 총감독하는 사람을 도와 무대에서 연출자의 의도를 실현할 수 있도록 예술적, 기술적, 실무적인 일을 모두 관리하고 책임지는 사람이다.

🔍 무대감독이 하는 일은?

무대감독은 다양한 장르의 공연예술 작품을 제작의도에 맞게 공연할 수 있도록 출연진 및 스태프와 의견을 협의·조정·분배해야 한다. 이를 위해 제작 회의와 연습 일정 수립, 공연 준비 및 리허설, 공연 등을 진행 및 관리하는 일을 한다.

- 🔍 연출 과정에 참여하여 출연진과 스태프의 의견을 조율하고, 사무적인 측면을 진행하거나 조정을 책임진다.
- 🔍 무대 연출에 필요한 촬영, 무대 장치, 편집 등 기술적인 업무를 계획하고 지도·조정한다.
- 🔍 작품의 예술성을 살리기 위해 무대 장치, 조명, 의상 및 음향 종사자 등의 역할과 활동을 결정하고, 이를 실행한다.
- 🔍 출연 배우들이 적절한 시기에 등장하도록 연락하고 조정하여 공연이 성공적으로 이루어질 수 있도록 조율하는 역할을 한다.
- 🔍 돌발적으로 발생할 수 있는 무대 위 안전사고를 점검하여 미연에 방지하며, 공연이 완료되면 무대 종사자들을 지휘하여 물품을 정리 및 보관한다.

> **Tip 연출감독에 대해 알아볼까요?**
>
> 연출감독은 흔히 연출가라고 부르며 연극, 영화, TV 드라마 등에서 전반적인 사항을 총괄하는 사람이다. 즉 공연예술에서 각본을 바탕으로 배우의 연기, 무대 장치, 의상, 분장, 조명, 음악 등 여러 가지 요소를 종합하여 효과적으로 무대 공연을 할 수 있도록 지도하는 일을 전문적으로 담당한다.

적성과 흥미는?

무대감독은 더 좋은 그림, 더 좋은 공연을 만들기 위해서 자기 파트에 대한 욕심을 가지고 있다. 하지만 그 욕심이 조금 과하게 비춰질 때 다른 팀들과 부딪치는 경우가 굉장히 많은데 그런 부분을 중립적으로 조율·협의·분배해야 하는 입장이므로 많은 팀의 의견을 수렴할 수 있는 의사소통 능력이 필요하다. 어느 편도 들지 않으면서 합리적이고 불편함 없이 조화를 이뤄야 하는 것이 무대감독의 역할이므로 대인관계 능력도 매우 중요하다.

또한 무대감독은 미적 감각, 인테리어 감각, 공간 지각 능력 등이 필요하며 무대 종사자들을 총괄하여 지휘할 수 있는 통솔력과 리더십이 요구된다. 그리고 돌발적으로 발생할 수 있는 무대 위 안전 문제에 빠르고 신속하게 대응할 수 있는 대처 능력과 정확한 판단력이 요구된다.

무대감독에 관심이 있다면 학교생활을 하면서 학교 행사 및 축제를 직접 기획하고 실행하는 것도 도움이 된다. 이 과정에서 많은 사람들과 협동하며 발생하는 갈등들을 해결하면서 문제해결 방법을 배우고 경험하는 것을 권장한다. 또한 미술, 사회에 관심을 가지고 각종 공연을 지속적으로 관람하면서 무대 장치 및 예술적 변화 과정을 꼼꼼히 스크랩하는 것이 필요하다. 무엇보다 최근의 무대는 컴퓨터를 활용하여 다양한 효과를 내기 때문에 컴퓨터 프로그램 및 기술에 관심을 가지고, 이를 습득하려는 노력이 필요하다.

관련 학과 및 자격증은?

무대미술과　미술학과　연극영화학과
영상미술학과　연극영화과　영화영상학과
신문방송학과　미디어커뮤니케이션학과

🏅 무대조명　　　　🏅 조명디자이너
🏅 방송영상전문인　🏅 무대기술사

관련 교과는?

미술　사회　정보　음악

관련 직업은?

공연연출가　무대디자이너　음향감독
오디오감독　영화연출　뮤지컬연출
연기지도강사

 Tip 공연기획자에 대해 알아볼까요?

　공연기획자는 작품을 선정하고 공연 시기와 장소를 결정하며 예산을 세우는 등 공연이 완성되기까지의 전 과정을 책임지는 사람이다. 이를 위해 고객이 어떤 공연을 요구하는지, 비슷한 콘셉트의 공연을 이미 진행했던 적은 없는지, 우리 정서에 맞는지 등을 철저히 분석하며, 공연 방향이 정해지면 출연진을 섭외한다. 좋은 기획을 현실로 만들어내는 것은 제작 인력이기 때문에 연출, 안무, 음악, 무대디자인, 조명, 의상, 분장 등의 제작진을 구성하는 일도 공연기획자가 담당한다. 이 외에도 공연을 대외적으로 홍보하고 관객을 모으는 홍보 및 마케팅과 관객이 편안하게 공연을 관람할 수 있도록 하는 현장 관리 업무를 맡는다.

🌐 진출 방법은?

　무대감독으로 진출하는 데 학력이나 전공은 크게 제한이 없다. 하지만 대학에서 공연 기획, 예술 경영, 이벤트학과를 전공하거나 방송 아카데미나 사설 교육기관의 공연 기획 프로그램을 교육받는 것을 추천한다. 무대와 공연 전반에 대한 전문성을 필요로 하는 직업이므로 현장에서 배우면서 성장하겠다는 생각보다는 전공자로서 현장에 나가기 전에 자격을 갖추는 것이 더 좋다.

　무대감독은 보통 인력이 필요할 때 수시로 모집하며 추천을 통한 채용이 많은 편이다. 또한 경력자를 선호하는 편이므로 다양한 경험을 담아놓은 포트폴리오를 만들어두면 도움이 된다.

　직업적 특성상 다양한 사람을 만나야 하므로 밝은 성격과 풍부한 사교성이 필요하며, 다른 무대와 차별성 있는 아이템을 많이 개발해야 하므로 창의적이고 도전적인 모습을 보인다면 취업이 용이하다.

⚙️ 미래 전망은?

　방송과 통신의 융합으로 케이블방송, 인터넷방송, IPTV 등 다매체·다채널화가 이뤄지면서 방송환경이 재편됨에 따라 시장이 확대되었다. 또한 지상파와 종합편성채널이 경쟁적 구조를 갖추면서 제작 방송프로그램 수가 늘어나고, 드라마와 예능 프로그램이 꾸준히 해외로 수출됨에 따라 다양한 무대에 대한 요구가 증가하고 있다.

　더군다나 문화관광체육부에서도 문화누리카드 지원 확대 및 공연 관람비 소득공제 등 문화 향유 확대를 위한 다양한 정책을 지원하면서 세계적인 경기 침체 분위기 속에서도 공연 문화에 대한 관심은 늘어갈 것으로 예측되어 무대감독의 전망은 나쁘지 않다. 다만 최근 예술관련 전공을 택하는 사람들이 늘어남에 따라 무대감독이라는 직업의 경쟁률 또한 높아지고 있는 상황이다.

CAREER MAP

미술
- 미술
- 음악
- 사회
- 정보

관련 직업
- 공연연출가
- 무대디자이너
- 음향감독
- 오디오감독
- 영화연출
- 뮤지컬연출
- 연기지도강사

준비 방법
- 학교 축제 및 행사 기획 및 진행
- 학교 교과·비교과 활동을 통한 대인관계 능력 함양
- 미술, 사회 교과에 대한 관심
- 다양한 공연 관람
- 컴퓨터 활용 능력 함양

관련 교과

무대감독

관련 자격

관련 자격
- 무대조명
- 무대기술사
- 방송영상전문인
- 조명디자이너

적성과 흥미
- 공간 지각 능력
- 창의력
- 대인관계 능력
- 문제해결 능력
- 통솔력과 리더십
- 의사소통 능력

관련 기관
- 문화체육관광부

관련 학과
- 무대미술과
- 미술학과
- 연극영화학과
- 영상미술학과
- 연극영화과
- 영화영상학과
- 신문방송학과
- 미디어커뮤니케이션학과

뮤지컬배우

뮤지컬배우란?

뮤지컬은 오페라와 연극의 중간쯤에 위치한 하나의 공연 양식이다. 오랜 역사를 바탕으로 장르의 유형이 명확한 오페라나 연극과 달리, 뮤지컬은 대중적인 성격으로 오페라와 연극 사이의 중간 정도의 자유로움이 있다. 음악 면에서 오페라와 달리 록, 클래식, 팝, 재즈 등 다양한 음악을 선보이기도 하고 춤 역시 현대무용과 고전무용부터 아이돌 댄스까지 가리지 않고 자유롭게 사용하기 때문에 뮤지컬을 한마디로 정의하기는 매우 어렵다.

뮤지컬은 음악과 춤이 함께 어우러진 연극으로, 뮤지컬에 출연하여 연기를 하는 사람이 바로 뮤지컬배우이다. 뮤지컬배우는 자신에게 주어진 배역에 따라 정해진 노래를 부르고 춤을 추며 극의 내용을 연기한다. 이 과정에서 자신이 알지도 겪지도 못한 여러 가지 일을 마치 직접 경험한 것처럼 실감나게 연기하여 관객들에게 감정과 상황을 전달하는 사람으로, 관객은 배우를 통해 현실을 곱씹고 자신을 되돌아보면서 내가 어떻게 살았는지, 내가 살고 있는 사회는 어떠한지 비판하고 돌아보게 된다. 이 외에도 이들은 직접 뮤지컬을 제작하거나 영화나 드라마, OST에 참여하기도 한다.

🔍 뮤지컬배우가 하는 일은?

뮤지컬배우는 뮤지컬 무대에 올라가 노래를 부르면서 춤을 추고 연기를 하며 다양한 뮤지컬 무대를 연출하는 일을 한다. 또한 자신이 맡게 된 역할을 분석하고 이해하여 그 역할에 맞는 노래, 춤, 연기를 한다.

> 🔍 뮤지컬 기획사에서 자체적으로 진행하는 뮤지컬 오디션에 참여하고, 이를 통해 배역이 결정되어 작품 출연이 확정되면 인물의 캐릭터를 분석한다.
>
> 🔍 연출자 및 감독, 작가 등과 논의하여 극중 인물에 맞는 표정, 행동, 대사톤 등을 설정한다.
>
> 🔍 인물의 성격을 잘 표현할 수 있는 의상, 소품, 분장 등을 담당자와 협의한다.
>
> 🔍 대본 연습, 리허설 등을 통해 함께 출연하는 배우와 호흡을 맞추고 자신의 대사와 노래를 연습한다.
>
> 🔍 인물과 극의 흐름을 완벽히 소화하도록 반복 연습하여 무대에서 공연한다.

> **Tip 뮤지컬과 오페라의 차이에 대해 알아볼까요? (1)**
>
> 오페라는 처음부터 끝까지 음악으로 완성된 음악극 형식으로, 중간에 간간이 대사가 나오지만 전체적으로 보면 거의 모든 대사가 음악적 공간 안에서 노래를 통해 표현된다. 간혹 흥미를 주기 위해 춤이 들어가는 오페라도 있지만, 춤은 내용을 이어가는 한 가지 방법일 뿐 오페라 가수에 의한 음악이 주내용이다. 반면 뮤지컬은 연극의 한 형식으로 음악과 춤으로 내용을 표현한다. 연극처럼 음악 없이 대사를 하다가도 상황이나 대사에 맞는 주제의 노래를 부르면서 춤을 추고, 다시 연극으로 돌아가 극을 진행한다.

적성과 흥미는?

뮤지컬배우는 노래와 연기, 춤까지 삼박자를 모두 갖춰야 하는 어려운 직종이다. 뮤지컬에는 다양한 장르의 음악이 사용되는 만큼 다양한 장르의 노래를 소화할 수 있어야 한다. 춤의 경우에도 노래 못지않게 다양한 장르를 필요로 하는데 발레, 탭댄스, 아이돌 댄스음악 등 다양한 춤을 소화할 수 있어야 한다. 세 가지 중 무엇이 가장 중요하다고 딱 잘라 말하기는 어렵지만 적어도 대극장용 대형 작품에서 주연급 배역을 따내려면 노래 실력은 필수적이라고 할 수 있다.

춤과 노래, 연기 실력을 바탕으로 풍부한 표현력을 지니면 좋고, 관객에게 감정과 상황을 전달하기 위해서는 언어 능력과 공감 능력이 필요하다. 공연 내용을 파악하고 기억할 수 있는 기억력, 공간 지각 능력, 장기간의 훈련에도 지치지 않고 노력할 수 있는 강인한 체력과 열정, 인내심, 적응성 등이 있다면 유리하다.

뮤지컬배우를 꿈꾸는 학생이라면 겉모습의 화려함보다는 그 뒤에서 흘리는 땀과 노력을 보아야 한다. 단순히 무대에 서는 기쁨도 크지만 그 뒤에서 책도 많이 읽어야 하고, 많은 간접 경험을 위해 연기 또는 뮤지컬 동아리에서 다양한 경험을 쌓는 것이 필수적이다. 또한 공연을 보거나 영화를 보더라도 남다른 시각으로 볼 수 있는 안목이 필요하다.

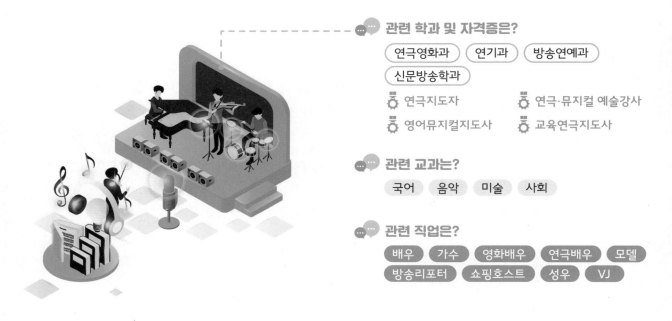

💬 **관련 학과 및 자격증은?**

연극영화과   연기과   방송연예과

신문방송학과

⚙ 연극지도자   ⚙ 연극·뮤지컬 예술강사

⚙ 영어뮤지컬지도사   ⚙ 교육연극지도사

💬 **관련 교과는?**

국어   음악   미술   사회

💬 **관련 직업은?**

배우   가수   영화배우   연극배우   모델

방송리포터   쇼핑호스트   성우   VJ

🌐 진출 방법은?

뮤지컬배우가 되기 위해 가장 중요한 것은 노래와 춤 실력이다. 또한 배역에 맞게 연기를 소화할 수 있는 능력과 극의 내용을 충실히 잘 전달할 수 있는 표현력, 자신만의 개성이 필요하다. 뮤지컬배우가 되기 위해 요구되는 학력이나 전공은 없지만 연극영화과나 뮤지컬학과에서 체계적인 교육을 받는 것이 좋다. 이 외에도 사설 학원을 통해 뮤지컬 관련 교육을 받을 수 있다. 뮤지컬배우로 활동하기 위해서는 일반적으로 공개 오디션을 통해 캐스팅되거나 기획사 및 사설 학원, 선·후배의 추천을 받아 극단에 입단하여 활동하게 된다.

Tip 🎵 **뮤지컬과 오페라의 차이에 대해 알아볼까요? (2)**

뮤지컬과 오페라는 공연의 요소가 서로 다르다. 오페라는 이야기보다는 음악성이 중심인 공연이지만 뮤지컬은 연극에 가까운 플롯과 이야기가 중시되는 공연이다. 그러다 보니 오페라는 가사의 전달보다는 음악성, 즉 아름다운 소리를 내는 것이 중요하고 원어 그대로 부르는 경우가 많다. 반면 뮤지컬은 노래뿐만 아니라 연기와 드라마도 중시되기 때문에 가사 전달에도 특별히 신경 써야 한다. 이 때문에 원어 공연보다는 현지의 언어로 번역해서 공연이 진행되는 경우가 많다.

⚙ 미래 전망은?

엔터테인먼트 산업이 고부가가치 문화 산업으로 인식되고 일상생활에서 여가 문화를 향유하는 것이 중요해지면서 방송, 영화, 연극, 공연 등 엔터테인먼트 산업이 성장하였다. 또한 문화콘텐츠의 경제적 가치에 대한 인식이 높아진 상태로 많은 연예 기획사가 설립되었고, 재능 있는 배우를 발굴하려는 노력이 이어지고 있다.

배우 및 모델은 영화, 연극, 방송, 뮤지컬, 광고 등 출연하는 장르에 따라 영화배우, 연극배우, 탤런트, 뮤지컬배우, 광고모델 등으로 구분되지만, 한 가지 영역을 고수하는 배우가 줄어듦에 따라 직업적 구분이 모호해지고 있다. 또한 새롭고 참신한 신인 배우에 대한 대중의 기대가 커지고 있어 신인 배우의 유입이 늘 것으로 예상되며, 기존 배우들은 여러 장르를 활발하게 넘나드는 경향이 계속될 것으로 기대된다.

최근 뮤지컬을 향한 관심이 높아지고, 창작 뮤지컬에 관한 관심과 투자도 늘고 있어 뮤지컬 산업의 발전이 예상된다. K-POP과 같은 한류열풍으로 뮤지컬 산업도 꾸준히 긍정적인 영향을 받을 것으로 보이기 때문에 뮤지컬배우의 전망은 밝을 것으로 기대된다.

CAREER MAP

- 국어
- 음악
- 미술
- 사회

- 배우
- 가수
- 영화배우
- 방송리포터
- 쇼핑호스트
- 성우
- VJ
- 모델
- 연극배우

- 다양한 독서활동
- 간접경험을 위한 다양한 교내외 활동
- 연극, 뮤지컬 관련 동아리 활동
- 다양한 공연 및 영화 관람

관련 교과

관련 직업

뮤지컬 배우

준비 방법

관련 학과

- 연극영화과
- 연기과
- 방송연예과
- 신문방송학과

적성과 흥미

관련 자격

- 연극지도자
- 연극·뮤지컬 예술강사
- 영어뮤지컬지도사
- 교육연극지도사

- 연기, 노래, 춤에 대한 흥미
- 풍부한 표현력
- 기억력
- 공간 지각 능력
- 체력
- 인내심
- 공감 능력

관련 기관

- 한국방송연기자협회
- 한국영화인총연합회

보석디자이너

보석디자이너란?

우리는 영화나 텔레비전, 잡지 등의 대중 매체를 통해 유명 스타들이 착용하고 있는 목걸이, 귀걸이, 반지, 팔찌 등의 보석들을 볼 수 있다. 현대 사회에서 보석 장신구는 의상, 헤어스타일과 함께 개성 표현을 위한 중요한 아이템 중의 하나이므로 스타뿐만 아니라 일반인도 자신만의 개성을 표현하기 위해 장신구를 착용한다.

귀금속과 보석을 사용하여 반지, 귀걸이, 펜던트 등의 액세서리를 만들기 위해 각종 작도 도구 및 그래픽 프로그램을 활용하여 렌더링이라는 그림으로 표현하는 디자인 전문가를 보석디자이너(Jewelry Designer)라고 한다. 보석디자이너는 다이아몬드, 사파이어, 금 등의 보석을 이용하여 아름다운 장신구나 액세서리를 만드는데, 오색으로 영롱하게 빛나는 원석을 가장 아름다운 모습으로 디자인해야 한다. 원석 자체도 중요하지만 그것을 어떻게 디자인하느냐에 따라 보석의 가치가 달라지기 때문이다.

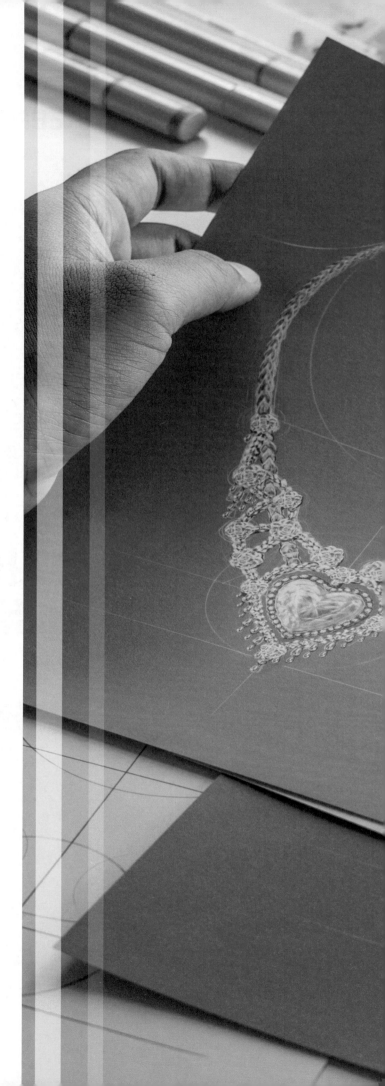

🔍 보석디자이너가 하는 일은?

보석디자이너는 귀금속과 보석을 사용하여 반지, 귀걸이, 펜던트 등 다양한 액세서리를 렌더링이라는 그림으로 표현하여 디자인한다. 수작업으로 그린 평면 도안을 세공 연구소에 넘긴 후 그곳에서 3D 입체 도면을 제작하고, 그 도면을 바탕으로 공방에서는 반지와 목걸이, 팔찌 등 완성품을 만든다. 디자이너들은 첫 아이디어를 스케치할 때만 손으로 작업하고, 스케치한 뒤 세부 디자인은 컴퓨터 일러스트나 CAD를 이용해 렌더링 작업을 한다. 다음은 디자인한 대로 왁스를 깎거나 꼬아 샘플을 만든다. 그 샘플로 주물을 뜬 뒤 메탈 작업을 한 것이 원본이다. 원본을 갈고 다듬어 보석을 세팅하거나 광을 내는 것까지가 기본 작업이다. 주물을 뜨는 데 하루, 마무리하는 데 하루 정도 걸려 한 제품이 나오기까지 최소 3~4일이 걸린다.

> 🔍 보석디자이너는 다이아몬드, 사파이어, 금 등의 보석을 이용해 아름다운 장신구나 액세서리를 디자인한다.
>
> 🔍 새로운 제품에 대한 아이디어를 얻기 위해 국내외 시장 조사를 실시한다.
>
> 🔍 보석의 원석을 감정하고, 보석 액세서리의 전체 모형과 보석 세공에 대한 정밀 묘사 즉, 렌더링을 한다.
>
> 🔍 보석세공기술자들과 만나 새로운 제품을 만드는 데 유의할 점들을 논의한다.

Tip 렌더링에 대해 알아볼까요?

렌더링은 '표현, 묘사, 연출' 등의 의미로, 계획 단계에 있는 제품의 외관을 누구나 이해할 수 있도록 실물 그대로 그린 완성 예상도를 말한다. 유사한 예로 건축 설계에서 사용하는 투시도가 있는데, 입면도나 전개도에 그림자 효과를 더해 실제 건물과 유사해 보이도록 표현한 것이다. 렌더링은 컴퓨터 작업으로 이루어지는데, 여러 가지 시각적 효과를 더해 실체감을 강조하므로 구체적인 형태를 시각적으로 전달하기 위해 사용하거나 제품 완성 전 팸플릿을 제작하는 데 사용된다. 렌더링은 3D 입체 도면의 제작 바로 전 단계에 이루어지는데, 산업 영역에서 렌더링은 모델과 함께 시각전달용 디자인으로 매우 중요하다.

적성과 흥미는?

보석디자이너가 되기 위해서는 보석에 대한 관심과 지식은 필수이며, 디자인하는 직업인만큼 미적 감각과 스케치 실력도 필요하다. 사물을 아름답게 꾸미거나 장식하는 것을 좋아하고, 창의적으로 무엇을 만드는 것을 좋아하는 사람에게 적합하다. 또한 자신만의 예술 세계를 정립할 수 있는 가치관, 대중의 취향과 보석 액세서리의 유행을 파악할 수 있는 시장 조사 능력, 업계의 트렌드를 이끌어 나갈 수 있는 마케팅 감각과 비즈니스 능력이 필요하다. 다양한 도구와 연장을 사용하여 작업하다 보면 톱에 베이고, 불에 데이고, 망치에 찍힐 수 있으므로 섬세함과 집중력이 요구된다.

최근에는 보석 디자인 작업을 주로 컴퓨터로 하고 있기 때문에 컴퓨터 활용 능력이 필요하고, 다양한 기계를 다루어야 하므로 기계 조작 능력도 갖추어야 한다. 작업 특성상 색을 구별할 수 있어야 하고, 손으로 정밀한 작업을 수행할 수 있는 신체 조건을 지녀야 한다. 오랜 시간 망치질을 할 수 있는 팔 힘과 밤을 새우며 일할 수 있는 건강한 체력이 필수이다.

관련 학과 및 자격증은?

금속공예디자인학과　공예학과　보석감정과
미술학과　금속공예학과　금속디자인학과
귀금속디자인학과　시각디자인학과

- ⚙ 목공예기능사
- ⚙ 목공예산업기사
- ⚙ 칠기기능사
- ⚙ 패세공기능사
- ⚙ 귀금속가공기능장
- ⚙ 석공예기능사
- ⚙ 도자기공예기능사
- ⚙ 도자기공예산업기사
- ⚙ 보석감정사

관련 교과는?

미술　기술·가정　정보

관련 직업은?

제품디자이너　시각디자이너　광고디자이너
문구디자이너　안경디자이너　일러스트레이터
자동차디자인관리자　생활용품디자이너

진출 방법은?

보석디자이너는 다양한 소재와 보석, 귀금속을 이용해 액세서리를 만드는 직업이다. 보통 전문대학이나 대학의 디자인 관련 학과를 졸업한 후 활동한다. 비전공자의 경우 디자인 관련 사설 교육기관에서 교육을 받는 경우도 많다.

보석디자이너는 장신구에 쓰이는 소재에 대한 분석은 물론, 유행의 흐름을 파악할 수 있어야 한다. 창조적인 직업이기 때문에 아이디어를 얻기 위해 액세서리는 물론 패션 및 문화 전반에 대한 관심과 이해가 필요하다. 또한 제작 기술과 유통, 마케팅, 판매 등에 대해 총체적으로 사고할 수 있어야 한다.

미래 전망은?

사람들의 생활 수준이 높아지면서 보석에 대한 관심은 물론, 보석 액세서리를 예술 작품으로 인식하는 경향이 커지고 있다. 또한 성별과 나이를 막론하고 다양한 보석 액세서리를 이용해 자신을 꾸미는 사람들도 늘고 있다. 각자의 개성을 중시하는 문화의 영향으로 대형 브랜드 업체가 생산하는 천편일률적인 디자인이 아닌 자신만의 보석 액세서리를 찾는 사람들도 늘어나고 있다. 이러한 이유로 보석디자이너의 전망도 밝은 편이다.

Tip 보석감정사에 대해 알아볼까요?

보석감정사는 보석의 진품 여부를 감별하고, 보석의 색깔과 가공 상태 등의 품질에 따라 등급을 매겨 그 가치를 평가하며, 보석 감정서를 발급하는 일을 한다. 구체적으로 보석의 종류에 따라 가치에 영향을 미치는 특성과 결함을 찾아내기 위해 보석의 내·외부 구조를 검사한다. 이를 위해 광학 기계나 화학 용액을 이용해 보석을 식별하고 물리적·화학적 특성을 확인하며, 색상과 연마 가공도에 따라 등급을 매겨 가격을 결정하고 보석 감정서를 발급한다. 또한 시장 변동, 경제적 변동에 따른 보석의 도·소매가격을 결정한다.

보석감정사는 감정 대상물의 특성과 차이를 살펴볼 수 있는 예민한 시각과 형태 감각이 있어야 한다. 그리고 꼼꼼하고 차분한 성격을 가진 사람에게 유리하며 이해관계에 따라 감정 평가의 결과가 좌우되지 않도록 공정성과 신뢰성, 책임감 등이 필요하다. 예술형과 탐구형의 흥미를 가진 사람에게 적합하며, 정직성, 신뢰성, 꼼꼼함 등의 성격을 가진 사람들에게 적합하다.

CAREER MAP

- 미술, 영어 교과 역량 강화
- 미술, 디자인 관련 동아리활동
- 미술, 디자인 분야 교내외 대회 참가
- 디자인 관련 기업 및 학과 탐방
- 보석디자이너 직업체험활동

준비 방법

- 제품디자이너
- 시각디자이너
- 자동차디자인관리자
- 일러스트레이터
- 광고디자이너
- 생활용품디자이너
- 문구디자이너
- 안경디자이너

관련 직업

보석 디자이너

적성과 흥미

- 미적 감각
- 창의력
- 인내심
- 표현력
- 집중력
- 마케팅 감각
- 섬세함
- 드로잉 능력

관련 교과

- 미술
- 기술·가정
- 정보

관련 학과

- 조향학과
- 미술학과
- 시각디자인학과
- 공예학과
- 금속공예디자인학과
- 금속공예학과
- 보석감정과
- 금속디자인학과
- 귀금속디자인학과

관련 자격

- 목공예기능사
- 목공예산업기사
- 칠기기능사
- 패세공기능사
- 석공예기능사
- 도자기공예기능사
- 도자기공예산업기사
- 귀금속가공기능장
- 보석감정사

관련 기관

- 한국귀금속보석디자인협회
- 한국현대디자인협회
- 한국주얼리코디네이터협회
- 한국주얼리산업연합회

분장사

분장사란?

분장사는 대중매체의 발달과 대중문화 수요의 증가로 인해 배우들의 전문성이 요구되면서 새롭게 등장한 직업이다.

아름다움을 추구하는 메이크업아티스트와 달리 분장사는 방송, 영화, 연극, 뮤지컬 등의 극중 인물, 작품 주제 및 내용에 적합하게 메이크업을 하는 직업이다. 즉 연극·영화·광고·방송 등의 분야에서 작품의 내용과 인물의 성격에 따라 직업·지위·연령·기질 등에 맞게 배우를 분장시키는 일을 전문적으로 수행한다.

구체적으로 인물의 메이크업뿐만 아니라 상처 분장, 피분장, 실리콘 더미 시체 제작, 특수 안전소품, 애니메트로닉스 등 분장의 범위는 매우 다양하다.

분장사가 하는 일은?

분장사는 미용실이나 사진 스튜디오에서 고객의 의상, 얼굴 특성에 따라 화장을 해준다. 영화, 연극, 방송드라마 출연자들의 얼굴을 극의 분위기에 맞게 분장하거나 극의 내용에 맞게 특수분장을 한다.

- 방송이나 광고, 연극, 영화의 분위기와 시대적 배경에 맞는 사진, 문헌 등을 검토하고 방송 연출가, 배우와의 협의를 통해 분장 방법을 결정한다.
- 가발, 수염, 연지, 분, 물감 등의 분장용 재료와 화장품을 이용하여 출연자와 작품 속 인물의 성격이 어울릴 수 있도록 분장한다.
- 각종 마스크, 눈알, 이빨, 송곳니, 틀니, 입체 상처, 내장, 표피 등을 이용하여 젊은이를 노인으로 만들거나 흉측한 괴물로 만드는 특수분장을 담당하기도 한다.
- 새로운 효과를 만들기 위해 출연자의 골격이나 얼굴선 등을 고려하여 출연자의 몸에 재료를 붙이거나 변형시킨다.
- 다양한 정보를 얻고자 자료를 수집·분석하고, 극의 분위기와 어울리면서도 촬영 장소에 필요한 특수효과 소품을 제작한다.

Tip 특수분장사에 대해 알아볼까요?

특수분장사는 영화, 연극, 방송 및 광고 등에서 출연자의 특성을 강조하거나 일반 분장으로 표현하기 힘든 입체적이고 3차원적인 분장을 하는 직업으로, 극의 분위기나 시대적 배경, 출연자의 특징을 살리기 위한 분장을 한다. 이 외에도 무거운 시멘트 벽돌과 같이 실물을 사용했을 때 위험할 수 있는 소품을 스펀지나 고무 재질을 활용하여 실물과 똑같은 모양으로 제작하는 일을 한다.

적성과 흥미는?

분장사로 진출하는 데 가장 기초가 되는 학부는 미술로, 기초 소묘, 기초 조소를 통해 미술적 감각을 함양해야 한다. 대부분의 특수분장 제작물들은 손기술과 미적 감각을 통해 만들어지기 때문에 손 재능과 공간 지각 능력을 함양하기 위해 노력해야 한다. 극의 내용과 등장인물의 성격에 적합한 새로운 분장 기법을 고안해낼 수 있는 창의력과, 이를 위해 꾸준히 노력하는 성실성과 인내심이 요구된다.

방송, 영화 등의 분야에서 활동하기 때문에 주로 작업 현장에 가서 일한다. 따라서 작업상황이나 촬영계획에 따라 근무 시간이 불규칙하며, 밤샘 작업도 있어 현장 적응력과 인내심이 요구된다. 그 외에도 배우라는 고객을 상대하는 서비스업이므로 원만한 대인관계와 의사소통 능력이 필요하다.

분장사를 꿈꾸는 학생이라면 학교생활을 하면서 기초 소묘 및 조소에 관심을 가지고 여러 색을 다양한 재료에 섞어 가면서 배합해보는 경험이 필요하다. 이를 위해 미술 관련 동아리활동을 통해 미적 감각을 익히고 학교 행사에 참여하며 많은 사람과 협업하는 것을 권장한다. 예술형과 탐구형의 흥미를 가진 사람에게 적합하며 독립성, 적응력, 협조심, 리더십 등을 함양하기 위해 노력할 것을 추천한다.

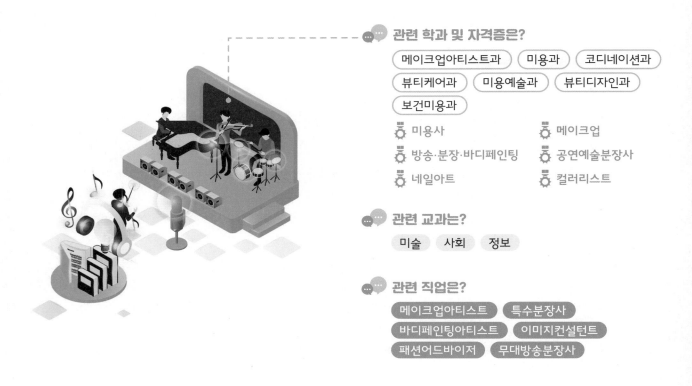

관련 학과 및 자격증은?

메이크업아티스트과 미용과 코디네이션과

뷰티케어과 미용예술과 뷰티디자인과

보건미용과

미용사 메이크업

방송·분장·바디페인팅 공연예술분장사

네일아트 컬러리스트

관련 교과는?

미술 사회 정보

관련 직업은?

메이크업아티스트 특수분장사

바디페인팅아티스트 이미지컨설턴트

패션어드바이저 무대방송분장사

Tip CGI에 대해 알아볼까요?

컴퓨터 생성 이미지(Computer-generated Imagery, CGI)라고 하며 우리가 흔히 알고 있는 CG는 CGI의 범주 안에 포함된다. CGI라는 용어는 보통 영화와 텔레비전에서 특수한 장면이나 효과를 만드는 데 사용되는 3D 컴퓨터 그래픽을 말하지만, 시각적 장면은 보통 2D로 표현이 된다. 이 외에도 VFX(Visual Effects)는 실제로 모든 촬영이 끝난 뒤 소프트웨어를 사용하여 시각효과를 주는 것이고, SFX(Special Effects)는 실제 모션이나 사물 등을 직접 촬영하기 위해 특수한 장비를 사용하여 제작하거나 설치하는 것이다.

진출 방법은?

분장사가 되기 위해서는 미용 관련 고등학교, 특성화고등학교, 대학의 미용 관련 학과 또는 위탁기관 등에서 메이크업 및 다양한 미용 분야의 이론 및 실기 교육을 배우는 것이 유리하다. 이 외에도 사설 미용학원, 방송아카데미, 화장품 관련 업체에서 개설하는 아카데미 등을 통해 메이크업 및 분장기술을 습득할 수 있다.

관련 자격증으로는 민간자격증인 메이크업, 분장사 자격증이 있고 국가자격증인 미용사(메이크업) 자격증이 있으므로 분장사가 되고 싶다면 사전에 이러한 자격증을 취득하는 것이 좋다.

분장은 분장에 대한 기본지식뿐 아니라 현장에서의 실무 경험이 매우 중요하다. 보통 분장에 대한 교육은 현장에서 이루어지기 때문에 전문 분장사의 보조원으로 활동하면서 실무 경력을 쌓은 후 전문 분장사로 진출하는 것이 효과적이다.

미래 전망은?

다양한 문화예술 산업의 발달, 매체의 다양화 등은 방송, 연극, 공연 등에서 활동하는 분장사의 고용에 다소 긍정적인 영향을 미칠 것으로 보인다. UHD급 TV의 보급, 디지털 방송의 확대는 방송 출연진들의 메이크업과 분장에 보다 정교함을 필요로 하고 있어 분장사의 고용에도 긍정적인 영향을 미칠 전망이다.

특수분장 역시 방송, 광고, 각종 홍보영상물 등에 활용되고 있어 활동 분야가 확대될 것으로 보인다. 기술의 발전으로 컴퓨터를 이용한 3D 프린트 기법이 도입되는 등 특수분장 분야도 발전하고 있어 이에 따른 전문 지식과 독창적인 능력을 보유할 수 있도록 많은 노력이 뒷받침되어야 한다.

최근 한류열풍으로 외국으로부터 의료(성형, 피부, 한방) 및 뷰티 관광을 오거나 메이크업 교육을 받으러 오는 사례가 증가하는 등 뷰티 산업의 발전이 전망되고 있어 분장사가 중국이나 동남아시아 등으로 취업하는 사례도 늘고 있는 상황이다.

CAREER MAP

예술적 감각 함양을 위한 활동
- 피부 및 색에 대한 탐구 및 교내 활동
- 협업 능력 함양을 위한 교내 활동
- 대인관계 능력 및 의사소통 능력 함양

- 메이크업아티스트
- 바디페인팅아티스트
- 이미지컨설턴트
- 패션어드바이저
- 무대방송분장사
- 특수분장사

**준비
방법**

**관련
직업**

- 미술
- 사회
- 정보

**관련
교과**

분장사

**관련
자격**

- 미용사
- 메이크업
- 컬러리스트
- 네일아트
- 방송·분장·바디
  페인팅
- 공연예술분장사

**적성과
흥미**

**관련
학과**

- 손 재능
- 미술, 예술적 감각
- 성실성
- 인내심
- 창의력
- 적응력
- 의사소통 능력

**관련
기관**

- 한국메이크업협회
- (사)한국분장예술인협회

- 미용과
- 메이크업아티스트과
- 코디네이션과
- 뷰티케어과
- 미용예술과
- 뷰티디자인과
- 보건미용과

사진작가

사진작가란?

우리는 아름다운 추억을 오랫동안 간직하기 위해 사진을 찍는다. 가보지 못한 장소나 경험하지 못했던 결정적인 순간을 사진을 통해 감상하기도 한다.

사진작가는 카메라를 이용하여 자신의 생각이나 아름다운 장면을 사진으로 담고 편집해서 작품으로 만드는 사람이다. 사진작가는 촬영하고자 하는 물체와의 거리와 배경 등을 결정하고, 카메라 환경을 조작하여 사진을 찍는다. 책이나 신문에 실릴 사진, 상품 홍보에 사용하는 광고용 사진, 평범한 인물의 모습, 예술성이 강한 사진 등을 찍는다. 사진작가는 카메라를 다루는 능력이 뛰어나야 한다. 다양하고 복잡한 카메라의 기능과 사진의 원리를 잘 이해해야 각도, 초점, 노출, 조명 등을 세부적으로 조정하여 사진의 완성도를 높일 수 있다. 사진작가가 되기 위해서는 자신이 원하는 대로 대상을 표현할 수 있는 예술적인 감각도 필요하다.

사진작가들은 대부분 프리랜서이기 때문에 자신의 상황에 맞추어 일하는 시간을 조절할 수 있다. 또한 실내에서도 촬영을 하지만, 유명하거나 독특한 장소에서 촬영하는 경우가 많기 때문에 활동적이고 여행을 좋아하는 사람이라면 즐겁게 일할 수 있다. 반면, 프리랜서라는 직업의 특성상 능력에 따라 수입이 천차만별이다. 또한 촬영 시 카메라와 장비를 들고 움직여야 하기 때문에 강인한 체력이 필요하다.

🔍 사진작가가 하는 일은?

사진작가는 카메라로 촬영하고 싶은 물체를 찍어 필름을 현상하거나 디지털 사진 파일을 컴퓨터로 옮겨 편집하고 출력하는 작업을 한다. 상업 사진작가는 주로 상품 광고나 패션 잡지, 연예인 화보 등의 사진을 촬영한다. 우리가 자주 접할 수 있는 가수들의 앨범 재킷사진, 거리의 광고 사진 등이 상업 사진작가가 촬영한 것이다. 보도 사진작가는 신문 기사에 실을 보도 사진을 찍는데, 가장 중요한 순간을 포착하여 독자들이 현장에 있는 것처럼 느낄 수 있도록 생생한 장면을 전달해야 한다. 순수 사진작가는 자신이 생각하는 바를 사진으로 표현하는데, 작품이 완성되면 전시회를 열어 자신의 작품을 알리고 판매하기도 한다.

🔍 전문 기술을 이용해 목적에 맞는 사진을 찍는다.

🔍 촬영하고자 하는 물체의 거리와 배경 등을 결정한다.

🔍 사진이 가장 잘 나올 수 있도록 카메라 기능을 조작하여 사진을 찍는다.

🔍 필름을 현상하거나 디지털 파일을 카메라에 옮겨서 편집하고 출력한다.

🔍 사진으로 자신의 생각을 표현하는 예술 활동을 한다.

Tip 반려동물사진작가에 대해 알아볼까요?

반려동물사진작가는 반려동물을 모델로 하여 사진 촬영을 한다. 반려동물을 기르는 사람들은 사진에서 반려동물의 특징이 잘 드러나길 원한다. 따라서 각 동물들의 특성을 파악하고 해당 부분에 초점을 맞춰 사진을 찍어야 한다. 반려동물사진작가는 촬영뿐만 아니라 동물을 잘 달래고 꾸며서 반려동물 주인들이 원하는 대로 연출해야 하므로 보통 2인 1조로 작업이 이루어진다.

적성과 흥미는?

사진작가가 되기 위해서는 사진 찍는 일을 좋아하고, 사진을 통해 아름답게 표현할 수 있는 미적 감각이 필요하다. 또한 자신만의 참신한 주제와 감각으로 장면을 연출할 수 있는 인문학적 상상력과, 같은 대상을 찍더라도 자신만의 감성을 표현할 수 있는 창의력도 중요하다. 이를 위해서는 평소 다양한 책을 많이 읽어서 인문학적 소양을 키우는 것이 필요하다. 사진을 잘 찍기 위해서는 카메라 안에 들어오는 공간을 입체적으로 볼 수 있는 공간지각 능력도 필요한데, 이는 사진을 찍을 때 어떤 구도를 잡는가에 따라 느낌이 달라지기 때문이다. 또한 카메라와 관련된 여러 장비와 도구를 능숙하게 다루어야 하므로 기계에 대한 흥미가 있어야 하고, 기계 사용 능력도 필요하다. 또한 대상물을 세심하게 살피는 관찰력도 아주 중요하다.

사진작가가 되고 싶다면 풍부한 상상력과 창의력을 기를 수 있도록 폭넓은 독서활동과 다양한 체험활동을 하는 것이 좋다. 예술적 감각을 기르기 위해서는 미술 공부를 열심히 하는 것도 도움이 된다. 아울러 각종 사진 관련 동아리활동이나 공모전에도 적극적으로 참여하는 등 다양하게 사진을 찍어보는 경험이 중요하다.

관련 학과 및 자격증은?

(사진학과) (사진광고학과) (정보미디어학과)
(사진영상디자인학과) (영상미술학과)
(사진예술학과)

- 사진기능사
- 인쇄사진산업기사
- 항공사진기능사
- 컴퓨터그래픽스운용기능사
- 시각디자인기사
- 샵마스터
- 웹디자인기능사

관련 교과는?

(미술) (정보)

관련 직업은?

(사진가) (방송사진기자) (잡지사진기자)
(상업사진작가) (예술사진작가) (사진처리원)
(지리정보시스템전문가) (생태사진작가)

진출 방법은?

사진작가가 되기 위해 필요한 자격이나 학력의 제한은 없지만 최근 전문적인 사진 교육을 받고 직업을 선택하는 경우가 증가하고 있다. 사진에 대한 전반적이고 체계적인 지식을 배우고 싶다면 예술고등학교나 전문대학, 일반 대학의 사진 관련 학과에 진학하는 것이 좋다. 그 외 사설 사진 학원, 문화 센터, 사회교육원 등을 이용해 사진에 대한 이해를 넓히고 사진작가가 되기 위한 과정을 밟기도 한다.

> **Tip 라이브러리 사진작가에 대해 알아볼까요?**
>
> 돈을 받고 사진을 빌려주거나 판매하는 라이브러리 회사가 있다. 이 회사는 소비자가 필요로 하는 다양한 이미지를 갖추고 있어야 한다. 라이브러리 사진작가는 가족, 여행, 풍경, 스포츠 등 분야별 전문 사진을 찍어 라이브러리 회사에 제공한다.

미래 전망은?

우리나라의 사진 시장은 아기 사진, 결혼 사진, 프로필 사진처럼 사람을 대상으로 하는 분야가 가장 큰 비중을 차지하고 있다. 그러나 우리나라의 출산율이 계속 떨어지고 있고, 독신으로 사는 사람들이 늘어나면서 사진작가의 일이 줄어들고 있는 실정이다. 또 성능이 뛰어난 디지털카메라의 보급으로 일반인이 직접 사진을 찍는 경우도 많아지고, 각종 기업에서도 경기의 흐름에 따라 광고비와 홍보비를 줄이고 있기 때문에 사진작가의 전망이 밝다고 할 수는 없다. 대학 등 교육기관에서 이미 많은 사진작가가 양성되었기 때문에 경쟁률도 치열한 편이다.

> **Tip 생태사진작가에 대해 알아볼까요?**
>
> 생태사진작가는 곤충, 식물, 동물, 자연환경 등을 전문적으로 찍는다. 오지에 가서 한자리에 며칠씩 꼼짝하지 않고 기다렸다가 원하는 장면의 결정적인 순간을 포착하여 촬영하기도 한다.

CAREER MAP

사진작가

준비 방법
- 사진 공모전 참가
- 인문학적 소양 함양을 위한 독서활동
- 사진 관련 동아리활동
- 미술 관련 역량 강화

적성과 흥미
- 상상력
- 미적 감각
- 공간 지각 능력
- 창의력
- 기계 사용 능력
- 관찰력
- 탐구력
- 꼼꼼함

관련 직업
- 사진가
- 생태사진작가
- 사진처리원
- 지리정보시스템 전문가
- 상업사진작가
- 방송사진기자
- 잡지사건기자
- 예술사진작가

관련 교과
- 미술
- 정보

관련 자격
- 사진기능사
- 항공사진기능사
- 샵마스터
- 시각디자인기사
- 웹디자인기능사
- 인쇄사진산업기사
- 컴퓨터그래픽스 운용기능사

관련 학과
- 사진학과
- 사진광고학과
- 영상미술학과
- 사진영상디자인학과
- 사진예술학과
- 정보미디어학과

관련 기관
- 한국사진작가협회
- 한국프로사진협회
- 한국문화예술위원회

생활스포츠지도사

생활스포츠지도사란?

건강에 대한 사람들의 관심은 날로 증가하고 있다. 이에 따라 일상에서 마라톤, 줄넘기, 배드민턴, 축구, 야구, 자전거 타기 등 다양한 운동을 즐기는 사람들이 많아졌다. 스포츠는 이제 더 이상 특정 선수들만의 리그가 아니다. 스포츠를 즐기기 위해서는 우선 기본적인 규칙과 기술을 익혀야 한다. 생활 속 스포츠에 대한 인기가 높아지면서 우리 사회에서 체육 관련 전문가가 점점 더 필요해지고 있는 실정이다.

생활스포츠지도사는 국민의 건강 유지 및 기분 전환, 체력 강화 등을 위해 각종 운동을 전문적으로 지도하는 사람이다. 단순히 운동 방법뿐만 아니라 어떻게 운동해야 건강에 좋은지도 함께 알려준다. 사람마다 건강 상태와 좋아하는 운동의 종류가 다르기 때문에 각 개인에게 적합한 운동을 추천하고, 운동의 강도도 조절해주며, 식습관에 대한 조언도 한다. 한마디로 생활스포츠지도사는 일상 속에서 건강하고 행복한 생활을 할 수 있도록 이끌어주는 전문가라고 할 수 있다. 생활스포츠지도사가 되려면 기본적으로 체력이 뒷받침되어야 한다. 또한 운동하고 가르치는 것을 좋아하고, 사람들과 어울리는 것을 즐길 줄 아는 사람에게 적합하다. 학교나 직장, 지역 사회 또는 체육단체, 피트니스 클럽 등 우리 주변에서 운동을 하는 곳이라면 어디든지 근무할 수 있으며, 본인이 직접 스포츠 센터를 운영하거나 프리랜서로 활동할 수도 있다.

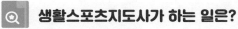 생활스포츠지도사가 하는 일은?

생활스포츠지도사는 여러 가지 운동을 체계적으로 가르친다. 우리 주변에서 쉽게 볼 수 있는 자전거, 수영, 등산부터 승마, 리듬 체조, 행글라이딩, 수상 스키처럼 예전에는 좀처럼 배우기 힘들었던 운동을 가르치는 생활스포츠지도사도 점점 늘어나고 있다. 또한 체력 테스트를 하거나 각각의 체력에 적합한 운동을 처방하기도 한다.

- 🔍 수강생의 능력 및 수준에 따라 등급을 결정한다.
- 🔍 각 등급에 적합한 프로그램을 짜고, 지도 계획을 세운다.
- 🔍 안전 수칙을 알리고, 기본자세 및 실기를 시범하여 지도한다.
- 🔍 근육을 단련시키고, 규칙적 운동이나 교정 운동을 지시한다.
- 🔍 상처의 통증, 근육의 긴장으로 인한 뭉침 등을 풀어주거나 응급조치를 한다.
- 🔍 출석부 및 시간표를 작성·관리한다.
- 🔍 운동 기구, 비품 등을 정리·관리한다.
- 🔍 지역 스포츠 시설을 유지·관리한다.
- 🔍 연령별 맞춤 수업을 계획하고, 체계적으로 가르친다.

> **Tip** **레크리에이션전문가에 대해 알아볼까요?**
>
> 레크리에이션전문가는 여가 시간을 즐겁고 유익하게 활용하는 데 도움이 되도록 전문적으로 이끌어 준다. 레크리에이션에는 산업 레크리에이션, 장애인 레크리에이션, 치료 레크리에이션, 여가 즐기기 레크리에이션 등이 있다. 웃고 즐기는 가운데 몸과 마음의 안정을 찾고 일의 능률을 높이는 것은 물론 치료를 도와준다. 우리나라의 레크리에이션전문가들은 주로 개인이나 단체의 행사나 체육 대회, 오리엔테이션 등에서 노래와 게임을 지도하는 일을 한다. 그러나 앞으로는 여가 시간의 확대와 인구 고령화로 더욱 다양한 분야로 발전할 것으로 예상된다. 레크리에이션전문가는 프로그램을 진행하는 사람이기 때문에 의사소통 능력이 좋아야 하고, 말솜씨가 뛰어나야 한다. 또한 돌발 상황에 대처할 수 있는 순발력과 새롭고 재미있는 프로그램을 만드는 창의력도 필요하다. 다른 사람들과 함께 즐거운 시간을 보내려면 자신의 체력과 감정을 관리하는 것도 아주 중요하다.

적성과 흥미는?

생활스포츠지도사는 무엇보다 운동을 좋아하고, 운동을 가르치는 것에 관심과 열의가 있어야 한다. 유연성 및 균형을 유지할 수 있는 신체적 강인함, 다양한 요구를 지닌 사람들을 이끌고 지도할 수 있는 리더십, 신호에 빠르게 반응하거나 신체를 신속히 움직이는 순발력과 통제력이 있으면 좋다. 사람들과 어울리는 것을 좋아하고, 도전적인 목표를 설정한 후에 이를 달성하기 위해 노력하는 인내심과 책임감도 필요하다. 생활스포츠지도사에 대해 관심이 있다면 어렸을 때부터 훈련을 통해 체력과 근력을 기르고, 많은 사람들과 터놓고 이야기하는 경험을 많이 하는 것이 좋다. 리더십을 키울 수 있는 동아리활동이나 다른 사람을 도와주는 봉사활동을 통해 기본적인 자질을 만들어야 한다. 또한 다양한 스포츠 종목을 즐겨하며 지식과 기술을 익히고, 스포츠 관련 분야에 관심을 가진다면 큰 도움이 된다.

💬 **관련 학과 및 자격증은?**

(체육학과)   (사회체육학과)   (생활체육학과)
(스포츠의학과)   (건강관리학과)   (운동처방학과)
(스포츠레저학과)   (레크리에이션학과)

⚙ 생활체육지도사   ⚙ 선수트레이너
⚙ 유소년스포츠지도사   ⚙ 건강운동관리사
⚙ 노인스포츠지도사   ⚙ 장애인스포츠지도사

💬 **관련 교과는?**

(체육)

💬 **관련 직업은?**

(운동감독) (코치) (운동선수) (경호원)
(레크리에이션지도자) (운동경기심판) (치어리더)
(스포츠트레이너) (스포츠강사) (스포츠에이전트)
(생활체육지도자) (에어로빅강사) (운동처방사)
(태권도사범) (체형관리사)
(건강운동관리사)

 진출 방법은?

생활스포츠지도사는 해당 종목의 실기와 이론에 대한 충분한 지식을 갖추고 자격증을 취득하면 누구든지 할 수 있는 직업이다. 그러나 일반적으로 전문대학이나 대학교의 체육 관련 학과를 졸업하거나 해당 종목의 운동선수나 코치로서의 경험이 있는 사람에게 유리하다.

생활스포츠지도사 자격을 취득하기 위해서는 필기시험과 실기시험, 구술시험, 연수 과정을 거쳐야 한다. 체육에 관심과 흥미가 많은 만 18세 이상이면 누구든지 필기시험에 응시할 수 있다. 필기시험은 각 과목 만점의 40% 이상, 전 과목 평균 60% 이상이어야 하고, 실기 및 구술시험은 각 만점의 70% 이상이 되어야 합격한다. 생활스포츠지도사 2급 필기시험 과목은 7가지 중에 5가지를 본인이 선택해서 응시할 수 있다. 필기시험 7과목은 스포츠심리학, 운동생리학, 스포츠사회학, 운동역학, 스포츠교육학, 스포츠윤리, 한국체육사이다. 생활스포츠지도사 1급 필기시험 과목으로는 운동상해, 체육측정평가론, 트레이닝론, 건강교육론이 있다. 1급 필기시험 응시 자격은 2급 자격증을 취득한 후 3년 이상 해당 종목 지도 경력이 있는 사람에게 주어진다. 매년 조금씩 달라질 수 있기 때문에 일정이 나오면 확인한 후 시험 준비를 하는 것이 좋다. 필기시험에 떨어지면 실기를 볼 수 없기 때문에 1년을 더 기다려야 한다.

⚙ **미래 전망은?**

현대인들의 관심은 '얼마나 오래 사느냐'보다 '얼마나 건강하게 사느냐'에 맞춰져 있다. 이런 분위기에 발맞추어 국가적·사회적으로 사회 체육과 스포츠를 활성화하기 위해 노력하고 있다. 문화체육관광부의 통계 자료에 따르면, 공공 체육 시설 수가 2009년도 13,968개에서 2015년에는 22,662개로 매년 꾸준히 증가했다고 한다. 이처럼 체육 시설 수의 증가 추세는 스포츠 강사의 고용 증가에 직접적인 영향을 미칠 것으로 전망된다.

또한 최근 들어 청소년, 고령자 등 대상의 특성을 고려한 차별화된 프로그램을 통해 스포츠를 확대하기 위한 다양한 정책과 사업들이 생겨나고 있는 것도 향후 생활스포츠지도사의 고용에 긍정적인 영향을 미칠 것으로 보인다. 과거에는 주로 스포츠를 관람하며 즐겼다면, 요즘에는 회사 내 동호회나 온라인 동호회, 지역의 스포츠 동호회에 가입하거나 각종 스포츠를 즐길 수 있는 공공시설을 찾는 등 생활체육 활동에 직접 참여하는 사람들이 늘어나고 있다. 민간 스포츠 시설, 지방자치단체에서 운영하는 생활체육 프로그램, 학교 스포츠 활동, 방과후학교 등을 통해 다양한 생활체육 강좌가 개설되어 있다. 이런 현상은 생활스포츠지도사의 일자리 증가에 큰 도움을 줄 수 있다.

CAREER MAP

관련 자격
- 생활스포츠지도사
- 선수트레이너
- 건강운동관리사
- 장애인스포츠지도사
- 유소년스포츠지도사
- 노인스포츠지도사

관련 직업
- 체형관리사
- 운동선수
- 레크리에이션지도자
- 건강운동관리사
- 경호원
- 운동경기심판
- 스포츠트레이너
- 운동감독
- 스포츠에이전트
- 치어리더
- 스포츠강사
- 생활체육지도사
- 운동처방사

관련 기관
- 국민체육진흥공단
- 한국문화체육관광협회
- 한국스포츠지도자연구협회
- 대한체육회

생활 스포츠 지도사

관련 교과
- 체육

적성과 흥미
- 유연성
- 강인한 신체
- 리더십
- 신체통제 능력
- 사회성
- 인내심
- 책임감
- 의사소통 능력
- 대인관계 능력

준비 방법
- 체육 교과 역량 강화
- 체육, 스포츠 관련 동아리활동
- 체육, 스포츠 분야 교내외 대회 참가
- 스포츠 관련 단체 및 학과 탐방
- 생활스포츠지도사 직업체험활동

관련 학과
- 사회체육학과
- 체육학과
- 스포츠의학과
- 건강관리학과
- 운동처방학과
- 레크리에이션학과
- 생활체육학과
- 스포츠레저학과

성악가

성악가란?

천상의 목소리로 불리는 루치아노 파바로티, 플라시도 도밍고, 호세 카레라스, 조수미, 김동규 등은 모두 성악가이다. 악기로 연주되는 기악에 상응되는 성악은 가사로서의 언어의 역할이 중요하며, 대개 악기 반주가 따른다.

넓은 의미의 성악은 사람의 목소리로 만드는 모든 음악이지만, 일반적으로 성악가는 '서양 고전 음악을 하는 가수'를 가리킨다. 노래를 부른다는 점에서는 가수와 비슷하지만 성악가와 가수는 기본적인 발성법부터 다르다. 성악가들은 좀 더 아름다운 소리를 내기 위해 몸을 반듯하게 세우고, 가슴을 편 상태에서 바른 호흡법으로 노래하는 것을 중요하게 생각한다. 그래서 정확한 발음으로 자신이 낼 수 있는 여러 소리 중에서 가장 다듬어진 소리로 노래를 부르기 위해 노력한다.

성악가가 오페라 무대에 오르려면 노래는 물론 연기 실력도 갖추어야 한다. 지금까지 우리나라에서 성악가는 주로 오페라 가수로 활동했지만, 최근에 들어서는 팝페라나 뮤지컬 쪽으로 진출하는 경우도 많다.

🔍 성악가가 하는 일은?

성악가는 오페라, 독창, 중창, 합창의 형태로 전통 고전 음악과 가곡을 노래한다. 가사와 음악을 연구하고, 피아노나 오케스트라 반주에 맞춰 리듬을 확인하며, 자신의 감정을 가사에 실어 노래한다. 성악가는 대부분 합창단에 소속되어 활동한다.

🔍 소리를 원활하게 내기 위해 발성을 연습한다.

🔍 악보를 익히거나 악곡을 연습한다.

🔍 발표회 등을 위해 리허설을 한다.

🔍 화음, 멜로디, 리듬, 발성에 대한 지식을 기초로, 피아노 반주 또는 관현악단의 연주에 맞추어 노래한다.

🔍 다른 성악가 및 반주자와 음색을 조정한다.

🔍 독창 또는 합창 단원으로서 노래를 한다.

🔍 오페라의 등장인물로 출연하여 대사를 음악에 맞추어 표현하기도 한다.

🔍 작곡이나 편곡을 하기도 한다.

🆃🅸🅿 음역에 따른 성악가의 종류에 대해 알아볼까요?

여자 성악가는 소프라노, 메조소프라노, 알토가 있다. 소프라노는 가장 높은 음역대를 내며, 오페라에서 절정 부분을 부르는 경우가 많다. 메조소프라노는 중간 음역대를, 알토는 가장 낮은 음역대를 낸다. 흔히 여자 중 가장 낮은 음역대를 내는 성악가를 알토라고 생각하는 경우가 많은데, 알토는 합창(특히 4부 합창)에서 여자 중 가장 낮은 음역대 자체를 말한다. 실제로 여자 중 가장 낮은, 즉 테너와 겹치는 음역대의 성악가는 콘트랄토라고 부른다. 굳이 이 음역대에서만 성악가를 구분하는 이유는 진정한 콘트랄토가 극히 드물기 때문이다.

남자 성악가는 테너, 바리톤, 베이스가 있다. 테너는 남자 성악 부분에서 가장 높은 음역대를, 바리톤은 '깊고 무거운 소리'라는 뜻으로 중간 음역대를, 베이스는 '굵고 낮은 소리'라는 뜻으로 인간이 낼 수 있는 가장 낮은 음역대를 낸다.

적성과 흥미는?

성악가가 되려면 음악을 좋아하는 것은 물론이고, 음악적 지식을 이해하고 그것을 노래로 표현해야 하기 때문에 음악적인 감각과 소양이 필요하다. 또한 음악적 재능을 타고났다고 해도 꾸준한 연습과 노력을 통해서만 좋은 성악가가 될 수 있기 때문에 남다른 인내와 끈기도 필요하다. 음의 고저와 크기의 차이를 잘 구분하는 청력을 지녔거나, 슬프거나 기쁘거나 하는 감정의 표현이 자유로운 사람이라면 더욱 좋다. 성악가가 되고 싶다면 화성법, 발성법, 지휘법 등 성악에 필요한 지식을 습득하기 위한 노력이 필요하다. 항상 음악을 가까이하고 오페라나 성악가의 공연을 자주 관람하면서 음악적 재능을 키우는 것도 도움이 된다. 성악의 본거지가 유럽이고, 불러야 하는 노래들도 유럽 국가의 언어로 된 것이 많기 때문에 외국어에 흥미가 많으면 좋다.

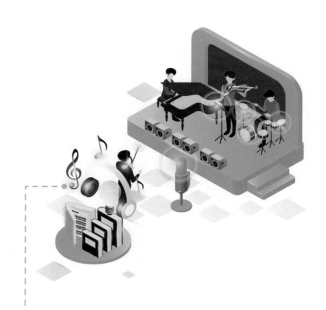

💬 관련 학과 및 자격증은?

(음악학과) (성악과) (작곡과) (기악과)

(오페라학과) (피아노학과)

⚙ 문화예술교육사   ⚙ 무대예술전문인

⚙ 중·고등학교 음악교사

💬 관련 교과는?

(영어) (음악)

💬 관련 직업은?

(지휘자) (작곡가) (가수) (무용가) (안무가)

(국악인) (뮤지컬배우) (연주가) (대중무용수)

진출 방법은?

성악가가 되기 위해서는 대학에서 관현악, 기악, 성악, 피아노, 작곡 등 관련 학문을 전공하는 것이 좋다. 관련 학과에 진학하기 위해서는 어릴 때 자신의 진로를 결정하여 꾸준히 연습하는 것이 유리하다. 이 때문에 음악가 중에는 예술계 중·고등학교로 진학하는 사람이 많고, 그렇지 않은 경우에는 대부분 사설 학원이나 개인 레슨을 통해 훈련을 받는다. 성악가 중에는 성악의 본거지인 이탈리아를 비롯해 유럽으로 유학을 다녀오는 경우도 많다.

폭넓은 음악 감상을 통해 음악가로서의 소양을 지속적으로 키워나가야 하며, 각종 음악 콩쿠르에 참여하여 입상 경력을 쌓는 것도 중요하다.

🔵 팝페라에 대해 알아볼까요?

팝페라는 팝(pop)과 오페라(opera)의 합성어로, 오페라를 팝처럼 부르거나 팝과 오페라를 넘나드는 음악 스타일 또는 대중화한 오페라를 말한다. 유명한 오페라에 대중적인 팝 스타일을 가미해 부름으로써 누구나 편안하게 들을 수 있는 노래로, 최근에 고유한 장르로 자리 잡고 있다.

팝페라라는 말은 1985년 키메라(Kimera, 한국명 김홍희)가 발표한 앨범 '더 로스트 오페라'에 대해 프랑스 일간신문 '르몽드'에서 '한국에서 온 팝페라의 여왕'이라고 소개하면서 처음 사용되었고, 이후 1997년 미국의 유력 일간 신문 '워싱턴 포스트'에서 사용하면서 대중화되었다.

이 음악의 뿌리는 19세기 이탈리아로 거슬러 올라간다. 당시 유행했던 3~4분짜리 오페라 아리아는 행인들이 휘파람으로 불고 다닐 정도로 대중적 인기를 얻었다. 이로 인해 출판업자들은 이런 오페라 아리아를 주제로 한 피아노 바이올린 변주곡 악보를 만들어 수익을 올리기도 하였다. 이처럼 클래식에 내재된 대중성이 지금의 팝페라를 가능하게 한 것이라고 할 수 있다.

⚙ 미래 전망은?

여가 활동이 증가하고, 문화예술에 대한 평가가 높아지면서 음악을 즐기거나 노래를 배우려는 사람이 증가하고 있다. 하지만 음악 시장이 소비자가 주로 찾는 인기 있는 음악에 집중되면서 고전 음악에 대한 수요는 감소하고 있다. 이에 따라 고전 음악 관련 학과가 뮤지컬이나 영화 음악 등의 학과로 대체되고 있고, 이러한 현상은 성악가의 고용에 부정적인 영향을 미치고 있다. 또한 음악 활동만 하여 얻는 수입으로는 생계 유지가 어려워 대학이나 학원에서 강의를 하는 등 다른 일을 겸하는 경우가 많다. 성악가에 대한 수요가 줄어들고 있어 교육을 할 수 있는 일자리도 줄고 있는 추세이다.

한편, 국공립 단체에 소속되어 활동할 경우에는 보수가 안정적이고 신분이 보장되는 편이다. 그러나 결원 시 수시로 채용하는 경우가 많아 안정적인 직업을 갖기 위해서는 치열한 경쟁을 치러야 한다.

CAREER MAP

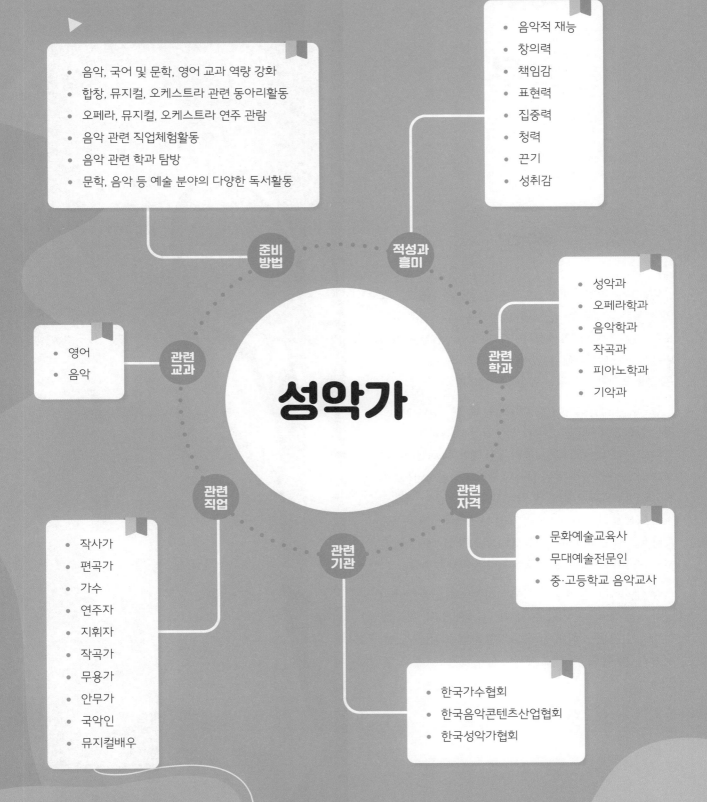

준비방법
- 음악, 국어 및 문학, 영어 교과 역량 강화
- 합창, 뮤지컬, 오케스트라 관련 동아리활동
- 오페라, 뮤지컬, 오케스트라 연주 관람
- 음악 관련 직업체험활동
- 음악 관련 학과 탐방
- 문학, 음악 등 예술 분야의 다양한 독서활동

적성과 흥미
- 음악적 재능
- 창의력
- 책임감
- 표현력
- 집중력
- 청력
- 끈기
- 성취감

관련 교과
- 영어
- 음악

성악가

관련 학과
- 성악과
- 오페라학과
- 음악학과
- 작곡과
- 피아노학과
- 기악과

관련 직업
- 작사가
- 편곡가
- 가수
- 연주자
- 지휘자
- 작곡가
- 무용가
- 안무가
- 국악인
- 뮤지컬배우

관련 자격
- 문화예술교육사
- 무대예술전문인
- 중·고등학교 음악교사

관련 기관
- 한국가수협회
- 한국음악콘텐츠산업협회
- 한국성악가협회

성우

성우란?

목소리는 사람의 마음을 울리는 힘, 공감의 힘을 가지고 있다. 듣는 상대로 하여금 무한한 상상을 할 수 있게 하고, 보이지 않는 것을 보이게 한다. 때로는 보이지 않는 것이 보이는 것보다 아름다울 수 있기에 목소리로 보이지 않는 모든 것을 표현할 수 있다는 것은 참 매력적이다.

성우라는 직업이 처음 등장하게 된 배경은 영화 사업이 가장 활발했던 미국에서 영화 시장이 무성 영화에서 유성 영화로 넘어가던 시기로, 최초의 유성 영화 '재즈 싱어(The Jazz Singer)'에서 배우 알 졸슨이 대사를 녹음하면서부터 시작되었다. 성우는 방송 및 영상 광고, 안내방송, 해외 및 수입 영상물 및 애니메이션과 게임 등에서 우리말 녹음을 통한 목소리 연기를 하는 사람으로, 목소리 연기를 통해 시청자들의 이해와 소통을 돕고 유도하는 역할을 한다.

성우는 목소리를 통해 연기하는 사람으로, 다른 배우와 달리 모든 배역을 연기할 수 있다는 장점이 있다. 예를 들어 배우는 키 큰 사람이 키 작은 역할을 맡기 힘들지만 성우는 아기부터 할머니까지 배역의 한계 없이 연기를 할 수 있다.

🔍 성우가 하는 일은?

성우는 애니메이션, 라디오 드라마, 드라마, 비디오 게임, 영화, 외화 더빙 등에서 주로 목소리만으로 연기하는 배우로, 일명 '보이스 액터'라고 한다.

🔍 방송 연출가나 광고 홍보 담당자 또는 영화사에서 역할을 배정받아 대본을 미리 확인하고 배역의 성격, 대사, 역할 및 분위기 등을 파악하며 목소리를 연습한다.

🔍 배역의 성격에 따라 어린이, 노인, 남녀 등 다양한 목소리를 연습한 후 실제 녹음과정에서 감성, 상황 등을 표현한다.

🔍 외국 영화의 대사를 방송언어에 적합하도록 우리말로 연기하고 녹음한다.

🔍 인물뿐만 아니라 다양한 상황 및 역할에서 필요한 소리를 적합하게 만들어 녹음한다.

Tip 성우 연기와 배우 연기의 차이점은 무엇일까요?

성우와 배우 두 연기의 흐름은 기본적으로 동일하지만 매체의 차이가 크다. 성우 연기는 라디오 드라마처럼 오디오 위주의 연기다보니 많은 설명과 캐릭터를 확실히 파악하여 그 특성을 발휘해야 한다. 이 과정에서 표현이 다소 과장되거나 억지스러운 부분이 있을 수도 있다. 또한 방송인이기도 하므로 정확한 방송언어를 써야 한다. 배우 연기도 나름의 고충이 있지만, 시각 정보가 많은 부분을 차지하고 있기 때문에 성우 연기보다는 표현이 자연스럽고 자유로운 편이다.

적성과 흥미는?

성우가 되기 위해서는 무엇보다도 자신만의 개성 있는 목소리를 키우고 가꾸어야 하며, 다양한 배역을 소화할 수 있도록 연기에 대한 열정과 노력이 필요하다. 그리고 발음 및 억양 교정을 위해 꾸준히 연습하며 기본기를 쌓고, 표준어를 정확하게 발음하고 구사할 수 있어야 한다. 목소리에서 언어 및 문장에 대한 길이나 강약, 선명도 등에 대한 순발력 및 센스가 필요하고 예술형과 탐구형의 흥미를 가진 사람에게 적합하다. 스트레스 감내, 사회성, 성취 등의 성격을 가진 사람들에게 유리하다.

성우를 꿈꾸는 학생이 있다면 가장 먼저 다양한 독서활동을 통해 사람의 감정 및 상황에 따른 표현을 할 수 있도록 노력해야 한다. 또한 발성은 호흡에서부터 시작하기 때문에 운동을 생활화하고 신문 사설 및 책을 소리 내어 읽는 연습을 통해 발성 연습을 해야 한다. 이를 위해 인문학 관련 동아리활동 및 교내 활동을 통해 연기 실력과 탄탄한 발성, 인문학적 소양을 함양하는 것을 권장한다.

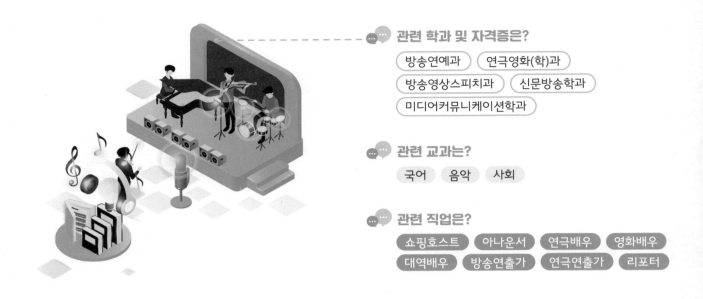

관련 학과 및 자격증은?

방송연예과 연극영화(학)과

방송영상스피치과 신문방송학과

미디어커뮤니케이션학과

관련 교과는?

국어 음악 사회

관련 직업은?

쇼핑호스트 아나운서 연극배우 영화배우

대역배우 방송연출가 연극연출가 리포터

 Tip 폴리아티스트에 대해 알아볼까요?

관객수 1,750만 명을 달성한 영화 <명량>에서 극찬 받은 장면은 바로 해상 전투신이다. 수백 척의 선박을 생생하게 그려낸 시각특수효과(VFX)뿐만 아니라 실제로 배 8척을 유사하게 만들어낸 제작진들의 노력이 빛을 발했기 때문이다. 그런데 이 영화가 더 실감나게 그려질 수 있었던 숨은 비결은 '소리'에 있다. 적을 향해 날아가는 포탄 소리, 칼과 칼이 부딪치는 소리 등 마치 실제 현장에 있는 것 같은 생생한 소리를 만들어내 음향 분야의 마술사라고 불리는 사람들이 바로 폴리아티스트이다. 이들은 영상 속에 등장하는 사람들의 목소리와 음악을 제외한 모든 소리를 만드는 일을 한다.

진출 방법은?

성우로 진출하는 데 요구되는 특별한 학력과 학과는 없다. 하지만 성우도 연기의 한 분야이기 때문에 연극영화과를 나오면 도움이 된다. 또는 관련 사설기관에서 호흡과 발성, 낭독 등의 전문 훈련을 받으면 성우 진출에 도움이 된다. 또한 각 방송사에서 공채로 성우를 선발하고 있는데, 방송사에 따라 고등학교 졸업 또는 전문대학 졸업 이상으로 학력 및 연령 제한이 있기 때문에 가능하면 관련 학과 및 대학을 졸업하는 것을 추천한다.

성우는 실기 및 면접을 통해 선발되면 약 2-3년간 전속 기간을 거쳐 한국성우협회에 가입할 수 있는 자격이 생긴다. 정회원이 되면 소속 방송사뿐만 아니라 프리랜서로 활동할 수 있게 된다.

미래 전망은?

성우 연기자들은 직업만족도가 굉장히 높은 편이다. 기본적으로 연기를 하는 직업이기 때문에 캐릭터에 따라 다양한 삶을 경험하게 된다. 매번 새로움과 신선함을 느낄 수 있다는 점에서 기대감이 높아 직업에 대한 만족도도 높다.

최근 AI로 인해 성우의 입지가 좁아지고 있지만 반대로 오디오북 시장이 빠르게 성장하고 있으며, 기존 방송국뿐만 아니라 OTT 플랫폼에서 성우가 필요한 영상을 자체제작하는 콘텐츠가 많아지고 있다. 또한 지금까지 화면 뒤에서만 존재하던 목소리 연기자들이 유튜브 등을 통해 전면에 등장하기도 하는 추세로 도전 영역이 점점 넓어지는 것도 성우의 전망을 밝게 한다.

CAREER MAP

준비 방법

- 나만의 목소리 만들기
- 다양한 배역을 위한 공감 능력 함양
- 연기 연습
- 신문 읽기 및 독서를 통한 정확한 발음 연습
- 순발력과 사회성
- 인내심
- 인문학적 소양 함양

관련 교과

- 국어
- 음악
- 사회

관련 직업

- 쇼핑호스트
- 아나운서
- 연극배우
- 영화배우
- 대역배우
- 방송연출가
- 연극연출가
- 리포터

성우

적성과 흥미

- 발음의 정확성
- 발성 연습
- 예술형, 탐구형
- 다양한 감정을 표현하는 능력

관련 기관

- 한국성우협회
- 한국방송실연자권리협회
- 한국방송연기자협회
- 한국방송예술인단체연합회

관련 학과

- 방송연예과
- 연극영화(학)과
- 방송영상스피치과
- 신문방송학과
- 미디어커뮤니케이션학과

스포츠해설가

스포츠해설가란?

스포츠 방송 중계 시 캐스터의 경기 진행 상황 설명에 전문적인 부연 설명으로 도움을 주는 진행자를 의미한다. 스포츠해설가는 경기 일정이 잡히면 축구, 야구, 배구, 농구 등 각종 스포츠와 관련된 정보를 수집하고 분석하여 이를 시청자에게 안내하는 역할을 한다. 즉 참가하는 팀과 선수 등에 대한 정보와 각 팀의 최근 경기를 분석하여 이를 경기 중간에 안내하고 경기에 대한 전반적인 이해를 돕는 직업이다. 시청자가 눈여겨봐야 할 관전 포인트를 짚어주기도 하고, 스포츠캐스터와 함께 시청자가 궁금할 만한 상황이나 경기 뒷이야기도 전해주면서 스포츠 경기를 더욱 흥미롭게 해주는 존재이다.

스포츠해설가는 해설자나 해설위원으로도 불리며, 주로 해당 스포츠 종목의 선수나 감독 출신이 해설가를 하는 경우가 대부분이나 비경기인 출신 해설가도 늘고 있다.

🔍 스포츠해설가가 하는 일은?

스포츠해설가는 방송 매체를 이용하여 스포츠 캐스터와 함께 해당 스포츠의 해설을 진행함으로써 시청자의 이해를 돕고 스포츠 경기를 더욱 흥미롭게 해주는 일을 한다.

> 🔍 축구, 야구, 배구 등 각종 스포츠와 관련된 정보를 수집·분석하여 보도 자료를 정리한다.
>
> 🔍 경기 일정이 잡히면 참가하는 팀과 선수 등에 대해 공부하며 분석하고, 이를 바탕으로 시청자의 궁금증을 해결하기 위해 노력한다.
>
> 🔍 각 팀의 최근 경기를 담은 영상 및 데이터를 시청한 후 분석하여 경기 진행에 맞춰 적재적소에 안내한다.
>
> 🔍 각종 정보 및 데이터를 분석한 후 방송을 통해 경기를 해설하고, 캐스터와 함께 스포츠 내용을 중계한다.

Tip 스포츠캐스터에 대해 알아볼까요?

방송매체를 통해 스포츠해설가와 함께 스포츠 경기의 진행 상황을 실시간으로 전달하는 일을 한다. 시청자가 눈여겨봐야 할 관전 포인트를 짚어주기도 하고, 시청자가 궁금할 만한 상황이나 경기 뒷이야기를 전해주면서 관람에 없어서는 안 될 역할을 수행한다. 해당 종목의 역사, 출전 선수의 경기 스타일이나 최근 기록 등 풍부한 배경지식이 요구되며, 스포츠에 대한 애정과 열정을 가지고 꾸준히 공부해야 하는 직업이다.

적성과 흥미는?

스포츠 중계는 과정과 결과를 예측할 수 없어 대본 없이 진행되는 만큼 스포츠해설가의 역할을 잘 수행하기 위해서는 철저한 준비가 필요하다. 해당 종목의 역사, 출전 선수의 경기 스타일이나 최근 기록 등 풍부한 배경 지식이 있어야 중계 중 많은 이야기를 들려줄 수 있기 때문에 그만큼 해당 스포츠에 대한 애정과 열정을 가지고 노력해야 한다. 또한, 예상하지 못한 상황에서도 중계해야 하므로 순발력이 필요하다. 이 외에도 스포츠 경기를 시청자들에게 말로 전달해야 하므로 언어 구사 능력, 어휘력, 순발력, 센스, 다양한 형태로 상황을 묘사하는 능력이 필요하다.

스포츠해설가를 꿈꾸는 학생이라면 무엇보다도 관련 종목에 대한 관심과 열정이 필요하다. 직접 경기를 해보든가 중계를 보면서 관찰하고, 이를 커뮤니티나 팟캐스트를 활용하여 전달하는 등의 노력을 기울일 필요가 있다. 또한 해외 경기는 새벽에 진행되는 경우가 많고, 국내 경기의 경우에도 현장 중계를 나가게 되면 지방까지 오가는 거리가 꽤 되기 때문에 스포츠해설위원에게는 고도의 집중력과 체력이 필요하다. 따라서 강인한 체력과 함께 긍정적인 마인드를 유지하는 것이 필요하다.

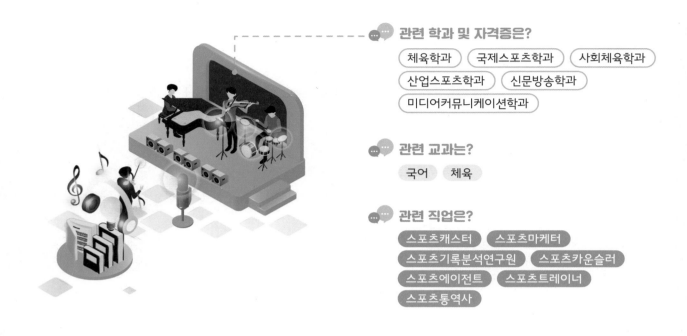

관련 학과 및 자격증은?

체육학과 국제스포츠학과 사회체육학과
산업스포츠학과 신문방송학과
미디어커뮤니케이션학과

관련 교과는?

국어 체육

관련 직업은?

스포츠캐스터 스포츠마케터
스포츠기록분석연구원 스포츠카운슬러
스포츠에이전트 스포츠트레이너
스포츠통역사

Tip 게임캐스터에 대해 알아볼까요?

게임캐스터는 일반적으로 스포츠 캐스터와 유사하게 해설자와 호흡을 맞춰 진행하는 업무를 한다. 스포츠 캐스터는 스포츠 경기에서, 게임캐스터는 게임 경기에서 시청자에게 전체적인 흐름과 맥락을 전달하는 것이다. 이 외에도 게임캐스터는 게임 외적으로 오프닝과 클로징을 진행하며 관람하러 온 팬들과 직접적으로 소통한다. 이 과정에서 게임이 진행되는 방식과 프로게이머를 함께 소개하면서 인터뷰를 진행하기도 한다. 즉 게임캐스터는 게임 해설자와 호흡을 맞추는 것과 동시에 MC의 역할을 겸한다.

 진출 방법은?

스포츠해설가는 특별한 학과와 대학 또는 자격증을 필요로 하지 않는다. 그러나 해당 스포츠의 전문가로 인정을 받아야 할 수 있는 직업이므로 관련 분야에서 전문가로 인정받는 것이 중요하다.

대부분 스포츠기자나 스포츠선수 출신들이 일정한 경력을 쌓은 후, 소개·추천을 통해 지상파방송사, 케이블 등 각종 방송국이나 라디오의 스포츠해설가로 진출하게 된다. 또는 인터넷 방송이나 팟캐스트 또는 관련 스포츠의 블로그 및 칼럼 등으로 온라인에서 전문가로 소문이 나면 방송국에서 연락이 와서 스포츠해설가가 되기도 한다.

따라서 스포츠해설가는 기자, 에이전트, 행정가 등 스포츠 관련 분야로 진출하여 전문 지식을 쌓은 후 방송국의 제의를 받아 진출하게 되는 경우가 많다.

 미래 전망은?

여가의 시대, 엔터테인먼트와 즐거움의 가치가 중시되면서 스포츠는 우리의 일상 속에 더욱 깊이 스며들고 있다. 여가 활동을 위한 필요 시설에서 스포츠 시설이 가장 높은 순위를 차지하는 것을 보면 스포츠에 대한 대중의 관심이 매우 높은 것을 예측할 수 있다.

스포츠해설가는 다른 직종에 비해 일자리의 수요가 매우 제한적이긴 하지만 취업 경쟁이 치열하지는 않다. 즉 스포츠 관람에 대한 대중의 수요가 커지고 있고, 공중파 및 케이블뿐만 아니라 개인방송 채널의 확대로 스포츠 관련 미디어 콘텐츠가 증가하고 있다. 이러한 콘텐츠 이용이 늘어나면서 스포츠해설가의 고용 또한 다소 증가할 것으로 예상된다.

CAREER MAP

- 국어
- 체육

관련 교과

- 스포츠캐스터
- 스포츠마케터
- 스포츠기록분석연구원
- 스포츠카운슬러
- 스포츠트레이너
- 스포츠에이전트
- 스포츠통역사

- 해당 스포츠에 대한 흥미와 열정
- 언어 구사 능력 함양을 위한 활동
- 관련 스포츠 팟캐스트 진행 및 칼럼 작성
- 해당 스포츠 동아리활동

준비 방법

스포츠 해설가

관련 직업

적성과 흥미

관련 학과

- 어휘력
- 순발력
- 언어 구사 능력
- 관련 스포츠에 대한 관심
- 강인한 체력
- 긍정적 마인드

관련 기관

- 문화체육관광부
- 대한체육회
- 국민체육진흥공단
- 방송국

- 체육학과
- 국제스포츠학과
- 사회체육학과
- 산업스포츠학과
- 신문방송학과
- 미디어커뮤니케이션학과

스포츠트레이너

스포츠트레이너란?

최근 우리나라의 스포츠 산업은 날로 성장하고 있다. 올림픽과 월드컵 등에 뜨겁게 환호하는 사람들, 스포츠 경기가 열리는 경기장에 가서 직접 관람하거나 동호회나 모임을 만들어 즐기는 사람들이 점점 증가하고 있다. 또한 높아진 사회적 인기와 수입 등으로 인해 운동선수는 어린 학생들에게 선망의 직업이 되었다. 인기 많고 인지도 높은 운동선수는 아니지만, 선수들 옆에서 항상 그림자처럼 따라다니는 사람이 있는데, 바로 스포츠트레이너이다.

스포츠트레이너는 아마추어나 프로 운동선수의 신체 및 건강 상태를 진단하여 경기에 참가할 수 있는 최상의 신체 컨디션을 유지할 수 있도록 조언하고, 최상의 능력을 발휘할 수 있도록 훈련시키는 일을 한다. 운동선수 또는 팀의 감독이나 코치와 협의하여 운동선수 개개인의 특성에 맞는 훈련을 계획하여 실행한다. 각각의 스포츠 종목에 적합한 체력을 만들기 위해 근육 단련, 자세 교정, 체중 조절, 마사지 등으로 운동선수가 최상의 몸 상태를 유지할 수 있도록 돕는다. 이뿐만 아니라 운동선수가 부상을 예방할 수 있도록 조언하기도 하고, 경기 도중 선수가 부상을 당했을 때에는 응급조치를 하며, 의사와 협의하여 재활 훈련을 진행한다.

🔍 스포츠트레이너가 하는 일은?

스포츠트레이너는 크게 부상을 관리하는 재활트레이너와 경기력을 향상시키는 체력트레이너로 나뉜다. 재활트레이너는 일반적으로 부상을 입거나 빠른 회복을 위해 수술을 한 선수가 정상적으로 운동할 수 있도록 훈련 프로그램을 짜고 실행하는 역할을 한다. 체력트레이너는 운동선수의 기능 향상과 컨디션 유지를 위한 훈련을 전담한다.

- 🔍 감독이나 코치와 협의하여 종목, 포지션, 선수 개인에 따라 필요한 근육을 단련시키고, 규칙적 운동이나 교정 운동을 지시한다.
- 🔍 체력을 증진시키거나 체중을 조절하도록 식이 요법을 권고한다.
- 🔍 상처의 통증, 근육 긴장 등을 풀어주기 위해 선수들의 몸을 주무르거나 두드린다.
- 🔍 선수가 부상을 입었을 때 의사에게 치료를 의뢰하고, 진단 결과에 따라 재활 훈련을 계획·실시한다.
- 🔍 훈련 프로그램의 진행 상황을 점검한다.
- 🔍 부상 선수에게 냉온 찜질, 상처의 소독, 붕대 감기 등의 응급처치를 한다.
- 🔍 열 치료나 전기 치료를 하기도 한다.

> **Tip 스포츠에이전트에 대해 알아볼까요?**
>
> 스포츠에이전트는 운동선수의 연봉, 이적 조건, 협찬, 광고 및 방송 활동, 후원회, 스케줄 관리 등을 대신 처리하여 운동에만 전념할 수 있도록 하는 사람이다. 스포츠에이전트가 되기 위해서는 무엇보다 스포츠에 대한 열정과 관련 경험이 필요하다. 또한 선수로부터 계약 관련 업무를 위임받아 선수와 구단, 광고주 등과의 계약을 대행하기 때문에 법적인 지식과 협상력이 뛰어난 사람에게 적합하다. 전공이나 자격증은 크게 중요하지 않지만, 스포츠마케팅학이나 스포츠매니지먼트학 등을 전공하면 전문적이고 체계적인 지식을 쌓을 수 있다. 다만, 축구의 경우에는 관련 자격증이 있어야만 스포츠에이전트로 활동할 수 있다.

적성과 흥미는?

스포츠트레이너가 되기 위해서는 꼭 필요한 조건이 있다. 물론 의료와 운동에 관한 지식과 흥미가 중요하겠지만 무엇보다 중요한 것은 공감 능력, 즉 타인의 욕구나 느낌에 민감하며 타인을 이해하고 도와주려는 마음이 있어야 한다. 항상 운동선수와 함께 훈련을 하므로 선수와 돈독한 관계를 유지하고 서로 신뢰가 형성된 다음에 훈련을 한다면, 선수는 자신의 몸과 마음을 스포츠트레이너에게 맡기고 기량을 향상시키는 데에만 전념할 수 있을 것이다. 스포츠트레이너에 관심이 있다면 훈련을 통해 체력과 근력을 기르고, 많은 사람들과 잘 어울릴 수 있도록 대인관계 능력을 기르는 것이 좋다. 리더십을 키울 수 있는 동아리활동이나 다른 사람을 도와주는 봉사활동을 통해 기본적인 자질을 키워야 한다. 또한 다양한 스포츠 종목을 즐겨하며 지식과 기술을 익히고, 스포츠 관련 의학 지식에도 관심을 가진다면 큰 도움이 된다.

💬 **관련 학과 및 자격증은?**

체육학과　사회체육학과　생활체육학과
스포츠레저학과　스포츠의학과　태권도학과
건강관리학과　운동처방학과

⚙ 생활스포츠지도사　　⚙ 노인스포츠지도사
⚙ 장애인스포츠지도사　⚙ 선수트레이너
⚙ 유소년스포츠지도사　⚙ 건강운동관리사

💬 **관련 교과는?**

체육

💬 **관련 직업은?**

물리치료사　건강운동관리사　체형관리사
스포츠마케터　스포츠에이전트　운동선수
운동감독　경기심판

 Tip 체형관리사에 대해 알아볼까요?

체형관리사를 흔히 다이어트 프로그래머라고 하는데, 고객의 체중 조절을 위해 다이어트 프로그램을 설계하고 적용하여 고객이 아름답고 건강한 삶을 유지할 수 있도록 도와주는 일을 한다. 우선, 고객이 체중 감량을 원하는지 부분 몸매 교정을 원하는지 등 고객의 요구 사항을 파악한 후, 측정 기구를 이용하여 고객의 신체 균형 상태와 몸의 특성을 파악한다. 그리고 고객의 특성에 맞게 설계된 프로그램에 따라 운동이나 마사지, 래핑(랩, 붕대 등으로 몸을 감싸는 것) 등의 관리 프로그램, 식이 요법 등으로 체형이나 신체 특정 부분이 균형 있고 탄력 있게 유지되도록 관리한다.

🌐 진출 방법은?

스포츠트레이너가 되기 위해서는 일반적으로 4년제 대학에서 체육 관련 학과, 물리치료학, 재활치료학 등을 전공하는 것이 유리하다. 대학을 졸업한 후 대한선수트레이너협회, 한국선수트레이너협회 등에서 실시하는 교육을 이수하고 자격증을 취득하면 관련 업계로 진출할 수 있다. 대한선수트레이너협회에서 인정하는 자격 조건으로는 4년제 대학의 체육 관련 학과나 물리치료학과 등을 졸업하고, 협회에서 실시하는 시험에 합격하는 것이다. 대학에서 물리치료학과를 졸업하고 선수촌 등에서 물리치료사를 거친 후에 프로구단의 트레이너로 진출할 수도 있다. 스포츠트레이너가 되기 위해 스포츠 트레이닝 의학이 발달한 미국, 일본 등에서 유학하고 자격을 취득한 후에 귀국하는 경우도 있다.

⚙ 미래 전망은?

스포츠트레이너의 고용은 앞으로도 증가할 것으로 전망된다. 운동을 하는 사람이라면 누구나 부상의 위험에서 자유로울 수 없다. 선수들에게 부상은 신체적인 문제뿐만 아니라 정서적으로도 악영향을 끼칠 수 있다. 따라서 부상을 미연에 방지하고, 부상을 당했다 하더라도 빠른 시간 안에 재활하여 다시 기량을 찾을 수 있도록 지원하는 전문 스포츠트레이너의 역할은 무척 중요하다.

최근 스포츠트레이너는 국가 대표나 프로 운동선수뿐만 아니라 아마추어 실업팀이나 재활 병원, 일반인을 대상으로 하는 스포츠센터 등에서도 그 역할이 중요하다는 인식이 확대되고 있다. 이러한 현상은 앞으로 스포츠트레이너의 일자리 형성에 긍정적인 영향을 미칠 것으로 보인다.

요즘은 운동선수들의 수입이 많아지고, 좋은 몸 상태를 유지하기 위해 최첨단 기술을 활용한 훈련법을 도입하는 경우가 많아지고 있다. 이에 따라 스포츠트레이너의 근무 영역이 더욱 다양해지고 전문화될 것으로 예상된다.

CAREER MAP

준비방법
- 체육, 기술·가정, 물리, 보건 교과 역량 강화
- 체육, 스포츠 관련 동아리활동
- 체육, 스포츠 관련 단체 및 학과 탐방
- 스포츠트레이너 직업체험활동
- 체육 관련 교내외 대회 참여

적성과 흥미
- 유연성
- 강인한 신체
- 리더십
- 신체통제 능력
- 배려심
- 인내심
- 책임감
- 의사소통 능력

관련교과
- 체육

스포츠 트레이너

관련자격
- 생활스포츠지도사
- 선수트레이너
- 건강운동관리사
- 유소년스포츠지도사
- 장애인스포츠지도사
- 노인스포츠지도사

관련학과
- 사회체육학과
- 체육학과
- 스포츠의학과
- 건강관리학과
- 운동처방학과
- 생활체육학과
- 스포츠레저학과
- 태권도학과

관련직업
- 운동선수
- 경기감독 및 코치
- 스포츠마케터
- 운동감독
- 스포츠에이전트
- 경기심판

관련기관
- 대한선수트레이너협회
- 한국선수트레이너협회
- 대한체육회
- 국민체육진흥공단
- 한국스포츠정책과학원

악기조율사

악기조율사란?

악기는 정확한 음률과 고유의 음색을 낼 때 가장 아름다운 소리가 난다. 악기가 제소리를 내도록 조율하는 사람이 바로 악기조율사이다.

일반적으로 악기의 종류에 따라 직업이 나누어지는데, 가장 활동이 많은 악기조율사가 피아노조율사이다. 피아노조율사는 피아노의 음높이를 바른 음계로 만드는 조율 작업, 건반이나 액션 페달을 조정하는 작업, 그리고 피아노를 수리하는 등의 작업을 한다. 여기에 덧붙여 완전한 피아노조율사가 되려면 바른 음계를 맞추는 것을 넘어 음색을 맞추는 정음 작업까지 할 수 있는 실력을 갖추어야 한다. 이때 조율 장비를 사용하기도 하지만 대부분의 조율사는 청각으로 조율 작업을 한다.

피아노조율사는 피아노 건반 88개와 각 건반의 피아노 줄을 합하여 모두 220여 개의 피아노 줄을 일일이 두드려보고, 튜닝핀을 좌우로 회전시켜 바른 음정을 찾고, 기계적인 고장까지 수리하고 조정하는 기술자이다. 조율이 완료되면 전체적인 음의 조화를 확인한다.

훈련 과정은 피아노구조학, 음향학, 조율이론, 조정이론 등의 이론을 배운 후 실습을 한다. 그 후 보조원으로 일을 하면서 건반 고르기, 해머 고르기, 댐퍼 고르기, 텃치 방법 등에 대한 기능을 배운다. 이러한 기능이 익숙해지면 조율사 혹은 수리원이 될 수 있는데, 보통 숙련자가 되려면 4~5년 정도의 경험이 필요하다.

🔍 악기조율사가 하는 일은?

악기조율사는 음률을 조정하는 조율, 악기의 조정, 음색을 바로잡는 정음 등의 작업을 담당한다. 조율이란 각 악기가 고유한 음을 내도록 관련 장치를 사용하여 음높이를 맞추는 작업을 말한다. 피아노의 경우 조율 작업은 현을 감싸고 있는 튜닝핀을 해머로 돌려 일정한 현의 진동수를 만들어 바른 음계와 음률을 갖게 하는 것이다. 조정 작업은 건반의 높이와 깊이를 조정하는 것이며, 정음 작업은 해머의 탄력을 조절하여 음색을 바로잡는 작업이다.

연주자가 제대로 된 기량을 발휘하기 위해서는 악기에 대한 주기적인 조율도 필요하다. 분해가 가능한 악기는 드라이버 등을 사용하여 분해한 후 결함 부품을 교체하고 수리한다. 악기마다 제조 방법과 조율 방법이 다르므로 이에 대한 지식을 습득하고 구분하여 작업한다.

> 🔍 악기의 파손된 부위를 수리한다.
>
> 🔍 악기의 음률을 조정하는 조율 작업을 한다.
>
> 🔍 악기의 음색을 바로잡는 정음 작업을 한다.

Tip 피아노 조율 관련 국가기술자격시험에 대해 알아볼까요?

피아노조율사 국가기술자격시험은 한국산업인력공단에서 1984년부터 실시하고 있다. 1998년까지는 피아노조율기능사를 1급과 2급으로 구분하였으나, 1999년부터는 피아노조율산업기사와 피아노조율기능사로 조정하였다. 피아노조율기능사 시험은 연 2회, 피아노산업기사 시험은 연 1회 실시되고 있다. 피아노조율기능사 자격시험의 응시 자격은 제한이 없으며, 필기시험 과목에는 악기의 구조, 음향학 및 조율, 피아노 조정 및 수리가 있고, 실기시험 과목에는 그랜드피아노 조율 및 조정 작업의 측정이 있다.

한편, 피아노산업기사 자격시험의 응시 자격은 기능사 자격 취득 후 동일 직무 분야에서 1년 이상 실무 경력자, 혹은 동일 직무 분야에서 2년 이상 실무 종사자, 혹은 전문대학 졸업자 또는 예정자 등이 있다. 필기시험 과목에는 악기 구조 및 설계, 음향악 및 정음, 피아노 조율, 피아노 조정 및 수리가 있고, 실기시험 과목에는 업라이트 피아노 조율 및 조정 작업이 있다.

적성과 흥미는?

조율사가 되기 위해 반드시 악기를 연주할 줄 알아야 하는 것은 아니다. 하지만 악기를 좋아하는 마음, 타고난 음악적 감각, 수리 공구 등의 기계를 다루는 능력이 필요하다. 악기 한 대를 조율하려면 몇 시간을 서서 일해야 하기 때문에 끈기와 성실함이 요구되며, 체력도 좋아야 한다. 피아노조율사의 경우 정교한 피아노의 튜닝핀을 점검하고 체크하면서 실내의 습도까지 측정해야 하므로 손동작이 유연하고 차분한 성격이면 좋다. 이 직업을 원하는 사람은 훌륭한 청각, 체력, 기계 적성, 손재주가 있어야 한다. 악기조율사가 하는 작업은 보통 가정에서 이루어지므로 쾌활하고 사교적인 태도로 사람들을 대하는 것도 중요하다.

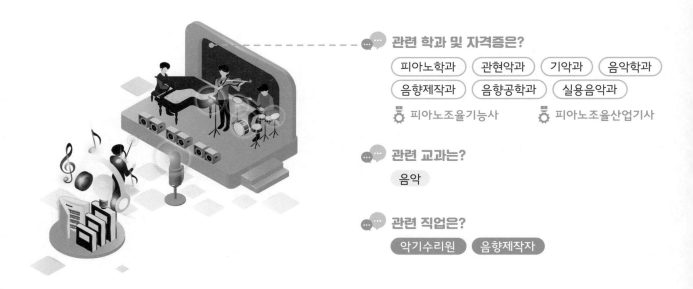

관련 학과 및 자격증은?

피아노학과 　 관현악과 　 기악과 　 음악학과

음향제작과 　 음향공학과 　 실용음악과

🎖 피아노조율기능사 　 🎖 피아노조율산업기사

관련 교과는?

음악

관련 직업은?

악기수리원 　 음향제작자

 진출 방법은?

악기수리원 및 조율사로 일하기 위한 학력 제한은 없으나, 일반적으로 고등학교 졸업 정도의 학력을 갖춰야 한다. 음대나 실용음악과 등에서 조율에 대한 내용을 교육하지만, 반드시 거쳐야 하는 과정은 아니다. 피아노조율사의 경우 사설 학원이나 경력자로부터 배우거나 해외 연수 과정을 통해 피아노 조율과 관련된 교육과정을 이수할 수 있으며, 사설 학원에서 이론과 실기를 익힌 후에는 바로 취업할 수 있다. 취업해서 일정 기간이 지난 후에는 한국산업인력관리공단에서 주관하는 피아노조율사 자격시험에 응시하는 것이 좋다. 또한 악기사나 공방에 들어가서 직접 발로 뛰면서 기술을 습득하는 경우도 있는데, 현장에서 일하는 조율사들이 가장 많이 하는 방법이라고 한다.

Tip 피아노의 역사에 대해 알아볼까요?

피아노는 나무로 된 작은 망치가 강철 프레임에 고정된 현을 때려서 소리를 내는 대표적인 건반 악기로, 피아노포르테(pianoforte)의 준말이다. 피아노가 발명되기 전에는 챔발로와 클라비코드가 가장 많이 보급된 건반 악기였는데, 1709년에 이탈리아의 바르톨로메오 크리스토포리가 챔발로의 몸통을 써서 '피아노 포르테'라고 이름을 붙인 악기를 만들었다. 이것이 최초의 피아노로 인정받아 그가 피아노의 발명자가 되었다.

 미래 전망은?

앞으로 조율사의 고용은 다소 감소할 전망이다. 국내 악기 시장은 중국산 저가 제품 확산, 악기 소비 감소, 스마트폰을 통한 가상 악기 앱의 사용 등 여러 요인이 복합적으로 작용하여 지속적인 침체를 겪고 있다. 특히 스마트폰의 보급 확산 등으로 주요 사용자인 학생들의 수요가 감소하고 있으며, 실제 악기 대신 가상 악기 앱을 사용하는 소비자가 증가하고 있다. 악기의 주요 고객 중 하나인 작곡가나 연주가 등도 모바일 앱이나 소프트웨어로 작업하는 경우가 늘어나고 있다. IT 기술과 악기의 융합으로 디지털피아노처럼 복합 기능을 가진 악기가 확산되고 있고, 아파트 세대 간 소음 문제 등으로 피아노의 구매율이 낮아지고 있다.

더욱이 학교의 예체능 수업 축소 및 자율화에 따라 음악 교육이 존폐 위기에 있으며, 아동들의 교육 내용이 다양화되면서 상대적으로 음악 교육률이 저하되고 있다. 이에 따라 음악 전공자가 감소하고 있고, 악기 사용자도 줄어들고 있어 조율사의 일거리는 지속적으로 줄고 있다.

CAREER MAP

- 음악, 기술·가정 교과 역량 강화
- 다양한 음악 감상으로 청음 능력 함양
- 악기조율사 및 수리원 직업체험활동
- 악기 관련 학과 및 기관 탐방

준비 방법

- 피아노학과
- 관현악과
- 기악과
- 음악학과
- 음향제작과
- 음향공학과
- 실용음악과

관련 학과

악기 조율사

관련 직업

- 악기수리원
- 음향제작자

관련 교과

- 음악

적성과 흥미

- 음악적 감각
- 손재주
- 성실함
- 청각력
- 꼼꼼함
- 컴퓨터 활용 능력
- 기계 활용 능력

관련 기관

관련 자격

- 피아노조율기능사
- 피아노조율산업기사

- 한국산업인력공단
- 한국피아노조율사협회

안무가

안무가란?

최근 미디어를 중심으로 춤 열풍이 불고 있다. 댄서들은 고전 무용의 틀을 깨고 자유로운 몸짓으로 현대 무용, 모던 발레 등의 새로운 안무를 보여주면서 대중에게 신선한 자극을 선사하고 있다.

이처럼 음악에 맞는 춤을 만들거나 가르치는 일을 안무라고 하고, 이러한 춤을 전문적으로 만드는 사람을 안무가라고 한다. 안무가는 고전 무용을 새롭게 해석하거나 창작 무용을 고안하는 등 무용을 창작하며, 무용가의 안무 지도를 담당한다. 주로 무용가로 오랜 경력을 쌓다가 안무가로 활동하는 경우가 많다.

과거에 안무가는 주로 뮤지컬이나 정통 무용극에서 활동했지만, 최근에는 대중가수의 백 댄스, 뮤직 비디오 등 다양한 분야에서 활동하고 있다. 또한 과거에는 주로 전직 무용수, 아이돌 등이 일선에서 물러난 후에 하는 일이라고 생각했으나, 전문 안무가가 인기를 끌고 있고, 현역에 있으면서도 안무가로서 활동하는 사람들이 늘어나면서 현재는 그런 생각들이 많이 사라졌다. 아이돌 관련 산업이 국제화되면서 대형 엔터테인먼트사에 소속된 안무가들도 많아졌는데, 이들은 가수와 백댄서의 안무를 제작하고 직접 지도한다. 안무가에게는 무용을 재해석하거나 고안하는 등의 전문 지식이 필요하여 업무의 자율성 및 권한이 다른 직업에 비해 크다고 볼 수 있다.

안무가가 하는 일은?

무용가는 춤을 창안하거나 재해석해 혼자 또는 단체의 일원으로서 예술적으로 춤을 추는 직업이다. 한편 안무가는 무대, 영화, TV 등 공연을 위해 공연의 주제에 맞춰 춤을 창안하고 무용수들에게 춤을 가르치는 일을 하는 직업이다. 즉 무용가는 안무가나 연출가로부터 무용지도를 받고 연습하지만, 안무가는 무용가나 백댄서들을 위해 무용을 연구하고 개발하며 무대 공연을 지휘한다. 두 직업은 모두 무용을 사랑하고, 무용에 대해 타고난 감각과 재능 그리고 노력이 있어야 한다.

- 무용을 연구하고 개발하며, 공연 시 직접 출연하여 춤을 추기도 한다.
- 공연 목적에 맞게 음악을 선정하고, 감정을 표현할 춤 동작을 구상한다.
- 공연에 참여할 무용가를 구성하여 안무한 춤을 가르치고 연습시킨다.
- 공연제작자 또는 방송프로듀서 등과 함께 공연 방향 및 콘셉트에 대해 협의한다.

Tip 백댄서에 대해 알아볼까요?

가수의 노래와 음악에 어울리는 춤을 개발하고 연습하며, 가수에게 춤을 지도하고, 가수와 함께 공연에 참여하여 무대를 보조하는 일을 한다. 또한 관객에게 즐거움을 주기 위해 음악에 맞춰 춤을 추기도 하고, 안무가가 개발한 무용을 지도받고 연습한다. 백댄서가 되기 위해서는 다양한 장르의 춤에 대한 기초 지식과 안무 소화 능력이 있어야 하며, 춤을 잘 출 수 있어야 한다. 겉으로 보이는 화려함과 달리 백댄서에 대한 사회적 인식이 낮고 하루 8시간 이상 춤 연습을 해야 하므로, 이를 견디기 위한 프로의식, 인내심, 춤에 대한 열정이 필요하다.

적성과 흥미는?

가요계, 연예계, 신인 아이돌 개발팀, 학교 방과후 교사, 연극, 뮤지컬, 각종 공연 행사 등 안무가 필요한 분야는 굉장히 많다. 다양한 무대에 필요한 춤을 창안하는 안무가는 춤을 추는 능력은 기본이고, 신선하고 새로운 춤을 만들어 내는 안목과 창의력을 갖춰야 한다. 무용, 춤 등은 선천적으로 타고난 재능과 예술적 감각이 무엇보다 중요하다. 어렸을 때부터 꾸준히 연습을 해야 하기 때문에 남다른 인내와 끈기, 그리고 건강한 신체가 요구된다.

안무가는 몸으로 예술적 감동과 의지, 그리고 극의 스토리를 가장 잘 표현할 수 있는 무용 안무를 고안하는 일을 담당하므로 풍부한 감정 표현 능력, 공간 지각 능력, 음악 능력, 신체 표현 능력 등이 필요하다. 새로운 아이디어의 산출 또는 문제해결을 위해 기발한 아이디어나 대안을 생각하는 능력, 다른 사람들에게 의견을 제시하거나 방향을 설정해주는 리더십도 필요하다. 안무가에 관심이 있다면 어렸을 때부터 춤과 무용을 익히며 체력을 기르고, 뮤지컬이나 각종 예술 공연을 많이 관람하여 예술적 감수성을 키우는 것이 좋다. 또 항상 새로운 것에 도전하고, 자신만의 독창적인 스타일을 만드는 습관을 지니면 큰 도움이 된다.

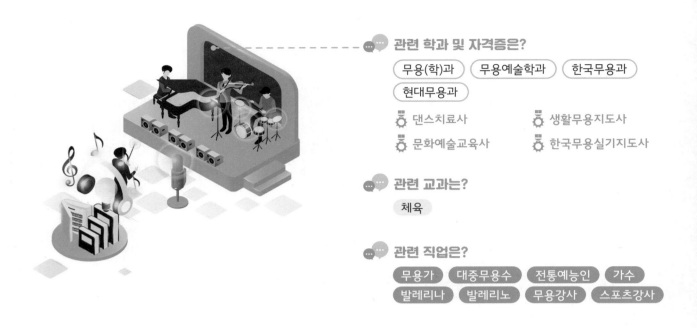

관련 학과 및 자격증은?

무용(학)과 무용예술학과 한국무용과

현대무용과

⚙ 댄스치료사 ⚙ 생활무용지도사

⚙ 문화예술교육사 ⚙ 한국무용실기지도사

관련 교과는?

체육

관련 직업은?

무용가 대중무용수 전통예능인 가수

발레리나 발레리노 무용강사 스포츠강사

Tip 어반 댄스에 대해 알아볼까요?

어반 댄스(Urban Dance)는 특정한 노래에 맞춰 직접 만들어 추는 춤을 말한다. 처음에는 'LA 힙합'이라는 말로 우리나라에 들어왔지만, 점차 도시라는 의미의 '어반'이라는 말이 사용되면서 지금은 '어반 댄스'라는 용어가 자리 잡았다.

어반 댄스란 일정한 길이의 노래에 맞춰 정해진 몸짓, 즉 '안무'라고 보면 되고, 어떤 장르의 춤이든 '어반'이라고 할 수 있다. 어반 댄스는 '정해진 안무'외에는 별다른 기교상의 특징이나 형식의 제한이 없다. 비보잉이나 힙합처럼 정해진 분위기가 있는 것이 아니라 그저 안무가의 개성을 담을 수 있는 노래를 골라 자유롭게 창작하기만 하면 된다. 따라서 어반 댄스를 하나의 장르라고 보기는 어려우며 어떤 장르의 춤이든 그저 안무로 엮어 구성하면 그것이 전부 어반 댄스가 된다.

 진출 방법은?

안무가 중에는 어린 시절부터 무용 교육을 받으면서 일찍 진로를 결정한 사람이 많다. 안무가가 되기 위해서는 어렸을 때부터 무용에 대한 소질을 발견하고, 전문적으로 교육을 받으면 많은 도움이 되므로 예술계 중·고등학교를 거쳐 전문대학, 대학에서 무용을 전공하는 것이 유리하다.

전문대학이나 대학의 무용 관련 학과에서는 전공 실기 수업과 공연 활동을 통해 표현 능력과 창작 능력을 함양시키고, 이론 수업을 통해 무용의 학문적 탐구 방법을 교육한다. 이 외에도 직업훈련기관, 무용 학원, 방송사 부설 아카데미 등 사설 교육기관을 통해서도 무용 교육을 받을 수 있다.

 미래 전망은?

안무가는 춤을 잘 추는 것도 중요하지만, 많은 음악을 분석하고, 그 음악에 맞는 동작을 만들고 연결해서 타인에게 인정받는 안무를 만들 수 있어야 한다. 이미 알려져서 누구나 따라하고 있는 안무들을 짜깁기하는 정도로는 안무가로 인정받을 수 없다. 순수 예술 측면의 공연은 점차 줄어들고 있으며, 뮤지컬이나 방송 프로그램 출연을 위한 안무 기회도 크게 증가하지는 않고 있다. 또한 안무 분야도 몇몇의 유명 안무가에게 일이 편중되고 있어 새로운 신입 안무가의 활동 무대가 더욱 좁아지고 있다. 따라서 뛰어난 실력을 갖춰 경쟁해야 할 것으로 전망된다.

다만, 국가적으로 문화예술 활성화를 위한 정책들이 마련되면서 예술 공연의 해외 진출 기회가 늘어날 전망이므로 고용에 긍정적인 영향을 미칠 것으로 예상된다.

CAREER MAP

- 음악, 무용 교과 역량 강화
- 무용, 댄스 관련 동아리활동
- 무용, 연극 관련 학과 탐방
- 무용가 및 안무가, 연예기획사 직업체험활동
- 한국무용, 현대무용, 발레 등 전공 분야에 대한 독서활동

준비방법

관련직업

- 무용가
- 가수
- 발레리나
- 발레리노
- 스포츠강사
- 대중무용수
- 전통예능인
- 무용강사

관련교과

- 체육

안무가

관련학과

- 무용(학)과
- 한국무용과
- 현대무용과
- 무용예술학과
- 발레학과

적성과흥미

관련기관

관련자격

- 문화예술교육사
- 댄스치료사
- 생활무용지도자
- 한국무용실기지도자

- 창의력
- 예술적 감각
- 리더십
- 신체 표현 능력
- 공간 지각 능력
- 인내심
- 책임감
- 음악 능력

- 국립발레단
- 한국무용협회
- 한국발레협회
- 한국문화예술위원회

애완동물미용사

애완동물미용사란?

최근 몇 년 사이 애완동물을 키우는 가정이 늘어나면서 애완동물을 가족의 개념으로 인식하는 사람들도 늘어나고 있다. 이에 따라 애완동물을 예쁘게 꾸미려는 욕구가 높아지면서 애완동물미용사에 대한 관심도 함께 높아지고 있다.

애완동물미용사는 미용을 통해 애완동물을 더 건강하고 예쁘게 만들어주는 직업이다. 여기서 미용이란 단순히 미용 가위를 사용하여 털을 예쁜 모양으로 자르는 데서 그치는 것이 아니라 애완동물의 속 털을 제거해줌으로써 계절에 맞게 털을 관리하는 일도 포함된다. 이 외에도 애완동물의 이빨을 관리하거나 귀 청소, 발톱정리를 통해 애완동물의 청결과 위생을 관리해준다.

최근 들어 애견 쇼와 같이 애완동물이 무대에 서게 될 때 아름다움이 최대한 부각될 수 있도록 연출하는 경우가 생겨나면서 애완동물 미용에 대한 다양성과 전문성이 높아지고 있다.

애완동물미용사가 하는 일은?

애완동물미용사는 다양한 동물들의 위생과 청결을 관리하고, 각 동물들이 지닌 특성과 개성을 파악하여 단점은 보완하고 장점은 극대화함으로써 미적으로 돋보일 수 있도록 관리하는 역할을 한다. 또한 동물의 털과 건강 상태를 점검한 후 수의사에게 전달하는 것도 애완동물미용사의 역할 중 하나이다.

- 애완동물의 털 상태 및 건강 상태를 확인하고 고객과 동물 털의 커트 모양에 대해 상담한 후 동물의 특성과 개성에 따라 아름답게 관리하는 일을 한다.
- 애완동물을 목욕시키고 털을 말리면서 털이 긴 동물은 털을 잘라주는 트리밍 작업을 한다.
- 다양한 애완동물의 위생과 청결을 위해 귀 청소를 하고 발톱을 관리하며, 고객에게 애완동물의 위생과 청결에 대한 관리법을 조언한다.
- 애완동물의 털이나 피부 상태가 건강하지 않거나 귀 질환이 있어 보이면 수의사에게 적절한 치료를 받을 수 있도록 안내한다.

> **Tip 동물보건사에 대해 알아볼까요?**
>
> 반려동물을 키우는 인구가 급증하며 동물 진료 서비스 전문 인력에 대한 필요성이 커지고 있다. 동물보건사는 농식품부로부터 관련 자격증을 취득하여 동물병원에서 수의사의 지도 아래 동물 간호·진료 보조 등의 업무를 하는 사람이다. 즉 동물병원이나 관련된 기관에서 수의사를 도와 진료 및 수술 보조, 임상병리검사 보조, 보호자 상담, 동물보호 관리 등의 업무를 담당하는 사람을 동물보건사라고 한다.

적성과 흥미는?

애완동물미용사는 미용 기술도 중요하지만, 말이 통하지 않는데다 성격도 천차만별인 동물의 생명을 다루는 만큼 생명을 소중히 여기고 사랑하는 마음이 필요하다. 반려동물을 좋아하는 마음과 흥미가 있어 동물들과 잘 교감할 줄 아는 성향이 적합하며, 애완동물 미용에 관심이 많고 최신 트렌드를 읽을 줄 아는 눈썰미와 미적 감각을 갖추고 있으면 좋다.

동물마다 갖추고 있는 골격이나 특색이 다양하므로 각각의 조건에 맞는 특성들을 잘 인지하려는 의지와 학습 능력이 필요하고, 미적 감각과 손재주가 있어야 하므로 섬세한 성격의 소유자에게 유리하다. 또한 한번 작업을 시작하면 보통 2~3시간 정도는 서서 근무해야 하고, 사납고 덩치 큰 동물들도 다뤄야 하므로 강인한 체력과 끈기, 인내심이 요구된다.

애완동물미용사에 관심이 있다면 애완동물에 대한 관심과 애정을 가져야 하며, 생명과학과 윤리 그리고 미술 과목에 주도적으로 참여하는 것이 좋다. 또한 애완동물 및 애완동물 미용 관련 서적을 통해 새로운 커팅스타일과 유행스타일 등을 공부하는 것을 추천한다.

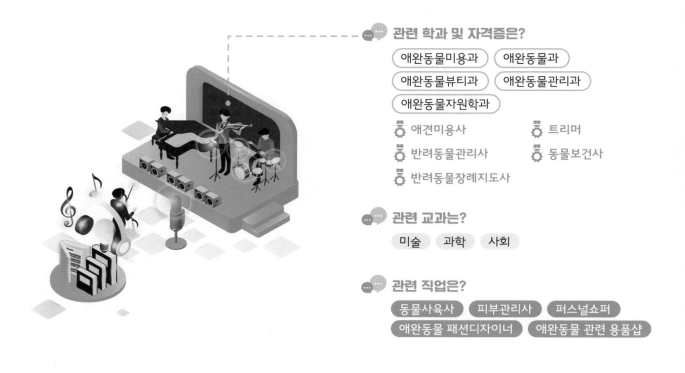

관련 학과 및 자격증은?

(애완동물미용과)　(애완동물과)
(애완동물뷰티과)　(애완동물관리과)
(애완동물자원학과)

⚙ 애견미용사　　　⚙ 트리머
⚙ 반려동물관리사　⚙ 동물보건사
⚙ 반려동물장례지도사

관련 교과는?

(미술)　(과학)　(사회)

관련 직업은?

(동물사육사)　(피부관리사)　(퍼스널쇼퍼)
(애완동물 패션디자이너)　(애완동물 관련 용품샵)

 동물사육사에 대해 알아볼까요?

흔히 볼 수 있는 동물원뿐 아니라 아쿠아리움, 애견 훈련소 등 동물이 있는 어느 곳이든 폭넓게 활동하는 모든 직업을 사육사라고 지칭한다. 사육사가 담당하는 일을 넓은 범위에서 살펴보면 동물을 보살피고 기르는 업무이다. 크게는 수의사의 도움을 받아 건강에 이상이 있는 동물의 진료 보조를 맡거나 시설물 관리와 사파리의 방사와 입사 관리를 담당한다. 좁게는 사육장의 배설물을 치우거나 소독약 등을 활용해 동물들이 깨끗한 공간에서 안전하게 생활할 수 있도록 한다. 또한 습성을 파악해 일정한 간격으로 급식을 제공하고 동물의 움직임, 울음소리, 변 등을 관찰해 건강 상태를 확인하는 일을 한다.

 ## 진출 방법은?

애완동물미용사로 진출하기 위해서는 특성화고등학교 및 전문대학에 개설된 애견 관련 학과를 전공하면 도움이 된다. 또는 사설 애견미용학원의 양성과정을 통해 반려동물을 포함한 각종 동물에 대한 기초 지식과 애완동물미용사로 활동하는 데 꼭 필요한 동물 미용 기술들을 배울 수 있다. 이 과정을 통해 각종 자격증을 취득한 후 동물병원, 애견센터, 애완동물 전문점이나 애견전문미용실 등에 취업할 수 있다.

동물병원이나 애견센터 등은 대부분 소규모로 운영되고 있으며, 애견미용을 담당하는 인원도 1~2명 정도이므로 별다른 승진 경로가 없다. 하지만 견습 미용사나 초보 미용사로 취업하여 견종별 미용 노하우와 디자인과 같은 실무적인 부분을 배우면서 경력을 쌓는다면 애견 미용실을 직접 운영할 수도 있다. 뿐만 아니라 미용 이외에 핸들링이나 브리딩 분야를 배워 동물조련사로 진출하기도 한다.

미래 전망은?

생활수준의 향상과 독신가구, 독거노인 등의 증가로 반려동물을 친구나 가족처럼 생각하며 함께 생활하는 사람이 늘고 있다. 또한 각 가정에서 키우는 반려동물도 개, 고양이뿐만 아니라 조류, 파충류 등으로 다양해지고 있는 추세이다. 이러한 추세는 애완동물미용사의 고용에도 긍정적인 영향을 미칠 것으로 전망된다. 과거 반려동물 산업은 수입 사료 유통, 소규모 분양 위주의 영세한 사업구조였지만 현재는 연계산업으로 펫시터, 애견호텔, 장례 등 서비스 산업이 발달하고 있어 다양한 시너지 효과가 기대된다.

대학에서도 관련 학과를 통해 꾸준히 인력이 배출되고 있고 동물병원, 애완동물 미용시설뿐 아니라 놀이시설, 카페 등 반려동물과 함께하는 복합문화공간이 새롭게 등장하고 있어 애완동물미용사의 활동영역이 더욱 넓어질 것으로 전망된다.

CAREER MAP

- 생명을 소중히 여기는 마음가짐
- 애완동물에 대한 애정과 관심
- 미용기술과 같은 손재주 함양
- 트렌드 파악 능력 함양
- 관련 서적을 통한 스타일 공부
- 체력 관리

- 동물사육사
- 피부관리사
- 퍼스널쇼퍼
- 애완동물 패션디자이너
- 애완동물 관련 용품샵

- 미술
- 과학
- 사회

준비 방법

관련 직업

애완동물 미용사

관련 교과

관련 기관

- 한국애견협회
- 한국애견연맹

적성과 흥미

관련 학과

- 동물에 대한 애정
- 미적 감각과 손재주
- 강인한 체력
- 인내심
- 공감 능력

관련 자격

- 애완동물미용과
- 애완동물과
- 애완동물뷰티과
- 애완동물관리과
- 애완동물자원학과

- 애완동물미용사
- 트리머
- 반려동물관리사
- 반려동물장례지도사
- 동물관리사

19

연극배우

연극배우란?

　배우는 자신이 알지도, 겪지도 못한 여러 가지 일들을 마치 직접 겪은 것처럼 실감나게 연기하는 사람이다. 그렇기 때문에 배우는 주위의 여러 사람들에게 관심을 가지고, 그들의 감정을 읽고, 이해하고, 공감하려는 자세가 필요하다. 배우는 드라마, 영화, 연극, 뮤지컬, 광고 등에 출연해 대본에 따라 연기를 한다. 예전에는 분야에 따라 영화배우, 연극배우, 탤런트, 뮤지컬배우, 개그맨, 코미디언, 스턴트맨 등으로 나누었지만, 요즘에는 영화배우가 연극과 뮤지컬 공연을 하거나 광고나 코미디 프로에서 활동하는 등 장르를 뛰어넘어 다양하게 활동한다.

　그러나 매체의 특성에 따라 배우의 연기는 달라져야 한다. 예를 들면, 인물의 얼굴이 클로즈업되어 화면을 가득 채우는 영화에서는 자신의 감정과 느낌을 미세한 얼굴 표정으로 드러내야 하지만, 연극 무대에서는 자신의 몸 전체로 감정과 느낌을 표현하여 드러내야 한다. 연극배우는 무대라는 한정된 공간에서 과장된 목소리와 큰 동작을 활용해 효과적으로 인물과 사건을 드러내야 한다. 영화나 텔레비전 배우들이 비교적 사실적으로 연기를 한다면, 연극배우는 연출한 듯한 연기를 하는 것도 매체의 특성에 따른 차이라고 할 수 있다.

　연극배우는 무대에서 즉석 공연을 해야 하기 때문에 철저한 연습을 통해 인물과 극의 흐름을 완벽히 소화해야 한다. 또한, 극 중에서 노래, 무용, 격투 등이 필요한 경우가 있기 때문에 별도로 연습하면서 연기 준비를 한다. 20세기 말 이래 미디어, 광고, 연예 오락 분야의 각종 기술 및 산업 현장과의 다양한 연계를 통해 연극의 영역은 확장되고 있으며, 정보 기술과의 결합으로 새로운 전문 분야의 창출이 더욱 가속화될 전망이다.

🔍 연극배우가 하는 일은?

연극배우는 배역이 결정되면 자신의 역할을 분석한다. 감독이나 작가가 의도하는 인물을 연기하기 위해 살을 급격하게 찌우거나 빼는 등 몸을 만들기도 하고, 헤어스타일을 바꾸기도 한다. 의상, 표정, 목소리의 톤과 굵기 등도 설정하고, 극 중에서 필요하다면 요리, 악기 연주, 외국어, 무술 등도 배우고 익혀야 한다.

🔍 작품 출연이 확정되면 인물의 캐릭터를 분석한다.

🔍 연출자 및 감독, 작가 등과 논의하여 극 중 인물에 맞는 표정, 행동, 대사 톤 등을 설정한다.

🔍 인물의 성격을 잘 표현할 수 있는 의상, 소품, 분장 등을 담당자와 협의한다.

🔍 대본 연습, 리허설 등을 통해 함께 출연하는 배우와 호흡을 맞추고, 자신의 대사를 암기한다.

🔍 극 중에서 필요한 노래, 무용, 격투 등을 별도로 연습한다.

🔍 인물과 극의 흐름을 완벽히 소화하도록 반복 연습하여 무대에서 공연한다.

Tip 영화배우에 대해 알아볼까요?

영화배우는 배역이 결정되면 인물의 캐릭터를 분석하고, 감독, 작가 등과 협의하여 극 중 인물에 맞는 표정, 행동, 대사 톤 등을 정한다. 인물의 성격을 잘 표현할 수 있는 의상, 소품, 분장 등을 담당자와 협의하며, 대본 연습, 리허설 등을 통해 함께 출연하는 배우와 호흡을 맞추고, 자신의 대사를 암기한 후 촬영에 들어간다. 영화배우가 되고 싶다면 영화사에서 실시하는 신인 배우 공개 오디션을 보거나 기획사나 사설 연기 학원의 추천을 받기도 하고, 자신이 직접 프로필과 사진 등을 영화사, 기획사 등에 보내 오디션을 거쳐야만 영화에 출연할 수 있다.

적성과 흥미는?

연극배우에게 무엇보다 중요한 것은 연극에 대한 열정과 노력이다. 무대 위에서 관객들에게 자신을 드러내어 감정과 느낌을 전달하기 때문에 감정 표현 능력이 뛰어나야 한다. 기존의 것을 그대로 답습하는 사람보다는 새로운 시각으로 창의적인 생각과 행동을 하는 사람에게 더욱 적합하다. 사람들과 어울리는 것을 좋아하고, 음악, 미술, 무용 등 다양한 문화에 흥미가 있으면 좋다. 또한 연극, 영화, 방송 등 다양한 분야의 문화 흐름에 관심을 가지는 사람에게 적합하다. 상상하는 것을 좋아하거나 틀에 박힌 것보다는 변화를 즐기고, 기쁘거나 슬프거나 화나는 감정의 표현이 자유로운 사람에게 적합하다.

연극배우에 관심이 있다면 음악, 미술, 무용 등의 예체능 교과에 대해 흥미를 가지고, 자신의 특기가 될 만한 실기 능력을 갖추는 것이 도움이 된다.

💬 **관련 학과 및 자격증은?**

연극영화과   연기학과   코미디언연기학과

방송연예과   신문방송학과   심리학과

사회학과   광고학과

⚙ 멀티미디어콘텐츠제작전문가

⚙ 문화예술교육사

💬 **관련 교과는?**

국어   사회   미술   음악   체육

💬 **관련 직업은?**

쇼핑호스트   아나운서   개그맨   모델

무대감독   방송연출가   연기자   연극연출가

탤런트   영화감독   영화기획자   촬영기사

조명기사   행사기획자   평론가   공연기획자

뮤직비디오감독

 ## 진출 방법은?

연극배우가 되기 위해서 특별한 학력이나 전공이 필요한 것은 아니다. 그러나 연극배우는 무엇보다 연기력이 뒷받침되어야 하기 때문에 예술고등학교나 대학에서 연기를 전공하는 경우가 많다. 또한 사설 교육기관의 연기자 양성 과정에서 훈련을 받고 연극배우가 되기도 한다. 연극배우의 경우, 오디션을 거치거나 선후배의 추천으로 극단에 입단하여 활동하는 경우가 많다.

탤런트의 경우, 방송사의 공개채용을 통해 활동했던 과거와는 달리, 현재는 방송사의 공개채용이 비정기적으로 이루어지거나 점차 폐지되는 분위기이다. 그래서 이러한 방법보다는 기획사나 전문 사설 학원 등의 추천을 통해 출연하거나 연극, CF, 잡지 모델 등의 활동 경험을 바탕으로 캐스팅되는 경우가 늘어나고 있다.

🌀 미래 전망은?

일상생활에서 여가 문화를 향유하는 것이 중요해지고, 엔터테인먼트 산업이 고부가 가치 문화 산업으로 인식되면서 방송, 영화, 연극, 공연 등 엔터테인먼트 산업이 성장하였다. 또한 문화 콘텐츠의 경제적 가치에 대한 인식이 높아진 상태로 많은 연예 기획사가 설립되었고, 재능 있는 배우를 발굴하려는 노력이 이어지고 있다. 배우 및 모델은 영화, 연극, 방송, 뮤지컬, 광고 등 출연하는 장르에 따라 영화배우, 연극배우, 탤런트, 뮤지컬배우, 광고모델 등으로 구분되지만, 한 가지 영역을 고수하는 배우가 줄어들면서 직업적 구분이 모호해지고 있다. 또한 새롭고 참신한 신인 배우에 대한 대중의 기대가 커지면서 신인 배우의 유입이 늘고, 기존의 배우들은 여러 장르를 활발하게 넘나드는 경향이 계속될 전망이다.

연극영화학과는 순수 연극을 비롯해 뮤지컬, 각종 이벤트뿐만 아니라 각종 영상, 이미지, 광고 산업으로 교육과정이 확장되고 있다. 이는 학생들에게 연극배우 및 영화나 TV 등 각종 매체의 연기자, 연출가, 무대미술가, 무대기술자, 기획자, 평론가, 학자 등 다양한 분야로 진출할 가능성을 열어주고 있다. 학생들은 자신의 가능성이 어느 분야에 있는지 냉철히 점검해보고, 자신의 진로를 결정하는 것이 바람직하다.

CAREER MAP

연극배우

준비 방법
- 국어, 영어 교과 역량 강화
- 연극·영화 관련 동아리활동
- 연극·영상 관련 교내외 대회 참가
- 연극 관련 단체나 학과 탐방
- 미술, 음악, 체육 관련 소양 함양

관련 직업
- 방송연출가
- 연극연출가
- 영화감독
- 영화기획자
- 행사기획자
- 공연기획자
- 쇼핑호스트
- 개그맨
- 모델
- 무대감독
- 아나운서
- 평론가

관련 학과
- 연극영화과
- 방송연예과
- 신문방송학과
- 심리학과
- 사회학과
- 광고학과
- 연기학과
- 코미디언연기학과

관련 자격
- 문화예술교육사
- 멀티미디어콘텐츠 제작전문가

적성과 흥미
- 의사소통 능력
- 감정 표현 능력
- 창의력
- 대인관계 능력
- 예술적 감수성
- 관찰력
- 탐구력

관련 기관
- 한국연극협회
- 한국연극배우협회
- 한국연출가협회
- 한국연극치료협회

관련 교과
- 국어
- 사회
- 미술
- 음악
- 체육

연주자

연주자란?

멋진 레스토랑에 울려 퍼지는 바이올린 연주, 클래식 음악회에서 듣는 오케스트라 연주, 미디어를 통해 접하는 밴드의 기타, 드럼, 피아노 연주 등 우리는 일상 속에서 종종 악기를 연주하는 사람을 볼 수 있다.

흔히 뮤지션으로 불리는 연주자는 악기를 연주하여 음악을 표현하는 사람으로, 작곡가가 작곡한 음악을 오케스트라 및 악단의 일원으로서 또는 혼자서 연주한다. 연주자는 음악을 창조하는 작곡가와 그것을 감상하는 청중 사이를 매개하는 역할을 담당한다고 할 수 있다. 프로 연주자가 되기 위해서는 하루도 빠지지 않고 악기 연주를 연습하는 등 연습이 삶의 일부가 되어야 한다.

연주자들에게도 지켜야 할 무대 예절이 있다. 연주자들은 리허설과 연주 시간에 늦지 말아야 하고, 리허설과 연주 직전 충분한 워밍업 시간을 확보해 두어야 한다. 악기, 악보, 연필, 보면대 등 연주에 필요한 물품을 꼭 챙겨야 하고, 단체 공연 연습 때에는 항상 연필을 지참하여 지휘자의 주문 사항을 악보에 메모해야 한다. 또 연주자는 연주 과정에서 실수를 했거나 기량을 제대로 발휘하지 못했더라도 머리를 좌우로 흔들거나 얼굴을 찌푸려서는 안 되고, 관객이 박수를 보낼 때는 끝까지 얼굴에 미소를 잃지 않아야 한다.

🔍 연주자가 하는 일은?

연주자는 작곡가가 작곡한 음악을 자신의 악기로 연주하여 청중에게 전달하는 역할을 한다. 연주자는 연주하는 악기에 따라 클래식, 국악, 팝, 대중가요 등으로 나눌 수 있다.

🔍 악보를 익히거나 연주할 수 있도록 악곡 연습을 반복한다.

🔍 연주회가 있을 경우 연주 리허설을 한다.

🔍 연주에 사용될 악기를 조율한다.

🔍 단독으로 개인 연주회 등에서 악기를 연주한다.

🔍 정기 및 비정기 연주회에서 연주단의 일원으로 악단의 지시에 따라 연주한다.

🔍 대중가요 가수의 공연이나 밴드 공연을 위해 악보를 익혀 연주할 수 있도록 연습한다.

🔍 대중가요 가수의 음반을 녹음할 때 스튜디오에서 노래 반주로 삽입되는 악기를 연주한다.

🔍 악보를 직접 편곡하기도 한다.

Tip 연주자의 직업병에 대해 알아볼까요?

연주자의 대부분은 손가락, 팔, 등, 목이 아파서 밤잠을 설칠 정도로 직업병에 시달린다고 한다. 부자연스러운 자세로 오랜 시간 연습해야 하기 때문에 근육 피로가 누적돼 마비 증상이 올 수도 있다. 연주자에게 몸은 악기나 마찬가지다. 몸이 고장나면 좋은 연주를 들려줄 수 없을 뿐만 아니라 심한 경우에는 연주자 생활을 그만둬야 할 수도 있다. 신체 조건을 고려해 악기를 선택해야 하고, 연주나 연습에 따른 부상을 방지하기 위해 충분한 워밍업과 올바른 자세의 유지를 위해 노력해야한다. 또한 연주나 오디션을 앞두고 무리하게 연습 시간을 늘리지 말고, 규칙적인 생활을 하며 스트레칭, 요가, 마사지, 휴식, 호흡법 등의 다양한 예방법을 실천하는 것이 좋다.

적성과 흥미는?

연주자는 기본적으로 음악에 관심이 많고, 음악을 듣거나 연주하는 것을 즐겨야 한다. 다른 연주자들이 연주하는 여러 분야의 음악을 들으면 자신만의 음악적 스타일을 갖는 데 큰 도움이 되기 때문이다. 무엇보다도 연주자가 되기 위해서는 기타, 피아노, 드럼, 가야금, 장구, 피리 등 한 가지 악기는 빼어나게 연주할 수 있는 실력을 갖추어야 한다. 따라서 악기를 능숙하게 연주할 수 있도록 포기하지 않고 계속 노력하는 태도가 필요하다. 연주자는 대부분 다른 연주자들과 합주를 한다. 자신의 연주만 두드러지지 않도록 다른 악기들의 소리까지도 주의 깊게 듣는 자세가 필요하다. 그렇기 때문에 타인에 대한 배려심과 다른 사람들과 좋은 관계를 유지하는 사회성도 중요하다.

 관련 학과 및 자격증은?

관현악과 　 기악과 　 성악과 　 음악학과

전통공연예술과 　 실용음악과 　 예체능교육과

⚙ 피아노조율기능사 　 ⚙ 피아노조율산업기사

⚙ 우쿨렐레자격증 　 ⚙ 오카리나지도자자격증

⚙ 각종 악기 전문 연주자 자격증

관련 교과는?

음악 　 정보

Tip 세계 최고의 교향악단 TOP 10 에 대해 알아 볼까요?

베를린 필하모닉과 빈 필하모닉은 세계적으로 널리 알려진 최고의 교향악단이다. 하지만 2008년 영국의 세계 최고 권위의 음반 전문지 '그라모폰'이 미국, 프랑스, 독일, 영국 등 주요 국가의 음악평론가들을 대상으로 최고의 교향악단 선정을 위해 투표한 결과, TOP 10은 다음과 같이 선정되었다.

순위	교향악단 이름
1	암스테르담 로열 콘세르트허바우 오케스트라
2	베를린 필하모닉
3	빈 필하모닉
4	런던 심포니
5	시카고 심포니
6	뮌헨 바이에른 방송 교향악단
7	클리블랜드 오케스트라
8	LA 필하모닉
9	부다페스트 페스티벌 오케스트라
10	드레스덴 슈타츠카펠레

 관련 직업은?

성악가 　 작곡가 　 가수 　 안무가 　 편곡가

지휘자 　 무용가

🌐 **진출 방법은?**

연주자가 되기 위해서는 음악과 각종 악기 등에 대한 이론을 이해하고, 실제로 연주하는 능력이 필요하다. 따라서 전문대학이나 대학의 피아노과, 기악과, 음악과, 실용음악과, 작곡과 등의 관련 학과를 졸업하는 것이 좋다. 관련 학과에 진학하기 위해서는 어린 시절부터 자신의 진로를 결정하여 꾸준히 악기 연습을 해야 한다. 이 때문에 연주가들은 예술계 중·고등학교로 진학하기도 한다. 하지만 예술 관련 중·고등학교를 졸업하지 않은 사람들도 많다. 이런 경우에는 일반 학교를 다니더라도 학원이나 개인 레슨을 통해 음악 교육을 받아야 한다. 연주자 중에는 관현악단에 소속된 사람도 있지만 대부분 프리랜서로 일하는 경우가 많다. 자신의 실력에 따라 수입도, 대우도 천차만별이기 때문에 평소에 열심히 연습하고, 오디션을 보거나, 음악 관련 업종에 관심을 두고 늘 기회를 찾는 도전정신이 필요하다.

 미래 전망은?

여가 활동이 증가하고, 문화예술에 대한 평가가 높아지면서 음악을 즐기거나 배우려는 사람이 증가하고 있다. 하지만 순수 음악 공연 산업은 우리나라 경제 활동 상태와 깊은 연관이 있다. 경기 불황이 지속되면 순수 음악의 공연 산업은 위축되기 마련이다. 또한 관객들이 인터넷과 소셜 미디어를 통해 쉽게 음악 콘텐츠를 이용하고 즐기게 되면서 연주자가 공연 무대에 설 수 있는 기회는 그만큼 줄어들고 있는 실정이다.

그러나 연주자는 다른 예술가들과 마찬가지로 예술을 사랑하여 자신이 스스로 원하고 개척해서 직업으로 선택한 사람이 많다. 인간의 감정을 정화하는 예술의 특성상 음악을 찾는 사람들은 계속 증가할 것이고, 이에 따라 연주자로 활동하려는 사람들도 계속 있을 것으로 보인다. 특히 우리나라 국민은 어느 문화예술 분야보다 음악을 사랑하고 즐기는 민족이기 때문에 음악 산업은 앞으로도 꾸준히 발전할 것으로 예상된다.

CAREER MAP

음악 관련 교과 역량 강화
- 음악 관련 직업체험활동
- 특정 악기 연주 연습
- 각종 음악 콩쿠르 참여
- 외국어 능력 함양

- 작곡가
- 가수
- 안무가
- 지휘자
- 성악가
- 무용가

준비
방법

관련
직업

- 음악
- 정보

관련
교과

연주자

관련
학과

- 실용음악과
- 예체능교육과
- 음악학과
- 관현악과
- 기악과
- 성악과
- 전통공연예술과

적성과
흥미

관련
자격

관련
기관

- 한국음악협회
- 한국지휘자협회
- 한국문화예술위원회

- 음악적 재능
- 창의력
- 인내심
- 표현력
- 집중력
- 배려심
- 사회성

- 피아노조율기능사
- 피아노조율산업기사
- 우쿨렐레자격증
- 오카리나지도자자격증
- 각종 악기 전문 연주자 자격증

영화기획자

영화기획자란?

현대 사회에서 영상 매체가 차지하는 비중은 매우 크다. 영상 매체의 중심에는 영화가 존재하는데, 영화는 대중을 사로잡는 강력한 흡입력을 가지고 있다.

영화기획자는 영화라는 대중문화에 대한 이해를 바탕으로 대규모 자본과 관객의 동원이 가능한 시장성 있는 아이템을 발굴하고, 이를 실제 시나리오 영화로 만들며 무에서 유를 창조하는 사람이다.

영화기획자는 새로운 영화 소재의 발굴을 위해 소설 또는 시나리오를 검토하고 흥행에 성공할 수 있는 작품을 선정한 다음, 영화에 필요한 인력, 소요 비용, 제작 기간 등에 대한 기획안을 작성한다. 기획안이 통과된 후 영화 제작이 결정되면 관련 인력을 섭외하여 영화를 제작하고, 영화 촬영이 완료된 후에는 개봉 시기와 개봉영화관, 영화 홍보 등의 계획 및 실행 업무를 담당하는 등 시나리오 구상부터 영화관에 상영되기까지의 전반적인 모든 과정에 참여한다.

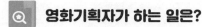 영화기획자가 하는 일은?

영화기획자는 영화 기획부터 개봉에 이르기까지 전 과정에 대한 기획과 관리를 담당한다.

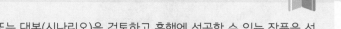

- 새로운 영화 소재의 발굴을 위해 소설 또는 대본(시나리오)을 검토하고 흥행에 성공할 수 있는 작품을 선정한다.
- 작품이 결정되면 영화의 기본 시나리오와 인력, 소요 비용, 제작 기간 등에 대한 기획안을 작성한다.
- 기획안이 통과되고 영화 제작이 결정되면 영화를 만들 자금이 있는 제작자와 여러 분야의 전문가들을 서로 연결하여 영화 촬영을 진행한다.
- 영화 제작을 위해 영화감독, 출연 배우, 스태프 등을 섭외하고 영화감독과 함께 영화 제작에 대한 전반적인 부분을 관리 감독한다.
- 영화 촬영이 완료된 후에는 영화시장의 특성과 유통구조를 잘 파악하여 개봉 시기와 개봉영화관, 영화 홍보 등의 계획 및 실행 업무를 담당한다.

Tip 영화 기획과 제작의 차이는?

영화 기획과 제작을 병행할 수 있지만 최근 전문성이 강조되면서 기획과 제작의 역할을 분리하여 영화를 제작하고 있다. 영화 기획은 영화로 표현이 가능한 시장성 높은 아이템을 발굴하고 발굴한 아이템을 영화로 만들기 위해 기획하는 일로, 제작사 및 전문가들과 협의하여 영화 시나리오를 개발하고 감독을 선발하는 일을 한다. 반면 영화 제작은 기획·개발된 시나리오를 바탕으로 영화 제작에 대한 예산을 수립하고, 스탭 구성 및 촬영 계획을 결정하여 계획에 따라 영화를 촬영한다. 또한 촬영된 영상을 편집하는 역할도 수행한다.

적성과 흥미는?

영화기획자가 되기 위해서는 무엇보다 영화를 좋아해야 하고, 영화계의 구조, 좋은 영화를 선택하는 안목, 영화 연출 등 영화 전반에 대한 지식을 가지고 있어야 한다. 또한 이 업무를 수행하기 위해서는 상업영화에 대한 폭넓은 이해와 지식을 바탕으로 다양한 아이템에 대한 날카로운 상업적 판단력이 필요하며, 영화로 제작하기 위해 스토리텔링 크리에이티브, 커뮤니케이션 능력, 지구력, 인간에 대한 폭넓은 이해 및 공감이 필요하다. 공간 지각 능력, 창의력, 대인관계 능력도 필수적으로 요구된다.

무엇보다 대중문화에 대한 이해와 시대적 변화를 고려하여 영화를 바라보는 관객의 트렌드를 분석할 수 있는 분석력이 필요하고, 새로운 작품을 기획하여 실행하는 데 추진력과 실험정신, 모험심이 요구된다. 또한 기획한 영화를 흥행시킬 수 있도록 다양한 마케팅과 홍보 전략을 수립하고 실행할 수 있는 능력도 필요하다. 무엇보다 영화 작품의 평가와 흥행 여부, 사회에 미치는 영향 등을 관찰하고 분석할 수 있는 종합적 사고 능력과 판단력이 필요하다.

영화기획자를 꿈꾸고 있다면 영화와 대중매체에 대한 이해가 필요하다. 이를 위해 평소 폭넓은 독서활동을 하고, 영화 또는 대중매체를 감상한 후 비판적으로 분석할 수 있도록 다양한 경험을 쌓아야 한다. 학교생활을 하면서 다양한 교내 행사를 기획하고 추진하는 경험을 해보기를 권장한다.

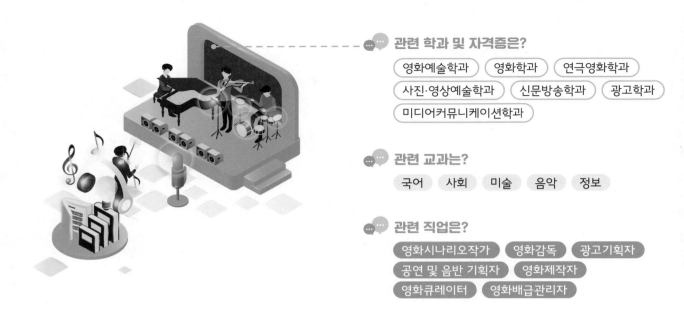

관련 학과 및 자격증은?

영화예술학과 영화학과 연극영화학과
사진·영상예술학과 신문방송학과 광고학과
미디어커뮤니케이션학과

관련 교과는?

국어 사회 미술 음악 정보

관련 직업은?

영화시나리오작가 영화감독 광고기획자
공연 및 음반 기획자 영화제작자
영화큐레이터 영화배급관리자

Tip 멀티미디어콘텐츠 제작전문가에 대해 알아볼까요?

멀티미디어콘텐츠란 음성, 문자, 그림, 동영상 등이 혼합된 다양한 매체를 통해 생산되는 내용물이다. 우리가 자주 사용하는 각종 CD타이틀이나 DVD, 온라인 정보, 쇼핑몰, 온라인 교육, 인터넷 방송, 온라인 게임, e-book 등이 멀티미디어콘텐츠에 해당한다. 멀티미디어콘텐츠 제작전문가는 이런 멀티미디어콘텐츠를 제작하며, 기본적인 프로그래밍과 디자인 작업을 수행한다. 멀티미디어콘텐츠 제작전문가는 총체적인 지식과 기술은 물론 치밀한 기획력과 예술적인 표현력까지 다중적인 매체를 다룰 수 있도록 다양한 능력을 갖추어야 한다.

 진출 방법은?

영화기획자로 진출하는 데 특별한 자격증이나 관련 학과의 제한은 없다. 하지만 영화기획자는 대중매체와 영화에 대한 전반적인 이해를 바탕으로 마케팅 및 홍보 전략도 수립해야하기에 관련 학과에서 전문적인 공부를 하는 것이 유리하다. 또는 영화 아카데미나 교육기관 등에서 영화기획자가 되기 위한 교육과 훈련을 받을 수도 있다.

영화기획자는 영화사 및 관련 기업의 공채나 특채 또는 개인적 소개를 통해 취업을 하거나 기존 영화기획자의 일을 돕는 등 영화와 관련된 일을 하다 프리랜서 영화기획자로 진출할 수 있다.

 미래 전망은?

최근 영화 산업뿐만 아니라 OTT 서비스 산업이 발전하고 확대되면서 영화의 구성이나 소재 및 수준이 나날이 좋아지고 있어 국내외를 막론하고 이를 찾는 대중들의 관심이 높아지고 있다. 이에 따라 최근 영화기획자의 다양한 콘텐츠와 기획 시도에 대한 관심도 함께 높아지고 있다.

특히 국내 영화 및 OTT 서비스를 활용하여 세계적으로 성공한 작품들이 많이 등장하기 시작하면서 해외의 관심이 높아지고 있고, K-문화에 대한 요구가 있어 영화에 대한 수요가 매우 증가할 것으로 기대된다. 이러한 흐름에 발맞춰 영화 기획 분야의 전문 인재를 발굴하기 위해 공채를 실시하고 있는 영화사들도 늘고 있기 때문에 영화기획자의 미래 전망은 밝을 것으로 예상된다.

CAREER MAP

- 영화에 대한 관심 및 열정
- 대중문화에 대한 이해 및 트렌드 분석
- 새로운 일을 시도하는 기획력과 추진력
- 마케팅 및 홍보 관련 다양한 경험

- 국어
- 사회
- 미술
- 음악
- 정보

- 영화감독
- 영화시나리오작가
- 공연 및 음반 기획자
- 영화제작사
- 광고기획자
- 영화큐레이터
- 영화배급관리자

관련 교과

준비 방법

관련 직업

영화 기획자

적성과 흥미

관련 학과

관련 기관

- 공간 지각 능력
- 창의력
- 대인관계 능력
- 분석력
- 비판적 사고 능력
- 예술적 감각
- 추진력
- 실험정신과 모험심

- 방송통신위원회
- 독립제작사협회

- 영화예술학과
- 광고학과
- 영화학과
- 연극영화학과
- 사진·영상예술학과
- 신문방송학과
- 미디어커뮤니케이션학과

웹디자이너

웹디자이너란?

언제부터인지 디자인은 우리 생활 깊숙이 자리 잡게 되었고, 현대사회의 핵심 산업 중 하나로 성장했다. 패션디자이너, 신발디자이너, 가구디자이너, 인테리어디자이너, 헤어디자이너 등 디자인의 영역은 날이 갈수록 넓어지고 있다. 그중에서도 우리는 온라인 공간에서 수많은 웹디자인을 접한다. 스마트폰으로 보는 모든 앱, 인터넷 포털 사이트의 화면 구성에도 웹디자인이 적용되어 있다. 홈페이지 방문자들은 보기에 편하면서도 원하는 정보를 빠르게 찾기를 원한다. 따라서 메인로그의 위치, 로그인 영역과 검색 영역의 배치, 중요 내용의 표시 및 비중 등을 고려하여 화면에 시각적으로 잘 드러내는 것이 중요하다.

웹디자이너는 웹사이트가 전달하고자 하는 정보를 효과적으로 전달할 수 있도록 이미지 형태, 크기, 동영상, 애니메이션, 텍스트, 서체, 레이아웃 등의 시각적인 요소를 구성하고 디자인한다. 주로 포토샵, 일러스트레이터, 2D스튜디오, 어도비 프리미어와 같은 그래픽 프로그램과 인터넷 프로그램 언어인 HTML, 자바(JAVA), 애니메이션 등을 응용하여 작업한다. 인터넷이 활성화되고 홈페이지의 중요성이 나날이 커지고 있는 요즘, 웹디자이너는 전망이 좋은 직업이라고 할 수 있다. 노동부에서 발간한 '한국 대표 직업의 현재와 미래'라는 책을 보면 '사이버기상캐스터, 게임 시나리오작가, 여행설계사' 등과 함께 웹디자이너를 미래의 유망 직종으로 언급하고 있다.

웹디자이너가 하는 일은?

웹디자이너는 사용자가 웹이나 앱을 편리하게 사용할 수 있도록 서비스의 목적과 내용을 화면에 시각적으로 구현하는 일을 한다. 웹디자이너가 웹을 디자인하면, 웹프로그래머는 해당 웹이 제대로 작동될 수 있도록 프로그램을 코딩하여 사용자들이 편리하게 웹사이트를 이용하도록 한다. 이 과정에서 디자이너는 본인의 디자인이 그대로 화면에 적용되길 원하고, 프로그래머는 구현하기에 한계가 있는 디자인은 수정하기를 원하기 때문에 이를 조화롭게 해결하는 것이 중요하다.

- 웹디자이너는 인터넷 홈페이지를 디자인하고, 웹사이트를 구축한다.
- 웹디자이너는 홈페이지의 문자, 그림, 동영상, 음성 등을 재가공하여 이용자들이 접근하기 쉽게 만드는 작업을 한다.
- 웹사이트의 전체적인 이미지를 결정한 후 웹사이트 이용자들이 원하는 정보에 최단 경로로 접근할 수 있도록 디자인한다.
- 웹사이트의 전체 구조, 메뉴와 하위 메뉴를 체계적으로 설정하며, 웹사이트가 시각적으로 조화를 이루도록 배열한다.
- 웹사이트의 주요 화면을 주기적으로 갱신하며, 배너와 플래시 애니메이션을 제작한다.
- 회사 로고 등 다양한 디자인 작업을 하며, 이메일 및 게시판 관리 업무를 수행하기도 한다.

> **Tip 웹프로그래머에 대해 알아볼까요?**
>
> 웹프로그래머(Web programmer)는 다양한 프로그래머 중 웹 분야에 종사하는 전문화·세분화된 직업으로, 웹 시스템과 사용자의 언어를 서로 통역해주는 프로그램을 만드는 일을 한다. 기존에는 프로그래머라고 하면 PC상에서 프로그래밍을 하는 운영체제프로그래머나 장치프로그래머를 말했는데, 네트워크상에서 PC와 PC가 연결되면서부터 웹프로그래머라는 직업이 생겨나게 되었다. 쉽게 말해 기존의 프로그램을 웹상에서 구현하는 사람이다.

적성과 흥미는?

웹디자이너는 그래픽 관련 프로그램을 능숙하게 다룰 수 있어야 하며, 시각적인 편의성과 아름다움을 표현할 수 있도록 디자인에 대한 이해와 지식, 예술적 감각이 필요하다. 디자인 시안을 작성하여 웹상에 구축하기 위해서는 창조적이고 논리적인 사고도 중요하다. 웹사이트를 구축하는 경우, 웹디자인만으로 작업이 끝나는 것이 아니라 적용 후 테스트까지 완료하여 사용자들이 불편함 없이 사이트를 이용할 수 있어야 한다. 웹사이트를 구축하는 작업 중 웹디자인 작업은 초기 단계에서 이루어지는데, 초기 작업부터 작업 스케줄이 밀리면 전체 일정에 차질이 생길 수 있으므로 주어진 일을 마감 날짜 안에 완료할 수 있는 시간 관리 능력도 중요하다.

또한 여러 사람이 함께 작업하는 경우가 많으므로 협동심과 원만한 대인관계 능력이 필요하다. 디자인의 특성상 디자이너의 취향에 영향을 받기 때문에 작업 과정에서 수정에 대한 요구가 빈번히 들어올 수 있다. 이런 경우 상대방의 의사를 정확하게 파악해야 원하는 디자인으로 수정이 가능하므로 의사소통 능력이 필요하다. 사소한 부분도 놓치지 않고 세심하게 일을 처리하는 성격이면 더욱 좋다.

관련 학과 및 자격증은?

웹디자인학과   멀티미디어디자인학과

산업디자인학과   시각디자인학과

게임그래픽디자인학과   컴퓨터공학과

컴퓨터그래픽디자인학과   광고홍보학과

미술학과   응용소프트웨어공학과

⚙ 컴퓨터그래픽스운용기능사   ⚙ 웹디자인기능사

관련 교과는?

국어   미술   기술·가정   정보

관련 직업은?

영상그래픽디자이너   게임그래픽디자이너

2D그래픽디자이너   3D그래픽디자이너

3D입체영상디자이너   모션그래픽디자이너

시각디자이너   광고디자이너   제품디자이너

가구디자이너   자동차디자이너   포장디자이너

캐릭터디자이너   일러스트레이터   컬러리스트

비주얼머천다이저(VMD)   피오피(POP)디자이너

캐드원(제도사)   건축 및 토목캐드원

 진출 방법은?

웹디자이너가 되기 위해서는 디자인과 컴퓨터에 대한 기본 지식과 응용 능력이 필요하다. 이를 위해 전문대학이나 대학에서 디자인, 멀티미디어, 컴퓨터 그래픽 관련 학문을 전공하거나 웹디자인, 게임디자인, 컴퓨터 그래픽 전문 교육기관에서 훈련을 받는 것이 좋다.

취업할 때는 관련 자격증보다 실무 경험이 더욱 중요하다. 그러므로 평소에 자신이 디자인한 작품들을 모아서 포트폴리오를 만들어 두는 것이 좋다. 컴퓨터그래픽스운용기능사, 웹디자인기능사, 시각디자인기사, 제품디자인기사, 포장기사, 컬러리스트 등의 자격증을 취득하면 작업 시 도움이 될 수 있다.

 미래 전망은?

2016년 이후 우리나라의 스마트폰 보급률은 91%로 세계 최고 수준이다. 스마트폰 등의 IT 기기가 발전할수록 온라인상에서 이용할 수 있는 각종 앱이나 웹의 디자인 수요가 지속적으로 증가하고 있다. 모바일 시장의 급속한 발전은 고품질의 멀티미디어 디자인에 대한 수요를 높이고 있다. PC용보다 모바일용 웹사이트의 활용도가 더욱 커지면서 모바일 매체에 가장 효과적인 영상 콘텐츠 및 디자인적 요소가 필요하게 됨에 따라 첨단 영상 기술을 반영할 수 있는 유능한 디자이너의 역할이 커지고 있다.

한편, 웹디자이너에 대한 수요가 증가하는 것과 비례하여 각 대학의 웹디자인, 컴퓨터 그래픽, 멀티미디어 디자인, 게임 디자인 등 관련 학과뿐만 아니라 사설 교육기관에서 배출하는 인력도 증가하고 있다. 또한 웹사이트를 제작하는 프로그램이 간편해지면서 일반인도 조금만 공부하면 웹사이트를 제작할 수 있게 되었고, 포털 사이트에서 제공하는 블로그 제작 기능으로 인해 블로그가 웹사이트를 대체하게 되었다. 이러한 다양한 요인은 웹디자이너의 일자리 형성에 부정적 영향을 미칠 수 있다.

CAREER MAP

웹 디자이너

준비 방법
- 디자인 관련 동아리활동
- 컴퓨터 활용 능력 함양
- 디자인 관련 교내외 대회 참가
- 디자인 관련 회사 및 학과 탐방
- 미술, 정보 교과 역량 강화
- 웹디자이너 직업체험활동

적성과 흥미
- 디자인 감각
- 창의력
- 협동심
- 꼼꼼함
- 인내심
- 색채 감각
- 의사소통 능력
- 시간 관리 능력

관련 교과
- 국어
- 미술
- 기술·가정
- 정보

관련 자격
- 웹디자인기능사
- 컴퓨터그래픽스 운용기능사
- 시각디자인기사
- 제품디자인기사
- 컬러리스트기사

관련 직업
- 제품디자이너
- 시각디자이너
- 자동차디자이너
- 가구디자이너
- 주얼리디자이너
- 완구디자이너
- 광고디자이너
- 일러스트레이터
- 컬러리스트
- 비주얼머천다이저

관련 기관
- 한국디자인진흥회
- 한국콘텐츠진흥원
- 한국산업디자인협회
- 한국시각정보디자인협회

관련 학과
- 웹디자인학과
- 산업디자인학과
- 시각디자인학과
- 광고홍보학과
- 미술학과
- 응용소프트웨어공학과
- 컴퓨터공학과
- 멀티미디어디자인학과
- 게임그래픽디자인학과
- 컴퓨터그래픽디자인학과

예체능계열

23

웹툰작가

웹툰작가란?

우리는 만화 속의 캐릭터와 함께 울고 웃으며 어린 시절을 보냈다. 그러나 1997년 IMF 이후, 출판 만화 시장이 급격히 침체되고 인터넷 기술이 발달하자 만화가들이 자신이 그린 만화를 인터넷에 올리기 시작했다. 그 후 각종 포털 사이트에서 인기 있는 만화가와 계약을 맺고 연재만화를 올리면서 지금의 웹툰 시장이 형성되었다. 웹툰은 '웹코믹스(webcomics)' 또는 '웹(Web)과 카툰(Cartoon)'의 약자로, 웹사이트에 게재된 이미지 파일 형식의 만화를 말한다. 책 형태로 출간되던 만화가 인터넷 공간을 통해 온라인 서비스로 제공되면서 더 많은 인기를 얻게 되었다.

웹툰작가는 인터넷을 통해 흥미로운 이야기와 그림으로 많은 사람들에게 즐거움과 감동을 전달하는 직업이다. 초기에는 출판 만화를 그리거나 만화가를 지망했던 사람들이 많았지만, 최근에는 웹툰작가로 데뷔하는 사람들이 많다. 웹툰작가는 웹툰이 탄생되기까지의 거의 모든 과정을 혼자서 진행해야 한다. 기획, 취재, 대본, 연출, 글, 그림을 스스로 수행하고 마감 기한 내에 완성하는 것은 굉장히 힘들다. 그렇기 때문에 일의 양도 많고, 창작의 고통이 따르는 직업이다. 단순히 그림 그리는 것을 좋아한다는 이유만으로 직업을 선택한다면 많은 어려움에 처할 수 있다.

예전에는 만화를 주로 손으로 그렸지만 요즘에는 거의 디지털 작업을 통해 만든다. 그렇기 때문에 컴퓨터 프로그램을 잘 활용하는 능력이 필요하다. 또한 웹툰작가는 작업 시간이 길고, 마감 기한을 맞추기 위해 밤낮의 구분 없이 일해야 하기 때문에 컨디션 조절에 신경 써야 한다.

🔍 웹툰작가가 하는 일은?

웹툰작가는 사람들의 흥미를 끌거나 감동을 줄 수 있는 소재를 연속된 그림과 인물의 대화를 이용해 스토리로 만든다. 재미있는 작품을 만들기 위해 주제를 잡고 상황을 설정하며, 등장인물의 특성이나 분위기에 맞도록 그림을 그린다. 대부분의 웹툰작가는 작품의 기획 과정부터 줄거리 구성, 그림, 대화, 색채 등 모든 과정을 혼자서 담당한다. 자신의 아이디어를 바탕으로 전체적인 만화 스토리를 정하고, 이후 주요 등장인물과 배경 등을 설정하여 내용을 스케치하며, 인물과 장면을 배치하는 콘티를 작성한다. 콘티가 완성되면 연필로 밑그림을 그리는 데생 작업을 하고, 다시 펜으로 그림을 그린 후 색칠을 한다. 요즘 웹툰작가들은 데생 작업을 한 후 컴퓨터로 색칠하는 경우가 대부분이다.

웹툰은 순정만화부터 풍자만화까지 장르가 다양하다. 수많은 장르 중에서 자신의 개성을 살릴 수 있는 영역에 전문성과 실력을 갖춘다면 인기 있는 웹툰작가가 될 가능성이 커진다.

🔍 주제, 스토리, 집필 의도, 캐릭터 등이 담긴 기획서를 작성한다.

🔍 제작이 결정되면 스토리를 구성하기 위해 취재를 하러 다닌다.

🔍 캐릭터의 대사와 상황을 구체적인 줄거리로 적는다.

🔍 컷의 모양, 앵글, 카메라의 위치, 배경 등을 시각화하는 콘티를 그린다.

🔍 연필로 밑그림을 그리는 데생 작업을 한다.

🔍 컴퓨터 프로그램을 이용하여 원고를 완성한다.

🔍 회의에 참가한 후 편집자들의 의견을 반영하여 수정 작업을 한다.

적성과 흥미는?

웹툰작가는 평소에 사람이나 사물을 꼼꼼하게 관찰한 후 상세하게 표현할 수 있는 능력을 갖추어야 한다. 웹툰은 스토리, 연출, 글자체 등이 조화롭게 구성되어야 하기 때문에 그림을 잘 그리는 것도 중요하지만, 감동을 줄 수 있는 스토리를 만들 수 있는 구성 능력, 연출 능력, 편집 능력 등을 갖추는 것도 매우 중요하다. 이러한 능력을 갖추기 위해서는 학창 시절부터 많은 책을 읽고, 일기나 독후감 등 생활 속에서 글쓰는 연습을 하는 것이 좋다. 평소에 주위를 세심하게 관찰하고, 애니메이션, 영화 등을 많이 보면서 풍부한 상상력을 갖는 것도 필요하다. 또한 항상 긍정적인 마인드로 어려운 상황에서도 쉽게 좌절하지 않는 자세가 필요하다. 연재가 안 된다거나 작품에 대한 독자들의 반응이 좋지 않다고 금방 좌절한다면 항상 스트레스에 시달릴 수 있다. 참고 인내하며 기다릴 줄 아는 자세가 필요하다.

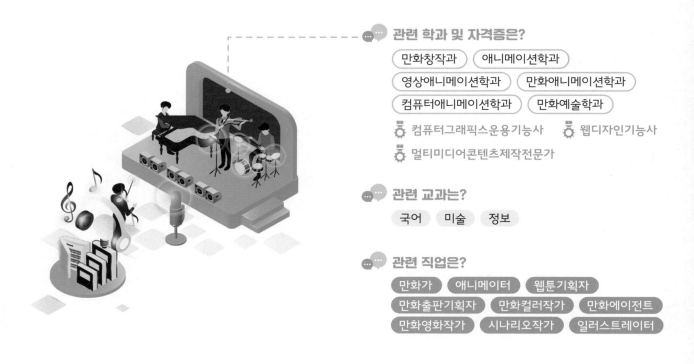

관련 학과 및 자격증은?

만화창작과　애니메이션학과
영상애니메이션학과　만화애니메이션학과
컴퓨터애니메이션학과　만화예술학과

⚙ 컴퓨터그래픽스운용기능사　⚙ 웹디자인기능사
⚙ 멀티미디어콘텐츠제작전문가

관련 교과는?

국어　미술　정보

관련 직업은?

만화가　애니메이터　웹툰기획자
만화출판기획자　만화컬러작가　만화에이전트
만화영화작가　시나리오작가　일러스트레이터

Tip 우리나라의 최초 웹툰작가에 대해 알아볼까요?

웹툰은 1990년대 후반 인터넷의 보급과 함께 생겨났고, IT 기술의 발달로 신문사의 카툰이 디지털화되면서 2000년도에 본격적으로 발전하기 시작했다. 다양한 포털 사이트들의 등장과 함께 1세대 웹툰작가들이 등장한다. 인터넷의 특성상 최초의 웹툰작가가 누구인지 정확하게 알 수 없지만, 강풀, 강도하 등이 선두에 있었던 작가들이다. 강풀 작가는 사실체 이야기 만화인 극화 장르를 개척했고, 강도하 작가는 2001년에 인터넷 만화 잡지인 '약진'을 만들어 여러 작가의 작품을 소개하면서 자신도 깊이 있는 만화를 창작했다. '약진'에서 활동한 많은 신인 작가들이 지금까지도 열심히 웹툰작가의 길을 가고 있다.

진출 방법은?

만화 그리는 것을 좋아한다면 누구나 웹툰작가라는 직업에 도전할 수 있다. 자신의 작품이 완성되면 언제든지 개인 블로그나 유명 사이트에 올릴 수 있어 자신의 만화를 공개하는 방법은 무궁무진하다. 웹툰작가가 되는 데 필요한 학력 조건이나 자격 조건은 없지만, 애니메이션 고등학교나 대학의 만화 관련 학과에 진학하면 체계적으로 배울 수 있다. 관련 학과에서는 드로잉, 색채학, 만화 제작, 스토리 작법 등 만화 제작과 관련된 전 과정을 이론과 실습으로 나누어 교육한다.

일부 웹툰작가들은 유명 작가의 제자가 되어 훈련을 받으며 작가로 성장하는 경우도 있다. 또한 각종 공모전에 자신의 작품을 출품하고, 인터넷 포털 사이트 등을 통해 작품 홍보 활동을 해야 한다. 이런 과정을 거쳐 대중의 주목을 받게 되면, 웹툰 전문회사나 유명 포털사에 스카우트되어 소속 웹툰작가로서 연재할 수 있는 기회를 얻게 된다.

미래 전망은?

우리나라는 세계에서 가장 먼저 웹툰 시장이 활성화된 국가로, 최근 웹툰은 문화의 한 영역으로 당당하게 자리잡고 있다. 특히 웹툰의 환경이 PC에서 모바일로 옮겨 가면서 시장은 앞으로도 더욱 확대될 전망이다. 우리 주위에는 출퇴근 시간을 활용하거나 여가 시간을 즐기기 위한 취미 활동으로 웹툰을 보는 사람들이 많다. 또한 우리나라는 인터넷 강국으로 통신 서비스도 계속 발전할 것으로 예상되기 때문에 웹툰작가라는 직업은 전망이 좋다고 볼 수 있다.

그러나 아직까지 웹툰을 올릴 수 있는 매체가 한정되어 있고, 대학이나 사설 학원에서는 매년 웹툰작가 지망생을 배출하고 있기 때문에 웹툰작가가 되기 위한 경쟁은 더욱 치열해질 것으로 예상된다. 그리고 불법 스캔 만화와 같은 불법 복제 문제가 웹툰 시장의 활성화에 부정적인 영향을 미칠 것으로 예상된다.

CAREER MAP

준비방법

- 미술, 정보 교과 역량 강화
- 미술, 컴퓨터 관련 동아리활동
- 웹툰 관련 회사 및 학과 탐방
- 웹툰작가 직업인 인터뷰 활동
- 미술 관련 교내외 대회 참가
- 폭넓은 독서활동을 통한 스토리 구성 능력 함양

관련학과

- 만화창작과
- 애니메이션학과
- 만화애니메이션학과
- 컴퓨터애니메이션학과
- 영상애니메이션학과
- 만화예술학과

관련교과

- 국어
- 미술
- 정보

웹툰작가

관련직업

- 만화가
- 일러스트레이터
- 시나리오작가
- 만화에이전트
- 애니메이터
- 웹툰기획자
- 만화컬러작가
- 만화출판기획자
- 만화영화작가

적성과흥미

- 관찰력
- 미술 실기 능력
- 창의력
- 상상력
- 컴퓨터 활용 능력
- 일본어 능력
- 인내심
- 연출력

관련자격

- 컴퓨터그래픽스운용기능사
- 멀티미디어콘텐츠제작전문가
- 웹디자인기능사

관련기관

- 한국웹툰산업협회
- 한국웹툰작가협회
- 한국애니메이션협회

음반기획자

음반기획자란?

요즘 전 세계는 K-Pop에 열광하고 있다. 방탄소년단은 이미 월드스타가 되었고, 이 밖에도 많은 한국의 아이돌들이 세계 곳곳에서 활약하며 우리나라의 춤과 음악을 알리고 있다. 이러한 현상은 춤과 음악을 좋아하는 민족성이 낳은 필연적인 결과물이라고 할 수 있다.

한 곡의 노래가 탄생하기 위해 가장 먼저 움직여야 하는 사람이 음반기획자이다. 음반기획자는 음반의 콘셉트를 잡아 기획을 한 후, 그에 맞는 작곡가들을 선정해서 곡을 의뢰하고, 곡이 나오면 작사가들에게 가사를 의뢰한다. 음반기획자는 많은 사람에게 좋은 음악을 들려주기 위해 음반 시장의 트렌드를 분석하고, 각 연령층이 좋아하는 음악적 특징을 분석한다. 또한 그 음악에 적합한 가수를 선정하고, 가수에게 적합한 콘셉트를 잡아주기도 한다. 음반 제작 규모의 영세성으로 인해 음반기획자는 기획뿐만 아니라 마케팅, 유통, 배급 등 전 과정을 책임져야 하는 경우가 많다. 그래서 앞으로는 기획의 전문성을 살리는 방향으로 발전해야 더욱 좋은 음반을 만들 수 있을 것으로 보인다.

음반기획자가 하는 일은?

음반기획자는 단순히 음반만 만드는 것이 아니다. 음악에 대한 지식뿐만 아니라 마케팅에 대한 지식도 필요하다. 음반 시장의 동향을 분석하고 대중의 요구를 파악하여 적절한 시기에 적절한 주제와 내용을 담은 음반을 발매할 기획을 한다. 대중이 좋아할 만한 음악을 발굴하기 위해 마케팅 조사도 실시한다. 또한 기획한 음반의 주제를 음악 감독 등과 협의하고, 노래를 완성도 높게 만들 가수, 작사가, 편곡가, 연주자 등도 선정한다. 음반이 완성되면 홍보 및 판매 전략까지 세우는 등 음반의 기획부터 마케팅까지 모든 것을 총괄한다.

- 음악의 장르를 구분하여 작곡의 전체적인 흐름을 계획한다.
- 예산과 지출, 시장성 등을 검토하여 음반 제작을 위한 프로그램을 기획한다.
- 대중에게 인기 있는 음반을 제작하기 위해 제작에 참여하는 작업자들의 활동을 조정한다.
- 기획된 프로그램에 맞는 가수를 선정한 후 선정된 가수에게 맞는 작사가, 작곡가, 편곡가를 선정하여 노래의 가사, 편곡, 연주 등을 의뢰하고 음악에 대해 논의한다.
- 준비된 작곡 및 편곡을 녹음하도록 녹음실의 음향녹음기술자에게 지시한다.
- 음향이 준비되면 가수에게 녹음을 지시하고, 음높이, 밸런스 등이 최상이 되도록 감독한다.
- 제작 음반에 관한 디자인을 하기 위해 음반디자이너와 협의한다.
- 음반을 홍보하기 위해 방송국, 신문사, 잡지사 등 홍보 매체에 인터뷰 및 마케팅 스케줄을 조정한다.
- 각종 가요제, 가요 프로그램 등의 방송 기획이 확정되면, 방송연출가와 협의하여 음반에 관한 전반적인 사항을 총괄하기도 한다.
- 작곡가, 작사가 등과 저작권 계약을 하며, 저작권협회에 관리 목록을 제출하고, 방송후에 방송사로부터 방송 횟수만큼의 저작권료를 받아 작곡가, 작사가 등에게 사용료를 지불하는 등 저작권 관리 업무를 수행한다.

적성과 흥미는?

음반기획자는 기본적으로 음악을 좋아하고 즐기면서 새로운 것에 호기심이 많은 창의적인 사람에게 적합하다. 대중에게 인기 있는 음반을 제작하기 위해 음반 제작에 참여하는 작업자들의 활동을 조정하고, 알맞은 가수 선정과 그에 맞는 작사가, 작곡가 및 편곡가를 선정하여 음악에 대해 논의해야 하므로 음악에 대한 관심은 물론 음악적인 재능도 필요하다. 또한 음악뿐만 아니라 마케팅에 대한 지식도 요구된다. 대중에게 호응을 얻는 음반을 기획하기 위해서는 음반 시장의 동향과 소비자의 잠재적 요구 등을 파악하고 분석하는 시장 조사를 해야 하기 때문이다. 이를 위해 현상을 종합하여 결정하는 판단력과 기획력도 필요하다. 음반기획자는 혼자서 일을 하는 것이 아니라 많은 사람들을 만나고 대화해야 하는 직업이다. 가수, 작곡가, 편곡가 등 다양한 예술가들과 함께 작업을 해야 하므로 그들을 포용하고 이끌어 갈 수 있는 리더십을 갖추어야 한다.

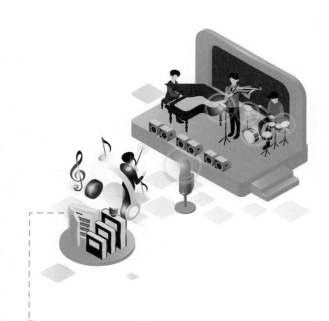

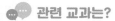

💬 관련 학과 및 자격증은?

(대중음악과) (실용음악과) (예체능교육과)
(음악학과) (뮤지컬과) (생활음악과)

- 🔧 문화예술교육사   🔧 음악심리지도사
- 🔧 무대예술전문인   🔧 음악치료사
- 🔧 레크리에이션지도사   🔧 음악재활지도사
- 🔧 피아노실기지도사   🔧 방과후지도사

💬 관련 교과는?

(사회) (음악) (정보)

💬 관련 직업은?

(작사가) (편곡가) (가수) (연주가)
(지휘자) (프로듀서)

진출 방법은?

음반기획자가 되는 데 반드시 필요한 전공이나 학력은 없다. 그러나 음반기획자 중에는 대학에서 음악이나 경영, 마케팅을 공부한 사람들이 많다. 음반 회사의 기획이나 마케팅 업무 분야로 취업해서 2~5년 동안 일을 배우면 음반기획자로서 일하는 데 많은 도움이 된다.

음반 제작은 다양한 능력이 총체적으로 필요한 일이다. 다양한 장르의 음악적 지식을 갖추는 것은 물론, 오랜 기간 동안 음반 제작과 관련된 실무 능력을 탄탄히 쌓는 것이 중요하다.

Tip 음악치료사에 대해 알아볼까요?

음악치료사는 음악을 통해 마음이나 몸이 아픈 사람을 낫도록 도와주는 일을 한다. 음악치료사는 환자의 진단 검사와 상담, 그리고 가족과의 상담을 통해 계획을 세운 다음 치료한다. 치료에는 다양한 악기와 음악이 동원되고, 치료 방법으로는 음악 감상, 노래 부르기, 악기 연주, 즉흥 연주, 작곡, 음악을 듣고 토론하기, 음악에 맞춰 신체 활동하기, 음악을 들으며 명상하기 등이 있다. 음악치료사는 음악적·심리적 지식을 다 갖추어야 한다. 음악치료사가 되기 위해 정해진 학력은 없지만, 대학에서 음악 관련 공부를 하면 도움이 된다. 또한 대학원에 음악 치료 과정이 있으며, 사설 훈련기관에서도 음악 치료 분야를 배울 수 있다.

⚙️ 미래 전망은?

생활 수준이 높아지고 여가 시간이 늘어나면서 취미 생활에 대한 대중의 관심이 꾸준히 늘고 있다. 또한 다양한 음악 장르와 새로운 가수에 대한 일반인의 관심과 욕구가 더욱 커지고 있다. 이러한 사회적 현상을 반영해 최근 각 방송사에서 앞다투어 실시하고 있는 음악 오디션 프로그램이 대중들의 인기를 끌고 있다. 이를 고려할 때, 색다르고 다양한 음악을 기획할 수 있는 음반기획자는 더욱 주목받는 직업이 될 것이다.

한편, 인터넷과 휴대폰의 발달은 기존 음악 산업에 새로운 패러다임을 요구하고 있다. 음반 제작사나 기획사에서도 새로운 매체에 맞는 디지털 싱글 앨범 등을 제작하고, 관련 부서를 신설하는 등 기존 음반 판매 외의 수익 구조를 개선하기 위해 노력하고 있다. 그러나 음악 파일 공유, MP3 파일 무료다운 등은 음반 매출에 부정적인 영향을 끼친다. 현재 우리의 K-Pop은 아시아뿐만 아니라 유럽, 미국 등에서 전 세계적인 인기를 끌고 있기 때문에 해외 진출을 도모하는 음반기획자도 더욱 많아질 것으로 보인다.

CAREER MAP

- 음악, 영어, 정보, 사회 교과 역량 강화
- 음악, 기획 및 마케팅 관련 동아리활동
- 음악 관련 교내외 대회 참가
- 음악 관련 학과 탐방
- 음반기획자 직업체험활동
- 음악, 문화, 마케팅 분야의 독서활동

- 문화예술교육사
- 무대예술전문인
- 레크리에이션지도사
- 음악심리지도사
- 음악치료사
- 음악재활지도사
- 피아노실기지도사
- 방과후지도사

준비 방법

관련 자격

- 대중음악과
- 실용음악과
- 예체능교육과
- 음악학과
- 뮤지컬과
- 생활음악과

관련 학과

음반 기획자

관련 직업

- 작사가
- 편곡가
- 가수
- 연주가
- 지휘자
- 프로듀서

적성과 흥미

관련 교과

- 음악적 재능
- 의사소통 능력
- 창의력
- 분석력
- 대인관계 능력
- 기획력
- 판단력
- 리더십
- 독립성

관련 기관

- 사회
- 음악
- 정보

- 한국음악협회
- 한국음반산업협회
- 한국음악콘텐츠산업협회

일러스트레이터

일러스트레이터란?

어린 시절, 그림책을 보며 울고, 웃고, 꿈을 키우던 기억이 누구나에게 있을 것이다. 때로는 그림 한 컷이 글이나 말보다 훨씬 더 큰 의미와 감동을 주기도 한다. 또한 복잡한 책 내용을 쉽게 그려 놓은 그림이나 현실의 상황을 한 컷으로 표현한 시사만평은, 그 속에 담긴 핵심 메시지를 사람들에게 쉽게 전달한다. 이처럼 그림이나 사진, 도표 등 시각적 요소를 이용해 어떤 내용을 이해하기 쉽게 표현하는 것을 일러스트레이션이라고 하고, 이를 만드는 사람을 일러스트레이터라고 한다. 예전에 일러스트레이터는 삽화를 그리는 것으로 작업이 한정적이었으나, 지금은 캐릭터, 애니메이션, 광고, 멀티미디어, 순수 회화까지 작업 영역이 넓어지고 있다.

일러스트레이션은 지면 일러스트레이션과 멀티미디어 일러스트레이션으로 나눌 수 있다. 지면 일러스트레이션은 신문과 잡지의 기사, 단행본의 내용과 책표지, 그림책, 소설책, 학습지, 공연·홍보포스터 등에 들어간다. 요즘 들어 확장된 분야인 멀티미디어 일러스트레이션은 게임 캐릭터, 방송·광고 애니메이션 등에 사용된다. 일러스트레이터는 주로 광고나 출판업체로부터 일러스트 제작을 의뢰 받아 일을 하는데, 의뢰인과 작가의 의견이 다를 때는 자신의 작품을 수정한다. 또한, 일반적으로 작업 기한이 정해져 있기 때문에 아이디어를 내고, 협의, 수정, 완성하는 데까지 시간이 짧은 편이다. 일러스트레이터는 그림 실력뿐만 아니라 생각한 내용을 창조적이고 개성적으로 표현할 수 있도록 자기만의 스타일이 있어야 한다. 그러므로 일러스트레이터가 되고 싶다면 창의력을 키우기 위해 직간접적인 다양한 경험을 하는 것이 좋다.

🔍 일러스트레이터가 하는 일은?

일러스트레이터는 책이나 잡지, 신문, 광고 등에 삽입될 그림을 그려 사람들의 이해를 돕거나 글의 내용을 잘 전달하는 역할을 한다. 일러스트레이터의 작업은 크게 세 가지로 구분할 수 있다. 첫 번째는 잡지 표지나 단행본에 들어가는 출판 분야 일러스트 작업, 두 번째는 기업 홍보 이미지에 사용되는 기업 광고 일러스트 작업, 세 번째는 시사만화, 콩트, 웹툰 일러스트 작업이다.

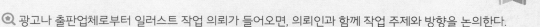

- 🔍 광고나 출판업체로부터 일러스트 작업 의뢰가 들어오면, 의뢰인과 함께 작업 주제와 방향을 논의한다.
- 🔍 관련 분야의 주제와 시장의 흐름 등에 대해 조사한다.
- 🔍 그릴 내용과 크기를 확인한 후 디자인 콘셉트를 바탕으로 각종 도구를 사용하여 일러스트 작업을 진행한다.
- 🔍 작업한 그림에 색을 입혀 견본을 만든 다음, 의뢰인과 여러번의 협의를 거쳐 완성품을 만든다.
- 🔍 협의 시 수정 요구가 있으면 다시 작업하여 최종 완성품을 만든다.

> **Tip 메디컬일러스트레이터에 대해 알아볼까요?**
>
> 메디컬일러스트레이터는 쉽게 말해 의학 전문 화가이다. 사회가 발전하면서 건강에 대한 관심이 높아지고, 인터넷의 발달로 일반인도 의학 정보를 자주 접하게 되었다. 이때, 어려운 의학 정보를 일반 사람들이 좀 더 이해하기 쉽도록 그림으로 표현하는 사람이 바로 메디컬일러스트레이터이다. 현재 미국, 캐나다 등에는 메디컬일러스트 전공이 대학원 과정으로 개설되어 있지만, 우리나라에는 개설된 곳이 없다. 따라서 메디컬일러스트에 대해 체계적으로 공부하고 싶다면 미술, 생물학 등을 전공하고 유학을 가는 것도 좋은 방법이다. 앞으로 전문성을 갖춘 메디컬일러스트레이터를 필요로 하는 곳이 더욱 늘어날 전망이다.

적성과 흥미는?

일러스트레이터가 되려면 뛰어난 색채 감각, 조형 감각 및 세심함과 꼼꼼함이 필요하다. 시장의 흐름을 읽을 수 있는 폭넓은 안목과 통찰력, 다른 작품과 구별되는 작품을 만드는 창의적 능력도 요구된다. 작업을 의뢰한 고객을 설득하고 자신의 작품을 이해시킬 수 있는 의사소통 능력도 중요하다.

일러스트레이터가 되려면 그림을 잘 그리는 것도 중요하지만, 자신만의 독창적인 그림 스타일을 만드는 것이 필요하므로 많이 그리고, 보고, 읽고, 체험해야 한다. 일러스트레이터는 출퇴근 시간이 따로 있는 것이 아니라 작품을 완성하는 동안 스스로 시간을 잘 분배해서 사용해야 하고, 마감 날짜를 지켜야 하는 경우가 많으므로 시간 관리 능력도 필요하다. 폭넓은 독서활동을 통해 교양을 쌓고, 다양한 체험 활동을 하면서 세상을 바라보는 안목을 키워야 한다. 또한 작업의 대부분이 컴퓨터를 활용하여 진행되기 때문에 컴퓨터 활용 능력을 키우기 위해 체계적으로 준비해야 한다.

 관련 학과 및 자격증은?

미술학과   광고디자인학과   만화창작과

디지털디자인학과   시각디자인학과

산업디자인학과   애니메이션학과

만화예술학과   캐릭터애니메이션과

⚙ 시각디자인산업기사   ⚙ 시각디자인기사

⚙ 컴퓨터그래픽스운용기능사   ⚙ 컬러리스트기사

관련 교과는?

미술   정보

관련 직업은?

만화가   애니메이션작가   시나리오작가

웹툰작가   웹툰기획자   만화에이전트

만화출판기획자   만화컬러작가

애니메이션감독   클레이애니메이터

인형애니메이터

 진출 방법은?

전문대학이나 대학에서 시각디자인, 산업디자인, 컴퓨터그래픽스 등 관련 학문을 전공하고 일러스트레이터가 되는 경우가 대부분이다. 대학의 관련 학과에서는 색채론, 디자인론 등의 이론과 그래픽디자인, 편집디자인, 출판디자인, 일러스트레이션, 포장디자인, 광고디자인 등에 대한 실습을 한다. 반드시 관련 학문을 전공해야만 하는 것은 아니지만 관련 내용을 체계적으로 배울 수 있기 때문에 일러스트레이터로 활동하는 데 유리하다. 일러스트레이터가 되는 또 다른 방법으로는 전문 학원에서 관련 교육을 받는 것이다. 요즘은 블로그, 페이스북, 트위터, 유튜브 등 온라인 매체를 활용하여 그림을 보여주고 인기를 얻어서 프로 일러스트레이터가 되기도 한다.

한편, 요즘에는 장르 구분이 많이 허물어져 영역을 넘나들며 작업하기 때문에 딱히 일러스트레이션이라 말하기 어려운 작업도 많다. 독특한 캐릭터로 문구나 티셔츠 등의 제품을 만드는 경우도 있고, 순수 회화로 발전시켜 작업하는 경우도 있다. 또 요즘 뜨고 있는 웹툰 형식으로 만들기도 한다.

미래 전망은?

디자인의 중요성과 가치가 커지면서 디자인과 관련된 직업의 종류와 일자리가 늘어나고 있다. 향후 일러스트레이터는 디자인 산업의 성장세와 맞물려 현재보다 더 전망이 밝다고 할 수 있다. 일러스트레이터는 자기계발 가능성이 높은 직업으로, 자신의 노력이나 능력에 따라 인기를 얻거나 직장 내에서 승진할 수 있다. 신문사나 어린이 책 전문 출판사, 학습지, 게임업체 등에 소속되어 일하는 일러스트레이터는 고정적인 수입이 보장되어 안정적으로 그림을 그릴 수 있지만, 프리랜서 일러스트레이터는 수입이 일정치 못한 경우가 많다.

Tip 애니메이터에 대해 알아볼까요?

애니메이터는 애니메이션을 만드는 일을 직업으로 하는 사람이다. 애니메이터는 흔히 애니메이션 작품의 기획, 창작, 연출, 디자인, 채색, 촬영 등 제작 전 분야에 종사하는 스태프들을 총칭하는 용어로 사용되기도 한다. 그러나 엄밀히 말하면 제작 현장에서 가장 중요한 부분이라고 할 수 있는 동작을 그리는 사람, 즉 핵심이 되는 요소와 동작을 그리는 원화가, 원화와 원화 사이에 그림을 그려 넣어 움직이는 그림을 만드는 동화가 등 연출을 담당하는 사람을 의미한다.

CAREER MAP

준비
방법

- 미술, 정보 교과 역량 강화
- 미술, 디자인 관련 동아리활동
- 미술 분야 교내외 대회 참가
- 출판사 및 관련 학과 탐방
- 일러스트레이터 직업체험활동

관련
직업

- 만화가
- 애니메이션작가
- 애니메이션감독
- 시나리오작가
- 만화에이전트
- 애니메이터
- 웹툰작가
- 웹툰기획자
- 만화출판기획자
- 만화컬러작가
- 클레이애니메이터
- 인형애니메이터

일러스트
레이터

관련
교과

- 미술
- 정보

관련
학과

- 미술학과
- 캐릭터애니메이션과
- 광고디자인학과
- 디지털디자인학과
- 시각디자인학과
- 산업디자인학과
- 컴퓨터디자인학과
- 만화창작과
- 만화예술학과
- 애니메이션학과

적성과
흥미

- 꼼꼼함
- 미술 실기 능력
- 창의력
- 의사소통 능력
- 컴퓨터 활용 능력
- 기획력
- 인내심
- 사회성

관련
자격

- 시각디자인산업기사
- 시각디자인기사
- 컴퓨터그래픽스운용기능사
- 컬러리스트기사
- 컬러리스트산업기사

관련
기관

- 한국일러스트레이션학회

자동차디자이너

자동차디자이너란?

꿈에 그리던 디자인의 자동차를 타고 도로를 달리는 상상을 해보자. 세계적으로 유명한 자동차 브랜드인 아우디, 람보르기니, 폭스바겐, BMW뿐만 아니라 우리나라의 현대, 기아 등의 자동차들은 모두 자동차디자이너의 손을 거쳐 탄생했다.

자동차디자이너는 자동차의 외부와 내부 모형을 디자인하는 직업으로, 더 멋있고 새로운 자동차를 만들기 위해 항상 고민하고 연구한다. 자동차의 모형, 색상 등을 디자인한다는 점에서는 일반적인 디자인과 같지만, 사람을 싣고 달리는 자동차의 특성상 자동차디자이너에게는 보다 높은 전문성이 요구된다. 보기 좋고 멋지게 디자인하는 것은 물론이고 안정성과 편리성, 그리고 경제성까지 고려해야 하기 때문이다.

자동차디자이너는 가장 먼저 어떤 자동차를 만들지 구상도를 그린다. 그 후 많은 회의를 거쳐 수정 작업을 한다. 이 과정에서 가장 많은 시간과 노력이 필요하다. 자동차디자이너는 팀으로 작업하는 경우가 대부분이다. 따라서 팀원으로서의 책임감과 다른 사람에 대한 배려심을 갖추어야 한다. 국내외의 다양한 브랜드를 연구하여 자신만의 디자인 역량을 키워야 하며, 외국 디자이너와의 협업의 기회가 많기 때문에 글로벌 마인드가 필요하다. 또한 예술적 감각과 자동차 기술에 대한 이해, 소비자의 요구를 정확히 분석하는 능력 등 다방면의 능력을 키워야 한다.

자동차디자이너가 하는 일은?

　자동차 디자인 작업은 보통 10여 명 정도의 디자이너가 팀을 이루어 진행한다. 회사에서 개발하고자 하는 자동차 모델이 결정되면, 자동차 외관을 담당하는 디자이너들이 만든 여러 장의 디자인 구상도를 놓고 팀원들이 협의하여 디자인을 선정한다. 선정된 외형 디자인을 가지고, 각각의 디자이너들이 자기가 맡은 부분의 작업을 통해 최종 디자인 시안을 완성한다. 최종 디자인이 완성되기까지는 여러 번의 수정 및 보완 작업을 거치게 된다. 자동차디자이너는 자동차에 감성을 입히고, 편리함과 새로움, 활동성 등 소비자가 요구하는 부분들을 반영한 디자인 작업에 주력한다. 최종적으로 자동차가 완성되었을 때 외관 이미지뿐만 아니라 내부 인테리어에서도 소비자가 만족할 만한 감성과 우아함을 느낄 수 있어야 한다.

- 디자인 의뢰가 들어오거나 회사 내 신제품을 만들 경우, 먼저 최근 소비자의 취향, 요구(needs), 유행 흐름 등을 분석하고, 업계의 디자인 동향을 파악한다.
- 자동차의 차종과 크기, 가격 등을 고려하여 자동차 외장 디자인을 결정하고, 자동차 내부의 색상, 재료, 부자재의 위치 등과 관련된 자동차 내장 디자인을 결정한다.
- 결정된 디자인을 바탕으로 이미지 스케치, 아이디어 스케치, 2D·3D 렌더링, 도면 작업을 거쳐 보다 편리하고 아름다운 디자인이 되도록 한다.
- 디자인한 대로 시제품을 생산(엔진 등 제외)하여 검토한다.

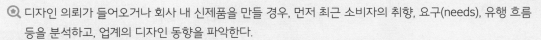

> **Tip** 제품디자이너에 대해 알아볼까요?
>
> 　제품디자이너는 물건을 아름답고 사용하기 편리하게 디자인한다. 휴대폰, 컴퓨터, 냉장고, 에어컨 등 일상에서 사용하는 제품들은 보통 기능과 품질이 비슷한 경우가 많기 때문에 소비자는 디자인을 기준으로 제품을 선택하는 경우가 많다. 제품디자이너는 심미성과 기능성의 문제를 고려하여 제품을 디자인하기 위해 노력한다.

적성과 흥미는?

　자동차디자이너는 우선적으로 디자인 분야의 지식과 감각을 갖추어야 하며, 소비자들이 추구하는 자동차 유행의 흐름을 읽을 수 있는 안목과 자동차 기술에 대한 해박한 지식을 갖추어야 한다. 소비자의 취향에 맞추어 독창성이 있는 디자인을 개발할 수 있는 창의력과 표현력 등을 갖추기 위해 평소 끊임없는 스케치 연습으로 자신의 디자인 실력을 쌓는 것이 중요하다. 사소한 것도 놓치지 않고 세심하게 관찰하다보면 좋은 아이디어가 떠오르는 경우가 많으므로 호기심을 가지고 주위를 관찰하는 자세가 필요하다. 최근에는 자동차 디자인 작업 과정 중 많은 부분이 컴퓨터를 통해 이루어지기 때문에 디자인 관련 CAD, 3D 렌더링, 포토샵 등의 프로그램을 다루는 능력도 필요하다. 자동차디자이너에 관심이 있다면 자동차에 대한 지식을 쌓기 위해 평소 자동차 잡지나 관련 서적을 읽고, 자동차 회사를 탐방하는 기회를 가지는 것이 좋다.

💬 **관련 학과 및 자격증은?**

자동차·운송디자인학과   산업디자인학과

공업디자인학과   제품디자인학과

시각디자인학과

⚙ 제품디자인산업기사   ⚙ 시각디자인기사

⚙ 제품디자인기사   ⚙ 게임그래픽전문가

⚙ 제품디자인기술사

💬 **관련 교과는?**

과학   미술   기술·가정   정보

💬 **관련 직업은?**

제품디자이너   시각디자이너   가구디자이너

팬시완구디자이너   광고디자이너

생활용품디자이너   자동차디자인관리자

 진출 방법은?

자동차디자이너가 되기 위해서는 전문대학이나 대학교에서 산업디자인학이나 공업디자인학, 시각디자인학 등 디자인 관련 학문을 전공하는 것이 일반적이다. 일부 디자이너들은 자동차 디자인 분야의 견문을 높이고, 전문성을 키우기 위해 유학을 가기도 한다. 세계적으로 널리 알려진 자동차 디자인 학교인 영국의 왕립예술학교, 미국의 패서디나 아트센터, 독일의 포르츠하임 대학, 스페인의 우메오 디자인스쿨 등에서 공부한 후 자동차디자이너로 활동하는 경우도 많다.

대부분의 자동차 회사에서는 디자이너를 공개채용하는데, 일반적으로 서류, 실기, 면접의 과정을 거친다. 1차 서류 심사에서는 이력서와 포트폴리오를 요구하는데, 회사에서 가장 중요하게 보는 것은 그동안 자신의 작품을 한눈에 볼 수 있는 포트폴리오다. 따라서 자동차디자이너가 되고 싶다면 평소 자신의 작품을 잘 모아서 관리하는 것이 필수적이다.

⚙ **미래 전망은?**

사람들이 자동차를 구입할 때 가장 먼저 고려하는 것 중의 하나가 자동차의 외형 즉, 디자인이라고 한다. 상품의 외적인 차별성과 가치를 부여하는 디자인이 제품의 주요 경쟁 요소로 부각되면서 자동차디자이너의 역할도 매우 중요해지고 있다.

최근 많은 기업들이 더욱 성장하기 위해 디자인을 전략적으로 활용하는 '디자인 경영(Design Management)'을 추구하고 있다. 기업 입장에서 디자인은 기술 혁신에 비해 투자비가 상대적으로 적게 들어 중요한 경영 전략이 될 수 있기 때문이다. 즉, 동일한 성능을 갖춘 차라면 디자인이 뛰어난 차를 선호하는 것을 자동차 생산 기업이 알고 있기에 디자인을 그만큼 중요시하는 것이다. 그러므로 소비자의 구매 욕구를 자극하기에 충분한 디자인을 할 수 있는 인력을 많이 확보하려고 노력하고 있다. 그러나 좋은 디자인은 많은 수의 디자이너가 아니라 역량 있는 소수의 디자이너에 달려 있다.

자동차디자이너의 중요성은 커지지만, 이 분야에 종사하는 사람이 원래 많지 않은 상황이므로 급속하게 일자리가 증가하는 것은 어려울 전망이다.

CAREER MAP

예술적 감각 함양을 위한 활동
- 예술적 감각 함양을 위한 활동
- 피부, 색에 대한 탐구 및 관련 교내 활동
- 대인관계 및 의사소통 능력 함양을 위한 교과 및 비교과 활동

산업디자인학과
- 산업디자인학과
- 시각디자인학과
- 제품디자인학과
- 공업디자인학과
- 자동차·운송디자인학과

준비 방법

관련 학과

- 제품디자이너
- 시각디자이너
- 가구디자이너
- 팬시완구디자이너
- 광고디자이너
- 생활용품디자이너
- 자동차디자인관리자

- 과학
- 미술
- 기술·가정
- 정보

관련 교과

자동차 디자이너

관련 직업

관련 자격

- 제품디자인기사
- 제품디자인산업기사
- 제품디자인기술사
- 게임그래픽전문가
- 시각디자인기사

적성과 흥미

- 창의력
- 공간 지각 능력
- 마케팅 감각
- 표현력
- 관찰력
- 컴퓨터 활용 능력
- 미적 감각
- 인내심

관련 기관

- 한국자동차디자인협회
- 한국산업디자인협회
- 한국디자인진흥원

작곡가

작곡가란?

영화나 드라마에서 대사와 스토리만큼 중요한 것이 바로 음악이다. 행복, 우울, 긴장, 긴박 등의 다양한 감정은 음악이 흐르는 순간 더욱 고조되고 풍성해진다. 따라서 마음을 움직이는 음악은 사람들을 화면 속 내용에 더욱 몰입하게 한다.

음악은 하나의 요소가 아닌 멜로디, 가사, 악기, 목소리 등이 어우러져 완성된다. 작곡가는 화음, 리듬, 음악 이론 등을 기초로 하여 느낌이 살아있는 가락, 즉 멜로디를 만드는 사람이다. 기쁨, 슬픔, 사랑, 증오, 평화 등 인간이 느끼는 여러 가지 감정들을 멜로디에 담아 악보로 표현한다.

작곡가는 분야별로 전문화되어 있다. 대중가수가 부르는 노래를 만드는 대중음악작곡가부터 만드는 음악 장르에 따라 클래식음악작곡가, 공연음악작곡가, 교회음악작곡가, 영화음악작곡가 등으로 나누어진다. 영화나 드라마, 뮤지컬과 같이 이야기가 정해져 있는 경우, 작곡가는 그 이야기의 분위기에 가장 적합한 음악을 만들어야 한다. 또한 다양한 장르의 기존 음악들을 새로운 악기로 연주하기에 적합한 곡으로 편곡하기도 한다. 같은 멜로디의 음악이라도 피아노, 바이올린, 첼로, 기타 등 연주하는 악기에 따라 느낌이 완전히 다른 곡으로 재탄생한다.

🔍 작곡가가 하는 일은?

작곡가는 하나의 곡을 완성하기까지 작사가, 편곡가 등과 수차례 논의하고, 완성된 곡을 연주자나 가수가 녹음할 때 곡의 분위기나 메시지 등에 대해서도 의견을 제시한다. 즉, 음악이 완성되기까지 모든 과정을 감독하고 조율하는 일을 한다.

🔍 음악의 장르를 구분하여 작곡의 전체적인 흐름을 계획한다.

🔍 주제에 맞는 음악의 분야를 결정하고 곡을 구성한다.

🔍 음악의 가사를 파악한 후 가사와 적합한 곡을 구상한다.

🔍 멜로디, 리듬, 화음, 음악 이론 등의 기초적인 지식을 이용해 자신의 감정을 표현하도록 악보에 그리거나 컴퓨터의 음악 프로그램을 이용해 직접 작곡한다.

🔍 작곡한 곡을 편곡한다.

🔍 작사가, 편곡가 등과 곡에 대해 논의하고, 작곡한 곡을 녹음할 때 녹음 방향에 대하여 조언한다.

🔍 대중가요 가수의 음반, 영화 및 드라마의 OST 음반, 가곡, 합창곡, 교향곡 등 특정 분야를 전문적으로 작곡하기도 한다.

Tip 편곡가, 작사가에 대해 알아볼까요?

• 편곡가: 최근 작곡가뿐만 아니라 편곡가의 역할이 중요해지고 있다. 작곡가는 곡의 뼈대가 되는 멜로디를 만들고, 편곡가는 작곡가의 의도를 파악하여 음악의 전달력을 극대화하기 위해 화성, 악기 연주, 박자, 효과음 등으로 분위기를 조절하는 역할을 한다. 같은 음악이라도 편곡을 어떻게 하느냐에 따라 곡이 완전히 달라지기도 하는데, 예전 노래를 재해석하여 편곡한 리메이크 곡을 원곡과 비교해보면 편곡에 따라 음악이 어떻게 달라지는지 알 수 있다.

• 작사가: 한 노래의 가사를 전문적으로 작성하는 사람을 말한다. 가수가 작사를 하는 경우도 있지만, 싱어송라이터와는 구별된다. 가사의 주제는 음악 장르에 따라 달라진다.

적성과 흥미는?

작곡가가 되기 위해서는 음악에 대한 흥미가 있어야 하는 것은 물론이고, 늘 새로운 음악을 만들어야 하므로 창의적인 멜로디와 리듬을 만들 수 있는 음악적 재능이 필요하다. 그리고 다른 음악과 차별되면서도 자기만의 색깔을 담은 음악을 창조해내는 독창성과 창의력도 필요하다.

작곡가에 관심이 있다면 어려서부터 음악에 대한 상식을 넓힐 필요가 있으며, 한 가지 이상의 악기를 다룰 수 있으면 좋다. 최근에는 컴퓨터를 이용하여 작곡하는 경우가 대부분이므로 작곡 관련 컴퓨터 프로그램을 다루는 능력도 필요하다. 또한 음악 작업에 몰두할 수 있는 집중력과 책임감, 끈기 있게 노력하는 태도도 필요하다.

💬 **관련 학과 및 자격증은?**

(실용음악과) (예체능교육과) (음악학과)
(작곡과) (피아노학과) (기악과)

⚙ 음악치료사   ⚙ 문화예술교육사

⚙ 음악심리지도사   ⚙ 피아노실기지도사

⚙ 중등학교 2급 정교사

💬 **관련 교과는?**

(음악) (정보)

💬 **관련 직업은?**

(작사가) (편곡가) (가수) (연주가) (지휘자)

Tip 화음, 화성, 리듬에 대해 알아볼까요?

- 화음: 높이가 다른 2개 이상의 음이 동시에 울릴 때 일어나는 음의 어울림을 말한다. 도미솔, 도파라, 시레솔처럼 음이 함께 울릴 때 더 아름다운 소리가 나올 수 있다.
- 화성: 화음이 2개 이상 연결된 것을 말한다. 도미솔과 도파라가 연결되어 곡이 진행되면 화성이 된다.
- 리듬: 음의 장단이나 강약이 되풀이될 때 그 규칙적인 음의 흐름을 말한다.

 진출 방법은?

작곡가가 되기 위해서는 대학의 작곡과, 음악과, 피아노과, 관현악과, 기악과, 성악과 등의 관련 학과를 졸업하는 것이 좋다. 관련 학과에 진학하기 위해서는 적어도 청소년기가 되기 전에 자신의 진로를 결정하여 꾸준히 연습해야 한다. 이 때문에 음악가 중에는 예술계 중·고등학교로 진학하는 사람이 많고, 그렇지 않은 경우에는 대부분 사설 학원이나 개인 레슨을 통해 교육을 받는다. 또한 음악가 중에는 이탈리아를 비롯해 유럽으로 유학을 다녀오는 경우도 많다.

작곡가가 되기 위해서는 폭넓은 음악 감상을 통해 음악가로서의 소양을 지속적으로 키워 나가야 하며, 각종 음악 콩쿠르에 참여하여 입상 경력을 쌓는 것도 중요하다. 음악을 전공하면 서양 음악에 대해 주로 다루기 때문에 영어, 이탈리아어, 독일어, 프랑스어 등 외국어 실력을 쌓는 것이 음악 활동을 하는 데 도움이 된다.

⚙ **미래 전망은?**

영화, 연극, 무용 등 음악을 필요로 하는 분야가 넓어지고 문화에 대한 국민의 욕구가 커지면서 음악을 즐기는 소비자의 수요가 증가하였다. 특히 작곡가는 드라마, 영화, 연극, 무용, 뮤지컬 등으로 활동 영역이 넓어지고 있다. 또한 음악가는 로봇이나 인공지능 기술의 발달에 의해 완전히 대체될 수 없는 창의적인 영역의 직업이므로 향후 일자리 전망이 밝을 것으로 예상된다.

하지만 순수 음악은 다른 공연 산업 분야에 비해 경기 변화에 더 민감하게 영향을 받고, 기업들의 문화 콘텐츠 지원도 연주나 창작 활동에 집중되어 있다. 따라서 순수 음악 작곡자에 대한 수요는 크게 증가하지 않을 것으로 보인다.

한편, 온라인 플랫폼 및 소셜 미디어의 발달로 인해 개인이 쉽게 음악 콘텐츠를 생산하고, 판매할 기회가 늘어날 것으로 보인다.

CAREER MAP

- 음악, 외국어 교과 역량 강화
- 음악 관련 동아리활동
- 교내외 음악 콩쿠르 참여
- 작곡가 직업체험활동
- 음악 관련 학과 탐방
- 각종 영화, 공연, 음악회 관람

준비 방법

관련 교과
- 음악
- 정보

관련 직업
- 작사가
- 편곡가
- 가수
- 연주자
- 지휘자

관련 학과
- 실용음악과
- 예체능교육과
- 음악학과
- 작곡과
- 피아노학과
- 기악과

작곡가

적성과 흥미
- 음악적 재능
- 창의력
- 책임감
- 표현력
- 집중력
- 컴퓨터 활용 능력
- 인내심

관련 자격
- 음악치료사
- 문화예술교육사
- 음악심리지도사
- 피아노실기지도사
- 중등학교 2급 정교사

관련 기관
- 한국문화예술위원회
- 한국작곡가협회
- 한국음악협회

지휘자

지휘자란?

'뛰어난 오케스트라에 좋은 연주자는 없어도 좋은 지휘자는 있다.', 이는 클래식 업계에서 오랫동안 공식처럼 내려오는 말이다. 각각의 오케스트라에서 연주자들과 함께 훌륭한 연주를 이끌어내고, 하나의 울림을 만들어내는 것은 온전히 지휘자의 역량에 달려있다는 뜻이다.

지휘자는 오케스트라 등에서 기존의 곡을 재해석, 재창조하여 자신의 곡으로 만들어 연주하는 사람으로, 연주의 시작과 끝, 템포, 리듬을 통일할 뿐만 아니라 음악적 표현에 필요한 모든 해석을 연주자에게 지시하여 작품을 재창조하는 음악가이다. 그리고 관현악이나 합창과 같은 집단적 연주에서 몸동작을 통해 연주를 통일하는 사람이다. 그렇기 때문에 똑같은 악보더라도 지휘자마다 갖가지 해석의 차이가 존재해 지휘자가 누구냐에 따라 결과물이 달라지기도 한다. 또한 지휘자는 공연을 할 때뿐만 아니라 각 악기 연주자들의 하모니를 위해 연습을 독려하는 감독과 코치의 역할도 수행한다.

🔍 지휘자가 하는 일은?

지휘자는 기악을 지휘하는 오케스트라 지휘자나 밴드 지휘자 또는 국악관현악단 지휘자 등이 있고, 합창을 위주로 지휘하는 합창 지휘자가 있다. 이들은 연주할 곡을 선정하고 이를 기획 또는 주제, 화성에 맞게 재창조하여 연주자를 연습시킨 후 대중 앞에 소개하는 일을 한다.

🔍 계획된 공연에 적합한 연주자를 선정 및 배치하고, 연주자들의 재능과 능력에 알맞은 연주곡을 선정하여 각 악기의 화음과 균형, 조화가 이루어질 수 있도록 재창조, 재해석한다.

🔍 지휘법, 음악이론, 발성법 등을 기초로 하여 음색과 화음의 조화, 리듬, 빠르기 등의 음악적 효과를 낼 수 있도록 연주자들을 지도하고 연습시킨다.

🔍 국내 또는 해외연주를 기획하고 계획을 수립하며, 이를 총괄하는 역할을 수행하기도 한다.

🔍 악단과 함께 리허설을 하면서 자신의 해석을 바탕으로 연주자와 주변의 협연자가 완벽한 조화를 이룰 수 있도록 연습을 독려한다.

> **Tip 마에스트로(Maestro)에 대해 알아볼까요?**
>
> 마에스트로는 라틴어 'Magister'에서 유래된 스페인어로, 영어의 Master, 독일어의 Meister와 같이 장인의 뜻을 가진 같은 어원이다. 어원상 예술가, 전문가, 장인 등에게 사용될 수 있는 단어이며, 이탈리아에서는 음악 선생, 작곡가, 연주자에게도 마에스트로라는 명칭을 사용했다. 현대에 이르러 주로 거장의 반열에 오른 지휘자에 대한 호칭으로 쓰임새가 국한되고 있다.

적성과 흥미는?

지휘자는 무엇보다도 타고난 음악적 재능과 예술적 감각을 가지고 있어야 한다. 악보를 읽는 법 등 음악적 지식을 쌓는 것이 필요하고, 화성의 진행이나 악기들의 음색 등을 파악할 수 있는 음감과 청력이 요구된다. 연주 단원들을 통솔할 수 있는 리더십과 판단력이 요구되고 성취, 책임감 등의 성격을 가진 사람들에게 유리하다. 예술형과 탐구형의 흥미를 가진 사람에게 적합하며, 아름다운 하모니가 완성될 때까지 꾸준히 연습해야 하므로 남다른 끈기와 인내심이 요구된다. 이 외에도 주로 서양음악을 많이 다루고 오페라나 예술가곡이 대부분 유럽에서 발달했기 때문에 영어, 이탈리아어, 독일어, 프랑스어 등 외국어 실력을 키워놓으면 음악활동에 도움이 된다.

지휘자를 꿈꾸는 학생이 있다면 음악 교과 시간에 적극적으로 수업에 참여하면서 다양한 활동을 통해 결과물을 만드는 것이 좋다. 음악 관련 동아리활동에 참여하거나 교내 합창대회 및 연주회에 지휘자로 참여하여 팀을 이끌어보는 경험도 필요하다. 다양한 음악 공연을 관람하고 관련 서적 및 정보를 지속적으로 접하면서 트렌드를 분석할 필요가 있다.

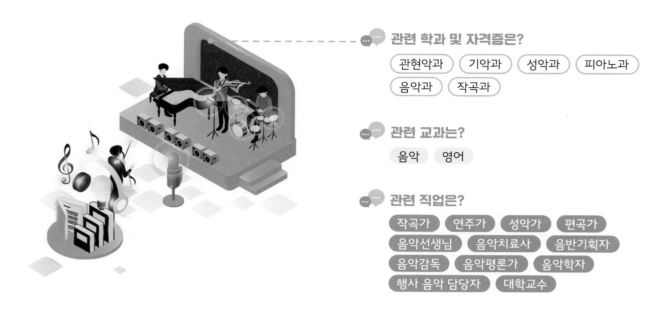

관련 학과 및 자격증은?

관현악과   기악과   성악과   피아노과
음악과   작곡과

관련 교과는?

음악   영어

관련 직업은?

작곡가   연주가   성악가   편곡가
음악선생님   음악치료사   음반기획자
음악감독   음악평론가   음악학자
행사 음악 담당자   대학교수

Tip 연주가에 대해 알아볼까요?

연주가는 전문적이고 숙달된 연주가 가능한 사람으로, 악기를 연주하여 음악을 표현하는 사람 또는 직업을 의미한다. 눈에 보이지 않는 예술 작품을 연주하여 예술 작품을 창조하는 작곡가와 이를 즐기는 청중 사이를 매개하는 역할을 한다. 흔히 연주가를 뮤지션 또는 악사라고 부르며, 대개 악기마다 연주자의 호칭이 존재한다.

 진출 방법은?

과거에는 지휘과가 따로 없어 우리나라에서 작곡을 전공하고 해외에서 다시 지휘를 전공한 후 콩쿠르를 통해 데뷔하기도 했다. 하지만 현재는 음대에 지휘과가 따로 개설되어 있어 전문적으로 지휘를 익힐 수 있기 때문에 지휘자가 되기 위해서는 대학의 관현악과, 기악과, 성악과, 피아노과, 음악과, 작곡과 등 관련 학과를 졸업하는 것이 유리하다.

일반적으로 전문 지식을 익히기 위해 연주자로서의 경험을 쌓은 후 거장에게 인정받아 지휘를 사사하거나 이탈리아를 비롯한 유럽으로 유학을 다녀오는 경우도 있다. 이 외에도 다른 연주자처럼 신인 지휘자를 발굴하는 콩쿠르가 있어 콩쿠르를 통해 알려지는 경우가 많다.

 미래 전망은?

문화생활에 대한 국민의 욕구가 커지면서 연주회 등 공연에 참여하는 관객의 수요가 증가하였으며, 여가시간을 활용하여 악기를 배우는 등 관련 활동이 증가하고 있다. 게다가 지방자치단체에서 각 지역 주민의 문화예술 향유를 위한 문화시설을 확충하고 있어 향후 지역민을 위한 음악회 활동이 활발해질 것으로 예상되므로 지휘자의 고용은 다소 증가할 것으로 예상된다.

하지만 최근 들어 컴퓨터나 스마트 기기로 음악을 접하는 인구가 늘어나면서 공연장을 직접 찾는 인구가 줄어들고 있어 지휘자의 고용에 다소 부정적인 영향을 미칠 수도 있다. 그러나 음악은 로봇이나 인공지능 기술의 발달에 의해 대체될 수 없는 창의적인 영역의 직업이며, 온라인 플랫폼 및 소셜 미디어의 발달로 개인이 손쉽게 음악 콘텐츠를 생산하고 공유할 수 있는 기회가 늘어날 것으로 예상된다.

CAREER MAP

준비 방법
- 음악 교과 프로그램 참여
- 교내 합창대회 및 연주회에 지휘자로 참여
- 음악 관련 동아리활동
- 음악 관련 독서활동
- 음악 관련 정보 수집 및 분석활동

관련 교과
- 음악
- 영어

관련 직업
- 작곡가
- 연주가
- 성악가
- 편곡가
- 음악선생님
- 음악치료사
- 음반기획자
- 음악감독
- 음악평론가
- 음악학자
- 행사 음악 담당자
- 대학교수

지휘자

적성과 흥미
- 음악적 재능
- 예술적 재능
- 리더십
- 판단력
- 책임감
- 예술형, 탐구형
- 외국어 능력

관련 기관
- 문화체육관광부
- 한국문화예술위원회
- 한국음악협회
- 한국지휘자협회

관련 학과
- 기악과
- 관현악과
- 성악과
- 피아노과
- 음악과
- 작곡과

패션코디네이터

패션코디네이터란?

패션코디네이터는 의상을 비롯한 여러 가지 소품들을 적절히 이용하여 하나의 새로운 스타일을 만들어가는 전문가로, 패션업체에서는 신상품을 기획하고 조정하는 역할도 수행한다. 패션코디네이터는 최근 패션쇼, 의류 매장, 방송국, 패션잡지사 등 다양한 곳에서 그 역할의 필요성을 인정받고 있다.

패션코디네이터는 흔히 스타일리스트 혹은 패션어드바이저 등으로 불리는데 분야에 따라 업무의 내용이 약간씩 다르다. 패션코디네이터는 주로 의류와 액세서리를 중심으로 코디를 진행하는 반면, 스타일리스트는 의류와 액세서리 외에도 화장이나 소품을 활용하는 스타일링 작업이 추가된다. 이때, 모델이 아닌 고객의 코디네이션을 도우면 '패션어드바이저'로 불린다.

패션코디네이터는 최근 의상과 소품 등을 통해 연예인의 개성을 살리는 모습이 대중들에게 노출되면서 많은 관심을 받고 있다.

🔍 패션코디네이터가 하는 일은?

패션코디네이터는 방송이나 공연의 성격, 연예인의 성격 등을 고려하여 적합한 의상과 장신구 등을 준비하고, 준비한 의상과 장신구들이 잘 조화될 수 있도록 연출하는 일을 담당한다.

🔍 드라마나 영화 속 등장인물의 성격과 외모를 분석하고, 이를 방송 연출자 및 배우와 상의하여 의상 연출 방향을 결정한다.

🔍 의상 연출 방향이 결정되면 이에 알맞은 의상이나 액세서리를 구입 또는 대여하고, 필요에 따라서는 직접 의상을 제작하기도 한다.

🔍 패션 경향에 대한 정보를 수집·분석하고, 고객의 외모나 성격, 직업 등에 적합한 의상이나 장신구 등을 추천 및 연출한다.

🔍 연예인들이 의상 및 액세서리를 협찬받을 수 있도록 의류업체와 협의 및 협상한다.

> **Tip 패션쇼디렉터에 대해 알아볼까요?**
>
> 패션쇼디렉터는 패션쇼를 총체적으로 기획하는 사람으로, 기업 및 디자이너가 제작하고 선정한 옷과 액세서리 등이 돋보일 수 있도록 모델의 의상, 헤어, 메이크업, 무대 연출 및 무대 음악, 모델 포즈와 같은 모든 요소를 총괄하는 일을 한다. 즉 패션쇼나 브랜드 런칭쇼 그리고 패션 관련 쇼를 기획하고 감독하는 역할로, 패션쇼의 무대 연출을 하는 총책임자를 패션쇼디렉터라고 한다.

적성과 흥미는?

패션코디네이터는 유행에 민감한 분야이므로 패션 동향의 흐름을 파악하고 분석할 수 있는 능력과 의상에 대한 이해력, 색채 감각, 독창적인 구성력과 기획력 등이 필요하다. 상황에 따라 공연이나 무대에 어울리는 의상을 제작해야 하는 경우가 있어 의상을 제작할 수 있는 손재주와 능력이 요구되며, 무엇보다 기발한 아이디어를 위한 창의력이 필요하다.

또한 의류업체와의 원만한 협의 및 협상을 통해 연예인의 의상 협찬을 받아낼 수 있는 협상 능력, 의사소통 능력, 대인관계 능력이 요구된다. 패션에 대한 전반적인 지식, 폭넓은 상품 정보도 빼놓을 수 없는 요건이다. 뿐만 아니라 현장감 있는 작업환경을 순발력 있게 이끌어갈 수 있는 능력과 여러 스태프 및 출연자들과 원활하게 의사소통할 수 있는 능력을 길러야 한다. 패션코디네이터는 예술형과 현실형의 흥미를 가진 사람에게 적합하다.

패션코디네이터를 꿈꾸고 있다면 패션 트렌드를 분석할 수 있어야 하므로 관련 서적과 자료를 분석하고, 이를 스크랩할 필요가 있다. 또한 의상을 제작할 수 있는 능력을 함양하기 위해 관련 동아리나 관련 교과 및 공동 교육 과정을 통해 부단히 노력해야 한다.

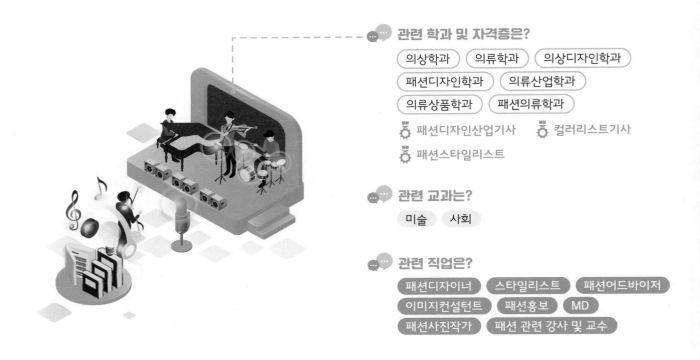

관련 학과 및 자격증은?

의상학과 의류학과 의상디자인학과

패션디자인학과 의류산업학과

의류상품학과 패션의류학과

패션디자인산업기사 컬러리스트기사

패션스타일리스트

관련 교과는?

미술 사회

관련 직업은?

패션디자이너 스타일리스트 패션어드바이저

이미지컨설턴트 패션홍보 MD

패션사진작가 패션 관련 강사 및 교수

Tip 머천다이저(MD)에 대해 알아볼까요?

MD는 'Merchandiser'의 약자로 상품기획자라고 부르며, 상품의 기획, 구입, 가공, 진열, 판매에 대한 책임을 지고 결정하는 사람을 의미한다. 제품 생산 전부터 시장조사와 트렌드 분석을 통해 제품을 언제, 얼마나, 어떻게 생산할지를 결정하는 업무부터 어떤 경로를 통해 어떤 소비자에게 어떻게 다가갈지를 판단하는 판촉 업무, 판매 후 판매실적 및 사후 소비자에 대해 분석해 향후 상품기획에 반영하는 업무까지 전 과정에 관여한다. 최근에는 전자상거래와 e-비즈니스의 발달로 온라인 유통 MD가 새롭게 떠오르고 있다.

 ### 진출 방법은?

패션코디네이터가 되기 위해서는 전문대학 및 대학의 의상과, 의상(패션)디자인과 또는 (패션)코디네이션과 등에서 패션 관련 기본이론과 현장실무를 함께 배우고 패션코디네이션 기초, 스타일메이킹, 패션드로잉, 색채실습, 메이크업, 패션 및 액세서리 등을 배우면 좋다. 혹은 사설 학원의 교육과정을 이수하는 것이 도움이 된다.

또한 패션코디네이터로 진출하는 데 특별한 자격증은 필요 없지만 상황에 따라 의상을 직접 제작할 수도 있기 때문에 관련 역량을 함양하는 것이 좋다.

패션코디네이터는 연예인 기획사, 잡지사, 영화사 등에서 전문가의 일을 보조하면서 업무를 익힌 후 경력과 실력을 쌓으면 더 많은 취업의 기회가 주어지며, 패션코디네이터로서 본격적으로 활동할 수 있다.

 ### 미래 전망은?

방송, 연예계, 패션, 잡지, 광고, 백화점, 의상실 등 패션코디네이터가 활동할 수 있는 분야는 다양하다. 특히 방송사에서는 프로그램 담당 코디네이터가 정해져 있어 드라마나 쇼프로그램 등의 제작 편수와 코디네이터의 일자리는 상관관계가 있다고 할 수 있다.

최근 종합편성채널 등의 성장과 OTT 시장의 확장 그리고 영화 산업의 발달, 미디어 발달에 따른 다매체·다채널화로 다양한 프로그램이 제작되고 있는데, 이는 방송 및 영화 분야에서 활동하는 패션코디네이터의 일자리에 긍정적인 영향을 미칠 것이다. 또한 방송, 광고 및 홍보의 중요성이 가중됨에 따라 방송 현장뿐만 아니라 잡지사, 광고 대행사, 매니지먼트사, 에이전시, 프로덕션 등에서도 코디네이터를 필요로 하고 있다.

그러나 프리랜서의 비율이 높은 패션코디네이터는 꾸준히 본인의 실력을 향상시켜 나가지 않으면 도태될 수 있으며, 대학을 졸업한 전공자나 코디네이터를 양성하는 교육훈련기관의 수료생도 많은 편이므로 일자리 경쟁이 매우 치열할 전망이다.

CAREER MAP

- 의류 트렌드 분석 및 파악
- 의상 제작을 위한 기술 및 능력 함양
- 의상 관련 창의력을 발휘할 수 있는 활동
- 의류 관련 독서활동
- 의류 관련 정보 수집 및 분석

- 미술
- 사회

- 패션디자이너
- 스타일리스트
- 패션어드바이저
- 이미지컨설턴트
- 패션홍보
- MD
- 패션사진작가
- 패션 관련 강사 및 교수

관련 교과

준비 방법

관련 직업

패션 코디네이터

적성과 흥미

관련 학과

관련 자격

- 창의력
- 손재주
- 의사소통 능력
- 대인관계 능력
- 순발력
- 협상력

- 패션디자인산업기사
- 컬러리스트기사
- 패션스타일리스트

- 의상학과
- 의류학과
- 의상디자인학과
- 패션디자인학과
- 의류산업학과
- 의류상품학과
- 패션의류학과

피부관리사

피부관리사란?

생활과 소득 수준이 높아지고 건강, 외모 등에 대한 관심이 커지면서 자기 관리를 위해 시간과 비용을 투자하는 사람들이 많아졌다. 현대 사회는 남녀노소 할 것 없이 자기 자신에 대한 투자에 정성을 쏟고 있고, 이에 따라 피부와 화장품 관련 산업은 날로 성장하고 있다. 이런 시대적 흐름에 발맞추어 피부미용사는 더욱 각광받는 직업이 되었다.

피부미용사는 얼굴부터 발끝까지 몸 전체의 피부상태를 건강하고 청결하며 탄력 있게 관리하는 일을 한다. 고객과의 상담을 통해 피부 유형을 파악하고, 개개인에게 적합한 피부 관리법을 소개한다. 또한 피부의 모공 관리, 여드름 관리, 눈썹 관리, 주름 및 피부 처짐 방지, 노화 방지, 손상된 피부 회복 등 고객이 집중적으로 원하는 부분을 개선시키는 프로그램을 계획하고 실행한다. 피부 유형에 맞는 화장품과 미용 기구, 마사지, 팩 등을 이용해 고객의 피부를 더욱 돋보이게 하는 피부 관리 서비스를 제공한다. 얼굴 마사지뿐만 아니라 이용자의 요구에 따라 몸 전체 피부를 관리해 주기도 하고 손상된 피부를 회복시켜 주기도 한다.

피부미용사가 되려면 국가 자격증을 취득해야 한다. 국제적으로 인정되는 피부 미용 관련 자격증으로는 '국제 CIDESCO(시데스코) 자격증'이 있다. 이 밖에도 건강과 다이어트에 관련된 자격증을 취득하면 일자리를 얻는 데 더욱 도움이 된다. 피부미용사는 주로 피부 관리실(에스테틱)이나 피부과에 있는 부설 피부 관리실, 화장품 업체나 미용기기 업체 등으로 진출하기도 하고, 피부 관리실을 직접 경영할 수도 있다.

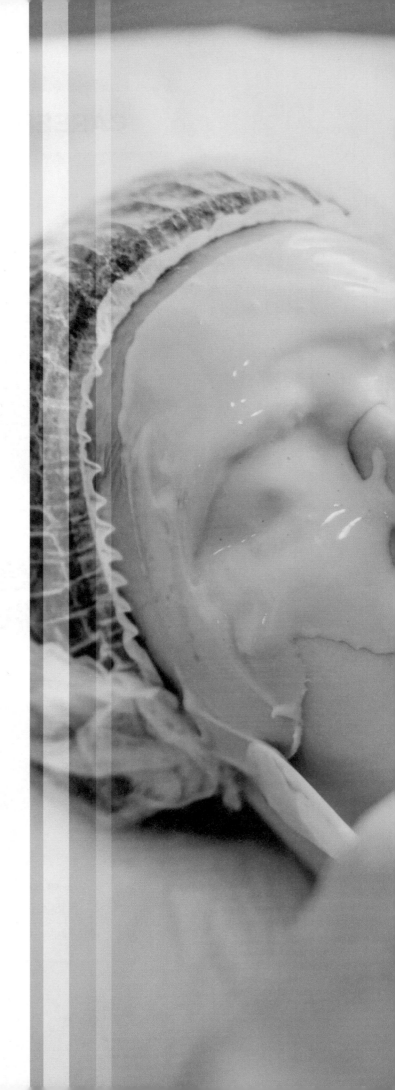

피부관리사가 하는 일은?

피부 미용 고객 상담하기, 피부 분석, 얼굴 관리, 전신 관리, 피부 미용 기구 활용, 피부 미용 화장품 사용, 피부 미용 위생 관리, 피부미용샵 경영 관리 등의 업무를 수행한다.

- 고객과의 상담, 피부 관찰, 건강 상태 파악 등을 통해 고객카드를 기록하고, 적합한 피부 관리 방법을 결정한다.
- 클렌징, 세안 등으로 고객의 피부를 청결하게 한 후 각질 및 모공 노폐물 제거, 여드름 관리, 눈썹 정리 등 피부를 정돈한다.
- 피부 상태에 적합한 크림 등의 각종 화장품을 바른 후 손이나 미용 보조 기계를 사용하여 주무르거나 두드려서 혈액순환 및 미용을 돕는다.
- 피부 표면의 잔털을 제거하고, 기초화장을 한다.
- 관리를 마친 고객에게 피부 성향에 알맞은 화장품을 추천하고, 피부에 적합한 화장법을 조언한다.
- 고객의 예약 관리 및 사후 관리를 한다.
- 색조 화장품을 사용하여 화장을 해주기도 한다.

Tip 아로마세러피스트에 대해 알아볼까요?

향기라는 뜻의 아로마(Aroma)와 치료사를 의미하는 세러피스트(Therapist)의 합성어로, 꽃이나 과일, 잎, 종자 따위에서 추출한 100% 천연 에센스 오일을 이용하여 몸과 마음의 평온을 주는 향기 치료 요법을 실시하는 사람을 말한다. 그래서 향기치료사라고도 불린다. 아로마세러피스트는 고객과 상담을 통해 고객에게 알맞은 오일을 추천하고, 제품의 효능에 대해 설명한다. 그리고 고객이 선택한 제품이 피부에 맞는지, 부작용은 없는지 테스트를 한 다음 이를 판매하고, 흡입법, 스팀법, 마사지법 등에 대해서도 설명한다.

한국에는 아직 아로마세러피스트와 관련된 공인 자격증이 없다. 현재 국내에서 활동하고 있는 대부분의 아로마세러피스트는 일부 민간협회에서 발급하는 자격증을 갖고 있거나 영국, 일본, 미국 등의 사설 기관에서 아로마세러피스트 교육과정을 수료한 사람들이다. 최근 아로마세러피스트에 대한 관심이 높아지면서 관련 협회나 단체가 많이 만들어지고 있으며, 이에 관한 교육과정도 다수 개설되고 있다.

적성과 흥미는?

피부관리사는 단순히 기술적으로 피부 관리만 하는 직업이 아니다. 사람들의 피부 타입, 신체 구조, 성격 등을 잘 파악하고, 그에 대처할 수 있는 분석적 사고 능력과 상황 대처 능력, 순발력 등을 갖춰야 한다. 또한 자신의 손이나 신체를 이용해 고객의 얼굴이나 신체를 마사지하게 되므로 손놀림, 손가락의 기능, 시력 등과 같은 신체 조건과 강인한 체력이 요구된다. 서비스업이므로 고객을 배려하는 긍정적인 마음가짐과 인내심도 필요하다. 또한 많은 사람을 직접 상대해야 하므로 원활한 의사소통 능력과 대인관계 능력을 지닌 사람에게 유리하다.

관련 학과 및 자격증은?

미용과   피부미용과   미용예술과

피부보건과   피부건강관리과   뷰티디자인과

뷰티아트과   뷰티케어과

⚙ 미용사(피부, 네일)   ⚙ 시데스코(CIDESCO)

⚙ 이용사 및 미용사   ⚙ 컬러리스트산업기사

관련 교과는?

과학   미술   정보

관련 직업은?

이용사   미용사   특수분장사   이미지컨설턴트

네일아티스트   메이크업아티스트   목욕관리사

아로마세러피스트   화장품제조판매관리사

피부전문관리사

진출 방법은?

피부관리사가 되기 위해서는 미용 관련 특성화고등학교, 전문대학 및 대학의 피부 미용 관련 학과에서 피부 미용의 이론과 실무 등 관련 교육을 받는 것이 도움이 된다. 대학의 피부 미용 관련 학과에서는 헤어, 피부 관리, 메이크업 부분의 교육과정도 편성하여 운영하고 있으며, 미용 기술 분야뿐만 아니라 미용학, 보건학, 피부과학, 색채학, 화장품학, 영양학 등 이론 분야도 교육받을 수 있다. 재학 중 피부 미용 관련 과목을 이수하면 졸업과 동시에 미용사 면허증을 받을 수 있다.

사설 학원에서도 피부관리사가 되는 데 필요한 교육을 받을 수 있다. 전국 51개 여성인력개발센터에서는 경력 단절 여성들의 경제 활동 참여를 돕기 위해 기초적인 직업 훈련 및 전문 직업 훈련을 제공하고 있는데, 피부 관리 초급 과정부터 실무 테크닉 전문 고급 과정까지 개설되어 있다. 피부관리사로 활동하려면 미용업(피부) 자격증을 취득해야 한다. 응시 자격에 제한이 없으며, 필기시험과 실기시험에 합격해야 한다.

피부관리사는 주로 일반 피부관리실, 피부과 부설 피부관리실, 스파 등에서 근무하며 화장품 업체, 미용 기기 업체 등으로도 진출할 수 있다. 피부관리사로 일을 시작하면 숙련된 피부관리사를 보조하면서 업무를 익히고, 경력과 실력이 쌓이면 고객을 배정받아 본격적인 일을 하게 된다. 이후 일정 시간이 지나면 실장이나 매니저급으로 승진하고, 경영에 대한 준비를 갖춘다면 본인이 직접 창업을 하기도 한다.

미래 전망은?

남녀노소 할 것 없이 건강한 피부가 상대방에게 좋은 인상을 준다는 생각이 일반화되면서 면접이나 중요한 미팅 등을 앞두고 피부관리실을 찾는 경우가 많아졌다. 이러한 추세는 피부관리사의 고용에 긍정적인 영향을 미칠 것으로 보인다.

하지만 피부관리사라는 직업은 경제 상황에 민감하여 그때그때 고용 상태가 다를 것으로 예상되며, 대도시 주변에 활성화되어 있어 지역별로 일자리의 차이가 많을 것으로 보인다. 또한, 대학의 관련 학과, 학원 등에서 배출되는 인력이 매년 꾸준히 늘어나면서 피부관리사의 취업 경쟁은 더욱 치열해질 것으로 예상된다.

> **Tip 네일아티스트에 대해 알아볼까요?**
>
> 네일아티스트는 고객의 손, 손톱, 발, 발톱의 건강 등 미용 관리, 제모와 관련된 업무를 담당한다. 고객의 건강 상태와 미용 관리 부위에 대한 정보를 파악하여 고객의 피부 및 각질에 손상이 가지 않도록 시술하고, 손님에게 관리법 및 전염, 감염에 대한 예방법을 안내한다. 또한 손발톱을 정리하고, 고객과 상의한 뒤 원하는 색상이나 문양으로 손발톱을 장식한다.

CAREER MAP

미술, 화학 교과 역량 강화
- 미술, 화학 교과 역량 강화
- 화장품 회사 및 관련 학과 탐방
- 피부관리사 직업체험활동

관련 학과
- 미용과
- 피부미용과
- 피부보건과
- 피부건강관리과
- 뷰티디자인과
- 뷰티아트과
- 미용예술과
- 뷰티케어과

준비 방법

관련 교과
- 과학
- 미술
- 정보

피부 관리사

관련 자격
- 시데스코
- 미용사(피부, 네일)
- 컬러리스트산업기사
- 이용사 및 미용사

적성과 흥미
- 분석력
- 미적 감각
- 긍정적 사고
- 인내심
- 의사소통 능력
- 대인관계 능력
- 배려심
- 적응력
- 꼼꼼함

관련 기관
- 한국피부미용사회중앙회

관련 직업
- 이용사
- 미용사
- 특수분장사
- 피부전문관리사
- 화장품제조판매관리사
- 네일아티스트
- 메이크업아티스트
- 아로마세러피스트
- 이미지컨설턴트
- 목욕관리사

CF감독

CF감독이란?

　모든 회사나 단체는 자신들의 상품과 서비스를 어떤 방법으로 알릴지 고민한다. 여러 방법 중 하나가 광고로, 광고 없이는 수많은 상품에 대한 정보를 알기 힘들 정도이다. 텔레비전, 인터넷, 신문, 잡지 등 다양한 매체에서 하루에도 엄청난 양의 광고가 쏟아져 나오고 있다. 광고의 성공 여부는 소비자에게 어떤 정보를 얼마만큼 효율적으로 전달했느냐에 달려 있다. 한 편의 광고가 만들어지기까지 광고업계 사람들은 새로운 아이디어를 내기 위해 수많은 회의를 한다. 그리고 모두가 만족할 만한 아이디어가 나오면, 이것을 실제 광고로 만들기 위한 작업을 한다. 아이디어가 독창적이고 기발하다고 하더라도 광고로서 빛을 발하기 위해서는 그 외의 다양한 요소들을 조합하여 연출해야 하는데, 여기에서 가장 중요한 역할을 하는 사람이 CF감독이다.

　CF감독은 광고의 제작 과정을 책임지고, 광고 전체의 영상을 완성하는 사람이다. CF감독은 광고하려는 제품이나 서비스에 관한 이야기들을 15초 안에 담아내야 한다. 그러기 위해서는 담당 제품과 시장 동향, 소비자 심리에 대해 누구보다도 잘 알고 있어야 한다. 뛰어난 영상미는 기본이고, 그 위에 비즈니스나 인생에 대한 심도 깊은 이해도 필요하다. 감독의 예술적 감각과 연출 능력, 시장에 대한 통찰력에 따라 광고의 성패가 좌우되기 때문이다.

🔍 CF감독이 하는 일은?

광고는 광고주나 광고 대행사로부터 의뢰받은 콘티 혹은 광고 줄거리를 토대로 촬영 세부 사항 구성, 제작진 조직, 세트 제작, 촬영 장소 헌팅 등의 준비를 거친 후 촬영, 편집, 녹음 등을 하여 완성된다. 영화감독이 스토리텔러로서 이야기 구조와 세부적인 연출에 집중한다면, CF감독은 영상 구성과 효과 등 시각 연출에 집중하는 측면이 있다. CF감독을 광고 메시지의 전달자로 보는 시각도 있지만, 전략과 아이디어, 연출 등의 업무가 전문화·분업화됨에 따라 최근에는 아이디어를 효율적으로 시각화하는 데 그 역할이 집중되고 있다. 즉, CF감독에게 가장 필요한 능력은 대중의 시선을 사로잡을 만한 광고 언어를 구성하는 세련성과 감각이라고 할 수 있다.

- 🔍 상업용 영상물을 형태(동영상, 정지화상)와 목적(광고용, 홍보용 등) 등에 맞게 제작하기 위해 연출 콘티를 작성하거나 콘티작가에게 기초 작성을 의뢰한다.
- 🔍 제작진과 협의하여 촬영 일정을 계획한다.
- 🔍 촬영감독과 협의하여 촬영하고, 그 결과물을 평가하여 완성한다.
- 🔍 현상 및 텔레시네(Telecine, 필름으로 제작된 영상물을 비디오용 포맷으로 변환하는 작업) 작업 의뢰를 지시한다.
- 🔍 음향 효과와 컴퓨터 그래픽 작업을 의뢰하여 최종 영상물을 완성한다.
- 🔍 최종 영상물이 만들어지면 광고주, 광고 대행사 등과 시사회를 갖고, 추가 및 변경 사항 등에 대해 협의한다.
- 🔍 공중파 방송으로 광고를 내보낼 경우, 방송 심의를 의뢰한다.

적성과 흥미는?

CF감독에게 무엇보다 중요한 것은 창의력이다. 항상 사람들의 시선을 끌 수 있는 새로운 광고를 만들어야 하기 때문이다. 기존에 있는 것보다 자신이 창의적으로 무엇을 만드는 것을 좋아하는 사람에게 유리하다. 또 광고는 모든 일정을 계획적으로 해야 하기 때문에 상황에 맞게 신속하게 판단하는 능력도 중요하다. 그러기 위해서는 다양한 현장 경험이 필수이다.

이런 창의적인 감각, 상황 판단력과 함께 그래픽, 영상, 음악 프로그램 등에 대한 기술적인 지식도 필요하다. 평소에 사진이나 영상을 찍고 보는 것을 즐겨한다면 큰 도움이 될 수 있다. CF감독은 세상과 소통하는 사람이다. 그렇기 때문에 시사, 경제, 정치 등 사회의 변화에 관심이 많고, 사람들의 관심사가 무엇인지 늘 연구해야 한다. 광고 작업은 여러 사람이 함께 진행하기 때문에 리더십이 있어야 하며, 대인관계 능력, 의사소통 능력도 필요하다.

관련 학과 및 자격증은?

광고학과　신문방송학과　경영학과
심리학과　사회학과　연극영화학과
영상예술학과　시각디자인(학)과　사진학과

- 문화예술교육사　　- 웹디자인기능사
- 멀티미디어콘텐츠제작전문가

관련 교과는?

국어　미술　기술·가정　음악　정보

관련 직업은?

광고디자이너　시각디자이너　미술가
만화가　애니메이터　공예원　학예사
문화재보존원　연출가　스토리보드아티스트

Tip 조감독에 대해 알아볼까요?

광고를 제작하는 데 있어 조감독은 거의 모든 일을 담당한다고 할 만큼 역할이 크다. 광고 대행사에서 광고 아이디어가 정해진 후 광고 제작사로 광고 촬영을 의뢰했다면, 조감독은 감독의 지시에 따라 광고 촬영을 같이 할 스태프들에게 연락을 해서 촬영 가능한 스케줄을 확인하고 준비를 한다. 만약 광고 아이디어가 정해지지 않은 채로 광고 제작사가 광고 촬영을 의뢰받았다면, 사내외의 CM플래너와 광고에 대한 아이디어 회의부터 해야 한다. 회의를 통해 아이디어가 정리되면 촬영용 콘티를 그린 후, 스토리보드아티스트에게 의뢰하여 카메라 앵글이나 주인공의 동작 등 세부 사항이 구체화된 콘티를 그린다. 콘티를 광고 대행사에 제시하여 승인을 받으면 그때부터 본격적으로 촬영 준비를 한다.

 ### 진출 방법은?

CF감독이 되기 위해서는 영상에 대한 기본 지식이 있어야 한다. 전공과 학력에는 제한이 없어 광고 학원이나 대학의 광고 동아리에서 실력과 경험을 쌓은 후 CF감독이 되기도 한다. 그러나 대부분은 광고학, 연극영화학, 신문방송학, 시각디자인 등 영상 및 미술과 관련된 학문을 전공하는 경우가 많다.

일반적으로 CF감독이 되기 위해 광고 프로덕션에 조감독으로 입사하여 감독을 보조하면서 업무를 배우고, 경력을 쌓은 후 감독으로 데뷔하게 된다. 대학 재학 중에 광고 회사에서 실시하는 프로그램이나 인턴 제도에 참여하거나 공모전에 출품하여 입상한 경력이 있다면 CF감독이 되는 데 도움이 될 수 있다.

 ### 미래 전망은?

새로운 매체의 출현과 채널의 다양화, 방송 프로그램의 세분화 등으로 광고 매체가 다변화되면서 광고 시장도 더욱 확대되고 있다. 방송과 신문, 인터넷 등 미디어 간의 경계가 허물어지고 휴대 전화나 태블릿 등을 이용하여 방송을 시청할 수 있게 되면서, 이에 적합한 광고를 제작하는 일도 중요하게 되었다. 따라서 각 기업에서는 소비자의 시선을 사로잡을 수 있는 광고를 원하게 되고, 업계에서 실력 있다고 인정받는 CF감독을 찾는 경우가 많아졌다. 일반적으로 광고 산업은 경기의 변동에 민감하게 반응하여 호황일 때와 불황일 때의 차이가 큰 편이다. 그러나 우리는 광고가 없는 현대 사회를 상상할 수 없을 것이다.

CAREER MAP

CF감독

준비방법
- 미술 및 정보 관련 교과 역량 강화
- 미술, 영상 관련 동아리활동
- 미술, 영상 관련 교내외 대회 참가
- 광고 회사 및 방송국, 학과 탐방
- CF감독 직업체험활동
- 미술 및 디자인 소양 함양

적성과 흥미
- 창의력
- 판단력
- 리더십
- 관찰력
- 의사소통 능력
- 컴퓨터 활용 능력
- 집중력
- 미적 감각

관련교과
- 국어
- 미술
- 기술·가정
- 음악
- 정보

관련자격
- 웹디자인기능사
- 문화예술교육사
- 멀티미디어콘텐츠 제작전문가

관련직업
- 광고디자이너
- 시각디자이너
- 미술가
- 만화가
- 애니메이터
- 연출가
- 공예원
- 스토리보드아티스트
- 학예사
- 문화재보존원

관련기관
- 광고정보센터
- 한국광고영상제작사협회
- 한국콘텐츠진흥원

관련학과
- 광고학과
- 경영학과
- 신문방송학과
- 영상예술학과
- 연극영화학과
- 심리학과
- 사회학과
- 시각디자인(학)과
- 사진학과

UX디자이너

UX디자이너란?

UX는 User Experience의 준말로 사용자의 경험을 디자인하는 일을 맡는다. 즉 우리가 사용자로서 이용하는 수많은 웹사이트와 핸드폰 모바일 앱을 사용자 관점에서 생각하고, 사용하면서 겪는 문제점을 해결하여 좀 더 원활한 사용이 가능하도록 만드는 일을 한다.

즉 UX 디자인은 어떤 제품이나 서비스를 사용할 때 효율성과 가독성을 높이는 목적으로 하는 디자인을 말한다. 예를 들어 사용자가 자신이 원하는 검색을 쉽게 할 수 있으면서도 가독성이 높고 디자인적으로 우수한 웹사이트를 만드는 일을 하는 것이다.

그런데 최근에는 UX디자이너가 맡는 일의 범위에 UI(User Interface) 디자이너와 프로덕트(Product) 디자이너의 일이 혼용되고 있다. UX디자이너의 작업 범위가 사용자의 경험을 만드는 것인데 사용자의 범위가 너무 광범위하기 때문이다. 따라서 대중적으로 UX디자이너에 대해 명확한 이해가 있을 때까지는 넓은 개념으로 정의할 필요가 있다.

UX디자이너가 하는 일은?

UX디자이너는 상품의 고객 분석, 데이터 분석을 통한 기획과 마케팅, 유저 리서치, 사용성 테스트까지 거쳐 문제를 파악하고 해결방안을 도출한 후 아이디어를 대략적인 UI 디자인으로 시각화하는 일을 한다.

- 디바이스 혹은 기기 속의 서비스 사용자가 더욱 편리할 수 있도록 인터페이스 속 정보들을 직관적으로 구조화하여 기기와 사용자 사이를 연결하는 화면 구성을 디자인한다.
- 전략기획팀에서 사업 목적 등을 짜면 UX디자이너는 목적에 맞게 앱 화면의 설계도를 만든다.
- 앱이나 웹사이트의 버튼 위치와 텍스트가 올바른 것인지 판단하고 색을 입히는 등 시각적인 디자인 과정을 진행한다.
- 상품이 한 단계에서 다음 단계로 넘어갈 때의 논리적 흐름을 만들기 위해 사용자의 행동을 관찰하고, 테스트를 통해 언어적, 비언어적으로 잘못된 부분을 확인한다.

Tip UI디자이너에 대해 알아볼까요?

UI(User Interface)디자이너는 제품의 아름다움과 함께 시각적 이해를 돕는 디자인을 하는 사람이다. 화려함이라고 해서 단순히 아름다움만 강조하는 것이 아니라 모바일 내에서 손으로 누르기 쉬운 버튼의 크기, 색상 대비로 인한 노안 문제 해결, 의미를 제대로 표현하는 아이콘 디자인 등 사용자의 연령 및 컨디션 등을 고려하여 디자인하는 직업을 말한다.

적성과 흥미는?

UX디자이너는 사람들이 경험해보지 못한 것에 대한 호기심이 필요하고, 새로운 것에 도전해보면서 일상생활에서 조금씩 변화를 시도하는 적극성과 창의력이 필요하다. 또한 상품을 사용하는 사람들이 편하면서도 예쁘다고 느끼는 디자인을 만들기 위해서는 고객이 무엇을 원하고 느끼는지 공감할 수 있는 능력이 필요하다. 이를 통해 사람들이 무언가를 사용하는 상황을 예상하고, 그에 맞는 해결책을 제시할 수 있어야 한다. 또한 어떤 일이 일어나는 이유에 대한 의문을 제기하고 문제를 깊게 분석할 수 있는 비판적 사고 능력이 있으면 좋다. 이러한 능력은 서로 관계없어 보이는 아이디어들을 연결하여 새로운 디자인이 나오도록 만들기 때문이다.

UX디자이너에 관심이 있다면 호기심과 창의력 그리고 공감 능력 및 비판적 사고 능력을 함양하기 위해 지속적으로 노력해야 한다. 이를 위해서는 주변 사람들과의 긴밀한 협력을 위한 사회성과 협업이 필요하다. 따라서 학교생활을 하면서 많은 친구들과 함께 활동하며 공동의 목표를 달성하는 경험을 많이 쌓을 것을 추천한다. 또한 디자인 씽킹, 기업가 정신, 체인지 메이커와 관련된 동아리활동 및 교내 프로그램에 참여하여 공감 능력과 기획력 및 추진력을 함양할 것을 권장한다. 마지막으로 최근의 디자인 트렌드를 파악하기 위한 학습활동, 즉 디자인 관련 독서활동을 하거나 정보를 수집·분석하여 정리할 필요가 있다.

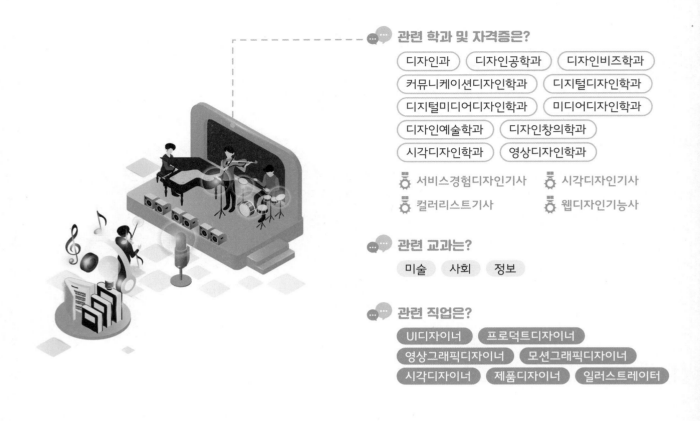

관련 학과 및 자격증은?

디자인과 디자인공학과 디자인비즈학과

커뮤니케이션디자인학과 디지털디자인학과

디지털미디어디자인학과 미디어디자인학과

디자인예술학과 디자인창의학과

시각디자인학과 영상디자인학과

서비스경험디자인기사 시각디자인기사

컬러리스트기사 웹디자인기능사

관련 교과는?

미술 사회 정보

관련 직업은?

UI디자이너 프로덕트디자이너

영상그래픽디자이너 모션그래픽디자이너

시각디자이너 제품디자이너 일러스트레이터

Tip 프로덕트디자이너에 대해 알아볼까요?

프로덕트(Product)디자이너는 웹사이트, 앱 제품을 사용자가 편하게 사용할 수 있도록 제품을 제작하는 디자이너다. UX디자이너와 별로 다르지 않은 것 같지만 큰 차이가 있다. UX디자이너는 사용자가 제품을 쉽게 사용하도록 하는 것에 초점을 둔다면, 프로덕트디자이너는 제품의 사용성은 물론 제품을 파는 회사가 원하는 방향 및 마케팅 등도 고려하여 디자인한다.

 진출 방법은?

UX디자이너가 되기 위해서는 디자인과 컴퓨터에 대한 기본 지식을 바탕으로 고객의 니즈를 파악할 수 있는 공감 능력이 필요하다. 이를 위해 전문대학이나 대학에서 디자인, 디자인 씽킹, 컴퓨터 그래픽 등의 학문을 전공하거나 전문 교육기관에서 디자인 관련 훈련을 받는 것이 좋다.

주로 시각디자인, 산업디자인, 응용소프트웨어공학 등의 학과 출신들을 우대하고 있으나 필수는 아니다. 서비스·경험디자인기능사, 웹디자인 기능사 등 관련 자격이 있으면 좋지만, UX 디자인 역량과 어느 정도의 실무 능력이 있는지 판단하고 증명하기 위해서는 자격증보다 완성도 높은 포트폴리오를 준비하는 것이 가장 좋다.

 미래 전망은?

생활 속에서 모바일이나 포털사이트 검색 없이는 1시간도 살아가기 힘든 날이 도래했다. 스마트폰이나 인터넷 기술의 발달로 온라인상에서 이용할 수 있는 각종 앱과 웹의 디자인 수요가 지속적으로 증가하고 있다.

AI, IoT 등 새로운 디자인 영역들이 많이 나오고 있고, 다양한 기술의 발달로 모바일 앱 영역 또한 지속적으로 발전하고 있다. 뿐만 아니라 단순 디자인이 주를 이루던 과거와 달리 오늘날은 사용자의 편리함을 증대시키는 디자인이 소비의 증대로 직결되기 때문에 UX디자이너의 채용이 늘고 있다.

CAREER MAP

UX 디자이너

적성과 흥미
- 호기심
- 창의력
- 공감 능력
- 비판적 사고 능력
- 대인관계 능력
- 분석적 사고 능력

준비 방법
- 디자인 관련 포트폴리오 제작 활동
- 디자인 씽킹, 기업가 정신, 체인지 메이커 교내 활동
- 다양한 친구들과의 협업을 통한 공동의 목표 달성 경험
- 디자인 트렌드 분석 및 관련 정보 수집 활동

관련 직업
- UI디자이너
- 프로덕트디자이너
- 영상그래픽디자이너
- 모션그래픽디자이너
- 시각디자이너
- 제품디자이너
- 일러스트레이터

관련 교과
- 미술
- 사회
- 정보

관련 자격
- 시각디자인기사
- 서비스경험디자인기사
- 컬러리스트기사
- 웹디자인기능사

관련 기관
- 한국문화예술위원회
- (사)한국미술협회
- (사)한국전업미술가협회

관련 학과
- 디자인과
- 디자인공학과
- 디자인비즈학과
- 디자인예술학과
- 디자인창의학과
- 시각디자인학과
- 영상디자인학과
- 커뮤니케이션디자인학과
- 디지털디자인학과
- 디지털미디어디자인학과
- 미디어디자인학과

Chapter VII

교육계열

공학전문
교과교사

공학전문교과교사란?

직업계고등학교는 특성화고등학교, 마이스터고등학교, 전문교과를 운영하는 일반고(구 종합고)의 전문과정 등을 의미한다. 만화와 애니메이션, 요리, 모바일, 관광, 통역, 금은보석 세공, 인터넷, 멀티미디어, 원예, 골프, 공예, 디자인, 도예, 승마 등 다양한 분야에서 활동할 전문 인재를 양성할 목적으로 설립되었다.

전문교과교사는 직업계고등학교에서 특성화된 과목을 가르치는 교사이다. 현재 전문교과로는 국가직무능력표준에 따라 경영·금융, 보건·복지, 디자인·문화 콘텐츠, 미용·관광·레저, 음식 조리, 건설, 기계, 재료, 화학 공업, 섬유·의류, 전기·전자, 정보·통신, 식품 가공, 인쇄·출판·공예, 환경·안전, 농림·수산해양, 선박 운항 등에 관한 다양한 과목이 있다.

전문교과의 수가 매우 많고 각 전문교과교사의 교직이수 방법이 다양하므로 본문에서는 공학 관련 전문교과를 중심으로 설명하고자 한다. 공학전문교과교사는 직업계고등학교에서 건축구조, 공업입문, 금속재료, 기초제도, 멀티미디어, 시스템프로그래밍, 염색가공, 자동차건설기계, 전자기계제어, 전자전산응용, 정보기술기초, 컴퓨터구조, 통신시스템, 항공기일반, 환경공업일반 등의 전문교과목 중 하나 또는 그 이상의 과목을 전문으로 가르치는 교사이다.

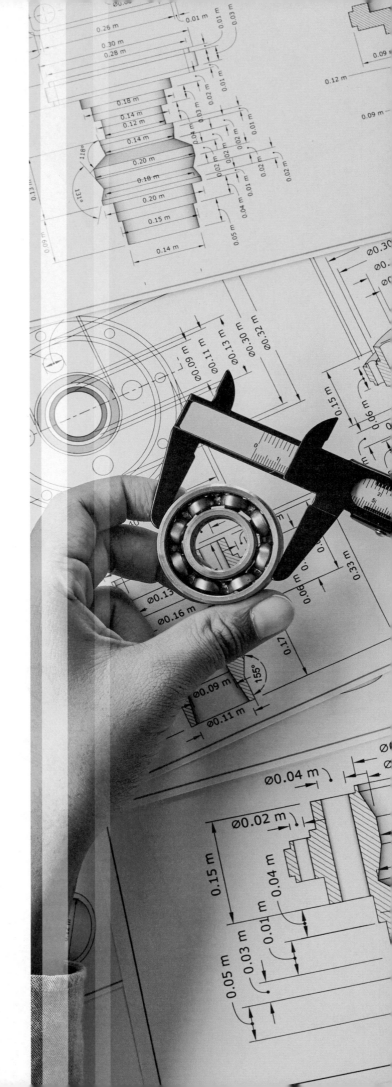

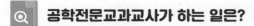 **공학전문교과교사가 하는 일은?**

공학전문교과교사는 공학 분야 교사 및 교육전문가로서 산업 사회의 요구에 대해 지속적으로 공부하며 학생들에게 공학 전반에 대한 이론 및 실험 실습 교육을 제공함으로써 학생들이 실무 능력을 배양할 수 있도록 한다. 이를 위해 교과서 및 시청각 자료 등 다양한 교수·학습 방법과 학습 자료를 활용하여 수업을 진행한다. 이 외에도 3학년 때는 현장실습을 하도록 계획하며, 학생들의 진로 지도 및 취업 후에도 상담이나 생활 지도를 실시하여 교육에 반영하는 후속 조치를 진행한다.

공학전문교과교사는 끊임없이 발전하는 현장 기술에 뒤처지지 않기 위해 현장 연구와 연수에 꾸준히 참여하고, 교육과정을 현장에 적합하도록 개선하기 위해 노력한다.

- 수업을 설계·운영한 결과를 평가하고, 학생의 생활 태도와 진로 선택을 지도하며, 이 과정을 취합하여 학교 생활기록부에 기록한다.
- 학생 교육 및 안전과 관련된 학습 지도, 생활 지도, 행정 업무를 수행한다.
- 학생들에게 다양한 기계 및 기술을 설명하고 시범을 보인다.
- 학교 교육과 산업 사회의 요구에 부합하는 교육과정을 계획·운영한다.
- 학생이 체득할 수 있도록 다양한 직업 현장과 연계된 소재를 활용하여 직업기초능력별 적용 및 향상 방법을 실습하도록 한다.
- 학생이 희망하는 기업의 구직 정보 등을 분석하고, 학생이 자기소개서 및 이력서 작성, 면접 준비, 관련 직업 자격 탐색 등을 실습할 수 있도록 지도한다.
- 창업의 다양한 사례를 통해 창업의 의미, 기업가 정신의 개념과 의미를 학습할 수 있도록 지도한다.

Tip 상업전문교과교사에 대해 알아볼까요?

상업전문교과교사는 경영실무, 기업회계, 마케팅, 사무자동화실무, 상업경제, 유통관리일반, 전자계산실무, 컴퓨터일반, 프로그래밍실무, 회계실무, 회계원리 등의 전문 교과목 중 하나 또는 그 이상의 과목을 교육하는 교사이다. 각 분야와 관련된 전문 기술을 실습 위주로 가르치는 등 실무 능력 배양에 중점을 두고, 과제를 내준 후 결과를 검토 및 지도한다. 전문 교과목에 따라 경영정보교사, 회계정보교사, 통상정보교사, 정보처리교사, 시각디자인교사, 관광경영교사, 비서교사, 사무자동화교사, 유통경영교사 등이 있다.

 적성과 흥미는?

공학전문교과교사가 되기 위해서는 자신의 전공 과목을 좋아해야 하고, 담당 분야에서 필요로 하는 기술이나 이론에 대한 지식을 가지고 있어야 한다. 논리적 사고 능력, 수리력, 사물을 예리하게 관찰할 수 있는 능력을 가진 사람에게 유리하다. 그리고 학생들을 만나고 가르치는 일에 흥미가 있어야 한다.

공학전문교과교사는 산업 현장의 동향을 읽고, 이를 수업에 적용하는 능력도 매우 중요하다. 이를 위해 최신 정보를 학교 교육에 적용할 수 있도록 지속적으로 탐구하는 능력이 필요하다. 또한 학생들의 진로 및 취업을 위해 산학 협동 사업 및 지역사회와 관계를 유지할 수 있도록 노력해야 한다. 실험 및 실습을 할 때 학생들에게 시범을 보여야 하므로 기능적인 능력이 뛰어나야 한다.

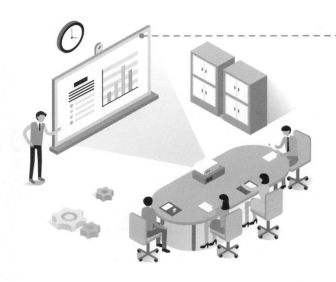

관련 학과 및 자격증은?

기계공학교육과   건축공학교육과   전파공학과

토목공학교육과   전기제어공학과

전자재료공학과   공업화학교육과

금속공학교육과   고분자공학과

- 중등학교 1·2급 정교사
- 교과별 해당 자격증
  (기계, 건축, 토목, 전기, 전자, 통신, 화공, 금속, 자동차 등)

관련 교과는?

영어   수학   기술·가정   정보   과학

관련 직업은?

기계교사   금속교사   자원교사   전기교사
전자교사   통신교사   토목교사   건축교사
화학공업교사   세라믹교사   자동차교사
조선교사   항공교사   환경공업교사
농업기계교사

진출 방법은?

공학전문교과교사가 되기 위해서는 다음과 같은 방법이 있다. 첫 번째, 사범계열 학과를 졸업하여 중등학교 2급 정교사 자격을 취득한다. 컴퓨터교육과, 화학공학교육과, 건축교육공학과, 기계공학교육과 등과 같은 사범계열 학과에 진학하면 해당 전공과목뿐만 아니라 교직 과목을 동시에 이수할 수 있다.

두 번째, 비사범계열의 관련 학과에 진학하여 3, 4학년 때 교직 과목을 이수하거나 대학 졸업 후 교육대학원에 진학하여 석사 학위를 취득함으로써 중등학교 2급 정교사 자격을 취득하는 방법이다. 대학 3, 4학년 때 교직 과목을 이수하려면 통상적으로 각 과별로 한 학년의 5% 내의 성적을 유지해야 한다. 이를 위해 대학교 1, 2학년 때는 학점 관리를 잘해야 한다.

국공립 중·고등학교의 교사가 되려면 중등학교 2급 정교사 자격 취득 후 각 시도 교육청에서 시행하는 '국공립 중등학교 교사 임용후보자 선정경쟁시험(교원 임용시험)'에 합격해야 한다. 교원 임용시험은 매년 11~12월에 시행되며, 시험 내용은 필기, 논술, 면접 등으로 이루어진다.

사립 중·고등학교 교사가 되려면 2급 정교사 자격을 취득해야 한다. 결원 발생 시 각 학교별로 채용 공고를 내고, 학교장 제청에 따라 이사회 의결을 통해 채용한다. 최근 사립학교 교사 채용은 채용 투명성 및 공정성 제고를 위해 희망 법인을 대상으로 위탁채용을 실시하는 쪽으로 변화하고 있다. 사립학교 법인으로부터 위탁받아 공립학교 교사 임용시험과 동일하게 1차 필기시험을 실시하고, 선발 인원의 5배수 이내로 1차 합격자를 결정하여 해당 법인에 통보한다. 최종 합격자는 법인별로 시행하는 2·3차 시험(수업실연·면접 등)을 거쳐 해당 법인에서 채용을 결정한다.

미래 전망은?

당분간 공학전문교과교사의 고용률은 현 상태를 유지하거나 다소 감소할 것으로 보인다. 매년 공학분야 직업계고등학교에 진학하는 학생수가 감소하면서 학급이 감축되고 일반고로 전환되는 학교들도 생기고 있기 때문에 공학전문교과교사의 일자리에 부정적인 영향을 미치고 있다.

따라서 공학전문교과교사의 신규 임용은 극소수로 채용되고 있고, 공학전문교과교사 자격증을 새롭게 취득하는 사람은 증가하고 있어 치열한 채용 경쟁이 예상된다.

CAREER MAP

준비 방법

- 관련 분야의 지식 및 기능 역량 강화
- 해당 분야 관련 신문 및 도서 읽기
- 자신의 생각을 타인에게 전달하는 능력 함양
- 관련 분야의 학과 탐방 및 선배 인터뷰 활동
- 관련 분야 직업체험활동

관련 학과

- 전기·전자·통신 공학교육과
- 전기제어공학과
- 전자재료공학과
- 기계공학교육과
- 건축공학교육과
- 공업화학교육과
- 전파공학과
- 고분자공학과
- 토목공학교육과
- 금속공학교육과
- 정보통신공학과
- 화학공학과
- 전기공학과
- 전자공학과

관련 교과

- 영어
- 수학
- 기술·가정
- 정보
- 과학

공학전문 교과교사

관련 자격

- 중등교사 1·2급 정교사

관련 기관

- 교육부
- 창의인성교육넷
- 에듀넷
- 학교알리미
- 교육과정평가원
- 한국교육개발원

적성과 흥미

- 성실함
- 리더십
- 사회성
- 인내심
- 책임감
- 논리적 사고 능력

관련 직업

- 기계교사
- 전기교사
- 전자교사
- 통신교사
- 토목교사
- 금속교사
- 건축교사
- 화학공업교사
- 세라믹교사
- 농업기계교사
- 자원교사
- 자동차교사
- 조선교사
- 항공교사

과학교사

과학교사란?

현대 사회는 창의적, 합리적으로 사고하며 스스로 의사를 결정하고 문제를 해결할 수 있는 능력을 요구한다. 과학은 이러한 능력과 직접적으로 관련 있는 분야로, 세계 각국에서는 과학기술적 소양을 지닌 인력을 확보하고자 많은 투자를 하고 있다. 이러한 투자의 가장 기본적 방법이 교육이며, 과학 교육을 통해 과학적 소양을 가르치는 사람이 과학교사이다.

과학교사는 중학교에서는 과학을, 고등학교에서는 통합과학 및 과학탐구실험을 가르친다. 그리고 고등학교 일반선택 과목 및 진로 선택 과목인 물리학 I·II, 화학 I·II, 생명과학 I·II, 지구과학 I·II 및 과학사, 생활과 과학, 융합과학을 담당한다. 중학교 과학과 고등학교 통합과학은 기본적인 물리학, 화학, 생명과학, 지구과학의 내용을 담고 있으며, 선택중심 과정에서는 공통과정보다 심화된 내용을 가르친다. 과학교사는 학생들에게 강의, 실험, 토의, 조사, 프로젝트, 과제 연구, 과학관 견학 등의 다양한 교수·학습 방법을 활용하여 새로운 것을 창조하고 성취감을 맛보게 함으로써 탐구 능력을 신장시키는 역할을 한다.

> **Tip** 과학커뮤니케이터에 대해 알아볼까요?
>
> 과학커뮤니케이터는 과학의 대중화를 위해 일반인이나 학생들에게 과학을 쉽고 재미있게 전달하는 일을 한다. 이들은 학교와 과학관, 과학 전시업체 등에서 유머, 스토리텔링, 은유 등을 사용해 일반인에게 과학을 이해하기 쉽고 재미있게 설명한다. 이러한 역할을 하는 과학큐레이터, 과학콘텐츠개발자, 과학해설사, 학교밖 과학교실강사, 방과후 과학탐구강사, 과학저술가, 과학연극인 등이 모두 과학커뮤니케이터에 속한다.

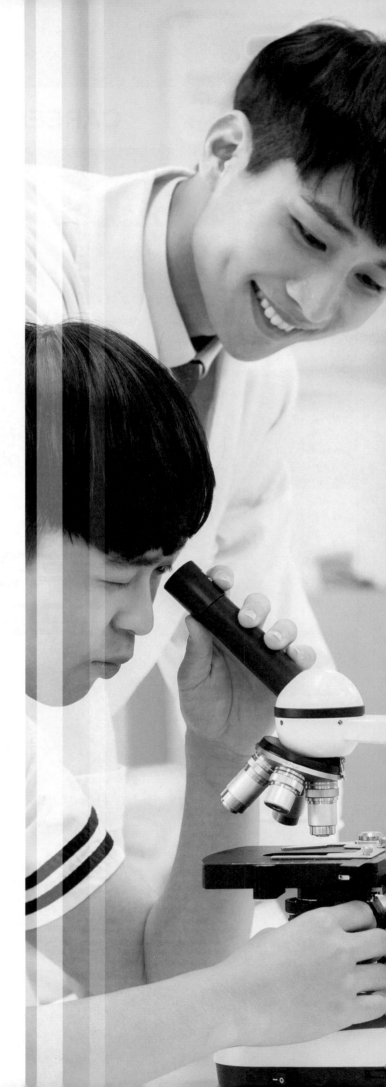

🔍 과학교사가 하는 일은?

과학교사는 중등학교에서 과학, 물리, 화학, 생명과학, 지구과학을 가르치는 일을 한다. 과학교사는 학생들이 자연 현상과 사물에 대한 흥미와 호기심을 가지고, 과학의 핵심 개념에 대한 이해와 탐구 능력을 함양함으로써 개인과 사회의 문제를 과학적이고 창의적으로 해결하도록 과학적 소양을 가르친다.

또한 과학의 핵심 개념 이해 및 과학적 사고 능력, 과학적 탐구 능력, 과학적 문제해결 능력, 과학적 의사소통 능력, 과학적 참여와 평생학습 능력 등과 같이 과학과 관련된 역량을 기를 수 있도록 지도한다. 과학적 창의성을 계발하고 인성과 감성을 함양하기 위해 과학 교과 내용과 관련된 기술, 공학, 예술, 수학 등의 다른 교과와 연계하여 지도한다.

- 🔍 학습 지도 계획 수립 시 학교의 실정이나 지역의 특성, 학생의 능력, 자료의 준비 가능성 등을 고려하여 학습 내용과 지도의 시기를 조정한다.
- 🔍 학습 내용, 실험 여건, 지도 시간, 학생의 능력과 흥미 등 개인차를 고려하여 적절한 학습 방법을 활용한다.
- 🔍 기초 탐구 과정(관찰, 분류, 측정, 예상, 추리, 의사소통 등)과 통합 탐구 과정(문제 인식, 가설 설정, 변인 통제, 자료해석, 결론 도출, 일반화 등), 수학적 사고와 컴퓨터 활용, 모형의 개발과 사용 등의 기능을 학습 내용과 관련시켜 지도한다.
- 🔍 과학 및 과학과 관련된 사회적 쟁점을 활용한 과학 글쓰기와 토론을 통해 과학적 사고 능력, 과학적 의사소통 능력을 함양할 수 있도록 지도한다.
- 🔍 과학 지식의 각 분야를 전 학년에 걸쳐서 연계성 있게 교육하며, 과제를 내주고 시험을 출제하여 학생들의 성적을 평가한다.
- 🔍 학생의 생활 태도와 진로 선택을 지도하며, 이 과정을 취합하여 학교생활기록부에 기록한다.
- 🔍 학생 교육 및 안전과 관련된 학습 지도, 생활 지도, 행정 업무를 수행한다.

적성과 흥미는?

과학교사는 학생에 대한 통제력, 리더십, 판단력, 분석적 사고 능력이 필요하고, 원만한 수업 진행을 위해 정확한 언어 구사 능력이 요구된다. 또한 교육에 대한 열정과 학생에 대한 애정이 필요하다. 특히 과학적 사고 능력과 탐구 능력, 문제해결 능력, 의사소통 능력과 과학 교과를 수학, 예술, 기술, 공학 등의 다른 교과와 융합할 수 있는 능력을 갖추어야 한다.

과학교사는 교육사 및 교육심리학 등의 교직 과목뿐만 아니라 날로 발전하는 과학기술을 이해해야 하며, 새로운 과학 학습 지도 방법에도 능숙해야 하기에 항상 학문에 대해 탐구하는 자세를 가져야 한다. 그 외에도 인간을 대상으로 하는 학문이므로 인간에 대한 이해와 관심, 교육 문제를 작은 것부터 해결해나가는 진취적이고 적극적인 태도가 필요하다.

관련 학과 및 자격증은?

과학교육과 생물교육과 화학교육과
물리교육과 지구과학교육과 농업교육과
응용화학과 원자력공학과 천문기상학과
해양학과

- 중등학교 1·2급 정교사
- 자연생태복원기사
- 대기환경기사
- 수질환경기사
- 화학분석기사
- 환경측정분석사
- 환경영향평가사
- 화학분석기능사

진출 방법은?

과학교사가 되기 위해서는 과학교육과, 물리교육과, 화학교육과, 생물교육과, 지구과학교육과 등과 같은 사범계열의 과학 관련 학과를 졸업하거나 사범계열의 교육학과 전공자가 생물학이나 물리학(과학교육학) 등을 부전공으로 이수하여 중등학교 2급 정교사 자격증을 취득해야 한다. 그 외에 물리학과, 화학과, 생물학과 등 비사범계열 학과일 경우, 교직 과목을 이수하거나 졸업 후 교육대학원에 진학한 후 석사 학위를 취득하여 2급 정교사 자격증을 취득할 수 있다.

과학교육과의 경우 사회 교과와 같이 표시 과목이라 하여 자신이 담당할 수 있는 과목이 교원자격증에 명시되는데, 표시 과목이 과학 관련 과목이라면 중학교 과학과 고등학교 통합과학을 가르칠 수 있다. 반면, 고등학교 선택 과목인 물리학, 화학, 생명과학, 지구과학은 교원자격증에 해당 표시 과목이 명시되어야만 가르칠 수 있다. 이 때문에 학과 선택 시 물리교육과, 화학교육과, 생물교육과, 지구과학교육과 등의 세부 전공에 신중할 필요가 있으며, 과학교육과에 진학한 후 세부 전공을 정할 수도 있다.

국공립 중등학교 교사가 되려면 중등학교 2급 정교사 자격 취득 후 매년 11~12월에 각 시도 교육청에서 시행하는 '국공립 중등학교 교사 임용후보자 선정경쟁시험(교원 임용시험)'을 통과해야 한다. 사립 중·고등학교는 결원이 있을 때 채용 공고가 나며, 채용 절차에 따라 별도의 임용시험을 치른 후 사립 중·고등학교 학교장 제청에 따라 이사회 의결을 통해 채용된다.

최근 사립학교 교사 채용은 채용 투명성 및 공정성 제고를 위해 희망 법인을 대상으로 위탁채용을 실시하는 쪽으로 변화하고 있다. 사립학교 법인으로부터 위탁받아 공립학교 교사 임용시험과 동일하게 1차 필기시험을 실시하고, 선발 인원의 5배수 이내로 1차 합격자를 결정하여 해당 법인에 통보한다. 최종 합격자는 법인별로 시행하는 2·3차 시험(수업실연·면접 등)을 거쳐 해당 법인에서 채용을 결정한다.

관련 교과는?

과학 수학 기술·가정 정보

관련 직업은?

물리교사 화학교사 생물교사
지구과학교사 공통과학교사 기술교사
농업교사 환경교사 출판물기획자
교육계열 연구원 학원강사 과학큐레이터
과학콘텐츠개발자 과학해설사
학교밖 과학교실강사 방과후 과학탐구강사

미래 전망은?

당분간 과학교사의 고용률은 현 수준을 유지하거나 다소 감소할 전망이다. 중등학교 교사의 고용에 영향을 미치는 요인으로는 학생수의 감소와 교육 정책의 변화 등을 꼽을 수 있는데, 이는 긍정적·부정적 영향을 모두 미칠 것으로 보인다.

먼저 교육부가 공교육 내실화를 목표로 교원 1인당 학생수를 줄이기 위한 노력을 지속하고 있다는 점은 긍정적으로 전망된다.

반면, 사범대학 등 중등 교원 양성기관을 통해 배출되는 인력이 증가하는 데 반해 중등학교 학생수는 급격히 줄어들고 신규 채용 예정 교원수는 제한되어 있다는 점은 부정적 영향을 미칠 것으로 보인다.

하지만 최근 이공계 기피 현상을 타개하기 위해 과학 교육 현장을 개선시킴으로써 과학교사의 사기를 진작시키는 정책이 가속화될 것이라는 점이 긍정적 요인으로 작용할 것으로 보인다.

CAREER MAP

준비방법
- 교육에 대한 역량 및 책임감 강화
- 교육 및 봉사 관련 동아리활동
- 과학 교육 관련 멘토링활동
- 교사 관련 학과 탐방 및 직업체험활동
- 과학 교육 관련 독서 및 실습·실험활동

관련학과
- 과학교육과
- 물리교육과
- 화학교육과
- 생물교육과
- 지구과학교육과
- 농업교육과
- 원자력공학과
- 응용화학과
- 천문기상학과
- 해양학과

적성과흥미
- 통제력
- 리더십
- 분석적 사고 능력
- 언어 구사 능력
- 갈등 관리 능력
- 문제해결 능력
- 과학적 사고 능력

과학교사

관련교과
- 과학
- 수학
- 기술·가정
- 정보

관련직업
- 물리교사
- 화학교사
- 생물교사
- 지구과학교사
- 공통과학교사
- 환경교사
- 출판물기획자
- 교육계열 연구원
- 학원강사
- 과학큐레이터
- 과학콘텐츠개발자
- 과학해설사
- 학교밖 과학교실강사
- 방과후 과학탐구강사

관련기관
- 한국과학창의재단
- 교육부
- 창의인성교육넷
- 에듀넷
- 학교알리미
- 교육과정평가원
- 한국교육개발원

관련자격
- 중등교사 1·2급 정교사
- 자연생태복원기사
- 대기환경기사
- 수질환경기사
- 화학분석기사
- 생물공학기사
- 토양환경기사
- 환경영향평가사
- 환경측정분석사
- 화학분석기능사

교육계열

03

교육학연구원

교육학연구원이란?

교육은 한 개인을 온전한 인격체로 성장시키는 과정으로, 개인이 속해 있는 시대와 사회가 요구하는 사람다운 행동 특성과 능력을 지니도록 한다. 따라서 학교뿐만 아니라 학교 밖에서 이루어지는 다양한 교육활동들은 모두 교육에 해당한다. 디지털과 컴퓨터 등을 통해 형성되는 다양한 정보가 경쟁력의 원천이 되는 21세기 교육은 전 생애에 걸쳐 이루어지는 평생학습이어야 한다. 이처럼 교육학은 다양한 방법을 통해 획득한 지식을 창의적으로 창출할 수 있도록 가르치는 것을 연구하는 학문이다.

교육학연구원은 교육의 목적·내용·방법 등에 관한 종합적이고 과학적인 연구를 통해 합리적인 교육체제 및 방법을 개발하며, 미래 교육의 방향이나 정책 등에 대해서 연구하는 직업이다.

교육학연구원은 높은 수준의 전문성이 요구되는 분야로, 다른 직종에 비해 복리후생이 좋은 편이다. 근무 시간은 길지만 환경이 쾌적하고 정신적·육체적 스트레스가 적다. 연구의 자율성도 높은 편에 속하며, 성별 및 연령에 따른 고용 차별도 거의 없다. 그러나 일자리의 창출이 제한적이어서 취업 경쟁이 치열하며, 비정규직의 비율이 높은 직업이다.

교육학연구원이 하는 일은?

교육학연구원은 교육 문제의 개선과 발전을 위하여 교육제도, 교육과정, 교수방법, 교육평가 등 교육의 전반적인 내용에 관한 연구를 한다. 우리나라 교육체제가 당면하고 있는 여러 가지 문제들을 합리적으로 해결할 수 있는 혁신적이고 선진화된 교육체제 및 방법에 대해 연구하고 개발한다.

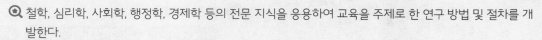

- 철학, 심리학, 사회학, 행정학, 경제학 등의 전문 지식을 응용하여 교육을 주제로 한 연구 방법 및 절차를 개발한다.
- 교육제도 및 환경개선, 교육과정 조직 및 개편, 교수방법 개발, 교육격차 해소, 학교의 교육계획, 교육평가 등에 대한 자료를 조사·수집·분석한다.
- 연구결과를 작성하여 출판하거나 관련 기관이나 학교에 각종 개선안을 제언한다.
- 정부기관이나 전문단체에 전문적인 지식을 제공하거나 자문을 한다.
- 교육철학, 교육심리학, 교육사회학, 교육행정학, 교육과정, 교육공학 등을 전문적으로 연구한다.

Tip 입학사정관에 대해 알아볼까요?

입학사정관이란 학생의 성적과 개인 환경, 잠재력 및 소질 등을 종합적으로 판단해 학생을 선발하고, 연중 입학업무를 전담한다. 고등학교 교육과정과 대학의 학생선발 방법 등에 대한 전문가이다. 학생들의 성적뿐만 아니라 개별적인 특징을 평가하기 위해 직접 일선 고교를 찾아가 '학생 발굴'에 나서는 작업도 수행한다.

적성과 흥미는?

교육학연구원은 교육 및 훈련 전반에 대한 전문적 지식이 요구된다. 현 교육체제와 관련된 제반 사항을 객관적으로 점검, 평가하며 교육체제 관련 문제를 해결할 수 있는 능력이 요구된다. 또한 교육에 대한 사명감을 가지고 있어야 하며 교육 외에도 인문, 사회과학 전반에 흥미를 가져야 한다. 다른 사람들의 의견을 존중하고 건설적으로 비판할 수 있는 능력, 자신의 의견을 논리적으로 설명할 수 있는 논리적 사고 능력, 의사소통 능력, 문서 작성 능력 등이 필요하다.

연구원이라는 직업은 자신의 전공 분야를 끊임없이 연구하고 깊이 공부해야 하므로 꾸준한 자기계발은 물론 관련 지식을 배우려는 자세가 필요하다. 문제에 대한 답을 구하기 위해 정보를 분석하거나 논리를 사용하는 분석력이 필요하며, 판단과 의사결정 능력이 중요하다.

교육학연구원에 관심이 많다면 평소 학교 교육에 더욱 많은 관심을 지니고 연구원으로서 필요한 역량을 키우기 위해 노력해야 한다. 이를 위해서는 토론반이나 논술반, 교육 현상 탐구반 등에서 적극적으로 활동하면 도움이 된다. 또한 폭넓은 분야의 독서활동을 통해 자신의 사고력을 넓히고, 이를 글로 작성해보는 활동 등을 적극 추천한다.

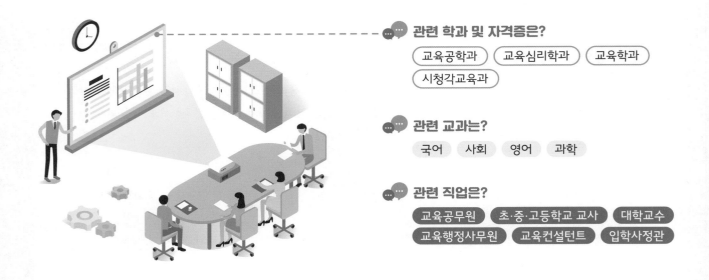

관련 학과 및 자격증은?

교육공학과　　교육심리학과　　교육학과

시청각교육과

관련 교과는?

국어　　사회　　영어　　과학

관련 직업은?

교육공무원　　초·중·고등학교 교사　　대학교수

교육행정사무원　　교육컨설턴트　　입학사정관

Tip 교육연구사와 교육학연구원의 차이점에 대해 알아볼까요?

교육연구사는 교육공무원이자 특정직 공무원인 국공립교사가 전직하여 임용되는 교육전문직원이다. 따라서 교육연구사가 되기 위해서는 반드시 교사가 되어야 한다. 교육학연구원은 공무원이 아니며 국공립대학이나 정부출연 연구기관 혹은 시출연 연구기관, 민간 연구기관 등에서 근무한다.

 진출 방법은?

교육학연구원으로 활동하기 위해서는 대학교에서 교육학, 사회학, 심리학 등을 전공하고, 대학원에 진학하여 교육 관련 분야 석사 이상의 학위를 취득하는 것이 유리하다. 정부출연 연구소나 규모가 크고 연구활동이 많은 연구소에서는 대부분 석사나 박사 학위 소지자를 채용하기 때문이다.

관련 학과에 진학하게 되면 해당 학문 분야에 대한 개념과 이론 등을 배우고 연구 수행을 위해 필요한 각종 연구 방법 등을 배울 수 있다. 또한 자신의 세부 전공 분야를 선택하고, 향후 이와 관련된 분야에서 연구를 수행하게 된다.

교육학연구원은 인접 학문과의 관계 속에서 폭넓은 연구를 수행하므로 자신의 전공뿐 아니라 인접 학문에 대한 풍부한 지식을 쌓는 것이 중요하다.

대부분 공개채용이나 특별채용을 통해 교육 관련 정부부처나 정부산하 연구기관, 관련 민간연구기관, 대학부설연구소 등으로 진출할 수 있다.

 미래 전망은?

교육학연구원을 비롯한 인문과학연구원은 진출할 수 있는 곳이 매우 제한적이다. 교육학연구원을 필요로 하는 정부출연연구소도 매우 적고, 기업부설연구소는 단기간에 눈에 띄는 성과물이 드러나지 않는 연구는 잘 하지 않기 때문이다. 또한 교육학연구원의 임금 수준이 낮고 연구소의 규모가 영세한 경우가 많기 때문에 주로 대학부설연구소에서 일하며, 시간강사나 대학조교 등을 겸직하는 경우가 많다.

그러나 최근 지식사회와 정보화시대에 교육학(인문학)과 다른 학문, 특히 기술을 융합하여 신제품이나 새로운 서비스를 창출하는 경우가 늘고 있어서 교육학(인문학)연구원의 일자리 창출에 긍정적인 영향을 미치고 있다.

이 밖에도 문화와 기술을 아우르는 현대 사회의 복합적인 지식 수요에 알맞은 지식 정보를 계발하기 위한 목적으로 문학, 역사, 철학, 교육 등 전통적인 인문과학 분야의 지식과 정보과학기술 사이의 학제적 소통 및 응용 방법에 대한 연구가 이뤄지고 있다. 이러한 학제 간 연구의 증가 경향은 향후 침체된 교육학 시장에 긍정적인 요소로 작용할 것으로 전망된다.

CAREER MAP

- 교육 관련 지식 함양
- 의사소통 능력 함양
- 글쓰기 능력 함양
- 교육학연구, 논술토론, 교육봉사 관련 동아리활동
- 다양한 분야의 독서활동

준비 방법

- 교육부
- 한국교육개발원
- 한국교육과정평가원

관련 기관

- 국어
- 사회
- 영어
- 과학

관련 교과

교육학 연구원

적성과 흥미

관련 직업

- 사명감
- 비판적 사고 능력
- 논리적 사고 능력
- 의사소통 능력
- 문서 작성 능력
- 분석력
- 판단력
- 의사결정 능력

관련 학과

- 교육공학과
- 교육심리학과
- 교육학과
- 시청각교육과

- 교육공무원
- 초·중·고등학교 교사
- 교육행정사무원
- 교육컨설턴트
- 입학사정관
- 대학교수

교육행정직공무원

교육행정직공무원이란?

교육행정직공무원은 일반적으로 초·중·고등학교에서 근무하는 공무원을 말하고, 학교 행정 중 회계 및 시설관리 업무 등을 담당한다. 교육행정직공무원은 국가직과 지방직으로 분류하여 선발하고 근무 장소도 다르다. 국가직은 주로 교육부나 그 산하기관 및 국공립대학교에서 근무하며 지방직은 각 지방 교육청이나 학교 행정실에서 근무한다. 대부분 지방직에 응시하여 학교나 교육청에서 근무하면서 교육기관의 행정관리 업무 등을 담당한다. 국가직에 선발된 후 교육부나 관련 기관에서 근무하는 경우에는 교육제도를 연구하거나 교육 관련 법령 입안 및 관리 감독 업무를 담당한다.

교육행정직공무원은 다른 직렬에 비해 상대적으로 대민 업무가 많지 않아 스트레스가 적고, 출퇴근 시간이 일정하며, 학교에서 근무 시 빠른 퇴근이 가능하여 시간적 여유가 있다. 전국 초·중·고등학교, 교육청, 교육부 산하 기관, 국공립대학교 등 좋은 환경에서 근무할 수 있어 선호도가 증가하는 추세이다.

교육행정직공무원이 하는 일은?

교육행정직공무원은 교육제도 연구, 법령 입안 및 관리 감독 업무, 각 교육기관의 행정관리를 담당한다. 이 밖에도 기록물 관리, 공무직 급여 지급, 물품대장 관리, 졸업증명서 및 생활기록부 발급 등의 업무를 한다.

- 초·중·고등학교 등의 교육기관에서 행정관리 업무를 담당한다.
- 교육부 산하 기관에서 교육제도의 연구, 법령 입안 및 관리 감독 업무를 한다.
- 초·중·고등학교 등의 교육기관에서 발생한 각종 문서 및 기록물을 관리한다.
- 학교에서 교사나 공무직의 급여를 지급하고 물품대장을 관리한다.
- 학생들의 졸업증명서 및 생활기록부 발급 등의 업무를 한다.

Tip 국가직 공무원과 지방직 공무원의 차이점에 대해 알아볼까요?

공무원은 국가직과 지방직 공무원으로 나누어지고, 직렬별로 다른 업무를 담당한다. 국가직과 지방직의 가장 큰 차이는 근무처이다. 국가직 합격자는 국가기관으로 발령을 받고, 지방직 합격자는 지자체 기관으로 발령을 받는다. 국가직 지역구분 모집을 제외한 직렬은 합격생이 직접 근무 희망 부처를 제출하는데, 이는 필기 성적순으로 진행된다.

국가직 합격자는 국회, 정부종합청사, 부처 산하 기관, 출장소, 공항, 기차역, 구치소, 교도관 등 수행 업무에 따라 다양한 기관으로 발령을 받는다. 직렬마다 다르지만 국가직 공무원은 2~3년마다 주기적으로 전국적인 순환근무를 하게 된다. 지방직 합격자는 구청, 시청, 도청, 구민센터 등 지자체 내의 근무처로 발령을 받는다. 특정 지역의 지방직 공무원 합격자는 퇴직 때까지 한 번 발령받은 지역 내에서만 계속 근무할 수 있다.

적성과 흥미는?

교육행정직공무원은 업무상 매일 학교나 교육부 등의 교육기관에서 일을 처리해야 하므로 그 어떤 직업보다도 세밀함과 꼼꼼함이 필요하다. 2020년부터 업무 플랫폼이 K-에듀파인(공문, 기안, 회계), 나이스(학생 등 정보 처리, 민원 발급, 복무 및 급여 관리) 2가지 시스템으로 나누어지고, 주로 K-에듀파인을 사용하여 업무를 처리하기 때문에 능숙한 컴퓨터 활용 능력이 요구된다. 공문 생성이 급격하게 증가하는 연말에 인터넷 뱅킹과 연계된 지출, 세입 등의 업무를 빠르게 처리해야 하므로 계획적인 성격을 지닌 사람들에게 유리하다.

국가직 교육행정직공무원의 경우, 교육부에서 교육정책 관련 업무를 담당하거나 국립대학에서 학사과정이나 교육과정을 담당하는 경우도 있어 정책을 연구하는 자세나 대학의 교육과정에 대한 이해를 갖추는 것이 좋다.

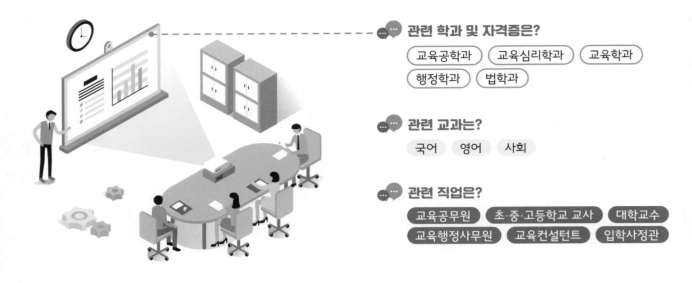

 관련 학과 및 자격증은?

교육공학과 교육심리학과 교육학과

행정학과 법학과

 관련 교과는?

국어 영어 사회

관련 직업은?

교육공무원 초·중·고등학교 교사 대학교수

교육행정사무원 교육컨설턴트 입학사정관

진출 방법은?

교육행정직 국가직은 7·9급 공무원 공채시험을 통해 선발하고, 지방직은 각 지방 교육청에서 선발시험을 진행한다. 7급의 응시 자격은 만 20세 이상, 9급은 만 18세 이상으로 정해져 있다. 다만 응시 자격이 정지되었거나 응시결격사유(국가직: 국가공무원법 제33조·74조/지방직: 지방공무원법 제31조·66조)에 해당할 경우, 응시가 불가능하다.

교육행정직 시험과목은 7급의 경우 국어·영어·한국사·헌법·행정법·교육학·행정학(필수 7과목)을 치른다. 9급은 국어·영어·한국사·행정법총론·교육학개론(필수 5과목) 등을 치른다. 다만 국가직 7급의 경우 2017년 이후 영어 시험이 공인영어 성적으로 대체되었다.

미래 전망은?

교육행정직공무원의 전망은 현재와 비슷하거나 근무 지역에 따라 차이가 있을 것으로 예상된다. 최근 수도권과 도시중심의 학교는 학생수가 증가하지만, 비수도권 지역의 학생들은 지속적으로 감소하여 학교가 줄어들거나 통폐합되는 추세이다.

정년이 보장되어 있는 안정적인 직업으로 경쟁률이 높은 편이며, 학교 행정실에서 근무하는 공무원을 희망하는 수험생들에게 인기 있는 직업군으로 유지될 것이다. 그러나 높은 급여를 희망하는 사람들에게는 다소 고민이 될 수 있는 직업이다. 학교에서 학생을 직접 가르치지는 않지만, 학교라는 특수한 환경에서 근무를 희망하는 사람에게는 적합한 직업일 것으로 예상된다.

CAREER MAP

- 교육관련 지식 함양
- 의사소통 능력 함양
- 글쓰기 능력 함양
- 교육학연구, 논술, 토론, 교육봉사 관련 동아리활동
- 다양한 분야의 독서활동

준비방법

- 교육부
- 한국교육개발원
- 한국교육과정평가원

관련기관

- 국어
- 영어
- 사회

관련교과

교육 행정직 공무원

적성과 흥미

- 사명감
- 비판적 사고 능력
- 논리적 사고 능력
- 의사소통 능력
- 문서작성 능력
- 분석력
- 판단력
- 의사결정 능력

관련직업

- 교육공무원
- 초·중·고등학교 교사
- 교육행정사무원
- 교육컨설턴트
- 대학교수
- 입학사정관

관련학과

- 교육공학과
- 교육심리학과
- 교육학과
- 행정학과
- 법학과

국어교사

국어교사란?

국어는 대한민국의 공용어로서 사고와 의사소통의 도구이며, 학교 안과 밖에서 일어나는 학습과 상호작용의 대부분이 국어를 통해 이루어지므로 국어 능력은 사회생활을 하는 데 중요한 요인이 된다. 또한 세계 각국에서 한류 열풍이 불면서 한국 문화를 선도적으로 알리는 데 한국어와 국어교육의 역할이 중요해지고 있다. 뿐만 아니라, 최근 초중고 학생들의 언어 능력과 문해력에 대한 우려의 목소리가 커지면서 국어교사의 중요성이 더욱 높아지고 있다.

국어교사는 대한민국의 공용어인 국어를 가르치는 사람으로, 학습자가 국어를 매개로 자아를 인식하고 타인과 교류하며 국어활동을 통해 다양한 문화를 이해할 수 있도록 돕는 직업이다. 또한 학교생활을 통해 폭넓은 국어 경험을 쌓으면서 일상생활과 학습에 필요한 실질적인 국어 능력을 함양할 수 있도록 하고, 이를 바탕으로 깊이 있는 사고와 효과적인 소통, 발전적인 문화를 창조할 수 있는 학생을 육성한다.

이를 위해 교육과정에 제시된 성취기준과 효과적인 교수 학습 방법 및 평가 방향을 연구하여 다양한 학습자에게 적합한 수업을 진행하고, 학생들 스스로 자신의 말이나 글에 책임지는 태도를 지니며 바람직한 인성과 공동체 의식을 지닐 수 있도록 지도한다.

🔍 국어교사가 하는 일은?

국어교사는 학생들의 국어 사용 양상을 관찰하고 진단하여 학생 스스로 국어 사용에 관한 자신의 문제점을 깨달을 수 있도록 돕는다. 이로 인해 학생은 효과적으로 듣고, 말하고, 읽고, 쓸 수 있는 언어 능력이 향상된다. 또한, 문학 작품을 생산하고 다양한 인간의 삶을 이해하며 바람직한 가치관과 태도를 가질 수 있도록 수업하고 학생을 상담한다.

- 🔍 교과내용은 듣기, 말하기, 읽기, 쓰기, 국어지식, 문학의 영역으로 구성되며, 구체적으로 국어생활, 화법, 독서, 작문, 문법, 문학 등을 가르친다.
- 🔍 국어 사용 능력을 신장시키기 위해 언어표현과 창작 실습을 지도한다.
- 🔍 교과서 및 시청각자료 등 다양한 학습 자료를 활용하여 수업을 진행한다.
- 🔍 수업을 설계·운영한 결과를 평가하고 학생의 생활 태도와 진로 선택을 지도하며, 이 과정을 취합하여 학교생활기록부에 기록한다.
- 🔍 시험을 출제하고 학생의 성적을 평가하며, 최소한의 성적을 달성하지 못한 학생들을 위해 보충학습을 진행한다.
- 🔍 학생교육 및 안전과 관련된 학습 지도, 생활 지도, 행정 업무를 수행한다.

Tip 한국어 교사에 대해 알아볼까요?

최근 국내 대학의 어학당에서 한국 문화와 한글을 배우려는 외국인이 늘고 있는 것을 보면 한국어의 인기가 점점 높아지고 있음을 실감할 수 있다. 특히 K-POP의 영향으로 외국에서 한국어의 인기는 나날이 높아지고 있다.

흔히 한국어 교사는 한국어 강사로 불리며, 국어를 모어(母語)로 사용하지 않는 외국인과 재외 동포를 대상으로 한국어를 가르치는 사람을 말한다. 한국어 강사는 주로 대학부설 어학원이나 평생교육원, 복지관 등에서 한국어를 전문적으로 지도한다. 수강생 대부분이 외국인이므로 한국생활에 대한 상담을 하거나 도움을 제공하여 한국 문화를 이해할 수 있도록 돕는 활동도 병행한다.

적성과 흥미는?

국어교사에게는 국어에 관한 지식은 물론 다양한 방법으로 가르칠 수 있는 교수 능력이 필요하다. 이를 위해 학습자가 흥미를 느끼고 몰입하여 유의미한 언어 사용 경험을 쌓을 수 있도록 학습자의 수준, 관심과 흥미, 적성과 진로, 언어와 문화 배경에 대한 개인차를 이해할 수 있는 공감 능력이 요구된다. 더불어 학생들과 함께 생활하면서 발생할 수 있는 다양한 문제를 해결하기 위해 성실성, 의사소통 능력, 문제해결 능력, 상황 대처 능력이 있으면 좋다.

한편, 중등교사는 청소년기 학생들을 대하므로 솔직하고 도덕적인 성격, 다른 사람들과 즐거운 관계를 유지하기 위한 협조적 태도를 갖추는 것이 필요하다. 또한 학생들의 욕구나 느낌에 민감하게 반응하고, 이들을 이해하고 도와주는 등 타인에 대한 배려심을 갖추는 것이 중요하다. 질풍노도의 시기인 청소년기 학생들을 올바른 길로 이끌고 바람직한 삶의 자세를 일깨워주기 위해서는 책임감과 리더십이 필요하다.

진출 방법은?

국어교사가 되기 위해서는 대학교나 대학원에서 중등학교 2급 정교사 자격증을 취득해야 한다. 이를 위해서는 사범계열 학과를 졸업하거나, 비사범계열 학과에서 재학 중에 교직과목을 이수해야 한다. 또는 졸업 후에 교육대학원 진학을 통해 석사 학위를 취득하는 방법도 있다.

국공립 중등학교 교사가 되려면 중등학교 2급 정교사 자격을 취득한 후 매년 11~12월에 각 시도 교육청에서 시행하는 '국공립중등학교 교사 임용후보자 선정경쟁시험(교원 임용시험)'을 통과해야 한다. 사립학교 국어교사는 결원이 있을 때 채용 공고가 나며, 채용 절차에 따라 별도의 임용시험을 치른 후 학교장 제청에 따라 이사회 의결을 통해 채용된다. 최근 사립학교 교사 채용은 채용의 투명성 및 공정성 제고를 위해 희망 법인을 대상으로 위탁채용을 실시하는 쪽으로 변화하고 있다. 사립학교 법인으로부터 위탁받아 공립학교 교사 임용시험과 동일하게 1차 필기시험을 실시하고, 선발 인원의 5배수 이내로 1차 합격자를 결정하여 해당 법인에 통보한다. 최종 합격자는 법인별로 시행하는 2차 시험(수업실연·면접 등)을 거친 후 해당 법인에서 채용을 결정한다.

학교 내 특별한 승진 체계는 없지만 '평교사→부장교사→교감→교장'의 단계를 밟을 수 있다. 1급 정교사 자격을 취득하려면 교원으로 임용된 후 3년 이상의 교육 경력을 가지고 소정의 재교육을 받거나, 교육대학원 또는 교육부장관이 지정하는 대학원의 교육과에서 석사 학위를 받고 1년 이상의 교육 경력이 있어야 한다. 또한 일정 이상의 교육 경력이 되면 시험을 통해 장학사나 교육연구사 등으로 진출할 수도 있다.

Tip 언어재활사(치료사)에 대해 알아볼까요?

언어재활사는 과거 언어치료사로 불리었으나, 국가자격으로 전환되면서 명칭이 바뀌었다. 언어재활사는 언어장애의 원인과 증상을 진단한 후 치료 계획을 수립하여 환자를 치료하는데, 구체적인 업무 내용은 다음과 같다.

우선 환자와 상담하여 가족력, 임신력, 태생력, 언어발달력 등을 조사하고 기록한다. 그리고 환자의 발음, 지능 및 어휘력 측정을 위한 각종 의학적 검사를 실시한 후 조음장애, 언어지체, 실어증, 음성장애, 말더듬증, 난청, 구개파열, 뇌성마비 등 언어장애의 원인과 유형, 그 정도를 진단한 후 단어, 글자, 그림카드, 보청기, 녹음기, 퍼즐, 거울 등을 이용하여 치료한다. 또한 사회관계 형성과 유지에 필요한 언어 사용 능력을 향상시키기 위해 집단적 치료활동을 수행한다.

관련 학과 및 자격증은?

국어교육과 　한국어교육과 　국어국문학과
문예창작과 　국제한국어교육학과
글로벌한국어과 　한국어문학과

- 중등학교 1·2급 정교사
- 평생교육사

관련 교과는?

국어

관련 직업은?

중등학교 국어교사 　교육청 장학사
교육부 행정가 　교육학연구원 　신문기자
방송작가 　출판 관련 직업 　교육기관 연구원
시인 　작가 　공연예술가

미래 전망은?

당분간 국어교사의 고용률은 현 수준을 유지하거나 다소 감소할 전망이다. 중등 국어교사의 고용에 영향을 미치는 요인으로는 학생수 감소와 교육 정책의 변화 등을 꼽을 수 있는데, 이는 긍정적·부정적 영향을 모두 미칠 것으로 보인다.

먼저 긍정적인 영향으로는 교육부가 공교육의 내실화를 목표로 교원 1인당 학생수를 줄이기 위한 노력을 지속한다는 것이다. 연도별 중등교사의 수를 살펴보면 최근 들어 매년 소폭 증가하고 있다.

반면, 부정적인 영향으로는 사범대학 등 중등 교원 양성기관을 통해 배출되는 인력은 증가하는 데 반해 중등학교 학생수가 급격히 감소하고 있으며, 신규 채용 예정 교원수도 제한되어 있다. 교육부는 매년 과목별 교원 수요 변동, 교원 증원 상황 등을 반영하여 임용시험으로 선발할 중등교사의 수를 정하고 있다. 교사를 지원하는 사람은 많고, 선발인원은 제한되어 있으므로 중등교사로 취업하는 데 경쟁이 치열할 것으로 예상된다.

CAREER MAP

- 언어 능력 함양
- 교육에 대한 역량과 책임 강화
- 교육 관련 동아리활동
- 국어교육과 탐방 및 직업체험활동
- 국어 관련 독서활동

- 국어교육과
- 한국어교육과
- 국어국문학과
- 문예창작과
- 국제한국어교육학과
- 글로벌한국어과
- 한국어문학과

준비
방법

관련
학과

- 국어

관련
교과

국어교사

관련
자격

- 평생교육사
- 중등학교 1·2급 정교사

적성과
흥미

관련
직업

- 교수 능력
- 공감 능력
- 의사소통 능력
- 문제해결 능력
- 상황 대처 능력
- 성실성
- 도덕성
- 리더십
- 타인에 대한 배려심

관련
기관

- 교육청
- 시도 교육청
- 교육과정평가원
- 국립국어원

- 중등학교 국어교사
- 교육청 장학사
- 교육부 행정가
- 교육학연구원
- 신문기자
- 방송작가
- 출판 관련 직업
- 교육기관 연구원
- 시인
- 작가
- 공연예술가

미술교사

미술교사란?

2011년 미국의 오바마 대통령 시절, '예술 교육으로 재투자'라는 보고서를 살펴보면 교육의 중요성에 대해 다음과 같이 언급하고 있다. "오늘날의 인재들에게 기술과 지식 이상의 더 생산적이고 혁신적인 능력이 필요합니다. 이런 인재가 되기 위해서는 무엇보다도 창의적이고 상상력이 풍부해야 합니다. 그리고 창의성을 계발하는 가장 좋은 방법은 바로 예술 교육입니다." 이를 뒷받침하듯 호주의 한 학교에서는 예술가와 교사, 학생이 협력하는 예술교육 프로그램을 진행하였다. 그 결과 학생들은 상상력, 작용 주체, 표현, 공감, 해석, 존중, 탐구, 반성, 참여, 책임 등의 역량을 함양하였고, 나아가 사회적 책임감까지 형성되었다고 한다.

그 외에도 미술은 느낌과 생각을 시각적으로 표현하여 다른 사람들과 소통하고 자신과 세계를 이해하는 데 중요한 역할을 한다. 나아가 그 시대의 문화를 기록하고 반영하므로 과거와 현재를 알아가고 새로운 문화를 창조하는 역할을 한다.

현재 우리나라에서 대중적으로 이루어지고 있는 예술교육이 바로 학교에서 실시되고 있는 미술교육이며, 이러한 교육을 하는 사람이 바로 미술교사이다. 미술교사는 학생들에게 미적 감수성, 시각적 소통 능력, 창의·융합적 능력, 미술 문화에 대한 이해, 자기 주도적 미술 학습 능력 등을 함양시키는 것을 목표로 수업을 한다.

🔍 미술교사가 하는 일은?

미술교사는 바른 인성과 문화적 소양을 갖춘 창의적인 인재를 양성한다. 학생들이 미술활동을 통해 느낌과 생각을 표현하면서 자신의 감정을 이해하게 하고, 시각적 이미지를 매개로 소통하며 타인의 감정과 서로에 대해 공감함으로써 자연스럽게 인성을 함양할 수 있도록 하는 역할을 한다. 또한 다양한 시각적 작품을 창조하고 여러 분야와 융합함으로써 미적 가치를 창출하는 능력을 길러주는 일을 한다.

🔍 미술 교과의 핵심 역량인 미적 감수성, 시각적 소통 능력, 창의·융합적 능력, 미술 문화에 대한 이해, 자기 주도적 미술 학습 능력 등을 학생들에게 가르친다.

🔍 학습자 체험 중심의 활동이 이루어질 수 있도록 생활 또는 타 분야 등과 연계·융합하여 수업을 계획한다. 이를 위해 관찰학습, 조사학습, 체험학습, 반응중심학습, 탐구학습, 프로젝트, 협력학습 등을 활용하여 수업을 진행한다.

🔍 수업을 설계·운영한 결과를 평가하고, 학생의 생활 태도와 진로 선택을 지도하며, 이 과정을 취합하여 학교생활기록부에 기록한다.

🔍 시험을 출제하고 학생의 성적을 평가하며, 최소한의 성적을 달성하지 못한 학생들을 위해 보충학습을 진행한다.

🔍 학생교육 및 안전과 관련된 학습 지도, 생활 지도, 행정 업무를 수행한다.

Tip 인공지능 시대에도 살아남을 문화예술 관련 직업에 대해 알아볼까요?

최근 우리나라 주요 직업 400여개 중 인공지능 기술이 이들 직업에 미치는 영향을 분석하여 발표한 결과에 따르면 다음과 같다. 화가 및 조각가, 사진작가 및 사진사, 작가 및 관련 전문가, 지휘자, 작곡가 및 연주자, 애니메이터 및 문화가 등 감성에 기초한 예술 관련 직업들은 다른 직업에 비해 인공지능 기술에 의해 대체될 확률이 낮은 것으로 조사되었다.

이 외에도 안무가, 가수, 메이크업아티스트, 패션디자이너, 감독, 배우, 모델, 대학교수, 마술사, 초등교사, 물리치료사, 임상심리사 등도 인공지능 시대에 살아남을 직업으로 분석되었다.

적성과 흥미는?

미술교사는 예술적 감각은 물론 미술에 대한 적성과 재능을 갖추어야 한다. 회화, 조소, 디자인 등과 같은 전공에 대한 실기교육과 함께 실제 미술 작품 경험 활동이 필수적으로 요구된다. 또한 미술교사의 경우, 그리기와 같은 명확한 표현 능력을 바탕으로 하는 창의력이 필요하다. 더불어 다양한 사회문화 현상, 예술과 사상 그리고 관련 기술 등에 관심을 가질 수 있는 유연한 사고방식이 필요하다. 무엇보다 미술교사는 미술에 대한 관련 지식과 함께 다양한 방법을 활용해 학습자, 학교 여건, 수업 환경에 따라 학생을 가르칠 수 있는 능력이 필요하다.

그 외에도 가르치는 것에 대한 흥미와 애정이 있어야 하고, 교사가 지녀야 할 자질뿐만 아니라 끊임없는 노력과 인내가 필요하다. 학생들과 함께 생활하고 다양한 문제를 해결하기에 책임감과 성실성, 문제해결 능력, 의사소통 능력, 공감 능력이 요구된다.

미술교사는 재능을 가지고 창의적 작업을 수행하는 활동을 선호하는 예술형과 개인적인 교류를 통해 타인을 도와주고 가르치며 상담해주고 봉사하는 활동을 선호하는 사회형의 성격에 적합하다.

관련 학과 및 정보처는?

미술교육과 미술학과 공예과 도예과
동양학과 디자인과 조소과 조형학과
미술디자인학부 미술심리치료전공

- 학예사
- 아동미술지도사
- 미술치료사
- 중등학교 1·2급 정교사
- 평생교육사
- 미술심리상담사
- 컬러리스트

관련 교과는?

국어 사회 미술

관련 직업은?

웹디자이너 미술심리치료상담사 아동미술상담사
교육청 장학사 교육학 연구원 일러스트레이터
교육부 행정가 교육연구기관 연구원 학예사
문화예술교육사 광고기획자 화가 조각가

진출 방법은?

중등학교 미술교사가 되기 위해서는 대학교나 대학원에서 중등학교 2급 정교사 자격증을 취득해야 한다. 이를 위해서는 사범계열의 미술교육과를 졸업하거나 비사범계의 회화과, 조소과 등에서 재학 중에 교직과목을 이수해야 한다. 졸업 후, 교육대학원에 진학하여 석사 학위를 취득하는 방법도 있다. 정교사 자격을 취득하는 과정에서 학생들을 가르치는 데 필요한 교육적 역량을 비롯해 교과목의 교수·학습방법을 배울 수 있는 교생실습을 진행하는데, 보통 4학년 1학기에 중·고등학생을 대상으로 진행한다.

국공립 중등학교 미술교사가 되려면 중등학교 2급 정교사 자격 취득 후 매년 11~12월에 각 시도 교육청에서 시행하는 '국공립중등학교 교사 임용후보자 선정경쟁시험(교원 임용시험)'을 통과해야 한다. 사립 중·고등학교는 결원이 있을 때 채용 공고가 나며, 채용 절차에 따라 별도의 임용시험을 치른 후 사립 중·고등학교의 학교장 제청에 따라 이사회 의결을 통해 채용한다. 최근 사립학교 교사 채용은 채용의 투명성 및 공정성 제고를 위해 희망 법인을 대상으로 위탁채용을 실시하는 쪽으로 변화하고 있다.

학교 내 특별한 승진 체계는 없지만 '평교사→부장교사→교감→교장'의 단계를 밟을 수 있다. 1급 정교사 자격을 취득하려면 교원으로 임용된 후 3년 이상의 교육 경력을 가지고 소정의 재교육을 받거나, 교육대학원 또는 교육부장관이 지정하는 대학원 교육과에서 석사 학위를 받고 1년 이상의 교육 경력이 있어야 한다. 또한 일정 이상의 교육 경력이 되면 시험을 통해 장학사나 교육연구사 등으로 진출할 수도 있다.

미래 전망은?

당분간 미술교사의 고용률은 현 수준을 유지하거나 다소 감소할 전망이다. 중등교사의 고용에 영향을 미치는 요인으로는 학생수 감소와 교육 정책의 변화 등을 꼽을 수 있는데, 이는 긍정적·부정적 영향을 모두 미칠 것으로 보인다.

먼저 교육부가 공교육의 내실화를 목표로 교원 1인당 학생 수를 줄이기 위한 노력을 지속하고 있으며, 최근 들어 청소년의 예술 경험과 예술교육의 중요성에 대한 인식이 높아지고 있다는 것이 긍정적인 영향이다. 특히 수능 교과목 중심의 교육에서 벗어나 문화예술의 향유와 경험이 자존감을 향상시키고 창의적 사고의 원동력이 된다는 것에 대한 공감대가 높아지고, 아름다움에 반응하는 감성과 자기표현 능력이 필수적 요소로 주목되면서 예술 교육에 관한 관심도 커지고 있다.

반면, 부정적 영향으로는 사범대학 등 중등 교원양성기관을 통해 배출되는 인력은 증가하는 데 반해 중등학교 학생수는 급격히 줄어들고 신규 채용 예정 교원수는 제한되어 있다는 것이다. 교육부는 매년 과목별 교원 수요 변동, 교원 증원 상황 등을 반영하여 임용시험으로 선발할 중등교사의 수를 정하고 있다. 교사를 지원하는 사람은 많고, 선발인원은 제한되어 있어 미술교사로 취업하는 데 경쟁이 치열할 것으로 예상된다.

CAREER MAP

관련직업

- 교육청 장학사
- 교육학 연구원
- 교육부 행정가
- 교육연구기관 연구원
- 학예사
- 미술심리치료상담사
- 아동미술상담사
- 문화예술교육사
- 광고기획자
- 화가
- 조각가
- 웹디자이너
- 일러스트레이터

준비방법

- 미술 능력 함양
- 교육에 대한 역량과 책임감 강화
- 미술 관련 동아리활동
- 미술관 체험 및 다양한 미술 작품 감상
- 미술 및 사회 관련 독서활동

관련학과

- 미술교육과
- 미술학과
- 공예과
- 도예과
- 동양학과
- 디자인과
- 조소과
- 조형학과
- 미술디자인학부
- 미술심리치료전공

관련교과

- 국어
- 사회
- 미술

미술교사

적성과 흥미

- 미술에 대한 적성과 흥미
- 미술 실기교육에 대한 이해
- 미술 작품 관련 경험
- 창의력
- 유연한 사고
- 책임감
- 성실성
- 문제해결 능력
- 의사소통 능력
- 공감 능력

관련기관

- 교육청
- 시도 교육청
- 교육과정평가원
- 국립현대미술관
- 창작미술협회
- 한국미술협회

관련자격

- 중등학교 1·2급 정교사
- 평생교육사
- 아동미술지도사
- 미술심리상담사
- 미술치료사
- 컬러리스트
- 학예사

보건교사

보건교사란?

아침부터 오후 늦게까지 많은 친구들과 학교생활을 하다보면 크고 작은 사고들이 많이 발생한다. 때문에 부상 치료는 물론, 학교 내 전염병 예방 등 학생들의 건강과 관련한 다양한 영역에 대한 관리가 필요하다. 이를 담당하는 보건교사는 보건실에서 근무하면서 학생들이 다쳤을 때 혹은 컨디션이 좋지 않을 때 치료를 해주거나 침대에서 잠시 쉴 수 있도록 조치를 취한다. 또한 한 달에 한두 번 정도 교실에서 직접 흡연예방교육, 성교육, 응급처치교육, 질병 예방 관련 보건수업을 진행한다.

보건교사의 역할은 시대에 따라 변화하고 있다. 과거에는 보건봉사자, 보건교육자, 상담자, 환경관리자의 역할을 담당했으나 최근에는 학교보건계획, 학교환경위생, 학생과 교직원에 대한 건강진단, 질병예방, 건강 상담 및 평가, 보건교육 등으로 역할이 명시되어 있다.

이처럼 보건교사는 학교에서 학생과 교직원의 건강상태를 점검하고 학교의 보건활동을 평가하기 위해 건강진단 검사를 실시하는 선생님이다. 응급처치, 가정간호, 질병 및 전염병에 대한 보건교육, 건강 상담 등을 주업무로 한다.

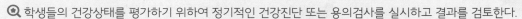

 보건교사가 하는 일은?

보건교사는 교육부장관이 검정·수여하는 보건교사 자격증을 취득한 사람으로, 학교보건법에 의해 초·중·고등학교에서 학생들을 대상으로 하는 보건교육과 건강관리 업무를 담당한다.

🔍 학생들의 건강상태를 평가하기 위하여 정기적인 건강진단 또는 용의검사를 실시하고 결과를 검토한다.

🔍 돌발 사고에 대한 응급처치, 질병 및 전염병 예방에 대한 보건교육 등을 실시하고 예방접종을 시행한다.

🔍 보건 및 의료단체와 협의하여 효율적인 건강계획을 수립하고 실시한다.

🔍 학생들의 건강관찰을 담당하며, 건강에 관한 상담을 한다.

🔍 성교육, 약물오남용 예방교육, 응급처치 및 구강관리교육, 비만관리교육 등 보건교육을 실시한다.

🔍 필요 시 가정방문을 통한 보건지도를 한다.

🔍 학교 여건에 따라 초·중·고등학교에서 보건교과의 수업을 담당한다.

🔍 학교 신체검사의 실시를 전담하고 학생부의 건강 관련 항목을 관리하는 등 결과 처리를 한다.

🔍 때에 따라 학교 급식의 영양 등에 대한 조언을 한다.

Tip 보건교육사 자격에 대해 알아볼까요?

보건교육사는 학력 및 경력에 따라 1~3급으로 구분하여 응시 자격이 구분되는데, 응시 자격에 따라 시험을 응시한 후 시험에 합격하면 자격증이 발급된다. 응시 자격은 다음과 같다. 각 응시 자격 요건에 해당할 경우 보건교육사 시험에 응시할 수 있는데, 100점 만점을 기준으로 각 과목별 점수가 40점 이상, 총평균 60점 이상이면 합격한다.

- 3급 : 전문학사 학위 이상 취득 + 전문대학 보건교육 관련 교과목 중 필수 5과목/선택 2과목 이수
- 2급 : 전문학사 학위 이상 취득 + 전문대학 보건교육 관련 교과목 중 필수 9과목/선택 4과목 이수
- 1급 : ① 보건교육사 국가자격증 2급 취득 + 3년 경력
  ② 대학원 보건 교육학과 교과목 중 필수 9과목/선택 4과목 이수 후 석사 또는 박사 학위 취득
  +보건교육 업무 경력 2년 이상

적성과 흥미는?

보건교사는 학교에서 학생들의 건강과 안전을 다루는 일을 하므로 도덕성과 책임감, 성실함을 갖추어야 한다. 몸이 불편하거나 다쳐 보건실에 온 학생들을 상대해야 하는 만큼 그들의 아픔에 공감하고, 항상 밝은 표정으로 학생들의 마음을 안정시키며 따뜻하게 보살필 수 있는 마음과 배려심, 봉사정신이 필요하다. 또한 학교 내 응급 상황이 발생했을 때 심폐소생술을 실시하거나 가까운 의료기관에 신속하게 이송하는 등 빠르게 대처할 수 있는 판단력과 순발력을 갖추어야 한다. 정확하고 꼼꼼한 성격을 가진 사람에게 유리하고, 교직원 및 학부모, 학생들과 수시로 의사소통을 해야 하므로 대인관계 능력, 의사소통 능력, 협업 능력을 갖추어야 한다.

보건교사에 관심이 있다면 사회, 과학, 체육 교과의 학업 성취 향상을 위한 노력이 필요하다. 또한 청소년단체나 봉사동아리에 참여하거나 학교교육계획에 의해 운영되는 지속적인 봉사활동에 참여하고, 기회가 닿는 대로 돌봄활동(환우, 장애인, 독거노인)에 참여하는 것을 권장한다. 간호, 과학탐구 실험, 생명 연구, 사회 참여, 의료 및 보건 관련 동아리활동도 도움이 된다. 간호, 생명, 의료, 윤리, 인문학 등 폭넓은 분야의 독서활동을 통해 지식과 소양을 키우려는 노력을 기울여야 한다.

관련 학과 및 자격증은?

간호대학 간호학과 간호학과(인문)
간호학과(자연) 간호학부 간호학부(인문)
간호학부(자연) 간호대학 간호학부
국군간호사관학교

⚙ 간호사   ⚙ 응급처치사
⚙ 조산사   ⚙ 노인건강관리사
⚙ 웃음치료사   ⚙ 보건교사 1·2급
⚙ 보건교육사   ⚙ 전문간호사(13개분야)

관련 교과는?

국어 사회 과학 체육 보건

관련 직업은?

임상간호사 간호·보건직 공무원 산업간호사
전문간호사 조산사 사례관리간호사
보험심사간호사 간호장교

 진출 방법은?

보건교사가 되기 위해서는 각 시도 교육청에서 실시하는 보건교사 임용시험에 합격해야 한다. 보건교사 임용시험의 응시 자격 요건으로는 첫째, 전문대 혹은 4년제 대학의 간호학과를 졸업하고 간호사 국가면허가 있어야 한다. 둘째, 간호학과 재학 중 교직을 이수해야 한다. 셋째, 한국사능력검정시험 인증(3급)을 받아야 한다.

국공립학교의 보건교사는 매년 시행되는 보건교사 경쟁 임용시험에 합격한 후 선발된다. 사립학교의 보건교사는 사립 중·고등학교에 결원이 있을 때 채용 공고가 나는데, 채용 절차에 따라 별도의 임용시험을 치른 후 사립 중·고등학교 학교장 제청에 따라 이사회 의결을 통해 채용된다. 최근 사립학교 교사 채용은 희망 법인을 대상으로 위탁채용을 실시하는 쪽으로 변화하고 있다. 사립학교 법인으로부터 위탁받아 공립학교 교사 임용시험과 동일하게 1차 필기시험을 실시하고, 최종 합격자는 법인별로 시행하는 2·3차 시험(수업실연·면접 등)을 거친 후 해당 법인에서 채용을 결정한다.

보건교사 교직이수 과정은 100개가 넘는 대학교 및 전문대학에 설치되어 있다. 일반교과 중등 2급 정교사와 달리 전문대학에서도 교사 자격 취득이 가능하고, 교육대학원을 통한 보건교사 자격 취득이 불가능하다. 전문대학 간호학과도 4년제(학사학위) 교육과정으로 바뀌었기 때문에 4년제 대학교와 거의 차이가 없다.

> **Tip** **전문간호사에 대해 알아볼까요?**
>
> 전문간호사는 마취, 보건, 정신, 감염관리, 가정, 산업, 응급, 노인, 중환자, 호스피스, 종양, 아동, 임상전문간호사 등으로 구분된다. 간호사 면허를 소지하고 해당 분야의 간호 실무 3년 이상의 경력자로서 전문간호사 교육과정을 이수하고 전문간호사 자격시험에 합격해야 한다.

⚙ **미래 전망은?**

보건교사는 교육공무원 신분으로, 보건실이라는 독립된 공간에서 학생들을 대상으로 근무하므로 비교적 스트레스가 적어 선호도가 높은 직업 중 하나이다.

최근 중·고등학교에서 보건 과목을 추가 선택하여 수업하는 경우가 늘고 있고, 코로나19로 인해 학교·유치원 등 감염병 사각지대에서 근무하는 현직 보건교사들의 업무 과중과 인력난 등으로 인한 대책 마련이 시급히 요구되고 있다. 이는 보건교사의 학교 배치에 긍정적인 요소이다. 또한 모든 학교는 학교보건법에 의거해 심폐소생술 교육을 포함한 보건 교육과 학생들의 건강관리를 담당해야 하므로 보건교사의 고용은 다소 증가할 것으로 전망된다.

CAREER MAP

보건교사

준비방법
- 과학 교과 역량 함양
- 음악, 미술, 체육 교과에 대한 관심
- 청소년단체활동 참여
- 교육 및 봉사, 간호 관련 동아리활동
- 교육, 심리학, 상담, 보건, 의학 분야의 폭넓은 독서활동
- 보건교사 및 간호 관련 학과 탐색활동

관련직업
- 임상간호사
- 간호·보건직 공무원
- 산업간호사
- 전문간호사
- 조산사
- 사례관리간호사
- 보험심사간호사
- 간호장교

관련교과
- 국어
- 사회
- 과학
- 체육
- 보건

관련기관
- 대한간호협회
- 보건교사회
- 한국건강관리협회
- 한국간호평가연구원
- 한국보건의료인국가시험원

적성과흥미
- 도덕성
- 책임감
- 공감 능력
- 봉사정신
- 희생정신
- 빠른 판단력
- 정확성
- 꼼꼼함
- 대인관계 능력
- 의사소통 능력
- 협업 능력
- 성실성

관련자격
- 간호사
- 응급처치사
- 노인건강관리사
- 웃음치료사
- 조산사
- 보건교육사
- 보건교사 1·2급
- 전문간호사(13개 분야)

관련학과
- 간호대학
- 간호학과
- 간호학과(인문)
- 간호학과(자연)
- 간호학부
- 간호학부(인문)
- 간호학부(자연)
- 간호대학 간호학부
- 국군간호사관학교

보육교사

보육교사란?

보육교사는 공공 어린이집, 사설 어린이집 등 탁아기관에서 영유아를 대상으로 양육의 보충적 역할을 하면서 여러 사정으로 자녀와 함께 있을 수 없는 부모들을 대신하여 아이들을 돌보고 교육한다. 부모와 교사의 역할을 동시에 수행해야 하므로 힘들지만 그만큼 보람 있는 일이다. 특히 육아와 살림의 경험을 살릴 수 있고, 교육 및 훈련을 받는 데 비교적 시간과 비용이 많이 소요되지 않는다는 점에서 접근성이 좋은 직업 중 하나이다.

영유아들의 가치관이나 습관이 형성되는 중요한 시기에 교육을 담당하므로 보육교사의 역할은 매우 중요하다. 영유아보육법에 의하면 어린이집 운영 시간은 오전 7시 30분부터 오후 7시 30분까지 12시간을 기본으로 한다. 최근 보육교직원의 근무 시간은 주 40시간, 평일 8시간을 원칙으로 하지만 하루 10시간 이상의 장시간 근무가 이뤄지는 상황이다. 의사소통 능력이 부족한 유아를 대상으로 다양한 서비스를 제공해야 하므로 육체적·정신적 스트레스가 높고, 다른 직업과 비교하여 상대적으로 연봉이 낮은 편이다.

 **보육교사가 하는 일은?**

보육교사는 보육시설에서 보호자의 위탁을 받은 만 5세 미만의 취학 전 아동을 건강하고 안전하게 보호하고 양육하며, 그에 맞는 적합한 교육을 제공한다. 영유아의 성장과 발달 과정에 대한 이해와 교육적 지식을 갖춘 전문가로서 영유아의 신체적·사회적·정서적·지적 발달이 균형 있게 이루어질 수 있도록 교육 방법을 연구하고 적용하는 일을 한다. 또한 영양, 위생, 안전을 위한 보호 서비스를 통해 영유아의 조화로운 발달을 돕는다.

- 어린이집, 놀이방 등 보육시설이나 아동복지시설에서 위탁아동을 교육하고 보호한다.
- 위탁된 영유아를 심신 상태, 발육 단계, 건강 상태, 연령 등에 따라 구분하고, 그에 적절한 보육 계획을 세운다.
- 유아의 개별적 요구와 관심을 상세히 관찰한 후 적합한 보육 방법을 결정하고, 교수 방법 및 교재를 선택하여 지도한 후 결과를 보육일지에 기록한다.
- 그림책, 장난감, 악기 등을 이용하여 유아의 정서 및 지능 발달에 도움을 주는 활동을 한다.
- 잠자는 시간과 휴식 시간에 유아들을 보살피고, 균형 있는 영양 공급을 위해 바른 식습관을 지도한다.
- 관찰 내용과 지도 경과를 보육일지에 기록하고, 아동들의 보육 상태를 평가하여 부모들과 상담한다.

Tip 보육교사와 유치원교사의 차이점에 대해 알아볼까요?

취학 전 아동을 보호하고 교육하는 역할을 하는 보육교사와 유치원교사는 영유아를 보호하고 균형 있는 교육을 한다는 점에서는 공통점이 있지만, 기본적으로 따르고 있는 법률과 소속, 교육아동의 연령, 근무지에 차이가 있다.

유치원교사는 교육부 소속으로 유치원에서 근무한다. 유치원교사가 되기 위해서는 유치원 정교사 2급 자격증을 취득해야 하며, 이를 위해 필수적으로 유아교육과에 입학해야 한다. 또한 자격증과 별도로 임용고시를 봐야 국공립 유치원에 취업이 가능하다.

반면 보육교사는 보건복지부 소속으로 어린이집에서 근무한다. 보육교사 자격증은 전문대 이상의 학력을 보유하거나 영유아보육법에 나와 있는 17과목을 이수하면 별도의 자격시험 없이도 자격증 취득이 가능하다.

 적성과 흥미는?

보육교사는 공공 어린이집, 사설 어린이집에서 유아를 대상으로 양육을 하므로 영유아와 어울리고 함께하는 일을 좋아하며, 영유아를 가르치는 일을 소중하게 생각하는 사람이어야 한다. 보육교사는 영유아들의 갑작스러운 행동에 대처하기 위해 일반 및 특수아동의 신체 발달, 심리와 행동, 부모교육 등에 대한 지식을 갖추어야 하고, 돌발 상황에 대한 신속한 판단 능력과 대처 능력을 갖추어야 한다. 무엇보다 보육교사는 교육자로서의 사명감과 아이들을 아끼고 사랑하는 마음, 책임감과 성실성, 끈기 등을 지닌 사람에게 적합하다. 아이들에게 모범을 보여야하므로 정확한 언어 구사 능력과 바르게 행동하는 도덕성도 갖추어야 한다.

보육교사에 관심이 많다면 음악, 미술, 보건, 기술·가정 교과에 대한 흥미와 기본 지식을 갖추어야 한다. 또한 전달하고자 하는 지식을 유아의 눈높이에 맞춰 전달할 수 있는 언어 구사 능력과 흥미를 유발하며 수업을 진행하는 능력이 필요하다.

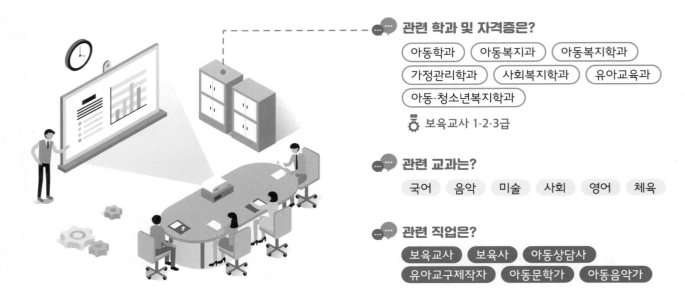

관련 학과 및 자격증은?

아동학과　아동복지과　아동복지학과

가정관리학과　사회복지학과　유아교육과

아동·청소년복지학과

보육교사 1·2·3급

관련 교과는?

국어　음악　미술　사회　영어　체육

관련 직업은?

보육교사　보육사　아동상담사

유아교구제작자　아동문학가　아동음악가

진출 방법은?

보육교사가 되기 위해서는 보육학과, 아동학과, 유아교육과, 아동복지학과 등의 보육 관련 학과에서 기초이론, 영유아 발달과 교육, 영유아 건강, 안전, 영양 등 보육 관련 과목(17과목, 51학점)을 이수하는 것이 유리하다.

또는 보육교사 교육시설(보육교사교육원)에서 영유아들의 정서적·신체적 발달에 따른 보육 관련 사항을 배우고, 보육실습을 하여 보육교사 2급 자격을 취득해야 한다. 또한 석사 학위를 취득하고 1년 이상의 보육 업무 경력이 있거나, 2급으로 자격증을 취득하고 3년 이상의 보육 업무 경력이 있으면 1급 자격을 취득할 수 있다.

미래 전망은?

최근 한국의 출산율은 OECD 회원국 중 최하위 수준을 보이고 있다. 이에 정부는 무상 보육, 양육수당 지원 등의 보육 정책을 통해 출산율을 높이는 정책을 펼치고 있다. 인구 절벽, 생산가능인구 감소와 같은 심각한 문제를 완화하기 위해 보육교사의 수요가 증가할 것으로 예상된다.

보육시설도 다양해져 국공립 어린이집 외에 가정 어린이집, 직장 어린이집, 지방자치단체에서 자체적으로 운영하는 부모 협동 어린이집 등 다양한 시설이 생겨나고 있고, 해당 시설에서 근무하는 보육교사도 증가하고 있다. 여성 경제활동참가율의 상승 및 맞벌이 가구 증가, 핵가족화에 따른 보육에 대한 요구 증가 등으로 기본 보육 외에도 야간 보육, 24시간 보육, 시간대별 보육 등 보육의 형태가 다양화되고 있는 실정이어서 앞으로 보육교사의 수요가 지속적으로 증가할 것으로 예상된다.

CAREER MAP

- 유아 교육에 대한 역량 강화
- 교육 및 봉사 관련 동아리활동
- 교육 관련 멘토링활동
- 아동학 관련 기관 및 학과 탐방
- 어린이집, 유치원 관련 직업체험활동

- 한국보육교사회
- 중앙육아종합지원센터
- 한국보육진흥원

- 보육교사
- 보육사
- 아동문학가
- 아동음악가
- 유아교구제작자
- 아동상담사

**준비
방법**

**관련
기관**

- 국어
- 음악
- 미술
- 사회
- 영어
- 체육

**관련
교과**

**관련
직업**

보육교사

**적성과
흥미**

**관련
학과**

- 공감 능력
- 의사소통 능력
- 문제해결 능력
- 갈등 관리 능력
- 책임감
- 성실성
- 상황 대처 능력
- 언어 구사 능력

**관련
자격**

- 보육교사 1·2·3급

- 아동학과
- 아동복지과
- 아동복지학과
- 가정관리학과
- 사회복지학과
- 아동·청소년복지학과
- 유아교육과

사서교사

사서교사란?

사서교사란 초·중등교육법 제21조에 따라 사서교사 자격증을 지니고 학교도서관의 업무를 담당하는 사람을 말한다. 학교에서의 독서교육이 중요해지면서 독서수업을 전담하는 초등학교와 중학교가 늘어나고 있고, 고등학교에서도 다양한 독서프로그램을 개발하며 독서의 중요성을 강조하고 있어 다른 교과 교사와의 협력이 중요해지고 있다.

최근 인생 전반에서 글을 읽고 이해하는 능력, 즉 문해력이 중요한 사회적 문제로 인식되고 있다. 문해력이 학교 공부와 대학 진학, 직장에서의 업무 능력 등 개인의 삶에 큰 영향을 미치기 때문이다. 이에 초등 읽기 따라잡기 수업, 중등 어휘력 향상 수업, 책맹 탈출 프로젝트 등이 연구되고 있고, 사서교사와 국어교사가 협력하여 수업도 다양하게 연구되고 있다.

사서교사는 독서교육 전문가로, 다른 교과 교사와 서로 긴밀하게 협력하여 수업을 설계하고 진행할 것으로 기대된다. 고교학점제 도입으로 다양한 선택과목이 운영되고 도서관 활용 수업이나 다른 과목에서 독서교육이 진행됨에 따라 도서관 활용 시간이 늘어나고, 사서교사의 역할이 더욱더 중요해질 것이다.

🔍 사서교사가 하는 일은?

사서교사는 학교도서관 업무를 담당하고 다양한 독서프로그램을 개발하여 운영한다. 최근 독서교육의 중요성이 커지고 도서관 활용수업이 증가하면서 다른 교사와의 협력을 통해 독서교육을 활성화하는 데 기여하고 있다.

> 🔍 학교도서관의 DLS 시스템을 활용하여 학생들이나 교사에게 책을 대여하고, 반납한 책을 관리한다.
>
> 🔍 반납한 책을 청구기호 순으로 정리해서 종류별로 구분한 후 분류 번호 순으로 배열하여 정리한다.
>
> 🔍 신입생을 도서관 시스템에 등록하고 ID를 부여하며, 졸업생은 제적 처리하고 나머지 학생들은 진급 처리한 후 학생 명단을 관리한다.
>
> 🔍 양질의 도서를 추천하거나 학생들의 독서 동향을 파악하고, 학생들이 신청한 책들을 심의하여 주문한다.
>
> 🔍 일정한 주기로 신간 도서를 구입하고, 바코드 및 청구기호를 붙이거나 시스템에 등록한다.
>
> 🔍 담임교사에게 반납하지 않은 학생 명단을 제공하거나 학생에게 대출 기한이 지난 책들을 반납하라고 안내한다.
>
> 🔍 도서부 동아리를 운영하여 독서 프로그램을 운영하거나 책을 정리하는 등의 봉사활동을 운영한다.

Tip 사서교사 자격증 발급 기준에 대해 알아볼까요?

- 1급 사서교사 : 사서교사 2급 자격증을 가진 자로서 3년 이상의 사서교사 경력을 가지고 자격연수를 받거나 사서교사 2급 자격증을 가지고 교육대학원 또는 교육부장관이 지정하는 대학원의 교육과에서 사서 교육과정을 전공하고 석사 학위를 받은 자로서 1년 이상의 사서교사 경력을 갖추어야 한다.
- 2급 사서교사 : 사범대 문헌정보교육과를 졸업하거나 대학에서 문헌정보학 또는 도서관학을 전공하고 소정의 교직과정 이수를 마쳐야 한다. 교육대학원 또는 교육부장관이 지정하는 대학원의 교육과에서 사서 교육과정을 전공하고 석사 학위를 받아야 한다.

적성과 흥미는?

사서교사는 도서관 이용자가 원하는 자료를 신속하고 정확하게 제공할 수 있는 의사소통 능력이 요구된다. 이용자의 대부분이 학생이므로 쾌활하고 밝은 성격을 가진 사람에게 유리하며, 학생들에 대한 배려와 교육정신이 필요하다. 또한 이용하는 사람들은 학생뿐만 아니라 다양한 교과의 교사이기 때문에 이들과 편안하게 소통할 수 있어야 한다. 다양한 분야의 책을 접해야 하고, 고서나 과거 자료를 확인하는 일이 많아 한문을 알면 도움이 된다. 도서 전산화시스템을 운영하기 위한 컴퓨터 활용 능력이 필요하고, 책을 정리할 때 엑셀 작업이 많은 편이므로 관련 자격을 취득하거나 자격이 없더라도 컴퓨터를 능숙하게 다룰 수 있어야 한다.

사서교사에 관심이 많다면 평소 독서교육에 더욱 많은 관심을 지니고 사서교사로서 필요한 역량을 키우기 위해 노력해야 한다. 이를 위해 도서부나 토론반, 논술반, 교육현상탐구반 등에서 적극적으로 활동하면 도움이 된다. 폭넓은 분야의 독서활동을 통해 자신의 사고력을 넓히고, 이를 글로 작성해보는 활동을 해보기를 적극 추천한다.

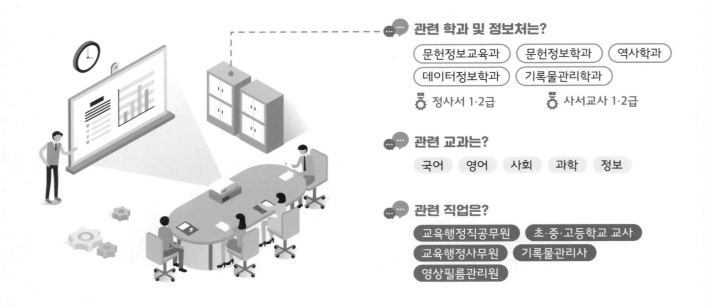

관련 학과 및 정보처는?

(문헌정보교육과) (문헌정보학과) (역사학과)
(데이터정보학과) (기록물관리학과)

☗ 정사서 1·2급　　　☗ 사서교사 1·2급

관련 교과는?

국어　영어　사회　과학　정보

관련 직업은?

(교육행정직공무원) (초·중·고등학교 교사)
(교육행정사무원) (기록물관리사)
(영상필름관리원)

Tip 문헌정보학과와 문헌정보교육과의 차이점에 대해 알아볼까요?

　　문헌정보학과의 경우, 졸업 후 전문사서는 물론 인접한 각 분야에서 활동할 수 있는 폭넓은 기회가 주어진다. 졸업 후 정사서 2급 자격증을 취득할 수 있고, 교직과정 이수 후 사서교사 자격증을 취득할 수 있다.

　　문헌정보교육과의 경우, 졸업 후 교사자격증을 취득하여 초·중·고등학교 사서교사로 진출할 수 있으며, 부전공 또는 복수전공을 이수하여 교과교사로 진출할 수 있다. 사서자격증 취득 후 공공도서관, 대학도서관, 전문도서관, 언론사 등의 전문사서직으로 진출할 수도 있다.

 진출 방법은?

　　사서교사가 되기 위해서는 대학에서 관련 교육을 이수하고 사서자격증과 사서교사 자격증을 취득해야 한다. 4년제 대학교의 문헌정보 관련 학과를 졸업하면 2급 정사서 자격을 취득할 수 있다. 초·중·고등학교에서 사서교사로 일하고 싶다면 문헌정보교육과에 진학하여 공부하거나 문헌정보 관련 학과 재학 중에 교직과목을 추가 이수하여 사서교사 2급 정교사 자격을 취득해야 한다. 대학교에서 사서교사 자격증을 취득하지 못했을 경우, 교육대학원 진학 후 문헌정보학을 전공하여 사서교사 자격증을 취득할 수도 있다.

　　대학교 졸업 후 국공립학교의 사서교사로 취업하기 위해서는 매년 시행되는 '임용후보자 선정경쟁시험(교사 임용시험)'에 합격해야 한다. 사립학교 사서교사는 사립 중·고등학교의 결원이 있을 때 채용 공고가 나고, 채용 절차에 따라 별도의 임용시험을 치른 후 사립 중·고등학교 학교장의 제청에 따라 이사회 의결을 통해 채용된다. 일부 학교는 학교나 시도 교육청 홈페이지에서 1년 동안의 채용 공고를 게시하여 선발하는 경우도 있으므로 정보를 수시로 확인하며 준비해야 한다.

 미래 전망은?

　　사서교사는 도서관이라는 독립된 공간에서 학생들을 대상으로 근무하기 때문에 스트레스가 적어 선호도가 높은 편이다. 학교도서관 사서교사 배치는 2018년에 의무화되었으나, 2022년 조사 결과를 파악해보면 전국적으로 사서교사나 사서가 배치된 학교는 절반이 안 되는 것으로 나타났다. 사서교사가 배치된 학교의 비율은 15.4%, 사서가 배치된 학교의 비율은 30.4%였다. 그러나 중·고등학교에서 독서교육의 중요성이 증가하여 도서관 활용 수업을 하는 경우가 늘고 있고, 최근 문해력이나 독해력이 중요하다는 인식이 확대되고 있어 사서교사의 역할이 더욱더 중요해질 것이다.

　　사서교사는 대출과 반납 등 도서관 운영은 물론 다른 교과 교사와의 협력수업을 통해 독서나 토론·논술교육과 같은 수업을 운영 및 지원하고 정보활용교육에 대한 연구를 해나갈 수 있다. 시대적 요구에 비해 사서교사 배치율이 낮아 정원 확보가 시급하고, 배치율을 높이기 위해 사서교사의 고용이 다소 증가할 것으로 전망된다.

CAREER MAP

- 교육 관련 지식 함양
- 의사소통 능력 함양
- 글쓰기 능력 함양
- 교육학연구, 논술, 토론, 교육봉사 관련 동아리활동
- 다양한 분야의 독서활동
- 컴퓨터 활용 능력

- 교육행정직공무원
- 초·중·고등학교 교사
- 교육행정사무원
- 기록물관리사
- 영상필름관리원

- 역사학과
- 문헌정보교육과
- 문헌정보학과
- 기록물관리학과
- 데이터정보학과

준비 방법

관련 직업

관련 학과

- 국어
- 영어
- 사회
- 과학
- 정보

관련 교과

사서교사

관련 자격

적성과 흥미

관련 기관

- 사명감
- 비판적 사고 능력
- 논리적 사고 능력
- 의사소통 능력
- 문서작성 능력
- 분석력
- 판단력
- 의사결정 능력
- 분류 능력

- 정사서 1·2급
- 사서교사 1·2급

- 국립중앙도서관
- 국립중앙박물관
- 국립중앙미술관
- 국가기록원

사회(지리, 역사, 윤리)교사

사회(지리, 역사, 윤리)교사란?

사회교사는 중·고등학교에서 학생들이 사회 분야의 이해를 넓히도록 일반사회, 세계사, 국사, 한국지리, 세계지리, 정치, 경제 및 사회·문화 등의 과목을 교육하는 교사를 말한다.

현재 교육과정 기준에 의하면 중학교 사회교사는 사회·문화, 정치와 법, 경제와 지리 내용이 합쳐진 사회 교과를 가르친다. 고등학교 사회교사는 고등학교 1학년에게 역사, 지리, 사회, 윤리 과목이 통합된 통합사회를, 고등학교 2, 3학년에게 사회 영역으로 분과된 정치와 법, 경제, 사회·문화 과목을 가르친다.

각 과목의 내용에는 차이가 있으나 사회 교과군의 과목은 일반 생활과 밀접한 관련이 있다는 공통점이 있기에 학생들이 다양한 지식과 기능을 토대로 사회 현상을 정확하게 인식하고, 민주 사회 구성원에게 필요한 가치와 태도를 함양하도록 하는 것을 교육 목표로 하고 있다.

이를 위해 사회교사는 시대의 패러다임이나 주변 국가와의 마찰, 정치적 흐름에 의해 다양한 의견이 나올 수 있는 현안을 어떻게 가르쳐야 할지 끊임없이 고민해야 한다. 이러한 과정을 통해 학생들이 인권 존중, 관용과 타협, 사회 정의의 실현, 공동체 의식, 참여와 책임의식 등의 민주적 가치와 태도를 습득할 수 있도록 교육하며, 나아가 개인적·사회적 문제를 합리적으로 해결하는 역량을 갖추도록 지도해야 한다.

🔍 사회교사가 하는 일은?

사회교사는 사회, 경제, 정치, 역사, 윤리 등의 교과를 가르치고 평가한다. 과목 특성에 따라 차이는 있지만 일반적으로 다양한 교수·학습 방법을 활용하여 사회 현상에 대한 기초적 지식을 전달한다.

🔍 지리, 역사 및 여러 사회과학의 개념과 원리, 사회 제도의 기능, 사회 문제와 가치 등의 연구 방법과 절차에 관해 교육하며, 여러 사회 현상과 특성을 그 사회의 지리적 환경, 역사적 발전, 정치적·경제적·사회적 제도 등과 관련지어 수업한다.

🔍 자연 환경 및 인문 환경에 대한 이해를 통해 지역별 인간 생활의 다양성을 파악하고, 지역적·국가적·세계적 지리 문제와 쟁점에 관심을 갖도록 교육한다.

🔍 우리나라의 역사적 전통과 문화의 특수성을 파악하여 민족사의 발전상을 이해하고, 이를 바탕으로 인류 생활의 발달 과정과 각 시대의 문화적 특색을 교육한다.

🔍 사회생활에 관한 기본적 지식과 정치·경제·사회·문화 현상에 대한 기본 원리를 이해하고, 여러 문제를 해결하기 위한 역량을 교육한다.

🔍 사회 현상과 문제를 파악하는 데 필요한 지식과 정보를 획득·분석·조직·활용하는 능력을 기르며, 사회생활에서 나타나는 여러 문제를 합리적으로 해결하기 위한 탐구 능력, 의사결정 능력 및 사회 참여 능력을 교육한다.

🔍 개인과 사회생활을 민주적으로 운영하고, 사회가 당면한 문제들에 관심을 가져 민주 국가 발전과 세계 발전에 이바지하려는 태도를 갖도록 교육한다.

🔍 수업을 설계·운영한 결과를 평가하고, 학생의 생활 태도와 진로 선택을 지도하며, 이 과정을 취합하여 학교생활기록부에 기록한다.

🔍 학생 교육 및 안전과 관련된 학습 지도, 생활 지도, 행정 업무를 수행한다.

Tip 자연과학과 사회과학의 차이점에 대해 알아볼까요?

과학은 연구 대상에 따라 크게 자연과학, 사회과학, 인문과학으로 구분된다. 자연과학과 사회과학의 첫 번째 차이점은 연구 대상인데, 자연과학은 객관의 세계를, 사회과학은 인간이나 인간의 의도적 행위를 연구 대상으로 한다. 두 번째 차이점은 예측 정도인데, 자연과학은 미래에 발생할 어떤 일에 대한 예측을 하는 데 반해 사회과학은 사람 사이의 의사소통에 더 큰 비중을 둔다. 이러한 차이점이 있음에도 불구하고 자연과 사회를 인식하는 방법이 과학적이라는 것은 공통점이다.

적성과 흥미는?

사회교사에게 가장 중요한 업무는 학생들을 가르치고 지도하는 것이므로 교육자로서의 투철한 사명감과 책임감, 교육과 학생에 대한 열정과 애정이 필요하다. 또한 학교 현장 속 다양한 문제 상황을 해결해야 하므로 원만한 대인관계 능력과 의사소통 능력, 상황 대처 능력, 갈등 관리 능력이 필요하다.

사회교사는 정보 수집 및 해석 능력, 비판적 사고 능력이 필요하고, 사람과 사회에 대한 폭넓은 이해와 지적 호기심이 필요하며, 인문학과 사회과학 전반에 걸친 지식이 필요하다. 다른 사람의 주장을 분석·비판하고, 자신의 의견을 논리적으로 설명할 수 있는 논리적 사고 능력과 통찰력도 필요하다. 또한 학생에 대한 통제력, 리더십, 판단력, 분석적 사고 능력이 필요하고, 원만한 수업 진행을 위한 언어 구사 능력이 필요하다.

💬 **관련 학과 및 자격증은?**

사회교육과 역사교육과 지리교육과
문화·민속·미술사학과 법학과 사회학과
정치외교학과 지리학과 행정학과
역사학과 경제학과 문화인류학과

⚙ 중등학교 1·2급 정교사   ⚙ 평생교육사
⚙ 세계사능력검정   ⚙ 한국사능력검정

💬 **관련 교과는?**

국어   영어   사회

💬 **관련 직업은?**

역사교사 국사교사 세계사교사 연구원
일반사회교사 지리교사 정치와법교사
경제교사 학원강사 교재 및 교구개발자
교재개발편집자

 ## 진출 방법은?

사회교사가 되기 위해서는 대학교의 사회교육과, 역사교육과, 지리교육과 등 사범계열 학과를 졸업하거나 사회학과, 역사학과, 지리학과 등 비사범계열 학과에서 교직 과목을 이수하여 중등학교 2급 정교사 자격증을 취득해야 한다. 또한 비사범계열 학과를 졸업한 후 교육대학원에 진학하여 석사 학위를 취득하면 2급 정교사 자격증을 취득할 수 있다.

국공립 중등학교 교사가 되려면 중등학교 2급 정교사 자격 취득 후 매년 11~12월에 각 시도 교육청에서 시행하는 '국공립 중등학교 교사 임용후보자 선정경쟁시험(교원 임용시험)'을 통과해야 한다. 사립 중·고등학교는 결원이 있을 때 채용 공고가 나며, 채용 절차에 따라 별도의 임용시험을 치른 후 사립 중·고등학교 학교장 제청에 따라 이사회의 의결을 통해 채용된다.

최근 사립학교 교사 채용은 채용 투명성 및 공정성 제고를 위해 희망 법인을 대상으로 위탁채용을 실시하는 쪽으로 변화하고 있다. 사립학교 법인으로부터 위탁받아 공립학교 교사 임용시험과 동일하게 1차 필기시험을 실시하고, 선발 인원의 5배수 이내로 1차 합격자를 결정하여 해당 법인에 통보한다. 최종 합격자는 법인별로 시행하는 2·3차 시험(수업실연·면접 등)을 거쳐 해당 법인에서 채용을 결정한다.

임용시험은 역사, 사회 지리와 같이 자신이 취득한 교원자격증의 표시 과목으로 응시할 수 있다. 임용시험 합격 후에 발령받는 학교급에 따라 중학교에서는 사회 교과를, 고등학교에서는 표시 과목을 담당한다.

미래 전망은?

당분간 사회교사의 고용률은 현 수준을 유지하거나 다소 감소할 전망이다. 중등교사의 고용에 영향을 미치는 요인으로는 학생수의 감소와 교육 정책의 변화 등을 꼽을 수 있는데, 이는 긍정적·부정적 영향을 모두 미칠 것으로 보인다.

교육부가 공교육의 내실화를 목표로 교원 1인당 학생수를 줄이기 위한 노력을 지속하고 있다는 점은 긍정적이다.

반면, 부정적 영향으로는 사범대학 등 중등 교원 양성기관을 통해 배출되는 인력은 증가하는 데 반해 중등학교 학생 수는 급격히 줄어들고 신규 채용 예정 교원수는 제한되어 있다는 점이다. 교육부는 매년 과목별 교원 수요 변동, 교원 증원 상황 등을 반영하여 임용시험을 통해 선발할 중등교사의 수를 정하고 있다. 교사를 지원하는 사람은 많고, 선발 인원은 제한되어 있어 중등교사로 취업하는 데 경쟁이 치열할 것으로 예상된다.

CAREER MAP

- 사회 교과 관련 주제탐구활동
- 사회, 지리, 역사, 등 사회 교과 관련 동아리활동
- 사회 교육 관련 학과 탐방
- 사회, 역사 관련 직업체험활동
- 사회, 역사 관련 독서활동

- 공감 능력
- 배려심
- 리더십
- 성실성
- 통찰력
- 의사소통 능력
- 상황 대처 능력
- 갈등 관리 능력
- 비판적 사고 능력
- 분석적 사고 능력

- 중등교사 1·2급 정교사
- 평생교육사
- 세계사능력검정
- 한국사능력검정

준비 방법

적성과 흥미

사회 (지리, 역사, 윤리)교사

관련 자격

관련 교과

- 국어
- 영어
- 사회

관련 학과

관련 직업

- 역사교사
- 국사교사
- 세계사교사
- 일반사회교사
- 지리교사
- 정치와법교사
- 경제교사
- 학원강사
- 교재 및 교구개발자
- 교재개발편집자
- 연구원

- 사회교육과
- 역사교육과
- 지리교육과
- 문화·민속·미술사학과
- 법학과
- 사회학과
- 정치외교학과
- 지리학과
- 행정학과
- 역사학과
- 경제학과
- 문화인류학과

관련 기관

- 교육부
- 창의인성교육넷
- 에듀넷
- 학교알리미
- 교육과정평가원
- 한국교육개발원
- 국어교육학회
- 한국역사교육학회

수학교사

수학교사란?

'덧셈, 곱셈, 뺄셈, 나눗셈 같은 사칙연산만 할 수 있어도 생활하는 데 전혀 문제가 없는데, 왜 미적분과 같은 어려운 수학을 공부해야 할까?'라는 고민을 한 번쯤 해봤을 것이다.

결론부터 이야기하면 수학은 응용 능력을 향상하기 위해 필요한 학문으로, 여러 사회 및 자연 현상을 추상화·계량화하여 본질적 성질에 대해 설명할 수 있는 학문이다. 단순한 숫자 계산은 물론, 복잡하고 어려운 문제들을 계산하고 해결하는 과정을 통해 논리적 사고와 문제해결 능력을 기를 수 있다. 다시 말해 수학을 통해 수리력, 추리력, 분석력, 엄격한 논리 체계 및 사물을 인식하고 이해하는 방법을 배우게 된다. 이것은 모든 과학의 언어로서 자연과학, 공학, 인문학, 사회과학에 이르기까지 광범위하게 응용된다.

수학교사는 중등학교에서 중·고등학생들이 수학의 개념, 원리, 법칙을 이해하고 기능을 습득하며 수학적으로 추론하는 능력을 기르도록 도와주어 학생들이 사회 및 자연 현상을 수학적으로 이해하고, 문제를 창의적·합리적으로 해결할 수 있도록 지도하는 교사이다.

🔍 수학교사가 하는 일은?

수학교사는 중·고등학교 학생들에게 수학을 가르치는 일을 한다. 학생들이 실생활에서 수학 교과의 역량을 통해 문제를 해결하고, 수학 학습의 즐거움을 느끼며, 수학에 대한 흥미와 자신감을 가질 수 있도록 지도한다. 이를 위해 수학교사는 학생이 눈앞에 당면한 문제를 넘어 보이지 않는 수학 원리를 파악할 수 있도록 심도 있는 질문을 만들고, 이를 학생들이 풀 수 있도록 교육한다.

- 🔍 학생의 능력과 수준 등을 고려하여 설명식 교수, 탐구 학습, 프로젝트 학습, 토의·토론 학습 , 협력 학습, 매체 및 도구 활용 학습 등을 선택하여 교육한다.
- 🔍 학생이 수학에 대한 흥미와 자신감을 갖고, 수학의 가치를 인식하며, 학습자로서 바람직한 태도와 실천 능력을 기를 수 있도록 지도한다.
- 🔍 학생이 사회 및 자연 현상을 수학적으로 관찰, 분석, 조직, 표현하는 경험을 할 수 있도록 하여 수학의 개념, 원리, 법칙과 이들 사이의 관계를 이해할 수 있도록 교육한다.
- 🔍 문제해결, 추론, 창의·융합, 의사소통, 정보 처리, 태도 및 실천과 같은 수학 교과 역량을 함양하기 위한 교육 환경을 조성하고, 이에 적합한 교수·학습을 운영한다.
- 🔍 학생의 사고를 촉진하는 다양한 발문을 통해 상호작용이 활발한 학습 환경을 구축하고, 학생이 능동적으로 수업에 참여할 수 있도록 한다.
- 🔍 학생이 여러 수학적 지식, 기능, 경험을 연결하거나 수학과 타 교과나 실생활의 지식, 기능, 경험을 융합하여 새로운 지식, 기능, 경험을 생성하고, 문제를 해결할 수 있도록 지도한다.
- 🔍 수업을 설계·운영한 결과를 평가하고, 학생의 생활 태도와 진로 선택을 지도하며, 이 과정을 취합하여 학교 생활기록부에 기록한다.

Tip 이론수학자와 응용수학자의 차이에 대해 알아볼까요?

수학자는 크게 이론수학자와 응용수학자로 나누어진다. 이론수학자는 새로운 이론과 기존 수학 이론들 간의 새로운 관계를 개발함으로써 수학을 발전시킨다. 이론수학자가 개발한 순수·추상 지식은 수학의 기초 지식도 향상시키지만, 결국 과학과 공학을 발전시키는 기초가 된다.

반면, 응용수학자는 경영, 정책, 공학, 생활, 사회과학 등에서의 실질적 문제를 해결하고 정형화하기 위해 수학적 모델링, 컴퓨터의 활용 등과 같은 이론과 기술을 이용한다. 이들은 컴퓨터와 네트워크 통신, 질병에 대한 새로운 약의 효과, 공기 역학의 성질, 생산 공정 등 산업 분야에서 적용되는 수학적 방법을 연구 개발하여 산업을 발전시키는 데 적용한다.

적성과 흥미는?

수학교사는 교사로서 학생에 대한 통제력, 리더십, 판단력, 분석적 사고 능력이 필요하고, 원만한 수업 진행을 위한 정확한 언어 구사 능력이 요구된다. 또한 교육자로서 투철한 사명 의식과 책임감이 필요하며, 교육과 학생에 대한 열정과 애정이 있어야 한다.

수학에 대한 전문 지식이 필요하며, 수학 공식 및 수학적 지식을 이해하여 실제 문제해결에 응용·적용할 수 있는 능력이 요구된다. 또한 문제해결을 위한 논리적·분석적 사고, 새롭고 다양한 방법으로 문제를 해결할 수 있는 창의력이 필요하다.

💬 **관련 학과 및 자격증은?**

수학교육과 수학과 정보수학과

수리과학과 응용수학과 수학통계학과

수리정보과학과 컴퓨터수학과 통계학과

세무학과 수학전공 전산수학전공

수리물리과학부 수학정보통계학부

정보과학부 응용통계학과

⚙ 중등학교 1·2급 정교사

⚙ 실용수학 1·2·3급

💬 **관련 교과는?**

수학 과학 정보

💬 **관련 직업은?**

이론수학자 응용수학자 수학자 학원강사

방과후 학교강사 수학교재 개발자 방송국PD

은행원 증권회사 직원 보험회사 직원

 진출 방법은?

수학교사가 되기 위해서는 다음과 같은 세 가지 방법이 있다. 첫 번째, 사범계열의 수학교육과를 졸업하는 것이다. 두 번째, 비사범계열의 수학과 등에서 교직 과목 이수 후 졸업하여 중등학교 2급 정교사 자격을 취득하는 것이다. 세 번째, 비사범계열 수학 관련 학과를 졸업한 후에 교육대학원에 진학하여 석사 학위를 취득하여 2급 정교사 자격을 취득하는 것이다.

국공립 중등학교 교사가 되려면 중등학교 2급 정교사 자격 취득 후, 매년 11~12월 각 시도 교육청에서 시행하는 '국공립 중등학교 교사 임용후보자 선정경쟁시험(교원 임용시험)'을 통과해야 한다. 사립 중·고등학교는 결원이 있을 때 채용공고가 나며, 채용절차에 따라 별도의 임용시험을 치른 후 사립 중·고등학교 학교장의 제청과 이사회의 의결을 통해 채용된다.

최근 사립학교 교사 채용은 위탁채용을 실시하는 쪽으로 변화하고 있다. 사립학교 법인으로부터 위탁받아 공립학교 교사 임용시험과 동일하게 1차 필기시험을 실시한다. 선발인원의 5배수 이내로 1차 합격자를 결정하여 해당 법인에 통보한 후 최종 합격자는 법인별로 시행하는 2·3차 시험(수업실연·면접 등)을 거쳐 해당 법인에서 채용을 결정한다.

⚙ **미래 전망은?**

당분간 수학교사의 고용률은 현 수준을 유지하거나 다소 감소할 전망이다. 중등교사의 고용에 영향을 미치는 요인으로는 학생 수의 감소와 교육 정책의 변화 등을 꼽을 수 있는데, 긍정적 요소와 부정적 요소가 공존한다.

먼저 긍정적인 요소로는 교육부가 공교육의 내실화를 목표로 교원 1인당 학생수를 줄이기 위한 노력을 지속한다는 것이다.

반면, 부정적인 요소로는 사범대학 등 중등 교원 양성기관을 통해 배출되는 인력은 증가하는 데 반해, 중등학교 학생 수는 급격히 줄어들고 신규 채용 예정 교원수는 제한되어 있다는 것이다. 교육부는 매년 과목별 교원 수요 변동, 교원 증원 상황 등을 반영하여 임용시험을 통해 선발할 중등교사의 수를 정하고 있다. 교사직에 지원하는 사람은 많고, 선발 인원은 제한되어 있어 중등교사로 취업하는 데 경쟁이 치열해질 것으로 예상된다.

CAREER MAP

준비방법
- 교육에 대한 역량 및 책임감 강화
- 교육, 봉사 관련 동아리활동
- 수학 교육 관련 멘토링활동
- 교사 관련 학과 탐방 및 직업체험활동
- 수학 교육 관련 독서활동

관련학과
- 수리정보과학과
- 컴퓨터수학과
- 세무학과
- 수학전공
- 전산수학전공
- 수리물리과학부
- 수학정보통계학부
- 정보과학부
- 수학과
- 수학교육과
- 정보수학과
- 수리과학과
- 응용수학과
- 수학통계학과
- 통계학과
- 응용통계학과

관련교과
- 수학
- 과학
- 정보

관련자격
- 실용수학 1·2·3급
- 중등교사 1·2급 정교사

수학교사

적성과 흥미
- 책임감
- 창의력
- 수리력
- 언어 구사 능력
- 분석적 사고 능력
- 논리적 사고 능력

관련직업
- 이론수학자
- 응용수학자
- 수학자
- 학원강사
- 방과후 학교강사
- 수학교재 개발자
- 방송국PD
- 은행원
- 증권회사 직원
- 보험회사 직원

관련기관
- 교육부
- 한국과학창의재단
- 창의인성교육넷
- 에듀넷
- 학교알리미
- 교육과정평가원
- 한국교육개발원

어린이집교사

어린이집교사란?

어린이집교사는 보건복지부 소속으로 만 0~5세 영유아를 대상의 보육을 중심으로 한다. 보육은 아이의 보호, 교육은 아이의 지식 함양에 초점을 두고 있다. 아이에게 보육과 교육 모두 매우 중요한 요소이기 때문에 최근에는 어린이집과 유치원의 경계가 많이 사라지고 있는 추세이다.

어린이집교사는 보호와 교육적 측면의 전문가로, 영유아의 자연스러운 성장과 발달과정에 있어 신체적, 사회적, 정서적, 지적 발달이 균형 있게 이뤄질 수 있도록 적절한 교육방법을 연구하고 적용한다. 또한 영유아의 연령과 발달수준을 의식하여 어린이집 환경을 구성하고, 그에 맞는 유의미한 자극을 제공해야 한다. 나아가 학부모와의 원활한 의사소통과 정보 교류를 통해 부모가 자녀 걱정 없이 안심하고 사회·경제활동을 할 수 있도록 교사나 보육시설에 대한 신뢰감을 형성하는 역할을 담당한다.

🔍 어린이집교사가 하는 일은?

어린이집교사는 공공, 사설 어린이집 등 탁아기관에서 유아를 대상으로 양육의 보충적 역할을 하고, 유아의 발달과정에 맞는 교육을 지도한다. 어린이집에 있는 비품을 관리하고 영유아들의 수면 및 휴식 시간을 조절하고 건강을 살피며, 취침, 목욕, 용변 등을 살피고 생활습관을 가르친다.

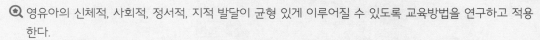

- 🔍 영유아의 신체적, 사회적, 정서적, 지적 발달이 균형 있게 이루어질 수 있도록 교육방법을 연구하고 적용한다.
- 🔍 영유아를 연령이나 발달단계에 따라 영아반 및 유아반에 배치하여 보육하고, 일정한 시간에 영유아에게 우유나 음식을 먹인다.
- 🔍 유아의 정서 및 지능 발달을 위하여 그림책, 장난감, 악기 등의 설비를 준비하고, 유아들의 현장학습을 계획하고 인솔한다.
- 🔍 일일, 월간, 그리고 연간 세부 보육 및 교육계획을 세우고, 관찰 및 지도 경과를 보육일지에 기록한다.
- 🔍 어린이집의 실내·외를 관리하며 영유아의 안전을 살핀다.

> **Tip 보육교사 자격증 발급 기준에 대해 알아볼까요?**
>
> - 보육교사 1급 : 보육교사 2급 취득 후 보육업무 경력을 충족한 승급자
> - 보육교사 2급 : 전문대학 또는 이와 같은 수준 이상의 학교에서 보육 관련 교과목 및 학점을 이수한 자, 보육교사 3급 취득 후 보육업무 경력을 충족한 승급자
> - 보육교사 3급 : 보육교사 양성교육과정 수료자

적성과 흥미는?

어린이집교사는 영유아에 대한 전문 지식이 요구되며, 유아의 보육과 관련된 제반 사항을 파악하고 머리보다는 몸으로 실천할 수 있는 능력이 요구된다. 어린 아이들을 수시로 들었다 놓았다 해야 하고, 교육보다는 보육에 대한 요구가 커서 일할 때 체력적으로 힘든 경우가 있으므로 건강한 신체를 기르기 위해 노력해야 한다.

특히 걷지도 못하는 만 0세반 영아들의 경우, 어린이집교사 1인당 영아 3명까지 보육해야 하므로 안전사고 발생 시 민첩하게 대응하고 아이들을 보호해야 하는 희생정신이 필요하다. 교사보다는 부모로서의 역할이 많아 아이를 사랑하는 마음이 필수적이며, 영유아에게 우유나 음식을 먹이고 수면 및 휴식 시간을 조절하는 등 영유아들의 건강을 민감하게 살필 수 있어야 한다.

어린이집교사에 관심이 많다면 평소 어린이 교육에 더 많은 관심을 가지고, 필요 역량을 키우기 위해 노력해야 한다. 이를 위해 교육탐구반이나 유아연구반 등에서 적극적으로 활동하면 도움이 된다. 또한 교내 봉사활동을 통해 봉사정신을 기르고, 이를 통해 배우고 느낀 점을 글로 작성해보는 활동 등을 적극 추천한다.

관련 학과 및 자격증은?

가정관리학과   사회복지학과

아동·청소년복지학과   유아교육학과

보육교사 1·2·3급

관련 교과는?

국어   사회   체육   음악

관련 직업은?

유치원교사   교육행정직공무원   교육컨설턴트

초·중·고등학교 교사   교육행정사무원

 진출 방법은?

어린이집교사가 되기 위해서는 대학에서 보건복지부령으로 정하는 보육 관련 교과목을 대학에서 이수하거나 대학원 또는 보육교사 관련 교육훈련시설의 과정을 이수하여 보육교사 자격증을 취득해야 한다. 보육교사 자격 관리 사무국에서 제시한 교과목과 학점을 이수하면 보육교사 2급 자격 취득이 가능하다. 석사 졸업 후 1년 이상의 보육업무 경력이 있거나, 2급으로 3년 이상의 보육업무 경력을 가지면 1급 자격을 취득할 수 있다.

어린이집교사 경력을 쌓은 후 어린이집 원장이 되거나 어린이집을 운영하고 싶다면 보육교사 1급을 취득해야 한다. 1급 자격증 취득 후 1년 이상의 보육업무 경력이 추가로 필요하고, 사전직무교육까지 받으면 20인 이하의 가정 어린이집 원장을 할 수 있다.

 미래 전망은?

어린이집교사의 고용은 다소 증가하는 수준이 될 것으로 전망된다. 최근 어린이집 교사는 연평균 2.1%씩 증가하여 2025년에는 약 34만 7천 명에 달할 것으로 전망된다. 한국은 출산율이 점점 감소하고 있고, 정부는 저출산 대책으로 무상보육, 양육수당 지원 등 보육정책을 통해 출산율을 높이는 정책을 펼치고 있다. 인구절벽과 생산가능 인구 감소와 같은 사회문제를 완화하기 위해 어린이집교사에 대한 수요가 증가할 것이다. 보육시설도 다양해져 국공립어린이집 외에 가정어린이집, 직장어린이집, 부모협동어린이집 등 다양한 시설이 생겨났으며 해당 시설에서 근무하는 어린이집교사도 증가하고 있다.

여성 경제활동참가율의 상승 및 맞벌이 가구 증가, 핵가족화에 따른 보육 요구 증가 등으로 기본 보육 외에도 야간보육, 24시간 보육, 시간대별 보육 등 보육의 형태가 다양화되고 있다. 하지만 장기적으로는 저출산으로 인해 보육아동 수가 감소하여 현재 같은 증가세가 유지하기는 어려울 것으로 보이므로 어린이집교사 취업자의 증가폭은 다소 둔화될 것으로 전망된다.

CAREER MAP

- 유치원교사
- 교육행정사무원
- 초·중·고등학교 교사
- 교육행정직공무원
- 교육컨설턴트

- 교육 관련 지식 함양
- 의사소통 능력 함양
- 글쓰기 능력 함양
- 교육 관련 동아리 활동
- 다양한 분야의 독서활동

관련 직업

준비 방법

- 국어
- 사회
- 체육
- 음악

관련 교과

어린이집 교사

관련 자격

- 보육교사 1·2·3급

적성과 흥미

관련 기관

관련 학과

- 사명감
- 비판적 사고 능력
- 논리적 사고 능력
- 의사소통 능력
- 문서작성 능력
- 분석력
- 판단력
- 의사결정 능력

- 교육부
- 한국보육진흥원
- 보건복지부

- 가정관리학과
- 사회복지학과
- 아동·청소년복지학과
- 유아교육학과

영양교사

영양교사란?

식생활의 서구화로 인한 각종 만성질환(성인병 등) 및 소아비만의 증가는 가정적으로나 국가적으로 막대한 의료비용의 증가라는 문제점을 야기하므로 개인 및 국가 경제에 커다란 피해를 끼치는 요소 중 하나이다. 청소년들의 만성질환이나 비만에는 대부분 여러 요인이 복합적으로 작용하지만 특히 식생활이 커다란 영향을 미친다.

전국의 거의 모든 초·중·고등학교에서 무상급식이 실시됨에 따라 학생의 건전한 심신 발달을 위한 학교급식의 질적 향상과 식생활 개선에 대한 필요성이 매우 증가했다. 학생들의 균형 잡힌 식습관과 건강한 성장을 위해서는 이에 대한 교육이 함께 이뤄져야 하는데, 영양교사가 그 역할을 담당한다. 영양교사는 전문적인 관점에서 학생들에게 영양과 관련한 이론을 교육하고, 실제 식생활에서 실천될 수 있도록 다양한 차원의 노력을 기울인다.

학교급식법에 의하면 학교급식을 위한 시설과 설비를 갖춘 학교는 초중등교육법에 의거하여 영양교사와 식품위생법에 따른 조리사를 배치하게 되어 있다. 영양교사는 초·중·고등학교에서 영양사로 근무하며 학생들의 올바른 영양 관리를 책임지는 전문인으로, 초중등 교육기관, 특수학교 및 외국인학교 등에서 학교급식과 영양관리 분야를 담당한다. 학생들의 잘못된 식습관으로 인한 영양 불균형을 개선하고, 학생의 건강관리와 바른 식습관 형성을 위해 체계적인 영양교육을 실시하는 선생님이다.

🔍 영양교사가 하는 일은?

영양교사는 식단 작성, 식재료 선정 및 검수, 위생·안전·작업관리 및 검식, 식생활 지도, 정보 제공 및 영양 상담, 조리실 종사자의 지도·감독, 기타 학교급식에 관한 업무를 총괄한다.

🔍 학생의 기호, 영양가, 조리 능력, 비용 등을 기초로 급식운영계획을 수립하고 식단표를 작성한다.

🔍 식품재료 선정은 물론 검수 및 관리 등의 모든 업무를 총괄하며, 위생상태 관리, 감독 교육을 실시한다.

🔍 영양교육 및 상담 등 학생들의 올바른 식습관 형성을 위한 교육을 실시한다.

🔍 무리한 다이어트 및 편식을 예방하기 위한 교육과 더불어 학부를 대상으로 영양 상담 및 교육을 실시하며, 다른 과목과 함께 영양교육 프로그램을 개발하여 진행한다.

🔍 안전한 식사 관리를 위해 조리실 종사자의 지도·감독을 담당하고, 학교 급식에 관한 사항을 총괄하여 지휘한다.

Tip 식품 MD에 대해 알아볼까요?

고객이 어떤 상품을 더 선호하는지 시장과 소비자를 분석하고, 이에 따라 상품의 구색, 개별상품의 판매 가격, 상품 구성, 판매를 촉진시키기 위한 판촉기획은 어떻게 할 것인지에 대한 아이디어를 기획하는 직업이다.

적성과 흥미는?

영양교사는 영양과 위생에 관한 전문적 지식을 갖추고, 교육에 필요한 능력을 습득하여 아동의 심리와 발달단계를 고려한 지도가 가능하도록 교육 전문가로서의 자질을 갖추어야 한다.

식품, 영양의 중요성을 이해하고 첨단기술을 식품에 응용할 수 있는 창의력과 응용력이 필요하다. 주어진 상황에서 영양교육의 목표를 달성하기 위한 지도력이 필요하고, 창조적이고 분석적인 사고, 행동에 대한 현명한 판단과 결단, 소신을 가지고 행동할 수 있는 신뢰와 용기, 미래 변화에 대한 통찰력 등이 있어야 한다. 또한 영양교육에 대한 폭넓은 지식이 겸비되어야 하고, 영양교육 및 영양 개선 활동이 적성과 흥미에 맞아야 한다. 다른 사람을 배려하고 도우려는 봉사정신과 원만한 대인관계 등을 갖추면 더 좋다. 학습자에게 신뢰를 줄 수 있어야 하며, 교육에 대한 소신과 인내심, 책임감 등이 있어야 한다. 학교 급식실에서 조리사 등 여러 사람과 협업해야 하므로 협조적이고 사회성이 높은 사람들에게 적합하다. 각 식품의 특성과 인체에 미치는 영향에 대해 공부하려면 기본적으로 생물이나 화학 등 자연기초과목을 좋아하는 학생에게 적합하다.

영양교사에 관심이 많다면 과학, 수학 교과 등 자연기초 교과에 대한 역량을 함양하기 위해 노력하고, 교내 진로탐색 프로그램에서 식품영양학과나 영양교사 등 영양 관련 학과 및 직업 탐색활동에 적극적으로 참여하는 것을 추천한다. 과학실험 동아리, 식품 트렌드를 분석하는 동아리, 요리반 등의 동아리활동이 도움이 되고, 평소 관심 있는 요리를 직접 해보는 활동도 좋다. 식품영양학, 환경, 인문학, 역사, 철학 등 다양한 분야의 독서활동을 통해 사고의 폭을 넓히고, 자기 주도성, 경험의 다양성, 성실성, 창의력, 협업 능력 등을 키울 수 있는 학교 프로그램에 참여하는 것을 추천한다.

관련 학과 및 자격증은?

식품영양학과　　식품영양과학부

식품외식산업학과　　식품조리학과

식품조리학부　　식품공학과　　식품과학과

농식품경영학과　　바이오기능성식품학과

바이오식품과학부　　바이오식품공학부

- 영양교사 1·2급 정교사
- 영양사
- 건강기능식품 품질관리인
- 위생사
- 임상영양사
- 식품기사
- 급식경영영양사
- 식품산업기사
- 산업보건영양사
- 조리기능사
- 제과제빵기능사
- 조주기능사

진출 방법은?

영양교사로 근무하기 위해서는 일단 영양교사 중등 2급 정교사 자격증이 있어야 한다. 대학·산업대학의 식품학 또는 영양학 관련 학과 졸업자로서 재학 중 소정의 교직 학점을 취득한 영양사, 교육대학원 또는 교육과학기술부장관이 지정하는 대학원의 교육과에서 영양교육과정을 이수하고 석사 학위를 받은 영양사에 한해 영양교사 2급 자격을 취득할 수 있다.

국공립학교에서 영양교사로 근무하기 위해서는 영양교사 자격증을 취득한 후 각 시도 교육청별로 시행되고 있는 교원임용고시에 합격해야 한다. 사립학교 보건교사는 사립 중·고등학교 결원이 있을 때 채용 공고가 나고, 채용 절차에 따라 별도의 임용시험을 치른 후 사립 중·고등학교 학교장 제청에 따라 이사회 의결을 통해 채용된다. 최근에는 사립학교 법인으로부터 위탁받아 공립학교 교사 임용시험과 동일하게 1차 필기시험을 실시하고, 최종 합격자는 법인별로 시행하는 2·3차 시험(수업실연·면접 등)을 거친 후 해당 법인에서 채용을 결정한다.

관련 교과는?

사회　　과학　　기술·가정　　체육

관련 직업은?

영양사　　조리사　　식품공학기술자　　식품MD

식생활지도사　　푸드스타일리스트　　제과제빵사

병원임상영양사　　식품영양연구원　　영양설계사

보건직 공무원　　파티쉐　　쇼콜라티에

기능성식품연구원　　음식메뉴개발자

지방 식품위생직 공무원

미래 전망은?

국민의 영양 및 건강 증진을 도모하기 위해 2015년부터 시행된 '국민영양관리법'은 적절한 영양 공급과 올바른 식생활 개선을 위해 국가 및 지방자치단체가 노력해야 함을 규정하고 있다. 국가 차원에서의 영양정책 수립 및 영양·식생활 교육사업, 취약계층을 비롯한 대국민 영양관리 사업이 활발히 진행될 것이므로 영양교사에 대한 수요는 지속될 것으로 예측된다.

현재 전국 초중고에 영양교사가 배치된 비율은 2022년 기준으로 52%에 불과하다. 이는 영양교사의 일자리 수요에 긍정적인 요소로 작용할 것으로 보인다. 최근 국가 차원에서도 초중고 학생들의 급식에 많은 관심을 가지고 영양교사를 학교에 우선적으로 배치하고자 정책적으로 추진하고 있기 때문에 영양교사의 일자리 창출에 많은 도움을 줄 것으로 예상된다.

CAREER MAP

준비 방법
- 요리, 조리탐구반 활동
- 교육 및 식품 관련 동아리활동
- 다양한 음식 기행
- 식품 관련 잡지 구독 및 신문 스크랩 활동
- 의사소통 능력 함양
- 다양한 분야의 독서활동

관련 직업
- 영양사
- 조리사
- 식품공학기술자
- 식품MD
- 식생활지도사
- 푸드스타일리스트
- 제과제빵사
- 병원임상영양사
- 식품영양연구원
- 영양설계사
- 보건직 공무원
- 파티쉐
- 쇼콜라티에
- 기능성식품연구원
- 음식메뉴개발자
- 지방 식품위생직 공무원

관련 교과
- 사회
- 과학
- 기술·가정
- 체육

영양교사

관련 학과
- 식품영양학과
- 식품영양과학부
- 식품조리학과
- 식품조리학부
- 식품외식산업학과
- 식품과학과
- 식품공학과
- 농식품경영학과
- 바이오기능성식품학과
- 바이오식품과학부
- 바이오식품공학부

관련 자격
- 영양사
- 영양교사 1·2급 정교사
- 위생사
- 건강기능식품 품질관리인
- 임상영양사
- 산업보건영양사
- 급식경영영양사
- 식품기사
- 식품산업기사
- 조리기능사
- 제과제빵기능사
- 조주기능사

관련 기관
- 대한영양사협회
- 한국영양학회
- 식품의약품안전처
- 한국보건의료인국가시험원

적성과 흥미
- 변화에 대한 통찰력
- 영양 및 위생 관련 전문 지식
- 목표 달성을 위한 지도력
- 봉사정신
- 대인관계 능력
- 협업 능력
- 의사소통 능력

교육계열
14

영어교사

영어교사란?

영어는 현재 국제적으로 가장 널리 통용되고 있는 언어로서 서로 다른 언어적 배경을 가진 사람들 간의 중요한 의사소통 수단이 되고 있다. 따라서 글로벌 시대 및 지식 정보화 시대라는 변화에 부응하고 더 나아가 국제 사회에서 선도적인 역할을 수행하기 위해서는 영어를 잘 이해하고 표현하는 능력이 필수적이다. 이러한 시대적 흐름에 발맞춰 학교 영어교육은 영어 의사소통 역량을 함양해 세계인과 소통하고, 그들의 문화에 대한 이해를 바탕으로 우리 문화를 세계로 확장시켜나갈 인재를 길러야 한다.

이를 위해 영어교사는 교육을 통해 학습자가 영어에 대한 흥미와 관심을 가지고, 이를 바탕으로 자기 주도적인 영어 학습을 지속할 수 있도록 이끈다. 특히 영어 의사소통 역량을 키워 다양한 상황에서 영어로 의사소통할 수 있고, 영어 이해 능력과 표현 능력을 갖출 수 있도록 돕는다. 우리나라에서는 일상이나 학교 밖에서 영어를 사용할 기회가 많지 않기 때문에 영어교사는 학교 내에서 학생들에게 그 기회를 충분히 제공할 수 있도록 해야 한다. 그 외에도 영어를 바탕으로 외국의 문화를 이해하고 지역, 국가, 세계 공동체의 구성원으로서 가치와 태도를 공유하며, 공동체가 당면한 문제를 해결할 수 있는 인재를 양성하는 역할을 한다.

🔍 영어교사가 하는 일은?

영어교사는 영어 학습에 대한 동기를 유발하여 학생들이 영어에 대한 흥미와 자신감을 유지할 수 있도록 돕는다. 이 과정에서 실생활 속 학습자의 영어 사용 능력을 향상시키고, 학습자간 상호작용을 통해 타인에 대한 배려와 관용 등을 배울 수 있도록 인성교육을 실시한다. 또한 수업과 생활 장면에서 학생을 상담하면서 글로벌 시대의 공동체 일원으로서 다양한 인간의 삶을 이해하고, 바람직한 가치관과 태도를 가질 수 있도록 한다.

- 🔍 학습자들의 영어 사용 능력 및 인지적, 정의적 특성을 이해하고, 개인차를 고려하여 듣기, 말하기, 읽기, 쓰기를 통한 언어 기능과 의사소통 능력을 기르도록 한다.
- 🔍 교과서 및 시청각 자료 등을 활용하여 학습자의 흥미와 동기를 유발하고, 학습자를 수업에 참여하게 해 창의적인 활동을 도출한다.
- 🔍 수업을 설계·운영한 결과를 평가하고, 학생의 생활 태도와 진로 선택을 지도하며, 이 과정을 취합하여 학교생활기록부에 기록한다.
- 🔍 평가를 위해 시험을 출제하고, 최소한의 성적을 달성하지 못한 학생들을 위해 보충학습을 진행한다.
- 🔍 학생교육 및 안전과 관련된 학습 지도, 생활 지도, 행정 업무를 수행한다.

📖Tip 원어민 강사에 대해 알아볼까요?

원어민 교사 또는 원어민 보조 교사라고도 부르며, 특정 언어를 모국어로 삼는 교사가 특정 언어를 모국어로 사용하지 않는 사람에게 자신의 모국어를 가르친다. 우리나라에서는 영어에 대한 수요가 가장 많기 때문에 원어민 강사라고 하면 영어 강사로 통하는 경우가 많다.

원어민 강사에게 영어를 배우려는 가장 큰 이유는 바로 발음과 어휘 때문인데, 원어민 강사는 실제 영어를 사용하는 국가의 발음과 어휘를 초·중·고·대 학생들에게 가르치는 일을 주로 한다. 법적으로 원어민 강사 대부분은 교사가 아니며, 특별한 자격은 없지만 최근에는 범죄경력 조회와 함께 최소한의 학력증명서를 제출해야 채용 가능하다.

적성과 흥미는?

영어교사에게는 영어에 관한 지식과 다양한 방법으로 가르칠 수 있는 교수 능력이 필요하다. 그리고 학습자가 수업에 흥미를 느끼고 영어에 대한 경험을 쌓을 수 있도록 다양한 멀티미디어 자료와 정보통신기술 도구를 활용할 수 있는 능력과 어린 학생들의 관심 분야에 공감할 수 있는 능력이 필요하다. 또한 외국 문화에 대한 이해와 함께 영어 지문에서 나오는 인문학적, 과학적 지식을 학생들에게 전달하기 위해서는 다양한 독서활동을 통해 배경지식을 쌓아야 한다. 더불어 학생들과 함께 생활하면서 발생할 수 있는 다양한 문제를 해결하기 위해 성실성, 의사소통 능력, 문제해결 능력, 상황 대처 능력이 요구된다.

한편, 중등교사는 청소년기 학생들을 대하므로 솔직하고 도덕적인 성격을 지니고, 다른 사람들과 즐거운 관계를 유지하기 위한 협조적인 태도를 갖추는 것이 필요하다. 또한 학생들의 욕구나 느낌에 민감하게 반응하고, 이들을 이해하고 도와주는 등 타인에 대한 배려심은 물론 교사로서의 책임감과 리더십이 필요하다.

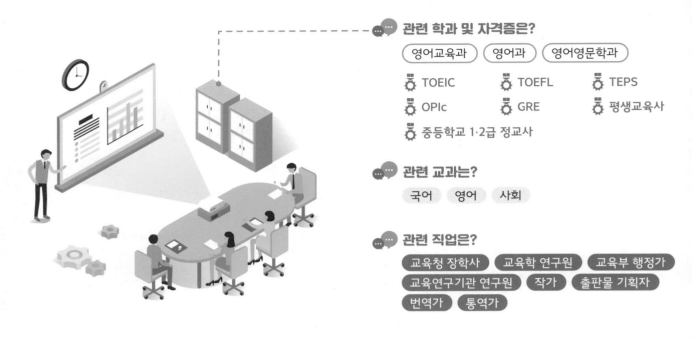

관련 학과 및 자격증은?

영어교육과   영어과   영어영문학과

🔩 TOEIC   🔩 TOEFL   🔩 TEPS

🔩 OPIc   🔩 GRE   🔩 평생교육사

🔩 중등학교 1·2급 정교사

관련 교과는?

국어   영어   사회

관련 직업은?

교육청 장학사   교육학 연구원   교육부 행정가

교육연구기관 연구원   작가   출판물 기획자

번역가   통역가

진출 방법은?

중등학교 영어교사가 되기 위해서는 대학교나 대학원에서 중등학교 2급 정교사 자격증을 취득해야 한다. 이를 위해서는 사범계열 학과를 졸업하거나 비사범계열 학과의 경우는 재학 중에 교직과목을 이수해야 한다. 졸업 후에 교육대학원 진학을 통해 석사 학위를 취득하는 방법도 있다. 하지만 최근 '초중등 교원 양성체제 발전 방안 시안'을 통해 일반대학의 교직과정을 폐지하고 교육대학원은 기존 교사의 재교육 기관으로 운영하겠다는 계획 초안을 발표하고 있어 구체적인 임용 방법의 변화는 추후 재확인할 필요가 있다.

국공립 중등학교 영어교사가 되려면 중등학교 2급 정교사 자격 취득 후 매년 11~12월에 각 시도 교육청에서 시행하는 '국공립중등학교 교사 임용후보자 선정경쟁시험(교원 임용시험)'을 통과해야 한다. 사립 중·고등학교는 결원이 있을 때 채용 공고가 나며, 채용 절차에 따라 별도의 임용시험을 치른 후 사립 중·고등학교의 학교장 제청에 따라 이사회 의결을 통해 채용된다.

최근 사립학교 교사 채용은 채용의 투명성 및 공정성 제고를 위해 희망 법인을 대상으로 위탁채용을 실시하는 쪽으로 변화하고 있다. 사립학교 법인으로부터 위탁받아 공립학교 교사 임용시험과 동일하게 1차 필기시험을 실시하고, 선발 인원의 5배수 이내로 1차 합격자를 결정하여 해당 법인에 통보한다. 최종 합격자는 법인별로 시행하는 2차 시험(수업실연·면접 등)을 거쳐 해당 법인에서 채용을 결정한다.

미래 전망은?

당분간 영어교사의 고용률은 현 수준을 유지하거나 다소 감소할 전망이다. 최근 교육부가 공교육 내실화를 목표로 교원 1인당 학생수를 줄이기 위한 노력을 지속하고 있어 연도별 중등교사의 수가 매년 소폭 증가하고 있다는 점은 긍정적인 측면이다.

반면, 사범대학 등 중등 교원 양성기관을 통해 배출되는 인력이 증가하는 데 반해, 중등학교 학생수가 급격히 줄어들고 신규 채용 예정 교원수도 제한적이라는 점은 부정적인 측면이다. 또한 교사를 지원하는 사람은 많고, 선발인원은 제한되어 있어 중등교사로 취업하는 데 경쟁이 치열할 것으로 예상된다.

그러나 최근 4차 산업혁명의 신경망 번역 기술 및 인공지능과 함께 영어교사와 영어 과목에 대한 인식이 변화하고 있다. 이에 따라 기존에 영어교사에게 요구되던 교과 내용과 교수법에 대한 이론적이고 체계적인 전문성뿐만 아니라 기술적인 부분까지도 요구되고 있다. 이처럼 4차 산업혁명 및 글로벌화에 따른 요구를 충족시킨다면 영어교사의 전망은 긍정적일 것으로 전망된다.

CAREER MAP

- 국어 및 영어 능력 함양
- 교육에 대한 역량과 책임감 강화
- 영어 관련 동아리활동
- 영어 관련 학과탐방 및 직업체험활동
- 인문학적 소양 및 과학적 지식 함양

준비 방법

적성과 흥미

- 교수 능력
- 정보 활용 능력
- 공감 능력
- 의사소통 능력
- 문제해결 능력
- 상황 대처 능력
- 타인에 대한 배려심
- 성실성
- 도덕성
- 리더십

- 영어교육과
- 영어과
- 영어영문학과

관련 학과

영어교사

관련 교과

- 국어
- 영어
- 사회

관련 자격

관련 직업

관련 기관

- 교육청 장학사
- 교육학 연구원
- 교육부 행정가
- 교육연구기관 연구원
- 작가
- 출판물 기획자
- 번역가
- 통역가

- 중등학교 1·2급 정교사
- 평생교육사
- TOEIC
- TOEFL
- TEPS
- OPIc
- GRE

- 교육청
- 시도 교육청
- 교육과정평가원

유치원교사

유치원교사란?

유아 교육은 인간 발달 단계 중 지적·정서적·신체적인 분야의 형성에 중요한 영향을 미치는 시기의 교육이라는 점에서 그 의미가 크다. 또한 아동의 발달을 도와 아동이 용기 내어 세상으로 나아갈 수 있도록 하는 가정 밖 첫 번째 교육이라는 점에서 중요하다.

유치원교사는 유치원에서 5세 이상 초등 교육 연령 이하 아동의 언어적·신체적·사회적 기량의 발달을 목적으로 교육하는 교사를 말한다. 유치원교사는 아동들이 건강하고 안전한 생활을 할 수 있도록 기초 체력을 기르거나 개인위생을 관리하고, 안전 규칙을 지키도록 가르친다. 단체 생활과 행사 참여 등을 통해 다른 사람과 더불어 생활하는 태도 및 공동체 의식을 함양할 수 있도록 사회생활도 가르친다. 또한 발표, 토의, 관찰, 실험, 조사, 견학, 발표회 등 아동들이 참여할 수 있는 다양한 수업 방법들을 계획하고 활용하여 지도한다.

이 외에도 아동들의 등원과 하원, 실내외에서의 자유선택활동, 정리정돈, 집단활동, 실외활동, 식사 등의 교육을 계획하고 운영하며, 다양한 행정 업무에도 관여한다.

 유치원교사가 하는 일은?

유치원교사는 5세부터 초등학교 입학 전 아동에게 알맞은 교육 환경을 제공하여 심신의 조화로운 발달을 이끌고, 기본 생활 습관, 개인 위생, 안전 생활 등을 교육한다. 유치원교사는 아동의 발달 수준과 유치원의 상황, 부모나 지역사회의 요구, 국가 수준의 교육과정 등을 고려해 교육 계획을 수립하고, 효과적인 교육을 위해 아동의 발달 단계 및 건강, 심리 상태를 관찰해 기록하며, 그 결과를 교육 계획에 반영한다.

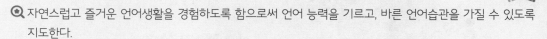

- 자연스럽고 즐거운 언어생활을 경험하도록 함으로써 언어 능력을 기르고, 바른 언어습관을 가질 수 있도록 지도한다.
- 아동의 관심과 흥미, 발달 수준에 따라 교육 내용을 선정하고, 집단활동(토의, 게임, 노래, 음률, 요리, 신체활동, 동화, 동시, 동극, 조형활동 등), 실외활동(신체활동) 등 놀이를 통해 학습할 수 있도록 교재와 교구를 재구성한다.
- 학부모를 대상으로 부모 교육, 가정통신문 발송, 출결 사항 관리, 입학식 및 졸업식 준비 등 행정 업무에도 관여하고, 아동들의 유치원 생활, 학습 능력, 성격 등에 대해 학부모와 상담한다.
- 유치원에서 운영하는 통학 버스에 탑승하여 아동들이 안전하게 승하차할 수 있도록 돕고, 교육 관련 세미나, 교사 연수 프로그램에 참여한다.

> **Tip** 어린이집과 유치원의 차이에 대해 알아볼까요?

어린이집과 유치원을 구분하는 가장 큰 차이점은 바로 대상 연령이다. 어린이집은 0~7세를 대상으로 운영하여 영아 때부터 다닐 수 있는 반면, 유치원은 5세 이상이 되어야 다닐 수 있다. 또 어린이집의 설립 목적은 아이를 돌보는 '보육'이고, 유치원은 '교육'이다. 하지만 비중만 다를 뿐 어린이집과 유치원 모두 아이들의 교육과 보육을 책임진다는 공통점이 있다.

어린이집과 유치원은 소속 기관이 다르다. 어린이집은 보건복지부 소속으로 기초자치단체(시·군·구청)에서 관리하고, 유치원은 교육부 소속으로 시도 교육청에서 관리한다. 따라서 어린이집교사는 보건복지부 장관이 수여하는 보육교사 자격증을 취득해야 하고, 유치원교사는 교육부장관이 수여하는 유치원 정교사 자격증을 취득해야 한다. 어린이집과 유치원에서 배우는 내용이 다를까봐 걱정하는 부모들도 있지만 2012년부터 어린이집과 유치원에 다니는 5~7세 아동들이 동일한 교육을 받도록 정부에서 누리과정을 시행하고 있다.

적성과 흥미는?

아동들을 배려하고 도와주려는 마음이 강해야 할 뿐만 아니라 사랑하는 마음을 지니고 있어야 하므로 섬세하고 다른 사람을 잘 이해하는 사람에게 적합하다. 그리고 어려움이 있어도 참고 견디며, 책임감을 갖고 자신을 통제할 수 있는 능력이 필요하다. 관찰력과 통솔력, 돌발 상황에 대처할 수 있는 능력이 필요하고, 정확하면서도 이해하기 쉬운 어휘를 구사하는 능력을 갖추어야 한다.

또한 도덕적이고 정직해야 하고, 아이들에게 효과적으로 의사를 전달하기 위해 신체적·언어적 활동을 자연스럽고 정형화되지 않은 방식으로 표현하는 것을 선호하는 사람에게 적합하다. 아울러 돌발적이거나 통제되지 않은 상황 등 고도의 스트레스 환경에서도 효과적으로 대처할 수 있는 차분함과 비판을 받아들이는 인내심, 사소한 부분까지도 주의 깊게 다룰 수 있는 꼼꼼함이 요구된다.

💬 **관련 학과 및 자격증은?**

유아교육(학)과   아동(교육)학과

아동복지(학)과

⚙ 유치원 1·2급 정교사   ⚙ 사회복지사

⚙ 방과후아동지도사   ⚙ 보육교사

⚙ 상담심리사   ⚙ 놀이치료사

⚙ 미술실기교사

💬 **관련 교과는?**

국어   사회   영어   음악   미술   체육

💬 **관련 직업은?**

유치원교사   유아정책연구원   아동상담사

아동심리치료사   아동 관련 기자 및 방송인

유아프로그램개발자   보육교사   어린이집교사

진출 방법은?

유치원교사가 되려면 전문대학이나 대학교의 유아교육과, 아동학과를 졸업하거나 유치원 교육과정이 개설된 교육대학원에서 석사 학위를 취득하여 유치원 2급 정교사 자격증을 취득해야 한다. 유치원 2급 정교사 자격증을 취득하면 유치원 임용시험을 볼 수 있는 자격이 주어지며, 임용시험에 합격해야 국공립 유치원교사가 될 수 있다.

임용시험은 1차, 2차 시험으로 진행되는데 1차에서는 교직논술, 교육과정 시험이 진행되고, 2차에서는 면접과 수업실연이 진행된다. 사립 유치원의 경우, 자체시험을 통해 교사를 선발하거나 교육청에 위탁하여 국공립 임용시험과 같은 시험을 통해 1차 선발 인원을 가려낸 후, 해당 학교 법인에서 2차 시험을 시행하여 합격자를 결정하기도 한다.

유치원 2급 정교사 자격증을 소지하고 3년 이상의 교육 경력을 보유한 자가 재교육을 받거나, 정교사 2급 자격증을 소지하고 유치원 교육 관련 대학원에서 석사 학위를 받은 자로서 1년 이상의 교육 경력이 있으면 유치원 1급 정교사 자격증을 취득할 수 있다.

미래 전망은?

당분간 유치원교사의 고용률은 현 상태를 유지할 것으로 전망된다. 여성의 사회활동 증가로 가정 내에서 전적으로 자녀를 양육하는 것이 어려워지고 있고, 유치원 아동에 대한 무상교육, 저소득층 아동에 대한 교육비 지원, 종일반 운영 지원 등 유아 교육 분야에 대한 국가적 지원이 확대되고 있어 만성적 저출산에도 불구하고 전문적인 능력을 갖춘 유치원교사에 대한 수요는 어느 정도 유지될 것으로 예상된다.

한편, 전문대학 및 대학교에 유아 교육 관련 학과가 많이 개설됨에 따라 일자리 수요보다 공급이 많아 일자리의 질이 높지 않은 편이다. 비교적 고용이 안정적이지 못한 사립 유치원의 경우, 그만두는 인력을 대체하기 위한 채용이 많이 이루어질 수 있다. 고용이 보다 안정적이고 근무 환경이 좋은 국공립 유치원으로의 이직 경쟁이 더욱 치열해질 것으로 보인다.

CAREER MAP

- 교육, 봉사 관련 동아리활동
- 유아 교육에 대한 역량 및 책임감 강화
- 교육 관련 멘토링활동
- 유아 교육 관련 학과 및 기관, 기업 탐방
- 유치원, 어린이집 직업체험활동

- 유치원교사
- 유아정책연구원
- 아동상담사
- 아동심리치료사
- 아동 관련 기자 및 방송인
- 유아프로그램개발자
- 보육교사
- 어린이집교사

- 유아교육(학)과
- 아동(교육)학과
- 아동복지(학)과

준비 방법

관련 직업

관련 학과

- 국어
- 사회
- 영어
- 음악
- 미술
- 체육

관련 교과

유치원 교사

적성과 흥미

관련 기관

관련 자격

- 공감 능력
- 의사소통 능력
- 문제해결 능력
- 상황 대처 능력
- 책임감
- 통솔력
- 인내심
- 꼼꼼함

- 교육부
- 한국국공립유치원교원연합회
- 한국유치원총연합회

- 유치원 1·2급 정교사
- 미술실기교사
- 보육교사
- 사회복지사
- 상담심리사
- 놀이치료사
- 방과후아동지도사

음악교사

음악교사란?

음악은 소리를 통해 인간의 감정과 사상을 표현하는 예술로, 인간의 창의적 표현 욕구를 충족시키고 다른 사람과 소통할 수 있도록 하며 인류 문화를 계승하고 발전시키는 데 이바지한다. 음악 교과는 다양한 음악활동을 통해 음악의 아름다움을 경험하게 하고, 음악성과 창의성을 계발하며, 음악의 역할과 가치에 대한 안목을 키움으로써 음악을 삶 속에서 즐길 수 있도록 한다.

음악교사는 음악적 감성 역량, 음악적 창의·융합 사고 역량, 음악적 소통 역량, 문화적 공동체 역량, 음악 정보 처리 역량, 자기 관리 역량 등을 함양시키는 데 목표를 두고 수업을 진행한다. 음악과 춤, 미술, 연극, 영화, 문학 등 다른 예술 영역과의 결합을 통해 음악적 정서를 표현하고 다양하게 소통하는 방법을 배우도록 함으로써 학생의 문화적 소양을 높일 수 있도록 한다. 이를 통해 음악이 가지고 있는 인문·사회·자연과학적인 특성을 학생들에게 발견할 수 있도록 교육한다. 이 외에도 학생의 요구와 실정에 따라 적절한 악기를 선택하여 지도한다.

Tip 예술치료사에 대해 알아볼까요?

최근 예술을 통해 마음을 치유하고 정신 건강을 추구하는 사람들이 늘고 있다. 미술, 음악, 연극 등 다양한 예술적 경험을 통해 자신의 마음을 되돌아보고 타인을 이해하며 재미까지 추구할 수 있기 때문이다. 이러한 현상에 대응하기 위해 미술, 음악, 드라마, 영화, 문화 등의 예술 분야를 활용하여 전문적으로 심리를 치료하고 상담해주는 전문가가 예술치료사이다.

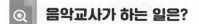 음악교사가 하는 일은?

음악교사는 중·고등학교에서 학생들의 음악적 정서와 소질을 계발하기 위해 음악, 음악과 생활 및 관련 과목을 전문적으로 교육하는 일을 한다. 이를 위해 교육과정의 목표 및 내용을 근거로 학생의 발달 단계와 능력 수준, 흥미도 및 지역성을 고려하여 학습 계획을 수립하고 지역, 학교 및 학생의 특성에 따라 교육과정의 내용을 융통성 있게 재구성한다. 또한 교사는 학교급별, 학년군별, 영역별 연계성을 전체적으로 고려하여 학생들의 음악 학습 전반에 대해 포괄적이고 종합적인 이해와 능력을 발달시킬 수 있도록 교육한다.

- 실제적 경험을 통해 감각을 자극하거나 반응을 이끌어낼 수 있는 관찰학습, 조사학습, 체험학습, 반응중심 학습법 등을 활용한 교육으로 학생의 감수성을 기른다.
- 예술적 소통 능력과 창의·융합 능력을 함양하기 위해 다양한 교과와 연계하여 사고를 확장시키고 상상력을 자극할 수 있는 체험학습, 탐구학습, 조사학습, 토의·토론 학습, 프로젝트 학습 등을 활용하여 수업한다.
- 수업을 설계·운영한 결과를 평가하고, 학생의 생활 태도와 진로 선택을 지도하며, 이 과정을 취합하여 학교 생활기록부에 기록한다.
- 시험을 출제하여 학생의 성적을 평가하고, 최소한의 성적을 달성하지 못한 학생들을 위해 보충학습을 진행한다.
- 학생교육 및 안전과 관련된 학습 지도, 생활 지도, 행정 업무를 수행한다.

Tip 특기적성 교사에 대해 알아볼까요?

학생들의 소질 및 적성을 개발할 수 있도록 취미 및 특기를 신장시키기 위한 교육을 하는 직업이다. 특기적성 교사는 특기적성 교육활동과 연계한 동아리를 구성하고, 각 동아리에 맞는 교육을 실시한다. 학생들의 특기 및 적성에 따라 바이올린, 플루트, 피아노 등의 음악교육과 함께 태권도, 탁구 등의 체육교육 그리고 댄스 등과 같은 다양한 특기적성 교육 중 하나를 정규시간 또는 방과후 시간에 전문적으로 교육한다.

적성과 흥미는?

음악교사는 예술적 감각과 함께 음악에 관한 적성과 재능을 갖추어야 한다. 또한 전공으로 하고자 하는 악기의 실기교육과 곡을 많이 연주하는 실제적 음악 활동 경험이 필수적이다. 음악교사가 되기 위해서는 음악에 대한 상식을 넓힐 필요가 있으며, 한 가지 이상의 악기를 다룰 수 있으면 좋다. 더불어 학생들과 함께 생활하면서 발생할 수 있는 다양한 문제를 해결하기 위해 성실성, 의사소통 능력, 문제해결 능력, 상황 대처 능력이 요구된다.

한편, 중등교사는 청소년기 학생들을 대하므로 솔직하고 도덕적인 성격을 지니고, 다른 사람들과 즐거운 관계를 유지하면서 협조적인 태도를 갖추는 것이 필요하다. 또한 학생들의 욕구나 느낌에 민감하게 반응하고, 이들을 이해하고 도와주는 등 타인에 대한 배려심을 갖추는 것이 필요하다. 질풍노도의 시기인 청소년기 학생들을 올바른 길로 이끌고 바람직한 삶의 자세를 일깨워주기 위해서는 책임감과 리더십 또한 필요하다.

음악교사의 경우 재능을 가지고 창의적인 작업을 수행하는 활동을 선호하는 예술형과 개인적인 교류를 통해 타인을 도와주고 가르치며 상담해주고 봉사하는 활동을 선호하는 사회형의 성격에 적합하다.

관련 학과 및 자격증은?

음악교육과 음악과 실용음악과 기악과

음악예술학부 관현악과 국악과 성악과

작곡과 피아노과

⚙ 중등학교 1·2급 정교사   ⚙ 음악심리지도사

⚙ 평생교육사   ⚙ 음악예술교육사

관련 교과는?

국어 음악

관련 직업은?

교육청 장학사 교육학 연구원 교육부 행정가

교육연구기관 연구원 연주가 음반기획자

음악평론가 작곡가 편곡가

영화음악전문가 공연기획자

 ### 진출 방법은?

중등학교 음악교사가 되기 위해서는 대학교나 대학원에서 중등학교 2급 정교사 자격증을 취득해야 한다. 이를 위해서는 사범계열 학과를 졸업하거나, 비사범계열 학과의 경우는 재학 중에 교직과목을 이수해야 한다. 졸업 후, 교육대학원 진학을 통해 석사 학위를 취득하는 방법도 있다. 하지만 최근 '초중등 교원 양성체제 발전 방안 시안'을 통해 일반대학의 교직과정을 폐지하고 교육대학원은 기존 교사의 재교육 기관으로 운영하겠다는 계획 초안을 발표하고 있어 구체적인 임용 방법의 변화는 추후 재확인할 필요가 있다.

국공립 중등학교 교사가 되려면 중등학교 2급 정교사 자격을 취득한 후 매년 11~12월에 각 시도 교육청에서 시행하는 '국공립중등학교 교사 임용후보자 선정경쟁시험(교원 임용시험)'을 통과해야 한다. 사립 중·고등학교는 결원이 있을 때 채용 공고가 나며, 채용 절차에 따라 별도의 임용시험을 치른 후 사립 중·고등학교의 학교장 제청에 따라 이사회 의결을 통해 채용된다.

최근 사립학교 교사 채용은 채용의 투명성 및 공정성 제고를 위해 희망 법인을 대상으로 위탁채용을 실시하는 쪽으로 변화하고 있다. 사립학교 법인으로부터 위탁받아 공립학교 교사 임용시험과 동일하게 1차 필기시험을 실시하고, 선발 인원의 5배수 이내로 1차 합격자를 결정하여 해당 법인에 통보한다. 최종 합격자는 법인별로 시행하는 2차 시험(수업실연·면접 등)을 거친 후 해당 법인에서 채용을 결정한다.

미래 전망은?

당분간 음악교사의 고용률은 현 수준을 유지하거나 다소 감소할 전망이다. 중등교사의 고용에 영향을 미치는 요인으로는 학생수 감소와 교육 정책의 변화 등을 꼽을 수 있는데, 이는 긍정적·부정적 영향을 모두 미칠 것으로 보인다.

먼저 교육부가 공교육의 내실화를 목표로 교원 1인당 학생 수를 줄이기 위한 노력을 지속하고 있으며, 최근 들어 청소년의 예술 경험과 예술교육의 중요성에 대한 인식이 높아지고 있다는 것이 긍정적인 영향이다. 특히 수능 교과목 중심의 교육에서 벗어나 문화예술의 향유와 경험이 자존감을 향상시키고 창의적 사고의 원동력이 된다는 것에 대한 공감대가 높아지고, 아름다움에 반응하는 감성과 자기표현 능력이 필수적 요소로 주목되면서 예술 교육에 관한 관심도 커지고 있다.

반면, 부정적 영향으로는 사범대학 등 중등 교원 양성기관을 통해 배출되는 인력은 증가하는 데 반해 중등학교 학생수는 급격히 줄어들고 신규 채용 예정 교원수는 제한되어 있다는 것이다. 교육부는 매년 과목별 교원 수요 변동, 교원 증원 상황 등을 반영하여 임용시험으로 선발할 중등교사의 수를 정하고 있다. 교사를 지원하는 사람은 많고, 선발인원은 제한되어 있어 음악교사로 취업하는 데 경쟁이 치열할 것으로 예상된다.

CAREER MAP

음악교사

관련자격
- 중등학교 1·2급 정교사
- 평생교육사
- 음악심리지도사
- 음악예술교육사

준비방법
- 음악 관련 교과 역량 강화
- 교육에 대한 역량 및 책임감 강화
- 음악 관련 동아리활동
- 음악회 및 음악 관련 체험활동
- 특정한 악기 실력 함양

관련학과
- 음악교육과
- 음악과
- 실용음악과
- 음악예술학부
- 관현악과
- 국악과
- 기악과
- 성악과
- 작곡과
- 피아노과

관련교과
- 국어
- 음악

관련직업
- 교육청 장학사
- 교육학 연구원
- 교육부 행정가
- 교육연구기관 연구원
- 연주가
- 음반기획자
- 음악평론가
- 작곡가
- 편곡가
- 영화음악전문가
- 공연기획자

관련기관
- 교육청
- 시도 교육청
- 교육과정평가원

적성과흥미
- 교수 능력
- 음악적 능력
- 책임감
- 공감 능력
- 성실성
- 의사소통 능력
- 문제해결 능력
- 상황 대처 능력
- 도덕성
- 타인에 대한 배려심
- 리더십

인문사회계열교수

인문사회계열교수란?

인문계열은 언어·문학과 인문과학 등과 같이 모든 학문의 근본이 되는 인문학의 교육과 연구를 목표로 한다. 또한 인간과 인간의 문화, 인간의 가치와 인간의 자기표현 능력을 바르게 이해하기 위한 과학적인 연구 방법에 관심을 가진다.

사회계열은 사회학, 정치학, 경제학, 법학, 행정학 등 사회의 여러 모든 현상을 과학적이고 체계적으로 연구하는 학문이다. 따라서 인간 생활의 다양한 측면과 관련된 기초 학문을 연구하며, 개인 혹은 국가의 지속적인 발전을 위해 사회변화를 분석하고 대안을 제시할 수 있는 기본적인 소양을 기르는 것을 목표로 한다.

인문사회계열교수는 대학에서 인문·사회학 분야의 이론과 지식을 강의하고 관련 학문을 연구하는 직업이다. 학생들의 질문에 답변하고 개인적으로 지도하기도 하며, 연구 논문을 학회지 등에 발표해야 한다. 각종 회의에 참석하여 전문가로서 조언하기도 한다.

교수는 다른 직업과 비교하여 임금과 복리후생이 우수하다. 자기개발 가능성, 능력에 따른 승진 가능성, 고용의 안정성도 높다. 높은 수준의 전문 지식이 필요하며, 그에 따른 업무 자율성과 업무 권한이 매우 크다. 고용에서 성별이나 연령에 따른 차별이 거의 없는 편이나, 취업경쟁률이 치열하고 정신적인 스트레스가 높은 편이다.

🔍 인문사회계열교수가 하는 일은?

인문사회계열교수는 대학에서 인문사회계열 과목을 강의하고 시험, 보고서 등을 통해 학생들을 지도하며 자신의 전공 분야에 대한 지속적인 연구활동을 한다. 교수들마다 연구하는 분야가 다르기 때문에 연구하는 방법도 다르지만 오랜 시간 공부한 것을 바탕으로 새로운 학문을 탐구하는 일을 주로 한다.

🔍 대학교에서 국문학, 영문학, 사학, 철학, 정치학, 경제학, 사회학 등의 과목을 교육한다.

🔍 전공이나 담당 교과목에 따라 강의, 실험, 실습 등 다양한 강의 방법을 이용하여 학생을 지도하며 인문계열 교수는 대부분 강의를 통한 수업이 많다.

🔍 자신의 전공 분야를 연구하여 각종 학회, 세미나 등에 논문을 제출하고, 전공 분야 및 관심 분야 등에 대한 책을 집필하기도 한다.

🔍 강의를 준비하여 학생들에게 강의하고, 세미나 및 실험을 수행하며, 시험을 출제한 후 그 결과를 평가한다.

🔍 교과과정 및 과정표를 계획·조정한다.

🔍 졸업생의 논문 및 연구계획을 지도·조언하며, 자신의 전공 분야에 대한 연구를 수행한다.

Tip 교수에 대해 알아볼까요?

대학·전문대학 등의 고등교육기관에서 전문학술을 교수하고 연구하는 일에 종사하는 직급으로, (정)교수, 부교수, 조교수, 전임강사 등이 있다. 교수가 되려면 대학 졸업 후 최소한 4년간의 연구 경력과 6년간의 교직 경력이 있어야 한다. 전문대학의 교수는 최소한 3년간의 연구 경력과 4년간의 교직 경력이 필요하다. 국립대학의 교수는 대학 인사위원회의 동의를 얻은 총장의 제청으로 교육부장관을 거쳐 대통령이 임명하며, 부교수와 조교수는 교육부장관이, 전임강사와 조교는 총장이 임명한다. 사립대학의 교수를 포함한 대학교원은 총·학장의 제청으로 이사회의 의결을 거쳐 임명되며, 교육부장관에게 임명 사항을 보고해야 한다.

적성과 흥미는?

인문사회계열교수는 명확한 학습 내용을 전달하기 위해 논리적인 언어 구사 능력과 글쓰기 능력이 요구되며 외국어에 대한 지식이 필요하다. 자신의 전공 분야에 대해 끊임없이 연구하고 개발하려는 탐구적인 자세가 필요하다. 창의력, 언어 능력, 수리논리력, 학습전략, 시간 관리 능력 등이 필요하며, 교육자로서 바른 언행이 요구된다. 탐구형과 진취형의 흥미를 가진 사람에게 적합하고 분석적 사고, 신뢰성, 혁신 등의 성격을 가진 사람들에게 유리하다.

인문사회계열교수에 관심이 많다면 심도 있게 공부하는 것을 좋아하고, 적절한 방법을 활용하여 다른 사람들을 가르치는 데 필요한 역량을 키우기 위해 노력해야 한다. 이를 위해 독서토론반, 논술반, 법탐구반, 영문학반, 방송반, 문예반, 영자신문반, 경제학연구반, 심리연구반 등에서 적극적으로 활동하면 도움이 된다. 또한 인문학, 정치학, 사회학, 경제학, 철학 등 폭넓은 분야의 독서를 통해 자신의 지적 역량을 키우고, 학습도우미활동 등을 통해 사람을 가르치고 교육하는 데 필요한 방법 및 이론에 대한 지식을 기르는 것을 적극 추천한다.

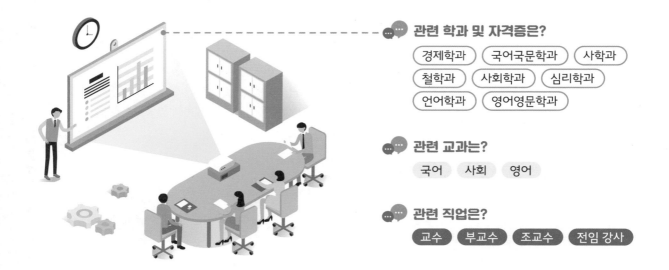

관련 학과 및 자격증은?

경제학과   국어국문학과   사학과

철학과   사회학과   심리학과

언어학과   영어영문학과

관련 교과는?

국어   사회   영어

관련 직업은?

교수   부교수   조교수   전임 강사

 진출 방법은?

인문사회계열교수가 되기 위해서는 대학과 대학원에서 자신이 연구하고 싶은 전공을 심도 있게 공부해야 한다. 대학원에서 석사 4학기를 수료하고 졸업논문이 통과되면 석사 학위가 나오고, 박사 4학기 후 졸업논문이 통과되면 박사 학위를 받고 교수가 될 수 있는 자격이 주어진다.

인문사회계열교수는 전공 분야에 대한 다양한 연구 실적이 중요하다. 이를 위해 국내외 학술지에 연구 실적을 발표하고, 관련 학회활동에 활발히 참여하는 것이 필요하다. 일반적으로 연구 실적물은 국제 또는 국내 전문학술지 논문 및 저서에 국한한다.

교수 자리는 학과별로 결원이 있을 경우 공고를 통해 임용하는 것이 일반적이며, 2~3년간 전임 강사로 채용한 후 연구 성과, 강의평가 등을 고려하여 교수로 정식 임용한다. 또한 실제 강의를 하게 하여 학생, 교수들의 평가를 반영하는 대학도 있다. 최근 정년트랙 전임교원은 최초 2년간 계약제로 임용하며, 비정년트랙 전임교원의 계약기간은 보통 1년으로 평가 결과에 따라 재임용하는 추세다. 또한 대학교에서는 정규직 교수보다는 정년이 보장되지 않는 비정년트랙 교수나 강의 전담 교수 등을 많이 채용하고 있어 신규 채용 교수의 고용 안정이 보장되지 않는 경향이 있다. 최근 들어서는 교수로 임용된 뒤 연구 실적 등 성과물에 따라 재임용에서 탈락하는 예도 발생하고 있어 교수들 간의 연구 경쟁이 심화될 것으로 보인다.

 미래 전망은?

최근 청년실업률이 높아지면서 졸업 후 취업이 잘되는 학과의 인기가 높다. 따라서 의료 분야나 사회과학계열, 첨단 이공계 분야의 교수 채용은 늘어나는 반면에 인문계열과 자연계열 분야는 축소하려는 움직임이 있다.

신설 학문 분야 교수 채용, 해외 석학 채용, 산학협력 증가에 따른 연구 교수 증가, 사이버대학의 증가는 대학교수의 신규 채용에 긍정적인 영향을 미칠 것으로 보인다. 대규모 학생이 수강하는 강좌의 분반을 통해 강좌 수가 늘어나거나, 교수의 연구력 강화를 위해서 교수의 책임 시간 수를 줄이려는 경향은 교수의 일자리 창출에 긍정적이다.

그러나 앞으로 고등학교 졸업생 수가 급격히 감소할 것으로 예상되며, 일부 지방사립대와 전문대에서는 학생 충원의 어려움을 호소하고 있는 실정이다. 이처럼 입학 정원을 충족시키지 못하는 대학들은 정원을 감축하거나 학교·학과 간 통폐합을 하는 등 구조조정이 불가피할 것으로 보여 대학교수의 일자리 창출에 부정적 영향을 미칠 것으로 예상된다.

CAREER MAP

인문사회 계열교수

준비 방법
- 언어 구사 능력 함양
- 외국어 능력 함양
- 탐구적인 자세 함양
- 독서토론, 논술, 법, 경제, 문학, 방송, 문예, 신문, 심리 관련 동아리활동
- 폭넓은 독서활동
- 관련 주제탐구활동

관련 교과
- 국어
- 사회
- 영어

관련 직업
- 교수
- 부교수
- 조교수
- 전임 강사

적성과 흥미
- 창의력
- 언어 능력
- 논리적 사고 능력
- 분석적 사고 능력
- 시간 관리 능력
- 교수 능력
- 탐구 능력
- 교육에 대한 애정과 관심

관련 기관
- 한국대학교육협의회
- 한국전문대학교육협의회

관련 학과
- 경제학과
- 국어국문학과
- 사학과
- 사회학과
- 심리학과
- 언어학과
- 영어영문학과
- 철학과

교육계열
18

장학사

장학사란?

장학의 사전적 의미는 '공부나 학문을 장려한다'이다. 학교에서 실시되는 장학의 종류에는 수업장학, 임상장학, 동료장학, 자기장학, 약식장학, 자체연수 등이 있다. 수업장학은 교육학에서 학생들의 학습을 촉진하는 것으로, 교사의 행동 변화를 통한 학습 개선에 목적이 있다. 수업장학의 대상은 특정 교사가 아닌 모든 교사로, 이는 공식적으로 계획되고 조직의 필요와 권위에 기초한 활동으로 볼 수 있다. 임상장학은 장학을 담당하는 장학 담당자와 교사가 일대일 관계 속에서 수업 지도에 대한 문제를 해결하고 수업 기술의 향상을 도모하는 지도와 조언의 과정이다.

장학사는 교육전문직 공무원으로, 이러한 장학을 통해 각급 학교(유치원, 초등학교, 중학교, 고등학교 등)의 교육 활동을 지도·관리하는 전문가이다. 장학사는 행정상의 지휘·명령·감독권은 가지고 있지 않으나 학교를 주기적으로 시찰하면서 교과과정, 교육 방법, 장비 및 기타 사안 등을 평가하고, 제반 문제에 대해 교사와 협의하고 조언한다. 교직의 특수성에 비추어 관리·행정직과는 다른 교육전문직으로서 교육부장관이 임용하며 교육위원회, 교육연구원, 시·군 교육청 등에 소속되어 있다.

장학사는 교육에 대한 전문 지식이 요구되며 많은 양의 업무를 빠른 속도로 처리해야 하고, 일의 특성상 다른 사람을 조율하거나 이끄는 일을 많이 해야 하는 직업이라 할 수 있다.

🔍 장학사가 하는 일은?

장학사는 교사의 수업 능력과 학습 결과를 평가하고, 이를 보고서로 작성하여 각 시도 교육청 및 지역 교육청에 보고한다.

- 🔍 각급 학교의 학생 교육이 바람직한 방향으로 실시될 수 있도록 교사들과 협의·연구·분석한다.
- 🔍 교수방법, 교재, 교구 등의 효과를 관찰하기 위하여 주기적으로 학교 및 학급을 방문·시찰한다.
- 🔍 교사의 교수방법을 평가하고 개선 및 향상을 위하여 제안·권고한다.
- 🔍 새로운 학급운영 방법, 교재·교구 및 기타 보조물 등에 대한 교사들의 연구협의회를 주관한다.
- 🔍 신임 및 현직교원의 연수를 보조한다.
- 🔍 교과별 및 초·중등 단계별 교육과정, 생활지도, 교재교구 등의 교육지도 업무 중 어느 한 영역을 전담하기도 한다.
- 🔍 교사의 수업 능력과 학습결과를 평가한 후 이를 보고서로 작성하고, 각 시도 교육청 및 지역 교육청에 보고한다.

Tip 교육자문 및 검토관에 대해 알아볼까요?

교육과정이나 교수 도구를 개발하는 등의 교육 관련 연구를 수행하고, 학교에서 실시하는 교육프로그램을 조사·검토하여 교사에게 조언해주는 일을 한다. 교육과정을 개발하고 교육 프로그램을 조사·분석해야 하는 만큼 교육에 관한 연구 역량과 전문성이 필요하다.

적성과 흥미는?

장학사는 판단력, 의사결정 능력, 의사소통 능력, 교수 능력 등을 갖추는 것이 중요하다. 또한 전반적인 교육 및 훈련, 교육 행정에 대한 전문적 지식이 요구된다. 장학사는 타인의 성과를 점검하고 객관적으로 평가하여 문제의 본질을 파악하고 해결 방법을 모색할 수 있는 능력이 요구된다. 학교 교육과정 등을 관찰하고 그에 대한 평가 보고서를 작성할 수 있는 논리적 언어 표현 능력과 문서 작성 능력이 필요하다. 진취형과 사회형의 흥미를 가진 사람에게 적합하며, 남에 대한 배려, 정직성, 사회성, 리더십 등의 성격을 가진 사람들에게 유리하다.

장학사에 관심이 많다면 평소 국어, 수학, 사회, 과학 등의 교과에 관심을 지니도록 노력해야 한다. 또한 사람을 가르치고 훈련시키는 데 필요한 방법 및 이론에 대한 지식, 국어의 맞춤법과 문법에 대한 지식을 갖추는 것이 좋다. 이를 위해 교육탐구반, 국어문법반, 사회문화연구반, 토론반 등에서 적극적으로 활동하면 장학사로서의 역량을 키우는 데 도움이 될 수 있다. 평소 다른 친구의 학습을 도와주는 멘토-멘티 활동이나 학교 교육과 관련된 탐구활동을 적극 추천한다.

관련 학과 및 자격증은?

교육학과　국어교육과　영어교육과
수학교육과　사회교육과　과학교육과
화학교육과　미술교육과　외국어교육과
생물교육과

 중등학교 1·2급 정교사　　중등학교 1·2급 정교사 초등학교 1·2급 정교사

관련 교과는?

국어　영어　수학　사회　과학

관련 직업은?

중등장학사　초등장학사　교장　교감
교육연구사　교육연구관　장학관

진출 방법은?

장학사가 되기 위해서는 교원 자격증이 필수적으로 요구된다. 따라서 사범대학의 교육 관련 학과를 졸업하는 것이 유리하다. 소속 교육청에서 정하는 기준에 따라 정규교사로서 일정 기간 근무하고 난 뒤에 추천과 시험을 통해 장학사로 일할 수 있다.

장학사 선발시험에 응시할 수 있는 자격 기준은 다음과 같다. 첫째, 대학이나 사범대학, 교육대학 졸업자로서 5년 이상 학교 현장에서 교사로 재직하거나, 2년 이상의 교사 재직 경험을 포함한 교육행정경력 또는 교육연구경력이 5년 이상 있는 자이다. 둘째, 9년 이상 학교 현장에서 교사로 재직하거나, 2년 이상의 교사 재직 경험을 포함한 9년 이상의 교육행정경력 또는 교육연구경력이 있는 자로 되어 있다. 교과목별로 시행되는 선발시험은 1차는 필기, 2차는 면접으로 이루어진다.

장학사의 경우 보통 일정기간 근무한 뒤 자격 연수를 받고 특례임용으로 승진한다. 장학사에서 장학관으로 선발되면 담당 지역 교장으로 오는 경우도 있다.

미래 전망은?

당분간 장학사의 고용 상태는 현 상태를 유지할 것으로 전망된다. 서울시교육청의 경우는 매년 평균 40여 명 정도의 장학사를 선발하는데, 이는 기존 장학사들이 일선 학교의 교감으로 전직하면서 부족해지는 정원을 충원하기 위해서이다.

장학사 및 교육연구사는 일반인들이 진출할 수 있는 직종이 아니라 일정한 교육공무원 경력자에게 자격이 주어지기에 인원 변동은 부족한 정원의 충원 또는 교육공무원 정책에 따라 정해지게 된다. 따라서 해마다 특별한 고용 창출 요인이 발생하는 것은 아니다.

장학사는 시도 교육청 혹은 교육정보연구원에 주로 근무한다. 또한 정부부처인 교육부에서 교육연구사나 교육연구관으로 일하기도 한다. 장학사는 일정 기간 근무한 후 교감이나 교장으로 전직하는 것이 대부분이다.

CAREER MAP

- 문서 작성 능력 함양
- 교수 능력 함양
- 언어 표현 능력 함양
- 국어문법, 교육 탐구, 토론, 사회 문화연구 관련 동아리활동
- 폭넓은 독서활동
- 관련 주제탐구활동

준비 방법

- 교장
- 교감
- 중등장학사
- 초등장학사
- 교육연구사
- 교육연구관
- 장학관

관련 직업

- 국어
- 영어
- 수학
- 사회
- 과학

관련 교과

장학사

관련 자격

- 중등학교 1·2급 정교사
- 초등학교 1·2급 정교사

적성과 흥미

관련 학과

- 리더십
- 판단력
- 의사결정 능력
- 의사소통 능력
- 교수 능력
- 문제해결 능력
- 논리적 언어 표현 능력
- 문서 작성 능력
- 교육에 대한 애정과 관심

관련 기관

- 교육부
- 한국교육과정평가원
- 한국교육개발원

- 교육학과
- 국어교육과
- 영어교육과
- 수학교육과
- 과학교육과
- 사회교육과
- 화학교육과
- 미술교육과
- 외국어교육과
- 생물교육과

전문상담교사

전문상담교사란?

최근 심각한 사회적 문제로 대두되고 있는 학교폭력 문제는 더 이상 고등학교에서만 일어나는 현상이 아니다. 초등학교 저학년에서도 빈번히 왕따가 발생하며, 그 심각성 역시 커지고 있다. 뿐만 아니라, 청소년의 범죄유형에 있어 사기, 폭력, 강력사건이 증가하였고, 특히 강력범죄 비율의 증가를 미루어볼 때 청소년 범죄의 죄질이 더욱 나빠지고 있으며, 그 연령 또한 낮아지는 추세이다. 정보통신기술의 발달로 인해 초등학생부터 고등학생까지 전 연령에 걸쳐 사이버범죄와 일탈이 빠른 속도로 증가하고 있으며, 발생 비율도 급격히 높아지고 있다.

교육 현장에서 발생하는 일탈 문제가 광범위해지면서 학교 담임 선생님이나 학부모 선에서 해결이 어려운 경우들이 생겨나게 되었고, 보다 전문적인 대처가 요구되기 시작했다. 이에 초중등교육법에 따라 학교에 전문상담교사를 두거나 교육공무원법에 따라 시·도 교육행정기관에 전문상담순회교사를 두도록 법률로 정하여 시행하게 되었다. 따라서 전문적 상담이 가능하도록 상담교육과 훈련과정을 거친 전문상담교사 자격증을 소지한 자로, 임용시험에 합격하고 학교 또는 교육지원청에 배치되어 전문상담 업무를 수행하는 전문상담교사가 배치되었다.

전문상담교사는 학생들을 대상으로 상담 업무를 진행하는 직업이다. 일차적으로는 위기 학생을 대상으로 하는 상담, 2차적으로는 원활한 학업생활을 위한 상담, 3차적으로는 성장 및 발달 촉진을 위한 상담을 진행한다.

전문상담교사가 하는 일은?

전문상담교사는 지역교육청 상담실과 학교 현장에서 학생들의 정신건강과 복지를 위한 인성교육을 담당한다. 주로 교우관계 상담, 학습상담, 진로상담, 폭력예방상담 등 다양한 영역에 걸쳐 개인상담과 집단상담을 실시하여 학교 부적응 및 일탈을 예방한다.

> ⊕ 심리검사 지원 등 학생들이 자신의 능력을 최대한 활용할 수 있는 환경을 조성한다.
>
> ⊕ 전문적 상담을 진행하기 위해 다양한 심리검사를 실시하고 결과를 분석한다.
>
> ⊕ 부적응 등 심리적 어려움을 겪는 학생들을 위한 상담, 교사나 부모 자문, 외부 기관 연계 등을 돕는다.
>
> ⊕ 교사 연수, 공문 및 예산 등의 행정 업무, 상담 시설 확충 등 학교 상담실을 효과적으로 운영하기 위한 모든 일을 담당한다.
>
> ⊕ 학생들의 발달 수준에 맞는 프로그램을 개발·계획하고 적용하여 개인의 심리를 파악하고 문제해결을 돕는다.

Tip **미술심리상담사 자격에 대해 알아볼까요?**

미술심리상담사는 그림으로 공감하고 치유하는 미술심리상담을 지도한다. 미술활동을 통해 감정이나 내면세계를 표현하고, 기분의 이완과 감정적 스트레스의 완화를 돕는다. 미술은 심리적 충격을 안겨주는 사건을 경험한 아동들이나 자신의 어려움을 말로 표현하는 것을 꺼리는 어른들에게 유용한 매개체가 될 수 있어 그들이 창작한 미술 작품을 통해 내면을 이해하려고 한다.

적성과 흥미는?

전문상담교사는 학교 현장에서 발생하는 학생들의 일탈 문제와 원인 파악을 위해 분석적이고 종합적인 사고력이 필요하며, 타인에 대한 집중력과 통찰력이 요구된다. 상담과정에서 인간의 심리 및 성격에 대한 전문 지식은 물론, 공감 능력과 의사소통 기술을 갖추어야 한다. 책임감과 진취성, 인내, 신뢰성도 필요하다.

사회형과 탐구형의 흥미를 가진 사람에게 적합하며, 남에 대한 배려, 적응성, 융통성 등의 성격을 가진 사람에게 유리하다. 다른 사람들의 이야기를 경청한 후 말의 요지를 잘 파악하여 적절한 질문을 해야 하므로 언어 능력이 필요하며, 문제해결 능력, 자기성찰 능력, 대인관계 능력 등이 요구된다.

전문상담교사에 관심이 많다면 국어, 사회, 예술 교과의 학업 성취 향상을 위해 노력해야 하고, 각 수업활동에 적극 참여하여 학업 역량, 문제해결 능력 등을 키워야 한다. 평소 친구들의 고민을 잘 들어주고, 나름대로 자신만의 해결 방법을 제시할 수 있는 능력을 키우기 위한 다양한 활동이 필요하다. 이를 위해 상담이나 심리학 등 다양한 분야의 독서활동을 통해 사고력을 넓히고, 상담 및 심리 분야의 지식을 습득하는 것이 매우 중요하다. 또래 상담반이나 봉사단, 심리연구반, 독서토론반 동아리활동이나 멘토-멘티 프로그램에 참여하는 것도 도움이 된다.

관련 학과 및 자격증은?

심리학과 　심리학부 　상담심리전공

상담심리학과 　상담심리치료학과 　산업심리학과

행정·심리학부 심리학전공 　심리상담학과

기독교상담학과 　청소년학과 　청소년상담학과

청소년지도학과 　청소년문화상담학과

🎖 전문상담교사 1·2급 　🎖 심리상담사 1·2급

🎖 청소년상담사 1·2·3급

관련 직업은?

청소년상담사 　상담심리전문가 　상담지도사

상담심리사 　심리치료사 　산업 및 조직심리사

청소년지도사 　사회복지사 　예술치료사

음악치료사 　미술치료사 　원예치료사

분노조절상담지도사 　노인심리상담사

가족심리상담사 　아동심리상담사

음악심리상담사 　미술심리상담사

문학심리상담사 　아동폭력예방상담사

관련 교과는?

국어 　사회 　음악 　미술

진출 방법은?

전문상담교사 교원 자격증 2급을 취득하는 방법은 다음과 같다. 교직과정이 설치되어 있는 심리학, 상담, 청소년 관련 학과에서 교직과정을 이수하거나 관련 학사를 취득한 후 교육대학원에서 교육부장관이 지정하는 대학원의 상담·심리교육전공에서 교원양성과정을 이수하면 취득할 수 있다.

국공립 중등학교의 전문상담교사가 되려면 2급 정교사 자격을 취득한 후 매년 11~12월에 각 시도 교육청에서 시행하는 '국공립 중등학교 교사 임용후보자 선정경쟁시험(교원 임용시험)'을 통과해야 한다. 사립 중·고등학교는 결원이 있을 때 채용 공고가 나며, 채용 절차에 따라 별도의 임용시험을 치른 후 사립 중·고등학교 학교장 제청에 따라 이사회 의결을 통해 채용된다.

최근 사립학교 교사 채용의 경우, 채용 투명성 및 공정성 제고를 위해 희망 법인을 대상으로 위탁채용을 실시하는 쪽으로 변화하고 있다. 사립학교 법인으로부터 위탁받아 공립학교 교사 임용시험과 동일하게 1차 필기시험을 실시한다. 그리고 선발 인원의 5배수 이내로 1차 합격자를 결정하여 해당 법인에 통보한다. 최종 합격자는 법인별로 시행하는 2·3차 시험(수업실연·면접 등)을 거치고 해당 법인에서 채용을 결정한다.

미래 전망은?

사회와 학교의 교육 환경이 빠르게 변화하면서 학교에서 실시하는 상담을 전문상담교사가 담당해야 할 필요성이 더욱 높아지고 있다. 과거에는 학교 상담 대상을 문제를 야기한 학생으로 한정하였지만, 최근에는 문제를 가진 학생과 함께 부모, 가정, 교사, 이해관계자를 대상으로 범위가 넓어졌다. 상담 범위 역시 예방, 처치, 성장, 발달의 영역으로 확대되고 있다.

학생들의 정신건강과 복지를 위해 학교 현장 및 지역교육청의 상담실에서 인성교육과 교우관계 상담, 학습상담, 진로상담, 폭력예방상담 등 다양한 영역에 걸친 개인 상담과 집단 상담이 실시되면서 학교 부적응과 일탈을 예방하는 역할을 수행하는 전문상담교사의 수요는 나날이 증가할 것으로 보인다.

미국과 같이 상담 산업이 발전한 선진국 등에서 상담의 분야가 다양화 및 전문화되고 있고, 우리나라도 점차 세분화되고 있어 전문상담교사의 수요가 증가할 것으로 예상된다. 특히 범국가적으로도 교육 현장의 전문상담교사의 정원을 확대할 계획이라고 밝히고 있어 매년 대규모 선발이 지속될 전망이다.

CAREER MAP

- 상담 능력 함양 활동
- 상담 및 심리 관련 동아리활동
- 상담 및 심리 관련 학과 탐색활동
- 상담 및 심리 관련 직업 탐색활동
- 다양한 분야의 독서활동
- 사회 교과 역량 강화

- 청소년상담사
- 상담심리전문가
- 상담치료사
- 청소년지도사
- 사회복지사
- 노인심리상담사
- 가족심리상담사
- 아동심리상담사
- 음악심리상담사
- 미술심리상담사

준비 방법

관련 직업

- 국어
- 사회
- 음악
- 미술

관련 교과

전문 상담교사

관련 학과

- 심리학과
- 심리학부
- 상담심리전공
- 상담심리학과
- 상담심리치료학과
- 산업심리학과
- 심리상담학과
- 기독교상담학과
- 청소년학과
- 청소년상담학과
- 청소년지도학과

관련 기관

적성과 흥미

관련 자격

- 보건복지부
- 한국상담심리학회
- 한국청소년상담복지개발원
- 한국청소년복지상담센터
- 한국심리상담센터
- 한국심리연구소

- 전문상담교사 1·2급
- 심리상담사 1·2급
- 청소년상담사 1·2·3급

- 종합적 사고 능력
- 타인에 대한 집중력
- 진취성
- 책임감
- 통찰력
- 이해력
- 대인관계 능력
- 경청 능력
- 문제해결 능력
- 언어 구사 능력

정보교사

정보교사란?

21세기 지식·정보사회의 인재는 정보와 정보처리기술을 올바르게 활용할 뿐만 아니라 새로운 지식과 정보, 기술을 창의적으로 생성하고 협력적으로 문제를 해결하는 능력을 갖추어야 한다. 정보(Informatics)는 컴퓨터과학의 기본 개념과 원리 및 기술을 바탕으로 실생활과 다양한 학문 분야의 문제를 창의적이고 효율적으로 해결하기 위한 학문 분야이다. 정보 과목은 컴퓨터과학적 지식과 기술의 탐구, 실생활의 문제해결을 위해 새로운 지식과 기술을 창출하고 통합적으로 적용하는 능력과 태도를 함양하는 과목이다. 정보에 대한 관심이 높아짐에 따라 '2015 개정 교육과정'에서는 정보 과목이 실생활 및 다양한 학문 분야와 융합하여 컴퓨터 사고력을 기르기 위한 중학교 필수 교과가 되었다.

정보교사는 정보 과목을 가르치는 교사로, 정보 과목을 통해 지식·정보사회를 올바르게 이해하고 정보사회의 구성원으로서 정보 윤리의식, 정보 보호 능력, 정보기술 활용 능력 등 정보문화 소양을 함양시키기 위한 수업을 한다.

> **Tip 인공지능 교육에 대해 알아볼까요?**
>
> 인공지능 교육은 인공지능(AI, Artificial Intelligence)의 혜택을 누리기 위해 필요한 지식과 기능을 배우고 인공지능과 함께 살아가기 위해 필요한 가치와 삶의 방식을 배우는 교육으로, 최근 인공지능에 대한 시대적 요구에 따라 관심이 높아지고 있다. 이러한 관심에 부응하기 위해 모든 학생이 기초 소양으로 인공지능에 대한 기본적인 지식과 역량을 갖추고, 다양한 환경과 상황에 적용할 수 있는 능력을 기르는 것이 중요해졌다. 모든 학생이 인공지능 기초 소양을 함양할 수 있는 기회를 공평하게 누리기 위해서는 학교 교육을 통해 인공지능 교육을 제공해야 한다는 목소리가 커지고 있다.

정보교사가 하는 일은?

컴퓨터과학의 기본 개념과 원리를 바탕으로 실생활 및 다양한 학문 분야의 문제를 창의적으로 해결하는 컴퓨팅 사고력과 네트워크 컴퓨팅 기반 환경의 다양한 공동체에서 협력적 문제해결 능력을 기르기 위한 수업을 계획하고 진행하며, 이를 평가하는 일을 한다.

- 정보 수업을 통해 정보 윤리의식, 정보 보호 능력, 정보기술 활용 능력을 기르고, 컴퓨터과학의 기본 개념과 원리, 컴퓨팅 기술을 바탕으로 실생활 및 다양한 학문 분야의 문제를 창의적이고 효율적으로 해결하는 능력과 협력적 태도를 함양하기 위해 수업을 계획하여 진행한다.

- 다양한 정보를 활용하여 자료와 정보를 수집, 분석, 관리하는 능력과 태도를 기르게 하며, 컴퓨터 프로그래밍을 설계하거나 소프트웨어를 구현하여 자동화할 수 있는 능력을 배양하기 위해 노력한다.

- 교과서 및 시청각 자료 등 다양한 학습 자료를 활용하여 학습자가 자신의 수준과 진로에 따라 꿈과 재능을 발휘할 수 있도록 지도한다.

- 수업을 설계·운영한 결과를 평가하고, 학생의 생활 태도와 진로 선택을 지도하며, 이 과정을 취합하여 학교생활기록부에 기록한다.

- 시험을 출제하여 학생의 성적을 평가하며, 최소한의 성적을 달성하지 못한 학생들을 위해 보충학습을 진행한다.

- 상황에 따라 학교의 네트워크나 교사, 학생의 컴퓨터 관련 업무를 맡아 일을 처리한다.

적성과 흥미는?

정보교사는 기본적으로 컴퓨터 하드웨어와 다양한 응용소프트웨어에 대한 관심과 흥미가 있어야 하며, 논리적인 추리력과 창의력이 필요하다. 컴퓨터의 특성상 다른 분야에 비해 발전 속도가 빠르기 때문에 새로운 것에 대한 호기심과 관심이 중요하다. 기초과학에 흥미를 느끼고 끊임없이 탐구하는 자세와 창의적이고 독창적인 시각으로 사회 변화를 관찰하는 능력도 요구된다.

또한 학습자에게 정보에 관한 지식을 다양한 방법으로 가르칠 수 있는 교수 능력이 필요하다. 이때, 학습자의 동기를 유발할 수 있는 적절한 수준의 문제를 활용해야 하며, 학습자 간의 개인차를 고려하여 수업할 수 있어야 한다. 이를 위해 학습자 수준, 관심과 흥미, 적성과 진로, 언어와 문화 배경에 대한 개인차를 이해할 수 있는 공감 능력이 있으면 좋다. 더불어 학생들과 함께 생활하면서 발생할 수 있는 다양한 문제를 해결하기 위해 성실성, 의사소통 능력, 문제해결 능력, 상황 대처 능력이 요구된다.

한편, 중등교사는 청소년기 학생들을 대하므로 솔직하고 도덕적인 성격을 지니고, 다른 사람들과 즐거운 관계를 유지하면서 협조적인 태도를 갖추는 것이 필요하다. 또한 학생들의 욕구나 느낌에 민감하게 반응하고, 이들을 이해하고 도와주는 등 타인에 대한 배려심을 갖추는 것이 필요하다. 질풍노도의 시기인 청소년기 학생들을 올바른 길로 이끌고, 바람직한 삶의 자세를 일깨워주기 위해서는 책임감과 리더십이 필요하다.

관련 학과 및 자격증은?

컴퓨터학과   정보융합학부

SW융합학부   컴퓨터교육과

컴퓨터과학과   응용소프트웨어학과

⚙ 중등학교 1·2급 정교사   ⚙ 평생교육사

⚙ 컴퓨터 활용 능력   ⚙ 정보처리기사

관련 교과는?

수학   과학   정보

관련 직업은?

교육청 장학사   교육학 연구원   교육부 행정가

교육연구기관 연구원   네트워크 관리자

시스템소프트웨어개발자   컴퓨터보안전문가

정보시스템운영자   응용소프트웨어개발자

진출 방법은?

정보교사가 되기 위해서는 대학교나 대학원에서 중등학교 2급 정교사 자격증을 취득해야 한다. 이를 위해서는 사범계열 학과를 졸업하거나 비사범계열 학과의 경우 컴퓨터 관련 학과에 재학하면서 교직과목 이수 또는 졸업 후 교육대학원 진학을 통해 석사 과정을 통해 중등학교 2급 정교사 자격증을 취득해야 한다.

국공립 중등학교 교사가 되려면 중등학교 2급 정교사 자격 취득 후 매년 11~12월에 각 시도 교육청에서 시행하는 '국공립중등학교 교사 임용후보자 선정경쟁시험(교원 임용시험)'에서 필기시험, 면접시험, 실기시험 등을 통과해야 한다. 사립 중·고등학교는 결원이 있을 때 채용 공고가 나며, 채용 절차에 따라 별도의 임용시험을 치른 후 사립 중·고등학교의 학교장 제청에 따라 이사회 의결을 통해 채용된다.

최근 사립학교 교사 채용은 채용의 투명성 및 공정성 제고를 위해 희망 법인을 대상으로 위탁채용을 실시하는 쪽으로 변화하고 있다. 사립학교 법인으로부터 위탁받아 공립학교 교사 임용시험과 동일하게 1차 필기시험을 실시하고, 선발 인원의 5배수 이내로 1차 합격자를 결정하여 해당 법인에 통보한다. 최종 합격자는 법인별로 시행하는 2차 시험(수업실연·면접 등)을 거쳐 해당 법인에서 채용을 결정한다.

학교 내 특별한 승진 체계는 없지만 '평교사→부장교사→교감→교장'의 단계를 밟을 수 있다. 1급 정교사 자격을 취득하려면 교원으로 임용되어 3년 이상의 교육 경력을 가지고 소정의 재교육을 받거나, 교육대학원 또는 교육부장관이 지정하는 대학원 교육과에서 석사 학위를 받고 1년 이상의 교육 경력이 있어야 한다. 또한 일정 이상의 교육 경력이 되면 시험을 통해 장학사나 교육연구사 등으로 진출할 수도 있다.

미래 전망은?

정보교사의 고용률은 현 수준을 유지하거나 다소 증가할 것으로 전망하고 있다. 2014년부터 정부가 S/W 교육 강화라는 교육목표를 추진한 결과, 2015 문·이과 통합 교육과정 개편으로 우리나라의 컴퓨터교육이 중학교 필수교과, 고등학교 일반선택 교과로 전환되면서 정보교사의 자리는 서서히 증가하고 있다.

또한, 교육부가 2022 개정 교육과정에서 수학, 과학, 정보교육을 강조하고 있으며, 우리나라의 주된 경쟁국인 중국, 일본, 북한, 대만에서 정보교육을 더욱더 강화하고 있음을 고려할 때 향후 정보교육이 지금보다 더 강화될 것으로 전망된다. 더군다나 공교육 내실화를 목표로 교원 1인당 학생수를 줄이기 위한 노력을 지속하고 있기에 정보교사의 수요는 늘어날 것으로 예측된다.

하지만 사범대학 등 중등 교원 양성기관을 통해 배출되는 인력은 증가하는 데 반해, 중등학교 학생수는 급격히 줄어들고 신규 채용 예정 교원수는 제한되어 있다. 즉 교사를 지원하는 사람이 많아 중등교사로 취업하는 데 경쟁이 치열할 것으로 예상된다.

CAREER MAP

준비 방법
- 컴퓨터 활용 능력 함양
- 교육에 대한 역량과 책임 강화
- 컴퓨터 관련 동아리활동
- 컴퓨터 관련 체험 및 전시회 참여
- 수학 및 과학 교과 역량 강화

관련 자격
- 중등학교 1·2급 정교사
- 평생교육사
- 정보처리기사
- 컴퓨터 활용 능력

관련 학과
- 컴퓨터교육과
- 컴퓨터과학과
- 컴퓨터학과
- 정보융합학부
- SW융합학부
- 응용소프트웨어학과

정보교사

관련 교과
- 수학
- 과학
- 정보

적성과 흥미
- 컴퓨터에 대한 흥미와 적성
- 교수 능력
- 논리적 추리력
- 창의력
- 공감 능력
- 의사소통 능력
- 문제해결 능력
- 상황 대처 능력
- 책임감
- 리더십

관련 기관
- 교육청
- 시도 교육청
- 교육과정평가원
- 한국전산원
- 한국인터넷진흥원
- 한국정보문화진흥원

관련 직업
- 교육청 장학사
- 교육학 연구원
- 교육부 행정가
- 교육연구기관 연구원
- 네트워크 관리자
- 시스템소프트웨어개발자
- 정보시스템운영자
- 컴퓨터보안전문가
- 응용소프트웨어개발자

진로전담교사

진로전담교사란?

최근 학교 현장에서는 학생들이 변화하는 미래 사회에 적극적으로 대응할 수 있는 역량을 함양할 수 있도록 진로 교육이 중요하고 내실 있게 이루어져야 한다는 것에 대해 깊이 공감하고 있다. 또한 상급 학교 진학 시 학생의 적성과 흥미를 고려한 진학지도가 실시되어야 하지만, 현실에서는 학생의 점수나 직업의 사회적 평판에 따른 진학지도가 실시되면서 여러 문제점이 발생하고 있다. 또한 자유학기제, 자유학년제, 고교학점제 등 교육 현장이 이전과는 크게 달라진 상황에서 진로 및 진학 분야에 전문적인 지식을 갖춘 교사의 올바른 진로 및 진학지도에 대한 요구가 높아졌다.

이러한 필요에 의해 2015년에 진로교육법 시행령이 제정되었다. 진로교육법 제9조에 따르면 '교육부장관과 교육감은 초·중등학교에 학생의 진로교육을 전담하는 교사(이하 "진로전담교사"라 한다)를 둔다.', 진로교육법 시행령 제4조에 의하면 '중학교 및 고등학교의 진로진학상담교사는 교육부령으로 정하는 과목이 「교원자격검정령」 제4조에 따라 담당과목으로 표시(부전공과목으로 표시된 경우를 포함한다)된 교원자격증을 보유한 교사로 배치하여야 한다.'고 법률로 명시되어 있다.

진로전담교사란 중등학교 학생의 진로교육을 전담하는 교사로, 「교원자격검정령 시행규칙」 표시과목 중 중등학교 진로진학상담 과목으로 표시(부전공으로 표시된 경우 포함)된 교원자격증을 소지한 자를 말한다. 중학교와 고등학교에 배치된 진로전담교사는 진로와 직업 수업과 창의적 체험활동 영역의 진로활동, 학생들의 진로 및 진학상담 등을 전문적으로 담당하는 역할을 수행한다.

🔍 진로전담교사가 하는 일은?

진로전담교사는 학생·학부모의 수요를 반영하여 학교급별 연계를 통한 체계적인 진로교육을 운영하고, 교육과정 속에서 내실 있는 진로수업 및 학생 맞춤형 진로상담을 실시한다. 또한 학생의 흥미·적성 및 수준을 고려한 다양한 진로탐색 및 진로선택의 기회를 제공하고, 학생에게 최적화된 진로·진학지도를 위해 학년부(취업담당부서), 담임교사 간의 협업체계를 구축하는 일을 담당한다.

- 🔍 자유학년제 '진로탐색활동'을 지원하고 진로 및 고교 진학상담을 실시한다.
- 🔍 진로진학상담부장 등으로서 학교 진로교육을 기획·운영한다.
- 🔍 진로교육 중심의 학교교육과정 운영 계획을 수립·운영하고 지원한다.
- 🔍 진로연계 교과수업과 창의적체험활동 진로활동의 운영 계획 수립·운영, 일반교사의 진로수업 활성화를 위한 수업자료 제공 및 역량 강화 등을 지원한다.
- 🔍 진로상담 운영 계획을 수립·운영하고, 담임교사와 연계한 심화 진로상담을 실시한다.
- 🔍 학교 진로교육 목표 및 성취기준에 따라 학교급별 진로지도를 실시하고, 미래 역량에 기반하여 학생주도의 진로교육을 실시한다.
- 🔍 진로와 연계한 학업설계 및 이수지도를 지원하고 진로 및 대학 진학상담을 실시한다.
- 🔍 선취업·후진학 학생의 진로설계 지원과 취업상담을 지원한다.
- 🔍 진로교육 역량 강화를 위해 학교 내 전문적 학습공동체를 운영한다.
- 🔍 학부모 진로교육과 지역 진로교육 네트워크에 참여한다.

🏠 적성과 흥미는?

진로전담교사는 학생 개개인의 진로 및 진학 부분에서의 문제와 원인을 파악할 수 있도록 분석적이고 종합적인 사고력이 필요하며, 타인에 대한 포용력과 집중력, 통찰력이 요구된다. 인간의 심리 및 성격에 대한 전문 지식은 물론, 공감 능력과 의사소통 기술이 있어야 한다. 다른 사람들의 이야기를 집중해서 들은 후 말의 요지를 이해하여 상황에 맞는 적절한 질문을 해야 하므로 언어 능력이 필요하고, 문제해결을 위한 논리적 분석력, 문제의 본질을 파악하고 해결 방법을 찾아 실행하는 문제해결 능력, 자기성찰 능력, 대인관계 능력 등이 요구된다.

진로전담교사에 관심이 많다면 평소 다른 사람들의 고민에 귀 기울이고, 상담 방법에 관심을 가져야 하며, 타인을 이해하는 능력과 경청 능력을 키우기 위한 노력을 해야 한다. 또래상담반이나 심리연구반, 독서토론반과 같은 동아리활동이 도움이 된다. 또한 다양한 영역의 폭넓은 독서활동을 통해 자신의 사고력을 넓히고, 다른 사람과 효과적으로 의사소통하는 것을 적극 추천한다.

진출 방법은?

진로전담교사는 일정 경력 이상의 현직 교사로 중등학교 2급 정교사 자격을 취득해야 한다. 매년 실시하는 중등교원 임용경쟁시험을 거쳐 국공립학교 중등학교로 발령을 받거나 정규 사립 중등학교 교사로 일정 기간 근무한 후 중등 진로진학상담교사 2급 정교사 자격 취득을 위해 교육대학원을 졸업해야 한다. 현재 전국 13개 대학의 교육대학원에서 석사 학위 과정을 졸업하여 중등 진로진학상담교사 2급 정교사 자격(부전공)을 취득할 수 있다. 학부과정에서는 중등학교 2급 진로진학상담교사 정교사 자격증을 취득할 수 있는 방법은 없다.

진로전담교사는 선발 초기부터 최근까지 일정 경력의 현직 교사를 대상으로 시도별 선발지침에 의한 경쟁시험을 거쳐 선발했다. 그러나 최근에는 부전공 자격 취득자로 선발 자격을 제한하고 있으며, 중등 진로진학상담교사 2급 정교사 자격 취득자를 대상으로 각 시도 교육청별 선발 기준에 의해 선발하고 있다.

미래 전망은?

진로교육의 환경 변화에 대응하기 위하여 진로전담교사의 역량 강화에 대한 필요성이 커지고 있다. 2015년 6월 진로교육법 법안이 공표되고 12월부터 본격적으로 효력이 발생하면서 헌법 정신에 입각한 학생 기본권으로서 진로교육의 역할이 강조되고 있다. 중학교에서의 자유학기제 및 자유학년제 정착, 2025년 전면 시행 예정인 고교학점제의 도입으로 고등학교에서는 진로 기반의 학습자중심교육이 강화되고 있다. 또한 학생 맞춤형 진로설계 지원을 위한 진로전담교사의 역할이 재조명되고 있어 진로전담교사의 전망은 밝을 것으로 예측된다.

그러나 진로전담교사는 한 학교에 1명씩 배치되어 있어 자리가 희소한 관계로 입직 경쟁이 다소 치열할 것으로 예상된다.

관련 학과 및 자격증은?

사범계열학과 　상담학과 　교육학과
심리학과 　청소년지도학과 　특수교육학과

진로진학상담교사 1·2급 　심리상담사
중등학교 1·2급 정교사 　청소년상담사 1·2·3급

관련 교과는?

국어 　사회 　수학 　과학 　영어
체육 　음악 　미술

관련 직업은?

중등교사 　청소년상담사 　상담심리전문가
상담지도사 　상담심리사 　전문상담교사
심리치료사 　음악치료사 　미술치료사
입학사정관

Tip 진로전담교사 양성 교육대학원 현황에 대해 알아볼까요?

대학교	소재지	운영형태
건국대학교	서울	학기제(야간)
국민대학교	서울	계절제
중앙대학교	서울	학기제(야간)
가톨릭대학교	경기	학기제(야간)
아주대학교	경기	학기제(야간)
인하대학교	인천	학기제(야간)
가톨릭관동대학교	강원	학기제
계명대학교	대구	학기제(야간)
전북대학교	전북	학기제(야간)
공주대학교	충남	계절제
순천향대학교	충남	학기제(야간)
충남대학교	충남	계절제
한국교원대학교	충북	계절제

CAREER MAP

진로 전담교사

준비 방법
- 또래상담반, 심리연구반 등 심리 및 상담 관련 동아리활동
- 상담 능력 함양 프로그램 참여
- 폭넓은 분야의 독서활동

관련 직업
- 청소년상담사
- 심리상담전문가
- 상담지도사
- 전문상담교사
- 심리치료사
- 음악치료사
- 미술치료사
- 입학사정관

관련 교과
- 국어
- 사회
- 수학
- 과학
- 영어
- 음악
- 미술
- 체육

관련 학과
- 교육학과
- 심리학과
- 청소년지도학과
- 특수교육학과
- 청소년지도학과
- 사범계열 전 학과

적성과 흥미
- 종합적 사고 능력
- 타인에 대한 포용력
- 경청 능력
- 상담 능력
- 문제해결 능력
- 의사소통 능력
- 대인관계 능력
- 집중력
- 통찰력
- 공감 능력

관련 자격
- 중등학교 1·2급 정교사
- 진로진학상담교사 1·2급
- 청소년상담사 1·2·3급
- 심리상담사

관련 기관
- 한국대학교육협의회
- 한국전문대교육협의회
- 진로진학상담교사협의회

체육교사

체육교사란?

체육이란 운동, 스포츠, 게임, 무용 등과 같은 활발한 신체 활동을 통해 인간의 신체적·정신적·사회적 성장과 발달을 돕는 계획적인 교육 활동이다. 청소년들은 신체활동에 참여하는 동안 성취감을 느끼며, 스스로 또는 남과 더불어 하는 행동에 대한 책임을 지는 동시에 참여에 따르는 즐거움을 느끼게 된다. 또한 규칙적으로 건강 관리를 할 수 있는 습관도 기를 수 있다.

이러한 의미에서 청소년기 체육활동은 청소년들이 한국 사회의 건강한 주역으로 성장하는 데 있어 그 의미가 매우 크다. 학교 현장에서 체육 수업을 통해 체력을 강화하고 적정 체중을 유지하도록 하며, 일상생활에서 쌓인 스트레스를 해소하고 또래 친구들과 함께 어울리며 더불어 살아가는 존재임을 느끼도록 교육하는 직업이 바로 체육교사이다.

체육교사는 학생들이 신체활동을 통해 운동 능력을 비롯한 건강하고 활기찬 삶에 필요한 능력을 기르고, 사회 속에서 바람직한 인성을 발휘함으로써 자신의 삶을 개척하고 체육을 즐길 수 있도록 지도한다.

🔍 체육교사가 하는 일은?

다른 교과와 달리 교과 교육의 도구가 유일하게 신체활동인 것은 체육 수업이며, 체육 수업을 잘 운영하면 학생들의 체력 및 건강 증진은 물론 운동 기능 습득, 비판력, 창의성, 심미안, 동료를 위한 배려심 등을 기를 수 있다. 이러한 측면에서 체육교사는 기초 종목인 육상이나 체조를 익혀야 하며, 구기 종목인 축구나 농구, 배구, 야구, 핸드볼, 배드민턴 등 누구나 쉽게 접하고 알고 있는 스포츠를 학생들에게 시범을 보일 수 있어야 한다.

또한 학생들을 어떻게 교육시킬 것인가에 대한 방법인 교육학의 이론과 건강과 연결되는 보건, 그리고 기능적인 스포츠뿐만 아니라 스포츠와 관계된 생리학, 역학, 심리학, 사회학 등 여러 가지 방면의 체육과 관계된 다양한 지식들을 학생들에게 교육한다. 무엇보다도 체육교사는 체육을 하는 것이 건강한 생활을 유지하는 수단이 될 뿐만 아니라 체육 문화 자체가 가치 있다는 것을 학습시키는 일을 한다.

- 🔍 운동 종목의 역사와 목적을 설명하고 육상, 체조, 구기, 수영, 무용 등에 관한 동작 원리, 기술 등을 설명하고 시범을 보인다.
- 🔍 게임활동, 표현활동, 보건에 관한 기본 움직임과 이론을 교육하고, 학생들의 체력활동 시 동작을 관찰하고 교정하며 이를 평가한다.
- 🔍 축구, 배구, 야구, 태권도, 유도, 씨름 등의 종목에서 학생 선수단을 조직하여 지도·감독한다.
- 🔍 수업을 설계·운영한 결과를 평가하고, 학생의 생활 태도와 진로 선택을 지도하며, 이 과정을 취합하여 학교 생활기록부에 기록한다.
- 🔍 교수·학습 환경을 구성하는 요소(학급 규모, 시간, 시설 및 용·기구, 학습자의 특성 등)들을 고려하여 수업 목표 도달을 위한 효율성과 안전성을 높일 수 있도록 계획한다.
- 🔍 교수·학습 계획을 실천하는 데 있어 발생 가능한 우발적 상황에 대비하여 계획한다.

적성과 흥미는?

체육교사는 학생들의 건강을 증진시키고 기본 움직임, 원리, 기능, 전술, 태도를 포함한 종합적인 운동 능력을 기를 수 있도록 지도해야 하므로 뛰어난 운동 신경을 가진 사람에게 유리하다. 또한 학생을 교육해야 하므로 가르치는 것에 흥미와 애정이 있어야 하고, 교사로서의 자질뿐만 아니라 예술가로서의 창의력, 예술적 감각 등이 필요하다.

또한 체육교사는 학생들이 바람직한 성품과 사회성을 함양하고, 건강하고 안전한 생활 습관을 갖도록 교육하므로 자기 관리 능력과 대인관계 능력, 창의력 및 문제해결 능력을 갖춘 사람에게 유리하다. 긍정적이며 적극적이고 명랑한 성격의 소유자에게 적합한 직업이며, 예기치 못한 안전사고가 발생했을 때 신속하고 정확하게 대처할 수 있는 상황 대처 능력이 요구된다. 또한 각종 운동기구 및 안전 관리에 대한 지식을 가지고 있어야 하고, 타인의 운동을 지도하는 입장이므로 리더십이 필요하다.

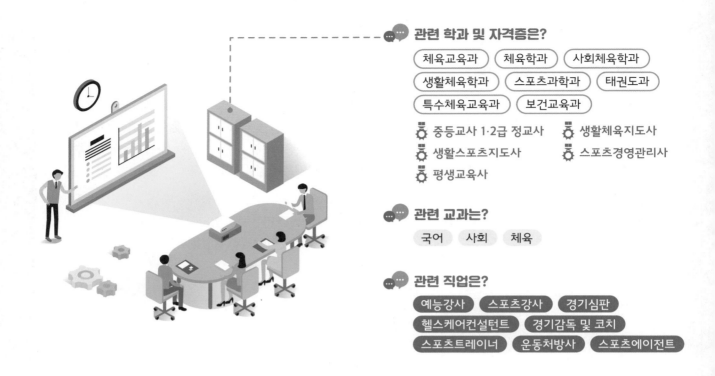

관련 학과 및 자격증은?

체육교육과 체육학과 사회체육학과

생활체육학과 스포츠과학과 태권도과

특수체육교육과 보건교육과

⚙ 중등교사 1·2급 정교사 ⚙ 생활체육지도사
⚙ 생활스포츠지도사 ⚙ 스포츠경영관리사
⚙ 평생교육사

관련 교과는?

국어 사회 체육

관련 직업은?

예능강사 스포츠강사 경기심판

헬스케어컨설턴트 경기감독 및 코치

스포츠트레이너 운동처방사 스포츠에이전트

Tip 체육과 스포츠의 차이에 대해 알아볼까요?

체육과 스포츠는 신체활동을 기반으로 한다는 점이 동일하지만 개념에는 다소 차이가 있다. 체육은 건전한 몸과 온전한 운동 능력을 기르는 것을 목적으로 하는 교육을 의미하지만, 스포츠는 일정한 체계적 룰을 가진 경쟁과 유희성을 가진 신체활동을 의미한다. 즉, 체육은 신체활동을 통한 심신 발달과 전인교육을 의미한다.

 ## 진출 방법은?

체육교사가 되기 위해 2급 정교사 자격을 취득하는 방법은 다음과 같다. 첫 번째, 사범계열의 체육교육학과를 졸업한다. 두 번째, 비사범계열의 체육 관련 학과에서 교직 과목을 이수하여 졸업한다. 세 번째, 비사범계열 체육 관련 학과를 졸업한 후 교육대학원에 진학하여 석사 학위를 취득한다.

국공립 중등학교 교사가 되려면 중등학교 2급 정교사 자격을 취득한 후, 매년 11~12월 각 시도 교육청에서 시행하는 교원임용시험을 통과해야 한다. 사립 중·고등학교는 결원이 있을 때 채용공고가 나며, 채용절차에 따라 별도의 임용시험을 치른 후 사립 중·고등학교 학교장 제청에 따라 이사회 의결을 통해 채용된다. 최근 사립학교 교사채용은 위탁채용을 실시하는 쪽으로 변화하고 있다. 사립학교 법인으로부터 위탁받아 공립학교 교사 임용시험과 동일하게 1차 필기시험을 실시한다. 선발인원의 5배수 이내로 1차 합격자를 결정하여 해당 법인에 통보한 후 최종 합격자는 법인별로 시행하는 2·3차 시험(수업실연·면접 등)을 거쳐 해당 법인에서 채용을 결정한다.

 ## 미래 전망은?

당분간 체육교사의 고용률은 현 상태를 유지할 것으로 보인다. 정부의 학급 당 학생수 감축 정책에 따라 중등학교의 학급 수가 증가하고 있어 중등교사의 일자리에 긍정적인 영향을 미치고 있다. 또한 체력 증진과 비만 예방, 일상생활에서 쌓인 스트레스 해소, 자기 표현 기회 제공, 친구들과 어울릴 수 있는 기회를 제공하기 위해 중학교 1학년부터 고등학교 3학년까지 모든 학년에서 체육 수업이 진행되어야 한다는 목소리가 높아지고 있어 체육교육의 전망에 긍정적인 영향을 미치고 있다.

그러나 이러한 사회적 요구에도 불구하고 학생수가 감소하기 시작했다. 이러한 경향은 점차 심화될 것이므로 중등교사에 대한 수요가 증가하기 어려울 것으로 예상된다. 중등교사가 되기 위한 임용시험의 합격자는 지원자 수 대비 10% 미만이므로 점차 경쟁이 치열해질 것으로 예상된다.

CAREER MAP

- 신체적 강인함, 유연성 및 운동 역량 강화
- 체육, 봉사 관련 동아리활동
- 교내 체육 행사 참여
- 체육 관련 학과 탐방 및 전공자 인터뷰활동
- 체육 관련 직업체험활동

- 체육교육과
- 체육학과
- 사회체육학과
- 생활체육학과
- 스포츠과학과
- 태권도과
- 특수체육교육과
- 보건교육과

- 중등교사 1·2급 정교사
- 생활체육지도사
- 스포츠경영관리사
- 생활스포츠지도사
- 평생교육사

**준비
방법**

**관련
학과**

**관련
자격**

체육교사

**관련
교과**

- 국어
- 사회
- 체육

- 운동 능력
- 리더십
- 창의력
- 사회성
- 책임감
- 예술적 감각
- 자기 관리 능력
- 대인관계 능력
- 문제해결 능력
- 상황 대처 능력

**적성과
흥미**

**관련
직업**

- 스포츠강사
- 예능강사
- 경기심판
- 헬스케어컨설턴트
- 운동처방사
- 경기감독 및 코치
- 스포츠에이전트
- 스포츠트레이너

**관련
기관**

- 교육부
- 창의인성교육넷
- 에듀넷
- 학교알리미
- 교육과정평가원
- 한국교육개발원
- 체육교육학회

초등교사

초등교사란?

유럽에서는 중세 시대까지 아이들을 돌봄의 대상보다는 '작은 어른'으로 여겨 아이들 대다수가 마을 성당에서 하는 인성 교육 외에 정식 교육을 받지 못하고 힘든 노동을 해야 했다. 그러다 18세기 영국에서 산업혁명이 일어나면서 사람들이 하던 일을 기계가 대신하게 되고, 아이들에게도 기계 다루는 법을 가르쳐야 했기에 교육의 필요성이 대두되었다. 그러나 당시 노동자 가정에서는 아이들을 제대로 교육시킬 수가 없었다. '하루 종일 공장에서 일하는 부모 대신 아이들에게 여러 가지 지식을 가르쳐야 한다.'는 부모들의 목소리가 커지면서 학교가 생겨나기 시작했고, 아이들을 가르치는 교사라는 직업이 필요하게 되었다. 초등학교는 아동들이 지식은 물론 사회적 규범과 역할을 배우고 익히도록 적극적으로 돕는 기관이다.

초등교사는 부모만큼 가까이에서 아이들의 발달을 돕는 사람이다. 수업은 물론 생활 지도를 하고 학부모와 협력하여 학교와 가정에서 교육이 조화롭게 이루어지도록 노력한다. 초등학생 시기에는 신체적·정신적 발달의 기초가 다져지므로 초등교사는 아이들 한 명 한 명을 세심하게 이해하고 돌보아야 한다. 이를 위해서는 아이들의 눈높이에 맞춰 생각하는 자세, 높은 사명감과 도덕성이 필요하다. 또한 초등교사는 아동의 심리적 특성을 파악하고, 국어, 수학, 미술 등 다양한 교과에 대한 이론적 기초를 가르친다.

하지만 단순 지식 전달자가 아닌 인성 발달을 위한 전인교육을 한다는 점에서 다른 직업과 다소 차이가 있다. 특히 초등교사는 학생에게 매우 큰 영향력을 미치기 때문에 전문성이 더욱 중요하다.

🔍 초등교사가 하는 일은?

초등교사는 초등학교에서 초등학생에게 도덕, 국어, 사회, 수학, 과학, 체육, 음악, 미술 및 실과, 영어 등 초등 전 교과목을 가르치는 것이 일반적이다. 또한 바른 인성과 품행을 갖도록 생활 지도를 한다.

- 🔍 국립·공립·사립 초등학교에서 초등학생을 대상으로 수업 지도, 학급 운영, 생활 지도 등을 한다.
- 🔍 교육 계획과 수업 일수 등을 고려하여 각 교과목의 학습 계획안을 작성하고, 이에 맞는 교재 연구 및 학습 자료를 준비한다.
- 🔍 학습 과제물을 검사하고, 시험을 출제하고 평가하는 등 학습 평가를 실시한다.
- 🔍 방과 후에 학습 부진아를 지도하기도 하며, 학생들이 원만한 친구 관계를 맺고 다른 사람과 더불어 생활하는 법과 안전사고 및 폭력 예방, 성교육, 기본 생활 습관 지도, 급식 지도, 등·하교 지도 등 생활 지도를 한다.
- 🔍 학교생활, 가정생활, 교우관계 등에 대해 학부모 및 학생들과 상담한다.
- 🔍 전학, 입학, 출석사항 및 학교생활기록부 관리, 가정통신문 준비 등의 학사 업무와 교육기획부, 교육과정부, 방과후교육부, 과학정보부, 교육연수부, 생활체육부 등의 부서에 소속되어 담당 업무를 수행한다.
- 🔍 학교교육과정의 편성 및 운영에 참여하고, 교직원 회의에 참석하는 등 학교 업무를 한다.

Tip 초등교사와 중등교사의 차이점에 대해 알아볼까요?

초등교사와 중등교사의 가장 큰 차이점은 교육 대상으로, 초등교사는 초등학생을, 중등교사는 중학생과 고등학생을 교육한다. 두 번째 차이점은 자격증이다. 초등교사 2급 자격증은 각 지역의 교육대학교를 졸업하거나 이화여대, 제주대, 한국교원대 등의 초등교육과를 졸업해야 발급된다. 반면, 중등교사 2급 자격증은 각 대학의 사범대학을 졸업하거나 일반 대학에서 교직을 이수한 후 졸업하거나 대학 졸업 후 교육대학원에서 석사학위를 이수해야만 발급된다. 그 외 차이점으로는 초등교사는 담임 교사가 특정 교과(영어, 음악, 미술, 체육)를 제외한 전 과목을 가르치지만, 중등교사는 자신이 전공한 과목만 가르친다.

적성과 흥미는?

초등교사는 어린 학생들을 대하므로 솔직하고 도덕적인 성격을 지니고 다른 사람들과 즐거운 관계를 유지하며, 협조적인 태도를 지니는 것이 필요하다. 어린 학생들의 욕구나 느낌에 민감하고, 이를 이해하고 도와주는 등 배려심을 갖추는 것이 필요하다. 또한 다양한 교과를 가르치므로 국어, 수학, 미술, 음악, 사회, 과학 등 다양한 과목에 관심을 가지고 다양한 교육 방법을 적용할 수 있는 창의성을 지닌 사람에게 유리하다. 초등교사는 다른 사람을 훈련하고 발달시키며 치료하는 활동을 선호하는 사회형과 물리적·생물학적·문화적 현상에 호기심을 가지고 관찰하는 탐구형의 흥미 유형을 지닌 사람에게 적합하다.

관련 학과 및 자격증은?

지역 교육대학교 전 학과　　초등교육과

- 미술심리치료사
- 논술지도사
- 독서지도사
- 구연동화지도사
- 놀이치료사
- 상담심리사
- 유아체육지도자
- 예절지도사
- 아동지도사
- 방과후아동지도사
- 초등학교 1·2급 정교사

관련 교과는?

국어　영어　수학　사회　과학　체육

음악　미술

관련 직업은?

유치원교사　　보육교사　　직업능력개발훈련교사

진출 방법은?

초등교사가 되기 위해서는 우선 전국의 10개 교육대학교를 졸업하거나 한국교원대학교, 이화여자대학교, 제주대학교의 초등교육과를 졸업하여 초등학교 2급 정교사 자격증을 취득해야 한다.

국공립 초등학교 교사가 되려면 초등학교 2급 정교사 자격증을 취득한 후 각 시도에서 시행하는 국공립 초등학교 교사 임용후보자 선정경쟁시험(교원 임용시험)에 합격해야 한다. 교원 임용시험은 매년 11~12월에 치러지며 1차는 전공 필기, 2차는 전공 논술, 3차는 면접시험 및 수업실연 등으로 평가한다. 교원 임용시험에 합격하지 못하더라도 2급 정교사 자격증이 있으면 사립 초등학교 교사 채용에 응시할 수 있지만, 경쟁률이 매우 높은 편이다.

초등학교 1급 정교사 자격증은 2급 정교사 자격을 가진 자가 3년 이상의 교육 경력을 가지고 소정의 재교육을 받거나, 2급 정교사 자격증을 가지고 초등 교육 관련 교육대학원에서 석사 학위를 받은 자로서 1년 이상의 교육 경력이 있으면 취득할 수 있다.

학교 내에 특별한 승진 체계는 없지만 '평교사→부장교사→교감→교장'의 단계를 밟을 수 있다. 또한 일정 이상의 교육 경력이 되면 시험을 통해 장학사나 교육연구사 등으로 진출할 수 있다.

미래 전망은?

당분간 공교육 내실화 방안의 일환인 초등학교의 학급당 학생수를 감축하려는 정부 정책으로 인해 교원 1인당 학생수를 줄이려는 정부 정책은 지속될 것이며, 이는 초등교사의 수요를 늘리는 데 긍정적 요인으로 작용할 수 있다. 그러나 저출산 문제의 심화에 따라 초등학생 수의 감소세는 향후에도 지속될 것으로 전망되며, 이는 초등교사의 수요에 부정적 영향을 미칠 것이다.

CAREER MAP

- 교육에 대한 역량 및 책임감 강화
- 교육 관련 동아리활동
- 교육 관련 멘토링활동 참여
- 초등교육과 탐방
- 교사 관련 직업체험활동
- 교육 관련 독서 및 토론, 프로젝트활동

준비방법

관련기관
- 교육부
- 한국교원단체총연합회
- 한국교육과정평가원

관련교과
- 국어
- 영어
- 수학
- 사회
- 과학
- 체육
- 음악
- 미술

관련직업
- 유치원교사
- 특수학교교사
- 직업능력개발 훈련교사

초등교사

적성과 흥미
- 책임감
- 갈등 관리 능력
- 문제해결 능력
- 의사소통 능력
- 통솔력
- 배려심
- 정직함

관련학과
- 지역 교육대학교 전 학과
- 초등교육과(한국교원대학교, 이화여자대학교, 제주대학교 등)

관련자격
- 초등학교 1·2급 정교사
- 독서지도사
- 논술지도사
- 방과후아동지도사
- 구연동화지도사
- 아동지도사
- 예절지도사
- 유아체육지도자
- 미술심리치료사
- 놀이치료사
- 상담심리사

특수교사

특수교사란?

특수교사는 장애가 있어 특수한 교육이 필요한 학생을 가르치고 돌보는 교사이다. 주로 특수교육 대상 학생만을 위해 설립된 특수학교, 일반 학교의 특수학급, 교육청의 특수교육지원센터 등에서 근무한다.

특수학교는 시각장애특수학교, 청각장애특수학교, 지체장애특수학교, 정신지체특수학교, 정서장애특수학교 등 장애 영역별로 구분된다. 이처럼 특수학교 대부분이 장애 유형별로 학생을 모집하여 그에 맞는 교육을 하고 있지만, 중복장애를 가진 학생도 상당수이므로 특수교사는 장애에 따라 알맞은 교육 방법과 교육 내용을 활용할 수 있어야 한다.

일반 학교에서 운영하는 특수학급은 일반 초·중·고등학교에 재학하는 장애 학생을 위한 학급으로, 다양한 장애를 가진 학생들이 특수교사의 도움을 받아 교과나 특별활동, 재량활동 등을 공부한다. 특수교육지원센터는 시도 교육청이나 지역 교육청에 설치되어 있으며, 장애 학생의 장애 진단 평가 등을 담당한다.

한편, 특수 교육의 대상이 되는 학생들이 학교에 다닐 형편이 되지 못할 때 교사가 직접 학생이 거주하는 곳에 방문하여 지도하기도 하는데, 이러한 교사를 순회교사라고 한다. 이들은 소아암, 심장병 등의 질병과 사고 등으로 장기간 입원해 있거나 집이나 보육시설 등에서 나올 수 없는 학생을 찾아가 순회 교육을 한다.

특수교사가 하는 일은?

특수교사는 교과 학습 지도와 생활 지도는 물론 일상생활을 위한 훈련, 건강 관리, 직업 교육 등에도 관여한다. 특히 학생의 장애 유형에 따라 교육 방법과 내용을 달리한다.

시각장애 학생은 촉각과 소리를 이용한 학습을 진행하여 주로 점자 익히기, 보행 훈련, 맹인용 물건 사용법 등을 지도한다. 청각장애 학생은 수화 및 입술 모양을 보고 말을 알아들을 수 있는 순독을 가르친다. 정신지체 학생은 기본 생활 훈련과 수 개념 이해, 글자 해독 등을 가르치는데, 이해와 기억을 돕고자 구체물과 그림 카드 등을 활용한다. 지체장애 학생은 목발 사용법, 휠체어 사용법, 서기 자세 등 학생 스스로 움직임을 제어할 수 있도록 훈련한다.

특수교사는 일반 교사에 비해 담당 학생수가 적은데, 학급당 정원이 유치원은 4명, 초등학교와 중학교는 6명, 고등학교는 7명 정도이다. 수업은 학급 학생 전체를 대상으로 진행한 후 개별 지도하는 방식이다.

- 신체적·정신적 장애를 겪고 있는 학생이 장애를 극복하고, 사회 구성원으로서 살아갈 수 있도록 지식 및 기능을 가르친다.
- 장애 학생의 장애 정도, 발달 상황 등을 고려하고, 적절한 교재와 교육 방법을 활용해 지도한다.
- 식사 및 등하교 지도, 의복 착탈의, 몸단장, 씻기 등 학생의 생활 지도 및 인성 지도를 담당한다.
- 장애에 따라 학생들이 겪는 어려움에 맞추어 도움을 준다.

Tip 일반 교사와 특수교사의 차이점에 대해 알아볼까요?

일반 교사는 국어, 수학, 영어처럼 특정 과목과 관련된 교육과를 졸업하고, 학생들을 대상으로 국가에서 정한 교육과정에 따라 수업을 한다. 반면, 특수교사는 특수교육과를 졸업하고, 특별한 도움이 필요한 장애 학생을 대상으로 교육한다. 국가에서 정한 교육과정을 따름과 동시에 각 학생의 특성에 맞는 개별화 교육을 통해 학생이 재능과 특기를 찾아 개발할 수 있도록 돕는다.

적성과 흥미는?

여러 가지 형태의 장애가 있는 학생들의 욕구나 느낌에 민감하고, 이해하고 도와주려는 등 장애인에 대한 배려심이 필요하다. 장애인을 돕는 데 어려움이 있어도 포기하지 않는 인내심, 장애인에 대한 남다른 애정과 희생, 봉사정신이 필요하다.

특수교사는 학생을 가르치는 교사로서의 자질과 함께 어떤 상황에서도 침착하게 문제를 해결할 수 있는 능력, 상황 대처 능력, 자기통제 능력, 학습 전달 능력이 필요하다. 다른 사람들을 훈련시키고 발달시키며 치료하는 활동을 선호하는 사회형과 물리적·생물학적·문화적 현상에 호기심을 가지고 관찰하는 것을 즐기는 탐구형의 흥미 유형을 지닌 사람에게 적합하다.

관련 학과 및 자격증은?

특수교육학과   유아특수교육학과

초등특수교육학과   중등특수교육학과

특수체육교육과

☼ 특수학교(유치원) 1·2급 정교사

☼ 특수학교(초등) 1·2급 정교사

☼ 특수학교(중등) 1·2급 정교사

관련 교과는?

국어   영어   수학   사회   과학   체육

음악   미술

관련 직업은?

초등교사   중등교사   진로진학상담교사

직업능력개발훈련교사   유치원교사   보육교사

진출 방법은?

기본적으로 특수학교 2급 정교사 자격증이 있어야 한다. 유아특수교사는 유아특수교육과를 졸업해서 교직이수를 해야 하고, 초·중등학교 특수교사는 초·중등특수교육과를 졸업하면 교원자격증을 받을 수 있다.

특수교육과를 졸업하지 않더라도, 직업재활학과에서 교직이수를 한다면 중등특수교사자격증을 받을 수 있다. 일반 사범대학을 졸업해서 일반교사자격증이 있는 경우, 교육대학원 특수교육과에 진학한다면 특수교사자격증을 취득할 수 있다.

특수교사가 되기 위해서는 특수교사 2급 정교사 자격증을 취득한 후 임용시험에 합격해야 한다. 유·초등 특수교사 임용시험의 경우, 1차에서는 교직 논술, 교육 과정, 한국사(한국사능력검정시험으로 대체 가능)를 평가하며, 2차에서는 교직 적성 면접 및 수업실연으로 평가한다.

중등 특수교사 임용시험의 경우, 1차에서는 교육학, 교과교육학, 교과내용학에 해당하는 전공 A, B 및 한국사(한국사능력검정시험으로 대체 가능)를 평가한다. 2차에서는 유·초등과 같이 교직 적성 면접 및 수업실연으로 평가한다.

사립 특수학교에서 특수교사를 임용할 때는 교육청에 위탁하거나 해당 학교 법인의 시험 절차에 따라 합격자를 결정한다. 이처럼 임용되어 3년 이상의 교육 경력이 있는 교사는 특수교사 1급 자격 취득을 위한 연수를 받을 수 있다. 또한 일반교사 자격증을 가진 사람이 교육대학원과 특수교육대학원에서 석사 과정을 이수하면 특수교사 자격증을 취득할 수 있다.

미래 전망은?

당분간 특수교사의 고용률은 현 상태를 유지할 것으로 전망된다. 사회적 약자에 대한 인식과 관심이 높아지면서 특수교육 대상 학생에 대한 교육 기회 확대와 적극적 지원이 필요하다는 요구가 반영되어 특수교육 대상 학생이 증가하고 있다.

최근 장애 학생을 특수학교가 아닌 일반학교에서 통합교육을 하려는 경향이 증가하고 있어 일반학교의 특수학급이 늘어나고 있다. 다만 최근 특수학급의 증가율은 하락세를 보이고 있어 향후 인력 수요 창출에 한계를 보일 것으로 전망된다.

한편, 사회 전반적으로 고용 불안이 심화되면서 국립·공립·사립 학교에서 근무하기 위해 교원 임용시험에 도전하는 사람이 증가하고 있어, 최근에는 특수교사가 되기 위한 경쟁률이 높아지고 있는 상황이다.

CAREER MAP

준비 방법
- 교사 관련 역량 및 책임감 강화
- 장애인 교육, 봉사 관련 동아리활동
- 교육 관련 멘토링활동
- 특수교육 관련 학과, 기관, 기업체 탐방
- 장애인 관련 직업체험활동

관련 직업
- 초등교사
- 중등교사
- 진로진학상담교사
- 직업능력개발훈련교사
- 유치원교사
- 보육교사

관련 학과
- 특수교육학과
- 유아특수교육학과
- 초등특수교육학과
- 중등특수교육학과
- 특수체육교육과

관련 교과
- 국어
- 영어
- 수학
- 사회
- 과학
- 체육
- 음악
- 미술

특수교사

적성과 흥미
- 배려심
- 책임감
- 문제해결 능력
- 자기통제 능력
- 학습 전달 능력
- 봉사정신
- 인내심

관련 자격
- 특수학교(유치원) 1·2급 정교사
- 특수학교(초등) 1·2급 정교사
- 특수학교(중등) 1·2급 정교사

관련 기관
- 한국산업인력공단
- 교육부 국립특수교육원
- 한국특수교육총연합회

교육계열 25

한문교사

한문교사란?

한문교사란 중학교에서 한문을 담당하거나 고등학교에서 한문Ⅰ과 한문Ⅱ 과목을 가르치는 교사를 말한다. 주로 사범대학 한문교육과를 졸업한 후 한문교사를 하는 경우가 많다. 그 외에도 한문학과에서 교직이수를 하거나 교육대학원에 진학한 후 한문교육을 전공하기도 한다.

중·고등학교에서 한문교사는 학교마다 1명 정도 있거나 아예 없는 경우도 있다. 한문은 학교 선택과목으로 편성되기 때문에 학교에서 선택을 해야만 이수가 가능하다. 중학교에서 한문과 정보 교과는 선택과목으로서 많은 비중을 차지하였으나, 정보가 필수과목으로 지정됨에 따라 기존의 정보 수업 시수를 한문이 가져가는 경우도 있다. 고등학교에서는 학교의 지정과목으로 한문을 필수적으로 배우거나 다른 교과가 채택되어 한문이 편성이 되지 않는 경우도 있다.

최근에는 글을 읽고 이해하는 능력인 문해력에 대한 사회적 관심이 증가하고 있고, 한글의 많은 부분이 한자로 되어 있어 한자교육이 다시 주목받고 있다. 한문교사는 각종 한문 기록과 고사성어, 격언, 속담 및 한글 속에 들어있는 한자 등을 통해 한자 문화권의 언어와 문화를 가르치는 역할을 수행한다.

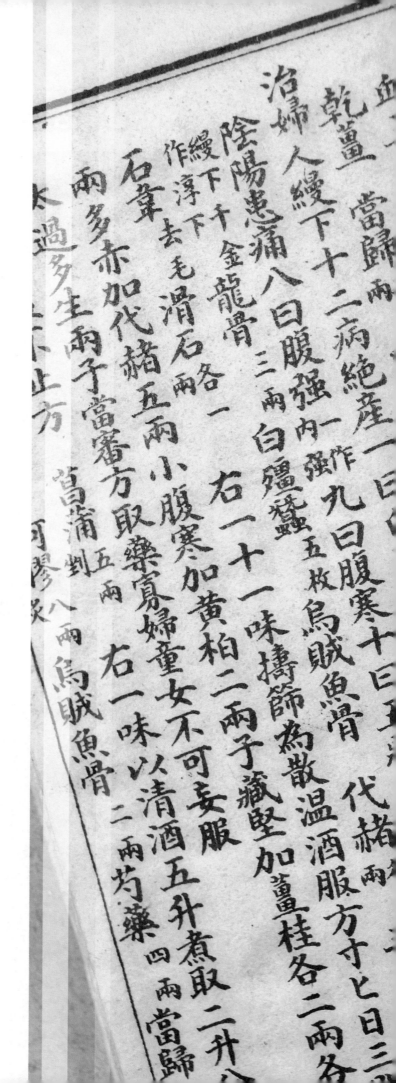

한문교사가 하는 일은?

한문교사는 고사성어, 격언, 속담, 한문 기록 등을 통해 한자 문화권의 언어와 문화를 가르친다. 수행평가를 실시하거나 시험문제를 출제한 후 학생의 성적을 평가한다. 수업을 설계·운영한 결과를 평가하고 학생의 생활 태도와 진로 선택을 지도하며, 이 과정을 취합하여 학교생활기록부에 기록한다.

- 각종 한문 기록과 고사성어, 격언, 속담, 명언·명구 등을 통해 한자 문화권의 언어와 문화를 가르친다.
- 기본적인 한자독해능력이 길러지면 국학 및 동양학 분야의 전적을 연구하고 교육한다.
- 수업을 설계·운영한 결과를 평가하고, 학생의 생활 태도와 진로 선택을 지도하며, 이 과정을 취합하여 학교생활기록부에 기록한다.
- 과제를 낸 후 결과를 검토 및 지도하고, 수행평가와 시험문제 출제 후 학생의 성적을 평가한다.
- 교과서 및 시청각 자료 등 다양한 학습 자료를 활용하여 수업을 진행한다.

> **Tip** 한문교육과가 개설된 대학과 교육과정에 대해 알아볼까요?

개설대학	강원대학교, 계명대학교, 공주대학교, 단국대학교, 성균관대학교, 성신여자대학교, 영남대학교, 원광대학교, 전주대학교
성균관대 한문교육과 교육과정	경서특강, 경전강독1, 경전강독2, 국문학사1, 나려산문, 문학이론강독, 서예지도법1, 서예지도법2, 어문정책과 한문교육, 역대한시선독, 역사산문강독, 이조산문, 중국역사서선독, 한국고전개론, 한국역사서선독, 한국한문학사1, 한국한문학사2, 한국한문학특강, 한국한시특강, 한문교육과 미디어, 한문교육론, 한문교재의 역사, 한문문법개론, 한문문법교육론, 한문산문의 미학, 한문소설, 한문소설특강, 한문입문1, 한문입문2, 한문학개론, 한문학비평, 한문학습지도1, 한문학습지도2, 한문학연습, 한문학작가의 이해, 한문학작품감상, 한시론, 한자의 역사

적성과 흥미는?

한문교사는 한문 기록과 고사성어, 격언, 속담, 명언 등 한문에 관한 지식과 다양한 방법으로 가르칠 수 있는 교수 능력이 필요하다. 더불어 학생들과 함께 생활하며 발생할 수 있는 다양한 문제를 해결하기 위해 성실성, 의사소통 능력, 공감 능력, 문제해결 능력, 상황 대처 능력이 요구된다.

한편, 한문교사는 청소년기 학생들을 대하므로 솔직하고 도덕적인 성격을 지니고, 다른 사람들과 즐거운 관계를 유지하며, 협조적인 태도를 갖추는 것이 필요하다. 또한 학생들의 욕구나 느낌에 민감하게 반응하고, 이들을 이해하고 도와주는 등 타인에 대한 배려심을 갖추는 것이 필요하다. 질풍노도의 시기인 청소년기 학생들을 올바른 길로 이끌고, 바람직한 삶의 자세를 일깨워주기 위해서는 책임감과 리더십이 필요하다.

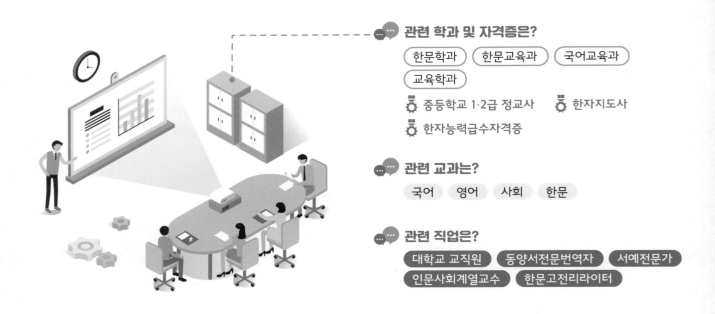

관련 학과 및 자격증은?

한문학과　한문교육과　국어교육과

교육학과

⚙ 중등학교 1·2급 정교사　⚙ 한자지도사

⚙ 한자능력급수자격증

관련 교과는?

국어　영어　사회　한문

관련 직업은?

대학교 교직원　동양서전문번역자　서예전문가

인문사회계열교수　한문고전리라이터

Tip **한문학과와 한문교육과의 차이점에 대해 알아볼까요?**

한문학과는 한문학의 연구를 통하여 우리 옛 선현들의 문학 작품을 연구하고 전통문화를 계승하는 데 필요한 지식과 능력을 갖춘 인재 양성에 교육목표를 두고 있다.

한문교육과는 한문교육에 관한 전반적인 지식과 이론 체계를 폭넓게 전달하고, 한문 고전의 올바른 이해를 이끌어내고자 한다. 이를 통해 전통문화와 민족정신의 창조적 계승과 새로운 가치관, 문화의 형성에 기여한다. 한문교육과는 중·고등학교는 물론 초등학교와 대학교, 더 나아가 사회 각계의 한문교육을 담당하는 전문성을 갖춘 한문교사의 양성에 교육목표를 두고 있다.

 진출 방법은?

한문교사로 활동하기 위해서는 대학교 진학 후 한문교육을 전공해서 한문교육일반, 한문학일반, 한문학심화 등을 공부한 후 2급 정교사 자격을 취득해야 한다. 교직이수가 가능한 대학교에서 한문학을 전공하고 교직과정을 이수해서 2급 정교사 자격을 취득하거나, 대학원 진학 후 한문교육 관련 석사 이상의 학위를 취득하여 2급 정교사 자격증을 취득하기도 한다.

국공립학교에서 한문교사로 근무하기 위해서는 2급 정교사 자격증을 취득한 후 각 시도 교육청별로 시행되고 있는 교원 임용고시에 합격해야 한다. 사립학교 한문교사가 되기 위해서는 사립 중·고등학교에서 채용 공고가 났을 때, 채용 절차에 따라 별도의 임용시험을 치른 후 채용된다. 최근에는 공립학교 교사 임용시험과 동일하게 1차 필기시험을 실시하고, 최종 합격자는 법인별로 시행하는 2차 수업실연, 3차 면접 등을 거친 후 해당 법인에서 채용을 결정 한다.

 미래 전망은?

한문교사의 고용률은 현 수준을 유지하거나 다소 감소할 전망이다. 중등교사의 고용에 영향을 미치는 요인으로는 학생수 감소와 교육 정책의 변화 등을 꼽을 수 있는데, 이는 긍정적·부정적 영향을 모두 미칠 것으로 보인다.

먼저 긍정적인 영향으로는 교육부가 공교육의 내실화를 목표로 교원 1인당 학생수를 줄이기 위한 노력을 지속한다는 것이다. 연도별 중등교사의 수를 보면 최근 매년 소폭 증가하고 있다. 반면, 부정적 영향으로는 한문교육과 등 중등 교원 양성기관을 통해 배출되는 인력은 증가하는 데 반해, 중등학교 학생수는 급격히 줄어들고 신규 채용 예정 교원수는 제한되어 있다는 것이다. 교육부는 매년 한문 교원 수요 변동, 교원 증원 상황 등을 반영하여 임용시험을 통해 선발할 한문교사의 수를 정하고 있다. 한문교사를 지원하는 사람은 많지만 선발 인원은 제한되어 있어 한문교사로 취업하는 데 경쟁이 치열할 것으로 예상된다.

CAREER MAP

- 교육 관련 지식 함양
- 의사소통 능력 함양
- 글쓰기 능력 함양
- 교육학연구, 논술, 토론, 교육봉사 관련 동아리활동
- 다양한 분야의 독서활동

- 대학교 교직원
- 동양서전문번역자
- 서예전문가
- 인문사회계열교수
- 한문고전리라이터
- 교육행정직공무원

준비 방법

관련 직업

- 한문학과
- 한문교육과
- 국어교육과
- 교육학과

- 국어
- 영어
- 사회
- 한문

관련 교과

관련 학과

한문교사

관련 자격

적성과 흥미

- 사명감
- 비판적 사고 능력
- 논리적 사고 능력
- 의사소통 능력
- 문서 작성 능력
- 분석력
- 판단력
- 의사결정 능력

- 한자지도사
- 중등학교 1·2급 정교사
- 한자능력급수자격증

관련 기관

- 교육부
- 한국교육개발원
- 한국교육과정평가원

참고문헌

[사이트]

교육부(https://www.moe.go.kr/)

나무위키(https://namu.wiki)

네이버 지식백과(https://terms.naver.com/)

대입정보포털 어디가(https://www.adiga.kr/)

메이저맵(https://www.majormap.net)

사람인(https://www.saramin.co.kr/)

워크넷(https://www.work.go.kr/)

잡코리아(https://www.jobkorea.co.kr/goodjob/)

전국 각 대학 홈페이지

전문대학포털 프로칼리지(https://www.procollege.kr/)

직업백과(https://job.asamaru.net)

커리어넷(https://www.career.go.kr/)

한국고용정보원(https://www.keis.or.kr/)

[도서]

김강석, 『나만의 진로 가이드북: 인문계열』, ㈜캠퍼스멘토, 2020.

김강석, 한승배, 『나만의 진로 가이드북: 사회계열』, ㈜캠퍼스멘토, 2020.

캠퍼스멘토, 『직업 가이드북, 어떻게 되었을까?』, ㈜캠퍼스멘토, 2022.

하희, 『나만의 진로 가이드북: 예체능계열』, ㈜캠퍼스멘토, 2020.

한승배, 김강석, 하희, 『학과바이블』, ㈜캠퍼스멘토, 2021.

한승배, 『나만의 진로 가이드북: 공학계열』, ㈜캠퍼스멘토, 2020.

한승배, 『나만의 진로 가이드북: 의료보건계열』, ㈜캠퍼스멘토, 2020.

한승배, 『나만의 진로 가이드북: 자연계열』, ㈜캠퍼스멘토, 2020.

한승배, 『10대를 위한 직업 백과』, 꿈꾸는 달팽이, 2016.

함께 쓰면 좋은 도서

✎ **학과바이블**

국내 최다 학과 정보가 수록된 학과 탐색을 위한 최고의 도서!
2021년 개정으로 더 강해진 학과바이블은 대표학과 및 관련학과를 포함하여
1,000개 이상의 학과정보를 제공하고 있습니다.

모야컴퍼니 ?

MOYA(모야컴퍼니)는 대한민국 No.1 진로교육 전문기업 캠퍼스멘토의 교육
콘텐츠 연구기획 및 개발제작을 총괄하는 교육콘텐츠 전문기업입니다. 빠르
게 변화하는 환경 속, 더 빠르게 변화하는 수요자들의 니즈에 발맞춰 도서/영
상/굿즈 등 폭넓은 스펙트럼의 콘텐츠를 제작해 나가고 있습니다. 대표적인 콘
텐츠로는 <교과세특 탐구주제 바이블>, <학과바이블>, <고교학점제바이블
> 등이 있습니다.

MOYA (Make Objects You Ask)
MOYA의 이름처럼 모든 사람들이 "뭐야?"라는 즐거운 물음표를 던지고, 자신
만의 답을 찾아나가길 바라는 마음을 콘텐츠에 담고 있습니다.

✎ **블로그**　　blog.naver.com/moyacompany
　　모야컴퍼니에서 출시한 콘텐츠의 활용을 돕는 교안자료를 확인할 수 있습니다 :)

✎ **홈페이지**　　moyamall.com

✎ **인스타그램**　　@moya.seojae　　@moya.sangjeom

꿈 찾는 청소년을 위한 직업 탐색 길잡이
직업 바이블

1판 1쇄 찍음	2022년 11월 2일
1판 5쇄 펴냄	2024년 5월 24일

출판	(주)캠퍼스멘토
제작	(주)모야컴퍼니
저자	한승배·김강석·하희·이남설
총괄기획	박선경 (sk@moyacompany.com)
디자인	양채림
연구기획	김예솔·민하늘·최미화
경영지원	지재우·윤영재·임철규·최영혜·이석기
커머스	이동준·신숙진·김지수·조용근
발행인	안광배·김동욱
주소	서울시 서초구 강남대로 557(잠원동, 성한빌딩) 9F
출판등록	제 2012-000207
구입문의	(02) 333-5966
팩스	(02) 3785-0901
홈페이지	www.campusmentor.co.kr (교구몰)
	moyamall.com (모야컴퍼니)
ISBN	979-11-92382-17-3(43000)